THEODOR STORM

Werke
in einem Band

Carl Hanser Verlag

Herausgegeben von Peter Goldammer

ISBN 3-446-18444-9 Bütten
ISBN 3-446-15091-9 Leinen
Hanser Bibliothek

Satz: Dörlemann-Satz, Lemförde
Druck und Bindung: Friedrich Pustet, Regensburg
Printed in Germany

INHALTSÜBERSICHT

GEDICHTE

ERSTES BUCH

Oktoberlied

Der Nebel steigt, es fällt das Laub;
Schenk ein den Wein, den holden!
Wir wollen uns den grauen Tag
Vergolden, ja vergolden!

Und geht es draußen noch so toll,
Unchristlich oder christlich,
Ist doch die Welt, die schöne Welt,
So gänzlich unverwüstlich!

Und wimmert auch einmal das Herz –
Stoß an und laß es klingen!
Wir wissen's doch, ein rechtes Herz
Ist gar nicht umzubringen.

Der Nebel steigt, es fällt das Laub;
Schenk ein den Wein, den holden!
Wir wollen uns den grauen Tag
Vergolden, ja vergolden!

Wohl ist es Herbst; doch warte nur,
Doch warte nur ein Weilchen!
Der Frühling kommt, der Himmel lacht,
Es steht die Welt in Veilchen.

Die blauen Tage brechen an,
Und ehe sie verfließen,
Wir wollen sie, mein wackrer Freund,
Genießen, ja genießen!

Abseits

Es ist so still; die Heide liegt
Im warmen Mittagssonnenstrahle,
Ein rosenroter Schimmer fliegt
Um ihre alten Gräbermale;
Die Kräuter blühn; der Heideduft
Steigt in die blaue Sommerluft.

Laufkäfer hasten durchs Gesträuch
In ihren goldnen Panzerröckchen,
Die Bienen hängen Zweig um Zweig
Sich an der Edelheide Glöckchen,
Die Vögel schwirren aus dem Kraut –
Die Luft ist voller Lerchenlaut.

Ein halbverfallen niedrig Haus
Steht einsam hier und sonnbeschienen;
Der Kätner lehnt zur Tür hinaus,
Behaglich blinzelnd nach den Bienen;
Sein Junge auf dem Stein davor
Schnitzt Pfeifen sich aus Kälberrohr.

Kaum zittert durch die Mittagsruh
Ein Schlag der Dorfuhr, der entfernten;
Dem Alten fällt die Wimper zu,
Er träumt von seinen Honigernten.
– Kein Klang der aufgeregten Zeit
Drang noch in diese Einsamkeit.

Weihnachtslied

Vom Himmel in die tiefsten Klüfte
Ein milder Stern herniederlacht;
Vom Tannenwalde steigen Düfte
Und hauchen durch die Winterlüfte,
Und kerzenhelle wird die Nacht.

Mir ist das Herz so froh erschrocken,
Das ist die liebe Weihnachtszeit!
Ich höre fernher Kirchenglocken
Mich lieblich heimatlich verlocken
In märchenstille Herrlichkeit.

Ein frommer Zauber hält mich wieder,
Anbetend, staunend muß ich stehn;
Es sinkt auf meine Augenlider
Ein goldner Kindertraum hernieder,
Ich fühl's, ein Wunder ist geschehn.

Sommermittag

Nun ist es still um Hof und Scheuer,
Und in der Mühle ruht der Stein;
Der Birnenbaum mit blanken Blättern
Steht regungslos im Sonnenschein.

Die Bienen summen so verschlafen;
Und in der offnen Bodenluk',
Benebelt von dem Duft des Heues,
Im grauen Röcklein nickt der Puk.

Der Müller schnarcht und das Gesinde,
Und nur die Tochter wacht im Haus;
Die lachet still und zieht sich heimlich
Fürsichtig die Pantoffeln aus.

Sie geht und weckt den Müllerburschen,
Der kaum den schweren Augen traut:
»Nun küsse mich, verliebter Junge;
Doch sauber, sauber! nicht zu laut.«

Die Stadt

Am grauen Strand, am grauen Meer
Und seitab liegt die Stadt;
Der Nebel drückt die Dächer schwer,
Und durch die Stille braust das Meer
Eintönig um die Stadt.

Es rauscht kein Wald, es schlägt im Mai
Kein Vogel ohn Unterlaß;
Die Wandergans mit hartem Schrei
Nur fliegt in Herbstesnacht vorbei,
Am Strande weht das Gras.

Doch hängt mein ganzes Herz an dir,
Du graue Stadt am Meer;
Der Jugend Zauber für und für
Ruht lächelnd doch auf dir, auf dir,
Du graue Stadt am Meer.

Meeresstrand

Ans Haff nun fliegt die Möwe,
Und Dämmrung bricht herein;
Über die feuchten Watten
Spiegelt der Abendschein.

Graues Geflügel huschet
Neben dem Wasser her;
Wie Träume liegen die Inseln
Im Nebel auf dem Meer.

Ich höre des gärenden Schlammes
Geheimnisvollen Ton,
Einsames Vogelrufen –
So war es immer schon.

Noch einmal schauert leise
Und schweiget dann der Wind;
Vernehmlich werden die Stimmen,
Die über der Tiefe sind.

Im Walde

Hier an der Bergeshalde
Verstummet ganz der Wind;
Die Zweige hängen nieder,
Darunter sitzt das Kind.

Sie sitzt in Thymiane,
Sie sitzt in lauter Duft;
Die blauen Fliegen summen
Und blitzen durch die Luft.

Es steht der Wald so schweigend,
Sie schaut so klug darein;
Um ihre braunen Locken
Hinfließt der Sonnenschein.

Der Kuckuck lacht von ferne,
Es geht mir durch den Sinn:
Sie hat die goldnen Augen
Der Waldeskönigin.

Elisabeth

Meine Mutter hat's gewollt,
Den andern ich nehmen sollt;
Was ich zuvor besessen,
Mein Herz sollt es vergessen;
Das hat es nicht gewollt.

Meine Mutter klag ich an,
Sie hat nicht wohlgetan;
Was sonst in Ehren stünde,
Nun ist es worden Sünde.
Was fang ich an?

Für all mein Stolz und Freud
Gewonnen hab ich Leid.
Ach, wär das nicht geschehen,
Ach, könnt ich betteln gehen
Über die braune Heid!

Lied
des Harfenmädchens

Heute, nur heute
Bin ich so schön;
Morgen, ach morgen
Muß alles vergehn!

Nur diese Stunde
Bist du noch mein;
Sterben, ach sterben
Soll ich allein.

Die Nachtigall

Das macht, es hat die Nachtigall
Die ganze Nacht gesungen;
Da sind von ihrem süßen Schall,
Da sind in Hall und Widerhall
Die Rosen aufgesprungen.

Sie war doch sonst ein wildes Kind;
Nun geht sie tief in Sinnen,
Trägt in der Hand den Sommerhut

Und duldet still der Sonne Glut
Und weiß nicht, was beginnen.

Das macht, es hat die Nachtigall
Die ganze Nacht gesungen;
Da sind von ihrem süßen Schall,
Da sind in Hall und Widerhall
Die Rosen aufgesprungen.

Im Volkston

1

Als ich dich kaum gesehn,
Mußt es mein Herz gestehn,
Ich könnt dir nimmermehr
Vorübergehn.

Fällt nun der Sternenschein
Nachts in mein Kämmerlein,
Lieg ich und schlafe nicht
Und denke dein.

Ist doch die Seele mein
So ganz geworden dein,
Zittert in deiner Hand,
Tu ihr kein Leid!

2

Einen Brief soll ich schreiben
Meinem Schatz in der Fern;
Sie hat mich gebeten,
Sie hätt's gar zu gern.

Da lauf ich zum Krämer,
Kauf Tint' und Papier
Und schneid mir ein' Feder,
Und sitz nun dahier.

Als wir noch mitsammen
Uns lustig gemacht,
Da haben wir nimmer
Ans Schreiben gedacht.

Was hilft mir nun Feder
Und Tint' und Papier!
Du weißt, die Gedanken
Sind allzeit bei dir.

Regine

Und webte auch auf jenen Matten
Noch jene Mondesmärchenpracht,
Und stünd sie noch im Waldesschatten
Inmitten jener Sommernacht;
Und fänd ich selber wie im Traume
Den Weg zurück durch Moor und Feld,
Sie schritte doch vom Waldessaume
Niemals hinunter in die Welt.

Ein grünes Blatt

Ein Blatt aus sommerlichen Tagen,
Ich nahm es so im Wandern mit,
Auf daß es einst mir möge sagen,
Wie laut die Nachtigall geschlagen,
Wie grün der Wald, den ich durchschritt.

Weiße Rosen

1

Du bissest die zarten Lippen wund,
Das Blut ist danach geflossen;
Du hast es gewollt, ich weiß es wohl,
Weil einst mein Mund sie verschlossen.

Entfärben ließt du dein blondes Haar
In Sonnenbrand und Regen;
Du hast es gewollt, weil meine Hand
Liebkosend darauf gelegen.

Du stehst am Herd in Flammen und Rauch,
Daß die feinen Hände dir sprangen;
Du hast es gewollt, ich weiß es wohl,
Weil mein Auge daran gehangen.

2

Du gehst an meiner Seite hin
Und achtest meiner nicht;
Nun schmerzt mich deine weiße Hand,
Dein süßes Angesicht.

O sprich wie sonst ein liebes Wort,
Ein einzig Wort mir zu!
Die Wunden bluten heimlich fort,
Auch du hast keine Ruh.

Der Mund, der jetzt zu meiner Qual
Sich stumm vor mir verschließt,
Ich hab ihn ja so tausendmal,
Vieltausendmal geküßt.

Was einst so überselig war,
Bricht nun das Herz entzwei;
Das Aug, das meine Seele trank,
Sieht fremd an mir vorbei.

3

So dunkel sind die Straßen,
So herbstlich geht der Wind;
Leb wohl, meine weiße Rose,
Mein Herz, mein Weib, mein Kind!

So schweigend steht der Garten,
Ich wandre weit hinaus;
Er wird dir nicht verraten,
Daß ich nimmer kehr nach Haus.

Der Weg ist gar so einsam,
Es reist ja niemand mit;
Die Wolken nur am Himmel
Halten gleichen Schritt.

Ich bin so müd zum Sterben;
Drum blieb' ich gern zu Haus
Und schliefe gern das Leben
Und Lust und Leiden aus.

Lose

Der einst er seine junge
Sonnige Liebe gebracht,
Die hat ihn gehen heißen,
Nicht weiter sein gedacht.

Drauf hat er heimgeführet
Ein Mädchen still und hold;
Die hat aus allen Menschen
Nur einzig ihn gewollt.

Und ob sein Herz in Liebe
Niemals für sie gebebt,
Sie hat um ihn gelitten
Und nur für ihn gelebt.

Noch einmal!

Noch einmal fällt in meinen Schoß
Die rote Rose Leidenschaft;
Noch einmal hab ich schwärmerisch
In Mädchenaugen mich vergafft;
Noch einmal legt ein junges Herz
An meines seinen starken Schlag;
Noch einmal weht an meine Stirn
Ein juniheißer Sommertag.

Die Stunde schlug

Die Stunde schlug, und deine Hand
Liegt zitternd in der meinen,
An meine Lippen streiften schon
Mit scheuem Druck die deinen.

Es zuckten aus dem vollen Kelch
Elektrisch schon die Funken;
O fasse Mut, und fliehe nicht,
Bevor wir ganz getrunken!

Die Lippen, die mich so berührt,
Sind nicht mehr deine eignen;
Sie können doch, solang du lebst,
Die meinen nicht verleugnen.

Die Lippen, die sich so berührt,
Sind rettungslos gefangen;
Spät oder früh, sie müssen doch
Sich tödlich heimverlangen.

Abends

Warum duften die Levkojen soviel schöner bei der Nacht?
Warum brennen deine Lippen soviel röter bei der Nacht?
Warum ist in meinem Herzen so die Sehnsucht auferwacht,
Diese brennend roten Lippen dir zu küssen bei der Nacht?

Wohl fühl ich, wie das Leben rinnt

Wohl fühl ich, wie das Leben rinnt
Und daß ich endlich scheiden muß,
Daß endlich doch das letzte Lied
Und endlich kommt der letzte Kuß.

Noch häng ich fest an deinem Mund
In schmerzlich bangender Begier;
Du gibst der Jugend letzten Kuß,
Die letzte Rose gibst du mir.

Du schenkst aus jenem Zauberkelch
Den letzten goldnen Trunk mir ein;
Du bist aus jener Märchenwelt
Mein allerletzter Abendschein.

Am Himmel steht der letzte Stern,
O halte nicht dein Herz zurück;
Zu deinen Füßen sink ich hin,
O fühl's, du bist mein letztes Glück!

Laß einmal noch durch meine Brust
Des vollsten Lebens Schauer wehn,
Eh seufzend in die große Nacht
Auch meine Sterne untergehn.

Hyazinthen

Fern hallt Musik; doch hier ist stille Nacht,
Mit Schlummerduft anhauchen mich die Pflanzen.
Ich habe immer, immer dein gedacht;
Ich möchte schlafen, aber du mußt tanzen.

Es hört nicht auf, es rast ohn Unterlaß;
Die Kerzen brennen und die Geigen schreien,
Es teilen und es schließen sich die Reihen,
Und alle glühen; aber du bist blaß.

Und du mußt tanzen; fremde Arme schmiegen
Sich an dein Herz; o leide nicht Gewalt!
Ich seh dein weißes Kleid vorüberfliegen
Und deine leichte, zärtliche Gestalt. --

Und süßer strömend quillt der Duft der Nacht
Und träumerischer aus dem Kelch der Pflanzen.
Ich habe immer, immer dein gedacht;
Ich möchte schlafen, aber du mußt tanzen.

Du willst es nicht in Worten sagen

Du willst es nicht in Worten sagen;
Doch legst du's brennend Mund auf Mund,
Und deiner Pulse tiefes Schlagen
Tut liebliches Geheimnis kund.

Du fliehst vor mir, du scheue Taube,
Und drückst dich fest an meine Brust;
Du bist der Liebe schon zum Raube
Und bist dir kaum des Worts bewußt.

Du biegst den schlanken Leib mir ferne,
Indes dein roter Mund mich küßt;
Behalten möchtest du dich gerne,
Da du doch ganz verloren bist.

Du fühlst, wir können nicht verzichten;
Warum zu geben scheust du noch?
Du mußt die ganze Schuld entrichten,
Du mußt, gewiß, du mußt es doch.

In Sehnen halb und halb in Bangen,
Am Ende rinnt die Schale voll;
Die holde Scham ist nur empfangen,
Daß sie in Liebe sterben soll.

Dämmerstunde

Im Sessel du, und ich zu deinen Füßen –
Das Haupt zu dir gewendet, saßen wir;
Und sanfter fühlten wir die Stunden fließen,
Und stiller ward es zwischen mir und dir;
Bis unsre Augen ineinandersanken
Und wir berauscht der Seele Atem tranken.

Frauenhand

Ich weiß es wohl, kein klagend Wort
Wird über deine Lippen gehen;
Doch, was so sanft dein Mund verschweigt,
Muß deine blasse Hand gestehen.

Die Hand, an der mein Auge hängt,
Zeigt jenen feinen Zug der Schmerzen,
Und daß in schlummerloser Nacht
Sie lag auf einem kranken Herzen.

Die Zeit ist hin

Die Zeit ist hin; du löst dich unbewußt
Und leise mehr und mehr von meiner Brust;
Ich suche dich mit sanftem Druck zu fassen,
Doch fühl ich wohl, ich muß dich gehen lassen.

So laß mich denn, bevor du weit von mir
Im Leben gehst, noch einmal danken dir;
Und magst du nie, was rettungslos vergangen,
In schlummerlosen Nächten heimverlangen.

Hier steh ich nun und schaue bang zurück;
Vorüber rinnt auch dieser Augenblick,
Und wieviel Stunden dir und mir gegeben,
Wir werden keine mehr zusammen leben.

Wohl rief ich sanft dich an mein Herz

Wohl rief ich sanft dich an mein Herz,
Doch blieben meine Arme leer;
Der Stimme Zauber, der du sonst
Nie widerstandest, galt nicht mehr.

Was jetzt dein Leben füllen wird,
Wohin du gehst, wohin du irrst,
Ich weiß es nicht; ich weiß allein,
Daß du mir nie mehr lächeln wirst.

Doch kommt erst jene stille Zeit,
Wo uns das Leben läßt allein,
Dann wird, wie in der Jugend einst,
Nur meine Liebe bei dir sein.

Dann wird, was jetzt geschehen mag,
Wie Schatten dir vorübergehn,
Und nur die Zeit, die nun dahin,
Die uns gehörte, wird bestehn.

Und wenn dein letztes Kissen einst
Beglänzt ein Abendsonnenstrahl,
Es ist die Sonne jenes Tags,
Da ich dich küßte zum erstenmal.

Du schläfst

Du schläfst – so will ich leise flehen:
O schlafe sanft! und leise will ich gehen,
Daß dich nicht störe meiner Tritte Gang,
Daß du nicht hörest meiner Stimme Klang.

Ein Grab schon weiset manche Stelle

Ein Grab schon weiset manche Stelle,
Und manches liegt in Traum und Duft;
Nun sprudle, frische Lebensquelle,
Und rausche über Grab und Kluft!

Geschwisterblut

1

Sie saßen sich genüber bang
Und sahen sich an in Schmerzen;
Oh, lägen sie in tiefster Gruft
Und lägen Herz an Herzen! –

Sie sprach: »Daß wir beisammen sind,
Mein Bruder, will nicht taugen!«
Er sah ihr in die Augen tief:
»O süße Schwesteraugen!«

Sie faßte flehend seine Hand
Und rief: »O denk der Sünde!«
Er sprach: »O süßes Schwesterblut,
Was läufst du so geschwinde!«

Er zog die schmalen Fingerlein
An seinen Mund zur Stelle;
Sie rief: »Oh, hilf mir, Herre Christ,
Er zieht mich nach der Hölle!«

Der Bruder hielt ihr zu den Mund;
Er rief nach seinen Knappen.
Nun rüsteten sie Reisezeug,
Nun zäumten sie die Rappen.

Er sprach: »Daß ich dein Bruder sei,
Nicht länger will ich's tragen;
Nicht länger will ich drum im Grab
Vater und Mutter verklagen.

Zu lösen vermag der Papst Urban,
Er mag uns lösen und binden!
Und säß er an Sankt Peters Hand,
Den Brautring muß ich finden.«

Er ritt dahin; die Träne rann
Von ihrem Angesichte;
Der Stuhl, wo er gesessen, stand
Im Abendsonnenlichte.

Sie stieg hinab durch Hof und Hall'
Zu der Kapelle Stufen:
»Weh mir, ich hör im Grabe tief
Vater und Mutter rufen!«

Sie stieg hinauf ins Kämmerlein;
Das stand in Dämmernissen.
Ach, nächtens schlug die Nachtigall;
Da saß sie wach im Kissen.

Da fuhr ihr Herz dem Liebsten nach
Allüberall auf Erden;
Sie streckte weit die Arme aus:
»Unselig muß ich werden!«

2

Schon war mit seinem Rosenkranz
Der Sommer fortgezogen;
Es hatte sich die Nachtigall
In weiter Welt verflogen.

Im Erker saß ein blasses Weib
Und schaute auf die Fliesen;
So stille war's: kein Tritt erscholl,
Kein Hornruf über die Wiesen.

Der Abendschein alleine ging
Vergoldend durch die Halle;
Da öffneten die Tore sich
Geräuschlos, ohne Schalle.

Da stand an seiner Schwelle Rand
Ein Mann in Harm gebrochen;
Der sah sie toten Auges an,
Kein Wort hat er gesprochen.

Es lag auf ihren Lidern schwer,
Sie schlug sie auf mit Mühen;
Sie sprang empor, sie schrie so laut,
Wie noch kein Herz geschrieen.

Doch als er sprach: »Es reicht kein Ring
Um Schwester- und Bruderhände!«
Um stürzte sie den Marmortisch
Und schritt an Saales Ende.

Sie warf in seine Arme sich;
Doch war sie bleich zum Sterben.
Er sprach: »So ist die Stunde da,
Daß beide wir verderben.«

Die Schwester von dem Nacken sein
Löste die zarten Hände:
»Wir wollen zu Vater und Mutter gehn;
Da hat das Leid ein Ende.«

Mondlicht

Wie liegt im Mondenlichte
Begraben nun die Welt;
Wie selig ist der Friede,
Der sie umfangen hält!

Die Winde müssen schweigen,
So sanft ist dieser Schein;
Sie säuseln nur und weben
Und schlafen endlich ein.

Und was in Tagesgluten
Zur Blüte nicht erwacht,
Es öffnet seine Kelche
Und duftet in die Nacht.

Wie bin ich solchen Friedens
Seit lange nicht gewohnt!
Sei du in meinem Leben
Der liebevolle Mond!

Lucie

Ich seh sie noch, ihr Büchlein in der Hand,
Nach jener Bank dort an der Gartenwand
Vom Spiel der andern Kinder sich entfernen;
Sie wußte wohl, es mühte sie das Lernen.

Nicht war sie klug, nicht schön; mir aber war
Ihr blaß Gesichtchen und ihr blondes Haar,
Mir war es lieb; aus der Erinnrung Düster
Schaut es mich an; wir waren recht Geschwister.

Ihr schmales Bettchen teilte sie mit mir,
Und nächtens Wang an Wange schliefen wir;
Das war so schön! Noch weht ein Kinderfrieden
Mich an aus jenen Zeiten, die geschieden.

Ein Ende kam; – ein Tag, sie wurde krank
Und lag im Fieber viele Wochen lang;
Ein Morgen dann, wo sanft die Winde gingen,
Da ging sie heim; es blühten die Syringen.

Die Sonne schien; ich lief ins Feld hinaus
Und weinte laut; dann kam ich still nach Haus.
Wohl zwanzig Jahr und drüber sind vergangen –
An wieviel anderm hat mein Herz gehangen!

Was hab ich heute denn nach dir gebangt?
Bist du mir nah und hast nach mir verlangt?
Willst du, wie einst nach unsern Kinderspielen,
Mein Knabenhaupt an deinem Herzen fühlen?

Einer Toten

1

Du glaubtest nicht an frohe Tage mehr,
Verjährtes Leid ließ nimmer dich genesen;
Die Mutterfreude war für dich zu schwer,
Das Leben war dir gar zu hart gewesen. –

Er saß bei dir in letzter Liebespflicht;
Noch eine Nacht, noch eine war gegeben!
Auch die verrann; dann kam das Morgenlicht.
»Mein guter Mann, wie gerne wollt ich leben!«

Er hörte still die sanften Worte an,
Wie sie sein Ohr in bangen Pausen trafen:
»Sorg für das Kind – ich sterbe, süßer Mann.«
Dann halb verständlich noch: »Nun will ich schlafen.«

Und dann nichts mehr; – du wurdest nimmer wach,
Dein Auge brach, die Welt ward immer trüber;
Der Atem Gottes wehte durchs Gemach,
Dein Kind schrie auf, und dann warst du hinüber.

2

Das aber kann ich nicht ertragen,
Daß so wie sonst die Sonne lacht;
Daß wie in deinen Lebenstagen
Die Uhren gehn, die Glocken schlagen,
Einförmig wechseln Tag und Nacht;

Daß, wenn des Tages Lichter schwanden,
Wie sonst der Abend uns vereint;
Und daß, wo sonst dein Stuhl gestanden,
Schon andre ihre Plätze fanden,
Und nichts dich zu vermissen scheint;

Indessen von den Gitterstäben
Die Mondesstreifen schmal und karg
In deine Gruft hinunterweben
Und mit gespenstig trübem Leben
Hinwandeln über deinen Sarg.

Eine Fremde

Sie saß in unserm Mädchenkreise,
Ein Stern am Frauen-Firmament;
Sie sprach in unsres Volkes Weise,
Nur leis, mit klagendem Akzent.
Du hörtest niemals heimverlangen
Den stolzen Mund der schönen Frau;
Nur auf den südlich blassen Wangen
Und über der gewölbten Brau'
Lag noch Granadas Mondenschimmer,
Den sie vertauscht um unsern Strand;
Und ihre Augen dachten immer
An ihr beglänztes Heimatland.

Lehrsatz

Die Sonne scheint; laß ab von Liebeswerben!
Denn Liebe gleicht der scheuesten der Frauen;
Ihr eigen Antlitz schämt sie sich zu schauen,
Ein Rätsel will sie bleiben, oder sterben.
Doch wenn der Abend still herniedergleitet,
Dann naht das Reich der zärtlichen Gedanken;
Wenn Dämmrung süß verwirrend sich verbreitet
Und alle Formen ineinander schwanken,
Dann irrt die Hand, dann irrt der Mund gar leicht,
Und halb gewagt, wird alles ganz erreicht.

Die Kleine

Und plaudernd hing sie mir am Arm,
Sie halb erschlossen nur dem Leben;
Ich zwar nicht alt, doch aber dort,
Wo uns verläßt die Jugend eben.

Wir wandelten hinauf, hinab
Im dämmergrünen Gang der Linden;
Sie sah mich froh und leuchtend an,
Sie wußte nicht, es könne zünden;

Ihr ahnte keine Möglichkeit,
Kein Wort von so verwegnen Dingen,
Wodurch es selbst die tiefste Kluft
Verlockend wird zu überspringen.

O süßes Nichtstun

O süßes Nichtstun, an der Liebsten Seite
Zu ruhen auf des Bergs besonnter Kuppe;
Bald abwärts zu des Städtchens Häusergruppe
Den Blick zu senden, bald in ferne Weite!
O süßes Nichtstun, lieblich so gebannt
Zu atmen in den neubefreiten Düften;
Sich locken lassen von den Frühlingslüften,
Hinabzuziehn in das beglänzte Land;
Rückkehren dann aus aller Wunderferne
In deiner Augen heimatliche Sterne.

Wer je gelebt in Liebesarmen

Wer je gelebt in Liebesarmen,
Der kann im Leben nie verarmen;
Und müßt er sterben fern, allein,
Er fühlte noch die sel'ge Stunde,
Wo er gelebt an ihrem Munde,
Und noch im Tode ist sie sein.

Nun sei mir heimlich zart und lieb

Nun sei mir heimlich zart und lieb;
Setz deinen Fuß auf meinen nun!
Mir sagt es: ich verließ die Welt,
Um ganz allein auf dir zu ruhn;

Und dir: o ließe mich die Welt,
Und könnt ich friedlich und allein,
Wie deines leichten Fußes jetzt,
So deines Lebens Träger sein!

Schließe mir die Augen beide

Schließe mir die Augen beide
Mit den lieben Händen zu!
Geht doch alles, was ich leide,
Unter deiner Hand zur Ruh.

Und wie leise sich der Schmerz
Well' um Welle schlafen leget,
Wie der letzte Schlag sich reget,
Füllest du mein ganzes Herz.

Kritik

Hör mir nicht auf solch Geschwätze,
Liebes Herz, daß wir Poeten
Schon genug der Liebeslieder,
Ja zuviel gedichtet hätten.

Ach, es sind so kläglich wenig,
Denn ich zählte sie im stillen,
Kaum genug, dein Nadelbüchlein
Schicklich damit anzufüllen.

Lieder, die von Liebe reimen,
Kommen Tag für Tage wieder;
Doch wir zwei Verliebte sprechen:
Das sind keine Liebeslieder.

Morgens

Nun gib ein Morgenküßchen!
Du hast genug der Ruh;
Und setz dein zierlich Füßchen
Behende in den Schuh!

Nun schüttle von der Stirne
Der Träume blasse Spur!
Das goldene Gestirne
Erleuchtet längst die Flur.

Die Rosen in deinem Garten
Sprangen im Sonnenlicht;
Sie können kaum erwarten,
Daß deine Hand sie bricht.

Zur Nacht

Vorbei der Tag! Nun laß mich unverstellt
Genießen dieser Stunde vollen Frieden!
Nun sind wir unser; von der frechen Welt
Hat endlich uns die heilige Nacht geschieden.

Laß einmal noch, eh sich dein Auge schließt,
Der Liebe Strahl sich rückhaltlos entzünden;
Noch einmal, eh im Traum sie sich vergißt,
Mich deiner Stimme lieben Laut empfinden!

Was gibt es mehr! Der stille Knabe winkt
Zu seinem Strande lockender und lieber;
Und wie die Brust dir atmend schwellt und sinkt,
Trägt uns des Schlummers Welle sanft hinüber.

Die Kinder

1

Abends

Auf meinem Schoße sitzet nun
Und ruht der kleine Mann;
Mich schauen aus der Dämmerung
Die zarten Augen an.

Er spielt nicht mehr, er ist bei mir,
Will nirgend anders sein;
Die kleine Seele tritt heraus
Und will zu mir herein.

2

Mein Häwelmann, mein Bursche klein,
Du bist des Hauses Sonnenschein,
Die Vögel singen, die Kinder lachen,
Wenn deine strahlenden Augen wachen.

Im Herbste

Es rauscht, die gelben Blätter fliegen,
Am Himmel steht ein falber Schein;
Du schauerst leis und drückst dich fester
In deines Mannes Arm hinein.

Was nun von Halm zu Halme wandelt,
Was nach den letzten Blumen greift,
Hat heimlich im Vorübergehen
Auch dein geliebtes Haupt gestreift.

Doch reißen auch die zarten Fäden,
Die warme Nacht auf Wiesen spann –
Es ist der Sommer nur, der scheidet;
Was geht denn uns der Sommer an!

Du legst die Hand an meine Stirne
Und schaust mir prüfend ins Gesicht;
Aus deinen milden Frauenaugen
Bricht gar zu melancholisch Licht.

Erlosch auch hier ein Duft, ein Schimmer,
Ein Rätsel, das dich einst bewegt,
Daß du in meine Hand gefangen
Die freie Mädchenhand gelegt?

O schaudre nicht! Ob auch unmerklich
Der schönste Sonnenschein verrann –
Es ist der Sommer nur, der scheidet;
Was geht denn uns der Sommer an!

Gode Nacht

Över de stillen Straten
Geit klar de Klokkenslag;
God Nacht! Din Hart will slapen,
Un morgen is ok en Dag.

Din Kind liggt in de Weegen,
Un ik bün ok bi di;
Din Sorgen un din Leven
Is allens um un bi.

Noch eenmal lat uns spräken:
Goden Abend, gode Nacht!
De Maand schient op de Däken,
Uns' Herrgott hölt de Wacht.

O bleibe treu den Toten

O bleibe treu den Toten,
Die lebend du betrübt;
O bleibe treu den Toten,
Die lebend dich geliebt!

Sie starben; doch sie blieben
Auf Erden wesenlos,
Bis allen ihren Lieben
Der Tod die Augen schloß.

Indessen du dich herzlich
In Lebenslust versenkst,
Wie sehnen sie sich schmerzlich,
Daß ihrer du gedenkst!

Sie nahen dir in Liebe,
Allein du fühlst es nicht;
Sie schaun dich an so trübe,
Du aber siehst es nicht.

Die Brücke ist zerfallen;
Nun mühen sie sich bang,
Ein Liebeswort zu lallen,
Das nie hinüberdrang.

In ihrem Schattenleben
Quält eins sie gar zu sehr:
Ihr Herz will dir vergeben,
Ihr Mund vermag's nicht mehr.

O bleibe treu den Toten,
Die lebend du betrübt;
O bleibe treu den Toten,
Die lebend dich geliebt!

In böser Stunde

Ein schwaches Stäbchen ist die Liebe,
Das deiner Jugend Rebe trägt,
Das wachsend bald der Baum des Lebens
Mit seinen Ästen selbst zerschlägt.

Und drängtest du mit ganzer Seele
Zu allerinnigstem Verein,
Du wirst am Ende doch, am Ende
Nur auf dir selbst gelassen sein.

Und war es auch ein großer Schmerz

Und war es auch ein großer Schmerz,
Und wär's vielleicht gar eine Sünde,
Wenn es noch einmal vor dir stünde,
Du tätst es noch einmal, mein Herz.

Zwischenreich

Meine ausgelaßne Kleine,
Ach, ich kenne sie nicht mehr;
Nur mit Tanten und Pastoren
Hat das liebe Herz Verkehr.

Jene süße Himmelsdemut,
Die der Sünder Hoffart schilt,
Hat das ganze Schelmenantlitz
Wie mit grauem Flor verhüllt.

Ja, die brennend roten Lippen
Predigen Entsagung euch;
Diese gar zu schwarzen Augen
Schmachten nach dem Himmelreich.

Auf die Tiziansche Venus
Ist ein Heil'genbild gemalt;
Ach, ich kenne sie nicht wieder,
Die so schön mit uns gedahlt.

Nirgends mehr für blaue Märchen
Ist ein einzig Plätzchen leer;
Nur Traktätlein und Asketen
Liegen haufenweis umher.

Wahrlich, zum Verzweifeln wär es –
Aber, Schatz, wir wissen schon,
Deinen ganzen Götzenplunder
Wirft ein einz'ger Mann vom Thron.

Vom Staatskalender

1

Die Tochter spricht:

»Ach, die kleine Kaufmannstochter,
Wie das Ding sich immer putzt!
Fehlt nur, daß mit unsereinem
Sie sich noch vertraulich duzt.

Setzt sich, wo wir auch erscheinen,
Wie von selber nebenbei;
Präsidentens könnten meinen,
Daß es heiße Freundschaft sei.

Und es will sich doch nicht schicken,
Daß man so mit jeder geht,
Seit Papa im Staatskalender
In der dritten Klasse steht.

Hat Mama doch auch den Diensten
Anbefohlen klar und hell,
Fräulein hießen wir jetzunder,
Fräulein, und nicht mehr Mamsell.

Ach, ein kleines bißchen adlig,
So ein bißchen – glaub, wir sind's!
Morgen in der goldnen Kutsche
Holt uns ein verwünschter Prinz!«

2

Ein Golem

Ihr sagt, es sei ein Kämmerer,
Ein schöner Staatskalenderer;
Doch sieht denn nicht ein jeder,
Daß er genäht aus Leder?

Kommt nur der rechte Regentropf
Und wäscht die Nummer ihm vom Kopf,
So ruft gewiß ein jeder:
Herrgott, ein Kerl von Leder!

Gesegnete Mahlzeit

Sie haben wundervoll diniert;
Warm und behaglich rollt ihr Blut,
Voll Menschenliebe ist ihr Herz,
Sie sind der ganzen Welt so gut.

Sie schütteln zärtlich sich die Hand,
Umwandelnd den geleerten Tisch,
Und wünschen, daß gesegnet sei
Der Wein, der Braten und der Fisch.

Die Geistlichkeit, die Weltlichkeit,
Wie sie so ganz verstehen sich!
Ich glaube, Gott verzeihe mir,
Sie lieben sich herzinniglich.

Von Katzen

Vergangnen Maitag brachte meine Katze
Zur Welt sechs allerliebste kleine Kätzchen,
Maikätzchen, alle weiß mit schwarzen Schwänzchen.
Fürwahr, es war ein zierlich Wochenbettchen!
Die Köchin aber – Köchinnen sind grausam,
Und Menschlichkeit wächst nicht in einer Küche –,
Die wollte von den sechsen fünf ertränken,
Fünf weiße, schwarzgeschwänzte Maienkätzchen
Ermorden wollte dies verruchte Weib.
Ich half ihr heim! – Der Himmel segne
Mir meine Menschlichkeit! Die lieben Kätzchen,
Sie wuchsen auf und schritten binnen kurzem
Erhobnen Schwanzes über Hof und Herd;
Ja, wie die Köchin auch ingrimmig dreinsah,
Sie wuchsen auf, und nachts vor ihrem Fenster
Probierten sie die allerliebsten Stimmchen.
Ich aber, wie ich sie so wachsen sahe,
Ich pries mich selbst und meine Menschlichkeit. –

Ein Jahr ist um, und Katzen sind die Kätzchen,
Und Maitag ist's! – Wie soll ich es beschreiben,
Das Schauspiel, das sich jetzt vor mir entfaltet!
Mein ganzes Haus, vom Keller bis zum Giebel,
Ein jeder Winkel ist ein Wochenbettchen!
Hier liegt das eine, dort das andre Kätzchen,
In Schränken, Körben, unter Tisch und Treppen,
Die Alte gar – nein, es ist unaussprechlich –
Liegt in der Köchin jungfräulichem Bette!
Und jede, jede von den sieben Katzen
Hat sieben, denkt euch! sieben junge Kätzchen,
Maikätzchen, alle weiß mit schwarzen Schwänzchen!
Die Köchin rast, ich kann der blinden Wut
Nicht Schranken setzen dieses Frauenzimmers;
Ersäufen will sie alle neunundvierzig!
Mir selber! ach, mir läuft der Kopf davon –
O Menschlichkeit, wie soll ich dich bewahren!
Was fang ich an mit sechsundfunfzig Katzen! –

Engel-Ehe

Wie Flederwisch und Bürste sie regiert!
Glas und Gerät, es blitzt nur alles so
Und lacht und lebt! Nur, ach, sie selber nicht.
Ihr schmuck Gesicht, dem Manne ihrer Wahl,
Wenn ihre wirtschaftliche Bahn er kreuzt,
Gleich einer Maske hält sie's ihm entgegen;
Und fragt er gar, so wirft sie ihm das Wort
Als wie dem Hunde einen Knochen zu.
Denn er ist schuld an allem, was sie plagt,
Am Trotz der Mägde, an den großen Wäschen,
Am Tagesmühsal und der Nächte Wachen,
Schuld an dem schmutz'gen Pudel und den Kindern. –
Und er? – Er weiß, wenn kaum der grimme Tod
Sein unverkennbar Mal ihm aufgeprägt,
Dann wird, der doch in jedem Weibe schläft,
Der Engel auch in seinem Weib erwachen;

Ihr eigen Weh bezwingend, wird sie dann,
Was aus der Jugend Süßes ihr verblieb,
Heraufbeschwören; leuchten wird es ihm
Aus ihren Augen, lind wie Sommeratem
Wird dann ihr Wort zu seinem Herzen gehn. –
Doch wähnet nicht, daß dies ihn tröste! Nein,
Den künft'gen Engel, greulich haßt er ihn;
Er magert ab, er schlottert im Gebein,
Er wird daran ersticken jedenfalls.
Doch eh ihm ganz die Kehle zugeschnürt,
Muß er sein Weib in Himmelsglorie sehn;
Die Rede, die er brütend ausstudiert,
Womit vor seinem letzten Atemzug,
Jedwedes Wort ein Schwert, auf einen Schlag
Er alles Ungemach ihr hat vergelten wollen,
Er wird sie nimmer halten; Segenstammeln
Wird noch von seinen toten Lippen fliehn.
Das alles weiß er, und es macht ihn toll;
Er geht umher und fluchet innerlich.
Ja, manches Mal im hellsten Sonnenschein
Durchfährt es ihn, als stürz er in das Grab.
Es war sein Weib, sie sprach ein sanftes Wort;
Und zitternd blickt er auf: »Oh, Gott sei Dank,
Noch nicht, noch nicht das Engelsangesicht!«

Stoßseufzer

Am Weihnachtsonntag kam er zu mir,
In Jack' und Schurzfell, und roch nach Bier
Und sprach zwei Stunden zu meiner Qual
Von Zinsen und von Kapital;
Ein Kerl, vor dem mich Gott bewahr!
Hat keinen Festtag im ganzen Jahr.

In der Frühe

Goldstrahlen schießen übers Dach,
Die Hähne krähn den Morgen wach;
Nun einer hier, nun einer dort,
So kräht es nun von Ort zu Ort.
Und in der Ferne stirbt der Klang –
Ich höre nichts, ich horche lang.
Ihr wackern Hähne, krähet doch!
Sie schlafen immer, immer noch.

Aus der Marsch

Der Ochse frißt das feine Gras
Und läßt die groben Halme stehen;
Der Bauer schreitet hinterdrein
Und fängt bedächtig an zu mähen.

Und auf dem Stall zur Winterszeit,
Wie wacker steht der Ochs zu kauen!
Was er als grünes Gras verschmäht,
Das muß er nun als Heu verdauen.

Am Aktentisch

Da hab ich den ganzen Tag dekretiert;
Und es hätte mich fast wie so manchen verführt:
Ich spürte das kleine dumme Vergnügen,
Was abzumachen, was fertigzukriegen.

Sturmnacht

Im Hinterhaus, im Fliesensaal
Über Urgroßmutters Tisch' und Bänke,
Über die alten Schatullen und Schränke

Wandelt der zitternde Mondenstrahl.
Vom Wald kommt der Wind
Und fährt an die Scheiben;
Und geschwind, geschwind
Schwatzt er ein Wort,
Und dann wieder fort
Zum Wald über Föhren und Eiben.

Da wird auch das alte verzauberte Holz
Da drinnen lebendig;
Wie sonst im Walde will es stolz
Die Kronen schütteln unbändig,
Mit den Ästen greifen hinaus in die Nacht,
Mit dem Sturm sich schaukeln in brausender Jagd,
Mit den Blättern in Übermut rauschen,
Beim Tanz im Flug
Durch Wolkenzug
Mit dem Mondlicht silberne Blicke tauschen.

Da müht sich der Lehnstuhl, die Arme zu recken,
Den Rokokofuß will das Kanapee strecken,
In der Kommode die Schubfächer drängen
Und wollen die rostigen Schlösser sprengen;
Der Eichschrank unter dem kleinen Troß
Steht da, ein finsterer Koloß.
Traumhaft regt er die Klauen an,
Ihm zuckt's in der verlornen Krone;
Doch bricht er nicht den schweren Bann. –
Und draußen pfeift ihm der Wind zum Hohne
Und fährt an die Läden und rüttelt mit Macht,
Bläst durch die Ritzen, grunzt und lacht,
Schmeißt die Fledermäuse, die kleinen Gespenster,
Klitschend gegen die rasselnden Fenster.
Die glupen dumm neugierig hinein –
Da drinn' steht voll der Mondenschein.

Aber droben im Haus
Im behaglichen Zimmer

Beim Sturmgebraus
Saßen und schwatzten die Alten noch immer,
Nicht hörend, wie drunten die Saaltür sprang,
Wie ein Klang war erwacht
Aus der einsamen Nacht,
Der schollernd drang
Über Trepp' und Gang,
Daß drin in der Kammer die Kinder mit Schrecken
Auffuhren und schlüpften unter die Decken.

Waldweg

Fragment

Durch einen Nachbarsgarten ging der Weg,
Wo blaue Schlehn im tiefen Grase standen;
Dann durch die Hecke über schmalen Steg
Auf eine Wiese, die an allen Randen
Ein hoher Zaun vielfarb'gen Laubs umzog;
Buscheichen unter wilden Rosenbüschen,
Um die sich frei die Geißblattranke bog,
Brombeergewirr und Hülsendorn dazwischen;
Vorbei an Farrenkräutern wob der Eppich
Entlang des Walles seinen dunklen Teppich.
Und vorwärtsschreitend störte bald mein Tritt
Die Biene auf, die um die Distel schwärmte,
Bald hörte ich, wie durch die Gräser glitt
Die Schlange, die am Sonnenstrahl sich wärmte.
Sonst war es kirchenstill in alle Weite,
Kein Vogel hörbar; nur an meiner Seite
Sprang schnaufend ab und zu des Oheims Hund;
Denn nicht allein wär ich um solche Zeit
Gegangen zum entlegnen Waldesgrund;
Mir graute vor der Mittagseinsamkeit. –
Heiß war die Luft, und alle Winde schliefen;
Und vor mir lag ein sonnig offner Raum,
Wo quer hindurch schutzlos die Steige liefen.

Wohl hatt ich's sauer und ertrug es kaum;
Doch rascher schreitend überwand ich's bald.
Dann war ein Bach, ein Wall zu überspringen;
Dann noch ein Steg, und vor mir lag der Wald,
In dem schon herbstlich rot die Blätter hingen.
Und drüberher, hoch in der blauen Luft,
Stand beutesüchtig ein gewalt'ger Weih,
Die Flügel schlagend durch den Sonnenduft;
Tief aus der Holzung scholl des Hähers Schrei.
Herbstblätterduft und Tannenharzgeruch
Quoll mir entgegen schon auf meinem Wege,
Und dort im Walle schimmerte der Bruch,
Durch den ich meinen Pfad nahm ins Gehege.
Schon streckten dort gleich Säulen der Kapelle
Ans Laubgewölb die Tannenstämme sich;
Dann war's erreicht, und wie an Kirchenschwelle
Umschauerte die Schattenkühle mich.

Eine Frühlingsnacht

Im Zimmer drinnen ist's so schwül;
Der Kranke liegt auf dem heißen Pfühl.

Im Fieber hat er die Nacht verbracht;
Sein Herz ist müde, sein Auge verwacht.

Er lauscht auf der Stunden rinnenden Sand;
Er hält die Uhr in der weißen Hand.

Er zählt die Schläge, die sie pickt,
Er forschet, wie der Weiser rückt;

Es fragt ihn, ob er noch leb' vielleicht,
Wenn der Weiser die schwarze Drei erreicht.

Die Wartfrau sitzt geduldig dabei,
Harrend, bis alles vorüber sei. –

Schon auf dem Herzen drückt ihn der Tod;
Und draußen dämmert das Morgenrot.

An die Fenster klettert der Frühlingstag.
Mädchen und Vögel werden wach.

Die Erde lacht in Liebesschein,
Pfingstglocken läuten das Brautfest ein;

Singende Bursche ziehn übers Feld
Hinein in die blühende, klingende Welt. –

Und immer stiller wird es drin;
Die Alte tritt zum Kranken hin.

Der hat die Hände gefaltet dicht;
Sie zieht ihm das Laken übers Gesicht.

Dann geht sie fort. Stumm wird's und leer;
Und drinnen wacht kein Auge mehr.

Der Zweifel

Der Glaube ist zum Ruhen gut,
Doch bringt er nicht von der Stelle;
Der Zweifel in ehrlicher Männerfaust,
Der sprengt die Pforten der Hölle.

Februar

Im Winde wehn die Lindenzweige,
Von roten Knospen übersäumt;
Die Wiegen sind's, worin der Frühling
Die schlimme Winterzeit verträumt.

März

Und aus der Erde schauet nur
Alleine noch Schneeglöckchen;
So kalt, so kalt ist noch die Flur,
Es friert im weißen Röckchen.

April

Das ist die Drossel, die da schlägt,
Der Frühling, der mein Herz bewegt;
Ich fühle, die sich hold bezeigen,
Die Geister aus der Erde steigen.
Das Leben fließet wie ein Traum –
Mir ist wie Blume, Blatt und Baum.

Mai

1

Die Kinder schreien »Vivat hoch!«
In die blaue Luft hinein;
Den Frühling setzen sie auf den Thron,
Der soll ihr König sein.

2

Die Kinder haben die Veilchen gepflückt,
All, all, die da blühten am Mühlengraben.
Der Lenz ist da; sie wollen ihn fest
In ihren kleinen Fäusten haben.

Juli

Klingt im Wind ein Wiegenlied,
Sonne warm herniedersieht,
Seine Ähren senkt das Korn,
Rote Beere schwillt am Dorn,
Schwer von Segen ist die Flur –
Junge Frau, was sinnst du nur?

August

Inserat

Die verehrlichen Jungen, welche heuer
Meine Äpfel und Birnen zu stehlen gedenken,
Ersuche ich höflichst, bei diesem Vergnügen
Wo möglich insoweit sich zu beschränken,
Daß sie daneben auf den Beeten
Mir die Wurzeln und Erbsen nicht zertreten.

Im Garten

Hüte, hüte den Fuß und die Hände,
Eh sie berühren das ärmste Ding!
Denn du zertrittst eine häßliche Raupe
Und tötest den schönsten Schmetterling.

Komm, laß uns spielen

Wie bald des Sommers holdes Fest verging!
Rauh weht der Herbst; wird's denn auch Frühling wieder?

Da fällt ein bleicher Sonnenstrahl hernieder –
Komm, laß uns spielen, weißer Schmetterling!

Ach, keine Nelke, keine Rose mehr;
Am Himmel fährt ein kalt Gewölk daher!

Weh, wie so bald des Sommers Lust verging –
O komm! Wo bist du, weißer Schmetterling?

Herbst

1

Schon ins Land der Pyramiden
Flohn die Störche übers Meer;
Schwalbenflug ist längst geschieden,
Auch die Lerche singt nicht mehr.

Seufzend in geheimer Klage
Streift der Wind das letzte Grün;
Und die süßen Sommertage,
Ach, sie sind dahin, dahin!

Nebel hat den Wald verschlungen,
Der dein stillstes Glück gesehn;
Ganz in Duft und Dämmerungen
Will die schöne Welt vergehn.

Nur noch einmal bricht die Sonne
Unaufhaltsam durch den Duft,
Und ein Strahl der alten Wonne
Rieselt über Tal und Kluft.

Und es leuchten Wald und Heide,
Daß man sicher glauben mag,
Hinter allem Winterleide
Lieg' ein ferner Frühlingstag.

2

Die Sense rauscht, die Ähre fällt,
Die Tiere räumen scheu das Feld,
Der Mensch begehrt die ganze Welt.

3

Und sind die Blumen abgeblüht,
So brecht der Äpfel goldne Bälle;
Hin ist die Zeit der Schwärmerei,
So schätzt nun endlich das Reelle!

Hinter den Tannen

Sonnenschein auf grünem Rasen,
Krokus drinnen blau und blaß;
Und zwei Mädchenhände tauchen
Blumen pflückend in das Gras.

Und ein Junge kniet daneben,
Gar ein übermütig Blut,
Und sie schaun sich an und lachen –
O wie kenn ich sie so gut!

Hinter jenen Tannen war es,
Jene Wiese schließt es ein –
Schöne Zeit der Blumensträuße,
Stiller Sommersonnenschein!

Vor Tag

1

Wir harren nicht mehr ahnungsvoll
Wie sonst auf blaue Märchenwunder;
Wie sich das Buch entwickeln soll,
Wir wissen's ganz genau jetzunder.

Wir blätterten schon hin und her
– Denn ruchlos wurden unsre Hände –,
Und auf der letzten Seite sahn
Wir schon das schlimme Wörtlein Ende.

2

Und geht es noch so rüstig
Hin über Stein und Steg,
Es ist eine Stelle im Wege,
Du kommst darüber nicht weg.

3

Schlug erst die Stunde, wo auf Erden
Dein holdes Bildnis sich verlor,
Dann wirst du niemals wieder werden,
So wie du niemals warst zuvor.

4

Da diese Augen nun in Staub vergehen,
So weiß ich nicht, wie wir uns wiedersehen.

Zur Taufe

Ein Gutachten

Bedenk es wohl, eh du sie taufst!
Bedeutsam sind die Namen;
Und fasse mir dein liebes Bild
Nun in den rechten Rahmen.
Denn ob der Nam' den Menschen macht,
Ob sich der Mensch den Namen,
Das ist, weshalb mir oft, mein Freund,
Bescheidne Zweifel kamen;
Eins aber weiß ich ganz gewiß:
Bedeutsam sind die Namen!
So schickt für Mädchen Lisbeth sich,
Elisabeth für Damen;
Auch fing sich oft ein Freier schon,
Dem Fischlein gleich am Hamen,
An einem ambraduftigen,
Klanghaften Mädchennamen.

Morgane

An regentrüben Sommertagen,
Wenn Luft und Flut zusammenragen
Und ohne Regung schläft die See,
Dann steht an unserm grauen Strande
Das Wunder aus dem Morgenlande,
Morgane, die berufne Fee.

Arglistig halb und halb von Sinne,
Verschmachtend nach dem Kelch der Minne,
Der stets an ihrem Mund versiegt,
Umgaukelt sie des Wandrers Pfade
Und lockt ihn an ein Scheingestade,
Das in des Todes Reichen liegt.

Von ihrem Zauberspiel geblendet,
Ruht manches Haupt in Nacht gewendet,
Begraben in der Wüste Schlucht;
Denn ihre Liebe ist Verderben,
Ihr Hauch ist Gift, ihr Kuß ist Sterben,
Die schönen Augen sind verflucht.

So steht sie jetzt im hohen Norden
An unsres Meeres dunklen Borden,
So schreibt sie fingernd in den Dunst;
Und quellend aus den luft'gen Spuren
Erstehn in dämmernden Konturen
Die Bilder ihrer argen Kunst.

Doch hebt sich nicht wie dort im Süden
Auf rosigen Karyatiden
Ein Wundermärchenschloß ins Blau;
Nur einer Hauberg graues Bildnis
Schwimmt einsam in der Nebelwildnis,
Und keinen lockt der Hexenbau.

Bald wechselt sie die dunkle Küste
Mit Libyens sonnengelber Wüste
Und mit der Tropenwälder Duft;
Dann bläst sie lachend durch die Hände,
Dann schwankt das Haus, und Fach und Wände
Verrinnen quirlend in die Luft.

Ostern

Es war daheim auf unserm Meeresdeich;
Ich ließ den Blick am Horizonte gleiten,
Zu mir herüber scholl verheißungsreich
Mit vollem Klang das Osterglockenläuten.

Wie brennend Silber funkelte das Meer,
Die Inseln schwammen auf dem hohen Spiegel,
Die Möwen schossen blendend hin und her,
Eintauchend in die Flut die weißen Flügel.

Im tiefen Kooge bis zum Deichesrand
War sammetgrün die Wiese aufgegangen;
Der Frühling zog prophetisch über Land,
Die Lerchen jauchzten und die Knospen sprangen. –

Entfesselt ist die urgewalt'ge Kraft,
Die Erde quillt, die jungen Säfte tropfen,
Und alles treibt, und alles webt und schafft,
Des Lebens vollste Pulse hör ich klopfen.

Der Flut entsteigt der frische Meeresduft;
Vom Himmel strömt die goldne Sonnenfülle;
Der Frühlingswind geht klingend durch die Luft
Und sprengt im Flug des Schlummers letzte Hülle.

O wehe fort, bis jede Knospe bricht,
Daß endlich uns ein ganzer Sommer werde;
Entfalte dich, du gottgebornes Licht,
Und wanke nicht, du feste Heimaterde! –

Hier stand ich oft, wenn in Novembernacht
Aufgor das Meer zu gischtbestäubten Hügeln,
Wenn in den Lüften war der Sturm erwacht,
Die Deiche peitschend mit den Geierflügeln.

Und jauchzend ließ ich an der festen Wehr
Den Wellenschlag die grimmen Zähne reiben;
Denn machtlos, zischend schoß zurück das Meer –
Das Land ist unser, unser soll es bleiben!

Nach Reisegesprächen

Vorwärts lieber laß uns schreiten
Durch die deutschen Nebelschichten,
Als auf alten Träumen reiten
Und auf römischen Berichten!
Denn mir ist, als säh ich endlich
Unter uns ein Bild entfalten;
Dunkel erst, doch bald verständlich
Sich erheben die Gestalten;
Hauf an Haufen im Getümmel,
Nun zerrissen, nun zusammen;
An dem grauverhangnen Himmel
Zuckt es wie von tausend Flammen.
Hört ihr, wie die Büchsen knallen?
Wutgeschrei durchfegt die Lüfte;
Und die weißen Nebel wallen,
Und die Brüder stehn und fallen –
Hoher Tag und tiefe Grüfte!

Im Herbste 1850

Und schauen auch von Turm und Tore
Der Feinde Wappen jetzt herab,
Und rissen sie die Trikolore
Mit wüster Faust von Kreuz und Grab;

Und müßten wir nach diesen Tagen
Von Herd und Heimat bettelnd gehn –
Wir wollen's nicht zu laut beklagen;
Mag, was da muß, mit uns geschehn!

Und wenn wir hülfelos verderben,
Wo keiner unsre Schmerzen kennt,
Wir lassen unsern spätsten Erben
Ein treu besiegelt Testament;

Denn kommen wird das frische Werde,
Das auch bei uns die Nacht besiegt,
Der Tag, wo diese deutsche Erde
Im Ring des großen Reiches liegt.

Ein Wehe nur und eine Schande
Wird bleiben, wenn die Nacht verschwand:
Daß in dem eignen Heimatlande
Der Feind die Bundeshelfer fand;

Daß uns von unsern eignen Brüdern
Der bittre Stoß zum Herzen drang,
Die einst mit deutschen Wiegenliedern
Die Mutter in den Schlummer sang;

Die einst von deutscher Frauen Munde
Der Liebe holden Laut getauscht,
Die in des Vaters Sterbestunde
Mit Schmerz auf deutsches Wort gelauscht.

Nicht viele sind's und leicht zu kennen –
O haltet ein! Ihr dürft sie nicht
In Mitleid noch im Zorne nennen,
Nicht in Geschichte noch Gedicht.

Laßt sie, wenn frei die Herzen klopfen,
Vergessen und verschollen sein,
Und mischet nicht die Wermutstropfen
In den bekränzten deutschen Wein!

Gräber an der Küste

Mit Kränzen haben wir das Grab geschmückt,
Die stille Wiege unsrer jungen Toten;
Den grünsten Efeu haben wir gepflückt,
Die spätsten Astern, die das Jahr geboten.

Hier ruhn sie waffenlos in ihrer Gruft,
Die man hinaustrug aus dem Pulverdampfe;
Vom Strand herüber weht der Meeresduft,
Die Schläfer kühlend nach dem heißen Kampfe.

Es steigt die Flut; vom Ring des Deiches her
Im Abendschein entbrennt der Wasserspiegel;
Ihr schlafet schön! Das heimatliche Meer
Wirft seinen Glanz auf euren dunklen Hügel.

Und rissen sie die Farben auch herab,
Für die so jung ihr ginget zu den Bleichen,
Oh, schlafet ruhig! Denn von Grab zu Grab
Wehn um euch her der Feinde Wappenzeichen.

Nicht euch zum Ruhme sind sie aufgesteckt;
Doch künden sie, daß eure Kugeln trafen,
Daß, als ihr euch zur ew'gen Ruh gestreckt,
Den Feind ihr zwanget, neben euch zu schlafen.

Ihr aber, denen ohne Trommelschlag
Durch Feindeshand bereitet ward der Rasen,
Hört dieses Lied! und harret auf den Tag,
Daß unsre Reiter hier Reveille blasen! –

Doch sollte dieser heiße Lebensstreit
Verlorengehn wie euer Blut im Sande
Und nur im Reiche der Vergangenheit
Der Name leben dieser schönen Lande:

In diesem Grabe, wenn das Schwert zerbricht,
Liegt deutsche Ehre fleckenlos gebettet!
Beschützen konntet ihr die Heimat nicht,
Doch habt ihr sterbend sie vor Schmach gerettet.

Nun ruht ihr, wie im Mutterschoß das Kind,
Und schlafet aus auf heimatlichem Kissen;
Wir andern aber, die wir übrig sind,
Wo werden wir im Elend sterben müssen!

Schon hatten wir zu festlichem Empfang
Mit Kränzen in der Hand das Haus verlassen;
Wir standen harrend ganze Nächte lang,
Doch nur die Toten zogen durch die Gassen. –

So nehmet denn, ihr Schläfer dieser Gruft,
Die spätsten Blumen, die das Jahr geboten!
Schon fällt das Laub im letzten Sonnenduft –
Auch dieses Sommers Kranz gehört den Toten.

Ein Epilog

Ich hab es mir zum Trost ersonnen
In dieser Zeit der schweren Not,
In dieser Blütezeit der Schufte,
In dieser Zeit von Salz und Brot.

Ich zage nicht, es muß sich wenden,
Und heiter wird die Welt erstehn,
Es kann der echte Keim des Lebens
Nicht ohne Frucht verlorengehn.

Der Klang von Frühlingsungewittern,
Von dem wir schauernd sind erwacht,
Von dem noch alle Wipfel rauschen,
Er kommt noch einmal, über Nacht!

Und durch den ganzen Himmel rollen
Wird dieser letzte Donnerschlag;
Dann wird es wirklich Frühling werden
Und hoher, heller, goldner Tag.

Heil allen Menschen, die es hören!
Und Heil dem Dichter, der dann lebt
Und aus dem offnen Schacht des Lebens
Den Edelstein der Dichtung hebt!

1. Januar 1851

Sie halten Siegesfest, sie ziehn die Stadt entlang;
Sie meinen, Schleswig-Holstein zu begraben.
Brich nicht, mein Herz! Noch sollst du Freude haben;
Wir haben Kinder noch, wir haben Knaben,
Und auch wir selber leben, Gott sei Dank!

Im Zeichen des Todes

Noch war die Jugend mein, die schöne, ganze,
Ein Morgen nur, ein Gestern gab es nicht;
Da sah der Tod im hellsten Sonnenglanze,
Mein Haar berührend, mir ins Angesicht.

Die Welt erlosch, der Himmel brannte trübe;
Ich sprang empor entsetzt und ungestüm.
Doch er verschwand; die Ewigkeit der Liebe
Lag vor mir noch und trennte mich von ihm.

Und heute nun – im sonnigen Gemache
Zur Rechten und zur Linken schlief mein Kind;
Des zarten Atems lauschend, hielt ich Wache,
Und an den Fenstern ging der Sommerwind.

Da sanken Nebelschleier dicht und dichter
Auf mich herab; kaum schienen noch hervor
Der Kinder schlummerselige Gesichter,
Und nicht mehr drang ihr Atem an mein Ohr.

Ich wollte rufen; doch die Stimme keuchte,
Bis hell die Angst aus meinem Herzen schrie.
Vergebens doch; kein Schrei der Angst erreichte,
Kein Laut der Liebe mehr erreichte sie.

In grauer Finsternis stand ich verlassen,
Bewegungslos und schauernden Gebeins;
Ich fühlte kalt mein schlagend Herz erfassen,
Und ein entsetzlich Auge sank in meins.

Ich floh nicht mehr; ich fesselte das Grauen
Und faßte mühsam meines Auges Kraft;
Dann überkam vorahnend mich Vertrauen
Zu dem, der meine Sinne hielt in Haft.

Und als ich fest den Blick zurückgegeben,
Lag plötzlich tief zu Füßen mir die Welt;
Ich sah mich hoch und frei ob allem Leben
An deiner Hand, furchtbarer Fürst, gestellt.

Den Dampf der Erde sah empor ich streben
Und ballen sich zu Mensch- und Tiergestalt;
Sah es sich schütteln, tasten, sah es leben
Und taumeln dann und schwinden alsobald.

Im fahlen Schein im Abgrund sah ich's liegen
Und sah sich's regen in der Städte Rauch;
Ich sah es wimmeln, hasten, sich bekriegen
Und sah mich selbst bei den Gestalten auch.

Und niederschauend von des Todes Warte,
Kam mir der Drang, das Leben zu bestehn,
Die Lust, dem Feind, der unten meiner harrte,
Mit vollem Aug ins Angesicht zu sehn.

Und kühlen Hauches durch die Adern rinnen
Fühlt ich die Kraft, entgegen Lust und Schmerz
Vom Leben fest mich selber zu gewinnen,
Wenn andres nicht, so doch ein ganzes Herz. –

Da fühlt ich mich im Sonnenlicht erwachen;
Es dämmerte, verschwebte und zerrann;
In meine Ohren klang der Kinder Lachen,
Und frische, blaue Augen sahn mich an.

O schöne Welt! So sei in ernstem Zeichen
Begonnen denn der neue Lebenstag!
Es wird die Stirn nicht allzusehr erbleichen,
Auf der, o Tod, dein dunkles Auge lag.

Ich fühle tief, du gönnetest nicht allen
Dein Angesicht; sie schauen dich ja nur,
Wenn sie dir taumelnd in die Arme fallen,
Ihr Los erfüllend gleich der Kreatur.

Mich aber laß unirren Augs erblicken,
Wie sie, von keiner Ahnung angeweht,
Brutalen Sinns ihr nichtig Werk beschicken,
Unkundig deiner stillen Majestät.

Weihnachtabend

Die fremde Stadt durchschritt ich sorgenvoll,
Der Kinder denkend, die ich ließ zu Haus.
Weihnachten war's; durch alle Gassen scholl
Der Kinderjubel und des Markts Gebraus.

Und wie der Menschenstrom mich fortgespült,
Drang mir ein heiser Stimmlein in das Ohr:
»Kauft, lieber Herr!« Ein magres Händchen hielt
Feilbietend mir ein ärmlich Spielzeug vor.

Ich schrak empor, und beim Laternenschein
Sah ich ein bleiches Kinderangesicht;
Wes Alters und Geschlechts es mochte sein,
Erkannt ich im Vorübertreiben nicht.

Nur von dem Treppenstein, darauf es saß,
Noch immer hört ich, mühsam, wie es schien:
»Kauft, lieber Herr!« den Ruf ohn Unterlaß;
Doch hat wohl keiner ihm Gehör verliehn.

Und ich? – War's Ungeschick, war es die Scham,
Am Weg zu handeln mit dem Bettelkind?
Eh meine Hand zu meiner Börse kam,
Verscholl das Stimmlein hinter mir im Wind.

Doch als ich endlich war mit mir allein,
Erfaßte mich die Angst im Herzen so,
Als säß mein eigen Kind auf jenem Stein
Und schrie nach Brot, indessen ich entfloh.

Abschied

Kein Wort, auch nicht das kleinste, kann ich sagen,
Wozu das Herz den vollen Schlag verwehrt;
Die Stunde drängt, gerüstet steht der Wagen,
Es ist die Fahrt der Heimat abgekehrt.

Geht immerhin – denn eure Tat ist euer –
Und widerruft, was einst das Herz gebot;
Und kauft, wenn dieser Preis euch nicht zu teuer,
Dafür euch in der Heimat euer Brot!

Ich aber kann des Landes nicht, des eignen,
In Schmerz verstummte Klagen mißverstehn;
Ich kann die stillen Gräber nicht verleugnen,
Wie tief sie jetzt in Unkraut auch vergehn. –

Du, deren zarte Augen mich befragen –
Der dich mir gab, gesegnet sei der Tag!
Laß nur dein Herz an meinem Herzen schlagen,
Und zage nicht! Es ist derselbe Schlag.

Es strömt die Luft – die Knaben stehn und lauschen,
Vom Strand herüber dringt ein Möwenschrei;
Das ist die Flut! Das ist des Meeres Rauschen!
Ihr kennt es wohl; wir waren oft dabei.

Von meinem Arm in dieser letzten Stunde
Blickt einmal noch ins weite Land hinaus,
Und merkt es wohl, es steht auf diesem Grunde,
Wo wir auch weilen, unser Vaterhaus.

Wir scheiden jetzt, bis dieser Zeit Beschwerde
Ein andrer Tag, ein besserer, gesühnt;
Denn Raum ist auf der heimatlichen Erde
Für Fremde nur und was den Fremden dient.

Doch ist's das flehendste von den Gebeten,
Ihr mögt dereinst, wenn mir es nicht vergönnt,
Mit festem Fuß auf diese Scholle treten,
Von der sich jetzt mein heißes Auge trennt! –

Und du, mein Kind, mein jüngstes, dessen Wiege
Auch noch auf diesem teuren Boden stand,
Hör mich! – denn alles andere ist Lüge –
Kein Mann gedeihet ohne Vaterland!

Kannst du den Sinn, den diese Worte führen,
Mit deiner Kinderseele nicht verstehn,
So soll es wie ein Schauer dich berühren
Und wie ein Pulsschlag in dein Leben gehn!

Für meine Söhne

Hehle nimmer mit der Wahrheit!
Bringt sie Leid, nicht bringt sie Reue;
Doch, weil Wahrheit eine Perle,
Wirf sie auch nicht vor die Säue.

Blüte edelsten Gemütes
Ist die Rücksicht; doch zuzeiten
Sind erfrischend wie Gewitter
Goldne Rücksichtslosigkeiten.

Wackrer heimatlicher Grobheit
Setze deine Stirn entgegen;
Artigen Leutseligkeiten
Gehe schweigend aus den Wegen.

Wo zum Weib du nicht die Tochter
Wagen würdest zu begehren,
Halte dich zu wert, um gastlich
In dem Hause zu verkehren.

Was du immer kannst, zu werden,
Arbeit scheue nicht und Wachen;
Aber hüte deine Seele
Vor dem Karrieremachen.

Wenn der Pöbel aller Sorte
Tanzet um die goldnen Kälber,
Halte fest: du hast vom Leben
Doch am Ende nur dich selber.

Crucifixus

Am Kreuz hing sein gequält Gebeine,
Mit Blut besudelt und geschmäht;
Dann hat die stets jungfräulich reine
Natur das Schreckensbild verweht.

Doch die sich seine Jünger nannten,
Die formten es in Erz und Stein,
Und stellten's in des Tempels Düster
Und in die lichte Flur hinein.

So, jedem reinen Aug ein Schauder,
Ragt es herein in unsre Zeit;
Verewigend den alten Frevel,
Ein Bild der Unversöhnlichkeit.

Auf dem Segeberg

Hier stand auch einer Frauen Wiege,
Die Wiege einer deutschen Frau;
Die schaut mich an mit Augen blau,
Und auf dem Felsen, drauf ich liege,
Schließt sie mich plötzlich an die Brust.
Da werd ich mir des Glücks bewußt;
Ich seh die Welt so unvergänglich,
Voll Schönheit mir zu Füßen ruhn;
Und alle Sorgen, die so bänglich
Mein Herz bedrängten, schweigen nun.
Musik! Musik! Die Lerchen singen,
Aus Wies' und Wäldern steigt Gesang,
Die Mücken in den Lüften schwingen
Den süßen Sommerharfenklang.
Und unten auf besonnter Flur
Seh ich des Kornes Wellen treiben,
In blauen Wölkchen drüber stäuben
Ein keusch Geheimnis der Natur. –
Da tauchen an des Berges Seite
Zwei Köpfchen auf aus dem Gestein;
Zwei Knaben steigen durchs Gekräute;
Und sie sind unser, mein und dein.
Sie jauchzen auf, die Felsen klingen;
Mein Bursche schlank, mein Bursche klein!
Schau, wie sie purzeln, wie sie springen,
Und jeder will der erste sein.
In Kinderlust die Wangen glühen;
Die Welt, die Welt, o wie sie lacht!
Nun hängen sie an deinen Knien,
Nun an den meinen unbedacht;
Der Große hier, und hier der Kleine,
Sie halten mich so eng umfaßt,
Daß in den Thymian der Steine
Mich hinzieht die geliebte Last.
Die Schatten, die mein Auge trübten,
Die letzten, scheucht der Kindermund;

Ich seh der Heimat, der geliebten,
Zukunft in dieser Augen Grund.

Trost

So komme, was da kommen mag!
Solang du lebest, ist es Tag.

Und geht es in die Welt hinaus,
Wo du mir bist, bin ich zu Haus.

Ich seh dein liebes Angesicht,
Ich sehe die Schatten der Zukunft nicht.

Gedenkst du noch?

Gedenkst du noch, wenn in der Frühlingsnacht
Aus unserm Kammerfenster wir hernieder
Zum Garten schauten, wo geheimnisvoll
Im Dunkel dufteten Jasmin und Flieder?
Der Sternenhimmel über uns so weit,
Und du so jung; unmerklich geht die Zeit.

Wie still die Luft! Des Regenpfeifers Schrei
Scholl klar herüber von dem Meeresstrande;
Und über unsrer Bäume Wipfel sahn
Wir schweigend in die dämmerigen Lande.
Nun wird es wieder Frühling um uns her,
Nur eine Heimat haben wir nicht mehr.

Nun horch ich oft, schlaflos in tiefer Nacht,
Ob nicht der Wind zur Rückfahrt möge wehen.
Wer in der Heimat erst sein Haus gebaut,
Der sollte nicht mehr in die Fremde gehen!
Nach drüben ist sein Auge stets gewandt:
Doch eines blieb – wir gehen Hand in Hand.

Du warst es doch

In buntem Zug zum Walde ging's hinaus;
Du bei den Kindern bliebst allein zu Haus.
Und draußen haben wir getanzt, gelacht,
Und kaum, so war mir, hatt ich dein gedacht. –
Nun kommt der Abend, und die Zeit beginnt,
Wo auf sich selbst die Seele sich besinnt;
Nun weiß ich auch, was mich so froh ließ sein,
Du warst es doch, und du nur ganz allein.

Am Geburtstage

Es heißt wohl: Vierzig Jahr ein Mann!
Doch Vierzig fängt die Fünfzig an.

Es liegt die frische Morgenzeit
Im Dunkel unter mir so weit,

Daß ich erschrecke, wenn ein Strahl
In diese Tiefe fällt einmal.

Schon weht ein Lüftlein von der Gruft,
Das bringt den Herbst-Resedaduft.

Schlaflos

Aus Träumen in Ängsten bin ich erwacht;
Was singt doch die Lerche so tief in der Nacht!

Der Tag ist gegangen, der Morgen ist fern,
Aufs Kissen hernieder scheinen die Stern'.

Und immer hör ich den Lerchengesang;
O Stimme des Tages, mein Herz ist bang.

Gartenspuk

Daheim noch war es; spät am Nachmittag.
Im Steinhof unterm Laub des Eschenbaums
Ging schon der Zank der Sperlinge zur Ruh;
Ich, an der Hoftür, stand und lauschte noch,
Wie Laut um Laut sich mühte und entschlief.
Der Tag war aus; schon vom Levkojenbeet
Im Garten drüben kam der Abendduft;
Die Schatten fielen; bläulich im Gebüsch
Wie Nebel schwamm es. Träumend blieb ich stehn,
Gedankenlos, und sah den Steig hinab;
Und wieder sah ich – und ich irrte nicht –
Tief unten, wo im Grund der Birnbaum steht,
Langsam ein Kind im hohen Grase gehen;
Ein Knabe schien's, im grauen Kittelchen.
Ich kannt es wohl, denn schon zum öftern Mal
Sah dort im Dämmer ich so holdes Bild;
Die Abendstille schien es herzubringen,
Doch näher tretend fand man es nicht mehr.
Nun ging es wieder, stand und ging umher,
Als freu es sich der Garteneinsamkeit. –
Ich aber, diesmal zu beschleichen es,
Ging leise durch den Hof und seitwärts dann
Im Schatten des Holunderzauns entlang,
Sorgsam die Schritte messend; einmal nur
Nach einer Erdbeerranke bückt ich mich,
Die durch den Weg hinausgelaufen war.
Schon schlüpft ich bei der Geißblattlaube durch;
Ein Schritt noch ums Gebüsch, so war ich dort,
Und mit den Händen mußt ich's greifen können.
Umsonst! – Als ich den letzten Schritt getan,
Da war es wieder wie hinweggetäuscht.
Still stand das Gras, und durch den grünen Raum
Flog surrend nur ein Abendschmetterling;
Auch an den Linden, an den Fliederbüschen,
Die ringsum standen, regte sich kein Blatt.
Nachsinnend schritt ich auf dem Rasen hin

Und suchte töricht nach der Füßchen Spur
Und nach den Halmen, die ihr Tritt geknickt;
Dann endlich trat ich aus der Gartentür,
Um draußen auf dem Deich den schwülen Tag
Mit einem Gang im Abendwind zu schließen.
Doch als ich schon die Pforte zugedrückt,
Den Schlüssel abzog, fiel ein Sonnenriß,
Der in der Planke war, ins Auge mir;
Und fast unachtsam lugte ich hindurch.
Dort lag der Rasen, tief im Schatten schon;
Und sieh! Da war es wieder, unweit ging's,
Grasrispen hatt es in die Hand gepflückt;
Ich sah es deutlich . . . In sein blaß Gesichtchen
Fiel schlicht das Haar; die Augen sah man nicht,
Sie blickten erdwärts, gern, so schien's, betrachtend,
Was dort geschah; doch lächelte der Mund.
Und nun an einem Eichlein kniet' es hin,
Das spannenhoch kaum aus dem Grase sah
– Vom Walde hatt ich jüngst es heimgebracht –,
Und legte sacht ein welkes Blatt beiseit
Und strich liebkosend mit der Hand daran.
Darauf – kaum nur vermocht ich's zu erkennen;
Denn Abend ward es, doch ich sah's genau –
Ein Käfer klomm den zarten Stamm hinauf,
Bis endlich er das höchste Blatt erreicht;
Er hatte wohl den heißen Tag verschlafen
Und rüstete sich nun zum Abendflug.
Rückwärts die Händchen ineinanderlegend,
Behutsam sah das Kind auf ihn herab.
Schon putzte er die Fühler, spannte schon
Die Flügeldecken aus, ein Weilchen, und
Nun flog er fort. Da nickt' es still ihm nach.

Ich aber dachte: ›Rühre nicht daran!‹
Hob leis die Stirn und ging den Weg hinab,
Den Garten lassend in so holder Hut.
Nicht merkt ich, daß einsam die Wege wurden,
Daß feucht vom Meere strich die Abendluft;

Erfüllet ganz von süßem Heimgefühl,
Ging weit ich in die Dunkelheit hinaus.

Da fiel ein Stern; und plötzlich mahnt' es mich
Des Augenblicks, da ich das Haus verließ,
Die Hand entreißend einer zarteren,
Die drin im Flur mich festzuhalten strebte;
Denn schon selbander hausete ich dort. –
Nun ging ich raschen Schritts den Weg zurück;
Und als ich spät, da schon der Wächter rief,
Heimkehrend wieder durch den Garten schritt,
Hing stumm die Finsternis in Halm und Zweigen,
Die Kronen kaum der Bäume rauschten leis.
Vom Hause her nur, wo im Winkel dort
Der Nußbaum vor dem Kammerfenster steht,
Verstohlen durch die Zweige schien ein Licht.
Ein Weilchen noch, und sieh! ein Schatten fiel,
Ein Fenster klang, und in die Nacht hinaus
Rief eine Stimme: »Bist du's?« – »Ja, ich bin's!«

Die Zeit vergeht; längst bin ich in der Fremde,
Und Fremde hausen, wo mein Erbe steht.
Doch bin ich einmal wieder dort gewesen;
Mir nicht zur Freude und den andern nicht.
Einmal auch in der Abenddämmerung
Geriet ich in den alten Gartenweg.
Da stand die Planke; wie vor Jahren schon
Hing noch der Linden schön Gezweig herab;
Von drüben kam Resedaduft geweht,
Und Dämmrungsfalter flogen durch die Luft.
Ging's noch so hold dort in der Abendstunde? –
Fest und verschlossen stand die Gartentür;
Dahinter stumm lag die vergangne Zeit.
Ausstreckt ich meine Arme; denn mir war,
Als sei im Rasen dort mein Herz versenkt. –
Da fiel mein Aug auf jenen Sonnenriß,
Der noch, wie ehmals, ließ die Durchsicht frei.
Schon hatt ich zögernd einen Schritt getan;

Noch einmal blicken wollt ich in den Raum,
Darin ich sonst so festen Fußes ging.
Nicht weiter kam ich. Siedend stieg mein Blut,
Mein Aug ward dunkel; Grimm und Heimweh stritten
Sich um mein Herz; und endlich, leidbezwungen,
Ging ich vorüber. Ich vermocht es nicht.

Immensee

Aus diesen Blättern steigt der Duft des Veilchens,
Das dort zu Haus auf unsern Heiden stand,
Jahraus und -ein, von welchem keiner wußte,
Und das ich später nirgends wieder fand.

»Ein grünes Blatt«

Verlassen trauert nun der Garten,
Der uns so oft vereinigt hat;
Da weht der Wind zu euern Füßen
Vielleicht sein letztes grünes Blatt.

Notgedrungener Prolog

zu einer Aufführung des »Peter Squentz« von Gryphius

Der Pickelhering tritt auf

Hier mach ich euch mein Kompliment!
Der Pickelhering bin ich genennt.
War einst bei deutscher Nation
Eine wohlansehnliche Person;
Hatt mich in Schlössern und auf Gassen
Nicht Schimpf noch Sprung verdrießen lassen
Und mit manch ungefügem Stoß
Mein' sauren Ruhm gezogen groß.

Doch, Undank ist der Welt ihr Lohn!
Seit war ich lang vergessen schon;
Verschlief nun in der Rumpelkammer
All Lebensnot und Erdenjammer;
Da haben sie mich über Nacht
Plötzlich wieder ans Licht gebracht.
Wollen ein alt brav Stück tragieren,
Drin meine Kunst noch tut florieren,
Ein Stück, darinnen sich von zwei
Nationen zeiget die Poesei!
Ein Engländer Shakespeare hat es ersonnen
– Hab sonst just nichts von ihm vernommen –,
Dann aber hat es Herr Gryphius,
Der gelahrte Poete und Syndikus,
In rechten Schick und Schlag gebracht
Und den deutschen Witz hineingemacht.
Da hört ihr, wie ein ernster Mann
Auch einmal feste spaßen kann.

Doch, Lieber, sag mir, wenn's gefällt
– Ich war so lang schon außen der Welt –,
Herr Professor Gottsched ist doch nicht zugegen? –
Ich gehe demselben gern aus den Wegen;
Es ist ein gar gewaltsamer Mann
Und hat mir übel Leids getan;
Meinen guten Vetter Hans Wursten hat er
Zu Leipzig gejaget vom Theater,
Weil er zu kräftiglich tät spaßen.
Hätte ja mit sich handeln lassen!
Wir – haben unsre Kurzweil auch;
Doch, Lieber, alles nach Fug und Brauch!
Denn sonders vor dem Frauenzimmer
Muß man subtile reden immer;
Sie zeuchen das Sacktuch sonst vors Gesicht,
Und da schauen sie die Komödia nicht.
Dies aber wär schad überaus;
Denn es ist ein ganzer Blumenstrauß!
Tulipanen und Rosmarin,

Auch Kaiserkronen sind darin;
Die Vergißmeinnichte, so es zieren,
Werden euch sanft das Herze rühren;
Mitunter ist dann auch etwan
Ein deutscher Kohl dazugetan;
Und sollt eine Saudistel drinnen sein,
Das wollt ihr mildiglich verzeihn!
Und nun, Lieber, hab guten Mut,
Und merke, was sich zutragen tut!
Denke: Ein Maul ist kein Rachen,
Eine Kröt ist kein Drachen,
Ein Fingerlein ist kein Maß –
Aber ein Spaß ist alleweil ein Spaß!

Knecht Ruprecht

Von drauß' vom Walde komm ich her;
Ich muß euch sagen, es weihnachtet sehr!
Allüberall auf den Tannenspitzen
Sah ich goldene Lichtlein sitzen;
Und droben aus dem Himmelstor
Sah mit großen Augen das Christkind hervor,
Und wie ich so strolcht durch den finstern Tann,
Da rief's mich mit heller Stimme an.
»Knecht Ruprecht«, rief es, »alter Gesell,
Hebe die Beine und spute dich schnell!
Die Kerzen fangen zu brennen an,
Das Himmelstor ist aufgetan,
Alt' und Junge sollen nun
Von der Jagd des Lebens einmal ruhn;
Und morgen flieg ich hinab zur Erden,
Denn es soll wieder Weihnachten werden!«
Ich sprach: »O lieber Herre Christ,
Meine Reise fast zu Ende ist;
Ich soll nur noch in diese Stadt,
Wo's eitel gute Kinder hat.«
– »Hast denn das Säcklein auch bei dir?«

Ich sprach: »Das Säcklein, das ist hier;
Denn Äpfel, Nuß und Mandelkern
Fressen fromme Kinder gern.«
– »Hast denn die Rute auch bei dir?«
Ich sprach: »Die Rute, die ist hier;
Doch für die Kinder nur, die schlechten,
Die trifft sie auf den Teil, den rechten.«
Christkindlein sprach: »So ist es recht;
So geh mit Gott, mein treuer Knecht!«
Von drauß' vom Walde komm ich her;
Ich muß euch sagen, es weihnachtet sehr!
Nun sprecht, wie ich's hierinnen find!
Sind's gute Kind, sind's böse Kind?

Einer Braut am Polterabend

Mit einem Album und dem Brautkranz

Ich bringe dir ein leeres weißes Buch,
Die Blätter drin noch ohne Bild und Spruch.

Sie sollen einst, wenn sie beschrieben sind,
Dir bringen ein Erinnern hold und lind;

An liebe Worte, die man zu dir sprach,
An treue Augen, die dir blickten nach. –

Drauf leg ich dir von dunklem Myrtenreis
Den grünen Kranz, der aller Kränze Preis.

Nimm ihn getrost! Denn muß ich auch gestehn,
Er wird wie alles Laub dereinst vergehn,

So weiß ich doch, wenn Tag um Tag verschwand,
Hältst du den Zweig mit Früchten in der Hand.

Blumen

Dem Augenarzt von seinen Kranken

Sie kommen aus dem Schoß der Nacht;
Doch wären unten sie geblieben,
Wenn nicht das Licht mit seiner Macht
Hinauf ins Leben sie getrieben.

Holdselig aus der Erde bricht's
Und blüht nun über alle Schranken;
Du bist der Freund des holden Lichts;
Laß dir des Lichtes Kinder danken!

Mein jüngstes Kind

Ich wanderte schon lange,
Da kamest du daher;
Nun gingen wir zusammen,
Ich sah dich nie vorher.

Noch eine kurze Strecke
– Das Herz wird mir so schwer –,
Du hast noch weit zu gehen,
Ich kann nicht weiter mehr.

Ein Ständchen

In lindem Schlaf schon lag ich hingestreckt,
Da hat mich jäh dein Geigenspiel erweckt.
Doch, wo das Menschenherz mir so begegnet,
Nacht oder Tag, die Stunde sei gesegnet!

Das Edelfräulein seufzt

Es ist wohl wahr,
Die Menschen stammen von einem Paar!
Der doppelte Adam, so süß er wäre,
Ich halte ihn dennoch für eine Schimäre!

Ein Sterbender

Am Fenster sitzt er, alt, gebrochnen Leibes,
Und trommelt müßig an die feuchten Scheiben;
Grau ist der Wintertag und grau sein Haar.
Mitunter auch besieht er aufmerksam
Der Adern Hüpfen auf der welken Hand.
Es geht zu Ende; ratlos irrt sein Aug
Von Tisch zu Tisch, drauf Schriftwerk aller Art,
Sein harrend, hoch und höher sich getürmt.
Vergebens! Was er täglich sonst bezwang,
Es ward ein Berg; er kommt nicht mehr hinüber.
Und dennoch, wenn auch trübe, lächelt er
Und sucht wie sonst noch mit sich selbst zu scherzen;
Ein Aktenstoß, in tücht'gen Stein gehauen,
Es dünket ihn kein übel Epitaph.
Doch streng aufs neue schließet sich sein Mund;
Er kehrt sich ab, und wieder mit den grellen
Pupillen starrt er in die öde Luft
Und trommelt weiter an die Fensterscheiben.

Da wird es plötzlich hell; ein bleicher Strahl
Der Wintersonne leuchtet ins Gemach
Und auf ein Bild genüber an der Wand.
Und aus dem Rahmen tritt ein Mädchenkopf,
Darauf wie Frühtau noch die Jugend liegt;
Aus großen, hold erstaunten Augen sprüht
Verheißung aller Erdenseligkeit.
Er kennt das Wort auf diesen roten Lippen,
Er nur allein. Erinnrung faßt ihn an;

Fata Morgana steigen auf betörend;
Lau wird die Luft – wie hold die Düfte wehen!
Mit Rosen ist der Garten überschüttet,
Auf allen Büschen liegt der Sonnenschein.
Die Bienen summen; und ein Mädchenlachen
Fliegt süß und silbern durch den Sommertag.
Sein Ohr ist trunken. »Oh, nur einmal noch!«
Er lauscht umsonst, und seufzend sinkt sein Haupt.
»Du starbst. – Wo bist du? – Gibt es eine Stelle
Noch irgendwo im Weltraum, wo du bist? –
Denn daß du mein gewesen, daß das Weib
Dem Manne gab der unbekannte Gott –
Ach dieser unergründlich süße Trunk,
Und süßer stets, je länger du ihn trinkst,
Er läßt mich zweifeln an Unsterblichkeit;
Denn alle Bitternis und Not des Lebens
Vergilt er tausendfach; und drüberhin
Zu hoffen, zu verlangen weiß ich nichts!«
In leere Luft ausstreckt er seine Arme:
»Hier diese Räume, wo du einst gelebt,
Erfüllt ein Schimmer deiner Schönheit noch;
Nur mir erkennbar; wenn auch meine Augen
Geschlossen sind, von keinem dann gesehn.«

Vor ihm mit dunklem Weine steht ein Glas,
Und zitternd langet seine Hand danach;
Er schlürft ihn langsam, aber auch der Wein
Erfreut nicht mehr sein Herz. Er stützt das Haupt.
»Einschlafen, fühl ich, will das Ding, die Seele,
Und näher kommt die rätselhafte Nacht!« – –
Ihm unbewußt entfliehen die Gedanken
Und jagen sich im unermeßnen Raum. –
Da steigt Gesang, als wollt's ihn aufwärts tragen;
Von drüben aus der Kirche schwillt der Chor.
Und mit dem innern Auge sieht er sie,
So Mann als Weib, am Stamm des Kreuzes liegen.
Sie blicken in die bodenlose Nacht;
Doch ihre Augen leuchten feucht verklärt,

Als sähen sie im Urquell dort des Lichts
Das Leben jung und rosig auferstehn.
»Sie träumen«, spricht er – leise spricht er es –
»Und diese bunten Bilder sind ihr Glück.
Ich aber weiß es, daß die Todesangst
Sie im Gehirn der Menschen ausgebrütet.«
Abwehrend streckt er seine Hände aus:
»Was ich gefehlt, des einen bin ich frei;
Gefangen gab ich niemals die Vernunft,
Auch um die lockendste Verheißung nicht;
Was übrig ist – ich harre in Geduld.«
Mit klaren Augen schaut der Greis umher;
Und während tiefer schon die Schatten fallen,
Erhebt er sich und schleicht von Stuhl zu Stuhl,
Und setzt sich noch einmal dort an den Tisch,
Wo ihm so manche Nacht die Lampe schien.
Noch einmal schreibt er; doch die Feder sträubt sich;
Sie, die bisher dem Leben nur gedient,
Sie will nicht gehen in den Dienst des Todes;
Er aber zwingt sie, denn sein Wille soll
So weit noch reichen, als er es vermag.

Die Wanduhr mißt mit hartem Pendelschlag,
Als dränge sie, die fliehenden Sekunden;
Sein Auge dunkelt; ungesehen naht,
Was ihm die Feder aus den Fingern nimmt.
Doch schreibt er mühsam noch in großen Zügen,
Und Dämmrung fällt wie Asche auf die Schrift:
»Auch bleib der Priester meinem Grabe fern;
Zwar sind es Worte, die der Wind verweht,
Doch will es sich nicht schicken, daß Protest
Gepredigt werde dem, was ich gewesen,
Indes ich ruh im Bann des ew'gen Schweigens.«

Der Lump

Und bin ich auch ein rechter Lump,
So bin ich dessen unverlegen;
Ein frech Gemüt, ein fromm Gesicht,
Herzbruder, sind ein wahrer Segen!

Links nehm von Christi Mantel ich
Ein Zipfelchen, daß es mir diene,
Und rechts – du glaubst nicht, wie das deckt –,
Rechts von des Königs Hermeline.

Sprüche

1

Der eine fragt: Was kommt danach?
Der andre fragt nur: Ist es recht?
Und also unterscheidet sich
Der Freie von dem Knecht.

2

Vom Unglück erst
Zieh ab die Schuld;
Was übrig ist,
Trag in Geduld!

Gräber in Schleswig

Nicht Kranz noch Kreuz; das Unkraut wuchert tief;
Denn die der Tod bei Idstedt einst entboten,
Hier schlafen sie, und deutsche Ehre schlief
Hier dreizehn Jahre lang bei diesen Toten.

Und dreizehn Jahre litten jung und alt,
Was leben blieb, des kleinen Feindes Tücken,
Und konnten nichts als, stumm die Faust geballt,
Den Schrei des Zorns in ihrer Brust ersticken.

Die Schmach ist aus; der ehrne Würfel fällt!
Jetzt oder nie! Erfüllet sind die Zeiten,
Des Dänenkönigs Totenglocke gellt;
Mir klinget es wie Osterglockenläuten!

Die Erde dröhnt; von Deutschland weht es her,
Mir ist, ich hör ein Lied im Winde klingen,
Es kommt heran schon wie ein brausend Meer,
Um endlich alle Schande zu verschlingen! --

Törichter Traum! - Es klingt kein deutsches Lied,
Kein Vorwärts schallt von deutschen Bataillonen;
Wohl dröhnt der Grund, wohl naht es Glied an Glied;
Doch sind's die Reiter dänischer Schwadronen.

Sie kommen nicht. Das Londoner Papier,
Es wiegt zu schwer, sie wagen's nicht zu heben.
Die Stunde drängt. So helft, ihr Toten hier!
Ich rufe euch und hoffe nichts vom Leben.

Wacht auf, ihr Reiter! Schüttelt ab den Sand,
Besteigt noch einmal die gestürzten Renner!
Blast, blast, ihr Jäger! Für das Vaterland
Noch einen Strauß! Wir brauchen Männer, Männer!

Tambour, hervor aus deinem schwarzen Schrein!
Noch einmal gilt's, das Trommelfell zu schlagen;
Soll euer Grab in deutscher Erde sein,
So müßt ihr noch ein zweites Leben wagen! -

Ich ruf umsonst! ihr ruht auf ewig aus;
Ihr wurdet eine duldsame Gemeinde.
Ich aber schrei es in die Welt hinaus:
Die deutschen Gräber sind ein Spott der Feinde!

Es gibt eine Sorte

Es gibt eine Sorte im deutschen Volk,
Die wollen zum Volk nicht gehören;
Sie sind auch nur die Tropfen Gift,
Die uns im Blute gären.

Und weil der lebenskräftige Leib
Sie auszuscheiden trachtet,
So hassen sie nach Vermögen ihn
Und hätten ihn gern verachtet.

Und was für Zeichen am Himmel stehn,
Licht oder Wetterwolke,
Sie gehen mit dem Pöbel zwar,
Doch nimmer mit dem Volke.

Der Beamte

Er reibt sich die Hände: »Wir kriegen's jetzt!
Auch der frechste Bursche spüret
Schon bis hinab in die Fingerspitz',
Daß von oben er wird regieret.

Bei jeder Geburt ist künftig sofort
Der Antrag zu formulieren,
Daß die hohe Behörde dem lieben Kind
Gestatte zu existieren!«

Wir können auch die Trompete blasen

Wir können auch die Trompete blasen
Und schmettern weithin durch das Land;
Doch schreiten wir lieber in Maientagen,
Wenn die Primeln blühn und die Drosseln schlagen,
Still sinnend an des Baches Rand.

Beginn des Endes

Ein Punkt nur ist es, kaum ein Schmerz,
Nur ein Gefühl, empfunden eben;
Und dennoch spricht es stets darein,
Und dennoch stört es dich zu leben.

Wenn du es andern klagen willst,
So kannst du's nicht in Worte fassen.
Du sagst dir selber: »Es ist nichts!«
Und dennoch will es dich nicht lassen.

So seltsam fremd wird dir die Welt,
Und leis verläßt dich alles Hoffen,
Bis du es endlich, endlich weißt,
Daß dich des Todes Pfeil getroffen.

Tiefe Schatten

So komme, was da kommen mag!
Solang du lebest, ist es Tag.

Und geht es in die Welt hinaus,
Wo du mir bist, bin ich zu Haus.

Ich seh dein liebes Angesicht,
Ich sehe die Schatten der Zukunft nicht.

1

In der Gruft bei den alten Särgen
Steht nun ein neuer Sarg,
Darin vor meiner Liebe
Sich das süßeste Antlitz barg.

Den schwarzen Deckel der Truhe
Verhängen die Kränze ganz;
Ein Kranz von Myrthenreisern,
Ein weißer Syringenkranz.

Was noch vor wenig Tagen
Im Wald die Sonne beschien,
Das duftet nun hier unten:
Maililien und Buchengrün.

Geschlossen sind die Steine,
Nur oben ein Gitterlein;
Es liegt die geliebte Tote
Verlassen und allein.

Vielleicht im Mondenlichte,
Wenn die Welt zur Ruhe ging,
Summt noch um die weißen Blüten
Ein dunkler Schmetterling.

2

Mitunter weicht von meiner Brust,
Was sie bedrückt seit deinem Sterben;
Es drängt mich, wie in Jugendlust,
Noch einmal um das Glück zu werben.

Doch frag ich dann: Was ist das Glück?
So kann ich keine Antwort geben
Als die, daß du mir kämst zurück,
Um so wie einst mit mir zu leben.

Dann seh ich jenen Morgenschein,
Da wir dich hin zur Gruft getragen;
Und lautlos schlafen die Wünsche ein,
Und nicht mehr will ich das Glück erjagen.

3

Gleich jenem Luftgespenst der Wüste
Gaukelt vor mir
Der Unsterblichkeitsgedanke;
Und in den bleichen Nebel der Ferne
Täuscht er dein Bild.

Markverzehrender Hauch der Sehnsucht,
Betäubende Hoffnung befällt mich;
Aber ich raffe mich auf,
Dir nach, dir nach;
Jeder Tag, jeder Schritt ist zu dir.

Doch, unerbittliches Licht dringt ein;
Und vor mir dehnt es sich,
Öde, voll Entsetzen der Einsamkeit;
Dort in der Ferne ahn ich den Abgrund;
Darin das Nichts. –

Aber weiter und weiter
Schlepp ich mich fort;
Von Tag zu Tag,
Von Mond zu Mond,
Von Jahr zu Jahr;

Bis daß ich endlich,
Erschöpft an Leben und Hoffnung,
Werd hinstürzen am Weg
Und die alte ewige Nacht
Mich begräbt barmherzig,
Samt allen Träumen der Sehnsucht.

4

Weil ich ein Sänger bin, so frag ich nicht,
Warum die Welt so still nun meinem Ohr;
Die eine, die geliebte Stimme fehlt,
Für die nur alles andre war der Chor.

5

Und am Ende der Qual alles Strebens
Ruhig erwart ich, was sie beschert,
Jene dunkelste Stunde des Lebens;
Denn die Vernichtung ist auch was wert.

6

Der Geier Schmerz flog nun davon,
Die Stätte, wo er saß, ist leer;
Nur unten tief in meiner Brust
Regt sich noch etwas, dumpf und schwer.

Das ist die Sehnsucht, die mit Qual
Um deine holde Nähe wirbt,
Doch, eh sie noch das Herz erreicht,
Mutlos die Flügel senkt und stirbt.

Waisenkind

Ich bin eine Rose, pflück mich geschwind!
Bloß liegen die Würzlein dem Regen und Wind.

Nein, geh nur vorüber und laß du mich los!
Ich bin keine Blume, ich bin keine Ros'.

Wohl wehet mein Röcklein, wohl faßt mich der Wind;
Ich bin nur ein vater- und mutterlos Kind.

Verirrt

Ein Vöglein singt so süße
Vor mir von Ort zu Ort;
Weh, meine wunden Füße!
Das Vöglein singt so süße,
Ich wandre immerfort.

Wo ist nun hin das Singen?
Schon sank das Abendrot;
Die Nacht hat es verstecket,
Hat alles zugedecket –
Wem klag ich meine Not?

Kein Sternlein blinkt im Walde,
eiß weder Weg noch Ort;
Die Blumen an der Halde,
Die Blumen in dem Walde,
Die blühn im Dunkeln fort.

Spruch des Alters

1

Vergessen und Vergessenwerden! –
Wer lange lebt auf Erden,
Der hat wohl diese beiden
Zu lernen und zu leiden.

2

Dein jung Genoß in Pflichten
Nach dir den Schritt tät richten.

Da kam ein andrer junger Schritt,
Nahm deinen jung Genossen mit.

Sie wandern nach dem Glücke,
Sie schaun nicht mehr zurücke.

Frauen-Ritornelle

Blühende Myrte –
Ich hoffte süße Frucht von dir zu pflücken;
Die Blüte fiel; nun seh ich, daß ich irrte.

Schnell welkende Winden –
Die Spur von meinen Kinderfüßen sucht ich
An eurem Zaun, doch konnt ich sie nicht finden.

Muskathyazinthen –
Ihr blühte einst in Urgroßmutters Garten;
Das war ein Platz, weltfern, weit, weit dahinten.

Dunkle Zypressen –
Die Welt ist gar zu lustig;
Es wird doch alles vergessen.

Begrabe nur dein Liebstes!

Begrabe nur dein Liebstes! Dennoch gilt's
Nun weiterleben; – und im Drang des Tages,
Dein Ich behauptend, stehst bald wieder du.
– So jüngst im Kreis der Freunde war es, wo
Hinreißend Wort zu lauter Rede schwoll;
Und nicht der Stillsten einer war ich selbst.
Der Wein schoß Perlen im kristallnen Glas,
Und in den Schläfen hämmerte das Blut; –
Da plötzlich in dem hellen Tosen hört ich
– Nicht Täuschung war's, doch wunderbar zu sagen –,
Aus weiter Ferne hört ich eine Stille;
Und einer Stimme Laut, wie mühsam zu mir ringend,
Sprach todesmüd, doch süß, daß ich erbebte:
»Was lärmst du so, und weißt doch, daß ich schlafe!«

Verloren

Was Holdes liegt mir in dem Sinn,
Das ich vor Zeit einmal besessen;
Ich weiß nicht, wo es kommen hin,
Auch, was es war, ist mir vergessen.
Vielleicht – am fernen Waldesrand,
Wo ich am lichten Junimorgen
– Die Kinder klein und klein die Sorgen –
Mit dir gesessen Hand in Hand,
Indes vom Fels die Quelle tropfte,

Die Amsel schallend schlug im Grund,
Mein Herz in gleichen Schlägen klopfte
Und glücklich lächelnd schwieg dein Mund;
In grünen Schatten lag der Ort –
Wenn nur der weite Raum nicht trennte,
Wenn ich nur dort hinüberkönnte,
Wer weiß! – vielleicht noch fänd ich's dort.

Es ist ein Flüstern

Es ist ein Flüstern in der Nacht,
Es hat mich ganz um den Schlaf gebracht;
Ich fühl's, es will sich was verkünden
Und kann den Weg nicht zu mir finden.

Sind's Liebesworte, vertrauet dem Wind,
Die unterwegs verwehet sind?
Oder ist's Unheil aus künftigen Tagen,
Das emsig drängt sich anzusagen?

An Klaus Groth

Wenn't Abend ward,
Un still de Welt un still dat Hart;
Wenn möd up't Knee di liggt de Hand,
Un ut din Husklock an de Wand
Du hörst den Parpendikelslag,
De nich to Woort keem över Dag;
Wenn't Schummern in de Ecken liggt,
Un buten all de Nachtswulk flüggt;
Wenn denn noch eenmal kiekt de Sünn
Mit golden Schiin to't Finster rin,
Un, ehr de Slap kümmt un de Nacht,
Noch eenmal allens lävt un lacht –
Dat is so wat vör't Minschenhart,
Wenn't Abend ward.

Über die Heide

Über die Heide hallet mein Schritt;
Dumpf aus der Erde wandert es mit.

Herbst ist gekommen, Frühling ist weit –
Gab es denn einmal selige Zeit?

Brauende Nebel geisten umher;
Schwarz ist das Kraut und der Himmel so leer.

Wär ich hier nur nicht gegangen im Mai!
Leben und Liebe – wie flog es vorbei!

Lyrische Form

Poeta laureatus:

Es sei die Form ein Goldgefäß,
In das man goldnen Inhalt gießt!

Ein anderer:

Die Form ist nichts als der Kontur,
Der den lebend'gen Leib beschließt.

Geh nicht hinein

Im Flügel oben hinterm Korridor,
Wo es so jählings einsam worden ist
– Nicht in dem ersten Zimmer, wo man sonst
Ihn finden mochte, in die blasse Hand
Das junge Haupt gestützt, die Augen träumend
Entlang den Wänden streifend, wo im Laub
Von Tropenpflanzen ausgebälgt Getier
Die Flügel spreizte und die Tatzen reckte,

Halb Wunder noch, halb Wissensrätsel ihm
- Nicht dort; der Stuhl ist leer, die Pflanzen lassen
Verdürstend ihre schönen Blätter hängen;
Staub sinkt herab; - nein, nebenan die Tür,
In jenem hohen dämmrigen Gemach
- Beklommne Schwüle ist drin eingeschlossen -,
Dort hinterm Wandschirm auf dem Bette liegt
Etwas - geh nicht hinein! Es schaut dich fremd
Und furchtbar an.
Vor wenig Stunden noch
Auf jenen Kissen lag sein blondes Haupt;
Zwar bleich von Qualen, denn des Lebens Fäden
Zerrissen jäh; doch seine Augen sprachen
Noch zärtlich, und mitunter lächelt' er,
Als säh er noch in goldne Erdenferne.
Da plötzlich losch es aus; er wußt es plötzlich
- Und ein Entsetzen schrie aus seiner Brust,
Daß ratlos Mitleid, die am Lager saßen,
In Stein verwandelte -, er lag am Abgrund;
Bodenlos, ganz ohne Boden. - »Hilf!
Ach Vater, lieber Vater!« Taumelnd schlug
Er um sich mit den Armen; ziellos griffen
In leere Luft die Hände; noch ein Schrei -
Und dann verschwand er.
Dort, wo er gelegen,
Dort hinterm Wandschirm, stumm und einsam liegt
Jetzt etwas; - bleib, geh nicht hinein! Es schaut
Dich fremd und furchtbar an; für viele Tage
Kannst du nicht leben, wenn du es erblickt.
»Und weiter - du, der du ihn liebtest -, hast
Nichts weiter du zu sagen?«
Weiter nichts.

An Agnes Preller

Als ich abends einen Rosenstrauß auf meinem Zimmer fand

Die Tage sind gezählt, vorüber bald
Ist alles, was das Leben einst versüßt;
Was will ich mehr, als daß vorm Schlafengehn
Die Jugend mich mit frischen Rosen grüßt!

Die neuen Fiedellieder

1

Lang und breit war ich gesessen
Überm schwarzen Kontrapunkt;
Auf ein Haar dem Stadttrompeter
Gaben sie mich zum Adjunkt.

Hei, da bin ich ausgerissen;
Schöne Welt, so nimm mich nun!
Durch die Städte will ich schweifen,
An den Quellen will ich ruhn.

Nur die Fiedel auf dem Rücken;
Vorwärts über Berg und Strom!
Schon durchschreit ich deine Hallen,
Hoher kühler Waldesdom.

Und ich streich die alte Geige,
Daß es hell im Wandern klingt;
Schaut der Fink vom Baum hernieder:
»Ei, Herr Vetter, wie das singt!«

Doch am Horizonte steiget
Eines Städtchens Turm empor! –
Welchen kleinen Lilienohren
Geig ich dort mein Stücklein vor?

2

Wenn mir unterm Fiedelbogen
Manche Saite auch zersprang,
Neue werden aufgezogen,
Und sie geben frischen Klang.

Auf dem Schützenplatz am Tore
Strich ich leis mein Spielwerk an;
Wie sie gleich die Köpfe wandten,
Da ich eben nur begann!

Und es tönt und schwillt und rauschet,
Wie im Sturz der Waldesbach;
Meine Seele singt die Weise,
Meine Geige klingt sie nach.

Trotzig hadern noch die Burschen;
Bald doch wird es still im Kreis;
Erst ein Raunen, dann ein Schweigen,
Selbst die Bäume säuseln leis.

Zauber hat sie all befangen;
Und ich weiß, wie das geschah!
Dort im Kranz der blonden Frauen
Stehst du selbst, Frau Musika!

3

Glaubt ich doch, sie wär es selber
– Was nur das Gedanken sind! –,
Die Frau Musika vom Himmel;
Und nun ist's ein Erdenkind!

Gestern, da sie stand am Brunnen,
Zog ich flink den Hut zum Gruß;
Und sie nickt' und sprach in Züchten:
»Grüß dich Gott, Herr Musikus!«

Zwar ich wußt, Marannle heißt sie,
Und sie wohnt am Tore nah;
Doch ich hätt's nicht können lassen,
Sprach: »Grüß Gott, Frau Musika!«

Was sie da für Augen machte!
Und was da mit mir geschah!
Stets nun klingt's mir vor den Ohren:
Musikus und Musika!

4

In den Garten eingestiegen
Wär ich nun mit gutem Glück –
Wie die Fledermäuse fliegen!
Langsam weicht die Nacht zurück.

Doch indes am Feldessaume
Drüben kaum Aurora glimmt,
Hab ich unterm Lindenbaume
Hier die Fiedel schon gestimmt.

Sieh, dein Kammerfenster blinket
In dem ersten Morgenstrahl;
Heller wird's, die Nacht versinket;
Horch! Da schlug die Nachtigall!

Schlaf nicht mehr! Die Morgenlüfte
Rütteln schon an deiner Tür;
Rings erwacht sind Klang und Düfte,
Und mein Herz verlangt nach dir.

Zu des Gartens Schattendüster
Komm herab, geliebtes Kind!
Nur im Laub ein leis Geflüster –
Und verschwiegen ist der Wind.

5

Sind wir nun so jung beisammen
In der holden Morgenfruh,
Süßes, rosenrotes Mündchen,
Plaudre, plaudre immerzu!

Organiste sollt ich werden
An dem neuen Kirchlein hier? –
Kind! wer geigte dann den Finken
Feiertags im Waldrevier?

Doch du meinest, Amt und Würden,
Eigner Herd sei goldeswert! –
Machst du mich doch schier beklommen;
So was hab ich nie begehrt.

Was? Und auch der Stadttrompeter
Starb vergangne Woche nur?
Und du meinst, zu solchem Posten
Hätt ich just die Positur? –

Hei! Wie kräht der Hahn so grimmig!
Schatz, ade! Gedenk an mich!
Mach den Hahn zum Stadttrompeter!
Der kann's besser noch als ich!

6

Musikanten wollen wandern;
Ei, die hielte mich wohl fest!
Noch 'nen Trunk, Herr Wirt, vom Roten;
Dann ade, du trautes Nest!

Hoch das Glas! Zu neuen Liedern
Geb es Kraft und Herzenswonne!
Ha, wie lieblich in die Adern
Strömt der Geist der Heimatsonne! –

Wie dort hoch die Wolken ziehen!
Durch die Saiten fährt der Wind;
Und er weht die leichten Lieder
In die weite Welt geschwind.

Musikanten wollen wandern!
Schon zur Neige ging der Wein;
Ziehn die Lieder in die Weite,
Muß der Spielmann hinterdrein.

7

Weiter geht's und immer weiter!
Sieh, da kommt auf müdem Fuß
Noch ein Wandrer mir entgegen.
»Bring dem Städtchen meinen Gruß!

Und am Tore, wenn des Zöllners
Blonde Tochter schaut herfür,
Bring ihr diese wilde Rose,
Grüß sie einmal noch von mir!« –

Weiter geht's und immer weiter!
Ach, noch immer denk ich dein!
Vor mir stehn im Duft die Wälder,
Rückwärts brennt der Abendschein.

Einsam werden Weg' und Stege,
Ganz alleine wandr' ich bald;
Einen Falken seh ich kreisen –
Über mir schon rauscht der Wald.

8

Nun geht der Mond durch Wolkennacht,
Nun ist der Tag herum;
Da schweigen alle Vögel bald
Im Walde um und um.

Die Heidelerch' noch oben singt
Ein Stück zu allerbest;
Die Amsel schlägt den letzten Ton
Und fliegt zu Nest, zu Nest.

Da nehm auch ich zu guter Nacht
Zur Hand die Geige mein;
Das ist ein klingend Nachtgebet
Und steigt zum Himmel ein.

9

Morgen wird's! Am Waldesrande
Sitz ich hier und spintisier;
Ach, jedweder meiner Schritte
Trug mich weiter fort von dir!

Vielen ging ich schon vorüber;
Nimmer wünscht ich mich zurück;
Warum flüstern heut die Lüfte:
Diesmal aber war's das Glück!

Von den Bäumen Tauestropfen
Fallen auf mein heiß Gesicht –
Sankt Cäcilia! Solch Paar Augen
Sah ich all mein Lebtag nicht!

Stadttrompeter, Organiste!
Wär's denn wirklich gar so dumm? –
Holla hoch, ihr jungen Beine,
Macht euch auf! Wir kehren um.

Ruf nur, Kuckuck, dort im Walde!
Siehst so bald mich nun nicht mehr,
Denn in Puder und Manschetten
Schreit ich ehrenfest einher.

Golden spielt der Staub der Straßen –
Herz, Geduld! bald bist du da.
Hei! wie lieblich soll es klingen:
Musikus und Musika!

10

Am Markte bei der Kirchen,
Da steht ein klingend Haus;
Trompet und Geige tönen
Da mannigfalt heraus.

Der Lind'baum vor der Türe
Ist lust'ger Aufenthalt;
Vom Wald die Finken kommen
Und singen, daß es schallt.

Und auf der Bank darunter,
Die mit dem Kindlein da,
Das ist in alle Wege
Die blond' Frau Musika.

Der jung' frisch' Stadttrompeter
Bläst eben grad vom Turm;
Er bläst, daß nun vergangen
All Not und Wintersturm.

Die Schwalb ist heimgekommen,
Lind weht des Lenzen Hauch!
Das bläst er heut vom Turme
Nach altehrwürd'gem Brauch.

Herr Gott, die Saaten segne
Mit deiner reichen Hand,
Und gib uns Frieden, Frieden
Im lieben deutschen Land!

Märchen

Ich hab's gesehn und will's getreu berichten;
Beklagt euch nicht, wenn ich zuwenig sah!
Nur sommernachts passieren die Geschichten;
Kaum graut die Nacht, so rückt der Morgen nah,
Kaum daß den Wald die ersten Strahlen lichten,
Entflieht mit ihrem Hof Titania;
Auf Weg und Steg spazieren die Philister,
Das wohlbekannte leidige Register.

Kein Zauber wächst für fromme Bürgersleute,
Die tags nur wissen, wie die Glocke geht.
Die gründlich kennen gestern, morgen, heute,
Doch nicht die Zeit, die mittendrin besteht;
Ich aber hörte wohl das Waldgeläute,
Ein Sonntagskind ist immer der Poet;
So laßt euch denn in blanken Liederringen
Von Reim zu Reim ins Land der Märchen schwingen.

In Bulemanns Haus

Es klippt auf den Gassen im Mondenschein;
Das ist die zierliche Kleine,
Die geht auf ihren Pantöffelein
Behend und mutterseelenallein
Durch die Gassen im Mondenscheine.

Sie geht in ein alt verfallenes Haus;
Im Flur ist die Tafel gedecket,
Da tanzt vor dem Monde die Maus mit der Maus,
Da setzt sich das Kind mit den Mäusen zu Schmaus,
Die Tellerlein werden gelecket.

Und leer sind die Schüsseln; die Mäuslein im Nu
Verrascheln in Mauer und Holze;
Nun läßt es dem Mägdlein auch länger nicht Ruh,

Sie schüttelt ihr Kleidchen, sie schnürt sich die Schuh,
Dann tritt sie einher mit Stolze.

Es leuchtet ein Spiegel aus goldnem Gestell,
Da schaut sie hinein mit Lachen;
Gleich schaut auch heraus ein Mägdelein hell,
Das ist ihr einziger Spielgesell;
Nun wolln sie sich lustig machen.

Sie nickt voll Huld, ihr gehört ja das Reich;
Da neigt sich das Spiegelkindlein,
Da neigt sich das Kind vor dem Spiegel zugleich,
Da neigen sich beide gar anmutreich,
Da lächeln die rosigen Mündlein.

Und wie sie lächeln, so hebt sich der Fuß,
Es rauschen die seidenen Röcklein,
Die Händchen werfen sich Kuß um Kuß,
Das Kind mit dem Kinde nun tanzen muß,
Es tanzen im Nacken die Löcklein.

Der Mond scheint voller und voller herein,
Auf dem Estrich gaukeln die Flimmer:
Im Takte schweben die Mägdelein,
Bald tauchen sie tief in die Schatten hinein,
Bald stehn sie in bläulichem Schimmer.

Nun sinken die Glieder, nun halten sie an
Und atmen aus Herzensgrunde;
Sie nahen sich schüchtern und beugen sich dann
Und knien voreinander und rühren sich an
Mit dem zarten unschuldigen Munde.

Doch müde werden die beiden allein
Von all der heimlichen Wonne;
Sehnsüchtig flüstert das Mägdelein:
»Ich mag nicht mehr tanzen im Mondenschein,
Ach, käme doch endlich die Sonne!«

Sie klettert hinunter ein Trepplein schief
Und schleicht hinab in den Garten.
Die Sonne schlief, und die Grille schlief.
»Hier will ich sitzen im Grase tief,
Und der Sonne will ich warten.«

Doch als nun morgens um Busch und Gestein
Verhuschet das Dämmergemunkel,
Da werden dem Kinde die Äugelein klein;
Sie tanzte zu lange bei Mondenschein,
Nun schläft sie bei Sonnengefunkel.

Nun liegt sie zwischen den Blumen dicht
Auf grünem, blitzendem Rasen;
Und es schauen ihr in das süße Gesicht
Die Nachtigall und das Sonnenlicht
Und die kleinen neugierigen Hasen.

Tannkönig

1

Am Felsenbruch im wilden Tann
Liegt tot und öd ein niedrig Haus;
Der Efeu steigt das Dach hinan,
Waldvöglein fliegen ein und aus.

Und drin am blanken Eichentisch
Verzaubert schläft ein Mägdelein;
Die Wangen blühen ihr rosenfrisch,
Auf den Locken wallt ihr der Sonnenschein.

Die Bäume rauschen im Waldesdicht,
Eintönig fällt der Quelle Schaum;
Es lullt sie ein, es läßt sie nicht,
Sie sinket tief von Traum zu Traum.

Nur wenn im Arm die Zither klingt,
Da hell der Wind vorüberzieht,
Wenn gar zu laut die Drossel singt,
Zuckt manches Mal ihr Augenlid.

Dann wirft sie das blonde Köpfchen herum,
Daß am Hals das güldene Kettlein klingt;
Auf fliegen die Vögel, der Wald ist stumm,
Und zurück in den Schlummer das Mägdlein sinkt.

2

Hell reißt der Mond die Wolken auf,
Daß durch die Tannen bricht der Strahl;
Im Grunde wachen die Elfen auf,
Die Silberhörnlein rufen durchs Tal.

»Zu Tanz, zu Tanz am Felsenhang,
Am hellen Bach, im schwarzen Tann!
Schön Jungfräulein, was wird dir bang?
Wach auf und schlag die Saiten an!«

Schön Jungfräulein, die sitzt im Traum;
Tannkönig tritt zu ihr herein,
Und küßt ihr leis des Mundes Saum
Und nimmt vom Hals das Güldkettlein.

Da schlägt sie hell die Augen auf –
Was hilft ihr Weinen all und Flehn!
»Tannkönig, laß mich ziehn nach Haus,
Laß mich zu meinen Schwestern gehn.«

»In meinem Walde fing ich dich«,
Tannkönig spricht, »so bist du mein!
Was hattest du die Mess' versäumt?
Komm mit, komm mit zum Elfenreihn!« –

»Elf! Elf! das klingt so wunderlich,
Elf! Elf! mir graut vor dem Elfenreihn;
Die haben gewiß kein Christentum,
Oh, laß mich zu Vater und Mutter mein!«

»Und denkst du an Vater und Mutter noch,
Sitz aber hundert Jahr allein!«
Die Elfen ziehn zu Tanz, zu Tanz;
Er hängt ihr um das Güldkettlein.

NACHLESE

Nach frohen Stunden

Ich hab die Rose blühen sehn,
Mein ist ihr süßes Bild;
Und welkte sie zur Stunde schon
Und bliebe stets verhüllt! –

Wohl lebt ich manche frohe Zeit,
Manch schönen Augenblick;
Der stirbt in meiner Seele nicht,
Und kehrt' er nie zurück.

Das Leben trügt – Erinnerung
Allein bleibt ewig treu;
Die bringet nur geheilten Schmerz
Und nur gesühnte Reu'.

Doch stürmt um meine Brust die Zeit
Und weckt mein junges Blut;
Im Zweifel stärket sich die Treu'
Und in Gefahr der Mut.

Ich weiß, die Zeit ist nimmer schlecht,
Die Wahrheit schaut das Licht!
Ich weiß, die Liebe muß bestehn,
Der Himmel wankt ja nicht!

Doch schau ich in vergangne Zeit
Gar oft und lieb zurück –
Gedanken ziehen mild durchs Herz
Und Tränen vor den Blick.

Abends

Die Drossel singt, im Garten scheint der Mond;
Halb träumend schwankt im Silberschein die Rose.
Der Abendfalter schwingt sich sacht heran,
Im Flug zu ruhn an ihrem zarten Moose.

Nun schwirrt er auf – doch sieh! er muß zurück;
Die Rose zwingt ihn mit gefeitem Zügel.
An ihrem Kelche hängt der Schmetterling,
Vergessend sich und seine bunten Flügel. – –

Die Drossel singt, im Garten scheint der Mond;
Halb träumend wiegst du dich in meinen Armen.
O gönne mir der Lippen feuchte Glut,
Erschließ den Rosenkelch, den liebewarmen!

Du bist die Blume, die mich einzig reizt!
Dein heller Blick ist ein gefeiter Zügel!
An deinen Lippen hängt der Schmetterling,
Sich selbst vergessend und die bunten Flügel.

Käuzlein

Da sitzt der Kauz im Ulmenbaum
Und heult und heult im Ulmenbaum.
Die Welt hat für uns beide Raum!
Was heult der Kauz im Ulmenbaum
   Von Sterben und von Sterben?

Und übern Weg die Nachtigall,
Genüber pfeift die Nachtigall.
O weh, die Lieb ist gangen all!
Was pfeift so süß die Nachtigall
   Von Liebe und von Liebe?

Zur Rechten hell ein Liebeslied,
Zur Linken grell ein Sterbelied!
Ach, bleibt denn nichts, wenn Liebe schied,
Denn nichts als nur ein Sterbelied
   Kaum wegbreit noch hinüber?

Ständchen

Weiße Mondesnebel schwimmen
Auf den feuchten Wiesenplanen;
Hörst du die Gitarre stimmen
In dem Schatten der Platanen?

Dreizehn Lieder sollst du hören,
Dreizehn Lieder, frisch gedichtet;
Alle sind, ich kann's beschwören,
Alle nur an dich gerichtet.

An dem zarten schlanken Leibchen
Bis zur Stirne auf und nieder,
Jedes Fünkchen, jedes Stäubchen,
Alles preisen meine Lieder.

Wahrlich, Kind, ich hab zuzeiten
Übermütige Gedanken!
Unermüdlich sind die Saiten,
Und der Mund ist ohne Schranken.

Vom geheimsten Druck der Hände
Bis zum nimmersatten Küssen!
Ja, ich selber weiß am Ende
Nicht, was du wirst hören müssen.

Laß dich warnen, laß mich schweigen,
Laß mich Lied um Liebe tauschen;
Denn die Blätter an den Zweigen
Wachen auf und wollen lauschen.

Weiße Mondesnebel schwimmen
Auf den feuchten Wiesenplanen;
Hörst du die Gitarre stimmen
In dem Schatten der Platanen?

Rote Rosen

Wir haben nicht das Glück genossen
In indischer Gelassenheit;
In Qualen ist's emporgeschossen,
Wir wußten nichts von Seligkeit.

Verzehrend kam's in Sturm und Drange;
Ein Weh nur war es, keine Lust!
Es bleichte deine zarte Wange
Und brach den Atem meiner Brust.

Es schlang uns ein in wilde Fluten,
Es riß uns in den jähen Schlund;
Zerschmettert fast und im Verbluten
Lag endlich trunken Mund auf Mund.

Des Lebens Flamme war gesunken,
Des Lebens Feuerquell verrauscht,
Bis wir aufs neu den Götterfunken
Umfangend, selig eingetauscht.

Mysterium

»Die letzte Nacht, bevor wir scheiden,
Dann, doch nicht eher, bin ich dein.
Gib mir die Hand! Du sollst nicht klagen,
Ich will nichts mehr für mich allein.«

Sie sprach's. Und endlich kam die Stunde,
Und nur die Sterne hielten Wacht;
Nur zweier Herzen tiefes Schlagen
Und nur der Atemzug der Nacht.

Kein Ungestüm und kein Verzagen;
Sie löste Gürtel und Gewand
Und gab sich feierlich und schweigend
Und hülflos in der Liebe Hand.

Er hielt berauscht an seinem Herzen
Die Rose ihres Angesichts.
»So laß mich nun die Welt beschließen!
Nach dieser Stunde gibt sie nichts.«

Sie aber weinte, daß in Tränen
Ihr leidenschaftlich Herz zerging;
Sie dachte nichts, als daß zum Scheiden
Sie jetzt in seinen Armen hing.

Sie bebte bei der Glocken Schlagen
Und schloß sich fest an seine Brust;
Und in den Schmerz der künft'gen Stunden
Warf sie des Augenblickes Lust.

Sie wußte nicht, es war vergessen,
Daß sie begehrt und hülfelos
Lag mit den jungfräulichen Gliedern
In des geliebten Mannes Schoß.

Als er ein Weib umarmen wollte,
Lag sanft entschlummert, atmend lind,
An seinem tiefbewegten Herzen
Ein blasses, müdgeweintes Kind.

Halbe Arbeit

Leibeigenschaft war nur der Rumpf,
Nur halb erlegte man den Drachen,
Der noch aus dem feudalen Sumpf
Zu uns herüberreckt den Rachen;
Behalten blieb es bessern Tagen,
Das freche Haupt herabzuschlagen.

Größer werden die Menschen nicht

Größer werden die Menschen nicht;
Doch unter den Menschen
Größer und größer wächst
Die Welt des Gedankens.
Strengeres fodert jeglicher Tag
Von den Lebenden.
Und so sehen es alle,
Die zu sehen verstehn,
Aus dem seligen Glauben des Kreuzes
Bricht ein andrer hervor,
Selbstloser und größer.
Dessen Gebot wird sein:
Edel lebe und schön,
Ohne Hoffnung künftigen Seins
Und ohne Vergeltung,
Nur um der Schönheit des Lebens willen.

Der Weg wie weit!

Der Weg wie weit! Doch labend
Daheim die Ruh!
Und zwischen Nacht und Abend
Geliebte du!

An Wilhelm Jensen

Es ist der Wind, der alte Heimatslaut,
Nach dem das Kind mit großen Augen schaut,

Bei dem es einschläft, wenn er weitersummt,
Der es erweckt, wenn jählings er verstummt;

Bei dessen Schauern Baum und Strauch erbebt
Und tiefer in den Grund die Wurzeln gräbt –

Was bist du anders denn als Baum und Strauch?
Du keimst, du blühst und du verwelkest auch!

MÄRCHEN

DER KLEINE HÄWELMANN

Ein Kindermärchen

Es war einmal ein kleiner Junge, der hieß Häwelmann. Des Nachts schlief er in seinem Rollenbett und auch des Nachmittags, wenn er müde war; wenn er aber nicht müde war, so mußte seine Mutter ihn darin in der Stube umherfahren, und davon konnte er nie genug bekommen.

Nun lag der kleine Häwelmann eines Nachts in seinem Rollenbett und konnte nicht einschlafen; die Mutter aber schlief schon lange neben ihm in ihrem großen Himmelbett. »Mutter«, rief der kleine Häwelmann, »ich will fahren!« Und die Mutter langte im Schlaf mit dem Arm aus dem Bett und rollte die kleine Bettstelle hin und her, und wenn ihr der Arm müde werden wollte, so rief der kleine Häwelmann: »Mehr, mehr!«, und dann ging das Rollen wieder von vorne an. Endlich aber schlief sie gänzlich ein; und soviel Häwelmann auch schreien mochte, sie hörte es nicht; es war rein vorbei. -- Da dauerte es nicht lange, so sah der Mond in die Fensterscheiben, der gute alte Mond, und was er da sah, war so possierlich, daß er sich erst mit seinem Pelzärmel über das Gesicht fuhr, um sich die Augen auszuwischen; so etwas hatte der alte Mond all sein Lebtage nicht gesehen. Da lag der kleine Häwelmann mit offenen Augen in seinem Rollenbett und hielt das eine Beinchen wie einen Mastbaum in die Höhe. Sein kleines Hemd hatte er ausgezogen und hing es wie ein Segel an seiner kleinen Zehe auf; dann nahm er ein Hemdzipfelchen in jede Hand und fing mit beiden Backen an zu blasen. Und allmählich, leise, leise, fing es an zu rollen, über den Fußboden, dann die Wand hinauf, dann kopfüber die Decke entlang und dann die andere Wand wieder hinunter. »Mehr, mehr!« schrie Häwelmann, als er wieder auf dem Boden war; und dann blies er wieder seine Backen auf, und dann ging es wieder kopfüber und kopfunter. Es war ein großes Glück für den kleinen Häwelmann, daß es gerade Nacht war und die Erde auf dem Kopf stand; sonst hätte er doch gar zu leicht den Hals brechen können.

Als er dreimal die Reise gemacht hatte, guckte der Mond ihm plötzlich ins Gesicht. »Junge«, sagte er, »hast du noch nicht genug?« – »Nein«, schrie Häwelmann, »mehr, mehr! Mach mir die Tür auf! Ich will durch die Stadt fahren; alle Menschen sollen mich fahren sehen.« – »Das kann ich nicht«, sagte der gute Mond; aber er ließ einen langen Strahl durch das Schlüsselloch fallen; und darauf fuhr der kleine Häwelmann zum Hause hinaus.

Auf der Straße war es ganz still und einsam. Die hohen Häuser standen im hellen Mondschein und glotzten mit ihren schwarzen Fenstern recht dumm in die Stadt hinaus; aber die Menschen waren nirgends zu sehen. Es rasselte recht, als der kleine Häwelmann in seinem Rollenbette über das Straßenpflaster fuhr; und der gute Mond ging immer neben ihm und leuchtete. So fuhren sie Straßen aus, Straßen ein; aber die Menschen waren nirgends zu sehen. Als sie bei der Kirche vorbeikamen, da krähte auf einmal der große goldene Hahn auf dem Glockenturme. Sie hielten still. »Was machst du da?« rief der kleine Häwelmann hinauf. – »Ich krähe zum erstenmal!« rief der goldene Hahn herunter. – »Wo sind denn die Menschen?« rief der kleine Häwelmann hinauf. – »Die schlafen«, rief der goldene Hahn herunter, »wenn ich zum drittenmal krähe, dann wacht der erste Mensch auf.« – »Das dauert mir zu lange«, sagte Häwelmann, »ich will in den Wald fahren, alle Tiere sollen mich fahren sehen!« – »Junge«, sagte der gute alte Mond, »hast du noch nicht genug?« – »Nein«, schrie Häwelmann, »mehr, mehr! Leuchte, alter Mond, leuchte!« Und damit blies er die Backen auf, und der gute alte Mond leuchtete, und so fuhren sie zum Stadttor hinaus und übers Feld und in den dunkeln Wald hinein. Der gute Mond hatte große Mühe, zwischen den vielen Bäumen durchzukommen; mitunter war er ein ganzes Stück zurück, aber er holte den kleinen Häwelmann doch immer wieder ein.

Im Walde war es still und einsam; die Tiere waren nicht zu sehen; weder die Hirsche noch die Hasen, auch nicht die kleinen Mäuse. So fuhren sie immer weiter, durch Tannen- und Buchenwälder, bergauf und bergab. Der gute Mond ging nebenher und leuchtete in alle Büsche; aber die Tiere waren nicht zu sehen; nur eine kleine Katze saß oben in einem Eichbaum und funkelte mit den Augen. Da hielten sie still. »Das ist der kleine Hinze!« sagte Häwelmann, »ich kenne ihn wohl; er will die Sterne nachmachen.« Und als sie weiterfuhren, sprang die kleine Katze mit von Baum zu Baum. »Was machst du da?«

rief der kleine Häwelmann hinauf. – »Ich illuminiere!« rief die kleine Katze herunter. – »Wo sind denn die andern Tiere?« rief der kleine Häwelmann hinauf. – »Die schlafen«, rief die kleine Katze herunter und sprang wieder einen Baum weiter; »horch nur, wie sie schnarchen!« – »Junge«, sagte der gute alte Mond, »hast du noch nicht genug?« – »Nein«, schrie Häwelmann, »mehr, mehr! Leuchte, alter Mond, leuchte!« Und dann blies er die Backen auf, und der gute alte Mond leuchtete; und so fuhren sie zum Walde hinaus und dann über die Heide bis ans Ende der Welt, und dann gerade in den Himmel hinein.

Hier war es lustig; alle Sterne waren wach und hatten die Augen auf und funkelten, daß der ganze Himmel blitzte. »Platz da!« schrie Häwelmann und fuhr in den hellen Haufen hinein, daß die Sterne links und rechts vor Angst vom Himmel fielen. – »Junge«, sagte der gute alte Mond, »hast du noch nicht genug?« – »Nein!« schrie der kleine Häwelmann, »mehr, mehr!« Und – hast du nicht gesehen! fuhr er dem alten guten Mond quer über die Nase, daß er ganz dunkelbraun im Gesicht wurde. »Pfui!« sagte der Mond und nieste dreimal. »Alles mit Maßen!« Und damit putzte er seine Laterne aus, und alle Sterne machten die Augen zu. Da wurde es im ganzen Himmel auf einmal so dunkel, daß man es ordentlich mit Händen greifen konnte. »Leuchte, alter Mond, leuchte!« schrie Häwelmann, aber der Mond war nirgends zu sehen und auch die Sterne nicht; sie waren schon alle zu Bett gegangen. Da fürchtete der kleine Häwelmann sich sehr, weil er so allein im Himmel war. Er nahm seine Hemdzipfelchen in die Hände und blies die Backen auf; aber er wußte weder aus noch ein, er fuhr kreuz und quer, hin und her, und niemand sah ihn fahren, weder die Menschen noch die Tiere, noch auch die lieben Sterne.

Da guckte endlich unten, ganz unten am Himmelsrande ein rotes rundes Gesicht zu ihm herauf, und der kleine Häwelmann meinte, der Mond sei wieder aufgegangen. »Leuchte, alter Mond, leuchte!« rief er. Und dann blies er wieder die Backen auf und fuhr quer durch den ganzen Himmel und gerade drauflos. Es war aber die Sonne, die gerade aus dem Meere heraufkam. »Junge«, rief sie und sah ihm mit ihren glühenden Augen ins Gesicht, »was machst du hier in meinem Himmel?« Und – eins, zwei, drei! nahm sie den kleinen Häwelmann und warf ihn mitten in das große Wasser. Da konnte er schwimmen lernen.

Und dann?

Ja und dann? Weißt du nicht mehr? Wenn ich und du nicht gekommen wären und den kleinen Häwelmann in unser Boot genommen hätten, so hätte er doch leicht ertrinken können!

DIE REGENTRUDE

Einen so heißen Sommer, wie nun vor hundert Jahren, hat es seitdem nicht wieder gegeben. Kein Grün fast war zu sehen; zahmes und wildes Getier lag verschmachtet auf den Feldern.

Es war an einem Vormittag. Die Dorfstraßen standen leer; was nur konnte, war ins Innerste der Häuser geflüchtet; selbst die Dorfkläffer hatten sich verkrochen. Nur der dicke Wiesenbauer stand breitspurig in der Torfahrt seines stattlichen Hauses und rauchte im Schweiße seines Angesichts aus seinem großen Meerschaumkopfe. Dabei schaute er schmunzelnd einem mächtigen Fuder Heu entgegen, das eben von seinen Knechten auf die Diele gefahren wurde. – Er hatte vor Jahren eine bedeutende Fläche sumpfigen Wiesenlandes um geringen Preis erworben, und die letzten dürren Jahre, welche auf den Feldern seiner Nachbarn das Gras versengten, hatten ihm die Scheuern mit duftendem Heu und den Kasten mit blanken Krontalern gefüllt.

So stand er auch jetzt und rechnete, was bei den immer steigenden Preisen der Überschuß der Ernte für ihn einbringen könne. »Sie kriegen alle nichts«, murmelte er, indem er die Augen mit der Hand beschattete und zwischen den Nachbarsgehöften hindurch in die flimmernde Ferne schaute; »es gibt gar keinen Regen mehr in der Welt.« Dann ging er an den Wagen, der eben abgeladen wurde; er zupfte eine Handvoll Heu heraus, führte es an seine breite Nase und lächelte so verschmitzt, als wenn er aus dem kräftigen Duft noch einige Krontaler mehr herausriechen könne.

In demselben Augenblicke war eine etwa fünfzigjährige Frau ins Haus getreten. Sie sah blaß und leidend aus, und bei dem schwarzseidenen Tuche, das sie um den Hals gesteckt trug, trat der bekümmerte Ausdruck ihres Gesichtes nur noch mehr hervor. »Guten Tag, Nachbar«, sagte sie, indem sie dem Wiesenbauer die Hand reichte, »ist das eine Glut; die Haare brennen einem auf dem Kopfe!«

»Laß brennen, Mutter Stine, laß brennen«, erwiderte er, »seht nur das Fuder Heu an! Mir kann's nicht zu schlimm werden!«

»Ja, ja, Wiesenbauer, Ihr könnt schon lachen; aber was soll aus uns andern werden, wenn das so fortgeht!«

Der Bauer drückte mit dem Daumen die Asche in seinen Pfeifenkopf und stieß ein paar mächtige Dampfwolken in die Luft. »Seht Ihr«, sagte er, »das kommt von der Überklugheit. Ich hab's ihm immer gesagt; aber Euer Seliger hat's alleweg besser verstehen wollen. Warum mußte er all sein Tiefland vertauschen! Nun sitzt Ihr da mit den hohen Feldern, wo Eure Saat verdorrt und Euer Vieh verschmachtet.«

Die Frau seufzte.

Der dicke Mann wurde plötzlich herablassend. »Aber, Mutter Stine«, sagte er, »ich merke schon, Ihr seid nicht von ungefähr hiehergekommen; schießt nur immer los, was Ihr auf dem Herzen habt!«

Die Witwe blickte zu Boden. »Ihr wißt wohl«, sagte sie, »die funfzig Taler, die Ihr mir geliehen, ich soll sie auf Johanni zurückzahlen, und der Termin ist vor der Tür.«

Der Bauer legte seine fleischige Hand auf ihre Schulter. »Nun macht Euch keine Sorge, Frau! Ich brauche das Geld nicht; ich bin nicht der Mann, der aus der Hand in den Mund lebt. Ihr könnt mir Eure Grundstücke dafür zum Pfande einsetzen; sie sind zwar nicht von den besten, aber mir sollen sie diesmal gut genug sein. Auf den Sonnabend könnt Ihr mit mir zum Gerichtshalter fahren.«

Die bekümmerte Frau atmete auf. »Es macht zwar wieder Kosten«, sagte sie, »aber ich danke Euch doch dafür.«

Der Wiesenbauer hatte seine kleinen klugen Augen nicht von ihr gelassen. »Und«, fuhr er fort, »weil wir hier einmal beisammen sind, so will ich Euch auch sagen, der Andrees, Euer Junge, geht nach meiner Tochter!«

»Du lieber Gott, Nachbar, die Kinder sind ja miteinander aufgewachsen!«

»Das mag sein, Frau; wenn aber der Bursche meint, er könne sich hier in die volle Wirtschaft einfreien, so hat er seine Rechnung ohne mich gemacht!«

Die schwache Frau richtete sich ein wenig auf und sah ihn mit fast zürnenden Augen an. »Was habt Ihr denn an meinem Andrees auszusetzen?« fragte sie.

»Ich an Eurem Andrees, Frau Stine? – Auf der Welt gar nichts! Aber« – und er strich sich mit der Hand über die silbernen Knöpfe seiner roten Weste – »meine Tochter ist eben meine Tochter, und des Wiesenbauers Tochter kann es besser belaufen.«

»Trotzt nicht zu sehr, Wiesenbauer«, sagte die Frau milde, »ehe die heißen Jahre kamen –!«

»Aber sie sind gekommen und sind noch immer da, und auch für dies Jahr ist keine Aussicht, daß Ihr eine Ernte in die Scheuer bekommt. Und so geht's mit Eurer Wirtschaft immer weiter rückwärts.«

Die Frau war in tiefes Sinnen versunken; sie schien die letzten Worte kaum gehört zu haben. »Ja«, sagte sie, »Ihr mögt leider recht behalten, die Regentrude muß eingeschlafen sein; aber – sie kann geweckt werden!«

»Die Regentrude?« wiederholte der Bauer hart. »Glaubt Ihr auch an das Gefasel?«

»Kein Gefasel, Nachbar!« erwiderte sie geheimnisvoll. »Meine Urahne, da sie jung gewesen, hat sie selber einmal aufgeweckt. Sie wußte auch das Sprüchlein noch und hat es mir öfters vorgesagt; aber ich habe es seither längst vergessen.«

Der dicke Mann lachte, daß ihm die silbernen Knöpfe auf seinem Bauche tanzten. »Nun, Mutter Stine, so setzt Euch hin und besinnt Euch auf Euer Sprüchlein. Ich verlasse mich auf mein Wetterglas, und das steht seit acht Wochen auf beständig Schön!«

»Das Wetterglas ist ein totes Ding, Nachbar; das kann doch nicht das Wetter machen!«

»Und Eure Regentrude ist ein Spukeding, ein Hirngespinst, ein Garnichts!«

»Nun, Wiesenbauer«, sagte die Frau schüchtern, »Ihr seid einmal einer von den Neugläubigen!«

Aber der Mann wurde immer eifriger. »Neu- oder altgläubig!« rief er, »geht hin und sucht Eure Regenfrau und sprecht Euer Sprüchlein, wenn Ihr's noch beisammenkriegt! Und wenn Ihr binnen heut und vierundzwanzig Stunden Regen schafft, dann –!« Er hielt inne und paffte ein paar dicke Rauchwolken vor sich hin.

»Was dann, Nachbar?« fragte die Frau.

»Dann – – dann – zum Teufel, ja, dann soll Euer Andrees meine Maren freien!«

In diesem Augenblick öffnete sich die Tür des Wohnzimmers, und ein schönes schlankes Mädchen mit rehbraunen Augen trat zu ihnen auf die Durchfahrt hinaus. »Topp, Vater«, rief sie, »das soll gelten!« Und zu einem ältlichen Mann gewandt, der eben von der Straße her ins Haus trat, fügte sie hinzu: »Ihr habt's gehört, Vetter Schulze!«

»Nun, nun, Maren«, sagte der Wiesenbauer, »du brauchst keine Zeugen gegen deinen Vater aufzurufen; von meinem Wort, da beißt dir keine Maus auch nur ein Titelchen ab.«

Der Schulze schaute indes, auf seinen langen Stock gestützt, eine Weile in den freien Tag hinaus; und hatte nun sein schärferes Auge in der Tiefe des glühenden Himmels ein weißes Pünktchen schwimmen sehen oder wünschte er es nur und glaubte es deshalb gesehen zu haben, aber er lächelte hinterhaltig und sagte: »Mög's Euch bekommen, Vetter Wiesenbauer, der Andrees ist allewege ein tüchtiger Bursch!«

Bald darauf, während der Wiesenbauer und der Schulze in dem Wohnzimmer des erstern über allerlei Rechnungen beisammensaßen, trat Maren an der andern Seite der Dorfstraße mit Mutter Stine in deren Stübchen.

»Aber Kind«, sagte die Witwe, indem sie ihr Spinnrad aus der Ecke holte, »weißt du denn das Sprüchlein für die Regenfrau?«

»Ich?« fragte das Mädchen, indem sie erstaunt den Kopf zurückwarf.

»Nun, ich dachte nur, weil du so keck dem Vater vor die Füße tratst.«

»Nicht doch, Mutter Stine, mir war nur so ums Herz, und ich dachte auch, Ihr selber würdet's wohl noch beisammenbekommen. Räumt nur ein bissel auf in Eurem Kopfe; es muß ja noch irgendwo verkramet liegen!«

Frau Stine schüttelte den Kopf. »Die Urahne ist mir früh gestorben. Das aber weiß ich noch wohl, wenn wir damals große Dürre hatten, wie eben jetzt, und uns dabei mit der Saat oder dem Viehzeug Unheil zuschlug, dann pflegte sie wohl ganz heimlich zu sagen: ›Das tut der Feuermann uns zum Schabernack, weil ich einmal die Regenfrau geweckt habe!‹«

»Der Feuermann?« fragte das Mädchen, »wer ist denn das nun wieder?« Aber ehe sie noch eine Antwort erhalten konnte, war sie schon ans Fenster gesprungen und rief: »Um Gott, Mutter, da kommt der Andrees; seht nur, wie verstürzt er aussieht!«

Die Witwe erhob sich von ihrem Spinnrade. »Freilich, Kind«, sagte sie niedergeschlagen, »siehst du denn nicht, was er auf dem Rücken trägt? Da ist schon wieder eins von den Schafen verdurstet.«

Bald darauf trat der junge Bauer ins Zimmer und legte das tote Tier vor den Frauen auf den Estrich. »Da habt ihr's!« sagte er finster, indem er sich mit der Hand den Schweiß von der heißen Stirn strich.

Die Frauen sahen mehr in sein Gesicht als auf die tote Kreatur. »Nimm dir's nicht so zu Herzen, Andrees!« sagte Maren. »Wir wollen die Regenfrau wecken, und dann wird alles wieder gut werden.«

»Die Regenfrau!« wiederholte er tonlos. »Ja, Maren, wer die wekken könnte! – Es ist aber auch nicht wegen dem allein; es ist mir etwas widerfahren draußen.« –

Die Mutter faßte zärtlich seine Hand. »So sag es von dir, mein Sohn«, ermahnte sie, »damit es dich nicht siech mache!«

»So hört denn!« erwiderte er. – »Ich wollte nach unsern Schafen sehen und ob das Wasser, das ich gestern abend für sie hinaufgetragen, noch nicht verdunstet sei. Als ich aber auf den Weideplatz kam, sah ich sogleich, daß es dort nicht seine Richtigkeit habe; der Wasserzuber war nicht mehr, wo ich ihn hingestellt, und auch die Schafe waren nicht zu sehen. Um sie zu suchen, ging ich den Rain hinab bis an den Riesenhügel. Als ich auf die andere Seite kam, da sah ich sie alle liegen, keuchend, die Hälse lang auf die Erde gestreckt; die arme Kreatur hier war schon krepiert. Daneben lag der Zuber umgestürzt und schon gänzlich ausgetrocknet. Die Tiere konnten das nicht getan haben; hier mußte eine böswillige Hand im Spiele sein.«

»Kind, Kind«, unterbrach ihn die Mutter, »wer sollte einer armen Witwe Leides zufügen!«

»Hört nur zu, Mutter, es kommt noch weiter. Ich stieg auf den Hügel und sah nach allen Seiten über die Ebene hin; aber kein Mensch war zu sehen, die sengende Glut lag wie alle Tage lautlos über den Feldern. Nur neben mir auf einem der großen Steine, zwischen denen das Zwergenloch in den Hügel hinabgeht, saß ein dicker Molch und sonnte seinen häßlichen Leib. Als ich noch so halb ratlos, halb ingrimmig um mich her starrte, höre ich auf einmal hinter mir von der andern Seite des Hügels her ein Gemurmel, wie wenn einer eifrig mit sich selber redet, und als ich mich umwende, sehe ich ein knorpsiges Männlein im feuerroten Rock und roter Zipfelmütze unten zwischen dem Heidekraute auf und ab stapfen. – Ich erschrak mich, denn wo war es plötzlich hergekommen! – Auch sah es gar so arg und mißgeschaffen aus. Die großen braunroten Hände hatte es auf dem Rücken gefaltet, und dabei spielten die krummen Finger wie Spinnenbeine in der Luft. – Ich war hinter den Dornbusch getreten, der neben den Steinen aus dem Hügel wächst, und konnte von hier aus alles sehen, ohne selbst bemerkt zu werden. Das Unding drunten war noch immer in Bewegung; es bückte sich und riß ein Bündel versengten Grases aus dem Boden, daß ich glaubte, es müsse mit seinem Kürbiskopf vornüber schießen; aber es stand schon wieder auf seinen Spindelbeinen, und indem es das dürre Kraut zwischen seinen großen Fäusten zu Pulver rieb, begann es so entsetzlich zu lachen, daß auf der andern Seite des Hügels die halbtoten Schafe aufsprangen und in wilder Flucht an dem Rain hinunterjagten. Das Männlein aber lachte noch gellender, und dabei begann es von einem Bein aufs andere zu springen, daß ich fürchtete, die dünnen Stäbchen müßten unter seinem klumpigen Leibe zusammenbrechen. Es war grausenvoll anzusehen, denn es funkte ihm dabei ordentlich aus seinen kleinen schwarzen Augen.«

Die Witwe hatte leise des Mädchens Hand gefaßt.

»Weißt du nun, wer der Feuermann ist?« sagte sie. Maren nickte.

»Das Allergrausenhafteste aber«, fuhr Andrees fort, »war seine Stimme. ›Wenn sie es wüßten, wenn sie es wüßten!‹ schrie er, ›die Flegel, die Bauerntölpel!‹ Und dann sang er mit seiner schnarrenden, quäkenden Stimme ein seltsames Sprüchlein; immer von vorn nach hinten, als könne er sich gar daran nicht ersättigen. Wartet nur, ich bekomm's wohl noch beisammen!«

Und nach einigen Augenblicken fuhr er fort:

»Dunst ist die Welle,
Staub ist die Quelle!«

Die Mutter ließ plötzlich ihr Spinnrad stehen, das sie während der Erzählung eifrig gedreht hatte, und sah ihren Sohn mit gespannten Augen an. Der aber schwieg wieder und schien sich zu besinnen.

»Weiter!« sagte sie leise.

»Ich weiß nicht weiter, Mutter; es ist fort, und ich hab's mir unterwegs doch wohl hundertmal vorgesagt.«

Als aber Frau Stine mit unsicherer Stimme selbst fortfuhr:

»Stumm sind die Wälder,
Feuermann tanzet über die Felder!«,

da setzte er rasch hinzu:

»Nimm dich in acht!
Eh du erwacht,
Holt dich die Mutter
Heim in die Nacht!«

»Das ist das Sprüchlein der Regentrude!« rief Frau Stine; »und nun rasch noch einmal! Und du, Maren, merk wohl auf, damit es nicht wiederum verlorengeht!«

Und nun sprachen Mutter und Sohn noch einmal zusammen und ohne Anstoß:

»Dunst ist die Welle,
Staub ist die Quelle!
Stumm sind die Wälder,
Feuermann tanzet über die Felder!

Nimm dich in acht!
Eh du erwacht,
Holt dich die Mutter
Heim in die Nacht!«

»Nun hat alle Not ein Ende!« rief Maren; »nun wecken wir die Regentrude; morgen sind alle Felder wieder grün, und übermorgen gibt's Hochzeit!« Und mit fliegenden Worten und glänzenden Augen erzählte sie ihrem Andrees, welches Versprechen sie dem Vater abgewonnen habe.

»Kind«, sagte die Witwe wieder, »weißt du denn auch den Weg zur Regentrude?«

»Nein, Mutter Stine; wißt Ihr denn auch den Weg nicht mehr?«

»Aber, Maren, es war ja die Urahne, die bei der Regentrude war; von dem Wege hat sie mir niemals was erzählt.«

»Nun, Andrees«, sagte Maren und faßte den Arm des jungen Bauern, der währenddes mit gerunzelter Stirn vor sich hin gestarrt hatte, »so sprich du! Du weißt ja sonst doch immer Rat!«

»Vielleicht weiß ich auch jetzt wieder einen!« entgegnete er bedächtig. »Ich muß heute mittag den Schafen noch Wasser hinauftragen. Vielleicht daß ich den Feuermann noch einmal hinter dem Dornbusch belauschen kann! Hat er das Sprüchlein verraten, wird er auch noch den Weg verraten; denn sein dicker Kopf scheint überzulaufen von diesen Dingen.«

Und bei diesem Entschluß blieb es. Soviel sie auch hin und wider redeten, sie wußten keinen bessern aufzufinden.

Bald darauf befand sich Andrees mit seiner Wassertracht droben auf dem Weideplatze. Als er in die Nähe des Riesenhügels kam, sah er den Kobold schon von weitem auf einem der Steine am Zwergenloch sitzen. Er strählte sich mit seinen fünf ausgespreizten Fingern den roten Bart; und jedesmal wenn er die Hand herauszog, löste sich ein Häufchen feuriger Flocken ab und schwebte in dem grellen Sonnenschein über die Felder dahin.

›Da bist du zu spät gekommen‹, dachte Andrees, ›heute wirst du nichts erfahren‹, und wollte seitwärts, als habe er gar nichts gesehen, nach der Stelle abbiegen, wo noch immer der umgestürzte Zuber lag. Aber er wurde angerufen. »Ich dachte, du hättest mit mir zu reden!« hörte er die Quäkstimme des Kobolds hinter sich.

Andrees kehrte sich um und trat ein paar Schritte zurück. »Was hätte ich mit Euch zu reden«, erwiderte er; »ich kenne Euch ja nicht.«

»Aber du möchtest den Weg zur Regentrude wissen?«

»Wer hat Euch denn das gesagt?«

»Mein kleiner Finger, und der ist klüger als mancher große Kerl.«

Andrees nahm all seinen Mut zusammen und trat noch ein paar Schritte näher zu dem Unding an den Hügel hinauf. »Euer kleiner Finger mag schon klug sein«, sagte er, »aber den Weg zur Regenfrau wird er doch nicht wissen, denn den wissen auch die allerklügsten Menschen nicht.«

Der Kobold blähte sich wie eine Kröte und fuhr ein paarmal mit seiner Klaue durch den Feuerbart, daß Andrees vor der herausströmenden Glut einen Schritt zurücktaumelte. Plötzlich aber den jungen Bauer mit dem Ausdrucke eines überlegenen Hohns aus seinen bösen kleinen Augen anstarrend, schnarrte er ihn an: »Du bist zu einfältig, Andrees; wenn ich dir auch sagte, daß die Regentrude hinter dem großen Walde wohnt, so würdest du doch nicht wissen, daß hinter dem Walde eine hohle Weide steht!«

›Hier gilt's den Dummen spielen!‹ dachte Andrees; denn obschon er sonst ein ehrlicher Bursche war, so hatte er doch auch seine gute Portion Bauernschlauheit mit auf die Welt bekommen. »Da habt Ihr recht«, sagte er und riß den Mund auf, »das würde ich freilich nicht wissen!«

»Und«, fuhr der Kobold fort, »wenn ich dir auch sagte, daß hinter dem Walde die hohle Weide steht, so würdest du doch nicht wissen, daß in dem Baum eine Treppe zum Garten der Regenfrau hinabführt.«

»Wie man sich doch verrechnen kann!« rief Andrees. »Ich dachte, man könnte nur so gradeswegs hineinspazieren.«

»Und wenn du auch gradeswegs hineinspazieren könntest«, sagte der Kobold, »so würdest du immer noch nicht wissen, daß die Regentrude nur von einer reinen Jungfrau geweckt werden kann.«

»Nun freilich«, meinte Andrees, »da hilft's mir nichts; da will ich mich nur gleich wieder auf den Heimweg machen.«

Ein arglistiges Lächeln verzog den breiten Mund des Kobolds. »Willst du nicht erst dein Wasser in den Zuber gießen?« fragte er; »das schöne Viehzeug ist ja schier verschmachtet.«

»Da habt Ihr zum vierten Mal recht!« erwiderte der Bursche und ging mit seinen Eimern um den Hügel herum. Als er aber das Wasser in den heißen Zuber goß, schlug es zischend empor und verprasselte in weißen Dampfwolken in die Luft. ›Auch gut!‹ dachte er, ›meine Schafe treibe ich mit mir heim, und morgen mit dem frühesten geleite ich Maren zu der Regentrude. Die soll sie schon erwecken!‹

Auf der andern Seite des Hügels aber war der Kobold von seinen Steinen aufgesprungen. Er warf seine rote Mütze in die Luft und kollerte sich mit wieherndem Gelächter den Berg hinab. Dann sprang er wieder auf seine dürren Spindelbeine, tanzte wie toll umher und schrie dabei mit seiner Quäkstimme einmal übers andere: »Der Kindskopf, der Bauerlümmel dachte mich zu übertölpeln und weiß noch nicht, daß die Trude sich nur durch das rechte Sprüchlein wecken läßt. Und das Sprüchlein weiß keiner als Eckeneckepenn, und Eckeneckepenn, das bin ich!« –

Der böse Kobold wußte nicht, daß er am Vormittag das Sprüchlein selbst verraten hatte.

Auf die Sonnenblumen, die vor Marens Kammer im Garten standen, fiel eben der erste Morgenstrahl, als sie schon das Fenster aufstieß und ihren Kopf in die frische Luft hinaussteckte. Der Wiesenbauer, welcher nebenan im Alkoven des Wohnzimmers schlief, mußte davon erwacht sein; denn sein Schnarchen, das noch eben durch alle Wände drang, hatte plötzlich aufgehört. »Was treibst du, Maren?« rief er mit schläfriger Stimme. »Fehlt's dir denn wo?«

Das Mädchen fuhr sich mit dem Finger an die Lippen; denn sie wußte wohl, daß der Vater, wenn er ihr Vorhaben erführe, sie nicht aus dem Hause lassen würde. Aber sie faßte sich schnell. »Ich habe nicht schlafen können, Vater«, rief sie zurück, »ich will mit den Leuten auf die Wiesen; es ist so hübsch frisch heute morgen.«

»Hast das nicht nötig, Maren«, erwiderte der Bauer, »meine Tochter ist kein Dienstbot'.« Und nach einer Weile fügte er hinzu: »Na, wenn's dir Pläsier macht! Aber sei zur rechten Zeit wieder heim, eh die große Hitze kommt. Und vergiß mein Warmbier nicht!« Damit warf er sich auf die andere Seite, daß die Bettstelle krachte, und gleich darauf hörte auch das Mädchen wieder das wohlbekannte abgemessene Schnarchen.

Behutsam drückte sie ihre Kammertür auf. Als sie durch die Torfahrt ins Freie ging, hörte sie eben den Knecht die beiden Mägde wecken. ›Es ist doch schnöd‹, dachte sie, ›daß du so hast lügen müssen, aber‹ – und sie seufzte dabei ein wenig – ›was tut man nicht um seinen Schatz.‹

Drüben in seinem Sonntagsstaat stand schon Andrees ihrer wartend. »Weißt du dein Sprüchlein noch?« rief er ihr entgegen.

»Ja, Andrees! Und weißt du noch den Weg?«

Er nickte nur.

»So laß uns gehen!« – Aber eben kam noch Mutter Stine aus dem Hause und steckte ihrem Sohne ein mit Met gefülltes Fläschchen in die Tasche. »Der ist noch von der Urahne«, sagte sie, »sie tat allezeit sehr geheim und kostbar damit, der wird euch guttun in der Hitze!«

Dann gingen sie im Morgenschein die stille Dorfstraße hinab, und die Witwe stand noch lange und schaute nach der Richtung, wo die jungen kräftigen Gestalten verschwunden waren.

Der Weg der beiden führte hinter der Dorfmark über eine weite Heide. Danach kamen sie in den großen Wald. Aber die Blätter des Waldes lagen meist verdorrt am Boden, so daß die Sonne überall hindurchblitzte; sie wurden fast geblendet von den wechselnden Lichtern. – Als sie eine geraume Zeit zwischen den hohen Stämmen der Eichen und Buchen fortgeschritten waren, faßte das Mädchen die Hand des jungen Mannes.

»Was hast du, Maren?« fragte er.

»Ich hörte unsere Dorfuhr schlagen, Andrees.«

»Ja, mir war es auch so.«

»Es muß sechs Uhr sein!« sagte sie wieder. »Wer kocht denn dem Vater nur sein Warmbier? Die Mägde sind alle auf dem Felde.«

»Ich weiß nicht, Maren; aber das hilft nun doch weiter nicht!«

»Nein«, sagte sie, »das hilft nun weiter nicht. Aber weißt du denn auch noch unser Sprüchlein?«

»Freilich, Maren!

Dunst ist die Welle,
Staub ist die Quelle!«

Und als er einen Augenblick zögerte, sagte sie rasch:

»Stumm sind die Wälder,
Feuermann tanzet über die Felder!«

»Oh«, rief sie, »wie brannte die Sonne!«

»Ja«, sagte Andrees und rieb sich die Wange, »es hat auch mir ordentlich einen Stich gegeben.«

Endlich kamen sie aus dem Walde, und dort, ein paar Schritte vor ihnen, stand auch schon der alte Weidenbaum. Der mächtige Stamm war ganz gehöhlt, und das Dunkel, das darin herrschte, schien tief in den Abgrund der Erde zu führen. Andrees stieg zuerst allein hinab, während Maren sich auf die Höhlung des Baumes lehnte und ihm nachzublicken suchte. Aber bald sah sie nichts mehr von ihm, nur das Geräusch des Hinabsteigens schlug noch an ihr Ohr. Ihr begann angst zu werden, oben um sie her war es so einsam, und von unten hörte sie endlich auch keinen Laut mehr. Sie steckte den Kopf tief in die Höhlung und rief: »Andrees, Andrees!« Aber es blieb alles still, und noch einmal rief sie: »Andrees!« – Da nach einiger Zeit war es ihr, als höre sie es von unten wieder heraufkommen, und allmählich erkannte sie auch die Stimme des jungen Mannes, der ihren Namen rief, und faßte seine Hand, die er ihr entgegenstreckte. »Es führt eine Treppe hinab«, sagte er, »aber sie ist steil und ausgebröckelt, und wer weiß, wie tief nach unten zu der Abgrund ist!«

Maren erschrak. »Fürchte dich nicht«, sagte er, »ich trage dich; ich habe einen sichern Fuß.« Dann hob er das schlanke Mädchen auf seine breite Schulter; und als sie die Arme fest um seinen Hals gelegt hatte, stieg er behutsam mit ihr in die Tiefe. Dichte Finsternis umgab sie; aber Maren atmete doch auf, während sie so Stufe um Stufe wie in einem gewundenen Schneckengange hinabgetragen wurde; denn es war kühl hier im Innern der Erde. Kein Laut von oben drang zu ihnen herab; nur einmal hörten sie dumpf aus der Ferne die unterirdischen Wasser brausen, die vergeblich zum Lichte emporarbeiteten.

»Was war das?« flüsterte das Mädchen.

»Ich weiß nicht, Maren.«

»Aber hat's denn noch kein Ende?«

»Es scheint fast nicht.«

»Wenn dich der Kobold nur nicht betrogen hat!«

»Ich denke nicht, Maren.«

So stiegen sie tiefer und tiefer. Endlich spürten sie wieder den Schimmer des Sonnenlichts unter sich, das mit jedem Tritte leuchtender wurde; zugleich aber drang auch eine erstickende Hitze zu ihnen herauf.

Als sie von der untersten Stufe ins Freie traten, sahen sie eine gänzlich unbekannte Gegend vor sich. Maren sah befremdet umher. »Die Sonne scheint aber doch dieselbe zu sein!« sagte sie endlich.

»Kälter ist sie wenigstens nicht«, meinte Andrees, indem er das Mädchen zur Erde hob.

Von dem Platze, wo sie sich befanden, auf einem breiten Steindamm, lief eine Allee von alten Weiden in die Ferne hinaus. Sie bedachten sich nicht lange, sondern gingen, als sei ihnen der Weg gewiesen, zwischen den Reihen der Bäume entlang. Wenn sie nach der einen oder andern Seite blickten, so sahen sie in ein ödes, unabsehbares Tiefland, das so von aller Art Rinnen und Vertiefungen zerrissen war, als bestehe es nur aus einem endlosen Gewirre verlassener See- und Strombetten. Dies schien auch dadurch bestätigt zu werden, daß ein beklemmender Dunst, wie von vertrocknetem Schilf, die Luft erfüllte. Dabei lagerte zwischen den Schatten der einzelnstehenden Bäume eine solche Glut, daß es den beiden Wanderern war, als sähen sie kleine weiße Flammen über den staubigen Weg dahinfliegen. Andrees mußte an die Flocken aus dem Feuerbarte des Kobolds denken. Einmal war es ihm sogar, als sähe er zwei dunkle Augenringe in dem grellen Sonnenschein; dann wieder glaubte er deutlich neben sich das tolle Springen der kleinen Spindelbeine zu hören. Bald war es links, bald rechts an seiner Seite. Wenn er sich aber wandte, vermochte er nichts zu sehen; nur die glutheiße Luft zitterte flirrend und blendend vor seinen Augen. ›Ja‹, dachte er, indem er des Mädchens Hand erfaßte und beide mühsam vorwärts schritten, ›sauer machst du's uns; aber recht behältst du heute nicht!‹

Weiter und weiter gingen sie, der eine nur auf das immer schwerere Atmen des andern hörend. Der einförmige Weg schien kein Ende zu nehmen; neben ihnen unaufhörlich die grauen, halb entblätterten Weiden, seitwärts hüben und drüben unter ihnen die unheimlich dunstende Niederung.

Plötzlich blieb Maren stehen und lehnte sich mit geschlossenen Augen an den Stamm einer Weide. »Ich kann nicht weiter«, murmelte sie; »die Luft ist lauter Feuer.«

Da gedachte Andrees des Metfläschchens, das sie bis dahin unberührt gelassen hatten. – Als er den Stöpsel abgezogen, verbreitete sich ein Duft, als seien die Tausende von Blumen noch einmal zur Blüte auferstanden, aus deren Kelchen vor vielleicht mehr als hundert Jahren die Bienen den Honig zu diesem Tranke zusammengetragen hatten. Kaum hatten die Lippen des Mädchens den Rand der Flasche berührt, so schlug sie schon die Augen auf. »Oh«, rief sie, »auf welcher schönen Wiese sind wir denn?«

»Auf keiner Wiese, Maren; aber trink nur, es wird dich stärken!«

Als sie getrunken hatte, richtete sie sich auf und schaute mit hellen Augen um sich her. »Trink auch einmal, Andrees«, sagte sie; »ein Frauenzimmer ist doch nur ein elendiglich Geschöpf!«

»Aber das ist ein echter Tropfen!« rief Andrees, nachdem er auch gekostet hatte. »Mag der Himmel wissen, woraus die Urahne den gebraut hat!«

Dann gingen sie gestärkt und lustig plaudernd weiter. Nach einer Weile aber blieb das Mädchen wieder stehen. »Was hast du, Maren?« fragte Andrees.

»Oh, nichts; ich dachte nur –«

»Was denn, Maren?«

»Siehst du, Andrees! Mein Vater hat noch sein halbes Heu draußen auf den Wiesen; und ich gehe da aus und will Regen machen!«

»Dein Vater ist ein reicher Mann, Maren; aber wir andern haben unser Fetzchen Heu schon längst in der Scheuer und unsere Frucht noch alle auf den dürren Halmen.«

»Ja, ja, Andrees, du hast wohl recht; man muß auch an die andern denken!« Im stillen bei sich selber aber setzte sie nach einer Weile hinzu: ›Maren, Maren, mach dir keine Flausen vor; du tust ja doch alles nur von wegen deinem Schatz!‹

So waren sie wieder eine Zeitlang fortgegangen, als das Mädchen plötzlich rief: »Was ist denn das? Wo sind wir denn? Das ist ja ein großer, ungeheuerer Garten!«

Und wirklich waren sie, ohne zu wissen wie, aus der einförmigen Weidenallee in einen großen Park gelangt. Aus der weiten, jetzt freilich versengten Rasenfläche erhoben sich überall Gruppen hoher prachtvoller Bäume. Zwar war ihr Laub zum Teil gefallen oder hing dürr oder schlaff an den Zweigen, aber der kühne Bau ihrer Äste strebte noch in den Himmel, und die mächtigen Wurzeln griffen noch weit über die Erde hinaus. Eine Fülle von Blumen, wie die beiden sie nie zuvor gesehen, bedeckte hier und da den Boden; aber alle diese Blumen waren welk und düftelos und schienen mitten in der höchsten Blüte von der tödlichen Glut getroffen zu sein.

»Wir sind am rechten Orte, denk ich!« sagte Andrees.

Maren nickte. »Du mußt nun hier zurückbleiben, bis ich wiederkomme.«

»Freilich«, erwiderte er, indem er sich in dem Schatten einer großen Eiche ausstreckte. »Das übrige ist nun deine Sach'! Halt nur das Sprüchlein fest und verred dich nicht dabei!« --

So ging sie denn allein über den weiten Rasen und unter den himmelhohen Bäumen dahin, und bald sah der Zurückbleibende nichts mehr von ihr. Sie aber schritt weiter und weiter durch die Einsamkeit. Bald hörten die Baumgruppen auf, und der Boden senkte sich. Sie erkannte wohl, daß sie in dem ausgetrockneten Bette eines Gewässers ging; weißer Sand und Kiesel bedeckten den Boden, dazwischen lagen tote Fische und blinkten mit ihren Silberschuppen in der Sonne. In der Mitte des Beckens sah sie einen grauen fremdartigen Vogel stehen; er schien ihr einem Reiher ähnlich zu sein, doch war er von solcher Größe, daß sein Kopf, wenn er ihn aufrichtete, über den eines Menschen hinwegragen mußte; jetzt hatte er den langen Hals zwischen den Flügeln zurückgelegt und schien zu schlafen. Maren fürchtete sich. Außer dem regungslosen unheimlichen Vogel war kein lebendes Wesen sichtbar, nicht einmal das Schwirren einer Fliege unterbrach hier die Stille; wie ein Entsetzen lag das Schweigen über diesem Orte. Einen Augenblick trieb sie die Angst, nach ihrem Geliebten zu rufen, aber sie wagte es wiederum nicht;

denn den Laut ihrer eigenen Stimme in dieser Öde zu hören, dünkte sie noch schauerlicher als alles andere.

So richtete sie denn ihre Augen fest in die Ferne, wo sich wieder dichte Baumgruppen über den Boden zu erheben schienen, und schritt weiter, ohne rechts oder links zu sehen. Der große Vogel rührte sich nicht, als sie mit leisem Tritt an ihm vorüberging, nur für einen Augenblick blitzte es schwarz unter der weißen Augenhaut hervor. – Sie atmete auf. – Nachdem sie noch eine weite Strecke hingeschritten, verengte sich das Seebette zu der Rinne eines mäßigen Baches, der unter einer breiten Lindengruppe durchführte. Das Geäste dieser mächtigen Bäume war so dicht, daß ungeachtet des mangelhaften Laubes kein Sonnenstrahl hindurchdrang. Maren ging in dieser Rinne weiter; die plötzliche Kühle um sie her, das hohe dunkle Gewölbe der Wipfel über ihr; es schien ihr fast, als gehe sie durch eine Kirche. Plötzlich aber wurden ihre Augen von einem blendenden Licht getroffen; die Bäume hörten auf, und vor ihr erhob sich ein graues Gestein, auf das die grellste Sonne niederbrannte.

Maren selbst stand in einem leeren sandigen Becken, in welches sonst ein Wasserfall über die Felsen hinabgestürzt sein mochte, der dann unterhalb durch die Rinne seinen Abfluß in den jetzt verdunsteten See gehabt hatte. Sie suchte mit den Augen, wo wohl der Weg zwischen den Klippen hinaufführe. Plötzlich aber schrak sie zusammen. Denn das dort auf der halben Höhe des Absturzes konnte nicht zum Gestein gehören; wenn es auch ebenso grau war und starr wie dieses in der regungslosen Luft lag, so erkannte sie doch bald, daß es ein Gewand sei, welches in Falten eine ruhende Gestalt bedeckte. – Mit verhaltenem Atem stieg sie näher. Da sah sie es deutlich; es war eine schöne mächtige Frauengestalt. Der Kopf lag tief aufs Gestein zurückgesunken; die blonden Haare, die bis zur Hülfte hinabflossen, waren voll Staub und dürren Laubes. Maren betrachtete sie aufmerksam. ›Sie muß sehr schön gewesen sein‹, dachte sie, ›ehe diese Wangen so schlaff und diese Augen so eingesunken waren. Ach, und wie bleich ihre Lippen sind! Ob es denn wohl die Regentrude sein mag? – Aber die da schläft nicht; das ist eine Tote! Oh, es ist entsetzlich einsam hier!‹

Das kräftige Mädchen hatte sich indessen bald gefaßt. Sie trat ganz dicht herzu, und niederkniend und zu ihr hingebeugt, legte sie ihre frischen Lippen an das marmorblasse Ohr der Ruhenden. Dann, all ihren Mut zusammennehmend, sprach sie laut und deutlich:

»Dunst ist die Welle,
Staub ist die Quelle!
Stumm sind die Wälder,
Feuermann tanzet über die Felder!«

Da rang sich ein tiefer klagender Laut aus dem bleichen Munde hervor; doch das Mädchen sprach immer stärker und eindringlicher:

»Nimm dich in acht!
Eh du erwacht,
Holt dich die Mutter
Heim in die Nacht!«

Da rauschte es sanft durch die Wipfel der Bäume, und in der Ferne donnerte es leise wie von einem Gewitter. Zugleich aber und, wie es schien, von jenseit des Gesteins kommend, durchschnitt ein greller Ton die Luft, wie der Wutschrei eines bösen Tieres. Als Maren emporsah, stand die Gestalt der Trude hoch aufgerichtet vor ihr. »Was willst du?« fragte sie.

»Ach, Frau Trude«, antwortete das Mädchen noch immer kniend. »Ihr habt so grausam lang geschlafen, daß alles Laub und alle Kreatur verschmachten will!«

Die Trude sah sie mit weit aufgerissenen Augen an, als mühe sie sich, aus schweren Träumen zu kommen.

Endlich fragte sie mit tonloser Stimme: »Stürzt denn der Quell nicht mehr?«

»Nein, Frau Trude«, erwiderte Maren.

»Kreist denn mein Vogel nicht mehr über dem See?«

»Er steht in der heißen Sonne und schläft.«

»Weh!« wimmerte die Regenfrau. »So ist es hohe Zeit. Steh auf und folge mir, aber vergiß nicht den Krug, der dort zu deinen Füßen liegt!«

Maren tat, wie ihr geheißen, und beide stiegen nun an der Seite des Gesteins hinauf. – Noch mächtigere Baumgruppen, noch wunderbarere Blumen waren hier der Erde entsprossen, aber auch hier war alles welk und düftelos. – Sie gingen an der Rinne des Baches entlang, der hinter ihnen seinen Abfall vom Gestein gehabt hatte. Langsam und schwankend schritt die Trude dem Mädchen voran, nur dann und wann die Augen traurig umherwendend. Dennoch meinte Maren, es bleibe ein grüner Schimmer auf dem Rasen, den ihr Fuß betreten, und wenn die grauen Gewänder über das dürre Gras schleppten, da rauschte es so eigen, daß sie immer darauf hinhören mußte. »Regnet es denn schon, Frau Trude?« fragte sie.

»Ach nein, Kind, erst mußt du den Brunnen aufschließen!«

»Den Brunnen? Wo ist denn der?«

Sie waren eben aus einer Gruppe von Bäumen herausgetreten. »Dort!« sagte die Trude, und einige tausend Schritte vor ihnen sah Maren einen ungeheueren Bau emporsteigen. Er schien von grauem Gestein zackig und unregelmäßig aufgetürmt; bis in den Himmel, meinte Maren, denn nach oben hinauf war alles wie in Duft und Sonnenglanz zerflossen. Am Boden aber wurde die in riesenhaften Erkern vorspringende Fronte überall von hohen spitzbogigen Tor- und Fensterhöhlen durchbrochen, ohne daß jedoch von Fenstern oder Torflügeln selbst etwas zu sehen gewesen wäre.

Eine Weile schritten sie gerade darauf zu, bis sie durch den Uferabsturz eines Stromes aufgehalten wurden, der den Bau rings zu umgeben schien. Auch hier war jedoch das Wasser bis auf einen schmalen Faden, der noch in der Mitte floß, verdunstet; ein Nachen lag zerborsten auf der trockenen Schlammdecke des Strombettes.

»Schreite hindurch!« sagte die Trude. »Über dich hat er keine Gewalt. Aber vergiß nicht, von dem Wasser zu schöpfen; du wirst es bald gebrauchen!«

Als Maren, dem Befehl gehorchend, von dem Ufer herabtrat, hätte sie fast den Fuß zurückgezogen, denn der Boden war hier so heiß, daß sie die Glut durch ihre Schuhe fühlte. ›Ei was, mögen die Schuhe verbrennen!‹ dachte sie und schritt rüstig mit ihrem Kruge weiter. Plötzlich aber blieb sie stehen; der Ausdruck des tiefsten Entsetzens trat in ihre Augen. Denn neben ihr zerriß die trockene Schlammdecke, und eine große braunrote Faust mit krummen Fingern fuhr daraus hervor und griff nach ihr.

»Mut!« hörte sie die Stimme der Trude hinter sich vom Ufer her.

Da erst stieß sie einen lauten Schrei aus, und der Spuk verschwand.

»Schließe die Augen!« hörte sie wiederum die Trude rufen. – Da ging sie mit geschlossenen Augen weiter; als sie aber das Wasser ihren Fuß berühren fühlte, bückte sie sich und füllte ihren Krug. Dann stieg sie leicht und ungefährdet am andern Ufer wieder hinauf.

Bald hatte sie das Schloß erreicht und trat mit klopfendem Herzen durch eines der großen offenen Tore. Drinnen aber blieb sie staunend an dem Eingange stehen. Das ganze Innere schien nur ein einziger unermeßlicher Raum zu sein. Mächtige Säulen von Tropfstein trugen in beinahe unabsehbarer Höhe eine seltsame Decke; fast meinte Maren, es seien nichts als graue riesenhafte Spinngewebe, die überall in Bauschen und Spitzen zwischen den Knäufen der Säulen herabhingen. Noch immer stand sie wie verloren an derselben Stelle und blickte bald vor sich hin, bald nach einer und der andern Seite, aber diese ungeheueren Räume schienen außer nach der Fronte zu, durch welche Maren eingetreten war, ganz ohne Grenzen zu sein; Säule hinter Säule erhob sich, und wie sehr sie sich auch anstrengte, sie konnte nirgends ein Ende absehen. Da blieb ihr Auge an einer Vertiefung des Bodens haften. Und siehe! Dort, unweit von ihr, war der Brunnen; auch den goldenen Schlüssel sah sie auf der Falltür liegen.

Während sie darauf zuging, bemerkte sie, daß der Fußboden nicht etwa, wie sie es in ihrer Dorfkirche gesehen, mit Steinplatten, sondern überall mit vertrockneten Schilf- und Wiesenpflanzen bedeckt war. Aber es nahm sie jetzt schon nichts mehr wunder.

Nun stand sie am Brunnen und wollte eben den Schlüssel ergreifen; da zog sie rasch die Hand zurück. Denn deutlich hatte sie es erkannt: der Schlüssel, der ihr in dem grellen Licht eines von außen hereinfallenden Sonnenstrahls entgegenleuchtete, war von Glut und nicht von Golde rot. Ohne Zaudern goß sie ihren Krug darüber aus, daß das Zischen des verdampfenden Wassers in den weiten Räumen widerhallte. Dann schloß sie rasch den Brunnen auf. Ein frischer Duft stieg aus der Tiefe, als sie die Falltür zurückgeschlagen hatte, und erfüllte bald alles mit einem feinen feuchten Staube, der wie ein zartes Gewölk zwischen den Säulen emporstieg.

Sinnend und in der frischen Kühle aufatmend, ging Maren umher. Da begann zu ihren Füßen ein neues Wunder. Wie ein Hauch rieselte ein lichtes Grün über die verdorrte Pflanzendecke, die Halme richteten sich auf, und bald wandelte das Mädchen durch eine Fülle sprießender Blätter und Blumen. Am Fuße der Säulen wurde es blau von Vergißmeinnicht; dazwischen blühten gelbe und braunviolette Iris auf und verhauchten ihren zarten Duft. An den Spitzen der Blätter klommen Libellen empor, prüften ihre Flügel und schwebten dann schillernd und gaukelnd über den Blumenkelchen, während der frische Duft, der fortwährend aus dem Brunnen stieg, immer mehr die

Luft erfüllte und wie Silberfunken in den hereinfallenden Sonnenstrahlen tanzte.

Indessen Maren noch des Entzückens und Bestaunens kein Ende finden konnte, hörte sie hinter sich ein behagliches Stöhnen wie von einer süßen Frauenstimme. Und wirklich, als sie ihre Augen nach der Vertiefung des Brunnens wandte, sah sie auf dem grünen Moosrande, der dort emporgekeimt war, die ruhende Gestalt einer wunderbar schönen blühenden Frau. Sie hatte ihren Kopf auf den nackten glänzenden Arm gestützt, über den das blonde Haar wie in seidenen Wellen herabfiel, und ließ ihre Augen oben zwischen den Säulen an der Decke wandern.

Auch Maren blickte unwillkürlich hinauf. Da sah sie nun wohl, daß das, was sie für große Spinngewebe gehalten, nichts anderes sei als die zarten Florgewebe der Regenwolken, die durch den aus dem Brunnen aufsteigenden Duft gefüllt und schwer und schwerer wurden. Eben hatte sich ein solches Gewölk in der Mitte der Decke abgelöst und sank leise schwebend herab, so daß Maren das Gesicht der schönen Frau am Brunnen nur noch wie durch einen grauen Schleier leuchten sah. Da klatschte diese in die Hände, und sogleich schwamm die Wolke der nächsten Fensteröffnung zu und floß durch dieselbe ins Freie hinaus.

»Nun!« rief die schöne Frau. »Wie gefällt dir das?« Und dabei lächelte ihr roter Mund, und ihre weißen Zähne blitzten.

Dann winkte sie Maren zu sich, und diese mußte sich neben ihr ins Moos setzen; und als eben wieder ein Duftgewebe von der Decke niedersank, sagte sie: »Nun klatsch in deine Hände!« Und als Maren das getan und auch diese Wolke, wie die erste, ins Freie hinausgezogen war, rief sie: »Siehst du wohl, wie leicht das ist! Du kannst es besser noch als ich!«

Maren betrachtete verwundert die schöne übermütige Frau. »Aber«, fragte sie, »wer seid Ihr denn so eigentlich?«

»Wer ich bin? Nun, Kind, bist du aber einfältig!«

Das Mädchen sah sie noch einmal mit ungewissen Augen an; endlich sagte sie zögernd: »Ihr seid doch nicht gar die Regentrude?«

»Und wer sollte ich denn anders sein?«

»Aber verzeiht! Ihr seid ja so schön und lustig jetzt!«

Da wurde die Trude plötzlich ganz still. »Ja«, rief sie, »ich muß dir dankbar sein. Wenn du mich nicht geweckt hättest, wäre der Feuermann Meister geworden, und ich hätte wieder hinabmüssen zu der Mutter unter die Erde.« Und indem sie ein wenig wie vor innerem Grauen die weißen Schultern zusammenzog, setzte sie hinzu: »Und es ist ja doch so schön und grün hier oben!«

Dann mußte Maren erzählen, wie sie hiehergekommen, und die Trude legte sich ins Moos zurück und hörte zu. Mitunter pflückte sie eine der Blumen, die neben ihr emporsproßten, und steckte sie sich oder dem Mädchen ins Haar. Als Maren von dem mühseligen Gange auf dem Weidendamme berichtete, seufzte die Trude und sagte: »Der Damm ist einst von euch Menschen selbst gebaut worden; aber es ist schon lange, lange her! Solche Gewänder, wie du sie trägst, sah ich nie bei ihren Frauen. Sie kamen damals öfters zu mir, ich gab ihnen Keime und Körner zu neuen Pflanzen und Getreiden, und sie brachten mir zum Dank von ihren Früchten. Wie sie meiner nicht vergaßen, so vergaß ich ihrer nicht, und ihre Felder waren niemals ohne Regen. Seit lange aber sind die Menschen mir entfremdet, es kommt niemand mehr zu mir. Da bin ich denn vor Hitze und lauter Langerweile eingeschlafen, und der tückische Feuermann hätte fast den Sieg erhalten.«

Maren hatte sich währenddessen ebenfalls mit geschlossenen Augen auf das Moos zurückgelegt, es taute so sanft um sie her, und die Stimme der schönen Trude klang so süß und traulich.

»Nur einmal«, fuhr diese fort, »aber das ist auch schon lange her, ist noch ein Mädchen gekommen, sie sah fast aus wie du und trug fast ebensolche Gewänder. Ich schenkte ihr von meinem Wiesenhonig, und das war die letzte Gabe, die ein Mensch aus meiner Hand empfangen hat.«

»Seht nur«, sagte Maren, »das hat sich gut getroffen! Jenes Mädchen muß die Urahne von meinem Schatz gewesen sein, und der Trank, der mich heute so gestärkt hat, war gewiß von Eurem Wiesenhonig!«

Die Regenfrau dachte wohl noch an ihre junge Freundin von damals; denn sie fragte: »Hat sie denn noch so schöne braune Löckchen an der Stirn?«

»Wer denn, Frau Trude?«

»Nun, die Urahne, wie du sie nennst!«

»O nein, Frau Trude«, erwiderte Maren, und sie fühlte sich in diesem Augenblick ihrer mächtigen Freundin fast ein wenig überlegen – »die Urahne ist ja ganz steinalt geworden!«

»Alt?« fragte die schöne Frau. Sie verstand das nicht, denn sie kannte nicht das Alter.

Maren hatte große Mühe, ihr es zu erklären. »Merket nur«, sagte sie endlich, »graues Haar und rote Augen und häßlich und verdrießlich sein! Seht, Frau Trude, das nennen wir alt!«

»Freilich«, erwiderte diese, »ich entsinne mich nun; es waren auch solche unter den Frauen der Menschen; aber die Urahne soll zu mir kommen, ich mache sie wieder froh und schön.«

Maren schüttelte den Kopf. »Das geht ja nicht, Frau Trude«, sagte sie, »die Urahne ist ja längst unter der Erde.«

Die Trude seufzte. »Arme Urahne.«

Hierauf schwiegen beide, während sie noch immer behaglich ausgestreckt im weichen Moose lagen. »Aber Kind!« rief plötzlich die Trude, »da haben wir über all dem Geplauder ja ganz das Regenmachen vergessen. Schlag doch nur die Augen auf! Wir sind ja unter lauter Wolken ganz begraben; ich sehe dich schon gar nicht mehr!«

»Ei, da wird man ja naß wie eine Katze!« rief Maren, als sie die Augen aufgeschlagen hatte.

Die Trude lachte. »Klatsch nur ein wenig in die Hände, aber nimm dich in acht, daß du die Wolken nicht zerreißt!«

So begannen beide leise in die Hände zu klopfen; und alsbald entstand ein Gewoge und Geschiebe, die Nebelgebilde drängten sich nach den Öffnungen und schwammen, eins nach dem andern, ins Freie hinaus. Nach kurzer Zeit sah Maren schon wieder den Brunnen vor sich und den grünen Boden mit den gelben und violetten Irisblüten. Dann wurden auch die Fensterhöhlen frei, und sie sah weithin über den Bäumen des Gartens die Wolken den ganzen Himmel überziehen. Allmählich verschwand die Sonne. Noch ein paar Augenblicke, und sie hörte es draußen wie einen Schauer durch die Blätter der Bäume und Gebüsche wehen, und dann rauschte es hernieder, mächtig und unablässig.

Maren saß aufgerichtet mit gefalteten Händen. »Frau Trude, es regnet«, sagte sie leise.

Diese nickte kaum merklich mit ihrem schönen blonden Kopfe; sie saß wie träumend.

Plötzlich aber entstand draußen ein lautes Prasseln und Heulen, und als Maren erschrocken hinausblickte, sah sie aus dem Bette des Umgebungsstromes, den sie kurz vorher überschritten hatte, sich ungeheuere weiße Dampfwolken stoßweise in die Luft erheben. In demselben Augenblicke fühlte sie sich auch von den Armen der schönen Regenfrau umfangen, die sich zitternd an das neben ihr ruhende junge Menschenkind schmiegte. »Nun gießen sie den Feuermann aus«, flüsterte sie, »horch nur, wie er sich wehrt! Aber es hilft ihm doch nichts mehr.«

Eine Weile hielten sie sich so umschlossen; da wurde es stille draußen, und es war nun nichts zu hören als das sanfte Rauschen des Regens. – Da standen sie auf, und die Trude ließ die Falltür des Brunnens herab und verschloß sie.

Maren küßte ihre weiße Hand und sagte: »Ich danke Euch, liebe Frau Trude, für mich und alle Leute in unserm Dorfe! Und« – setzte sie ein wenig zögernd hinzu – »nun möchte ich wieder heimgehen!«

»Schon gehen?« fragte die Trude.

»Ihr wißt es ja, mein Schatz wartet auf mich; er mag schon wacker naß geworden sein.«

Die Trude erhob den Finger. »Wirst du ihn auch später niemals warten lassen?«

»Gewiß nicht, Frau Trude!«

»So geh, mein Kind; und wenn du heimkommst, so erzähle den andern Menschen von mir, daß sie meiner fürder nicht vergessen. – Und nun komm! Ich werde dich geleiten!«

Draußen unter dem frischen Himmelstau war schon überall das Grün des Rasens und an Baum und Büschen das Laub hervorgesprossen. – Als sie an den Strom kamen, hatte das Wasser sein ganzes Bette wieder ausgefüllt, und als erwarte er sie, ruhte der Kahn, wie von unsichtbarer Hand wiederhergestellt, schaukelnd an dem üppigen Grase des Uferrandes. Sie stiegen ein, und leise glitten sie hinüber, während die Tropfen spielend und klingend in die Flut fielen. Da, als sie eben an das andere Ufer traten, schlugen neben ihnen die Nachtigallen ganz laut aus dem Dunkel des Gebüsches. »Oh«, sagte die Trude und atmete so recht aus Herzensgrunde, »es ist noch Nachtigallenzeit, es ist noch nicht zu spät!«

Da gingen sie an dem Bach entlang, der zu dem Wasserfalle führte. Der stürzte sich schon wieder tosend über die Felsen und floß dann strömend in der breiten Rinne unter den dunkeln Linden fort. Sie mußten, als sie hinabgestiegen waren, an der Seite unter den Bäumen hingehen. Als sie wieder ins Freie traten, sah Maren den fremden

Vogel in großen Kreisen über einem See schweben, dessen weites Becken sich zu ihren Füßen dehnte. Bald gingen sie unten längs dem Ufer hin, fortwährend die süßesten Düfte atmend und auf das Anrauschen der Wellen horchend, die über glänzende Kiesel an dem Strande hinaufströmten. Tausende von Blumen blühten überall, auch Veilchen und Maililien bemerkte Maren und andere Blumen, deren Zeit eigentlich längst vorüber war, die aber wegen der bösen Glut nicht hatten zur Entfaltung kommen können. »Die wollen auch nicht zurückbleiben«, sagte die Trude, »das blüht nun alles durcheinander hin.«

Mitunter schüttelte sie ihr blondes Haar, daß die Tropfen wie Funken um sie her sprühten, oder sie schränkte ihre Hände zusammen, daß von ihren vollen weißen Armen das Wasser wie in eine Muschel hinabfloß. Dann wieder riß sie die Hände auseinander, und wo die hingesprühten Tropfen die Erde berührten, da stiegen neue Düfte auf, und ein Farbenspiel von frischen, nie gesehenen Blumen drängte sich leuchtend aus dem Rasen.

Als sie um den See herum waren, blickte Maren noch einmal auf die weite, bei dem niederfallenden Regen kaum übersehbare Wasserfläche zurück; es schauerte sie fast bei dem Gedanken, daß sie am Morgen trockenen Fußes durch die Tiefe gegangen sei. Bald mußten sie dem Platze nahe sein, wo sie ihren Andrees zurückgelassen hatte. Und richtig! Dort unter den hohen Bäumen lag er mit aufgestütztem Arm; er schien zu schlafen. Als aber Maren auf die schöne Trude blickte, wie sie mit dem roten lächelnden Munde so stolz neben ihr über den Rasen schritt, erschien sie sich plötzlich in ihren bäuerischen Kleidern so plump und häßlich, daß sie dachte: ›Ei, das tut nicht gut, die braucht der Andrees nicht zu sehen!‹ Laut aber sprach sie: »Habt Dank für Euer Geleite, Frau Trude, ich finde mich nun schon selber!«

»Aber ich muß doch deinen Schatz noch sehen!«

»Bemüht Euch nicht, Frau Trude«, erwiderte Maren, »es ist eben ein Bursch wie die andern auch und just gut genug für ein Mädel vom Dorf.«

Die Trude sah sie mit durchdringenden Augen an. »Schön bist du, Närrchen!« sagte sie und erhob drohend ihren Finger. »Bist du denn aber auch in deinem Dorf die Allerschönste?«

Da stieg dem hübschen Mädchen das Blut ins Gesicht, daß ihr die

Augen überliefen. Die Trude aber lächelte schon wieder. »So merk denn auf!« sagte sie; »weil nun doch alle Quellen wieder springen, so könnt ihr einen kürzern Weg haben. Gleich unten links am Weidendamm liegt ein Nachen. Steigt getrost hinein; er wird euch rasch und sicher in eure Heimat bringen! – Und nun leb wohl!« rief sie und legte ihren Arm um den Nacken des Mädchens und küßte sie. »Oh, wie süß frisch schmeckt doch solch ein Menschenmund!«

Dann wandte sie sich und ging unter den fallenden Tropfen über den Rasen dahin. Dabei hub sie an zu singen; das klang süß und eintönig; und als die schöne Gestalt zwischen den Bäumen verschwunden war, da wußte Maren nicht, hörte sie noch immer aus der Ferne den Gesang, oder war es nur das Rauschen des niederfallenden Regens.

Eine Weile noch blieb das Mädchen stehen; dann, wie in plötzlicher Sehnsucht, streckte sie die Arme aus. »Lebt wohl, schöne, liebe Regentrude, lebt wohl!« rief sie. – Aber keine Antwort kam zurück; sie erkannte es nun deutlich, es war nur noch der Regen, der herniederrauschte.

Als sie hierauf langsam dem Eingange des Gartens zuschritt, sah sie den jungen Bauer hoch aufgerichtet unter den Bäumen stehen. »Wonach schaust du denn so?« fragte sie, als sie näher gekommen war.

»Alle Tausend, Maren!« rief Andrees, »was war denn das für ein sauber Weibsbild?«

Das Mädchen aber ergriff den Arm des Burschen und drehte ihn mit einem derben Ruck herum. »Guck dir nur nicht die Augen aus!« sagte sie, »das ist keine für dich; das war die Regentrude!«

Andrees lachte. »Nun, Maren«, erwiderte er, »daß du sie richtig aufgeweckt hattest, das hab ich hier schon merken können; denn so naß, mein ich, ist der Regen noch nimmer gewesen, und so etwas von Grünwerden hab ich auch all mein Lebtag noch nicht gesehen! – Aber nun komm! Wir wollen heim, und dein Vater soll uns sein Wort einlösen.«

Unten am Weidendamm fanden sie den Nachen und stiegen ein. Das ganze weite Tiefland war schon überflutet, auf dem Wasser und in der Luft lebte es von aller Art Gevögel; die schlanken Seeschwalben schossen schreiend über ihnen hin und tauchten die Spitzen ihrer Flügel in die Flut, während die Silbermöwe majestätisch neben ihrem fortschießenden Kahn dahinschwamm; auf den grünen Inselchen, an denen sie hier und dort vorbeikamen, sahen sie die Bruushähne mit den goldenen Kragen ihre Kampfspiele halten.

So glitten sie rasch dahin. Noch immer fiel der Regen, sanft, doch unablässig. Jetzt aber verengte sich das Wasser, und bald war es nur noch ein mäßig breiter Bach.

Andrees hatte schon eine Zeitlang mit der Hand über den Augen in die Ferne geblickt. »Sieh doch, Maren«, rief er, »ist das nicht meine Roggenkoppel?«

»Freilich, Andrees; und prächtig grün ist sie geworden! Aber siehst du denn nicht, daß es unser Dorfbach ist, auf dem wir fahren?«

»Richtig, Maren; aber was ist denn das dort? Das ist ja alles überflutet!«

»Ach, du lieber Gott!« rief Maren, »das sind ja meines Vaters Wiesen! Sieh nur, das schöne Heu, es schwimmt ja alles.«

Andrees drückte dem Mädchen die Hand. »Laß nur, Maren!« sagte er, »der Preis ist, denk ich, nicht zu hoch, und meine Felder tragen ja nun um desto besser.«

Bei der Dorflinde legte der Nachen an. Sie traten ans Ufer, und bald gingen sie Hand in Hand die Straße hinab. Da wurde ihnen von allen Seiten freundlich zugenickt; denn Mutter Stine mochte in ihrer Abwesenheit doch ein wenig geplaudert haben.

»Es regnet!« riefen die Kinder, die unter den Tropfen durch über die Straße liefen. »Es regnet!« sagte der Vetter Schulze, der behaglich aus seinem offenen Fenster schaute und den beiden mit kräftigem Drucke die Hand schüttelte. »Ja, ja, es regnet!« sagte auch der Wiesenbauer, der wieder mit der Meerschaumpfeife in der Torfahrt seines stattlichen Hauses stand. »Und du, Maren, hast mich heute morgen wacker angelogen. Aber kommt nur herein, ihr beiden! Der Andrees, wie der Vetter Schulze sagt, ist allewege ein guter Bursch, seine Ernte wird heuer auch noch gut, und wenn es etwan wieder drei Jahre Regen geben sollte, so ist es am Ende doch so übel nicht, wenn Höhen und Tiefen beieinanderkommen. Drum geht hinüber zu Mutter Stine, da wollen wir die Sache allfort in Richtigkeit bringen!«

Mehrere Wochen waren seitdem vergangen. Der Regen hatte längst wieder aufgehört, und die letzten schweren Erntewagen waren mit Kränzen und flatternden Bändern in die Scheuern eingefahren; da schritt im schönsten Sonnenschein ein großer Hochzeitszug der

Kirche zu. Maren und Andrees waren die Brautleute; hinter ihnen gingen Hand in Hand Mutter Stine und der Wiesenbauer. Als sie fast bei der Kirchtür angelangt waren, daß sie schon den Choral vernahmen, den drinnen zu ihrem Empfang der alte Kantor auf der Orgel spielte, zog plötzlich ein weißes Wölkchen über ihnen am blauen Himmel auf, und ein paar leichte Regentropfen fielen der Braut in ihren Kranz. – »Das bedeutet Glück!« riefen die Leute, die auf dem Kirchhof standen. »Das war die Regentrude!« flüsterten Braut und Bräutigam und drückten sich die Hände.

Dann trat der Zug in die Kirche; die Sonne schien wieder, die Orgel aber schwieg, und der Priester verrichtete sein Werk.

BULEMANNS HAUS

In einer norddeutschen Seestadt, in der sogenannten Düsternstraße, steht ein altes verfallenes Haus. Es ist nur schmal, aber drei Stockwerke hoch; in der Mitte desselben, vom Boden bis fast in die Spitze des Giebels, springt die Mauer in einem erkerartigen Ausbau vor, welcher für jedes Stockwerk nach vorne und an den Seiten mit Fenstern versehen ist, so daß in hellen Nächten der Mond hindurchscheinen kann.

Seit Menschengedenken ist niemand in dieses Haus hinein- und niemand herausgegangen; der schwere Messingklopfer an der Haustür ist fast schwarz von Grünspan, zwischen den Ritzen der Treppensteine wächst jahraus, jahrein das Gras. – Wenn ein Fremder fragt: »Was ist denn das für ein Haus?«, so erhält er gewiß zur Antwort: »Es ist Bulemanns Haus«; wenn er aber weiter fragt: »Wer wohnt denn darin?«, so antworten sie ebenso gewiß: »Es wohnt so niemand darin.« – Die Kinder auf den Straßen und die Ammen an der Wiege singen:

In Bulemanns Haus,
In Bulemanns Haus,
Da gucken die Mäuse
Zum Fenster hinaus.

Und wirklich wollen lustige Brüder, die von nächtlichen Schmäusen dort vorbeigekommen, ein Gequieke wie von unzähligen Mäusen hinter den dunkeln Fenstern gehört haben. Einer, der im Übermut den Türklopfer anschlug, um den Widerhall durch die öden Räume schollern zu hören, behauptet sogar, er habe drinnen auf den Treppen ganz deutlich das Springen großer Tiere gehört. »Fast«, pflegt er, dies erzählend, hinzuzusetzen, »hörte es sich an wie die Sprünge der großen Raubtiere, welche in der Menageriebude auf dem Rathausmarkte gezeigt wurden.«

Das gegenüberstehende Haus ist um ein Stockwerk niedriger, so daß nachts das Mondlicht ungehindert in die oberen Fenster des alten Hauses fallen kann. Aus einer solchen Nacht hat auch der Wächter etwas zu erzählen; aber es ist nur ein kleines altes Menschenantlitz mit einer bunten Zipfelmütze, das er droben hinter den runden Erkerfenstern gesehen haben will. Die Nachbarn dagegen meinen, der Wächter sei wieder einmal betrunken gewesen; sie hätten drüben an den Fenstern niemals etwas gesehen, das einer Menschenseele gleich gewesen.

Am meisten Auskunft scheint noch ein alter, in einem entfernten Stadtviertel lebender Mann geben zu können, der vor Jahren Organist an der St.-Magdalenen-Kirche gewesen ist. »Ich entsinne mich«, äußerte er, als er einmal darüber befragt wurde, »noch sehr wohl des hagern Mannes, der während meiner Knabenzeit allein mit einer alten Weibsperson in jenem Hause wohnte. Mit meinem Vater, der ein Trödler gewesen ist, stand er ein paar Jahre lang in lebhaftem Verkehr, und ich bin derzeit manches Mal mit Bestellungen an ihn geschickt worden. Ich weiß auch noch, daß ich nicht gern diese Wege ging und oft allerlei Ausflucht suchte; denn selbst bei Tage fürchtete ich mich, dort die schmalen dunkeln Treppen zu Herrn Bulemanns Stube im dritten Stockwerk hinaufzusteigen. Man nannte ihn unter den Leuten den ›Seelenverkäufer‹; und schon dieser Name erregte mir Angst, zumal daneben allerlei unheimlich Gerede über ihn im Schwange ging. Er war, ehe er nach seines Vaters Tode das alte Haus bezogen, viele Jahre als Superkargo auf Westindien gefahren. Dort sollte er sich mit einer Schwarzen verheiratet haben; als er aber heimgekommen, hatte man vergebens darauf gewartet, eines Tages auch jene Frau mit einigen dunkeln Kindern anlangen zu sehen. Und bald hieß es, er habe auf der Rückfahrt ein Sklavenschiff getroffen und an den Kapitän desselben sein eigen Fleisch und Blut nebst ihrer Mutter um schnödes Gold verkauft. – Was Wahres an solchen Reden gewesen, vermag ich nicht zu sagen«, pflegte der Greis hinzuzusetzen; »denn ich will auch einem Toten nicht zu nahe treten; aber soviel ist gewiß, ein geiziger und menschenscheuer Kauz war es; und seine Augen blickten auch, als hätten sie bösen Taten zugesehen. Kein Unglücklicher und Hülfesuchender durfte seine Schwelle betreten; und wann immer ich damals dort gewesen, stets war von innen die eiserne Kette vor die Tür gelegt. – Wenn ich dann den schweren Klopfer wiederholt hatte anschlagen müssen, so hörte ich wohl von der obersten Treppe herab die scheltende Stimme des Hausherrn: ›Frau Anken! Frau Anken! Ist Sie taub? Hört Sie nicht, es hat geklopft!‹ Alsbald ließen sich aus dem Hinterhause über Pesel und Korridor die schlurfenden Schritte des alten Weibes vernehmen. Bevor sie aber öffnete, fragte sie hüstelnd: ›Wer ist es denn?‹ Und erst wenn ich geantwortet hatte: ›Es ist der Leberecht!‹, wurde die Kette drinnen abgehakt. Wenn ich dann hastig die siebenundsiebzig Treppenstufen – denn ich habe sie einmal gezählt – hinaufgestiegen war, pflegte Herr Bulemann auf dem kleinen dämmerigen Flur vor seinem Zimmer schon auf mich zu warten; in dieses selbst hat er mich nie hineingelassen. Ich sehe ihn noch, wie er in seinem gelbgeblümten Schlafrock mit der spitzen Zipfelmütze vor mir stand, mit der einen Hand rücklings die Klinke seiner Zimmertür haltend. Während ich mein Gewerbe bestellte, pflegte er mich mit seinen grellen runden Augen ungeduldig anzusehen und mich darauf hart und kurz abzufertigen. Am meisten erregten damals meine Aufmerksamkeit ein paar ungeheuere Katzen, eine gelbe und eine schwarze, die sich mitunter hinter ihm aus seiner Stube drängten und ihre dicken Köpfe an seinen Knien rieben. – Nach einigen Jahren hörte indessen der Verkehr mit meinem Vater auf, und ich bin nicht mehr dort gewesen. – Dies alles ist nun über siebzig Jahre her, und Herr Bulemann muß längst dahin getragen sein, von wannen niemand wiederkehrt.« – – Der Mann irrte sich, als er so sprach. Herr Bulemann ist nicht aus seinem Hause getragen worden; er lebt darin noch jetzt.

Das aber ist so zugegangen.

Vor ihm, dem letzten Besitzer, noch um die Zopf- und Haarbeutelzeit, wohnte in jenem Hause ein Pfandverleiher, ein altes verkrümmtes Männchen. Da er sein Gewerbe mit Umsicht seit über fünf Jahrzehnten betrieben hatte und mit einem Weibe, das ihm seit dem Tode seiner Frau die Wirtschaft führte, aufs spärlichste lebte, so war er endlich ein reicher Mann geworden. Dieser Reichtum bestand aber zumeist in einer fast unübersehbaren Menge von Pretiosen, Geräten und seltsamstem Trödelkram, was er alles von Verschwendern oder Notleidenden im Lauf der Jahre als Pfand erhalten hatte und das dann, da die Rückzahlung des darauf gegebenen Darlehns nicht erfolgte, in seinem Besitz zurückgeblieben war. – Da er bei einem Verkauf dieser Pfänder, welcher gesetzlich durch die Gerichte geschehen mußte, den Überschuß des Erlöses an die Eigentümer hätte herausgeben müssen, so häufte er sie lieber in den großen Nußbaumschränken auf, mit denen zu diesem Zwecke nach und nach die Stuben des ersten und endlich auch des zweiten Stockwerks besetzt wurden. Nachts aber, wenn Frau Anken im Hinterhause in ihrem einsamen Kämmerchen schnarchte und die schwere Kette vor der Haustür lag, stieg er oft mit leisem Tritt die Treppen auf und ab. In seinen hechtgrauen Rockelor eingeknöpft, in der einen Hand die Lampe, in der andern das Schlüsselbund, öffnete er bald im ersten, bald im zweiten Stockwerk die Stuben- und die Schranktüren, nahm hier eine goldene Repetieruhr, dort eine emaillierte Schnupftabaksdose aus dem Versteck hervor und berechnete bei sich die Jahre ihres Besitzes und ob die ursprünglichen Eigentümer dieser Dinge wohl verkommen und verschollen seien oder ob sie noch einmal mit dem Gelde in der Hand wiederkehren und ihre Pfänder zurückfordern könnten. – –

Der Pfandverleiher war endlich im äußersten Greisenalter von seinen Schätzen weggestorben und hatte das Haus nebst den vollen Schränken seinem einzigen Sohne hinterlassen müssen, den er während seines Lebens auf jede Weise daraus fernzuhalten gewußt hatte.

Dieser Sohn war der von dem kleinen Leberecht so gefürchtete Superkargo, welcher eben von einer überseeischen Fahrt in seine Vaterstadt zurückgekehrt war. Nach dem Begräbnis des Vaters gab er seine früheren Geschäfte auf und bezog dessen Zimmer im dritten Stock des alten Erkerhauses, wo nun statt des verkrümmten Männchens im hechtgrauen Rockelor eine lange hagere Gestalt im gelbgeblümten Schlafrock und bunter Zipfelmütze auf und ab wandelte oder rechnend an dem kleinen Pulte des Verstorbenen stand. – Auf Herrn Bulemann hatte sich indessen das Behagen des alten Pfandverleihers an den aufgehäuften Kostbarkeiten nicht vererbt. Nachdem er bei verriegelten Türen den Inhalt der großen Nußbaumschränke untersucht hatte, ging er mit sich zu Rate, ob er den heimlichen Verkauf dieser Dinge wagen solle, die immer noch das Eigentum anderer waren und an deren Wert er nur auf Höhe der ererbten und, wie die Bücher ergaben, meist sehr geringen Darlehnsforderung einen Anspruch hatte. Aber Herr Bulemann war keiner von den Unentschlossenen. Schon in wenigen Tagen war die Verbindung mit einem in der äußersten Vorstadt wohnenden Trödler angeknüpft, und nachdem man einige Pfänder aus den letzten Jahren zurückgesetzt hatte, wurde heimlich und vorsichtig der bunte Inhalt der großen Nußbaumschränke in gediegene Silbermünzen umgewandelt. Das war die Zeit, wo der Knabe Leberecht ins Haus gekommen war. – Das gelöste Geld tat Herr Bulemann in große eisenbeschlagene Kasten, welche er nebeneinander in seine Schlafkammer setzen ließ; denn bei der Rechtlosigkeit seines Besitzes wagte er nicht, es auf Hypotheken auszutun oder sonst öffentlich anzulegen.

Als alles verkauft war, machte er sich daran, sämtliche für die mögliche Zeit seines Lebens denkbare Ausgaben zu berechnen. Er nahm dabei ein Alter von neunzig Jahren in Ansatz und teilte dann das Geld in einzelne Päckchen je für eine Woche, indem er auf jedes Quartal noch ein Röllchen für unvorhergesehene Ausgaben dazulegte. Dieses Geld wurde für sich in einen Kasten gelegt, welcher nebenan in dem Wohnzimmer stand; und alle Sonnabendmorgen erschien Frau Anken, die alte Wirtschafterin, die er aus der Verlassenschaft seines Vaters mit übernommen hatte, um ein neues Päckchen in Empfang zu nehmen und über die Verausgabung des vorigen Rechenschaft zu geben.

Wie schon erzählt, hatte Herr Bulemann Frau und Kinder nicht mitgebracht; dagegen waren zwei Katzen von besonderer Größe, eine gelbe und eine schwarze, am Tage nach der Beerdigung des alten Pfandverleihers durch einen Matrosen in einem fest zugebundenen Sack vom Bord des Schiffes ins Haus getragen worden. Diese Tiere waren bald die einzige Gesellschaft ihres Herrn. Sie erhielten mittags ihre eigene Schüssel, die Frau Anken unter verbissenem Ingrimm tagsaus und -ein für sie bereiten mußte; nach dem Essen, während Herr Bulemann sein kurzes Mittagsschläfchen abtat, saßen sie gesättigt neben ihm auf dem Kanapee, ließen ein Läppchen Zunge hervorhängen und blinzelten ihn schläfrig aus ihren grünen Augen an. Waren sie in den unteren Räumen des Hauses auf der Mausjagd gewesen, was ihnen indessen immer einen heimlichen Fußtritt von dem alten Weibe eintrug, so brachten sie gewiß die gefangenen Mäuse zuerst ihrem Herrn im Maule hergeschleppt und zeigten sie ihm, ehe sie unter das Kanapee krochen und sie verzehrten. War dann die Nacht gekommen und hatte Herr Bulemann die bunte Zipfelmütze mit einer weißen vertauscht, so begab er sich mit seinen beiden Katzen in das große Gardinenbett im Nebenkämmerchen, wo er sich durch das gleichmäßige Spinnen der zu seinen Füßen eingewühlten Tiere in den Schlaf bringen ließ.

Dieses friedliche Leben war indes nicht ohne Störung geblieben. Im Lauf der ersten Jahre waren dennoch einzelne Eigentümer der verkauften Pfänder gekommen und hatten gegen Rückzahlung des darauf erhaltenen Sümmchens die Auslieferung ihrer Pretiosen verlangt. Und Herr Bulemann, aus Furcht vor Prozessen, wodurch sein Verfahren in die Öffentlichkeit hätte kommen können, griff in seine großen Kasten und erkaufte sich durch größere oder kleinere Abfindungssummen das Schweigen der Beteiligten. Das machte ihn noch menschenfeindlicher und verbissener. Der Verkehr mit dem alten Trödler hatte längst aufgehört; einsam saß er auf seinem Erkerstübchen mit der Lösung eines schon oft gesuchten Problems, der Berechnung eines sicheren Lotteriegewinnes, beschäftigt, wodurch er dermaleinst seine Schätze ins unermeßliche zu vermehren dachte. Auch Graps und Schnores, die beiden großen Kater, hatten jetzt unter seiner Laune zu leiden. Hatte er sie in dem einen Augenblick mit seinen langen Fingern getätschelt, so konnten sie sich im andern, wenn etwa die Berechnung auf den Zahlentafeln nicht stimmen wollte, eines Wurfs mit dem Sandfaß oder der Papierschere versehen, so daß sie heulend in die Ecke hinkten.

Herr Bulemann hatte eine Verwandte, eine Tochter seiner Mutter aus erster Ehe, welche indessen schon bei dem Tode dieser wegen ihrer Erbansprüche abgefunden war und daher an die von ihm ererbten Schätze keine Ansprüche hatte. Er kümmerte sich jedoch nicht um diese Halbschwester, obgleich sie in einem Vorstadtviertel in den dürftigsten Verhältnissen lebte; denn noch weniger als mit andern Menschen liebte Herr Bulemann den Verkehr mit dürftigen Verwandten. Nur einmal, als sie kurz nach dem Tode ihres Mannes in schon vorgerücktem Alter ein kränkliches Kind geboren hatte, war sie hülfesuchend zu ihm gekommen. Frau Anken, die sie eingelassen, war horchend unten auf der Treppe sitzen geblieben, und bald hatte sie von oben die scharfe Stimme ihres Herrn gehört, bis endlich die Tür aufgerissen worden und die Frau weinend die Treppe herabgekommen war. Noch an demselben Abend hatte Frau Anken die strenge Weisung erhalten, die Kette fürderhin nicht von der Haustür zu ziehen, falls etwa die Christine noch einmal wiederkommen sollte.

Die Alte begann sich immer mehr vor der Hakennase und den grellen Eulenaugen ihres Herrn zu fürchten. Wenn er oben am Treppengeländer ihren Namen rief oder auch, wie er es vom Schiffe her gewohnt war, nur einen schrillen Pfiff auf seinen Fingern tat, so kam sie gewiß, in welchem Winkel sie auch sitzen mochte, eiligst hervorgekrochen und stieg stöhnend, Schimpf- und Klageworte vor sich herplappernd, die schmalen Treppen hinauf.

Wie aber in dem dritten Stockwerk Herr Bulemann, so hatte in den unteren Zimmern Frau Anken ihre ebenfalls nicht ganz rechtlich erworbenen Schätze aufgespeichert. – Schon in dem ersten Jahre ihres Zusammenlebens war sie von einer Art kindischer Angst befallen worden, ihr Herr könne einmal die Verausgabung des Wirtschaftsgeldes selbst übernehmen und sie werde dann bei dem Geize desselben noch auf ihre alten Tage Not zu leiden haben. Um dieses abzuwenden, hatte sie ihm vorgelogen, der Weizen sei aufgeschlagen, und demnächst die entsprechende Mehrsumme für den Brotbedarf gefordert. Der Superkargo, der eben seine Lebensrechnung begonnen, hatte scheltend seine Papiere zerrissen und darauf seine Rechnung von vorn wieder aufgestellt und den Wochenrationen die verlangte Summe zugesetzt. – Frau Anken aber, nachdem sie ihren Zweck erreicht, hatte, zur Schonung ihres Gewissens und des Sprichworts gedenkend: »Geschleckt ist nicht gestohlen«, nun nicht die überschüssig empfangenen Schillinge, sondern regelmäßig nur die dafür gekauften Weizenbrötchen unterschlagen, mit denen sie, da Herr Bulemann niemals die unteren Zimmer betrat, nach und nach die ihres kostbaren Inhalts beraubten großen Nußbaumschränke anfüllte.

So mochten etwa zehn Jahre verflossen sein. Herr Bulemann wurde immer hagerer und grauer, sein gelbgeblümter Schlafrock immer fadenscheiniger. Dabei vergingen oft Tage, ohne daß er den Mund zum Sprechen geöffnet hätte; denn er sah keine lebenden Wesen als die beiden Katzen und seine alte, halb kindische Haushälterin. Nur mitunter, wenn er hörte, daß unten die Nachbarskinder auf den Prellsteinen vor seinem Hause ritten, steckte er den Kopf ein wenig aus dem Fenster und schalt mit seiner scharfen Stimme in die Gasse hinab. – »Der Seelenverkäufer, der Seelenverkäufer!« schrien dann die Kinder und stoben auseinander. Herr Bulemann aber fluchte und schimpfte noch ingrimmiger, bis er endlich schmetternd das Fenster zuschlug und drinnen Graps und Schnores seinen Zorn entgelten ließ.

Um jede Verbindung mit der Nachbarschaft auszuschließen, mußte Frau Anken schon seit geraumer Zeit ihre Wirtschaftseinkäufe in entlegenen Straßen machen. Sie durfte jedoch erst mit dem Eintritt der Dunkelheit ausgehen und mußte dann die Haustür hinter sich verschließen.

Es mochte acht Tage vor Weihnachten sein, als die Alte wiederum eines Abends zu solchem Zwecke das Haus verlassen hatte. Trotz ihrer sonstigen Sorgfalt mußte sie sich indessen diesmal einer Vergessenheit schuldig gemacht haben. Denn als Herr Bulemann eben mit dem Schwefelholz sein Talglicht angezündet hatte, hörte er zu seiner Verwunderung es draußen auf den Stiegen poltern, und als er mit vorgehaltenem Licht auf den Flur hinaustrat, sah er seine Halbschwester mit einem bleichen Knaben vor sich stehen.

»Wie seid ihr ins Haus gekommen?« herrschte er sie an, nachdem er sie einen Augenblick erstaunt und ingrimmig angestarrt hatte.

»Die Tür war offen unten«, sagte die Frau schüchtern.

Er murmelte einen Fluch auf seine Wirtschafterin zwischen den Zähnen. »Was willst du?« fragte er dann.

»Sei doch nicht so hart, Bruder«, bat die Frau, »ich habe sonst nicht den Mut, zu dir zu sprechen.«

»Ich wüßte nicht, was du mit mir zu sprechen hättest; du hast dein Teil bekommen; wir sind fertig miteinander.«

Die Schwester stand schweigend vor ihm und suchte vergebens nach dem rechten Worte. – Drinnen wurde wiederholt ein Kratzen an der Stubentür vernehmbar. Als Herr Bulemann zurückgelangt und die Tür geöffnet hatte, sprangen die beiden großen Katzen auf den Flur hinaus und strichen spinnend an dem blassen Knaben herum, der sich furchtsam vor ihnen an die Wand zurückzog. Ihr Herr betrachtete ungeduldig die noch immer schweigend vor ihm stehende Frau. »Nun, wird's bald?« fragte er.

»Ich wollte dich um etwas bitten, Daniel«, hub sie endlich an. »Dein Vater hat ein paar Jahre vor seinem Tode, da ich in bitterster Not war, ein silbern Becherlein von mir in Pfand genommen.«

»Mein Vater von dir?« fragte Herr Bulemann.

»Ja, Daniel, dein Vater; der Mann von unser beider Mutter. Hier ist der Pfandschein; er hat mir nicht zuviel darauf gegeben.«

»Weiter!« sagte Herr Bulemann, der mit raschem Blick die leeren Hände seiner Schwester gemustert hatte.

»Vor einiger Zeit«, fuhr sie zaghaft fort, »träumte mir, ich gehe mit meinem kranken Kinde auf dem Kirchhof. Als wir an das Grab unserer Mutter kamen, saß sie auf ihrem Grabstein unter einem Busch voll blühender weißer Rosen. Sie hatte jenen kleinen Becher in der Hand, den ich einst als Kind von ihr geschenkt erhalten; als wir aber näher gekommen waren, setzte sie ihn an die Lippen; und indem sie dem Knaben lächelnd zunickte, hörte ich sie deutlich sagen: ›Zur Gesundheit!‹ – Es war ihre sanfte Stimme, Daniel, wie im Leben; und diesen Traum habe ich drei Nächte nacheinander geträumt.«

»Was soll das?« fragte Herr Bulemann.

»Gib mir den Becher zurück, Bruder! Das Christfest ist nahe; leg ihn dem kranken Kinde auf seinen leeren Weihnachtsteller!«

Der hagere Mann in seinem gelbgeblümten Schlafrock stand regungslos vor ihr und betrachtete sie mit seinen grellen runden Augen. »Hast du das Geld bei dir?« fragte er. »Mit Träumen löst man keine Pfänder ein.«

»O Daniel!« rief sie, »glaub unserer Mutter! Er wird gesund, wenn er aus dem kleinen Becher trinkt. Sei barmherzig; er ist ja doch von deinem Blute!«

Sie hatte die Hände nach ihm ausgestreckt; aber er trat einen Schritt zurück. »Bleib mir vom Leibe«, sagte er. Dann rief er nach seinen Katzen. »Graps, alte Bestie! Schnores, mein Söhnchen!« Und der große gelbe Kater sprang mit einem Satz auf den Arm seines Herrn und klauete mit seinen Krallen in der bunten Zipfelmütze, während das schwarze Tier mauzend an seinen Knien hinaufstrebte.

Der kranke Knabe war näher geschlichen. »Mutter«, sagte er, indem er sie heftig an dem Kleide zupfte, »ist das der böse Ohm, der seine schwarzen Kinder verkauft hat?«

Aber in demselben Augenblick hatte auch Herr Bulemann die Katze herabgeworfen und den Arm des aufschreienden Knaben ergriffen. »Verfluchte Bettelbrut«, rief er, »pfeifst du auch das tolle Lied!«

»Bruder, Bruder!« jammerte die Frau. – Doch schon lag der Knabe wimmernd drunten auf dem Treppenabsatz. Die Mutter sprang ihm nach und nahm ihn sanft auf ihren Arm; dann aber richtete sie sich hoch auf, und den blutenden Kopf des Kindes an ihrer Brust, erhob sie die geballte Faust gegen ihren Bruder, der zwischen seinen spinnenden Katzen droben am Treppengeländer stand. »Verruchter, böser Mann!« rief sie. »Mögest du verkommen bei deinen Bestien!«

»Fluche, soviel du Lust hast!« erwiderte der Bruder; »aber mach, daß du aus dem Hause kommst.«

Dann, während das Weib mit dem weinenden Knaben die dunkeln Treppen hinabstieg, lockte er seine Katzen und klappte die Stubentür hinter sich zu. – Er bedachte nicht, daß die Flüche der Armen gefährlich sind, wenn die Hartherzigkeit der Reichen sie hervorgerufen hat.

Einige Tage später trat Frau Anken, wie gewöhnlich, mit dem Mittagsessen in die Stube ihres Herrn. Aber sie kniff heute noch mehr als sonst mit den dünnen Lippen, und ihre kleinen blöden Augen leuchteten vor Vergnügen. Denn sie hatte die harten Worte nicht vergessen, die sie wegen ihrer Nachlässigkeit an jenem Abend hatte hinnehmen müssen, und sie dachte sie ihm jetzt mit Zinsen wieder heimzuzahlen.

»Habt Ihr's denn auf St. Magdalenen läuten hören?« fragte sie.

»Nein«, erwiderte Herr Bulemann kurz, der über seinen Zahlentafeln saß.

»Wißt Ihr denn wohl, wofür es geläutet hat?« fragte die Alte weiter.

»Dummes Geschwätz! Ich höre nicht nach dem Gebimmel.«

»Es war aber doch für Euren Schwestersohn!«

Herr Bulemann legte die Feder hin. »Was schwatzest du, Alte?«

»Ich sage«, erwiderte sie, »daß sie soeben den kleinen Christoph begraben haben.«

Herr Bulemann schrieb schon wieder weiter. »Warum erzählst du mir das? Was geht mich der Junge an?«

»Nun, ich dachte nur; man erzählt ja wohl, was Neues in der Stadt passiert.« – –

Als sie gegangen war, legte aber doch Herr Bulemann die Feder wieder fort und schritt, die Hände auf dem Rücken, eine lange Zeit in seinem Zimmer auf und ab. Wenn unten auf der Gasse ein Geräusch entstand, trat er hastig ans Fenster, als erwarte er schon den Stadtdiener eintreten zu sehen, der ihn wegen der Mißhandlung des Knaben vor den Rat zitieren solle. Der schwarze Graps, der mauzend seinen Anteil an der aufgetragenen Speise verlangte, erhielt einen Fußtritt, daß er schreiend in die Ecke flog. Aber, war es nun der Hunger, oder hatte sich unversehens die sonst so unterwürfige Natur des Tieres verändert, er wandte sich gegen seinen Herrn und fuhr fauchend und prustend auf ihn los. Herr Bulemann gab ihm einen zweiten Fußtritt. »Freßt«, sagte er. »Ihr braucht nicht auf mich zu warten.«

Mit einem Satz waren die beiden Katzen an der vollen Schüssel, die er ihnen auf den Fußboden gesetzt hatte.

Dann aber geschah etwas Seltsames.

Als der gelbe Schnores, der zuerst seine Mahlzeit beendet hatte, nun in der Mitte des Zimmers stand, sich reckte und buckelte, blieb Herr Bulemann plötzlich vor ihm stehen; dann ging er um das Tier herum und betrachtete es von allen Seiten. »Schnores, alter Halunke, was ist denn das?« sagte er, den Kopf des Katers krauend. »Du bist ja noch gewachsen in deinen alten Tagen!« – In diesem Augenblick war auch die andere Katze hinzugesprungen. Sie sträubte ihren glänzenden Pelz und stand dann hoch auf ihren schwarzen Beinen. Herr Bulemann schob sich die bunte Zipfelmütze aus der Stirn. »Auch der!« murmelte er. »Seltsam, es muß in der Sorte liegen.«

Es war indes dämmerig geworden, und da niemand kam und ihn beunruhigte, so setzte er sich zu den Schüsseln, die auf dem Tische standen. Endlich begann er sogar seine großen Katzen, die neben ihm auf dem Kanapee saßen, mit einem gewissen Behagen zu beschauen. »Ein Paar stattliche Burschen seid ihr!« sagte er, ihnen zunickend. »Nun soll euch das alte Weib unten auch die Ratten nicht mehr vergiften!« – Als er aber abends nebenan in seine Schlafkammer ging, ließ er sie nicht, wie sonst, zu sich herein; und als er sie nachts mit den Pfoten gegen die Kammertür fallen und mauzend daran herunterrutschen hörte, zog er sich das Deckbett über beide Ohren und dachte: ›Mauzt nur zu, ich habe eure Krallen gesehen.‹ –

Dann kam der andere Tag, und als es Mittag geworden, geschah dasselbe, was tags zuvor geschehen war. Von der geleerten Schüssel sprangen die Katzen mit einem schweren Satz mitten ins Zimmer hinein, reckten und streckten sich; und als Herr Bulemann, der schon wieder über seinen Zahlentafeln saß, einen Blick zu ihnen hinüberwarf, stieß er entsetzt seinen Drehstuhl zurück und blieb mit ausgerecktem Halse stehen. Dort, mit leisem Winseln, als wenn ihnen ein Widriges angetan würde, standen Graps und Schnores zitternd mit geringelten Schwänzen, das Haar gesträubt; er sah es deutlich, sie dehnten sich, sie wurden groß und größer.

Noch einen Augenblick stand er, die Hände an den Tisch geklammert; dann plötzlich schritt er an den Tieren vorbei und riß die Stubentür auf. »Frau Anken, Frau Anken!« rief er; und da sie nicht gleich zu hören schien, tat er einen Pfiff auf seinen Fingern, und bald schlurrte auch die Alte unten aus dem Hinterhause hervor und keuchte eine Treppe nach der andern herauf.

»Sehe Sie sich einmal die Katzen an!« rief er, als sie ins Zimmer getreten war.

»Die hab ich schon oft gesehen, Herr Bulemann.«

»Sieht Sie daran denn nichts?«

»Daß ich nicht wüßte, Herr Bulemann!« erwiderte sie, mit ihren blöden Augen um sich blinzelnd.

»Was sind denn das für Tiere? Das sind ja gar keine Katzen mehr!« – Er packte die Alte an den Armen und rannte sie gegen die Wand. »Rotäugige Hexe!« schrie er, »bekenne, was hast du meinen Katzen eingebraut!«

Das Weib klammerte ihre knöchernen Hände ineinander und begann unverständliche Gebete herzuplappern. Aber die furchtbaren Katzen sprangen von rechts und links auf die Schultern ihres Herrn und leckten ihn mit ihren scharfen Zungen ins Gesicht. Da mußte er die Alte loslassen.

Fortwährend plappernd und hüstelnd, schlich sie aus dem Zimmer und kroch die Treppen hinab. Sie war wie verwirrt; sie fürchtete sich, ob mehr vor ihrem Herrn oder vor den großen Katzen, das wußte sie selber nicht. So kam sie hinten in ihre Kammer. Mit zitternden Händen holte sie einen mit Geld gefüllten wollenen Strumpf aus ihrem Bett hervor; dann nahm sie aus einer Lade eine Anzahl alter Röcke und Lumpen und wickelte sie um ihren Schatz herum, so daß es endlich ein großes Bündel gab. Denn sie wollte fort, um jeden Preis fort; sie dachte an die arme Halbschwester ihres Herrn draußen in der Vorstadt; die war immer freundlich gegen sie gewesen, zu der wollte sie. Freilich, es war ein weiter Weg, durch viele Gassen, über viele schmale und lange Brücken, welche über dunkle Gräben und Fleten hinwegführten, und draußen dämmerte schon der Winterabend. Es trieb sie dennoch fort. Ohne an ihre Tausende von Weizenbrötchen zu denken, die sie in kindischer Fürsorge in den großen Nußbaumschränken aufgehäuft hatte, trat sie mit ihrem schweren Bündel auf dem Nacken aus dem Hause. Sorgfältig mit dem großen krausen Schlüssel verschloß sie die schwere eichene Tür, steckte ihn in ihre Ledertasche und ging dann keuchend in die finstere Stadt hinaus. – –

Frau Anken ist niemals wiedergekommen, und die Tür von Bulemanns Haus ist niemals wieder aufgeschlossen worden.

Noch an demselben Tage aber, da sie fortgegangen, hat ein junger Taugenichts, der, den Knecht Ruprecht spielend, in den Häusern umherlief, mit Lachen seinen Kameraden erzählt, da er in seinem rauhen Pelz über die Kreszentiusbrücke gegangen sei, habe er ein altes Weib dermaßen erschreckt, daß sie mit ihrem Bündel wie toll in das schwarze Wasser hinabgesprungen sei. – Auch ist in der Frühe des andern Tages in der äußersten Vorstadt die Leiche eines alten Weibes, welche an einem großen Bündel festgebunden war, von den Wächtern aufgefischt und bald darauf, da niemand sie gekannt hat, auf dem Armenviertel des dortigen Kirchhofs in einem platten Sarge eingegraben worden.

Dieser andere Morgen war der Morgen des Weihnachtabends. – Herr Bulemann hatte eine schlechte Nacht gehabt; das Kratzen und Arbeiten der Tiere gegen seine Kammertür hatte ihm diesmal keine Ruhe gelassen; erst gegen die Morgendämmerung war er in einen langen, bleiernen Schlaf gefallen. Als er endlich seinen Kopf mit der Zipfelmütze in das Wohnzimmer hineinsteckte, sah er die beiden Katzen laut schnurrend mit unruhigen Schritten umeinander hergehen. Es war schon nach Mittag; die Wanduhr zeigte auf eins. »Sie werden Hunger haben, die Bestien«, murmelte er. Dann öffnete er die Tür nach dem Flur und pfiff nach der Alten. Zugleich aber drängten die Katzen sich hinaus und rannten die Treppe hinab, und bald hörte er von unten aus der Küche herauf Springen und Tellergeklapper. Sie mußten auf den Schrank gesprungen sein, auf den Frau Anken die Speisen für den andern Tag zurückzusetzen pflegte.

Herr Bulemann stand oben an der Treppe und rief laut und scheltend nach der Alten; aber nur das Schweigen antwortete ihm oder von unten herauf aus den Winkeln des alten Hauses ein schwacher Widerhall. Schon schlug er die Schöße seines geblümten Schlafrocks übereinander und wollte selbst hinabsteigen, da polterte es drunten auf den Stiegen, und die beiden Katzen kamen wieder heraufgerannt. Aber das waren keine Katzen mehr; das waren zwei furchtbare, namenlose Raubtiere. Die stellten sich gegen ihn, sahen ihn mit ihren glimmenden Augen an und stießen ein heiseres Geheul aus. Er wollte an ihnen vorbei, aber ein Schlag mit der Tatze, der ihm einen Fetzen aus dem Schlafrock riß, trieb ihn zurück. Er lief ins Zimmer; er wollte ein Fenster aufreißen, um die Menschen auf der

Gasse anzurufen; aber die Katzen sprangen hinterdrein und kamen ihm zuvor. Grimmig schnurrend, mit erhobenem Schweif, wanderten sie vor den Fenstern auf und ab. Herr Bulemann rannte auf den Flur hinaus und warf die Zimmertür hinter sich zu; aber die Katzen schlugen mit der Tatze auf die Klinke und standen schon vor ihm an der Treppe. – Wieder floh er ins Zimmer zurück, und wieder waren die Katzen da.

Schon verschwand der Tag, und die Dunkelheit kroch in alle Ecken. Tief unten von der Gasse herauf hörte er Gesang; Knaben und Mädchen zogen von Haus zu Haus und sangen Weihnachtslieder. Sie gingen in alle Türen; er stand und horchte. Kam denn niemand in seine Tür? – – Aber er wußte es ja, er hatte sie selber alle fortgetrieben; es klopfte niemand, es rüttelte niemand an der verschlossenen Haustür. Sie zogen vorüber; und allmählich ward es still, totenstill auf der Gasse. Und wieder suchte er zu entrinnen; er wollte Gewalt anwenden; er rang mit den Tieren, er ließ sich Gesicht und Hände blutig reißen. Dann wieder wandte er sich zur List; er rief sie mit den alten Schmeichelnamen, er strich ihnen die Funken aus dem Pelz und wagte es sogar, ihren flachen Kopf mit den großen weißen Zähnen zu krauen. Sie warfen sich auch vor ihm hin und wälzten sich schnurrend zu seinen Füßen; aber wenn er den rechten Augenblick gekommen glaubte und aus der Tür schlüpfte, so sprangen sie auf und standen, ihr heiseres Geheul ausstoßend, vor ihm. – So verging die Nacht, so kam der Tag, und noch immer rannte er zwischen der Treppe und den Fenstern seines Zimmers hin und wider, die Hände ringend, keuchend, das graue Haar zerzaust.

Und noch zweimal wechselten Tag und Nacht; da endlich warf er sich, gänzlich erschöpft, an allen Gliedern zuckend, auf das Kanapee. Die Katzen setzten sich ihm gegenüber und blinzelten ihn schläfrig aus halbgeschlossenen Augen an. Allmählich wurde das Arbeiten seines Leibes weniger, und endlich hörte es ganz auf. Eine fahle Blässe überzog unter den Stoppeln des grauen Bartes sein Gesicht; noch einmal aufseufzend, streckte er die Arme und spreizte die langen Finger über die Knie; dann regte er sich nicht mehr.

Unten in den öden Räumen war es indessen nicht ruhig gewesen. Draußen an der Tür des Hinterhauses, die auf den engen Hof hinausführt, geschah ein emsiges Nagen und Fressen. Endlich entstand über der Schwelle eine Öffnung, die größer und größer wurde; ein grauer Mauskopf drängte sich hindurch, dann noch einer, und bald huschte eine ganze Schar von Mäusen über den Flur und die Treppe hinauf in den ersten Stock. Hier begann das Arbeiten aufs neue an der Zimmertür, und als diese durchnagt war, kamen die großen Schränke daran, in denen Frau Ankens hinterlassene Schätze aufgespeichert lagen. Da war ein Leben wie im Schlaraffenland; wer durchwollte, mußte sich durchfressen. Und das Geziefer füllte sich den Wanst; und wenn es mit dem Fressen nicht mehr fortwollte, rollte es die Schwänze auf und hielt sein Schläfchen in den hohlgefressenen Weizenbrötchen. Nachts kamen sie hervor, huschten über die Dielen oder saßen, ihre Pfötchen leckend, vor dem Fenster und schauten, wenn der Mond schien, mit ihren kleinen blanken Augen in die Gasse hinab.

Aber diese behagliche Wirtschaft sollte bald ihr Ende erreichen. In der dritten Nacht, als eben droben Herr Bulemann seine Augen zugetan hatte, polterte es draußen auf den Stiegen. Die großen Katzen kamen herabgesprungen, öffneten mit einem Schlag ihrer Tatze die Tür des Zimmers und begannen ihre Jagd. Da hatte alle Herrlichkeit ein Ende. Quieksend und pfeifend rannten die fetten Mäuse umher und strebten ratlos an den Wänden hinauf. Es war vergebens; sie verstummten eine nach der andern zwischen den zermalmenden Zähnen der beiden Raubtiere.

Dann wurde es still, und bald war in dem ganzen Hause nichts vernehmbar als das leise Spinnen der großen Katzen, die mit ausgestreckten Tatzen droben vor dem Zimmer ihres Herrn lagen und sich das Blut aus den Bärten leckten.

Unten in der Haustür verrostete das Schloß, den Messingklopfer überzog der Grünspan, und zwischen den Treppensteinen begann das Gras zu wachsen.

Draußen aber ging die Welt unbekümmert ihren Gang. – Als der Sommer gekommen war, stand auf dem St.-Magdalenen-Kirchhof auf dem Grabe des kleinen Christoph ein blühender weißer Rosenbusch; und bald lag auch ein kleiner Denkstein unter demselben. Den Rosenbusch hatte seine Mutter ihm gepflanzt; den Stein freilich hatte sie nicht beschaffen können. Aber Christoph hatte einen Freund gehabt; es war ein junger Musikus, der Sohn eines Trödlers, der in dem Hause ihnen gegenüber wohnte. Zuerst hatte er sich unter sein Fenster geschlichen, wenn der Musiker drinnen am Klavier saß; später hatte dieser ihn zuweilen in die Magdalenenkirche genommen, wo er sich nachmittags im Orgelspiel zu üben pflegte. – Da saß denn der blasse Knabe auf einem Schemelchen zu seinen Füßen, lehnte lauschend den Kopf an die Orgelbank und sah, wie die Sonnenlichter durch die Kirchenfenster spielten. Wenn der junge Musikus dann, von der Verarbeitung seines Themas fortgerissen, die tiefen mächtigen Register durch die Gewölbe brausen ließ oder wenn er mitunter den Tremulanten zog und die Töne wie zitternd vor der Majestät Gottes dahinfluteten, so konnte es wohl geschehen, daß der Knabe in stilles Schluchzen ausbrach und sein Freund ihn nur schwer zu beruhigen vermochte. Einmal auch sagte er bittend: »Es tut mir weh, Leberecht; spiele nicht so laut!«

Der Orgelspieler schob auch sogleich die großen Register wieder ein und nahm die Flöten- und andere sanfte Stimmen; und süß und ergreifend schwoll das Lieblingslied des Knaben durch die stille Kirche: »Befiehl du deine Wege.« – Leise mit seiner kränklichen Stimme hub er an mitzusingen. »Ich will auch spielen lernen«, sagte er, als die Orgel schwieg; »willst du mich es lehren, Leberecht?«

Der junge Musikus ließ seine Hand auf den Kopf des Knaben fallen, und ihm das gelbe Haar streichelnd, erwiderte er: »Werde nur erst recht gesund, Christoph; dann will ich dich es gern lehren.«

Aber Christoph war nicht gesund geworden. – Seinem kleinen Sarge folgte neben der Mutter auch der junge Orgelspieler. Sie sprachen hier zum ersten Mal zusammen; und die Mutter erzählte ihm jenen dreimal geträumten Traum von dem kleinen silbernen Erbbecher.

»Den Becher«, sagte Leberecht, »hätte ich Euch geben können; mein Vater, der ihn vor Jahren mit vielen andern Dingen von Euerm Bruder erhandelte, hat mir das zierliche Stück einmal als Weihnachtsgeschenk gegeben.«

Die Frau brach in die bittersten Klagen aus. »Ach«, rief sie immer wieder, »er wäre ja gewiß gesund geworden!«

Der junge Mann ging eine Weile schweigend neben ihr her. »Den Becher soll unser Christoph dennoch haben«, sagte er endlich.

Und so geschah es. Nach einigen Tagen hatte er den Becher an einen Sammler solcher Pretiosen um einen guten Preis verhandelt;

von dem Gelde aber ließ er den Denkstein für das Grab des kleinen Christoph machen. Er ließ eine Marmortafel darin einlegen, auf welcher das Bild des Bechers ausgemeißelt wurde. Darunter standen die Worte eingegraben: »Zur Gesundheit!« –

Noch viele Jahre hindurch, mochte der Schnee auf dem Grabe liegen oder mochte in der Junisonne der Busch mit Rosen überschüttet sein, kam oft eine blasse Frau und las andächtig und sinnend die beiden Worte auf dem Grabstein. – Dann eines Sommers ist sie nicht mehr gekommen; aber die Welt ging unbekümmert ihren Gang.

Nur noch einmal, nach vielen Jahren, hat ein sehr alter Mann das Grab besucht, er hat sich den kleinen Denkstein angesehen und eine weiße Rose von dem alten Rosenbusch gebrochen. Das ist der emeritierte Organist von St. Magdalenen gewesen.

Aber wir müssen das friedliche Kindergrab verlassen und, wenn der Bericht zu Ende geführt werden soll, drüben in der Stadt noch einen Blick in das alte Erkerhaus der Düsternstraße werfen. – Noch immer stand es schweigend und verschlossen. Während draußen das Leben unablässig daran vorüberflutete, wucherte drinnen in den eingeschlossenen Räumen der Schwamm aus den Dielenritzen, löste sich der Gips an den Decken und stürzte herab, in einsamen Nächten ein unheimliches Echo über Flur und Stiege jagend. Die Kinder, welche an jenem Christabend auf der Straße gesungen hatten, wohnten jetzt als alte Leute in den Häusern, oder sie hatten ihr Leben schon abgetan und waren gestorben; die Menschen, die jetzt auf der Gasse gingen, trugen andere Gewänder, und draußen auf dem Vorstadtskirchhof war der schwarze Nummerpfahl auf Frau Ankens namenlosem Grabe schon längst verfault. Da schien eines Nachts wieder einmal, wie schon so oft, über das Nachbarhaus hinweg der Vollmond in das Erkerfenster des dritten Stockwerks und malte mit seinem bläulichen Lichte die kleinen runden Scheiben auf den Fußboden. Das Zimmer war leer; nur auf dem Kanapee zusammengekauert saß eine kleine Gestalt von der Größe eines jährigen Kindes, aber das Gesicht war alt und bärtig und die magere Nase unverhältnismäßig groß; auch trug sie eine weit über die Ohren fallende Zipfelmütze und einen langen, augenscheinlich für einen ausgewachsenen Mann bestimmten Schlafrock, auf dessen Schoß sie die Füße heraufgezogen hatte.

Diese Gestalt war Herr Bulemann. – Der Hunger hatte ihn nicht getötet, aber durch den Mangel an Nahrung war sein Leib verdorrt und eingeschwunden, und so war er im Lauf der Jahre kleiner und kleiner geworden. Mitunter in Vollmondnächten, wie diese, war er erwacht und hatte, wenn auch mit immer schwächerer Kraft, seinen Wächtern zu entrinnen gesucht. War er von den vergeblichen Anstrengungen erschöpft aufs Kanapee gesunken oder zuletzt hinaufgekrochen und hatte dann der bleierne Schlaf ihn wieder befallen, so streckten Graps und Schnores sich draußen vor der Treppe hin, peitschten mit ihrem Schweif den Boden und horchten, ob Frau Ankens Schätze neue Wanderzüge von Mäusen in das Haus gelockt hätten.

Heute war es anders; die Katzen waren weder im Zimmer noch draußen auf dem Flur. Als das durch das Fenster fallende Mondlicht über den Fußboden weg und allmählich an der kleinen Gestalt hinaufrückte, begann sie sich zu regen; die großen runden Augen öffneten sich, und Herr Bulemann starrte in das leere Zimmer hinaus. Nach einer Weile rutschte er, die langen Ärmel mühsam zurückschlagend, von dem Kanapee herab und schritt langsam der Tür zu, während die breite Schleppe des Schlafrocks hinter ihm herfegte. Auf den Fußspitzen nach der Klinke greifend, gelang es ihm, die Stubentür zu öffnen und draußen bis an das Geländer der Treppe vorzuschreiten. Eine Weile blieb er keuchend stehen; dann streckte er den Kopf vor und mühte sich zu rufen: »Frau Anken, Frau Anken!« Aber seine Stimme war nur wie das Wispern eines kranken Kindes. »Frau Anken, mich hungert; so höre Sie doch!«

Alles blieb still; nur die Mäuse quieksten jetzt heftig in den unteren Zimmern.

Da wurde er zornig: »Hexe, verfluchte, was pfeift Sie denn?« Und ein Schwall unverständlich geflüsterter Schimpfworte sprudelte aus seinem Munde, bis ein Stickhusten ihn befiel und seine Zunge lähmte.

Draußen, unten an der Haustür, wurde der schwere Messingklopfer angeschlagen, daß der Hall bis in die Spitze des Hauses hinaufdrang. Es mochte jener nächtliche Geselle sein, von dem im Anfang dieser Geschichte die Rede gewesen ist.

Herr Bulemann hatte sich wieder erholt. »So öffne Sie doch!« wisperte er; »es ist der Knabe, der Christoph; er will den Becher holen.«

Plötzlich wurden von unten herauf zwischen dem Pfeifen der

Mäuse die Sprünge und das Knurren der beiden großen Katzen vernehmbar. Er schien sich zu besinnen; zum ersten Mal bei seinem Erwachen hatten sie das oberste Stockwerk verlassen und ließen ihn gewähren. – Hastig, den langen Schlafrock nach sich schleppend, stapfte er in das Zimmer zurück.

Draußen aus der Tiefe der Gasse hörte er den Wächter rufen. »Ein Mensch, ein Mensch!« murmelte er; »die Nacht ist so lang, sovielmal bin ich aufgewacht, und noch immer scheint der Mond.«

Er kletterte auf den Polsterstuhl, der in dem Erkerfenster stand. Emsig arbeitete er mit den kleinen dürren Händen an dem Fensterhaken; denn drunten auf der mondhellen Gasse hatte er den Wächter stehen sehen. Aber die Haspen waren festgerostet; er mühte sich vergebens, sie zu öffnen. Da sah er den Mann, der eine Weile hinaufgestarrt hatte, in den Schatten der Häuser zurücktreten.

Ein schwacher Schrei brach aus seinem Munde; zitternd, mit geballten Fäusten schlug er gegen die Fensterscheiben; aber seine Kraft reichte nicht aus, sie zu zertrümmern. Nun begann er Bitten und Versprechungen durcheinanderzuwispern; allmählich, während die Gestalt des unten gehenden Mannes sich immer mehr entfernte, wurde sein Flüstern zu einem erstickten heisern Gekrächze; er wollte seine Schätze mit ihm teilen; wenn er nur hören wollte, er sollte alles haben, er selber wollte nichts, gar nichts für sich behalten; nur den Becher, der sei das Eigentum des kleinen Christoph.

Aber der Mann ging unten unbekümmert seinen Gang, und bald war er in einer Nebengasse verschwunden. – Von allen Worten, die Herr Bulemann in jener Nacht gesprochen, ist keines von einer Menschenseele gehört worden.

Endlich nach aller vergeblichen Anstrengung kauerte sich die kleine Gestalt auf dem Polsterstuhl zusammen, rückte die Zipfelmütze zurecht und schaute, unverständliche Worte murmelnd, in den leeren Nachthimmel hinauf.

So sitzt er noch jetzt und erwartet die Barmherzigkeit Gottes.

NOVELLEN

IMMENSEE

Der Alte

An einem Spätherbstnachmittage ging ein alter wohlgekleideter Mann langsam die Straße hinab. Er schien von einem Spaziergange nach Hause zurückzukehren; denn seine Schnallenschuhe, die einer vorübergegangenen Mode angehörten, waren bestäubt. Den langen Rohrstock mit goldenem Knopf trug er unter dem Arm; mit seinen dunkeln Augen, in welche sich die ganze verlorene Jugend gerettet zu haben schien und welche eigentümlich von den schneeweißen Haaren abstachen, sah er ruhig umher oder in die Stadt hinab, welche im Abendsonnendufte vor ihm lag. – Er schien fast ein Fremder; denn von den Vorübergehenden grüßten ihn nur wenige, obgleich mancher unwillkürlich in diese ernsten Augen zu sehen gezwungen wurde. Endlich stand er vor einem hohen Giebelhause still, sah noch einmal in die Stadt hinaus und trat dann in die Hausdiele. Bei dem Schall der Türglocke wurde drinnen in der Stube von einem Guckfenster, welches nach der Diele hinausging, der grüne Vorhang weggeschoben und das Gesicht einer alten Frau dahinter sichtbar. Der Mann winkte ihr mit seinem Rohrstock. »Noch kein Licht!« sagte er in einem etwas südlichen Akzent; und die Haushälterin ließ den Vorhang wieder fallen. Der Alte ging nun über die weite Hausdiele, dann durch einen Pesel, wo große Eichschränke mit Porzellanvasen an den Wänden standen; durch die gegenüberstehende Tür trat er in einen kleinen Flur, von wo aus eine enge Treppe zu den oberen Zimmern des Hinterhauses führte. Er stieg sie langsam hinauf, schloß oben eine Tür auf und trat dann in ein mäßig großes Zimmer. Hier war es heimlich und still; die eine Wand war fast mit Repositorien und Bücherschränken bedeckt; an der andern hingen Bilder von Menschen und Gegenden; vor einem Tische mit grüner Decke, auf dem einzelne aufgeschlagene Bücher umherlagen, stand ein schwerfälliger Lehnstuhl mit rotem Sammetkissen. – Nachdem der Alte Hut und Stock in die Ecke gestellt hatte, setzte er sich in den Lehnstuhl und schien mit gefalteten Händen von seinem Spaziergange auszuruhen. – Wie er so saß, wurde es allmählich dunkler; endlich fiel ein Mondstrahl durch die Fensterscheiben auf die Gemälde an der Wand, und wie der helle Streif langsam weiterrückte, folgten die Augen des Mannes unwillkürlich. Nun trat er über ein kleines Bild in schlichtem schwarzem Rahmen. »Elisabeth!« sagte der Alte leise; und wie er das Wort gesprochen, war die Zeit verwandelt – er war in seiner Jugend.

Die Kinder

Bald trat die anmutige Gestalt eines kleinen Mädchens zu ihm. Sie hieß Elisabeth und mochte fünf Jahre zählen; er selbst war doppelt so alt. Um den Hals trug sie ein rotseidenes Tüchelchen; das ließ ihr hübsch zu den braunen Augen.

»Reinhard«, rief sie, »wir haben frei, frei! Den ganzen Tag keine Schule, und morgen auch nicht.«

Reinhard stellte die Rechentafel, die er schon unterm Arm hatte, flink hinter die Haustür, und dann liefen beide Kinder durchs Haus in den Garten und durch die Gartenpforte hinaus auf die Wiese. Die unverhofften Ferien kamen ihnen herrlich zustatten. Reinhard hatte hier mit Elisabeths Hülfe ein Haus aus Rasenstücken aufgeführt; darin wollten sie die Sommerabende wohnen; aber es fehlte noch die Bank. Nun ging er gleich an die Arbeit; Nägel, Hammer und die nötigen Bretter lagen schon bereit. Währenddessen ging Elisabeth an dem Wall entlang und sammelte den ringförmigen Samen der wilden Malve in ihre Schürze; davon wollte sie sich Ketten und Halsbänder machen; und als Reinhard endlich trotz manches krummgeschlagenen Nagels seine Bank dennoch zustande gebracht hatte und nun wieder in die Sonne hinaustrat, ging sie schon weit davon am andern Ende der Wiese.

»Elisabeth!« rief er, »Elisabeth!« Und da kam sie, und ihre Locken flogen. »Komm«, sagte er, »nun ist unser Haus fertig. Du bist ja ganz heiß geworden; komm herein, wir wollen uns auf die neue Bank setzen. Ich erzähl dir etwas.«

Dann gingen sie beide hinein und setzten sich auf die neue Bank. Elisabeth nahm ihre Ringelchen aus der Schürze und zog sie auf lange Bindfäden; Reinhard fing an zu erzählen: »Es waren einmal drei Spinnfrauen ––«

»Ach«, sagte Elisabeth, »das weiß ich ja auswendig; du mußt auch nicht immer dasselbe erzählen.«

Da mußte Reinhard die Geschichte von den drei Spinnfrauen steckenlassen, und statt dessen erzählte er die Geschichte von dem armen Mann, der in die Löwengrube geworfen war.

»Nun war es Nacht«, sagte er, »weißt du? ganz finstere, und die Löwen schliefen. Mitunter aber gähnten sie im Schlaf und reckten die roten Zungen aus; dann schauderte der Mann und meinte, daß der Morgen komme. Da warf es um ihn her auf einmal einen hellen Schein, und als er aufsah, stand ein Engel vor ihm. Der winkte ihm mit der Hand und ging dann gerade in die Felsen hinein.«

Elisabeth hatte aufmerksam zugehört. »Ein Engel?« sagte sie. »Hatte er denn Flügel?«

»Es ist nur so eine Geschichte«, antwortete Reinhard; »es gibt ja gar keine Engel.«

»O pfui, Reinhard!« sagte sie und sah ihm starr ins Gesicht. Als er sie aber finster anblickte, fragte sie ihn zweifelnd: »Warum sagen sie es denn immer? Mutter und Tante und auch in der Schule?«

»Das weiß ich nicht«, antwortete er.

»Aber du«, sagte Elisabeth, »gibt es denn auch keine Löwen?«

»Löwen? Ob es Löwen gibt! In Indien; da spannen die Götzenpriester sie vor den Wagen und fahren mit ihnen durch die Wüste. Wenn ich groß bin, will ich einmal selber hin. Da ist es vieltausendmal schöner als hier bei uns; da gibt es gar keinen Winter. Du mußt auch mit mir. Willst du?«

»Ja«, sagte Elisabeth; »aber Mutter muß dann auch mit, und deine Mutter auch.«

»Nein«, sagte Reinhard, »die sind dann zu alt, die können nicht mit.«

»Ich darf aber nicht allein.«

»Du sollst schon dürfen; du wirst dann wirklich meine Frau, und dann haben die andern dir nichts zu befehlen.«

»Aber meine Mutter wird weinen.«

»Wir kommen ja wieder«, sagte Reinhard heftig; »sag es nur gradeheraus: willst du mit mir reisen? Sonst geh ich allein; und dann komme ich nimmer wieder.«

Der Kleinen kam das Weinen nahe. »Mach nur nicht so böse Augen«, sagte sie; »ich will ja mit nach Indien.«

Reinhard faßte sie mit ausgelassener Freude bei beiden Händen und zog sie hinaus auf die Wiese. »Nach Indien, nach Indien!« sang er und schwenkte sich mit ihr im Kreise, daß ihr das rote Tüchelchen vom Halse flog. Dann aber ließ er sie plötzlich los und sagte ernst: »Es wird doch nichts daraus werden; du hast keine Courage.«

-- »Elisabeth! Reinhard!« rief es jetzt von der Gartenpforte. »Hier! Hier!« antworteten die Kinder und sprangen Hand in Hand nach Hause.

Im Walde

So lebten die Kinder zusammen; sie war ihm oft zu still, er war ihr oft zu heftig, aber sie ließen deshalb nicht voneinander; fast alle Freistunden teilten sie, winters in den beschränkten Zimmern ihrer Mütter, sommers in Busch und Feld. - Als Elisabeth einmal in Reinhards Gegenwart von dem Schullehrer gescholten wurde, stieß er seine Tafel zornig auf den Tisch, um den Eifer des Mannes auf sich zu lenken. Es wurde nicht bemerkt. Aber Reinhard verlor alle Aufmerksamkeit an den geographischen Vorträgen; statt dessen verfaßte er ein langes Gedicht; darin verglich er sich selbst mit einem jungen Adler, den Schulmeister mit einer grauen Krähe, Elisabeth war die weiße Taube; der Adler gelobte, an der grauen Krähe Rache zu nehmen, sobald ihm die Flügel gewachsen sein würden. Dem jungen Dichter standen die Tränen in den Augen; er kam sich sehr erhaben vor. Als er nach Hause gekommen war, wußte er sich einen kleinen Pergamentband mit vielen weißen Blättern zu verschaffen; auf die ersten Seiten schrieb er mit sorgsamer Hand sein erstes Gedicht. - Bald darauf kam er in eine andere Schule; hier schloß er manche neue Kameradschaft mit Knaben seines Alters; aber sein Verkehr mit Elisabeth wurde dadurch nicht gestört. Von den Märchen, welche er ihr sonst erzählt und wieder erzählt hatte, fing er jetzt an, die, welche ihr am besten gefallen hatten, aufzuschreiben; dabei wandelte ihn oft die Lust an, etwas von seinen eigenen Gedichten hineinzudichten; aber, er wußte nicht weshalb, er konnte immer nicht dazu gelangen. So schrieb er sie genau auf, wie er sie selber gehört hatte. Dann gab er die Blätter an Elisabeth, die sie in einem Schubfach ihrer Schatulle sorgfältig aufbewahrte; und es gewährte ihm eine anmutige Befriedigung, wenn er sie mitunter abends diese Geschichten in seiner Gegenwart aus den von ihm geschriebenen Heften ihrer Mutter vorlesen hörte.

Sieben Jahre waren vorüber. Reinhard sollte zu seiner weiteren Ausbildung die Stadt verlassen. Elisabeth konnte sich nicht in den Gedanken finden, daß es nun eine Zeit ganz ohne Reinhard geben werde. Es freute sie, als er ihr eines Tages sagte, er werde, wie sonst, Märchen für sie aufschreiben; er wolle sie ihr mit den Briefen an seine Mutter schicken; sie müsse ihm dann wieder schreiben, wie sie ihr gefallen hätten. Die Abreise rückte heran; vorher aber kam noch mancher Reim in den Pergamentband. Das allein war für Elisabeth ein Geheimnis, obgleich sie die Veranlassung zu dem ganzen Buche und zu den meisten Liedern war, welche nach und nach fast die Hälfte der weißen Blätter gefüllt hatten.

Es war im Juni; Reinhard sollte am andern Tage reisen. Nun wollte man noch einmal einen festlichen Tag zusammen begehen. Dazu wurde eine Landpartie nach einer der nahe belegenen Holzungen in größerer Gesellschaft veranstaltet. Der stundenlange Weg bis an den Saum des Waldes wurde zu Wagen zurückgelegt; dann nahm man die Proviantkörbe herunter und marschierte weiter. Ein Tannengehölz mußte zuerst durchwandert werden; es war kühl und dämmerig und der Boden überall mit feinen Nadeln bestreut. Nach halbstündigem Wandern kam man aus dem Tannendunkel in eine frische Buchenwaldung; hier war alles licht und grün, mitunter brach ein Sonnenstrahl durch die blätterreichen Zweige; ein Eichkätzchen sprang über ihren Köpfen von Ast zu Ast. – Auf einem Platze, über welchem uralte Buchen mit ihren Kronen zu einem durchsichtigen Laubgewölbe zusammenwuchsen, machte die Gesellschaft halt. Elisabeths Mutter öffnete einen der Körbe; ein alter Herr warf sich zum Proviantmeister auf. »Alle um mich herum, ihr jungen Vögel!« rief er. »Und merket genau, was ich euch zu sagen habe. Zum Frühstück erhält jetzt ein jeder von euch zwei trockene Wecken; die Butter ist zu Hause geblieben, die Zukost müßt ihr euch selber suchen. Es stehen genug Erdbeeren im Walde, das heißt, für den, der sie zu finden weiß. Wer ungeschickt ist, muß sein Brot trocken essen; so geht es überall im Leben. Habt ihr meine Rede begriffen?«

»Jawohl!« riefen die Jungen.

»Ja, seht«, sagte der Alte, »sie ist aber noch nicht zu Ende. Wir Alten haben uns im Leben schon genug umhergetrieben; darum bleiben wir jetzt zu Haus, das heißt, hier unter diesen breiten Bäumen, und schälen die Kartoffeln und machen Feuer und rüsten die Tafel, und wenn die Uhr zwölf ist, sollen auch die Eier gekocht werden. Dafür seid ihr uns von euren Erdbeeren die Hälfte schuldig, damit wir auch einen Nachtisch servieren können. Und nun geht nach Ost und West und seid ehrlich!«

Die Jungen machten allerlei schelmische Gesichter. »Halt!« rief der alte Herr noch einmal. »Das brauche ich euch wohl nicht zu sagen: wer keine findet, braucht auch keine abzuliefern; aber das schreibt euch wohl hinter eure feinen Ohren, von uns Alten bekommt er auch nichts. Und nun habt ihr für diesen Tag gute Lehren genug; wenn ihr nun noch Erdbeeren dazu habt, so werdet ihr für heute schon durchs Leben kommen.«

Die Jungen waren derselben Meinung und begannen sich paarweise auf die Fahrt zu machen.

»Komm, Elisabeth«, sagte Reinhard, »ich weiß einen Erdbeerenschlag; du sollst kein trockenes Brot essen.«

Elisabeth knüpfte die grünen Bänder ihres Strohhutes zusammen und hing ihn über den Arm. »So komm«, sagte sie, »der Korb ist fertig.«

Dann gingen sie in den Wald hinein, tiefer und tiefer; durch feuchte und undurchdringliche Baumschatten, wo alles still war, nur unsichtbar über ihnen in den Lüften das Geschrei der Falken; dann wieder durch dichtes Gestrüpp, so dicht, daß Reinhard vorangehen mußte, um einen Pfad zu machen, hier einen Zweig zu knicken, dort eine Ranke beiseite zu biegen. Bald aber hörte er hinter sich Elisabeth seinen Namen rufen. Er wandte sich um. »Reinhard!« rief sie. »Warte doch, Reinhard!« Er konnte sie nicht gewahr werden; endlich sah er sie in einiger Entfernung mit den Sträuchern kämpfen; ihr feines Köpfchen schwamm nur kaum über den Spitzen der Farrenkräuter. Nun ging er noch einmal zurück und führte sie durch das Wirrnis der Kräuter und Stauden auf einen freien Platz hinaus, wo blaue Falter zwischen den einsamen Waldblumen flatterten. Reinhard strich ihr die feuchten Haare aus dem erhitzten Gesichtchen; dann wollte er ihr den Strohhut aufsetzen, und sie wollte es nicht leiden; dann aber bat er sie, und dann ließ sie es doch geschehen.

»Wo bleiben denn aber deine Erdbeeren?« fragte sie endlich, indem sie stehenblieb und einen tiefen Atemzug tat.

»Hier haben sie gestanden«, sagte er, »aber die Kröten sind uns zuvorgekommen, oder die Marder, oder vielleicht die Elfen.«

»Ja«, sagte Elisabeth, »die Blätter stehen noch da; aber sprich hier nicht von Elfen. Komm nur, ich bin noch gar nicht müde; wir wollen weitersuchen.«

Vor ihnen war ein kleiner Bach, jenseits wieder der Wald. Reinhard hob Elisabeth auf seine Arme und trug sie hinüber. Nach einer Weile traten sie aus dem schattigen Laube wieder in eine weite Lichtung hinaus. »Hier müssen Erdbeeren sein«, sagte das Mädchen, »es duftet so süß.«

Sie gingen suchend durch den sonnigen Raum; aber sie fanden keine. »Nein«, sagte Reinhard, »es ist nur der Duft des Heidekrautes.«

Himbeerbüsche und Hülsendorn standen überall durcheinander; ein starker Geruch von Heidekräutern, welche abwechselnd mit kurzem Grase die freien Stellen des Bodens bedeckten, erfüllte die Luft. »Hier ist es einsam«, sagte Elisabeth; »wo mögen die andern sein?«

An den Rückweg hatte Reinhard nicht gedacht. »Warte nur; woher kommt der Wind?« sagte er und hob seine Hand in die Höhe. Aber es kam kein Wind.

»Still«, sagte Elisabeth, »mich dünkt, ich hörte sie sprechen. Rufe einmal dahinunter.«

Reinhard rief durch die hohle Hand: »Kommt hieher!« – »Hieher!« rief es zurück.

»Sie antworten!« sagte Elisabeth und klatschte in die Hände.

»Nein, es war nichts, es war nur der Widerhall.«

Elisabeth faßte Reinhards Hand. »Mir graut!« sagte sie.

»Nein«, sagte Reinhard, »das muß es nicht. Hier ist es prächtig. Setz dich dort in den Schatten zwischen die Kräuter. Laß uns eine Weile ausruhen; wir finden die andern schon.«

Elisabeth setzte sich unter eine überhängende Buche und lauschte aufmerksam nach allen Seiten; Reinhard saß einige Schritte davon auf einem Baumstumpf und sah schweigend nach ihr hinüber. Die Sonne stand gerade über ihnen; es war glühende Mittagshitze; kleine goldglänzende, stahlblaue Fliegen standen flügelschwingend in der Luft; rings um sie her ein feines Schwirren und Summen, und manchmal hörte man tief im Walde das Hämmern der Spechte und das Kreischen der andern Waldvögel.

»Horch!« sagte Elisabeth. »Es läutet.«

»Wo?« fragte Reinhard.

»Hinter uns. Hörst du? Es ist Mittag.«

»Dann liegt hinter uns die Stadt; und wenn wir in dieser Richtung gradedurch gehen, so müssen wir die andern treffen.«

So traten sie ihren Rückweg an; das Erdbeerensuchen hatten sie aufgegeben, denn Elisabeth war müde geworden. Endlich klang zwischen den Bäumen hindurch das Lachen der Gesellschaft; dann sahen sie auch ein weißes Tuch am Boden schimmern, das war die Tafel, und darauf standen Erdbeeren in Hülle und Fülle. Der alte Herr hatte eine Serviette im Knopfloch und hielt den Jungen die Fortsetzung seiner moralischen Reden, während er eifrig an einem Braten herumtranchierte.

»Da sind die Nachzügler«, riefen die Jungen, als sie Reinhard und Elisabeth durch die Bäume kommen sahen.

»Hieher!« rief der alte Herr, »Tücher ausgeleert, Hüte umgekehrt! Nun zeigt her, was ihr gefunden habt.«

»Hunger und Durst!« sagte Reinhard.

»Wenn das alles ist«, erwiderte der Alte und hob ihnen die volle Schüssel entgegen, »so müßt ihr es auch behalten. Ihr kennt die Abrede; hier werden keine Müßiggänger gefüttert.« Endlich ließ er sich aber doch erbitten, und nun wurde Tafel gehalten; dazu schlug die Drossel aus den Wacholderbüschen.

So ging der Tag hin. – Reinhard hatte aber doch etwas gefunden; waren es keine Erdbeeren, so war es doch auch im Walde gewachsen. Als er nach Hause gekommen war, schrieb er in seinen alten Pergamentband:

Hier an der Bergeshalde
Verstummet ganz der Wind;
Die Zweige hängen nieder,
Darunter sitzt das Kind.

Sie sitzt in Thymiane,
Sie sitzt in lauter Duft;
Die blauen Fliegen summen
Und blitzen durch die Luft.

Es steht der Wald so schweigend,
Sie schaut so klug darein;
Um ihre braunen Locken
Hinfließt der Sonnenschein.

Der Kuckuck lacht von ferne,
Es geht mir durch den Sinn:
Sie hat die goldnen Augen
Der Waldeskönigin.

So war sie nicht allein sein Schützling; sie war ihm auch der Ausdruck für alles Liebliche und Wunderbare seines aufgehenden Lebens.

Da stand das Kind am Wege

Weihnachtabend kam heran. – Es war noch nachmittags, als Reinhard mit andern Studenten im Ratskeller am alten Eichentisch zusammensaß. Die Lampen an den Wänden waren angezündet, denn hier unten dämmerte es schon; aber die Gäste waren sparsam versammelt, die Kellner lehnten müßig an den Mauerpfeilern. In einem Winkel des Gewölbes saßen ein Geigenspieler und ein Zithermädchen mit feinen zigeunerhaften Zügen; sie hatten ihre Instrumente auf dem Schoße liegen und schienen teilnahmlos vor sich hinzusehen.

Am Studententische knallte ein Champagnerpfropfen. »Trinke, mein böhmisch Liebchen!« rief ein junger Mann von junkerhaftem Äußern, indem er ein volles Glas zu dem Mädchen hinüberreichte.

»Ich mag nicht«, sagte sie, ohne ihre Stellung zu verändern.

»So singe!« rief der Junker und warf ihr eine Silbermünze in den Schoß. Das Mädchen strich sich langsam mit den Fingern durch ihr schwarzes Haar, während der Geigenspieler ihr ins Ohr flüsterte; aber sie warf den Kopf zurück und stützte das Kinn auf ihre Zither. »Für den spiel ich nicht«, sagte sie.

Reinhard sprang mit dem Glase in der Hand auf und stellte sich vor sie.

»Was willst du?« fragte sie trotzig.

»Deine Augen sehn.«

»Was gehn dich meine Augen an?«

Reinhard sah funkelnd auf sie nieder. »Ich weiß wohl, sie sind falsch!« – Sie legte ihre Wange in die flache Hand und sah ihn lauernd an. Reinhard hob sein Glas an den Mund. »Auf deine schönen, sündhaften Augen!« sagte er und trank.

Sie lachte und warf den Kopf herum. »Gib!« sagte sie, und indem sie ihre schwarzen Augen in die seinen heftete, trank sie langsam den Rest. Dann griff sie einen Dreiklang und sang mit tiefer, leidenschaftlicher Stimme:

Heute, nur heute
Bin ich so schön;
Morgen, ach morgen
Muß alles vergehn!

Nur diese Stunde
Bist du noch mein;
Sterben, ach sterben
Soll ich allein.

Während der Geigenspieler in raschem Tempo das Nachspiel einsetzte, gesellte sich ein neuer Ankömmling zu der Gruppe.

»Ich wollte dich abholen, Reinhard«, sagte er. »Du warst schon fort; aber das Christkind war bei dir eingekehrt.«

»Das Christkind?« sagte Reinhard, »das kommt nicht mehr zu mir.«

»Ei was! Dein ganzes Zimmer roch nach Tannenbaum und braunen Kuchen.«

Reinhard setzte das Glas aus der Hand und griff nach seiner Mütze.

»Was willst du?« fragte das Mädchen.

»Ich komme schon wieder.«

Sie runzelte die Stirn. »Bleib!« rief sie leise und sah ihn vertraulich an.

Reinhard zögerte. »Ich kann nicht«, sagte er.

Sie stieß ihn lachend mit der Fußspitze. »Geh!« sagte sie. »Du taugst nichts; ihr taugt alle miteinander nichts.« Und während sie sich abwandte, stieg Reinhard langsam die Kellertreppe hinauf.

Draußen auf der Straße war es tiefe Dämmerung; er fühlte die frische Winterluft an seiner heißen Stirn. Hie und da fiel der helle Schein eines brennenden Tannenbaums aus den Fenstern, dann und wann hörte man von drinnen das Geräusch von kleinen Pfeifen und

Blechtrompeten und dazwischen jubelnde Kinderstimmen. Scharen von Bettelkindern gingen von Haus zu Haus oder stiegen auf die Treppengeländer und suchten durch die Fenster einen Blick in die versagte Herrlichkeit zu gewinnen. Mitunter wurde auch eine Tür plötzlich aufgerissen, und scheltende Stimmen trieben einen ganzen Schwarm solcher kleinen Gäste aus dem hellen Hause auf die dunkle Gasse hinaus; anderswo wurde auf dem Hausflur ein altes Weihnachtslied gesungen; es waren klare Mädchenstimmen darunter. Reinhard hörte sie nicht, er ging rasch an allem vorüber, aus einer Straße in die andere. Als er an seine Wohnung gekommen, war es fast völlig dunkel geworden; er stolperte die Treppe hinauf und trat in seine Stube. Ein süßer Duft schlug ihm entgegen; das heimelte ihn an, das roch wie zu Haus der Mutter Weihnachtsstube. Mit zitternder Hand zündete er sein Licht an; da lag ein mächtiges Paket auf dem Tisch, und als er es öffnete, fielen die wohlbekannten braunen Festkuchen heraus; auf einigen waren die Anfangsbuchstaben seines Namens in Zucker ausgestreut; das konnte niemand anders als Elisabeth getan haben. Dann kam ein Päckchen mit feiner gestickter Wäsche zum Vorschein, Tücher und Manschetten, zuletzt Briefe von der Mutter und von Elisabeth. Reinhard öffnete zuerst den letzteren; Elisabeth schrieb:

»Die schönen Zuckerbuchstaben können Dir wohl erzählen, wer bei den Kuchen mitgeholfen hat; dieselbe Person hat die Manschetten für Dich gestickt. Bei uns wird es nun Weihnachtabend sehr still werden; meine Mutter stellt immer schon um halb zehn ihr Spinnrad in die Ecke; es ist gar so einsam diesen Winter, wo Du nicht hier bist. Nun ist auch vorigen Sonntag der Hänfling gestorben, den Du mir geschenkt hattest; ich habe sehr geweint, aber ich hab ihn doch immer gut gewartet. Der sang sonst immer nachmittags, wenn die Sonne auf sein Bauer schien; Du weißt, die Mutter hing oft ein Tuch über, um ihn zu geschweigen, wenn er so recht aus Kräften sang. Da ist es nun noch stiller in der Kammer, nur daß Dein alter Freund Erich uns jetzt mitunter besucht. Du sagtest einmal, er sähe seinem braunen Überrock ähnlich. Daran muß ich nun immer denken, wenn er zur Tür hereinkommt, und es ist gar zu komisch; sag es aber nicht zur Mutter, sie wird dann leicht verdrießlich. – Rat, was ich Deiner Mutter zu Weihnachten schenke! Du rätst es nicht? Mich selber! Der Erich zeichnet mich in schwarzer Kreide; ich habe ihm schon dreimal sitzen müssen, jedesmal eine ganze Stunde. Es war mir recht zuwider, daß der fremde Mensch mein Gesicht so auswendig lernte. Ich wollte auch nicht, aber die Mutter redete mir zu; sie sagte, es würde der guten Frau Werner eine gar große Freude machen.

Aber Du hältst nicht Wort, Reinhard. Du hast keine Märchen geschickt. Ich habe Dich oft bei Deiner Mutter verklagt; sie sagt dann immer, Du habest jetzt mehr zu tun als solche Kindereien. Ich glaub es aber nicht; es ist wohl anders.«

Nun las Reinhard auch den Brief seiner Mutter, und als er beide Briefe gelesen und langsam wieder zusammengefaltet und weggelegt hatte, überfiel ihn unerbittliches Heimweh. Er ging eine Zeitlang in seinem Zimmer auf und nieder; er sprach leise und dann halb verständlich zu sich selbst:

Er wäre fast verirret
Und wußte nicht hinaus;
Da stand das Kind am Wege
Und winkte ihm nach Haus!

Dann trat er an sein Pult, nahm einiges Geld heraus und ging wieder auf die Straße hinab. – Hier war es mittlerweile stiller geworden; die Weihnachtsbäume waren ausgebrannt, die Umzüge der Kinder hatten aufgehört. Der Wind fegte durch die einsamen Straßen; Alte und Junge saßen in ihren Häusern familienweise zusammen; der zweite Abschnitt des Weihnachtabends hatte begonnen. –

Als Reinhard in die Nähe des Ratskellers kam, hörte er aus der Tiefe herauf Geigenstrich und den Gesang des Zithermädchens; nun klingelte unten die Kellertür, und eine dunkle Gestalt schwankte die breite, matt erleuchtete Treppe herauf. Reinhard trat in den Häuserschatten und ging dann rasch vorüber. Nach einer Weile erreichte er den erleuchteten Laden eines Juweliers; und nachdem er hier ein kleines Kreuz von roten Korallen eingehandelt hatte, ging er auf demselben Wege, den er gekommen war, wieder zurück.

Nicht weit von seiner Wohnung bemerkte er ein kleines, in klägliche Lumpen gehülltes Mädchen an einer hohen Haustür stehen, in vergeblicher Bemühung, sie zu öffnen. »Soll ich dir helfen?« sagte er. Das Kind erwiderte nichts, ließ aber die schwere Türklinke fahren. Reinhard hatte schon die Tür geöffnet. »Nein«, sagte er, »sie könnten dich hinausjagen; komm mit mir! Ich will dir Weihnachtskuchen geben.« Dann machte er die Tür wieder zu und faßte das kleine Mädchen an der Hand, das stillschweigend mit ihm in seine Wohnung ging.

Er hatte das Licht beim Weggehen brennen lassen. »Hier hast du Kuchen«, sagte er und gab ihr die Hälfte seines ganzen Schatzes in ihre Schürze, nur keine mit den Zuckerbuchstaben. »Nun geh nach Hause und gib deiner Mutter auch davon.« Das Kind sah mit einem scheuen Blick zu ihm hinauf; es schien solcher Freundlichkeit ungewohnt und nichts darauf erwidern zu können. Reinhard machte die Tür auf und leuchtete ihr, und nun flog die Kleine wie ein Vogel mit ihren Kuchen die Treppe hinab und zum Hause hinaus.

Reinhard schürte das Feuer in seinem Ofen an und stellte das bestaubte Dintenfaß auf seinen Tisch; dann setzte er sich hin und schrieb, und schrieb die ganze Nacht Briefe an seine Mutter, an Elisabeth. Der Rest der Weihnachtskuchen lag unberührt neben ihm; aber die Manschetten von Elisabeth hatte er angeknüpft, was sich gar wunderlich zu seinem weißen Flausrock ausnahm. So saß er noch, als die Wintersonne auf die gefrorenen Fensterscheiben fiel und ihm gegenüber im Spiegel ein blasses, ernstes Antlitz zeigte.

Daheim

Als es Ostern geworden war, reiste Reinhard in die Heimat. Am Morgen nach seiner Ankunft ging er zu Elisabeth. »Wie groß du geworden bist!« sagte er, als das schöne schmächtige Mädchen ihm lächelnd entgegenkam. Sie errötete, aber sie erwiderte nichts; ihre Hand, die er beim Willkommen in die seine genommen, suchte sie ihm sanft zu entziehen. Er sah sie zweifelnd an; das hatte sie früher nicht getan; nun war es, als träte etwas Fremdes zwischen sie. – Das blieb auch, als er schon länger dagewesen und als er Tag für Tag immer wiedergekommen war. Wenn sie allein zusammensaßen, entstanden Pausen, die ihm peinlich waren und denen er dann ängstlich zuvorzukommen suchte. Um während der Ferienzeit eine bestimmte Unterhaltung zu haben, fing er an, Elisabeth in der Botanik zu unterrichten, womit er sich in den ersten Monaten seines Universitätslebens angelegentlich beschäftigt hatte. Elisabeth, die ihm in allem zu folgen gewohnt und überdies lehrhaft war, ging bereitwillig darauf ein. Nun wurden mehrere Male in der Woche Exkursionen ins Feld oder in die Heiden gemacht; und hatten sie dann mittags die grüne Botanisierkapsel voll Kraut und Blumen nach Hause gebracht, so kam Reinhard einige Stunden später wieder, um mit Elisabeth den gemeinschaftlichen Fund zu teilen.

In solcher Absicht trat er eines Nachmittags ins Zimmer, als Elisabeth am Fenster stand und ein vergoldetes Vogelbauer, das er sonst nicht dort gesehen, mit frischem Hühnerschwarm besteckte. Im Bauer saß ein Kanarienvogel, der mit den Flügeln schlug und kreischend nach Elisabeths Finger pickte. Sonst hatte Reinhards Vogel an dieser Stelle gehangen. »Hat mein armer Hänfling sich nach seinem Tode in einen Goldfinken verwandelt?« fragte er heiter.

»Das pflegen die Hänflinge nicht«, sagte die Mutter, welche spinnend im Lehnstuhle saß. »Ihr Freund Erich hat ihn heut mittag für Elisabeth von seinem Hofe hereingeschickt.«

»Von welchem Hofe?«

»Das wissen Sie nicht?«

»Was denn?«

»Daß Erich seit einem Monat den zweiten Hof seines Vaters am Immensee angetreten hat?«

»Aber Sie haben mir kein Wort davon gesagt.«

»Ei«, sagte die Mutter, »Sie haben sich auch noch mit keinem Worte nach Ihrem Freunde erkundigt. Er ist ein gar lieber, verständiger junger Mann.«

Die Mutter ging hinaus, um den Kaffee zu besorgen; Elisabeth hatte Reinhard den Rücken zugewandt und war noch mit dem Bau ihrer kleinen Laube beschäftigt. »Bitte, nur ein kleines Weilchen«, sagte die; »gleich bin ich fertig.« – Da Reinhard wider seine Gewohnheit nicht antwortete, so wandte sie sich um. In seinen Augen lag ein plötzlicher Ausdruck von Kummer, den sie nie darin gewahrt hatte. »Was fehlt dir, Reinhard?« fragte sie, indem sie nahe zu ihm trat.

»Mir?« fragte er gedankenlos und ließ seine Augen träumerisch in den ihren ruhen.

»Du siehst so traurig aus.«

»Elisabeth«, sagte er, »ich kann den gelben Vogel nicht leiden.«

Sie sah ihn staunend an; sie verstand ihn nicht. »Du bist so sonderbar«, sagte sie.

Er nahm ihre beiden Hände, die sie ruhig in den seinen ließ. Bald trat die Mutter wieder herein.

Nach dem Kaffee setzte diese sich an ihr Spinnrad; Reinhard und Elisabeth gingen ins Nebenzimmer, um ihre Pflanzen zu ordnen. Nun wurden Staubfäden gezählt, Blätter und Blüten sorgfältig ausgebreitet und von jeder Art zwei Exemplare zum Trocknen zwischen die Blätter eines großen Folianten gelegt. Es war sonnige Nachmittagsstille; nur nebenan schnurrte der Mutter Spinnrad, und von Zeit zu Zeit wurde Reinhards gedämpfte Stimme gehört, wenn er die Ordnungen und Klassen der Pflanzen nannte oder Elisabeths ungeschickte Aussprache der lateinischen Namen korrigierte.

»Mir fehlt noch von neulich die Maiblume« sagte sie jetzt, als der ganze Fund bestimmt und geordnet war.

Reinhard zog einen kleinen weißen Pergamentband aus der Tasche. »Hier ist ein Maiblumenstengel für dich«, sagte er, indem er die halbgetrocknete Pflanze herausnahm.

Als Elisabeth die beschriebenen Blätter sah, fragte sie: »Hast du wieder Märchen gedichtet?«

»Es sind keine Märchen«, antwortete er und reichte ihr das Buch.

Es waren lauter Verse, die meisten füllten höchstens eine Seite. Elisabeth wandte ein Blatt nach dem andern um; sie schien nur die Überschriften zu lesen: »Als sie vom Schulmeister gescholten war.« »Als sie sich im Walde verirrt hatten.« »Mit dem Ostermärchen.« »Als sie mir zum erstenmal geschrieben hatte«; in der Weise lauteten fast alle. Reinhard blickte forschend zu ihr hin, und indem sie immer weiter blätterte, sah er, wie zuletzt auf ihrem klaren Antlitz ein zartes Rot hervorbrach und es allmählich ganz überzog. Er wollte ihre Augen sehen; aber Elisabeth sah nicht auf und legte das Buch am Ende schweigend vor ihm hin.

»Gib es mir nicht so zurück!« sagte er.

Sie nahm ein braunes Reis aus der Blechkapsel. »Ich will dein Lieblingskraut hineinlegen«, sagte sie und gab ihm das Buch in seine Hände. --

Endlich kam der letzte Tag der Ferienzeit und der Morgen der Abreise. Auf ihre Bitte erhielt Elisabeth von der Mutter die Erlaubnis, ihren Freund an den Postwagen zu begleiten, der einige Straßen von ihrer Wohnung seine Station hatte. Als sie vor die Haustür traten, gab Reinhard ihr den Arm; so ging er schweigend neben dem schlanken

Mädchen her. Je näher sie ihrem Ziele kamen, desto mehr war es ihm, er habe ihr, ehe er auf so lange Abschied nehme, etwas Notwendiges mitzuteilen – etwas, wovon aller Wert und alle Lieblichkeit seines künftigen Lebens abhänge, und doch konnte er sich des erlösenden Wortes nicht bewußt werden. Das ängstigte ihn; er ging immer langsamer.

»Du kommst zu spät«, sagte sie, »es hat schon zehn geschlagen auf St. Marien.«

Er ging aber darum nicht schneller. Endlich sagte er stammelnd: »Elisabeth, du wirst mich nun in zwei Jahren gar nicht sehen – – wirst du mich wohl noch ebenso liebhaben wie jetzt, wenn ich wieder da bin?«

Sie nickte und sah ihm freundlich ins Gesicht. – »Ich habe dich auch verteidigt«, sagte sie nach einer Pause.«

»Mich? Gegen wen hattest du das nötig?«

»Gegen meine Mutter. Wir sprachen gestern abend, als du weggegangen warst, noch lange über dich. Sie meinte, du seist nicht mehr so gut, wie du gewesen.«

Reinhard schwieg einen Augenblick; dann aber nahm er ihre Hand in die seine, und indem er ihr ernst in ihre Kinderaugen blickte, sagte er: »Ich bin noch ebenso gut, wie ich gewesen bin; glaube du das nur fest! Glaubst du es, Elisabeth?«

»Ja«, sagte sie. Er ließ ihre Hand los und ging rasch mit ihr durch die letzte Straße. Je näher ihm der Abschied kam, desto freudiger ward sein Gesicht; er ging ihr fast zu schnell.

»Was hast du, Reinhard?« fragte sie.

»Ich habe ein Geheimnis, ein schönes!« sagte er und sah sie mit leuchtenden Augen an. »Wenn ich nach zwei Jahren wieder da bin, dann sollst du es erfahren.«

Mittlerweile hatten sie den Postwagen erreicht; es war noch eben Zeit genug. Noch einmal nahm Reinhard ihre Hand. »Leb wohl!« sagte er, »leb wohl, Elisabeth. Vergiß es nicht.«

Sie schüttelte mit dem Kopf. »Leb wohl!« sagte sie. Reinhard stieg hinein, und die Pferde zogen an.

Als der Wagen um die Straßenecke rollte, sah er noch einmal ihre liebe Gestalt, wie sie langsam den Weg zurückging.

Ein Brief

Fast zwei Jahre nachher saß Reinhard vor seiner Lampe zwischen Büchern und Papieren in Erwartung eines Freundes, mit welchem er gemeinschaftliche Studien übte. Man kam die Treppe herauf. »Herein!« – Es war die Wirtin. »Ein Brief für Sie, Herr Werner!« Dann entfernte sie sich wieder.

Reinhard hatte seit seinem Besuch in der Heimat nicht an Elisabeth geschrieben und von ihr keinen Brief mehr erhalten. Auch dieser war nicht von ihr; es war die Hand seiner Mutter. Reinhard brach und las, und bald las er folgendes:

»In Deinem Alter, mein liebes Kind, hat noch fast jedes Jahr sein eigenes Gesicht; denn die Jugend läßt sich nicht ärmer machen. Hier ist auch manches anders geworden, was Dir wohl erstan weh tun wird, wenn ich Dich sonst recht verstanden habe. Erich hat sich gestern endlich das Jawort von Elisabeth geholt, nachdem er in dem letzten Vierteljahr zweimal vergebens angefragt hatte. Sie hat sich immer nicht dazu entschließen können; nun hat sie es endlich doch getan; sie ist auch noch gar so jung. Die Hochzeit soll bald sein, und die Mutter wird dann mit ihnen fortgehen.«

Immensee

Wiederum waren Jahre vorüber. – Auf einem abwärts führenden schattigen Waldweg wanderte an einem warmen Frühlingsnachmittage ein junger Mann mit kräftigem, gebräuntem Antlitz. Mit seinen ernsten grauen Augen sah er gespannt in die Ferne, als erwarte er endlich eine Veränderung des einförmigen Weges, die jedoch immer nicht eintreten wollte. Endlich kam ein Karrenfuhrwerk langsam von unten herauf. »Holla! guter Freund«, rief der Wanderer dem nebengehenden Bauer zu, »geht's hier recht nach Immensee?«

»Immer gradaus«, antwortete der Mann und rückte an seinem Rundhute.

»Hat's denn noch weit bis dahin?«

»Der Herr ist dicht davor. Keine halbe Pfeif Tobak, so haben S' den See; das Herrenhaus liegt hart daran.«

Der Bauer fuhr vorüber; der andere ging eiliger unter den Bäumen entlang. Nach einer Viertelstunde hörte ihm zur Linken plötzlich der

Schatten auf; der Weg führte an einem Abhang, aus dem die Gipfel hundertjähriger Eichen nur kaum hervorragten. Über sie hinweg öffnete sich eine weite, sonnige Landschaft. Tief unten lag der See, ruhig, dunkelblau, fast ringsum von grünen, sonnbeschienenen Wäldern umgeben; nur an einer Stelle traten sie auseinander und gewährten eine tiefe Fernsicht, bis auch diese durch blaue Berge geschlossen wurde. Quer gegenüber, mitten in dem grünen Laub der Wälder, lag es wie Schnee darüber her; das waren blühende Obstbäume, und daraus hervor auf dem hohen Ufer erhob sich das Herrenhaus, weiß mit roten Ziegeln. Ein Storch flog vom Schornstein auf und kreiste langsam über dem Wasser. – »Immensee!« rief der Wanderer. Es war fast, als hätte er jetzt das Ziel seiner Reise erreicht; denn er stand unbeweglich und sah über die Gipfel der Bäume zu seinen Füßen hinüber ans andere Ufer, wo das Spiegelbild des Herrenhauses leise schaukelnd auf dem Wasser schwamm. Dann setzte er plötzlich seinen Weg fort.

Es ging jetzt fast steil den Berg hinab, so daß die untenstehenden Bäume wieder Schatten gewährten, zugleich aber die Aussicht auf den See verdeckten, der nur zuweilen zwischen den Lücken der Zweige hindurchblitzte. Bald ging es wieder sanft empor, und nun verschwand rechts und links die Holzung; statt dessen streckten sich dichtbelaubte Weinhügel am Wege entlang; zu beiden Seiten desselben standen blühende Obstbäume voll summender, wühlender Bienen. Ein stattlicher Mann in braunem Überrock kam dem Wanderer entgegen. Als er ihn fast erreicht hatte, schwenkte er seine Mütze und rief mit heller Stimme: »Willkommen, willkommen, Bruder Reinhard! Willkommen auf Gut Immensee!«

»Gott grüß dich, Erich, und Dank für dein Willkommen!« rief ihm der andere entgegen.

Dann waren sie zueinander gekommen und reichten sich die Hände. »Bist du es denn aber auch?« sagte Erich, als er so nahe in das ernste Gesicht seines alten Schulkameraden sah.

»Freilich bin ich's, Erich, und du bist es auch; nur siehst du noch fast heiterer aus, als du schon sonst immer getan hast.«

Ein frohes Lächeln machte Erichs einfache Züge bei diesen Worten noch um vieles heiterer. »Ja, Bruder Reinhard«, sagte er, diesem noch einmal seine Hand reichend, »ich habe aber auch seitdem das Große Los gezogen, du weißt es ja.« Dann rieb er sich die Hände und rief vergnügt: »Das wird eine Überraschung! Den erwartet sie nicht, in alle Ewigkeit nicht!«

»Eine Überraschung?« fragte Reinhard. »Für wen denn?«

»Für Elisabeth.«

»Elisabeth! Du hast ihr nicht von meinem Besuch gesagt?«

»Kein Wort, Bruder Reinhard; sie denkt nicht an dich, die Mutter auch nicht. Ich hab dich ganz im geheim verschrieben, damit die Freude desto größer sei. Du weißt, ich hatte immer so meine stillen Plänchen.«

Reinhard wurde nachdenklich; der Atem schien ihm schwer zu werden, je näher sie dem Hofe kamen. An der linken Seite des Weges hörten nun auch die Weingärten auf und machten einem weitläuftigen Küchengarten Platz, der sich bis fast an das Ufer des Sees hinabzog. Der Storch hatte sich mittlerweile niedergelassen und spazierte gravitätisch zwischen den Gemüsebeeten umher. »Holla!« rief Erich, in die Hände klatschend, »stiehlt mir der hochbeinige Ägypter schon wieder meine kurzen Erbsenstangen!« Der Vogel erhob sich langsam und flog auf das Dach eines neuen Gebäudes, das am Ende des Küchengartens lag und dessen Mauern mit aufgebundenen Pfirsich- und Aprikosenbäumen überzweigt waren. »Das ist die Spritfabrik«, sagte Erich; »ich habe sie erst vor zwei Jahren angelegt. Die Wirtschaftsgebäude hat mein Vater selig neu aufsetzen lassen; das Wohnhaus ist schon von meinem Großvater gebaut worden. So kommt man immer ein bißchen weiter.«

Sie waren bei diesen Worten auf einen geräumigen Platz gekommen, der an den Seiten durch die ländlichen Wirtschaftsgebäude, im Hintergrunde durch das Herrenhaus begrenzt wurde, an dessen beide Flügel sich eine hohe Gartenmauer anschloß; hinter dieser sah man die Züge dunkler Taxuswände, und hin und wieder ließen Syringenbäume ihre blühenden Zweige in den Hofraum hinunterhängen. Männer mit sonnen- und arbeitsheißen Gesichtern gingen über den Platz und grüßten die Freunde, während Erich dem einen und dem andern einen Auftrag oder eine Frage über ihr Tagewerk entgegenrief. – Dann hatten sie das Haus erreicht. Ein hoher, kühler Hausflur nahm sie auf, an dessen Ende sie links in einen etwas dunkleren Seitengang einbogen. Hier öffnete Erich eine Tür, und sie traten in einen geräumigen Gartensaal, der durch das Laubgedränge, welches die gegenüberliegenden Fenster bedeckte, zu beiden Seiten mit grüner

Dämmerung erfüllt war; zwischen diesen aber ließen zwei hohe, weit geöffnete Flügeltüren den vollen Glanz der Frühlingssonne hereinfallen und gewährten die Aussicht in einen Garten mit gezirkelten Blumenbeeten und hohen steilen Laubwänden, geteilt durch einen graden breiten Gang, durch welchen man auf den See und weiter auf die gegenüberliegenden Wälder hinaussah. Als die Freunde hineintraten, trug die Zugluft ihnen einen Strom von Duft entgegen.

Auf einer Terrasse vor der Gartentür saß eine weiße, mädchenhafte Frauengestalt. Sie stand auf und ging den Eintretenden entgegen; aber auf halbem Wege blieb sie wie angewurzelt stehen und starrte den Fremden unbeweglich an. Er streckte ihr lächelnd die Hand entgegen. »Reinhard!« rief sie, »Reinhard! Mein Gott, du bist es! – Wir haben uns lange nicht gesehen.«

»Lange nicht«, sagte er und konnte nichts weiter sagen; denn als er ihre Stimme hörte, fühlte er einen feinen körperlichen Schmerz am Herzen, und wie er zu ihr aufblickte, stand sie vor ihm, dieselbe leichte zärtliche Gestalt, der er vor Jahren in seiner Vaterstadt Lebewohl gesagt hatte.

Erich war mit freudestrahlendem Antlitz an der Tür zurückgeblieben. »Nun, Elisabeth«, sagte er, »gelt! den hättest du nicht erwartet, den in alle Ewigkeit nicht!«

Elisabeth sah ihn mit schwesterlichen Augen an. »Du bist so gut, Erich!« sagte sie.

Er nahm ihre schmale Hand liebkosend in die seinen. »Und nun wir ihn haben«, sagte er, »nun lassen wir ihn so bald nicht wieder los. Er ist so lange draußen gewesen, wir wollen ihn wieder heimisch machen. Schau nur, wie fremd und vornehm er aussehen worden ist.«

Ein scheuer Blick Elisabeths streifte Reinhards Antlitz. »Es ist nur die Zeit, die wir nicht beisammen waren«, sagte er.

In diesem Augenblick kam die Mutter mit einem Schlüsselkörbchen am Arm zur Tür herein. »Herr Werner«, sagte sie, als sie Reinhard erblickte, »ei, ein ebenso lieber als unerwarteter Gast.« – Und nun ging die Unterhaltung in Fragen und Antworten ihren ebenen Tritt. Die Frauen setzten sich zu ihrer Arbeit, und während Reinhard die für ihn bereiteten Erfrischungen genoß, hatte Erich seinen soliden Meerschaumkopf angebrannt und saß dampfend und diskurrierend an seiner Seite.

Am andern Tage mußte Reinhard mit ihm hinaus; auf die Äcker, in die Weinberge, in den Hopfengarten, in die Spritfabrik. Es war alles wohl bestellt: die Leute, welche auf dem Felde und bei den Kesseln arbeiteten, hatten alle ein gesundes und zufriedenes Aussehen. Zu Mittag kam die Familie im Gartensaal zusammen, und der Tag wurde dann, je nach der Muße der Wirte, mehr oder minder gemeinschaftlich verlebt. Nur die Stunden vor dem Abendessen, wie die ersten des Vormittags, blieb Reinhard arbeitend auf seinem Zimmer. Er hatte seit Jahren, wo er deren habhaft werden konnte, die im Volke lebenden Reime und Lieder gesammelt und ging nun daran, seinen Schatz zu ordnen und wo möglich mit neuen Aufzeichnungen aus der Umgegend zu vermehren. – Elisabeth war zu allen Zeiten sanft und freundlich; Erichs immer gleichbleibende Aufmerksamkeit nahm sie mit einer fast demütigen Dankbarkeit auf, und Reinhard dachte mitunter, das heitere Kind von ehedem habe wohl eine weniger stille Frau versprochen.

Seit dem zweiten Tage seines Hierseins pflegte er abends einen Spaziergang an dem Ufer des Sees zu machen. Der Weg führte hart unter dem Garten vorbei. Am Ende desselben, auf einer vorspringenden Bastei, stand eine Bank unter hohen Birken; die Mutter hatte sie die Abendbank getauft, weil der Platz gegen Abend lag und des Sonnenuntergangs halber um diese Zeit am meisten benutzt wurde. – Von einem Spaziergange auf diesem Wege kehrte Reinhard eines Abends zurück, als er vom Regen überrascht wurde. Er suchte Schutz unter einer am Wasser stehenden Linde; aber die schweren Tropfen schlugen bald durch die Blätter. Durchnäßt, wie er war, ergab er sich darein und setzte langsam seinen Rückweg fort. Es war fast dunkel; der Regen fiel immer dichter. Als er sich der Abendbank näherte, glaubte er zwischen den schimmernden Birkenstämmen eine weiße Frauengestalt zu unterscheiden. Sie stand unbeweglich und, wie er beim Näherkommen zu erkennen meinte, zu ihm hingewandt, als wenn sie jemanden erwarte. Er glaubte, es sei Elisabeth. Als er aber rascher zuschritt, um sie zu erreichen und dann mit ihr zusammen durch den Garten ins Haus zurückzukehren, wandte sie sich langsam ab und verschwand in die dunkeln Seitengänge. Er konnte das nicht reimen; er war aber fast zornig auf Elisabeth, und dennoch zweifelte er, ob sie es gewesen sei; aber er scheute sich, sie danach zu fragen; ja, er ging bei seiner Rückkehr nicht in den Gartensaal, nur um Elisabeth nicht etwa durch die Gartentür hereintreten zu sehen.

Meine Mutter hat's gewollt

Einige Tage nachher, es ging schon gegen Abend, saß die Familie, wie gewöhnlich um diese Zeit, im Gartensaal zusammen. Die Türen standen offen; die Sonne war schon hinter den Wäldern jenseit des Sees.

Reinhard wurde um die Mitteilung einiger Volkslieder gebeten, welche er am Nachmittage von einem auf dem Lande wohnenden Freunde geschickt bekommen hatte. Er ging auf sein Zimmer und kam gleich darauf mit einer Papierrolle zurück, welche aus einzelnen sauber geschriebenen Blättern zu bestehen schien.

Man setzte sich an den Tisch, Elisabeth an Reinhards Seite. »Wir lesen auf gut Glück«, sagte er, »ich habe sie selber noch nicht durchgesehen.«

Elisabeth rollte das Manuskript auf. »Hier sind Noten«, sagte sie, »das mußt du singen, Reinhard.«

Und dieser las nun zuerst einige Tiroler Schnaderhüpferl, indem er beim Lesen jezuweilen die lustige Melodie mit halber Stimme anklingen ließ. Eine allgemeine Heiterkeit bemächtigte sich der kleinen Gesellschaft. »Wer hat doch aber die schönen Lieder gemacht?« fragte Elisabeth.

»Ei«, sagte Erich, »das hört man den Dingern schon an; Schneidergesellen und Friseure und derlei luftiges Gesindel«

Reinhard sagte: »Sie werden gar nicht gemacht; sie wachsen, sie fallen aus der Luft, sie fliegen über Land wie Mariengarn, hierhin und dorthin, und werden an tausend Stellen zugleich gesungen. Unser eigenstes Tun und Leiden finden wir in diesen Liedern; es ist, als ob wir alle an ihnen mitgeholfen hätten.«

Er nahm ein anderes Blatt: »Ich stand auf hohen Bergen ...«

»Das kenne ich!« rief Elisabeth. »Stimme nur an, Reinhard, ich will dir helfen.« Und nun sangen sie jene Melodie, die so rätselhaft ist, daß man nicht glauben kann, sie sei von Menschen erdacht worden; Elisabeth mit ihrer etwas verdeckten Altstimme dem Tenor sekundierend.

Die Mutter saß inzwischen emsig an ihrer Näherei. Erich hatte die Hände ineinandergelegt und hörte andächtig zu. Als das Lied zu Ende war, legte Reinhard das Blatt schweigend beiseite. – Vom Ufer des Sees herauf kam durch die Abendstille das Geläute der Herdenglokken; sie horchten unwillkürlich; da hörten sie eine klare Knabenstimme singen:

Ich stand auf hohen Bergen
Und sah ins tiefe Tal ...

Reinhard lächelte: »Hört ihr es wohl? So geht's von Mund zu Mund.«

»Es wird oft in dieser Gegend gesungen«, sagte Elisabeth.

»Ja«, sagte Erich, »es ist der Hirtenkaspar; er treibt die Starken heim.«

Sie horchten noch eine Weile, bis das Geläute oben hinter den Wirtschaftsgebäuden verschwunden war. »Das sind Urtöne«, sagte Reinhard; »sie schlafen in Waldesgründen; Gott weiß, wer sie gefunden hat.«

Er zog ein neues Blatt heraus.

Es war schon dunkler geworden; ein roter Abendschein lag wie Schaum auf den Wäldern jenseit des Sees. Reinhard rollte das Blatt auf, Elisabeth legte an der einen Seite ihre Hand darauf und sah mit hinein. Dann las Reinhard:

Meine Mutter hat's gewollt,
Den andern ich nehmen sollt;
Was ich zuvor besessen,
Mein Herz sollt es vergessen;
Das hat es nicht gewollt.

Meine Mutter klag ich an,
Sie hat nicht wohlgetan;
Was sonst in Ehren stünde,
Nun ist es worden Sünde.
Was fang ich an!

Für all mein Stolz und Freud
Gewonnen hab ich Leid.
Ach, wär das nicht geschehen,
Ach, könnt ich betteln gehen
Über die braune Heid!

Während des Lesens hatte Reinhard ein unmerkliches Zittern des Papiers empfunden; als er zu Ende war, schob Elisabeth leise ihren

Stuhl zurück und ging schweigend in den Garten hinab. Ein Blick der Mutter folgte ihr. Erich wollte nachgehen; doch die Mutter sagte: »Elisabeth hat draußen zu tun.« So unterblieb es.

Draußen aber legte sich der Abend mehr und mehr über Garten und See, die Nachtschmetterlinge schossen surrend an den offenen Türen vorüber, durch welche der Duft der Blumen und Gesträuche immer stärker hereindrang; vom Wasser herauf kam das Geschrei der Frösche, unter den Fenstern schlug eine Nachtigall, tiefer im Garten eine andere; der Mond sah über die Bäume. Reinhard blickte noch eine Weile auf die Stelle, wo Elisabeths feine Gestalt zwischen den Laubgängen verschwunden war; dann rollte er sein Manuskript zusammen, grüßte die Anwesenden und ging durchs Haus an das Wasser hinab.

Die Wälder standen schweigend und warfen ihr Dunkel weit auf den See hinaus, während die Mitte desselben in schwüler Mondesdämmerung lag. Mitunter schauerte ein leises Säuseln durch die Bäume; aber es war kein Wind, es war nur das Atmen der Sommernacht. Reinhard ging immer am Ufer entlang. Einen Steinwurf vom Lande konnte er eine weiße Wasserlilie erkennen. Auf einmal wandelte ihn die Lust an, sie in der Nähe zu sehen; er warf seine Kleider ab und stieg ins Wasser. Es war flach, scharfe Pflanzen und Steine schnitten ihn an den Füßen, und er kam immer nicht in die zum Schwimmen nötige Tiefe. Dann war es plötzlich unter ihm weg, die Wasser quirlten über ihm zusammen, und es dauerte eine Zeitlang, ehe er wieder auf die Oberfläche kam. Nun regte er Hand und Fuß und schwamm im Kreise umher, bis er sich bewußt geworden, von wo er hineingegangen war. Bald sah er auch die Lilie wieder; sie lag einsam zwischen den großen blanken Blättern. – Er schwamm langsam hinaus und hob mitunter die Arme aus dem Wasser, daß die herabrieselnden Tropfen im Mondlicht blitzten; aber es war, als ob die Entfernung zwischen ihm und der Blume dieselbe bliebe; nur das Ufer lag, wenn er sich umblickte, in immer ungewisserem Dufte hinter ihm. Er gab indes sein Unternehmen nicht auf, sondern schwamm rüstig in derselben Richtung fort. Endlich war er der Blume so nahe gekommen, daß er die silbernen Blätter deutlich im Mondlicht unterscheiden konnte; zugleich aber fühlte er sich wie in einem Netze verstrickt; die glatten Stengel langten vom Grunde herauf und rankten sich an seine nackten Glieder. Das unbekannte Wasser lag so schwarz um ihn her, hinter sich hörte er das Springen eines Fisches; es wurde ihm plötzlich so unheimlich in dem fremden Elemente, daß er mit Gewalt das Gestrick der Pflanzen zerriß und in atemloser Hast dem Lande zuschwamm. Als er von hier auf den See zurückblickte, lag die Lilie wie zuvor fern und einsam über der dunkeln Tiefe – Er kleidete sich an und ging langsam nach Hause zurück. Als er aus dem Garten in den Saal trat, fand er Erich und die Mutter in den Vorbereitungen einer kleinen Geschäftsreise, welche am andern Tage vor sich gehen sollte.

»Wo sind denn Sie so spät in der Nacht gewesen?« rief ihm die Mutter entgegen.

»Ich?« erwiderte er; »ich wollte die Wasserlilie besuchen; es ist aber nichts daraus geworden.«

»Das versteht wieder einmal kein Mensch!« sagte Erich. »Was Tausend hattest du denn mit der Wasserlilie zu tun?«

»Ich habe sie früher einmal gekannt«, sagte Reinhard; »es ist aber schon lange her.«

Elisabeth

Am folgenden Nachmittag wanderten Reinhard und Elisabeth jenseit des Sees, bald durch die Holzung, bald auf dem hohen vorspringenden Uferrande. Elisabeth hatte von Erich den Auftrag erhalten, während seiner und der Mutter Abwesenheit Reinhard mit den schönsten Aussichten der nächsten Umgegend, namentlich von der andern Uferseite auf den Hof selber, bekannt zu machen. Nun gingen sie von einem Punkt zum andern. Endlich wurde Elisabeth müde und setzte sich in den Schatten überhängender Zweige, Reinhard stand ihr gegenüber an einen Baumstamm gelehnt; da hörte er tiefer im Walde den Kuckuck rufen, und es kam ihm plötzlich, dies alles sei schon einmal ebenso gewesen. Er sah sie seltsam lächelnd an. »Wollen wir Erdbeeren suchen?« fragte er.

»Es ist keine Erdbeerenzeit«, sagte sie.

»Sie wird aber bald kommen.«

Elisabeth schüttelte schweigend den Kopf, dann stand sie auf, und beide setzten ihre Wanderung fort; und wie sie so an seiner Seite ging, wandte sein Blick sich immer wieder nach ihr hin; denn sie ging schön, als wenn sie von ihren Kleidern getragen würde. Er blieb oft unwillkürlich einen Schritt zurück, um sie ganz und voll ins Auge fassen zu können. So kamen sie an einen freien, heidebewachsenen Platz mit einer weit ins Land reichenden Aussicht. Reinhard bückte sich und pflückte etwas von den am Boden wachsenden Kräutern. Als er wieder aufsah, trug sein Gesicht den Ausdruck leidenschaftlichen Schmerzes. »Kennst du diese Blume?« sagte er.

Sie sah ihn fragend an. »Es ist eine Erika. Ich habe sie oft im Walde gepflückt.«

»Ich habe zu Hause ein altes Buch«, sagte er; »ich pflegte sonst allerlei Lieder und Reime hineinzuschreiben; es ist aber lange nicht mehr geschehen. Zwischen den Blättern liegt auch eine Erika; aber es ist nur eine verwelkte. Weißt du, wer sie mir gegeben hat?«

Sie nickte stumm; aber sie schlug die Augen nieder und sah nur auf das Kraut, das er in der Hand hielt. So standen sie lange. Als sie die Augen gegen ihn aufschlug, sah er, daß sie voll Tränen waren.

»Elisabeth«, sagte er, »hinter jenen blauen Bergen liegt unsere Jugend. Wo ist sie geblieben?«

Sie sprachen nichts mehr; sie gingen stumm nebeneinander zum See hinab. Die Luft war schwül, im Westen stieg schwarzes Gewölk auf. »Es wird Gewitter«, sagte Elisabeth, indem sie ihren Schritt beeilte. Reinhard nickte schweigend, und beide gingen rasch am Ufer entlang, bis sie ihren Kahn erreicht hatten.

Während der Überfahrt ließ Elisabeth ihre Hand auf dem Rande des Kahnes ruhen. Er blickte beim Rudern zu ihr hinüber; sie aber sah an ihm vorbei in die Ferne. So glitt sein Blick herunter und blieb auf ihrer Hand; und diese blasse Hand verriet ihm, was ihr Antlitz ihm verschwiegen hatte. Er sah auf ihr jenen feinen Zug geheimen Schmerzes, der sich so gern schöner Frauenhände bemächtigt, die nachts auf krankem Herzen liegen. – Als Elisabeth sein Auge auf ihrer Hand ruhen fühlte, ließ sie sie langsam über Bord ins Wasser gleiten.

Auf dem Hofe angekommen, trafen sie einen Scherenschleiferkarren vor dem Herrenhause; ein Mann mit schwarzen niederhängenden Locken trat emsig das Rad und summte eine Zigeunermelodie zwischen den Zähnen, während ein eingeschirrter Hund schnaufend daneben lag. Auf dem Hausflur stand in Lumpen gehüllt ein Mädchen mit verstörten schönen Zügen und streckte bettelnd die Hand gegen Elisabeth aus.

Reinhard griff in seine Tasche; aber Elisabeth kam ihm zuvor und schüttete hastig den ganzen Inhalt ihrer Börse in die offene Hand der Bettlerin. Dann wandte sie sich eilig ab, und Reinhard hörte, wie sie schluchzend die Treppe hinaufging.

Er wollte sie aufhalten, aber er besann sich und blieb an der Treppe zurück. Das Mädchen stand noch immer auf dem Flur, unbeweglich, das empfangene Almosen in der Hand. »Was willst du noch?« fragte Reinhard.

Sie fuhr zusammen. »Ich will nichts mehr«, sagte sie; dann, den Kopf nach ihm zurückwendend, ihn anstarrend mit den verirrten Augen, ging sie langsam gegen die Tür. Er rief einen Namen aus, aber sie hörte es nicht mehr; mit gesenktem Haupte, mit über der Brust gekreuzten Armen schritt sie über den Hof hinab.

Sterben, ach sterben
Soll ich allein!

Ein altes Lied brauste ihm ins Ohr, der Atem stand ihm still; eine kurze Weile, dann wandte er sich ab und ging auf sein Zimmer.

Er setzte sich hin, um zu arbeiten, aber er hatte keine Gedanken. Nachdem er es eine Stunde lang vergebens versucht hatte, ging er ins Familienzimmer hinab. Es war niemand da, nur kühle grüne Dämmerung; auf Elisabeths Nähtisch lag ein rotes Band, das sie am Nachmittag um den Hals getragen hatte. Er nahm es in die Hand, aber es tat ihm weh, und er legte es wieder hin. Er hatte keine Ruhe, er ging an den See hinab und band den Kahn los; er ruderte hinüber und ging noch einmal alle Wege, die er kurz vorher mit Elisabeth zusammen gegangen war. Als er wieder nach Hause kam, war es dunkel; auf dem Hofe begegnete ihm der Kutscher, der die Wagenpferde ins Gras bringen wollte; die Reisenden waren eben zurückgekehrt. Bei seinem Eintritt in den Hausflur hörte er Erich im Gartensaal auf und ab schreiten. Er ging nicht zu ihm hinein; er stand einen Augenblick still und stieg dann leise die Treppe hinauf nach seinem Zimmer. Hier setzte er sich in den Lehnstuhl ans Fenster; er tat vor sich selbst, als wolle er die Nachtigall hören, die unten in den Taxuswänden schlug; aber er hörte nur den Schlag seines eigenen Herzens. Unter ihm im Hause ging alles zur Ruh, die Nacht verrann, er fühlte es nicht. – So saß er stundenlang. Endlich stand er auf und legte sich ins offene Fenster. Der Nachttau rieselte zwischen den Blättern, die Nachtigall hatte aufgehört zu schlagen. Allmählich wurde auch das tiefe Blau des

Nachthimmels von Osten her durch einen blaßgelben Schimmer verdrängt; ein frischer Wind erhob sich und streifte Reinhards heiße Stirn; die erste Lerche stieg jauchzend in die Luft. – Reinhard kehrte sich plötzlich um und trat an den Tisch; er tappte nach einem Bleistift, und als er diesen gefunden, setzte er sich und schrieb damit einige Zeilen auf einen weißen Bogen Papier. Nachdem er hiemit fertig war, nahm er Hut und Stock, und das Papier zurücklassend, öffnete er behutsam die Tür und stieg in den Flur hinab. – Die Morgendämmerung ruhte noch in allen Winkeln; die große Hauskatze dehnte sich auf der Strohmatte und sträubte den Rücken gegen seine Hand, die er ihr gedankenlos entgegenhielt. Draußen im Garten aber priesterten schon die Sperlinge von den Zweigen und sagten es allen, daß die Nacht vorbei sei. Da hörte er oben im Hause eine Tür gehen; es kam die Treppe herunter, und als er aufsah, stand Elisabeth vor ihm. Sie legte die Hand auf seinen Arm, sie bewegte die Lippen, aber er hörte keine Worte. »Du kommst nicht wieder«, sagte sie endlich. »Ich weiß es, lüge nicht; du kommst nie wieder.«

»Nie«, sagte er. Sie ließ die Hand sinken und sagte nichts mehr. Er ging über den Flur der Tür zu; dann wandte er sich noch einmal. Sie stand bewegungslos an derselben Stelle und sah ihn mit toten Augen an. Er tat einen Schritt vorwärts und streckte die Arme nach ihr aus. Dann kehrte er sich gewaltsam ab und ging zur Tür hinaus. – Draußen lag die Welt im frischen Morgenlichte, die Tauperlen, die in den Spinngeweben hingen, blitzten in den ersten Sonnenstrahlen. Er sah nicht rückwärts; er wanderte rasch hinaus; und mehr und mehr versank hinter ihm das stille Gehöft, und vor ihm auf stieg die große weite Welt. – – –

Der Alte

Der Mond schien nicht mehr in die Fensterscheiben, es war dunkel geworden; der Alte aber saß noch immer mit gefalteten Händen in seinem Lehnstuhl und blickte vor sich hin in den Raum des Zimmers. Allmählich verzog sich vor seinen Augen die schwarze Dämmerung um ihn her zu einem breiten dunkeln See; ein schwarzes Gewässer legte sich hinter das andere, immer tiefer und ferner, und auf dem letzten, so fern, daß die Augen des Alten sie kaum erreichten, schwamm einsam zwischen breiten Blättern eine weiße Wasserlilie.

Die Stubentür ging auf, und ein heller Lichtstrahl fiel ins Zimmer. »Es ist gut, daß Sie kommen, Brigitte«, sagte der Alte. »Stellen Sie das Licht nur auf den Tisch.«

Dann rückte er auch den Stuhl zum Tische, nahm eins der aufgeschlagenen Bücher und vertiefte sich in Studien, an denen er einst die Kraft seiner Jugend geübt hatte.

AUF DEM STAATSHOF

Ich kann nur einzelnes sagen; nur was geschehen, nicht wie es geschehen ist; ich weiß nicht, wie es zu Ende ging und ob es eine Tat war oder nur ein Ereignis, wodurch das Ende herbeigeführt wurde. Aber wie es die Erinnerung mir tropfenweise hergibt, so will ich es erzählen.

Die kleine Stadt, in der meine Eltern wohnten, lag hart an der Grenze der Marschlandschaft, die bis ans Meer mehrere Meilen weit ihre grasreiche Ebene ausdehnt. Aus dem Nordertor führt die Landstraße eine Viertelstunde Wegs zu einem Kirchdorf, das mit seinen Bäumen und Strohdächern weithin auf der ungeheueren Wiesenfläche sichtbar ist. Seitwärts von der Straße, hinter dem weißgetünchten Pastorate, geht quer durchs Land ein Fußsteig über die Fennen, wie hier die einzelnen, fast nur zur Viehweide benutzten Landflächen genannt werden; von einem Heck zum andern oder auf schmalem Steg über die Gräben, durch welche überall die Fennen voneinander geschieden sind.

Hier bin ich in meiner Jugend oft gegangen; ich mit einer andern. Ich sehe noch das Gras im Sonnenscheine funkeln und fernab um uns her die zerstreuten Gehöfte mit ihren weißen Gebäuden in der klaren Sommerluft. Die schweren Rinder, welche wiederkäuend neben dem Fußsteige lagen, standen auf, wenn wir vorübergingen, und gaben uns das Geleite bis zum nächsten Heck; mitunter in den Trinkgruben erhob ein Ochse seine breite Stirn und brüllte weit in die Landschaft hinaus.

Zu Ende des Weges, der fast eine halbe Stunde dauert, unter einer düsteren Baumgruppe von Rüstern und Silberpappeln, wie sie kein anderes Besitztum dieser Gegend aufzuweisen hat, lag der »Staatshof«. Das Haus war auf einer mäßig hohen Werfte nach der Weise des Landes gebaut, eine sogenannte Hauberg, in welcher die Wohnungs- und Wirtschaftsräume unter einem Dache vereinigt sind; aber die Graft, welche sich ringsumher zog, war besonders breit und tief, und der weitläufige Garten, der innerhalb derselben die Gebäude umgab, war vorzeiten mit patrizischem Luxus angelegt.

Das Gehöfte war einst nebst vielen andern in Besitz der nun gänzlich ausgestorbenen Familie van der Roden, aus der während der beiden letzten Jahrhunderte eine Reihe von Pfennigmeistern und Ratmännern der Landschaft und von Bürgermeistern meiner Vaterstadt hervorgegangen ist. – Neunzig Höfe, so hieß es, hatten sie gehabt und sich im Übermut vermessen, das Hundert vollzumachen. Aber die Zeiten waren umgeschlagen; es war unrecht Gut dazwischengekommen, sagten die Leute; der liebe Gott hatte sich ins Mittel gelegt, und ein Hof nach dem andern war in fremde Hände übergegangen. Zur Zeit, wo meine Erinnerung beginnt, war nur der Staatshof noch im Eigentum der Familie, von dieser selbst aber niemand übriggeblieben als die alternde Besitzerin und ein kaum vierjähriges Kind, die Tochter eines früh verstorbenen Sohnes. Der letzte männliche Sprosse war als funfzehnjähriger Knabe auf eine gewaltsame Weise ums Leben gekommen; auf der Fenne eines benachbarten Hofbesitzers hatte er ein einjähriges Füllen ohne Zaum oder Halfter bestiegen, war dabei von dem scheuen Tier in die Trinkgrube gestürzt und ertrunken.

Mein Vater war der geschäftliche Beistand der alten Frau Ratmann van der Roden. – Gehe ich rückwärts mit meinen Gedanken und suche nach den Plätzen, die von der Erinnerung noch ein spärliches Licht empfangen, so sehe ich mich als etwa vierjährigen Knaben mit meinen beiden Eltern auf einem offenen Wagen über den ebenen Marschweg dahinfahren; ich fühle plötzlich den Sonnenschein mit einem kühlen Schatten wechseln, der an der einen Seite von ungeheuren Bäumen auf den Weg hinausfällt; und während ich meinen kleinen Kopf über die Lehne des Wagenstuhls recke, um den breiten Graben zu sehen, der sich neben den Bäumen hinzieht, biegen wir grade in die Schatten hinein und durch ein offenstehendes Gittertor. Ein großer Hund fährt wie rasend an der Kette aus seinem beweglichen Hause auf uns zu; wir aber kutschieren mit einem Peitschenknall auf den Hof hinauf bis vor die Haustür, und ich sehe eine alte Frau im grauen Kleide, mit einem feinen blassen Gesicht und mit besonders weißer Fräse auf der Schwelle stehen, während Knecht und Magd eine Leiter an den Wagen legen und uns zur Erde helfen. Noch rieche ich auf dem dunkeln Hausflur den strengen Duft der Alantwurzel, womit die Marschbewohner zur Abwehr der Mücken allabendlich zu räuchern pflegen; ich sehe auch noch meinen Vater der alten Dame die Hand küssen; dann aber verläßt mich die Erinnerung, und ich finde mich erst nach einigen Stunden wieder, auf Heu gebettet, eine warme sommerliche Dämmerung um mich her. Ich sehe an den aus Heu und Korngarben gebildeten Wänden empor, die um mich her zwischen vier großen Ständern in die Höhe ragen, so hoch, daß der Blick durch ein wüstes Dunkel hindurch muß, bis er aufs neue in eine matte Dämmerung gelangt, die zwischen zahllosen Spinngeweben aus einem Dachfensterchen hereinfällt. Es ist das sogenannte Vierkant, worin ich mich befinde. Der zum Bergen des Heues bestimmte Raum im Innern des Hauses, wovon das Hofgebäude in unsern Marschen die eigentümlich hohe Bildung des Daches und seinen Namen »Heuberg« oder »Hauberg« erhalten hat. – Es ist volle Sonntagsstille um mich her. Aber ich bin hier nicht allein; in der gedämpften Helligkeit, die durch die offene Seitenwand aus der angrenzenden Loodiele hereinfällt, steht ein Mädchen meines Alters; die blonden Härchen fallen über ein blaues Blusenkleid. Sie streckt ihre kleinen Fäuste über mir aus und bestreut mich mit Heu; sie ist sehr eifrig, sie stöhnt und bückt sich wieder und wieder. »So«, sagt sie endlich und atmet dabei aus Herzensgrunde, »so, nun bist du bald begraben!« Und wie ich eine Weile regungslos daliege, sehe ich durch die lose mich bedeckenden Halme, wie sie ihr Köpfchen zu mir niederbeugt und wie sie dann plötzlich kehrtmacht und sich zu einer alten Bäuerin hinarbeitet, die mit einem Strickstrumpf in der Hand uns gegenübersitzt. »Wieb«, sagt sie, indem sie der Alten die Hand von der Wange zieht, »Wieb, ist er tot?«

Was die Alte hierauf geantwortet, dessen entsinne ich mich nicht mehr; wohl aber, daß wir bald darauf durch einen dunkeln Gang auf den Hausflur und von dort eine breite Treppe hinauf in die oberen Räume des Hauses geführt wurden, in ein großes Zimmer mit goldgeblümten Tapeten, in welchem viele Bilder von alten weiß gepuderten Männern und Frauen an den Wänden hingen. Meine Eltern und die übrigen Gäste sind eben von einer gedeckten Tafel aufgestanden, die sich mitten im Zimmer unter einer großen Kristallkrone befindet. Bald sitze ich in eine Serviette geknüpft der kleinen Anne Lene gegenüber; Wieb steht dabei und serviert uns von den Resten. Ich befinde mich sehr wohl; nur zuweilen stört mich ein Krächzen, das aus der Ferne zu uns herüberdringt. »Höre!« sag ich und hebe meine kleinen Finger auf. Die alte Wieb aber kennt das schon lange. »Das sind die Raben«, sagt sie, »sie sitzen im Baumgarten, wir wollen sie nachher besuchen.« – Aber ich vergesse die Raben wieder; denn Wieb teilt zum Dessert noch die Zuckertauben von einer Konditortorte zwischen uns; nur scheint es nicht ganz unparteiisch herzugehen, denn Anne Lene erhält immer die Hahnenschwänze und die Kragentauben.

Etwas später sehe ich die Gesellschaft auf den geschlungenen Gartenwegen zwischen den blühenden Büschen promenieren; die alte Dame mit der Fräse, welche am Arme meines Vaters geht, beugt sich zu mir nieder und sagt, indem sie mir den Kopf aufrichtet: »Du mußt dich immer hübsch gradehalten, Kind!« – Ich glaube noch jetzt, daß von dieser kleinen Ermahnung sich der fast scheue Respekt herschreibt, den ich, solange sie lebte, vor dieser Frau behalten habe. – Doch schon faßt Wieb mich bei der Hand und führt uns weit umher auf den sonnigen Steigen; zuletzt bis zur Graft hinunter, an der ein grader Steig entlangführt. So gelangen wir zu einem Gartenpavillon, in welchem die Gesellschaft bei offenen Türen am Kaffeetische sitzt. Wir werden hereingerufen, und da ich zögere, nimmt meine Mutter einen Zuckerkringel aus dem silbernen Kuchenkorb und zeigt mir den. Aber ich fürchte mich; ich habe gesehen, daß das hölzerne Haus auf dünnen Pfählen über dem Wasser steht; bis endlich doch die vorgehaltene Lockspeise und die bunten Schäferbilder, die drinnen auf die Wände gemalt sind, mich bewegen hineinzutreten.

Mir ist, als hätte ich es mit einem besonders angenehmen Gefühl mit angesehen, wie Anne Lene von meiner Mutter auf den Schoß genommen und geküßt wurde. Späterhin mögen die Männer, wie es dort gebräuchlich ist, zur Besichtigung der Rinder auf das Land hinausgegangen sein; denn ich habe die Erinnerung, als sei bald eine Stille um mich gewesen, in der ich nur die sanfte Stimme meiner Mutter und andere Frauenstimmen hörte. Anne Lene und ich spielten unter dem Tisch zu ihren Füßen; wir legten den Kopf auf den Fußboden und horchten nach dem Wasser hinunter. Zuweilen hörten wir es plätschern; dann hob Anne Lene ihr Köpfchen und sagte: »Hörst du, das tut der Fisch!« Endlich gingen wir ins Haus zurück; es war kühl, und ich sah die Büsche des Gartens alle im Schatten stehen. Dann fuhr der Wagen vor; und in dem Schlummer, der mich schon unterwegs überkam, endete dieser Tag, von dem ich bei ruhigem Nachsinnen nicht außer Zweifel bin, ob er ganz in der erzählten

Weise jemals dagewesen oder ob nur meine Phantasie die zerstreuten Vorfälle verschiedener Tage in diesen einen Rahmen zusammengedrängt hat.

Späterhin, als sich allmählich die Hülfsbedürftigkeit des Alters einstellte, zog die Frau Ratmann van der Roden mit ihrer Enkelin in die Stadt und ließ den Hof unter der Aufsicht des früheren Bauknechtes Marten und seiner Ehefrau, der alten Wieb. Vor dem Hause, welches sie einige Straßen von dem unseren entfernt bewohnte, standen granitne Pfeilersteine, die durch schwere eiserne Ketten miteinander verbunden waren. Wir Jungen, wenn wir auf unserm Schulwege vorübergingen, unterließen selten, uns auf diese Ketten zu setzen und, mit Tafel und Ranzen auf dem Rücken, einige Male hin und her zu schaukeln. Aber ich entsinne mich noch gar wohl, wie wir auseinanderstoben, wenn einer von uns das Gesicht der alten Dame hinter den Geranienbäumen am Fenster gewahrte, oder gar, wenn sie mit einer gemessenen Bewegung den Finger gegen uns erhoben hatte.

Desungeachtet ließ ich mir gern, was öfters geschah, vom Vater eine Bestellung an sie auftragen. Ich weiß nicht mehr, war es das kleine zierliche Mädchen, das mich anzog, oder war es die alte Schatulle, deren Raritäten ich in besonders begünstigter Stunde mit ihr beschauen durfte; die goldenen Schaumünzen, die seidenen, buntbemalten Fächer oder oben auf dem Aufsatz der Schatulle die beiden Pagoden von chinesischem Porzellan, die schon vom Flur aus durch die Fenster der Stubentür meine Augen auf sich zogen. Am Sonnabendnachmittag stellte ich mich regelmäßig ein, um die Frau Ratmann mit der kleinen Anne Lene zum Sonntag auf den Kaffee einzuladen, was bis zur letzten Zeit vor ihrem Absterben ebenso regelmäßig von ihr angenommen wurde. Am Tage darauf präzise um drei Uhr hielt dann die schwere Klosterkutsche vor unserer Haustreppe; unsere Mägde hoben die alte Dame und ihr Enkelchen aus dem Wagen, und meine Mutter führte sie in das Festzimmer des Hauses, das schon von dem Dufte des Kaffees und des sonntäglichen Gebäckes erfüllt war. Wenn dann die Enveloppen und Tücher abgelegt waren und die beiden Damen sich gegenüber an dem sauber servierten Tische Platz genommen hatten, durften auch wir Kinder uns an ein Nebentischchen setzen und erhielten unsern Anteil an den »Eiermahnen« und »Bieschen«, oder wie sonst die schönen Sachen heißen mochten. Mir ist indessen, wenn ich dieser Sonntagnachmittage gedenke, als sei ich niemals unglücklicher in den Versuchen gewesen, meinen Kaffee aus der Ober- in die Untertasse umzuschütten; und ich fühle noch die strengen Blicke, die mir die alte Dame von ihrem Sitze aus hinübersandte, während meine Mutter mir meine kleine Gespielin zum Muster aufstellte, von der ich mich nicht entsinne, daß sie jemals beim Trinken die Serviette oder ihr weißes Kleid befleckt hätte.

Ein solcher Sonntagnachmittag, nachdem schon einige Jahre in dieser Weise vorübergegangen waren, ist mir besonders im Gedächtnis geblieben. – Ich hatte mich in dem angenehmen Bewußtsein des Feiertages in unserm Hofe umhergetrieben und war endlich in das Waschhaus gelangt, das am Ende desselben lag. Auch hier hatte sich der Sonntag bemerklich gemacht; die föhrenen Tische waren gescheuert, die holländischen Klinker, womit der Boden gepflastert war, sahen so feucht und frisch gespült aus; dabei war eine so liebliche Kühle, daß ich mich fast gedankenlos an einen Tisch lehnte und auf das träumerische Gackeln der Hühner lauschte, das aus dem anstoßenden Hühnerhof zu mir hereindrang. Nach einer Weile hörte ich drunten im Wohnhause aus der im Erdgeschoß befindlichen Küche das Kaffeegeschirr herauftragen, das Klirren der Tassen und Kaffeelöffel; und endlich vernahm ich auch von der Straße her das Anfahren der Kutsche und bald darauf das Aufschlagen der Haustür. Aber das süße Gefühl, die Nachmittagsfeier so ganz unangebrochen vor mir zu haben, ließ mich immer noch zögern, ins Haus hinabzugehen. Da vernahm ich das Summen des Fliegenschwarms, der in der Sonne an der offenen Tür gesessen. – Anne Lene war unbemerkt herangetreten. Noch sehe ich sie vor mir, die kleine leichte Gestalt, wie sie ruhig auf der Schwelle stand, den Strohhut am Bande in der Hand hin und her schwenkend, während die Sonne auf das goldklare Haar schien, das ihr in kleinen Locken um das Köpfchen ging. Sie nickte mir zu, ohne weiter heranzutreten, und sagte dann: »Du solltest hereinkommen!«

Ich kam noch nicht; meine Augen hafteten noch an dem weißen Sommerkleidchen, an der himmelblauen Schärpe und zuletzt an einem alten Fächer, den sie in der Hand hielt. »Willst du nicht kommen, Marx?« fragte sie endlich. »Großmutter hat gesagt, wir sollten einmal die Menuett wieder miteinander üben.«

Ich war das wohl zufrieden. Wir hatten vor einigen Wochen in der Tanzschule diese altfränkischen Künste auf den gemeinsamen Wunsch der Frau Ratmann und meines Vaters mit besonderer Sorgfalt eingeübt. Wir gingen also hinein; ich machte meine Reverenz vor Anne Lenes Großmutter und trank, um mich schon jetzt meiner zierlichen Partnerin würdig zu zeigen, meinen Kaffee mit besonderer Behutsamkeit. Späterhin, als mein Vater ins Zimmer getreten war und sich mit seiner alten Freundin in geschäftliche Angelegenheiten vertiefte, nahm meine Mutter uns mit in die gegenüberliegende Stube und setzte sich an das aufgeschlagene Klavier. Sie hatte den »Don Juan« aufs Tapet gelegt. Wir traten einander gegenüber, und ich machte mein Kompliment, wie der Tanzmeister es mich gelehrt hatte. Meine Dame nahm es huldvoll auf, sie neigte sich höfisch, sie erhob sich wieder, und als die Melodie erklang: »Du reizest mich vor allen; Zerlinchen, tanz mit mir«, da glitten die kleinen Füße in den Korduanstiefelchen über den Boden, als ginge es über eine Spiegelfläche hin. Mit der einen Hand hielt sie den aufgeschlagenen Fächer gegen die Brust gedrückt, während die Fingerspitzen der anderen das Kleid emporhoben. Sie lächelte; das feine Gesichtchen strahlte ganz von Stolz und Anmut. Meine Mutter, während wir hin und her chassierten, uns näherten und verneigten, sah schon lange nicht mehr auf ihre Tasten; auch sie, wie ihr Sohn, schien die Augen nicht abwenden zu können von der kleinen schwebenden Gestalt, die in graziöser Gelassenheit die Touren des alten Tanzes vor ihr ausführte.

Wir mochten auf diese Weise bis zum Trio gelangt sein, als die Stubentür sich langsam öffnete und ein dickköpfiger Nachbarsjunge hereintrat, der Sohn eines Schuhflickers, der mir an Werkeltagen bei meinem Räuber- und Soldatenspiel die vortrefflichsten Dienste leistete. »Was will der?« fragte Anne Lene, als meine Mutter einen Augenblick innehielt. – »Ich wollte mit Marx spielen«, sagte der Junge und sah verlegen auf seine groben Nagelschuhe.

»Setz dich nur, Simon«, erwiderte meine Mutter, »bis der Tanz aus ist; dann könnt ihr alle miteinander in den Garten gehen.« Damit nickte sie zu uns hinüber und begann das Trio zu spielen. Ich avancierte; aber Anne Lene kam mir nicht entgegen; sie ließ die Arme herabhängen und musterte mit unverkennbarer Verdrossenheit den struppigen Kopf meines Spielkameraden.

»Nun«, fragte meine Mutter, »soll Simon nicht sehen, was ihr gelernt habt?«

Allein die kleine Patrizierin schien durch die Gegenwart dieser Werkeltags-Erscheinung in ihrer idealen Stimmung auf eine empfindliche Weise gestört zu sein. Sie legte den Fächer auf den Tisch und sagte: »Laß Marx nur mit dem Jungen spielen.«

Ich fühle noch jetzt mit Beschämung, daß ich dem schönen Kinde zu Gefallen, wenn auch nicht ohne ein deutliches Vorgefühl von Reue, meinen plebejischen Günstling fallenließ. »Geh nur, Simon«, sagte ich mit einiger Beklemmung, »ich habe heute keine Lust zu spielen!« Und der arme Junge rutschte von seinem Stuhl und schlich sich schweigend wieder von dannen.

Meine Mutter sah mich mit einem durchdringenden Blick an; und sowohl ich wie Anne Lene, als diese späterhin in ein näheres Verhältnis zu unserem Hause trat, haben noch manche kleine Predigt von ihr hören müssen, die aus dieser Geschichte ihren Text genommen hatte. Damals aber hatten die kleinen tanzenden Füße mein ganzes Knabenherz verwirrt. Ich dachte nichts als Anne Lene; und als ich ihr am Montage darauf ein vergessenes Arbeitskörbchen ins Haus brachte, hatte ich es zuvor ganz mit Zuckerplätzchen angefüllt, deren Ankauf mir nur durch Aufopferung meiner ganzen kleinen Barschaft möglich geworden war.

Etwa ein Jahr später kam ich eines Nachmittags auf der Heimkehr von einer Ferienreise an Anne Lenes Wohnung vorüber. Da die Haustüre offenstand, so fiel es mir ein, hineinzugehen, um eine Kleinigkeit, die ich unterwegs für sie eingehandelt hatte, schon jetzt in ihre Hand zu legen. Ich trat in den Flur und blickte durch die Glasscheiben der Stubentür; aber ich gewahrte niemanden. Es war eine seltsame Einsamkeit im Zimmer; der weiße Sand lag so unberührt auf der Diele, und drüben der Spiegel war mit weißen Damasttüchern zugesteckt. Während ich dies betrachtete und eine unbewußte Scheu mich hinderte hineinzutreten, hörte ich in der Tiefe des Hauses eine Tür gehen, und bald darauf sah ich meinen Vater mit einem schwarzgekleideten Kinde an der Hand auf mich zukommen. Es war Anne Lene; ihre Augen waren vom Weinen gerötet, und über der schwarzen Florkrause erschienen das blasse Gesichtchen und die feinen goldklaren Haare noch um vieles zärtlicher als sonst. Mein Vater begrüßte mich und sagte dann, indem er seine Hand auf den Kopf des Mädchens legte: »Ihr werdet jetzt Geschwister sein; Anne Lene wird als meine Mündel von nun an in unserem Hause leben, denn ihre Großmutter, deine alte Freundin, ist gestorben.«

Ich hörte eigentlich nur den ersten Teil dieser Nachricht, denn die bestimmte Aussicht, nun fortwährend in Gesellschaft des anmutigen Mädchens zu sein, erregte in meiner Phantasie eine Reihe von heiteren Vorstellungen, die mich den Ort, an welchem wir uns befanden, vollständig vergessen machten. Ich merkte es kaum, als Anne Lene ihre Arme um meinen Hals legte und mich küßte, während ihre Tränen mein Gesicht benetzten.

Einige Tage darauf fand das Leichenbegängnis statt, mit aller Feierlichkeit patrizischen Herkommens, so wie die Verstorbene es bei Lebzeiten in allen Punkten selbst verordnet hatte. Ich befand mich mit meiner Mutter und Anne Lene im Sterbehause. Noch sehr wohl erinnere ich mich, wie das Geläute der Glocken, die gedämpfte Redeweise, in der alle die schwarzen Leute miteinander verkehrten, und die kolossalen, florbehangenen Wachskerzen, welche brennend vor dem Sarge hinausgetragen wurden, ein angenehmes Feiertagsgefühl in mir erregten, das dem unwillkürlichen Grauen vor diesem Gepränge vollkommen die Waage hielt.

Am andern Tage begann der werktägige Gang des Lebens wieder. Anne Lene war nun zwar mit mir in einem Hause, aber die Zeit unseres Beisammenseins bestand nicht mehr wie sonst nur in sonntäglichen Spielstunden. Meine Hausarbeiten für das Gymnasium wurden von meinem Vater noch strenger überwacht als sonst, und Anne Lene war außer ihren Schulstunden meist unter der Aufsicht der Mutter beschäftigt. Während meiner Freistunden nahmen die eigentlichen Knabenspiele einen immer größeren Raum ein, und ich habe meine kleine Freundin nie bewegen können, unsere Räuberspiele mitzumachen oder auch nur in dem türkischen Zelte Platz zu nehmen, das ich von alten Teppichen in der Spitze eines Birnbaumes aufgeschlagen hatte.

Nur eine Freude blieb uns fast während unserer ganzen Jugend gemeinschaftlich. Die Ländereien des Staatshofes waren seit dem Tode der alten Frau Ratmann an einen benachbarten Hofbesitzer verpachtet, während man das Wohnhaus mit der Werfte unter der Aufsicht der alten Wieb und ihres Mannes ließ. Da der Hof nur eine halbe Stunde von der Stadt lag, so war uns ein für allemal erlaubt, sonntags nach Tische dorthinaus zu gehen. Und wie oft sind wir diesen Weg gegangen! Auf der ebenen Marschlandstraße bis zum Dorfe und dann seitwärts über die Fennen von einem Heck zum andern, bis wir die dunkle Baumgruppe des Hofes erreicht hatten, die schon beim Austritt aus der Stadt auf der weiten Ebene sichtbar war. Wie oft beim Gehen wandten wir uns um und maßen die Strecke, die wir schon zurückgelegt hatten, und sahen zurück nach den Türmen der Stadt, die im Sonnendufte hinter uns lagen! Denn mir ist, als habe an jenen Sonntagnachmittagen immer die Sonne geschienen und als sei die Luft über dieser endlosen grünen Wiesenfläche immer voll von Lerchengesang gewesen.

Den alten Eheleuten auf dem Hofe war im unteren Stock des Hauses ein früher von der Familie bewohntes Zimmer zur Benutzung angewiesen; allein sie bewohnten nach eigener Wahl nach wie vor das Gesindezimmer, da dieses mit dem Stall und den übrigen Wirtschaftsräumen in Verbindung stand. Gewöhnlich kam uns der alte Marten in sonntäglich weißen Hemdärmeln schon vor dem Tore entgegen und reichte uns in seiner schweigsamen Art die Hand; er konnte es nicht lassen, nach seinen jungen Gästen auszusehen. Hatten wir uns etwas verspätet, so trafen wir ihn wohl schon auf unserem Wege draußen auf den Fennen, seinen unzertrennlichen Begleiter, den Springstock, auf der Schulter; und während Anne Lene auf dem Fußbrett um die Hecken ging, lehrte er mich, nach Landesweise über die Gräben zu setzen. Im Zimmer drinnen pflegte dann auf dem langen blankgescheuerten Tische schon der Kaffeekessel seinen Duft zu verbreiten, und die alte Wieb, wenn sie mir die Hand gegeben und ihrem Lieblingskinde die heißen Haare von der Stirn gestrichen hatte, schenkte uns viele Tassen ein, so viele, als wir immer trinken konnten, und dann noch eine »fürs Nötigen«, wie sie sagte. Wenn wir uns auf diese Weise erquickt hatten und das Geschirr wieder abgeräumt war, holte die Alte ihr Rad aus dem Winkel hinter der Tragkiste hervor und begann zu spinnen. Sie ließ dann wohl den Faden durch Anne Lenes Finger gleiten und zeigte uns die Glätte und Feinheit desselben; denn, wie sie mir später einmal vertraute, es sollte aus dem Flachse, den sie sonntags spann, das Brautlinnen für ihre junge Herrschaft gewebt werden. – Aber es duldete uns nicht lange neben ihr; wir ruhten nicht, bis sie uns ihr großes Schlüsselbund eingehändigt hatte, in dessen Besitz wir dann die dunkle Treppe nach dem oberen Stockwerk hinaufstiegen und eine nach der andern die Türen zu den verödeten Zimmern aufschlossen, in denen die feuchte Marschluft schon längst an Decken und Wänden ihren Zerstörungsprozeß begonnen hatte. Wir betraten diese Räume mit einer lüsternen Neugierde, obgleich wir wußten, daß nichts darin zu sehen sei als die halberloschenen Tapeten und etwa in dem einen Seitenzimmer das leere Bettgestell der verstorbenen Besitzer. Wenn wir zu lange blieben, rief die Alte uns wohl herunter und schickte uns in den Garten, der vor dem Hause lag. Aber die Einsamkeit, die oben in den verlassenen Zimmern herrschte, war auch dort. Wohin man sehen mochte, zwischen den hohen Sträuchern hing das Gespinst der Jungfernrebe; über den mit Gras bewachsenen Steigen in den rotblühenden Himbeerbüschen hatten die Wespen ihre pappenen Nester aufgehangen. Obwohl seit Jahren keine pflegende Hand dort gewaltet, so wuchs doch alles in der größten Üppigkeit durcheinander, und mittags in der schwülen Sommerzeit, wenn Jasmin und Kaprifolien blühten, lag die alte Hauberg wie im Duft begraben. – Anne Lene und ich drangen gern aufs Geratewohl in diesen Blütenwald hinein, um uns den Reiz eines gefahrlosen Irregehens zu verschaffen; und nicht selten glückte es, daß wir uns nach der feuchten Laube im Winkel des Gartens hinzuarbeiten meinten und statt dessen unerwartet vor dem alten Pavillon standen, welcher jetzt zur zeitweisen Aufbewahrung von Sommerfrüchten diente. Dann sahen wir durch die erblindeten Fensterscheiben nach dem zärtlichen Schäferpaar hinüber, das noch immer, wie vor Jahren, auf der Mitte der Wand im Grase kniete, und rüttelten vergebens an den Türen, welche von der alten Wieb sorgfältig verschlossen gehalten wurden; denn der Fußboden drinnen war unsicher geworden, und hier und dort konnte man durch die Ritzen in den Dielen auf das darunterstehende Wasser sehen.

So verging die Zeit. – Anne Lene war, ehe ich mich dessen versehen, ein erwachsenes Mädchen geworden, während ich noch kaum zu den jungen Menschen zählte. Ich bemerkte dies eigentlich erst, als sie eines Tages mit veränderter Frisur ins Zimmer trat. Seitdem sie selbst für ihre Kleidung sorgte, war diese fast noch einfacher als zuvor; besonders liebte sie die weiße Farbe, so daß mir diese in der Erinnerung von der Vorstellung ihrer Persönlichkeit fast unzertrennbar geworden ist. Nur einen Luxus trieb sie; sie trug immer die feinsten englischen Handschuhe, und da sie dessenungeachtet sich nicht scheute, überall damit hinzufassen, so mußte das getragene Paar bald durch ein neues ersetzt werden. Meine bürgerlich sparsame Mutter schüttelte vergebens darüber den Kopf. Aus dem nachgelassenen Schmuckkästchen ihrer Großmutter nahm sie an ihrem Konfirmationstage ein kleines Kreuz von Diamanten, das sie seitdem an einem schwarzen Bande um den Hals trug. Sonst habe ich niemals einen Schmuck an ihr gesehen.

Die Zeit rückte heran, wo ich zum Studium der Arzneiwissenschaft die Universität besuchen sollte. – In Anne Lenes Gesellschaft machte ich meinen Abschiedsbesuch bei unsern alten Freunden auf dem Staatshof. Wir kamen eben von einer Fenne, wo der Pächter, wie es dort gebräuchlich ist, seine Rapssaaternte auf einem großen Segel ausdreschen ließ. Nach der Sitte des Landes, die bei der schweren Arbeit den Leuten in jeder Weise gestattet, sich die Brust zu lüften, waren wir mit einem ganzen Schauer von Schimpf- und Neckworten überschüttet worden; weder meine rote Schülermütze noch meine damals allerdings »ins Kraut geschossene« Figur war verschont geblieben. Auch Anne Lene hatte ihr Teil bekommen; aber man wußte kaum, waren es Spottreden oder unbewußte Huldigungen; denn alles bezog sich am Ende doch nur auf den Gegensatz ihres zarten Wesens zu der derben und etwas schwerfälligen Art des Landes. Und in der Tat, wenn man sie betrachtete, wie der Sommerwind ihr die kleinen goldklaren Locken von den Schläfen hob und wie ihre Füße so leicht über das Gras dahinschritten, so konnte man kaum glauben, daß sie hier zu Haus gehöre. Das kleine Kreuz, welches an dem schwarzen Bändchen an ihrem Halse funkelte, mochte bei den Arbeitern diesen Eindruck noch vermehren helfen.

Als wir auf die Werfte kamen, fanden wir die alte Wieb in Zank mit einer Bettlerin vor der Haustür stehen, die sie vergeblich abzuweisen suchte. Die leidenschaftlichen Gebärden dieses noch ziemlich jungen Weibes waren mir wohlbekannt; sie ging auch in der Stadt alle Sonnabend von Tür zu Tür und zehrte dabei seit Jahren an dem Gedanken, daß sie von dem alten Ratmann van der Roden, dem in seiner Amtsführung die obervormundschaftlichen Angelegenheiten übertragen waren, um ihr mütterliches Erbteil betrogen sei. Sie war infolge derartiger Äußerungen schon mehrfach zur Strafe gezogen; und jetzt schien sie, nach dem beiderseitigen Betragen zu urteilen, fest entschlossen, auch der alten Dienerin der van der Rodenschen Familie diese verhaßte Geschichte vorzutragen.

Die Streitenden rührten sich bei unsrer Ankunft in ihrem Eifer nicht von der Stelle, und da wir nach dem Flur zwischen beiden hindurchmußten, so nahm Anne Lene ihr Kleid zusammen, um nicht an das der Bettlerin zu streifen.

Aber diese vertrat ihr den Weg. »Ei, schöne Mamsell«, sagte sie, indem sie einen tiefen Knicks vor ihr machte und mit einer abscheulichen Koketterie ihre durchlöcherten Röcke schwenkte, »habe Sie keine Angst, meine Lumpen sind alle gewaschen! Freilich die seidenen Bändchen sind längst davon, und die Strümpfe, die hat dein Großvater selig mir ausgezogen; aber wenn dir die Schuhe noch gefällig sind?«

Und bei diesen Worten zog sie die Schlumpen von den nackten Füßen und schlug sie aneinander, daß es klatschte. »Greif zu, Goldkind«, rief sie, »greif zu! Es sind Bettelmannsschuhe, du kannst sie bald gebrauchen.«

Anne Lene stand ihr völlig regungslos gegenüber; Wieb aber, deren Augen mit großer Ängstlichkeit an ihrer jungen Herrin hingen, griff in die Tasche und drückte der Bettlerin eine Münze in die Hand. »Geh nun, Trin'«, sagte sie, »du kannst zur Nacht wiederkommen; was hast du nun noch hier zu suchen?«

Allein diese ließ sich nicht abweisen. Sie richtete sich hoch auf, indem sie mit einem Ausdruck überlegenen Hohnes auf die Alte herabsah. »Zu suchen?« rief sie und verzog ihren Mund, daß das blendende Gebiß zwischen den Lippen hervortrat. »Mein Muttergut such ich, womit ihr die Löcher in eurem alten Dache zugestopft habt.«

Wieb machte Miene, Anne Lene ins Haus zu ziehen.

»Bleib Sie nur, Mamsell«, sagte das Weib und ließ die empfangene Münze in die Tasche gleiten, »ich gehe schon; es ist hier doch nichts mehr zu finden. Aber«, fuhr sie fort, mit einer geheimnisvollen Gebärde sich gegen die Alte neigend, »auf deinem Heuboden schlafe ich nicht wieder. Es geht was um in eurem Hause, das pflückt des Nachts den Mörtel aus den Fugen. Wenn nur das alte hoffärtige Weib noch mit daruntersäße, damit ihr alle auf einmal euren Lohn bekämet!«

Auf Anne Lenes Antlitz drückte sich ein Erstaunen aus, als sei sie durch diese Worte wie von etwas völlig Unmöglichem betroffen worden. »Wieb«, rief sie, »was sagt sie? Wen meint sie, Wieb?«

Mich übermannte bei dem Anblick meiner jungen hülflosen Freundin der Zorn; und ehe das Weib zu einer Antwort Zeit gewann, packte ich sie am Arm und zerrte sie den Hof hinunter bis hinaus auf den Weg. Aber noch als ich das Gittertor hinter ihr zugeworfen hatte und wieder auf die Werfte hinaufging, hörte ich sie ihre leidenschaftlichen Verwünschungen ausstoßen. »Geh nach Haus, Junge«, schrie sie mir nach, »dein Vater ist ein ehrlicher Mann; was läufst du mit der Dirne in der Welt umher!«

Drinnen im Gesindezimmer fand ich Anne Lene vor ihrer alten Wärterin auf den Knien liegen, den Kopf in ihren Schoß gedrückt. »Wieb«, sprach sie leise, »sag mir die Wahrheit, Wieb!«

Die Alte schien um Worte verlegen. Sie schalt auf die Bettlerin und redete dies und das von allgemeinen Dingen, indem sie ihre rauhe Hand liebkosend über das Haar ihres Lieblings hingleiten ließ. »Was wird es sein«, sagte sie, »dein Großvater und dein Urgroßvater waren große Leute; die Armen sind immer den Reichen heimlich feind!«

Anne Lene, die bis dahin ruhig zugehört hatte, erhob den Kopf und sah sie zweifelnd an. »Es mag doch wohl anders gewesen sein, Wieb«, sagte sie traurig, »du mußt mich nicht belügen!«

Was weiter zwischen den beiden gesprochen worden, weiß ich nicht; denn ich verließ nach diesen Worten das Zimmer, da ich glaubte, die Alte werde das Gemüt des Mädchens leichter zur Ruhe sprechen, wenn sie allein sich gegenüber wären. – Aber nach einigen Tagen war das Diamantkreuz von Anne Lenes Hals verschwunden, und ich habe dieses Zeichen alten Glanzes niemals wieder von ihr tragen sehen.

Ich mochte etwa ein Jahr lang in der Universitätsstadt gewesen sein, als ich durch einen Brief meines Vaters die Nachricht von Anne Lenes Verlobung mit einem jungen Edelmann erhielt. Er teilte mir die Sache mit, ohne ein Wort der Billigung oder Mißbilligung von seiner Seite hinzuzufügen. – Der Bräutigam war mir wohl bekannt; seine Familie stammte aus unserer Stadt, und er selbst hatte sich kurz vor meiner Abreise wegen einer Erbschaftsangelegenheit dort aufgehalten. Da er sich meines Vaters als Geschäftsbeistandes bediente und keine weiteren Bekanntschaften in der Stadt hatte, so war er in unserem Hause ein oft gesehener Gast geworden. – Mir waren die blanken braunen Augen dieses Menschen vom ersten Augenblick an zuwider gewesen;

und auch jetzt noch schienen sie mir nichts Gutes zu versprechen. Doch sagte ich mir selbst, daß diese Meinung keine unparteiische sei. Ich war von dem Herrn Kammerjunker als ein junger bürgerlicher Mensch von vornherein mit einer mir sehr empfindlichen Oberflächlichkeit behandelt worden; er hatte in meiner Gegenwart in der Regel getan, als ob ich gar nicht vorhanden sei; was aber das schlimmste war, ich hatte zu bemerken geglaubt, daß er meiner jungen Freundin nicht in gleichem Grade wie mir mißfallen wollte.

Obgleich die seit meiner Knabenzeit in mir keimende Neigung für Anne Lene, da sie keine Erwiderung gefunden, niemals zur Entfaltung gekommen war, so wurde ich doch jetzt durch die Nachricht ihrer Verbindung mit einem mir so verhaßten Manne auf das heftigste erschüttert und, ich darf wohl sagen, beunruhigt. Meine Phantasie ließ nicht nach, mir die kleinsten Züge seines Wesens wieder und wieder vor Augen zu führen; und besonders mußte ich mich eines übrigens geringfügigen Vorfalles erinnern, der mich gegen die Natur dieses Menschen in völligen Widerspruch setzte.

Es war im Spätsommer; unsere Familie saß in der Ligusterlaube beim Nachmittagskaffee, wozu außer dem alten Syndikus auch der Kammerjunker sich eingefunden hatte. Die Herren mochten, ehe ich hinzukam, geschäftliche Sachen erörtert haben; denn das alte Porzellanschreibzeug meines Vaters stand neben dem übrigen Geschirr auf dem Tische. Anne Lene ging in stiller Geschäftigkeit ab und zu; bald um im Hause die Bunzlauer Kanne aufs neue zu füllen, bald um die Wachskerze für die Tonpfeife des Syndikus anzuzünden, die über dem Plaudern immer wieder ausging. Das Gespräch der beiden älteren Herren hatte sich mittlerweile auf städtische Angelegenheiten gewandt, welche für den Fremden wenig Interesse boten. Er hatte die Arme vor sich auf den Tisch gestreckt und schien seinen eigenen Gedanken nachzugehen; nur wenn draußen zwischen den sonnigen Beeten das Kleid des jungen Mädchens sichtbar wurde, hob er die Augenlider und sah nach ihr hinüber. Es war in diesem lässigen Anschauen etwas, das mich in einen ohnmächtigen Zorn versetzte; zumal als ich sah, wie Anne Lene die Augen niederschlug und sich, wie um Schutz zu suchen, an meiner Mutter Seite auf das äußerste Ende der Bank setzte. Der Kammerjunker, ohne sie weiter zu beachten, haschte eine Mücke, die eben an ihm vorüberflog. Ich sah, wie er sie an den Flügeln sorgsam zwischen seinen Fingern hielt; wie er den

Kopf herabneigte und die hülflosen Bewegungen des Geschöpfes mit Aufmerksamkeit zu betrachten schien. Nach einer Weile nahm er die neben ihm liegende Schreibfeder, tauchte sie in das Dintenfaß und begann nun nacheinander Kopf und Brustschild seines kleinen Opfers in langsamen Zügen damit zu bestreichen. Bald aber änderte er sein Verfahren; er zog die Feder zurück und führte sie wie zum Stoße wiederholt gegen die Brust der Kreatur, welche mit den feinen Füßen die auf sie eindringende Spitze vergebens abzuwehren strebte. Seine blanken Augen waren ganz in dies Geschäft vertieft. Endlich aber schien er dessen überdrüssig zu werden; er durchstach das Tier und ließ es vor sich auf den Tisch fallen, indem er zugleich eine Frage meines Vaters beantwortete, die seine Aufmerksamkeit erregt haben mochte. – Ich hatte wie gebannt diesem Vorgange zugesehen, und Anne Lene schien es ebenso ergangen; denn ich hörte sie aufatmen, wie jemand, der von einem auf ihm lastenden Druck mit einem Male befreit wird.

Einige Tage darauf vermißten wir Anne Lene bei der Mittagstafel, was sonst niemals zu geschehen pflegte. – Als ich, um sie zu suchen, in den Garten trat, begegnete mir der Kammerjunker, der wie gewöhnlich mit einem halben Kopfnicken an mir vorbeipassierte. Da ich Anne Lene nicht gewahrte, so ging ich in den untern Teil des Gartens, in welchem mein Vater eine kleine Baumschule angelegt hatte. Hier stand sie mit dem Rücken an einen jungen Apfelbaum gelehnt. Sie schien ganz einem innern Erlebnis zugewendet; denn ihre Augen starrten unbeweglich vor sich hin, und ihre kleinen Hände lagen fest geschlossen auf der Brust. Ich fragte sie: »Was ist denn dir begegnet, Anne Lene?« Aber sie sah nicht auf; sie ließ die Arme sinken und sagte: »Nichts, Marx; was sollte mir begegnet sein?« Zufällig aber hatte ich bemerkt, daß die Krone des kleinen Baumes wie von einem Pulsschlage in gleichmäßigen Pausen erschüttert wurde, und es überkam mich eine Ahnung dessen, was hier geschehen sein könne; zugleich ein Reiz, Anne Lene fühlen zu lassen, daß sie mich nicht zu täuschen vermöge. Ich zeigte mit dem Finger in den Baum und sagte: »Sieh nur, wie dir das Herz klopft!«

Diese Vorfälle, welche damals bald von mir vergessen waren, ließen nun nicht ab, mich zu beunruhigen, bis sie endlich von den Leiden und Freuden des Studentenlebens aufs neue in den Hintergrund gedrängt wurden.

Ich habe nicht von mir zu reden.

Etwa zwei Jahre später um Ostern kehrte ich als junger Doctor promotus in die Heimat zurück. Schon vorher hatte man mir geschrieben, daß das fortdauernde Sinken der Landpreise den Verkauf des Staatshofes nötig machen werde und daß Anne Lene aus einer immerhin noch reichen Erbin wahrscheinlich ein armes Mädchen geworden sei. Nun erfuhr ich noch dazu, daß auch ihre Verlobung sich aufzulösen scheine. Die Briefe des Bräutigams waren allmählich seltener geworden und seit einiger Zeit ganz ausgeblieben. Anne Lene hatte das ohne Klage ertragen; aber ihre Gesundheit hatte gelitten, und sie befand sich gegenwärtig schon seit einigen Wochen zu ihrer Erholung draußen auf dem Staatshof, wo man eins der kleineren Zimmer in dem oberen Stockwerk für sie instand gesetzt hatte.

Obwohl ich seit ihrem Brautstande nicht an sie geschrieben, so konnte ich doch nicht unterlassen, noch am Tage meiner Ankunft zu ihr hinauszugehen. – Es war schon spät nachmittags, als ich den Staatshof erreichte. Die alte Wieb fand ich draußen auf dem Wege an einem Heck stehend, von wo ein Fußsteig über die Fennen nach dem Deiche zu führte. Sie hatte mich nicht kommen sehen, da sie den Rücken gegen den Weg kehrte, und als ich unvermerkt ihre harte Hand erfaßte, vermochte sie mich erst nicht zu erkennen. Bald aber trat ein Ausdruck der Freude in das alte Gesicht, und sie sagte: »Gott sei Dank, daß du da bist, Marx! So eine treue Seele tut uns grade not!«

»Wo ist Anne Lene?« fragte ich. Die Alte zeigte mit der Hand ins Land hinaus und sagte bekümmert: »Da geht sie wieder in der Abendluft!«

Etwa auf dem halben Wege nach dem Haffdeiche, der hier nördlich von dem Hofe die Landschaft gegen das Meer hin abschließt, sah ich eine weibliche Gestalt über die Fennen gehen. »Setz nur den Kessel ans Feuer, Wieb«, sagte ich, »ich will sie holen, wir kommen bald zurück.« – Nach einer Weile hatte ich Anne Lene erreicht. Als ich ihren Namen rief, stand sie still und wandte den Kopf nach mir zurück. Ich fühlte plötzlich, wieviel von ihrem Bilde in meiner Erinnerung erloschen sei. So lieblich hatte ich sie mir nicht gedacht; und doch war sie dieselbe noch; nur ihre Augen schienen dunkler geworden, und die Linien des zarten Profils waren ein wenig schärfer gezogen als vor Jahren. Ich faßte ihre beiden Hände. »Liebe Anne Lene«, sagte ich, »ich bin eben angekommen; ich wollte dich noch heute sehen!«

»Ich danke dir, Marx«, erwiderte sie, »ich wußte, daß du dieser Tage kommen würdest.« – Aber ihre Gedanken schienen nicht bei diesem Willkommen zu sein; denn sie wandte die Augen sogleich wieder von mir ab und begann auf dem Fußsteige weiterzugehen. »Begleite mich noch ein wenig«, fuhr sie fort, »wir gehen dann zusammen nach dem Hof zurück.«

»Aber es wird kalt, Anne Lene!«

»Oh, es ist nicht so kalt«, sagte sie, indem sie das große Schaltuch fester um die Schultern zog. – So gingen wir denn weiter. Ich suchte allerlei Gespräch; aber keines wollte gelingen. Es wurde schon abendlich; ein feuchter Nordwest wehte vom Meer über die Landschaft, und vor uns auf dem Haffdeich sah man gegen den braunen Abendhimmel einzelne Fuhrwerke wie Schattenspiel vorbeipassieren. Nach einer Weile bemerkte ich einen Mann an der Seite des Deiches herabsteigen und uns auf dem Fußwege entgegengehen. Es war der Postbote, der zweimal in der Woche für die Hofbesitzer die Briefe aus der Stadt holte. Ich fühlte, wie Anne Lene ihren Schritt beeilte, da er in unsere Nähe kam. »Hast du etwas für mich, Carsten?« fragte sie und suchte dabei in ihrer Stimme vergebens eine innere Unruhe zu verbergen.

Der Bote blätterte in seiner Ledertasche zwischen den Briefen umher. »Für dieses Mal nicht, liebe Mamsell!« sagte er endlich mit einer verlegenen Freundlichkeit, indem er die aufgehobene Klappe wieder über seine Tasche fallen ließ. Er mochte ihr diese Antwort schon oft gegeben haben. Anne Lene schwieg einen Augenblick. »Es ist gut, Carsten«, sagte sie dann, »du kannst erst mit uns gehen und Abendbrot essen.« – Sie schien das Ziel ihrer Wanderung erreicht zu haben; denn sie kehrte bei diesen Worten um, und wir gingen mit dem Boten nach dem Hofe zurück. Die Dämmerung war schon stark hereingebrochen. Von dem Ackerstück, an welchem wir vorüberkamen, vernahm man die kurzen Laute der Brachvögel, die unsichtbar in den Furchen lagen; mitunter flog ein Kiebitz schreiend vor uns auf, und auf den Weiden stand das Vieh in dunkeln unkenntlichen Massen beisammen. – Wir hatten auf dem Rückwege, als geschehe es im Einverständnis, kein Wort miteinander gewechselt; als wir schon fast im Dunkeln auf der Werfte angelangt waren, ergriff Anne Lene meine Hand. »Gute Nacht, Marx«, sagte sie, »verzeihe mir; ich bin müde, ich muß schlafen; nicht wahr, du kommst recht bald einmal wieder zu uns heraus!« Mit diesen Worten trat sie in die Haustür, und bald hörte ich, wie sie die Treppe nach ihrem Zimmer hinaufging.

Ich begab mich zu den alten Hofleuten, die in Gesellschaft des Boten am warmen Ofen bei ihrem Abendtee saßen. Wieb entfernte sich einen Augenblick, um Anne Lene ein Licht hinaufzubringen; dann nötigte sie mich, an ihrer Mahlzeit teilzunehmen, und ich mußte erzählen und mir erzählen lassen. Darüber war es spät geworden, so daß ich nicht mehr zur Stadt zurückgehen mochte. Ich bat meine alte Freundin, mir eine Streu in ihrer Stube aufzuschütten, und schlenderte, während dies geschah, in den Garten hinaus. Da ich in das Boskett an der nördlichen Seite kam, bemerkte ich, daß Anne Lene noch Licht in ihrem Zimmer habe. Ich lehnte mich an einen Baum und blickte hinauf. Es schien alles still darinnen. Plötzlich aber entstand hinter den Fenstern eine starke Helligkeit, die eine Zeitlang in die kahlen Büsche des Gartens hinausleuchtete und dann allmählich verschwand. Mich überkam, während ich so im Dunkeln stand, eine unbestimmte Besorgnis, und ohne mich lange zu bedenken, ging ich durch die Hintertür ins Haus und die Treppe nach Anne Lenes Zimmer hinauf.

Die Türe war nur angelehnt. Anne Lene saß an einem Tischchen mit den Füßen gegen den Ofen, in welchem ein helles Feuer brannte. Unter der Schnur eines Päckchens, das auf ihrem Schoße lag, zog sie einen Brief hervor; sie entfaltete ihn und schien aufmerksam darin zu lesen. Nach einer Weile bewegte sie die Hand ein wenig, so daß das Papier von der Flamme des neben ihr auf dem Tische stehenden Lichtes ergriffen wurde. Ihr Gesicht trug dabei einen solchen Ausdruck von Trostlosigkeit, daß ich unwillkürlich ausrief: »Anne Lene, was treibst du da?«

Sie blieb ruhig sitzen, ohne sich nach mir umzuwenden, und ließ den Brief in ihrer Hand verbrennen.

»Sie sind kalt«, sagte sie, »sie sollen heiß werden!«

Ich war mittlerweile ins Zimmer getreten und hatte mich neben ihren Stuhl gestellt. Plötzlich, wie von einem raschen Entschluß getrieben, stand sie auf und legte beide Hände fest um meinen Hals; sie wollte zu mir sprechen, aber ihre Tränen brachen unaufhaltsam hervor, und so drückte sie den Kopf gegen meine Brust und weinte eine lange Zeit, in welcher ich nichts tun konnte, als sie still in meinen Armen halten. »Nein, Marx«, sagte sie endlich und mühte sich, ihrer

Stimme einen festeren Klang zu geben, »ich verspreche es dir, ich will nicht länger auf ihn warten.«

»Hast du ihn denn so sehr geliebt, Anne Lene?«

Sie richtete sich auf und sah mich an, als müsse sie erst nachsinnen über diese Frage. Dann sagte sie langsam: »Ich weiß es nicht – das ist auch einerlei.«

Ich blieb noch eine Weile bei ihr, und allmählich wurde sie ruhiger. Sie versprach mir, Mut zu fassen, mir und unserer Mutter zuliebe; sie wollte arbeiten, sie wollte in der kleinen Wirtschaft der alten Wieb die Anfänge des Landhaushaltes lernen, damit sie einmal als Wirtschafterin ihr Brot verdienen könne. Sie sah dabei fast mitleidig auf ihre kleinen Hände, deren Schönheit sie der Not des Lebens opfern wollte. Nur zur Rückkehr nach der Stadt vermochte ich sie nicht zu bewegen. »Nein, nicht unter Menschen!« sagte sie und sah mich bittend an, »laß mich hier, Marx, solange es mir noch gestattet ist; aber komm oft einmal heraus zu uns!«

So verließ ich sie an diesem Abend; aber ich ging von nun an häufig den Weg über die Fennen nach dem Staatshof – Anne Lene schien ihr Versprechen halten zu wollen; ich fand sie mehrere Male beim Sahnen in der Milchkammer oder am Butterfasse, wo sie abwechselnd mit der alten Wieb den Stempel führte; ja, sie ließ es sich nicht nehmen die Butter zum Kneten in die Mulde zu tun, ganz wie sie es von ihrer alten Wärterin gesehen hatte; sie schien es auch nicht zu merken, daß diese hinterher ganz im geheim die letzte Hand an ihre Arbeit legte. Allein man fühlte leicht, daß die Teilnahme an diesen Dingen nur eine äußerliche war; eine Anstrengung, von der sie bald in der Einsamkeit ausruhen mußte.

Es war schon in der heißen Sommerzeit, als einige junge Leute aus unserer Stadt mit ihren Schwestern und Bekannten eine Landpartie nach dem Staatshofe hinaus zu machen wünschten. Man bat mich um meine Vermittlung bei Anne Lene; und mit einiger Mühe erhielt ich ihre Einwilligung. – So waren denn eines Sonntagnachmittags die verwilderten Gänge des Gartens wieder einmal von geputzten Leuten belebt, und man sah zwischen den Büschen die weißen Kleider und die bunten Schärpen der Mädchen. Die alte Wieb mußte den großen Kaffeekessel hervorsuchen; dann wurden die mitgebrachten Körbe ausgepackt und alles vor der Haustür dem Garten gegenüber serviert.

Als der Kaffee vorüber war, stiegen die besten Kletterer unter uns in den Gipfel der beiden alten Linden, die zu den Seiten des Hoftores standen, indem jeder das Ende eines ungeheueren Taues mit sich hinaufnahm. Bald war zwischen den höchsten Ästen eine Schaukel festgeknüpft, und die Mädchen wurden eingeladen, sich hineinzusetzen. »Komm, Anne Lene«, rief ein junger, robust aussehender Mensch, indem er fast mitleidig auf ihre feine Gestalt herabsah, »setz dich hinein; ich will dir einmal eine ordentliche Motion machen!«

Anne Lene bedankte sich, aber ein munteres schwarzäugiges Mädchen ließ sich williger finden; und bald schwenkte Klaus Peters die Schaukel, bis die kleine Juliane wie ein Vogel zwischen den Zweigen saß und endlich flehentlich um Gnade schrie. – Klaus Peters war der Sohn eines reichen Brauers, und es hieß, sein Vater werde ihm den Staatshof kaufen, sobald er zum Aufstrich komme, und ihm eine glänzende Wirtschaft einrichten. Auch schien er in seinen Gedanken sich schon als den künftigen Besitzer zu betrachten; denn als wir später in Begleitung des Hofmanns zwischen den Baulichkeiten umhergingen, fand er überall etwas zu tadeln und sprach von Verbesserungen, die hier vorgenommen werden müßten, während der alte Marten mit einem mißvergnügten Brummen nebenherging.

Es war allmählich spät geworden. Als wir von unserer Umschau zurückkehrten, fanden wir die Mädchen vor der Haustür versammelt und Anne Lene unter ihnen.

Zwei derselben hatten ihre Hände gefaßt, als könnte sie nur mit zärtlicher Gewalt hier zurückgehalten werden. »Ja, wenn wir Musik hätten!« sagte die eine. – »Musik!« rief Peters, indem er an den dicken Goldberlocks seine Uhr aus der Tasche zog. »Ihr sollt bald Musik haben; in einer halben Stunde bin ich wieder da!«

Er war zu Pferde herausgekommen und rief nun ins Haus nach dem Hofmann. »Bring mir den Braunen, Marten; aber brauch deine Beine!« Der Alte knurrte etwas vor sich hin, aber er tat doch, wie ihm geheißen, und bald ritt Peters im Galopp zum Tore hinaus. Wir andern gingen ins Haus und besichtigten oben den Tanzsaal. Es kam uns eine dumpfe Luft entgegen, als wir die Tür des alten Prunkgemaches geöffnet hatten.

Die goldgeblümten Tapeten waren von der Feuchtigkeit gelöst und hingen teilweise zerrissen an den Wänden; überall stachen noch die Stellen hervor, wo vorzeiten die Familienporträts gehangen hatten. Wir gingen wieder hinab und trugen einen Tisch und einige Gartenbänke in das leere Zimmer; dann öffneten wir die Fenster, durch welche es von den draußen stehenden Bäumen schon hereinzudunkeln begann, und die Mädchen umfaßten sich und tanzten miteinander. – »Wartet!« rief ich, »wir wollen einen Kronleuchter machen!« Denn oben an der Zimmerdecke gewahrte ich noch die Krampe, an der einst die Kristallkrone über der Festtafel des Hauses gehangen hatte. Bald waren zwei Holzleisten aufgefunden und kreuzweis übereinandergenagelt.

Anne Lene ging mit den Mädchen in den Garten hinab; und aus dem Fenster sah ich, wie sie die Blumen von den Jasminbüschen und von den rotblühenden Himbeersträuchen brachen. »Pflückt nur«, sagte Anne Lene, als eins der Mädchen fragend zu ihr umschaute, »es blüht hier doch für sich allein.« Aber sie selber stand nur dabei; sie pflückte nichts. – Nach einer Weile kamen alle wieder herauf und machten sich daran, meinen Kronleuchter eins ums andere mit weißen und roten Blüten zu bewinden; dann, nachdem an jedem Ende eine Kerze befestigt und angezündet war, wurde das Kunstwerk aufgehangen. Die wenigen Lichter konnten den weiten Raum nicht erhellen; aber draußen war schon der Mond aufgegangen und schien durch die Fenster, und es war anmutig, wie die Blumenleuchte mitten in dem öden Zimmer schwebte und wie der Duft erregt wurde, wenn die Mädchen unten durchtanzten. Plötzlich hörten wir ein Pferd auftraben und einen lauten Peitschenknall.

»Da kommt die Musik!« hieß es; und alle drängten an die Fenster. – Draußen unter den Bäumen hielt Peters; eine kleine dürre Gestalt klebte hinter ihm auf dem Pferde, Geige und Bogen in der Hand.

Bei näherem Hinschauen erkannte ich wohl, daß es der alte Drees-Schneider war, ein vielgewandtes Männchen, das bald mit der Nadel, bald mit dem Fiedelbogen für seinen Unterhalt sorgte und den die harte Zeit gelehrt hatte, sich manchen derben Spaß gefallen zu lassen. – »Nun, Drees, spiel eins auf!« rief Peters. »Mach dein Kompliment vor den Damen!« Aber sowie der Alte die Hand vom Sattel ließ und seine Geige unters Kinn stützte, rührte Peters das Pferd mit den Sporen, daß es ausschlug; und der Alte schwankte und griff wieder hastig nach dem Sattel. Anne Lene stand vor mir; ich sah in der schwachen Beleuchtung, wie die Röte ihr in die Schläfen hinaufstieg.

»Drees«, rief sie, »komm herab, Drees!« – Der Alte machte Anstalt hinabzuklimmen, aber der Reiter lachte und gab seinem Pferde die Sporen. »Marten«, sagte Anne Lene zu dem Hofmann, der mit seiner alten Frau vor der Tür stand, »halte das Pferd, Marten!« – »Oho, Anne Lene!« rief Peters; allein er machte doch keinen Versuch, seine Späße fortzusetzen, und ließ es geschehen, daß Marten dem alten Drees herunterhalf.

Gleich darauf waren alle oben im Saal, und nachdem Peters dem alten Musikanten seine Angst durch einige Gläser Wein vergütet hatte, setzte dieser sich auf ein kleines Faß und begann seine Stücke aufzustreichen. Die Paare traten an, und bald wurde unsere Blumenleuchte vom Wirbel der Tanzenden hin und her bewegt. Ich suchte Anne Lene, aber sie mußte unbemerkt hinausgegangen sein, und da für mich keine Tänzerin übriggeblieben war, so verließ ich ebenfalls den Saal, in der Meinung, sie unten bei den alten Hofleuten anzutreffen.

Als ich in das Gesindezimmer trat, sah ich indessen nur die alte Wieb, welche eifrig an ihrem Strickstrumpf arbeitete. Sie zog eine Nadel aus dem Brustlatz und störte damit in der Lampe, die den ziemlich großen Raum nur spärlich erhellte. Dann sah sie zu mir auf und sagte: »Ihr seid ja gewaltig lustig, Marx! Klaus Peters spielt wohl schon den Herrn im Staatshof?«

»Er wird es bald genug sein«, antwortete ich, »das ist nicht mehr zu ändern!«

Die Alte schwieg eine Weile, und ihre Gedanken schienen sich von dem alten Besitztum der Familie zu dem letzten Nachkommen derselben hinzuwenden. »Marx«, sagte sie, indem sie den Strickstrumpf auf den Tisch legte, »warum bist du auch so lange fortgewesen?«

»Was hätte ich denn ändern können, Wieb?«

»Und die zwei langen Jahre! – Wenn nur der Unglücksmensch nicht gekommen wäre!« fuhr sie fort, wie zu sich selber redend. »Sie war dazumal noch die reiche Erbtochter; heißt das, sie war so in der Leute Mäuler; aber schon als die alte Frau in die Ewigkeit ging, ist nichts übrig gewesen als die schweren Hypotheken. Gott besser's! Nun soll gar der Hof verkauft werden. – Nicht meinetwegen, Marx, nicht meinetwegen; Marten und ich helfen uns schon durch, die übrigen paar Jahre.«

»Es ist wohl so am besten, Wieb«, sagte ich; »vielleicht bleibt noch ein Restchen übrig für Anne Lene, so daß sie nicht ganz verarmt ist.«

Die alte Frau wischte sich mit der Schürze über die Augen. »Es ist grausam«, sagte sie kopfschüttelnd, »so eine Familie!«

Von oben schallte das Scharren der Tanzenden; im anstoßenden Stalle hörte ich, wie täglich um diese Zeit, den Hofmann den Karren und die übrigen Geräte für die Nacht an ihren Platz bringen.

Als ich aufsah, stand Anne Lene in der Tür. Sie war blaß, aber sie nickte freundlich nach uns hin und sagte: »Willst du nicht tanzen, Marx? Ich bin oben gewesen; die kleine Juliane sucht dich mit ihren braunen Augen schon in allen Ecken!«

»Du scherzest, Anne Lene; was geht mich Juliane an?«

»Nein, nein, Marx! Nimm dich in acht; Klaus Peters tanzt schon den zweiten Tanz mit ihr.«

»Aber Anne Lene!« – Ich trat zu ihr. »Willst du mit mir tanzen?«

»Weshalb denn nicht?«

»Aber eine Menuett, Anne Lene!«

»Eine Menuett, Marx! – Und«, fügte sie lächelnd hinzu, »nicht wahr, Freund Simon darf dabeisein?«

Als wir gehen wollten, faßte die Alte Anne Lenes Hand. »Kind«, sagte sie besorgt, »der Doktor hat's dir ja verboten!«

Aber Anne Lene erwiderte: »Oh, gute Wieb, es schadet nicht; ich weiß das besser als der Doktor!« Und mein Verlangen, mit ihr zu tanzen, war so groß, daß ich mir diese Versicherung gefallen ließ.

Als wir oben in den Saal getreten waren, ging ich in die Ecke zu dem kleinen Drees und bestellte eine Menuett. Er blätterte in seinen Büchern umher; aber er hatte den alten Tanz nicht mehr darin; wir mußten uns mit einem Walzer begnügen. Klaus Peters trat an den Tisch, schenkte ihm das Glas voll und stieß mit ihm an. »Aufgespielt, Drees!« rief er, »aber kratze nicht so, es kommen feine Leute an den Tanz.«

Der Alte setzte sein Glas an den Mund. »Nun, Herr Peters«, sagte er, indem er den jungen Menschen mit seinen kleinen scharfen Augen ansah, »auf daß es uns wohl gehe auf unsern alten Tagen!«

»Weshalb sollte es uns nicht wohl gehen, Drees?« erwiderte Peters, indem er der kleinen Juliane die Hand bot und sich mit ihr an die Spitze der Tanzkolonne stellte.

Ich trat mit Anne Lene in die Reihe. Der Alte begann seine Geige zu streichen und nickte uns freundlich zu, als wir im Tanz an ihm vorüberkamen. – Ich glaube noch jetzt, daß er damals vortrefflich spielte; denn er war nicht ungeschickt in seiner Kunst, und eingedenk mancher kleinen Freundlichkeit, die er von uns empfangen, mochte er nun sein Bestes versuchen.

Wir hatten lange nicht zusammen getanzt, Anne Lene und ich. Aber es war nicht vergessen; ich fühlte bald, sie tanzte noch wie sonst. Es ging so leicht zwischen den übrigen Paaren hin; ihre Augen glänzten; sie lächelte, und ihr Mund war geöffnet, so daß die weißen Zähne hinter den feinen roten Lippen sichtbar wurden; ich glaubte es zu fühlen, wie die Lebenswärme durch ihre jungen Glieder strömte. Bald sah ich nichts mehr von allem, was sich um uns her bewegte; ich war allein mit ihr; diese festen klingenden Geigenstreiche hatten uns von der Welt geschieden; sie lag verschollen, unerreichbar weit dahinter.

Dann pausierten wir. An dem offenen Fenster, wo wir standen, floß das Mondlicht mit dem dürftigen Kerzenschein zu einer unbestimmten Dämmerung zusammen. Anne Lene stand atmend neben mir, sie schien mir ungewöhnlich blaß. »Wollen wir aufhalten?« fragte ich sie.

»Weshalb, Marx? Es tanzt sich heut so schön!«

»Aber du verträgst es nicht!«

»O doch! – Was liegt daran!«

Wir tanzten schon wieder, als sie die letzten Worte sprach. Wir tanzten noch lange. Als aber Anne Lene mit der Hand nach dem Herzen griff und zitternd mit dem Atem rang, da bat ich sie, mit mir in den Garten hinabzugehen. Sie nickte freundlich, und wir gingen aus dem Saal nach ihrem Zimmer, um ein Umschlagetuch für sie zu holen. – Ich fühlte wohl damals schon, daß die Sorge um Anne Lenes Gesundheit mich nicht allein zu jener Bitte veranlaßt hatte; denn als wir die Treppe zu dem dunkeln Flur hinabstiegen, war mir, als wenn ich mit einem glücklich geraubten Schatz ins Freie flüchtete.

Mir ist aus jenen Stunden noch jeder kleine Umstand gegenwärtig; ich glaube noch durch die Fensterscheiben der altmodischen Haustüre das Mondlicht zu sehen, das draußen wie Schnee auf den Steinfliesen vor dem Hause lag; im Heraustreten hörten wir drinnen in der Gesindestube die alte Wieb den Schrank verschließen, in welchem sie das Brautlinnen ihres Lieblingskindes aufgespeichert hatte. – Es war eine laue Nacht; über unsern Köpfen surrten die Nachtschmetterlinge, die den erleuchteten Fenstern des oberen Stockwerks zuflogen; die Luft war ganz von jenem süßen Duft durchwürzt, den in der warmen Sommerzeit die wolligen Blütenkapseln der roten Himbeere auszuströmen pflegen. Anne Lene knüpfte ihr Schnupftuch um den Kopf; dann gingen wir, wie wir es oft getan, um die Ecke des Hauses und über die Werfte nach dem Baumgarten zu. Wir sprachen nicht; ich wollte Anne Lene bitten, ihre Augen wieder nach der Welt zurückzuwenden und nicht mehr in den Schatten der Vergangenheit zu leben; aber das beunruhigende Bewußtsein einer eigennützigeren Bitte, die ich für günstigere Zeiten im Grunde meines Herzens zurückbehielt, raubte mir den Atem und ließ kein Wort über meine Lippen kommen. Das Herz klopfte mir so laut, daß ich immer fürchtete, es werde auch ohne Worte meine innersten Gedanken kundmachen. Wir gingen durch die kleine Pforte in den Baumgarten hinein, zwischen die schimmernden Stämme der ungeheueren Silberpappeln, deren Laubkronen keinen Lichtstrahl durchließen. Die dürren Zweige, welche überall den Boden bedeckten, knickten unter unsern Füßen; und über uns, von dem Geräusche aufgestört, flogen die Raben von ihren Nestern und rauschten mit den Flügeln in den Blättern. Anne Lene ging schweigend und in sich verschlossen neben mir; ihre Gedanken mochten dort sein, von wo ich sie so sehnlich zurückzurufen wünschte. – So waren wir bis zur Graft hinabgekommen, welche auch hier die Grenze des eigentlichen Hofes bildete.

Zwischen den Bäumen, welche jenseit des Wassers standen, sah man wie durch einen dunkeln Rahmen in die weite mondhelle Landschaft hinaus, in welcher hie und da die einzelnen Gehöfte wie Nebelflecken aus der Ebene ragten. Es war so still, daß man nichts hörte als das Säuseln des Schilfs, das in den Gräben stand. »Sieh, Anne Lene«, sagte ich, »die Erde schläft; – wie schön sie ist!«

»Ja, Marx«, erwiderte sie leise, »und du bist noch so jung!«

»Bist du denn das nicht mehr?«

Sie schüttelte langsam den Kopf. »Komm«, sagte sie, »es ist hier feucht.« – Und wir gingen weiter durch eine verfallene Umzäunung in den seitwärts vom Hause liegenden Gemüsegarten und unten an dem Wasser entlang nach den Boskettpartien, die vor dem Hause lagen. Hier waren wir auf unserem alten Spielplatz; es waren noch dieselben Büsche, zwischen denen wir einst als Kinder in die Irre gegangen waren; nur hingen ihre Zweige noch tiefer in den Weg als damals. Wir gingen auf dem breiten Steige neben der Graft, die sich im

Schatten der Bäume breit und schwarz an unserer Seite hinzog. Man hörte das leise Rupfen des Viehes, welches jenseits auf der Fenne im Mondschein grasete, und drüben von der Rohrpflanzung her scholl das Zwitschern des Rohrsperlings, des kleinen wachen Nachtgesellen. Bald aber horchte ich nur dem Geräusch der kleinen Füße, die in einiger Entfernung so leicht vor mir dahinschritten.

In diese heimlichen Laute der Nacht drang plötzlich von der Gegend des Deiches her der gellende Ruf eines Seevogels, der hoch durch die Luft dahinfuhr. Da mein Ohr einmal geweckt war, so vernahm ich nun auch aus der Ferne das Branden der Wellen, die in der hellen Nacht sich draußen über der wüsten geheimnisvollen Tiefe wälzten und von der kommenden Flut dem Strande zugeworfen wurden. Ein Gefühl der Öde und Verlorenheit überfiel mich; fast ohne es zu wissen, stieß ich Anne Lenes Namen hervor und streckte beide Arme nach ihr aus.

»Marx, was ist dir?« rief sie und wandte sich nach mir um. »Hier bin ich ja!«

»Nichts, Anne Lene«, sagte ich, »aber gib mir deine Hand; ich hatte das Meer vergessen, da hörte ich es plötzlich!«

Wir standen auf einem freien Platze vor dem alten Gartenpavillon, dessen Türen offen in den zerbrochenen Angeln hingen. Der Mond schien auf Anne Lenes kleine Hand, die ruhig in der meinen lag. Ich hatte nie das Mondlicht auf einer Mädchenhand gesehen, und mich überschlich jener Schauer, der aus dem Verlangen nach Erdenlust und dem schmerzlichen Gefühl ihrer Vergänglichkeit so wunderbar gemischt ist. Unwillkürlich schloß ich die Hand des Mädchens heftig in die meine; doch mit der Scheu, die der Jugend eigen, sah ich in demselben Augenblick zu Boden. Als aber Anne Lene ihre Hand schweigend in der meinen ließ, wagte ich es endlich, zu ihr emporzusehen. Sie hatte ihr Gesicht zu mir gewandt und sah mich traurig an; mitleidig, ich weiß noch jetzt nicht, ob mit mir oder mit sich selbst. Dann entzog sie sich mir sanft und trat auf die Schwelle des Pavillons.

Ich sah durch die Lücken des Fußbodens das vom Mond beleuchtete Wasser glitzern und faßte Anne Lenes Kleid, um sie zurückzuhalten. »Sorge nicht, Marx!« sagte sie, indem sie hineintrat und ihre leichte Gestalt auf den losen Brettern wiegte. »Holz und Stein bricht nicht mit mir zusammen.« – Sie ging an das gegenüberliegende Fenster und sah eine Weile in die helle Nacht hinaus, dann hob sie mit der Hand ein Stück der alten Tapete empor, das neben ihr an der Wand herabhing, und betrachtete im Mondlicht die halb erloschenen Bilder. »Es hat ausgedient«, sagte sie, »die schönen Schäferpaare wollen sich auch empfehlen. Es mag ihnen doch allmählich aufgefallen sein, daß die sauberen, weiß toupierten Herren und Damen so eines nach dem andern ausgeblieben sind, mit denen sie einst zur Sommerzeit so muntere Gesellschaft hielten. – Einmal« – und sie ließ die Stimme sinken, als rede sie im Traume –, »einmal bin ich auch noch mit dabeigewesen; aber ich war noch ein kleines Kind, Wieb hat es mir oft nachher erzählt. – Nun fällt alles zusammen! Ich kann es nicht halten, Marx; sie haben mich ja ganz allein gelassen.«

Mir war, als dürfe sie so nicht weiterreden. »Laß uns ins Haus gehen«, sagte ich, »die andern werden bald zur Stadt zurück wollen.«

Sie hörte nicht auf mich; sie ließ die Arme an ihrem Kleide herabsinken und sagte langsam: »Er hat so unrecht nicht gehabt; – wer holt sich die Tochter aus einem solchen Hause!«

Ich fühlte, wie mir die Tränen in die Augen schossen. »O Anne Lene«, rief ich und trat auf die Stufen, die zu dem Pavillon hinanführten, »ich – hole sie! Gib mir die Hand, ich weiß den Weg zur Welt zurück!«

Aber Anne Lene beugte den Leib vor und machte mit den Armen eine hastige abwehrende Bewegung nach mir hin. »Nein«, rief sie, und es war eine Todesangst in ihrer Stimme, »du nicht, Marx, bleib! Es trägt uns beide nicht.«

Noch auf einen Augenblick sah ich die zarten Umrisse ihres lieben Antlitzes von einem Strahl des milden Lichts beleuchtet; dann aber geschah etwas und ging so schnell vorüber, daß mein Gedächtnis es nicht zu bewahren vermocht hat. Ein Brett des Fußbodens schlug in die Höhe; ich sah den Schein des weißen Gewandes, dann hörte ich es unter mir im Wasser rauschen. Ich riß die Augen auf; der Mond schien durch den leeren Raum. Ich wollte Anne Lene sehen, aber ich sah sie nicht. Mir war, als renne in meinem Kopfe etwas davon, das ich um jeden Preis wieder einholen müßte, wenn ich nicht wahnsinnig werden wollte. Aber während meine Gedanken diesem Unding nachjagten, hörte ich plötzlich vom Hause her die Tanzmusik. Das brachte mich zur Besinnung; ich stieß einen gellenden Schrei aus und sprang neben dem Pavillon hinab ins Wasser. Die Graft war tief; aber ich war kein ungeübter Schwimmer; ich tauchte unter, und meine

Hände griffen zwischen dem schlüpfrigen Kraut umher, das auf dem Grunde wucherte. Ich öffnete die Augen und versuchte zu sehen; aber ich fühlte nur wie über mir ein trübes Leuchten. Meine Kleider, deren ich keins abgeworfen, zwangen mich, auf die Oberfläche zurückzukehren. Hier suchte ich wieder Atem zu gewinnen und wiederholte dann noch einmal meinen Versuch. – Es war vergebens. Bald stand ich wieder auf dem abschüssigen Uferrande und blickte ratlos über die Graft entlang. Da fühlte ich eine Hand sich schwer auf meine Schulter legen, und eine Stimme rief: »Marx, Marx, was macht Ihr da? Wo ist das Kind?« Ich erkannte, daß es Wieb war. »Dort, dort!« schrie ich und streckte die Hände nach dem Graben zu. Die Alte faßte mich unter den Arm und zog mich gewaltsam an den Rand der Graft hinunter. Endlich brachte ich es heraus; und wir liefen an dem Wasser entlang, bis an die Laube in der Gartenecke, wo die großen alten Erlen ihre Zweige in die Flut hinabhängen lassen. Wir haben sie dann endlich auch gefunden; die Augen waren zu, und die kleine Hand war fest geschlossen.

Ich gab der alten Wieb einige Anordnungen zu dem, was jetzt geschehen mußte, dann zog ich den Braunen aus dem Stall und jagte nach der Stadt, um einen Arzt zu holen; denn ich traute meiner jungen Kunst in diesem Falle nicht. Wir waren bald zurück; aber die Schatten der Vergänglichkeit, die schon so früh in dieses junge Leben gefallen waren, ließen sie nun nicht mehr los.

Als wir einige Stunden später zur Stadt zurückkehrten, war die Marsch so feierlich und schweigend, und die Rufe der Vögel, die des Nachts am Meere fliegen, klangen aus so unermeßlicher Ferne, daß mein unerfahrenes Herz verzweifelte, jemals die Spur derjenigen wiederzufinden, die sich nun auch in diesen ungeheueren Raum verloren hatte.

Der jetzige Besitzer des Staatshofes ist Klaus Peters. Er hat die alte Hauberg niederreißen lassen und ein modernes Wohnhaus an die Stelle gesetzt. Die Wirtschaftsgebäude liegen getrennt daneben. – Er hat recht gehabt, es geht ihm wohl; er liefert die größten Mastochsen zum Transport nach England, in seinen Zimmern stehen die kostbarsten Möbeln, und er und seine Juliane glänzen von Gesundheit und Wohlbehagen. Ich aber bin niemals wieder dort gewesen.

IM SCHLOSS

Von der Dorfseite

Vom Kirchhof des Dorfes, ein Viertelstündchen hinauf durch den Tannenwald, dann lag es vor einem: zunächst der parkartige Garten, von alten ungeheueren Lindenalleen eingefaßt, an deren einer Seite der Weg vom Dorf vorbeiführte; dahinter das große steinerne Herrenhaus, das nach vorn hinaus mit den Flügelgebäuden einen geräumigen Hof umfaßte. Es war früher das Jagdschloß eines reichsgräflichen Geschlechts gewesen; die lebensgroßen Familienbilder bedeckten noch jetzt die Wände des im oberen Stock gelegenen Rittersaales, wo sie vor einem halben Jahrhundert beim Verkaufe des Gutes mit Bewilligung des neuen Eigentümers vorläufig hängen geblieben und seitdem, wie es schien, vergessen waren. – Vor etwa zwanzig Jahren war das Gut, dessen wenig umfangreiche Ländereien zu den Baulichkeiten in keinem Verhältnis standen, in Besitz einer alten weißköpfigen Exzellenz, eines früheren Gesandten, gekommen. Er hatte zwei Kinder mitgebracht, ein blasses, etwa zehnjähriges Mädchen mit blauen Augen und glänzend schwarzen Haaren und einen noch sehr jungen kränklichen Knaben, welche beide der Obhut einer ältlichen Verwandten anvertraut waren. Später hatte sich noch ein alter Baron, ein Vetter des Gesandten, hinzugefunden, der einzige von der Schloßgesellschaft, der sich zuweilen unten im Dorfe blicken ließ und auch mit den Leuten im Felde mitunter einen kurzen Diskurs führte; denn im heißen Sommer oder an hellen Frühlingstagen pflegte er weit umherzuwandern, um allerhand Geziefer einzusammeln, das er dann in Schachteln und Gläsern mit nach Hause nahm. Selten einmal war auch das junge Fräulein bei ihm; sie trug dann wohl eine der leichteren Fanggerätschaften und ging eifrig redend an des Oheims Seite; aber um die Begegnenden kümmerte sie sich nicht weiter. Die kleine hagere Gestalt der alten Exzellenz hatte, außer beim sonntäglichen Gottesdienste in dem herrschaftlichen Kirchenstuhl, kaum jemand anders als vom Wege aus gesehen, wenn er in der breiten Lindenallee des Gartens auf und ab wandelte oder, stehenbleibend, das Moos auf dem Steige mit seinem Rohrstocke losstieß. Den scheuen Gruß der vorübergehenden Bauern pflegte er wohl mit einer leichten Handbewegung zu erwidern; was er sonst mit ihnen zu schaffen hatte, wurde von dem Verwalter abgetan, dem die Bewirtschaftung des kleinen Gutes überlassen war.

Nach Jahren wurde diese Hausgenossenschaft noch durch einen Lehrer des kleinen Barons vermehrt. Die Leute im Dorf erinnerten sich seiner noch sehr wohl; er war aus der Umgegend und stammte auch von Bauern her. Man hatte ihn oft mit dem alten Baron gesehen, und das Fräulein, damals schon eine junge Dame, war mitunter auch in ihrer Gesellschaft gewesen. Man erzählte sich noch, wie er mit dem alten Herrn in den Tannen einen Dohnenstieg angelegt; aber das Fräulein sei meist schon vor ihnen dagewesen und habe die Drosseln, die sich lebendig in den Schlingen gefangen, heimlich wieder fliegen lassen. Einmal auch hatte der junge freundliche Herr den kleinen verkrüppelten Knaben auf dem Arm durch das Tannicht getragen; denn mit dem Rollstühlchen war auf dem schmalen Steige nicht fortzukommen gewesen, und das Kind hatte die gefangenen Vögel selbst aus den Dohnen nehmen können.

Bald aber war es wieder einsamer geworden; der arme Knabe war gestorben und der Hauslehrer fortgegangen. Schon früher hatte man im Dorfe von den Gutsnachbarn oder aus der Stadt drüben nur vereinzelt einen Besuch den Weg nach dem Schlosse fahren sehen; jetzt kam fast niemand mehr; auch die alte Exzellenz sah man immer seltener in der breiten Allee des Gartens wandeln.

Nur noch einmal, im Herbste des folgenden Jahres, war es droben auf einige Tage wieder lebendig geworden; als die Hochzeit des jungen Fräuleins gefeiert wurde. Unten in der Dorfkirche war die Trauung gewesen. Seit lange hatte man dort so viele vornehme Leute nicht gesehen; aber die hagere Gestalt des Bräutigams mit dem dünnen Haar und den vielen Orden wollte den Leuten nicht gefallen; auch die Braut, als sie von der alten Exzellenz an die mit Teppichen belegten Altarstufen geführt wurde, hatte in dem langen weißen Schleier, mit den dicht zusammenstehenden schwarzen Augenbrauen ganz totenhaft ausgesehen; was aber das schlimmste war, sie hatte nicht geweint, wie es doch den Bräuten ziemt. Der alte Baron, der in sich zusammengesunken in dem herrschaftlichen Stuhl gesessen und mit trübseligen Augen auf die Braut geblickt hatte, war nach Beendigung der Zeremonie allein und heimlich seitwärts über die Felder gegangen. --

Am darauffolgenden Nachmittag hielt der Wagen mit den Neuvermählten eine kurze Zeit in der Durchfahrt des Dorfkruges; und die Leute standen umher und besahen sich das Wappen auf dem Kutschenschlage, einen Eberkopf im blauen Felde. Der hagere vornehme Mann war ausgestiegen und brachte der jungen Frau eigenhändig ein Glas Wasser an den Wagen; von dieser selbst war wenig zu sehen; sie saß im Dunkel des Fonds schweigend in ihre Mäntel gehüllt.

Der Wagen fuhr davon, und seitdem vergingen Jahre, ohne daß man von dem Fräulein wieder etwas hörte. Nur dem Prediger hatte einmal der alte Baron erzählt, daß ein Knabe, den sie im zweiten Jahre der Ehe geboren, von einer Kinderepidemie dahingerafft sei; und später dann, als die alte Exzellenz gestorben und abends bei Fackelschein auf dem Kirchhof hinter den Tannen zur Erde gebracht wurde, sollte sie nachts auf dem Schlosse gewesen sein; aber von den Leuten im Dorfe hatte niemand sie gesehen. - Bald darauf verließ auch der alte Baron mit seinen Sammlungen und Büchern das Schloß, wie es hieß, um bei einem andern Vetter seine harmlosen Studien fortzusetzen.

Einen Sommer lang wohnte niemand in dem steinernen Hause, und das Gras wuchs ungestört auf den breiten Steigen der Gartenallee.

Da, eines Nachmittags, es mochte jetzt ein Jahr vergangen sein, hielt wiederum der Wagen mit dem Eberkopf vor dem Wirtshause des Dorfes. Die junge Frau saß darin, das einstige Fräulein vom Schloß; sie sprach freundlich zu den Leuten, erzählte ihnen, daß sie ihr Gut jetzt selbst bewirtschaften und bewohnen werde, und bat um treue Nachbarschaft. Aber froh sah sie nicht aus, auch nicht ganz jung mehr, obwohl sie kaum mehr als fünfundzwanzig Jahre zählen mochte.

Die Leute wußten sich keinen Vers daraus zu machen; bald aber kam das Gerücht über Stadt und Land und auch in die Gaststube des Dorfkruges. Das in der Kirche drüben geschlossene vornehme Ehebündnis war nicht zum Guten ausgeschlagen. Die junge Frau sollte in der Residenz, wo ihr Gemahl eine Hofcharge bekleidete, eine Liebschaft mit einem jungen Professor gehabt haben. Einige hatten sogar gehört, es sei der ihnen wohlbekannte Hauslehrer des verstorbenen kleinen Junkers. Die Dame, hieß es, sei so etwas wie verbannt und dürfe nicht in die Residenz zurückkehren. Dann noch ein anderes, was aufs neue die müßigen Ohren reizte: der zweifelhafte Ursprung jenes unlängst begrabenen Kindes sollte zu der Trennung des Ehepaars die nächste Veranlassung gegeben haben. Das Gerücht war von allem unterrichtet, von dem, was geschehen, und noch mehr von dem, was nicht geschehen war.

Währenddessen hauste die Baronin droben in dem alten Schlosse, in großer Einsamkeit; denn niemals sah man aus der Stadt oder von den benachbarten Adelsfamilien einen Wagen an dem Tannicht hinauffahren. Wie der Schullehrer sagte, hatte sie sich Bücher aus der Stadt kommen lassen, in denen sie die Landwirtschaft studierte; auch mit den Dorfleuten, wenn sie solche auf ihren täglichen Spaziergängen traf, führte sie gern derartige Gespräche. Ja, man hatte sie am heißen Juninachmittage gesehen, wie sie auf einem Acker die Steine in ihre seidene Schürze sammelte und auf die Seite trug, begleitet von einem großen schwarzen St.-Bernhards-Hunde, der nie von ihrer Seite wich.

Sie mochte sich indessen doch der übernommenen Aufgabe nicht ganz gewachsen fühlen; denn vor etwa einem Vierteljahr war ein Verwalter angelangt; aber es war ein junger vornehmer Herr, für den der Vater längst ein mehr als doppelt so großes Gut in Bereitschaft hatte. Die Bauern konnten nicht begreifen, was der in der kleinen Wirtschaft profitieren wolle, zumal sie es bald heraushatten, daß er seine Sache aus dem Fundament verstehe; der Schulmeister meinte freilich, es sei ein weitläufiger Vetter der Baronin; allein der Förster wollte die Anwesenheit des jungen Herrn nicht als verwandtschaftliche Hülfeleistung gelten lassen. Er kniff die Augen ein und sagte geheimnisvoll: »Was einmal in der Stadt geschehen -- nun, Gevatter, Ihr seid ja ein Schulmeister, macht Euch den Satz selber zu Ende!«

Im Schloß

An dem linken Ende der Front neben dem stumpfen Eckturm führte eine schwere Tür ins Haus. Rechts hinab, an der gegenüberliegenden breiten Treppenflucht vorbei, auf welcher man in das obere Stockwerk gelangte, zog sich ein langer Korridor mit nackten weißen Wänden. Den hohen Fenstern gegenüber, welche auf den geräumigen Steinhof hinaussahen, lag eine Reihe von Zimmern, deren Türen jetzt verschlossen waren. Nur das letzte wurde noch bewohnt. Es war ein mäßig großes, düsteres Gemach; das einzige Fenster, welches nach der Gartenseite hinaus lag, war mit dunkelgrünen Gardinen von schwerem Wollenstoffe halb verhangen. In der tiefen Fensternische stand eine schlanke Frau in schwarzem Seidenkleide. Während sie mit der einen Hand den Schildpattkamm fester in die schwere Flechte ihres schwarzen Haares drückte, lehnte sie mit der Stirn an eine Glasscheibe und schaute wie träumend in den Septembernachmittag hinaus. Vor dem Fenster lag ein etwa zwanzig Schritte breiter Steinhof, welcher den Garten von dem Hause trennte. Ihre tiefblauen Augen, über denen sich ein Paar dunkle, dicht zusammenstehende Brauen wölbten, ruhten eine Weile auf den kolossalen Sandsteinvasen, welche ihr gegenüber auf den Säulen des Gartentores standen. Zwischen den steinernen Rosengirlanden, womit sie umwunden waren, ragten Federn und Strohhalme hervor. Ein Sperling, der darin sein Nest gebaut haben mochte, hüpfte heraus und setzte sich auf eine Stange des eisernen Gittertors; bald aber breitete er die Flügel aus und flog den schattigen Steig entlang, der zwischen hohen Hagebuchenwänden in den Garten hinabführte. Hundert Schritte etwa von dem Tore wurde dieser Laubgang durch einen weiten sonnigen Platz unterbrochen, in dessen Mitte zwischen wuchernden Astern und Reseda die Trümmer einer Sonnenuhr auf einem kleinen Postamente sichtbar waren. Die Augen der Frau folgten dem Vogel; sie sah ihn eine Weile auf dem metallenen Weiser ruhen; dann sah sie ihn auffliegen und in dem Schatten des dahinterliegenden Laubganges verschwinden.

Mit leichtem Schritt, daß nur kaum die Seide ihres Kleides rauschte, trat sie ins Zimmer zurück, und nachdem sie auf einem Schreibtische einige beschriebene Blätter geordnet und weggeschlossen hatte, nahm sie einen Strohhut von dem an der Wand stehenden Flügel und wandte sich nach der Tür. Von einem Teppich neben dem Kamin erhob sich ein schwarzer St.-Bernhards-Hund und drängte sich neben ihr auf den Korridor hinaus. Während sie wie im stillen Einverständnis ihre Hand auf dem schönen Kopf des Tieres ruhen ließ, erreichten beide eine Tür, welche unterhalb der großen Haupttreppe in den schmalen Hof hinausführte. Sie gingen über die mit Gras durchwachsenen Steine und durch das dem Fenster des Wohnzimmers gegenüberliegende Gittertor in den breiten Gartensteig hinab.

Die Luft war erfüllt von dem starken Herbstdufte der Reseda, welcher sich von dem sonnigen Rondell aus über den ganzen Garten hin verbreitete. Hier, an der rechten Seite desselben, bildete die Fortsetzung des Buchenganges eine Nachahmung des Herrenhauses; die ganze Front mit allen dazugehörigen Tür- und Fensteröffnungen, das Erdgeschoß und das obere Stockwerk, sogar der stumpfe Turm neben dem Haupteingange, alles war aus der grünen Hecke herausgeschnitten und trotz der jahrelangen Vernachlässigung noch gar wohl erkennbar; davor breitete sich ein Obstgarten von lauter Zwergbäumen aus, an denen hie und da noch ein Apfel oder eine Birne hing. Nur ein Baum schien aus der Art geschlagen; denn er streckte seine vielverzweigten Äste weit über die Höhe des grünen Laubschlosses hinaus. Die Dame blieb bei demselben stehen und warf einen flüchtigen Blick umher; dann setzte sie den geschmeidigen Fuß in die untere Gabel des Baumes und stieg leicht von Ast zu Ast, bis die Umgebung der hohen Laubwände ihren Blick nicht mehr beschränkte.

Seitwärts, unmittelbar am Garten, erhob sich der Tannenwald und verdeckte das tiefer liegende Dorf; vor ihr aber war die Schau ins Land hinaus eine unbegrenzte. Unterhalb des Hochlandes, worauf das Schloß lag, breitete sich nach beiden Seiten eine dunkle Heidestrecke fast bis zum Horizont; in braunviolettem Dufte lag sie da; nur an einer Stelle im Hintergrunde standen schattenhaft die Türme einer Stadt. Die schlanke Frauengestalt lehnte sorglos an einen schwanken Ast, indes die scharfen Augen in die Ferne drangen. – Ein Schrei aus der Luft herab machte sie emporsehen. Als sie über sich in der sonnigen Höhe den revierenden Falken erkannte, hob sie die Hand und schwenkte wie grüßend ihr Schnupftuch gegen den wilden Vogel. Ihr fiel ein altes Volkslied ein; sie sang es halblaut in die klare Septemberluft hinaus. – Aber unten neben dem auf dem Boden liegenden Sommerhut stand der Hund, die Schnauze gegen den Baum gedrückt, mit den braunen Augen zu seiner Herrin emporsehend. Jetzt kratzte er mit der Pfote an den Stamm. »Ich komme, Türk, ich komme!« rief sie hinab; und bald war sie unten und ging mit ihrem stummen Begleiter den hinteren Buchengang hinab, der von dem Rondell aus nach der breiten Lindenallee führte.

Als sie in diese eintrat, kam ihr ein junger, kaum mehr als zwanzigjähriger Mann entgegen, in dessen gebräuntem Antlitz mit der feinen vorspringenden Nase eine Familienähnlichkeit mit ihr nicht zu verkennen war. »Ich suchte dich, Anna!« sagte er, indem er der schönen Frau die Hand küßte.

Ihre Augen ruhten mit dem Ausdruck einer kleinen mütterlichen Überlegenheit auf ihm, als sie ihn fragte: »Was hast du, Vetter Rudolf?«

»Ich muß dir Vortrag halten!« erwiderte er, während er sie höfisch zu einer in der Nähe stehenden Gartenbank führte. Dann begann er, vor ihr stehend, einen ernsthaften Vortrag über die Dränierung einer kaltgrundigen Gutswiese; über die Art, wie dies am zweckmäßigsten ins Werk zu richten sei, und über die Kosten, die dadurch veranlaßt werden könnten. – Er hatte schon eine Zeitlang gesprochen. Sie lehnte sich zurück und gähnte heimlich hinter der vorgehaltenen Hand. Endlich sprang sie auf. »Aber Rudolf«, rief sie, »ich verstehe von alledem nichts; du hast mir das ja selbst erklärt!«

Er runzelte die Stirn. »Gnädige Frau!« sagte er bittend.

Sie lachte. »So sprich nur; ich habe schon Geduld!« –

Dann brachte er's zu Ende. – Sie reichte ihm die Hand und sagte herzlich: »Du bist ein gewissenhafter Verwalter, Rudolf; aber ich werde mich nach einem andern umsehen müssen; ich kann dies Opfer nicht länger von dir fordern.«

Ein leidenschaftlicher Blick traf sie aus seinen Augen. »Es ist kein Opfer«, sagte er; »du weißt es wohl.«

»Nun, nun! Ich weiß es«, erwiderte sie ruhig, »du bist ja sogar als zehnjähriger Knabe mein getreuer Ritter gewesen. – Bestelle mir nur den Rappen; wir können gleich miteinander zur Wiese hinabreiten.«

Er ging, und sie sah ihm nachdenklich und leise mit dem Kopfe schüttelnd nach.

Bald waren beide zu Pferde. Der junge Reiter suchte an ihrer Seite zu bleiben; aber sie war ihm immer um einige Kopfeslängen voraus. Sie ließ den Rappen ausgreifen, der Schaum flog von den Ketten des Gebisses, während der Hund in großen Sätzen nebenhersprang. Ihre Augen schweiften in die Ferne, über die braune Heide, auf der sich schon die Schatten des Abends zu lagern begannen. – – – –

Einige Stunden später saß sie wieder allein in ihrem Zimmer am Schreibtisch, die am Nachmittage weggeschlossenen Blätter vor sich. Neben ihr auf seinem Teppich ruhte Türk. – Von der Lampe beleuchtet, erschien ihre nicht gar hohe Stirn gegen die Schwärze des schlicht zurückgestrichenen Haars von fast durchsichtiger Blässe. Sie schrieb nur langsam; mitunter ließ sie die Feder gänzlich ruhen und blickte vor sich hin, als suche sie die Gestalten ferner Dinge zu erkennen.

Sie gedachte einer Novembernacht, da sie zum letztenmal vor ihrem gegenwärtigen Aufenthalt das Schloß betreten hatte. – Der Brief des Oheims, der ihr die Nachricht von der tödlichen Erkrankung ihres Vaters in die Residenz brachte, trug auf dem Kuverte einen mehrere Tage alten Poststempel. Eilig war sie abgereist; nun dämmerte schon der zweite Abend, und die Wälder und Fluren an der Seite des Weges wurden allmählich ihr bekannter. Schon machte aus der Dunkelheit die Nähe des letzten Dorfes sich bemerklich; sie hörte die Hunde bellen und spürte den Geruch des Heidebrennens. An einem kleinen Hause in der Dorfstraße hielt der Wagen. Ihre Jungfer stieg ab, der sie erlaubt hatte, bei ihren dort wohnenden Eltern bis zum andern Morgen zu bleiben. Dann ging es weiter; sie hatte sich in die Wagenecke gedrückt und zog fröstelnd den Mantel um ihre Schultern. Vor ihrem innern Auge war die Gestalt ihres Vaters; sie sah ihn, wie er in der letzten Zeit ihres Zusammenlebens zu tun pflegte, im Zwielicht in dem öden Rittersaale mit seinem Rohrstock auf und ab wandern; den weißen Kopf gesenkt, nur zuweilen vor einem der alten Bilder stehenbleibend oder aus den schwarzen Augen von unten auf einen Blick zu ihr hinüberwerfend. --- Es war ganz finster geworden, die Pferde gingen langsam; aber sie wagte nicht, den Postillion zum Schnellerfahren zu ermuntern. Eine unbewußte Scheu schloß ihr den Mund; es war ihr fast lieb, daß der Augenblick der Ankunft sich verzögerte. Immer aber, wenn sie die Augen schloß, sah sie die kleine hagere Gestalt an sich vorüberwandern, und unter dem Wehen des Windes war es ihr, als höre sie den bekannten abgemessenen Schritt und das Aufstoßen des Rohrstocks auf den Fußboden. -- Als die Ulmenallee erreicht war, welche über die Brücke nach dem Schloßhof führte, vernahm sie das Schlagen der Turmuhr, deren Regulierung die alte Exzellenz immer selbst überwacht hatte. Sie atmete auf und lehnte sich aus dem Wagen. Eine ungewöhnliche Helligkeit blendete ihre Augen, als sie in den Hof einfuhren. Die ganze obere Front des Gebäudes schien erleuchtet. Der Wagen rasselte über das Steinpflaster und hielt vor der Eingangstür neben dem Turm; der Postillion klatschte mit der Peitsche, daß es an den Mauern des alten Reitsaals widerklang; aber es kam niemand. – Nach einer Weile vergeblichen Wartens ließ die zitternde Frau sich den

Schlag öffnen und bezeichnete ihrem Fuhrmann einen Raum, worin er seine Pferde zur Nacht unterbringen könne. Dann stieg sie aus und trat, nachdem sie die schwere Tür zurückgedrängt, in den großen Korridor des Erdgeschosses. Einige Augenblicke blieb sie stehen und blickte unentschlossen um sich her. Auf den Geländersäulen der breiten Treppe, die in das obere Stockwerk führte, brannten Walratkerzen in schweren silbernen Leuchtern. – Sie beugte sich vor und lauschte; aber es war alles still. Leise, kaum aufzutreten wagend, begann sie die Stufen hinaufzusteigen. Da war ihr, als hörte sie droben auf dem Flur die Tür zum Rittersaale knarren; und gleich darauf kam es ihr entgegen, die Treppe herab. Sie sah es nun auch, es war der Hund ihres Vaters; sie rief ihn bei Namen; aber das Tier hörte nicht darauf, es jagte an ihr vorbei auf den Korridor hinab und entfloh durch die offene Tür ins Freie. –– Erst jetzt fiel ihr ein dumpfer Geruch von Rauchwerk auf. Sie stieg langsam die letzten Stufen in dem erleuchteten Treppenhause hinauf, bis sie den oberen Flur erreicht hatte. Die Tür des Rittersaals stand offen; in der Mitte des weiten Raumes sah sie zwei Reihen brennender Kerzen auf hohen Gueridons; dazwischen wie ein Schatten lag ein schwarzer Teppich. Aber es war niemand drinnen; nur die Bilder verschollener Menschen standen wie immer schweigend an den Wänden. Die gegenüberliegende Tür zu des Oheims Zimmer war weit geöffnet, und auch dort schienen Kerzen zu brennen; denn sie konnte deutlich die vergoldeten Engelköpfe unter dem Kamingesims erkennen. – Zögernd trat sie über die Schwelle in den Saal, aber von Scheu befangen, blieb sie zunächst der Tür in einer Fensternische stehen. Ihr war, als vernähme sie Choralgesang aus der Ferne, und da sie durch die Scheiben einen Blick in das Dunkel hinauswarf, sah sie jenseit der Tannen von drüben, wo der Kirchhof lag, einen roten Schein am Himmel lodern. –– Sie wußte es nun, sie war zu spät gekommen; unwillkürlich mußte sie die Augen in den leeren Saal zurückwenden. Die Kerzen brannten leise knisternd weiter; nur mitunter, wo der Sarg mochte gestanden haben, lief ein Krachen über die Dielen, als drängte es sie, sich von der unheimlichen Last zu erholen, die sie hatten tragen müssen. – Sie drückte sich schauernd in die Fensterecke; es war nicht Trauer, es war nur Grauen, das sie empfand.

– – –

Aber ihre Gedanken waren ihrer Feder weit voraus.

Die beschriebenen Blätter

Ich will es niederschreiben, mir zur Gesellschaft; denn es ist einsam hier, einsamer noch, als es schon damals war. Sie sind alle fort; es ist nur Täuschung, wenn ich draußen im Korridor mitunter das Husten der Tante Ursula oder die Krücke des kleinen Kuno zu vernehmen glaube. Es war ein klarer Spätherbstmorgen, als wir das Kind begruben; die Leute aus dem Dorfe standen alle umher mit jener schaurigen Neugier, die wenigstens den letzten Zipfel vom Leilaken des Todes noch in die Grube will schlüpfen sehen. – Dann, als ich fern war, starb die Tante, und dann mein Vater. Wie oft habe ich heimlich in seinen Augen geforscht, was wohl im Grunde der Seele ruhen möge, aber ich habe es nicht erfahren; mir war, als hielten jene ausgeprägten Muskeln seines feinen Antlitzes gewaltsam das Wort der Liebe nieder, das zu mir drängte und niemals zu mir kam. – Droben im Rittersaal hängen noch die Bilder; die stumme Gesellschaft verschollener Männer und Frauen schaut noch wie sonst mit dem fremdartigen Gesichtsausdruck aus ihren Rahmen in den leeren Saal hinein; aber aus dem dahinterliegenden Zimmer läßt sich jetzt weder das Pfeifen des Dompfaffen noch das Gekrächze Don Pedros, des lahmen Starmatzes, vernehmen; der gute Oheim, mit seinen harten Worten und seinem weichen Herzen, mit seinem toten und lebendigen Getier, hat es seit lange verlassen. Aber er lebt noch; er wird vielleicht zurückkehren, wenn es Frühling wird; und ich werde wieder, wie damals, meine Zuflucht in dem abgelegenen Zimmer suchen.

Damals! -- Ich bin immer ein einsames Kind gewesen; seit der Geburt des kleinen Kuno steigerte sich die Kränklichkeit meiner Mutter, so daß ihre Kinder nur selten um sie sein durften. Nach ihrem Tode siedelten wir hier hinüber. In der Stadt hatten wir, wie hergebracht, nur das Geschoß eines großen Hauses bewohnt; jetzt hatte ich ein ganzes Schloß, einen großen seltsamen Garten und unmittelbar dahinter einen Tannenwald. Auch Freiheit hatte ich genug; der Vater sah mich meistens nur bei Tische, wo wir Kinder schweigend unser Mahl verzehren mußten; die Tante Ursula war eine gute förmliche Dame, die nicht gern ihren Platz dort in der Fensternische verließ, wo sie ihre saubern Strick- und Filetarbeiten für ferne und nahe Freunde verfertigte; hatte ich meinen Saum genäht und meine Lafontainesche Fabel bei ihr aufgesagt, so warf sie höchstens einen Blick durchs

Fenster, wenn ich mit dem grauen Windspiel meines Vaters zwischen den Buchenhecken des Gartens hinabrannte.

Spielgenossen hatte ich keine; mein Bruder war fast acht Jahre jünger als ich, und die von Adelsfamilien bewohnten Güter lagen sehr entfernt. Von den bürgerlichen Beamten aus der Stadt waren im Anfang zwar einzelne mit ihren Kindern zu uns gekommen; da wir jedoch ihre Besuche nur selten und flüchtig erwiderten, so hatte der kaum begonnene Verkehr bald wieder aufgehört. – Aber ich war nicht allein; weder in den weiten Räumen des Schlosses noch draußen zwischen den Hecken des Gartens oder den aufstrebenden Stämmen des Tannenwaldes; der »liebe Gott«, wie ihn die Kinder haben, war überall bei mir. Aus einem alten Bilde in der Kirche kannte ich ihn ganz genau; ich wußte, daß er ein rotes Unterkleid und einen weiten blauen Mantel trug; der weiße Bart floß ihm wie eine sanfte Welle über die breite Brust herab. Mir ist, als sähe ich mich noch mit dem Oheim drüben in den Tannen; es war zum ersten Mal, daß ich über mir das Sausen des Frühlingswindes in der Krone eines Baumes hörte. »Horch!« rief ich und hob den Finger in die Höhe. »Da kommt er!« – »Wer denn?« – »Der liebe Gott!« – Und ich fühlte, wie mir die Augen groß wurden; mir war, als sähe ich den Saum seines blauen Mantels durch die Zweige wehen. Noch viele Jahre später, wenn abends auf meinem Kissen der Schlaf mich überkam, war mir, als läge ich mit dem Kopf in seinem Schoß und fühlte seinen sanften Atem an meiner Stirn.

Mein Lieblingsaufenthalt im Hause war der große Rittersaal, der das halbe obere Stockwerk in seiner ganzen Breite einnimmt. Leise und nicht ohne Scheu vor der schweigenden Gesellschaft drinnen schlich ich mich hinein; über dem Kamin im Hintergrund des Saales, von Marmor in Basrelief gehauen, ist der Krieg des Todes mit dem menschlichen Geschlechte dargestellt. Wie oft habe ich davorgestanden und mit neugierigem Finger die steinernen Rippchen des Todes nachgefühlt! – Vor allem zogen mich die Bilder an: auf den Zehen ging ich von einem zu dem andern; nicht müde konnte ich werden, die Frauen in ihren seltsamen roten und feuerfarbenen Roben, mit dem Papageien auf der Hand oder dem Mops zu ihren Füßen, zu betrachten, deren grelle braune Augen so eigen aus den blassen Gesichtern herausschauten, so ganz anders, als ich es bei den lebenden Menschen gesehen hatte. Und dann dicht neben der Eingangstür das Bild des Ritters mit dem bösen Gewissen und dem schwarzen krausen Bart, von dem es hieß, er werde rot, sobald ihn jemand anschaue. Ich habe ihn oftmals angeschaut, fest und lange; und wenn, wie es mir schien, sein Gesicht ganz mit Blut überlaufen war, so entfloh ich und suchte des Oheims Tür zu erreichen. Aber über dieser Tür war ein anderes Bild; es mochten die Porträts von Kindern sein, die vor einigen hundert Jahren hier gespielt hatten; in steifen brokatenen Gewändern mit breiten Spitzenkragen standen sie wie die Kegel nebeneinander, Knaben und Mädchen, eines immer kleiner als das andere. Die Farben waren verkalkt und ausgeblichen, und wenn ich unter dem Bilde durch die Tür lief, war es mir, als blickten sie alle aus den kleinen begrabenen Gesichtern mit ihren beerschwarzen Augen auf mich herab. War dann der Oheim in seinem Zimmer, so flog ich auf ihn zu, und er, von seinen Büchern auffahrend, schalt mich dann wohl und rief: »Was ist? Sind dir die albernen Bilder schon wieder einmal auf den Hacken?«

Großes Bedenken hatte es für mich, in der Dämmerung durch den Saal zu kommen. Zum Glück waren die sich gegenüberstehenden Türen an der Gartenseite, die Fenster sahen hier nach Westen, und der Abendschein stand tröstlich über dem Tannenwald. In des Oheims Zimmer waren dann die Vogelstimmen schlafen gegangen; nur draußen vor dem Fenster wurde der Kauz in seinem großen Käfig nun lebendig. Der Oheim saß dann wohl mit gefalteten Händen in seinem Lehnstuhl, während das Abendrot friedlich durch die Fenster leuchtete. Aber ich wußte ihn zum Sprechen zu bringen; ich ließ mich nicht abweisen, bis er mir das Märchen von der Frau Holle oder die Sage vom Freischützen erzählte, an der ich mich nie ersättigen konnte. Einmal freilich, als die Geschichte eben im besten Zuge war, stand er plötzlich auf und sagte: »Aber, Anna, glaubst du denn all das dumme Zeug? – Wart nur ein wenig«, fuhr er fort, indem er seine Schiebelampe anzündete; »du sollst etwas hören, was noch viel wunderbarer ist.« Dann haschte er eine Fliege, und nachdem er sie getötet, legte er sie vor uns auf den Tisch. »Betrachte sie einmal genau!« sagte er. »Siehst du an ihrem Körperchen die silbernen Pünktchen auf dem schwarzen Sammetgrunde; die zwei schönen Federchen an ihrem Kopf?« Und während ich seiner Anweisung folgte, begann er mir den kunstreichen Bau dieses verachteten Tierchens zu erklären. Aber ich langweilte mich; die Wunder der Natur hatten keinen Reiz für mich nach den phantastischen Wundern der Märchenwelt. ---

Indessen war ich unmerklich herangewachsen; und wenn ich, was selten genug geschah, einmal vor meinem Spiegel stand, so schaute mir eine schmächtige Gestalt mit einem gelben scharfgeschnittenen Gesicht entgegen. Zwar bemerkte ich die auffallende Bläue meiner Augen; im übrigen aber hatte dies zigeunerhafte Wesen mit dem schwarzen Haar keineswegs meinen Beifall. Mein Aussehen kümmerte mich indessen wenig. Ich war über die Bibliothek meines Vaters geraten, in der sich eine Anzahl schönwissenschaftlicher Bücher aus dem Ende des vorigen Jahrhunderts befand. Ich begann zu lesen, und bald befiel mich eine wahre Lesewut; ich kauerte mit meinen Büchern in den heimlichsten Winkeln des Hauses oder des Gartens und hatte manche Rüge meines Vaters zu erdulden, wenn ich den Ruf zum Mittagessen überhörte. Eines Nachmittags war ich draußen, mein Lesefutter in der Tasche, in eine der oberen Fensterhöhlen des Laubschlosses hineingeklettert und hatte es mir auf dem flachgeschorenen Gezweig bequem zu machen gewußt. Ich saß im Schatten, die grüne Blätterwölbung über mir, und hatte mich bald in ein Bändchen von Musäus' Volksmärchen vertieft, während unten in der Mitte des Rondells die heiße Junisonne kochte. Plötzlich kam die Stimme des Oheims in meine Märchenwelt hinein. Als ich hinabblickte, sah ich ihn zwischen den Zwergbäumchen stehen und, die Augen mit der Hand beschattend, zu mir hinaufreden. »So«, rief er, »es wird sich wohl niemand darum kümmern, wenn du hier das Genick brichst?«

»Ich breche ja nicht das Genick, Onkel«, rief ich hinunter; »es sind lauter alte, vernünftige Bäume!«

Aber er ließ sich nicht beruhigen; er holte eine Gartenleiter, stieg zu mir hinauf und überzeugte sich selbst von der Sicherheit meines luftigen Sitzes. »Nun«, sagte er, nachdem er noch einen kurzen Blick in mein Buch geworfen hatte, »du bist ja doch nicht zu hüten; spinne nur weiter, du wilde Katz!« --

Um dieselbe Zeit war es, daß eine seltsame Schwärmerei von mir Besitz nahm. Im Rittersaal auf dem Bilde oberhalb der Tür befand sich seitab von den reichgekleideten Kindern noch die Gestalt eines etwa zwölfjährigen Knaben in einem schmucklosen braunen Wams. Es mochte der Sohn eines Gutsangehörigen sein, der mit den Kindern der Schloßherrschaft zu spielen pflegte; auf der Hand trug er, vielleicht zum Zeichen seiner geringen Herkunft, einen Sperling. Die blauen Augen blickten trotzig genug unter dem schlicht gescheitelten Haar heraus; aber um den fest geschlossenen Mund lag ein Zug des Leidens. Früher hatte ich diese unscheinbare Gestalt kaum bemerkt; jetzt wurde es plötzlich anders. Ich begann der möglichen Geschichte dieses Knaben nachzusinnen; ich studierte in bezug auf ihn die Gesichter seiner vornehmen Spielgenossen. Was war aus ihm geworden, war er zum Manne erwachsen, und hatte er später die Kränkungen gerächt, die vielleicht jenen Schmerz um seine Lippen und jenen Trotz auf seine Stirn gelegt hatten? – Die Augen sahen mich an, als ob sie reden wollten; aber der Mund blieb stumm. Ein schwermütiges, mir selber holdes Mitgefühl bewegte mein Herz; ich vergaß es, daß diese jugendliche Gestalt nichts sei als die wesenlose Spur eines vor Jahrhunderten vorübergegangenen Menschenlebens. Sooft ich in den Saal trat, war mir, als fühle ich die Augen des Bildes auf meinen Lidern, bis ich emporsah und den Blick erwiderte; und abends vor dem Einschlafen war es nun nicht sowohl das Antlitz des lieben Gottes als viel öfter noch das blasse Knabenantlitz, das sich über das meine neigte. Einmal, da der Oheim über Feld war, trat ich aus seinem Zimmer, wo ich die Fütterung des Käuzchens besorgt hatte. Während ich durch den Saal ging, wandte ich den Kopf zurück und sah das Bild oberhalb der Tür von der Nachmittagssonne beleuchtet, die durch die nahe liegenden hohen Fenster schien. Das Gesicht des Knaben trat dadurch in einer Lebendigkeit hervor, wie ich es bisher noch nicht gesehen, und mich erfaßte plötzlich eine unwiderstehliche Sehnsucht, es in nächster Nähe zu betrachten. Ich horchte, ob alles still sei. Dann schleppte ich mit Mühe einige an den Wänden stehende Tische vor des Oheims Tür und türmte sie aufeinander, bis ich die Höhe des Bildes erreicht hatte. Während ich mitunter einen scheuen Blick über die schweigende Gesellschaft an den Wänden gleiten ließ, mit der ich mich in dem großen Raume eingeschlossen hatte, kletterte ich mit Lebensgefahr hinauf. Als ich oben stand, wallte mein Blut so heftig, daß ich das laute Klopfen meines Herzens hörte. Das Angesicht des Knaben war grade vor dem meinen; aber die Augen lagen schon wieder im Schatten, nur die roten, fest geschlossenen Lippen waren noch von der Sonne beleuchtet. Ich zögerte einen Augenblick, ich fühlte, wie mir der Atem schwer wurde, wie mir das Blut mit Heftigkeit ins Gesicht schoß; aber ich wagte es und drückte leise meinen Mund darauf. – Zitternd, als hätte ich einen Raub begangen, kletterte ich wieder hinab und brachte die Tische an ihre Stelle.

Dies alles hatte ein plötzliches Ende. An meinem vierzehnten Geburtstag kündigte mein Vater mir an, daß ich die nächsten drei Jahre bis nach meiner Einsegnung, die dort erfolgen solle, bei der Tante in einer großen Stadt sein würde. – Und so geschah es. Ich war wieder, wie in den ersten Jahren meiner Kindheit, auf den Raum einiger Zimmer beschränkt, ohne Wald, ohne Garten, ohne ein Plätzchen, wo ich meine Träume spinnen konnte. Ich sollte alles lernen, was ich bisher nicht gelernt hatte, ich wurde dressiert von innen und außen, und die Tante, unter deren Augen ich jetzt mein ganzes Leben führte, war eine strenge Frau, die von den hergebrachten Formen kein Tüttelchen herunterließ. Der einzige, der etwas über sie vermochte, war vielleicht der kleine Rudolf, dessen allzu leidenschaftliche Anhänglichkeit mich gegenwärtig zu beunruhigen beginnt. Mit ihm vereint gelang es mitunter, uns zu einer gemeinschaftlichen Wanderung in die Anlagen vor der Stadt loszubitten. – Der Aufenthalt wurde erst erträglich, als der Musikunterricht mir größere Teilnahme abgewann und als ich durch Vermittlung meines Lehrers die Erlaubnis erhielt, einem Gesangvereine beizutreten. Freilich wurde sie nur widerwillig gegeben; denn die Gesellschaft war eine aus allen Ständen gemischte – mauvais genre, wie die Tante mit einer ablehnenden Handbewegung zu sagen pflegte. Mich kümmerte das nicht. In den Pausen hielt ich mich zu der Schwester einer Hofdame und einer schon ältlichen Baronesse, die beide leidenschaftliche Sängerinnen waren; ein paar Leutnants von der Linie traten zu uns, und wir plauderten, bis der Taktstock wieder das Zeichen gab. Ich hätte von den übrigen kaum einen Namen anzugeben vermocht. Später waren dann die Bedienten zeitig da, um uns nach Hause zu geleiten.

Dann und wann kam ein kurzer förmlicher Brief meines Vaters, der mich ermahnte, in allem der Tante Folge zu leisten, oder ein längerer des Oheims, der kaum etwas anderes enthielt als das Gegenteil davon, bisweilen freilich auch einen Bericht über Schloß und Garten, der mich mit Heimweh nach diesen einsamen Orten erfüllte.

Endlich war der dreijährige Zeitraum verflossen; Tante Ursula und mein Vater kamen, um mich nach Hause zu holen, und Rudolfs Mutter übergab mich ihnen als ein nicht ganz mißlungenes Werk ihrer Erziehung. Auch mein Bruder Kuno hatte die Reise mitgemacht; er war gewachsen, aber er sah blaß und leidend aus, und es schnitt mir ins Herz, als bei der Ankunft eine kleine Krücke mit ihm vom Wagen gehoben wurde. Wir waren bald vertraute Freunde; auf dem Heimwege saß er zwischen mir und der Tante und ließ meine Hand nicht aus der seinen.

An einem klaren Aprilnachmittage langten wir zu Hause an. Schon als wir über die Brücke in den Hof einfuhren, sah ich den Oheim neben dem Turme in der Tür stehen. Er war barhäuptig wie gewöhnlich; sein volles graues Haar schien in der Zwischenzeit nicht bleicher geworden. »Nun, da bist du ja!« sagte er trocken und reichte mir die Hand. Als wir im Wohnzimmer waren und ich mich aus meinen Umhüllungen herausgeschält hatte, ließ er einen mißtrauischen Blick über meine modische Kleidung gleiten. »Wie willst du denn mit den Fahnen in die Beletage deines Gartenschlosses hinaufkommen?« sagte er, indem er den Saum meiner weiten Ärmel mit den Fingerspitzen faßte. »Und ich hab es eben expreß für dich putzen lassen.«

Aber seine Besorgnis war überflüssig; das Wesen, das in den Kleidern mit Volants und Spitzen steckte, war dem Kerne nach kein anderes als das in den knappen Kinderkleidern. Es ließ mir keine Ruhe; mit Entzücken lief ich in den Garten, wo eben das junge Grün an den Buchenhecken hervorsprang, durch das Hinterpförtchen in den Tannenwald und von dort wieder zurück ins Haus. Ich flog die breite Treppe hinauf; es kam mir alles so groß und luftig vor. Dann begrüßte ich die altfränkischen Herren und Damen im Rittersaal; aber ich trat unwillkürlich leiser auf, es war mir doch fast unheimlich, daß sie nach so langer Zeit noch ebenso wie sonst mit ihren grellen Augen in den Saal hineinschauten. Droben über der Tür neben den kleinen Grafenkindern stand noch immer der Knabe mit dem Sperling; aber mein Herz blieb ruhig. Ich ging achtlos, und ohne seinen trotzigen Blick zu erwidern, unter dem Bilde weg in das Zimmer des Oheims. Da saß er schon wieder wie sonst in seinem alten Lehnstuhl, unter seinen Büchern und seinem lebenden und toten Getier; Don Pedro, der lahme Starmatz, krächzte noch ganz in alter Weise, als ich den Finger durch die Stangen seines Käfigs steckte; und auch draußen vor dem Fenster saß wieder ein Käuzchen in einem großen hölzernen Bauer und schaute träumend in den Tag. Der Oheim hatte seine Bücher fortgelegt; und während ich die bekannten Dinge eines nach dem andern wieder begrüßte, fühlte ich bald, wie seine grauen Augen mit der alten Innigkeit auf mich gerichtet waren.

Als ich nach einer Weile in die Wohnstube hinabkam, saß auch Tante Ursula schon strickend in ihrer Fensternische, und nebenan in seinem Zimmer sah ich durch die offene Tür meinen Vater über seine Korrespondenzen und Zeitungen gebückt. So war denn alles noch beim alten; nur eine Vermehrung unserer Hausgenossenschaft stand bevor, da noch am selbigen Abend ein junger Mann erwartet wurde, der von meinem Vater auf die Empfehlung eines Gymnasialdirektors als Lehrer für den kleinen Kuno engagiert war. Er hatte Philologie und Geschichte studiert und sich nach einem längern Aufenthalt in Italien dem akademischen Lehrfach widmen wollen, war aber durch äußere Umstände zu einer vorläufigen Annahme dieser Privatstellung genötigt worden. Außer seinen sonstigen Kenntnissen sollte er, was besonders mich interessieren mußte, ein durchgebildeter Klavierspieler sein.

Ich sah ihn zuerst am folgenden Tage, da er unten an der Mittagstafel neben seinem Zögling saß. Das blasse Gesicht mit den raschblikkenden Augen kam mir bekannt vor; aber ich sann umsonst über eine Ähnlichkeit nach. Während er die Fragen meines Vaters über seinen Aufenthalt in der Fremde beantwortete, strich er mitunter mit einer leichten Kopfbewegung das schlichte braune Haar an der Schläfe zurück, als wolle er dadurch ein tiefes inneres Sinnen mit Gewalt zurückdrängen. Nach Beendigung des Mittagessens brachte mein Vater das Gespräch auf Musik und bat ihn, bisweilen meinem Gesange mit seinem Akkompagnement zu Hülfe zu kommen.

Obgleich aber dies mit Bereitwilligkeit zugesagt wurde, so verflossen doch einige Wochen, ohne daß ich mich dieser Abrede erinnert hätte; überhaupt bekümmerte ich mich um den neuen Hausgenossen nicht weiter, als daß ich ihn zu Mittag und bei dem gemeinschaftlichen Abendtee in der herkömmlichen Weise begrüßte. Eines Nachmittags aber war mit einer jungen Dame aus der Stadt, mit der ich zuweilen zu singen pflegte, eine Sendung neuer Musikalien angelangt. Wir hatten ein Duett von Schumann hervorgesucht; aber die eigensinnige Begleitung ging über unsere Kräfte. »Wir wollen den Lehrer bitten«, sagte ich und schickte den Diener nach dessen Zimmer.

Er kam nach einer Weile zurück: »Herr Arnold könne augenblicklich nicht, werde aber so bald wie möglich die Ehre haben.« So mußten wir denn warten; ich sah nach der Uhr, eine Minute nach der andern verging, es war schon über eine Viertelstunde. Wir hatten uns eben wieder selbst darangemacht, da ging die Tür, und Arnold trat herein. »Ich bedauere, meine Damen; die Stunde des Kleinen war noch nicht zu Ende.«

Ich erwiderte hierauf nichts. – »Wollen Sie die Güte haben!« sagte ich und zeigte auf das aufgeschlagene Notenblatt.

Er trat einen Schritt zurück. »Darf ich bitten, mich der Dame vorzustellen?«

»Herr Arnold!« sagte ich leichthin und ohne aufzublicken; ich nannte den Namen des jungen Mädchens nicht, ich wollte es nicht.

Er sah mich an. Ein überlegenes Lächeln glitt über sein Gesicht, und die leicht aufgeworfenen Lippen zuckten unmerklich. »Fangen wir an!« sagte er dann, indem er sich auf das Taburett setzte und mit Sicherheit die einleitenden Takte anschlug. Dann setzten wir ein; nicht eben geschickt, ich vielleicht am wenigsten; nur die Sicherheit des Klavierspielers hielt uns. Als wir aber bis auf die Mitte des Stückes gekommen waren, hielt er inne. »Ancora!« rief er, indem er mit der flachen Hand die Noten bedeckte; »aber jede Stimme einzeln! – Sie, mein Fräulein – ich darf mir vielleicht Ihren Namen erbitten!«

Die junge Dame nannte ihn.

»Wollen Sie den Anfang machen!« – Und nun begann, bald auch mit mir, eine strenge Übung; unerbittlich wurde jeder Einsatz und jede Figur wiederholt, wir sangen mit heißen Gesichtern; es war, als seien wir plötzlich in der Gewalt unseres jungen Meisters. Mitunter fiel er selbst mit seiner milden Baritonstimme ein; und allmählich trat das Musikstück in seinen einzelnen Teilen immer klarer hervor, bis wir es endlich unaufgehalten bis zu Ende sangen.

Als er sich lächelnd zu uns wandte, stand mein Vater hinter ihm, der unvermerkt herangetreten war. Das etwas abgespannte Gesicht des alten Herrn, der für Musik kein besonderes Interesse hatte, nahm sich zu der herkömmlichen Freundlichkeit zusammen. »Bravo, mein lieber Herr Arnold«, sagte er, indem er den jungen Mann auf die Schulter klopfte, »Sie haben den Damen heiß gemacht; aber Sie sollten uns auch nun selbst noch etwas singen!«

Arnold, der noch die eine Hand auf den Tasten hatte, setzte sich wieder und begann eines jener italienischen Volkslieder, in denen die Klage um den Glanz der alten Zeit wie ein ruheloser Geist umgeht.

Mein Vater blieb noch einige Augenblicke stehen; dann wandte er sich ab und ging, die Hände auf dem Rücken, im Zimmer auf und ab. Seine Gedanken waren längst bei andern Dingen, vielleicht bei dem Bildnis des Königs, das er durch Vermittlung eines einflußreichen Freundes als Geschenk der Majestät zu empfangen Hoffnung hatte. Statt seiner war der kleine Kuno mit seiner Krücke ans Klavier geschlichen und lehnte sich schweigend an seinen Lehrer. Dieser legte unter dem Spielen den Arm um ihn und sang so das Lied zu Ende. – »Hörst du das gern, mein Junge?« fragte er, und als der Knabe nickte und mit zärtlichen Augen zu ihm aufsah, nahm er ihn auf den Schoß und sang halblaut, als solle es dem Kleinen ganz allein gehören, das liebe deutsche Lied: »So viel Stern' am Himmel stehen!«

Aber, ob mit oder ohne Willen, auch für mich war es gesungen. Er sang es später noch oft für mich; denn unmerklich bildete sich seit diesem Tage ein freundlicher Verkehr zwischen uns. Es war aber nicht nur die Musik, die uns zusammenführte; der kleine Kuno hatte bald seine Liebe zwischen mir und seinem Lehrer geteilt und veranlaßte uns dadurch zu mannigfachem Beisammensein in und außer dem Hause.

Eines Tages im Juli waren der Oheim, Arnold und ich mit dem Knaben in der Stadt, um uns nach einem Rollstühlchen für ihn umzutun; denn schon damals begann das Gehen ihm mitunter schwer zu werden. Da unser Geschäft bald besorgt war, so nahmen wir auf Arnolds Vorschlag einen etwas weiteren Rückweg, der am Saume eines schönen Buchenwaldes entlangführte. Hinter demselben in einem Dorfe ließen wir den Wagen halten und wandelten miteinander die Straße hinab, zwischen den meist großen strohbedeckten Bauerhäusern. Nach einer Weile bog Arnold wie zufällig in einen Fußweg ein, welcher zwischen zwei mit Nußgebüsch und Brombeerranken bewachsenen Wällen entlangführte. Wir andern folgten ihm; Kuno, der sich heute kräftiger als sonst zu fühlen schien, hatte seine Augen auf den Hummeln und Schmetterlingen, welche im Sonnenschein um die Disteln schwärmten. Es dauerte indes nicht lange, so hörten zu beiden Seiten die Wälle auf, und vor uns in einer weiten Busch- und Wieseneinsamkeit lag ein stattlicher Bauernhof. Unter einer Gruppe dunkelgrüner Eichen erhob sich das Gebäude mit dem mächtigen, fast bis zur Erde reichenden Strohdache, die braungetünchte Giebelseite uns entgegen, aus der die weißgestrichenen Fenster freundlich hervorleuchteten.

»In jenem Hause«, sagte Arnold, »bin ich als Knabe oft gewesen, und weil es mir hier wie fast nirgends in der Welt gefallen hat, so wünschte ich, daß auch Sie es einmal sähen.«

Der Oheim nickte. Wer ist denn der Besitzer jenes schönen Gutes?«

»Es ist der Schulze Hinrich Arnold.«

»Hinrich Arnold?«

»Ja, der Bauer auf diesem Gute heißt allzeit Hinrich Arnold.«

»Aber«, fragte ich jetzt, »heißen denn Sie nicht auch so?«

»Die ältesten Söhne aus der Familie tragen alle diesen Namen«, erwiderte er; »auch bei dem Zweige derselben, der in die Stadt übergesiedelt ist. Der Vater des gegenwärtigen Besitzers war der Bruder des meinigen.«

Mittlerweile waren wir bei dem Hause angelangt. Durch das offenstehende Eingangstor am andern Ende des Gebäudes führte uns Arnold auf die große, die ganze Höhe desselben einnehmende Diele, an deren beiden Seiten sich die jetzt leerstehenden Stallungen für das Vieh befanden. Ein leichter Rauchgeruch empfing uns in dem dämmerigen Raume. Im Hintergrunde, wo vor den Türen der Wohnzimmer sich die Diele erweiterte und durch niedrige Seitenfenster erhellt war, saß neben einem am Boden spielenden kleinen Knaben eine alte Frau in der gewöhnlichen Bauerntracht von dunkelm eigengemachtem Zeuge, das graue Haar unter die schwarzseidene Kappe zurückgestrichen. Als wir näher getreten waren, stand sie langsam auf und musterte uns gelassen mit ein Paar grauen Augen, die unter noch schwarzen Brauen kräftig aus dem gebräunten Gesicht hervorsahen. »Sieh, sieh; Hinrich!« sagte sie nach einer Weile, indem sie unserm jungen Freunde die Hand schüttelte, scheinbar ohne uns andern weiter zu beachten.

»Das ist meine Großmutter«, sagte dieser; »da meine Eltern nicht mehr leben, meine nächste Blutsfreundin.« Dann bedeutete er ihr, wer wir seien; und sie reichte nun auch uns, der Reihe nach, die Hand.

Während sie halb mitleidig, halb musternd auf die Krücke des kleinen Kuno blickte, fragte Arnold: »Ist denn der Schulze zu Haus, Großmutter?«

»Sie heuen unten auf den Wiesen«, erwiderte sie.

»Und Ihr«, sagte mein Onkel, »wartet indessen vermutlich den jüngsten Hinrich Arnold?«

»Das mag wohl sein!« erwiderte sie, indem sie die Tür des einen Zimmers öffnete; »so ein abgenutzter alter Mensch muß sehen, wie er sein bißchen Leben noch verdient.«

»Die Großmutter«, sagte Arnold, als wir hineingetreten waren, »kann es nicht lassen, den Jüngeren behülflich zu sein. – Aber«, fuhr er zu dieser fort, »Ihr wißt es wohl, dem Schulzen ist es schon eine Freude, daß Ihr noch da seid und daß er und die Kinder Euch noch sehen, wenn sie von der Arbeit heimkommen.«

»Freilich, Hinrich, freilich«, erwiderte die Alte; »aber es erträgt einer doch nicht allzeit, wenn der andere so überzählig nebenher geht.« – Sie hatte währenddes zu dem Antlitz ihres Enkels emporgeblickt. »Du siehst nur schwach aus, Hinrich«, sagte sie, »das kommt von all dem Bücherlesen. – Er hätte es besser haben können«, fuhr sie dann zu uns gewendet fort; »denn sein Vater war doch der Älteste zum Hof, und er war wieder der Älteste. Aber der Vater wurde studiert; da muß nun auch der Sohn bei fremden Leuten herum sein Brot verdienen.«

Arnold lächelte; der Oheim sandte ihr einen beobachtenden Blick nach, als sie bei diesen Worten aus der Tür ging. Bald aber kam sie mit einigen Gläsern Buttermilch zurück, die Arnold für uns erbeten hatte.

In der Stube, die nicht zum täglichen Gebrauch bestimmt schien, standen mehrere sehr große Tragkisten an den Wänden, grün oder rot gestrichen, mit blankem Messingbeschlag, die eine auch mit leidlicher Blumenmalerei versehen; so daß fast nur auf der unter dem Fenster hinlaufenden Bank sich Platz zum Sitzen fand. Ich wollte der Alten eine Güte tun. »Ihr seid hier schön eingerichtet; mit all den saubern Kisten!« sagte ich.

Sie sah mich forschend an. »Meinen Sie das?« erwiderte sie, »ich dächte, ein paar eichene Schränke, daneben noch ein Stuhl oder ein Kanapee Platz hätte, wären doch wohl besser; aber es ist einmal die Mode so.«

Der Oheim nahm schweigend eine Prise, indem er mit seinen verschmitztesten Augen zu mir hinüberblickte. Die Alte war nach der Tür gegangen, um von einem über derselben befindlichen Brettchen einen Apfel für meinen Bruder herabzuholen. Da sie nicht hinauflangen konnte, trug ich rasch einen Stuhl herbei, stieg hinauf und reichte ihr den Apfel; zugleich erfreut, dadurch eine Verlegenheit zu verbergen, die ich nicht zu unterdrücken vermochte. Sie ließ mich ruhig gewähren. »Ja«, sagte sie, während sie dem kleinen Kuno den Apfel in die Hand drückte, »das hat jüngere Beine, da kann man nicht mehr mit.« Als ich aber bald darauf die strengen Augen der alten Bäuerin mit dem Ausdruck einer milden Freundlichkeit auf mich gerichtet sah, war mir unwillkürlich, als habe ich etwas gewonnen, das ebenso wertvoll als schwer erreichbar sei.

Bald darauf verließen wir die Stube und besahen die Einrichtung des Gebäudes, vorab den großen, Sauberkeit und Frische atmenden Milchkeller, wie Arnold bemerkte, das eigentliche Staatszimmer unserer Bauern. Dann, während die Alte bei dem künftigen Hoferben zurückblieb, traten wir aus dem Eingangstor ins Freie, unter den Schatten der alten vollbelaubten Eichen. »Ihre Großmutter ist eine Frau von wenig Komplimenten«, sagte der Oheim im Gehen; »aber man weiß nun doch, wo Sie zu Hause sind.«

Arnold ergriff für einen Augenblick die Hand des alten Herrn, die dieser, ohne aufzublicken, ihm gereicht hatte.

Vor uns, seitwärts von dem Hauptgebäude, lag das jetzt leerstehende Abnahmehäuschen. Auf einer Wiese dahinter befanden sich die Reste eines im Viereck gezogenen lebendigen Zaunes, welche die Neugierde meines Bruders erregten. Auch ein Paar Pfähle standen noch in den Büschen, zwischen denen einst ein Pförtchen den Eingang in den kleinen Raum verschlossen haben mochte. »Es ist ein Bienenhof«, sagte Arnold, »den mein Vater als Knabe vor vielen Jahren angelegt hat. Als sein Bruder später das Gut erhielt, hatte er zwar weder Zeit noch Lust, den Betrieb des jungen Bienenvaters fortzusetzen; aber er ließ den Zaun zu seinem Angedenken stehen, und mir zuliebe hat es auch der Schulze so gelassen.«

Vor uns lag, so weit das Auge reichte, eine ausgedehnte Wiesenfläche, hie und da durch lebendige Hecken oder einzelne Baumgruppen unterbrochen. Arnold wies mit der Hand hinaus und sagte: »Hier ist es mir seltsam ergangen. Als zwölfjähriger Knabe, da ich in den Sommerferien bei dem Oheim auf Besuch war, wanderte ich eines Morgens mit meinem einige Jahre älteren Vetter, dem jetzigen Schulzen, da hinab in die Wiesen. Wir gingen immer gradeaus, mitunter durch ein Gebüsch brechend, das unsern Weg durchschnitt. Ich blies dabei auf einer Pfeife, die mir mein Vetter aus Kälberrohr geschnitten hatte; auch ist mir noch wohl erinnerlich, wie an einigen Stellen das Auftreten auf dem sumpfigen, mit weißen Blumen überwachsenen Boden mir ein heimliches Grauen erregte. Nach einer Viertelstunde etwa kamen wir in einen dichten Laubwald, und nach der Sommerhitze draußen empfing uns eine plötzliche Schattenkühle; denn der Sonnenschein spielte nur sparsam durch die Blätter. Mein Vetter war bald weit voran; ich vermochte nicht so schnell fortzukommen, wegen des Unterholzes, das überall umherstand. Mitunter hörte ich ihn meinen Namen rufen, und ich antwortete ihm dann auf meiner Pfeife. Endlich trat ich aus dem Gebüsch in eine kleine sonnige Lichtung. Ich blieb unwillkürlich stehen; mich überkam ein Gefühl unendlicher Einsamkeit. Es war so seltsam still hier; ein paar Schmetterlinge gaukelten lautlos über einer Blume, der Sonnenschein lag schimmernd auf den Blättern, und ein schwerer, würziger Duft schien wie eingefangen in dem abgeschiedenen Raume. In der Mitte desselben auf einem bemoosten Baumstumpf lag eine glänzend grüne Eidechse und sah mich wie verzaubert mit ihren goldenen Augen an. -- Ich weiß dies alles genau; ich weiß bestimmt, daß wir vom Bienenhof hier in grader Richtung über die Wiesen fortgegangen sind. Und doch lacht der Schulze mich aus, wenn ich ihn jetzt daran erinnere; denn dort hinunter liegt kein Wald und hat auch seit Menschengedenken keiner mehr gelegen. - Wo aber bin ich damals denn gewesen?«

»Vielleicht dort nach der andern Seite hin«, sagte mein Oheim.

»Dann hätte der Weg nicht über die Wiesen führen können.«

»Hm; eine grüne Eidechse? Ich habe hier herum so eine noch nicht gefunden. - Wissen Sie, Herr Arnold, es ist doch gut, daß Sie nicht der Schulze hier geworden sind. Sie sind ja ein Phantast, trotz der Anna da mit ihren alten Bildern.«

Ich weiß nicht, weshalb wir beide rot wurden, als der Oheim uns bei diesen Worten eines nach dem andern ansah; aber ich bemerkte noch, wie Arnold mit jener leichten Bewegung den Kopf schüttelte und wie zur Abwehr das Haar mit der Hand zurückstrich.

Auf dem Heimwege, den wir bald darauf antraten, wurde wenig zwischen uns gesprochen. Der kleine Kuno saß bald schlafend in meinem Arm; mir war still und friedlich zu Sinne. Als wir zu Hause anlangten, lagen schon die bräunlichen Tinten des Abends am Horizont, und einzelne Sterne drangen durch den Himmel.

Der Sommer ging auf die Neige, während das Leben im Schlosse seinen ruhigen einförmigen Verlauf nahm. Arnold und sein kleiner Schüler schienen immer mehr Gefallen aneinander zu finden; denn der Knabe lernte leicht und willig, wenn die Unterrichtsstunden auch mitunter durch seine Kränklichkeit unterbrochen wurden. Auffallend schwer wurde ihm dagegen das Auswendiglernen alter Kirchenlieder, von denen er an jedem Sonntagmorgen einige Verse vor dem Vater in dessen Zimmer aufsagen mußte. – Eines Vormittags wollte ich, um ihn zu ermutigen, das ihm aufgegebene Lied von Nicolai gleichfalls auswendig lernen. Ich war in den Rittersaal hinaufgegangen; bald aber trat ich durch die offenstehende Tür in das Zimmer des Oheims, der wie gewöhnlich um diese Zeit im Lehnstuhl an seinem Tische saß. Er warf einen flüchtigen Blick zu mir hinüber und fuhr dann schweigend fort, die am vorhergehenden Tage gefangenen Insekten auf einer Korktafel auszuspannen. Ich ging mit meinem Buche im Zimmer auf und ab, erst leise und allmählich lauter die Worte des Gesanges vor mir hermurmelnd. So kam ich an den dritten Vers:

Geuß sehr tief in mein Herz hinein,
Du heller Jaspis und Rubein,
Die Flammen deiner Liebe.

Mein Onkel erhob plötzlich den Kopf und sah mich scharf durch seine großen Brillengläser an. »Tritt her!« sagte er. »Was lernst du da?« Als ich Folge geleistet hatte, zeigte er mit dem Finger auf einen schwarzen Käfer, der mit aufgesperrten Kiefern an der Nadel steckte. »Weißt du«, fuhr er fort, »wie der Carabus den Maikäfer frißt?« – – Und nun begann er mit unerbittlicher Ausführlichkeit die grausame Weise darzulegen, womit dies gefräßige Insekt sich von andern seinesgleichen nährt. – Ich hatte selbst so etwas in unserm Garten wohl gesehen, aber es hatte weitere Gedanken nicht in mir angeregt. Meine Augen hingen regungslos an den Lippen des alten Mannes; es überfiel mich eine unbestimmte Furcht vor seinen Worten.

»Und das, mein Kind«, sprach er weiter, indem er jedes seiner Worte einzeln betonte, »ist die Regel der Natur. – – Liebe ist nichts als die Angst des sterblichen Menschen vor dem Alleinsein.«

Ich antwortete nicht; mir war plötzlich, als wäre der Boden unter meinen Füßen fortgezogen worden. Der Ausdruck meines Gesichts mochte das verraten haben, denn auch mein Oheim schien über die

Wirkung seiner Worte bestürzt zu werden. »Nun, nun«, sagte er, indem er mich sanft in seinen Arm nahm; »es mag vielleicht nicht so sein; nur etwas anders doch, als es dort in deinem Katechismus steht.« – –

Aber die Worte wühlten in mir fort; mein Herz hatte in der Einsamkeit so oft nach Liebe geschrien, während ich in den weiten Gemächern des Hauses umherstrich, wo nie die Hand einer Mutter nach der meinen langte. Um die Mittagszeit sah ich die Leute von der Feldarbeit zurückkehren. Mir war, als müßte der Ausdruck der Trostlosigkeit auf allen Gesichtern zu lesen sein; aber sie schlenderten wie gewöhnlich gleichgültig und lachend über den Hof.

Am Nachmittage, als müßte ich ihn zwingen weiterzureden, trieb es mich wieder nach dem Zimmer des Oheims. Die Tür stand offen, aber er selbst war nicht dort. – Mitten auf der Diele lag eine schwarze Katze, eine gefangene Maus zwischen den Krallen, die sich in der Nachmittagsstille hervorgewagt haben mochte. Ich blieb auf der Schwelle stehen und schaute grübelnd zu. Die Katze begann ihr Spiel zu treiben; sie zog die Krallen ein, und die Maus rannte hurtig über die Dielen und an den Wänden entlang. Aber die grünen glimmenden Augen hatten sie nicht losgelassen; ein heimliches Spannen der Muskeln, ein Satz, und wieder lag das Raubtier da, mit dem glänzenden Schwanz den Boden fegend, die gefangene Maus vorsichtig mit den spitzen Zähnen fassend. Sie war noch nicht aufgelegt, ein Ende zu machen; das Spiel begann von neuem. Manchmal, wenn sie die kleine entrinnende Kreatur immer wieder mit der zierlich gekrümmten Pfote an sich riß, wollte mich fast das Mitleid überwältigen; aber ein Gefühl, halb Trotz, halb Neugier, hielt mich jedesmal zurück.

Während ich so für mich hinbrütend dastand, hörte ich die gegenüberliegende Tür gehen, indes die Katze mit ihrem noch lebenden Opfer davonsprang. »Sie, gnädiges Fräulein!« sagte eine jugendliche Stimme; und als ich aufblickte, sah ich Arnold vor mir stehen, der seit einiger Zeit mit dem Oheim viel verkehrte. Da ich ihm nichts erwiderte, so machte er eine Bewegung, als wollte er sich entfernen; plötzlich aber, als habe er auf meinem Antlitz die Hülflosigkeit meines Innern gelesen, zögerte er wieder und sagte fast demütig: »Kann ich Ihnen in irgend etwas dienen, Fräulein Anna?«

Es war ein Ausdruck in seinen Augen, der mich reden machte. Ich trat an den Tisch und zeigte ihm des Oheims Spannbrett, auf welchem noch der schwarze Käfer steckte.

»Befreien Sie mich von dem«, sagte ich, »und – von der schwarzen Katze!« Und als er mich zweifelnd ansah, erzählte ich ihm, was mir am Vormittage hier geschehen und was soeben vor meinen Augen vorgegangen war. Er hörte mich ruhig an. »Und nun?« fragte er, als ich zu Ende war.

»Ich habe bisher noch immer den Finger des lieben Gottes in meiner Hand gehalten«, sagte ich schüchtern.

Seine Augen ruhten eine Weile wie prüfend auf mir. Dann sagte er leise: »Es gibt noch einen andern Gott.«

»Aber der ist unbegreiflich.«

Ein mildes Lächeln glitt über sein Antlitz. »Das sind noch die Kinderhände, die nach den Sternen langen.« – Er stand einige Augenblicke in Nachdenken verloren; dann sagte er: »In der Bibel steht ein Wort: So ihr mich von ganzem Herzen suchet, so will ich mich finden lassen! – Aber sie scheinen es nicht zu verstehen; sie begnügen sich mit dem, was jene vor Jahrtausenden gefunden oder zu finden glaubten.« – Und nun begann er mit schonender Hand die Trümmer des Kinderwunders hinwegzuräumen, das über mir zusammengebrochen war; und indem er bald ein Geheimnis in einen geläufigen Begriff des Altertums auflöste, bald das höchste Sittengesetz mir in den Schriften desselben vorgezeichnet wies, lenkte er allmählich meinen Blick in die Tiefe. Ich sah den Baum des Menschengeschlechtes heraufsteigen, Trieb um Trieb, in naturwüchsiger ruhiger Entfaltung, ohne ein anderes Wunder als das der ungeheuren Weltschöpfung, in welchem seine Wurzeln lagen.

Die Begeisterung hatte seine Wangen gerötet, seine Augen glänzten; ich horchte regungslos auf diese Worte, die wie Tautropfen in meine durstige Seele fielen. Da, als ich zufällig aufblickte, sah ich meinen Oheim an dem gegenüberliegenden Fenster stehen, scheinbar an den Käfigen seiner Vögel beschäftigt; als aber jetzt auch Arnold den Kopf zu ihm wandte, hob er drohend den Finger. »Wenn das meine brüderliche Exzellenz wüßte!« sagte er. »Steht denn der Unterricht auch in dem allerhöchst genehmigten Stundenplan? – Nun, nun«, fuhr er lächelnd fort, »ich werde das nicht verraten!« Dann trat er an den Tisch, und indem er mit einer gewissen Feierlichkeit seine Hand über die darauf liegenden Werke der neueren Naturforscher hingleiten ließ, sagte er halblaut, wie zu sich selber: »Das sind die Männer, die ihn suchen, von denen er sich wird finden lassen; aber der Weg ist lang und führt oftmals in die Irre.« ---

Ich gedenke noch, wie dieser Tag sich neigte. – Das Abendrot leuchtete an den Wänden der Wohnstube; mein kleiner Bruder, der an dem Tischchen in der Fensternische saß und über den Hof in den Garten hinabblickte, wollte noch gern einmal ins Freie; aber ich und »der liebe Arnold« sollten mit. Da mein Vater auswärts war, so ließ die Tante sich bereden. Nachdem Arnold von seinem Zimmer herabgekommen, packten wir den Knaben in sein Rollstühlchen und ließen es durch den Diener in den Garten bringen. Aber dann durfte wiederum niemand anfassen als Arnold und ich; und so schoben wir denn, jeder mit einer Hand, das kleine Gefährte in der breiten Lindenallee auf und ab. Die Tante mit ihrem Filettüchlein um den Kopf ging nebenher und zog mitunter das Mäntelchen dichter um die Füße des Knaben. Aber kaum ein Wort wurde gewechselt; es war still bis in die weiteste Ferne; nur mitunter sank leise ein Blatt aus dem Gezweig zur Erde, und oben über den Wipfeln war das stumme, ruhelose Blitzen der Sterne. Das Kind saß zusammengesunken und träumend in seinen weichen Kissen; nur einmal richtete es sich auf und rief: »Arnold, Anna! da flog ein Goldkäferchen, ganz oben bei den Sternen!«

»Das war eine Sternschnuppe, mein Kind«, sagte Tante Ursula.

Ich sah, wie Arnold den Kopf zu mir wandte; aber wir sprachen nicht; wir fühlten, glaub ich, beide, daß dieselben Gedanken uns bewegten. Als wir bald darauf mit dem schlafenden Kinde in das Haus zurückgekehrt waren, stand ich noch lange am Fenster und blickte in die Nacht hinaus. Es war ein Gefühl ruhigen Glückes in mir; ich weiß nicht, war es die neue, bescheidenere Gottesverehrung, die jetzt in meinem Herzen Raum erhielt, oder gehörte es mehr der Erde an, die mir noch nie so hold erschienen war.

Im September hatten wir, da in den unteren Zimmern eine Reparatur vorgenommen wurde, uns oben in dem großen Bildersaale eingerichtet. Es war an einem Sonntagvormittage. Am Abend sollte in der Stadt die Einweihung des neuerbauten Rathauses mit festlichen Aufführungen und darauffolgendem Ball begangen werden. Mein Vater, der guter Laune war, da das erhoffte Königsbild seit einigen Tagen nun wirklich in seinem Zimmer hing, hatte auf die Einladung der städtischen Behörde für uns alle zugesagt. Die Oberforstmeisterin von dem uns zunächst gelegenen Gute und eine bei ihr lebende Schwester, welche den nach meiner Rückkehr abgestatteten Besuch noch nicht erwidert hatten, wurden zu Tisch erwartet. Die Damen waren gleichfalls eingeladen und wollten am Abend gemeinschaftlich mit uns zur Stadt fahren.

Ich saß mit einer Handarbeit am Fenster. Arnold, mit dem ich zuvor gesungen hatte, stand noch im Gespräche neben mir. Er hatte mich eben auf den Abend um einen Tanz gebeten, als meine Tante mit den erwarteten Gästen in den Saal trat. Die Oberforstmeisterin war eine stattliche Dame in mittleren Jahren; ihre Augen waren beständig halb geschlossen, als sei die Welt ihres vollen Blicks nicht wert, und ich dachte immer, ihr Fuß müsse jedes kleine Geschöpf auf ihrem Wege zertreten; sowenig sah sie, was unter ihr am Boden war. Aber die Fältchen um ihre Augen verschwanden, als sie auf mich zukam; sie küßte mich, sie war entzückt von der Frische meines Teints und dem Glanz meiner Augen; in ihrer matten Sprechweise überschüttete sie mich mit Zärtlichkeiten. Meine Tante hatte ihr Arnolds Namen genannt, und sie hatte, während sie das Gespräch mit mir fortsetzte, seine Verbeugung leicht und höflich erwidert.

»Ist der junge Mann ein Verwandter des Herrn von Arnold auf Grünholz?« fragte sie mich nach einiger Zeit.

Ich hatte nicht den Mut, es einfach zu verneinen, als ich in das hochmütige Gesicht dieser Frau blickte. »Ich glaube kaum«, sagte ich leise; »er hat uns nicht davon gesprochen.«

Aber er mußte meine Lüge gehört haben; denn schon war er näher getreten, und während ich seinen ernsten Blick auf meinen niedergeschlagenen Augen zu fühlen glaubte, hörte ich ihn sagen: »Ich heiße Arnold, gnädige Frau, und bin seit einigen Monaten der Lehrer des jungen Barons.«

Die Oberforstmeisterin ließ wie musternd ihre Augen über ihn hingleiten. »So?« sagte sie trocken; »der Kleine macht Ihnen gewiß recht große Freude!« Dann wandte sie sich mit einem verbindlichen Lächeln zu meiner Tante und begann mit dieser ein Gespräch.

Arnold blickte ruhig über sie hin; es war ein Ausdruck der Verwunderung in seinen dunkeln Augen.

Bald darauf ging meine Tante mit den beiden Damen nach ihrem

Zimmer. Ich blieb bei meiner Arbeit am Fenster sitzen; Arnold stand neben dem offenen Klavier. Keiner von uns sprach; es war wie beklommene Luft im Zimmer. »Singen Sie doch etwas«, sagte ich endlich; »ein Volkslied, oder was Sie wollen!«

Er setzte sich, ohne zu antworten, ans Klavier, und nach ein paar leidenschaftlichen Akkordenfolgen sang er in bekannter Volksweise:

Als ich dich kaum gesehn,
Mußt es mein Herz gestehn,
Ich könnt dir nimmermehr
Vorübergehn.

Fällt nun der Sternenschein
Nachts in mein Kämmerlein,
Lieg ich und schlafe nicht,
Und denke dein.

Die Melodie hatte ich oft gehört; aber der Text war ein anderer. Mir kam eine Ahnung, daß diese Worte mir galten; ich fühlte, wie seine Stimme bebte, als er weitersang. Aber die Worte klangen süß, daß ich wie träumend die Arbeit ruhen ließ.

Ist doch die Seele mein
So ganz geworden dein,
Zittert in deiner Hand,
Tu ihr kein Leid!

Er sang die Strophe nicht zu Ende; er war aufgesprungen und stand vor mir. »Fräulein Anna«, sagte er, und in seiner Stimme klang noch die ganze Aufregung des Gesanges; »weshalb verleugneten Sie mich vor jener Frau?«

»Arnold!« rief ich. »Oh, bitte, Arnold!« Denn die Worte hatten mich grade ins Herz getroffen.

Als ich aufblickte, fuhr ein Strahl von Stolz und Zorn aus seinen Augen. Ich konnte es nicht hindern, daß mir die Tränen über die Wangen liefen und auf meine Arbeit herabfielen. Er sah mich einen Augenblick schweigend an; dann aber verschwand der Ausdruck der Heftigkeit aus seinem Antlitz. »Weinen Sie nicht, Anna«, sagte er; »es mag schwer zu überwinden sein, wenn einem die Lüge schon als Angebinde in die Wiege gelegt ist.«

»Welche Lüge? Was meinen Sie, Herr Arnold?«

Seine Augen ruhten mit einem Ausdruck des Schmerzes auf mir. »Daß man mehr sei als andere Menschen«, sagte er langsam. »Wer wäre so viel, daß er nicht einmal auf Augenblicke dadurch herabgezogen würde!«

»O Arnold«, rief ich, »Sie wollen alles in mir umstürzen!«

Er sah mich wieder mit jenen resoluten Augen an, als da ich zum ersten Mal ihm gegenüberstand; und jetzt plötzlich wußte ich es, was mich so vertraut aus diesem Antlitz ansprach. Ich schwieg; denn mir war, als fühlte ich das Blut in meine Wangen steigen. Dann aber, als er mich fragend anblickte, suchte ich mich zu fassen und wies mit der Hand nach jenem alten Familienbilde oberhalb der Tür. »Sehen Sie keine Ähnlichkeit?« fragte ich. »Der eine von jenen Knaben muß Ihr Vorfahr sein.«

Er warf einen flüchtigen Blick auf das Bild. »Sie wissen ja«, erwiderte er kopfschüttelnd, »ich gehöre nicht zu den Ihrigen.«

»Ich meine den Knaben, der den Sperling auf der Hand trägt«, sagte ich.

Ein Ausdruck des bittersten Hohnes flog über sein Gesicht. »Den Prügeljungen? – Das wäre möglich; meine Familie ist ja hier zu Haus.« Aber gleich darauf strich er mit jener leichten Kopfbewegung das Haar zurück und sagte fast weich: »Verzeihen Sie mir, Fräulein Anna; ich bin nicht immer gut.«

Ich war aufgestanden, und ich glaube, ich habe ihn mit meinen finstersten Augen angesehen. »Sie machen mir den Vorwurf«, erwiderte ich, »aber Sie selbst, meine ich, sind der Hochmütige!«

»Nein, nein«, rief er, indem er die Hand wie abwehrend von sich streckte, »das ist es nicht; ich schätze niemanden gering.«

Unser Gespräch wurde unterbrochen. Die Damen kamen zurück, und ich hatte Mühe, meine Aufregung zu verbergen.

Am Abend befanden wir uns alle, außer dem Oheim, der niemals eine Gesellschaft besuchte, in dem schönen, hell erleuchteten Rathaussaale der nächsten Stadt.

Es war eine Reihe von lebenden Bildern gestellt, welche die verschiedenen Epochen der städtischen Entwicklung zur Anschauung bringen sollten. Nun wurde der Saal geräumt, um Platz zum Tanzen zu gewinnen; jung und alt stand umher, sich über die eben beendigten

Aufführungen unterhaltend. »Scharmant; in der Tat scharmant!« hörte ich die Stimme meines Vaters; ich sah ihn bald mit diesem, bald mit jenem in verbindlicher Weise konversieren; er lächelte, er bot den Herren seine Dose; es schien überall eine harmlose Gegenseitigkeit zu walten. Ich hatte mich Arnold zum ersten Tanz versagt; mir klopfte das Herz; denn ich hatte seit lange nicht und niemals noch mit ihm getanzt. Meine gesangskundige Freundin hatte sich zu mir gefunden; wir hatten Arm in Arm gelegt und wandelten unter den brennenden Kronleuchtern plaudernd auf und ab. Während schon die Musikanten ihre Geigen stimmten, kam mein Vater auf uns zu. Er machte der jungen Dame über ihre Mitwirkung in den gestellten Bildern ein Kompliment und sagte dann wie beiläufig: »Du wirst dich fertigmachen müssen, Anna; der Wagen ist vorgefahren.«

»Was, Sie wollen schon fort? – Anna! Die Uhr ist ja kaum erst zehn!« rief das junge Mädchen.

Mein Vater neigte sich höflich zu ihr. »Wir müssen herzlich bedauern; aber ich hoffe, Sie werden uns recht bald bei uns zu Hause das Vergnügen machen.«

Mir quoll das Herz, aber ich schwieg; es konnte mich nicht überraschen, was geschah; ich hatte es in meiner Freude nur vergessen.

Nun traten auch andere hinzu; und es erfolgten Bitten und freundliches Drängen von allen Seiten; mein Vater hatte vollauf zu tun, das alles in leicht hingeworfenen Worten abzulehnen. Die Vorwände waren zwar augenscheinlich nichtig; aber sie waren ja auch nicht darauf berechnet, Glauben zu erwecken. Man begann denn auch allmählich zu begreifen; es entstand eine Stille, und die Leute zogen sich einer nach dem andern zurück. Mein Vater wandte sich an seinen Hauslehrer. »Amüsieren Sie sich, liebster Herr Arnold, und haben Sie nur die Güte, dem Kutscher zu sagen, wann Sie geholt sein wollen.«

»Ich danke, Exzellenz; ich werde gehen.«

Dann brachen wir auf. Tante Ursula, die Oberforstmeisterin und ihre Schwester nahmen mich in ihre Mitte; so schritten wir an der schweigenden Gesellschaft vorbei den Saal hinab. Es waren Männer darunter, die den Stempel langjähriger ernster Gedankenarbeit auf der Stirn trugen, Jünglinge mit tiefen vornehmen Augen, Mädchen mit allem Stolz und aller Grazie der Jugend; wir aber waren etwas zu Apartes, um uns mehr als andeutungsweise mit ihnen zu bemengen.

Im Vorübergehen sah ich den stillen Ausdruck der Kränkung auf manchem jungen Antlitz, auf manchem alten ein ruhiges Lächeln. Ich mußte die Augen niederschlagen; ich haßte – nein, ich verachtete, mit Füßen hätte ich sie von mir stoßen mögen, die mich zwangen, mich so vor mir selber zu erniedrigen.

Am andern Vormittag, da ich noch ganz erfüllt von solchen Gedanken in den Garten gegangen war, begegnete mir Arnold in dem hinteren Quergange der Lindenallee. Es lag eine finstere Trauer in seinen Augen, als er langsam auf mich zukam. Wie von innerer Gewalt gedrängt, streckte ich beide Hände gegen ihn aus. »Arnold!« rief ich, »das war nicht meine Schuld!«

Er ergriff sie und sah mir eine Weile voll und tief in die Augen. »Dank, Dank für dieses Wort«, sagte er, indem alle Düsterkeit aus seinem Angesicht verschwand; »es hat nicht helfen wollen, daß ich es mir selbst schon tausendmal gesagt habe.«

Dann gingen wir schweigend nebeneinander ins Schloß zurück; mir war, als sei eine Zentnerlast von meiner Brust gefallen, als ich jetzt wieder zu der Tante in den Saal trat.

Bald darauf wurde es eine trübe, einsame Zeit. Die Schwäche des kleinen Kuno nahm in einer Weise zu, daß der Arzt jeden Unterricht auf Jahre hinaus untersagte. – Infolgedessen verließ uns Arnold; er wollte nach der Residenz, um sich an der dortigen Universität als Dozent zu habilitieren.

Der kleine Kranke war fast nicht zu trösten; Arnold mußte ihm versprechen, daß er wiederkommen oder daß er ihn zu sich holen wolle, sobald seine Kräfte wieder zugenommen hätten. Wenn wir vorausgewußt hätten, daß schon nach einem Monat das kleine Bett leer stehen würde, er wäre wohl so lange noch geblieben.

An einem klaren Novembervormittag hielt unser Wagen unten auf dem Hofe, um ihn zur nahen Stadt zu bringen. Ich war, von einem Gefühl schmerzlicher Unruhe getrieben, in den Garten hinabgegangen; die Buchenhecken waren schon gelichtet, die letzten gelben Blätter wehten von den Bäumen. Während ich in dem Gange hinter dem Laubschlosse auf und ab ging, sah ich Arnold in dem Hauptsteige herabkommen; er stand mitunter still und blickte um sich her; ich fühlte wohl, daß er mich suchte. Aber ich ging ihm nicht entgegen; ein Trotz, eine Wollust des Schmerzes überfiel mich; ich sollte ihn auf immer verlieren, so wollte ich auch diese letzten, armseligen Minuten von mir werfen. Ich schlich mich leise durch die Büsche in die Seitenallee und floh wie ein gejagtes Wild den Steig hinab. Unten durch eine Lücke des Zaunes schlüpfte ich in das angrenzende Gehölz. Dann, nachdem ich seitwärts durch die Bäume gegangen war, so weit, daß ich den Hauptgang des Gartens überblicken konnte, stand ich still und schlang den Arm um einen Tannenstamm. Ich sah noch, wie Arnold aus dem Garten trat, wie hinter ihm das eiserne Gittertor zuschlug. Ich rührte mich nicht; als ich nach einer Weile hörte, wie der Wagen über das Steinpflaster des Hofes rollte, warf ich mich auf den Boden und weinte bitterlich.

Da legte sich eine Hand sanft auf meine Schulter. Es war mein Oheim. »Komm«, sagte er, »komm, mein Kind; wir wollen noch einige Kiefernäpfel für meinen Kreuzschnabel suchen.« Er hob mich vom Boden auf und strich mit der Hand die trockenen Tannennadeln aus meinen Haaren; dann, während er einige Kienäpfel zwischen den Stämmen aufsammelte, führte er mich ins Haus und über eine Hintertreppe auf sein Zimmer. »So«, sagte er und drückte mich in seinen großen Lehnstuhl nieder und streichelte mir die Wangen, »besinne dich, mein Kind!« – Ein paarmal ging er, die Hände auf dem Rücken, im Zimmer auf und nieder; dann fütterte er den Kreuzschnabel und den lahmen Starmatz und machte sich draußen vor dem Fenster am Bauer des Käuzchens was zu tun; endlich kam er wieder zu mir zurück. »Es wird recht einsam für dich werden«, sagte er; »im Winter allein mit all den alten Menschen; aber um Ostern – ich hab es mir bedacht –, da reisen wir beide einmal – was meinst du von der Residenz? – Ich werde den Vetter bitten, daß er dich mit mir reisen läßt. – – Der Arnold ist dann auch dort«, setzte er wie beiläufig hinzu; »er kann uns umherführen; der Bursche muß ja dann schon überall Bescheid wissen.«

Als ich bei diesen Worten seine Augen mit dem Ausdruck der zartesten Fürsorge auf mich gerichtet sah, gedachte ich unwillkürlich der seltsamen Erklärung der Liebe, die er mir vor einiger Zeit und an derselben Stelle gegeben hatte. »Onkel«, sagte ich leise, während ich den Druck seiner Hand an der meinen fühlte, »ist denn das auch nur die Furcht vor dem Alleinsein?«

»Freilich«, erwiderte er, »was denn anders, Kind? – Mein lahmer Starmatz und der alte Herr mit den Brillenaugen dort draußen vor dem Fenster, es sind zuzeiten schon ganz unterhaltende Gesellen; aber sie gehören denn doch, wie Hegel sagt, zu dem schlechthin Fremdartigen; und – mitunter, glaub ich, verstehen sie mich nicht ganz.«

Ich sah ihn zärtlich an und schüttelte den Kopf.

»Nun, nun«, fügte er sanft hinzu, »vielleicht ist es auch die Furcht, daß du allein seist.«

– – –

Hier brachen die beschriebenen Blätter ab.

Ein anderer Tag

Die schweren Fenstervorhänge des Wohnzimmers schienen heute fast zu dunkel; denn draußen über dem Garten lag ein feuchter Oktobernachmittag. – Zwischen der Gutsherrin und ihrem jungen Verwandten war soeben ein Gespräch verstummt, das von besonderer Bedeutung gewesen sein mußte; denn während sie an ihren Schreibtisch ging und das Heft hervornahm, woran sie vor einigen Wochen geschrieben hatte, lehnte er in der Fensternische und blickte, augenscheinlich mit einer schmerzlichen Verstimmung kämpfend, in den trüben Tag hinaus.

»Lies das, Rudolf, lies es jetzt gleich«, sagte sie, die Blätter vor ihm auf die Fensterbank legend; »ich dachte, es sei nur für mich selbst, als ich es niederschrieb; aber ich vertraue dir, und es wird gut sein, wenn du weißt, wie es einst mit mir gewesen ist.«

Er nahm schweigend das Heft und begann zu lesen. Sie sah ihm eine Weile zu; dann setzte sie sich in einen Sessel vor dem Kamin, in welchem der kühlen Jahreszeit wegen schon ein leichtes Feuer brannte. – Sie durchdachte noch einmal den Inhalt des Geschriebenen, und unwillkürlich schrieb sie in Gedanken weiter. Wie Nebelbilder erhellten sich einzelne Szenen ihrer Vergangenheit vor ihrem innern Auge und verblaßten wieder. Als Rudolf einmal unter dem Lesen einen Blick nach ihr hinüberwarf, sah er, wie sie die geballten Hände gegen ihre Augen drückte. Es waren die Tage ihrer Hochzeit, die grell beleuchtet vor ihr standen. Sie suchte mit körperlicher Gewalt der Bilder Herr zu werden, die sich frech und meisterlos zu ihr herandrängten und nicht weichen wollten. – Und es gelang ihr auch. Es wurde finster um sie her; ihr war, als ginge sie durch den Bauch der Erde. Sie hörte vor sich einen kleinen schlurfenden Schritt; in tödlicher Sehnsucht streckte sie die Arme aus; sie wußte es, es war ihr totes Kind, das vor ihr ging, ganz einsam durch die dichte Nacht; es konnte nicht fort, es hatte Erde auf den kleinen Füßen. Aber wo war es? Ihre zitternden Hände griffen umsonst in die leere Finsternis. – Da blickten ein Paar Augen durch die Nacht; und es wurde wieder hell; denn diese Augen gehörten noch dem Leben an. »Arnold«, sprach sie leise. – So hatte er sie angeschaut, als die kleinen Augen ihres Kindes sich geschlossen, tröstlich und doch ein Spiegel ihres Schmerzes; so auch, jahrelang nach jenem stummen Abschiednehmen dort im Garten, als sie in der Residenz, mit ihrem Gemahl in eine Gesellschaft tretend, ihn zum ersten Male wiedergesehen hatte. Sein Name war damals schon ein vielgenannter; er war ein Mann von »Distinktion« geworden, und auch hochgestellten Personen schmeichelte es, ihn unter ihren Gästen nennen zu können. So geschah es, daß sie sich von nun an zuweilen am dritten Orte sahen; bald aber kam er auch in ihr Haus, oft und öfter, zuletzt fast täglich, wenn auch nur auf Augenblicke. Was er für seine Vorlesungen, was er sonst zur Veröffentlichung niederschrieb, es war zuvor in geistigem Austausch zwischen ihnen hin und wider gegangen. Sie wurde allmählich sein Gewissen in diesen Dingen; er konnte ihrer Bestätigung kaum noch entbehren. – Mittlerweile war ihr Kind geboren und nach kaum Jahresfrist wieder gestorben. Sie hatten sich dadurch unwillkürlich nur um so fester aneinandergeschlossen; sie ahnten wohl selber kaum, daß ihr Verhältnis allmählich ein Gegenstand des öffentlichen Tadels geworden sei. Auch dem Gemahl der jungen Frau schien dies verborgen geblieben; sein Amt vergönnte ihm nur geringe Zeit in seinem eigenen Hause; er suchte überdies nicht dort, sondern in den tausend kleinen Dingen bei Hofe den Schwerpunkt seines Lebens. – Endlich, wie es nicht ausbleiben konnte, kam ihnen selbst der Augenblick plötzlicher Erkenntnis. – Sie sah es noch, wie er damals die Blätter, aus denen er ihr gelesen, zusammenrollte, wie seine Hand zitterte und wie er durch die Tür verschwand. Kein Wort einer schmerzlichen Erklärung war zwischen ihnen laut geworden; aber sie wußten es beide, er, daß er nicht wiederkehren dürfe, sie, daß er nicht wiederkehren würde. – – Es war zu spät gewesen. Rastlos und heimlich hatte das Gerücht geschafft, und schon war auch das letzte Körnchen zugetragen, das die über ihren Häuptern drohende Lawine herabstürzte. Sie mußte in eine Trennung von ihrem Gemahl willigen; seine Stellung zum Hofe und zur Gesellschaft verlangten das. – Öde, trostlose Tage folgten.

– – –

Rudolf hatte die Geschichte seiner Verwandten gelesen, soweit jene Blätter sie enthielten. Er blickte durch das Fenster den Buchengang hinab. Dort am Ende desselben hinter der Lindenallee lag der Tannenwald, in dem damals um einen ihm unbekannten Menschen von niedriger Herkunft ihre heißen Tränen geflossen waren. – »Und wie kam es dann später?« fragte er nach einer Weile, während er die Blätter aus der Hand legte.

Sie blickte auf, als müsse sie erst den Sinn zu dem Wortlaute finden, der eben an ihr Ohr gedrungen war. »Dann«, sagte sie endlich – »dann kam ein Augenblick der Schwäche.«

Rudolf nickte. »Ich weiß, du hast ihn wiedergesehen.«

Eine dunkle Röte bis unter das schwarze Haar überlief ihre Stirn. »Nein«, sagte sie »das war es nicht. Aber ich war so jung; ich duldete es, daß mich mein Vater einem fremden Mann zur Ehe gab.«

»Noblesse oblige!« erwiderte er leichthin. »Was hätte denn geschehen sollen?«

»Sprich nicht so, Rudolf; die Anmaßung wird nicht schöner dadurch, daß man sie als ein apartes Pflichtgebot formuliert.«

»Es hat sich so gefügt«, sagte er mit einer gewissen Strenge, »daß du durch diese Grundsätze gelitten hast.«

Sie nickte. »Oh«, rief sie, »ich habe gelitten! Und nach Jahren, als mein Herz bitter und mein Sinn hart geworden – es ist wahr, wir haben uns wiedergesehen; und jene armselige Ehe ist darüber fast zerbrochen. – Aber – sie logen, sie logen alle!« Sie war aufgesprungen und preßte zitternd ihre Hände gegeneinander. – »So«, rief sie, »so, Rudolf, habe ich mein Herz gehalten.«

»Und doch«, erwiderte er, »ich lebte damals viele Meilen von deinem Wohnorte, und doch habe ich auch dort gehört, wie sie es sich gierig in die Ohren raunten.« Er verstummte plötzlich, als habe er zuviel gesagt.

Aber sie blickte ihn finster an. »Sprich nur«, sagte sie; »ich weiß es alles, alles!«

Er sah ihr voll leidenschaftlicher Spannung in die Augen. »Und jenes Kind?« fragte er endlich.

»Es war das meine«, sagte sie, und ihre Stimme bebte vor Schmerz.

»Das deine; – und nicht auch das seine?«

Sie sah ihn mit weit aufgerissenen Augen an, während eine Flut von Tränen über ihr Gesicht stürzte; Trotz und Verachtung gegen die Menschen, die sie besudeln wollten, fraßen an ihrem Herzen. »Nein, Rudolf«, rief sie, »leider nein!« – Einen Augenblick stand sie hoch aufgerichtet; dann warf sie sich in den Lehnstuhl und drückte beide Hände vor die Augen.

Der junge Mann war neben ihr aufs Knie gesunken; sein Blick ruhte angstvoll auf ihren blassen Fingern, durch welche immer neue Tränen hervorquollen. Einmal erhob er die Hand, als wolle er die ihrigen herabziehen; aber er ließ sie wieder sinken. – Als sie ruhiger geworden, ließ sie einige Sekunden ihre Augen auf dem jungen Antlitz ruhen, aus dem die Anbetung wie ein Opfer zu ihr emporstieg. Bald aber lehnte sie den Kopf zurück und starrte mit zusammengezogenen Brauen gegen die Zimmerdecke. »Geh jetzt, Rudolf!« sagte sie leise.

Der junge Mann ergriff die Hand, die wie leblos in ihrem Schoße lag, und küßte sie. Dann stand er auf und ging.

Es war dämmerig geworden; ein greller Abendschein leuchtete an der Wand; aber in den Ecken und am Kamin dunkelte es schon, und allmählich wuchs die Dämmerung. Die in dem tiefen Lehnsessel ruhende Frauengestalt war kaum noch erkennbar; dann fiel ein bleiches Mondlicht über den getäfelten Fußboden. Draußen erhob sich der Wind. Er kam aus weiter Ferne; ihr war, als sähe sie, wie er drunten über die mondhelle Heide fegte, wie er die Wolkenschatten vor sich hertrieb; sie hörte es näher kommen, die Tannen sausten, die alten Linden der Gartenallee; und nun fuhr es gegen die Fenster und warf einen Schauer von abgerissenen Blättern an die Scheiben. – Der große Hund erhob sich von seinem Teppich und legte seinen Kopf auf ihren Schoß. Sie blickte eine Weile auf das glänzende Auge des Tieres; endlich sprang sie auf aus dem weichen Sessel und drückte mit beiden Händen das Haar an den Schläfen zurück, als wollte sie alles Träumen gewaltsam von sich abstreifen. »Ausharren!« rief sie leise. Dann trat sie zur Tür und zog die Klingelschnur; über sich hörte sie Rudolf in seinem Zimmer auf und ab gehen. Es wurde Licht gebracht. »Und was denn nun zunächst?« – Aber sie wußte es schon; nachdem sie noch einen Augenblick in das verglimmende Kaminfeuer geblickt hatte, setzte sie sich an ihren Schreibtisch. Nach einer Stunde stand sie auf und siegelte einen Brief; die Adresse lautete an Rudolfs Mutter.

Es wird Frühling

Es war Winter geworden und einsam. In dem Zimmer oben ließ sich kein Schritt mehr hören; Rudolf hatte, wie sie es gewollt, das Schloß verlassen. Draußen vor dem Fenster sauste es in den nackten Zweigen, und in der Dämmerung vernahm man vom Korridor her das Schrillen der Spitzmäuse, welche in den öden Gängen umherhuschten. Manchmal, wenn sie abends aus dem Wohnzimmer in ihr Schlafgemach trat, blieb sie wie angewurzelt auf der Schwelle stehen. »Eine Kammer zum Sterben!« Sie schauderte. »Aber man braucht nur stillzuhalten; die Natur besorgt es ganz von selber!«

Sie ging umher, grübelnd, ob das, was ihre Gedanken zu dem fernen Geliebten zwang, nur die geistige Übereinstimmung ihres Wesens oder nicht vielmehr jene berauschende Naturgewalt sei, der sie keine Berechtigung zugestehen wollte. So reifte in ihr der Entschluß, soviel sie selbst vermöge, die Wiederherstellung ihrer Ehe zu versuchen. Zu dem Ende schrieb sie an ihren Gemahl, ausführlich und mit aller Wahrhaftigkeit und aller Milde, deren sie fähig war; eine aussichtslose Arbeit jenem Manne gegenüber, für den die Ehe nur die Bedeutung eines äußeren Anstandsverhältnisses hatte.

Der Brief war abgesandt; aber ein Tag nach dem andern verging, es kam keine Antwort. Ruhelos wanderte sie umher in den weiten Räumen; das trübe Dunkel des Wintertags lastete auf ihr wie eine Schwermut, die sie nicht abzuwerfen vermochte.

Doch es wurde wieder heller in dem alten Hause. Um Weihnachten war Schnee gefallen und leuchtete in die Fenster. Eine freundliche Wintersonne begann zu scheinen. Eines Nachmittags war mit den Zeitungen ein Schreiben angelangt, das den Poststempel der Residenzstadt trug. Ihre Hände zitterten, als sie das Siegel brach. Einen Augenblick noch, und ein Schrei stieg aus ihrer Brust, wie es dem Erstickenden geschehen mag, wenn ihn plötzlich wieder der frische Strom der Luft berührt.

Sie hatte den Tod ihres Mannes gelesen.

Noch an demselben Tage reiste sie ab. – Einige Wochen vergingen;

dann war sie wieder da. Während draußen allmählich der Schnee zerschmolz, wurde ein lebhafter Briefwechsel mit dem alten Oheim geführt; und endlich war es ausgemacht, sobald im Garten die Buchenhecken grün seien, wollte er kommen und sein altes Quartier beziehen; denn früher sei die große lebendige Vogelsammlung nicht zu transportieren. Als sie den Brief bekommen hatte, ging sie hinauf in das obere Stockwerk, durch den Saal in das einst so trauliche Zimmer des guten Oheims. Die Wände waren kahl, aber draußen vor dem Fenster hing noch der große Holzkäfig des Käuzchens. Sie ging wieder zurück; sie schloß eine Tür nach der andern auf, sie ging unten durch die ganze Zimmerreihe, die sie während ihrer Anwesenheit noch nicht betreten; die verlassenen dumpfigen Räume schienen ihr nicht öde; überall in ihnen war ja Raum für den Beginn eines neuen Lebens.

Und endlich kam der Frühling. – Über der schwarzen Erde sprang an Gebüsch und Bäumen das frische Grün hervor; im Garten an den Grasrändern der Buchenhecken stand es blau von Veilchen, und morgens und abends hörte man drüben vom Tannenwald die Amseln schlagen.

An einem solchen Tage wandelte die junge Schloßherrin in der Seitenallee ihres Gartens. Mitunter blickte sie über den niedrigen Zaun auf den Weg hinaus, oder jenseits desselben in die weite morgenhelle Landschaft. Zwischen den Feldern stand hie und da ein Baum, wie brennend im Sonnenfeuer; es war alles so licht, so heiter klangen die Grüße der vorübergehenden Arbeiter, und in der Luft schwammen die »süßen ahnungsreichen« Düfte des Frühlings.

Da sah sie zwei Männer aus dem Tannicht den Weg heraufkommen, ein Bursche vom Dorf trug ihnen das Gepäck nach. Der eine, dessen Haar völlig weiß war, blieb stehen und blickte, die Augen mit der Hand beschattend, nach dem Garten hinüber. Auch sein jüngerer Begleiter zögerte; er hatte den Hut abgenommen und schüttelte mit einer leichten Bewegung den Kopf, während er an den Schläfen das schlichte Haar zurückstrich. Dann kamen sie näher; und schon waren sie von ihr erkannt. »Arnold, Onkel Christoph!« rief sie und streckte weit die Arme ihnen entgegen. »Beide! Alle beide seid ihr da!«

Der alte Herr schwenkte seine Mütze. »Geduld, Geduld!« rief er zurück. »Erst um die Ecke dort, und dann über den Hof ins Haus! – Kommen Sie, Professor!« setzte er hinzu, indem er fürbaß schritt.

Aber Arnold war schon jenseit des niedrigen Zauns und hielt die Geliebte fest in seinen Armen.

»Ja so!« brummte der Alte, als er sich nach seinem Reisegefährten umsah. »Aber so geht's mit der Kameradschaft.« Dann schritt er, etwas langsamer als zuvor, den Weg hinauf, der nach dem Hoftor führte.

Arnold und Anna traten aus der Allee auf das Rondell hinaus, dem Laubschloß gegenüber, das hell von der Sonne beleuchtet vor ihnen lag. Er hatte ihre Hand gefaßt. So gingen sie den grünen Buchengang hinab, dem Hause zu. – Drinnen auf dem Korridor vor der Tür des Wohnzimmers trafen sie den Oheim wieder. Er schloß sein Lieblingskind in seine Arme; sie sah an seinen Lippen, daß er sprechen wollte; aber er schwieg und legte nur sanft die Hand auf ihren Kopf.

»So«, sagte er dann, als ob es ihn haste fortzukommen; »geht jetzt hinein; ich komme nach, ich muß einmal nach oben, mein altes Quartier zu revidieren.«

Sie hob ihr Haupt empor, das sie unter der Hand des alten Mannes gesenkt hatte, und blickte ihm nach, wie er eilig den Korridor hinabschritt und am Ende desselben in dem Treppenhause verschwand. Dann legte sie die Hand auf den Arm des Geliebten, der schweigend danebengestanden hatte. »Arnold«, sagte sie, »lebt denn die Großmutter auf dem Schulzenhofe noch?«

»Sie lebt; aber sie wartet nicht mehr den jungen Hinrich Arnold; es hat sich umgekehrt, sie sitzt in ihrem Lehnstuhl in der Stube, und der kleine Hinrich bedient jetzt seine Urgroßmutter.«

»So laß uns morgen zu ihr, damit auch von den Deinigen sich eine Hand auf unsere Häupter lege.«

Dann traten sie in das Wohnzimmer. Als er den offenstehenden Flügel sah, überkam es ihn plötzlich. Wie trunken griff er in die Tasten und sang ihr zu:

Als ich dich kaum gesehn,
Mußt es mein Herz gestehn,
Ich könnt dir nimmermehr
Vorübergehn!

Sie stand ihm lächelnd gegenüber und sah ihn groß mit ihren blauen Augen an, während sie wie träumend mit der Hand ihr glänzend schwarzes Haar zurückstrich. Er vermochte nicht weiterzusingen; er sprang auf und faßte sie mit beiden Händen und hielt sie weit vor sich hin; seine Augen ließen nicht von ihr, als könnten sie sich nicht ersättigen an ihrem Anblick. »Und nun?« fragte er endlich.

»Nun, Arnold, mit dir zurück in die Welt, in den hohen, hellen Tag!« – –

Dann gingen sie Arm in Arm, zögernd, als müßten sie die Seligkeit jeder Sekunde zurückhalten, die breite Treppe in das obere Stockwerk hinauf. Als sie in den Rittersaal traten, kam ihnen der Oheim aus seinem Zimmer entgegen. Seine Gestalt war noch ungebeugt, und seine Augen blickten noch so innig wie vor Jahren. »Du brauchst einen Verwalter, Anna«, sagte er; »gegen freies Quartier werde ich diesen Posten übernehmen.«

Sie wollte Einwendungen machen. »Nein, nein, Anna, es wird nicht anders; ich bleibe hier und sehe nach dem Rechten. Aber ich habe eine Bedingung; in den Sommerferien kommen der Herr und die Frau Professorin auf das Schloß, um meine Jahresrechnung abzunehmen!«

Sie gelobten das.

Über ihnen auf dem alten Bilde stand wie immer der Prügeljunge mit seinem Sperling, seitab von den geputzten kleinen Grafen, und schaute stumm und schmerzlich herab auf die Kinder einer andern Zeit.

AUF DER UNIVERSITÄT

Lore

Ich hatte keine Schwester, welche mir den Verkehr mit Mädchen meines Alters hätte vermitteln können; aber ich ging in die Tanzschule. Sie wurde zweimal wöchentlich im Saale des städtischen Rathauses gehalten, welches zugleich die Wohnung des Bürgermeisters bildete. Mit dessen Sohn, meinem treusten Kameraden, waren wir acht Tänzer, sämtlich Sekundaner der Lateinischen Schule unserer Vaterstadt. Nur in betreff der Tänzerinnen hatte sich anfänglich eine scheinbar unüberwindliche Schwierigkeit herausgestellt; die achte standesmäßige Dame war nicht zu beschaffen gewesen.

Allein Fritz Bürgermeister wußte Rat. Eine frühere, bei allen Festschmäusen von der Frau Bürgermeisterin noch immer zugezogene Köchin seiner Eltern war an einen Flickschneider verheiratet, einen gelben hageren Menschen mit französischem Namen, der lieber im Wirtshaus das große Wort als auf seinem Schneidertisch die Nadel führte. Die Leute wohnten am Ende der Stadt, dort wo die Straße dem Schloßgarten gegenüberliegt. Das schmale Häuschen mit der großen Linde davor, welche das einzige neben der Tür befindliche Fenster fast ganz beschattete, war uns wohlbekannt; wir waren oft daran vorübergegangen, um einen Blick des hübschen Mädchens zu erhaschen, das hinter den Reseda- und Geranientöpfen an einer Näharbeit zu sitzen pflegte und in unsern Knabenphantasien eine nicht unbedeutende Rolle spielte. Es war das einzige Kind des französischen Schneiders, ein dreizehnjähriges zierliches Mädchen, das auch in der Kleidung, trotz der geringen Mittel, von der Mutter in großer Sauberkeit gehalten wurde. Die bräunliche Hautfarbe und die großen dunkeln Augen bekundeten die fremdländische Abkunft ihres Vaters; und ich entsinne mich noch, daß sie ihr schwarzes Haar sehr tief und schlicht an den Schläfen herabgestrichen trug, was dem ohnehin kleinen Kopfe ein besonders feines Aussehen gab. Fritz und ich waren bald miteinander einig, daß Lenore Beauregard die achte Dame werden müsse. Zwar hatten wir mit Hindernissen zu kämpfen; denn die übrigen kleinen Fräulein und »gnädigen« Fräulein wurden sehr seriös und einsilbig, als wir unsern Vorschlag mitzuteilen wagten; allein die Künste ihres Lieblingssohnes hatten die Bürgermeisterin auf unsere Seite gebracht, und vor dem heitern und resoluten Wesen dieser wackern Frau vermochten weder die gerümpften Näschen der kleinen Damen noch, was gefährlicher war, die bestimmten Einwendungen ihrer Mütter standzuhalten.

So waren wir denn eines Nachmittags unterwegs nach dem Häuschen des französischen Schneiders. – Sonst hatte ich oft wohl bedauert, daß meine Kameradschaft mit dem Sohne unseres Haustischlers eingegangen war, dessen Schwester fast täglich mit der kleinen Beauregard verkehrte; ich hatte auch wohl daran gedacht, die Bekanntschaft wieder anzuknüpfen und mich in der Werkstatt seines Vaters in der Schreinerei unterweisen zu lassen; denn Christoph war im übrigen ein ehrlicher Junge und keineswegs auf den Kopf gefallen; nur daß er auf die Schüler der Gelehrtenschule, »die Lateiner«, wie er mit einer unangenehmen Betonung zu sagen liebte, einen wunderlichen Haß geworfen hatte; auch pflegte er sich unter Beihülfe gleichgesinnter Freunde auf dem Exerzierplatze von Zeit zu Zeit mit den Lateinern nach Leibeskräften durchzuprügeln, ohne daß jedoch durch diese Schlachten ein Ende des Krieges erzielt wäre.

Nun bedurfte ich jener Vermittlung nicht; denn schon waren wir vor dem Hause und schritten über die gelben Blätter der Linde, die der Novemberwind herabgefegt hatte, auf die niedrige Haustür zu. Bei dem Klingeln der Schelle kam uns Frau Beauregard aus der Küche entgegen, und nachdem sie sich sorgsam ihre Hände an der weißen Schürze abgetrocknet, wurden wir in das kleine Wohnstübchen genötigt.

Es war schwer, in dieser blonden untersetzten Frau die Mutter der zarten dunkeln Mädchengestalt zu erkennen, die jetzt bei unserm Eintritt von der Näharbeit aufsprang und sich dann mit einem Ausdruck zwischen Neugier und Verlegenheit an die Schatulle lehnte. Während Fritz unser Anliegen vorbrachte, überflog ein helles Rot ihr Gesichtchen, und ich sah, wie ihre Augen leuchteten und größer wurden; als aber die Mutter schwieg und nachdenklich den Kopf schüttelte, stahl sie sich leise hinter ihrem Rücken fort und verschwand durch eine anscheinend in die Schlafkammer führende Tür. – Ich warf einen Blick nach dem Tische, vor dem sie bei unserm Eintritt gesessen hatte. Zwischen Bändern und anderm Mädchenkram standen ein Paar schmale Lastingschühchen, fertig bis auf die Einfassung, womit, wie es schien, das Mädchen sich soeben noch beschäftigt hatte. Die Dinger waren beunruhigend klein, und meine Knabenphantasie ließ nicht nach, sich die Füßchen vorzustellen, die mutmaßlich dahinein gehörten; mir war, als säh ich sie schon im Tanze um die meinen herumwechseln, ich hätte sie bitten mögen, nur einen Augenblick standzuhalten; aber sie waren da und waren wieder fort und neckten mich unaufhörlich.

Während dieser visionären Träumerei hatte die Frau Beauregard mit meinem Freunde, dem ich, wie billig, das Wort überlassen mußte, Gründe und Gegengründe auszutauschen begonnen, bis sich die Sache, nachdem auch der Name der Bürgermeisterin in die Waagschale gelegt war, mehr und mehr zu unsern Gunsten neigte.

»Und da stehen ja schon die Tanzschuhe!« sagte Fritz. »Ist Herr Beauregard denn auch ein Schuhmacher?«

Die Frau schüttelte den Kopf. »Sie wissen ja wohl, Fritz, daß er, leider Gottes, ein Tausendkünstler ist! Er mußte Ihnen doch auch Ihre Taschenuhr im Frühjahr reparieren! – Die Schühchen hat er dem Kinde auf Weihnachten schon im voraus gemacht.«

»Nun, Margret, und meine Mutter hat einen ganzen Koffer voll schöner alter Kleider; da könnt Ihr neue daraus schneidern für die Lore; es reicht jedes wenigstens ein viertel dutzendmal für sie.«

Die Alte lächelte; aber sie wurde wieder ernst. »Ich weiß nicht«, sagte sie, »es sollte nicht sein; aber wenn die Frau Bürgermeisterin es meint!«

Das Mädchen war indessen wieder eingetreten und hatte sich neben die Mutter gestellt. Es entging mir nicht, daß sie ein weißes Krägelchen umgetan hatte; auch meinte ich, die Ohrringe mit den roten Korallenknöpfchen vorhin nicht an ihr gesehen zu haben.

»Was meinst du, Lore«, sagte Fritz, während die Mutter noch immer nachdenklich und unschlüssig dreinsah, »hast du Lust, mit uns zu tanzen?«

Sie antwortete nicht; aber sie faßte die Mutter mit beiden Händen um den Hals und flüsterte ihr zu, während ihr Antlitz mit immer tieferm Rot überzogen wurde.

»Fritz«, sagte die Alte, indem sie sich sanft des ungestümen Mädchens erwehrte, »ich wollte, Sie hätten mir die Geschichte erst allein erzählt; es wäre dann nichts daraus geworden. So habt ihr mir nun einmal das Mädel auf den Hals gehetzt; ich weiß es schon, sie läßt mir keine Ruh!« --

Wir hatten also gesiegt. »Mittwoch abend um sieben Uhr!« rief Fritz noch im Fortgehen; dann traten wir, von Mutter und Tochter zur Tür begleitet, aus dem Haus. - Als wir uns nach einer Weile umblickten, stand nur noch unsere junge Freundin da; sie nickte uns ein paarmal zu und lief dann rasch ins Haus zurück.

In der Tanzstunde

Am Tage darauf war, wie mir Fritz vertraute, die Frau Beauregard bei seiner Mutter gewesen, hatte mit ihr eine geraume Zeit in der Kleiderkammer gekramt und dann mit einem wohlgefüllten Päckchen das Haus verlassen.

Am Mittwochabend war die Tanzstunde. Ich hatte mir die lackierten Schuhe mit Stahlschnallen und die neue Jacke erst im letzten Augenblick von Schuster und Schneider herausgepocht und fand schon alles versammelt, als ich in den Saal trat. Meine Kameraden standen am Fenster um den alten Tanzmeister, der mit den Fingern auf seiner Geige klimperte und dabei die Wünsche seiner jungen Scholaren entgegennahm. Unsere Tänzerinnen gingen in Gruppen, die Arme ineinander verschränkt, im Saale auf und ab.

Lenore war nicht unter ihnen; sie stand allein unweit der Tür und blickte finster zu den lebhaft plaudernden Mädchen hinüber, die sich so frei und unbehindert in dem fremden vornehmen Hause zu fühlen schienen und sich so gar nicht um sie kümmerten.

Nichts ist selbstsüchtiger und erbarmungsloser als die Jugend. Aber gleich nach mir war die Bürgermeisterin eingetreten. Nachdem sie die junge Gesellschaft begrüßt und, wie Fritz sich ausdrückte, einen ihrer Generalsblicke im Saal umhergeworfen hatte, schritt sie auf Lore zu und nahm sie bei der Hand. »Damit die Pärchen zueinander passen!« sagte sie zu dem Tanzmeister. »Rangieren Sie einmal die Kavaliere!« - Dann, während dieser ihrem Auftrag Folge leistete, wandte sie sich zu den Mädchen und begann mit ihnen dieselbe Prozedur. Die blonde Postmeistertochter war die Längste, fast um einen Kopf höher als alle übrigen. Sie wurde uns gegenüber an der Wand aufgestellt; dann aber war die Sache zweifelhaft. »Ich weiß nicht, Charlott«, sagte die Bürgermeisterin, »du oder Lore! Ihr scheint mir ziemlich egal zu sein!«

Die Angeredete, die Tochter des Kammerherrn und Amtmanns, retirierte einen Schritt. »Mamsell Lore wird wohl die größere sein«, sagte sie leichthin.

»Ei was, kleine Gnädige«, rief die Mutter meines Freundes, »komm nur heraus aus deiner Ecke und miß dich einmal mit der Mamsell Lore!«

Und die kleine Dame mußte hervor und sich dos-à-dos mit der Schneidertochter messen; aber – ich hatte ein scharfes Auge darauf – sie wußte es dennoch so zu machen, daß sie dem dunkeln Kopf der Handwerkertochter mit dem ihrigen kaum berührte.

Das junge Fräulein war in lichte Farben gekleidet; Lenore trug ein schwarz und rot gestreiftes Wollenkleid, um den Hals einen weißen Florschal. Die Kleidung war fast zu dunkel; sie sah fremdartig aus; aber es stand ihr gut.

Die Bürgermeisterin musterte die beiden Mädchen. »Charlott«, sagte sie, »du bist sonst immer die Meisterin gewesen; nimm dich in acht, daß die dir nicht den Rang abläuft; sie sieht mir grade danach aus.«

Mir war, als säh ich bei diesen Worten die schwarzen Augen des Mädchens blitzen.

Nach einer Weile wurden die Paare formiert. Ich war der zweite in der Reihe der Knaben, und Lore wurde meine Dame. Sie lächelte, als sie ihre Hand in meine legte. »Wir wollen sie um und um tanzen!« sagte ich. – Und wir hielten Wort. Es sollte zunächst eine Mazurka eingeübt werden, und schon zu Ende dieser ersten Lehrstunde, da eine Tour nicht gehen wollte, klopfte unser alter Maestro mit dem Bogen auf den Geigendeckel: »Kleine Beauregard! Herr Philipp! Machen Sie einmal vor!«, und während er die Melodie zugleich geigte und sang, tanzten wir. – Es war keine Kunst, mit ihr zu tanzen, ich glaube, es hätte niemandem mißglücken können; aber der alte Herr rief ein begeistertes »Bravo!« nach dem andern, und die wackere Frau Bürgermeisterin lehnte sich, vor Behagen lächelnd, weit zurück in ihren Sofa, wo sie seit Beginn des Unterrichts als aufmerksame Zuschauerin Platz genommen hatte.

Fräulein Charlotte war meinem Freunde Fritz als Partnerin zugefallen, und ihr lebhaftes Wesen schien, wie ich gern bemerkte, ihn bald seine anfängliche Begeisterung für die Schneidertochter vergessen zu machen. Da ich die letztere aber jetzt gewissermaßen als mein Eigentum betrachtete, so war ich eifersüchtig auf die Schönheit und Eleganz meiner Dame, und ein verweilender Blick ihrer tadellos gekleideten Nebenbuhlerin, dem meine Augen gefolgt waren, hatte mich belehrt, daß die Beschützerin des schönen Mädchens dennoch eines nicht genügend bedacht hatte. Die Handschuhe waren zu groß für diese schmalen Hände; sie waren offenbar auch schon gewaschen.

Am andern Morgen, sobald ich aus der Klasse kam, ließ es mir keine Ruhe mehr. Ich machte mich über den Schrank, worin meine blecherne Sparbüchse aufbewahrt wurde, und grub und schüttelte so lange, bis ich aus dem Spalt einen harten Taler neben der roten Tuchzunge hervorgearbeitet hatte. Dann rannte ich in einen Kaufladen. – »Ich wollte kleine weiße Handschuhe!« sagte ich nicht ohne Beklommenheit.

Der Ladendiener warf einen sachverständigen Blick auf meine Hand. »Nummer sechs!« meinte er, während er die Handschuhschachtel auf den Tisch stellte. »Geben Sie mir Nummer fünf!« bemerkte ich kleinlaut.

»Nummer fünf? – Wird wohl nicht passen!«, und er machte Anstalt, die Handschuhe über meine Hand zu spannen.

Es stieg mir siedend heiß ins Gesicht. »Sie sollen nicht für mich!« sagte ich und bedauerte mehr als jemals den Mangel einer Schwester, auf die ich den Handel hätte bringen können. Aber ich war entzückt von den kleinen Handschuhen mit den weißen seidenen Bändchen, die nun vor mir ausgebreitet lagen. Ich kaufte zwei Paar, und bald nachdem ich den Laden verlassen, hatte ich einen Jungen von der Straße aufgefischt. »Bring das an die Lore Beauregard«, sagte ich, »einen Gruß von der Frau Bürgermeisterin, hier wären die Handschuhe für die Tanzstunde! Und dann bring mir Bescheid; ich warte hier an der Ecke auf dich.«

Nach zehn Minuten war der Junge wieder da.

»Nun?«

»Ich hab sie der Alten gegeben.«

»Was sagte die Alte?«

»Es wäre zuviel; die Frau Bürgermeisterin hätte diesen Morgen ja schon ein Paar geschickt.«

›Gut!‹ dachte ich; ›so merkt sie nichts.‹

In der nächsten Tanzstunde trug Lore die neuen Handschuhe; ich weiß nicht, ob die meinen oder die von der Bürgermeisterin; aber sie lagen wie angegossen um das schlanke Handgelenk; und nun sah keine vornehmer aus als Lore in ihrem dunkeln Kleide.

Die Lehrstunden gingen nun ihren ebenen Lauf. Nachdem die Mazurka eingeübt war, kam ein Contretanz an die Reihe, in welchem Fritz und Lore zusammen tanzten. – Ein Verhältnis dieser zu den andern Mädchen wollte sich indessen nicht herausstellen; nur mit der langen Jenni, welche die älteste und, wie ich glaube, die klügste von ihnen war, sah ich sie ein paarmal im Gespräch zusammensitzen; auch auf dem Heimwege, der beiden bis auf eine kleine Strecke gemeinschaftlich war, legte Jenni wohl einmal ihren Arm auf den der Schneidertochter. Sonst stand diese zwischen dem Tanzen meist allein, wenn nicht der alte Lehrer mit seiner Geige einmal zu ihr trat und ihr einen oder andern Ballettsprung aus den Zeiten seiner Jugend vormachte, um seinen Liebling in die äußersten Feinheiten der Kunst einzuweihen. Oft habe ich verstohlen zu ihr hinübergeblickt, wie sie scheinbar teilnahmslos dem alten Mann zuhörte, nur mitunter die schwarzen Augen zu ihm aufschlagend oder still und wie nur andeutungsweise eine seiner künstlichen Figuren nachmachend. Aber wenn wir angetreten waren und der Maestro seine Geige zu streichen begann, wurde es anders. Zwar schien sie an nichts weniger zu denken als an die Tritte und Wendungen des Tanzes, es war fast, als blickten ihre Augen in entlegene Fernen; aber während ihre Gedanken weit entrückt schienen, lächelte ihr Mund, und ihre kleinen Füße streiften lautlos und spielend über den Boden. – »Lenore, wo bist du?« fragte ich dann wohl, während ich ihr in der Tour die Hand reichte. – »Ich?« rief sie und strich, wie aus Träumen auffahrend, ihr schwarzes Haar zurück, während die Wendung des Tanzes sie mir schon wieder entführt hatte. – Noch jetzt, wenn ich die spanische Tanzweise in Silchers ausländischen Volksmelodien höre, kann ich immer nur an sie denken.

Einigermaßen hinderlich – ich will es nicht leugnen – war es mir, daß seit den Tanzstunden der französische Schneider mich mit einer auffälligen Gunst beehrte. Wo er mir nur begegnete, auf Straßen oder Spazierwegen, suchte er mich zu stellen und ein möglichst lautes und langes Gespräch mit mir anzuknüpfen. Schon das erste Mal erzählte er mir, daß sein Großvater unter Louis seize Ofenheizer in den Tuilerien gewesen war.

»Ja, Monsieur Philipp«, sagte er mit einem Seufzer und präsentierte mir seine porzellanene Schnupftabaksdose, »so kann eine Familie herunterkommen! --- Aber meine Lore - Sie verstehen mich, Monsieur Philipp!« - Er zog ein buntgewürfeltes Schnupftuch aus der Tasche und trocknete sich die kleinen schwarzen Augen. »Was wollen Sie! Ich bin ein armer Kerl, aber das Kind -- sie ist mein Bijou, der Abgott meines Herzens!« Und dabei blinzelte er und warf mir einen so väterlichen Blick zu, als gedenke er auch mich in die heruntergekommene Familie aufzunehmen.

Mittlerweile kam die letzte Tanzstunde heran, die zu einem kleinen Ball erweitert werden sollte. Die Eltern waren eingeladen, um uns tanzen zu sehen; von den meinigen hatte indessen nur meine Mutter zugesagt, mein Vater wurde durch seinen Beruf als Arzt und Bezirksphysikus von jeder Geselligkeit ferngehalten. Da meine Ungeduld, sobald der Abend anbrach, mir keine Ruhe ließ, so trat ich schon vor der angesetzten Stunde in den Saal, in welchem heute auf den Wandleuchtern und in den Glaskronen alle Kerzen brannten. Als ich mich umblickte, bemerkte ich Lore ganz allein mit dem Rücken gegen mich an einem Fenster stehend. Bei dem Geräusch der zufallenden Tür schrak sie sichtlich zusammen, während sie mit Hast bemüht schien, einen goldenen Schmuck von ihrer Hand zu streifen. Als ich zu ihr getreten, sah ich, daß es ein Armband war, dessen Schloß sie vergeblich zu öffnen sich bemühte.

»So laß doch sitzen, Lore!« sagte ich.

»Es gehört nicht mein!« antwortete sie verlegen, »Jenni hat es hier vergessen.«

Die feine Blumenrosette von mattem venezianischem Golde lag so schimmernd auf dem braunen schlanken Handgelenk.

»Es sollte bleiben, wo es ist«, sagte ich leise.

Lore schüttelte traurig den Kopf, und ihre Finger begannen aufs neue, an dem Schloß zu nesteln.

»Komm«, sagte ich, »es geht ja nicht; ich will dir helfen!« - Ich fühlte die leichte Last ihrer schmalen Hand in der meinen; ich zögerte, meine Augen waren wie verzaubert.

»Oh, bitte, geschwind!« bat sie. Mit niedergeschlagenen Augen, wie mit Blut übergossen stand das Mädchen vor mir.

Endlich sprang das Schloß auf, und Lore legte den goldenen Schmuck schweigend zwischen die Blumentöpfe auf die Fensterbank.

Gleich darauf füllte sich der Saal. Auch Frau Beauregard hatte es sich nicht nehmen lassen, wenigstens als Aufwärterin an dem Ehrenfeste ihres Kindes teilzunehmen. In einer frischgestärkten Haube, bald mit Kuchenkörbchen, bald mit einem großen Präsentierteller beladen, ging sie zwischen den Gästen ab und zu. – Endlich begannen die Musikanten aufzustreichen, deren heute vier an einem Tische saßen. Der alte Tanzmeister klopfte auf den Geigendeckel, und Lore reichte mir die Hand zur Mazurka. – Und, oh, wie tanzten wir! Wie sicher lag sie in meinem Arm, mit welcher Verachtung stampften die kleinen Füße den Boden! Auch mich riß es hin, als wenn ich von den Rhythmen der Musik getragen würde. Es war wie eine schmerzliche Leidenschaft; denn wir tanzten heute, vielleicht auf immer, zum letzten Mal zusammen.

Erst jetzt hatte ich bemerkt, daß Lore ein Kleid von leichtem hellgeblümten Wollenstoff trug. Es war wie das vorige augenscheinlich aus der Garderobe ihrer Gönnerin hervorgegangen; denn auf der breiten Brust und bei den etwas kupferigen Wangen der Frau Bürgermeisterin hatten diese farbigen Rosenbuketts im letzten Winter eine Art von komischer Berühmtheit erlangt; nun aber kam das zarte Muster zu seiner Geltung; dem frischen braunen Mädchenantlitz stand es wunderhübsch.

Die Mazurka war getanzt; Lore ließ wieder ihr dunkles Köpfchen und die schlanken Arme sinken, und ich führte sie an ihren Platz. – Fritz und Charlotte, die ebenfalls abgetreten waren, saßen dicht daneben. In demselben Augenblick kam auch Frau Beauregard mit Tee und Kuchen; sie sprach nicht zu ihrer Tochter, sie warf nur einen lächelnden stolzen Blick auf sie, als sie nach der vornehmen Dame auch ihr präsentieren durfte. Die kleine Gnädige hatte schon eine Weile beide mit der ihr eigentümlichen Lässigkeit gemustert. »Ihre Tochter ist ja heute sehr schön, Frau Beauregard!« sagte sie, während sie den Zucker in die Tasse fallen ließ.

Die geschmeichelte Frau neigte sich verbindlich. »Gnädiges Fräulein, Frau Bürgermeisterin haben auch ausgeholfen.«

»Ach! – Darum auch! – Die Rosenbuketts!« – Und sie ließ einen langen Blick über Lenore hingleiten. Diese wollte ihn erwidern, aber ihre Augen verdunkelten sich; ich sah, wie ein paar Tränen ihr über die Wangen herabfielen.

Charlotte schien dies nicht zu bemerken; ihre Aufmerksamkeit hatte sich nach der offenstehenden Tür gerichtet, wo ich zu meinem Schrecken unter den Köpfen der zuschauenden Dienstboten das gelbe Gesicht des französischen Schneiders auftauchen sah. Er schien ganz à son aise, drehte die Porzellandose in der Hand und blickte mit seinen schwarzen Augen freudestrahlend in den Saal hinein.

»Ist das Ihr Vater, Mamsell Lore?« fragte Charlotte, indem sie mit dem Finger nach der Tür wies.

Lenore blickte hin und fuhr zusammen. »Mutter!« rief sie und faßte wie unwillkürlich den Arm der noch vor uns beschäftigten Frau.

Frau Beauregard, als nun auch sie ihren lebhaft gestikulierenden Eheherrn bemerkte, schien von dessen Anwesenheit keineswegs erbaut; aber sie nahm sich zusammen. »Er kommt aus der Herberge«, sagte sie, »er will dich einmal tanzen sehen.«

Während Lore, der ich unwillkürlich folgte, sich der Tür genähert hatte, war schon der Bürgermeister zu ihrem Vater getreten und lud ihn ein, sich ein Glas Punsch im Saal gefallen zu lassen. Aber der Schneider war nicht zu bewegen. »Submissester Serviteur, Herr Bürgermeister!« sagte er, indem er mit einem Katzenbuckel noch einen Schritt weiter retirierte. »Wenn ich mein Großvater vom Hofe Ludwigs des Sechzehnten wäre! – So aber kenne ich meine Stellung.«

Als der Bürgermeister weggegangen, brachte Fritz ihm ein Glas an die Tür. »Wohl bekomm's, Meister!« sagte er gutmütig. »Jetzt werd ich mit der Lore tanzen! Die versteht's.«

Aber in demselben Augenblick war auch der Schwarm der andern Knaben mit vollen Gläsern in der Hand herangekommen. Sie stießen mit ihm an, machten ihm seinen Katzenbuckel nach, den er ihnen jedesmal beim Anklingen zum besten gab, und ergingen sich in allerlei possenhaften Komplimenten.

Lore stand, ohne sich zu rühren, und ließ kein Auge von ihrem Vater; aber ich hörte, wie ihre kleinen Zähne aufeinanderknirschten.

Als die Musikanten wieder zu stimmen begannen, liefen die übrigen Knaben in den Saal zurück. Ich stand noch mit Lore an der Tür.

»Ah, Monsieur Philipp«, rief der Schneider, während er mir die Hand reichte, »lauter liebe, scharmante junge Herren! Aber im Vertrauen – Sie und die Lore, Sie und die Lore, Monsieur Philipp!« Die kleinen schwarzen Augen richteten sich dabei mit bewundernder Zärtlichkeit auf das Antlitz seines Kindes; wie aus unwiderstehlichem Antrieb streckte er seinen langen Arm in den Saal hinein und zog sie an seine Brust. »Mein Kind, mon bijou!« flüsterte er. Und das Mädchen küßte ihn und warf ihre Arme mit leidenschaftlicher, schmerzlicher Zärtlichkeit um seinen Hals, während ihr feines Köpfchen an seiner Schulter ruhte. Dann aber machte sie sich los und faßte seine Hände und sprach leise und eindringlich zu ihm. Ich verstand ihre Worte nicht; aber ich sah ihre Augen bittend auf die seinen gerichtet und ihre kleine Hand, die mitunter, als wolle sie ihm ein Leid vergüten, zitternd über seine hagern Wangen hinstrich. Zuerst schüttelte er lächelnd und wie ungläubig den Kopf; allmählich aber verschwand aus seinen Augen die freudestrahlende Sicherheit, womit er bisher seinen Platz behauptet hatte. »Ich weiß, ich weiß«, murmelte er, »du liebst deinen armen alten Vater!« Und als nun die Musik zum Contretanz begann, drückte er seiner Tochter die Hand und ging stumm, ohne auch nur einen Blick noch in den Saal hineinzuwerfen, den langen Hausflur hinab.

In diesem Augenblick kam Fritz und holte seine Dame. – Sie tanzte mit der gewohnten Sicherheit; nur war es nicht die sonstige sorglose Träumerei als vielmehr eine graziöse Feierlichkeit, womit sie die Touren dieses Tanzes ausführte. Mitunter in den Pausen blickte sie wie versteinert vor sich hin, während sie mit beiden Händen ihr glänzend schwarzes Haar an den Schläfen zurückstrich. Die Scherze ihes Tänzers schienen ungehört ihrem Ohr vorbeizugehn.

Mit dem Contretanz waren unsere einstudierten Tänze zu Ende; aber nicht unsere Tanzlust. Wir hatten noch Walzer, Schottisch und Galoppaden auf unserm Zettel; sogar einen Kotillon, wozu ich in Gedanken an Lore einen ausgesuchten Beitrag an Schleifen und frischen Blumensträußen geliefert hatte.

Aber Lore war nicht mehr im Saal. Die andern Mädchen standen bei ihren Müttern und ließen sich von ihnen die verschobenen Schärpen und Haarbänder zurechtzupfen. Frau Beauregard kam eben mit neuen Erfrischungen zur Tür herein; sie hatte ihre Tochter nicht gesehen. Nun suchte ich Fritz. Er stand in der Ecke am Musikantentisch und füllte die leeren Gläser wieder. »Wo ist Lore?« fragte ich.

»Ich weiß nicht«, erwiderte er verdrießlich; »sie war verdammt einsilbig, mir hat sie's nicht verraten.«

Ich zog ihn mit auf den Flur hinaus. Als wir an die Kammer kamen, worin die Gesellschaft ihre Mäntel abgelegt hatte, trat sie uns entgegen; sie hatte ihr Mäntelchen umgetan und ihr schwarzes Seidenkäppchen auf dem Kopf. »Lore!« rief ich und suchte ihre Hand zu fassen; aber sie entzog sie mir und ging an uns vorbei.

»Laß!« sagte sie kurz. »Ich will nach Haus!«

Einen Augenblick später hatte sie die schwere, nach der Straße führende Tür aufgerissen und sprang draußen an dem Eisengeländer die Steintreppe hinab, und als auch Fritz neben mir draußen auf den Fliesen stand, war sie schon weit drunten in der Straße, daß wir in der Dunkelheit ihre leichte flüchtige Gestalt nur kaum noch zu erkennen vermochten.

»Laß sie!« sagte Fritz. »Oder hast du Lust auf die Wilde-Gans-Jagd?«

Ich hatte zwar die Lust; ich wußte aber nicht recht, wie ich es mit Fug beginnen sollte. – So kehrten wir denn in den Saal zurück. Frau Beauregard ging nach ihrer Wohnung; aber sie kehrte unverrichtetersache wieder. Der Lore sei unwohl geworden, sagte sie; sie liege schon im Bett, der Vater sitze bei ihr.

Mir war nun der Rest des Abends verdorben; und als der Kotillon beginnen sollte, den ich mit Lore zu tanzen gedachte, schlich ich mich still und trübselig nach Hause.

Auf dem Mühlenteich

Neujahr war vorüber. Schon längst hatte ich mit der glatten Stahlsohle meiner holländischen Schlittschuhe geliebäugelt, nicht ohne eine kleine Verachtung gegen meine Kameraden, welche sich noch der hergebrachten scharfkantigen Eisen zu bedienen pflegten. Aber erst jetzt war ein dauernder Frost eingetreten.

Es war an einem Sonntagnachmittage; über dem Mühlenteich, einem mittelgroßen Landsee unweit der Stadt, lag ein glänzender Eisspiegel. Die halbe Einwohnerschaft versammelte sich draußen in der frischen Winterluft; von alt und jung, auf zweien und auf einem Schlittschuh, sogar auf einem untergebundenen Kalbsknöchlein, wurde die edle Kunst des Eislaufs geübt. – In der Nähe des Ufers waren Zelte aufgeschlagen, daneben auf dem Lande über flackerndem Feuer dampften die Kessel, mit deren Hülfe allerlei wärmendes Getränk verabreicht wurde. Hie und da sah man einen Schiebschlitten, in dem eine eingehüllte Mädchengestalt saß, aus dem Gewühl auf die freie Fläche hinausschießen; aber alle hielten sich am Rande des Sees; die Mitte mochte noch nicht geheuer scheinen.

Ich schnallte meine Stahlschuhe unter und machte einen einsamen Lauf an dem Ufer entlang. – Als ich zurückkehrte, fand ich fast die ganze Gesellschaft unserer Tanzstunde bei den Zelten versammelt; prüfend mit vorgestreckten Händen schritten die kleinen Damen in ihren neuen Weihnachtsmänteln über die dort bereits ziemlich zerfahrene Eisdecke. Fritz, der schon abends zuvor seinen gelben Schlitten mit dem geschnitzten Hirschkopfe in der Mühle eingestellt hatte, war eben von einer Fahrt mit Fräulein Charlotte zurückgekehrt; und schon hatte eine andere unserer Tänzerinnen den Platz unter der prächtigen Tigerdecke eingenommen. Der Kavalier zögerte indessen noch und schien sich nach einem Gehülfen für den anstrengenden Damendienst umzusehen; aber ich schwenkte zeitig ab; denn weiterhin unter einer Gesellschaft von Frauen und Mädchen aus dem Handwerkerstande hatte ich Lenore Beauregard bemerkt, mit der ich seit jenem letzten Tanzabende nicht wieder zusammengetroffen war. Die jungen Dirnen ließen sich, eine nach der andern, von einem Lehrburschen unseres Haustischlers in einem leichten Schiebschlitten fahren, den ich sofort als den meines früheren Spielgenossen Christoph erkannte. Auch seine Schwester bemerkte ich; er selbst war nicht dabei. Der Glanz des Eisspiegels mochte ihn weiter auf den See hinausgelockt haben; denn er war einer der besten Schlittschuhläufer unter den Knaben der Stadt.

Ich schwärmte eine Zeitlang umher, unschlüssig, wie ich am manierlichsten Lenore meine Dienste anbieten möchte; aber jedesmal, wenn ich mich näherte, wich sie sichtlich aus und verbarg sich zwischen den andern. Eben kam der Bursche wieder von einer Fahrt zurück. »Lore ist an der Reihe!« hieß es; aber Lore wollte nicht. »Barthel muß erst einmal trinken«, sagte sie und drückte dem Jungen etwas in die Hand.

Ich hörte dies kaum, so hatte ich auch schon meinen Plan gefaßt. Als ginge mich alles nichts mehr an, lief ich so rasch wie möglich nach den Zelten zu. Dicht davor wurde ich von Fritzens Mutter angerufen. »Philipp«, sagte sie neckend und mit dem Daumen nach der Seite weisend, von wo ich hergekommen, »wenn du die Lenore wieder fangen willst – da ist sie!«

»Freilich will ich sie fangen!« rief ich und segelte vorbei.

»Ja, ja; aber sie will nichts mehr wissen von euch jungen Herren!«

Ich hörte nur noch aus der Ferne. Schon stand ich vor dem großen Weinzelte; und als auch Barthel sich bald darauf einfand, hatte ich mit dem Opfer meiner ganzen Barschaft ein Glas Punsch und ein mit Wurst belegtes Butterbrot für ihn in Bereitschaft. »Laß dir's schmekken«, sagte ich, indem ich beides vor ihn hinschob, »die Mädchen machen dir das Leben gar zu sauer.«

Der Junge aß und trank mit solchem Appetit, daß ich meinen Bestechungsversuch fortzusetzen wagte. »Wie wär es, Barthel, wenn ich dich einmal ablöste?«

Er wischte sich mit der Hand den Schweiß von der Stirn und kaute ruhig weiter; nur mitunter, während ich ihm meine Verhaltungsregeln auseinandersetzte, nickte er zum Zeichen, daß er mich verstanden habe. Als seine Mahlzeit beendigt war, kehrte er zu seiner Gesellschaft zurück, und bald darauf sah ich Lore, ihr schwarzseidenes Pelzkäppchen auf dem Kopf, die Hände in ihren kleinen Muff gesteckt, im Schlitten sitzen, und Barthel steuerte langsam und schwerfällig am Rande des Sees dahin. – Als sie aus dem Menschengewühl heraus waren, fuhr ich unhörbar auf meinen ebenen Schlittschuhen hinterher. Noch ein paar Augenblicke; dann legte meine Hand sich auf den Schlitten, und der Bursche blieb zurück. Ich hätte aufjauchzen mögen; aber ich biß die Zähne zusammen; und fort wie auf Flügeln schoß das leichte Gefährt über die glänzende Eisfläche.

»Barthel, du fliegst ja!« sagte Lore.

Ich hielt ein wenig inne; ich fürchtete, mich verraten zu haben, und suchte, so gut es gehen wollte, das Scharren von Barthels rostigen Schlittschuhen nachzuahmen. Aber meine Besorgnis war unnötig. Lore steckte ihre Hände tiefer in den Muff und lehnte sich behaglich zurück, so daß das Pelzkäppchen fast auf meinem Arm ruhte. »Nur immer zu, Barthel!« sagte sie. Und Barthel ließ sich das nicht zweimal sagen.

Schon hatten wir den Bereich der gewöhnlichen Schlittschuhläufer hinter uns gelassen; kein Lüftchen regte sich, das weißbereifte Schilf, das sich weithin dem Ufer entlangzieht, glitzerte blendend in den schräg fallenden Sonnenstrahlen. Immer weiter ging es; wenn ich niederblickte, konnte ich die schlangenartigen Triebe des Aalkrauts unter der durchsichtigen Glasdecke erkennen.

Aber die Mitte des Sees lockte mich; unmerklich wandte ich den Schlitten, und immer größer wurde der Raum, der uns vom Ufer trennte. Schon konnte ich beim Zurückblicken nur noch kaum das Blinken des Schilfes unterscheiden; geheimnisvoll dehnte sich die dunkle Spiegelfläche bis zum andern, weit entfernten Ufer, kaum erkennbar, ob eine feste tragende Eisdecke oder nur ein regungsloses trügliches Gewässer. Endlich war die Mitte erreicht. Jede Spur eines menschlichen Fußes hatte aufgehört; wie verloren schwebte der Schlitten über der schwarzen Tiefe. Keine Pflanze streckte ihr Blatt hinauf an die dünne kristallene Decke; denn der See soll hier ins Bodenlose gehen. Nur mitunter war es mir, als huschte es dunkel unter uns dahin. -- War das vielleicht der Sargfisch, der in den untersten Gründen dieses Wassers hausen soll, der nur heraufsteigt, wenn der See sein Opfer haben will? - ›Wenn es wäre‹, dachte ich, ›wenn es bräche!‹ Und meine Augen suchten die dunkeln Hüllen zu durchdringen, in denen ich die liebliche Gestalt verborgen wußte. --

Wieder hatte ich den Schlitten gewandt und fuhr jetzt gradeaus, mich immer in der Mitte haltend. Vor uns, dort, wo der See seine Ufer zu einem schmalen Strom zusammendrängt, war in der Ferne schon die Brücke zu erkennen; wie ein Schatten stand sie in der grauen Luft.

»Mach zurück, Barthel! Es wird kalt!« sagte Lore.

Ich achtete nicht darauf. ›Mag sie sich umblicken!‹ dachte ich und schob nur um so rascher vorwärts. Ich wartete jetzt fast mit Ungeduld darauf. Aber sie schien ihre Mahnung schon vergessen zu haben; denn sie senkte schweigend den Kopf und wickelte sich fester in ihren Mantel. - Und weiter flog der Schlitten. Mitunter war mir, als spürte ich unter uns eine leise Wellenbewegung, als hebe und senke sich die dünne Kristalldecke unter der über sie hinfliegenden Last; aber ich hatte keine Furcht, ich wußte, was man dem jungfräulichen Eise bieten darf.

Der kurze Winternachmittag war indessen fast zu Ende gegangen; schon lag der Sonnenball glühend am Rande des Horizonts. Es wurde kalt, das Eis tönte. Und jetzt, in stetem Wachsen, lief ein donnerndes Krachen von einem Ufer zum andern über den ungeheuern, immer dunkler werdenden Eisspiegel.

Lore warf sich zurück und stieß einen lauten Schrei aus.

»Erschrick nicht!« sagte ich leise, »es hat nicht Not, es kommt nur von der Abendluft.«

Sie wandte sich um und starrte mich wie verwirrt an. »Du!« rief sie, »was willst du hier?«

»So mach doch nicht so böse Augen!« sagte ich und suchte ihre Hand zu fassen.

Sie entriß sie mir. »Wo ist Barthel?«

»Er ist zurückgeblieben; ich habe dich über den See gefahren.«

Sie richtete sich auf. »Laß mich hinaus!« rief sie, indem ihr die Tränen aus den Augen sprangen.

Ich hörte nicht auf sie; ich wandte nur den Schlitten nach der Stadt zurück. »Lore«, sagte ich, »was habe ich dir getan?«

Aber sie stieß mich mit der kleinen geballten Faust vor die Brust. »Geh doch zu deinen feinen Damen! Ich will nichts mit euch zu tun haben; mit dir nicht, mit keinem von euch!«

Es war wie Wut, was mich überfiel. Ich faßte sie mit beiden Armen und drückte sie hart auf den Sitz nieder.

»Du bist ruhig, Lore«, sagte ich, und die Stimme bebte mir, »oder ich wende noch einmal den Schlitten, und ich fahre dich in die Nacht hinaus, unter der Brücke durch, so weit der Strom ins Land hinaus reicht; mir gleich, ob es hält oder bricht!«

Sie hatte währenddessen, fast als beachte sie meine Worte nicht, seitwärts über den See geblickt; aber sie blieb sitzen und ließ sich ruhig von mir fahren. Nur fiel es mir auf, daß sie bald darauf wiederholt und wie verstohlen nach derselben Seite blickte. Als auch ich den Kopf dahin wandte, sah ich einen Schlittschuhläufer in nicht gar weiter Ferne auf uns zustreben. Er mußte bemerkt haben, was soeben vorgefallen; denn er strengte sich augenscheinlich an, uns zu erreichen.

Und schon hatte ich ihn erkannt; es war Christoph, mein alter Spielkamerad, der große Feind der Lateiner. Ich wußte auch wohl, was jetzt bevorstand; es galt nur noch, wer von uns der schnellste sei.

»Nur zu!« sagte Lore, indem sie ihr Pelzkäppchen zurückschob, daß ihr schwarzes Haar sichtbar wurde. »Er kriegt dich doch!«

Ich konnte nicht antworten; schneller als je zuvor trieb ich den Schlitten vorwärts; aber ich keuchte, und meine Kräfte, von der langen Fahrt geschwächt, begannen nachzulassen. Immer näher hörte ich den Verfolger hinter mir; rastlos und schweigend war er uns auf den Fersen; dann plötzlich hörte ich dicht an meiner Seite seine Schlittschuhe scharf im Eise hemmen, und eine schwere Hand fiel neben der meinen auf die Lehne des Schlittens. »Halbpart, Philipp!« rief er, indem er mit der andern an meine Brust griff.

Ich riß seine Hand los und stieß den Schlitten fort, daß er weit vor uns hinflog. Aber in demselben Augenblick erhielt ich einen Faustschlag und stürzte rücklings mit dem Hinterkopf auf das Eis. Nur undeutlich hörte ich noch das Fortschurren des Schlittens; dann verlor ich die Besinnung.

Ich blieb indes nicht lange in dieser Lage. Wie ich später von ihm hörte, hatte Christoph bald darauf sich nach mir umgesehen und war, da er mich nicht nachkommen sah, auf den Platz unseres Kampfes zurückgekehrt. Nicht ohne große Bestürzung hatten dann beide, nachdem Lore ausgestiegen, mich in den Schlitten gehoben. – Mir selbst kam nur ein dunkles Gefühl von alledem; es war wie Traumwachen. Mitunter verstand ich einzelne Worte ihres Gesprächs. »Behalt doch deinen Mantel, Lore!« hörte ich Christoph sagen. – »O nein; ich brauch ihn nicht; ich laufe ja.« – Und zugleich fühlte ich, daß etwas Warmes auf mich niedersank. Der Schlitten bewegte sich langsam vorwärts. Dann kam es wieder wie Dämmerung über mich; immer aber war es mir, als ginge ein leises Weinen neben mir her.

Zum völligen Bewußtsein erwachte ich erst in der Wohnstube und auf dem Sofa des Wassermüllers, der hart am Ufer des Mühlenteiches wohnte. Lore hatte mit ihrer Mutter, die mittlerweile auch herausgekommen war, nach Hause gehen müssen; Christoph aber war zurückgeblieben und hatte sich auf den Rat der Müllersfrau damit beschäftigt, mir nasse Umschläge auf den Kopf zu legen. Als ich die Augen aufschlug, saß er neben mir auf dem Stuhl, eine irdene Schüssel mit Wasser zwischen den Knien. Er wollte eben das Leintuch erneuern, aber er zog jetzt die Hand zurück und fragte schüchtern: »Darf ich dir helfen, Philipp?«

Ich setzte mich aufrecht und suchte meine Gedanken zu sammeln; der Kopf schmerzte mich. »Nein«, sagte ich dann, »ich brauche deine Hülfe nicht.«

»Soll ich jemand für dich aus der Stadt holen?«

»Geh nur; ich werde schon allein nach Hause kommen.«

Christoph stand zögernd auf und setzte die Schüssel auf den Tisch. Bald darauf knarrte die Stubentür; er hatte die Klinke in der Hand;

aber er ging nicht fort. Als ich mich umwandte, sah ich die Augen meines alten Kameraden mit dem Ausdruck der ehrlichsten Traurigkeit auf mich gerichtet.

Nur eine Sekunde noch war ich unschlüssig. »Christoph«, sagte ich, indem ich aufstand und ihm die Hand entgegenstreckte, »wenn du Zeit hast, so bleibe noch ein wenig bei mir; du kannst mir deinen Arm geben; wir gehen dann zusammen in die Stadt.«

Wie ein Blitz der Freude fuhr es über sein Gesicht. Er ergriff meine Hand und schüttelte sie. »Es war ein schändlicher Stoß, Philipp!« sagte er.

Eine halbe Stunde später, da es schon völlig finster war, wanderten wir langsam nach der Stadt zurück.

Aber die Sache ging nicht so leicht vorüber. Ich konnte am folgenden Morgen das Bett nicht verlassen und mußte meinen Eltern gestehen, daß ich einen schweren Fall auf dem Eise getan habe.

Am Abend des folgenden Tages, da ich schon fast wiederhergestellt war, setzte meine Mutter ein Federkästchen von poliertem Zuckerkistenholz vor mir auf den Tisch. »Der Christoph Werner hat es gebracht«, sagte sie; »er habe es selbst für dich gearbeitet.«

Ich nahm das Kästchen in die Hand. Es war zierlich gemacht, sogar auf dem Deckel mit einer kleinen Bildschnitzerei versehen.

»Er hat sich auch nach deinem Befinden erkundigt«, fuhr meine Mutter fort; »habt ihr denn draußen euere alte Freundschaft wieder neu besiegelt?«

»Besiegelt, Mutter? – Wie man's nehmen will«, sagte ich lächelnd.

Und nun ließ die gute Frau nicht nach, bis ich, von manchen Fragen und zärtlichen Vorwürfen unterbrochen, ihr mein ganzes kleines Abenteuer gebeichtet hatte. – Aber es wurde, wie sie gesagt; der Lateiner und der Tischlerlehrling erneuerten ihre Kameradschaft, und zweimal wöchentlich zur bestimmten Stunde ging ich von nun an regelmäßig in die Werkstatt des alten Tischlers Werner, um unter der Anleitung des geschickten Mannes wenigstens die Anfangsgründe seines Handwerks zu erlernen.

Im Schloßgarten

Das ist die Drossel, die da schlägt,
Der Frühling, der mein Herz bewegt,
Ich fühle, die sich hold bezeigen,
Die Geister aus der Erde steigen;
Das Leben fließet wie ein Traum.
Mir ist wie Blume, Blatt und Baum.

Es war Frühling geworden. Die Nachtigall zwar verkündigte ihn nicht; denn, wenn auch mitunter eine sich zu uns verflog, die Nordwestwinde unserer Küste hatten sie bald wieder hinweggeweht; aber die Drossel schlug in den Baumgängen des alten Schloßgartens, der im Schutze der Stadt, in dem Winkel zweier Straßen lag. Dem Haupteingange gegenüber, auf einem Rasenplatz hinter den Gärten der großen Marktstraße, war seit gestern ein Karussell aufgeschlagen; denn es war nicht nur Frühling, es war auch Jahrmarkt, eine ganze Woche lang. Die Leierkastenmänner waren eingezogen und vor allem die Harfenmädchen; die Schüler mit ihren roten Mützen streiften Arm in Arm zwischen den aufgeschlagenen Marktbuden umher, um wo möglich einen Blick aus jungen asiatischen Augen zu erhaschen, die zu gewöhnlichen Zeiten bei uns nicht zu finden waren. – Daß während des Jahrmarktes die Gelehrtenschule, wie alle andern, Ferien machte, verstand sich von selbst. – Ich hatte das vollste Gefühl dieser Feiertage, zumal ich seit kurzem Primaner war und infolgedessen neben meiner roten Mütze einen schwarzen Schnürenrock nach eigener Erfindung trug. Brauchte ich nun doch auch nicht mehr wie sonst abends an dem Treppeneingang des erleuchteten Ratskellers stehenzubleiben, wo sich allzeit das schönste luftigste Gesindel bei Musik und Tanz zusammenfand; ich konnte, wenn ich ja wollte, nun selbst einmal hinabgehen und mich mit einem jener fremdartigen Mädchen im Tanze wiegen, ohne daß irgend jemand groß danach gefragt hätte. – Aber grade zu solchen Zeiten liebte ich es mitunter, allein ins Feld hinauszustreifen und in dem sichern Gefühl, daß sie da seien und daß ich sie zu jeder Stunde wieder erreichen könne, alle diese Herrlichkeiten für eine Zeitlang hinter mir zu lassen.

So geschah es auch heute. Unter der Beihülfe meines Vaters, der ein leidlicher Entomologe war, hatte ich vor einigen Jahren eine Schmetterlingssammlung angelegt und bisher mit Eifer fortgeführt.

Ich war nach Tische auf mein Zimmer gegangen und stand vor dem einen Glaskasten, deren schon drei dort an der Wand hingen. Die Nachmittagssonne schimmerte so verlockend auf den blauen Flügeln der Argusfalter, auf dem Sammetbraun des Trauermantels; mich überkam die Lust, einmal wieder einen Streifzug nach dem noch immer vergebens von mir gesuchten Brombeerfalter zu unternehmen. Denn dieses schöne olivenbraune Sommervögelchen, welches die stillen Waldwiesen liebt und gern auf sonnigen Gesträuchen ruht, war in unserer baumlosen Gegend eine Seltenheit. – Ich nahm meinen Ketscher vom Nagel; dann ging ich hinab und ließ mir von meiner Mutter ein Weißbrötchen in die Tasche stecken und meine Feldflasche mit Wein und Wasser füllen. So ausgerüstet, schritt ich bald über den Karussellplatz nach dem Schloßgarten, dessen Baumgänge schon von jungem Laube beschattet waren, und von dort weiter durch die dem Haupteingang gegenüberliegende Pforte ins freie Feld hinaus. Es hatte die Nacht zuvor geregnet, die Luft war lau und klar; ich sah drüben am Rande des Horizonts auf der hohen Geest die Mühle ihre Flügel drehen.

Eine kurze Strecke führte noch der Weg an der Außenseite des Schloßgartens entlang; dann wanderte ich aufs Geratewohl auf Feldwegen oder Fußsteigen, welche quer über die Äcker führten, in die sonnige schattenlose Landschaft hinaus. Nur selten, so weit das Auge reichte, stand auf den Sand- und Steinwällen, womit die Grundstücke umgeben sind, ein wilder Rosenstrauch oder ein anderes dürftiges Gebüsch; aber hier, wo in der Morgenfrühe die rauhen Seewinde ungehindert überhin fahren, waren nur kaum die ersten Blätter noch entfaltet. Ich schlenderte behaglich weiter; mehr die Augen in die Ferne als nach dem gerichtet, was etwa neben mir am Wege zwischen Gräsern und rotblühenden Nesseln gaukeln mochte.

So war, ohne daß ich es merkte, der halbe Nachmittag dahin. Ich hörte es von der Stadt her vier schlagen, als ich mich an dem Ufer des Mühlenteichs ins Gras warf und mein bescheidenes Vesperbrot verzehrte. Eine angenehme Kühlung wehte von dem Wasserspiegel auf mich zu, der groß und dunkel zu meinen Füßen lag. Dort in der Mitte, wo jetzt über der Tiefe die kleinen Wellen trieben, mußte der Schlitten gestanden haben, als Lore ihren Mantel über mich legte. Ich blickte eine ganze Weile nach dem jetzt unerreichbaren Punkte, den meine Augen in dem Fluten des Wassers nur mit Mühe festzuhalten vermochten. – –

Aber ich wollte ja den Brombeerfalter fangen! Hier, wo es weit umher kein Gebüsch, kein stilles, vor dem Winde geschütztes Fleckchen gab, war er nicht zu finden. Ich entsann mich eines andern Ortes, an dem ich vor Jahren unter der Anführung eines älteren Jungen einmal Vogeleier gesucht hatte. Dort waren Koppel an Koppel die Wälle mit Hagedorn und Nußgebüsch bewachsen gewesen; an den Dornen hatten wir hie und da eine Hummel aufgespießt gefunden, wie dies nach der Naturgeschichte von den Neuntötern geschehen sollte; bald hatten wir auch die Vögel selbst aus den Zäunen fliegen sehen und ihre Nester mit den braungesprenkelten Eiern zwischen dem dichten Laub entdeckt. Dort, in dem heimlichen Schutz dieser Hecken, war vielleicht auch das Reich des kleinen seltenen Sommervogels! Das »Sietland« hatte der Junge jene Gegend genannt, was wohl soviel wie Niederung bedeuten mochte. Aber wo war das Sietland? – Ich wußte nur, daß wir in derselben Richtung, wie ich heute, zur Stadt hinausgegangen waren und daß es unweit der großen Heide gelegen, welche etwa eine Meile weit von der Stadt beginnt.

Nach einigem Besinnen nahm ich mein Fanggerät vom Boden und machte mich wieder auf die Wanderung. Durch einen Hohlweg, in den sich das Ufer hier zusammendrängt, gelangte ich auf eine Höhe, von der ich die vor mir liegende Ebene weithin übersehen konnte; aber ich sah nichts als Feld an Feld die kahlen ebenmäßigen Sandwälle, auf denen die herbe Frühlingssonne flimmerte. Endlich, dort in der Richtung nach einem Häuschen, wie sie am Rande der Heide zu stehen pflegen, glaubte ich etwas wie Gebüsch zu entdecken. – Es war mindestens noch eine halbe Stunde bis dahin, aber ich hatte heute Lust zum Wandern und schritt rüstig darauf los. Hie und da flog ein gelber Zitronenfalter oder ein Kreßweißling über meinen Weg, oder eine graue Leineule kletterte an einem Grasstengel; von einem Brombeerfalter aber war keine Spur.

Doch ich mußte schon mehr in einer Niederung sein; denn die Luft wurde immer stiller; auch ging ich schon eine Zeitlang zwischen dichten Hagedornhecken. Ein paarmal, wenn sich ein Lufthauch regte, hatte ich einen starken lieblichen Geruch verspürt, ohne daß ich den Grund davon zu entdecken vermocht hätte; denn das Gebüsch an meiner Seite verwehrte mir die Aussicht. Da plötzlich sprang zur Rechten der Wall zurück, und vor mir lag ein Fleckchen hügeligen Heidelandes. Brombeerranken und Bickbeerengesträuch bedeckte hie und da den Boden; in der Mitte aber an einem schwarzen Wässerchen stand vereinzelt im hellsten Sonnenglanz ein schlanker Baum. Aus den blendend grünen Blättern, durch die er ganz belaubt war, sprang überall eine Fülle von zarten weißen Blütentrauben hervor; unendliches Bienengesumme klang wie Harfenton aus seinem Wipfel. Weder in den Gärten der Stadt noch in den entfernteren Wäldern hatte ich jemals seinesgleichen gesehen. Ich staunte ihn an; wie ein Wunder stand er da in dieser Einsamkeit.

Eine Strecke weiter, nur durch ein paar dürftige Ackerfelder von mir getrennt, dehnte sich unabsehbar der braune Steppenzug der Heide; die äußersten Linien des Horizonts zitterten in der Luft. Kein Mensch, kein Tier war zu sehen, so weit das Auge reichte. – Ich legte mich neben dem Wässerchen im Schatten des schönen Baumes in das Kraut. Ein Gefühl von süßer Heimlichkeit beschlich mich; aus der Ferne hörte ich das sanfte träumerische Singen der Heidelerche; über mir in den Blüten summte das Bienengetön; zuweilen regte sich die Luft und trieb eine Wolke von Duft um mich her; sonst war es still bis in die tiefste Ferne. Am Rand des Wassers sah ich Schmetterlinge fliegen; aber ich achtete nicht darauf, mein Ketscher lag müßig neben mir. – Ich gedachte eines Bildes, das ich vor kurzem gesehen hatte. In einer Gegend, weit und unbegrenzt wie diese, stand auf seinen Stab gelehnt ein junger Hirte, wie wir uns die Menschen nach den ersten Tagen der Weltschöpfung zu denken gewohnt sind, ein rauhes Ziegenfell als Schurz um seine Hüften; zu seinen Füßen saß – er sah auf sie herab – eine schöne Mädchengestalt; ihre großen dunkeln Augen blickten in seliger Gelassenheit in die morgenhelle Einsamkeit hinaus. – »Allein auf der Welt« stand darunter. – – Ich schloß die Augen; mir war, als müsse aus dem leeren Raum dies zweite Wesen zu mir treten, mit dem selbander jedes Bedürfnis aufhöre, alle keimende Sehnsucht gestillt sei. »Lore!« flüsterte ich und streckte meine Arme in die laue Luft.

Indessen war die Sonne hinabgesunken, und vor mir leuchtete das Abendrot über die Heide. Der Baum war stumm geworden, die Bienen hatten ihn verlassen; es war Zeit zur Heimkehr. Meine Hand faßte nach dem Ketscher. – Aber was kümmerte mich jetzt dies

Knabenspielzeug. Ich sprang auf und hängte ihn hoch, so hoch, wie ich vermochte, zwischen den dichtbelaubten Zweigen des Baumes auf. Dann, das Bild der schönen Schneidertochter vor meinen trunknen Augen, machte ich mich langsam auf den Rückweg.

Die Dämmerung war stark hereingebrochen, als ich aus dem Portal des Schloßgartens trat. Drüben am Karussell waren schon die Lampen angezündet; Leierkastenmusik, Lachen und Stimmengewirr scholl zu mir herüber; dazwischen das Klirren der Floretts an den eisernen Ringhaltern. Ich blieb stehen und blickte durch die Linden, welche den Platz umgaben, in das bewegte Bild hinein. Das Karussell war in vollem Gange; Sitzplätze und Pferde, alles schien besetzt, und ringsumher drängte sich eine schaulustige Menge jedes Alters und Geschlechts. Jetzt aber wurde die Bewegung langsamer, so daß ich unter den grünen Zweigen durch die einzelnen Gestalten ziemlich bestimmt erkennen konnte.

Unwillkürlich war ich indessen näher getreten und hatte mich bis an den Eisendraht gedrängt, der ringsherum gezogen war. – Das Mädchen dort auf dem braunen Pferde war die Schwester meines Freundes Christoph. Aber es kam noch eine Reiterin, eine feinere Gestalt; sie saß seitwärts, ein wenig lässig, auf ihrem hölzernen Gaule. Und jetzt, während sie langsam näher getragen wurde, wandte sie den Kopf und blickte lächelnd in die Runde. Es war Lore; fast wie ein Schrecken schlug es mir durch die Glieder. Auch sie hatte mich erkannt; aber nur eine Sekunde lang hafteten ihre Augen wie betroffen in den meinen; dann bückte sie sich zur Seite und machte sich an ihrem Kleide zu schaffen. Das schwere eiserne Florett, das sie in der kleinen Faust hielt, schien nicht umsonst von ihr geführt zu sein; denn es war jetzt bis an den Knopf mit Ringen angefüllt.

Mittlerweile war der Eigentümer des Karussells herangetreten, um für die neue Runde einzusammeln. Sie richtete sich auf und hielt ihm ihr Florett engegen. »Freigeritten!« sagte sie, indem sie es umstürzte und die Ringe in die Hand des Mannes gleiten ließ.

Er nickte und ging an den nächsten Stuhl, wo eine Anzahl Kinder sich um die besten Plätze zankten. – Als ich von dort wieder zu Lore hinübersah, stand Christophs Schwester neben ihr; aber sie wandte mir den Rücken und schien mich nicht bemerkt zu haben.

»Gehst du mit, Lore?« hörte ich sie fragen; »ich muß nach Hause.«

Lore antwortete nicht sogleich; ihre Augen streiften mit einem unsichern Blick zu mir hinüber. Ich wagte mich nicht zu rühren; aber meine Augen antworteten den ihren, und mir selber kaum vernehmlich flüsterten meine Lippen: »Bleib!«

»So sprich doch!« drängte die andere. »Es hat schon acht geschlagen.« Lore steckte ihre Füßchen wieder in den Steigbügel, den sie hatte fahrenlassen, und die Augen auf mich gerichtet, erwiderte sie: »Ich bleibe noch, ich hab mich freigeritten!« Und leise setzte sie hinzu: »Meine Mutter wollte vielleicht noch hier vorüberkommen!«

Ich fühlte, daß das gelogen sei. Das Blut schoß mir siedendheiß ins Gesicht, es brauste mir vor den Ohren; die kleine Lügnerin hatte plötzlich den Schleier des Geheimnisses über uns beide geworfen. Es war zum ersten Mal in meinem Leben, daß ich eine so berauschende Zusage erhielt; bisher hatte ich nur manchmal darüber nachgesonnen, wie in der Welt so etwas möglich sei.

Christophs Schwester hatte sich entfernt. Der Leierkasten begann wieder seine Musik, die Peitsche klatschte über dem alten Gaul, und unter dem Zuruf der Bauerburschen und -mädchen, die inzwischen die meisten Plätze eingenommen hatten, setzte das Karussell sich wieder in Bewegung. Lore sah nach mir zurück, sie hatte ihr Florett in den Sattelknopf gestoßen und saß wie in sich versunken, die Hände vor sich auf dem Schoß gefaltet. Das rote Tüchelchen an ihrem Halse wehte in der Luft, und in immer rascherem Kreisen wurde die leichte Gestalt an mir vorübergetragen; kaum fühlte ich den Blitz ihres Auges in den meinen, so war sie schon fort, und nur der Schimmer ihres hellen Kleides tauchte in der trüben Lampenbeleuchtung noch ein paarmal flüchtig aus den immer tiefer fallenden Schatten auf. – Plötzlich krachte etwas; die in den Stühlen sitzenden Mädchen kreischten, und das Karussell stand.

»Bleiben Sie sitzen, meine Herrschaften«, rief der Eigentümer, indem er mit seinem Gehülfen über die Querbalken stieg, um den Schaden zu untersuchen. Eine Laterne wurde heruntergenommen, es wurde geklopft und gehämmert; aber es schien sich so bald nicht wieder fügen zu wollen. Mir wurde die Zeit lang; meine Augen suchten vergebens nach der kleinen Reiterin. Ich drängte mich aus der Menschenmasse heraus, in die ich eingekeilt war, und ging von außen nach der gegenüberliegenden Seite des Platzes. Als ich mich hier mit Bitten und Gewalt bis an die Barriere durchgearbeitet hatte, stand ich dicht neben ihr. Sie war von dem Holzgaul herabgestiegen und blickte wie suchend um sich her.

Nach einer Weile steckte sie das Florett, das sie spielend in der Hand gehalten, wieder in den Sattelknopf und machte Miene, herabzuspringen. Aber während sie ihre Kleider zusammennahm, war ich in den Kreis geschlüpft.

»Guten Abend, Lore!«

»Guten Abend!« sagte sie leise.

Dann, während die Bauerburschen immer lauter ihr Eintrittsgeld zurückforderten, faßte ich ihre Hand und zog sie mit mir hinaus ins Freie. Aber hier war meine Verwegenheit zu Ende. Lore hatte mir ihre Hand entzogen, und wir gingen wortlos und befangen nebeneinander der Straße zu, an deren äußerstem Ende sich das Haus ihrer Eltern befand. – Als wir den zur Seite liegenden Eingang des Schloßgartens erreicht hatten, kam uns von der Straße her ein Trupp von Menschen entgegen, an deren lauten Stimmen ich einzelne meiner ausgelassensten Kommilitonen erkannte. Unwillkürlich blieben wir stehen.

»Wir wollen durch den Schloßgarten!« sagte ich.

»Es ist so weit!«

»Oh, es ist nicht so viel weiter!«

Und wir gingen durch das Portal in den breiten Steig hinab, welcher zwischen niedrigen Dornhecken zu einem Laubgang von dicht verwachsenen Hagebuchen führte. Da hier vorne auch hinter den Zäunen nur bebautes baumloses Gartenland lag, so verhinderte mich die einbrechende Dunkelheit nicht, die neben mir wandelnde Mädchengestalt zu betrachten. Mich schauerte, daß sie jetzt wirklich in solcher Einsamkeit mir nahe war.

Kein Mensch außer uns schien in dem alten Park zu sein; es war so still, daß wir jeden unserer Tritte auf dem Sande hörten.

»Willst du mich nicht anfassen?« fragte ich.

Sie schüttelte den Kopf.

»Warum nicht?«

»Nein – wenn jemand käme!«

Wir hatten den gewölbten Buchengang erreicht. Es war sehr dunkel hier; denn in geringer Entfernung zu beiden Seiten waren ähnliche Laubgänge, und auf den dazwischen befindlichen Rasenflekken lagerten undurchdringliche Schatten. Ich wußte nur noch, daß Lore neben mir ging; denn ich hörte ihren Atem und ihren leichten

Schritt; zu sehen vermochte ich sie nicht. Wie neckend schoß es mir durch den Kopf, daß ich am Nachmittage auf einen Sommervogel ausgegangen war. »Nun bist du doch gefangen!« sagte ich, und durch die Dunkelheit ermutigt, ergriff ich ihre herabhängende Hand und hielt sie fest. Sie duldete es; aber ich fühlte, wie sie zitterte, und auch mir schlug mein Knabenherz bis in den Hals hinauf.

So gingen wir langsam weiter. Von der Stadt her kam der gedämpfte Ton der Drehorgeln und das noch immer fortdauernde Getöse des Jahrmarkttreibens; vor uns am Ende der Allee in unerreichbarer Ferne stand noch ein Stückchen goldenen Abendhimmels. Ich legte ihre Hand in meinen Arm und faßte sie dann wieder. In diesem Augenblick trollte vor uns etwas über den Weg; es mag ein Igel gewesen sein, der auf die Mäusejagd ging. – Sie schrak ein wenig zusammen und drängte sich zu mir hin, und als ich, unabsichtlich fast, den Arm um sie legte, fühlte ich, wie ihr Köpfchen auf meine Schulter glitt.

Als aber dann, nur eine flüchtige Sekunde lang, ein junger Mund den andern berührt hatte, da trieb es uns wie töricht aus den schützenden Baumschatten ins Freie. So hatten wir bald, während ich nur noch ihre Hand gefaßt hielt, das Ende der Allee erreicht und traten durch eine Pforte auf einen Feldweg hinaus, der seitwärts auf die letzten Häuser der Stadt zuführte. Wir gingen eilig nebeneinander her, als könnten wir das Ende unseres Beisammenseins nicht rasch genug herbeiführen.

»Mein Vater wird mich suchen; es ist gewiß schon spät!« sagte Lore, ohne aufzusehen.

»Ich glaube wohl!« erwiderte ich. Und wir gingen noch eiliger als zuvor.

Schon standen wir am Ausgang des Weges, den letzten Häusern der Straße gegenüber. In dem Lichtschein, der unter der Linde aus dem Fenster des Schneiderhäuschens fiel, sah ich unweit davon ein Mädchen an einem Brunnen stehen. Ich durfte nicht weiter mit. Als aber Lore den Fuß auf das Straßenpflaster hinaussetzte, war mir, als dürfe ich sie so nicht von mir gehen lassen.

»Lore«, sagte ich beklommen, »ich wollte dir noch etwas sagen.«

Sie trat einen Schritt zurück. »Was denn?« fragte sie.

»Warte noch eine Weile!«

Sie wandte sich um und blieb ruhig vor mir stehen. Ich hörte, wie sie mit den Händen über ihr Haar strich, wie sie ihr Tüchelchen fester um den Hals knüpfte; aber ich suchte lange vergebens des Gedankens habhaft zu werden, der wie ein dunkler Nebel vor meinen Augen schwamm. »Lore«, sagte ich endlich, »bist du noch bös mit mir?«

Sie blickte zu Boden und schüttelte den Kopf.

»Willst du morgen wieder hier sein?«

Sie zögerte einen Augenblick. »Ich darf des Abends sonst nicht ausgehen«, sagte sie dann.

»Lore, du lügst; das ist es nicht, sag mir die Wahrheit!«

Ich hatte ihre Hand gefaßt; aber sie entzog sie mir wieder.

»So sprich doch, Lore! – Willst du nicht sprechen?«

Noch eine Weile stand sie schweigend vor mir; dann schlug sie die Augen auf und sah mich an. »Ich weiß es wohl«, sagte sie leise, »du heiratest doch einmal nur eine von den feinen Damen.«

Ich verstummte. Auf diesen Einwurf war ich nicht gefaßt; an so ungeheuere Dinge hatte ich nie gedacht und wußte nichts darauf zu antworten.

Und ehe ich mich dessen versah, hörte ich ein leises »Gute Nacht« des Mädchens; und bald sah ich sie drüben in dem Schatten der Häuser verschwinden. Ich vernahm noch das vorsichtige Aufdrücken einer Haustür, das leise Anschlagen der Türschelle; dann wandte ich mich und ging langsam durch den Schloßgarten zurück.

Ohne erst zum Abendessen in die Wohnstube meiner Eltern zu gehen, schlich ich die Treppe hinauf in meine Kammer. Wie trunken warf ich mich in die Kissen. Nach einer Viertelstunde hörte ich die Stubentür gehen, und durch die halbgeöffneten Augenlider sah ich meine Mutter mit einer Lampe an mein Bett treten. Sie beugte sich über mich; aber ich schloß die Augen und träumte weiter. Trotz des wenig verheißenden Abschiedes war mir doch, als hätte meine Hand eine volle Rosengirlande gefaßt, an welcher nun in alle Zukunft hinein der Lebensweg entlanggehen müsse.

Sosehr ich aber an diesem Abend den Drang, allein zu sein, empfunden, ebensosehr trieb es mich am andern Morgen unter Menschen. Ich hatte ein neues Gefühl der Freiheit und Überlegenheit in mir, das ich nun auch andern gegenüber empfinden wollte. Sobald ich gefrühstückt und den etwas unbequemen Fragen meiner Mutter notdürftig genuggetan hatte, ging ich in die Werkstatt meines Freundes Christoph. Er war eifrig beschäftigt, kleine Mahagonifurniere auszuwählen und zu schneiden. »Was machst denn du da für Schönes?« fragte ich.

»Ein Nähkästchen«, sagte er, ohne aufzublicken.

»Ein Nähkästchen? Für wen denn?«

»Für Lenore Beauregard; meine Schwester will's ihr zum Geburtstag schenken.«

Ich sah ihn von der Seite an; ein übermütiges Lächeln stieg in mir auf. »Die Lore ist wohl dein Schatz, Christoph?«

Der eckige Kopf des guten Jungen wurde bis unter die Stirnhaare wie mit Blut übergossen bei dieser treulosen Frage. Er schien selbst über seine Verlegenheit in Zorn zu geraten. »Ihr hättet sie nur aus euerer Lateinischen Tanzschule fortlassen sollen!« sagte er, indem er mit seinem Messer grimmig in die Furnierblättchen hineinfuhr.

»Du bist wohl eifersüchtig, Christoph?« fragte ich.

Aber er antwortete nicht; er brummte nur halb für sich: »Das hätte meine Schwester sein sollen!« –

Dieser Triumph sollte indessen mein einzigster bleiben; denn ich mühte mich vergebens, wieder allein mit Lore zusammenzutreffen. Ein paarmal zwar im Laufe des Sommers begegnete sie mir an Sonntagnachmittagen hinter den Gärten auf dem Bürgersteige; aber Christoph und seine Schwester begleiteten sie, und der gute Junge ging so trotzig neben ihr, als wenn er sie einer ganzen Welt von Lateinern hätte streitig machen wollen; auch suchte sie selbst, wenn ich ein Gespräch mit ihnen begann, augenscheinlich die andern zum Weitergehen zu veranlassen.

Als späterhin bei Beginn des Michaelismarktes das Karussell wieder aufgeschlagen wurde, wagte ich noch einmal zu hoffen. Einen Abend nach dem andern, sobald die Dämmerung anbrach, fand ich mich auf dem Platze ein; zum großen Verdrusse meines Freundes Fritz, von dem ich mich unter immer neuen Vorwänden loszumachen suchte. Aber ebensooft spähte ich vergebens, unter den jungen Reiterinnen, die sich zuweilen einfanden, die schlanke Braune zu entdekken, um deren willen ich allein gekommen war. Einsam wanderte ich durch die dunkeln Gänge des Schloßgartens und zehrte trübselig von der Erinnerung eines entflohenen Glückes.

Dies alles nahm ein plötzliches Ende, als ich zu Anfang des Winters nach dem Willen meines Vaters die Gelehrtenschule unserer Heimat verließ und zu meiner weitern Ausbildung auf ein Gymnasium des mittleren Deutschlands geschickt wurde. – Ob mein Schmetterlingsketscher noch in dem blühenden Baum am Rande der Heide hängt? – Ich weiß es nicht; ich bin nicht wieder dort gewesen; auch den Brombeerfalter habe ich bis auf heute noch nicht gefangen.

Auf der Universität

Jahre waren seitdem vergangen.

Als ich den Zwang der klösterlichen Schulanstalt hinter mir hatte, brachte ich zum ersten Mal wieder einige Herbstwochen im elterlichen Hause zu. Von allen meinen Kameraden fand ich nur noch Christoph im heimatlichen Neste; die übrigen, auch Fritz, waren alle schon ausgeflogen; ins lustige Studentenleben, aufs weite Meer hinaus, in die dunkle Schreibstube eines Kaufmanns, oder wohin sonst Wahl und Verhältnisse sie geführt hatten. Auch Christoph, der zum stattlichen, etwas untersetzten jungen Mann herangewachsen war, rüstete sich zum Abzug; er war Gesell geworden und wollte wandern. Aber zuvor arbeiteten wir noch einmal gemeinschaftlich in der Werkstatt seines Vaters, und ein ungeheuerer Tabakskasten, der mit mir die Universität beziehen sollte, war das Resultat unserer Bemühungen. – Von meiner Mutter erfuhr ich, daß die rüstige Frau Beauregard vor Jahresfrist eines plötzlichen Todes verblichen und ihre Tochter bald darauf nach der kleinen Landesuniversitätsstadt zu einer alten unverheirateten Tante gezogen sei, die sie testamentarisch zur Universalerbin ihres kleinen Vermögens eingesetzt hatte. Das schmale Häuschen mit der Linde war nach dem Tode der Mutter Schulden halber verkauft worden, und der französische Schneider hatte froh sein müssen, bei einem der andern Meister als Gesell ein Unterkommen gefunden zu haben. Ich traf ihn am Sonntagnachmittage in einer Ecke des Kirchhofs auf der Bank sitzend. Seine Haut über den scharfen Backenknochen war noch gelber geworden, und sein schwarzes Haar war stark ergraut; er hustete, aber die Sonne schien ihm wohlzutun. »Ah, Monsieur Philipp!« rief er, da er mich erkannte, und streckte mir zwei Finger seiner langen knöchernen Hand entgegen, während die andern die alte wohlbekannte Porzellandose umklammert hielten. »Damals – das waren andere Zeiten, Monsieur Philipp!« fuhr er seufzend fort. »Meine Alte, sie hat sich mit ihrer Menage unter die schwarzen Kreuze dort begeben; und das Kind, die Lore« – er schluckte ein paarmal und nahm eine starke Prise –, »Sie werden es ja gehört haben! Sie wollte nicht, sie wollte ihren armen Vater nicht allein lassen, ich mußte mit Gewalt ihre kleinen Hände von mir losreißen; aber was hilft es denn! Das Kind mußte doch sein Glück machen!« Er ließ den Kopf sinken und legte schlaff seine Hände auf die Knie. »Ich werde Ihnen ihre Briefe zeigen!« begann er dann wieder. »Sie werden sehen, Monsieur Philipp, Sie sind ja ein Gelehrter! Die allerliebsten Buchstaben, und all die lieben guten Worte; eine Marquise könnte es nicht besser.« –

– – So sprach er noch eine Weile fort, bis ich ihn verließ.

Ich habe den französischen Schneider nicht wiedergesehen; denn einige Tage darauf reiste ich ab, um zunächst auf einer ausländischen Universität meine juristischen Studien zu beginnen, und schon nach einem halben Jahre schrieb mir meine Mutter, der ich diese Begegnung erzählt hatte, daß auch Monsieur Beauregard, der Enkel des Ofenheizers vom Hofe Ludwigs des Sechzehnten, unter den schwarzen Kreuzen eine Stelle gefunden habe.

Drei Jahre später befand ich mich auf der Landesuniversität, um vor dem Examen noch das gesetzlich vorgeschriebene Jahr hier zu absolvieren. Fritz, mit dem ich das letzte Semester in Heidelberg zusammen gewohnt, wollte erst im nächsten Herbst zurückkehren. Aber mein Freund Christoph hatte die Universität bezogen; er war erster Arbeiter in einem großen Möbelmagazin. Ich traf ihn eines Nachmittags in einem öffentlichen Garten, wo er allein vor einem Seidel Lagerbier saß und, scheinbar in Sinnen verloren, den Rauch seiner Zigarre vor sich hin blies. Sein starker blonder Backenbart und seine feine bürgerliche Kleidung ließen mich ihn erst in nächster Nähe erkennen. Als ich schweigend meine Hand auf seine Schulter legte, warf er den Kopf rasch und trotzig nach mir herum; denn wenn ich jetzt auch keine farbige Mütze trug, so gehörte ich doch unverkennbar genug zu den mutmaßlich noch immer nicht von ihm geliebten Lateinern. Allein, kaum hatte er mich angesehen, als auch sogleich die freudigste Überraschung aus seinen Augen leuchtete. »Philipp, du bist es?« sagte er, indem er mit einer fast mädchenhaften Bescheidenheit meine dargebotene Hand nahm und sie dann desto kräftiger drückte. – Wir sprachen lange zusammen; über unsere Heimat, über Eltern und Altersgenossen; als ich mich dann der verhängnisvollen Eisfahrt erinnerte, fragte ich auch nach unserer gemeinschaftlichen Knabenliebe.

Lenore lebte noch im Hause ihrer Verwandten, einer alten Schneiderin, mit der sie zum Nähen in die Häuser der vornehmen Einwohner ging. Aber Christoph wurde bei den Antworten auf diese Fragen immer wortkarger und suchte endlich mit einer gewissen Hast das Gespräch auf andere Dinge zu bringen. Er schien in seinem treuen Gemüte noch immer die Fesseln des schönen Mädchens zu tragen, die ich mit dem Staub der Heimat schon längst von mir abgeschüttelt zu haben glaubte.

Ich mochte mich darin indessen irren. – Einige Zeit darauf hatte ich mit befreundeten Damen jenseit der Meeresbucht, an welcher die Stadt liegt, einen damals beliebten Vergnügungsort besucht. Der Nachmittag war zu Ende, und wir gingen an den Strand hinab, um nach einem Fahrzeug für die Heimkehr auszuschauen. – Zwei Boote, beide schon fast besetzt, lagen zur Abfahrt bereit. Neben dem einen, das etwa dreißig Schritte von uns entfernt sein mochte, stand an der Seite einer ältlichen lahmen Nähterin, die ich mitunter im Wohnzimmer meines Hauswirts gesehen hatte, eine auffallend schöne Mädchengestalt. Sie hatte schon den Fuß auf den Rand des Bootes gesetzt und schien im Begriff, hineinzusteigen; aber sie zögerte plötzlich, da sie den Kopf nach uns zurückwandte. Zwei schwarze fremdartige Augen, wie ich sie lange nicht, aber wie ich sie einst gesehen, trafen in die meinen; ich wußte jetzt, daß es Lenore Beauregard sei. Sie war größer geworden, und unter den braunen Wangen schimmerte das Rot der vollsten Jungfräulichkeit; aber noch immer war ihr in der Haltung jene graziöse Lässigkeit eigen, die mir unbewußt schon einst mein Knabenherz entführt hatte. Es wallte heiß in mir auf, und ich hatte der Damen neben mir fast ganz vergessen. Denn jene dunklen Augen schienen mich bittend anzublicken; ich hörte, wie die alte Nähterin ihr zusprach, wie der Schiffer sie nicht eben in den höflichsten Worten zum Einsteigen drängte; aber noch immer stand die schlanke Mädchengestalt unbeweglich, wie im Traum, die Augen nach mir hingewandt.

Schon hatte ich, wie von dunkler Naturgewalt getrieben, ein paar Schritte nach dem Boote zu getan; aber ich bezwang mich; ich dachte an Christoph; seine ehrlichen blauen Augen schienen mich plötzlich anzusehen. »Es wird nicht Platz dort für uns alle sein«, sagte ich zu den Damen. Dann gingen wir seitwärts nach dem andern Fahrzeug am Wasser entlang. – Doch noch einmal mußte ich nach Lore zurückblikken. Sie hatte den Kopf auf die Brust sinken lassen und stieg eben langsam über den Bord in das Innere des Bootes, das im Gold der Abendsonne auf dem regungslosen Wasser lag.

Bei der Heimfahrt saß ich am Steuer, wortkarg und innerlich erregt; meine Augen mochten wohl mitunter auf dem andern, in ziemlicher Entfernung vor uns rudernden Boote ruhen, während die jungen Damen mich vergebens in ihre Plaudereien zu ziehen suchten.

»Aber Sie sind heut nicht zu gebrauchen!« sagte die eine; »unsere schöne Nähterin scheint Sie stumm gemacht zu haben!«

»Ist Lore Ihre Nähterin?« fragte ich noch halb in Gedanken.

»Lore! Woher wissen Sie denn, daß sie Lore heißt?«

»Wir sind aus einer Stadt; ich habe in der Tanzschule meine erste Mazurka mit ihr getanzt.«

»So! – Sie soll auch jetzt noch gern mit Studenten tanzen.«

Unser Gespräch über Lore war zu Ende; aber ich wußte jetzt, weshalb Christoph nicht hatte reden mögen.

Dennoch sah ich ihn später im Lauf des Winters mehrmals an öffentlichen Orten mit Lore zusammen, meistens in Gesellschaft der lahmen Marie oder einer ältern Person, welche niemand anders als die Erbtante sein konnte, die dem armen Schneider noch so kurz vor seinem Ende das Kleinod seines Herzens entführt hatte.

Eines Abends, es mochte einige Wochen nach Neujahr sein, hörte ich von meinem Zimmer aus einen Tumult auf der Straße. Als ich das Fenster öffnete, bemerkte ich unter dem vorbeiziehenden Haufen hie und da rote Studentenmützen; endlich erkannte ich beim Schein der Straßenlaterne auch einen unserer Pedelle.

»Was gibt's, Dose?« rief ich hinunter.

»Holz hat's gegeben, Herr Doktor.« – Dose nannte mich aus einem nur uns beiden bekannten Grunde allzeit Herr Doktor.

»So? Und wohl wieder auf dem Ballhaus?« fragte ich.

»Nun, wo denn anders?«

Das Ballhaus war ein öffentliches Tanzlokal, wo die altherkömmliche Feindschaft zwischen Studenten und Handwerksgesellen sich zuzeiten Luft zu machen pflegte. Es schien diesmal indessen arg geworden zu sein; denn Dose machte andeutungsweise eine höchst kräftige Bewegung mit der Faust.

»Wer hat's denn gekriegt?« fragte ich noch.

Der Alte hielt die Hand vor den Mund und flüsterte mir zu: »Es ist auf die rechte Stelle gekommen, Herr Doktor.« Ein Bekannter, der unser Gespräch hörte, rief im Vorübergehen: »Es ist der Raugraf; die Knoten haben ihm auf Abschlag gezahlt.«

Der sogenannte »Raugraf« war ein ebenso schöner als wüster junger Mann, der in den Hörsälen der Professoren selten, dagegen häufig auf der Mensur und regelmäßig auf der Kneipe zu finden war; einer von denen, die auf Universitäten eine Rolle spielen, um dann im späteren Leben spurlos zu verschwinden. Von den jungen Handwerkern, denen er ihre Mädchen abspenstig machte, wurde er ebensosehr gehaßt, als er für die größere Anzahl der jüngeren Studenten der Gegenstand einer scheuen Bewunderung war. Nachdem er eine Reihe anderer Universitäten besucht und, teilweise durch Relegation gezwungen, wieder verlassen hatte, fand er für gut, auch die unsrige zu versuchen, und bald gingen von seinem großen Wechsel und dann von seinen noch größeren Schulden die mannigfaltigsten Gerüchte im Schwange. Der Titel »Raugraf«, den er mitbrachte, paßte insofern für ihn, als er an die Zeiten des Faustrechts erinnert und allerdings die Weise der alten Junker, die Schwächeren rücksichtslos für ihre Leidenschaften zu verbrauchen, sich vollständig auf ihn vererbt zu haben schien.

Da ich den Raugrafen weder genauer kannte noch ein Interesse an seiner Person nahm, so schloß ich das Fenster und begab mich zur Ruhe, ohne des Vorfalles weiter zu gedenken.

Am Nachmittage darauf sollte ich indessen aufs neue daran erinnert werden. – Ich hatte eben meinen Kaffee getrunken und saß im Sofa über einer Pandektenkontroverse, als an die Stubentür gepocht wurde.

Auf mein »Herein!« trat die stattliche Gestalt meines Freundes Christoph vorsichtig und etwas zögernd in das Zimmer.

»Bist du allein?« fragte er.

»Wie du siehst, Christoph.«

Er schwieg einen Augenblick. »Ich muß fort von hier, Philipp«, sagte er dann, »noch heute abend; weit fort, an den Rhein zu meinem Mutterbruder; er ist schwächlich und braucht einen Gesellen, der nach dem Rechten sehen kann. Aber ich fürchte, meine Barschaft reicht nicht für die Reise, und Fechten, das ist nicht meine Sache.«

Ich war schon an mein Pult gegangen und hatte eine kleine Geldsumme auf den Tisch gezählt. »Reicht es, Christoph?«

»Ich danke dir, Philipp.« Und er steckte das Geld sorgsam in seine Börse, die schon einen kleinen Schatz an Gold- und Silbermünzen enthielt. Erst jetzt sah ich, daß er in seiner schwarzen Sonntagskleidung vor mir stand.

»Aber du bist ja in vollem Wichs«, fragte ich; »wo bist du denn gewesen?«

»Nun«, sagte er und rieb sich nachdenklich mit der Hand seine breite Stirn, »ich komme eben von der Polizei!«

»Du hast schon deinen Paß geholt?«

»Jawohl; meinen Laufpaß.«

Ich sah ihn fragend an.

»Es ist wegen der dummen Geschichte auf dem Ballhaus.«

Mir ging ein Licht auf. »So! Also du bist es gewesen?« sagte ich. »Daß mir das nicht sogleich eingefallen ist!«

»Freilich bin ich dort gewesen, Philipp.«

»Lenore war wohl mit dir?«

Er nickte.

»Und da hast du den Raugrafen durchgeprügelt?«

Ein Lächeln befriedigten Hasses legte sich um seinen Mund. »Sie sagen ja, daß ich's gewesen sei«, erwiderte er.

Der alte Feind der Gymnasiasten sprach dies in solchem Tone der Genugtuung, daß ich über den Sachverhalt nicht mehr zweifelhaft sein konnte.

Ich mußte laut auflachen. »So erzähl mir doch! Wie kam denn die Geschichte?«

»Nun, Philipp – du weißt doch, daß ich mit der Lore gehe?«

»Seid ihr denn einig miteinander?«

»Es ist wohl so was«, erwiderte er. – »Sie ist eine anstellige Person; und nach dem Tode der alten Tante bekommt sie auch noch eine Kleinigkeit.«

Ich sah ihn lächelnd an. »Nun, Christoph, sie ist auch sonst so übel nicht; du hättest so überzeugend sonst auch schwerlich zugeschlagen!«

Er blickte einen Augenblick vor sich hin. »Ich weiß es kaum«, sagte er, »wir standen in der Reihe, Lore und ich – es geschah nur ihr zu Gefallen, daß ich hingegangen war –, da kam der lange blasse Kerl, der schon immer auf sie gemustert und dabei mit einem andern getuschelt hatte, und wollte extra mit ihr tanzen.«

»War er denn unverschämt gegen deine Dame?«

»Unverschämt? – Sein Gesicht ist unverschämt genug!«

»Und Lore?« sagte ich, meinen Freund scharf fixierend. »Sie hätte wohl gern mit dem schmucken Kavalier getanzt?«

Er zog die Stirnfalten zusammen, und ich sah, wie sich eine trübe Wolke über seinen Augen lagerte.

»Ich weiß es nicht«, sagte er leise. – – »Es war nicht gut, daß ihr das Mädchen damals in euerer Lateinischen Tanzschule den Notknecht spielen ließet.«

Er reichte mir die Hand. »Leb wohl, Philipp«, sagte er, »das Geld schicke ich dir; sonst wirst du wohl nicht viel von mir zu hören bekommen; aber um Jahresfrist, so Gott will, bin ich wieder hier oder bei uns daheim.«

Er ging. – Ich suchte vergebens mich wieder in meine unterbrochenen Arbeiten zu vertiefen; eine unbestimmte Sorge um die Zukunft meines Jugendgespielen hatte mein Herz beschlichen. Ich wußte nur zu wohl, was seine Worte nicht verraten sollten, daß seine Phantasie von jenem Mädchen ganz erfüllt war und daß alle Kräfte dieses tüchtigen Kopfes darauf hinarbeiteten, sein Leben mit dem ihren zu vereinigen.

Bald darauf ging ich in die Wohnung meiner Hauswirte hinab, bei denen ich damals meinen Mittagstisch hatte. Es mochte etwas frühzeitig sein; denn von den Hausgenossen hatte sich noch niemand eingestellt; aber in der Nebenstube traf ich die kleine Nähterin, die »lahme Marie«, welche stumm und einsam inmitten einer Wolke weißer Stoffe mit der Nadel hantierte. – Da ich sie oft in Gesellschaft der beiden Menschen gesehen hatte, deren Geschick mich jetzt beschäftigte, so erzählte ich ihr den gestrigen Vorfall, in der Hoffnung, über die Ursache desselben Näheres zu erfahren.

»Ich hab das kommen sehn!« sagte sie, die dünnen Lippen zusammenkneifend; »der Tischler ist wohl sonst ein ganzer Kerl; aber gegen das Mädchen ist er zu gutwillig; – was wollt er mit ihr auf dem Ballhaus!«

Ich fragte näher nach.

Sie räumte eine Partie Zeuge von einem Stuhl, damit ich mich setzen könne. – »Sie kennen vielleicht das kleine Haus in der Pfaffengasse«, begann sie dann, als ich ihrem Wink gefolgt war; »die alte Schmieden, die Tante von der Lore, hat es vor Jahren von dem Pferdeverleiher nebenan gekauft; aber den Hof dahinter, weil er zu seinem Geschäft doch großen Raum gebraucht, hat der Verkäufer sich vorbehalten, so daß er mit seinem nun in eins zusammengeht; nur in der Mitte auf einem Stückchen Rasen darf die Alte ihre Waschsachen trocknen und bleichen, soweit es damit reichen will. Sie ist Geschwisterkind mit meiner seligen Mutter, und seit ich konfirmiert war, bin ich oft mit ihr zum Nähen ausgegangen.

Ich denk, es war kurz vor Martini vorigen Jahrs; ich machte mich gleich nach Mittag zu der Schmieden; denn wir hatten eine große Seidenwäsche zusammen. Unterwegs begegn' ich dem Tischler, der damals schon mit der Lore ging. Wir sprechen ein Wort zusammen, und im Weggehen ruft er mir noch lachend zu: ›Bei Feierabend komm ich und helf euch die Klammern aufsetzen!‹ Ich sagt's auch der Lore; aber sie schien nicht groß darauf zu achten.

Spät nachmittags, da wir drinnen fertig waren, gingen wir hinaus, um die Leine zwischen den Pfählen aufzuscheren, die draußen auf dem Grasrondell stehen. Lore, das Kleid über ihre Halbstiefelchen aufgeschürzt, die schwarzen Haare hinter die Ohren gestrichen, ging mit dem kleinen hölzernen Tritt von einem zum andern. Die Alte hatte sich drinnen in ihren Lehnstuhl schlafen gesetzt; ich – ich bin die Größte nicht und konnte ihr eben nicht viel dabei helfen.«

Und die Erzählerin suchte ihren dürftigen Körper möglichst gradezurichten.

»Ich hatte mich neben dem Waschkorb auf einen Prellstein gesetzt und sah mir's an, wie vor dem Stall der Knecht des Nachbars einen Goldfuchs striegelte. – Ich habe die Pferde gern, wissen Sie, denn mein Vater ist auch ein Fuhrmann gewesen. – Es war gar ein schönes Tier; und wenn es so den Kopf aus dem Schatten in die Sonne hinauswarf, glänzten die Haare wie Metall; aber an dem feinen Beinwerk merkte ich wohl, daß es keines von des Nachbars Mietgäulen sei. – ›Wem gehört das Pferd?‹ fragte ich Lore, die eben ihr Holztreppchen hart neben mir an den letzten Pfahl gerückt hatte. – ›Das Pferd?‹ sagt sie, indem sie sich auf den Fußspitzen hebt und die Leine um das Querholz schlingt; ›das gehört dem fremden Studenten; ich weiß nicht, wie er heißt.‹ – Ich sah zu ihr hinauf; aber sie wandte nicht den Kopf und wickelte noch immer fort mit der Leine. Als ich eben ungeduldig werden wollte, sagt hinter mir eine Stimme: ›Es ist genug, Fräulein Lorchen!‹

Ich seh noch, wie sie die Arme sinken läßt und hastig das aufgeschürzte Kleid herunterzupft, und da ich den Kopf wende, steht der blasse vornehme Student vor mir, und Lore, ohne ein Wort zu sagen, springt von ihrem Tritt herunter und stellt sich neben mich. – Der junge Herr steht auch nur und macht scharfe Augen auf die Lore, als wenn er das Anschauen ganz umsonst hätte. ›Daß dich!‹ dacht ich und fing aufs Geratewohl einen lauten Diskurs über den Goldfuchs an, und red'te so lang, bis ich Antwort hatte, und ehe ich mich's versehen, waren wir alle drei auf den Hof hinübergetreten. Das Pferd scharrte mit den Hufen und sah seinen Herrn mit den klugen Augen an; Lore stand daneben, und recht als trüge sie Verlangen nach dem Tier, ließ sie ihre flache Hand an dem spiegelblanken Hals herabgleiten. ›Es ist lammfromm‹, sagte der junge Herr; ›was meinen Sie, Fräulein Lore, drinnen im Stall hängt noch ein Damensattel!‹ – Sie schüttelte den Kopf; aber ich hörte, wie ihr der Atem versetzte, und ihre Augen blitzten ordentlich vor Lust. Der Herr Graf hatte das auch wohl verstanden; denn auf seinen Wink wurde der Sattel aufgeschnallt und ein leichter Zaum angelegt. Lore sah darauf hin, als wenn ihr die Augen verhext wären. Als aber der Knecht ihr das Holztreppchen zum Aufsteigen hinstellte, warf es der junge Herr beiseite. ›Pfui doch, Johann!‹ rief er; und als wenn sich's nur von selbst verstände, faßt er das Mädchen unterm Arm. ›Treten Sie fest!‹ sagte er und hielt die andere Hand vor sie hin, indem er mit seinen durchdringenden Augen zu ihr aufsah. Und Lore, als müsse sie nur immer tun, wie der es wollte, setzt ihr Füßchen in seine Hand. Ich merkte wohl, er zögerte; aber es war nur ein Augenblick; dann hob er sie mit einem raschen Schwung hinauf.

Sie sah ganz verwirrt aus und schlug die Augen nieder, als sie droben saß, und ließ sich geduldig den Zaum zwischen den Fingern von ihm zurechtlegen. Der Fuchs schüttelte den Kopf und stieß ein lautes Wiehern aus. Sein Herr strich ihm ein paarmal liebkosend über das seidene Fell; dann legte er die Hand hinter Lore auf den Sattel; mit der andern faßte er den Zaum und führte das Pferd langsam um das Rondell herum.

Ich muß es selbst sagen, sie machten ein stolzes Paar zusammen, und es hätte wohl keiner gedacht, der sie so gesehen, daß die feine Person nur eine arme Nähterin und eines Schneiders Tochter sei.

Bald ging es ihr schon nicht rasch genug. Sie warf die Hand empor, das Pferd fing an zu traben, und der junge Herr trat auf das Rondell zurück. Aber er ließ kein Auge von ihr; wie das Pferd lief, so ging er, die Reitpeitsche in der Hand, im Kreise mit umher; als sei es ihm angetan, so flogen seine Blicke an dem Mädchen hin und wider, von ihren schwarzen wehenden Haaren bis zu dem Füßchen, das oben an dem Sattel unter dem Kleide hervorsah. Bald rief er ihr, bald seinem Fuchs ein kurzes Wort hinüber. Das Tier lief immer schneller; es schnob und peitschte mit dem Schweife in die Luft. Lenore sah gar nicht darauf hin. Sie saß nur wie angeflogen und lächelte und sah auf den jungen Herrn, grad als wären's seine Augen, die sie auf dem Sattel festhielten.

So ging es eine Weile. ›Wenn die Alte herauskäme!‹ dachte ich. ›Es gäb ein böses Wetter!‹ Aber sie kam nicht. Da plötzlich schwenkt eine Flucht Tauben mit großem Geklapper über den Hof, und der Fuchs stutzt und macht einen Satz. Ich denk, die Lore stürzt herunter; aber nein, sie hing noch an dem Hals des Pferdes; nur blaß war sie geworden wie der Tod. ›Oho, Virginie!‹ ruft der Herr, und gleich ist er auch drüben, hat die Lore auf seinen Armen, sieht sie einen Augenblick mit den scharfen Augen an und läßt sie dann sanft zu Boden gleiten. – Eh ich mich noch besinne, hör ich die Hoftür gehen. ›Da ist die Alte!‹ denk ich; aber als ich mich umkehre, steht der Tischler vor mir. – Wär's nur die Alte gewesen, ich hätte mich nicht so alteriert; denn ganz wie versteinert sah der Mensch aus. ›Ist denn schon Feierabend, Herr Werner?‹ ruf ich. Aber er achtet gar nicht darauf. ›Guten Abend, Marie!‹ sagt er mit ganz heiserer Stimme, und er würgte ordentlich daran, als wenn ihm das Wort im Halse steckenbleiben müßte. – ›Wollen wir nicht ins Haus gehen?‹ sag ich wieder. ›Ich danke‹, antwortet er; ›ihr habt da schon Gesellschaft.‹ – Und ohne das Mädchen anzusehen oder eine Silbe an sie zu verlieren, kehrt er sich um und geht durch den großen Torweg der Straße zu.

Lore stand, ohne sich zu rühren, neben dem schnaubenden Pferde. ›Was wollte der Mensch?‹ fragte der Graf. ›Es ist ein Landsmann von mir‹, erwiderte sie leise. ›Es ist Herr Werner‹, sagte ich, ›der erste Arbeiter in dem großen Möbelmagazin‹; denn mich ärgerte das spöttische Gesicht, womit der Herr dem Tischler nachgesehen hatte.«

Die Erzählerin hatte eine Arbeit vollendet; sie stand auf und legte die Stoffe zusammen. Nebenan im Wohnzimmer fanden sich die Hausgenossen zum Mittagstisch zusammen.

»Was ist denn daraus geworden?« fragte ich noch.

»Was ist daraus geworden?« wiederholte sie. »Ich habe eine Zeitlang hin und wider geredet; am Ende – der Tischler kann ja doch nicht von ihr lassen, und sie, wenn ihr nicht just der Kopf verrückt ist, weiß auch wohl, was sie an ihm hat. Die schönen vornehmen jungen Herren sind ja nun doch einmal nicht für sie gewachsen.«

Wir gingen zu Tische. Aber die Geschichte der lahmen Marie lag mir schwer auf dem Herzen. – Lore und Christoph! Ich konnte mir die beiden Menschen nicht zusammendenken.

Ein Spaziergang

Bald nach Ostern hatte eine plötzliche Erkrankung meiner Mutter mich nach Hause gerufen. Erst im August, da ich die völlig Genesende mit Ruhe der Sorge meines Vaters und der Heilkraft der milden Lüfte überlassen konnte, kehrte ich auf die Universität zurück. Als ich fortreiste, war auf der weiten Seebucht neben der Stadt noch kaum das Eis verschwunden; nun rauschte über allen Wegen das volle Laub des Sommers.

Es war am Vormittage nach meiner Ankunft; von meinen Bekannten hatte ich noch keinen gesprochen. Ich stand nachdenklich in der Mitte meines einsamen Studentenstübchens; das ausgetrocknete Dintenfaß auf dem Schreibtisch und die bestaubten Bücher sahen mich unbehaglich an; der halb ausgepackte Koffer auf dem Fußboden machte es nicht besser. Aber die Sonne schien durch die Fensterscheiben und lockte mich hinaus, und bald ging ich, wie ich es schon als Knabe liebte, nur mit mir allein, im Schatten der breiten Ulmenallee, welche eine Strecke oberhalb des Wassers am Seestrande entlangführt.

Wie ein düsteres Gewölbe standen die ungeheuern Bäume über mir, während zu beiden Seiten auf Laub und Gräsern und in den Fenstern der hier überall im Grün versteckten Gartenhäuser die helle

Morgensonne funkelte; mitunter, wo er durch die Büsche sichtbar wurde, traf auch ein Blitz des Meeresspiegels meine Augen. – Ich ging langsam weiter, die frische Luft mit vollen Zügen atmend; nur einzelne unbekannte Menschen begegneten mir, denn die Stunde des Spazierengehens hatte noch nicht geschlagen.

Allmählich aber hörten die Gärten auf; statt der Ulmen waren es hier schlanke, aufstrebende Buchen, die zur Seite standen. Noch eine kurze Strecke, und ich ging in einem kühlen Walde, der zur Linken eine Anhöhe hinansteigt, während ich nach der andern Seite durch die Bäume auf die See hinabblicken konnte. Vor mir aus dem Dickicht klang der Silberschlag des Buchfinken und der Lockruf der Schwarzamsel; dazwischen wie Musik hörte ich fortwährend das Lispeln der Blätter und drunten zu meinen Füßen das Anrauschen des Wassers. Mir kam plötzlich die Erinnerung an ein halbverfallenes Haus, das hier im Walde liegen mußte. Vor Jahren als Sekundaner war ich einmal mit einem mir verwandten Studenten dort gewesen, den ich von der Schule aus besucht hatte. Es war, so erfuhr ich damals, von einem spekulierenden Schenkwirt gebaut worden; aber die Spekulation mißglückte; es war ihm nicht gelungen, den großen Zug der Gäste in seine Einsamkeit hinauszulocken. Er hatte verkaufen müssen, und der neue Eigentümer ließ derzeit die spärliche Wirtschaft durch einen Kellner verwalten.

Ich entsann mich des langen blassen Menschen sehr wohl, und auch das einstöckige Gebäude, welches zwischen den hohen Buchen etwa auf der Hälfte der Anhöhe lag, stand jetzt mit Deutlichkeit vor meinen Augen. Unter der kleinen Säulenhalle, welche die Mitte der Fronte einnahm, hatte ich damals mein erstes Glas Grog getrunken; von hier aus waren wir durch eine große Flügeltür in einen hohen düstern Saal getreten, dessen Fenster nach hinten in den Wald hinaussahen. Mich überkam ein Verlangen, den einsamen Ort wieder aufzusuchen; zugleich eine Besorgnis, er möge jetzt verschwunden oder für mich nicht mehr zu finden sein.

Während ich so meinen Gedanken nachhing, bemerkte ich aufblickend einen schmalen Fußweg, der sich links vom Wege zwischen den Bäumen hinaufschlang. Ich stand einen Augenblick; so war es damals auch gewesen; dann stieg ich langsam den Berg hinauf. Nach einiger Zeit sah ich vor mir zwischen den Stämmen ein graues Schieferdach auftauchen, allmählich wurden auch die Kapitäle einer kleinen Säulenhalle und zu jeder Seite derselben der obere Teil eines Fensters sichtbar. Noch ein paar Schritte, und eine breite Steintreppe führte aus dem Baumschatten auf einen kleinen ebenen Platz hinaus.

Da lag es vor mir; mitten im Walde, im stillsten Sonnenschein. Die Zeit schien hier kaum etwas verändert zu haben; wie damals war der ursprünglich rötliche Anwurf der Mauern, wo er nicht abgeblättert an der Erde lag, überall mit grünem Moos bezogen, und aus den Spalten der hölzernen Säulen drängte sich braunes wucherndes Schwammgewächs; auch jetzt noch stand unter der kleinen Halle eine dunkelgrüne Bank zu jeder Seite der halbgeöffneten Flügeltür. – Ich setzte mich auf eine derselben und blickte durch die Lücken des Gehölzes auf die See hinab, wo eben ein Fischerboot im Sonnenschein vorüberglitt. – Menschen schienen hier oben nicht zu hausen, es rührte sich nichts; auch hinter mir aus dem Hause vernahm ich keinen Laut; nur eine Waldbiene summte in raschem Flug vorüber, und an den Grasrändern der Steintreppe gaukelten zwei dunkle Schmetterlinge.

Nach einer Weile stand ich auf und ging in den Saal. Er schien mir noch düsterer fast, als ich ihn mir gedacht hatte; die dicht vor dem Fenster stehenden Bäume schienen ihre Zweige bis über das Dach zu breiten. Ich schlug mit meinem Stock auf einen Tisch, daß es an der hohen Decke widerhallte; aber es kam niemand. – Zur Linken in einem Nebenzimmer, in das ich hineinblickte, stand ein einsames Billard. Aber gegenüber an der andern Seite des Saals war noch eine Tür; ich öffnete sie und gelangte in einen schmalen Gang und durch diesen wiederum ins Freie. – Neben einer Kegelbahn, die dicht am Hause lag, fand ich einen schon ältlichen Menschen, mit einer grünen Schürze angetan, auf dem Rasen eingeschlafen. In der Tat, es schien auch derselbe Kellner noch von damals! – Als ich ihn mit meinem Stock berührte, riß er die Augen auf und sprang empor. »Ich bitte, mein Herr«, sagte er, »ich habe wenig Ruhe gehabt die Nacht.«

Ich sah ihn verwundert an.

»Sie wissen das nicht?« fuhr er fort, indem er mich von Kopf zu Füßen musterte. »Die Herren Korpsburschen haben ja seit Ostern ihren Kneipabend hieher verlegt.«

Ich wußte das in der Tat nicht, obgleich die meisten meiner Bekannten zu dieser Verbindung gehörten.

Während ich einen Krug Bier und eine Schnitte Brot bestellte, waren wir in den Saal zurückgegangen. – Als der Tagesschein durch die geöffnete Tür fiel, wurden auf der Mitte des Fußbodens ein paar dunkle Flecke sichtbar, die mir keinen Zweifel ließen, daß nicht nur die Kneipabende, sondern auch die dazugehörigen »Paukereien« in diese Einsamkeit verlegt waren. – »Weshalb schafft ihr denn das Blut nicht fort?« fragte ich.

»Um Entschuldigung, mein Herr«, erwiderte der blasse Kellner, »aber der Fleck kommt immer wieder; er ist von damals, als das Unglück hier passierte. – Es sah sich übel an, als der hitzige junge Herr auf einmal so still und weiß wurde.«

Ich entsann mich sogleich jenes Vorfalles, der einer dürftigen Offizierswitwe ihren einzigen Sohn gekostet hatte. Es war bald nach meiner Abreise geschehen und hatte auf kurze Zeit die Teilnahme des ganzen kleinen Landes in Anspruch genommen.

Ich ging in die Halle hinaus und setzte mich auf eine der grünen Bänke, des armen heißblütigen Jungen gedenkend, dessen Leben hier die letzte unliebsame Spur zurückgelassen hatte.

Nach einer Weile brachte der Kellner das bestellte Frühstück. »Heut abend könnten Sie was Besseres haben«, sagte er, indem er Krug und Teller vor mir auf den Tisch stellte. »Wir haben Ball; da schickt der Prinzipal allemal seine Köchin heraus.«

»Ball?« fragte ich erstaunt. »Wer tanzt denn hier mitten im Walde?«

»Nun«, erwiderte er und blickte fast ein wenig despektierlich auf meine nicht allzu moderne Kleidung, »die vornehmsten Herren Studenten haben das so eingerichtet.«

Mir fiel plötzlich eine Stelle aus dem Briefe eines Freundes ein, den ich während meines Aufenthaltes in der Heimat erhalten hatte. »Zum Hexensabbat nennen wir es; und es geht toll genug her!« So lauteten die Worte. Ich wußte jetzt, wovon die Rede war; ich hatte nur den Ort vergessen.

Der Kellner schien übrigens jenen Namen nicht eben gern zu hören. Während ich ihn aber noch damit zu schrauben suchte, waren zwei junge, mir wenig bekannte Studenten den Berg heraufgekommen. Sie warfen sich, ohne von mir Notiz zu nehmen, an der andern Seite der Tür auf die Bank, während sie in scharf akzentuierten Worten und mit einem grimmigen Gesichtsausdruck jeder einen Seidel Bier bestellten. Dann, während der Kellner sich entfernte, kam in abgebrochenen Sätzen, mitunter durch Pfeifen oder lautes Gähnen unterbrochen, eine Unterhaltung über die bevorstehende Tanzfestlichkeit in Gang, die der eine, offenbar ein »Fuchs« von neuestem Datum, erst durch seinen etwas ältern Genossen kennenlernen sollte. Eine nach der andern wurden ihm die Tänzerinnen in knapper, nicht eben zartester Porträtierung vorgeführt; voran die Töchter eines Winkeltanzmeisters und eines trunkfälligen Polizisten, mit deren Hülfe das Institut begründet war; in ihrem Gefolge eine ganze Reihe freund- und elternloser Mädchen, die während des Tages mit ihrer Hände Arbeit sich ein kärgliches Brot verdienten.

Ich verzehrte indessen schweigend mein Frühstück und fütterte mitunter einen Buchfinken, der furchtlos neben mir auf den Fliesen umherlief und die ihm hingeworfenen Brotkrumen aufpickte.

»Die Gräfin sollst du erst sehen!« begann der Ältere meiner beiden Nachbarn wieder, indem er seinen kleinen Schnurrbart drehte.

Der andere tat eine verwunderte Frage.

Sein Freund lachte: »Es ist nur eine Nähterin, Ludwig; aber wenn sie dich so kalt mit ihren schwarzen Augen ansieht! – Sie ist verdammt von oben herab.«

»Aber warum nennt ihr sie denn die Gräfin?«

»Nun, siehst du – der Raugraf hat sie.«

Ich weiß nicht, weshalb ich bei diesen Worten erschrak. Schon wollte ich nähere Erkundigungen bei dem jungen Renommisten einziehen, als mir einfiel, daß ich bei meinem Fortgehen die lahme Marie in der Hinterstube meiner Hauswirtin gesehen hatte.

Ich machte mich sofort auf den Rückweg; und eine halbe Stunde später stand ich neben ihr und hatte ein Gespräch mit ihr angeknüpft.

»Und Sie haben Lenore seit lange nicht gesehen?« fragte ich.

Sie schwieg einen Augenblick. »Ich gehe nicht mehr mit ihr«, sagte sie, indem sie auf ihre Arbeit blickte.

»Sie schienen doch sonst so gute Freunde!«

»Sonst, ja!« – Sie strich ein paarmal mit dem Nagel über die eben angefertigte Naht. »Aber seitdem sie draußen bei den Studenten tanzt – sie wird die längste Zeit bei der alten Tante gewesen sein; und mit dem Testament mag es nun auch wohl anders werden.«

›Also doch!‹ dachte ich. – Christoph hatte mir das entlehnte Geld schon einige Zeit nach seiner Abreise mit der kurzen Bemerkung zurückgesandt, daß er im Hause seines Oheims eine freundliche Aufnahme, bei den beiden Alten nicht weniger als bei deren schon etwas ältlicher Tochter, und außerdem Arbeit vollauf gefunden hatte. Seitdem hatte ich Näheres weder von ihm noch von Lore gehört.

»Aber, wie ist denn das gekommen?« fragte ich nach einer Weile, während die Nähterin emsig fortgearbeitet hatte.

»Nun!« sagte sie und steckte für einen Augenblick die Nähnadel ins Zeug. »Es war vierzehn Tage vor Pfingsten; die Lore war schon lange unwirsch gewesen; ich dachte erst, weil der Tischler ihr noch immer nicht geschrieben hatte; mitunter aber kam's mir vor, als sei das ganze Verlöbnis ihr leid geworden und als könne sie in sich selber darüber nicht zurechte kommen. Sie scherte sich auch keinen Deut darum, ob sie mich oder eine von ihren vornehmen Herrschaften mit den kurzen Worten vor den Kopf stieß; am schlimmsten war es aber, wenn sie gegenüber die Musik vom Ballhaus hörte; denn sie hatte dem Tischler doch versprechen müssen, nicht zu Tanze zu gehen. – Eines Abends nun, da wir vor meiner Tür auf der Bank sitzen, kommt mein Schwestersohn, der Schneider, der erst gestern aus der Fremde heim war, mit ein paar andern Gesellen zu uns. Er war den Rhein herabgekommen, hatte auch dort in zwei oder drei Städten, die er namhaft machte, gearbeitet. Die andern fragen; er erzählt. – ›So hast du den Christoph Werner auch gesehen?‹ sagt der eine. – ›Den Tischler, freilich hab ich ihn gesehen; der hat sein Glück gemacht.‹ – ›Wie denn?‹ fragt der andere. – ›Wie denn? Er heiratet die Meisterstochter; und sie hat – – – du verstehst mich!‹ Er machte wie Geldzählen mit den Fingern. Mir wurde himmelangst bei diesen Reden. ›Du bist nicht gescheut, Junge‹, sag ich, ›was schwatzest du da ins Gelag hinein!‹ – ›Oho, Tante, gescheut genug!‹ ruft er, ›bin ich doch dabeigestanden, daß er die Bretter zu seinem Hochzeitsbett gehobelt hat!‹ – – Lore, auf dieses Wort, ohne einen Laut zu geben, steht sie von der Bank auf, nimmt ihren Hut und geht, ohne sich umzusehen, die Straße hinab. ›Was fehlt der?‹ sagt mein Schwestersohn noch. – ›Ich weiß nicht, Dietrich.‹ – Und ich wußte es auch wirklich nicht. Es war nicht gar so heiß gewesen zwischen ihr und dem Tischler; denn er war ihr lange nachgegangen, und sie hatte sich zweimal bedacht, bevor sie ja gesagt; und wenn ich's auch schon wußte mit dem vornehmen jungen Herrn, dem Studenten, so dachte ich doch nicht, daß er ihr so ganz ihren eigensinnigen Kopf verrückt hätte.

Noch eine Weile saß ich bei den andern und hörte, was der Junge, der Schneider, zu erzählen wußte; aber ich hörte nur halbwege, und bald litt es mich nicht länger; denn ich sorgte doch um sie.

So ging ich denn hinterher und traf sie, wie ich es mir auch gedacht hatte, drunten im Haus der Tante, wo sie in einem Hinterkämmerchen ihre Menage hatte. Da stand sie mitten im Zimmer kreideweiß und nagte sich auf den Lippen, daß ihr das Blut übers Kinn lief; alle ihre Schubfächer und Schachteln hatte sie aufgerissen, und Tüll und Bänder lagen um sie her gestreut auf dem Fußboden. ›Lore‹, rief ich, ›was machst du, Lore?‹ Aber sie schien nicht auf mich zu hören. – ›Ist Sonntag Tanz im Ballhaus?‹ fragte sie. – ›Im Ballhaus? Was geht das dich an?‹ – ›Ich will mittanzen!‹ – ›Du? Was würde dein Schatz wohl dazu sagen?‹ – ›Was geht mich mein Schatz an!‹ – Sie hatte währenddes ihren Hut aufgesetzt und ihr Umschlagetuch von der Kommode genommen; dann schloß sie ein Kästchen auf, worin sie ihr Erspartes hineinzulegen pflegte; – denn wenn sie auch manchen Schilling für Putz vertat, so war sie doch stolz und hatte immer nicht so nackt und bloß zu ihrem Bräutigam kommen wollen. Nun riß sie das Papier, worin es eingewickelt war, herunter und ließ das lose Geld in ihre Tasche fallen. ›Willst du mit?‹ fragte sie. ›Ich muß Einkäufe machen.‹ – Ich wußte nicht, was sie wollte; aber sie dauerte mich, und so ging ich mit ihr; denn ich hoffte noch, das mit dem Tanzen ihr wieder auszureden. Aber es waren leere Worte; denn sie ging hastig neben mir die Straße hinab und antwortete nicht und sah nicht nach mir hin.

Als wir bei dem Schnittwarenhändler am Markte vor dem Ladentisch standen, ließ sie sich die dicksten seidenen Bänder und die modernsten Jakonetts vorlegen, wie sie deren sonst wohl nur zuzeiten für die Vornehmsten in der Stadt verarbeitet hatte. Sie suchte dazwischen umher und warf es durcheinander. Der Ladendiener legte noch eine Ware vor. ›Wenn es der Dame, die das Kleid bestellt hat, auf den Preis nicht ankommt!‹ sagte er und streckte die Hand unter den klaren durchsichtigen Stoff. ›Nein‹, sagte Lore, ›es kommt ihr auf den Preis nicht an.‹ – Ich stieß sie heimlich an; denn ich verstand es nun wohl, daß sie die kostbaren Zeuge für sich selber wollte. ›Lore‹, sagte ich leise, ›ich bitte dich, besinne dich doch, was willst du mit den feinen Sachen?‹ – Aber sie kehrte sich nicht daran, sie ließ den Ladendiener abschneiden und zählte das schöne harte Geld auf den Tisch, als wenn sie nicht mehr wüßte, wie viele Tage sie sich sauer darum hatte tun müssen. ›So laß doch‹, sagte sie, als ich ihren Arm zurückhielt; ›ich will auch einmal fein sein; ich bin nicht häßlicher als die Schönste hier!‹ – – –

Dann ist sie nach Haus gegangen und hat die ganze Nacht und den folgenden Tag gesessen und mit der heißen Nadel genäht, bis das teuere Kleid fertig gewesen ist.

Am Sonntag darauf«, fuhr die Erzählerin fort, nachdem sie zuvor einen neuen Faden durch ihre Nadel gezogen hatte, »abends, da es schon spät gewesen ist, hat sie sich von den weißen Maililien in ihr schwarzes Haar gesteckt und ist dann aufs Ballhaus gegangen.

Ich hab das alles nur von meinem Schwestersohn«, setzte sie hinzu, »das ist auch einer, der keinen Tanz verpassen kann. -- Sie hat erst lange gesessen; denn die jungen Handwerksleute haben sich gar nicht an sie getraut, und die Studenten hat sie selber einen nach dem andern abgewiesen; es hätte nahezu wieder einen Aufruhr um sie gegeben. Der blasse vornehme Student, wie heißen sie ihn gleich?« --

»Der Raugraf!« sagte ich.

»Freilich, der ist auch dagewesen; aber er hat sich wie gar nicht um sie gekümmert. Zuletzt hat er doch kommen müssen; denn zu schön hat sie ausgesehen; als wenn sie aus dem Morgenland gekommen wäre, haben sie gesagt. Sie ist blutrot geworden, als er zu ihrem Platz getreten ist, und hat am ganzen Leib gezittert. Aber nun ist sie aufgestanden und hat ihm die Hand gegeben, und er hat sie angesehen, sagt mein Schwestersohn, als wenn er sie hat verzehren sollen. Sie hat auch mit keinem sonst getanzt; denn bis die Musikanten ihre Geigen eingepackt haben, sind die beiden miteinander nicht wieder von der Diele gekommen.«

Die lahme Marie schwieg; nur »Ja, ja!« sagte sie noch einmal, wie in Gedanken die Moral aus ihrer Erzählung ziehend; dann setzte sie eifriger als zuvor ihre Arbeit fort.

Ich wußte genug und beschloß, um nun auch mit eignen Augen zu sehen, mich heute abend selbst auf den »Hexensabbat« zu begeben.

Draußen im Walde

Es war schon dunkel; eine schwüle Luft lag über dem Walde, während ich die Anhöhe hinauf den Weg durch die Baumstämme zu finden suchte.

Als ich die Steintreppe erstiegen hatte, blieb ich unwillkürlich stehen. Neben mir sah ich ein paar weiße Mädchengestalten durch die

Bäume schlüpfen und dann seitwärts im Hause verschwinden. Es schien eben eine Tanzpause zu sein; ich hörte drinnen in dem hell erleuchteten Saal die Musikanten ihre Geigen stimmen; an den offenen Flügeltüren vorbei trieben Studenten und Mädchen in lebhaftem Verkehr vorüber. Ich konnte mich nicht überwinden, sogleich hineinzugehen; vor meinem innern Auge stand die liebliche Kindesgestalt des Mädchens; ich sah sie wieder an dem Halse ihres armen Vaters hangen; ich dachte daran, wie sie so hartnäckig meiner knabenhaften Leidenschaft ausgewichen war. Ein plötzlicher Schmerz kämpfte in meiner Brust; ich weiß kaum, war es Mitleid oder Eifersucht.

Endlich stieg ich die beiden Stufen der kleinen Halle hinan und stellte mich unbemerkt an den Pfosten der offenen Tür. Die Pause dauerte noch fort; aber es schien darum nicht weniger lebendig; die Studenten, die an den Seitentischen oder im Nebenzimmer saßen, redeten und klappten mit ihren Seideln, die Mädchen trieben sich lachend auf und ab; mitunter fuhr ein übermütiger Schrei durch den Saal.

Es waren anmutige Gesichter unter diesen Mädchen; jugendliche Gestalten mit großen leidenschaftlichen Augen, die durch den Ausdruck sorglosen Lebensgenusses oder einen vorüberwandelnden Zug von Leide nicht weniger anziehend wurden. Trotz ihrer Armut waren sie alle sauber gekleidet, in hellen, durchsichtigen Stoffen, eine Blume oder einen frischen Kranz in dem sorgfältig geflochtenen Haar.

Dies hatte indessen bei ihren Tänzern nicht eine gleiche Rücksicht zu bewirken vermocht; denn namentlich die Jüngeren und einige der sogenannten »Haupthähne« der Verbindung scheuten sich nicht, in Gegenwart ihrer Damen die Beine behaglich über Tisch und Bänke auszustrecken.

Meine Augen suchten Lore, und sie brauchten nicht lange zu suchen. Sie saß dem Billardzimmer gegenüber zwischen einem Paar jüngerer Mädchen, die lebhaft zu ihr sprachen, während sie teilnahmslos vor sich hin blickte.

Im Haar trug sie eine weiße Rose, eine Seltenheit in dieser Jahreszeit; aber auf ihrem Antlitz war die Rosenzeit vorüber; kein Rot schimmerte mehr durch diese zarten blassen Wangen.

Auch den Raugrafen sah ich; er saß mit übergeschlagenen Beinen, wie ermüdet, an der andern Seite des Saales. – Ich stand in seiner Nähe. Als die Musikanten ihre Instrumente zur Hand nahmen, trat einer der jüngeren Studenten zu ihm. »Laß mir die Lore für diesen Tanz!« sagte er schüchtern.

»Ein andermal, Fuchs!« erwiderte der Raugraf und lehnte seinen schönen, aber bleichen Kopf zurück gegen die Wand. Die Musik setzte ein; allein er stand nicht auf, um seine Tänzerin zu holen; er hob lässig die Hand und machte gegen sie hin ein Zeichen mit den Fingern. Ich sah, wie sie einen zornigen Blick zu ihm hinüberwarf und dann, ohne aufzustehen, ihre Augen in die aufgestützte Hand begrub. Der Raugraf faltete die Stirn, und nach einer Weile sprang er auf und schritt durch den Saal, bis er vor ihr stand. – Als sie auch jetzt nicht aufblickte, legte er den Arm um sie und zog sie mit einer raschen Bewegung zu sich empor. Er schien einige Worte mit Heftigkeit hervorzustoßen; ich war indes zu weit entfernt, um etwas davon verstehen zu können. Dann trat er mit ihr an die Spitze der übrigen Paare und eröffnete den Tanz.

Sie war eine voll ausgewachsene Mädchengestalt, aber gleichwohl reichte sie ihm nur bis an die Brust. Ich sah ihnen lange nach; sie hatte den Kopf in den Nacken fallen lassen, während sie fast von seinem Arm getragen wurde und nur mit den Fußspitzen den Boden berührte; er neigte sich über sie, und seine Augen lagen unbeweglich wie die eines jungen Raubvogels auf ihrem Antlitz, das sie mit geschlossenen Lidern ihm entgegenhielt. Als der Tanz zu Ende war, führte er sie an ihren Platz und ließ sie leicht aus seinen Armen auf den Stuhl gleiten.

Die Pause dauerte indes nicht lange. Bald entstand eine Unruhe im ganzen Saal; die Musik setzte in rasendem Tempo ein, und die Paare reihten sich stürmisch aneinander.

Der Tanz begann aufs neue, Gelächter und ausgelassene Rufe flogen durch die Runde; immer wilder sah ich die kleinen leichtfertigen Füßchen über die dunkeln Flecke des Fußbodens gleiten. Endlich kam es zu einer Tour, durch deren ungestüme Ausführung die ganze Reihe der armen Kinder unausbleiblich zu Fall gebracht wurde.

Dann wie auf einen Wink schwieg die Musik, und während ihre Tänzer lachend über sie hinwegsprangen, standen sie mit heißen Gesichtern auf und strichen sich das Haar aus der Stirn oder suchten den Staub von ihrem mühsam erarbeiteten Ballstaat abzuschlagen. – Ich weiß nicht, war es noch ein Rest von dem Zerstörungstriebe des Kindes oder war es der allen Menschen innewohnende Drang, sich gegen das aufzulehnen, dessen Einfluß man sich nicht entziehen kann; – es schien, als wenn die akademische Jugend sich in übermütiger Herabwürdigung des Weibes gar nicht genugtun konnte.

Lore, die ich nicht außer acht gelassen, saß einsam auf demselben Platze, wohin sie von dem Raugrafen geführt worden war. Sie schien es sich erzwungen zu haben, daß zu jenem Tanze niemand sie auch nur aufgefordert hatte.

Während bald darauf, vielleicht des Kontrastes halber, ein Contretanz mit aller Feierlichkeit ausgeführt wurde, ging ich mit einem Bekannten in das Seitenzimmer. Wir trafen mehrere ältere Studenten, und bald waren wir, unsere Bierseidel vor uns, in ein alle gleicherweise interessierendes Gespräch über die Eventualitäten des bevorstehenden Examens vertieft.

Als nebenan die Musik absetzte, kamen noch einige der Tanzpaare zu uns an den Tisch; der Raugraf mit Lore war auch darunter. – Sie setzte sich neben ihn, während er die Speisekarte musterte, und bald hatte der Kellner einige Schüsseln und eine Flasche Champagner vor den beiden hingestellt. Der Kork wurde behutsam abgenommen – der Raugraf ließ niemals einen Champagnerpfropfen knallen –, und der schäumende Wein floß in die Gläser. Die andern Mädchen, denen ein einfacheres Mahl serviert war, stießen ihre Tänzer heimlich mit den Ellenbogen; und auch meine Aufmerksamkeit war bald ausschließlich auf dieses Paar gerichtet. – Lore hatte ihr blasses Gesicht in die eine Hand gestützt, während die andere wie vergessen an dem Fuß des vollen Glases ruhte; der Raugraf beschäftigte sich behaglich mit seinem Lerchensalmi und schlürfte schweigend seinen Wein dazu. »Willst du nicht essen, Lore?« fragte er endlich.

Sie schüttelte den Kopf.

Er sah sie einen Augenblick an. »Du willst nicht? – Nun«, setzte er ruhig hinzu, »deine Sache!« Dann schenkte er sich ein und setzte seine Mahlzeit fort.

Das Mädchen hatte indessen ihr Glas an die Lippen geführt und es mit einem durstigen Zug hinabgetrunken. Ohne den Kopf zu erheben, der noch immer müde in ihrer Hand ruhte, nahm sie die Flasche und hielt sie schwebend über dem leeren Glase, so daß der Wein langsam hineinfloß und nur allmählich schäumend in dem Kelche aufstieg. Ihre Augen blickten mit einem Ausdruck von Trostlosigkeit darauf, als sehe sie ihr Leben aus der Flasche rinnen. Sie achtete auch nicht darauf, als der Schaum aus dem Glase auf den Tisch und von diesem auf den Boden floß; nur ihre andere Hand schien sich immer fester in das schwarze seidige Haar hineinzuwühlen.

»Schöne Dame«, flüsterte ein hübscher milchbärtiger Junge, während er wie bettelnd ihr sein leeres Glas entgegenhielt, »einen Tropfen von Eurem Überfluß!«

Lore blickte nicht auf; aber ich sah, wie es flüchtig um ihre Lippen zuckte.

»Was denn, Fuchs, was hast du?« fragte einer von den Alten, der sich bisher nur mit seinem Glase beschäftigt hatte. »Oho, Stoffvergeudung!« rief er plötzlich und legte seine Hand auf den Arm des Mädchens.

Der Raugraf war nur ein wenig zur Seite gerückt, als der Wein neben ihm zu Boden tropfte. »Laß sie«, sagte er, »es ist ihre Natur so. – Nicht wahr, Lore«, setzte er hinzu, indem er sich lächelnd zu ihr wandte, »wir beide, wir verstehen uns aufs Vergeuden!«

Sie setzte die Flasche auf den Tisch und warf ihm einen Blick voll unergründlichen Hasses zu. Dann stand sie auf und ging nach der Tür, die in den Saal führte. Aber er war zugleich mit ihr aufgesprungen. Ein Ausdruck verbissenen Jähzorns entstellte die schönen regelmäßigen Gesichtszüge. »Was fällt dir ein!« flüsterte er und packte mit Heftigkeit ihren Arm. Sie blieb stehen, ohne daß sie Miene machte, sich von seiner Hand zu lösen; nur ihre dunkeln glänzenden Augen blickten ihn fragend und verachtend an. Eine Weile ertrug er es; dann zog er die Hand zurück, und indem er ein kurzes Lachen ausstieß, trat er wieder an den Tisch und schenkte langsam die Neige aus der Flasche. – Lore sah ich durch die Saaltür zwischen den Tanzenden verschwinden.

Mir quoll das Herz; ich hatte aus der Ecke, wo ich saß, alles genau beobachtet. Nach einer Weile machte ich mich los und trat in den Saal, um sie zu suchen.

Sie war nicht unter den Tanzenden; als ich mich aber zwischen den walzenden Paaren durchgedrängt hatte, sah ich sie in einer Fensternische stehen und scheinbar regungslos in das Gewühl hineinstarren; sie war fast so blaß wie die weiße Rose in ihrem Haar.

»Sie erinnern sich meiner wohl nicht mehr?« fragte ich, indem ich auf sie zutrat.

Eine tiefe Röte überzog auf einen Augenblick ihr Antlitz. »Oh, doch!« sagte sie leise.

»Wollen wir tanzen, Lore?«

Sie senkte, während sie mir die Hand reichte, den Kopf so tief, daß ich ihre Augen nicht zu sehen vermochte; aber ich sah, wie ihre kleinen weißen Zähne sich tief in ihre Lippe gruben.

So tanzten wir denn zusammen; nur ein paar Runden; denn auch sie mochte fühlen, daß es mir nicht ums Tanzen war. Bald standen wir nebeneinander vor der großen Ausgangstür, deren beide Flügel weit geöffnet waren. Ich blickte unwillkürlich hinaus; es war sehr finster, nur die Stämme der nächsten Buchen waren von dem herausfallenden Schein beleuchtet. Aber ein Strom bewegter Nachtluft trieb erfrischend gegen uns heran, und während von der einen Seite das Kreischen der Geigen und das Scharren der Tanzenden an mein Ohr schlug, vernahm ich zugleich von draußen das traumhafte Rieseln in den Laubkronen des Waldes.

Das Mädchen stand neben mir, ohne zu sprechen, die Augen zu Boden geschlagen. – Ich faßte mir ein Herz. »Wie mag es Christoph gehen?« fragte ich.

Sie fuhr zusammen und murmelte etwas, das ich nicht verstand; aber auf ihren blassen Wangen wurden zwei dunkelrote Flecke sichtbar.

»Was würde er sagen«, fuhr ich fort, »wenn er hier wäre!«

Ich sah, wie sie nach Atem rang und wie ihre herabhangende Hand krampfhaft an dem Kleide fingerte. »Oh, bitte«, stieß sie leise hervor, »nicht hier, nur nicht hier!«

»Wo denn? Wollen Sie mich hören, Lore?«

Sie blickte zu mir auf. »Draußen«, sagte sie leise, »ich werde gleich herauskommen; lassen Sie uns abtreten nach dieser Runde! – Ich habe Sie schon bitten wollen, als ich Sie vorhin im Nebenzimmer sitzen sah.«

Wir tanzten noch einmal; dann führte ich sie zu Platz und trat durch die Tür in den kleinen Säulengang hinaus. – Es donnerte in der Ferne, und als ich die beiden Stufen ins Freie hinabstieg, wetterleuchtete es, daß ich auf einen Augenblick die einzelnen Baumstämme bis an die See hinab und drunten das Blinken des Wasserspiegels unterscheiden konnte.

Ich ging um das Haus herum bis an die Kegelbahn und wartete

dort. Nicht lange, so sah ich auch den Schimmer eines weißen Kleides, ich hörte den leichten Schritt des Mädchens, und gleich darauf stand sie selbst tief aufatmend vor mir. – So war ich denn endlich wieder mit ihr allein, im Dunkel, in der Sommernacht; aber es waren andere Zeiten. Ehe ich sie anzureden vermochte, hatte sie ein Papier aus der Tasche gezogen, der Schein eines Blitzes fuhr darüber, und ich erkannte Poststempel und Siegel eines Briefes. »Er ist von Christoph«, sagte Lore, indem sie das Papier in meine Hand legte, die ich unwillkürlich danach ausgestreckt hatte.

»Von Christoph!« rief ich. »Wann haben Sie den Brief erhalten?«

»Heute!« erwiderte sie leise.

»Und Sie sind doch hieher gekommen?«

Sie schwieg.

»Darf ich den Brief lesen, Lenore?«

»Ich habe Sie darum bitten wollen.«

Ich ging an eines der erleuchteten Saalfenster in der hintern Fronte des Hauses. – Lenore war mir langsam gefolgt, und ich fühlte, wie während des Lesens ihre Augen unablässig auf mich gerichtet waren.

Es war ein langer Brief; Christoph gab von seinem Schweigen Rechenschaft. Er hatte das Geschäft seines Oheims übernommen; aber die Verhältnisse waren lange in der Schwebe gewesen, da alles von einer Verheiratung der Tochter mit einem wohlhabenden Schornsteinfegermeister abgehangen; schon sei er, da eben ein neugieriger Schneider aus der Heimat ihn besucht habe, mit dem Geräte zu ihrer Hochzeitskammer beschäftigt gewesen, als die ganze Sache noch einmal in Frage gestellt worden sei. Jetzt aber war endlich alles geordnet, die Tochter hatte Hochzeit gemacht, und er selbst sollte in den nächsten Tagen das Meisterrecht in der fremden Stadt erwerben. Dann lud er sie ein zu kommen, da er nicht fortkönne, um sie zu holen. »Sobald ich Deine Antwort habe«, das waren die letzten Worte des Briefes, »schicke ich Dir das Reisegeld; es liegt schon abgezählt und eingesiegelt. Das Haus wirst Du leicht erkennen; neben der grünen Bank, die vor der Tür ist, steht eine Linde, wie daheim vor Deinem Elternhaus; eine Kammer, die ich selber für die jungen Meistersleute hergerichtet habe, ist ganz davon beschattet.« ---

Ich hatte den Brief zusammengefaltet und reichte ihn zurück. Aber Lore schüttelte den Kopf. »Schreiben Sie ihm, Herr Philipp!« sagte sie, während eine Träne nach der andern über ihre Wangen tropfte, und leise und mühsam setzte sie hinzu: »Er hat es gut gemeint.«

»Und Sie wollen nicht selber kommen?« fragte ich.

Sie sah mich an, mit einem Blick so voll flehender Verzweiflung, daß ich bereute, diese Frage an sie getan zu haben. »Lore«, sagte ich, »kann denn niemand helfen?«

Sie senkte den Kopf, indem sie mit der Stirn an eine Fensterscheibe lehnte; die weiße Rose lag noch immer duftend auf dem glänzend schwarzen Haar. »Er war, da er noch lebte, nur ein armer Mann«, sagte sie, und ihre Stimme brach fast in verhaltenem Schluchzen, »aber er war doch mein Vater, und es hat mich sonst doch keiner so geliebt – er würde mich auch jetzt noch nicht verstoßen.«

Als sie das gesagt hatte, schwiegen wir beide; nur hatte ich, ohne daß ich es wußte, ihre beiden Hände ergriffen, und sie ließ sie mir. – Da hörte ich von der andern Seite des Hauses, von der Halle her, die Stimme des Raugrafen ihren Namen rufen.

Sie fuhr zusammen. »Lore«, sagte ich, »können Sie denn nicht los von jenem Menschen?«

Ihre Augen blickten mich groß und traurig an. »O doch!« sagte sie leise, und mir war, als sähe ich ein Lächeln um ihren Mund; aber ein Lächeln wie in verhüllter Arglist. – Indem wurde noch einmal und mehr in unserer Nähe gerufen.

Sie trocknete hastig ihre Augen. »Leb wohl, Philipp, leb wohl!« flüsterte sie. Ich empfand den Druck der beiden kleinen Hände; dann war sie fort.

Wie lange ich noch unter den Bäumen auf und ab gegangen, weiß ich nicht. Ich kam erst wieder zum Bewußtsein der Dinge um mich her, als drinnen im Saale plötzlich die Tanzmusik aufhörte und ich statt dessen das Schreien der großen Eulen vernahm, die tiefer im Walde ihr Wesen trieben.

Als ich dann, um über die Steintreppe zu dem Fußweg zu gelangen, an der vorderen Fronte des Hauses vorüberging, sah ich Lore noch einmal. Sie stand unter der Halle, den Arm um eine der Säulen geschlungen, und blickte durch die Bäume auf die See hinab, wo eben ein Wetterschein blendend über das Wasser leuchtete.

Am Strande

Ich hatte lange schlaflos auf meinem Kissen gelegen, an einem Plane sinnend, wie ich Lore mit Hülfe meiner Mutter einen andern Zufluchtsort eröffnen möchte und, was vielleicht das schwierigste sei, wie ich sie überreden könne, einen solchen anzunehmen.

Als ich am andern Morgen spät erwachte, stand Fritz Bürgermeister, wie wir ihn als Knaben zu nennen pflegten, vor meinem Bett und lachte mich mit seinen treuen Augen an. – Bald saßen wir nebeneinander im Sofa, und Fritz hatte vollauf von gemeinschaftlichen Freunden zu erzählen, die er in Heidelberg zurückgelassen. Aber ich hörte nur mit halbem Ohr; meine Gedanken waren bei dem Erlebnis der vergangenen Nacht.

Einige Zeit nachher, als wir auf meinen Vorschlag das Haus verlassen und am Strande entlang in der schattigen Ulmenallee nebeneinander gingen, entlastete ich mein Herz und berichtete ihm alles, was ich über Lore und mit ihr selbst erfahren hatte. Fritz hörte schweigend zu, nur mitunter murmelte er halblaut einen derben Fluch, indem er die im Wege liegenden Steine mit dem Fuße fortstieß, oder er führte einen Hieb in die Luft, als hätte er einen Schläger in der Faust.

Es blieb auch nicht bei diesen Zeichen; acht Tage später stand er dem Raugrafen auf der Mensur gegenüber. Aber der Raugraf schlug eine gefährliche Terz, und Fritz erhielt einen »Schmiß«, dessen Narbe noch jetzt, wenn der Zorn in ihm aufsteigt, wie ein roter Blitz über seine Stirn flammt. – –

Als wir aus der Allee in den Wald gekommen waren und fast die Stelle erreicht hatten, wo der Fußweg die Anhöhe nach dem Tanzhause hinaufgeht, sahen wir auf der andern Seite jenseit der Bäume mehrere Menschen auf dem Strande. Sie standen dicht am Wasser und schienen damit beschäftigt, etwas, das man nicht unterscheiden konnte, auf den Boden niederzulegen. In demselben Augenblick kam auch ein Mann in Fischerkleidung in den Weg hinauf. »Was gibt's da unten?« fragte ich im Vorübergehen.

»Nichts Gutes, Herr!« war die Antwort; »ein junges Frauenzimmer ist verunglückt.«

»Lore!« rief ich und ergriff unwillkürlich die Hand meines Freundes.

Er stieß einen Laut des Schreckens aus. »Was redst du nur!« sagte er abwehrend.

Gleichwohl stiegen wir in stummem Einverständnis durch die Bäume an den Strand hinab. Ich hörte währenddes die Leute drunten miteinander reden. »Was der gefehlt haben mag?« sagte eine rauhe Stimme. »Es muß doch eine von den vornehmen Fräuleins sein! – Und in vollem Staat ist sie ins Wasser gegangen.« Dann wurde es wieder still; nur die Wellen rauschten in der Morgenluft.

Als wir zwischen den Bäumen heraustraten, wurde ich fast vom Sonnenschein geblendet, der in vollstem Glanze vor uns über die weite Meeresbucht gebreitet war. – Und in diesem Sonnenglanze lag auch sie; die Fischer traten bei unserer Annäherung zur Seite, und wir konnten sie ungestört betrachten. Es war kein Zweifel mehr. Das bleiche Gesichtchen ruhte auf dem Ufersande; die kleinen tanzenden Füße ragten jetzt regungslos unter dem Kleide hervor; Seetang und Muscheln hingen in den schwarzen triefenden Haaren. Die weiße Rose war fort; sie mochte ins Meer hinausgeschwommen sein.

Viele Jahre sind seit jenem Morgen vergangen. – Auf dem Kirchhofe der Universitätsstadt, abseits im hohen Grase, liegt eine weiße Marmortafel; »Lenore Beauregard« steht darauf. – Drei Heimatsgenossen, in verschiedenen Teilen des deutschen Landes lebend, haben sie gestiftet.

DRAUSSEN IM HEIDEDORF

Es war an einem Herbstabend; ich hatte in der Amtsvogtei ein paar am Mittage eingebrachte Holzfrevler vernommen und ging nun langsam meinem Hause zu. Die Gaserleuchtung war derzeit für unsere Stadt noch nicht erfunden; nur die kleinen Handlaternen wankten wie Irrlichter durch die dunklen Gassen. Einer dieser Scheine aber blieb unverrückt an derselben Stelle und zog dadurch meine müßigen Augen auf sich.

Als ich näher gekommen war, sah ich vor dem Wirtshause, wo damals die nach Ost belegenen Dörfer ihre Anfahrt hatten, noch einen angeschirrten Bauerwagen halten; der alte Hausknecht stand mit der Stalleuchte daneben, während die Leute sich zur Abfahrt rüsteten.

»Macht fertig, Hinrich!« sprach es vom Wagen herab; »Ihr habt nun genug gedalbert! Carsten Krügers und Carsten Deckers Frau warten alle beid auf ihre Stunde; es läßt mir nicht Ruh mehr.« – Die etwas ältliche Stimme kam von einer breiten, anscheinend weiblichen Person, welche, in Tücher und Mäntel eingemummt, unbeweglich auf dem zweiten Wagenstuhle saß.

Ich war unwillkürlich an der Ecke der hier abgehenden Querstraße stehengeblieben. Wenn man stundenlang gearbeitet hat, so sieht man gern einmal die andern Menschen eine Szene vor sich abspielen, und der Knecht hielt die Leuchte hoch genug, daß ich alles bequem betrachten konnte.

Neben einer jugendlichen Frauengestalt, deren Wuchs sich auffallend von der gedrungenen Statur unserer gewöhnlichen Landmädchen unterschied, stand ein junger Bauer, dessen blondes krauses Haar unter der Tuchmütze hervorquoll; in der einen Hand hielt er Zügel und Peitsche, mit der andern hatte er die Lehne eines hölzernen Stuhles gefaßt, der zum Auftritt an den Wagen gerückt war. Es lag etwas Brütendes in dem Gesichte des jungen Menschen; der breite Stirnknochen trat so weit vor, daß er die Augen fast verdeckte. – »Komm, Margret, steig nun auf!« sagte er, indem er nach der Hand des Mädchens haschte.

Aber sie stieß ihn zurück. »Ich brauch dich nicht!« rief sie. »Paß du nur deine Braunen!«

»So laß doch die Narrenspossen, Margret!«

Auf diese mit kaum verhehlter Ungeduld gesprochenen Worte wandte sie den Kopf. Bei dem Schein der Leuchte sah ich nur den unteren Teil des Gesichtes; aber diese weichen blassen Wangen waren schwerlich jemals dem Wetter der ländlichen Saat- und Erntezeit preisgegeben gewesen; was mir besonders auffiel, waren die weißen spitzen Zähne, die jetzt von den lächelnden Lippen bloßgelegt wurden.

Sie hatte dem jungen Menschen auf seine letzten Worte nichts erwidert; aber nach der Haltung des Kopfes konnte ich annehmen, daß ihre Augen jetzt die Antwort gaben. Zugleich trat sie leis mit einem Fuße auf den Holzstuhl, und als er sie nun umfaßte, ließ sie sich weich an seine Schulter sinken, und ich bemerkte, wie ihre Wangen eine Weile aneinander ruhten. Ich sah aber auch, wie er sie nach dem vorderen Wagensitze hinzudrängen suchte; allein sie entschlüpfte ihm und hatte sich im Augenblick auf dem zweiten Stuhl neben der dicken Frau zurechtgesetzt, die jetzt wieder ein »Mach fertig, Hinrich, mach fertig!« aus ihren Tüchern herausrief.

Der junge Bauer blieb noch wie unentschlossen an dem Wagen stehen. Dann zupfte er dem Mädchen an die Kleider: »Margret!« stieß er dumpf hervor, »setz dich nach vorne, Margret!«

»Viel Dank, Hinrich!« erwiderte sie laut; »ich sitz hier gut genug.«

Der junge Mensch riß heftiger an ihren Kleidern. »Ich fahr nicht ab, Margret, wenn du nicht bei mir sitzen willst!«

Jetzt bog sie sich über den Rand des Sitzes zu ihm herab; ich sah ein Paar dunkle Augen in dem blassen Antlitz blitzen, und die weißen Zähne wurden wieder sichtbar zwischen den üppigen Lippen. »Willst du dich schicken, Hinrich!« sprach sie leise, fast wie mit verheißender Zärtlichkeit; »oder sollen wir ein andermal mit Hans Ottsen zur Stadt fahren? Er hat mich oft genug darum geplagt.«

Der junge Mann murmelte etwas, das ich nicht verstand; dann sprang er ungestüm zwischen die Pferde durch auf den vorderen Wagensitz, knallte ingrimmig mit der Peitsche und riß in die Zügel, daß die Braunen sich steil in die Höhe bäumten. Und gleich darauf, unter dem Aufschrei der Frauen, rasselte das Gefährt in die Nacht hinaus, daß der Holzstuhl, vom Rade getroffen, zertrümmert auf das

Pflaster stürzte und der alte Hausknecht mit einem »Gott bewahr uns in Gnaden!« zurücktaumelte und dann scheltend mit seiner Leuchte durch die Haustür verschwand.

Wie ein Schattenspiel war alles vorüber; und nachdenklich setzte ich meinen Weg nach Hause fort.

Etwa ein halbes Jahr danach wurde in der Amtsvogtei der Tod des Eingesessenen Hinrich Fehse zur Anzeige gebracht, der in einem der Ostdörfer eine große, aber, wie mir bekannt war, stark verschuldete Bauernstelle besaß. Da er außer seiner Witwe und einem mündigen Sohne gleichen Namens zwei unmündige Kinder hinterließ, so mußte die Masse in gerichtliche Behandlung genommen werden. Zum Vormund der Unmündigen wurde, in Ermangelung naher Verwandten, auf den Wunsch der Witwe der frühere Küster des Dorfes bestellt; ein Mann, der während seiner Amtsführung sich weniger um die ihm anvertraute Jugend als um seinen schon derzeit nicht geringen Landbetrieb bekümmert hatte, seit Niederlegung des Amtes aber seinen einstigen Schülern um so mehr in allen Vorkommnissen des Lebens mit seinem oft nur allzu weltklugen Rat zur Seite stand.

Als ich am Tage der Erbregulierung in die Gerichtsstube trat, fand ich den gewichtigen Mann schon in eifriger Durchsicht der Dokumente neben dem Pulte des Gevollmächtigten sitzen. Nachdem er mich durch seine runden Brillengläser erkannt hatte, strich er bedächtig die Seitenhärchen über seinen kahlen Scheitel und stand dann auf, um mich mit der ihm eigenen Würde zu begrüßen. Zugleich wies er auf einen jungen Menschen, der sich bei meinem Eintritt gleichfalls von einem Stuhl erhoben hatte, und sagte: »Das hier, Herr Amtsvogt, ist Hinrich Fehse, der älteste Sohn des Verstorbenen.«

Mir war in diesem Augenblick, als sei ich diesem eckigen Kopfe schon sonst einmal begegnet; nur über das Wie und Wo konnte ich nicht ins reine kommen. Aber wohl niemals hatte ich auf einem jugendlichen Antlitz einen solchen Ausdruck gleichgültiger Verdrossenheit gesehen; die grauen tiefliegenden Augen schienen es kaum der Mühe wert zu halten, die Wimpern zu mir aufzuheben.

Drüben an der Wand saß eine alte Bäuerin mit harten Zügen und dunkeln Augenbrauen, das graue Haar unter das schwarze Käppchen zurückgestrichen; sie saß unbeweglich und hielt ihre Hände mit dem

Sacktuch auf der blaugedruckten Leinwandschürze. Das war die Witwe des verstorbenen Hufners Hinrich Fehse.

Es war mir darum zu tun, die etwas verwickelte Angelegenheit zunächst mit dem Küster allein zu besprechen, und ich trat deshalb mit ihm in mein nebenan liegendes Arbeitszimmer.

»Die Stelle wird sich schwerlich für die Familie halten lassen«, sagte ich, zugleich das Inventurprotokoll der Masse vor ihm aufschlagend; »wir werden leider zum Verkauf genötigt sein.«

Der Küster sah mich mit seinen runden Augen an. »Das bin ich nicht der Meinung!« sagte er dann im gewichtigen Schulton.

Ich wies auf die lange Reihe der im Protokoll verzeichneten Schulden. »Wenn das Altenteil der Witwe noch dazukommt, so wird dem Annehmer der Stelle nicht genug bleiben, um auch noch die Erbteile der Geschwister auszukehren.«

»Das allerdings nicht!« Und der würdevolle Mann klemmte die fleischigen Lippen ein und blickte auf mich mit einer Sicherheit, als ob er das Gegenmittel schon fix und fertig in der Tasche hätte.

»Und trotz dessen«, fragte ich wieder, »wollen Sie ihn die große Hufe übernehmen lassen?«

»Das wäre so meine Meinung!«

»Und das Geld, woher wollen Sie das bekommen?«

»Dafür müßte freilich schon gesorgt sein!« Und er nannte die Tochter eines wohlhabenden Hufners aus demselben Dorfe. »Gestern«, fuhr er fort, »haben wir bereits den Verspruch gefeiert, und die Fehsesche Stelle kann nun von den beiden jungen Leuten gemeinschaftlich übernommen werden.«

Der Küster legte die Hände auf den Rücken und erwartete gehobenen Hauptes den Ausdruck meiner Bewunderung. Mir aber war es unter dieser Eröffnung plötzlich klargeworden, wo ich dem jungen Hinrich Fehse schon begegnet sei. Ich sah ihn wieder neben jenem gefährlichen Mädchen am Wagen stehen und hörte ihn sein düsteres »Margret, Margret!« ausstoßen. – »Mir ist«, sagte ich endlich, »als hätte ich Ihren Bräutigam schon auf anderen Wegen getroffen! Hat etwa die Hebamme Ihres Dorfes eine besonders hübsche Tochter?«

»Also das wissen Herr Amtsvogt auch schon!« erwiderte etwas überrascht der Küster. »Nun, wir haben das Mädchen sechs Meilen weit in die Stadt als Nähjungfer vermietet, und morgen geht sie dahin ab. Mit solider Bauernarbeit hat die Mamsell sich doch ihr Lebtag nicht befassen mögen.«

Ich mußte lachen. »Und wie haben Sie denn das nur wieder fertiggebracht?«

Das selbstzufriedene Lächeln im Gesichte des Küsters zuckte so tief, als es die starken Wangen zuließen. »Mit Erlaubnis, Herr Amtsvogt, für Geld kann man den Teufel tanzen lassen, warum denn nicht ein altes Weib!«

»In der Tat, Sie haben mehr als recht; und die Tochter der Hebamme ist voraussetzlich ohne Mittel?«

»Mit dem glatten Gesicht, Herr Amtsvogt, konnte uns nicht gedient sein, und sonst ist nichts da, was sie hätte in die Wirtschaft bringen können. Überdies«, und er stimmte seinen Ton zu vertraulichem Flüstern, »ihr Großvater war ein Slowak von der Donau und, Gott weiß wie, bei uns hängengeblieben; dazu die alte Hebamme mit ihrem Kartenlegen und Geschwulstbesprechen, womit sie den Dummen die Schillinge aus der Tasche lockt – das hätte übel gepaßt in eine alte Bauernfamilie!«

»Und hat sich denn Ihr Hinrich so leicht von jenem Mädchen trennen lassen?« fragte ich noch einmal.

Der Küster setzte seinen weltklugen Kopf in Positur. »Wenn ich es geradheraus sagen soll«, erwiderte er ausweichend, »es war noch ganz die Frage, ob die Dirne ihn genommen hätte; da sind noch andere, die sie hinter sich herzieht und die schwerer ins Gewicht fallen. Die junge Frau aber wird nicht mit ihm betrogen, denn das muß ihm jeder lassen, ein Bauer ist er aus dem Fundament!«

Unsere Unterredung war zu Ende. Von Gerichts wegen war gegen den gemachten Vorschlag nichts einzuwenden; im Gegenteil, alle Schwierigkeiten wurden dadurch wie von selbst gelöst.

-- Als wir wieder in die Gerichtsstube traten, hatte sich dort inzwischen auch die Braut mit ihrem Vater eingefunden. Sie mußte fast um zehn Jahre älter sein als der ihr bestimmte Bräutigam; das Gesicht war wohlgeformt, aber reizlos, wie es bei denen zu sein pflegt, die schon mit ihrer Kinderseele um den Erwerb gerechnet haben; das fahlblonde Haar zeigte deutlich, daß es ungeschützt allem Wetter und Sonnenbrand ausgesetzt wurde. Ihr gegenüber an der andern Wand saß jetzt der Bräutigam; den Kopf gesenkt, die Hände zwischen den gespreizten Beinen vor sich hin gefaltet. – Bei den nun folgenden

Verhandlungen zeigte er sich mit allem einverstanden; ein dürftiges »Ja« oder »Nein« oder »Das muß ja denn wohl sein« war indessen alles, womit er diese Zustimmung ausdrückte; dabei fuhr er mit dem Rücken der Hand ein paarmal über seine Stirn, als wenn es dort etwas fortzuwischen gäbe. Endlich, als mit sämtlichen Beteiligten alles besprochen und das Vereinbarte zu Papier gebracht war, erfolgte, wie Rechtens, die Unterschrift des Protokolls.

Auch Hinrich Fehse, als an ihn die Reihe kam, trat an das Pult des Gevollmächtigten und malte in steilen, widerhaarigen Buchstaben seinen Vornamen unter die Verhandlung; dann aber setzte er mit einem tiefen Atemzug die Feder ab und starrte unbeweglich vor sich hin. Vor seinem innern Auge mochte jetzt ein üppiger Mädchenkopf erscheinen; vielleicht flog gar der erschütternde Gedanke durch sein Gehirn, den Bann des alten bäuerlichen Herkommens zu durchbrechen. Aber der Küster, der ihn während der ganzen Verhandlung nicht aus den Augen gelassen hatte, trat jetzt, die Hände in den Taschen, zu ihm heran und sagte ruhig: »Bloß deinen Namen, Hinrich; bloß deinen Namen!«

Und Hinrich, wie von der eisernen Notwendigkeit am Draht gezogen, malte nun auch sein »Fehse« in denselben steilen Zügen noch dahinter.

»Actum ut supra« und Sand darauf; die Sache war erledigt. Hinrich Fehse verließ das Gericht als ein gemachter Mann; mit der Frau hatte er das Betriebskapital für die Hufe in Händen; wenn er als Bauer seine Schuldigkeit tat, so konnte es ihm nicht fehlen. – Und bald auch hörte ich, daß die Hochzeit mit allem Pompe bäuerlichen Herkommens gefeiert worden sei.

Der Eindruck, den diese Vorgänge mir gemacht hatten, war allmählich verblaßt. Anfänglich hatte ich wohl darauf geachtet, wenn an Markttagen der junge Bauer mit seiner Frau an mir vorüberfuhr; von der letzteren hatte ich dann auch wohl ein Kopfnicken bekommen, während er selbst, ohne sich umzuwenden, auf seine Pferde peitschte. Dann, geraume Zeit nachher, da es schon spät am Abend war, hatte ich ihn einmal in dem erleuchteten Hausflur jenes Wirtshauses an der Ecke gesehen; es war mir auch damals wohl durch den Kopf gegangen: ›Was hat denn der wieder so spät in der Stadt zu tun!‹ Weitere Gedanken hatte ich mir darüber nicht gemacht. Da – es war wieder einmal Herbst geworden, der November stand schon vor der Tür – ging ich bei der Rückkehr von einer Morgenwanderung durch die Neustadt, wo eben Pferdemarkt gehalten wurde. Die edlen Tiere standen wie gewöhnlich zu beiden Seiten der Straße vor den Häusern angebunden, und ich drängte mich eben durch einen Haufen von Käufern und Verkäufern und vergnügter Stadtjugend, als mir von einem Hause ein lautes Rufen und Händeschlagen entgegenschallte. Im Näherkommen erkannte ich Hinrich Fehse, der mit einem jütischen Bauern in eifrigem Handeln begriffen war. Den Gegenstand, wie mir bald klar wurde, bildeten zwei höchst elend aussehende Pferde, die mit gesenktem Kopf danebenstanden, indes der Jüte den Schweif des einen Tieres lobpreisend zur Seite riß.

»Ja, ja«, sagte der andere, ohne auch nur hinzusehen; »die Schindmähren sind just gut genug.«

»Hundertunddörtig für die beiden!« rief der Jüte wieder.

Aber Hinrich zog seine Hand zurück. »Hundertundzwanzig«, sagte er düster; »keinen Schilling mehr.«

Und klatschend fielen die Hände ineinander. Hinrich Fehse schnallte seine lederne Geldkatze los, zahlte dem andern die harten Taler in die Hand und rüstete sich dann, die erhandelten Tiere von dem Rickwerk loszubinden.

Im Weitergehen, wo ich über den Eindruck des Gesehenen zum deutlicheren Bewußtsein kam, wollte mich bedünken, als ob der junge Bauer seit unserer letzten Begegnung, wie man bei uns sagt, bös verspielt habe. Das Gesicht war scharf und mager geworden, und die ohnehin kleinen Augen waren unter der vortretenden Stirn fast verschwunden; überhaupt, der an sich gewöhnliche Vorgang hatte mir jetzt etwas Auffallendes, so daß ich nicht umhin konnte, mich später beim Eintritt in die Gerichtsstube gegen meinen landkundigen Gevollmächtigten darüber auszusprechen.

Der alte Aktenmann machte vom Pultbock herab seine bedenklichste Handbewegung.

»So«, sagte ich; »die Sachen stehen also schlecht?«

»Gar nicht stehen sie!« erwiderte er. »Seit einem halben Jahr ist die Margret wieder im Dorf, und seitdem sitzt auch der Fehse fast alle Abend bei den Hebammensleuten; sogar in die Stadt ist er ihr nachgelaufen, als sie um Pfingsten in der Anfahrt hier zu nähen saß. Und dabei verkauft er, was los und fest ist, Futter und Saatroggen, so daß zum Winter wohl die leeren Scheunen nachbleiben werden; heut haben nun sogar die schönen braunen Wallachen daran glauben müssen – wissen, Herr Amtsvogt, die im Inventar zu fünfhundert Taler taxiert waren –, und statt dessen hat er sich die jütschen Kracken eingehandelt. Dafür aber promeniert draußen im Dorf das Hebammenfräulein in seidenen Jacken und goldenen Vorstecknadeln; mag auch wohl manche Tonne Fehseschen Hafers an ihrem Leibe tragen!« Und der Alte nahm eine große Prise.

»Am Ende auch noch die beiden Wallachen, Brüttner!«

Der kleine graue Mann steckte die Feder hinters Ohr und segelte auf seinem Drehbock vollends zu mir herum. »Nun«, sagte er schmunzelnd, »wohin der Überschuß seinen Weg nimmt, das wäre wohl nicht schwer zu raten!«

»Und woher wissen Sie das alles genau?«

Brüttner wollte eben antworten, als der Amtsdiener in die Stube trat: »Der Herr Küster ließen grüßen, heut könne er nicht wieder vorkommen; aber nächsten Donnerstag; und da wolle er die beiden Fehseschen Weiber gleich mit aufs Amt bringen.«

»Also der Küster ist hier gewesen?« fragte ich.

»Hm, freilich«, versetzte Brüttner; »und er meinte, nach den letzten Passagen wär's doch am besten, wenn die Frauen den Fehse unter Kuratel stellen ließen; er würde dem Herrn Amtsvogt schon alles auseinandersetzen.«

Bevor jedoch der Küster diesen kühnen Plan in Angriff nehmen konnte, wurde mir – es war an einem Mittwoch – von dem Bauervogt des Dorfes die schriftliche Anzeige gemacht, daß der Eingesessene Hinrich Fehse seit letztem Sonntagabend verschwunden sei. Die Meinung einiger gehe dahin, daß er mit dem neulich aus einem Pferdehandel gewonnenen Gelde auf einem Auswandererschiff von Hamburg fortgegangen sei; andere dagegen hegten die Befürchtung, er könne sich ein Leides angetan haben. Außer dem bekannten Verhältnis mit der Tochter der Hebamme sei ein besonderes Ereignis, welches sein Verschwinden erklären könne, nicht bekannt geworden. Übrigens hätten die angestellten Nachforschungen bis jetzt keinen Erfolg gehabt. –

– – Ich beschloß sofort, noch am Nachmittag die Sache an Ort und Stelle zu untersuchen. – Um desto unbehinderter zu sein, verzichtete ich auf einen Protokollführer und nahm nur den Amtsdiener als Begleitung mit. Wir fuhren auf einem offenen Wagen; denn es war ein milder Herbsttag, wie uns deren in unserer Gegend immer einige vor dem entschiedenen Eintritt des Winters beschert zu werden pflegen. Die lebendigen Hecken, welche wir während der ersten Stunde zu beiden Seiten des Weges hatten, trugen noch einen Teil ihres Laubes; hie und da zwischen Hasel- und Eichenbusch drängte sich ein Spillbaum vor, an dessen dünnen Zweigen noch die roten zierlichen Pfaffenkäppchen schwebten. Meine Augen begleiteten im Vorüberfahren das ebenso sanfte als schwermütige Schauspiel, wie fortwährend unter dem noch warmen Strahl der Sonne sich gelbe Blätter lösten und zur Erde sanken, zumal wenn vor dem Schnauben unserer Pferde eine verspätete Drossel, ihren Angstschrei ausstoßend, durch die Büsche flatterte.

Aber die Gegend wurde anders; die bewachsenen Wälle mit den bebauten Feldern dahinter hörten auf. Statt dessen fuhren wir hart am Rande des sogenannten »Wilden Moors« entlang, das sich derzeit, so weit der Blick reichte, nach Norden hinauszog. Es schien hier, als sei plötzlich der letzte Sonnenschein, der noch auf Erden war, von dieser düsteren Steppe eingeschluckt worden. Zwischen dem schwarzbraunen Heidekraut, oft neben größeren oder kleineren Wassertümpeln, ragten einzelne Torfhaufen aus der öden Fläche; mitunter aus der Luft herab kam der melancholische Schrei des großen Regenpfeifers, der einsam darüber hinflog. Das war alles, was man sah und hörte.

Mir kam in den Sinn, was ich einst – ich meine über die noch von dem slawischen Urstamm bewohnten Steppen an der unteren Donau – gelesen hatte. Dort aus den Heiden erhebt sich in der Dämmerung ein Ding, das einem weißen Faden gleicht und das sie dort den »weißen Alp« nennen. Es wandert gegen die Dörfer, es stiehlt sich in die Häuser, und wenn die Nacht gekommen ist, legt es sich an den offenen Mund der Schlafenden; dann schwillt und wächst der anfänglich dünne Faden zu einer schwerfälligen Ungestalt. Am Morgen darauf ist alles verschwunden; aber der Schläfer, der dann die Augen auftut, ist über Nacht blödsinnig geworden; der weiße Alp hat ihm die Seele ausgetrunken. Er bekommt sie nimmer wieder; weit auf die Heide hinaus in feuchte Schluchten, zwischen Moor und Torf, hat das Unwesen sie verschleppt.

Nicht der weiße Alp war hier zu Hause; aber zu andern, nicht minder unheimlichen Dingen verdichteten sich auch die Dünste dieses Moors, denen manche, besonders der älteren Dorfbewohner, nachts und im Zwielicht wollten begegnet sein.

An der südlichen Grenze desselben lag unser Reiseziel, das Dorf, dessen spitzer Turm und schwarze Strohdächer schon lange vor uns sichtbar gewesen waren. – Als wir endlich anlangten, ließ ich zunächst vor dem Hause des alten Küsters halten, um durch diesen etwas Näheres über die Verhältnisse im Fehseschen Hause zu erfahren. Ich traf ihn mit seinem Knechte beim Aufladen des Düngers beschäftigt, im blauwollenen Futterhemd, die Furke in der Hand; doch war er deshalb nicht weniger würdevoll, als er erst seinen »Goldhaufen« mit der ebenen Erde vertauscht hatte. »Ich will's Ihnen sagen, Herr Amtsvogt«, hub er an, nachdem er zuvor seine Sprachwerkzeuge durch ein paar Ansätze fetten Hustens in Bereitschaft gesetzt hatte, »wem nicht zu raten ist, dem ist auch nicht zu helfen! Dieser Hinrich hat mit Gewalt sein Glück nicht erkennen wollen; Gott weiß, ob's mit der Kuratel noch zu kurieren ist!«

Wir waren unterdessen in das Haus und in die Wohnstube getreten. Hinter dem Ofen, in welchem trotz der milden Witterung ein Feuer brannte, saß ein kränklich aussehendes Mütterchen, fast verdeckt von einer großen Wollenstrickerei, die sie mit ihren mageren Fingern handhabte. Sie entschuldigte sich klagend, daß sie wegen ihrer Kreuzschmerzen nicht vom Lehnstuhl aufkönne, um mich zu begrüßen; dann klinkte sie von ihrem Sitze aus die daneben befindliche Küchentür auf und rief mit scharfer Stimme: »Kathrin! Setz den Kessel auf, Kathrin!« Und zugleich hörte ich auch draußen den Dreifuß auf den Herd werfen und im Feuerloch rumoren.

Die Frau Küsterin klappte die Tür wieder zu und strickte weiter; aber ihre kleinen matten Augen folgten unablässig, während ich mit ihrem Eheherrn im Gespräche auf und ab wandelte.

»Wenn's erlaubt ist zu reden, Herr Amtsvogt«, sagte sie endlich, ihr Strickzeug von sich schiebend; »es hat schon einen Vorspuk gegeben; dazumal, als mein Mann hier noch im Amte war. – Ich hab die Rosen so gern«, fuhr sie hüstelnd fort; »es sollte just am andern Tage das Ringlaufen für die Schule sein, und abends dann, mit hoher Erlaubnis, die Tanzlustbarkeit im Kruge; da waren auf einmal alle meine Rosen abgerissen. Ich wußte wohl gleich, wo mein Spitzbube zu suchen war; aber bei unserm Vater in der Schule hat's der Hinrich so zu drehen gewußt, daß das Strafrohr auf seinen Rücken gefallen ist. Und die Dirne saß mausestill dabei und guckte in ihr Gesangbuch.«

»Aber Mutter«, versuchte der Küster einzureden, »so erzähl doch dem Herrn Amtsvogt nicht die alten Kindergeschichten!«

»Meinst du, Vater?« versetzte sie. – »Sie standen beide vor der Konfirmation; es ist nur *ein* Faden, und der läuft bis heute hin.«

Ich bat höflich um die Fortsetzung des Berichtes.

Das Mütterchen nickte. »Ich hatte damals noch meine Gesundheit, Herr Amtsvogt«, begann sie wieder; »aber als ich andern Abends mit der Frau Pastorin nur kaum in den Tanzsaal getreten war, so sah ich auch schon, daß der Hinrich seinen Willen hatte; denn in dem Kranze, den die Slowakendirne auf ihren schwarzen Haaren trug, saßen richtig meine roten Rosen; und herumgeschwenkt hat sie sich auch mit ihm, daß dem hölzernen Jungen der Schweiß von den Backen rann.

Nun, nun, Vater!« unterbrach sie sich, als der Küster zu einer neuen Bemerkung anhub. »Ich weiß wohl, die Freude dauerte nicht lang; ich will's dem Herrn Amtsvogt alles schon erzählen. Es war nämlich einer unter den größeren Jungen, der nicht wie die andern in das Hebammenmädchen vernarrt war, obschon sie sich genug um ihn zu tun machte; und das war der Sohn von dem reichen Klaus Ottsen hier! – Als eben die Musikanten zu einem neuen Walzer aufspielten, kommt der anstolziert, in seiner blauen Jacke mit Perlmutterknöpfen, die silberne Uhrkette über der Weste, und sieht sich unter den Dirnen um, als wenn sie nur alle so für ihn zu Kauf stünden. Er war aber auch ein schlanker, braunhaariger Junge und hat noch heute so was Stolzes an sich. – Vor Hinrich und Margret, die eben wieder in die Reihe treten wollten, blieb er stehen und sah höhnisch auf sie herab. ›Der Rosenhinrich und die Slowakenmargret? Ihr macht ein sauberes Paar zusammen!‹ – Die Dirne glotzte ihn an mit ihren schwarzen Augen. ›Läßt d' mich schimpfen, Hinrich?‹ rief sie. Und im Handumdrehen hatte auch mein Ottsen seine zwei Faustschläge in den Nacken. ›Das für die Slowakenmargret! Und das für den Rosenhinrich!‹ – Und dabei fiedelten die Musikanten, und die Kinder tanzten und stolperten über den Hans, der sich eben vom Fußboden wieder aufsammelte; und in all dem Lärm hör ich die Stimme unseres Herrn Pastors und sehe auch, wie er den Hinrich am Kragen hat und ihn gegen den Türpfosten stellt. ›Daß du es weißt, Fehse!‹ hör ich ihn noch sagen;

›mit dem Tanzen ist es heute abend aus für dich!‹ – Da stand er nun und biß sich die Lippen blutig, und die Margret reckte ihren Schwarzkopf auf und schaute durch den Saal nach einem andern Tänzer aus. -- 's ist aber ein wunderlich Ding, das Menschenherz, Herr Amtsvogt! Schon lange hatt ich gesehen, daß Hans Ottsen dastand, als wenn er die Dirne mit den Augen verschlingen wollte; und es hilft einmal nicht, die gestohlenen Rosen ließen ihr verwettert gut zu ihrem feinen, unverschämten Stumpfnäschen. Und richtig! Sie hatte nun auch den am Band. ›Was meinst, Margret?‹ sagte ganz kleinlaut der Hans Hoffart; ›willst jetzt mit mir halten heute abend?‹ – Erst, als er nach ihrer Hand griff, stieß sie ihn vor die Brust und tat wild wie 'ne Katze; aber als sie merkte, daß es Ernst war, ward sie auch ebenso geschmeidig und lacht' und wies ihre weißen Zähne und tanzte mit ihrem schmucken Hans an dem armen Burschen vorüber, als hätte es für sie nimmer einen Hinrich Fehse auf der Welt gegeben. Der aber stand noch immer wie angenagelt auf seinem Posten; nur seine kleinen Augen fuhren hinter den beiden her; es war ein Glück, daß sie nicht mit Flintenkugeln geladen waren!

Was weiter im Saal passiert ist«, fuhr die Erzählerin fort, nachdem sie eine Weile Atem geschöpft hatte, »das hab ich nicht gesehen; die Frau Pastorin holte mich nach der Hinterstube, wo unsere Männer sich zu ihrem Kartenspiel gesetzt hatten. Die Zeit verging; es war eben Feierabend geboten, ich stand just am Fenster und hörte nach den Wildgänsen droben in der Luft, denn es war eine milde Nacht, und das Getier flog über die Heide nach dem Haff – da auf einmal hieß es: ›Wo ist Hinrich Fehse?‹ – Ja, Hinrich Fehse war nicht da. – ›Ich sah ihn draußen im Weg‹, meinte einer; ›er wird nach Haus gelaufen sein.‹ – Aber die Mutter kam gejammert; zu Hause war er auch nicht. – Der alte Hinrich Fehse, ein Querkopf trotz seinem Jungen, stand vorn im dicken Haufen in der Schenkstube und stieß sein Glas auf den Tisch, daß er nur noch den Fuß in der Hand behielt, und räsonierte auf den Herrn Pastor; er lasse seinen Jungen nicht kujonieren, wenn er ihn auch nicht wie die reichen Bauern mit Uhrketten und Perlmutterknöpfen besetzen könne; nein, zum Teufel, das leide er nicht!

Ich war in den Tanzsaal zurückgegangen, wo eben die Musikanten ihre Fiedeln in die Ledersäcke steckten. Da stand noch die Hebammendirne mit Hans Ottsen auf der leeren Diele; sie allein schien alles das nicht anzufechten. ›Nun, Margret‹, fragte ich, ›weißt du denn nicht, wo der Hinrich abgeblieben ist?‹ – ›Ich? – Nein!‹ sagte sie kurz, zog einen ihrer kleinen Schuhe aus und zupfte die rote Bandschleife darauf zurecht; dann funkelte sie wieder auf den Hans mit ihren schwarzen Augen und schlug ihn neckisch auf die Hände: ›Du, was hast mich eingestaubt, du! Du bist so wild; wart nur, ich tanz nicht mehr mit solch 'nem Tollen!‹

Und das war die Margret, Herr Amtsvogt; der Hinrich aber kam auch am andern Morgen noch nicht wieder; sie meinten, der Mittag würde ihn nach Hause treiben; aber da hatte auch eine Eule gesessen; das ganze Dorf kam in die Beine, sie suchten ihn mit Leitern und mit Stangen. Und endlich! Wo war er gewesen, Herr Amtsvogt? – Bei den Wasserkröten hatte er in der Nacht gesessen; dort hinten im Moor bei der schwarzen Lake. Der Finkeljochim, der da seine Besen schneidet, kam ins Dorf gelaufen und erzählte es. Da haben sie ihn denn nach Haus geholt mitsamt dem Gliederreißen, das er sich vom feuchten Moorgrund heimgebracht. Ein paar Wochen hat er in den Kissen liegen müssen, und als der Doktor nicht angeschlagen, haben sie die Sympathie gebraucht: und mit drei Tassen Kamillentee und ein paar Handvoll Kirchhofserde ist dann auch alles wieder in seinen Schick gekommen.«

Der Kaffee war inzwischen aufgetragen, und der Küster erinnerte, nicht ohne scheinbare Vorsicht, seine Frau daran, daß der Herr Amtsvogt noch mit ihm zu reden habe.

»Ich will nicht im Wege sein, Vater«, versetzte diese, von ihrem Lehnstuhl aus die Tassen vollschenkend; »Ich sage nur und hab's dem Herrn Pastor auch schon gesagt: erst, als die Dirne wieder aus der Stadt zurück war, lief nur der Hinrich bei den Hebammensleuten, und es gefiel ihr schon, daß sie gleich wieder einen hinter sich herzuziehen hatte; und wenn auch nur, um die junge Frau zu ärgern, die ihn geheiratet hat; seit es aber mit dem alten Klaus Ottsen aufs Letzte geht und der nicht mehr den Daumen gegenhalten kann, weiß auch sein Hans mit Dunkelwerden den Weg dorthin zu finden. Ich wundre mich nicht, daß der Fehse auch diesmal wieder fortgelaufen ist; denn mit sich selber umzugehen, was doch die größte Kunst vom Menschenleben ist, das hat er immer noch nicht lernen können. Ich begreif nicht, was darum soviel Aufhebens im Dorf ist; er wird schon wiederkommen, wenn er's satt hat!«

Die kleine gebrechliche Frau, deren blasse Wangen unter dem

lebhaften Erzählen wieder aufgeblüht waren, schwieg jetzt und suchte mit der Feuerzange die Kohlen in ihrem Ofen aufzustören. – Ich tat noch diese und jene Frage; dann ließ ich mich von dem Küster, dem draußen sichtlich seine Würde wieder zuwuchs, an meinen Wagen geleiten.

»Ja, ja, mein wohlgeborener Herr Amtsvogt«, sagte er, gleichsam die Summe eines langen Gedankenexempels ziehend; »ich habe manchen Gang um diese Heirat gemacht; aber der Mensch soll ja auf den Dank der Welt nicht rechnen! Nehmen Sie nur die Mamsell Margret aufs Korn; die wird Ihnen über alles Bescheid geben können.«

Unterdessen hatte er das Schutzleder vor meinem Sitze zugeknöpft, und mit majestätischer Handbewegung entlassen, rumpelte mein Fuhrwerk auf der schlecht gepflasterten Dorfstraße weiter.

Hinter der zur Rechten liegenden Kirche, an deren granitner Mauer ich im Vorüberfahren die Jahreszahl 1470 las, blickte aus jetzt fast entlaubten Holunderhecken ein Häuschen mit grünen Fensterläden.

»Den Hebammensleuten gehört es«, erwiderte auf meine Frage der Amtsdiener, sich vom Kutschersitze zu mir wendend, »sie halten's gewaltig sauber; in Geschäften bin ich ein paarmal dort gewesen.«

Nach einer Weile hörten zur Linken die Häuser auf. Die an der Kirchseite sich noch eine gute Strecke entlangziehenden Gehöfte lagen gegen Westen, nur durch den Weg und einige eingewallte Acker- und Wiesenstücke von dem großen Moor getrennt; das letzte derselben, einsam und weit hinaus belegen, war mir als das des Hinrich Fehse bezeichnet worden.

Vor vielen dieser Häuser bemerkte ich Gruppen von Menschen, anscheinend in lebhafter Unterhaltung, zuweilen auch wohl mit ausgestrecktem Arm nach dem Moor hinausweisend. Es war augenscheinlich eine besondere Aufregung unter den Dorfbewohnern.

Endlich fuhren wir auf die Fehsesche Hofstelle. An dem Hause, welches etwa hundert Schritt vom Wege zurücktrat, waren noch die Früchte der wohlhabenden Heirat sichtbar: die nördliche Hälfte mit dem großen Scheunentor und den halbrunden Stallfenstern war augenscheinlich kaum vor Jahresfrist gebaut, die andere dagegen, welche die Wohnungsräume enthielt, mochte in diesem Zustande schon lange von Vater auf Sohn vererbt worden sein. Vor den niedrigen Fenstern, auf welche das schwere schwarzbraune Strohdach drückte, zog sich ein ziemlich ödes Gartenstück bis an den Weg hinab.

Da sich niemand von den Hausgenossen zeigte, als wir oben vor dem Scheunentor hielten, so schickte ich den Amtsdiener in das Haus, der dann auch bald in Begleitung einer alten Frau wieder an den Wagen trat. Ich wollte sie als Witwe Fehse begrüßen, aber sie erwiderte, sie habe nur als Nachbarin das Haus gehütet; die alte und die junge Frau Fehse seien zum Bauervogt gegangen; denn die Tochter des Finkeljochim hätte erzählt, daß sie noch gestern abend, da eben der Mond aufgegangen sei, den Hinrich dort hinten auf dem Moor gesehen habe; auf diese Nachricht seien wieder Leute zum Suchen hinausgeschickt worden.

Ich fragte näher nach.

»Es wird wohl nichts daran sein, Herr Amtsvogt«, meinte die Alte; »die Dirne ist so was simpel; und seit der Hans Ottsen ihr vergangenen Winter was in den Kopf gesetzt hat, ist sie vollends faselig geworden.«

»Aber wo ist das Mädchen jetzt zu finden?«

»Jetzt bekommen Herr Amtsvogt sie nicht. Sie ist mit den Leuten in die Heide, um ihnen den Platz zu zeigen.«

Ich ließ mich zunächst von der Alten in das Wohnzimmer weisen und einen Tisch in die Mitte stellen, auf welchem ich zur Aufnahme der nötigen Notizen mein mitgebrachtes Schreibmaterial bereitlegte.

Es war ein niedriges, aber geräumiges Zimmer; der weiße Sand auf den Dielen, die blanken Messingknöpfe an dem Beilegerofen, alles zeugte von Sauberkeit und Ordnung. Den Fenstern gegenüber befanden sich zwei verhangene Wandbetten; vor dem einen, mit der zwischen Vergißmeinnicht gemalten Überschrift: »Ost un West, to Huus ist best«, stand eine jetzt leere hölzerne Wiege.

Um keine Zeit zu verlieren, hieß ich den Amtsdiener, mir die in der Nähe wohnende Tochter der Hebamme zur Stelle zu bringen, während die Alte es übernahm, die Fehseschen Frauen von der entlegeneren Wohnung des Bauervogtes herbeizuholen. – Ich befand mich allein im Hause; von der Wand tickte der harte Schlag einer Schwarzwälder Uhr; in Erwartung der kommenden Dinge war ich ans Fenster getreten und sah in die gelbe Herbstsonne, die schon tief jenseit der Heide stand.

Das Rauschen von Frauenkleidern weckte mich aus den Gedanken, worin ich mich einzuspinnen begann. Als ich mich umwandte, erblickte ich eine schlanke volle Mädchengestalt in städtischer Kleidung, deren kleine und, wie mir schien, zitternde Hand eben ein schwarzes Kopftuch von dem Nacken streifte.

Ich konnte nicht zweifeln, wen ich vor mir hatte; zum ersten Mal sah ich den verführerischen Kopf jenes Mädchens unverhüllt.

»Sie sind Margarete Glansky!« sagte ich.

Ein kaum hörbares »Ja« war die Antwort.

Ich setzte mich ihr gegenüber an den Tisch und nahm die Feder zur Hand.

»Sie kennen den jungen Hinrich Fehse?« fragte ich weiter.

Ein ebenso leises »Ja« erfolgte.

»Ich meine, Sie haben in näherer Bekanntschaft mit ihm gestanden?«

Sie antwortete nicht. Als ich aufblickte, sah ich, daß sie totenblaß war; ich hörte, wie die weißen Zähnchen aufeinanderschlugen. Die Angst vor äußerlicher Verantwortlichkeit wegen einer vielleicht innerlichen Schuld mochte sie ergriffen haben.

»Weshalb fürchten Sie sich?« fragte ich.

»Ich fürchte mich nicht; – aber die Bauernweiber haben alle einen Haß auf mich.«

»Es handelt sich nicht um Sie, Margarete Glansky, sondern um den jungen Mann, der seit einigen Tagen vermißt wird.«

»Ich weiß nichts davon; ich bin nicht schuld daran!« stieß sie, noch immer nach Atem ringend, hervor.

»Aber wir müssen ihn zu finden suchen«, fuhr ich fort. »Kurz vor seiner Heirat sind Sie in die Stadt gezogen und dann vor einem halben Jahre wieder zurückgekommen?«

»Es gefiel mir dort nicht, ich hatte nicht nötig, zu dienen; – es reut mich noch, daß ich so dumm mich hatte fortschicken lassen!« Und die starken Augenbrauen des Mädchens zogen sich dicht zusammen.

»Hinrich Fehse«, sagte ich, »ist dann oft des Abends zu Ihnen gekommen?«

»Wir konnten ihn doch nicht fortjagen.«

»Er kam zuletzt, so sagt man, jeden Abend und blieb dann oft bis Mitternacht.«

»Das lügen die Weiber!«

»Aber Sie haben Geschenke von ihm angenommen?«

Ein heißes Rot flog über ihr Gesicht. »Wer hat das gesagt?«

»Das singen die Spatzen von den Dächern; es hat argen Unfrieden zwischen den Eheleuten gesetzt.«

»Nun, und wenn's auch wäre!« rief sie und warf trotzig ihre roten Lippen auf. »Wer hat sie geheißen, ihn zu heiraten!«

»Und würden Sie ihn denn geheiratet haben?« fragte ich.

Aber bevor sie zu antworten vermochte, wurde die Stubentür aufgerissen, und die beiden Fehseschen Frauen, die junge mit ihrem Kinde auf dem Arm, traten in das Zimmer. Ich sah noch, wie die Augen der alten Bäuerin und der Hebammentochter in unverhohlenem Hasse aufeinander blitzten; dann stellte die Alte sich vor mir hin und sagte zitternd:

»Herr Amtsvogt, was tut die Person da in unserem Hause? Ich bin der Meinung, daß ich das wohl nicht zu leiden brauche!«

»Die Person«, erwiderte ich und schob dabei die beiden Frauen unmerklich wieder zur Tür hinaus, »wird gerichtlich vernommen und ist von mir hieher beschieden worden.«

Wir standen draußen auf dem Hausflur. Die alte hagere Frau rang die Hände. »Ach, das Elend!« rief sie; »das Elend!« – Die junge Bäuerin trocknete von den Wangen ihres schlafenden Kindes die Tränen, die sie fortwährend darauf weinte.

»Wir hatten es so gut das erste Jahr«, sagte sie, »wenn nur die nicht wiedergekommen wär; unsereins versteht so was nicht; aber sie muß es ihm doch angetan haben! Und das viele Geld, das er neulich für die Pferde gelöst hat; – wir haben die Schatulle und alles durchgesucht, aber es ist nichts davon zu finden.«

Durch die offene Haustür sah ich draußen einen Mann mit einer langen Stange vorübergehen und den Weg ins Moor hinunter nehmen. Die Alte war hinausgetreten und kam jammernd zurück. Plötzlich aber fuhr sie sich mit der Schürze über die Augen. »Der da oben wird wissen, wo er ist«, sagte sie. »Er war nicht gottlos, mein Hinrich! – Auf die Knie hat er sich geworfen und seinen armen Kopf in meinen Schoß gedrückt; denn er war ja immer doch mein Kind! ›Mutter‹, hat er gesagt, ›Ihr saht mich auf dem Braunen fortreiten, und ich sagte Euch, daß ich wegen der Zinsen zum Müller nach der Nordermühle müßte; – das war gelogen, Mutter; in der Irre bin ich fünf Stunden lang für wild herumgeritten; Ihr habt selbst dem Braunen den Schaum von den Flanken gestrichen, als ich heimgekommen; – ich hab nur nicht zu ihr hinüber wollen; aber es hat mich doch wie bei den Haaren dahin zurückgezogen; – es kriegt mich unter; ich kann's nicht helfen, Mutter!‹

Und er war doch so gut, mein Hinrich!« fuhr die Alte, wie mit sich selber redend, fort. »Noch als das Kind geboren war! In unserm Hof hier, aufs Pferd hab ich's ihm reichen müssen; die Sonne schien so warm, drüben in der Koppel stand die Sommersaat so grün. ›Was meinst, Mutter‹, sagt' er, ›ich könnt es gut ein bißchen mit aufs Feld nehmen!‹ Er war so glücklich über sein Kind; ich hatt meine Not, es ihm wieder abzukriegen; und es war doch erst sechs Wochen alt!«

Ich machte mich von den Frauen los, indem ich ihnen bedeutete, daß sie wegen ihrer eigenen Vernehmung zur Stelle bleiben müßten. Als ich wieder in das Zimmer trat, fielen schon die schrägen Strahlen der Abendsonne durch die Fenster. Das Mädchen stand noch auf demselben Platze wie vorhin; aber sie schien ruhiger geworden und sogar, vielleicht nur weil ich den andern Frauen gegenüber ihre Anwesenheit vertreten hatte, ein Vertrauen zu mir gefaßt zu haben. »Ich will's Ihnen wohl erzählen, Herr Amtsvogt«, begann sie, indem sie mit beiden Händen ihr glänzend schwarzes Haar zurückstrich; – »ob ich ihn geheiratet hätte, wenn er das Geld von der andern nicht hätte brauchen müssen; – ich weiß das nicht, und ist auch wohl übrig, jetzt zu fragen; ich bin gut Freund mit ihm gewesen; wir tanzten wohl zusammen; aber – und das ist die Wahrheit! Herr Amtsvogt – ich hatte nicht gedacht, daß er's gar so ernsthaft nehmen würde.«

»Sie wußten doch«, sagte ich, »daß er von Jugend auf Ihnen nachgegangen war; und ich meine, der sah nicht aus, als ob er mit solchen Dingen spielen könnte.«

Sie hatte seitwärts einen raschen Blick in den kleinen, mit Pfauenfedern geschmückten Spiegel geworfen, und eine Sekunde lang brach es wie heiße Lebenslust aus ihren dunkeln Augen. »Nun«, sagte sie, »zuletzt hab ich's schon merken müssen; aber da hab ich ihn nicht mehr fortbringen können. Versucht hab ich's genug; denn er plagte mich bis aufs Blut mit seinen Grillen; zumal wenn sonst junge Leute zu uns kamen, wie das doch nicht anders ist. Er konnte mit den Zähnen knirschen, wenn ich nur einen an die Haustür brachte; oder gar, als einmal Hans Ottsen aus Narretei mir die Haarzöpfe losmachen wollte; und er hatte doch sein Weib zu Hause!«

Ich sah sie fest an. »Also der Ottsen kam in der letzten Zeit auch zu

Ihnen? Sie wissen vielleicht, daß sein Vater ihm um Johanni die Hufe übergeben hat.«

Sie stutzte einen Augenblick wie verwirrt; dann aber, als habe sie meine Bemerkung nicht gehört, fuhr sie fort: »Manchen Abend, wenn der Wächter zu neun geblasen, hat meine Mutter ihn angerufen, nach Haus zu gehen. Aber er ging nicht. ›Frau Nachbarn‹, sagt' er dann wohl, ›Sie wird mir doch den Stuhl in Ihrem Hause gönnen; ich verlang ja weiter nichts!‹ – Und so sind wir denn sitzen geblieben; ich an meinem Nähstein vor der einen Tischschublade, er vor der andern. ›Hinrich‹, hab ich oft gesagt, ›sei nicht so hintersinnig! Du kannst ja Sonntag im Krug mit mir tanzen; nimm doch deine Frau mit und laß uns alle miteinander vergnügt sein.‹ Aber er stieß dann nur ein höhnisches Lachen aus und sah mich aus seinen kleinen Augen an, als wollte er mir damit ein Leides tun.

Nur einmal«, fuhr sie nach einer Weile fort, »ist er eine Zeitlang weggeblieben; – als ihm das Kind geboren war; und ich dachte schon, er sei nun zur Vernunft gekommen. – Da, etwa vier Wochen nachher, wurde seine Frau schwer krank; sie glaubten alle, es geh mit ihr aufs Letzte, auch meine Mutter, die ihr doch in der Geburt hatte beistehen müssen. Und da, Herr Amtsvogt – kam er wieder.«

Das Mädchen atmete schwer auf. – »Er war ganz anders geworden, mehr so wie damals, als er noch ein junger Bursche war; er konnte wieder erzählen und sprach wieder von seiner Wirtschaft und was er tun und treiben wollte. Einmal aber – meine Mutter war eben außer Haus – faßte er mich plötzlich an beiden Schultern und sah mich an, wie unsinnig vor Freude. ›Margret!‹ – rief er, ›denk's einmal aus! Wenn – o wenn!‹ – – Er verstummte dann und ließ mich los; aber ich wußte doch, wie's gemeint war, und hab's auch bald nachher gesehen. Deshalb dachte ich, ihn auf andere Gedanken zu bringen. ›Ist denn der Doktor heute bei euch gewesen?‹ fragte ich. ›Wie geht's mit Ann-Marieken?‹ – Es war erst, als wenn er nicht antworten mochte. ›Sie hat wieder ein neues Glas gekriegt‹, sagte er dann; ›ich weiß nicht, was der Doktor meinte.‹ Dabei hatte er sich das Punktierbuch meiner Mutter aus deren Nähkasten gekramt, setzte sich mir gegenüber und fing nun an, mit Kreide auf den Tisch zu stricheln. Er tat das so hastig und wurde so heiß um den Kopf dabei, daß ich ihn fragte: ›Hinrich, auf was punktierst du da?‹

›Laß, laß!‹ sagte er. ›Bleib du bei deiner Näharbeit!‹ – Aber ich bog mich unbemerkt über den Tisch und las in dem Buch die Nummer, auf welche er den Finger hielt. – Da war es die Frage, ob der Kranke genesen werde. – Ich schwieg und setzte mich wieder an meine Arbeit; und er strichelte weiter, zählte ›Eben‹ oder ›Uneben‹ und punktierte sich nachher die Figuren mit der Kreide auf den Tisch. ›Nun‹, fragte ich, ›bist du fertig? Kann man's jetzt zu wissen kriegen?‹ – Er hatte den Kopf in die Hand gestützt und sah mich schweigend an, aber still und weich, wie er's lang nicht getan hatte. Dann stand er auf und gab mir die Hand. ›Gute Nacht, Margret!‹ sagte er; ›ich muß nun nach Hause.‹ Und somit ging er fort; es war noch früh am Abend. – Da die Figuren auf dem Tische stehengeblieben waren, so schlug ich in dem Büchlein nach. Da lautete die Antwort: ›Tröstet die Seele des Kranken und laßt alle Hoffnung fahren!‹ – – Aber es war diesmal nicht getroffen; die Frau erholte sich bald hernach; und nun ward's mit ihm schlimmer, als es je gewesen war. Glauben Sie's mir, Herr Amtsvogt, wenn ich was an ihm versehen habe, es ist mit Angst und Not gebüßt.«

Da sie bei diesen Worten in ein krampfhaftes Weinen ausbrach, so ließ ich sie auf einen Stuhl niedersitzen. Bald aber erhob sie wieder ihren Kopf, den sie in beide Hände gepreßt hatte, und sah mich an. – Im Zimmer war nur noch das Licht des Sonnenuntergangs, in dem die roten Lippen des Mädchens auffallend gegen ihr blasses Gesicht und ihre dunklen Augen hervortraten.

Aber ich mußte weiterfragen. »Hinrich Fehse«, sagte ich, »hat in der vorigen Woche einen Pferdehandel gemacht, woraus er viel Geld hätte nach Hause bringen müssen; die Fehseschen Frauen aber versichern, daß sie es nirgends haben finden können.«

»Wir haben das Geld nicht, Herr Amtsvogt!« sagte sie düster.

»Und Sie wissen auch nicht, wo es hingekommen ist?«

Sie nickte. »Doch; das weiß ich.«

»Es haben einige gemeint«, fuhr ich fort, »er sei nach Hamburg, um von dort mit einem Auswandererschiff nach Amerika zu gehen?«

»Nein, Herr Amtsvogt; wohin er gegangen ist, das weiß ich nicht; aber mit dem Geld ist er nicht nach Amerika. – Ich will Ihnen auch das erzählen; so wahr, als wenn ich vor Gott stünde! – Am letzten Sonntagabend war's, es mochte gegen acht Uhr sein; meine Mutter, die über Nacht aus gewesen war, saß im Lehnstuhl und nickte über ihrem Strickzeug; wir waren ganz allein, und ich wunderte mich, daß auch Hinrich Fehse nicht kam; denn am Vormittag in der Kirche hatte er mich wieder einmal angestarrt, daß alle Weiber die Köpfe nach mir wandten. – Draußen ging der Sturm; aber zwischen den Windstößen glaubt ich mitunter bei unserm Hause gehen zu hören. Mir war das unheimlich, und ich trat vor die Haustür, um zu sehen, was es gäbe. Es war kein Mondschein, Herr Amtsvogt; aber es war nachthell; ich konnte durch den kahlen Fliederzaun ganz deutlich die Kreuze auf dem Kirchhof unterscheiden, der an unsern Garten stößt; und so sah ich auch, daß unterm Zaune einer stand; und da ich hinzutrat, war es Hinrich Fehse. ›Was stehst du hier und läßt dich durchkälten?‹ sagte ich. ›Warum kommst du nicht herein?‹ – ›Ich muß dich allein sprechen, Margret!‹ erwiderte er. – ›Nun, so sprich, wir sind hier allein; es wird auch niemand kommen in dem Unwetter.‹ – Aber er sprach nicht, bis ich sagte: ›Mich friert; ich will hinein und mein Umschlagetuch holen!‹ Da griff er mich bei der Hand und sagte schwer: ›'s geht so nicht länger, Margret; ich muß ein Ende machen.‹ – Er kam mir so seltsam vor; ich wußte nicht, was ich ihm darauf antworten sollte. ›Hinrich‹, sagte ich; ›am besten wär's, ich ginge wieder fort; dann wird wohl alles noch gut werden!‹ – ›Wir müssen beide fort, miteinander fort, Margret!‹ antwortete er. Dabei zog er einen Beutel hervor und ließ ihn mehrmals auf der Kante des Brunnens klingen, an dem wir in diesem Augenblicke standen. ›Hörst du?‹ sagte er; ›das ist Gold! Vorgestern hab ich meine Braunen verkauft; ich geh zu meinem Vetter über See in die Neue Welt; es ist leicht, dort sein Brot zu finden.‹ – ›Das wirst du deiner Frau nicht antun!‹ sagte ich. – ›Nicht antun, Margret? Es ist kein Segen für sie, wenn ich dableib; die paar tausend Taler, die sie in die Wirtschaft gebracht hat, gehen bald darauf; ich bin kein Bauer mehr, ich hab keine Gedanken ohne dich!‹ – Er wollte mich umfassen, aber ich sprang zurück.

›Das würde mir anstehen‹, sagt ich, ›als deine Beiläuferin mit dir in die weite Welt zu rennen!‹ – ›Hör mich nur‹, begann er wieder; ›wir gehen heimlich fort; meine Frau wird dann auf Scheidung klagen; dann können wir uns dort zusammengeben lassen.‹ – ›Nein, Hinrich; ich tu's nicht, ich geh so nicht fort.‹ – Auf diese Worte ward er wie unsinnig; er warf sich auf die Erde, ich weiß nicht, was er alles sprach; auch heulte der Sturm um die Kirche, daß ich's kaum verstehen konnte; meine Kleider flogen, ich war ganz verklommen. ›Geh nach

Haus, Hinrich‹, bat ich, ›du bist heut nicht bei dir, laß uns morgen über die Sache sprechen!‹ – Indem hörte ich hinter uns vom Kirchhofsteige laute Stimmen; Hans Ottsen war darunter, und ich horchte nach unserer Pforte; denn er war in den letzten Wochen bisweilen zu uns gekommen. Aber sie mußten vorübergegangen sein; ich hörte das Kreuz im großen Kirchhofstor drehen und bald auch die Stimmen weiter unten auf dem Dorfwege. – Als ich den Kopf zurückwandte, stand Hinrich vor mir. ›Margret‹, sagte er, und er würgte die Worte nur so heraus; ›willst du mit mir gehen?‹ – Aber bevor ich noch zu antworten vermochte, legte er die Hand auf meinen Mund. ›Sprich nicht zu früh!‹ rief er, ›denn ich frag nicht wieder – nimmer wieder.‹ – Ich antwortete nicht; es schnürte mir die Kehle zu; was hätte ich ihm auch antworten sollen! – ›Siehst du!‹ sagte er: ›ich wußte es wohl; du bist falsch, du wartest auf den andern!‹ – Er machte eine Bewegung mit dem Arm, und gleich darauf hörte ich es auch unten im Brunnen aufklatschen. – ›Hinrich, dein Geld!‹ rief ich. ›Was tust du, Hinrich!‹ – ›Laß nur!‹ sagt er; ›ich brauch's nun nicht mehr; – aber‹ – und er faßte mich mit beiden Händen und hielt mich vor sich, als ob er wie aus der Ferne mich betrachten wollte – ›küß mich noch einmal, Margret!‹«

– »Und dann?« fragte ich, als das Mädchen stockte.

»Ich will nicht lügen, Herr Amtsvogt; ich hätt's ihm nicht gewehrt; aber er stieß mich plötzlich von sich. – Ich wollte der Haustür zulaufen; da rief er zornig meinen Namen; und als ich darauf nicht hörte, sprang er hinter mir her und packte mich wie mit eisernen Armen. Das Haar war mir losgegangen; er schlang einen meiner Zöpfe um seine Hand und riß mir damit den Kopf in den Nacken. ›Noch einen Augenblick, Margret‹, sagte er, und trotz der Nacht sah ich, wie seine kleinen Augen über mir funkelten; und während der Sturm mir fast die Kleider vom Leibe riß, schrie er mir ins Ohr: ›Ich will dir was Heimliches anvertrauen, Margret; aber sprich's nicht weiter! Für uns beid zusammen ist kein Platz mehr auf der Welt; du sollst verflucht sein, Margret!‹ – Ich stieß einen lauten Schrei aus; ich glaubt, er wolle mich erwürgen. Da ließ er mich los und rannte davon; ich hörte noch, wie er drüben die Kirchhofspforte zuschlug; und gleich darauf war auch meine Mutter vor die Haustür getreten und rief nach mir. – ›Er wird sich morgen schon besinnen‹, sagte sie, nachdem ich ihr alles, so gut als ich es vermochte, erzählt hatte; ›da kann er auch sein Geld sich selber wieder fischen.‹ Dann holte sie ein Vorlegeschloß und legte es vor den Brunnendeckel, den einst mein Großvater ungebetener Gäste wegen hatte machen lassen; es hätte ja jemand anders den Beutel im Eimer mit heraufziehen können. -- Als wir ins Haus gegangen waren, legte meine Mutter sich ins Bett, und ich setzte mich wieder an meine Arbeit. Draußen stürmte es noch immer fort; mitunter hörte ich unten im Dorf den Wächter blasen; im Kirchturm schlug die große Glocke an. Mir war ganz unheimlich; aber es ließ mir keine Ruh; ich dachte immer, er könne sich ein Leids angetan haben. Als ich merkte, daß meine Mutter eingeschlafen war, nahm ich mein Umschlagetuch und schlich mich fort. - Es begegnete mir niemand; die meisten Häuser waren schon dunkel; nur auf der Fehseschen Stelle sah ich vom Wege aus noch Licht durch die Öffnung der Fensterläden scheinen. Ich nahm mir ein Herz und ging den Wall hinauf und in die Gartenpforte. Als ich mich an das Fenster stellte, hörte ich drinnen die Spinnräder schnurren, bisweilen auch ein Wort von der alten Fehse. - ›Was sie nur sprechen mögen!‹ dachte ich und legte das Ohr an den Laden, aber ich konnte es nicht verstehen. Da gewahrte ich unter dem andern Fenster eine umgestürzte Schubkarre, und als ich ich hinaufgestiegen war und mich auf den Zehen hob, reichte mein Auge bis an das Herz des Ladens. Ich konnte dort das Wandbett übersehen; auch sah ich, daß jemand darinlag, und als der Kopf sich auf dem Kissen umwarf, erkannte ich, daß es Hinrich war. Mit einem Mal aber richtete er sich in den Kissen auf und stierte mit den Augen auf mich zu. Da befiel mich die Angst, ich sprang von der Karre herab und rannte fort, über den Weg, über den Kirchhof; - um die Turmecke pfiff und heulte es; der alte Finkeljochim sagt dann immer, die Toten schreien in den Gräbern. Mir grauste, ich weiß nicht mehr, wie ich wieder ins Haus und ins Bett gekommen bin. - Am andern Morgen aber hieß es, Hinrich Fehse sei in der Nacht verschwunden; ich habe nichts wieder von ihm gesehen.«

Sie schwieg. - Es war inzwischen dämmerig geworden. Als ich durch die kleinen Scheiben einen Blick ins Freie tat, war fern am Horizont nur noch ein schwacher Abendschein; die Bäume im Garten standen schwarz, unten über dem Moor aber zogen die Nebel wie weiße Schleier. - Ich ließ zwei Talgkerzen anzünden und vor mir auf den Tisch stellen; dann rief ich die Fehseschen Frauen in das Zimmer.

»Soll denn die dabeisein?« fragte die alte Bäuerin, indem sie einen halb scheuen, halb haßerfüllten Blick auf das Mädchen warf, die nach meinem Geheiß sich in die eine Fensterecke gesetzt hatte.

»Die wird Sie nicht stören, Frau Fehse!« erwiderte ich.

»Nun, meinethalb; was ich zu sagen habe, kann Gott und alle Welt hören; aber« – und sie erhob drohend ihren dürren Finger – »die Bösen werden ihren Lohn bekommen!«

Das Mädchen schien von diesen Worten nichts zu hören; sie hatte wie erschöpft den Kopf so weit gegen die Wand gelehnt, daß ihr das schwarze Haar von den Schläfen zurückgefallen war. – »Lassen Sie das, Frau Fehse!« sagte ich. »Erzählen Sie mir, wie sich die Sache zutrug.«

Sie schien wie aus tiefen Gedanken aufgestört zu werden.

»Ja«, sagte sie, »er war auch den Abend drüben gewesen, da, bei der! Aber er kam doch früh nach Haus; denn Ann-Marieken lag so schlecht, der Doktor hatte ihr eben ein neues Glas verschrieben, da hat er die ganze Nacht an ihrem Bett gesessen, gewiß, das hat er! und ihre Hand gestreichelt. ›Ann-Marieken‹, sagte er, ›du bist nicht schuld daran; verklag mich nicht zu hart da oben; du wirst's da besser haben als bei mir.‹«

Die junge Frau, die eben ihr Kind in die Wiege legte, brach in bitterliche Tränen aus.

»Ich meine, Frau Fehse«, erinnerte ich, »wie es an dem letzten Abend war, da Euer Sohn das Haus verlassen hat.«

»Ja, wie war's?« erwiderte sie. »'s war am letzten Sonntagabend; das Essen hatten wir abgeräumt, und die Magd war in ihre Kammer gegangen – nein, es muß schon hin um zehn Uhr gewesen sein; Ann-Marieken und ich saßen noch bei unserem Spinnrad. Mein Hinrich war vordem ganz verstürzt nach Hause gekommen, nun lag er schon lange in dem Wandbett da. Aber er schlief wohl nicht, denn er warf sich fleißig herum und stöhnte auch wohl so vor sich hin; wir waren das schon an ihm gewohnt, Herr Amtsvogt. – – Draußen war's Unwetter, wie das jetzt im November wohl zu sein pflegt; der Nordwest war zu Gang und riß die Blätter von den Bäumen; mir bangte immer, er sollte auch den Birnbaum an der Scheune umstürzen; denn mein Vater selig hat ihn bei der Taufe von meinem Hinrich selbst gepflanzt. Da hör ich's draußen leise vor dem Fenster trotten, und ich horchte darauf; denn, Herr Amtsvogt, ich wußte nicht, war es ein Tier oder war es eines Menschen Fußtritt. Ich frag: ›Hörst du das,

Ann-Marieken?‹ frag ich. Aber sie greift in ihr Spinnrad und sagt: ›Nein, Mutter, ich höre nichts!‹ – Nun rückt ich 'nen Stuhl zum Fenster und sehe durch das Herz des Fensterladens; denn wir hatten wegen des Unwetters die Läden angeschroben. Da stand der Birnbaum gegen den grauen Nachthimmel und ächzte und wehrte sich zum Erbarmen gegen den Sturm; auch über die Koppeln und die Wischen hinunter konnte ich sehen und sah auch hinten im Moor die Wassertümpel blenkern, denn die Luft war hell dazumalen. Lebiges war nicht zu sehen. Aber das merkt ich wohl, es drückte sich was unter das Fenster, und es rutschte, als scheuere ein Zottelpelz an der Mauer lang. Da ich vom Stuhl herabsteige, kratzt es draußen an dem andern Laden, und sogleich hör ich auch drüben in der Wand das Bettband knacken, und mein Hinrich sitzt steidel aufrecht in den Kissen und starrt mit ganz toten Augen nach dem Fenster zu. – Als ich ruf: ›Herr Jes', Hinrich! was ist denn?‹, da ist auch hinten im Stall das Vieh in die Unruhe gekommen, und durch all das Unwetter hör ich den Bullen brüllen und mit Gewalt an seiner Kette reißen. Aber mein Hinrich sitzt noch immer so tot und glasig, daß mir ganz graulich wurde, und als ich mich nun selber umwende – Herr, du mein Jesus Christ! –, da guckt' ein Tier durch den Fensterladen! Ich sah ganz deutlich die weißen, spitzen Zähne und die schwarzen Augen!«

Die Alte wischte sich mit der Schürze den Schweiß von der Stirn und begann leise vor sich hinzumurmeln.

»Ein Tier, Frau Fehse?« fragte ich; »habt Ihr denn so große Hunde im Dorf?«

Sie schüttelte den Kopf: »Es war kein Hund, Herr Amtsvogt!«

»Aber Wölfe gibt's hier doch nicht mehr bei uns!«

Die Alte drehte langsam den Kopf nach dem Mädchen und sagte dann mit scharfer Stimme: »Es mag auch wohl kein rechter Wolf gewesen sein!«

»Mutter! Mutter!« rief das junge Weib; »Ihr habt mir doch immer gesagt, es sei die Hebammens-Margret gewesen, die ins Fenster gesehen habe!«

»Hm, Ann-Marieken, ich sage auch nicht, daß sie es nicht gewesen ist.« Und die alte Frau verfiel wieder in ihr unverständliches Klagen und Murmeln.

»Was faselt Ihr, Mutter Fehse!« rief ich. Und doch, als ich das

Mädchen so leblos mit ihrem kreideweißen Gesicht und den roten Lippen dasitzen sah – der weiße Alp fiel mir ein aus der Heimat ihres Großvaters, und ich hätte fast hinzugefügt: ›Ihr irrt Euch, ich weiß es besser, Mutter Fehse, sie hat ihm die Seele ausgetrunken; vielleicht ist er fort, um sie zu suchen!‹ Aber ich sagte nur: »Erzählt mir ordentlich, wie wurde es denn weiter mit Euerem Hinrich?«

»Mit meinem Hinrich?« wiederholte sie. »Er griff ans Bettband und war auf einmal mit beiden Füßen auf der Diele. ›Laß *mich,* Hinrich!‹ sagte ich. Aber er fuhr hastig in die Kleider: ›Nein, nein, Mutter, Ihr haltet den Bullen nicht!‹, und dabei hatte er immer die Augen nach dem Fensterladen. Als er dann im Fortgehen an die Wiege stieß, die so wie heut dort neben dem Bette stand, da streckte das Kleine im Schlaf seine Ärmchen auf und griff mit den Fingerchen in die Luft. Mein Hinrich blieb noch einmal stehen und bückte sich über die Wiege, und ich hörte, wie er bei sich selber sagte: ›Das Kind! Das Kind!‹ Er streckte auch schon seine Hand nach den kleinen Händchen aus, als just der Sturm wieder gegen die Laden stieß und das Rumoren draußen im Stalle wieder anhub. Da tat er einen tiefen Seufzer und ging wie taumelig zur Türe hinaus.« – –

Schon länger hatte ich bemerkt, daß Margret den Kopf wie lauschend gegen das Fenster hielt; jetzt hörte ich auch das dumpfe Rumpeln eines Wagens, der den Weg vom Moor heraufzukommen schien. –

»Und seitdem«, fragte ich die Alte wieder, »habt Ihr Eueren Sohn nicht mehr gesehen?«

Ich erhielt keine Antwort. Die Stubentür knarrte, und durch die Türspalte drängte sich ein graues Hündchen, naß und beschmutzt; es lief zu der alten Bäuerin und sah sie einen Augenblick wie fragend an, schnoberte winselnd an der Bettstelle herum und lief dann ebenso wieder zur Tür hinaus. Die beiden Frauen, welche atemlos das Tier mit den Augen verfolgt hatten, brachen in laute Klagen aus. Es war, wie ich daraus entnehmen konnte, der Hund des Vermißten, den er selber aufgezogen und dann immer um sich gehabt hatte; das kleine Tier war seit jenem Abend ebenfalls verschwunden gewesen.

Das Rumpeln des Wagens kam indessen näher, und zugleich sah ich, wie am Fenster das Mädchen ihren Kopf aufreckte und mit weit aufgerissenen Augen hinausstarrte. Die Unschlittkerzen leuchteten nicht so weit, aber es fiel von außen eine Mondhelle durch die Scheiben. Gleich einer Schlange glitt sie in die Höhe und blieb dann mit offenem Munde stehen. In demselben Augenblick fuhr auch der Wagen dröhnend auf die Tenne des Hauses.

Eine Weile war es lautlos still, dann wurden Männerstimmen auf dem Hausflur laut, die Stubentür wurde weit geöffnet, und ein breitschulteriger Mann trat auf die Schwelle. »Wir sind mit der Leiche da«, sagte er; »hinten im Moor in der schwarzen Lake hat sie gelegen.«

Das Zetergeschrei der Frauen brach herein; das junge Weib hatte sich mit beiden Armen über die Wiege ihres Kindes geworfen, das jetzt, vom Schlafe aufgestört, sein schrilles Stimmchen mit dareinmischte.

Aber die alte Bäuerin besann sich plötzlich; ihre knochige Hand schüttelnd, trat sie vor das Mädchen hin, die noch immer wie versteinert in die leere Nacht hinausstarrte. »Hörst du's?« rief sie; »er ist tot! Geh nun! Du hast hier weiter nichts zu schaffen.«

Das Mädchen wandte den Kopf, als habe sie nichts davon verstanden; aber trotz des verhüllenden Gewandes sah ich, daß ein Schauder über ihre Glieder lief, während sie schweigend zur Tür hinausging. Durch das Fenster sah ich sie den Hof hinabschreiten; sie hatte den Kopf im Nacken, als sei er ihr herumgedreht, der Scheune zugewandt, worin der Tote lag. Plötzlich, als sie den Weg erreicht hatte, begann sie zu laufen, mit aufgehobenen Armen, als sei was hinter ihr, dem sie entrinnen müßte. Bald aber verschwand sie in den weißen Nebeln, die vom Moor herauf den Weg überschwemmt hatten.

Ich ließ anspannen, mein Geschäft war für heut zu Ende. Als ich durch das Dorf fuhr, kam der Küster von seiner Hofstelle mir entgegen und legte die Hand auf meinen Wagen. »Es tut mir leid um den Hinrich, Herr Amtsvogt!« sagte er. »Aber wer weiß, ob es nicht so am besten ist; wir müssen jetzt nur sehen, daß wir einen tüchtigen Setzwirt bekommen, der die Witwe heiraten und die Stelle für den kleinen Hinrich Fehse bewirtschaften kann. Es soll schon alles besorgt werden, Herr Amtsvogt!« Und in seiner alten Unerschütterlichkeit grüßte er gravitätisch mit der Hand, während ich, diese tröstlichen Worte noch im Ohr, aus dem Dorfe hinausfuhr, an dem Moor entlang, das von einem trüben Mond beleuchtet wurde.

Um mit meinem Bericht zu Ende zu kommen: der Brunnen der

Hebammensleute wurde schon am andern Tage ausgeschöpft, und der versenkte Schatz kam wirklich wieder an das Tageslicht. Auch der Mann für die junge Witwe fand sich, nachdem das Kind noch binnen Jahresfrist mittels eines Bräuneanfalls seinem Vater in jenes unbekannte Land gefolgt war. Hans Ottsen zog es vor, statt die verrufene Hebammen-Margret zu seinem Weibe zu machen, zu der väterlichen Hufe auch noch die Fehsesche Stelle auf dem einfachen Wege der Heirat zu erwerben. Und so war denn, nach dem Rezept der Küsterin, mit ein paar Handvoll Kirchofserde wieder alles in seinen Schick gebracht.

Will man noch nach dem Slowakenmädchen fragen, so vermag ich darauf keine Antwort zu geben; sie soll in ich weiß nicht welche große Stadt gezogen und dort in der Menschenflut verschollen sein.

POLE POPPENSPÄLER

Ich hatte in meiner Jugend einige Fertigkeit im Drechseln und beschäftigte mich sogar wohl etwas mehr damit, als meinen gelehrten Studien zuträglich war; wenigstens geschah es, daß mich eines Tags der Subrektor bei Rückgabe eines nicht eben fehlerlosen Exerzitiums seltsamerweise fragte, ob ich vielleicht wieder eine Nähschraube zu meiner Schwester Geburtstag gedrechselt hätte. Solche kleine Nachteile wurden indessen mehr als aufgewogen durch die Bekanntschaft mit einem trefflichen Manne, die mir infolge jener Beschäftigung zuteil wurde. Dieser Mann war der Kunstdrechsler und Mechanikus Paul Paulsen, auch deputierter Bürger unserer Stadt. Auf die Bitte meines Vaters, der für alles, was er mich unternehmen sah, eine gewisse Gründlichkeit forderte, verstand er sich dazu, mir die für meine kleinen Arbeiten erforderlichen Handgriffe beizubringen.

Paulsen besaß mannigfache Kenntnisse und war dabei nicht nur von anerkannter Tüchtigkeit in seinem eigenen Handwerk, sondern er hatte auch eine Einsicht in die künftige Entwicklung der Gewerke überhaupt, so daß bei manchem, was jetzt als neue Wahrheit verkündigt wird, mir plötzlich einfällt: das hat dein alter Paulsen ja schon vor vierzig Jahren gesagt. – Es gelang mir bald, seine Zuneigung zu erwerben, und er sah es gern, wenn ich noch außer den festgesetzten Stunden am Feierabend einmal zu ihm kam. Dann saßen wir entweder in der Werkstätte oder sommers – denn unser Verkehr hat jahrelang gedauert – auf der Bank unter der großen Linde seines Gärtchens. In den Gesprächen, die wir dabei führten, oder vielmehr, welche mein älterer Freund dabei mit mir führte, lernte ich Dinge kennen und auf Dinge meine Gedanken richten, von denen, so wichtig sie im Leben sind, ich später selbst in meinen Primaner-Schulbüchern keine Spur gefunden habe.

Paulsen war seiner Abkunft nach ein Friese und der Charakter dieses Volksstammes aufs schönste in seinem Antlitz ausgeprägt; unter dem schlichten blonden Haar die denkende Stirn und die blauen sinnenden Augen; dabei hatte, vom Vater ererbt, seine Stimme noch etwas von dem weichen Gesang seiner Heimatsprache.

Die Frau dieses nordischen Mannes war braun und von zartem Gliederbau, ihre Sprache von unverkennbar süddeutschem Klange. Meine Mutter pflegte von ihr zu sagen, ihre schwarzen Augen könnten einen See ausbrennen, in ihrer Jugend aber sei sie von seltener Anmut gewesen. – Trotz der silbernen Fädchen, die schon ihr Haar durchzogen, war auch jetzt die Lieblichkeit dieser Züge noch nicht verschwunden, und das der Jugend angeborene Gefühl für Schönheit veranlaßte mich bald, ihr, wo ich immer konnte, mit kleinen Diensten und Gefälligkeiten an die Hand zu gehen.

»Da schau mir nur das Buberl«, sagte sie dann wohl zu ihrem Mann; »wirst doch nit eifersüchtig werden, Paul?«

Dann lächelte Paul. Und aus ihren Scherzworten und aus seinem Lächeln sprach das Bewußtsein innigsten Zusammengehörens.

Sie hatten außer einem Sohne, der damals in der Fremde war, keine Kinder, und vielleicht war ich den beiden zum Teil deshalb so willkommen, zumal Frau Paulsen mir wiederholt versicherte, ich habe grad ein so lustigs Naserl wie ihr Joseph. Nicht verschweigen will ich, daß letztere auch eine mir sehr zusagende, in unserer Stadt aber sonst gänzlich unbekannte Mehlspeise zu bereiten verstand und auch nicht unterließ, mich dann und wann zu Gast zu bitten. – So waren denn dort der Anziehungskräfte für mich genug. Von meinem Vater aber wurde mein Verkehr in dem tüchtigen Bürgerhause gern gesehen. »Sorge nur, daß du nicht lästig fällst!« war das einzige, woran er in dieser Beziehung zuweilen mich erinnerte. Ich glaube indessen nicht, daß ich meinen Freunden je zu oft gekommen bin.

Da geschah es eines Tages, daß in meinem elterlichen Hause einem alten Herrn aus unserer Stadt das neueste und wirklich ziemlich gelungene Werk meiner Hände vorgezeigt wurde.

Als dieser seine Bewunderung zu erkennen gab, bemerkte mein Vater dagegen, daß ich ja aber auch schon seit fast einem Jahr bei Meister Paulsen in der Lehre sei.

»So, so«, erwiderte der alte Herr; »bei Pole Poppenspäler!«

Ich hatte nie gehört, daß mein Freund einen solchen Beinamen führe, und fragte, vielleicht ein wenig naseweis, was das bedeuten solle.

Aber der alte Herr lächelte nur ganz hinterhältig und wollte keine weitere Auskunft geben. –

Zum kommenden Sonntag war ich von den Paulsenschen Eheleuten auf den Abend eingeladen, um ihnen ihren Hochzeitstag feiern zu helfen. Es war im Spätsommer, und da ich mich frühzeitig auf den Weg gemacht und die Hausfrau noch in der Küche zu wirtschaften hatte, so ging Paulsen mit mir in den Garten, wo wir uns zusammen unter der großen Linde auf die Bank setzten. Mir war das »Pole Poppenspäler« wieder eingefallen, und es ging mir so im Kopf herum, daß ich kaum auf seine Reden Antwort gab; endlich, da er mich fast ein wenig ernst wegen meiner Zerstreuung zurechtgewiesen hatte, fragte ich ihn gradezu, was jener Beiname zu bedeuten habe.

Er wurde sehr zornig. »Wer hat dich das dumme Wort gelehrt?« rief er, indem er von seinem Sitze aufsprang. Aber bevor ich noch zu antworten vermochte, saß er schon wieder neben mir. »Laß, laß!« sagte er, sich besinnend; »es bedeutet ja eigentlich das Beste, was das Leben mir gegeben hat. – Ich will es dir erzählen; wir haben wohl noch Zeit dazu.« –

»In diesem Haus und Garten bin ich aufgewachsen, meine braven Eltern wohnten hier, und hoffentlich wird einst mein Sohn hier wohnen! – Daß ich ein Knabe war, ist nun schon lange her; aber gewisse Dinge aus jener Zeit stehen noch, wie mit farbigem Stift gezeichnet, vor meinen Augen.

Neben unserer Haustür stand damals eine kleine weiße Bank mit grünen Stäben in den Rück- und Seitenlehnen, von der man nach der einen Seite die lange Straße hinab bis an die Kirche, nach der andern aus der Stadt hinaus bis in die Felder sehen konnte. An Sommerabenden saßen meine Eltern hier, der Ruhe nach der Arbeit pflegend; in den Stunden vorher aber pflegte ich sie in Beschlag zu nehmen und hier in der freien Luft und unter erquickendem Ausblick nach Ost und West meine Schularbeiten anzufertigen.

So saß ich auch eines Nachmittags – ich weiß noch gar wohl, es war im September, eben nach unserem Michaelis-Jahrmarkte – und schrieb für den Rechenmeister meine Algebra-Exempel auf die Tafel, als ich unten von der Straße ein seltsames Gefährt heraufkommen sah. Es war ein zweirädriger Karren, der von einem kleinen rauhen Pferde gezogen wurde. Zwischen zwei ziemlich hohen Kisten, mit denen er beladen war, saß eine große blonde Frau mit steifen hölzernen Gesichtszügen und ein etwa neunjähriges Mädchen, das sein schwarzhaariges Köpfchen lebhaft von einer Seite nach der andern drehte; nebenher ging, den Zügel in der Hand, ein kleiner, lustig blickender

Mann, dem unter seiner grünen Schirmmütze die kurzen schwarzen Haare wie Spieße vom Kopfe abstanden.

So, unter dem Gebimmel eines Glöckchens, das unter dem Halse des Pferdes hing, kamen sie heran. Als sie die Straße vor unserem Hause erreicht hatten, machte der Karren halt. »Du Bub«, rief die Frau zu mir herüber, »wo ist denn die Schneiderherberg?«

Mein Griffel hatte schon lange geruht; nun sprang ich eilfertig auf und trat an den Wagen. »Ihr seid grad davor«, sagte ich und wies auf das alte Haus mit der viereckig geschorenen Linde, das, wie du weißt, noch jetzt hier gegenüber liegt.

Das feine Dirnchen war zwischen den Kisten aufgestanden, streckte das Köpfchen aus der Kapuze ihres verschossenen Mäntelchens und sah mit ihren großen Augen auf mich herab; der Mann aber, mit einem »Sitz ruhig, Diendl!« und »Schönen Dank, Bub!« peitschte auf den kleinen Gaul und fuhr vor die Tür des bezeichneten Hauses, aus dem auch schon der dicke Herbergsvater in seiner grünen Schürze ihm entgegentrat.

Daß die Ankömmlinge nicht zu den zunftberechtigten Gästen des Hauses gehörten, mußte mir freilich klar sein; aber es pflegten dort – was mir jetzt, wenn ich es bedenke, mit der Reputation des wohlehrsamen Handwerks sich keineswegs reimen will – auch andere, mir viel angenehmere Leute einzukehren. Droben im zweiten Stock, wo noch heute statt der Fenster nur einfache Holzluken auf die Straße gehen, war das hergebrachte Quartier aller fahrenden Musikanten, Seiltänzer oder Tierbändiger, welche in unserer Stadt ihre Kunst zum besten gaben.

Und richtig, als ich am andern Morgen oben in meiner Kammer vor dem Fenster stand und meinen Schulsack schnürte, wurde drüben eine der Luken aufgestoßen; der kleine Mann mit den schwarzen Haarspießen steckte seinen Kopf ins Freie und dehnte sich mit beiden Armen in die frische Luft hinaus; dann wandte er den Kopf hinter sich nach dem dunkeln Raum zurück, und ich hörte ihn »Lisei! Lisei!« rufen. – Da drängte sich unter seinem Arm ein rosiges Gesichtlein vor, um das wie eine Mähne das schwarze Haar herabfiel. Der Vater wies mit dem Finger nach mir herüber, lachte und zupfte sie ein paarmal an ihren seidenen Strähnen. Was er zu ihr sprach, habe ich nicht verstehen können; aber es mag wohl ungefähr gelautet haben: »Schau dir ihn an, Lisei! Kennst ihn noch, den Bubn von gestern? –

Der arme Narr, da muß er nun gleich mit dem Ranzen in die Schule traben! – Was du für ein glücklichs Diendl bist, die du allweg nur mit unserem Braunen landab, landauf zu fahren brauchst!« – Wenigstens sah die Kleine ganz mitleidig zu mir herüber, und als ich es wagte, ihr freundlich zuzunicken, nickte sie sehr ernsthaft wieder.

Bald aber zog der Vater seinen Kopf zurück und verschwand im Hintergrund seines Bodenraumes. Statt seiner trat jetzt die große blonde Frau zu dem Kinde; sie bemächtigte sich ihres Kopfes und begann ihr das Haar zu strählen. Das Geschäft schien schweigend vollzogen zu werden, und das Lisei durfte offenbar nicht mucksen, obgleich es mehrmals, wenn ihr der Kamm so in den Nacken hinabfuhr, die eckigsten Figuren mit ihrem roten Mäulchen bildete. Nur einmal hob sie den Arm und ließ ein langes Haar über die Linde draußen in die Morgenluft hinausfliegen. Ich konnte von meinem Fenster aus es glänzen sehen; denn die Sonne war eben durch den Herbstnebel gedrungen und schien drüben auf den oberen Teil des Herberghauses.

Auch in den vorhin undurchdringlich dunkeln Bodenraum konnte ich jetzt hineinsehen. Ganz deutlich erblickte ich in einem dämmerigen Winkel den Mann an einem Tische sitzen; in seiner Hand blinkte etwas wie Gold oder Silber; dann wieder war's wie ein Gesicht mit einer ungeheueren Nase; aber sosehr ich meine Augen anstrengte, ich vermochte nicht klug daraus zu werden. Plötzlich hörte ich, als wenn etwas Hölzernes in einen Kasten geworfen würde, und nun stand der Mann auf und lehnte aus einer zweiten Luke sich wieder auf die Straße hinaus.

Die Frau hatte indessen der kleinen schwarzen Dirne ein verschossenes rotes Kleidchen angezogen und ihr die Haarflechten wie einen Kranz um das runde Köpfchen gelegt.

Ich sah noch immer hinüber. ›Einmal‹, dachte ich, ›könnte sie doch wieder nicken.‹

– – »Paul, Paul!« hörte ich plötzlich unten aus unserem Hause die Stimme meiner Mutter rufen.

»Ja, ja, Mutter!«

Es war mir ordentlich wie ein Schrecken in die Glieder geschlagen.

»Nun«, rief sie wieder, »der Rechenmeister wird dir schön die Zeit verdeutschen! Weißt du denn nicht, daß es lang schon sieben geschlagen hat?«

Wie rasch polterte ich die Treppe hinunter!

Aber ich hatte Glück; der Rechenmeister war grade dabei, seine Bergamotten abzunehmen, und die halbe Schule befand sich in seinem Garten, um mit Händen und Mäulern ihm dabei zu helfen. Erst um neun Uhr saßen wir alle mit heißen Backen und lustigen Gesichtern an Tafel und Rechenbuch auf unseren Bänken.

Als ich um elf, die Taschen noch von Birnen starrend, aus dem Schulhofe trat, kam eben der dicke Stadtausrufer die Straße herauf. Er schlug mit dem Schlüssel an sein blankes Messingbecken und rief mit seiner Bierstimme:

»Der Mechanikus und Puppenspieler Herr Joseph Tendler aus der Residenzstadt München ist gestern hier angekommen und wird heute abend im Schützenhofsaale seine erste Vorstellung geben. Vorgestellt wird: Pfalzgraf Siegfried und die heilige Genoveva, Puppenspiel mit Gesang in vier Aufzügen.«

Dann räusperte er sich und schritt würdevoll in der meinem Heimwege entgegengesetzten Richtung weiter. Ich folgte ihm von Straße zu Straße, um wieder und wieder die entzückende Verkündigung zu hören; denn niemals hatte ich eine Komödie, geschweige denn ein Puppenspiel gesehen. – Als ich endlich umkehrte, sah ich ein rotes Kleidchen mir entgegenkommen; und wirklich, es war die kleine Puppenspielerin; trotz ihres verschossenen Anzugs schien sie mir von einem Märchenglanz umgeben.

Ich faßte mir ein Herz und redete sie an: »Willst du spazierengehen, Lisei?«

Sie sah mich mißtrauisch aus ihren schwarzen Augen an. »Spazieren?« wiederholte sie gedehnt. »Ach du – du bist g'scheit!«

»Wohin willst du denn?«

– »Zum Ellenkramer will i!«

»Willst du dir ein neues Kleid kaufen?« fragte ich tölpelhaft genug.

Sie lachte laut auf. »Geh! laß mi aus! – Nein; nur so Fetz'ln!«

»Fetz'ln, Lisei?«

– »Freili! Halt nur so Resteln zu G'wandl für die Pupp'n; 's kost't immer nit viel!«

Ein glücklicher Gedanke fuhr mir durch den Kopf. Ein alter Onkel von mir hatte damals am Markte hier eine Ellenwarenhandlung, und sein alter Ladendiener war mein guter Freund. »Komm mit mir«, sagte ich kühn; »es soll dir gar nichts kosten, Lisei!«

»Meinst?« fragte sie noch; dann liefen wir beide nach dem Markt und in das Haus des Onkels. Der alte Gabriel stand wie immer in seinem pfeffer- und salzfarbenen Rock hinter dem Ladentisch, und als ich ihm unser Anliegen deutlich gemacht hatte, kramte er gutmütig einen Haufen »Rester« auf den Tisch zusammen.

»Schau, das hübsch Brinnrot!« sagte Lisei und nickte begehrlich nach einem Stückchen französischen Kattuns hinüber.

»Kannst es brauchen?« fragte Gabriel. – Ob sie es brauchen konnte! Der Ritter Siegfried sollte ja auf den Abend noch eine neue Weste geschneidert bekommen.

»Aber da gehören auch die Tressen noch dazu«, sagte der Alte und brachte allerlei Endchen Gold- und Silberflittern. Bald kamen noch grüne und gelbe Seidenläppchen und Bänder, endlich ein ziemlich großes Stück braunen Plüsches. »Nimm's nur, Kind!« sagte Gabriel. »Das gibt ein Tierfell für euere Genoveva, wenn das alte vielleicht verschossen wäre!« Dann packte er die ganze Herrlichkeit zusammen und legte sie der Kleinen in den Arm.

»Und es kost't nix?« fragte sie beklommen.

Nein, es kostete nichts. Ihre Augen leuchteten. »Schön' Dank, guter Mann! Ach, wird der Vater schauen!«

Hand in Hand, Lisei mit ihrem Päckchen unter dem Arm, verließen wir den Laden; als wir aber in die Nähe unserer Wohnung kamen, ließ sie mich los und rannte über die Straße nach der Schneiderherberge, daß ihr die schwarzen Flechten in den Nacken flogen.

-- Nach dem Mittagessen stand ich vor unserer Haustür und erwog unter Herzklopfen das Wagnis, schon heute zur ersten Vorstellung meinen Vater um das Eintrittsgeld anzugehen; ich war ja mit der Galerie zufrieden, und die sollte für uns Jungens nur einen Doppeltschilling kosten. Da, bevor ich's noch bei mir ins reine gebracht hatte, kam das Lisei über die Straße zu mir hergeflogen. »Der Vater schickt's!« sagte sie, und eh ich mich's versah, war sie wieder fort; aber in meiner Hand hielt ich eine rote Karte, darauf stand mit großen Buchstaben: Erster Platz.

Als ich aufblickte, winkte auch von drüben der kleine schwarze Mann mit beiden Armen aus der Bodenluke zu mir herüber. Ich nickte ihm zu; was mußten das für nette Leute sein, diese Puppenspieler! »Also heute abend«, sagte ich zu mir selber; »heute abend und – Erster Platz!«

-- Du kennst unsern Schützenhof in der Süderstraße; auf der Haustür sah man damals noch einen schön gemalten Schützen in Lebensgröße, mit Federhut und Büchse; im übrigen war aber der alte Kasten damals noch baufälliger, als er heute ist. Die Gesellschaft war bis auf drei Mitglieder herabgesunken; die vor Jahrhunderten von den alten Landesherzögen geschenkten silbernen Pokale, Pulverhörner und Ehrenketten waren nach und nach verschleudert; den großen Garten, der, wie du weißt, auf den Bürgersteig hinausläuft, hatte man zur Schaf- und Ziegengräsung verpachtet. Das alte zweistöckige Haus wurde von niemandem weder bewohnt noch gebraucht; windrissig und verfallen stand es da zwischen den munteren Nachbarhäusern; nur in dem öden weißgekalkten Saale, der fast das ganze obere Stockwerk einnahm, produzierten mitunter starke Männer oder durchreisende Taschenspieler ihre Künste. Dann wurde unten die große Haustür mit dem gemalten Schützenbruder knarrend aufgeschlossen.

-- Langsam war es Abend geworden; und – das Ende trug die Last, denn mein Vater wollte mich erst fünf Minuten vor dem angesetzten Glockenschlage laufen lassen; er meinte, eine Übung in der Geduld sei sehr vonnöten, damit ich im Theater stillesitze.

Endlich war ich an Ort und Stelle. Die große Tür stand offen, und allerlei Leute wanderten hinein; denn derzeit ging man noch gern zu solchen Vergnügungen; nach Hamburg war eine weite Reise, und nur wenige hatten sich die kleinen Dinge zu Hause durch die dort zu schauenden Herrlichkeiten leid machen können. – Als ich die eichene Wendeltreppe hinaufgestiegen war, fand ich Liseis Mutter am Eingange des Saales an der Kasse sitzen. Ich näherte mich ihr ganz vertraulich und dachte, sie würde mich so recht als einen alten Bekannten begrüßen; aber sie saß stumm und starr und nahm mir meine Karte ab, als wenn ich nicht die geringste Beziehung zu ihrer Familie hätte. – Etwas gedemütigt trat ich in den Saal; der kommenden Dinge harrend, plauderte alles mit halber Stimme durcheinander; dazu fiedelte unser Stadtmusikus mit drei seiner Gesellen. Das erste, worauf meine Augen fielen, war in der Tiefe des Saales ein roter Vorhang oberhalb der Musikantenplätze. Die Malerei in der Mitte desselben stellte zwei lange Trompeten vor, die kreuzweise über einer goldenen Leier lagen; und, was mir damals sehr sonderbar erschien, an dem Mundstück einer jeden hing, wie mit den leeren Augen daraufgeschoben, hier eine finster, dort eine lachend ausgeprägte Maske. – Die drei vordersten Plätze waren schon besetzt; ich drängte mich in die vierte Bank, wo ich einen Schulkameraden bemerkt hatte, der dort neben seinen Eltern saß. Hinter uns bauten sich die Plätze schräg ansteigend in die Höhe, so daß der letzte, die sogenannte Galerie, welche nur zum Stehen war, sich fast mannshoch über dem Fußboden befinden mochte. Auch dort schien es wohlgefüllt zu sein; genau vermochte ich es nicht zu sehen, denn die wenigen Talglichter, welche in Blechlampetten an den beiden Seitenwänden brannten, verbreiteten nur eine schwache Helligkeit; auch dunkelte die schwere Balkendecke des Saales. Mein Nachbar wollte mir eine Schulgeschichte erzählen; ich begriff nicht, wie er an so etwas denken konnte, ich schaute nur auf den Vorhang, der von den Lampen des Podiums und der Musikantenpulte feierlich beleuchtet war. Und jetzt ging ein Wehen über seine Fläche, die geheimnisvolle Welt hinter ihm begann sich schon zu regen; noch einen Augenblick, da erscholl das Läuten eines Glöckchens, und während unter den Zuschauern das summende Geplauder wie mit einem Schlage verstummte, flog der Vorhang in die Höhe. – Ein Blick auf die Bühne versetzte mich um tausend Jahre rückwärts. Ich sah in einen mittelalterlichen Burghof mit Turm und Zugbrücke; zwei kleine ellenlange Leute standen in der Mitte und redeten lebhaft miteinander. Der eine mit dem schwarzen Barte, dem silbernen Federhelm und dem goldgestickten Mantel über dem roten Unterkleide war der Pfalzgraf Siegfried; er wollte gegen die heidnischen Mohren in den Krieg reiten und befahl seinem jungen Hausmeister Golo, der in blauem silbergesticktem Wamse neben ihm stand, zum Schutze der Pfalzgräfin Genoveva in der Burg zurückzubleiben. Der treulose Golo aber tat gewaltig wild, daß er seinen guten Herrn so allein in das grimme Schwerterspiel sollte reiten lassen. Sie drehten bei diesen Wechselreden die Köpfe hin und her und fochten heftig und ruckweise mit den Armen. – Da tönten kleine langgezogene Trompetentöne von draußen hinter der Zugbrücke, und zugleich kam auch die schöne Genoveva in himmelblauem Schleppkleide hinter dem Turm hervorgestürzt und schlug beide Arme über des Gemahls Schultern: »Oh, mein herzallerliebster Siegfried, wenn dich die grausamen Heiden nur nicht massakrieren!« Aber es half ihr nichts; noch einmal ertönten die Trompeten, und der Graf schritt steif und würdevoll über die Zugbrücke aus dem Hofe; man hörte deutlich draußen den Abzug des gewappneten Trupps. Der böse Golo war jetzt Herr der Burg. –

Und nun spielte das Stück sich weiter, wie es in deinem Lesebuch gedruckt steht. – Ich war auf meiner Bank ganz wie verzaubert; diese seltsamen Bewegungen, diese feinen oder schnarrenden Puppenstimmchen, die denn doch wirklich aus ihrem Munde kamen – es war ein unheimliches Leben in diesen kleinen Figuren, das gleichwohl meine Augen wie magnetisch auf sich zog.

Im zweiten Aufzuge aber sollte es noch besser kommen. – Da war unter den Dienern auf der Burg einer im gelben Nankinganzug, der hieß Kasperl. Wenn dieser Bursche nicht lebendig war, so war noch niemals etwas lebendig gewesen; er machte die ungeheuersten Witze, so daß der ganze Saal vor Lachen bebte; in seiner Nase, die so groß wie eine Wurst war, mußte er jedenfalls ein Gelenk haben; denn wenn er so sein dumm-pfiffiges Lachen herausschüttelte, so schlenkerte der Nasenzipfel hin und her, als wenn auch er sich vor Lustigkeit nicht zu lassen wüßte; dabei riß der Kerl seinen großen Mund auf und knackte, wie eine alte Eule, mit den Kinnbacksknochen. »Pardauz!« schrie es; so kam er immer auf die Bühne gesprungen; dann stellte er sich hin und sprach erst bloß mit seinem großen Daumen; den konnte er so ausdrucksvoll hin und wider drehen, daß es ordentlich ging wie »Hier nix und da nix! Kriegst du nix, so hast du nix!« Und dann sein Schielen; – das war so verführerisch, daß im Augenblick dem ganzen Publikum die Augen verquer im Kopfe standen. Ich war ganz vernarrt in den lieben Kerl!

Endlich war das Spiel zu Ende, und ich saß wieder zu Hause in unserer Wohnstube und verzehrte schweigend das Aufgebratene, das meine gute Mutter mir warm gestellt hatte. Mein Vater saß im Lehnstuhl und rauchte seine Abendpfeife. »Nun, Junge«, rief er, »waren sie lebendig?«

»Ich weiß nicht, Vater«, sagte ich und arbeitete weiter in meiner Schüssel; mir war noch ganz verwirrt zu Sinne.

Er sah mir eine Weile mit seinem klugen Lächeln zu. »Höre, Paul«, sagte er dann, »du darfst nicht zu oft in diesen Puppenkasten; die Dinger könnten dir am Ende in die Schule nachlaufen.«

Mein Vater hatte nicht unrecht. Die Algebraaufgaben gerieten mir in den beiden nächsten Tagen so mäßig, daß der Rechenmeister mich von meinem ersten Platz herabzusetzen drohte. – Wenn ich in meinem Kopfe rechnen wollte: »a + b gleich x – c«, so hörte ich statt dessen vor meinen Ohren die feine Vogelstimme der schönen Genoveva: »Ach, mein herzallerliebster Siegfried, wenn dich die bösen Heiden nur nicht massakrieren!« Einmal – aber es hat niemand gesehen – schrieb ich sogar »x + Genoveva« auf die Tafel. – Des Nachts in meiner Schlafkammer rief es einmal ganz laut »Pardauz«, und mit einem Satz kam der liebe Kasperl in seinem Nankinganzug zu mir ins Bett gesprungen, stemmte seine Arme zu beiden Seiten meines Kopfes in das Kissen und rief, grinsend auf mich herabnickend: »Ach, du liebs Brüderl! Ach, du herztausig liebs Brüderl!« Dabei hackte er mir mit seiner langen roten Nase in die meine, daß ich davon erwachte. Da sah ich denn freilich, daß es nur ein Traum gewesen war.

Ich verschloß das alles in meinem Herzen und wagte zu Hause kaum den Mund aufzutun von der Puppenkomödie. Als aber am nächsten Sonntag der Ausrufer wieder durch die Straßen ging, an sein Becken schlug und laut verkündigte: »Heute abend auf dem Schützenhof: Doktor Fausts Höllenfahrt, Puppenspiel in vier Aufzügen!« – da war es doch nicht länger auszuhalten. Wie die Katze um den heißen Brei, so schlich ich um meinen Vater herum, und endlich hatte er meinen stummen Blick verstanden. – »Pole«, sagte er, »es könnte dir ein Tropfen Blut vom Herzen gehen, vielleicht ist's die beste Kur, dich einmal gründlich satt zu machen.« Damit langte er in die Westentasche und gab mir einen Doppeltschilling.

Ich rannte sofort aus dem Hause; erst auf der Straße wurde es mir klar, daß ja noch acht lange Stunden bis zum Anfang der Komödie abzuleben waren. So lief ich denn hinter den Gärten auf den Bürgersteig. Als ich an den offenen Grasgarten des Schützenhofs gekommen war, zog es mich unwillkürlich hinein; vielleicht, daß gar einige Puppen dort oben aus den Fenstern guckten; denn die Bühne lag ja an der Rückseite des Hauses. Aber ich mußte dann erst durch den oberen Teil des Gartens, der mit Linden- und Kastanienbäumen dicht bestanden war. Mir wurde etwas zag zumute; ich wagte doch nicht weiter vorzudringen. Plötzlich erhielt ich von einem großen, hier angepflockten Ziegenbock einen Stoß in den Rücken, daß ich um zwanzig Schritte weiter flog. Das half; als ich mich umsah, stand ich schon unter den Bäumen.

Es war ein trüber Herbsttag; einzelne gelbe Blätter sanken schon zur Erde; über mir in der Luft schrien ein paar Strandvögel, die ans Haff hinausflogen; kein Mensch war zu sehen noch zu hören. Langsam schritt ich durch das Unkraut, das auf den Steigen wucherte, bis ich einen schmalen Steinhof erreicht hatte, der den Garten von dem Hause trennte. – Richtig! Dort von oben schauten zwei große Fenster in den Hof herab; aber hinter den kleinen in Blei gefaßten Scheiben war es schwarz und leer, keine Puppe war zu sehen. Ich stand eine Weile, mir wurde ganz unheimlich in der mich rings umgebenden Stille.

Da sah ich, wie unten die schwere Hoftür von innen eine Handbreit geöffnet wurde, und zugleich lugte auch ein schwarzes Köpfchen daraus hervor.

»Lisei!« rief ich.

Sie sah mich groß mit ihren dunkeln Augen an. »B'hüt Gott!« sagte sie; »hab i doch nit gewußt, was da außa rumkraxln tät! Wo kommst denn du daher?«

»Ich? – Ich geh spazieren, Lisei! – Aber sag mir, spielt ihr denn schon jetzt Komödie?«

Sie schüttelte lachend den Kopf.

»Aber, was machst du denn hier?« fragte ich weiter, indem ich über den Steinhof zu ihr trat.

»I wart auf den Vater«, sagte sie; »er ist ins Quartier, um Band und Nagel zu holen; er macht's halt firti für heunt abend.«

»Bist du denn ganz allein hier, Lisei?«

– »O nei; du bist ja aa no da!«

»Ich meine«, sagte ich, »ob nicht deine Mutter oben auf dem Saal ist?«

Nein, die Mutter saß in der Herberge und besserte die Puppenkleider aus; das Lisei war hier ganz allein.

»Hör«, begann ich wieder, »du könntest mir einen Gefallen tun; es ist unter eueren Puppen einer, der heißt Kasperl; den möcht ich gar zu gern einmal in der Nähe sehen.«

»Den Wurstl meinst?« sagte Lisei und schien sich eine Weile zu bedenken. »Nu, es ging scho; aber g'schwind mußt sein, eh denn der Vater wieder da ist!«

Mit diesen Worten waren wir schon ins Haus getreten und liefen eilig die steile Wendeltreppe hinauf. – Es war fast dunkel in dem großen Saale; denn die Fenster, welche sämtlich nach dem Hofe hinaus lagen, waren von der Bühne verdeckt; nur einzelne Lichtstreifen fielen durch die Spalten des Vorhangs.

»Komm!« sagte Lisei und hob seitwärts an der Wand die dort aus einem Teppich bestehende Verkleidung in die Höhe; wir schlüpften hindurch, und da stand ich in dem Wundertempel. – Aber von der Rückseite betrachtet und hier in der Tageshelle sah er ziemlich kläglich aus; ein Gerüst aus Latten und Brettern, worüber einige buntbekleckste Leinwandstücke hingen; das war der Schauplatz, auf welchem das Leben der heiligen Genoveva so täuschend an mir vorübergegangen war.

Doch ich hatte mich zu früh beklagt; dort, an einem Eisendrahte, der von einer Kulisse nach der Wand hinübergespannt war, sah ich zwei der wunderbaren Puppen schweben; aber sie hingen mit dem Rücken gegen mich, so daß ich sie nicht erkennen konnte.

»Wo sind die andern, Lisei?« fragte ich; denn ich hätte gern die ganze Gesellschaft auf einmal mir besehen.

»Hier im Kast'l«, sagte Lisei und klopfte mit ihrer kleinen Faust auf eine im Winkel stehende Kiste; »die zwei da sind scho zug'richt; aber geh nur her dazu und schau's dir a; er is scho dabei, dei Freund, der Kasperl!«

Und wirklich, er war es selber. »Spielt denn der heute abend auch wieder mit?« fragte ich.

»Freili, der is allimal dabei!«

Mit untergeschlagenen Armen stand ich und betrachtete meinen lieben lustigen Allerweltskerl. Da baumelte er, an sieben Schnüren aufgehenkt; sein Kopf war vornübergesunken, daß seine großen Augen auf den Fußboden stierten und ihm die rote Nase wie ein breiter Schnabel auf der Brust lag. ›Kasperle, Kasperle‹, sagte ich bei mir selber, ›wie hängst du da elendiglich.‹ Da antwortete es ebenso: ›Wart nur, liebs Brüderl, wart nur bis heut abend!‹ – War das auch nur so in meinen Gedanken, oder hatte Kasperl selbst zu mir gesprochen? –

Ich sah mich um. Das Lisei war fort; sie war wohl vor die Haustür, um die Rückkehr ihres Vaters zu überwachen. – Da hörte ich sie eben noch von dem Ausgang des Saales rufen: »Daß d' mir aber nit an die Puppen rührst!« – – Ja – nun konnte ich es aber doch nicht lassen. Leise stieg ich auf eine neben mir stehende Bank und begann erst an der einen, dann an der andern Schnur zu ziehen; die Kinnladen fingen an zu klappen, die Arme hoben sich, und jetzt fing auch der wunderbare Daumen an, ruckweise hin und her zu schießen. Die Sache machte gar keine Schwierigkeit; ich hatte mir die Puppenspielerei doch kaum so leicht gedacht. – Aber die Arme bewegten sich nur nach vorn und hinten aus; und es war doch gewiß, daß Kasperle sie in dem neulichen Stück auch seitwärts ausgestreckt, ja, daß er sie sogar über dem Kopf zusammengeschlagen hatte! Ich zog an allen Drähten, ich versuchte mit der Hand die Arme abzubiegen; aber es wollte nicht gelingen. Auf einmal tat es einen leisen Krach im Innern der Figur. ›Halt!‹, dachte ich, ›Hand vom Brett! Da hättst du können Unheil anrichten!‹

Leise stieg ich wieder von meiner Bank herab, und zugleich hörte ich auch Lisei von außen in den Saal treten.

»G'schwind, g'schwind!« rief sie und zog mich durch das Dunkel an die Wendeltreppe hinaus; »'s is eigentli nit recht«, fuhr sie fort, »daß i di eilass'n hab; aber, gel, du hast doch dei Gaudi g'habt!«

Ich dachte an den leisen Krach von vorhin. ›Ach, es wird ja nichts gewesen sein!‹ Mit dieser Selbsttröstung lief ich die Treppe hinab und durch die Hintertür ins Freie.

Soviel stand fest, der Kaspar war doch nur eine richtige Holzpuppe; aber das Lisei – was das für eine allerliebste Sprache führte! und wie freundlich sie mich gleich zu den Puppen mit hinaufgenommen hatte! – Freilich, und sie hatte es ja auch selbst gesagt, daß sie es so heimlich vor ihrem Vater getan, das war nicht völlig in der Ordnung. Unlieb – zu meiner Schande muß ich's gestehen – war diese Heimlichkeit mir grade nicht; im Gegenteil, die Sache bekam für mich dadurch noch einen würzigen Beigeschmack, und es muß ein recht selbstgefälliges Lächeln auf meinem Gesicht gestanden haben, als ich durch die Linden- und Kastanienbäume des Gartens wieder nach dem Bürgersteig hinabschlenderte.

Allein zwischen solchen schmeichelnden Gedanken hörte ich von Zeit zu Zeit vor meinem inneren Ohre immer jenen leisen Krach im Körper der Puppe; was ich auch vornahm, den ganzen Tag über konnte ich diesen jetzt aus meiner eigenen Seele heraufönenden unbequemen Laut nicht zum Schweigen bringen.

Es hatte sieben Uhr geschlagen; im Schützenhofe war heute, am Sonntagabend, alles besetzt; ich stand diesmal hinten, fünf Schuh hoch über dem Fußboden, auf dem Doppeltschillingsplatze. Die Talglichter brannten in den Blechlampetten, der Stadtmusikus und seine Gesellen fiedelten; der Vorhang rollte in die Höhe.

Ein hochgewölbtes gotisches Zimmer zeigte sich. Vor einem aufgeschlagenen Folianten saß im langen schwarzen Talar der Doktor Faust und klagte bitter, daß ihm all seine Gelehrsamkeit so wenig einbringe; keinen heilen Rock habe er mehr am Leibe, und vor Schulden wisse er sich nicht zu lassen; so wolle er denn jetzo mit der Hölle sich verbinden. – »Wer ruft nach mir?« ertönte zu seiner Linken eine furchtbare Stimme von der Wölbung des Gemaches herab. – »Faust, Faust, folge nicht!« kam eine andere, feine Stimme von der Rechten. – Aber Faust verschwor sich den höllischen Gewalten. – »Weh, weh deiner armen Seele!« Wie ein seufzender Windeshauch klang es von der Stimme des Engels; von der Linken schallte eine gellende Lache durchs Gemach. – – Da klopfte es an die Tür. »Verzeihung, Euere Magnifizenz?« Fausts Famulus Wagner war eingetreten. Er bat, ihm für die grobe Hausarbeit die Annahme eines Gehülfen zu gestatten, damit er sich besser aufs Studieren legen könne. »Es hat sich«, sagte er, »ein junger Mann bei mir gemeldet, welcher Kasperl heißt und gar fürtreffliche Qualitäten zu besitzen scheint.« – Faust nickte gnädig mit dem Kopfe und sagte: »Sehr wohl, lieber Wagner, diese Bitte sei Euch gewährt.« Dann gingen beide miteinander fort. – –

»Pardauz!« rief es; und da war er. Mit einem Satz kam er auf die Bühne gesprungen, daß ihm das Felleisen auf dem Buckel hüpfte.

– – ›Gott sei gelobt!‹ dachte ich; ›er ist noch ganz gesund; er springt noch ebenso wie vorigen Sonntag in der Burg der schönen Genoveva!‹ Und seltsam, sosehr ich ihn am Vormittage in meinen Gedanken nur für eine schmähliche Holzpuppe erklärt hatte, mit seinem ersten Worte war der ganze Zauber wieder da.

Emsig spazierte er im Zimmer auf und ab. »Wenn mich jetzt mein Vater Papa sehen tät«, rief er, »der würd sich was Rechts freuen. Immer pflegt er zu sagen: ›Kasperl, mach, daß du dein Sach in Schwung bringst!‹ – Oh, jetzund hab ich's in Schwung; denn ich kann mein Sach haushoch werfen!« – Damit machte er Miene, sein Felleisen in die Höhe zu schleudern; und es flog auch wirklich, da es am Draht gezogen wurde, bis an die Deckenwölbung hinauf; aber –

Kasperles Arme waren an seinem Leibe klebengeblieben; es ruckte und ruckte, aber sie kamen um keine Handbreit in die Höhe.

Kasperl sprach und tat nichts weiter. – Hinter der Bühne entstand eine Unruhe, man hörte leise, aber heftig sprechen, der Fortgang des Stückes war augenscheinlich unterbrochen.

Mir stand das Herz still; da hatten wir die Bescherung! Ich wäre gern fortgelaufen, aber ich schämte mich. Und wenn gar dem Lisei meinetwegen etwas geschähe!

Da begann Kasperl auf der Bühne plötzlich ein klägliches Geheule, wobei ihm Kopf und Arme schlaff herunterhingen, und der Famulus Wagner erschien wieder und fragte ihn, warum er denn so lamentiere.

»Ach, mei Zahnerl, mei Zahnerl!« schrie Kasperl.

»Guter Freund«, sagte Wagner, »so laß Er sich einmal in das Maul sehen!« – Als er ihn hierauf bei der großen Nase packte und ihm zwischen die Kinnladen hineinschaute, trat auch der Doktor Faust wieder in das Zimmer. – »Verzeihen Euere Magnifizenz«, sagte Wagner, »ich werde diesen jungen Mann in meinem Dienst nicht gebrauchen können; er muß sofort in das Lazarett geschafft werden!«

»Is das a Wirtshaus?« fragte Kasperle.

»Nein, guter Freund«, erwiderte Wagner, »das ist ein Schlachthaus. Man wird Ihm dort einen Weisheitszahn aus der Haut schneiden, und dann wird er seiner Schmerzen ledig sein.«

»Ach, du liebs Herrgottl«, jammerte Kasperl, »muß mi arms Viecherl so ein Unglück treffen! Ein Weisheitszahnerl, sagt Ihr, Herr Famulus? Das hat noch keiner in der Famili gehabt! Da geht's wohl auch mit meiner Kasperlschaft zu End?«

»Allerdings, mein Freund«, sagte Wagner; »eines Dieners mit Weisheitszähnen bin ich baß entraten; die Dinger sind nur für uns gelehrte Leute. Aber Er hat ja noch einen Brudersssohn, der sich auch bei mir zum Dienst gemeldet hat. Vielleicht«, und er wandte sich gegen den Doktor Faust, »erlauben Euere Magnifizenz!«

Der Doktor Faust machte eine würdige Drehung mit dem Kopfe.

»Tut, was Euch beliebt, mein lieber Wagner«, sagte er; »aber stört mich nicht weiter mit Eueren Lappalien in meinem Studium der Magie!«

– – »Heere, mei Gutester«, sagte ein Schneidergesell, der vor mir auf der Brüstung lehnte, zu seinem Nachbar, »das geheert ja nicht zum Stück, ich kenn's, ich hab es vor ä Weilchen erst in Seifersdorf gesehn.« – Der andere aber sagte nur: »Halt's Maul, Leipziger!« und gab ihm einen Rippenstoß.

–– Auf der Bühne war indessen Kasperle, der zweite, aufgetreten. Er hatte eine unverkennbare Ähnlichkeit mit seinem kranken Onkel, auch sprach er ganz genau wie dieser; nur fehlte ihm der bewegliche Daumen, und in seiner großen Nase schien er kein Gelenk zu haben.

Mir war ein Stein vom Herzen gefallen, als das Stück nun ruhig weiterspielte, und bald hatte ich alles um mich her vergessen. Der teuflische Mephistopheles erschien in seinem feuerfarbenen Mantel, das Hörnchen vor der Stirn, und Faust unterzeichnete mit seinem Blute den höllischen Vertrag:

»Vierundzwanzig Jahre sollst du mir dienen; dann will ich dein sein mit Leib und Seele.«

Hierauf fuhren beide in des Teufels Zaubermantel durch die Luft davon. Für Kasperle kam eine ungeheuere Kröte mit Fledermausflügeln aus der Luft herab. »Auf dem höllischen Sperling soll ich nach Parma reiten?« rief er, und als das Ding wackelnd mit dem Kopfe nickte, stieg er auf und flog den beiden nach.

–– Ich hatte mich ganz hinten an die Wand gestellt, wo ich besser über alle die Köpfe vor mir hinwegsehen konnte. Und jetzt rollte der Vorhang zum letzten Aufzug in die Höhe.

Endlich ist die Frist verstrichen. Faust und Kasper sind beide wieder in ihrer Vaterstadt. Kasper ist Nachtwächter geworden; er geht durch die dunkeln Straßen und ruft die Stunden ab:

Hört, ihr Herrn, und laßt euch sagen,
Meine Frau hat mich geschlagen;
Hüt't euch vor dem Weiberrock!
Zwölf ist der Klock! Zwölf ist der Klock!

Von fern hört man eine Glocke Mitternacht schlagen. Da wankt Faust auf die Bühne; er versucht zu beten, aber nur Heulen und Zähneklappen tönt aus seinem Halse. Von oben ruft eine Donnerstimme:

Fauste, Fauste, in aeternum damnatus es!

Eben fuhren im Feuerregen drei schwarzhaarige Teufel herab, um sich des Armen zu bemächtigen, da fühlte ich eins der Bretter zu meinen Füßen sich verschieben. Als ich mich bückte, um es zurechtzubringen, glaubte ich aus dem dunkeln Raume unter mir ein Geräusch zu hören; ich horchte näher hin; es klang wie das Schluchzen einer Kinderstimme. – ›Lisei!‹ dachte ich; ›wenn es Lisei wäre!‹ Wie ein Stein fiel meine ganze Untat mir wieder aufs Gewissen; was kümmerte mich jetzt der Doktor Faust und seine Höllenfahrt!

Unter heftigem Herzklopfen drängte ich mich durch die Zuschauer und ließ mich seitwärts an dem Brettergerüst herabgleiten. Rasch schlüpfte ich in den darunter befindlichen Raum, in welchem ich an der Wand entlang ganz aufrecht gehen konnte; aber es war fast dunkel, so daß ich mich an den überall untergestellten Latten und Balken stieß. »Lisei!« rief ich. Das Schluchzen, das ich eben noch gehört hatte, wurde plötzlich still; aber dort in dem tiefsten Winkel sah ich etwas sich bewegen. Ich tastete mich weiter bis an das Ende des Raumes, und – da saß sie, zusammengekauert, das Köpfchen in den Schoß gedrückt.

Ich zupfte sie am Kleide. »Lisei!« sagte ich leise, »bist du es? Was machst du hier?«

Sie antwortete nicht, sondern begann wieder vor sich hin zu schluchzen.

»Lisei«, fragte ich wieder; »was fehlt dir? So sprich doch nur ein einziges Wort!«

Sie hob den Kopf ein wenig. »Was soll i da red'n!« sagte sie; »du weißt's ja von selber, daß du den Wurstl hast verdreht.«

»Ja, Lisei«, antwortete ich kleinlaut; »ich glaub es selber, daß ich das getan habe.«

– »Ja, du! – Und i hab dir's doch g'sagt!«

»Lisei, was soll ich tun?«

– »Nu, halt nix!«

»Aber was soll denn daraus werden?«

– »Nu, halt aa nix!« Sie begann wieder laut zu weinen. »Aber i – wenn i z' Haus komm – da krieg i die Peitsch'n!«

»Du die Peitsche, Lisei!« – ich fühlte mich ganz vernichtet. »Aber ist dein Vater denn so strenge?«

»Ach, mei guts Vaterl!« schluchzte Lisei.

Also die Mutter! Oh, wie ich, außer mir selber, diese Frau haßte, die immer mit ihrem Holzgesichte an der Kasse saß!

Von der Bühne hörte ich Kasperl, den zweiten, rufen: »Das Stück ist aus! Komm, Gret'l, laß uns Kehraus tanzen!« Und in demselben Augenblick begann auch über unsern Köpfen das Scharren und

Trappeln mit den Füßen, und bald polterte alles von den Bänken herunter und drängte sich dem Ausgange zu; zuletzt kam der Stadtmusikus mit seinen Gesellen, wie ich aus dem Tönen des Brummbasses hörte, mit dem sie beim Fortgehen an dem Wänden anstießen. Dann allmählich wurde es still, nur hinten auf der Bühne hörte man noch die Tendlerschen Eheleute miteinander reden und wirtschaften. Nach einer Weile kamen auch sie in den Zuschauerraum; sie schienen erst an den Musikantenpulten, dann an den Wänden die Lichter auszuputzen; denn es wurde allmählich immer finsterer.

»Wenn i nur wüßt, wo die Lisei abblieben ist!« hörte ich Herrn Tendler zu seiner an der gegenüberliegenden Wand beschäftigten Frau hinüberrufen.

»Wo sollt sie sein!« rief diese wieder; »'s ist 'n störrig Ding; ins Quartier wird sie gelaufen sein!«

»Frau«, antwortete der Mann, »du bist auch zu wüst mit dem Kind gewesen; sie hat doch halt so a weichs Gemüt!«

»Ei was«, rief die Frau; »ihr' Straf muß sie hab'n; sie weiß recht gut, daß die schöne Marionett noch von mei'm Vater selig ist! Du wirst sie nit wieder kurieren, und der zweit' Kasper ist doch halt nur ein Notknecht!«

Die lauten Wechselreden hallten in dem leeren Saale wider. Ich hatte mich neben Lisei hingekauert; wir hatten uns bei den Händen gefaßt und saßen mäuschenstille.

»G'schieht mir aber schon recht«, begann wieder die Frau, die eben gerade über unsern Köpfen stand, »warum hab ich's gelitten, daß du das gotteslästerlich Stück heute wieder aufgeführt hast! Mein Vater selig hat's nimmer wollen in seinen letzten Jahren!«

»Nu, nu, Resel!« rief Herr Tendler von der andern Wand; »dein Vater war ein b'sondrer Mann. Das Stück gibt doch allfort eine gute Cassa; und ich mein', es ist doch auch a Lehr und Beispiel für die vielen Gottlosen in der Welt!«

»Ist aber bei uns zum letztenmal heut geb'n. Und nu red mir nit mehr davon!« erwiderte die Frau.

Herr Tendler schwieg. – Es schien jetzt nur noch ein Licht zu brennen, und die beiden Eheleute näherten sich dem Ausgange.

»Lisei«, flüsterte ich, »wir werden eingeschlossen.«

»Laß!« sagte sie, »i kann nit; i geh nit furt!«

»Dann bleib ich auch!«

– »Aber dei Vater und Mutter!«

»Ich bleib doch bei dir!«

Jetzt wurde die Tür des Saales zugeschlagen; – dann ging's die Treppe hinab, und dann hörten wir, wie draußen auf der Straße die große Haustür abgeschlossen wurde.

Da saßen wir denn. Wohl eine Viertelstunde saßen wir so, ohne auch nur ein Wort miteinander zu reden. Zum Glück fiel mir ein, daß sich noch zwei Heißewecken in meiner Tasche befanden, die ich für einen meiner Mutter abgebettelten Schilling auf dem Herwege gekauft und über all dem Schauen ganz vergessen hatte. Ich steckte Lisei den einen in ihre kleinen Hände; sie nahm ihn schweigend, als verstehe es sich von selbst, daß ich das Abendbrot besorge, und wir schmausten eine Weile. Dann war auch das zu Ende. – Ich stand auf und sagte: »Laß uns hinter die Bühne gehen; da wird's heller sein; ich glaub, der Mond scheint draußen!« Und Lisei ließ sich geduldig durch die kreuz und quer stehenden Latten von mir in den Saal hinausleiten.

Als wir hinter der Verkleidung in den Bühnenraum geschlüpft waren, schien dort vom Garten her das helle Mondlicht in die Fenster.

An dem Drahtseil, an dem am Vormittage nur die beiden Puppen gehangen hatten, sah ich jetzt alle, die vorhin im Stück aufgetreten waren. Da hing der Doktor Faust mit seinem scharfen blassen Gesicht, der gehörnte Mephistopheles, die drei kleinen schwarzhaarigen Teufelchen, und dort neben der geflügelten Kröte waren auch die beiden Kasperls. Ganz stille hingen sie da in der bleichen Mondscheinbeleuchtung; fast wie Verstorbene kamen sie mir vor. Der Hauptkasperl hatte zum Glück wieder seinen breiten Nasenschnabel auf der Brust liegen, sonst hätte ich geglaubt, daß seine Blicke mich verfolgen müßten.

Nachdem Lisei und ich eine Weile, nicht wissend, was wir beginnen sollten, an dem Theatergerüste umhergestanden und -geklettert waren, lehnten wir uns nebeneinander auf die Fensterbank. – Es war Unwetter geworden; am Himmel, gegen den Mond, stieg eine Wolkenbank empor; drunten im Garten konnte man die Blätter zu Haufen von den Bäumen wehen sehen.

»Guck«, sagte Lisei nachdenklich, »wie's da aufi g'schwomma kimmt! Da kann mei alte gute Bas' nit mehr vom Himm'l abi schaun.«

»Was für eine alte Bas', Lisei?« fragte ich.

– »Nu, wo i g'west bin, bis sie halt g'storb'n ist.«

Dann blickten wir wieder in die Nacht hinaus. – Als der Wind gegen das Haus und auf die kleinen undichten Fensterscheiben stieß, fing hinter mir an dem Drahtseil die stille Gesellschaft mit ihren hölzernen Gliedern an zu klappern. Ich drehte mich unwillkürlich um und sah nun, wie sie, vom Zugwind bewegt, mit den Köpfen wackelten und die steifen Arm' und Beine durcheinanderregten. Als aber plötzlich der kranke Kasperl seinen Kopf zurückschlug und mich mit seinen weißen Augen anstierte, da dachte ich, es sei doch besser, ein wenig an die Seite zu gehen.

Unweit vom Fenster, aber so, daß die Kulissen dort vor dem Anblick dieser schwebenden Tänzer schützen mußten, stand die große Kiste; sie war offen; ein paar wollene Decken, vermutlich zum Verpacken der Puppen bestimmt, lagen nachlässig darüber hingeworfen.

Als ich mich eben dorthin begeben hatte, hörte ich Lisei vom Fenster her so recht aus Herzensgrunde gähnen.

»Bist du müde, Lisei?« fragte ich.

»O nein«, erwiderte sie, indem sie ihre Ärmchen fest zusammenschränkte; »aber i frier halt!«

Und wirklich, es war kalt geworden in dem großen leeren Raume, auch mich fror. »Komm hieher!« sagte ich, »wir wollen uns in die Decken wickeln.«

Gleich darauf stand Lisei bei mir und ließ sich geduldig von mir in die eine Decke wickeln; sie sah aus wie eine Schmetterlingspuppe, nur daß oben noch das allerliebste Gesichtchen herausguckte. »Weißt«, sagte sie und sah mich mit zwei großen müden Augen an, »i steig ins Kistl, da hält's warm!«

Das leuchtete auch mir ein; im Verhältnis zu der wüsten Umgebung winkte hier sogar ein traulicher Raum, fast wie ein dichtes Stübchen. Und bald saßen wir armen törichten Kinder wohlverpackt und dicht aneinandergeschmiegt in der hohen Kiste. Mit Rücken und Füßen hatten wir uns gegen die Seitenwände gestemmt; in der Ferne hörten wir die schwere Saaltür in den Falzen klappen; wir aber saßen ganz sicher und behaglich.

»Friert dich noch, Lisei?« fragte ich.

»Ka bisserl!«

Sie hatte ihr Köpfchen auf meine Schulter sinken lassen; ihre

Augen waren schon geschlossen. »Was wird mei guts Vaterl –« lallte sie noch; dann hörte ich an ihren gleichmäßigen Atemzügen, daß sie eingeschlafen war.

Ich konnte von meinem Platze aus durch die oberen Scheiben des einen Fensters sehen. Der Mond war aus seiner Wolkenhülle wieder hervorgeschwommen, in der er eine Zeitlang verborgen gewesen war; die alte Bas' konnte jetzt wieder vom Himmel herunterschauen, und ich denke wohl, sie hat's recht gern getan. Ein Streifen Mondlicht fiel auf das Gesichtchen, das nahe an dem meinen ruhte; die schwarzen Augenwimpern lagen wie seidene Fransen auf den Wangen, der kleine rote Mund atmete leise, nur mitunter zuckte noch ein kurzes Schluchzen aus der Brust herauf; aber auch das verschwand; die alte Bas' schaute gar so mild vom Himmel. – Ich wagte mich nicht zu rühren. ›Wie schön müßte es sein‹, dachte ich, ›wenn das Lisei deine Schwester wäre, wenn sie dann immer bei dir bleiben könnte!‹ Denn ich hatte keine Geschwister, und wenn ich auch nach Brüdern kein Verlangen trug, so hatte ich mir doch oft das Leben mit einer Schwester in meinen Gedanken ausgemalt und konnte es nie begreifen, wenn meine Kameraden mit denen, die sie wirklich besaßen, in Zank und Schlägerei gerieten.

Ich muß über solchen Gedanken doch wohl eingeschlafen sein; denn ich weiß noch, wie mir allerlei wildes Zeug geträumt hat. Mir war, als säße ich mitten in dem Zuschauerraum, die Lichter an den Wänden brannten, aber niemand außer mir saß auf den leeren Bänken. Über meinem Kopfe, unter der Balkendecke des Saales, ritt Kasperl auf dem höllischen Sperling in der Luft herum und rief einmal übers andere: »Schlimms Brüderl! Schlimms Brüderl!« oder auch mit kläglicher Stimme: »Mein Arm! Mein Arm!«

Da wurde ich von einem Lachen aufgeweckt, das über meinem Kopfe erschallte; vielleicht auch von dem Lichtschein, der mir plötzlich in die Augen fiel. »Nun seh mir einer dieses Vogelnest!« hörte ich die Stimme meines Vaters sagen, und dann etwas barscher: »Steig heraus, Junge!«

Das war der Ton, der mich stets mechanisch in die Höhe trieb. Ich riß die Augen auf und sah meinen Vater und das Tendlersche Ehepaar an unserer Kiste stehen; Herr Tendler trug eine brennende Laterne in der Hand. Meine Anstrengung, mich zu erheben, wurde indessen durch Lisei vereitelt, die, noch immer fortschlafend, mit ihrer ganzen kleinen Last mir auf die Brust gesunken war. Als sich aber jetzt zwei knochige Arme ausstreckten, um sie aus der Kiste herauszuheben, und ich das Holzgesicht der Frau Tendler sich auf uns niederbeugen sah, da schlug ich die Arme so ungestüm um meine kleine Freundin, daß ich dabei der guten Frau fast ihren alten italienischen Strohhut vom Kopfe gerissen hätte.

»Nu, nu, Bub!« rief sie und trat einen Schritt zurück; ich aber, aus unserer Kiste heraus, erzählte mit geflügelten Worten, und ohne mich dabei zu schonen, was am Vormittag geschehen war.

»Also, Madame Tendler«, sagte mein Vater, als ich mit meinem Bericht zu Ende war, und machte zugleich eine sehr verständliche Handbewegung, »da könnten Sie es mir ja wohl überlassen, dieses Geschäft allein mit meinem Jungen abzumachen.«

»Ach ja, ach ja!« rief ich eifrig, als wenn mir soeben der angenehmste Zeitvertreib verheißen wäre.

Lisei war indessen auch erwacht und von ihrem Vater auf den Arm genommen worden. Ich sah, wie sie die Arme um seinen Hals schlang und ihm bald eifrig ins Ohr flüsterte, bald ihm zärtlich in die Augen sah oder wie beteuernd mit dem Köpfchen nickte. Gleich darauf ergriff auch der Puppenspieler die Hand meines Vaters. »Lieber Herr«, sagte er, »die Kinder bitten füreinander. Mutter, du bist ja auch nit gar so schlimm! Lassen wir es diesmal halt dabei!«

Madame Tendler sah indes noch immer unbeweglich aus ihrem großen Strohhute. »Du magst selb schauen, wie du ohne den Kasperl fertig wirst!« sagte sie mit einem strengen Blick auf ihren Mann.

In dem Antlitz meines Vaters sah ich ein gewisses lustiges Augenzwinkern, das mir Hoffnung machte, es werde das Unwetter diesmal so an mir vorüberziehen; und als er jetzt sogar versprach, am andern Tage seine Kunst zur Herstellung des Invaliden aufzubieten, und dabei Madame Tendlers italienischer Strohhut in die holdseligste Bewegung geriet, da war ich sicher, daß wir beiderseits im trocknen waren.

Bald marschierten wir unten durch die dunkeln Gassen, Herr Tendler mit der Laterne voran, wir Kinder Hand in Hand den Alten nach. – Dann: »Gut Nacht, Paul! Ach, will i schlaf'n!« Und weg war das Lisei; ich hatte gar nicht gemerkt, daß wir schon bei unseren Wohnungen angekommen waren.

Am andern Vormittage, als ich aus der Schule gekommen war, traf ich Herrn Tendler mit seinem Töchterchen schon in unserer Werkstatt. »Nun, Herr Kollege«, sagte mein Vater, der eben das Innere der Puppe untersuchte, »das sollte denn doch schlimm zugehen, wenn wir zwei Mechanici den Burschen hier nicht wieder auf die Beine brächten.

»Gel, Vater«, rief das Lisei, »da werd aa die Mutter nit mehr brumm'n.«

Herr Tendler strich zärtlich über das schwarze Haar des Kindes; dann wendete er sich zu meinem Vater, der ihm die Art der beabsichtigten Reparatur auseinandersetzte. »Ach, lieber Herr«, sagte er, »ich bin kein Mechanicus, den Titel hab ich nur so mit den Puppen überkommen; ich bin eigentlich meines Zeichens ein Holzschnitzer aus Berchtesgaden. Aber mein Schwiegervater selig – Sie haben gewiß von ihm gehört –, das war halt einer, und mein Reserl hat noch allweg ihr kleins Gaudi, daß sie die Tochter vom berühmten Puppenspieler Geißelbrecht ist. Der hat auch die Mechanik in dem Kasperl da g'macht; ich hab ihm derzeit nur 's G'sichtl ausgeschnitten.«

»Ei nun, Herr Tendler«, erwiderte mein Vater, »das ist ja auch schon eine Kunst. Und dann – sagt mir nur, wie war's denn möglich, daß Ihr Euch gleich zu helfen wußtet, als die Schandtat meines Jungen da so mitten in dem Stück zum Vorschein kam?«

Das Gespräch begann mir etwas unbehaglich zu werden; in Herrn Tendlers gutmütigem Angesicht aber leuchtete plötzlich die ganze Schelmerei des Puppenspielers. »Ja, lieber Herr«, sagte er, »da hat man halt für solch Fäll sein G'spaßerl in der Taschen! Auch ist da noch so ein Bruderssöhnerl, ein Wurstl Nummer zwei, der grad 'ne solche Stimm hat wie dieser da!«

Ich hatte indessen die Lisei am Kleide gezupft und war glücklich mit ihr nach unserem Garten entkommen. Hier unter der Linde saßen wir, die auch über uns beide jetzt ihr grünes Dach ausbreitet; nur blühten damals nicht mehr die roten Nelken auf den Beeten dort; aber ich weiß noch wohl, es war ein sonniger Septembernachmittag. Meine Mutter kam aus ihrer Küche und begann ein Gespräch mit dem Puppenspielerkinde; sie hatte denn doch auch so ihre kleine Neugierde.

Wie es denn heiße, fragte sie, und ob es denn schon immer so von Stadt zu Stadt gefahren sei. – – Ja, Lisei heiße es – ich hatte das meiner

Mutter auch schon oft genug gesagt –, aber dies sei seine erste Reis'; drum könne es auch das Hochdeutsch noch nit so völlig firti krieg'n. -- Ob es denn auch zur Schule gegangen sei. -- Freili; es sei scho zur Schul gang'n; aber das Nähen und Stricken habe es von seiner alten Bas' gelernt; die habe auch so a Gärtl g'habt, da drin hätten sie zusammen auf dem Bänkerl gesessen; nun lerne es bei der Mutter, aber die sei gar streng!

Meine Mutter nickte beifällig. – Wie lange ihre Eltern denn wohl hier verweilen würden, fragte sie das Lisei wieder. -- Ja, das wüßt es nit, das käme auf die Mutter an; doch pflegten sie so ein vier Wochen am Ort zu bleiben. -- Ja, ob's denn auch ein warmes Mäntelchen für die Weiterreise habe; denn so im Oktober würde es schon kalt auf dem offenen Wägelchen. -- Nun, meinte Lisei, ein Mäntelchen habe sie schon, aber ein dünnes sei es nur; es hab sie auch schon darin gefroren auf der Herreis'.

Und jetzt befand sich meine gute Mutter auf dem Fleck, wonach ich sie schon lange hatte zusteuern sehen. »Hör, kleine Lisei«, sagte sie, »ich habe einen braven Mantel in meinem Schranke hängen, noch von den Zeiten her, da ich ein schlankes Mädchen war; ich bin aber jetzt herausgewachsen und habe keine Tochter, für die ich ihn noch zurechtschneidern könnte. Komm nur morgen wieder, Lisei, da steckt ein warmes Mäntelchen für dich darin.«

Lisei wurde rot vor Freude und hatte im Umsehen meiner Mutter die Hand geküßt, worüber diese ganz verlegen wurde; denn du weißt, hierzulande verstehen wir uns schlecht auf solche Narreteien! – Zum Glück kamen jetzt die beiden Männer aus der Werkstatt. »Für diesmal gerettet«, rief mein Vater; »aber --!« Der warnend gegen mich geschüttelte Finger war das Ende meiner Buße.

Fröhlich lief ich ins Haus und holte auf Geheiß meiner Mutter deren großes Umschlagetuch; denn um den kaum Genesenen vor dem zwar wohlgemeinten, aber immerhin unbequemen Zujauchzen der Gassenjugend zu bewahren, das ihn auf seinem Herwege begleitet hatte, wurde der Kasper jetzt sorgsam eingehüllt; dann nahm Lisei ihn auf den Arm, Herr Tendler das Lisei an der Hand, und so, unter Dankesversicherungen, zogen sie vergnügt die Straße nach dem Schützenhof hinab.

Und nun begann eine Zeit des schönsten Kinderglückes. – Nicht nur am andern Vormittage, sondern auch an den folgenden Tagen kam das Lisei; denn sie hatte nicht abgelassen, bis ihr gestattet worden, auch selbst an ihrem neuen Mäntelchen zu nähen. Zwar war's wohl mehr nur eine Scheinarbeit, die meine Mutter in ihre kleinen Hände legte; aber sie meinte doch, das Kind müßte recht ordentlich angehalten sein. Ein paarmal setzte ich mich daneben und las aus einem Bande von Weißens »Kinderfreunde« vor, den mein Vater einmal auf einer Auktion für mich gekauft hatte, zum Entzücken Liseis, der solche Unterhaltungsbücher noch unbekannt waren. »Das is g'schickt!« oder »Ei du, was geit's für Sachan auf der Welt!« Dergleichen Worte rief sie oft dazwischen und legte die Hände mit ihrer Näharbeit in den Schoß. Mitunter sah sie mich auch von unten mit ganz klugen Augen an und sagte: »Ja, wenn's Geschichtl nur nit derlog'n is!« – Mir ist's, als hörte ich es noch heute.«

-- Der Erzähler schwieg, und in seinem schönen männlichen Antlitz sah ich einen Ausdruck stillen Glückes, als sei das alles, was er mir erzählte, zwar vergangen, aber keineswegs verloren. Nach einer Weile begann er wieder:

»Meine Schularbeiten machte ich niemals besser als in jener Zeit; denn ich fühlte wohl, daß das Auge meines Vaters mich strenger als je überwachte und daß ich mir den Verkehr mit den Puppenspielerleuten nur um den Preis eines strengen Fleißes erhalten könne. »Es sind reputierliche Leute, die Tendlers«, hörte ich einmal meinen Vater sagen; »der Schneiderwirt drüben hat ihnen auch heute ein ordentliches Stübchen eingeräumt; sie zahlen jeden Morgen ihre Zeche; nur, meinte der Alte, sei es leider blitzwenig, was sie draufgehen ließen. – Und das«, setzte mein Vater hinzu, »gefällt mir besser als dem Herbergsvater; sie mögen an den Notpfennig denken, was sonst nicht die Art solcher Leute ist.« -- Wie gern hörte ich meine Freunde loben! Denn das waren sie jetzt alle; sogar Madame Tendler nickte ganz vertraulich aus ihrem Strohhute, wenn ich – keiner Einlaßkarte mehr bedürftig – abends an ihrer Kasse vorbei in den Saal schlüpfte. – Und wie rannte ich jetzt vormittags aus der Schule! Ich wußte wohl, zu Hause traf ich das Lisei entweder bei meiner Mutter in der Küche, wo sie allerlei kleine Dienste für sie zu verrichten wußte, oder es saß auf der Bank im Garten, mit einem Buche oder mit einer Näharbeit in der Hand. Und bald wußte ich sie auch in meinem Dienste zu beschäftigen; denn nachdem ich mich genügend in den innern Zusammenhang der Sache eingeweiht glaubte, beabsichtigte ich nichts Geringeres, als nun auch meinerseits ein Marionettentheater einzurichten. Vorläufig begann ich mit dem Ausschnitzen der Puppen, wobei Herr Tendler, nicht ohne eine gutmütige Schelmerei in seinen kleinen Augen, mir in der Wahl des Holzes und der Schnitzmesser mit Rat und Hülfe zur Hand ging; und bald ragte auch in der Tat eine mächtige Kasperlenase aus dem Holzblöckchen in die Welt. Da aber andererseits der Nankinganzug des »Wurstl« mir zuwenig interessant erschien, so mußte indessen das Lisei aus »Fetz'ln«, die wiederum der alte Gabriel hatte hergeben müssen, gold- und silberbesetzte Mäntel und Wämser für Gott weiß welche andere künftige Puppen anfertigen. Mitunter trat auch der alte Heinrich mit seiner kurzen Pfeife aus der Werkstatt zu uns, ein Geselle meines Vaters, der, solang ich denken konnte, zur Familie gehörte; er nahm mir dann wohl das Messer aus der Hand und gab durch ein paar Schnitte dem Dinge hie und da den rechten Schick. Aber schon wollte meiner Phantasie selbst der Tendlersche Haupt- und Prinzipalkasperl nicht mehr genügen; ich wollte noch ganz etwas anderes leisten; für den meinigen ersann ich noch drei weitere, nie dagewesene und höchst wirkungsvolle Gelenke, er sollte seitwärts mit dem Kinne wackeln, die Ohren hin und her bewegen und die Unterlippe auf- und abklappen können; und er wäre auch jedenfalls ein ganz unerhörter Prachtkerl geworden, wenn er nur nicht schließlich über all seinen Gelenken schon in der Geburt zugrunde gegangen wäre. Auch sollte leider weder der Pfalzgraf Siegfried noch irgendein anderer Held des Puppenspiels durch meine Hand zu einer fröhlichen Auferstehung gelangen. – Besser glückte es mir mit dem Bau einer unterirdischen Höhle, in der ich an kalten Tagen mit Lisei auf einem Bänkchen zusammensaß und ihr bei dem spärlichen Lichte, das durch eine oben angebrachte Fensterscheibe fiel, die Geschichten aus dem Weißeschen »Kinderfreunde« vorlas, die sie immer von neuem hören konnte. Meine Kameraden neckten mich wohl und schalten mich einen Mädchenknecht, weil ich, statt wie sonst mit ihnen, jetzt mit der Puppenspielertochter meine Zeit zubrachte. Mich kümmerte das wenig; wußte ich doch, es redete nur der Neid aus ihnen, und wo es mir zu arg wurde, da brauchte ich denn auch einmal ganz wacker meine Fäuste.

–– Aber alles im Leben ist nur für eine Spanne Zeit. Die Tendlers hatten ihre Stücke durchgespielt; die Puppenbühne auf dem Schützenhofe wurde abgebrochen; sie rüsteten sich zum Weiterziehen.

Und so stand ich denn an einem stürmischen Oktobernachmittage draußen vor unserer Stadt auf dem hohen Heiderücken, sah bald traurig auf den breiten Sandweg, der nach Osten in die kahle Gegend hinausläuft, bald sehnsüchtig nach der Stadt zurück, die in Dunst und Nebel in der Niederung lag. Und da kam es herangetrabt, das kleine Wägelchen mit den zwei hohen Kisten darauf und dem munteren braunen Pferdchen in der Gabeldeichsel. Herr Tendler saß jetzt vorn auf einem Brettchen, hinter ihm Lisei in dem neuen warmen Mäntelchen neben ihrer Mutter. – Ich hatte schon vor der Herberge von ihnen Abschied genommen; dann aber war ich vorausgelaufen, um sie alle noch einmal zu sehen und um Lisei, wozu ich von meinem Vater die Erlaubnis erhalten hatte, den Band von Weißens »Kinderfreunde« als Angedenken mitzugeben; auch eine Düte mit Kuchen hatte ich um einige ersparte Sonntagssechslinge für sie eingehandelt. »Halt! Halt!« rief ich jetzt und stürzte von meinem Heidehügel auf das Fuhrwerk zu. – Herr Tendler zog die Zügel an, der Braune stand, und ich reichte Lisei meine kleinen Geschenke in den Wagen, die sie neben sich auf den Stuhl legte. Als wir uns aber, ohne ein Wort zu sagen, an beiden Händen griffen, da brachen wir armen Kinder in ein lautes Weinen aus. Doch in demselben Augenblicke peitschte auch schon Herr Tendler auf sein Pferdchen. »Ade, mein Bub! Bleib brav und dank aa no schön dei'm Vaterl und dei'm Mutterl!«

»Ade! Ade!« rief das Lisei; das Pferdchen zog an, das Glöckchen an seinem Halse bimmelte; ich fühlte die kleinen Hände aus den meinen gleiten, und dort fuhren sie, in die weite Welt hinaus.

Ich war wieder am Rande des Weges emporgestiegen und blickte unverwandt dem Wägelchen nach, wie es durch den stäubenden Sand dahinzog. Immer schwächer hörte ich das Gebimmel des Glöckchens; einmal noch sah ich ein weißes Tüchelchen um die Kisten flattern; dann allmählich verlor es sich mehr und mehr in den grauen Herbstnebeln. – Da fiel es plötzlich wie eine Todesangst mir auf das Herz: du siehst sie nimmer, nimmer wieder! – »Lisei!« schrie ich, »Lisei!« – Als aber dessenungeachtet, vielleicht wegen einer Biegung der Landstraße, der nur noch im Nebel schwimmende Punkt jetzt völlig meinen Augen entschwand, da rannte ich wie unsinnig auf dem Wege hinterdrein. Der Sturm riß mir die Mütze vom Kopf, meine

Stiefel füllten sich mit Sand; aber so weit ich laufen mochte, ich sah nichts anderes als die öde baumlose Gegend und den kalten grauen Himmel, der darüberstand. – Als ich endlich bei einbrechender Dunkelheit zu Hause wieder angelangt war, hatte ich ein Gefühl, als sei die ganze Stadt indessen ausgestorben. Es war eben der erste Abschied meines Lebens.

Wenn in den nun folgenden Jahren der Herbst wiederkehrte, wenn die Krammetsvögel durch die Gärten unserer Stadt flogen und drüben vor der Schneiderherberge die ersten gelben Blätter von den Lindenbäumen wehten, dann saß ich wohl manches Mal auf unserer Bank und dachte, ob nicht endlich einmal das Wägelchen mit dem braunen Pferdchen wie damals wieder die Straße heraufgebimmelt kommen würde.

Aber ich wartete umsonst; das Lisei kam nicht wieder.

Es war um zwölf Jahre später. – Ich hatte nach der Rechenmeisterschule, wie es damals manche Handwerkersöhne zu tun pflegten, auch noch die Quarta unserer Gelehrtenschule durchgemacht und war dann bei meinem Vater in die Lehre getreten. Auch diese Zeit, in der ich mich, außer meinem Handwerk, vielfach mit dem Lesen guter Bücher beschäftigte, war vorübergegangen. Jetzt, nach dreijähriger Wanderschaft, befand ich mich in einer mitteldeutschen Stadt. Es war streng katholisch dort, und in dem Punkte verstanden sie keinen Spaß; wenn man vor ihren Prozessionen, die mit Gesang und Heiligenbildern durch die Straßen zogen, nicht selbst den Hut abnahm, so wurde er einem auch wohl heruntergeschlagen; sonst aber waren es gute Leute. – Die Frau Meisterin, bei der ich in Arbeit stand, war eine Witwe, deren Sohn gleich mir in der Fremde arbeitete, um die nach den Zunftgesetzen vorgeschriebenen Wanderjahre bei der späteren Bewerbung um das Meisterrecht nachweisen zu können. Ich hatte es gut in diesem Hause; die Frau tat mir, wovon sie wünschen mochte, daß es in der Ferne andere Leute an ihrem Kinde tun möchten, und bald war unter uns das Vertrauen so gewachsen, daß das Geschäft so gut wie ganz in meinen Händen lag. – Jetzt steht unser Joseph dort bei ihrem Sohn in Arbeit, und die Alte, so hat er oft geschrieben, hätschelt mit ihm, als wäre sie die leibhaftige Großmutter zu dem Jungen.

– – Nun, damals saß ich eines Sonntagnachmittags mit meiner Frau

Meisterin in der Wohnstube, deren Fenster der Tür des großen Gefangenhauses gegenüber lagen. Es war im Januar; das Thermometer stand zwanzig Grad unter Null; draußen auf der Gasse war kein Mensch zu sehen; mitunter kam der Wind pfeifend von den nahen Bergen herunter und jagte kleine Eisstücke klingend über das Straßenpflaster.

»Da behagt 'n warmes Stübchen und 'n heißes Schälchen Kaffee«, sagte die Meisterin, indem sie mir die Tasse zum dritten Male vollschenkte.

Ich war ans Fenster getreten. Meine Gedanken gingen in die Heimat; nicht zu lieben Menschen, die hatte ich dort nicht mehr, das Abschiednehmen hatte ich jetzt gründlich gelernt. Meiner Mutter war mir noch vergönnt gewesen selbst die Augen zuzudrücken; vor einigen Wochen hatte ich nun auch den Vater verloren, und bei dem damals noch so langwierigen Reisen hatte ich ihn nicht einmal zu seiner Ruhestatt begleiten können. Aber die väterliche Werkstatt wartete auf den Sohn ihres heimgegangenen Meisters. Indes, der alte Heinrich war noch da und konnte mit Genehmigung der Zunftmeister die Sache schon eine kurze Zeitlang aufrechthalten; und so hatte ich denn auch meiner guten Meisterin versprochen, noch ein paar Wochen bis zum Eintreffen ihres Sohnes bei ihr auszuhalten. Aber Ruhe hatte ich nicht mehr, das frische Grab meines Vaters duldete mich nicht länger in der Fremde.

In diesen Gedanken unterbrach mich eine scharfe scheltende Stimme drüben von der Straße her. Als ich aufblickte, sah ich das schwindsüchtige Gesicht des Gefängnisinspektors sich aus der halbgeöffneten Tür des Gefangenhauses hervorrecken; seine erhobene Faust drohte einem jungen Weibe, das, wie es schien, fast mit Gewalt in diese sonst gefürchteten Räume einzudringen strebte.

»Wird wohl was Liebes drinnen haben«, sagte die Meisterin, die von ihrem Lehnstuhle aus ebenfalls dem Vorgange zugesehen hatte; »aber der alte Sünder da drüben hat kein Herz für die Menschheit.«

»Der Mann tut wohl nur seine Pflicht, Frau Meisterin«, sagte ich, noch immer in meinen eigenen Gedanken.

»Ich möcht nicht solche Pflicht zu tun haben«, erwiderte sie und lehnte sich fast zornig in ihren Stuhl zurück.

Drüben war indes die Tür des Gefangenhauses zugeschlagen, und das junge Weib, nur mit einem kurzen wehenden Mäntelchen um die

Schultern und einem schwarzen Tüchelchen um den Kopf geknotet, ging langsam die übereiste Straße hinab. – Die Meisterin und ich waren schweigend auf unserem Platz geblieben; ich glaube – denn auch meine Teilnahme war jetzt erweckt –, es war uns beiden, als ob wir helfen müßten und nur nicht wüßten wie.

Als ich eben vom Fenster zurücktreten wollte, kam das Weib wieder die Straße herauf. Vor der Tür des Gefangenhauses blieb sie stehen und setzte zögernd einen Fuß auf den zur Schwelle führenden Treppenstein; dann aber wandte sie den Kopf zurück, und ich sah ein junges Antlitz, dessen dunkle Augen mit dem Ausdruck ratlosester Verlassenheit über die leere Gasse streiften; sie schien doch nicht den Mut zu haben, noch einmal der drohenden Beamtenfaust entgegenzutreten. Langsam und immer wieder nach der geschlossenen Tür zurückblickend, setzte sie ihren Weg fort; man sah es deutlich, sie wußte selbst nicht wohin. Als sie jetzt aber an der Ecke der Gefangenanstalt in das nach der Kirche hinaufführende Gäßchen einbog, riß ich unwillkürlich meine Mütze vom Türhaken, um ihr nachzugehen.

»Ja, ja, Paulsen, das ist das Rechte!« sagte die gute Meisterin; »geht nur, ich werde derweil den Kaffee wieder heiß setzen!«

Es war grimmig kalt, als ich aus dem Hause trat; alles schien wie ausgestorben; von dem Berge, der am Ende der Straße die Stadt überragt, sah fast drohend der schwarze Tannenwald herab; vor den Fensterscheiben der meisten Häuser saßen die weißen Eisgardinen; denn nicht jeder hatte, wie meine Meisterin, die Gerechtigkeit von fünf Klaftern Holz auf seinem Hause. – Ich ging durch das Gäßchen nach dem Kirchenplatz; und dort vor dem großen hölzernen Kruzifixe auf der gefrorenen Erde lag das junge Weib, den Kopf gesenkt, die Hände in den Schoß gefaltet. Ich trat schweigend näher; als sie aber jetzt zu dem blutigen Antlitz des Gekreuzigten aufblickte, sagte ich: »Verzeiht mir, wenn ich Eure Andacht unterbreche; aber Ihr seid wohl fremd in dieser Stadt?«

Sie nickte nur, ohne ihre Stellung zu verändern.

»Ich möchte Euch helfen«, begann ich wieder; »sagt mir nur, wohin Ihr wollt!«

»I weiß nit mehr wohin«, sagte sie tonlos und ließ das Haupt wieder auf ihre Brust sinken.

»Aber in einer Stunde ist es Nacht; in diesem Totenwetter könnt Ihr nicht länger auf der offenen Straße bleiben!«

»Der liebi Gott wird helfen«, hörte ich sie leise sagen.

»Ja, ja«, rief ich, »und ich glaube fast, er hat mich selbst zu Euch geschickt!«

Es war, als habe der stärkere Klang meiner Stimme sie erweckt; denn sie erhob sich und trat zögernd auf mich zu; mit vorgestrecktem Halse näherte sie ihr Gesicht mehr und mehr dem meinen, und ihre Blicke drangen auf mich ein, als ob sie mich damit erfassen wollte. »Paul!« rief sie plötzlich, und wie ein Jubelruf flog das Wort aus ihrer Brust – »Paul! ja di schickt mir der liebi Gott!«

Wo hatte ich meine Augen gehabt! Da hatte ich es ja wieder, mein Kindsgespiel, das kleine Puppenspieler-Lisei! Freilich, eine schöne schlanke Jungfrau war es geworden, und auf dem sonst so lachenden Kindergesicht lag jetzt, nachdem der erste Freudenstrahl darüberhin geflogen, der Ausdruck eines tiefen Kummers.

»Wie kommst du so allein hieher, Lisei?« fragte ich. »Was ist geschehen? Wo ist denn dein Vater?«

»Im Gefängnis, Paul.«

»Dein Vater, der gute Mann! – Aber komm mit mir; ich stehe hier bei einer braven Frau in Arbeit; sie kennt dich, ich habe ihr oft von dir erzählt.«

Und Hand in Hand, wie einst als Kinder, gingen wir nach dem Hause meiner guten Meisterin, die uns schon vom Fenster aus entgegensah. »Das Lisei ist's!« rief ich, als wir in die Stube traten, »denkt Euch, Frau Meisterin, das Lisei!«

Die gute Frau schlug die Hände über ihre Brust zusammen. »Heilige Mutter Gottes, bitt für uns! das Lisei! – also so hat's ausgeschaut! – Aber«, fuhr sie fort, »wie kommst denn du mit dem alten Sünder da zusammen?« – und sie wies mit dem ausgestreckten Finger nach dem Gefangenhause drüben – »der Paulsen hat mir doch gesagt, daß du ehrlicher Leute Kind bist!«

Gleich darauf aber zog sie das Mädchen weiter in die Stube hinein und drückte sie in ihren Lehnstuhl nieder, und als jetzt Lisei ihre Frage zu beantworten anfing, hielt sie ihr schon eine dampfende Tasse Kaffee an die Lippen.

»Nun trink einmal«, sagte sie, »und komm erst wieder zu dir; die Händchen sind dir ja ganz verklommen.«

Und das Lisei mußte trinken, wobei ihr zwei helle Tränen in die Tasse rollten, und dann erst durfte sie erzählen.

Sie sprach jetzt nicht, wie einst und wie vorhin in der Einsamkeit ihres Kummers, in dem Dialekt ihrer Heimat, nur ein leichter Anflug war ihr davon geblieben; denn waren ihre Eltern auch nicht mehr bis an unsere Küste hier hinabgekommen, so hatten sie sich doch meistens in dem mittleren Deutschland aufgehalten. Schon vor einigen Jahren war die Mutter gestorben. »Verlaß den Vater nicht!« das hatte sie der Tochter im letzten Augenblicke noch ins Ohr geflüstert, »sein Kindsherz ist zu gut für diese Welt.«

Lisei brach bei dieser Erinnerung in heftiges Weinen aus; sie wollte nicht einmal von der aufs neue vollgeschenkten Tasse trinken, mit der die Meisterin ihre Tränen zu stillen gedachte, und erst nach einer ziemlichen Weile konnte sie weiterberichten.

Gleich nach dem Tode der Mutter war es ihre erste Arbeit gewesen, an deren Stelle sich die Frauenrollen in den Puppenspielen von ihrem Vater einlernen zu lassen. Dazwischen waren die Bestattungsfeierlichkeiten besorgt und die ersten Seelenmessen für die Tote gelesen; dann, das frische Grab hinter sich lassend, waren Vater und Tochter wiederum ins Land hineingefahren und hatten, wie vorhin, ihre Stücke abgespielt: Den verlorenen Sohn, Die heilige Genoveva, und wie sie sonst noch heißen mochten.

So waren sie gestern auf der Reise in ein großes Kirchdorf gekommen, wo sie ihre Mittagsrast gehalten hatten. Auf der harten Bank vor dem Tische, an welchem sie ihr bescheidenes Mahl verzehrten, war Vater Tendler ein halbes Stündchen in einen festen Schlaf gesunken, während Lisei draußen die Fütterung ihres Pferdes besorgt hatte. Kurz darauf, in wollene Decken wohlverpackt, waren sie aufs neue in die grimmige Winterkälte hinausgefahren.

»Aber wir kamen nit weit«, erzählte Lisei; »gleich hinterm Dorf ist ein Landreiter auf uns zugeritten und hat gezetert und gemordiot. Aus dem Tischkasten sollt dem Wirt ein Beutel mit Geld gestohlen sein, und mein unschuldigs Vaterl war doch allein in der Stube dort gewesen! Ach, wir haben kei Heimat, kei Freund, kei Ehr; es kennt uns niemand nit!«

»Kind, Kind«, sagte die Meisterin, indem sie zu mir hinüberwinkte, »versündige dich auch nicht!«

Ich aber schwieg, denn Lisei hatte ja nicht unrecht mit ihrer Klage. – Sie hatten in das Dorf zurück gemußt; das Fuhrwerk mit allem, was daraufgeladen, war vom Schulzen dort zurückgehalten worden;

der alte Tendler aber hatte die Weisung erhalten, den Weg zur Stadt neben dem Pferde des Landreiters herzutraben. Lisei, von dem letzteren mehrfach zurückgewiesen, war in einiger Entfernung hinterhergegangen, in der Zuversicht, daß sie wenigstens, bis der liebe Gott die Sache aufkläre, das Gefängnis ihres Vaters werde teilen können. Aber – auf ihr ruhte kein Verdacht; mit Recht hatte der Inspektor sie als eine Zudringliche von der Tür gejagt, die auf ein Unterkommen in seinem Hause nicht den geringsten Anspruch habe.

Lisei wollte das zwar noch immer nicht begreifen; sie meinte, das sei ja härter als alle Strafe, die später doch gewiß den wirklichen Spitzbuben noch ereilen würde; aber, fügte sie gleich hinzu, sie wolle ihm auch so harte Strafe nit wünschen, wenn nur die Unschuld von ihrem guten Vaterl an den Tag komme; ach, der werd's gewiß nit überleben!

Ich besann mich plötzlich, daß ich sowohl dem alten Korporal da drüben als auch dem Herrn Kriminalkommissarius eigentlich ein unentbehrlicher Mann sei; denn dem einen hielt ich seine Spinnmaschinen in Ordnung, dem andern schärfte ich seine kostbaren Federmesser; durch den einen konnte ich wenigstens Zutritt zu dem Gefangenen erhalten, bei dem andern konnte ich ein Leumundszeugnis für Herrn Tendler ablegen und ihn vielleicht zur Beschleunigung der Sache veranlassen. Ich bat Lisei, sich zu gedulden, und ging sofort in das Gefangenhaus hinüber.

Der schwindsüchtige Inspektor schalt auf die unverschämten Weiber, die immer zu ihren spitzbübischen Männern oder Vätern in die Zellen wollten. Ich aber verbat mir in betreff meines alten Freundes solche Titel, solange sie ihm nicht durch das Gericht »von Rechts wegen« beigelegt seien, was, wie ich sicher wisse, nie geschehen werde; und endlich, nach einigem Hin- und Widerreden, stiegen wir zusammen die breite Treppe nach dem Oberbau hinauf.

In dem alten Gefangenhause war auch die Luft gefangen, und ein widerwärtiger Dunst schlug uns entgegen, als wir oben durch den langen Korridor schritten, von welchem aus zu beiden Seiten Tür an Tür in die einzelnen Gefangenzellen führte. An einer derselben, fast zu Ende des Ganges, blieben wir stehen; der Inspektor schüttelte sein großes Schlüsselbund, um den rechten herauszufinden; dann knarrte die Tür, und wir traten ein.

In der Mitte der Zelle, mit dem Rücken gegen uns, stand die

Gestalt eines kleinen mageren Mannes, der nach dem Stückchen Himmel hinaufzublicken schien, das grau und trübselig durch ein oben in der Mauer angebrachtes Fenster auf ihn herabdämmerte. An seinem Haupte bemerkte ich sogleich die kleinen abstehenden Haarspieße; nur hatten sie, wie jetzt draußen die Natur, sich in die Farbe des Winters gekleidet. Bei unserem Eintritt wandte der kleine Mann sich um.

»Sie kennen mich wohl nicht mehr, Herr Tendler?« fragte ich.

Er sah flüchtig nach mir hin. »Nein, lieber Herr«, erwiderte er, »hab nicht die Ehre.«

Ich nannte ihm den Namen meiner Vaterstadt und sagte: »Ich bin der unnütze Junge, der Ihnen damals Ihren kunstreichen Kasperl verdrehte!«

»Oh, schad't nichts, gar nichts!« erwiderte er verlegen und machte mir einen Diener; »ist lange schon vergessen.«

Er hatte offenbar nur halb auf mich gehört; denn seine Lippen bewegten sich, als spräche er zu sich selber von ganz anderen Dingen.

Da erzählte ich ihm, wie ich vorhin sein Lisei aufgefunden habe, und jetzt erst sah er mich mit offenen Augen an. »Gott Dank! Gott Dank!« sagte er und faltete die Hände. »Ja, ja, das kleine Lisei und der kleine Paul, die spielten derzeit miteinander! – Der kleine Paul! Seid Ihr der kleine Paul? Oh, i glaub's Euch schon; das herzige G'sichtl von dem frischen Bub'n, das schaut da no heraus!« Er nickte mir so innig zu, daß die weißen Haarspießchen auf seinem Kopfe bebten. »Ja, ja, da drunten an der See bei euch; wir sind nit wieder hinkommen; das war no gute Zeit dermal; da war aa noch mein Weib, die Tochter vom großen Geißelbrecht, dabei! ›Joseph!‹ pflegte sie zu sagen, ›wenn nur die Menschen aa so Dräht an ihre Köpf hätten, da könntst du aa mit ihne firti werd'n!‹ – Hätt sie nur heute noch gelebt, sie hätten mich nicht eingesperrt. Du lieber Gott; ich bin kein Dieb, Herr Paulsen.«

Der Inspektor, der draußen vor der angelehnten Tür im Gange auf und ab ging, hatte schon ein paarmal mit seinem Schlüsselbund gerasselt. Ich suchte den alten Mann zu beruhigen und bat ihn, sich bei seinem ersten Verhör auf mich zu berufen, der ich hier bekannt und wohlgeachtet sei.

Als ich wieder zu meiner Meisterin in die Stube trat, rief diese mir entgegen: »Das ist ein trotzigs Mädel, Paulsen; da helft mir nur gleich ein wenig; ich hab ihr die Kammer zum Nachtquartier geboten; aber sie will fort, in die Bettelherberg oder Gott weiß wohin!«

Ich fragte Lisei, ob sie ihre Pässe bei sich habe.

»Mein Gott, die hat der Schulz im Dorf uns abgenommen!«

»So wird kein Wirt dir seine Tür aufmachen«, sagte ich, »das weißt du selber wohl.«

Sie wußte es freilich, und die Meisterin schüttelte ihr vergnügt die Hände. »Ich denk wohl«, sagte sie, »daß du dein eignes Köpfchen hast; der da hat mir's haarklein erzählt, wie ihr zusammen in der Kiste habt gesessen; aber so leicht wärst du doch nicht von mir fortgekommen!«

Das Lisei sah etwas verlegen vor sich nieder; dann aber fragte sie mich hastig aus nach ihrem Vater. Nachdem ich ihr Bescheid gegeben hatte, erbat ich mir ein paar Bettstücke von der Meisterin, nahm von den meinigen noch etwas hinzu und trug es selbst hinüber in die Zelle des Gefangenen, wozu ich vorhin von dem Inspektor die Erlaubnis erhalten hatte. – So konnten wir, als nun die Nacht herankam, hoffen, daß im warmen Bette und auf dem besten Ruhekissen, das es in der Welt gibt, auch unsern alten Freund in seiner öden Kammer ein sanfter Schlaf erquicken werde.

Am andern Vormittage, als ich eben, um zum Herrn Kriminalkommissarius zu gehen, auf die Straße trat, kam von drüben der Inspektor in seinen Morgenpantoffeln auf mich zugeschritten. »Ihr habt recht gehabt, Paulsen«, sagte er mit seiner gläsernen Stimme, »für diesmal ist's kein Spitzbube gewesen; den Richtigen haben sie soeben eingebracht; Euer Alter wird noch heut entlassen werden.«

Und richtig, nach einigen Stunden öffnete sich die Tür des Gefangenhauses, und der alte Tendler wurde von der kommandierenden Stimme des Inspektors zu uns hinübergewiesen. Da das Mittagsessen eben aufgetragen war, so ruhte die Meisterin nicht, bis auch er seinen Platz am Tische eingenommen hatte; aber er berührte die guten Speisen kaum, und wie sie sich auch um ihn bemühen mochte, er blieb wortkarg und in sich gekehrt neben seiner Tochter sitzen; nur mitunter bemerkte ich, wie er deren Hand nahm und sie zärtlich streichelte. Da hörte ich draußen vom Tore her ein Glöckchen bimmeln; ich kannte es ganz genau, aber es läutete mir weither aus meiner Kinderzeit.

»Lisei!« sagte ich leise.

»Ja, Paul, ich hör es wohl.«

Und bald standen wir beide draußen vor der Haustür. Siehe, da kam es die Straße herab, das Wägelchen mit den beiden hohen Kisten, wie ich daheim es mir so oft gewünscht hatte. Ein Bauerbursche ging nebenher mit Zügel und Peitsche in der Hand; aber das Glöckchen bimmelte jetzt am Halse eines kleinen Schimmels.

»Wo ist das Braunchen geblieben?« fragte ich Lisei.

»Das Braunchen«, erwiderte sie, »das ist uns eines Tags vorm Wagen hingefallen; der Vater hat sogleich den Tierarzt aus dem Dorf geholt; aber es hat nimmer leben können.« Bei diesen Worten stürzten ihr die Tränen aus den Augen.

»Was fehlt dir, Lisei?« fragte ich, »es ist ja nun doch alles wieder gut!«

Sie schüttelte den Kopf. »Mein Vaterl gefallt mir nit! Er ist so still; die Schand, er verwind't es nit.« –

–– Und Lisei hatte mit ihren treuen Tochteraugen recht gesehen. Als kaum die beiden in einem kleinen Gasthause untergebracht waren und der Alte schon seine Pläne zur Weiterfahrt entwarf – denn hier wollte er jetzt nicht vor die Leute treten –, da zwang ihn ein Fieber, im Bett zu bleiben. Bald mußten wir einen Arzt holen, und es entwickelte sich ein längeres Krankenlager. In Besorgnis, daß sie dadurch in Not geraten könnten, bot ich Lisei meine Geldmittel zur Hülfe an; aber sie sagte: »I nimm's ja gern von dir; doch sorg nur nit, wir sind nit gar so karg.« Da blieb mir denn nichts anderes zu tun, als in der Nachtwache mit ihr zu wechseln oder, als es dem Kranken besser ging, am Feierabend ein Stündchen an seinem Bett zu plaudern.

So war die Zeit meiner Abreise herangenaht, und mir wurde das Herz immer schwerer. Es tat mir fast weh, das Lisei anzusehen; denn bald fuhr es ja auch mit seinem Vater von hier wieder in die weite Welt hinaus. Wenn sie nur eine Heimat gehabt hätten! Aber wo waren sie zu finden, wenn ich Gruß und Nachricht zu ihnen senden wollte! Ich dachte an die zwölf Jahre seit unserem ersten Abschied; – sollte wieder so lange Zeit vergehen oder am Ende gar das ganze Leben?

»Und grüß mir aa dein Vaterhaus, wenn du heimkommst!« sagte Lisei, da sie am letzten Abend mich an die Haustür begleitet hatte. »I seh's mit mein' Augen, das Bänkerl vor der Tür, die Lind im Gart'l;

ach, i vergiß es nimmer; so lieb hab ich's nit wieder g'funden in der Welt!«

Als sie das sagte, war es mir, als leuchte aus dunkler Tiefe meine Heimat zu mir auf; ich sah die zärtlichen Augen meiner Mutter, das feste ehrliche Antlitz meines Vaters. »Ach, Lisei«, sagte ich, »wo ist denn jetzt mein Vaterhaus! Es ist ja alles öd und leer.«

Lisei antwortete nicht; sie gab mir nur die Hand und blickte mich mit ihren guten Augen an.

Da war mir, als hörte ich die Stimme meiner Mutter sagen: ›Halte diese Hand fest und kehr mit ihr zurück, so hast du deine Heimat wieder!‹ – und ich hielt die Hand fest und sagte: »Kehr du mit mir zurück, Lisei, und laß uns zusammen versuchen, ein neues Leben in das leere Haus zu bringen, ein so gutes, wie es die geführt haben, die ja auch dir einst lieb gewesen sind!«

»Paul«, rief sie, »was meinst du? I versteh di nit.«

Aber ihre Hand zitterte heftig in der meinen, und ich bat nur: »Ach, Lisei, versteh mich doch!«

Sie schwieg einen Augenblick. »Paul«, sagte sie dann, »i kann nit von mei'm Vaterl gehen.«

»Der muß ja mit uns, Lisei! Im Hinterhause, die beiden Stübchen, die jetzt leer stehen, da kann er wohnen und wirtschaften; der alte Heinrich hat sein Kämmerchen dicht daneben.«

Lisei nickte. »Aber Paul, wir sind landfahrende Leut. Was werden sie sagen bei dir daheim?«

»Sie werden mächtig reden, Lisei!«

»Und du hast nit Furcht davor?«

Ich lachte nur dazu.

»Nun«, sagte Lisei, und wie ein Glockenlaut schlug es aus ihrer Stimme, »wenn du sie hast – i hab schon die Kuraschi!«

»Aber tust du's denn auch gern?«

»Ja, Paul, wenn i 's nit gern tät« – und sie schüttelte ihr braunes Köpfchen gegen mich –, »gel, da tät i 's nimmermehr!« –

»Und, mein Junge«, unterbrach sich hier der Erzähler, »wie einen bei solchen Worten ein Paar schwarze Mädchenaugen ansehen, das sollst du nun noch lernen, wenn du erst ein Stieg Jahre weiter bist!«

›Ja, ja‹, dachte ich, ›zumal so ein Paar Augen, die einen See ausbrennen können!‹

»Und nicht wahr«, begann Paulsen wieder, »nun weißt du auch nachgerade, wer das Lisei ist.«

»Das ist die Frau Paulsen!« erwiderte ich. »Als ob ich das nicht längst gemerkt hätte! Sie sagt ja noch immer ›nit‹ und hat auch noch die schwarzen Augen unter den feingepinselten Augenbrauen.«

Mein Freund lachte, während ich mir im stillen vornahm, die Frau Paulsen, wenn wir ins Haus zurückkämen, doch einmal recht darauf anzusehen, ob noch das Puppenspieler-Lisei in ihr zu erkennen sei. – »Aber«, fragte ich, »wo ist denn der alte Herr Tendler hingekommen?«

»Mein liebes Kind«, erwiderte mein Freund, »wohin wir schließlich alle kommen. Drüben auf dem grünen Kirchhof ruht er neben unserem alten Heinrich; aber es ist noch einer mehr in sein Grab mit hineingekommen; der andre kleine Freund aus meiner Kinderzeit. Ich will dir's wohl erzählen; nur laß uns ein wenig hintenaus gehen; meine Frau könnte nachgerade einmal nach uns sehen wollen, und sie soll die Geschichte doch nicht wieder hören.«

Paulsen stand auf, und wir gingen auf den Spazierweg hinaus, der auch hier hinter den Gärten der Stadt entlangführt. Nur wenige Leute kamen uns entgegen; denn es war schon um die Vesperzeit.

»Siehst du« – begann Paulsen seine Erzählung wieder –, »der alte Tendler war derzeit mit unserem Verspruch gar wohl zufrieden; er gedachte meiner Eltern, die er einst gekannt hatte, und er faßte auch zu mir Vertrauen. Überdies war er des Wanderns müde; ja, seit es ihn in die Gefahr gebracht hatte, mit den verworfensten Vagabonden verwechselt zu werden, war in ihm die Sehnsucht nach einer festen Heimat immer mehr heraufgewachsen. Meine gute Meisterin zwar zeigte sich nicht so einverstanden; sie fürchtete, bei allem guten Willen möge doch das Kind des umherziehenden Puppenspielers nicht die rechte Frau für einen seßhaften Handwerksmann abgeben. – Nun, sie ist seit lange schon bekehrt worden!

-- Und so war ich denn nach kaum acht Tagen wieder hier, von den Bergen an die Nordseeküste, in unserer alten Vaterstadt. Ich nahm mit Heinrich die Geschäfte rüstig in die Hand und richtete zugleich die beiden leerstehenden Zimmer im Hinterhause für den Vater Joseph ein. – Vierzehn Tage weiter – es strichen eben die Düfte der ersten Frühlingsblumen über die Gärten –, da kam es die Straße heraufgebimmelt. »Meister, Meister!« rief der alte Heinrich, »sie kommen, sie kommen!« Und da hielt schon das Wägelchen mit den zwei hohen Kisten vor unserer Tür. Das Lisei war da, der Vater Joseph war da, beide mit muntern Augen und roten Wangen; und auch das ganze Puppenspiel zog mit ihnen ein; denn ausdrückliche Bedingung war es, daß dies den Vater Joseph auf sein Altenteil begleiten solle. Das kleine Fuhrwerk dagegen wurde in den nächsten Tagen schon verkauft.

Dann hielten wir die Hochzeit; ganz in der Stille; denn Blutsfreunde hatten wir weiter nicht am Ort; nur der Hafenmeister, mein alter Schulkamerad, war als Trauzeuge mit zugegen. Lisei war, wie ihre Eltern, katholisch; daß aber das ein Hindernis für unsere Ehe sein könne, ist uns niemals eingefallen. In den ersten Jahren reiste sie wohl zur österlichen Beichte nach unserer Nachbarstadt, wo, wie du weißt, eine katholische Gemeinde ist; nachher hat sie ihre Kümmernisse nur noch ihrem Mann gebeichtet.

Am Hochzeitsmorgen legte Vater Joseph zwei Beutel vor mir auf den Tisch, einen größeren mit alten Harzdritteln, einen kleinen voll Kremnitzer Dukaten.

»Du hast nit danach fragt, Paul!« sagte er. »Aber so völlig arm is doch mein Lisei dir nit zubracht. Nimm's! i brauch's allfurt nit mehr.« –

Das war der Sparpfennig, von dem mein Vater einst gesprochen, und er kam jetzt seinem Sohne beim Neubeginn seines Geschäfts zu ganz gelegener Zeit. Freilich hatte Liseis Vater damit sein ganzes Vermögen hingegeben und sich selbst der Fürsorge seiner Kinder anvertraut; aber er war dabei nicht müßig; er suchte seine Schnitzmesser wieder hervor und wußte sich bei den Arbeiten in der Werkstatt nützlich zu machen.

Die Puppen nebst dem Theater-Apparat waren in einem Verschlage auf dem Boden des Nebenhauses untergebracht. Nur an Sonntagnachmittagen holte er bald die eine, bald die andere in sein Stübchen herunter, revidierte die Drähte und Gelenke und putzte oder besserte dies und jenes an denselben. Der alte Heinrich stand dann mit seiner kurzen Pfeife neben ihm und ließ sich die Schicksale der Puppen erzählen, von denen fast jede ihre eigene Geschichte hatte; ja, wie es jetzt herauskam, der so wirkungsvoll geschnitzte Kasper hatte einst für seinen jungen Verfertiger sogar den Brautwerber um Liseis Mutter abgegeben. Mitunter wurden zur besseren

Veranschaulichung der einen oder andern Szene auch wohl die Drähte in Bewegung gesetzt; Lisei und ich haben oftmals draußen an den Fenstern gestanden, die schon aus grünem Weinlaub gar traulich auf den Hof hinausschauten; aber die alten Kinder drinnen waren meist so in ihr Spiel vertieft, daß ihnen erst durch unser Beifallklatschen die Gegenwart der Zuschauer bemerklich wurde. -- Als das Jahr weiterrückte, fand Vater Joseph eine andere Beschäftigung; er nahm den Garten unter seine Obhut, er pflanzte und erntete, und am Sonntage wandelte er, sauber angetan, zwischen den Rabatten auf und ab, putzte an den Rosenbüschen oder band Nelken und Levkojen an feine selbstgeschnitzte Stäbchen.

So lebten wir einig und zufrieden; mein Geschäft hob sich mehr und mehr. Über meine Heirat hatte unsere gute Stadt sich ein paar Wochen lebhaft ausgesprochen; da aber fast alle über die Unvernunft meiner Handlungsweise einig waren und dem Gespräche so die gedeihliche Nahrung des Widerspruches vorenthalten blieb, so hatte es sich bald selber ausgehungert.

Als es dann abermals Winter wurde, holte Vater Joseph an den Sonntagen auch wieder die Puppen aus ihrem Verschlage herunter, und ich dachte nicht anders, als daß in solchem stillen Wechsel der Beschäftigung ihm auch künftig die Jahre hingehen würden. Da trat er eines Morgens mit gar ernsthaftem Gesichte zu mir in die Wohnstube, wo ich eben allein an meinem Frühstück saß. »Schwiegersohn«, sagte er, nachdem er sich wie verlegen ein paarmal mit der Hand durch seine weißen Haarspießchen gefahren war, »ich kann's doch nit wohl länger ansehn, daß ich alleweil so das Gnadenbrot an euerm Tisch soll essen.«

Ich wußte nicht, wo das hinaus sollte, aber ich fragte ihn, wie er auf solche Gedanken komme; er schaffe ja mit in der Werkstatt, und wenn mein Geschäft jetzt einen größeren Gewinn abwerfe, so sei dies wesentlich der Zins seines eigenen Vermögens, das er an unserem Hochzeitsmorgen in meine Hand gelegt habe.

Er schüttelte den Kopf. Das reiche alles nicht; aber eben jenes kleine Vermögen habe er zum Teil einst in unserer Stadt gewonnen; das Theater sei ja noch vorhanden, und die Stücke habe er auch alle noch im Kopfe.

Da merkte ich's denn wohl, der alte Puppenspieler ließ ihm keine Ruhe; sein Freund, der gute Heinrich, genügte ihm nicht mehr als

Publikum, er mußte einmal wieder öffentlich vor versammeltem Volke seine Stücke aufführen.

Ich suchte es ihm auszureden; aber er kam immer wieder darauf zurück. Ich sprach mit Lisei, und am Ende konnten wir nicht umhin, ihm nachzugeben. Am liebsten hätte nun freilich der alte Mann gesehen, wenn Lisei wie vor unserer Verheiratung die Frauenrollen in seinen Stücken gesprochen hätte; aber wir waren übereingekommen, seine dahin zielenden Anspielungen nicht zu verstehen; für die Frau eines Bürgers und Handwerksmeisters wollte sich das denn doch nicht ziemen.

Zum Glück - oder, wie man will, zum Unglück - war derzeit ein ganz reputierliches Frauenzimmer in der Stadt, die einst bei einer Schauspielertruppe als Souffleuse gedient hatte und daher in derlei Dingen nicht unbewandert war. Diese - Kröpel-Lieschen nannten sie die Leute von wegen ihrer Kreuzlahmheit - ging sofort auf unser Anerbieten ein, und bald entwickelte sich am Feierabend und an den Sonntagnachmittagen die lebhafteste Tätigkeit in Vater Josephs Stübchen. Während vor dem einen Fenster der alte Heinrich an den Gerüststücken des Theaters zimmerte, stand vor dem andern zwischen frisch angemalten Kulissen, die von der Zimmerdecke herunterhingen, der alte Puppenspieler und exerzierte mit Kröpel-Lieschen eine Szene nach der andern. Sie sei ein dreimal gewürztes Frauenzimmer, versicherte er stets nach solcher Probe; nicht einmal die Lisei hab es so schnell kapiert; nur mit dem Singen ginge es nit gar so schön; sie grunze mit ihrer Stimme immer in der Tiefe, was für die schöne Susanne, die das Lied zu singen habe, nicht eben harmonierlich sei.

Endlich war der Tag der Aufführung festgesetzt. Es sollte alles möglichst reputierlich vor sich gehen; nicht auf dem Schützenhofe, sondern auf dem Rathaussaale, wo auch die Primaner um Michaelis ihre Redeübungen hielten, sollte jetzt der Schauplatz sein; und als am Sonnabendnachmittage unsere guten Bürger ihr frisches Wochenblättchen auseinanderfalteten, sprang ihnen in breiten Lettern die Anzeige in die Augen:

»Morgen Sonntagabend sieben Uhr auf dem Rathaussaale Marionetten-Theater des Mechanicus Joseph Tendler hieselbst. Die schöne Susanna, Schauspiel mit Gesang in vier Aufzügen.«

Es war aber damals in unserer Stadt nicht mehr die harmlose schaulustige Jugend aus meinen Kinderjahren; die Zeiten des Kosakenwinters lagen dazwischen, und namentlich war unter den Handwerkslehrlingen eine arge Zügellosigkeit eingerissen; die früheren Liebhaber unter den Honoratioren aber hatten ihre Gedanken jetzt auf andere Dinge. Dennoch wäre vielleicht alles gut gegangen, wenn nur der schwarze Schmidt und seine Jungen nicht gewesen wären.« – –

Ich fragte Paulsen, wer das sei, denn ich hatte niemals von einem solchen Menschen in unserer Stadt gehört.

»Das glaub ich wohl«, erwiderte er, »der schwarze Schmidt ist schon vor Jahren im Armenhaus verstorben; damals aber war er Meister gleich mir; nicht ungeschickt, aber lüderlich in seiner Arbeit wie im Leben; der sparsame Verdienst des Tages wurde abends in Trunk und Kartenspiel vertan. Schon gegen meinen Vater hatte er einen Haß gehabt, nicht allein, weil dessen Kundschaft die seinige bei weitem überstieg, sondern schon aus der Jugend her, wo er dessen Nebenlehrling gewesen und wegen eines schlechten Streiches gegen ihn vom Meister fortgejagt worden war. Seit dem Sommer hatte er Gelegenheit gefunden, diese Abneigung in erhöhtem Maße auch auf mich auszudehnen; denn bei der damals hier neu errichteten Kattunfabrik war, trotz seiner eifrigen Bemühung um dieselbe, die Arbeit an den Maschinen allein mir übertragen worden, infolgedessen er und seine beiden Söhne, die bei dem Vater in Arbeit standen und diesen an wüstem Treiben wo möglich überboten, schon nicht verfehlt hatten, mir ihren Verdruß durch allerlei Neckereien kundzugeben. Ich hatte indessen jetzt keine Gedanken an diese Menschen.

So war der Abend der Aufführung herangekommen. Ich hatte noch an meinen Büchern zu ordnen und habe, was geschah, erst später durch meine Frau und Heinrich erfahren, welche zugleich mit unserem Vater nach dem Rathaussaale gingen.

Der Erste Platz dort war fast gar nicht, der Zweite nur mäßig besetzt gewesen; auf der Galerie aber hatte es Kopf an Kopf gestanden. – Als man vor diesem Publikum das Spiel begonnen, war anfänglich alles in der Ordnung vorgegangen; die alte Lieschen hatte ihren Part fest und ohne Anstoß hingeredet. – Dann aber kam das unglückselige Lied! Sie bemühte sich vergebens, ihrer Stimme einen zarteren Klang zu geben; wie Vater Joseph vorhin gesagt hatte, sie grunzte wirklich in der Tiefe. Plötzlich rief eine Stimme von der Galerie: »Höger up, Kröpel-Lieschen! Höger up!« Und als sie, diesem

Rufe gehorsam, die unerreichbaren Diskanttöne zu erklettern strebte, da scholl ein rasendes Gelächter durch den Saal.

Das Spiel auf der Bühne stockte, und zwischen den Kulissen heraus rief die bebende Stimme des alten Puppenspielers: »Meine Herrschaft'n, i bitt g'wogentlich um Ruhe!« Kasperl, den er eben an seinen Drähten in der Hand hielt und der mit der schönen Susanna eine Szene hatte, schlenkerte krampfhaft mit seiner kunstvollen Nase.

Neues Gelächter war die Antwort. »Kasperl soll singen!« – »Russisch! Schöne Minka, ich muß scheiden!« – »Hurra für Kasperl!« – »Nichts doch; Kasperl sein' Tochter soll singen!« – »Jawohl, wischt euch 's Maul! Die ist Frau Meisterin geworden, die tut's halt nimmermehr!«

So ging's noch eine Weile durcheinander. Auf einmal flog, in wohl gezieltem Wurfe, ein großer Pflasterstein auf die Bühne. Er hatte die Drähte des Kasperl getroffen; die Figur entglitt der Hand ihres Meisters und fiel zu Boden.

Vater Joseph ließ sich nicht mehr halten. Trotz Liseis Bitten hat er gleich darauf die Puppenbühne betreten. – Donnerndes Händeklatschen, Gelächter, Fußtrampeln empfing ihn, und es mag sich freilich seltsam genug präsentiert haben, wie der alte Mann, mit dem Kopf oben in den Suffiten, unter lebhaftem Händearbeiten seinem gerechten Zorne Luft zu machen suchte. – Plötzlich, unter allem Tumult, fiel der Vorhang, der alte Heinrich hatte ihn herabgelassen.

–– Mich hatte indes zu Hause bei meinen Büchern eine gewisse Unruhe befallen; ich will nicht sagen, daß mir Unheil ahnte, aber es trieb mich dennoch fort, den Meinigen nach. – Als ich die Treppe zum Rathaussaal hinaufsteigen wollte, drängte eben die ganze Menge von oben mir entgegen. Alles schrie und lachte durcheinander. »Hurra! Kasper is dod! Lott is dod. Die Kamedie ist zu End!« – Als ich aufsah, erblickte ich die schwarzen Gesichter der Schmidt-Jungen über mir. Sie waren augenblicklich still und rannten an mir vorbei zur Tür hinaus; ich aber hatte für mich jetzt die Gewißheit, wo die Quelle dieses Unfugs zu suchen war.

Oben angekommen, fand ich den Saal fast leer. Hinter der Bühne saß mein alter Schwiegervater wie gebrochen auf einem Stuhl und hielt mit beiden Händen sein Gesicht bedeckt. Lisei, die auf den Knien vor ihm lag, richtete sich, da sie mich gewahrte, langsam auf.

»Nun, Paul«, fragte sie, mich traurig ansehend, »hast du noch die Kuraschi?«

Aber sie mußte wohl in meinen Augen gelesen haben, daß ich sie noch hatte; denn bevor ich noch antworten konnte, lag sie schon an meinem Halse. »Laß uns nur fest zusammenhalten, Paul!« sagte sie leise.

-- Und siehst du! Damit und mit ehrlicher Arbeit sind wir durchgekommen.

-- Als wir am andern Morgen aufgestanden waren, da fanden wir jenes Schimpfwort »Pole Poppenspäler« - denn ein Schimpfwort sollte es ja sein - mit Kreide auf unsere Haustür geschrieben. Ich aber habe es ruhig ausgewischt, und als es dann später noch ein paarmal an öffentlichen Orten wieder lebendig wurde, da habe ich einen Trumpf daraufgesetzt; und weil man wußte, daß ich nicht spaße, so ist es danach still geworden. -- Wer dir es jetzt gesagt hat, der wird nichts Böses damit gemeint haben; ich will seinen Namen auch nicht wissen.

Unser Vater Joseph aber war seit jenem Abend nicht mehr der alte. Vergebens zeigte ich ihm die unlautere Quelle jenes Unfugs und daß derselbe ja mehr gegen mich als gegen ihn gerichtet gewesen sei. Ohne unser Wissen hatte er bald darauf alle seine Marionetten auf eine öffentliche Auktion gegeben, wo sie zum Jubel der anwesenden Jungen und Trödelweiber um wenige Schillinge versteigert waren; er wollte sie niemals wiedersehen. - Aber das Mittel dazu war schlecht gewählt; denn als die Frühlingssonne erst wieder in die Gassen schien, kam von den verkauften Puppen eine nach der andern aus den dunkeln Häusern an das Tageslicht. Hier saß ein Mädchen mit der heiligen Genoveva auf der Haustürschwelle, dort ließ ein Junge den Doktor Faust auf seinem schwarzen Kater reiten; in einem Garten in der Nähe des Schützenhofes hing eines Tages der Pfalzgraf Siegfried neben dem höllischen Sperling als Vogelscheuche in einem Kirschbaum. Unserem Vater tat die Entweihung seiner Lieblinge so weh, daß er zuletzt kaum noch Haus und Garten bei uns verlassen mochte. Ich sah es deutlich, daß dieser übereilte Verkauf an seinem Herzen nagte, und es gelang mir, die eine und die andere Puppe zurückzukaufen; aber als ich sie ihm brachte, hatte er keine Freude daran; das Ganze war ja überdies zerstört. Und, seltsam, trotz aller aufgewendeten Mühe konnte ich nicht erfahren, in welchem Winkel sich die wertvollste Figur von allen, der kunstreiche Kasperl, verborgen halte. Und was war ohne ihn die ganze Puppenwelt!

Aber vor einem andern, ernsteren Spiel sollte bald der Vorhang fallen. Ein altes Brustleiden war bei unserem Vater wieder aufgewacht, sein Leben neigte sich augenscheinlich zu Ende. Geduldig und voll Dankbarkeit für jeden kleinen Liebesdienst lag er auf seinem Bette. »Ja, ja«, sagte er lächelnd und hob so heiter seine Augen gegen die Bretterdecke des Zimmers, als sähe er durch dieselbe schon in die ewigen Fernen des Jenseits, »es is scho richtig g'wes'n: mit den Menschen hab ich nit immer könne firti werd'n; da drobn mit den Engeln wird's halt besser gehn; und – auf alle Fäll, Lisei, i find ja doch die Mutter dort.«

-- Der gute kindliche Mann starb; Lisei und ich, wir haben ihn bitterlich vermißt; auch der alte Heinrich, der ihm nach wenigen Jahren folgte, ging an seinen noch übrigen Sonntagnachmittagen umher, als wisse er mit sich selber nicht wohin, als wolle er zu einem, den er doch nicht finden könne.

Den Sarg unseres Vaters bedeckten wir mit allen Blumen des von ihm selbst gepflegten Gartens; schwer von Kränzen wurde er auf den Kirchhof hinausgetragen, wo unweit von der Umfassungsmauer das Grab bereitet war. Als man den Sarg hinabgelassen hatte, trat unser alter Propst an den Rand der Gruft und sprach ein Wort des Trostes und der Verheißung; er war meinen seligen Eltern stets ein treuer Freund und Rater gewesen; ich war von ihm konfirmiert, Lisei und ich von ihm getraut worden. Ringsum auf dem Kirchhofe war es schwarz von Menschen; man schien von dem Begräbnisse des alten Puppenspielers noch ein ganz besonderes Schauspiel zu erwarten. – Und etwas Besonderes geschah auch wirklich; aber es wurde nur von uns bemerkt, die wir der Gruft zunächst standen. Lisei, die an meinem Arme mit hinausgegangen war, hatte eben krampfhaft meine Hand gefaßt, als jetzt der alte Geistliche dem Brauche gemäß den bereitgestellten Spaten ergriff und die erste Erde auf den Sarg hinabwarf. Dumpf klang es aus der Gruft zurück. »Von der Erden bist du genommen!« erscholl jetzt das Wort des Priesters; aber kaum war es gesprochen, als ich von der Umfassungsmauer her über die Köpfe der Menschen etwas auf uns zufliegen sah. Ich meinte erst, es sei ein großer Vogel; aber es senkte sich und fiel grade in die Gruft hinab. Bei einem flüchtigen Umblick – denn ich stand etwas erhöht auf der aufgeworfenen Erde – hatte ich einen der Schmidt-Jungen sich hinter die Kirchhofmauer ducken und dann davonlaufen sehen, und ich wußte plötzlich, was geschehen war. Lisei hatte einen Schrei an meiner Seite ausgestoßen, unser alter Propst hielt wie unschlüssig den Spaten zum zweiten Wurfe in den Händen. Ein Blick in das Grab bestätigte meine Ahnung: oben auf dem Sarge, zwischen den Blumen und der Erde, die zum Teil sie schon bedeckte, da hatte er sich hingesetzt, der alte Freund aus meiner Kinderzeit, Kasperl, der kleine lustige Allerweltskerl. – Aber er sah jetzt gar nicht lustig aus; seinen großen Nasenschnabel hatte er traurig auf die Brust gesenkt; der eine Arm mit dem kunstreichen Daumen war gegen den Himmel ausgestreckt; als solle er verkünden, daß, nachdem alle Puppenspiele ausgespielt, da droben nun ein anderes Stück beginnen werde.

Ich sah das alles nur auf einen Augenblick, denn schon warf der Propst die zweite Scholle in die Gruft: »Und zur Erde wieder sollst du werden!« – Und wie es von dem Sarg hinabrollte, so fiel auch Kasperl aus seinen Blumen in die Tiefe und wurde von der Erde überdeckt.

Dann mit dem letzten Schaufelwurf erklang die tröstliche Verheißung: »Und von der Erden sollst du auferstehen!«

Als das Vaterunser gesprochen war und die Menschen sich verlaufen hatten, trat der alte Propst zu uns, die wir noch immer in die Grube starrten. »Es hat eine Ruchlosigkeit sein sollen«, sagte er, indem er liebreich unsere Hände faßte. »Laßt uns es anders nehmen! In seiner Jugendzeit, wie ihr es mir erzähltet, hat der selige Mann die kleine Kunstfigur geschnitzt, und sie hat einst sein Eheglück begründet; später, sein ganzes Leben lang, hat er durch sie, am Feierabend nach der Arbeit, gar manches Menschenherz erheitert, auch manches Gott und den Menschen wohlgefällige Wort der Wahrheit dem kleinen Narren in den Mund gelegt; – ich habe selbst der Sache einmal zugeschaut, da ihr noch beide Kinder waret. – Laßt nur das kleine Werk seinem Meister folgen; das stimmt gar wohl zu den Worten unserer Heiligen Schrift! Und seid getrost; denn die Guten werden ruhen von ihrer Arbeit.«

– Und so geschah es. Still und friedlich gingen wir nach Hause; den kunstreichen Kasperl aber, wie unsern guten Vater Joseph, haben wir niemals wiedergesehen.

– – Alles das«, setzte nach einer Weile mein Freund hinzu, »hat uns manches Weh bereitet; aber gestorben sind wir beiden jungen Leute nicht daran. Nicht lange nachher wurde unser Joseph uns geboren, und wir hatten nun alles, was zu einem vollen Menschenglück gehört. An jene Vorgänge aber werde ich noch jetzt Jahr um Jahr durch den ältesten Sohn des schwarzen Schmidt erinnert. Er ist einer jener ewig wandernden Handwerksgesellen geworden, die, verlumpt und verkommen, ihr elendes Leben von den Geschenken fristen, die nach Zunftgebrauch auf ihre Ansprache die Handwerksmeister ihnen zu verabreichen haben. Auch meinem Hause geht er nie vorbei.«

Mein Freund schwieg und blickte vor sich in das Abendrot, das dort hinter den Bäumen des Kirchhofs stand; ich aber hatte schon eine Zeitlang über der Gartenpforte, der wir uns jetzt wieder näherten, das freundliche Gesicht der Frau Paulsen nach uns ausblicken sehen. »Hab ich's nit denkt!« rief sie, als wir nun zu ihr traten. »Was habt ihr wieder für ein Langes abzuhandeln? Aber nun kommt ins Haus! Die Gottsgab steht auf dem Tisch; der Hafenmeister is auch schon da; und ein Brief vom Joseph und der alt Meisterin! -- Aber was schaust mi denn so an, Bub?«

Der Meister lächelte. »Ich hab ihm was verraten, Mutter. Er will nun sehen, ob du auch richtig noch das kleine Puppenspieler-Lisei bist!«

»Ja, freili!« erwiderte sie, und ein Blick voll Liebe flog zu ihrem Mann hinüber. »Schau nur richti zu, Bub! Und wenn du es nit kannst find'n - der da, der weiß es gar genau!«

Und der Meister legte schweigend seinen Arm um sie. Dann gingen wir ins Haus zur Feier ihres Hochzeitstages. -

Es waren prächtige Leute, der Paulsen und sein Puppenspieler-Lisei.

AQUIS SUBMERSUS

In unserem zu dem früher herzoglichen Schlosse gehörigen, seit Menschengedenken aber ganz vernachlässigten »Schloßgarten« waren schon in meiner Knabenzeit die einst im altfranzösischen Stile angelegten Hagebuchenhecken zu dünnen, gespenstischen Alleen ausgewachsen; da sie indessen immerhin noch einige Blätter tragen, so wissen wir Hiesigen, durch Laub der Bäume nicht verwöhnt, sie gleichwohl auch in dieser Form zu schätzen; und zumal von uns nachdenklichen Leuten wird immer der eine oder andre dort zu treffen sein. Wir pflegen dann unter dem dürftigen Schatten nach dem sogenannten »Berg« zu wandern, einer kleinen Anhöhe in der nordwestlichen Ecke des Gartens oberhalb dem ausgetrockneten Bette eines Fischteiches, von wo aus der weitesten Aussicht nichts im Wege steht.

Die meisten mögen wohl nach Westen blicken, um sich an dem lichten Grün der Marschen und darüberhin an der Silberflut des Meeres zu ergötzen, auf welcher das Schattenspiel der langgestreckten Insel schwimmt; meine Augen wenden unwillkürlich sich nach Norden, wo, kaum eine Meile fern, der graue spitze Kirchturm aus dem höher belegenen, aber öden Küstenlande aufsteigt; denn dort liegt eine von den Stätten meiner Jugend.

Der Pastorssohn aus jenem Dorfe besuchte mit mir die »Gelehrtenschule« meiner Vaterstadt, und unzählige Male sind wir am Sonnabendnachmittage zusammen dahinaus gewandert, um dann am Sonntagabend oder montags früh zu unserem Nepos oder später zu unserem Cicero nach der Stadt zurückzukehren. Es war damals auf der Mitte des Weges noch ein gut Stück ungebrochener Heide übrig, wie sie sich einst nach der einen Seite bis fast zur Stadt, nach der anderen ebenso gegen das Dorf erstreckt hatte. Hier summten auf den Blüten des duftenden Heidekrauts die Immen und weißgrauen Hummeln und rannte unter den dürren Stengeln desselben der schöne goldgrüne Laufkäfer; hier in den Duftwolken der Eriken und des harzigen Gagelstrauches schwebten Schmetterlinge, die nirgends sonst zu finden waren. Mein ungeduldig dem Elternhause zustrebender

Freund hatte oft seine liebe Not, seinen träumerischen Genossen durch all die Herrlichkeiten mit sich fortzubringen; hatten wir jedoch das angebaute Feld erreicht, dann ging es auch um desto munterer vorwärts, und bald, wenn wir nur erst den langen Sandweg hinaufwateten, erblickten wir auch schon über dem dunkeln Grün einer Fliederhecke den Giebel des Pastorhauses, aus dem das Studierzimmer des Pastors mit seinen kleinen blinden Fensterscheiben auf die bekannten Gäste hinabgrüßte.

Bei den Pastorsleuten, deren einziges Kind mein Freund war, hatten wir allezeit, wie wir hier zu sagen pflegen, fünf Quartier auf der Elle, ganz abgesehen von der wunderbaren Naturalverpflegung. Nur die Silberpappel, der einzig hohe und also auch einzig verlockende Baum des Dorfes, welche ihre Zweige ein gut Stück oberhalb des bemoosten Strohdaches rauschen ließ, war gleich dem Apfelbaum des Paradieses uns verboten und wurde daher nur heimlich von uns erklettert; sonst war, soviel ich mich entsinne, alles erlaubt und wurde ja nach unserer Altersstufe bestens von uns ausgenutzt.

Der Hauptschauplatz unserer Taten war die große »Priesterkoppel«, zu der ein Pförtchen aus dem Garten führte. Hier wußten wir mit dem den Buben angeborenen Instinkte die Nester der Lerchen und der Grauammern aufzuspüren, denen wir dann die wiederholtesten Besuche abstatteten, um nachzusehen, wie weit in den letzten zwei Stunden die Eier oder die Jungen nun gediehen seien; hier auf einer tiefen und, wie ich jetzt meine, nicht weniger als jene Pappel gefährlichen Wassergrube, deren Rand mit alten Weidenstümpfen dicht umstanden war, fingen wir die flinken schwarzen Käfer, die wir »Wasserfranzosen« nannten, oder ließen wir ein andermal unsere auf einer eigens angelegten Werft erbaute Kriegsflotte aus Walnußschalen und Schachteldeckeln schwimmen. Im Spätsommer geschah es dann auch wohl, daß wir aus unserer Koppel einen Raubzug nach des Küsters Garten machten, welcher gegenüber dem des Pastorates an der anderen Seite der Wassergrube lag; denn wir hatten dort von zwei verkrüppelten Apfelbäumen unseren Zehnten einzuheimsen, wofür uns freilich gelegentlich eine freundschaftliche Drohung von dem gutmütigen alten Manne zuteil wurde. – So viele Jugendfreuden wuchsen auf dieser Priesterkoppel, in deren dürrem Sandboden andere Blumen nicht gedeihen wollten; nur den scharfen Duft der goldknopfigen Rainfarren, die hier haufenweis auf allen Wällen standen, spüre ich noch heute in der Erinnerung, wenn jene Zeiten mir lebendig werden.

Doch alles dieses beschäftigte uns nur vorübergehend; meine dauernde Teilnahme dagegen erregte ein anderes, dem wir selbst in der Stadt nichts an die Seite zu setzen hatten. – Ich meine damit nicht etwa die Röhrenbauten der Lehmwespen, die überall aus den Mauerfugen des Stalles hervorragten, obschon es anmutig genug war, in beschaulicher Mittagsstunde das Aus- und Einfliegen der emsigen Tierchen zu beobachten; ich meine den viel größeren Bau der alten und ungewöhnlich stattlichen Dorfkirche. Bis an das Schindeldach des hohen Turmes war sie von Grund auf aus Granitquadern aufgebaut und beherrschte, auf dem höchsten Punkt des Dorfes sich erhebend, die weite Schau über Heide, Strand und Marschen. – Die meiste Anziehungskraft für mich hatte indes das Innere der Kirche; schon der ungeheure Schlüssel, der von dem Apostel Petrus selbst zu stammen schien, erregte meine Phantasie. Und in der Tat erschloß er auch, wenn wir ihn glücklich dem alten Küster abgewonnen hatten, die Pforte zu manchen wunderbaren Dingen, aus denen eine längst vergangene Zeit hier wie mit finstern, dort mit kindlich frommen Augen, aber immer in geheimnisvollem Schweigen zu uns Lebenden aufblickte. Da hing mitten in die Kirche hinab ein schrecklich übermenschlicher Crucifixus, dessen hagere Glieder und verzerrtes Antlitz mit Blute überrieselt waren; dem zur Seite an einem Mauerpfeiler haftete gleich einem Nest die braungeschnitzte Kanzel, an der aus Frucht- und Blattgewinden allerlei Tier- und Teufelsfratzen sich hervorzudrängen schienen. Besondere Anziehung aber übte der große geschnitzte Altarschrank im Chor der Kirche, auf dem in bemalten Figuren die Leidensgeschichte Christi dargestellt war; so seltsam wilde Gesichter, wie das des Kaiphas oder die der Kriegsknechte, welche in ihren goldenen Harnischen um des Gekreuzigten Mantel würfelten, bekam man draußen im Alltagsleben nicht zu sehen; tröstlich damit kontrastierte nur das holde Antlitz der am Kreuze hingesunkenen Maria; ja, sie hätte leicht mein Knabenherz mit einer phantastischen Neigung bestricken können, wenn nicht ein anderes mit noch stärkerem Reize des Geheimnisvollen mich immer wieder von ihr abgezogen hätte.

Unter all diesen seltsamen oder wohl gar unheimlichen Dingen hing im Schiff der Kirche das unschuldige Bildnis eines toten Kindes, eines schönen, etwa fünfjährigen Knaben, der, auf einem mit Spitzen besetzten Kissen ruhend, eine weiße Wasserlilie in seiner kleinen bleichen Hand hielt. Aus dem zarten Antlitz sprach neben dem Grauen des Todes, wie hülfeflehend, noch eine letzte holde Spur des Lebens; ein unwiderstehliches Mitleid befiel mich, wenn ich vor diesem Bilde stand.

Aber es hing nicht allein hier; dicht daneben schaute aus dunklem Holzrahmen ein finsterer, schwarzbärtiger Mann in Priesterkragen und Sammar. Mein Freund sagte mir, es sei der Vater jenes schönen Knaben; dieser selbst, so gehe noch heute die Sage, solle einst in der Wassergrube unserer Priesterkoppel seinen Tod gefunden haben. Auf dem Rahmen lasen wir die Jahreszahl 1666; das war lange her. Immer wieder zog es mich zu diesen beiden Bildern; ein phantastisches Verlangen ergriff mich, von dem Leben und Sterben des Kindes eine nähere, wenn auch noch so karge Kunde zu erhalten; selbst aus dem düsteren Antlitz des Vaters, das trotz des Priesterkragens mich fast an die Kriegsknechte des Altarschranks gemahnen wollte, suchte ich sie herauszulesen.

-- Nach solchen Studien in dem Dämmerlicht der alten Kirche erschien dann das Haus der guten Pastorsleute nur um so gastlicher. Freilich war es gleichfalls hoch zu Jahren, und der Vater meines Freundes hoffte, so lange ich denken konnte, auf einen Neubau; da aber die Küsterei an derselben Altersschwäche litt, so wurde weder hier noch dort gebaut. - Und doch, wie freundlich waren trotzdem die Räume des alten Hauses; im Winter die kleine Stube rechts, im Sommer die größere links vom Hausflur, wo die aus den Reformationsalmanachen herausgeschnittenen Bilder in Mahagonirähmchen an der weißgetünchten Wand hingen, wo man aus dem westlichen Fenster nur eine ferne Windmühle, außerdem aber den ganzen weiten Himmel vor sich hatte, der sich abends in rosenrotem Schein verklärte und dann das ganze Zimmer überglänzte! Die lieben Pastorsleute, die Lehnstühle mit den roten Plüschkissen, das alte tiefe Sofa, auf dem Tisch beim Abendbrot der traulich sausende Teekessel - es war alles helle, freundliche Gegenwart. Nur eines Abends - wir waren derzeit schon Sekundaner - kam mir der Gedanke, welch eine Vergangenheit an diesen Räumen hafte, ob nicht gar jener tote Knabe einst mit frischen Wangen hier leibhaftig umhergesprungen sei, dessen Bildnis jetzt wie mit einer wehmütig holden Sage den düsteren Kirchenraum erfüllte.

Veranlassung zu solcher Nachdenklichkeit mochte geben, daß ich am Nachmittage, wo wir auf meinen Antrieb wieder einmal die Kirche besucht hatten, unten in einer dunkeln Ecke des Bildes vier mit roter Farbe geschriebene Buchstaben entdeckt hatte, die mir bis jetzt entgangen waren.

»Sie lauten C. P. A. S.«, sagte ich zu dem Vater meines Freundes; »aber wir können sie nicht enträtseln.«

»Nun«, erwiderte dieser, »die Inschrift ist mir wohl bekannt; und nimmt man das Gerücht zu Hülfe, so möchten die beiden letzten Buchstaben wohl mit Aquis submersus, also mit ›Ertrunken‹ oder wörtlich ›Im Wasser versunken‹ zu deuten sein; nur mit dem vorangehenden C. P. wäre man dann noch immer in Verlegenheit! Der junge Adjunktus unseres Küsters, der einmal die Quarta passiert ist, meint zwar, es könne Casu periculoso – ›Durch gefährlichen Zufall‹ – heißen; aber die alten Herren jener Zeit dachten logischer; wenn der Knabe dabei ertrank, so war der Zufall nicht nur bloß gefährlich.«

Ich hatte begierig zugehört. »Casu«, sagte ich; »es könnte auch wohl ›Culpa‹ heißen?«

»Culpa?« wiederholte der Pastor. »Durch Schuld? – aber durch wessen Schuld?«

Da trat das finstere Bild des alten Predigers mir vor die Seele, und ohne viel Besinnen rief ich: »Warum nicht: Culpa patris?«

Der gute Pastor war fast erschrocken. »Ei, ei, mein junger Freund«, sagte er und erhob warnend den Finger gegen mich. »Durch Schuld des Vaters? – So wollen wir trotz seines düsteren Ansehens meinen seligen Amtsbruder doch nicht beschuldigen. Auch würde er dergleichen wohl schwerlich von sich haben schreiben lassen.«

Dies letztere wollte auch meinem jugendlichen Verstande einleuchten; und so blieb denn der eigentliche Sinn der Inschrift nach wie vor ein Geheimnis der Vergangenheit.

Daß übrigens jene beiden Bilder sich auch in der Malerei wesentlich vor einigen alten Predigerbildnissen auszeichneten, welche gleich daneben hingen, war mir selbst schon klargeworden; daß aber Sachverständige in dem Maler einen tüchtigen Schüler altholländischer Meister erkennen wollten, erfuhr ich freilich jetzt erst durch den Vater meines Freundes. Wie jedoch ein solcher in dieses arme Dorf verschlagen worden oder woher er gekommen und wie er geheißen habe, darüber wußte auch er mir nichts zu sagen. Die Bilder selbst enthielten weder einen Namen noch ein Malerzeichen.

Die Jahre gingen hin. Während wir die Universität besuchten, starb der gute Pastor, und die Mutter meines Schulgenossen folgte später ihrem Sohne auf dessen inzwischen anderswo erreichte Pfarrstelle; ich hatte keine Veranlassung mehr, nach jenem Dorfe zu wandern. – Da, als ich selbst schon in meiner Vaterstadt wohnhaft war, geschah es, daß ich für den Sohn eines Verwandten ein Schülerquartier bei guten Bürgersleuten zu besorgen hatte. Der eigenen Jugendzeit gedenkend, schlenderte ich im Nachmittagssonnenscheine durch die Straßen, als mir an der Ecke des Marktes über der Tür eines alten hochgegiebelten Hauses eine plattdeutsche Inschrift in die Augen fiel, die verhochdeutscht etwa lauten würde:

Gleich so wie Rauch und Staub verschwindt,
Also sind auch die Menschenkind.

Die Worte mochten für jugendliche Augen wohl nicht sichtbar sein; denn ich hatte sie nie bemerkt, sooft ich auch in meiner Schulzeit mir einen Heißewecken bei dem dort wohnenden Bäcker geholt hatte. Fast unwillkürlich trat ich in das Haus; und in der Tat, es fand sich hier ein Unterkommen für den jungen Vetter. Die Stube ihrer alten »Möddersch« (Mutterschwester) – so sagte mir der freundliche Meister –, von der sie Haus und Betrieb geerbt hätten, habe seit Jahren leer gestanden; schon lange hätten sie sich einen jungen Gast dafür gewünscht.

Ich wurde eine Treppe hinaufgeführt, und wir betraten dann ein ziemlich niedriges, altertümlich ausgestattetes Zimmer, dessen beide Fenster mit ihren kleinen Scheiben auf den geräumigen Marktplatz hinausgingen. Früher, erzählte der Meister, seien zwei uralte Linden vor der Tür gewesen; aber er habe sie schlagen lassen, da sie allzusehr ins Haus gedunkelt und auch hier die schöne Aussicht ganz verdeckt hätten.

Über die Bedingungen wurden wir bald in allen Teilen einig; während wir dann aber noch über die jetzt zu treffende Einrichtung des Zimmers sprachen, war mein Blick auf ein im Schatten eines Schrankes hängendes Ölgemälde gefallen, das plötzlich meine ganze Aufmerksamkeit hinwegnahm. Es war noch wohlerhalten und stellte einen älteren, ernst und milde blickenden Mann dar, in einer dunklen Tracht, wie in der Mitte des siebzehnten Jahrhunderts sie diejenigen aus den vornehmeren Ständen zu tragen pflegten, welche sich mehr mit Staatssachen oder gelehrten Dingen als mit dem Kriegshandwerke beschäftigten.

Der Kopf des alten Herrn, so schön und anziehend und so trefflich gemalt er immer sein mochte, hatte indessen nicht diese Erregung in mir hervorgebracht; aber der Maler hatte ihm einen blassen Knaben in den Arm gelegt, der in seiner kleinen, schlaff herabhängenden Hand eine weiße Wasserlilie hielt; – und diesen Knaben kannte ich ja längst. Auch hier war es wohl der Tod, der ihm die Augen zugedrückt hatte.

»Woher ist dieses Bild?« frug ich endlich, da mir plötzlich bewußt wurde, daß der vor mir stehende Meister mit seiner Auseinandersetzung innegehalten hatte.

Er sah mich verwundert an. »Das alte Bild? Das ist von unserer Mööddersch«, erwiderte er; »es stammt von ihrem Urgroßonkel, der ein Maler gewesen und vor mehr als hundert Jahren hier gewohnt hat. Es sind noch andre Siebensachen von ihm da.«

Bei diesen Worten zeigte er nach einer kleinen Lade von Eichenholz, auf welcher allerlei geometrische Figuren recht zierlich eingeschnitten waren.

Als ich sie von dem Schranke, auf dem sie stand, herunternahm, fiel der Deckel zurück, und es zeigten sich mir als Inhalt einige stark vergilbte Papierblätter mit sehr alten Schriftzügen.

»Darf ich die Blätter lesen?« frug ich.

»Wenn's Ihnen Pläsier macht«, erwiderte der Meister, »so mögen Sie die ganze Sache mit nach Hause nehmen; es sind so alte Schriften; Wert steckt nicht darin.«

Ich aber erbat mir und erhielt auch die Erlaubnis, diese wertlosen Schriften hier an Ort und Stelle lesen zu dürfen; und während ich mich dem alten Bilde gegenüber in einen mächtigen Ohrenlehnstuhl setzte, verließ der Meister das Zimmer, zwar immer noch erstaunt, doch gleichwohl die freundliche Verheißung zurücklassend, daß seine Frau mich bald mit einer guten Tasse Kaffee regalieren werde.

Ich aber las und hatte im Lesen bald alles um mich her vergessen.

*

So war ich denn wieder daheim in unserm Holstenlande; am Sonntage Cantate war es Anno 1661! – Mein Malgeräth und sonstiges Gepäcke hatte ich in der Stadt zurückgelassen und wanderte nun fröhlich fürbaß, die Straße durch den maiengrünen Buchenwald, der von der See ins Land hinaufsteigt. Vor mir her flogen ab und zu ein paar Waldvöglein und letzeten ihren Durst an dem Wasser, so in den tiefen Radgeleisen stund; denn ein linder Regen war gefallen über Nacht und noch gar früh am Vormittage, so daß die Sonne den Waldesschatten noch nicht überstiegen hatte.

Der helle Drosselschlag, der von den Lichtungen zu mir scholl, fand seinen Widerhall in meinem Herzen. Durch die Bestellungen, so mein theurer Meister van der Helst im letzten Jahre meines Amsterdamer Aufenthalts mir zugewendet, war ich aller Sorge quitt geworden; einen guten Zehrpfennig und einen Wechsel auf Hamburg trug ich noch itzt in meiner Taschen; dazu war ich stattlich angethan: mein Haar fiel auf mein Mäntelchen mit feinem Grauwerk, und der Lütticher Degen fehlte nicht an meiner Hüfte.

Meine Gedanken aber eilten mir voraus; immer sah ich Herrn Gerhardus, meinen edlen großgünstigen Protector, wie er von der Schwelle seines Zimmers mir die Hände würd' entgegenstrecken, mit seinem milden Gruße: »So segne Gott deinen Eingang, mein Johannes!«

Er hatte einst mit meinem lieben, ach, gar zu früh in die ewige Herrlichkeit genommenen Vater zu Jena die Rechte studiret und war auch nachmals den Künsten und Wissenschaften mit Fleiße obgelegen, so daß er dem Hochseligen Herzog Friederich bei seinem edlen, wiewohl wegen der Kriegsläufte vergeblichen Bestreben um Errichtung einer Landesuniversität ein einsichtiger und eifriger Berather gewesen. Obschon ein adeliger Mann, war er meinem lieben Vater doch stets in Treuen zugethan blieben, hatte auch nach dessen seligem Hintritt sich meiner verwaiseten Jugend mehr, als zu verhoffen, angenommen und nicht allein meine sparsamen Mittel aufgebessert, sondern auch durch seine fürnehme Bekanntschaft unter dem Holländischen Adel es dahin gebracht, daß mein theuerer Meister van der Helst mich zu seinem Schüler angenommen.

Meinte ich doch zu wissen, daß der verehrte Mann unversehrt auf seinem Herrenhofe sitze, wofür dem Allmächtigen nicht genug zu danken; denn, derweilen ich in der Fremde mich der Kunst beflissen, war daheim die Kriegsgreuel über das Land gekommen; so zwar, daß die Truppen, die gegen den kriegswüthigen Schweden dem Könige zum Beistand hergezogen, fast ärger als die Feinde selbst gehauset, ja selbst der Diener Gottes mehrere in jämmerlichen Tod gebracht. Durch den plötzlichen Hintritt des Schwedischen Carolus war nun zwar Friede; aber die grausamen Stapfen des Krieges lagen überall; manch Bauern- oder Käthnerhaus, wo man mich als Knaben mit einem Trunke süßer Milch bewirthet, hatte ich auf meiner Morgenwanderung niedergesenget am Wege liegen sehen und manches Feld in ödem Unkraut, darauf sonst um diese Zeit der Roggen seine grünen Spitzen trieb.

Aber solches beschwerete mich heute nicht allzu sehr; ich hatte nur Verlangen, wie ich dem edlen Herrn durch meine Kunst beweisen möchte, daß er Gab und Gunst an keinen Unwürdigen verschwendet habe; dachte auch nicht an Strolche und verlaufen Gesindel, das vom Kriege her noch in den Wäldern Umtrieb halten sollte. Wohl aber tückete mich ein anderes, und das war der Gedanke an den Junker Wulf. Er war mir nimmer hold gewesen, hatte wohl gar, was sein edler Vater an mir gethan, als einen Diebstahl an ihm selber angesehen; und manches Mal, wenn ich, wie öfters nach meines lieben Vaters Tode, im Sommer die Vacanz auf dem Gute zubrachte, hatte er mir die schönen Tage vergället und versalzen. Ob er anitzt in seines Vaters Hause sei, war mir nicht kund geworden, hatte nur vernommen, daß er noch vor dem Friedensschlusse bei Spiel und Becher mit den Schwedischen Offiziers Verkehr gehalten, was mit rechter Holstentreue nicht zu reimen ist.

Indem ich dieß bei mir erwog, war ich aus dem Buchenwalde in den Richtsteig durch das Tannenhölzchen geschritten, das schon dem Hofe nahe liegt. Wie liebliche Erinnerung umhauchte mich der Würzeduft des Harzes; aber bald trat ich aus dem Schatten in den vollen Sonnenschein hinaus; da lagen zu beiden Seiten die mit Haselbüschen eingehegten Wiesen, und nicht lange, so wanderte ich zwischen den zwo Reihen gewaltiger Eichbäume, die zum Herrensitz hinaufführen.

Ich weiß nicht, was für ein bang Gefühl mich plötzlich überkam, ohn alle Ursach, wie ich derzeit dachte; denn es war eitel Sonnenschein umher, und vom Himmel herab klang ein gar herzlich und ermunternd Lerchensingen. Und siehe, dort auf der Koppel, wo der

Hofmann seinen Immenhof hat, stand ja auch noch der alte Holzbirnenbaum und flüsterte mit seinen jungen Blättern in der blauen Luft.

»Grüß dich Gott!« sagte ich leis, gedachte dabei aber weniger des Baumes, als vielmehr des holden Gottesgeschöpfes, in dem, wie es sich nachmals fügen mußte, all Glück und Leid und auch all nagende Buße meines Lebens beschlossen sein sollte, für jetzt und alle Zeit. Das war des edlen Herrn Gerhardus Töchterlein, des Junkers Wulfen einzig Geschwister.

Item, es war bald nach meines lieben Vaters Tode, als ich zum ersten Mal die ganze Vacanz hier verbrachte; sie war derzeit ein neunjährig Dirnlein, die ihre braunen Zöpfe lustig fliegen ließ; ich zählte um ein paar Jahre weiter. So trat ich eines Morgens aus dem Thorhaus; der alte Hofmann Dieterich, der ober der Einfahrt wohnt und neben dem als einem getreuen Mann mir mein Schlafkämmerlein eingeräumt war, hatte mir einen Eschenbogen zugerichtet, mir auch die Bolzen von tüchtigem Blei dazu gegossen, und ich wollte nun auf die Raubvögel, deren genug bei dem Herrenhaus umherschrien; da kam sie vom Hofe auf mich zugesprungen.

»Weißt du, Johannes«, sagte sie; »ich zeig dir ein Vogelnest; dort in dem hohlen Birnbaum; aber das sind Rotschwänzchen, die darfst du ja nicht schießen!«

Damit war sie schon wieder vorausgesprungen; doch eh sie noch dem Baum auf zwanzig Schritte nah gekommen, sah ich sie jählings stille stehn. »Der Buhz, der Buhz!« schrie sie und schüttelte wie entsetzt ihre beiden Händlein in der Luft.

Es war aber ein großer Waldkauz, der ober dem Loche des hohlen Baumes saß und hinabschauete, ob er ein ausfliegend Vögelein erhaschen möge. »Der Buhz, der Buhz!« schrie die Kleine wieder. »Schieß, Johannes, schieß!« – Der Kauz aber, den die Freßgier taub gemacht, saß noch immer und stierete in die Höhlung. Da spannte ich meinen Eschenbogen und schoß, daß das Raubthier zappelnd auf dem Boden lag; aus dem Baume aber schwang sich ein zwitschernd Vöglein in die Luft.

Seit der Zeit waren Katharina und ich zwei gute Gesellen mit einander; in Wald und Garten, wo das Mägdlein war, da war auch ich. Darob aber mußte mir gar bald ein Feind erstehen; das war der Kurt von der Risch, dessen Vater eine Stunde davon auf seinem reichen Hofe saß. In Begleitung seines gelahrten Hofmeisters, mit dem Herr Gerhardus gern der Unterhaltung pflag, kam er oftmals auf Besuch; und da er jünger war als Junker Wulf, so war er wohl auf mich und Katharinen angewiesen; insonders aber schien das braune Herrentöchterlein ihm zu gefallen. Doch war das schier umsonst; sie lachte nur über seine krumme Vogelnase, die ihm, wie bei fast allen des Geschlechtes, unter buschigem Haupthaar zwischen zwei merklich runden Augen saß. Ja, wenn sie seiner nur von fern gewahrte, so reckte sie wohl ihr Köpfchen vor und rief: »Johannes, der Buhz, der Buhz!« Dann versteckten wir uns hinter den Scheunen oder rannten wohl auch spornstreichs in den Wald hinein, der sich in einem Bogen um die Felder und danach wieder dicht an die Mauern des Gartens hinanzieht.

Darob, als der von der Risch deß inne wurde, kam es oftmals zwischen uns zum Haarraufen, wobei jedoch, da er mehr hitzig denn stark war, der Vortheil meist in meinen Händen blieb.

Als ich, um von Herrn Gerhardus Urlaub zu nehmen, vor meiner Ausfahrt in die Fremde zum letzten Mal, jedoch nur kurze Tage, hier verweilte, war Katharina schon fast wie eine Jungfrau; ihr braunes Haar lag itzt in einem goldnen Netz gefangen; in ihren Augen, wenn sie die Wimpern hob, war oft ein spielend Leuchten, das mich schier beklommen machte. Auch war ein alt gebrechlich Fräulein ihr zur Obhut beigegeben, so man im Hause nur »Bas' Ursel« nannte; sie ließ das Kind nicht aus den Augen und ging überall mit einer langen Tricotage neben ihr.

Als ich so eines Octobernachmittags im Schatten der Gartenhekken mit beiden auf und ab wandelte, kam ein lang aufgeschossener Gesell, mit spitzenbesetztem Lederwams und Federhut ganz alamode gekleidet, den Gang zu uns herauf; und siehe da, es war der Junker Kurt, mein alter Widersacher. Ich merkte allsogleich, daß er noch immer bei seiner schönen Nachbarin zu Hofe ging; auch daß insonders dem alten Fräulein solches zu gefallen schien. Das war ein »Herr Baron« auf alle Frag' und Antwort; dabei lachte sie höchst obligeant mit einer widrig feinen Stimme und hob die Nase unmäßig in die Luft; mich aber, wenn ich ja ein Wort dazwischen gab, nannte sie stetig »Er« oder kurzweg auch »Johannes«, worauf der Junker dann seine runden Augen einkniff und im Gegentheile that, als sähe er auf mich herab, obschon ich ihn um halben Kopfes Länge überragte.

Ich blickte auf Katharinen; die aber kümmerte sich nicht um mich, sondern ging sittig neben dem Junker, ihm manierlich Red und Antwort gebend; den kleinen rothen Mund aber verzog mitunter ein spöttisch stolzes Lächeln, so daß ich dachte: ›Getröste dich, Johannes; der Herrensohn schnellt itzo deine Waage in die Luft!‹ Trotzig blieb ich zurück und ließ die andern dreie vor mir gehen. Als aber diese in das Haus getreten waren und ich davor noch an Herrn Gerhardus' Blumenbeeten stand, darüber brütend, wie ich, gleich wie vormals, mit dem von der Risch ein tüchtig Haarraufen beginnen möchte, kam plötzlich Katharina wieder zurückgelaufen, riß neben mir eine Aster von den Beeten und flüsterte mir zu: »Johannes, weißt du was? Der Buhz sieht einem jungen Adler gleich; Bas' Ursel hat's gesagt!« Und fort war sie wieder, eh ich mich's versah. Mir aber war auf einmal all Trotz und Zorn wie weggeblasen. Was kümmerte mich itzund der Herr Baron! Ich lachte hell und fröhlich in den güldnen Tag hinaus; denn bei den übermüthigen Worten war wieder jenes süße Augenspiel gewesen. Aber diesmal hatte es mir gerad ins Herz geleuchtet.

Bald danach ließ mich Herr Gerhardus auf sein Zimmer rufen; er zeigte mir auf einer Karte noch einmal, wie ich die weite Reise nach Amsterdam zu machen habe, übergab mir Briefe an seine Freunde dort und sprach dann lange mit mir, als meines lieben seligen Vaters Freund. Denn noch selbigen Abends hatte ich zur Stadt zu gehen, von wo ein Bürger mich auf seinem Wagen mit nach Hamburg nehmen wollte.

Als nun der Tag hinabging, nahm ich Abschied. Unten im Zimmer saß Katharina an einem Stickrahmen; ich mußte der Griechischen Helena gedenken, wie ich sie jüngst in einem Kupferwerk gesehen; so schön erschien mir der junge Nacken, den das Mädchen eben über ihre Arbeit neigte. Aber sie war nicht allein; ihr gegenüber saß Bas' Ursel und las laut aus einem französischen Geschichtenbuche. Da ich näher trat, hob sie die Nase nach mir zu. »Nun, Johannes«, sagte sie, »Er will mir wohl Ade sagen? So kann Er auch dem Fräulein gleich Seine Reverenze machen!« – Da war schon Katharina von ihrer Arbeit aufgestanden; aber indem sie mir die Hand reichte, traten die Junker Wulf und Kurt mit großem Geräusch ins Zimmer; und sie sagte nur: »Leb wohl, Johannes!« Und so ging ich fort.

Im Thorhaus drückte ich dem alten Dieterich die Hand, der Stab und Ranzen schon für mich bereit hielt; dann wanderte ich zwischen den Eichenbäumen auf die Waldstraße zu. Aber mir war dabei, als könne ich nicht recht fort, als hätt ich einen Abschied noch zu Gute, und stand oft still und schaute hinter mich. Ich war auch nicht den Richtweg durch die Tannen, sondern, wie von selber, den viel weiteren auf der großen Fahrstraße hingewandert. Aber schon kam vor mir das Abendroth überm Wald herauf, und ich mußte eilen, wenn mich die Nacht nicht überfallen sollte. »Ade, Katharina, ade!« sagte ich leise und setzte rüstig meinen Wanderstab in Gang.

Da, an der Stelle, wo der Fußsteig in die Straße mündet – in stürmender Freude stund das Herz mir still –, plötzlich aus dem Tannendunkel war sie selber da; mit glühenden Wangen kam sie hergelaufen, sie sprang über den trocknen Weggraben, daß die Fluth des seidenbraunen Haars dem güldnen Netz entstürzete; und so fing ich sie in meinen Armen auf. Mit glänzenden Augen, noch mit dem Odem ringend, schaute sie mich an. »Ich – ich bin ihnen fortgelaufen!« stammelte sie endlich; und dann, ein Päckchen in meine Hand drückend, fügte sie leis hinzu: »Von mir, Johannes! Und du sollst es nicht verachten!« Auf einmal aber wurde ihr Gesichtchen trübe; der kleine schwellende Mund wollte noch was reden, aber da brach ein Thränenquell aus ihren Augen, und wehmüthig ihr Köpfchen schüttelnd, riß sie sich hastig los. Ich sah ihr Kleid im finstern Tannensteig verschwinden; dann in der Ferne hört ich noch die Zweige rauschen, und dann stand ich allein. Es war so still, die Blätter konnte man fallen hören. Als ich das Päckchen aus einander faltete, da war's ihr güldner Pathenpfennig, so sie mir oft gezeigt hatte; ein Zettlein lag dabei, das las ich nun beim Schein des Abendrothes. »Damit du nicht in Noth gerathest«, stund darauf geschrieben. – Da streckt ich meine Arme in die leere Luft: »Ade, Katharina ade, ade!« – wohl hundertmal rief ich es in den stillen Wald hinein; – und erst mit sinkender Nacht erreichte ich die Stadt.

– – Seitdem waren fast fünf Jahre dahingegangen. – Wie würd ich heute alles wiederfinden?

Und schon war ich am Thorhaus und sah drunten im Hof die alten Linden, hinter deren lichtgrünem Laub die beiden Zackengiebel des Herrenhauses itzt verborgen lagen. Als ich aber durch den Thorweg gehen wollte, jagten vom Hofe her zwei fahlgraue Bullenbeißer mit Stachelhalsbändern gar wild gegen mich heran; sie erhuben ein erschreckliches Geheul, der eine sprang auf mich und fletschte seine weißen Zähne dicht vor meinem Antlitz. Solch einen Willkommen hatte ich noch niemalen hier empfangen. Da, zu meinem Glück, rief aus den Kammern ober dem Thore eine rauhe, aber mir gar traute Stimme. »Hallo!« rief sie; »Tartar, Türk!« Die Hunde ließen von mir ab, ich hörte es die Stiege herabkommen, und aus der Thür, so unter dem Thorgang war, trat der alte Dieterich.

Als ich ihn anschaute, sahe ich wohl, daß ich lang in der Fremde gewesen sei; denn sein Haar war schlohweiß geworden, und seine sonst so lustigen Augen blickten gar matt und betrübsam auf mich hin. »Herr Johannes!« sagte er endlich und reichte mir seine beiden Hände.

»Grüß Ihn Gott, Dieterich!« entgegnete ich. »Aber seit wann haltet Ihr solche Bluthunde auf dem Hof, die die Gäste anfallen gleich den Wölfen?«

»Ja, Herr Johannes«, sagte der Alte, »die hat der Junker hergebracht.«

»Ist denn der daheim?«

Der Alte nickte.

»Nun«, sagte ich, »die Hunde mögen schon vonnöthen sein; vom Krieg her ist noch viel verlaufen Volk zurückgeblieben.«

»Ach, Herr Johannes!« Und der alte Mann stund immer noch, als wolle er mich nicht zum Hofe hinauf lassen. »Ihr seid in schlimmer Zeit gekommen!«

Ich sah ihn an, sagte aber nur: »Freilich, Dieterich; aus mancher Fensterhöhlung schaut statt des Bauern itzt der Wolf heraus; hab dergleichen auch gesehen; aber es ist ja Frieden worden, und der gute Herr im Schloß wird helfen, seine Hand ist offen.«

Mit diesen Worten wollte ich, obschon die Hunde mich wieder anknurreten, auf den Hof hinausgehen; aber der Greis trat mir in den Weg. »Herr Johannes«, rief er, »ehe Ihr weiter gehet, höret mich an! Euer Brieflein ist zwar richtig mit der Königlichen Post von Hamburg kommen; aber den rechten Leser hat es nicht mehr finden können.«

»Dieterich!« schrie ich. »Dieterich!«

»– Ja, ja, Herr Johannes! Hier ist die gute Zeit vorbei; denn unser theurer Herr Gerhardus liegt aufgebahret dort in der Kapellen, und die Gueridons brennen an seinem Sarge. Es wird nun anders werden auf dem Hofe; aber – ich bin ein höriger Mann, mir ziemet Schweigen.«

Ich wollte fragen: »Ist das Fräulein, ist Katharina noch im Hause?« Aber das Wort wollte nicht über meine Zunge.

Drüben, in einem hinteren Seitenbau des Herrenhauses, war eine kleine Kapelle, die aber, wie ich wußte, seit lange nicht benutzt war. Dort also sollte ich Herrn Gerhardus suchen.

Ich fragte den alten Hofmann: »Ist die Kapelle offen?«, und als er es bejahete, bat ich ihn, die Hunde anzuhalten; dann ging ich über den Hof, wo niemand mir begegnete; nur einer Grasmücke Singen kam oben aus den Lindenwipfeln.

Die Thür zur Kapellen war nur angelehnt, und leis und gar beklommen trat ich ein. Da stund der offene Sarg, und die rothe Flamme der Kerzen warf ihr flackernd Licht auf das edle Antlitz des geliebten Herrn; die Fremdheit des Todes, so darauf lag, sagte mir, daß er itzt eines andern Lands Genosse sei. Indem ich aber neben dem Leichnam zum Gebete hinknien wollte, erhub sich über den Rand des Sarges mir genüber ein junges blasses Antlitz, das aus schwarzen Schleiern fast erschrocken auf mich schaute.

Aber nur, wie ein Hauch verweht, so blickten die braunen Augen herzlich zu mir auf, und es war fast wie ein Freudenruf: »O Johannes, seid Ihr's denn? Ach, Ihr seid zu spät gekommen!« Und über dem Sarge hatten unsere Hände sich zum Gruß gefaßt; denn es war Katharina, und sie war so schön geworden, daß hier im Angesicht des Todes ein heißer Puls des Lebens mich durchfuhr. Zwar, das spielende Licht der Augen lag itzt zurückgeschrecket in der Tiefe; aber aus dem schwarzen Häubchen drängten sich die braunen Löcklein, und der schwellende Mund war um so röther in dem blassen Antlitz.

Und fast verwirret auf den Todten schauend, sprach ich: »Wohl kam ich in der Hoffnung, an seinem lebenden Bilde ihm mit meiner Kunst zu danken, ihm manche Stunde genüber zu sitzen und sein mild und lehrreich Wort zu hören. Laßt mich denn nun die bald vergehenden Züge festzuhalten suchen.«

Und als sie unter Thränen, die über ihre Wangen strömten, stumm zu mir hinübernickte, setzte ich mich in ein Gestühlte und begann auf einem von den Blättchen, die ich bei mir führte, des Todten Antlitz nachzubilden. Aber meine Hand zitterte; ich weiß nicht, ob alleine vor der Majestät des Todes.

Während dem vernahm ich draußen vom Hofe her eine Stimme, die ich für die des Junker Wulf erkannte; gleich danach schrie ein

Hund wie nach einem Fußtritt oder Peitschenhiebe; und dann ein Lachen und einen Fluch von einer andern Stimme, die mir gleicherweise bekannt deuchte.

Als ich auf Katharinen blickte, sah ich sie mit schier entsetzten Augen nach dem Fenster starren; aber die Stimmen und die Schritte gingen vorüber. Da erhub sie sich, kam an meine Seite und sahe zu, wie des Vaters Antlitz unter meinem Stift entstund. Nicht lange, so kam draußen ein einzelner Schritt zurück; in demselben Augenblick legte Katharina die Hand auf meine Schulter, und ich fühlte, wie ihr junger Körper bebte.

Sogleich auch wurde die Kapellenthür aufgerissen; und ich erkannte den Junker Wulf, obschon sein sonsten bleiches Angesicht itzt roth und aufgedunsen schien.

»Was huckst du allfort an dem Sarge!« rief er zu der Schwester. »Der Junker von der Risch ist da gewesen, uns seine Condolenze zu bezeigen; du hättest ihm wohl den Trunk kredenzen mögen!«

Zugleich hatte er meiner wahrgenommen und bohrete mich mit seinen kleinen Augen an. – »Wulf«, sagte Katharina, indem sie mit mir zu ihm trat; »es ist Johannes, Wulf.«

Der Junker fand nicht vonnöthen, mir die Hand zu reichen; er musterte nur mein violenfarben Wams und meinte: »Du trägst da einen bunten Federbalg; man wird dich ›Sieur‹ nun tituliren müssen!«

»Nennt mich, wie's Euch gefällt!« sagte ich, indem wir auf den Hof hinaustraten. »Obschon mir dorten, von wo ich komme, das ›Herr‹ vor meinem Namen nicht gefehlet – Ihr wißt wohl, Eueres Vaters Sohn hat großes Recht an mir.«

Er sah mich was verwundert an, sagte dann aber nur: »Nun wohl, so magst du zeigen, was du für meines Vaters Gold erlernet hast; und soll dazu der Lohn für deine Arbeit dir nicht verhalten sein.«

Ich meinete, was den Lohn anginge, den hätte ich längst vorausbekommen; da aber der Junker entgegnete, er werd es halten, wie sich's für einen Edelmann gezieme, so fragte ich, was für Arbeit er mir aufzutragen hätte.

»Du weißt doch«, sagte er und hielt dann inne, indem er scharf auf seine Schwester blickte – »wenn eine adelige Tochter das Haus verläßt, so muß ihr Bild darin zurückbleiben.«

Ich fühlte, daß bei diesen Worten Katharina, die an meiner Seite ging, gleich einer Taumelnden nach meinem Mantel haschte; aber ich entgegnete ruhig: »Der Brauch ist mir bekannt; doch, wie meinet Ihr denn, Junker Wulf?«

»Ich meine«, sagte er hart, als ob er einen Gegenspruch erwarte, »daß du das Bildniß der Tochter dieses Hauses malen sollst!«

Mich durchfuhr's fast wie ein Schrecken; weiß nicht, ob mehr über den Ton oder die Deutung dieser Worte; dachte auch, zu solchem Beginnen sei itzt kaum die rechte Zeit.

Da Katharina schwieg, aus ihren Augen aber ein flehentlicher Blick mir zuflog, so antwortete ich: »Wenn Eure edle Schwester es mir vergönnen will, so hoffe ich Eueres Vaters Protection und meines Meisters Lehre keine Schande anzuthun. Räumet mir nur wieder mein Kämmerlein ober dem Thorweg bei dem alten Dieterich, so soll geschehen, was Ihr wünschet.«

Der Junker war das zufrieden und sagte auch seiner Schwester, sie möge einen Imbiß für mich richten lassen.

Ich wollte über den Beginn meiner Arbeit noch eine Frage thun; aber ich verstummte wieder, denn über den empfangenen Auftrag war plötzlich eine Entzückung in mir aufgestiegen, daß ich fürchtete, sie könne mit jedem Wort hervorbrechen. So war ich auch der zwo grimmen Köter nicht gewahr worden, die dort am Brunnen sich auf den heißen Steinen sonnten. Da wir aber näher kamen, sprangen sie auf und fuhren mit offenem Rachen gegen mich, daß Katharina einen Schrei that, der Junker aber einen schrillen Pfiff, worauf sie heulend ihm zu Füßen krochen. »Beim Höllenelemente«, rief er lachend, »zwo tolle Kerle; gilt ihnen gleich, ein Sauschwanz oder Flandrisch Tuch!«

»Nun, Junker Wulf« – ich konnte der Rede mich nicht wohl enthalten –, »soll ich noch einmal Gast in Eueres Vaters Hause sein, so möget Ihr Euere Thiere bessere Sitte lehren!«

Er blitzte mich mit seinen kleinen Augen an und riß sich ein paar Mal in seinen Zwickelbart. »Das ist nur so ihr Willkommensgruß, Sieur Johannes!« sagte er dann, indem er sich bückte, um die Bestien zu streicheln. »Damit jedweder wisse, daß ein ander Regiment allhier begonnen; denn – wer mir in die Quere kommt, den hetz ich in des Teufels Rachen!«

Bei den letzten Worten, die er heftig ausgestoßen, hatte er sich hoch aufgerichtet; dann pfiff er seinen Hunden und schritt über den Hof dem Thore zu.

Ein Weilchen schaute ich hinterdrein; dann folgte ich Katharinen, die unter dem Lindenschatten stumm und gesenkten Hauptes die Freitreppe zu dem Herrenhaus emporstieg; ebenso schweigend gingen wir mitsammen die breiten Stufen in das Oberhaus hinauf, allwo wir in des seligen Herrn Gerhardus Zimmer traten. – Hier war noch alles, wie ich es vordem gesehen; die goldgeblümten Ledertapeten, die Karten an der Wand, die saubern Pergamentbände auf den Regalen, über dem Arbeitstische der schöne Waldgrund von dem älteren Ruisdael – und dann davor der leere Sessel. Meine Blicke blieben daran haften; gleichwie drunten in der Kapellen der Leib des Entschlafenen, so schien auch dies Gemach mir itzt entseelet und, obschon vom Walde draußen der junge Lenz durchs Fenster leuchtete, doch gleichsam von der Stille des Todes wie erfüllet.

Ich hatte auf Katharinen in diesem Augenblicke fast vergessen. Da ich mich umwandte, stand sie schier reglos mitten in dem Zimmer, und ich sah, wie unter den kleinen Händen, die sie daraufgepreßt hielt, ihre Brust in ungestümer Arbeit ging. »Nicht wahr«, sagte sie leise, »hier ist itzt niemand mehr; niemand als mein Bruder und seine grimmen Hunde?«

»Katharina!« rief ich; »was ist Euch? Was ist das hier in Eueres Vaters Haus?«

»Was es ist, Johannes?« Und fast wild ergriff sie meine beiden Hände; und ihre jungen Augen sprühten wie in Zorn und Schmerz. »Nein, nein; laß erst den Vater in seiner Gruft zur Ruhe kommen! Aber dann – du sollst mein Bild ja malen, du wirst eine Zeitlang hier verweilen – dann, Johannes, hilf mir; um des Todten willen, hilf mir!«

Auf solche Worte, von Mitleid und von Liebe ganz bezwungen, fiel ich vor der Schönen, Süßen nieder und schwur ihr mich und alle meine Kräfte zu. Da lösete sich ein sanfter Thränenquell aus ihren Augen, und wir saßen neben einander und sprachen lange zu des Entschlafenen Gedächtniß.

Als wir sodann wieder in das Unterhaus hinabgingen, fragte ich auch dem alten Fräulein nach.

»Oh«, sagte Katharina, »Bas' Ursel! Wollt Ihr sie begrüßen? Ja, die ist auch noch da; sie hat hier unten ihr Gemach, denn die Treppen sind ihr schon längsthin zu beschwerlich.«

Wir traten also in ein Stübchen, das gegen den Garten lag, wo auf den Beeten vor den grünen Heckenwänden soeben die Tulpen aus der Erde brachen. Bas' Ursel saß, in der schwarzen Tracht und

Krepphaube nur wie ein schwindend Häufchen anzuschauen, in einem hohen Sessel und hatte ein Nonnenspielchen vor sich, das, wie sie nachmals mir erzählte, der Herr Baron – nach seines Vaters Ableben war er solches itzund wirklich – ihr aus Lübeck zur Verehrung mitgebracht.

»So«, sagte sie, da Katharina mich genannt hatte, indeß sie behutsam die helfenbeinern Pflöcklein um einander steckte, »ist Er wieder da, Johannes? – Nein, es geht nicht aus! O, c'est un jeu très-compliqué!«

Dann warf sie die Pflöcklein über einander und schauete mich an. »Ei«, meinte sie, »Er ist gar stattlich angethan; aber weiß Er denn nicht, daß Er in ein Trauerhaus getreten ist?«

»Ich weiß es, Fräulein«, entgegnete ich; »aber da ich in das Thor trat, wußte ich es nicht.«

»Nun«, sagte sie und nickte gar begütigend; »so eigentlich gehöret Er ja auch nicht zur Dienerschaft.«

Über Katharinens blasses Antlitz flog ein Lächeln, wodurch ich mich jeder Antwort wohl enthoben halten mochte. Vielmehr rühmte ich der alten Dame die Anmuth ihres Wohngemaches; denn auch der Epheu von dem Thürmchen, das draußen an der Mauer aufstieg, hatte sich nach dem Fenster hingesponnen und wiegete seine grünen Ranken vor den Scheiben.

Aber Bas' Ursel meinete, ja, wenn nur nicht die Nachtigallen wären, die itzt schon wieder anhüben mit ihrer Nachtunruhe; sie könne ohnedem den Schlaf nicht finden; und dann auch sei es schier zu abgelegen; das Gesinde sei von hier aus nicht im Aug zu halten; im Garten draußen aber passire eben nichts, als etwan, wann der Gärtnerbursche an den Hecken oder Buchsrabatten putze.

– Und damit hatte der Besuch seine Endschaft; denn Katharina mahnte, es sei nachgerade an der Zeit, meinen wegemüden Leib zu stärken.

Ich war nun in meinem Kämmerchen ober dem Hofthor einlogiret, dem alten Dieterich zur sondern Freude; denn am Feierabend saßen wir auf seiner Tragkist, und ließ ich mir, gleich wie in der Knabenzeit, von ihm erzählen. Er rauchte dann wohl eine Pfeife Tabak, welche Sitte durch das Kriegsvolk auch hier in Gang gekommen war, und holete allerlei Geschichten aus den Drangsalen, so sie durch die fremden Truppen auf dem Hof und unten in dem Dorf hatten erleiden müssen; einmal aber, da ich seine Rede auf das gute Frölen Katharina gebracht und er erst nicht hatt ein Ende finden können, brach er gleichwohl plötzlich ab und schauete mich an.

»Wisset Ihr, Herr Johannes«, sagte er, »'s ist grausam schad, daß Ihr nicht auch ein Wappen habet gleich dem von der Risch da drüben!«

Und da solche Rede mir das Blut ins Gesicht jagete, klopfte er mit seiner harten Hand mir auf die Schulter, meinend: »Nun, nun, Herr Johannes; 's war ein dummes Wort von mir; wir müssen freilich bleiben, wo uns der Herrgott hingesetzet.«

Weiß nicht, ob ich derzeit mit solchem einverstanden gewesen, fragete aber nur, was der von der Risch denn itzund für ein Mann geworden.

Der Alte sah mich gar pfiffig an und paffte aus seinem kurzen Pfeiflein, als ob das theure Kraut am Feldrain wüchse. »Wollet Ihr's wissen, Herr Johannes?« begann er dann. »Er gehöret zu denen muntern Junkern, die im Kieler Umschlag den Bürgersleuten die Knöpfe von den Häusern schießen; Ihr möget glauben, er hat treffliche Pistolen! Auf der Geigen weiß er nicht so gut zu spielen; da er aber ein lustig Stücklein liebt, so hat er letzthin den Rathsmusikanten, der überm Holstenthore wohnt, um Mitternacht mit seinem Degen aufgeklopfet, ihm auch nicht Zeit gelassen, sich Wams und Hosen anzuthun. Statt der Sonnen stand aber der Mond am Himmel, es war octavis trium regum und fror Pickelsteine; und hat also der Musikante, den Junker mit dem Degen hinter sich, im blanken Hemde vor ihm durch die Gassen geigen müssen! -- Wollet Ihr mehr noch wissen, Herr Johannes? – Zu Haus bei ihm freuen sich die Bauern, wenn der Herrgott sie nicht mit Töchtern gesegnet; und dennoch -- aber nach seines Vaters Tode hat er Geld, und unser Junker, Ihr wisset's wohl, hat schon vorher von seinem Erbe aufgezehrt.«

Ich wußte freilich nun genug; auch hatte der alte Dieterich schon mit seinem Spruche: »Aber ich bin nur ein höriger Mann«, seiner Rede Schluß gemacht.

-- Mit meinem Malgeräth war auch meine Kleidung aus der Stadt gekommen, wo ich im Goldenen Löwen Alles abgeleget, so daß ich anitzt, wie es sich ziemete, in dunkler Tracht einherging. Die Tagesstunden aber wandte ich zunächst in meinen Nutzen. Nämlich, es befand sich oben im Herrenhause neben des seligen Herrn Gemach ein Saal, räumlich und hoch, dessen Wände fast völlig von lebensgroßen Bildern verhänget waren, so daß nur noch neben dem Kamin ein Platz zu zweien offen stund. Es waren das die Voreltern des Herrn Gerhardus, meist ernst und sicher blickende Männer und Frauen, mit einem Antlitz, dem man wohl vertrauen konnte; er selbsten in kräftigem Mannesalter und Katharinens früh verstorbene Mutter machten dann den Schluß. Die beiden letzten Bilder waren gar trefflich von unserem Landsmanne, dem Eiderstedter Georg Ovens, in seiner kräftigen Art gemalet; und ich suchte nun mit meinem Pinsel die Züge meines edlen Beschützers nachzuschaffen; zwar in verjüngtem Maßstabe und nur mir selber zum Genügen; doch hat es später zu einem größeren Bildniß mir gedienet, das noch itzt hier in meiner einsamen Kammer die theuerste Gesellschaft meines Alters ist. Das Bildniß seiner Tochter aber lebt mit mir in meinem Innern.

Oft, wenn ich die Palette hingelegt, stand ich noch lange vor den schönen Bildern. Katharinens Antlitz fand ich in dem der beiden Eltern wieder: des Vaters Stirn, der Mutter Liebreiz um die Lippen; wo aber war hier der harte Mundwinkel, das kleine Auge des Junker Wulf? – Das mußte tiefer aus der Vergangenheit heraufgekommen sein! Langsam ging ich die Reih der älteren Bildnisse entlang, bis über hundert Jahre weit hinab. Und siehe, da hing im schwarzen, von den Würmern schon zerfressenen Holzrahmen ein Bild, vor dem ich schon als Knabe, als ob's mich hielte, still gestanden war. Es stellete eine Edelfrau von etwa vierzig Jahren vor; die kleinen grauen Augen sahen kalt und stechend aus dem harten Antlitz, das nur zur Hälfte zwischen dem weißen Kinntuch und der Schleierhaube sichtbar wurde. Ein leiser Schauer überfuhr mich vor der so lang schon heimgegangenen Seele; und ich sprach zu mir: ›Hier, diese ist's! Wie räthselhafte Wege gehet die Natur! Ein saeculum und drüber rinnt es heimlich wie unter eine Decke im Blute der Geschlechter fort; dann, längst vergessen, taucht es plötzlich wieder auf, den Lebenden zum Unheil. Nicht vor dem Sohn des edlen Gerhardus; vor dieser hier und ihres Blutes nachgeborenem Sprößling soll ich Katharinen schützen.‹ Und wieder trat ich vor die beiden jüngsten Bilder, an denen mein Gemüthe sich erquickte.

So weilte ich derzeit in dem stillen Saale, wo um mich nur die Sonnenstäublein spielten, unter den Schatten der Gewesenen.

Katharinen sah ich nur beim Mittagstische, das alte Fräulein und den Junker Wulf zur Seiten; aber wofern Bas' Ursel nicht in ihren hohen Tönen redete, so war es stets ein stumm und betrübsam Mahl, so daß mir oft der Bissen im Munde quoll. Nicht die Trauer um den Abgeschiedenen war deß Ursach, sondern es lag zwischen Bruder und Schwester, als sei das Tischtuch durchgeschnitten zwischen ihnen. Katharina, nachdem sie fast die Speisen nicht berührt, entfernte sich allzeit bald, mich kaum nur mit den Augen grüßend; der Junker aber, wenn ihm die Laune stund, suchte mich dann beim Trunke festzuhalten; hatte mich also hiegegen und, so ich nicht hinaus wollte über mein gestecktes Maß, überdem wider allerart Flosculn zu wehren, welche gegen mich gespitzet wurden.

Inzwischen, nachdem der Sarg schon mehrere Tage geschlossen gewesen, geschahe die Beisetzung des Herrn Gerhardus drunten in der Kirche des Dorfes, allwo das Erbbegräbniß ist und wo itzt seine Gebeine bei denen seiner Voreltern ruhen, mit denen der Höchste ihnen dereinst eine fröhliche Urständ wolle bescheren!

Es waren aber zu solcher Trauerfestlichkeit zwar mancherlei Leute aus der Stadt und den umliegenden Gütern gekommen, von Angehörigen aber fast wenige und auch diese nur entfernte, maßen der Junker Wulf der Letzte seines Stammes war und des Herrn Gerhardus Ehgemahl nicht hiesigen Geschlechts gewesen; darum es auch geschahe, daß in der Kürze alle wieder abgezogen sind.

Der Junker drängte nun selbst, daß ich mein aufgetragen Werk begönne, wozu ich droben in dem Bildersaale an einem nach Norden zu belegenen Fenster mir schon den Platz erwählet hatte. Zwar kam Bas' Ursel, die wegen ihrer Gicht die Treppen nicht hinauf konnte, und meinete, es möge am besten in ihrer Stuben oder im Gemach daran geschehen, so sei es uns beiderseits zur Unterhaltung; ich aber, solcher Gevatterschaft gar gern entrathend, hatte an der dortigen Westsonne einen rechten Malergrund dagegen, und konnte alles Reden ihr nicht nützen. Vielmehr war ich am andern Morgen schon dabei, die Nebenfenster des Saales zu verhängen und die hohe Staffelei zu stellen, so ich mit Hülfe Dieterichs mir selber in den letzten Tagen angefertigt.

Als ich eben den Blendrahmen mit der Leinewand darauf gelegt, öffnete sich die Thür aus Herrn Gerhardus' Zimmer, und Katharina trat herein. – Aus was für Ursach, wäre schwer zu sagen; aber ich empfand, daß wir uns dießmal fast erschrocken gegenüber standen;

aus der schwarzen Kleidung, die sie nicht abgeleget, schaute das junge Antlitz in gar süßer Verwirrung zu mir auf.

»Katharina«, sagte ich, »Ihr wisset, ich soll Euer Bildniß malen; duldet Ihr's auch gern?«

Da zog ein Schleier über ihre braunen Augensterne, und sie sagte leise: »Warum doch fragt Ihr so, Johannes?«

Wie ein Thau des Glückes sank es in mein Herz. »Nein, nein, Katharina! Aber sagt, was ist, worin kann ich Euch dienen? – Setzet Euch, damit wir nicht so müßig überrascht werden, und dann sprecht! Oder vielmehr, ich weiß es schon. Ihr braucht mir's nicht zu sagen!«

Aber sie setzte sich nicht, sie trat zu mir heran. »Denket Ihr noch, Johannes, wie Ihr einst den Buhz mit Euerem Bogen niederschosset? Das thut dießmal nicht noth, obschon er wieder ob dem Neste lauert; denn ich bin kein Vöglein, das sich von ihm zerreißen läßt. Aber, Johannes – ich habe einen Blutsfreund –, hilf mir wider den!«

»Ihr meinet Eueren Bruder, Katharina!«

– »Ich habe keinen andern. – – Dem Manne, den ich hasse, will er mich zum Weibe geben! Während unseres Vaters langem Siechbett habe ich den schändlichen Kampf mit ihm gestritten, und erst an seinem Sarg hab ich's ihm abgetrotzt, daß ich in Ruhe um den Vater trauern mag; aber ich weiß, auch das wird er nicht halten.«

Ich gedachte eines Stiftsfräuleins zu Preetz, Herrn Gerhardus' einzigen Geschwisters, und meinete, ob die nicht um Schutz und Zuflucht anzugehen sei.

Katharina nickte. »Wollt Ihr mein Bote sein, Johannes? – Geschrieben habe ich ihr schon, aber in Wulfs Hände kam die Antwort, und auch erfahren habe ich sie nicht, nur die ausbrechende Wuth meines Bruders, die selbst das Ohr des Sterbenden erfüllet hätte, wenn es noch offen gewesen wäre für den Schall der Welt; aber der gnädige Gott hatte das geliebte Haupt schon mit dem letzten Erdenschlummer zugedecket.«

Katharina hatte sich nun doch auf meine Bitte mir genüber gesetzet, und ich begann die Umrisse auf die Leinewand zu zeichnen. So kamen wir zu ruhiger Berathung; und da ich, wenn die Arbeit weiter vorgeschritten, nach Hamburg mußte, um bei dem Holzschnitzer einen Rahmen zu bestellen, so stelleten wir fest, daß ich alsdann den Umweg über Preetz nähme und also meine Botschaft ausrichtete. Zunächst jedoch sei emsig an dem Werk zu fördern.

Es ist gar oft ein seltsam Widerspiel im Menschenherzen. Der Junker mußte es schon wissen, daß ich zu seiner Schwester stand; gleichwohl – hieß nun sein Stolz ihn, mich gering zu schätzen, oder glaubte er mit seiner Drohung mich genug geschrecket –, was ich besorget, traf nicht ein; Katharina und ich waren am ersten wie an den andern Tagen von ihm ungestöret. Einmal zwar trat er ein und schalt mit Katharinen wegen ihrer Trauerkleidung, warf aber dann die Thür hinter sich, und wir hörten ihn bald auf dem Hofe ein Reiterstücklein pfeifen. Ein ander Mal noch hatte er den von der Risch an seiner Seite. Da Katharina eine heftige Bewegung machte, bat ich sie, auf ihrem Platz zu bleiben, und malete ruhig weiter. Seit dem Begräbnißtage, wo ich einen fremden Gruß mit ihm getauschet, hatte der Junker Kurt sich auf dem Hofe nicht gezeigt; nun trat er näher und beschauete das Bild und redete gar schöne Worte, meinete aber auch, weshalb das Fräulein sich so sehr vermummet und nicht vielmehr ihr seidig Haar in freien Locken auf den Nacken habe wallen lassen; wie es ein Engelländischer Poet so trefflich ausgedrücket, »rückwärts den Winden leichte Küsse werfend.« Katharina aber, die bisher geschwiegen, wies auf Herrn Gerhardus' Bild und sagte: »Ihr wisset wohl nicht mehr, daß das mein Vater war!«

Was Junker Kurt hierauf entgegnete, ist mir nicht mehr erinnerlich; meine Person aber schien ihm ganz nicht gegenwärtig oder doch nur gleich einer Maschine, wodurch ein Bild sich auf die Leinewand malete. Von letzterem begann er über meinen Kopf hin dieß und jenes noch zu reden; da aber Katharina nicht mehr Antwort gab, so nahm er alsbald seinen Urlaub, der Dame angenehme Kurzweil wünschend.

Bei diesem Wort jedennoch sah ich aus seinen Augen einen raschen Blick gleich einer Messerspitze nach mir zücken.

–– Wir hatten nun weitere Störniß nicht zu leiden, und mit der Jahreszeit rückte auch die Arbeit vor. Schon stand auf den Waldkoppeln draußen der Roggen in silbergrauem Blust, und unten im Garten brachen schon die Rosen auf; wir beide aber – ich mag es heut wohl niederschreiben –, wir hätten itzund die Zeit gern stille stehen lassen; an meine Botenreise wagten, auch nur mit einem Wörtlein, weder sie noch ich zu rühren. Was wir gesprochen, wüßte ich kaum zu sagen; nur daß ich von meinem Leben in der Fremde ihr erzählte und wie ich immer heim gedacht; auch daß ihr güldner Pfennig mich in Krankheit einst vor Noth bewahrt, wie sie in ihrem Kinderherzen es damals fürgesorget, und wie ich später dann gestrebt und mich geängstet, bis ich das Kleinod aus dem Leihhaus mir zurückgewonnen hatte. Dann lächelte sie glücklich; und dabei blühete aus dem dunkeln Grund des Bildes immer süßer das holde Antlitz auf; mir schien's, als sei es kaum mein eigenes Werk. – Mitunter war's, als schaue mich etwas heiß aus ihren Augen an; doch wollte ich es dann fassen, so floh es scheu zurück; und dennoch floß es durch den Pinsel heimlich auf die Leinewand, so daß mir selber kaum bewußt ein sinnberückend Bild entstand, wie nie zuvor und nie nachher ein solches aus meiner Hand gegangen ist. – – Und endlich war's doch an der Zeit und festgesetzet, am andern Morgen sollte ich meine Reise antreten.

Als Katharina mir den Brief an ihre Base eingehändigt, saß sie noch einmal mir gegenüber. Es wurde heute mit Worten nicht gespielet; wir sprachen ernst und sorgenvoll mitsammen; indessen setzete ich noch hie und da den Pinsel an, mitunter meine Blicke auf die schweigende Gesellschaft an den Wänden werfend, deren ich in Katharinens Gegenwart sonst kaum gedacht hatte.

Da, unter dem Malen, fiel mein Auge auch auf jenes alte Frauenbildniß, das mir zur Seite hing und aus den weißen Schleiertüchern die stechend grauen Augen auf mich gerichtet hielt. Mich fröstelte, ich hätte nahezu den Stuhl verrücket.

Aber Katharinens süße Stimme drang mir in das Ohr: »Ihr seid ja fast erbleichet; was flog Euch übers Herz, Johannes?«

Ich zeigte mit dem Pinsel auf das Bild. »Kennet Ihr die, Katharina? Diese Augen haben hier all die Tage auf uns hingesehen.«

»Die da? – Vor der hab ich schon als Kind eine Furcht gehabt, und gar bei Tage bin ich oft wie blind hier durchgelaufen. Es ist die Gemahlin eines früheren Gerhardus; vor weit über hundert Jahren hat sie hier gehauset.«

»Sie gleicht nicht Euerer schönen Mutter«, entgegnete ich; »dies Antlitz hat wohl vermocht, einer jeden Bitte nein zu sagen.«

Katharina sah gar ernst zu mir herüber. »So heißt's auch«, sagte sie; »sie soll ihr einzig Kind verfluchet haben; am andern Morgen aber hat man das blasse Fräulein aus einem Gartenteich gezogen, der nachmals zugedämmet ist. Hinter den Hecken, dem Walde zu, soll es gewesen sein.«

»Ich weiß, Katharina; es wachsen heut noch Schachtelhalm und Binsen aus dem Boden.«

»Wisset Ihr denn auch, Johannes, daß eine unseres Geschlechtes sich noch immer zeigen soll, sobald dem Hause Unheil droht? Man sieht sie erst hier an den Fenstern gleiten, dann draußen in dem Gartensumpf verschwinden.«

Ohnwillens wandten meine Augen sich wieder auf die unbeweglichen des Bildes. »Und weshalb«, fragte ich, »verfluchete sie Ihr Kind?«

»Weshalb?« – Katharina zögerte ein Weilchen und blickte mich fast verwirret an mit allem ihrem Liebreiz. »Ich glaub, sie wollte den Vetter ihrer Mutter nicht zum Ehgemahl.«

– »War es denn ein gar so übler Mann?«

Ein Blick fast wie ein Flehen flog zu mir herüber, und tiefes Rosenroth bedeckte ihr Antlitz. »Ich weiß nicht«, sagte sie beklommen; und leiser, daß ich's kaum vernehmen mochte, setzte sie hinzu: »Es heißt, sie hab einen andern lieb gehabt; der war nicht ihres Standes.«

Ich hatte den Pinsel sinken lassen; denn sie saß vor mir mit gesenkten Blicken; wenn nicht die kleine Hand sich leis aus ihrem Schoße auf ihr Herz geleget, so wäre sie selber wie ein leblos Bild gewesen.

So hold es war, ich sprach doch endlich: »So kann ich ja nicht malen; wollet Ihr mich nicht ansehen, Katharina?«

Und als sie nun die Wimpern von den braunen Augensternen hob, da war kein Hehlens mehr; heiß und offen ging der Strahl zu meinem Herzen. »Katharina!« Ich war aufgesprungen. »Hätte jene Frau auch dich verflucht?«

Sie athmete tief auf. »Auch mich, Johannes!« – Da lag ihr Haupt an meiner Brust, und fest umschlossen standen wir vor dem Bild der Ahnfrau, die kalt und feindlich auf uns niederschauete.

Aber Katharina zog mich leise fort. »Laß uns nicht trotzen, mein Johannes!« sagte sie. – Mit Selbigem hörte ich im Treppenhause ein Geräusch, und war es, als wenn etwas mit dreien Beinen sich mühselig die Stiegen heraufarbeitete. Als Katharina und ich uns deshalb wieder an unsern Platz gesetzet und ich Pinsel und Palette zur Hand genommen hatte, öffnete sich die Thür, und Bas' Ursel, die wir wohl zuletzt erwartet hätten, kam an ihrem Stock hereingehustet. »Ich höre«, sagte sie, »Er will nach Hamburg, um den Rahmen zu besorgen; da muß ich mir nachgerade doch Sein Werk besehen!«

Es ist wohl männiglich bekannt, daß alte Jungfrauen in Liebessachen die allerfeinsten Sinne haben und so der jungen Welt gar oft Bedrang und Trübsal bringen. Als Bas' Ursel auf Katharinens Bild, das sie bislang noch nicht gesehen, kaum einen Blick geworfen hatte, zuckte sie gar stolz empor mit ihrem runzeligen Angesicht und frug mich allsogleich: »Hat denn das Fräulein Ihn so angesehen, als wie sie da im Bilde sitzet?«

Ich entgegnete, es sei ja eben die Kunst der edlen Malerei, nicht bloß die Abschrift des Gesichts zu geben. Aber schon mußte an unsern Augen oder Wangen ihr Sonderliches aufgefallen sein, denn ihre Blicke gingen spähend hin und wider. »Die Arbeit ist wohl bald am Ende?« sagte sie dann mit ihrer höchsten Stimme. »Deine Augen haben kranken Glanz, Katharina; das lange Sitzen hat dir nicht wohl gedienet.«

Ich entgegnete, das Bild sei bald vollendet, nur an dem Gewande sei noch hie und da zu schaffen.

»Nun, da braucht Er wohl des Fräuleins Gegenwart nicht mehr dazu! – Komm, Katharina, dein Arm ist besser als der dumme Stecken hier!«

Und so mußt ich von der dürren Alten meines Herzens holdselig Kleinod mir entführen sehen, da ich es eben mir gewonnen glaubte; kaum daß die braunen Augen mir noch einen stummen Abschied senden konnten.

Am andern Morgen, am Montage vor Johannis, trat ich meine Reise an. Auf einem Gaule, den Dieterich mir besorget, trabte ich in der Frühe aus dem Thorweg; als ich durch die Tannen ritt, brach einer von des Junkers Hunden herfür und fuhr meinem Thiere nach den Flechsen, wannschon selbiges aus ihrem eigenen Stalle war; aber der oben im Sattel saß, schien ihnen allzeit noch verdächtig. Kamen gleichwohl ohne Blessur davon, ich und der Gaul, und langeten abends bei guter Zeit in Hamburg an.

Am andern Vormittage machte ich mich auf und befand auch bald einen Schnitzer, so der Bilderleisten viele fertig hatte, daß man sie nur zusammenzustellen und in den Ecken die Zierathen daraufzuthun brauchte. Wurden also handelseinig, und versprach der Meister, mir das alles wohl verpacket nachzusenden.

Nun war zwar in der berühmten Stadt vor einen Neubegierigen gar vieles zu beschauen; so in der Schiffergesellschaft des Seeräubern Störtebeker silberner Becher, welcher das zweite Wahrzeichen der Stadt genennet wird, und ohne den gesehen zu haben, wie es in einem Buche heißet, niemand sagen dürfe, daß er in Hamburg sei gewesen; sodann auch der Wunderfisch mit eines Adlers richtigen Krallen und Fluchten, so eben um diese Zeit in der Elbe war gefangen worden und den die Hamburger, wie ich nachmalen hörete, auf einen Seesieg wider die türkischen Piraten deuteten; allein, obschon ein rechter Reisender solcherlei Seltsamkeiten nicht vorbeigehen soll, so war doch mein Gemüthe, beides, von Sorge und von Herzenssehnen, allzu sehr beschweret. Derohalben, nachdem ich bei einem Kaufherrn noch meinen Wechsel umgesetzet und in meiner Nachtherbergen Richtigkeit getroffen hatte, bestieg ich um Mittage wieder meinen Gaul und hatte allsobald allen Lärmen des großen Hamburg hinter mir.

Am Nachmittage danach langete ich in Preetz an, meldete mich im Stifte bei der hochwürdigen Dame und wurde auch alsbald vorgelassen. Ich erkannte in ihrer stattlichen Person allsogleich die Schwester meines theueren seligen Herrn Gerhardus; nur, wie es sich an unverehelichten Frauen oftmals zeiget, waren die Züge des Antlitzes gleichwohl strenger als die des Bruders. Ich hatte, selbst nachdem ich Katharinens Schreiben überreichet, ein lang und hart Examen zu bestehen; dann aber verhieß sie ihren Beistand und setzete sich zu ihrem Schreibgeräthe, indeß die Magd mich in ein ander Zimmer führen mußte, allwo man mich gar wohl bewirthete.

Es war schon spät am Nachmittage, da ich wieder fortritt; doch rechnete ich, obschon mein Gaul die vielen Meilen hinter uns bereits verspürete, noch gegen Mitternacht beim alten Dieterich anzuklopfen. – Das Schreiben, das die alte Dame mir für Katharinen mitgegeben, trug ich wohl verwahret in einem Ledertäschlein unterm Wamse auf der Brust. So ritt ich fürbaß in die aufsteigende Dämmerung hinein; gar bald an sie, die eine, nur gedenkend und immer wieder mein Herz mit neuen lieblichen Gedanken schreckend.

Es war aber eine lauwarme Juninacht; von den dunkelen Feldern erhub sich der Ruch der Wiesenblumen, aus den Knicken duftete das

Geißblatt; in Luft und Laub schwebete ungesehen das kleine Nachtgeziefer oder flog auch wohl surrend meinem schnaubenden Gaule an die Nüstern; droben aber an der blauschwarzen ungeheueren Himmelsglocke über mir strahlte im Südost das Sternenbild des Schwanes in seiner unberührten Herrlichkeit.

Da ich endlich wieder auf Herrn Gerhardus' Grund und Boden war, resolvirte ich mich sofort, noch nach dem Dorfe hinüberzureiten, welches seitwärts von der Fahrstraßen hinterm Wald belegen ist. Denn ich gedachte, daß der Krüger Hans Ottsen einen paßlichen Handwagen habe; mit dem solle er morgen einen Boten in die Stadt schicken, um die Hamburger Kiste für mich abzuholen; ich aber wollte nur an sein Kammerfenster klopfen, um ihm solches zu bestellen.

Also ritte ich am Waldesrande hin, die Augen fast verwirret von den grünlichen Johannisfünkchen, die mit ihren spielerischen Lichtern mich hier umflogen. Und schon ragete groß und finster die Kirche vor mir auf, in deren Mauern Herr Gerhardus bei den Seinen ruhte; ich hörte, wie im Thurm soeben der Hammer ausholete, und von der Glocken scholl die Mitternacht ins Dorf hinunter. ›Aber sie schlafen alle‹, sprach ich bei mir selber, ›die Todten in der Kirchen oder unter dem hohen Sternenhimmel hieneben auf dem Kirchhof, die Lebenden noch unter den niedern Dächern, die dort stumm und dunkel vor dir liegen.‹ So ritt ich weiter. Als ich jedoch an den Teich kam, von wo aus man Hans Ottsens Krug gewahren kann, sahe ich von dorten einen dunstigen Lichtschein auf den Weg hinausbrechen, und Fiedeln und Klarinetten schalleten mir entgegen.

Da ich gleichwohl mit dem Wirthe reden wollte, so ritt ich herzu und brachte meinen Gaul im Stalle unter. Als ich danach auf die Tenne trat, war es gedrang voll von Menschen, Männern und Weibern, und ein Geschrei und wüst Getreibe, wie ich solches, auch beim Tanz, in früheren Jahren nicht vermerket. Der Schein der Unschlittkerzen, so unter einem Balken auf einem Kreuzholz schwebten, hob manch bärtig und verhauen Antlitz aus dem Dunkel, dem man lieber nicht allein im Wald begegnet wäre. – Aber nicht nur Strolche und Bauernbursche schienen hier sich zu vergnügen; bei den Musikanten, die drüben vor der Döns auf ihren Tonnen saßen, stund der Junker von der Risch; er hatte seinen Mantel über dem einen Arm, an dem andern hing ihm eine derbe Dirne. Aber das Stücklein schien ihm nicht zu gefallen; denn er riß dem Fiedler seine Geigen aus den Händen, warf eine Handvoll Münzen auf seine Tonne und verlangte, daß sie ihm den neumodischen Zweitritt aufspielen sollten. Als dann die Musikanten ihm gar rasch gehorchten und wie toll die neue Weise klingen ließen, schrie er nach Platz und schwang sich in den dichten Haufen; und die Bauernburschen glotzten drauf hin, wie ihm die Dirne im Arme lag, gleich einer Tauben vor dem Geier.

Ich aber wandte mich ab und trat hinten in die Stube, um mit dem Wirth zu reden. Da saß der Junker Wulf beim Kruge Wein und hatte den alten Ottsen neben sich, welchen er mit allerhand Späßen in Bedrängniß brachte; so drohete er, ihm seinen Zins zu steigern, und schüttelte sich vor Lachen, wenn der geängstete Mann gar jämmerlich um Gnad und Nachsicht supplicirte. – Da er mich gewahr worden, ließ er nicht ab, bis ich selbdritt mich an den Tisch gesetzet; frug nach meiner Reise, und ob ich in Hamburg mich auch wohl vergnüget; ich aber antwortete nur, ich käme eben von dort zurück, und werde der Rahmen in Kürze in der Stadt eintreffen, von wo Hans Ottsen ihn mit seinem Handwäglein leichtlich möge holen lassen.

Indeß ich mit letzterem solches nun verhandelte, kam auch der von der Risch hereingestürmet und schrie dem Wirthe zu, ihm einen kühlen Trunk zu schaffen. Der Junker Wulf aber, dem bereits die Zunge schwer im Munde wühlete, faßte ihn am Arm und riß ihn auf den leeren Stuhl hernieder.

»Nun, Kurt!« rief er. »Bist du noch nicht satt von deinen Dirnen! Was soll die Katharina dazu sagen? Komm, machen wir alamode ein ehrbar hazard mitsammen!« Dabei hatte er ein Kartenspiel unterm Wams hervorgezogen. »Allons donc! – Dix et dame! – Dame et valet!«

Ich stand noch und sah dem Spiele zu, so dermalen eben Mode worden; nur wünschend, daß die Nacht vergehen und der Morgen kommen nöchte. – Der Trunkene schien aber dieses Mal des Nüchternen Übermann; dem von der Risch schlug nach einander jede Karte fehl.

»Tröste dich, Kurt!« sagte der Junker Wulf, indeß er schmunzelnd die Speciesthaler auf einen Haufen scharrte:

»Glück in der Lieb
Und Glück im Spiel,

Bedenk, für einen
Ist's zu viel!

Laß den Maler dir hier von deiner schönen Braut erzählen! Der weiß sie auswendig; da kriegst du's nach der Kunst zu wissen.«

Dem andern, wie mir am besten kund war, mochte aber noch nicht viel von Liebesglück bewußt sein; denn er schlug fluchend auf den Tisch und sah gar grimmig auf mich her.

»Ei, du bist eifersüchtig, Kurt!« sagte der Junker Wulf vergnüglich, als ob er jedes Wort auf seiner schweren Zunge schmeckete; »aber getröste dich, der Rahmen ist schon fertig zu dem Bilde; dein Freund, der Maler, kommt eben erst von Hamburg.«

Bei diesem Worte sah ich den von der Risch aufzucken gleich einem Spürhund bei der Witterung. »Von Hamburg heut? – So muß er Fausti Mantel sich bedienet haben; denn mein Reitknecht sah ihn heut zu Mittag noch in Preetz! Im Stift, bei deiner Base ist er auf Besuch gewesen.«

Meine Hand fuhr unversehens nach der Brust, wo ich das Täschlein mit dem Brief verwahret hatte; denn die trunkenen Augen des Junkers Wulf lagen auf mir; und war mir's nicht anders, als sähe er damit mein ganz Geheimniß offen vor sich liegen. Es währete auch nicht lange, so flogen die Karten klatschend auf den Tisch. »Oho!« schrie er. »Im Stift, bei meiner Base! Du treibst wohl gar doppelt Handwerk, Bursch! Wer hat dich auf den Botengang geschickt?«

»Ihr nicht, Junker Wulf!« entgegnet ich; »und das muß Euch genug sein!« – Ich wollt nach meinem Degen greifen, aber er war nicht da; fiel mir auch bei nun, daß ich ihn an den Sattelknopf gehänget, da ich vorhin den Gaul zu Stalle brachte.

Und schon schrie der Junker wieder zu seinem jüngeren Kumpan: »Reiß ihm das Wams auf, Kurt! Es gilt den blanken Haufen hier; du findest eine saubere Briefschaft, die du ungern möchtst bestellet sehen!«

Im selbigen Augenblick fühlte ich auch schon die Hände des von der Risch an meinem Leibe, und ein wüthend Ringen zwischen uns begann. Ich fühlte wohl, daß ich so leicht, wie in der Bubenzeit, ihm nicht mehr über würde; da aber fügete es sich zu meinem Glücke, daß ich ihm beide Handgelenke packte und er also wie gefesselt vor mir stund. Es hatte keiner von uns ein Wort dabei verlauten lassen; als wir uns aber itzund in die Augen sahen, da wußte jeder wohl, daß er's mit seinem Todfeind vor sich habe.

Solches schien auch der Junker Wulf zu meinen; er strebte von seinem Stuhl empor, als wolle er dem von der Risch zu Hülfe kommen; mochte aber zu viel des Weins genossen haben, denn er taumelte auf seinen Platz zurück. Da schrie er, so laut seine lallende Zung es noch vermochte: »He, Tartar! Türk! Wo steckt ihr! Tatar, Türk!« Und ich wußte nun, daß die zwo grimmigen Köter, so ich vorhin auf der Tenne an dem Ausschank hatte lungern sehen, mir an die nackte Kehle springen sollten. Schon hörete ich sie durch das Getümmel der Tanzenden daherschnaufen, da riß ich mit einem Ruck jählings meinen Feind zu Boden, sprang dann durch eine Seitenthür aus dem Zimmer, die ich schmetternd hinter mir zuwarf, und gewann also das Freie.

Und um mich her war plötzlich wieder die stille Nacht und Mond- und Sternenschimmer. In den Stall zu meinem Gaul wagt ich nicht erst zu gehen, sondern sprang flugs über einen Wall und lief über das Feld dem Walde zu. Da ich ihn bald erreichet, suchte ich die Richtung nach dem Herrenhofe einzuhalten; denn es zieht sich die Holzung bis hart zur Gartenmauer. Zwar war die Helle der Himmelslichter hier durch das Laub der Bäume ausgeschlossen; aber meine Augen wurden der Dunkelheit gar bald gewohnt, und da ich das Täschlein sicher unter meinem Wamse fühlte, so tappte ich rüstig vorwärts; denn ich gedachte den Rest der Nacht noch einmal in meiner Kammer auszuruhen, dann aber mit dem alten Dieterich zu berathen, was allfort geschehen solle; maßen ich wohl sahe, daß meines Bleibens hier nicht fürder sei.

Bisweilen stund ich auch und horchte; aber ich mochte bei meinem Abgang wohl die Thür ins Schloß geworfen und so einen guten Vorsprung mir gewonnen haben: von den Hunden war kein Laut vernehmbar. Wohl aber, da ich eben aus dem Schatten auf eine vom Mond erhellete Lichtung trat, hörete ich nicht gar fern die Nachtigallen schlagen; und von wo ich ihren Schall hörte, dahin richtete ich meine Schritte, denn mir war wohl bewußt, sie hatten hier herum nur in den Hecken des Herrengartens ihre Nester; erkannte nun auch, wo ich mich befand, und daß ich bis zum Hofe nicht gar weit mehr hatte.

Ging also dem lieblichen Schallen nach, das immer heller vor mir aus dem Dunkel drang. Da plötzlich schlug was anderes an mein Ohr, das jählings näher kam und mir das Blut erstarren machte. Nicht zweifeln konnt ich mehr, die Hunde brachen durch das Unterholz; sie hielten fest auf meiner Spur, und schon hörete ich deutlich hinter mir ihr Schnaufen und ihre gewaltigen Sätze in dem dürren Laub des Waldbodens. Aber Gott gab mir seinen gnädigen Schutz; aus dem Schatten der Bäume stürzte ich gegen die Gartenmauer, und an eines Fliederbaums Geäste schwang ich mich hinüber. – Da sangen hier im Garten immer noch die Nachtigallen; die Buchenhecken warfen tiefe Schatten. In solcher Mondnacht war ich einst vor meiner Ausfahrt in die Welt mit Herrn Gerhardus hier gewandelt. »Sieh dir's noch einmal an, Johannes!« hatte dermalen er gesprochen; »es könnt geschehen, daß du bei deiner Heimkehr mich nicht daheim mehr fändest, und daß alsdann ein Willkomm nicht für dich am Thor geschrieben stünde; – ich aber möcht nicht, daß du diese Stätte hier vergäßest.«

Das flog mir itzund durch den Sinn, und ich mußte bitter lachen; denn nun war ich hier als ein gehetzet Wild; und schon hörete ich die Hunde des Junker Wulf gar grimmig draußen an der Gartenmauer rennen. Selbige aber war, wie ich noch tags zuvor gesehen, nicht überall so hoch, daß nicht das wüthige Gethier hinüber konnte; und rings im Garten war kein Baum, nichts als die dichten Hecken und drüben gegen das Haus die Blumenbeete des seligen Herrn. Da, als eben das Bellen der Hunde wie ein Trimphgeheule innerhalb der Gartenmauer scholl, ersahe ich in meiner Noth den alten Epheubaum, der sich mit starkem Stamme an dem Thurm hinaufreckt; und da dann die Hunde aus den Hecken auf den mondhellen Platz hinaus raseten, war ich schon hoch genug, daß sie mit ihrem Anspringen mich nicht mehr erreichen konnten; nur meinen Mantel, so von der Schulter geglitten, hatten sie mit ihren Zähnen mir herabgerissen.

Ich aber, also angeklammert und fürchtend, es werde das nach oben schwächere Geäste mich auf die Dauer nicht ertragen, blickte suchend um mich, ob ich nicht irgend besseren Halt gewinnen möchte; aber es war nichts zu sehen als die dunklen Epheublätter um mich her. – Da, in solcher Noth, hörete ich ober mir ein Fenster öffnen, und eine Stimme scholl zu mir herab – möcht ich sie wieder hören, wenn du, mein Gott, mich bald nun rufen läßt aus diesem Erdenthal! – »Johannes!« rief sie; leis, doch deutlich hörete ich meinen

Namen, und ich kletterte höher an dem immer schwächeren Gezweige, indeß die schlafenden Vögel um mich auffuhren und die Hunde von unten ein Geheul heraufstießen. – »Katharina! Bist du es wirklich, Katharina?«

Aber schon kam ein zitternd Händlein zur mir herab und zog mich gegen das offene Fenster; und ich sah in ihre Augen, die voll Entsetzen in die Tiefe starrten.

»Komm!« sagte sie. »Sie werden dich zerreißen.« Da schwang ich mich in ihre Kammer. – Doch als ich drinnen war, ließ mich das Händlein los, und Katharina sank auf einen Sessel, so am Fenster stund, und hatte ihre Augen dicht geschlossen. Die dicken Flechten ihres Haares lagen über dem weißen Nachtgewand bis in den Schoß hinab; der Mond, der draußen die Gartenhecken überstiegen hatte, schien voll herein und zeigete mir alles. Ich stund wie fest gezaubert vor ihr; so lieblich fremde und doch so ganz mein eigen schien sie mir; nur meine Augen tranken sich satt an all der Schönheit. Erst als ein Seufzen ihre Brust erhob, sprach ich zu ihr: »Katharina, liebe Katharina, träumet Ihr denn?«

Da flog ein schmerzlich Lächeln über ihr Gesicht: »Ich glaub wohl fast, Johannes! – Das Leben ist so hart; der Traum ist süß!«

Als aber von unten aus dem Garten das Geheul aufs Neu heraufkam, fuhr sie erschreckt empor. »Die Hunde, Johannes!« rief sie. »Was ist das mit den Hunden?«

»Katharina«, sagte ich, »wenn ich Euch dienen soll, so glaub ich, es muß bald geschehen; denn es fehlt viel, daß ich noch einmal durch die Thür in dieses Haus gelangen sollte.« Dabei hatte ich den Brief aus meinem Täschlein hervorgezogen und erzählete auch, wie ich im Kruge drunten mit den Junkern sei in Streit gerathen.

Sie hielt das Schreiben in den hellen Mondenschein und las; dann schaute sie mich voll und herzlich an, und wir beredeten, wie wir uns morgen in dem Tannenwalde treffen wollten; denn Katharina sollte noch zuvor erkunden, auf welchen Tag des Junker Wulfen Abreise zum Kieler Johannismarkte festgesetzet sei.

»Und nun, Katharina«, sprach ich, »habt Ihr nicht etwas, das einer Waffe gleich sieht, ein eisern Ellenmaß oder so dergleichen, damit ich der beiden Thiere drunten mich erwehren könne?«

Sie aber schrak jäh wie aus einem Traum empor. »Was sprichst du, Johannes!« rief sie; und ihre Hände, so bislang in ihrem Schoß geruhet, griffen nach den meinen. »Nein, nicht fort, nicht fort! Da drunten ist der Tod; und gehst du, so ist auch hier der Tod!«

Da war ich vor ihr hingeknieet und lag an ihrer jungen Brust, und wir umfingen uns in großer Herzensnoth. »Ach, Käthe«, sprach ich, »was vermag die arme Liebe denn! Wenn auch dein Bruder Wulf nicht wäre; ich bin kein Edelmann und darf nicht um dich werben.«

Sehr süß und sorglich schauete sie mich an; dann aber kam es wie Schelmerei aus ihrem Munde: »Kein Edelmann, Johannes? - Ich dächte, du seiest auch das! Aber - ach nein! Dein Vater war nur der Freund des meinen - das gilt der Welt wohl nicht!«

»Nein Käthe; nicht das, und sicherlich nicht hier«, entgegnete ich und umfaßte fester ihren jungfräulichen Leib; »aber drüben in Holland, dort gilt ein tüchtiger Maler wohl einen deutschen Edelmann; die Schwelle von Mynherr van Dycks Palaste zu Amsterdam ist wohl dem Höchsten ehrenvoll zu überschreiten. Man hat mich drüben halten wollen, mein Meister van der Helst und andre! Wenn ich dorthin zurückginge, ein Jahr noch oder zwei; dann - wir kommen dann schon von hier fort; bleib mir nur feste gegen euere wüsten Junker!«

Katharinens weiße Hände strichen über meine Locken; sie herzete mich und sagte leise: »Da ich in meine Kammer dich gelassen, so werd ich doch dein Weib auch werden müssen.«

-- Ihr ahnete wohl nicht, welch einen Feuerstrom dies Wort in meine Adern goß, darin ohnedies das Blut in heißen Pulsen ging. - Von dreien furchtbaren Dämonen, von Zorn und Todesangst und Liebe ein verfolgter Mann, lag nun mein Haupt in des viel geliebten Weibes Schoß.

Da schrillte ein geller Pfiff; die Hunde drunten wurden jählings stille, und da es noch einmal gellte, hörete ich sie wie toll und wild davon rennen.

Vom Hofe her wurden Schritte laut; wir horchten auf, daß uns der Athem stille stund. Bald aber wurde dorten eine Thür erst auf-, dann zugeschlagen und dann ein Riegel vorgeschoben. »Das ist Wulf«, sagte Katharina leise; »er hat die beiden Hunde in den Stall gesperrt.« - Bald hörten wir auch unter uns die Thür des Hausflurs gehen, den Schlüssel drehen und danach Schritte in dem untern Corridor, die sich verloren, wo der Junker seine Kammer hatte. Dann wurde alles still.

Es war nun endlich sicher, ganz sicher; aber mit unserem Plaudern war es mit einem Male schier zu Ende. Katharina hatte den Kopf zurückgelehnt; nur unser beider Herzen hörete ich klopfen. – »Soll ich nun gehen, Katharina?« sprach ich endlich.

Aber die jungen Arme zogen mich stumm zu ihrem Mund empor; und ich ging nicht.

Kein Laut war mehr, als aus des Gartens Tiefe das Schlagen der Nachtigallen und von fern das Rauschen des Wässerleins, das hinten um die Hecken fließt. – –

Wenn, wie es in den Liedern heißt, mitunter noch in Nächten die schöne heidnische Frau Venus aufersteht und umgeht, um die armen Menschenherzen zu verwirren, so war es dazumalen eine solche Nacht. Der Mondschein war am Himmel ausgethan, ein schwüler Ruch von Blumen hauchte durch das Fenster, und dorten überm Walde spielete die Nacht in stummen Blitzen. – O Hüter, Hüter, war dein Ruf so fern?

– – Wohl weiß ich noch, daß vom Hofe her plötzlich scharf die Hähne krähten, und daß ich ein blaß und weinend Weib in meinen Armen hielt, die mich nicht lassen wollte, unachtend, daß überm Garten der Morgen dämmerte und rothen Schein in unsre Kammer warf. Dann aber, da sie deß inne wurde, trieb sie, wie von Todesangst geschreckt, mich fort.

Noch einen Kuß, noch hundert; ein flüchtig Wort noch: wann für das Gesind zu Mittage geläutet würde, dann wollten wir im Tannenwald uns treffen; und dann – ich wußte selber kaum, wie mir's geschehen – stund ich im Garten, unten in der kühlen Morgenluft.

Noch einmal, indem ich meinen von den Hunden zerfetzten Mantel aufhob, schaute ich empor und sah ein blasses Händlein mir zum Abschied winken. Nahezu erschrocken aber wurd ich, da meine Augen bei einem Rückblick aus dem Gartensteig von ungefähr die unteren Fenster neben dem Thurme streiften; denn mir war, als sähe hinter einem derselbigen ich gleichfalls eine Hand; aber sie drohete nach mir mit aufgehobenem Finger und schien mir farblos und knöchern gleich der Hand des Todes. Doch war's nur wie im Husch, daß solches über meine Augen ging; dachte zwar erstlich des Märleins von der wieder gehenden Urahne; redete mir dann aber ein, es seien nur meine eigenen aufgestörten Sinne, die solch Spiel mir vorgegaukelt hätten.

So, deß nicht weiter achtend, schritt ich eilends durch den Garten, merkete aber bald, daß in der Hast ich auf den Binsensumpf gerathen; sank auch der eine Fuß bis übers Änkel ein, gleichsam, als ob ihn was hinunterziehen wollte. ›Ei‹, dachte ich, ›faßt das Hausgespenste doch nach dir!‹ Machte mich aber auf und sprang über die Mauer in den Wald hinab.

Die Finsterniß der dichten Bäume sagte meinem träumenden Gemüthe zu; hier um mich her war noch die selige Nacht, von welcher meine Sinne sich nicht lösen mochten. – Erst da ich nach geraumer Zeit vom Waldesrande in das offene Feld hinaustrat, wurd ich völlig wach. Ein Häuflein Rehe stund nicht fern im silbergrauen Thau, und über mir vom Himmel scholl das Tageslied der Lerche. Da schüttelte ich all müßig Träumen von mir ab; im selbigen Augenblick stieg aber auch wie heiße Noth die Frage mir ins Hirn: ›Was weiter nun, Johannes? Du hast ein theures Leben an dich rissen; nun wisse, daß dein Leben nichts gilt als nur das ihre!‹

Doch was ich sinnen mochte, es deuchte mir allfort das beste, wenn Katharina im Stifte sichern Unterschlupf gefunden, daß ich dann zurück nach Holland ginge, mich dort der Freundeshülf versicherte und allsobald zurückkäm, um sie nachzuholen. Vielleicht, daß sie gar der alten Base Herz erweichet'; und schlimmsten Falles – es mußt auch gehen ohne das!

Schon sahe ich uns auf einem fröhlichen Barkschiff die Wellen des grünen Zuidersees befahren, schon hörete ich das Glockenspiel vom Rathhausthurme Amsterdams und sah am Hafen meine Freunde aus dem Gewühl hervorbrechen und mich und meine schöne Frau mit hellem Zuruf grüßen und im Triumph nach unserem kleinen, aber trauten Heim geleiten. Mein Herz war voll von Muth und Hoffnung; und kräftiger und rascher schritt ich aus, als könnte ich bälder so das Glück erreichen.

– Es ist doch anders kommen.

In meinen Gedanken war ich allmählich in das Dorf hinabgelanget und trat hier in Hans Ottens Krug, von wo ich in der Nacht so jählings hatte flüchten müssen. – »Ei, Meister Johannes«, rief der Alte auf der Tenne mir entgegen, »was hattet Ihr doch gestern mit unseren gestrengen Junkern? Ich war just draußen bei dem Ausschank; aber da ich wieder eintrat, flucheten sie schier grausam gegen Euch; und auch die Hunde raseten an der Thür, die Ihr hinter Euch ins Schloß geworfen hattet.«

Da ich aus solchen Worten abnahm, daß der Alte den Handel nicht wohl begriffen habe, so entgegnete ich nur: »Ihr wisset, der von der Risch und ich, wir haben uns schon als Jungen oft einmal gezauset; da mußt's denn gestern noch so einen Nachschmack geben.«

»Ich weiß, ich weiß!« meinte der Alte; »aber der Junker sitzt heut auf seines Vaters Hof; Ihr solltet Euch hüten, Herr Johannes; mit solchen Herren ist nicht sauber Kirschen essen.«

Dem zu widersprechen, hatte ich nicht Ursach, sondern ließ mir Brot und Frühtrunk geben und ging dann in den Stall, wo ich mir meinen Degen holete, auch Stift und Skizzenbüchlein aus dem Ranzen nahm.

Aber es war noch lange bis zum Mittagläuten. Also bat ich Hans Ottsen, daß er den Gaul mit seinem Jungen mög zum Hofe bringen lassen; und als er mir solches zugesaget, schritt ich wieder hinaus zum Wald. Ich ging aber bis zu der Stelle auf dem Heidenhügel, von wo man die beiden Giebel des Herrenhauses über die Gartenhecken ragen sieht, wie ich solches schon für den Hintergrund zu Katharinens Bildniß ausgewählet hatte. Nun gedachte ich, daß, wann in zu verhoffender Zeit sie selber in der Fremde leben und wohl das Vaterhaus nicht mehr betreten würde, sie seines Anblicks doch nicht ganz entrathen solle; zog also meinen Stift herfür und begann zu zeichnen, gar sorgsam jedes Winkelchen, woran ihr Auge einmal mocht gehaftet haben. Als farbig Schilderei sollt es dann in Amsterdam gefertigt werden, damit es ihr sofort entgegen grüße, wann ich sie dort in unsre Kammer führen würde.

Nach ein paar Stunden war die Zeichnung fertig. Ich ließ noch wie zum Gruß ein zwitschernd Vögelein darüber fliegen; dann suchte ich die Lichtung auf, wo wir uns finden wollten, und streckte mich nebenan im Schatten einer dichten Buche, sehnlich verlangend, daß die Zeit vergehe.

Ich mußte gleichwohl darob eingeschlummert sein; denn ich erwachte von einem fernen Schall und wurd deß inne, daß es das Mittagläuten von dem Hofe sei. Die Sonne glühte schon heiß hernieder und verbreitete den Ruch der Himbeeren, womit die Lichtung überdeckt war. Es fiel mir bei, wie einst Katharina und ich uns hier bei unseren Waldgängen süße Wegzehrung geholet hatten; und nun begann ein seltsam Spiel der Phantasie; bald sahe ich drüben zwischen den Sträuchern ihre zarte Kindsgestalt, bald stund sie vor mir, mich anschauend mit den seligen Frauenaugen, wie ich sie letzlich erst gesehen, wie ich sie nun gleich, im nächsten Augenblicke, schon leibhaftig an mein klopfend Herze schließen würde.

Da plötzlich überfiel mich's wie ein Schrecken. Wo blieb sie denn? Es war schon lang, daß es geläutet hatte. Ich war aufgesprungen, ich ging umher, ich stund und spähete scharf nach aller Richtung durch die Bäume; die Angst kroch mir zum Herzen; aber Katharina kam nicht; kein Schritt im Laube raschelte; nur oben in den Buchenwipfeln rauschte ab und zu der Sommerwind.

Böser Ahnung voll ging ich endlich fort und nahm einen Umweg nach dem Hofe zu. Da ich unweit dem Thore zwischen die Eichen kam, begegnete mir Dieterich. »Herr Johannes«, sagte er und trat hastig auf mich zu, »Ihr seid die Nacht schon in Hans Ottens Krug gewesen; sein Junge brachte mir Euren Gaul zurück; – was habet Ihr mit unsern Junkern vorgehabt?«

»Warum fragst du, Dieterich?«

– »Warum, Herr Johannes? – Weil ich Unheil zwischen euch verhüten möcht.«

»Was soll das heißen, Dieterich?« frug ich wieder; aber mir war beklommen, als sollte das Wort mir in der Kehle sticken.

»Ihr werdet's schon selber wissen, Herr Johannes!« entgegnete der Alte. »Mir hat der Wind nur so einen Schall davon gebracht, vor einer Stund mag's gewesen sein; ich wollte den Burschen rufen, der im Garten an den Hecken putzte. Da ich an den Thurm kam, wo droben unser Fräulein ihre Kammer hat, sah ich dorten die alte Bas' Ursel mit unserem Junker dicht beisammen stehen. Er hatte die Arme unterschlagen und sprach kein einzig Wörtlein; die Alte aber redete einen um so größeren Haufen und jammerte ordentlich mit ihrer feinen Stimme. Dabei wies sie bald nieder auf den Boden, bald hinauf in den Epheu, der am Thurm hinaufwächst. – Verstanden, Herr Johannes, hab ich von dem allen nicht; dann aber, und nun merket wohl auf, hielt sie mit ihrer knöchern Hand, als ob sie damit drohete, dem Junker was vor Augen; und da ich näher hinsah, war's ein Fetzen Grauwerk, just wie Ihr's da an Euerem Mantel traget.«

»Weiter, Dieterich!« sagte ich; denn der Alte hatte die Augen auf meinen zerrissenen Mantel, den ich auf dem Arme trug.

»Es ist nicht viel mehr übrig«, erwiderte er; »denn der Junker wandte sich jählings nach mir zu und frug mich, wo Ihr anzutreffen wäret. Ihr möget mir es glauben, wäre er in Wirklichkeit ein Wolf gewesen, die Augen hätten blutiger nicht funkeln können.«

Da frug ich: »Ist der Junker im Hause, Dieterich?«

– »Im Haus? Ich denke wohl; doch was sinnet Ihr, Herr Johannes?«

»Ich sinne, Dieterich, daß ich allsogleich mit ihm zu reden habe.«

Aber Dieterich hatte bei beiden Händen mich ergriffen. »Gehet nicht, Johannes«, sagte er dringend; »erzählet mir zum wenigsten, was geschehen ist; der Alte hat Euch ja sonst wohl guten Rath gewußt!«

»Hernach, Dieterich, hernach!« entgegnete ich. Und also mit diesen Worten riß ich meine Hände aus den seinen.

Der Alte schüttelte den Kopf. »Hernach, Johannes«, sagte er, »das weiß nur unser Herrgott!«

Ich aber schritt nun über den Hof dem Hause zu. – Der Junker sei eben in seinem Zimmer, sagte die Magd, so ich im Hausflur drum befragte.

Ich hatte dieses Zimmer, das im Unterhause lag, nur einmal erst betreten. Statt wie bei seinem Vater sel. Bücher und Karten, war hier vielerlei Gewaffen, Handröhre und Arkebusen, auch allerart Jagdgeräthe an den Wänden angebracht; sonst war es ohne Zier und zeigete an ihm selber, daß niemand auf die Dauer und mit seinen ganzen Sinnen hier verweile.

Fast wär ich an der Schwelle noch zurückgewichen, da ich auf des Junkers »Herein« die Thür geöffnet; denn als er sich vom Fenster zu mir wandte, sahe ich eine Reiterpistole in seiner Hand, an deren Radschloß er hantirete. Er schauete mich an, als ob ich von den Tollen käme. »So?« sagte er gedehnet; »wahrhaftig, Sieur Johannes, wenn's nicht schon sein Gespenste ist!«

»Ihr dachtet, Junker Wulf«, entgegnet ich, indem ich näher zu ihm trat, »es möcht der Straßen noch andre für mich geben, als die in Euere Kammer führen!«

– »So dachte ich, Sieur Johannes! Wie Ihr gut rathen könnt! Doch immerhin, Ihr kommt mir eben recht; ich hab Euch suchen lassen!«

In seiner Stimme bebte was, das wie ein lauernd Raubthier auf dem Sprunge lag, so daß die Hand mir unversehens nach dem Degen fuhr.

Jedennoch sprach ich: »Höret mich und gönnet mir ein ruhig Wort, Herr Junker!«

Er aber unterbrach meine Rede: »Du wirst gewogen sein, mich erstlich auszuhören! Sieur Johannes« – und seine Worte, die erst langsam waren, wurden allmählich gleichwie ein Gebrüll –, »vor ein paar Stunden, da ich mit schwerem Kopf erwachte, da fiel's mir bei und reuete mich gleich einem Narren, daß ich im Rausch die wilden Hunde dir auf die Fersen gesetzet hatte; – seit aber Bas' Ursel mir den Fetzen vorgehalten, den sie dir aus deinem Federbalg gerissen, – beim Höllenelement! mich reut's nur noch, daß mir die Bestien solch Stück Arbeit nachgelassen!«

Noch einmal suchte ich zu Worte zu kommen; und da der Junker schwieg, so dachte ich, daß er auch hören würde. »Junker Wulf«, sagte ich, »es ist schon wahr, ich bin kein Edelmann; aber ich bin kein geringer Mann in meiner Kunst und hoffe, es auch wohl noch einmal den Größeren gleichzuthun; so bitte ich Euch geziementlich, gebet Euere Schwester Katharina mir zum Ehgemahl – –«

Da stockte mir das Wort im Munde. Aus seinem bleichen Antlitz starrten mich die Augen des alten Bildes an; ein gellend Lachen schlug mir in das Ohr, ein Schuß – – – dann brach ich zusammen und hörete nur noch, wie mir der Degen, den ich ohn Gedanken fast gezogen hatte, klirrend aus der Hand zu Boden fiel.

Es war manche Woche danach, daß ich in dem schon bleicheren Sonnenschein auf einem Bänkchen vor dem letzten Haus des Dorfes saß, mit matten Blicken nach dem Wald hinüberschauend, an dessen jenseitigem Rande das Herrenhaus belegen war. Meine thörichten Augen suchten stets aufs Neue den Punkt, wo, wie ich mir vorstellete, Katharinens Kämmerlein von drüben auf die schon herbstlich gelben Wipfel schaue; denn von ihr selber hatte ich keine Kunde.

Man hatte mich mit meiner Wunde in dies Haus gebracht, das von des Junkers Waldhüter bewohnt wurde; und außer diesem Mann und seinem Weibe und einem mir unbekannten Chirurgus war während meines langen Lagers niemand zu mir gekommen. – Von wannen ich den Schuß in meine Brust erhalten, darüber hat mich niemand befragt, und ich habe niemandem Kunde gegeben; des Herzogs Gerichte gegen Herrn Gerhardus' Sohn und Katharinens Bruder anzurufen, konnte nimmer mir zu Sinne kommen. Er mochte sich dessen auch wohl getrösten; noch glaubhafter jedoch, daß er allen diesen Dingen trotzete.

Nur einmal war mein guter Dieterich da gewesen; er hatte mir in des Junkers Auftrage zwei Rollen Ungarischer Dukaten überbracht als Lohn für Katharinens Bild, und ich hatte das Gold genommen, in Gedanken, es sei ein Theil von deren Erbe, von dem sie als mein Weib wohl später nicht zu viel empfahen würde. Zu einem traulichen Gespräch mit Dieterich, nach dem mich sehr verlangete, hatte es mir nicht gerathen wollen, maßen das gelbe Fuchsgesicht meines Wirthes allaugenblicks in meine Kammer schaute; doch wurde so viel mir kund, daß der Junker nicht nach Kiel gereiset und Katharina seither von niemandem weder in Hof noch Garten war gesehen worden; kaum konnte ich noch den Alten bitten, daß er dem Fräulein, wenn sich's treffen möchte, meine Grüße sage, und daß ich bald nach Holland zu reisen, aber bälder noch zurückzukommen dächte, was alles in Treuen auszurichten er mir dann gelobete.

Überfiel mich aber danach die allergrößeste Ungeduld, so daß ich, gegen den Willen des Chirurgus und bevor im Walde drüben noch die letzten Blätter von den Bäumen fielen, meine Reise ins Werk setzete; langete auch schon nach kurzer Frist wohlbehalten in der Holländischen Hauptstadt an, allwo ich von meinen Freunden gar liebreich empfangen wurde, und mochte es auch ferner vor ein glücklich Zeichen wohl erkennen, daß zwo Bilder, so ich dort zurückgelassen, durch die hülfsbereite Vermittelung meines theueren Meisters van der Helst beide zu ansehnlichen Preisen verkaufet waren. Ja, es war dessen noch nicht genug: ein mir schon früher wohl gewogener Kaufherr ließ mir sagen, er habe nur auf mich gewartet, daß ich für sein nach dem Haag verheirathetes Töchterlein sein Bildniß malen möge; und wurde mir auch sofort ein reicher Lohn dafür versprochen. Da dachte ich, wenn ich solches noch vollendete, daß dann genug des helfenden Metalles in meinen Händen wäre, um auch ohne andere Mittel Katharinen in ein wohl bestellet Heimwesen einzuführen.

Machte mich also, da mein freundlicher Gönner desselbigen Sinnes war, mit allem Eifer an die Arbeit, so daß ich bald den Tag meiner Abreise gar fröhlich nah und näher rücken sahe, unachtend, mit was vor üblen Anständen ich drüben noch zu kämpfen hätte.

Aber des Menschen Augen sehen das Dunkel nicht, das vor ihm

ist. – Als nun das Bild vollendet war und reichlich Lob und Gold um dessen willen mir zu Theil geworden, da konnte ich nicht fort. Ich hatte in der Arbeit meiner Schwäche nicht geachtet, die schlecht geheilte Wunde warf mich wiederum danieder. Eben wurden zum Weihnachtsfeste auf allen Straßenplätzen die Waffelbuden aufgeschlagen, da begann mein Siechthum und hielt mich länger als das erste Mal gefesselt. Zwar der besten Arzteskunst und liebreicher Freundespflege war kein Mangel, aber in Ängsten sahe ich Tag um Tag vergehen, und keine Kunde konnte von ihr, keine zu ihr kommen.

Endlich nach harter Winterzeit, da der Zuidersee wieder seine grünen Wellen schlug, geleiteten die Freunde mich zum Hafen; aber statt des frohen Muthes nahm ich itzt schwere Herzensorge mit an Bord. Doch ging die Reise rasch und gut von Statten.

Von Hamburg aus fuhr ich mit der Königlichen Post; dann, wie vor nun fast einem Jahre hiebevor, wanderte ich zu Fuße durch den Wald, an dem noch kaum die ersten Spitzen grüneten. Zwar probten schon die Finken und die Ammern ihren Lenzgesang; doch was kümmerten sie mich heute! – Ich ging aber nicht nach Herrn Gerhardus' Herrengut; sondern, so stark mein Herz auch klopfte, ich bog seitwärts ab und schritt am Waldesrand entlang dem Dorfe zu. Da stund ich bald in Hans Ottsens Krug und ihm gar selber gegenüber.

Der Alte sah mich seltsam an, meinete aber dann, ich lasse ja recht munter. »Nur«, fügte er bei, »mit den Schießbüchsen müsset Ihr nicht wieder spielen; die machen ärgere Flecken als so ein Malerpinsel.«

Ich ließ ihn gern bei solcher Meinung, so, wie ich wohl merkete, hier allgemein verbreitet war, und that vors erste eine Frage nach dem alten Dieterich.

Da mußte ich vernehmen, daß er noch vor dem ersten Winterschnee, wie es so starken Leuten wohl passiret, eines plötzlichen, wenn auch gelinden Todes verfahren sei. »Der freuet sich«, sagte Hans Ottsen, »daß er zu seinem alten Herrn da droben kommen; und ist für ihn auch besser so.«

»Amen!« sagte ich; »mein herzlieber alter Dieterich!«

Indeß aber mein Herz nur, und immer banger, nach einer Kundschaft von Katharinen seufzete, nahm meine furchtsame Zunge einen Umweg, und ich sprach beklommen: »Was machet denn Euer Nachbar, der von der Risch?«

»Oho«, lachte der Alte; »der hat ein Weib genommen, und eine, die ihn schon zu Richte setzen wird.«

Nur im ersten Augenblick erschrak ich, denn ich sagte mir sogleich, daß er nicht so von Katharinen reden würde; und da er dann den Namen nannte, so war's ein ältlich, aber reiches Fräulein aus der Nachbarschaft; forschete also muthig weiter, wie's drüben in Herrn Gerhardus' Haus bestellet sei, und wie das Fräulein und der Junker mit einander hauseten.

Da warf der Alte mir wieder seine seltsamen Blicke zu. »Ihr meinet wohl«, sagte er, »daß alte Thürm' und Mauern nicht auch plaudern könnten!«

»Was soll's der Rede?« rief ich; aber sie fiel mir centnerschwer aufs Herz.

»Nun, Herr Johannes«, und der Alte sahe mir gar zuversichtlich in die Augen, »wo das Fräulein hinkommen, das werdet doch Ihr am besten wissen! Ihr seid derzeit im Herbst ja nicht zum letzten hier gewesen; nur wundert's mich, daß Ihr noch einmal wiederkommen; denn Junker Wulf wird, denk ich, nicht eben gute Mien zum bösen Spiel gemachet haben.«

Ich sah den alten Menschen an, als sei ich selber hintersinnig worden; dann aber kam mir plötzlich ein Gedanke. »Unglücksmann!« schrie ich, »Ihr glaubet doch nicht etwan, das Fräulein Katharina sei mein Eheweib geworden?«

»Nun, lasset mich nur los!« entgegnete der Alte – denn ich schüttelte ihn an beiden Schultern. – »Was geht's mich an! Es geht die Rede so! Auf alle Fäll'; seit Neujahr ist das Fräulein im Schloß nicht mehr gesehen worden.«

Ich schwur ihm zu, derzeit sei ich in Holland krank gelegen; ich wisse nichts von alledem.

Ob er's geglaubet, weiß ich nicht zu sagen; allein er gab mir kund, es solle dermalen ein unbekannter Geistlicher zur Nachtzeit und in großer Heimlichkeit auf den Herrenhof gekommen sein; zwar habe Bas' Ursel das Gesinde schon zeitig in ihre Kammern getrieben; aber der Mägde eine, so durch die Thürspalt gelauschet, wolle auch mich über den Flur nach der Treppe haben gehen sehen; dann später hätten sie deutlich einen Wagen aus dem Thorhaus fahren hören, und seien seit jener Nacht nur noch Bas' Ursel und der Junker in dem Schloß gewesen.

-- Was ich von nun an alles und immer doch vergebens unternommen, um Katharinen oder auch nur eine Spur von ihr zu finden, das soll nicht hier verzeichnet werden. Im Dorf war nur das thörichte Geschwätz, davon Hans Ottsen mich die Probe schmecken lassen; darum machete ich mich auf nach dem Stifte zu Herrn Gerhardus' Schwester; aber die Dame wollte mich nicht vor sich lassen; wurde im übrigen mir auch berichtet, daß keinerlei junges Frauenzimmer bei ihr gesehen worden. Da reisete ich wieder zurück und demüthigte mich also, daß ich nach dem Hause des von der Risch ging und als ein Bittender vor meinen alten Widersacher hintrat. Der sagte höhnisch, es möge wohl der Buhz das Vöglein sich geholet haben; er habe dem nicht nachgeschaut; auch halte er keinen Aufschlag mehr mit denen von Herrn Gerhardus' Hofe.

Der Junker Wulf gar, der davon vernommen haben mochte, ließ nach Hans Ottsens Kruge sagen, so ich mich unterstünde, auch zu ihm zu dringen, er würde mich noch einmal mit den Hunden hetzen lassen. - Da bin ich in den Wald gegangen und hab gleich einem Strauchdieb am Weg auf ihn gelauert; die Eisen sind von der Scheide bloß geworden; wir haben gefochten, bis ich die Hand ihm wund gehauen und sein Degen in die Büsche flog. Aber er sahe mich nur mit seinen bösen Augen an; gesprochen hat er nicht. - Zuletzt bin ich zu längerem Verbleiben nach Hamburg kommen, von wo aus ich ohne Anstand und mit größerer Umsicht meine Nachforschungen zu betreiben dachte.

Es ist alles doch umsonst gewesen.

Aber ich will vors erste nun die Feder ruhen lassen. Denn vor mir liegt dein Brief, mein lieber Josias; ich soll dein Töchterlein, meiner Schwester sel. Enkelin, aus der Taufe heben. - Ich werde auf meiner Reise dem Walde vorbeifahren, so hinter Herrn Gerhardus' Hof belegen ist. Aber das alles gehört ja der Vergangenheit.

*

Hier schließt das erste Heft der Handschrift. - Hoffen wir, daß der Schreiber ein fröhliches Tauffest gefeiert und inmitten seiner Freundschaft an frischer Gegenwart sein Herz erquickt habe.

Meine Augen ruhten auf dem alten Bild mir gegenüber; ich konnte nicht zweifeln, der schöne ernste Mann war Herr Gerhardus. Wer aber war jener tote Knabe, den ihm Meister Johannes hier so sanft in seinen Arm gebettet hatte? – Sinnend nahm ich das zweite und zugleich letzte Heft, dessen Schriftzüge um ein weniges unsicherer erschienen. Es lautete wie folgt:

Geliek as Rook un Stoof verswindt,
Also sind ock de Minschenkind.

Der Stein, darauf diese Worte eingehauen stehen, saß ob dem Thürsims eines alten Hauses. Wenn ich daran vorbeiging, mußte ich allzeit meine Augen dahin wenden, und auf meinen einsamen Wanderungen ist dann selbiger Spruch oft lange mein Begleiter blieben. Da sie im letzten Herbste das alte Haus abbrachen, habe ich aus den Trümmern diesen Stein erstanden, und ist er heute gleicherweise ob der Thüre meines Hauses eingemauert worden, wo er nach mir noch manchen, der vorübergeht, an die Nichtigkeit des Irdischen erinnern möge. Mir aber soll er eine Mahnung sein, ehbevor auch an meiner Uhr der Weiser stille steht, mit der Aufzeichnung meines Lebens fortzufahren. Denn du, meiner lieben Schwester Sohn, der du nun bald mein Erbe sein wirst, mögest mit meinem kleinen Erdengute dann auch mein Erdenleid dahinnehmen, so ich bei meiner Lebzeit niemandem, auch, aller Liebe ohnerachtet, dir nicht habe anvertrauen mögen.

Item: anno 1666 kam ich zum ersten Mal in diese Stadt an der Nordsee; maßen von einer reichen Branntweinbrenner-Witwen mir der Auftrag worden, die Auferweckung Lazari zu malen, welches Bild sie zum schuldigen und freundlichen Gedächtniß ihres Seligen, der hiesigen Kirchen aber zum Zierath zu stiften gedachte, allwo es denn auch noch heute über dem Taufsteine mit den vier Aposteln zu schauen ist. Daneben wünschte auch der Bürgermeister, Herr Titus Axen, so früher in Hamburg Thumherr und mir von dort bekannt war, sein Conterfey von mir gemalet, so daß ich für eine lange Zeit allhier zu schaffen hatte. – Mein Losament aber hatte ich bei meinem einzigen und älteren Bruder, der seit lange schon das Secretariat der Stadt bekleidete; das Haus, darin er als unbeweibter Mann lebte, war hoch und räumlich, und war es dasselbig Haus mit den zwo Linden an der Ecken von Markt und Krämerstraße, worin ich, nachdem es durch meines lieben Bruders Hintritt mir angestorben, anitzt als alter

Mann noch lebe und der Wiedervereinigung mit den vorangegangenen Lieben in Demuth entgegenharre.

Meine Werkstätte hatte ich mir in dem großen Pesel der Witwe eingerichtet; es war dorten ein gutes Oberlicht zur Arbeit, und bekam alles gemacht und gestellet, wie ich es verlangen mochte. Nur daß die gute Frau selber gar zu gegenwärtig war; denn allaugenblicklich kam sie draußen von ihrem Schanktisch zu mir hergetrottet mit ihren Blechgemäßen in der Hand; drängte mit ihrer Wohlbeleibtheit mir auf den Malstock und roch an meinem Bild herum; gar eines Vormittages, da ich soeben den Kopf des Lazarus untermalet hatte, verlangte sie mit viel überflüssigen Worten, der auferweckte Mann solle das Antlitz ihres Seligen zur Schau stellen, obschon ich diesen Seligen doch niemalen zu Gesicht bekommen, von meinem Bruder auch vernommen hatte, daß selbiger, wie es die Brenner pflegen, das Zeichen seines Gewerbes als eine blaurothe Nasen im Gesicht herumgetragen; da habe ich denn, wie man glauben mag, dem unvernünftigen Weibe gar hart den Daumen gegenhalten müssen. Als dann von der Außendiele her wieder neue Kundschaft nach ihr gerufen und mit den Gemäßen auf den Schank geklopfet, und sie endlich von mir lassen müssen, da sank mir die Hand mit dem Pinsel in den Schoß, und ich mußte plötzlich des Tages gedenken, da ich eines gar andern Seligen Antlitz mit dem Stifte nachgebildet, und wer da in der kleinen Kapelle so still bei mir gestanden sei. – Und also rückwärts sinnend, setzete ich meinen Pinsel wieder an; als aber selbiger eine gute Weile hin und wider gegangen, mußte ich zu eigener Verwunderung gewahren, daß ich die Züge des edlen Herrn Gerhardus in des Lazari Angesicht hineingetragen hatte. Aus seinem Leilach blickte des Todten Antlitz gleichwie in stummer Klage gegen mich, und ich gedachte: So wird er dir einstmals in der Ewigkeit entgegentreten!

Ich konnte heut nicht weiter malen, sondern ging fort und schlich auf meine Kammer ober der Hausthür, allwo ich mich ans Fenster setzte und durch den Ausschnitt der Lindenbäume auf den Markt hinabsah. Es gab aber groß Gewühl dort, und war bis drüben an die Rathswaage und weiter bis zur Kirchen alles voll von Wagen und Menschen; denn es war ein Donnerstag und noch zur Stunde, daß Gast mit Gaste handeln durfte, also daß der Stadtknecht mit dem Griper müßig auf unseres Nachbaren Beischlag saß, maßen es vor der Hand keine Brüchen zu erhaschen gab. Die Ostenfelder Weiber mit ihren rothen Jacken, die Mädchen von den Inseln mit ihren Kopftüchern und feinem Silberschmuck, dazwischen die hochgethürmeten Getreidewagen und darauf die Bauern in ihren gelben Lederhosen – dies alles mochte wohl ein Bild für eines Malers Auge geben, zumal wenn selbiger, wie ich, bei den Holländern in die Schule gegangen war; aber die Schwere meines Gemüthes machte das bunte Bild mir trübe. Doch war es keine Reu, wie ich vorhin an mir erfahren hatte; ein sehnend Leid kam immer gewaltiger über mich; es zerfleischete mich mit wilden Krallen und sah mich gleichwohl mit holden Augen an. Drunten lag der helle Mittag auf dem wimmelnden Markte; vor meinen Augen aber dämmerte silberne Mondnacht, wie Schatten stiegen ein paar Zackengiebel auf, ein Fenster klirrte, und gleich wie aus Träumen schlugen leis und fern die Nachtigallen. O du mein Gott und mein Erlöser, der du die Barmherzigkeit bist, wo war sie in dieser Stunde, wo hatte meine Seele sie zu suchen? --

Da hörete ich draußen unter dem Fenster von einer harten Stimme meinen Namen nennen, und als ich hinausschaute, ersahe ich einen großen hageren Mann in der üblichen Tracht eines Predigers, obschon sein herrisch und finster Antlitz mit dem schwarzen Haupthaar und dem tiefen Einschnitt ob der Nase wohl eher einem Kriegsmann angestanden wäre. Er wies soeben einem andern, untersetzten Manne von bäuerischem Aussehen, aber gleich ihm in schwarzwollenen Strümpfen und Schnallenschuhen, mit seinem Handstocke nach unserer Hausthür zu, indem er selbst zumal durch das Marktgewühle von dannen schritt.

Da ich dann gleich darauf die Thürglocke schellen hörte, ging ich hinab und lud den Fremden in das Wohngemach, wo er von dem Stuhle, darauf ich ihn genöthigt, mich gar genau und aufmerksam betrachtete.

Also war selbiger der Küster aus dem Dorfe norden der Stadt, und erfuhr ich bald, daß man dort einen Maler brauche, da man des Pastors Bildniß in die Kirche stiften wolle. Ich forschete ein wenig, was für Verdienst um die Gemeine dieser sich erworben hätte, daß sie solche Ehr ihm anzuthun gedächten, da er doch seines Alters halben noch nicht gar lang im Amte stehen könne; der Küster aber meinete, es habe der Pastor freilich wegen eines Stück Ackergrundes einmal einen Proceß gegen die Gemeine angestrenget, sonst wisse er eben nicht, was Sondres könne vorgefallen sein; allein es hingen allbereits die drei Amtsvorweser in der Kirchen, und da sie, wie er sagen müsse, vernommen hätten, ich verstünde das Ding gar wohl zu machen, so sollte der guten Gelegenheit wegen nun auch der vierte Pastor mit hinein; dieser selber freilich kümmere sich nicht eben viel darum.

Ich hörete dem allen zu; und da ich mit meinem Lazarus am liebsten auf eine Zeit pausiren mochte, das Bildniß des Herrn Titus Axen aber wegen eingetretenen Siechthums desselbigen nicht beginnen konnte, so hub ich an, dem Auftrage näher nachzufragen.

Was mir an Preis für solche Arbeit nun geboten wurde, war zwar gering, so daß ich erstlich dachte: sie nehmen dich für einen Pfennigmaler, wie sie im Kriegstrosse mitziehen, um die Soldaten für ihre heimgebliebenen Dirnen abzumalen; aber es muthete mich plötzlich an, auf eine Zeit allmorgendlich in der goldnen Herbstessonne über die Heide nach dem Dorf hinauszuwandern, das nur eine Wegstunde von unserer Stadt belegen ist. Sagete also zu, nur mit dem Beding, daß die Malerei draußen auf dem Dorfe vor sich ginge, da hier in meines Bruders Hause paßliche Gelegenheit nicht befindlich sei.

Deß schien der Küster gar vergnügt, meinend, das sei alles hiebevor schon fürgesorget; der Pastor hab sich solches gleichfalls ausbedungen; item, es sei dazu die Schulstube in seiner Küsterei erwählet; selbige sei das zweite Haus im Dorfe und liege nahe am Pastorate, nur hintenaus durch die Priesterkoppel davon geschieden, so daß also auch der Pastor leicht hinübertreten könne. Die Kinder, die im Sommer doch nichts lernten, würden dann nach Haus geschicket.

Also schüttelten wir uns die Hände, und da der Küster auch die Maße des Bildes fürsorglich mitgebracht, so konnte alles Malgeräth, deß ich bedurfte, schon Nachmittages mit der Priesterfuhr hinausbefördert werden.

Als mein Bruder dann nach Hause kam – erst spät am Nachmittage; denn ein Ehrsamer Rath hatte dermalen viel Bedrängniß von einer Schinderleichen, so die ehrlichen Leute nicht zu Grabe tragen wollten –, meinete er, ich bekäme da einen Kopf zu malen, wie er nicht oft auf einem Priesterkragen sitze, und möchte mich mit Schwarz und Braunroth wohl versehen; erzählete mir auch, es sei der Pastor als Feldcapellan mit den Brandenburgern hier ins Land gekommen, als welcher er's fast wilder denn die Offiziers getrieben haben solle; sei übrigens itzt ein scharfer Streiter vor dem Herrn, der seine Bauern gar meisterlich zu packen wisse. – Noch merkete mein Bruder an, daß bei desselbigen Amtseintritt in unserer Gegend adelige Fürsprach eingewirket haben solle, wie es heiße, von drüben aus dem Holsteinischen her; der Archidiaconus habe bei der Klosterrechnung ein Wörtlein davon fallen lassen. War jedoch Weiteres meinem Bruder darob nicht kund geworden.

So sahe mich denn die Morgensonne des nächsten Tages rüstig über die Heide schreiten, und war mir nur leid, daß letztere allbereits ihr rothes Kleid und ihren Würzeduft verbraucht und also diese Landschaft ihren ganzen Sommerschmuck verloren hatte; denn von grünen Bäumen war weithin nichts zu ersehen; nur der spitze Kirchthurm des Dorfes, dem ich zustrebte – wie ich bereits erkennen mochte, ganz von Granitquadern auferbauet –, stieg immer höher vor mir in den dunkelblauen Octoberhimmel. Zwischen den schwarzen Strohdächern, die an seinem Fuße lagen, krüppelte nur niedrig Busch- und Baumwerk; denn der Nordwestwind, so hier frisch von der See heraufkommt, will freien Weg zu fahren haben.

Als ich das Dorf erreichet und auch alsbald mich nach der Küsterei gefunden hatte, stürzete mir sofort mit lustigem Geschrei die ganze Schul entgegen; der Küster aber hieß an seiner Hausthür mich willkommen. »Merket Ihr wohl, wie gern sie von der Fibel laufen!« sagte er. »Der eine Bengel hatte Euch schon durchs Fenster kommen sehen.«

In dem Prediger, der gleich danach ins Haus trat, erkannte ich denselbigen Mann, den ich schon tags zuvor gesehen hatte. Aber auf seine finstere Erscheinung war heute gleichsam ein Licht gesetzet; das war ein schöner blasser Knabe, den er an der Hand mit sich führete; das Kind mochte etwan vier Jahre zählen und sahe fast winzig aus gegen des Mannes hohe knochige Gestalt.

Da ich die Bildnisse der früheren Prediger zu sehen wünschte, so gingen wir mitsammen in die Kirche, welche also hoch belegen ist, daß man nach den anderen Seiten über Marschen und Heide, nach Westen aber auf den nicht gar fernen Meeresstrand hinunterschauen kann. Es mußte eben Fluth sein; denn die Watten waren überströmet, und das Meer stund wie ein lichtes Silber. Da ich anmerkete, wie oberhalb desselben die Spitze des Festlandes und von der andern Seite diejenige der Insel sich gegen einander strecketen, wies der Küster auf die Wasserfläche, so dazwischen liegt. »Dort«, sagte er,

»hat einst meiner Eltern Haus gestanden; aber anno 34 bei der großen Fluth trieb es gleich hundert anderen in den grimmen Wassern; auf der einen Hälfte des Daches ward ich an diesen Strand geworfen, auf der anderen fuhren Vater und Bruder in die Ewigkeit hinaus.«

Ich dachte: ›So steht die Kirche wohl am rechten Ort; auch ohne den Pastor wird hier vernehmentlich Gottes Wort geprediget.‹

Der Knabe, welchen letzterer auf den Arm genommen hatte, hielt dessen Nacken mit beiden Ärmchen fest umschlungen und drückte die zarte Wange an das schwarze bärtige Gesicht des Mannes, als finde er so den Schutz vor der ihn schreckenden Unendlichkeit, die dort vor unseren Augen ausgebreitet lag.

Als wir in das Schiff der Kirche eingetreten waren, betrachtete ich mir die alten Bildnisse und sahe auch einen Kopf darunter, der wohl eines guten Pinsels werth gewesen wäre; jedennoch war es alles eben Pfennigmalerei, und sollte demnach der Schüler van der Helsts hier in gar sondere Gesellschaft kommen.

Da ich solches eben in meiner Eitelkeit bedachte, sprach die harte Stimme des Pastors neben mir: »Es ist nicht meines Sinnes, daß der Schein des Staubes dauere, wenn der Odem Gottes ihn verlassen; aber ich habe der Gemeine Wunsch nicht widerstreben mögen; nur, Meister, machet es kurz; ich habe besseren Gebrauch für meine Zeit.«

Nachdem ich dem finsteren Manne, an dessen Antlitz ich gleichwohl für meine Kunst Gefallen fand, meine beste Bemühung zugesaget, fragete ich einem geschnitzten Bilde der Maria nach, so von meinem Bruder mir war gerühmet worden.

Ein fast verachtend Lächeln ging über des Predigers Angesicht. »Da kommet Ihr zu spät«, sagte er, »es ging in Trümmer, da ich's aus der Kirche schaffen ließ.«

Ich sah ihn fast erschrocken an. »Und wolltet Ihr des Heilands Mutter nicht in Euerer Kirche dulden?«

»Die Züge von des Heilands Mutter«, entgegnete er, »sind nicht überliefert worden.«

– »Aber wollet Ihr's der Kunst mißgönnen, sie in frommem Sinn zu suchen?«

Er blickte eine Weile finster auf mich herab; denn, obschon ich zu den Kleinen nicht zu zählen, so überragte er mich doch um eines halben Kopfes Höhe; – dann sprach er heftig: »Hat nicht der König die holländischen Papisten dort auf die zerrissene Insel herberufen;

nur um durch das Menschenwerk der Deiche des Höchsten Strafgericht zu trotzen? Haben nicht noch letzlich die Kirchenvorsteher drüben in der Stadt sich zwei der Heiligen in ihr Gestühlte schnitzen lassen? Betet und wachet! Denn auch hier geht Satan noch von Haus zu Haus! Diese Marienbilder sind nichts als Säugammen der Sinnenlust und des Papismus; die Kunst hat allzeit mit der Welt gebuhlt!«

Ein dunkles Feuer glühte in seinen Augen, aber seine Hand lag liebkosend auf dem Kopf des blassen Knaben, der sich an seine Knie schmiegte.

Ich vergaß darob, des Pastors Worte zu erwidern; mahnete aber danach, daß wir in die Küsterei zurückgingen, wo ich alsdann meine edle Kunst an ihrem Widersacher selber zu erproben anhub.

Also wanderte ich fast einen Morgen um den andern über die Heide nach dem Dorfe, wo ich allzeit den Pastor schon meiner harrend antraf. Geredet wurde wenig zwischen uns; aber das Bild nahm desto rascheren Fortgang. Gemeiniglich saß der Küster neben uns und schnitzete allerlei Geräthe gar säuberlich aus Eichenholz, dergleichen als eine Hauskunst hier überall betrieben wird; auch habe ich das Kästlein, woran er derzeit arbeitete, von ihm erstanden und darin vor Jahren die ersten Blätter dieser Niederschrift hinterleget, alswie denn auch mit Gottes Willen diese letzten darin sollen beschlossen sein. –

In des Predigers Wohnung wurde ich nicht geladen und betrat selbige auch nicht; der Knabe aber war allzeit mit ihm in der Küsterei; er stand an seinen Knien, oder er spielte mit Kieselsteinchen in der Ecke des Zimmers. Da ich selbigen einmal fragte, wie er heiße, antwortete er: »Johannes!« – »Johannes?« entgegnete ich, »so heiße ich ja auch!« – Er sah mich groß an, sagte aber weiter nichts.

Weshalb rühreten diese Augen so an meine Seele? – Einmal gar überraschete mich ein finsterer Blick des Pastors, da ich den Pinsel müßig auf der Leinewand ruhen ließ. Es war etwas in dieses Kindes Antlitz, das nicht aus seinem kurzen Leben kommen konnte; aber es war kein froher Zug. So, dachte ich, sieht ein Kind, das unter einem kummerschweren Herzen ausgewachsen. Ich hätte oft die Arme nach ihm breiten mögen; aber ich scheuete mich vor dem harten Manne, der es gleich einem Kleinod zu behüten schien. Wohl dachte ich oft: ›Welch eine Frau mag dieses Knaben Mutter sein?‹ –

Des Küsters alte Magd hatte ich einmal nach des Predigers Frau befraget; aber sie hatte mir kurzen Bescheid gegeben: »Die kennt man nicht; in die Bauernhäuser kommt sie kaum, wenn Kindelbier und Hochzeit ist.« – Der Pastor selbst sprach nicht von ihr. Aus dem Garten der Küsterei, welcher in eine dichte Gruppe von Fliederbüschen ausläuft, sahe ich sie einmal langsam über die Priesterkoppel nach ihrem Hause gehen; aber sie hatte mir den Rücken zugewendet, so daß ich nur ihre schlanke, jugendliche Gestalt gewahren konnte, und außerdem ein paar gekräuselte Löckchen, in der Art, wie sie sonst nur von den Vornehmeren getragen werden und die der Wind von ihren Schläfen wehte. Das Bild ihres finsteren Ehgesponsen trat mir vor die Seele, und mir schien, es passe dieses Paar nicht wohl zusammen.

-- An den Tagen, wo ich nicht da draußen war, hatte ich auch die Arbeit an meinem Lazarus wieder aufgenommen, so daß nach einiger Zeit diese Bilder mit einander nahezu vollendet waren.

So saß ich eines Abends nach vollbrachtem Tagewerke mit meinem Bruder unten in unserem Wohngemache. Auf dem Tisch am Ofen war die Kerze fast herabgebrannt, und die holländische Schlaguhr hatte schon auf Eilf gewarnt; wir aber saßen am Fenster und hatten der Gegenwart vergessen; denn wir gedachten der kurzen Zeit, die wir mitsammen in unserer Eltern Haus verlebet hatten; auch unseres einzigen lieben Schwesterleins gedachten wir, das im ersten Kindbette verstorben und nun seit lange schon mit Vater und Mutter einer fröhlichen Auferstehung entgegenharrete. – Wir hatten die Läden nicht vorgeschlagen; denn es that uns wohl, durch das Dunkel, so draußen auf den Erdenwohnungen der Stadt lag, in das Sternenlicht des ewigen Himmels hinaufzublicken.

Am Ende verstummeten wir beide in uns selber, und wie auf einem dunkeln Strome trieben meine Gedanken zu ihr, bei der sie allzeit Rast und Unrast fanden. -- Da, gleich einem Stern aus unsichtbaren Höhen, fiel es mir jählings in die Brust: Die Augen des schönen blassen Knaben, es waren ja ihre Augen! Wo hatte ich meine Sinne denn gehabt! -- Aber dann, wenn sie es war, wenn ich sie selber schon gesehen! – Welch schreckbare Gedanken stürmten auf mich ein!

Indem legte sich die eine Hand meines Bruders mir auf die Schulter, mit der andern wies er auf den dunkeln Markt hinaus, von wannen aber itzt ein heller Schein zu uns herüberschwankte. »Sieh nur!« sagte er. »Wie gut, daß wir das Pflaster mit Sand und Heide ausgestopfet haben! Die kommen von des Glockengießers Hochzeit; aber an ihren Stockleuchten sieht man, daß sie gleichwohl hin und wider stolpern.«

Mein Bruder hatte recht. Die tanzenden Leuchten zeugeten deutlich von der Trefflichkeit des Hochzeitschmauses; sie kamen uns so nahe, daß die zwei gemalten Scheiben, so letzlich von meinem Bruder als eines Glasers Meisterstück erstanden waren, in ihren satten Farben wie in Feuer glühten. Als aber dann die Gesellschaft an unserem Hause laut redend in die Krämerstraße einbog, hörete ich einen unter ihnen sagen: »Ei freilich; das hat der Teufel uns verpurret! Hatte mich leblang darauf gespitzet, einmal eine richtige Hex so in der Flammen singen zu hören!«

Die Leuchten und die lustigen Leute gingen weiter, und draußen die Stadt lag wieder still und dunkel.

»O weh!« sprach mein Bruder; »den trübet, was mich tröstet.«

Da fiel es mir erst wieder bei, daß am nächsten Morgen die Stadt ein grausam Spectacul vor sich habe. Zwar war die junge Person, so wegen einbekannten Bündnisses mit dem Satan zu Aschen sollte verbrannt werden, am heutigen Morgen vom Frone todt in ihrem Kerker aufgefunden worden; aber dem todten Leibe mußte gleichwohl sein peinlich Recht geschehen.

Das war nun vielen Leuten gleich einer kalt gestellten Suppen. Hatte doch auch die Buchführer-Witwe Liebernickel, so unter dem Thurm der Kirche den grünen Bücherschranken hat, mir am Mittage, da ich wegen der Zeitung bei ihr eingetreten, aufs heftigste geklaget, daß nun das Lied, so sie im voraus darüber habe anfertigen und drucken lassen, nur kaum noch passen werde wie die Faust aufs Auge. Ich aber, und mit mir mein viellieber Bruder, hatte so meine eigenen Gedanken von dem Hexenwesen und freuete mich, daß unser Herrgott – denn der war es doch wohl gewesen – das arme junge Mensch so gnädiglich in seinen Schoß genommen hatte.

Mein Bruder, welcher weichen Herzens war, begann gleichwohl der Pflichten seines Amts sich zu beklagen; denn er hatte drüben von der Rathhaustreppe das Urthel zu verlesen, sobald der Racker den todten Leichnam davor aufgefahren, und hernach auch der Justification selber zu assistiren. »Es schneidet mir schon itzund in das Herz«, sagte er, »das greuelhafte Gejohle, wenn sie mit dem Karren die

Straße herabkommen; denn die Schulen werden ihre Buben und die Zunftmeister ihre Lehrburschen loslassen. – An deiner Statt«, fügete er bei, »der du ein freier Vogel bist, würde ich aufs Dorf hinausmachen und an dem Conterfey des schwarzen Pastors weiter malen!«

Nun war zwar festgesetzet worden, daß ich am nächstfolgenden Tage erst wieder hinauskäme; aber mein Bruder redete mir zu, unwissend, wie er die Ungeduld in meinem Herzen schürete; und so geschah es, daß alles sich erfüllen mußte, was ich getreulich in diesen Blättern niederschreiben werde.

Am andern Morgen, als drüben vor meinem Kammerfenster nur kaum der Kirchthurmhahn in rothem Frühlicht blinkte, war ich schon von meinem Lager aufgesprungen; und bald schritt ich über den Markt, allwo die Bäcker, vieler Käufer harrend, ihre Brotschragen schon geöffnet hatten; auch sahe ich, wie an dem Rathhause der Wachtmeister und die Fußknechte in Bewegung waren, und hatte Einer bereits einen schwarzen Teppich über das Geländer der großen Treppe aufgehangen; ich aber ging durch den Schwibbogen, so unter dem Rathhause ist, eilends zur Stadt hinaus.

Als ich hinter dem Schloßgarten auf dem Steige war, sahe ich drüben bei der Lehmkuhle, wo sie den neuen Galgen hingesetzet, einen mächtigen Holzstoß aufgeschichtet. Ein paar Leute hantirten noch daran herum, und mochten das der Fron und seine Knechte sein, die leichten Brennstoff zwischen die Hölzer thaten; von der Stadt her aber kamen schon die ersten Buben über die Felder ihnen zugelaufen. – Ich achtete deß nicht weiter, sondern wanderte rüstig fürbaß, und da ich hinter den Bäumen hervortrat, sahe ich mir zur Linken das Meer im ersten Sonnenstrahl entbrennen, der im Osten über die Heide emporstieg. Da mußte ich meine Hände falten:

O Herr, mein Gott und Christ,
Sei gnädig mit uns allen,
Die wir in Sünd gefallen,
Der du die Liebe bist! – –

Als ich draußen war, wo die breite Landstraße durch die Heide führte, begegneten mir viele Züge von Bauern; sie hatten ihre kleinen Jungen und Dirnen an den Händen und zogen sie mit sich fort.

»Wohin strebet ihr denn so eifrig?« fragte ich den einen Haufen; »es ist ja doch kein Markttag heute in der Stadt.«

Nun, wie ich's wohl zum voraus wußte, sie wollten die Hexe, das junge Satansmensch, verbrennen sehen.

– »Aber die Hexe ist ja todt!«

»Freilich, das ist ein Verdruß«, meineten sie; »aber es ist unserer Hebamme, der alten Mutter Siebenzig, ihre Schwestertochter; da können wir nicht außen bleiben und müssen mit dem Reste schon fürlieb nehmen.« –

– – Und immer neue Scharen kamen daher; und itzund taucheten auch schon Wagen aus dem Morgennebel, die statt mit Kornfrucht heut mit Menschen voll geladen waren. – Da ging ich abseits über die Heide, obwohl noch der Nachtthau von dem Kraute rann; denn mein Gemüth verlangte nach der Einsamkeit; und ich sahe von fern, wie es den Anschein hatte, das ganze Dorf des Weges nach der Stadt ziehen. Als ich auf dem Hünenhügel stund, der hier inmitten der Heide liegt, überfiel es mich, als müsse auch ich zur Stadt zurückkehren oder etwan nach links hinab an die See gehen, oder nach dem kleinen Dorfe, das dort unten hart am Strande liegt; aber vor mir in der Luft schwebete etwas wie ein Glück, wie eine rasende Hoffnung, und es schüttelte mein Gebein, und meine Zähne schlugen an einander. ›Wenn sie es wirklich war, so letzlich mit meinen eigenen Augen ich erblicket, und wenn dann heute –‹ Ich fühlte mein Herz gleich einem Hammer an den Rippen; ich ging weit um durch die Heide; ich wollte nicht sehen, ob auf der Wagen einem auch der Prediger nach der Stadt fahre. – Aber ich ging dennoch endlich seinem Dorfe zu.

Als ich es erreichet hatte, schritt ich eilends nach der Thür des Küsterhauses. Sie war verschlossen. Eine Weile stund ich unschlüssig; dann hub ich mit der Faust zu klopfen an. Drinnen blieb alles ruhig; als ich aber stärker klopfte, kam des Küsters alte halb blinde Trienke aus einem Nachbarhause.

»Wo ist der Küster?« fragte ich.

– »Der Küster? Mit dem Priester in die Stadt gefahren.«

Ich starrete die Alte an; mir war, als sei ein Blitz durch mich dahin geschlagen.

»Fehlet Euch etwas, Herr Maler?« frug sie.

Ich schüttelte den Kopf und sagte nur: »So ist wohl heute keine Schule, Trienke?«

– »Bewahre! Die Hexe wird ja verbrannt!«

Ich ließ mir von der Alten das Haus aufschließen, holte mein Malergeräthe und das fast vollendete Bildniß aus des Küsters Schlafkammer und richtete, wie gewöhnlich, meine Staffelei in dem leeren Schulzimmer. Ich pinselte etwas an der Gewandung; aber ich suchte damit nur mich selber zu belügen; ich hatte keinen Sinn zum Malen; war ja um dessen willen auch nicht hieher gekommen.

Die Alte kam hereingelaufen, stöhnte über die arge Zeit und redete über Bauern- und Dorfsachen, die ich nicht verstund; mich selber drängete es, sie wieder einmal nach des Predigers Frau zu fragen, ob selbige alt oder jung, und auch, woher sie gekommen sei; allein ich brachte das Wort nicht über meine Zungen. Dagegen begann die Alte ein lang Gespinste von der Hex und ihrer Sippschaft hier im Dorfe und von der Mutter Siebenzig, so mit Vorspuksehen behaftet sei; erzählete auch, wie selbige zur Nacht, da die Gicht dem alten Weibe keine Ruh gelassen, drei Leichlaken über des Pastors Hausdach habe fliegen sehen: es gehe aber solch Gesichte allzeit richtig aus, und Hoffart komme vor dem Falle; denn sei die Frau Pastorin bei aller ihrer Vornehmheit doch nur eine blasse und schwächliche Kreatur.

Ich mochte solch Geschwätz nicht fürder hören; ging daher aus dem Hause und auf dem Wege herum, da wo das Pastorat mit seiner Fronte gegen die Dorfstraße liegt; wandte auch unter bangem Sehnen meine Augen nach den weißen Fenstern, konnte aber hinter den blinden Scheiben nichts gewahren als ein paar Blumenscherben, wie sie überall zu sehen sind. – Ich hätte nun wohl umkehren mögen; aber ich ging dennoch weiter. Als ich auf den Kirchhof kam, trug von der Stadtseite der Wind ein wimmernd Glockenläuten an mein Ohr; ich aber wandte mich und blickte hinab nach Westen, wo wiederum das Meer wie lichtes Silber am Himmelssaume hinfloß, und war doch ein tobend Unheil dort gewesen, worin in einer Nacht des Höchsten Hand viel tausend Menschenleben hingeworfen hatte. Was krümmete denn ich mich so gleich einem Wurme? – Wir sehen nicht, wie seine Wege führen!

Ich weiß nicht mehr, wohin mich damals meine Füße noch getragen haben; ich weiß nur, daß ich in einem Kreis gegangen bin; denn da die Sonne fast zur Mittagshöhe war, langete ich wieder bei der Küsterei an. Ich ging aber nicht in das Schulzimmer an meine Staffelei, sondern durch das Hinterpförtlein wieder zum Hause hinaus. – –

Das ärmliche Gärtlein ist mir unvergessen, obschon seit jenem Tage meine Augen es nicht mehr gesehen. – Gleich dem des Predigerhauses von der anderen Seite, trat es als ein breiter Streifen in die Priesterkoppel; inmitten zwischen beiden aber war eine Gruppe dichter Weidenbüsche, welche zur Einfassung einer Wassergrube dienen mochten; denn ich hatte einmal eine Magd mit vollem Eimer wie aus einer Tiefe daraus hervorsteigen sehen.

Als ich ohne viel Gedanken, nur mein Gemüthe erfüllet von nicht zu zwingender Unrast, an des Küsters abgeheimseten Bohnenbeeten hinging, hörete ich von der Koppel draußen eine Frauenstimme von gar holdem Klang, und wie sie liebreich einem Kinde zusprach.

Unwillens schritt ich solchem Schalle nach; so mochte einst der griechische Heidengott mit seinem Stabe die Todten nach sich gezogen haben. Schon war ich am jenseitigen Rande des Holundergebüsches, das hier ohne Verzäunung in die Koppel ausläuft, da sahe ich den kleinen Johannes mit einem Ärmchen voll Moos, wie es hier in dem kümmerlichen Grase wächst, gegenüber hinter die Weiden gehen; er mochte sich dort damit nach Kinderart ein Gärtchen angeleget haben. Und wieder kam die holde Stimme an mein Ohr: »Nun heb nur an; nun hast du einen ganzen Haufen! Ja, ja; ich such derweil noch mehr; dort am Holunder wächst genug!«

Und dann trat sie selber hinter den Weiden hervor; ich hatte ja längst schon nicht gezweifelt. – Mit den Augen auf dem Boden suchend, schritt sie zu mir her, so daß ich ungestöret sie betrachten durfte; und mir war, als gliche sie nun gar seltsam dem Kinde wieder, das sie einst gewesen war, für das ich den »Buhz« einst von dem Baum herabgeschossen hatte; aber dieses Kinderantlitz von heute war bleich und weder Glück noch Muth darin zu lesen.

So war sie mählich näher gekommen, ohne meiner zu gewahren; dann kniete sie nieder an einem Streifen Moos, der unter den Büschen hinlief; doch ihre Hände pflückten nicht davon; sie ließ das Haupt auf ihre Brust sinken, und es war, als wolle sie nur ungesehen vor dem Kinde in ihrem Leide ausruhen.

Da rief ich leise: »Katharina!«

Sie blickte auf; ich aber ergriff ihre Hand und zog sie gleich einer Willenlosen zu mir unter den Schatten der Büsche. Doch als ich sie endlich also nun gefunden hatte und keines Wortes mächtig vor ihr stund, da sahen ihre Augen weg von mir, und mit fast einer fremden

Stimme sagte sie: »Es ist nun einmal so, Johannes! Ich wußte wohl, du seiest der fremde Maler; ich dachte nur nicht, daß du heute kommen würdest.«

Ich hörete das, und dann sprach ich es aus: »Katharina, -- so bist du des Predigers Eheweib?«

Sie nickte nicht; sie sah mich starr und schmerzlich an. »Er hat das Amt dafür bekommen«, sagte sie, »und dein Kind den ehrlichen Namen.«

– »Mein Kind, Katharina?«

»Und fühltest du das nicht? Er hat ja doch auf deinem Schoß gesessen; einmal doch, er selbst hat es mir erzählet.«

-- Möge keines Menschen Brust ein solches Weh zerfleischen! – »Und du, du und mein Kind, ihr solltet mir verloren sein!«

Sie sah mich an, sie weinte nicht, sie war nur gänzlich todtenbleich.

»Ich will das nicht!« schrie ich; »ich will ...« Und eine wilde Gedankenjagd rasete mir durchs Hirn.

Aber ihre kleine Hand hatte gleich einem kühlen Blatte sich auf meine Stirn gelegt, und ihre braunen Augensterne auf dem blassen Antlitz sahen mich flehend an. »Du, Johannes«, sagte sie, »du wirst es nicht sein, der mich noch elender machen will.«

– »Und kannst denn du so leben, Katharina?«

»Leben? -- Es ist ja doch ein Glück dabei; er liebt das Kind; – was ist denn mehr noch zu verlangen?«

– »Und von uns, von dem, was einst gewesen ist, weiß er davon?«

»Nein, nein!« rief sie heftig. »Er nahm die Sünderin zum Weibe: mehr nicht. O Gott, ist's denn nicht genug, daß jeder neue Tag ihm angehört!«

In diesem Augenblicke tönete ein zarter Gesang zu uns herüber. – »Das Kind«, sagte sie. »Ich muß zu dem Kinde; es könnte ihm ein Leids geschehen!«

Aber meine Sinne zieleten nur auf das Weib, das sie begehrten. »Bleib doch«, sagte ich, »es spielet ja fröhlich dort mit seinem Moose.«

Sie war an den Rand des Gebüsches getreten und horchete hinaus. Die goldene Herbstsonne schien so warm hernieder, nur leichter Hauch kam von der See herauf. Da hörten wir von jenseit durch die Weiden das Stimmlein unseres Kindes singen:

Zwei Englein, die mich decken,
Zwei Englein, die mich strecken,
Und zweie, so mich weisen
In das himmlische Paradeisen.

Katharina war zurückgetreten, und ihre Augen sahen groß und geisterhaft mich an. »Und nun leb wohl, Johannes«, sprach sie leise; »auf Nimmerwiedersehen hier auf Erden!«

Ich wollte sie an mich reißen; ich streckte beide Arme nach ihr aus; doch sie wehrete mich ab und sagte sanft: »Ich bin des anderen Mannes Weib; vergiß das nicht.«

Mich aber hatte auf diese Worte ein fast wilder Zorn ergriffen. »Und wessen, Katharina«, sprach ich hart, »bist du gewesen, ehe bevor du sein geworden?«

Ein weher Klaglaut brach aus ihrer Brust; sie schlug die Hände vor ihr Angesicht und rief: »Weh mir! O wehe, mein entweihter armer Leib!«

Da wurd ich meiner schier unmächtig; ich riß sie jäh an meine Brust, ich hielt sie wie mit Eisenklammern und hatte sie endlich, endlich wieder! Und ihre Augen sanken in die meinen, und ihre rothen Lippen duldeten die meinen; wir umschlangen uns inbrünstiglich; ich hätte sie tödten mögen, wenn wir also mit einander hätten sterben können. Und als dann meine Blicke voll Seligkeit auf ihrem Antlitz weideten, da sprach sie, fast erstickt von meinen Küssen: »Es ist ein langes, banges Leben! O Jesu Christ, vergib mir diese Stunde!«

-- Es kam eine Antwort; aber es war die harte Stimme jenes Mannes, aus dessen Munde ich itzt zum ersten Male ihren Namen hörte. Der Ruf kam von drüben aus dem Predigergarten, und noch einmal und härter rief es: »Katharina!«

Da war das Glück vorbei; mit einem Blicke der Verzweiflung sahe sie mich an; dann stille wie ein Schatten war sie fort.

-- Als ich in die Küsterei trat, war auch schon der Küster wieder da. Er begann sofort von der Justification der armen Hexe auf mich einzureden. »Ihr haltet wohl nicht viel davon«, sagte er; »sonst wäret Ihr heute nicht aufs Dorf gegangen, wo der Herr Pastor gar die Bauern und ihre Weiber in die Stadt getrieben.«

Ich hatte nicht die Zeit zur Antwort; ein gellender Schrei durchschnitt die Luft; ich werde ihn leblang in den Ohren haben.

»Was war das, Küster?« rief ich.

Der Mann riß ein Fenster auf und horchete hinaus, aber es geschah nichts weiter. »So mir Gott«, sagte er, »es war ein Weib, das so geschrien hat; und drüben von der Priesterkoppel kam's.«

Indem war auch die alte Trienke in die Thür gekommen. »Nun, Herr?« rief sie mir zu. »Die Leichlaken sind auf des Pastors Dach gefallen!«

– »Was soll das heißen, Trienke?«

»Das soll heißen, daß sie des Pastors kleinen Johannes soeben aus dem Wasser ziehen.«

Ich stürzete aus dem Zimmer und durch den Garten auf die Priesterkoppel; aber unter den Weiden fand ich nur das dunkle Wasser und Spuren feuchten Schlammes daneben auf dem Grase. – Ich bedachte mich nicht, es war ganz wie von selber, daß ich durch das weiße Pförtchen in des Pastors Garten ging. Da ich eben ins Haus wollte, trat er selber mir entgegen.

Der große knochige Mann sah gar wüste aus; seine Augen waren geröthet, und das schwarze Haar hing wirr ihm ins Gesicht. »Was wollt Ihr?« sagte er.

Ich starrete ihn an; denn mir fehlete das Wort. Ja, was wollte ich denn eigentlich?

»Ich kenne Euch!« fuhr er fort. »Das Weib hat endlich alles ausgeredet.«

Das machte mir die Zunge frei. »Wo ist mein Kind?« rief ich.

Er sagte: »Die beiden Eltern haben es ertrinken lassen.«

– »So laßt mich zu meinem todten Kinde!«

Allein, da ich an ihm vorbei in den Hausflur wollte, drängete er mich zurück. »Das Weib«, sprach er, »liegt bei dem Leichnam und schreit zu Gott aus ihren Sünden. Ihr sollt nicht hin, um ihrer armen Seelen Seligkeit!«

Was dermalen selber ich gesprochen, ist mir schier vergessen; aber des Predigers Worte gruben sich in mein Gedächtniß. »Höret mich!« sprach er. »So von Herzen ich Euch hasse, wofür dereinst mich Gott in seiner Gnade wolle büßen lassen, und Ihr vermuthendlich auch mich – noch ist Eines uns gemeinsam. – Geht itzo heim und bereitet eine Tafel oder Leinewand! Mit solcher kommet morgen in der Frühe wieder und malet darauf des todten Knaben Antlitz. Nicht mir oder meinem Hause; der Kirchen hier, wo er sein kurz unschuldig

Leben ausgelebet, möget Ihr das Bildniß stiften. Mög es dort die Menschen mahnen, daß vor der knöchern Hand des Todes alles Staub ist!«

Ich blickte auf den Mann, der kurz vordem die edle Malerkunst ein Buhlweib mit der Welt gescholten;, aber ich sagte zu, daß alles so geschehen möge.

-- Daheim indessen wartete meiner eine Kunde, so meines Lebens Schuld und Buße gleich einem Blitze jählings aus dem Dunkel hob, so daß ich Glied um Glied die ganze Kette vor mir leuchten sahe.

Mein Bruder, dessen schwache Constitution von dem abscheulichen Spectacul, dem er heute assistiren müssen, hart ergriffen war, hatte sein Bette aufgesucht. Da ich zu ihm eintrat, richtete er sich auf. »Ich muß noch eine Weile ruhen«, sagte er, indem er ein Blatt der Wochenzeitung in meine Hand gab; »aber lies doch dieses! Da wirst du sehen, daß Herrn Gerhardus' Hof in fremde Hände kommen, maßen Junker Wulf ohn Weib und Kind durch eines tollen Hundes Biß gar jämmerlichen Todes verfahren ist.«

Ich griff nach dem Blatte, das mein Bruder mir entgegenhielt; aber es fehlte nicht viel, daß ich getaumelt wäre. Mir war's bei dieser Schreckenspost, als sprängen des Paradieses Pforten vor mir auf; aber schon sahe ich am Eingange den Engel mit dem Feuerschwerte stehen, und aus meinem Herzen schrie es wieder: O Hüter, Hüter, war dein Ruf so fern! -- Dieser Tod hätte uns das Leben werden können; nun war's nur ein Entsetzen zu den andern.

Ich saß oben auf meiner Kammer. Es wurde Dämmerung, es wurde Nacht; ich schaute in die ewigen Gestirne, und endlich suchte auch ich mein Lager. Aber die Erquickung des Schlafes ward mir nicht zu Theil. In meinen erregten Sinnen war es mir gar seltsamlich, als sei der Kirchthurm drüben meinem Fenster nah gerückt; ich fühlte die Glockenschläge durch das Holz der Bettstatt dröhnen, und ich zählete sie alle die ganze Nacht entlang. Doch endlich dämmerte der Morgen. Die Balken an der Decke hingen noch wie Schatten über mir, da sprang ich auf, und ehbevor die erste Lerche aus den Stoppelfeldern stieg, hatte ich allbereits die Stadt im Rücken.

Aber so frühe ich auch ausgegangen, ich traf den Prediger schon auf der Schwelle seines Hauses stehen. Er geleitete mich auf den Flur und sagte, daß die Holztafel richtig angelanget, auch meine Staffelei und sonstiges Malergeräth aus dem Küsterhause herübergeschaffet sei. Dann legte er seine Hand auf die Klinke einer Stubenthür.

Ich jedoch hielt ihn zurück und sagte: »Wenn es in diesem Zimmer ist, so wollet mir vergönnen, bei meinem schweren Werk allein zu sein!«

»Es wird Euch niemand stören«, entgegnete er und zog die Hand zurück. »Was Ihr zur Stärkung Eueres Leibes bedürfet, werdet Ihr drüben in jenem Zimmer finden.« Er wies auf eine Thür an der anderen Seite des Flures; dann verließ er mich.

Meine Hand lag itzund statt der des Predigers auf der Klinke. Es war todtenstill im Hause; eine Weile mußte ich mich sammeln, bevor ich öffnete.

Es war ein großes, fast leeres Gemach, wohl für den Confirmandenunterricht bestimmt, mit kahlen weißgetünchten Wänden; die Fenster sahen über öde Felder nach dem fernen Strand hinaus. Inmitten des Zimmers aber stund ein weißes Lager aufgebahret. Auf dem Kissen lag ein bleiches Kinderangesicht; die Augen zu; die kleinen Zähne schimmerten gleich Perlen aus den blassen Lippen.

Ich fiel an meines Kindes Leiche nieder und sprach ein brünstiglich Gebet. Dann rüstete ich alles, wie es zu der Arbeit nöthig war; und dann malte ich – rasch, wie man die Todten malen muß, die nicht zum zweitenmal dasselbig Antlitz zeigen. Mitunter wurde ich wie von der andauernden großen Stille aufgeschrecket; doch wenn ich inne hielt und horchte, so wußte ich bald, es sei nichts da gewesen. Einmal auch war es, als drängen leise Odemzüge an mein Ohr. – Ich trat an das Bette des Todten, aber da ich mich zu dem bleichen Mündlein niederbeugete, berührte nur die Todeskälte meine Wangen.

Ich sahe um mich; es war noch eine Thür im Zimmer; sie mochte zu einer Schlafkammer führen, vielleicht daß es von dort gekommen war! Allein so scharf ich lauschte, ich vernahm nichts wieder; meine eigenen Sinne hatten wohl ein Spiel mit mir getrieben.

So setzete ich mich denn wieder, sahe auf den kleinen Leichnam und malete weiter; und da ich die leeren Händchen ansahe, wie sie auf dem Linnen lagen, so dachte ich: ›Ein klein Geschenk doch mußt du deinem Kinde geben!‹ Und ich malete auf seinem Bildniß ihm eine weiße Wasserlilie in die Hand, als sei es spielend damit eingeschlafen. Solcher Art Blumen gab es selten in der Gegend hier, und mocht es also ein erwünschet Angebinde sein.

Endlich trieb mich der Hunger von der Arbeit auf, mein ermüdeter Leib verlangte Stärkung. Legete sonach den Pinsel und die Palette fort und ging über den Flur nach dem Zimmer, so der Prediger mir angewiesen hatte. Indem ich aber eintrat, wäre ich vor Überraschung bald zurückgewichen; denn Katharina stund mir gegenüber, zwar in schwarzen Trauerkleidern und doch in all dem Zauberschein, so Glück und Liebe in eines Weibes Antlitz wirken mögen.

Ach, ich wußte es nur zu bald; was ich hier sahe, war nur ihr Bildniß, das ich selber einst gemalet. Auch für dieses war also nicht mehr Raum in ihres Vaters Haus gewesen. – Aber wo war sie selber denn? Hatte man sie fortgebracht, oder hielt man sie auch hier gefangen? – Lang, gar lange sahe ich das Bildniß an; die alte Zeit stieg auf und quälete mein Herz. Endlich, da ich mußte, brach ich einen Bissen Brot und stürzete ein paar Gläser Wein hinab; dann ging ich zurück zu unserem todten Kinde.

Als ich drüben eingetreten und mich an die Arbeit setzen wollte, zeigete es sich, daß in dem kleinen Angesicht die Augenlider um ein weniges sich gehoben hatten. Da bückete ich mich hinab, im Wahne, ich möchte noch einmal meines Kindes Blick gewinnen; als aber die kalten Augensterne vor mir lagen, überlief mich Grausen; mir war, als sähe ich die Augen jener Ahne des Geschlechtes, als wollten sie noch hier aus unseres Kindes Leichenantlitz künden: »Mein Fluch hat doch euch beide eingeholet!« – Aber zugleich – ich hätte es um alle Welt nicht lassen können – umfing ich mit beiden Armen den kleinen blassen Leichnam und hob ihn auf an meine Brust und herzete unter bitteren Thränen zum ersten Male mein geliebtes Kind. »Nein, nein, mein armer Knabe, deine Seele, die gar den finstern Mann zur Liebe zwang, die blickte nicht aus solchen Augen; was hier herausschaut, ist alleine noch der Tod. Nicht aus der Tiefe schreckbarer Vergangenheit ist es heraufgekommen; nichts anderes ist da als deines Vaters Schuld; sie hat uns alle in die schwarze Fluth hinabgerissen.«

Sorgsam legte ich dann wieder mein Kind in seine Kissen und drückte ihm sanft die beiden Augen zu. Dann tauchete ich meinen Pinsel in ein dunkles Roth und schrieb unten in den Schatten des Bildes die Buchstaben: C.P.A.S. Das sollte heißen: Culpa Patris Aquis Submersus, »Durch Vaters Schuld in der Fluth versunken«. – Und mit dem Schalle dieser Worte in meinem Ohre, die wie ein schneidend Schwert durch meine Seele fuhren, malete ich das Bild zu Ende.

Während meiner Arbeit hatte wiederum die Stille im Hause fortgedauert, nur in der letzten Stunde war abermalen durch die Thür, hinter welcher ich eine Schlafkammer vermuthet hatte, ein leises Geräusch hereingedrungen. – War Katharina dort, um ungesehen bei meinem schweren Werk mir nah zu sein? – Ich konnte es nicht enträthseln.

Es war schon spät. Mein Bild war fertig, und ich wollte mich zum Gehen wenden; aber mir war, als müsse ich noch einen Abschied nehmen, ohne den ich nicht von hinnen könne.

So stand ich zögernd und schaute durch das Fenster auf die öden Felder draußen, wo schon die Dämmerung begunnte sich zu breiten; da öffnete sich vom Flure her die Thür und der Prediger trat zu mir herein.

Er grüßte schweigend; dann mit gefalteten Händen blieb er stehen und betrachtete wechselnd das Antlitz auf dem Bilde und das des kleinen Leichnams vor ihm, als ob er sorgsame Vergleichung halte. Als aber seine Augen auf die Lilie in der gemalten Hand des Kindes fielen, hub er wie im Schmerze seine beiden Hände auf, und ich sahe, wie seinen Augen jählings ein reicher Thränenquell entstürzete.

Da streckte auch ich meine Arme nach dem Todten und rief überlaut: »Leb wohl, mein Kind! O mein Johannes, lebe wohl!«

Doch in demselben Augenblicke vernahm ich leise Schritte in der Nebenkammer; es tastete wie mit kleinen Händen an der Thür; ich hörte deutlich meinen Namen rufen – oder war es der des todten Kindes? – Dann rauschte es wie von Frauenkleidern hinter der Thüre nieder, und das Geräusch vom Falle eines Körpers wurde hörbar.

»Katharina!« rief ich. Und schon war ich hinzugesprungen und rüttelte an der Klinke der fest verschlossenen Thür; da legte die Hand des Pastors sich auf meinen Arm: »Das ist meines Amtes!« sagte er. »Gehet itzo! Aber gehet in Frieden; und möge Gott uns allen gnädig sein!«

–– Ich bin dann wirklich fortgegangen; ehe ich es selbst begriff, wanderte ich schon draußen auf der Heide auf dem Weg zur Stadt.

Noch einmal wandte ich mich um und schaute nach dem Dorf zurück, das nur noch wie Schatten aus dem Abenddunkel ragte. Dort lag mein todtes Kind – Katharina – alles, alles! – Meine alte Wunde brannte mir in meiner Brust; und seltsam, was ich niemals hier vernommen, ich wurde plötzlich mir bewußt, daß ich vom fernen Strand die Brandung tosen hörete. Kein Mensch begegnete mir, keines Vogels Ruf vernahm ich; aber aus dem dumpfen Brausen des Meeres tönete es mir immerfort, gleich einem finsteren Wiegenliede: Aquis submersus – aquis submersus!

*

Hier endete die Handschrift.

Dessen Herrn Johannes sich einstens im Vollgefühl seiner Kraft vermessen, daß er's wohl auch einmal in seiner Kunst den Größeren gleichzutun verhoffe, das sollten Worte bleiben, in die leere Luft gesprochen.

Sein Name gehört nicht zu denen, die genannt werden; kaum dürfte er in einem Künstlerlexikon zu finden sein; ja selbst in seiner engeren Heimat weiß niemand von einem Maler seines Namens. Des großen Lazarusbildes tut zwar noch die Chronik unserer Stadt Erwähnung, das Bild selbst aber ist zu Anfang dieses Jahrhunderts nach dem Abbruch unserer alten Kirche gleich den anderen Kunstschätzen derselben verschleudert und verschwunden.

Aquis submersus.

EEKENHOF

Es klingt wie eine Sage, und man könnte es fast für eine solche halten; an mehreren Orten soll es geschehen sein, und die Poeten haben hie und da einen Fetzen davon abgerissen, um ihn, jeder nach seiner Weise, zu verwenden. Dennoch möchte ich eine abgelegene Wiese unserer engeren Heimat, auf welcher die deutlich erkennbare Vertiefung eines jetzt verschütteten Ringgrabens und einige halb zersplitterte Eichenriesen am Rande derselben die Stätte eines einstigen Herrensitzes anzeigen, für den Schauplatz halten, auf welchem diese Schatten der Erinnerung einst in lebendiger Gestalt vorübergingen. Nicht etwa, weil es dort vor Jahren noch in selten ausführlicher Überlieferung erzählt wurde; aber es ist nachweisbar von Geschlecht zu Geschlecht bis in die Gegenwart heraufgeklommen, und wenn wir die Stufen wieder abwärts steigen, so treffen wir auf den ersten Erzähler, dessen Name in dem noch erhaltenen Kirchenbuche verzeichnet steht, der nicht nur die Uhr des alten Herrenhauses in seinem Dorfe noch hat schlagen hören, wenn just die Luft nach dieser Richtung wehte, sondern der im Vorbeigehen auch noch den alten menschenscheuen Herrn in einsamer Mittagszeit unter einer der großen Eichen sitzen sah, den greisen Kopf unbeweglich nach dem in jähem Verfall begriffenen Gebäude hingewandt. Bei stillem Wetter, wenn etwa die Augustsonne recht heiß vom Himmel brannte, hat man es hören können, wie drinnen der Kalk herabgerieselt, wie es im Gebälk gekracht oder gar, wer mag wissen was, mit dumpfem Fall herabgestürzt ist.

Jetzt ist alles längst verschwunden; aber auf den verstaubten Trümmern eines hölzernen Epitaphiums, welche in meiner Jugend auf dem Boden der dortigen Dorfkirche lagen, war noch das Bild des alten Herrenhauses sichtbar, wie es sich einstöckig mit hohem, fast fensterlosem Unterbau innerhalb des Ringgrabens erhoben hat. Nach der Struktur der beiden Zackengiebel zu urteilen, mußte es im sechzehnten Jahrhundert erbaut sein; die gegen Morgen belegenen Fenster des oberen Stockwerks schienen in ihrer Zusammenstellung anzudeuten, daß sich dort, wie in den meisten derzeitigen Landsitzen des Adels, zunächst der Stiege die kleinere Winter- und daran in gleicher Lage die geräumige Sommerstube oder, wie man gern zu sagen pflegte, der Rittersaal befunden hatte.

Und so stimmt es auch mit jener bis auf uns gekommenen Erzählung; aus dieser ist sogar noch weiterhin zu schließen, daß man aus dem Saal in einige gegen Abend belegene Kammern habe eintreten und durch diese wieder auf den oberen Flur habe hinausgelangen können. Der Saal selbst aber, welcher die Bildnisse aus dem mütterlichen Geschlechte des letzten, in seiner Jugend verschollenen Eigentümers soll enthalten haben, spielt noch heute in der Phantasie des Volkes eine Rolle; noch jetzt weiß man von dem Bilde eines jungen blonden Obristers im Reiterkoller aus der Zeit der Grafenfehde, über dessen blasses Antlitz eine blutrote Narbe hingelaufen, und neben diesem von einer stolzen schwarzäugigen Dame mit Reiherfedern auf dem Schlapphute und einem Stieglitz auf der Hand. Das verbundene Geschick dieses Paares soll für das des ganzen Geschlechtes vorbestimmend gewesen sein; aber die Sage über sie ist verschollen; nur will man wissen, wenn bei der Ihren einem der Todeskampf begonnen habe, dann sei, wann immer und zu welcher Tages- oder Jahreszeit, ein wundersamer Vogelgesang erschollen und jählings wieder stumm geworden, sobald die Seele sich von ihrem Leib gelöset habe. Neben der Tür aber, welche in eine der westlichen Kammern führte, hing ein anderes Frauenbild, an welches unsere Erzählung ihre Fäden anknüpft.

Wenn außerdem die Überlieferung von einem Walde wissen will, an dessen Rande einst das Haus gelegen habe, so gab auch hievon jenes Epitaphienbild eine Andeutung; denn zur Linken außerhalb des Ringgrabens zeigte sich ein Hecktor, hinter dem sich ein Weg in Bäumen zu verlieren schien.

In der zweiten Hälfte des siebzehnten Jahrhunderts, um die Zeit, da Herzog Christian Albrecht und der dänische König gemeinschaftlich das Land regierten, ist es gewesen, als dieser Hof – im Volksmunde, wie noch jetzt der Platz, wo einst das Haus gestanden, »Eekenhof« genannt – durch Heirat in den Besitz eines Herrn Hennicke kam, der vordem als Hofjunker unter des Herzogs Leuten lebte. Er ist ein jüngerer Sohn gewesen und soll von seinen Knabenjahren an das Majoratsgut seines Hauses nur mit Neid und Haß in seines ältesten

Bruders Hand gesehen haben; denn Habgier und Verschwendung haben in seinem Herzen sich gestritten. Zum Glücke aber gab es auch schon derzeit jenes zweite Mittel, um mühelos, wie durch Geburt, zu Hab und Gütern zu gelangen; und es ist auch zweimal glücklich von ihm angewandt worden, so daß späterhin die Rede ging, Herr Hennicke lebe von seinen beiden Weibern, der lebenden und der toten.

Die erste, die er freite, war ein scheues Kind vom Lande; sie hatte weder Eltern noch nahe Blutsfreunde; aber das Herrenhaus zwischen den alten Eichen war ihr freies Eigen; dazu der Wald und drunten das Kirchdorf mit den Strohdächern der Pachtbauern und der Hörigen. Nicht aus Lust hatte sie nach ihres Vaters Tode sich in die Stadt begeben; auch war die Base, der Herzogin Hoffräulein, die sie in ihr Haus geladen hatte, ihr viel zu mutwillig; aber ihrem Vater, der sehr jung gestorben war, hatte sie geloben müssen, nach seinem Abscheiden für die Sommerstube ihr Bildnis von des Herzogs Maler Jurian Ovens fertigen zu lassen. »Das gehört noch an die leere Stelle«, hatte er gesagt; »dann kann der Schlüssel abgezogen werden, wir sind dann alle wie in einer Gruft beisammen.«

Die düsteren Worte hatten sie erschreckt, und sie hätte sich wohl lieber um eine andere Ursach malen lassen; aber des Vaters Wille mußte doch geschehen.

Und das Bildnis wurde wie sie selber. Das Hoffräulein mochte ihr noch so oft das Kinn emporheben und lachend zu ihr sagen: »Du sollst nur wissen, was für besondere Schönheit an dir ist!« – die blauen Augen wußten nichts von dieser Schönheit und blickten nach wie vor, als bäten sie nur um Schutz in ihrer Einsamkeit.

Daß sie als Braut nach ihrem stillen Herrenhaus zurückkehren sollte, hat sie wohl nicht gedacht; auch soll die muntere Base oft nachher gesprochen haben, sie habe den schwarzen Henne wohl gerne nicht genommen; sie hab nur nicht gewagt, ihm nein zu sagen, und da sie einmal ja gesagt, so sei sie viel zu gut und lang nicht klug genug gewesen, ihm wieder nein zu sagen.

Als Herr Hennicke zu seiner Hochzeit über die Ziehbrücke in den Eekenhof einritt, war droben an der Wand des Saales, wo das Fest bereitet stand, die leere Stelle ausgefüllt, und die Gäste sahen mit Verwunderung bald auf die stille, in lichtes Gewand gekleidete Braut in ihrer Mitte, bald auf ihr Bild, das, ganz ihr gleichend, ein blühend

Myrtenzweiglein in der Hand, aus dunklem Rahmen von der Wand herniederblickte und die Bilderreihe des zu Ende gehenden Geschlechts beschloß.

Unter den Hochzeitsgästen ist von der Sippschaft der Braut nur die Base aus der Stadt gesehen worden; die Freundschaft des Bräutigams sind stolze herrische Männer gewesen, und Herr Hennicke hat mit ihnen getrunken und sich wenig um die Braut gekümmert.

Als der Tag vorüber und dann alle, mit ihnen auch die lustige Base, den Eekenhof verlassen hatten, ist die junge Frau in Einsamkeit zurückgeblieben; denn ihr Eheherr, wenn er nicht zu Gelag und Spiel bei seinen Nachbaren war, hatte draußen genug zu tun, um, wie er sagte, ein richtig Regiment zu schaffen; die Pachtbauern sollten ganz anders jetzt den Säckel ziehen, der Schweiß der Hörigen ganz anders noch den Acker düngen. Den Vogt und das Gesinde sah er sich mit scharfen Augen an: die alten Diener, deren Knochen ihm nicht stark genug erschienen, hieß er gehen. Seines Weibes Fürbitte, wenn sie sich je und je hervorwagte, hat er mit hartem Wort zurückgeschreckt, daß sie mit scheuem Aufblick stumm geworden ist; und bald hat sie gezittert, wenn draußen auf der Treppe nur sein Schritt erscholl. Mitunter, wenn sie aus ihrer Wirtschaft über die Brücke hinausgegangen war, sei es, um drüben unter den Eichen ein Weilchen auf der kleinen Bank zu ruhen oder seitwärts durch das Hecktor ein paar Schritte in den Wald zu schlendern, dann ist es wie ein Traum auf sie gekommen, als sei vor Zeiten – und wenn sie nachgesonnen, gar noch nach ihres Vaters Tode – hier große heitere Gesellschaft um sie her gewesen, die diese Orte nun für alle Zeiten verlassen habe, und doch hat sie gewußt, es sei auch damals so einsam hier wie jetzt gewesen, und grübelnd ist sie in das stille Haus zurückgegangen.

Dennoch, nachdem die Zeit verlaufen war, ist es gekommen, daß bei einem Gelage in der Nachbarschaft die Gäste auf die Ankunft des erwarteten Erben haben trinken wollen. Als aber ein alter Herr gemeint, man solle zunächst des jungen Weibes denken, daß sie die schwere Stunde glücklich überstehe, ist eine Gegenrede laut geworden: »Was Weib! Ein Weib ist ein zerbrechlich Ding! Stoßt an, wir wollen auf den Buben trinken.«

Und als Herr Hennicke hierauf nur träg sein Glas erhoben, hat ihm ein anderer lachend zugerufen: »Du sinnst wohl, Hennicke, wenn du dein Weib mit einem Buben tauschen müßtest, wie lang du auf dem

Hofe noch den Herrn zu spielen hättest? Ich will dir rechnen helfen; mit einundzwanzig Jahren sind die Junker mündig!«

Der halb trunkene Gast mochte nicht weit vom Ziel getroffen haben; denn Herr Hennicke hat ihn drohend angesehen: »Schweig, Wulf! Ruf den Tod dir in dein eigen Haus!« Dann hat er im vollen Haufen angestoßen, daß das Glas zersprungen und der Wein verschüttet ist.

Danach aber, wenn er je zuweilen das bleicher werdende Antlitz seines Weibes gesehen hat, sind jene Worte ihm allzeit wieder vor den Ohren und die weinroten Augen des, der sie gesprochen, vor dem innern Blick gewesen.

-- Und die schwülen Spätsommermonde sind gekommen. - Und, da ihre schwere Stunde näher rückte, hat das junge Weib die Nachmittage in dem Rittersaal verbracht; denn hier in dem weiten Raume, dessen Fenster dann im Schatten lagen, war es frisch und kühl. Schon als Mädchen hatte sie gern mit ihrer Arbeit hier gesessen; jetzt nähte sie eifrig an der kleinen Aussteuer für die Wiege, die voll schwellender Kissen schon daneben in der Kammer stand; und wenn ein Käppchen oder ein Hemdlein auch nur zur Hälfte fertig war, dann hielt sie's vor sich hin und betrachtete es, halb in Entzücken, halb in dunklem Grauen. Früher und noch bis vor kurzem war die Schaffnerin, die alte Maike, ihr zur Gesellschaft dagewesen, aber auch diese hatte Herr Hennicke verabschiedet, weil sie, so sagte er, zu alt in der Herberge geworden sei; in Wahrheit, weil sie der stummen Klage in seines Weibes Auge unterweilen ihren fertigen und dreisten Mund geliehen hatte. Daher ist jetzt nur die stille Gesellschaft der Bilder ihrer Vorfahren um die junge Frau gewesen; aber fast von allen wußte sie, sei es, was ihr Leben einst erfüllt oder was, oft jählings, aus demselben sie hinausgetrieben hatte. Einst hatte die alte Maike ihr das erzählt; jetzt war ihr, wenn sie auf die einen oder andern blickte, als erzählten es die toten Bilder selber, daß ihres Lebens Lust und Jammer nicht vergessen werde. Und von dem milden Antlitz ihres Vaters gingen ihre Blicke stets nach jener fernsten Ecke, wo in dem Schatten der Fensterwand des jungen bleichen Obristers Bildnis hing; von diesem weiter zu der stolzen Dame mit der Reiherfeder, die jetzt mit ihren dunkeln Augen in das Leere schaute. Dann schrak sie wohl zusammen und ließ die kleine Arbeit aus den Händen fallen; denn ihr war gewesen, als hübe auf der Dame Hand der Stieglitz seine Flügel, als ob er plötzlich seinen Sang beginnen wolle. Aber wenn sie mit aufgerissenen Augen horchte, so war es totenstill im Saale.

Auch einmal, da in der steigenden Dämmerung es immer einsamer um sie geworden war, als auch draußen das Rauschen in den Eichen aufgehört hatte und ihr die müden Hände in den Schoß gesunken waren, ist es über sie gekommen, als wäre in dem leeren Saal nun auch sie selber nicht mehr da, sondern statt ihrer nur noch ihr Bildnis, das mit den anderen in den stillen Raum hinabsehe. Sie hat versucht, die Arme oder den Fuß zu strecken, aber sie hat es nicht vermocht; ihr ist gewesen, als sei sie nun für immer leblos in den dunkeln Rahmen des Bildes festgebannt. Das finstere Wort des Vaters hat vor ihr gestanden; doch als es jählings sie durchfuhr, daß dies den Tod bedeuten möge, da hat die Mutterangst aus ihr geschrien: »Mein Kind, mein Kind! Was soll aus meinem Kinde werden!« Und mit gelösten Gliedern ist sie aufgesprungen und in dem fast dunkeln Saal umhergewandert; als sie aber an ihrem eignen Bild vorübergekommen, hat sie geschaudert und ist dann eilig in die Kammer nebenan geflohen, allwo sie mit der teueren Bürde unter ihrem Herzen an der Wiege hingesunken ist.

Herr Hennicke hat dies nie erfahren; aber sein junges Weib hat es in ihrer letzten Not ihrem alten Seelsorger, dem Pastor drunten aus dem Dorfe, anvertraut; von diesem ist es auf seinen Nachfolger Albertus Petri übertragen worden, welcher vor seinem Dienstantritt als Informator in Herrn Hennickes Hause lebte und später der erste Erzähler dieser Geschichte wurde.

Und als die Zeit erfüllt war, sind nach schwerer Angst die Kammerwände von der matten Stimme eines Knäbleins angeschrien worden; die Mutter selber aber hat am dritten Tage ein Schlaf befallen, aus welchem die Seele nicht mehr Kraft gehabt hat, sich emporzuringen. Und wieder danach am dritten Tage, da eben durch die kleinen Scheiben das letzte Sonnengold hereinleuchtete, ist draußen aus der Abendstille ein süßer Vogelgesang erschollen, obwohl die Zeit des Singens längst vorüber war und schon der Herbst die Blätter von den Bäumen riß. Die Kranke aber ist aus ihrem Fieber aufgefahren und hat mit Wehelaut gerufen: »Der Stieglitz! Maike, ach, der Stieglitz singt!« Und als im selben Augenblick Herr Hennicke mit hartem Schritt hereintrat, ist er in jähem Schrecken an der Schwelle festgehalten worden und hat mit vorgerecktem Halse horchend dagestanden.

Da war es, als ob der Vogelsang sich nebenan im Bildersaal verliere; dann ward es völlig still, und auch die Wöchnerin sank stumm in ihre Kissen; doch als Herr Hennicke herzutrat, lag nur noch seines Weibes Leiche vor ihm.

Als bald danach die Wehmutter, welche im Hause verblieben war, das weiße Linnen über der Toten Antlitz deckte, stand der Witwer an der Wiege und starrte schweigend auf das schwache Wesen, das dort in den Kissen um die Lebensluft zu ringen schien. Da trat das Weib auf leisen Sohlen zu ihm. »Betet zu Gott, Herr Hennicke!« sprach sie; »aber getröstet Euch nicht, daß Euch das Kind behalten bleibe!«

Er fuhr zusammen und wandte rasch den Kopf. Das Weib erschrak fast, als er sie mit seinen schwarzen Augen ansah. »Das Kind? Was meinst du?« rief er. »Daß auch das Kind noch sterben sollte?«

Die Alte wurde fast verwirrt; er sprach so laut; doch weder Schreck noch Kummer war in seiner Stimme. »Das liegt in Christi Händen«, sagte sie; »aber saht Ihr's denn nicht? Es steht ein Lächeln um der Leiche Mund; so liegen nur, die bald ihr Liebstes nach sich ziehen.«

Sie trat zurück, um von der Toten Angesicht das Linnen abzudekken; aber Herr Hennicke packte raschen Griffes ihren Arm. »Geschwätz«, stieß er mit heiserem Laut hervor, »wenn du nichts anderes zu berichten weißt!«

»Laßt mich, Herr Hennicke!« sagte die alte Frau. »Ihr seid ein großer Herr; aber der Toten Angesichter versteh ich besser doch als Ihr! Harret eine Viertelstunde hier an Eures Kindes Wiege, so werdet Ihr die Gichter kommen sehen.«

Und Herr Hennicke blieb und sah die Gichter in dem kleinen Antlitz zucken. Dann schritt er aus der Kammer und durch den Saal; aber er sah nicht auf, wo seines Weibes Bildnis hing. Eilends stieg er in den Hof hinab, und bald saß er zu Pferde, und seine großen Hunde neben sich, ritt er über die Brücke in die schon dunkelnde Nacht hinaus. Er ritt auf dem engen Wege um den Wald herum, quer über die Felder um das ganze Gutsgebiet; seine Blicke streiften über das dämmernde Land mit einer Sicherheit, wie sie es nie getan. Der Erbe dieses Grundbesitzes lag sterbend in der Wiege; er aber war der Vater und der Erbe dieses Erben! Er stieß seinem Pferde die Sporen in die Weichen, daß es bäumend in die Luft stieg; aber er zwang es nieder auf die Vorderfüße, seine Faust war kräftiger als je. »Vorwärts! Wir traben bald auf eigenem Grund und Boden!« Seine Brust hob sich; mit Mühe bändigte er ein Jauchzen, das fast die stille Nacht erschüttert hätte. Als er zu Hause von dem schäumenden Rappen stieg, kam ihm die Bauerndirne, die als Kindesmagd war gemietet worden, mit Geheul entgegen: das Kind lag abermals in seinen Gichtern.

Am andern Morgen kam der Arzt, und am folgenden Tage kam er wieder; und während er an der Wiege des Kindes war, ging Herr Hennicke in atemlosem Wandern in der Winterstube auf und ab; aber die Waage stand immer noch zwischen Tod und Leben. Als am dritten Tage der Doktor zu ihm ins Gemach trat, streckte er Herrn Hennicke die Hand entgegen und sprach mit heiteren Augen: »Die edle Tote hat Euch ein teueres Pfand gelassen; Gott hat geholfen, Euer Kind wird leben!«

Seit jenem Augenblicke haßte Herr Hennicke den alten Arzt; noch mehr aber seinen eigenen Sohn.

Das Wesen des Mannes wurde seit dem Tode der sanften Frau noch finsterer und gewaltsamer. Wenn die Hörigen säumig waren oder die Pachtbauern mit ihrem Zinse oder den Mast- und Schweinegeldern im Rückstand blieben, ließ er die einen in den Block legen oder peitschen, für die andern suchte er alte, längst vergessene Strafen aus dem Staube der Archive. Freilich, der Gelder konnte er nicht entraten; denn er liebte Weiber und Gelage und war auf Wochen oftmals in der Stadt, im fröhlichen Verkehre mit des Herzogs Leuten; und wenn auch noch auf zwei Jahrzehnte der Gutsertrag in seine Kasse floß, er war noch jung, und die Mündigkeit des Kindes traf noch in seine besten Mannesjahre. Wenn der Geburtstag seines Sohnes sich jährte, es war ihm nur ein Merkmal der ihm drohenden Verarmung. Überdies war schwere Zeit damals in den siebenziger Jahren des vorletzten Jahrhunderts; Kriegs- und andere Lasten drückten, und der mitregierende König achtete weder des Volkes noch der Stände Rechte. Es half Herrn Hennicke nicht viel, daß er jeden Anlaß nahm, um Bauernfeld in Hoffeld umzuwandeln; es wurde not, nach einer zweiten Erbtochter mit freiem Eigen auszuschauen; vielleicht in einer Zeit, wo er weniger als je dazu den Antrieb spürte.

Allein es wollte nicht so glücken wie das erste Mal. Auf mehreren Herrensitzen hatte er schon angeklopft; aber die Töchter waren meistens aus der andern Tür gegangen, wenn er zur einen eingetreten war. Die niedrige Stirn des Mannes unter dem schwarzen, kurzgeschorenen Kraushaar wollte ihnen nicht gefallen; sie sahen lieber auf ihre Vettern und Freunde, welche schon die zierliche, von Herrn Hennicke stets verschmähte französische Perücke auf ihren jungen Köpfen trugen; auch munkelte es stark, daß trotz des Freierganges der schwarze Mann von einer niederen Leidenschaft gehalten sei und, gleich dem Bauern, nur das Gut freien gehe.

So kam es endlich, daß er zu einem lang gemiedenen saueren Weg sich rüstete.

Hinter dem Walde von Eekenhof, von dessen Herrenhaus nur eine halbe Stunde fern, saß eine Erbtochter ganz allein auf ihrem nicht gar großen, aber schuldenfreien Hofe. Sie war ein Waisenkind von etlichen dreißig Jahren, eine herbe wirtschaftliche Jungfrau, deren farbloses Antlitz mit dem glatt gescheitelten Flachshaar stets so sauber gehalten war wie die tannenen Fußböden ihrer Zimmer, von denen die Bauern sagten, daß man den Braten von den Dielen essen könne. Vor etwa zehn Jahren war die Meinung aufgekommen, ein armer Vetter werde bei der wohlhäbigen Base sich ein sicheres Nest erwerben; aber es war nicht dazu gekommen, und einem neugierigen Frager hatte mit verschmitztem Lächeln der junge Fant erwidert: »Wenn sie nur Brauen auf dem Schädelbogen hätte! Ich fürchte mich vor ihren nackten Augen!«

Seit jener Zeit hatte die Jungfrau an ihrer Aussteuer nur noch emsiger gesponnen als je zuvor. Des Tages über saß sie allein an ihrem Rade und spähte unterweilen aus ihren kleinen Augen auf die vorbeiführende Heerstraße, ob nicht zu Roß oder zu Wagen ein Freier angefahren komme; am Abend, zumal im Winter, wenn die Wirtschaftsarbeit getan war, schnurrten auch die Räder der leibeigenen Mägde um sie her, und war die Herrin zum Schlaf in ihre Kammer gegangen, so mußten die Dirnen stundenlang noch in der kalten Stube weiterspinnen; klagten sie am andern Morgen, daß sie mit den steifen Fingern den dicken Wocken, den sie ihnen zur Nacht noch aufzustecken pflegte, nicht völlig hätten zwingen können, so wickelte sie den Flachs um ihre Finger und sengte ihnen denselben daran ab. Sie soll dabei gesagt haben: »Nun wird's wohl heiß genug sein für die ganze Woche!«

Da, eines Morgens, als sie von ihrem Spinnrade in den grauen

Regentag hinausäugte, kam ein Reiter mit zwei großen Hunden dem Tore ihres Hofes zugetrabt. Ihre dünnen Lippen verzogen sich zum Lächeln; denn es war Hennicke, den sie seit seiner Frauen Hingang schon jeden Tag erwartet hatte. Sie lächelte sogar noch, wenn auch ein wenig säuerlich, als mit Herrn Hennicke seine Hunde sich ins Zimmer drängten und ihre schmutzigen Tatzen auf die weißen Dielen setzten.

Herr Hennicke sah weder ihr süßes noch ihr saures Lächeln; bald aber ließ er sich von ihr treppauf, treppab im Hause umherführen; sie schloß ihm, einen nach dem andern, die schweren Eichenschränke auf und wies ihm prunkend die aufgespeicherten Gespinste; und da nun Land und Sand sich selber lobte, so lobte der Freier auch die Schätze in den Schränken. Die Dirnen aus der Küche aber schlichen ihnen nach, kicherten und guckten um die Ecken und hatten es bald heraus, daß hier ein Liebeswerk im besten Gange sei.

Nur eine Bedingung, vielleicht um sicherer die Zügel zu behalten, knüpfte die Jungfer Benedikte an die Vergabung ihrer Hand: der Bräutigam sollte zu ihr auf ihren Erbhof ziehen; sie wollte nicht auf fremdem Boden wirten. – Und so kam es, daß das alte Haus des Eekenhofs verlassen wurde und nichts zurückblieb als droben in der großen Sommerstube ein paar verblichene Sessel und die Bilder der Verstorbenen.

Auch der Erbe des alten Hofes, der kleine Junker Detlev, störte die junge Ehe nicht. Bei seines Vaters Hochzeit war er noch im Dorfe drunten in Kost und Pflege einer Bäuerin; dann aber hatte die lustige Base den Knaben zu sich in die Stadt genommen; denn ein Gerücht hatte sich erhoben, daß auf dem Eekenhof das Bild der toten Frau in hellen Mondnächten aus dem Rahmen steige und ihr Kind durch alle leeren Kammern ihres Hauses suche. Seitdem es nun bei einer von den Ihren war, sollte das unruhige Wandern sich verloren haben.

Herr Hennicke lachte zwar, als er von einem Nachbarn darauf angesprochen wurde; der aber meinte, hinter seinen weißen Zähnen sei es dem Hennicke schon recht gewesen, daß sein Lager nicht noch unter dem alten Dache stehe und daß die Tote nun zufrieden schiene. Nicht unrecht mag es ihm auch gewesen sein, daß die wohlhabende Base den Knaben ohne Entgelt aufgenommen hatte; denn die Zeiten wurden immer knapper, von den Ständen wurde auf den Landtagen immer mehr gefordert, sogar die Kosten der auswärtigen Gesandtschaften waren ihnen letzthin aufgebürdet; im Hause aber ließ Frau Benedikte ihn zur Genüge darüber hören, daß er nicht zweimal in der Woche, was ihr doch selbst in ihrem Jungfrauenstande allzeit genug gewesen sei, bei Weißfisch und dünnem Bier mit ihr zu Mittag sitzen wollte.

Der Kindersegen dieser Ehe war schon im ersten und im zweiten Jahr eingetroffen und damit abgeschlossen worden. Es sind zwei untersetzte, kurzbeinige Buben gewesen; trotz des Vaters mit schier rotbrandigem Haar, wie auch nach einem schwarzen Juden mitunter wohl ein Rotkopf aufzustehen pflegt. Herr Hennicke hat sie seine beiden Füchse geheißen und an ihren Streichen seine Lust gehabt. Man erzählt, da sie noch klein gewesen, hat er auf ihr Begehr zwei handliche Schubkarren für sie fertigen lassen; die pflegten sie in einer nahen Sandgrube mit Kieselsteinen aufzufüllen; dann sind sie damit auf den Hof gezogen, wo auf dem Rasen vor dem Herrenhause sich ein Ring befand, in dem Herr Hennicke seine jungen Rosse an der Leine laufen ließ. In diesem Ringe haben sie mit ihren kurzen Beinen in unsagbarer Hurtigkeit ihre Schubkarren vor sich hergefahren und haben sich von hüben und drüben ihr »Hott!« und »Hü!« einander zugerufen, daß also ein Schall entstanden ist, als wenn von einem Haufen Menschen ein großes Werk betrieben würde. Wenn sie aber dessen müde geworden, so haben sie ihre Schubkarren hingestellt und, abermals unter mächtigem Lärmen, sich mit den Steinen nach den Köpfen geworfen, bis diese blutig und die Karren leer gewesen sind. – Ist über solchem Spiel Herr Hennicke auf den Platz gekommen, so hat er, je nach seiner Laune, entweder, die Hände unterm Wams, mit finsterem Angesicht dabeigestanden oder unter kurzem Lachen ein »Drauf, ihr Füchse, drauf!« den Buben zugerufen. Meistens aber ist aufs letzte Frau Benedikte aus dem Herrenhause über die Freitreppe hinabgeschritten; da sind die Buben, wenn sie selbige nur kaum aus ihren nackten Augen angesehen hat, wie in Erstarrung stehengeblieben; und während dann das Weib mit ihren mageren Händen mit jeder einen derselben an seinen rotbrandigen Haaren in das Haus hineinzog, hat Herr Hennicke sich abgewandt und ist zu Roß und Hund in seinen Stall gegangen.

–– Zwischen den Buben, oder lieber noch abseits von ihnen, ist mitunter auch ein Dirnlein umhergesprungen, dem ältesten von diesen im Alter etwa um ein halbes Jahr voraus, von schlankem, kräftigem Wuchs, mit schwarzem Kraushaar, darunter ein Paar milde blaue Augen. Sie hat nicht auf den Hof gehört, sondern mit ihrer Großmutter, der Witwe des früheren Försters, in dem Unterbau des Eekenhofs gewohnt; aber Herr Hennicke hat einen Narren an dem Mädchen gehabt; er hat auch damals, als die Mutter ihr im Kindbett weggestorben war, sie selber aus der Taufe gehoben, was ihm von Frau Benedikte, mit der er kurz zuvor den Ring gewechselt hatte, nicht eben liebreich aufgenommen war; denn die Kleine war ein Jungfernkind, ja, die Bauern und Hörigen wußten es an den Fingern, daß sie dem Herrn noch näher als nur durch die Taufe angehöre; auch daß er statt seines hageren Ehekreuzes wohl gern die schöne Försterstochter heimgeführt hätte, wenn diese nur adeligen Standes oder zum mindesten adeligen Vermögens gewesen wäre. Vor Herrn Hennickes Ohren freilich wurde solch Gerede niemals laut; auch hätte es ihn weiter nicht gekümmert, als daß er etwa die Schwatzmäuler zu besserem Besinnen in den Block gelegt hätte. Mitunter, wenn ihn seine schwarzen Stunden plagten, konnte es geschehen, daß er plötzlich zu Pferde stieg und nach dem alten Haus hinüberjagte. »Heilwig! Heilwig!« rief er schon von weitem, wenn er die Kleine am Ringgraben oder auf der Schwelle des Tores spielen sah. Sie erschrak dann wohl und lief ins Haus; aber es half ihr nicht; mit dem Kinde vor sich auf dem Sattel kam er nach Frau Benediktes Hof zurück und hieß demselben für die Nacht die Kammer an der seinen rüsten.

Freilich die kleine Heilwig selber hatte keine Lust davon; Frau Benedikte gab ihr weder Blick noch Wort, und bei den Mahlzeiten, bei denen sie auf ihres Paten Geheiß an dessen Seite sitzen mußte, wurde ihr der Teller wie einem Hunde oder einer Katze zugeschoben. War Herr Hennicke kurz zuvor in der Stadt gewesen, so hatte er wohl einen Chinaapfel oder eine andere Leckerei auf ihren Platz gelegt; aber sie rührte sie nicht an, denn die beiden Füchse sahen mit so gierigen Augen darauf hin, daß sie den Bissen nicht einmal zu teilen wagte. Am meisten vielleicht fürchtete sie die ihr unverständliche, gewaltsame Zärtlichkeit des finsteren Mannes selber. Nicht selten, wenn morgens sie in ihrem Bett erwachte, sah sie die schwarzen Augen ihres Paten über sich; er sagte nichts, er strich ihr stumm die Löckchen von der Stirn oder drückte ihr verschlafenes Köpfchen zwischen seine beiden rauhen Hände; mitunter riß er sie vom Kissen auf an seine

Brust, daß sie mit ihren nackten Ärmchen gleich einem Opfer in des Mannes Armen hing. Wenn er dann wieder plötzlich von ihr abließ und schweigend, wie er gekommen, zur Kammertür hinausgeschritten war, so lag sie auf ihr Kissen hingesunken und wagte sich nicht zu rühren, bis unten auf dem steinernen Hausgang sein harter Tritt verschollen war.

War sie dann aufgestanden und hatte unter Frau Benediktes Augen ihr Frühstücksbrot verzehrt, dann lief sie gern ins Freie, um der Liebe des einen und dem Haß der anderen zu entkommen; sei es in den Garten hinterm Hause, wo freilich außer den Bohnen- und den Wurzelbeeten nicht viel Liebliches zu sehen war, oder über den weiten Hof auf die Heerstraße, um dort von einem Walle oder einem großen Steine aus sehnsüchtig nach der Richtung des hinter dem Walde belegenen Eekenhofes hinzuschauen. Aber die untersetzten Buben rannten ihr, wo sie nur konnten, nach und plagten sie auf alle Weise; sie hießen sie den »Kuckuck«, weil sie ihnen das beste Futter nehme, und brachten sie, trotz tapferer Gegenwehr, oftmals in bittere Tränen. »Ich will zu meiner Großmutter!« rief sie dann wohl in ihrer Not; sie hätte das auch sonst wohl gerufen; aber wenn ihres Paten Augen auf ihr lagen, dann waren ihr die Lippen wie verschlossen.

Eines Nachmittages, da ein fremder Pferdezieher auf den Hof gekommen war, hatte Herr Hennicke ein kleines Nordlandspferdchen eingehandelt; als aber die beiden Füchse, welche ihn schon lange um ein solches Tier geplagt hatten, in lauten Jubel ausbrachen, erklärte er ihnen, daß sie dessen keine Ursach hätten: »den Pony habe er für Heilwig eingekauft; für solche Buben, wie sie beide, seien die Milchesel annoch die besten Rosse«. Bei diesen Worten hob er das zitternde Mädchen, das dabeigestanden, gleich einem Vogel auf den Rücken der kleinen Stute und führte diese behutsam auf dem Hofe umher; die beiden Füchse aber rannten heulend in das Haus, um ihrer Mutter diese neue Unbill zu berichten.

Frau Benedikte schwieg; sie wagte, wo es das Mädchen galt, nicht gern gegen ihren Eheherrn zu reden; nur ihre Wangen wurden etwas bleicher und ihre bläulichen Lippen etwas blasser, als sie ohnedies schon waren.

Die kleine Heilwig aber, als Herr Hennicke zu den Arbeitern auf das Feld gegangen war, fürchtete sich, ins Haus zu gehen, obgleich die

Dämmerung stieg und kalte Herbstluft wehte. Sie schlich sich frierend auf den Weg hinaus; bald schritt sie mutig fürbaß und wollte drüben durch den dunkeln Wald zur Großmutter nach dem Eekenhof zurück, bald stand sie ratlos still und wickelte sich ihr Schürzchen um die kalten Arme, bis sie am Ende, da eben überm Herrenhaus der Mond heraufstieg, von kindischer Furcht ergriffen, nach dem Hof zurücklief. Kaum aber war sie durch das Torhaus auf den hellen Platz getreten, so sah sie plötzlich aus dem Schatten einer Scheune die beiden Buben auf sich zustürzen.

»Was wollt ihr!« rief sie erschreckt. »Was hab ich euch getan?«

Aber die Füchse packten sie bei den Armen und zerrten sie gegen den steilen Rand einer Wassergrube, aus welcher bei kalten Nächten das heimkehrende Vieh getränkt zu werden pflegte.

»Laßt mich!« schrie das Kind. »Ich will das dumme Pferd nicht haben; ich will nichts, gar nichts von euch und eurem Vater haben!«

Doch die beiden Füchse fuhren nur stumm und emsig in ihrer gemeinschaftlichen Arbeit fort, und schon blinkte von unten das Wasser in die entsetzten Kinderaugen, da plötzlich ließen sie mit jammerndem Geschrei von ihrer Beute ab. Herr Hennicke, vom Felde heimkehrend, einen derben Stock in seiner Faust, stand über ihnen. Aber auch Frau Benedikte war alsbald zur Stelle und frug, was denn die Kinder abermals verbrochen hätten.

Da schrie der Älteste, durch der Mutter Gegenwart ermutigt: »Der Kuckuck! Wir wollten nur den Kuckuck aus dem Neste schmeißen!«

Frau Benedikte stieß ein Lachen aus. »Die da?« rief sie. »Nicht wahr, Herr Hennicke, das ist kein Kuckuck? Ihr kraus Gefieder stammt von einem anderen Vogel; auch gäbest du gar gern wohl Weib und Kind, wenn du der Dirne Augen noch in einem andern Kopf erschauen könntest!« Sie streckte ihre hageren Finger nach dem Kinde, daß dieses sich erschrocken an ihres finsteren Paten Seite drängte.

Dieser aber hob die Kleine auf seinen Arm und wischte mit ihrem Schürzchen ihr die Tränen aus den Augen. »Wenn du das alles weißt, Frau Benedikte«, sprach er, »dann weißt du auch, weshalb der Vogel hier ins Nest gehört.«

Die Frau wollte ein hastig Wort erwidern; aber sie biß sich nur auf ihre bleichen Lippen, denn die Zornader lag dick auf ihres Mannes Stirn. So gingen die beiden schweigend mit einem Blick des Hasses auseinander: er mit dem schwarzen heimatlosen Vogel, sie mit den beiden roten Buben, die sich an ihre Röcke hingen.

Nach diesem, als die untersetzten Junker in die Länge schossen, ist ein armer candidatus reverendi ministerii als Informator in das Haus gekommen; denn da Herr Hennicke ihm die Nachfolge in den Dienst des greisen Pastors zu Eekenhof in Aussicht stellte, so ist er um ein billiges zu haben gewesen. Aber noch in späten Jahren, da er selber als emeritus in der müßigen Geschwätzigkeit des Alters hier umherwanderte, hat er des kein Ende finden können, was diese Schüler ihm für Not geschaffen haben. Hatte er sie eben zur Arbeit an ihre Lektionen fortgeschickt, so fand er sie statt dessen draußen auf dem Hofe oder in der nahen Sandgrube heftig an einem unnützen Werke arbeitend; kam er dann auch noch so hurtig mit der Haselgerte, so saßen sie zu seinem unaussprechlichen Erstaunen rittlings auf dem Scheunendach und machten, gleich Eulenspiegel, unehrerbietige Gebärden.

In einem jetzt noch in dem Kirchenarchiv des Eekenhofer Pastorats vorhandenen Exemplare von Henrici Müllers »Liebeskuß« sieht man auf dem Titelbilde neben den pausbackigen Engeln eine Anzahl kleiner ungefüger Säue mit Rötel hingezeichnet und dazu in kleinen steilen Zügen die vergilbte Randschrift: »Von den Herrn Junkern Henno und Benno more solito hinzugefüget.«

Aber auch seine Freuden hat der Kandidat gehabt; denn wöchentlich an zweien Nachmittagen ist er auf Herrn Hennickes Anordnung nach dem Eekenhof hinübergewandert, um auch an Heilwig Lektionen zu erteilen. Wenn er hier in seinem abgeschabten Mäntelchen aus dem Eichenschatten dem Hause zugeschritten ist, dann hat er, vergnüglich seine Hände reibend, vor sich hin gerufen: »O arboretum recreationis! Lustwäldlein, drin Erquickung weht!« Von der Treppe des Hauses ist ihm dann wohl ein Mädchen mit einem Büchlein in der Hand entgegengelaufen; sie hat sich rasch die schwarzen Löckchen fortgestrichen, die ihr beim Lesen in die Stirn gefallen waren, dann aber, bevor der Unterricht begann, dem guten Informator die Klettenbüschel und etwa auch den Fuchsschwanz von wildem Sauerampfer abgenommen, was alles seine männlichen Scholaren ihm zum Abschied auf den Weg gegeben hatten.

Der Kandidat sollte noch einen vierten Schüler erhalten.

Von dem Junker Detlev, seit ihn als Kind die Base in die Stadt genommen hatte, war in seiner Heimat weder etwas gesehen noch gehört worden; ja, in Frau Benediktes Hause wußten die beiden Füchse kaum, daß noch ein älterer Bruder da sei. Jetzt aber wurde ihnen solches, und dazu noch, daß dieser nächstens auf dem Hofe eintreffen werde, mit einem Mal verkündet. Denn die freigebige Base in der Stadt war trotz ihrer Munterkeit von einem jähen Tode angesprochen worden, und da sich keine zweite fand, so war es, nach einem diesmal von Frau Benedikte und Herrn Hennicke gleichmäßig gelösten Rechenexempel, das geratenste, den Buben heimzurufen und gleichfalls in des doch einmal vorhandenen Kandidaten Information zu geben.

-- Und eines Nachmittages im September, da auf Eekenhof die hohen Bäume im warmen Sonnengolde standen, ist von der Heerstraße ein blonder Knabe darauf zugewandert. Man hat ihn auf zwölf Jahre schätzen können; einen Schulranzen hat er auf dem Rücken und einen dicken Stab in seiner Hand gehabt. Als er auf die jetzt immer herabgelassene Zugbrücke getreten ist, hat er fester seinen Stab gefaßt, wie um den großen Hunden zu begegnen, welche derzeit aus den Herrensitzen mit Gebell den Ankommenden entgegenzustürzen pflegten. Aber es ist dergleichen nichts geschehen; nur ein schwarzhaariges Dirnlein hat mit den Armen über das Brückengeländer gehangen und von einem Stücklein Brotes für die Fische drunten abgebröckelt.

»Wer bist du?« frug der Knabe, als sie jetzt den Kopf zu ihm herumwandte. »Wohnst du hier?«

»Das Haus steht leer«, sagte das Mädchen; »ich und meine Großmutter wohnen allein darin; wir halten auch die Uhr in Ordnung. Hörst du? Da schlägt es eben vier.«

Als die Uhr vom Hause ausgeschlagen hatte, frug der Knabe wieder: »Wer ist denn deine Großmutter?«

– »Mein Großvater war der Förster hier im Walde.«

»So?« sagte der Knabe. »Ich kenne euch nicht; aber ihr dürft hier schon noch wohnen bleiben, denn ich brauche das Haus noch lange nicht!«

Die Kleine hatte sich gerade vor ihm hingestellt. »Du!« rief sie. »Da werden wir dich wenig fragen; das Haus gehört Herrn Hennicke, der drüben hinter dem Walde wohnt.«

Aber der Bube ließ sich das nicht anfechten. »Herr Hennicke ist mein Vater«, sagte er; »aber das Haus ist mein, denn es ist meiner Mutter Haus gewesen.«

Als er so redete, ist von dem Hause her eine ältliche Frau zu ihnen getreten, deren Antlitz von verwundenem Leide zeugte und auch davon, daß sie fremdem Willen sich zu beugen hatte lernen müssen. Eine Weile ließ sie ihre Augen auf dem Knaben ruhen; dann sprach sie: »Siehst du es denn nicht, Heilwig? Das ist der Junker Detlev! Ich kenne ihn nach seiner Mutter Angesicht; und alle Armen und Bedrückten werden ihn auch daran erkennen.«

Sie hatte dem Knaben ihre Hand gereicht, Heilwig aber sah ihn groß aus ihren blauen Augen an. »O Junker Detlev«, rief sie, »du siehst ganz anders aus als deine Brüder!«

»Ich kenne meine Brüder nicht«, sagte der Junker; »ich kenne euch hier alle nicht! Wenn meine gute Base nur noch lebte, so wäre ich erst gekommen, wenn ich mündig war; der Herzog hat mir auch versprochen, daß ich auf seiner neuen Universität studieren soll!«

»Aber«, sagte die Förstersfrau, »hat denn Herr Hennicke Euch kein Roß zum Reiten in die Stadt geschickt?«

»Ich gehe lieber«, entgegnete er kurz, »als daß ich auf Frau Benediktes Pferden reite!«

– »Und wißt Ihr denn auch, daß Ihr an der jetzigen Wohnung Eures Vaters vorbeigewandert seid?«

Der Knabe nickte. »Das weiß ich wohl; ich will erst meiner Mutter Bildnis sehen, bevor ich nach dem fremden Hause komme!«

»Mit Gott, Junker Detlev!« sprach die Alte, indem sie einen Schlüssel von ihrem Gürtel löste; »Heilwig mag Euch die Sommerstube aufschließen, indessen ich Euch einen Imbiß unter Eurer Mutter Dach besorge!«

Das war der Junker wohl zufrieden; und während dann die Alte in der düsteren Küche zu hantieren anfing, stiegen die Kinder miteinander in das Oberhaus hinauf.

-- Als spät mit Dunkelwerden der Junker Detlev auf Frau Benediktes Hof kam, haben die beiden Füchse schon am Tor auf ihn gelauert und ihn mit Lärmen in das Haus gezogen; er sollte ihnen gegen den dummen Informator beistehen und ihnen den Kuckuck aus dem Neste schmeißen helfen! Frau Benedikte, da er bei seiner Abendschüssel gesessen, hat das feine Tuch seines Wamses mit ihren mageren Fingern ausgeprüft und ihm gesagt, das passe hier nicht auf dem Lande; auch werde sie schon morgen ihm die blonden Locken stutzen. Herr Hennicke aber ist auswärts bei einem Nachbar zum Gelag gewesen.

Gleichwie indes der Junker Detlev sich Frau Benediktes Schere zu erwehren verstand, so wurden auch die Hoffnungen der beiden Füchse nicht erfüllt. Sie wußten freilich nicht, daß Detlev mit dem »Kuckuck« vor seiner Mutter Bild gestanden hatte, und konnten deshalb nicht begreifen, warum er nicht ihre Kameradschaft der des dummen Mädchens vorzog, ja gleich dieser und zu des verhaßten Informators Freude emsig bei den Büchern saß.

Herr Hennicke selber ist seinem ältesten Sohne meistens aus dem Weg gegangen und hat weder in Schimpf noch Ernst zu ihm geredet. Nur wenn der Junker sich bisweilen seines mütterlichen Erbes annahm, sei es, daß er für einen armen Hörigen Fürspruch tat oder daß er den sichtlichen Verfall des alten Hauses aufzuhalten wünschte, dann hat Herr Hennicke ihn drohend angeschaut und ihn mit hartem Wort zurückgewiesen; doch noch niemals, was die beiden Füchse sich mit Neid erzählten, hatte er eine Hand zum Schlage gegen ihn erhoben.

Auf dem Eekenhofe ist der Junker oft gesehen worden. An Winterabenden saßen er und Heilwig vor dem Ofenfeuer, und die spinnende Förstersfrau erzählte ihnen die Geschichten von den Bildern droben, soweit sie selber davon wußte. Im Sommer, zumal wenn draußen gar zu dumpfe Schwüle lagerte, gingen sie auch wohl nach dem kühlen Saal hinauf. Als einst die Schritte des Knaben gar zu hallend in dem stillen Raume tönten, legte Heilwig die Hand auf seinen Arm: »Du! du mußt leise gehen!«

– »Leise? Warum denn leise?«

»Ja, deine Mutter ist doch tot; und auch die andern, die hier abgebildet sind!«

Da tat er, wie sie sagte; und flüsternd gingen sie von einem Bild zum andern, bis vor dem Bilde von Detlevs Mutter ihr Gespräch verstummte.

An andern Tagen strichen sie miteinander durch den nahen Wald, und wenn der Durst sie überfiel, liefen sie zu einem Kätner, dessen kleines Heimwesen dicht am Waldesrand gelegen war. »Forthmann«, sagte dann wohl der Knabe, wenn er das Krüglein Milch aus dessen Hand an Heilwig reichte, »warte nur, du sollst zu deiner einen Kuh noch einmal zwei dazubekommen!« Und der arme Hörige antwortete: »Ja, ja, Herr Junker, Euer Großvater ist auch ein guter Mann gewesen.«

Mitunter redeten die Kinder gar ernsthaft miteinander; und einmal, da sie in einsamer Waldlichtung im Grase beisammensaßen, sagte Detlev: »Erzähl mir doch einmal von deinem Vater, Heilwig! Ist er denn niemals hier gewesen?«

Heilwig schüttelte den Kopf. »Ich weiß nicht«, sagte sie, »Großmutter spricht nicht gern von ihm; ich glaube, Detlev, er ist kein guter Mann gewesen; denn er hat meine Mutter verlassen, bevor ich noch geboren wurde, und sie ist dann darum gestorben.«

Der Knabe wurde nachdenklich; dann aber ergriff er die kleine Hand des Mädchens und flüsterte ihr zu: »Sag es zu keinem Menschen, Heilwig, auch nicht zum Informator; aber ich glaube, mein Vater ist auch kein guter Mann!«

Heilwig rührte sich nicht; und so saßen die Kinder in ihrer Einsamkeit noch lange schweigend Hand in Hand.

Ein paar Jahre waren dahingegangen; aber je höher die gegenseitige Anhänglichkeit der Kinder gestiegen war, desto tiefer hatte sich in Herrn Hennickes Brust der Groll gegen den Junker Detlev eingegraben, bei welchem jetzt allein sein Liebling vor der anderen Unbill Hülfe suchte. Und wenn er grübelnd den beiden Kindern nachschaute, so vermochte, trotz der Furcht vor dem Jähzorn ihres Eheherrn, Frau Benedikte sich kleiner Stachelreden nicht mehr völlig zu enthalten. »Was läufst du allzeit hinter dem flüggen Vogel!« sprach sie dann wohl, und es blitzte vergnüglich in ihren kleinen Augen; »sie hat doch den blonden Jungen lieber, so schwarz sie selber ist!« Oder ein andermal: »Es wird nicht anders, Hennicke; noch ein paar Jahre, so mußt du dir den Pastor suchen gehen, der das süße Pärchen trauen darf!«

Und eines Nachmittags nach solcher Aufreizung ist Herr Hennicke nach Eekenhof gekommen, wo in einer Waldkoppel die Leute im Heuen arbeiteten. Er ging aber nicht dahin, sondern trat in die Kammer der Förstersfrau, die hinter ihrem Rade saß.

»Wo ist Heilwig?« frug er.

»Sie ist um Erdbeeren mit dem Junker Detlev in den Wald gegangen.«

»Ihr solltet sie besser an Euch halten!« sprach er barsch.

Die Frau seufzte, und Herr Hennicke ging hinaus. Als er danach grollend und unschlüssig draußen über dem Hecktor des Waldes lehnte, vernahm er vor sich aus der Ferne das Lachen zweier junger Stimmen. Da rief er: »Heilwig! Detlev!« Aber es antwortete niemand; es wurde völlig still nach seinem Rufen. Dann, da er mit allen Sinnen horchte, kam auf seinen wiederholten Ruf noch einmal ein Geräusch; aber es war nur, wie wenn von Forteilenden die Büsche knickten.

Zornig ging er auf dem Waldwege fort, bis die Holzkoppel ihm zur Seite lag, wo unter dem Vogte die Leute in der Arbeit waren. Da hielt er an. »Vogt!« rief er, »hast du den Junker Detlev und die Heilwig hier gesehen?«

»Wohl, Herr!« Und er wies mit seinem Knüttel ein Stückchen aufwärts an den Waldesrand. »Sie sind dort nach des Forthmann Hause zu gelaufen. Soll ich sie holen, Herr?«

Herr Hennicke warf einen raschen Blick über die Schar der Arbeiter. »Wo ist der Forthmann?« frug er.

»Der ist erst morgen an der Reihe.«

Herr Hennicke hieß den Vogt zur Stelle bleiben; er selber aber schritt hastig über die Felder, bis er des Kätners Haus erreicht hatte. »Wo sind der Junker Detlev und die Heilwig?« frug er diesen, der eben einen Eimer Wasser aus seinem Brunnen aufgezogen hatte.

Der aber, als er das zornrote Antlitz seines Herrn erblickte, fürchtete, daß den Kindern ein Leids geschehen werde, und antwortete stockend: »Ich weiß nicht, Herr; sie sind nicht hier gewesen.«

»Du lügst, Forthmann!« rief Herr Hennicke.

»Nein, nein, Herr; ich weiß nichts von dem Junker!«

Herr Hennicke hieß den Mann ins Haus gehen und dort auf ihn warten. Er selber suchte draußen nach den Kindern; er stieß einen Haufen Reisig auseinander; er riß die Pforte des kleinen Immenhofes auf; aber er fand sie nicht. Endlich an einem Dornbusch sah er Heilwigs rotes Tüchlein flattern.

Als er damit in die Tür des Hauses trat, stand der Kätner an einem hellen Feuer, das im Hintergrund der Lehmdiele unter dem Kesselhaken lohte. Er rief ihn zu sich und zeigte ihm das Tüchlein. »Weiß du, Forthmann«, frug er, »wie mein Großvater seine freveligen Bauern strafte?«

Der Mann starrte ihn nur angstvoll an.

»Geh«, rief er, »und hol den Eimer Wasser, den du vorhin aus dem Brunnen zogst!«

Und als der Bauer mit dem vollen Eimer wieder in die Hütte trat, nahm Herr Hennicke ihm denselben aus der Hand und goß das Wasser in die Herdflamme, daß sie prasselnd in weißem Dampf erlosch.

Eine Weile blieb er stehen, bis die stäubende Asche sich verflogen hatte; dann sprach er: »Dein Feuer ist tot; und wehe denen, die vor Wochenschluß es wieder anzuzünden wagen; sie sollte schwere Buße dafür treffen!«

Er wandte sich zum Gehen.

Da bekam der Hörige die Sprache wieder. »Herr, mein Weib ist krank; die Woche hat ja erst begonnen!«

Aber Herr Hennicke ging, während der Kätner wie in Betäubung beide Arme nach dem Fortschreitenden ausstreckte.

-- Am andern Morgen in der Frühe ritt Herr Hennicke wieder nach dem Eekenhof; er ritt durch das Hecktor in das Holz hinein. Als er an die Koppel kam, stand am Rande derselben der Vogt mit einer Peitsche in der Hand; denn er paßte auf einen Säumigen, dem er den Willkomm geben wollte.

»Gib's ihm doppelt auf den Mittag!« rief Herr Hennicke. »Jetzt komm mit mir; wir wollen nach dem kalten Herde sehen!« Und er erzählte, was gestern in des Kätners Forthmann Haus geschehen war.

»Herr«, sagte der Vogt, »es wird sich niemand dort die Faust verbrennen wollen!«

Herr Hennicke nickte. »Sie sollen aber wissen, daß sie nimmer sicher sind.« Er gab seinem schwarzen Gaul die Sporen, und der Vogt trabte nebenher.

Weiter oben am Rande des Gehölzes lag die Kate in der Morgensonne; nichts Lebendes war zu sehen als eine Katze, welche auf der Schwelle schlief.

»Ist Forthmann in der Arbeit?« frug Herr Hennicke seinen Vogt.

»Ja, Herr.«

»Und das Weib?«

»Sie kann nicht; sie liegt schon wieder mal an ihrem schweren Schaden.«

Plötzlich riß Herr Hennicke sein Roß zurück. »Was ist das, Vogt?«

rief er und wies nach dem zerfallenen Strohdach, aus dessen First es bläulich in die Luft stieg.

»Das, Herr«, erwiderte der Mann und deckte sich die Augen vor den schrägen Sonnenstrahlen, »das ist Rauch; und wenn's nicht auf dem Boden brennt, so ist auch Feuer auf dem Herd.«

Herr Hennicke war rasch vom Gaul herunter. Als er die Lehmdiele der Hütte betrat, sah er wie gestern ein helles Feuer unter einem Topfe lodern. Auf der einen Seite des Herdes stand die kleine Tochter des Kätners in ihrem Lumpenkleidchen, auf der andern stand der Junker Detlev, der leuchtenden Auges in die Flammen blickte und dem Feuer eben eine frische Hand voll Reisig zuschob.

Erst als die Dirne einen Schrei ausstieß, sah er seinen Vater vor sich stehen. Er erschrak heftig; als aber dieser mit bebender Stimme frug: »Hast du dich unterstanden, dieses Feuer anzuzünden?«, sprach er: »Ja, Herr Vater; aber das Weib des Kätners liegt in schwerem Siechtum und kann der warmen Speise nicht entraten.«

Herr Hennicke wies auf einen Eimer mit Wasser, der neben dem Herde stand. »Nimm!« sagte er, »und gieß das Feuer aus!«

Aber der Junker rührte sich nicht.

»Nimm!« schrie Herr Hennicke. »Oder glaubst du, daß du schon Herr auf diesem Boden bist?«

Da sprach der Junker: »Nein, Herr Vater; wohl bin ich hier der Herr, aber ich weiß auch, daß die Gewalt annoch in Eueren Händen liegt. Wenn sie einmal in meinen ist, so sollen's meiner Mutter Leute besser haben!«

Bei diesen Worten ist der Grimm des Mannes losgebrochen. »Gib ihm die Peitsche!« schrie er dem Vogte zu, der eben eingetreten war. »Gib ihm die Peitsche!« Als aber der Vogt vor solcher Anmutung zurückgewichen ist, hat er den Stock aus dessen Hand gerissen und den Junker in das Angesicht geschlagen, daß das Blut hervorgeschossen ist.

Keinen Laut hat dieser ausgestoßen; er ist ruhig stehengeblieben, bis sein Vater fortgeritten war. Aber nach Hause ist er nicht gekommen und auch später in dieser Gegend nicht mehr gesehen worden; nur auf dem Eekenhofe soll er desselbigen Abends noch gewesen sein.

Der Sommer ist dahingegangen, ohne daß Heilwig nach Frau Benediktes Hof gekommen wäre; als aber Herr Hennicke eines Morgens nach Eekenhof geritten kam, ist sie schreiend vor ihm davongelaufen. Danach hätten die beiden Füchse am liebsten selbst den Kuckuck in ihr Nest geholt, denn es ist böse Zeit für sie gekommen. Und immer seltsamer ist Herr Hennicke in seinem Zorn geworden, daß seine Nachbarn sprachen, der schwarze Henne gehe nun die Straße nach dem Narrenhaus; aber es ist nur seine eigenwillige und trotzige Seele gewesen, die den Geboten Gottes sich nicht hat fügen wollen.

Im Herbst desselben Jahres ist es gewesen, daß der Stier eines Bauern stößig wurde und Herrn Hennickes Lieblingshunde die Därme aus dem Leib gerissen hat, so daß das Tier daran verrecken mußte. Als ihm solches kundgeworden, hat er zuerst dem Bauern an Leib und Leben wollen; dann aber ist er anderen Sinnes geworden; er hat den Bullen greifen lassen und ihn zum Hungertod verurteilt.

Vom Hofe aus führte eine Tür zu einem Gefängnis, für welches man in dem Unterbaue eines Treppentürmchens Platz gefunden hatte; statt der Strolche und Vaganten, denen sonst darin Quartier gegeben wurde, war jetzt der Stier dort in der leeren Zelle angekettet, zu der Herr Hennicke den Schlüssel in seiner eignen Tasche trug.

Als es aber in die zweite Nacht gekommen war, ist ein solches Toben von der hungernden Kreatur gewesen, daß im Hause niemand den Schlaf hat finden können als etwa die beiden Junker Henno und Benno, die sich nur schnarchend umgeworfen, wenn das Stampfen und Gebrüll zu dröhnend durch die Mauern fuhr. Frau Benedikte selbst in all ihrer Hagerkeit hat aufrecht in den Kissen wach gesessen; mit jedem Notruf des gefangenen Tieres hat sie mehr Grimm und Ungeduld hinabgeschluckt; dann aber ist sie jählings nach ihres Eheherrn Bette zugesprungen, und da sie in der mondhellen Kammer sah, daß auch Herr Hennicke mit aufgestütztem Arm und offenen Augen dalag, so hat sie alles nun mit einem Male wider ihn gespien und verlangt, daß er den Bullen von der Kette löse. Er aber hat sich nicht gerührt und nur gesagt, sie solle ihre Kehle sparen, so werde sie es leichtlich noch dem Bullen abgewinnen.

Frau Benedikte hat nun nichts weiter richten können; als aber am Morgen der Bauer, dem der Stier zu eigen war, sie gar um Fürwort bei dem Herrn angegangen, da hat sie ihn voll Zornes angeschrien, er möge damit nach dem Eekenhof zur Bastarddirne laufen.

– – Am selben Nachmittage, als Herr Hennicke in der Gewehrkammer verdrossen seine Hakenbüchse putzte, trat zögernden Schrittes Heilwig zu ihm ein. Als er sie erblickte, schien sein schwarzes Auge licht zu werden; er streckte ihr die freie Hand entgegen, als wolle er nach einem Glücke greifen. Da sie dennoch scheu und schweigend an der Schwelle blieb, sprach er: »Weshalb kommst du nicht näher, Heilwig, da du doch gekommen bist?«

Da trat sie näher zu ihm hin. »Herr Pate«, sprach sie, doch so leise, daß er sein Ohr zu ihrem Munde neigen mußte; »ich komme, ich wollte Euch um etwas bitten!«

Wie eine Freudenbotschaft hat das Wort dem finsteren Manne geklungen; er warf sein Jagdgewehr beiseite und ergriff die beiden Hände des Mädchens. »Bitte nur, Heilwig!« sagte er, sie heftig schüttelnd; »du hast mich nie gebeten, nun mach's gleich so, daß ich es fühlen kann!«

Doch als sie darauf sprach: »Herr Pate, so lasset doch den armen Stier am Leben!«, da fuhr er auf und schrie: »Wer hat dich hergeschickt? Du redest mit Frau Benediktes Zunge!« Dann wieder, da das Kind ob seiner Heftigkeit in Tränen ausbrach, hat er sie plötzlich auf den Arm gehoben und ist mit ihr die Treppe nach dem Hof hinabgestürmt. Erst vor der Zelle, aus der das dröhnende Gebrüll hervorbrach, ließ er sie zur Erde. Als aber die Bohlentür geöffnet war und Heilwig, von den blutroten Augen des rasenden Tiers erschreckt, entfliehen wollte, hielt er sie fest und hieß einem Hofjungen ein Bündel Heu herbeiholen, so groß er es mit beiden Armen fassen könne. »Nun, Heilwig«, rief Herr Hennicke, als jetzt der Stier den duftigen Haufen stampfend und schnaubend mit dem rauchenden Maul durchwühlte; »da hast du deinen Willen, nun aber sollst du für dich selber bitten!«

Das jetzt zwölfjährige Mädchen, das nur mit Widerstreben festgehalten wurde, zuckte bei diesem Wort erschreckt zusammen; dann aber hob sie sich auf den Zehen zu dem großen Mann empor, und ihre blauen Augen glänzten plötzlich, nicht wie eines Kindes, sondern wie die Augen eines Weibes.

»Sprich!« sagte er erwartungsvoll.

Da sprach sie, aber es klang fast mehr wie zornig als wie bittend: »Herr Pate, so sollet Ihr den Junker Detlev wiederkommen lassen!«

Herr Hennicke zuckte jäher noch zusammen als vorhin Heilwig; er antwortete nicht, er ließ nur die Hand des Mädchens fahren. Und so standen beide wortlos nebeneinander, bis das erneute Gebrüll des Tieres kundgab, daß auch das vorgeworfene Futter seinen Hunger noch nicht gestillt habe.

-- Als es Winter wurde, kam eine Rede über den Junker Detlev, er sei von Lübeck aus mit einem Spanienfahrer als Schiffsjunge in die weite Welt gegangen; zugleich erhob sich das Gerücht, im Rittersaale auf Eekenhof steige wiederum das Bild aus seinem Rahmen, in hellen Nächten zeige sich die tote Frau am Fenster und schaue aus nach dem Verstoßenen.

Als das zu Herrn Hennickes Ohren drang, ergrimmte er heftig und verschwor sich, er wolle dem verfluchten Spuk ein Ende machen. Mit blankem Jagdmesser, so heißt es, habe er vor dem Bilde gestanden, um es zu zerstören; aber die stillen Augen hätten ihn angeschaut, daß sein zum Stoße schon erhobener Arm herabgesunken sei.

Nach diesem ist der Saal von keinem mehr betreten worden; wie einst der Letzte des Geschlechts es ausgesprochen hatte, die Bilder der Abgeschiedenen sind jetzt alle wie in einer Gruft beisammen gewesen. Nur wenn in Mondnächten sich die weite Himmelsferne öffnete, zumal wenn im Äquinoktium die Stürme tobten, soll jene nächtliche Erscheinung sich noch oftmals wiederholt haben.

Die beiden Bewohnerinnen von Eekenhof hatten nichts davon gesehen; nur einmal, da sie nachts in ihrer Schlafkammer, welche unter dem Saale lag, vom Sturm erwachten, haben sie über sich ein Rauschen wie von Frauengewändern hören können und haben dann für den Junker Detlev und für die tote Frau ein still Gebet gesprochen.

Manches Jahr war dahingegangen; längst war der Informator in das statt Ehrensoldes ihm verheißene Pfarramt eingetreten; in dem Hause auf Eekenhof wohnte eine halbblinde Greisin mit einer frisch erblühten Jungfrau, deren wehendes Kraushaar jetzt in schweren Flechten lag. Nur zum Kirchgange an Sonn- und Feiertagen, oder wenn ihr Pate sie zu sich kommen hieß, und auch dann nur für kurze Stunden, verließ Heilwig die Großmutter und den einsamen Bezirk des Hofes. Doch wenn der Tag sich neigte, zumal im Frühjahr, wenn vom Norden her die Vogelschwärme zogen, schritt sie manchmal über die Landstraße nach einem jenseits belegenen Heidehügel und spähte in die Ferne, bis das Abendgold verglommen war. Mitunter, am

Sonntagabend, kam der junge Pastor die Straße heraufgewandert; dann lief sie ihm entgegen, und sie gingen Hand in Hand über die Brücke und nach dem Hause zu der blinden Großmutter.

Im Dorfe hieß es eine Zeitlang, der junge Pastor freie um das schwarze Mädchen auf Eekenhof. Allein sie irrten; er war es nicht, nach welchem das Mädchen in die Nacht hinaussah.

-- Drüben in der Stadt, in einer Maienwoche, war wieder einmal Landgericht gehalten worden; sechs königliche Trompeter und ein herzoglicher Heerpauker, durch die Straßen reitend, hatten es verkündigt; und von allen Seiten war man herbeigekommen, sei es, um alten Streit zu schlichten oder um neue Rechte zu begründen.

Auch Herr Hennicke war dort gewesen. Schon zuvor hatte er durch Zeugen dargetan, daß sein jetzt mündiger Sohn aus erster Ehe vor nunmehr fast zehn Jahren auf einem Lübischen Kauffahrer nach dem Mittelmeer das Land verlassen habe und daß von Schiff und Mannschaft später keine Kunde laut geworden sei; nun hatte er es so gut wie unter Brief und Siegel, daß der Junker Detlev als ein Verschollener durch Spruch des Landgerichts für tot erklärt und somit der Eekenhof des Vaters Erb und Eigen werde.

Aber noch ein anderes wollte Herr Hennicke in der Stadt betreiben. Etwas war doch auf Erden, woran seine Seele hing; nicht etwa seine anderen Söhne, die beiden Füchse, welche jetzt schon gleich dem Vogte zwischen den Leibeigenen die Peitsche führten; es war noch immer das Kind mit dem schwarzen Haar, gleich seinem, und mit jenen Augen, aus denen ein längst verblichenes Antlitz wider ihn zu klagen schien. War es auch zur schlanken Jungfer aufgewachsen, das alte Spiel war geblieben; noch immer floh sie ihren wilden Paten, und noch immer dürstete ihn nach einem trauten Wort aus ihrem Munde. Nun aber – und Herr Hennicke, der auf der Heimreise war, ließ bei dem Gedanken seinen Gaul in Sprüngen tanzen –, nun sollte sie ihm bald nicht mehr entrinnen können! Frau Benediktes Zunge war in den letzten Jahren immer schärfer und spitziger geworden; das Schlüsselbund zu Kammer und Keller hielt sie so fest in ihren mageren Fingern, daß selbst Herr Hennicke es ihr nicht zu entreißen wagte; aber auch ihre Backenknochen traten spitz hervor, der Strom ihrer Rede wurde oft durch dumpfes Hüsteln unterbrocheng und es schien unvermeidlich, daß zum nächsten Frühjahr nur noch ein gespenstiger Nachhall ihres wirtschaftlichen Waltens auf

Trepp' und Gängen das Gesinde schrecken werde. Herr Hennicke aber sah daraus das Kräutlein »Hoffnung« grünen; er wollte dann das Kind, das einzige, das ihm im Sinne lag, nach Recht und Ordnung zu dem seinen machen; mit ihr allein wollte er dann auf seinem neuen Eigen hausen, und später sollte sie seine Erbin sein; die beiden Füchse mochten sich auf ihrem mütterlichen Gute nähren. Schon jetzt hatte er wegen des erforderlichen Gnadenbriefes bei des Herzogs Kanzler vorgefragt und auch hierüber, wie er meinte, für den eintretenden Fall einen guten Zuspruch mitbekommen.

Auf halbem Wege war Herr Hennicke bei einem Nachbar zum zweiten Morgenimbiß eingekehrt. »Was bringst du, Henne?« frug ihn dieser; »dein schwarzes Antlitz leuchtet wie die gute Zeit!« Und dabei schenkte er ihm von neuem in das weite Glas. Herr Hennicke trank; aber er war nicht der Mann, seine Gedanken beim Weine zu verraten. Er wollte freilich plaudern, aber anderswo.

Fröhlich nickend schwang er sich in den Sattel; und immer schneller ging der Ritt, vorüber an Frau Benediktes Haus, dann auf der Straße fort nach Eekenhof. Als er an die schmale Holzbrücke kam, scheute das Pferd und wollte nicht mehr vorwärts; aber der Reiter drückte ihm die scharfen Sporen in die Weichen, daß es mit donnerndem Hufschlag hinüberflog; oben aus den Eichenwipfeln fuhr krächzend eine Schar von schwarzen Krähen, die seit Junker Detlevs Fortgang dort Besitz genommen hatten.

Nur mit Mühe brachte Herr Hennicke sein Pferd zum Stehen; dann rief er: »Heilwig! Heilwig!« nach dem Hause zu. Und als sie kam und zögernd näher trat, ergriff er ihre Hand und zog das erschreckte Mädchen hart bis an die Hufen seines unruhig stampfenden Pferdes. Seine schwarzen Augen glänzten in dem von Wein und wilden Hoffnungen geröteten Antlitz, und während sie wie betäubt zu ihm emporsah, überschüttete er sie mit dunkeln und verworrenen Andeutungen seiner Zukunftsträume. »Geduld nur, Heilwig!« rief er. »Nicht mehr im Unterbau; da droben in den großen Stuben sollst du wohnen; die Toten kommen nicht wieder; aber die dummen Bilder sollen fort; ich will die begrabenen Augen nicht mehr um mich haben!« Dann plötzlich riß er das Pferd herum und jagte fort, so wie er eben erst gekommen war.

Eine Weile starrte ihm das schlanke Mädchen nach; dann floh sie ins Haus zurück und warf sich weinend zu den Füßen der halbblinden

Greisin. Nur eines aus den wüsten Reden ihres Paten hatte sie herausgehört; ihr war, als habe er ihr Junker Detlevs Tod verkünden wollen.

Aber die Großmutter strich ihr die schwarzen Löckchen von der Stirn. »Sei ruhig, Heilwig«, sprach sie; »der Stieglitz hat noch nicht gesungen!«

Und als Heilwig meinte: »Großmutter, hier singen keine Vögel mehr; die schwarzen Krähen haben sie alle ja zerrissen«, da erhob die Greisin ihren Finger, als wolle sie oben nach dem Saale weisen: »Den einen nicht, Heilwig, den einen nicht; der ist kein Futter für die Krähen!«

Nicht lange danach, an einem Sonntagnachmittage, als eben Frau Benedikte ein selbstgebrautes Kräutertränklein zum Kühlen in das offene Fenster stellte, ist auf dem Hofe dort ein Reiter von einer Schecken abgestiegen. Er ist noch jung gewesen, aber in einer Tracht, wie man sie einige Jahre früher, da die Pariser Moden noch nicht die Herrschaft gewonnen hatten, in Hamburg oder Lübeck an den vornehmeren Kaufherren hatte sehen können, die aber auswärts in den deutschen Handelsplätzen auch derzeit noch im Schwange sein mochte. Der volle blonde Bart floß lang herab auf einen dunkeln, mit Marderpelz verbrämten Mantel, an welchem das Halstuch von weißem Linnen mit goldener Spange festgeheftet war; dagegen erschien unter dem breiten Rand des Hutes das Haupthaar so kurz geschoren wie es nur immer Frau Benedikte einst dem kleinen Junker Detlev zugedacht haben mochte.

Als er sein Pferd einem herbeigerufenen Jungen übergeben hatte und nun die Freitreppe zum Hause hinaufschritt, wurden in einem Leibgurt unter seinem Mantel ein Paar Pistolen sichtbar, deren Schlösser nach der neuesten Erfindung und außerdem von besonders kunstvoller Arbeit zu sein schienen.

In höflichen, aber knappen Worten frug er die auf dem Flur ihm entgegentretende Schloßfrau nach ihrem Eheherrn und wurde von dieser, während ihre Augen eine behende Musterung an ihm vollzogen, in das Oberhaus hinaufgewiesen.

Droben, in einem sonst nicht benutzten Zimmer, saß Herr Hennicke schon seit dem frühen Morgen rechnend und vergleichend über den alten Papieren von Eekenhof; in der einen Hand die Feder, in der anderen den großen, seltsam geformten Doppelschlüssel, der dort alle Türen öffnete und schloß. Eben stützte er den Kopf, um von der ungewohnten Arbeit auszuruhen, und starrte mit heiterem Antlitz in den öden Raum, der außer ein paar wurmstichigen Archivschränken keine Ausstattung an den getünchten Wänden aufzuweisen hatte. In seinen Gedanken mochte er zwei Gräber vor sich sehen; auf dem schweren Leichenstein des einen eine hagere Frauengestalt mit fest geschlossenen Händen und darüber den Namen »Benedikte« eingemeißelt; das andere ohne Namen, fern überm Ozean, unfindbar von fremdem Kraut und Ranken überwuchert. Da pochte es an der Tür, und als er, auffahrend, das Willkommenswort gerufen hatte, trat der Fremde zu ihm ein.

Frau Benedikte war unten an dem Treppenaufgang stehengeblieben; aber sie mühte sich vergebens, zu erhorchen, was droben hinter der dicht verschlossenen Tür verhandelt wurde. Einmal freilich war ein Geräusch, als würde ein schwerer Stuhl erschüttert, wie wenn etwa die Lehne von unsicherer Hand umklammert würde. Danach aber vernahm sie nur den ruhigen Laut einer jungen Stimme, welcher die düstere ihres Eheherrn zu antworten schien. Schon war sie des vergeblichen Horchens müde, da wurde droben die Tür geöffnet, und sie hörte den jungen Kaufherrn, während er hinaustrat, sagen: »Prüfet nur, Ihr werdet alle Schriften und Sigille richtig finden; vor allem aber denket, wenn ich morgen wiederkehre, daß Ihr mit keinem Fremden unterhandeln sollt!«

Ein Hustenanfall, den sie vergebens zu ersticken suchte, trieb Frau Benedikte von ihrem Posten; der Reiter aber, der schon gegen die Treppe zugeschritten war, zu welcher der Hausherr ihn nicht geleitet hatte, ging jetzt rasch hinab und unten über den Hausflur nach dem Hof hinaus. Als ein Windhauch seinen Mantel blähte, waren darunter in dem Leibgurt die kostbaren Pistolen nicht mehr sichtbar; irgend etwas, sei es ein bestehendes Verhältnis oder ein einst Geschehenes, mochte ihn veranlaßt haben, dieselben bei seiner Verhandlung mit dem Gutsherrn abzulegen und auch später nebst gewissen Schriften dort zu lassen. Seine Gedanken wie sein Pfad führten ihn nach einem alten einsamen Hause; vielleicht auch, daß er nach den eben verlaufenen Kriegszeiten die dort wohnenden Frauen zu erschrecken fürchtete, wenn er in Waffen zu ihnen einträte.

Herr Hennicke aber in seinem Archivzimmer sah noch mit stumpfen Blicken auf die zurückgelassenen Papiere, als sich von draußen die Stiege herauf Frau Benediktes Hüsteln hören ließ. Sie hatte vom Fenster aus dem Fremden nachgespäht, sie hatte ihn im Hofe sein scheckiges Roß besteigen und dann durch das Torhaus auf die Heerstraße hinausreiten sehen; aber des Mannes Antlitz und Gewandung war ihr unbekannt geblieben. Nun trat sie atemlos zu ihrem Eheherrn in die Stube. »Rechnest du noch immer um dein neues Erbgut?« frug sie scharf.

Er stieß ein Lachen aus. »Was willst du?« entgegnete er kurz.

»Du hattest Besuch«, sprach sie; »sag doch, wer war's denn?«

Herr Hennicke sah sie mit düsteren Augen an. »Geh«, sagte er, »ich brauch hier keine Weiberzungen.«

Aber sie forschte weiter: »War's etwa einer von den Lübischen Stadtjunkern, bei denen du in der Kreide stehst? Mach dir auf meine Gülten keine Rechnung!«

Herr Hennicke war aufgesprungen und tat einen dröhnenden Faustschlag auf den Tisch. »Ein Stadtjunker, Frau Benedikte? – Beim Teufel, ich gäbe dich mitsamt deinem Hof darum, so es einer von dem Krämervolk gewesen wäre. Da lies!« rief er und schob ihr eines der Papiere zu. »Du sollst auch deine Freude haben!«

Und Frau Benedikte nahm es und durchwanderte Zeil um Zeile mit ihren nackten Augen; dann, als ob sie ausgelesen hatte, legte sie es auf den Tisch und sagte: »Du wirst ein Lump, Herr Hennicke, aber nicht der erste, der aus seines Weibes Hand gefüttert wurde.«

Einige Augenblicke war es totenstill im Zimmer. Als aber Frau Benedikte den Blick auf ihres Eheherrn Antlitz wandte, tat sie einen gellen Schrei und streckte jählings die Hände über ihren Kopf, als gälte es, sich vor Mord zu schützen. Und doch hatte Herr Hennicke kein Glied gerührt; ja, seine Arme hingen wie gelähmt an seinem Leibe; es waren nur die Augen, vor denen sich das Weib erschrocken hatte, worin es wie aus einem Abgrund aufgestiegen war.

»Was schreist du?« sagte er; aber es war, als wollten die Worte aus dem trockenen Halse nicht heraus. »Lies noch einmal, so wirst du sehen, daß die Schrift gefälscht ist! Ich habe den Betrüger fortgejagt; er wird sich hüten, zum zweiten Mal zu kommen.«

Frau Benedikte aber las nicht weiter; sie sah Herrn Hennicke mit ihren kleinen Augen an, als ob sie ihm bis auf den Grund der

Seele bohren wolle; dann, ihr schweres Schlüsselbund vom Gürtel nestelnd, ging sie schweigend aus dem Zimmer.

Draußen lag noch derselbe Sommertag auf Wald und Wiesen; doch neigte sich die Sonne schon allmählich, und auf Eekenhof streckten sich die Schatten der beiden Treppengiebel schon bis auf die andere Uferseite des Ringgrabens; die mächtigen Eichen aber leuchteten noch bis zur Wurzel im warmen Sonnengold.

An einem Mauerringe des Hauses stand mit gesenktem Kopf die Schecke des blonden Reiters angebunden, und eben trat er selber aus der Tür und mit ihm die jungfräuliche Gestalt Heilwigs. Der Reiter löste sein Pferd von dem Ringe; dann, je zu einer Seite es am Zügel fassend, schritten beide mit dem ruhig folgenden Tiere über die Zugbrücke, um es in einer der jenseits stehenden Scheuern unterzubringen. Schweigend gingen die schönen jungen Menschen nebeneinander; aber das Antlitz des Mädchens war von Freude gerötet, und in ihren Augen war ein stiller Glanz; wie eine Braut nach dem erharrten Bräutigam blickte sie mitunter über den Bug des Pferdes nach dem Reiter hin.

Als sie dieses in dem verfallenen Gebäude untergebracht hatten und wieder in das Freie traten, lag ein schweres Sinnen auf der Stirn des jungen Reiters. »Nein, Heilwig«, sprach er zu dem Mädchen, das sorgend zu ihm aufblickte; »es ist nicht um meines Erbes willen; ich trag ernste Kunde für uns beide.«

Und da sie leicht zusammenbebte, setzte er hinzu: »Wir wollen nach unseren Kinderplätzen, Heilwig; erschrick nur nicht; meine Hand soll dich um so fester halten!«

Sie gingen um den Ringgraben, dem Hecktore des Waldes zu, und waren in dessen Schatten bald verschwunden.

-- Über eine Stunde ist dann wohl vergangen, und der Eekenhof hat wie verzaubert einsam dagelegen. Leise breiteten sich die Schatten aus und verbleichte das Licht des Himmels.

Und als im letzten Abendschein die beiden jugendlichen Gestalten aus dem Dunkel des Waldes wieder aufgetaucht, da ist das Mädchen mit den schwarzen Flechten blaß wie eine Lilie gewesen, und die blauen Augen haben weit offen und von Tränen voll gestanden. Mit gesenktem Haupte ging sie neben ihrem ernst blickenden Genossen. »Und ist es denn ganz, ganz gewißlich wahr?« frug sie leise.

Der junge Reiter hatte ihre Hand gefaßt, als ob er sie daran halten müsse. »Dem reichen Kaufherrn«, sprach er, »der unerkannt seines Vaters und Geschlechts Geschicken nachforschte, ist nichts verschwiegen worden.«

Stumm schritten sie über die Zugbrücke dem Hause zu; da sprach er wieder: »Es ist spät, und wir müssen den kargen Schlaf des Alters schonen; morgen, des bin ich sicher, wird da drinnen die alte Frau es uns bestätigen.«

Sie neigte ihr Haupt noch tiefer, und wie in Demut zog sie seine Hand an ihren Mund. »Mein Bruder!« sprach sie; es kam nur wie ein Hauch von ihren Lippen.

In der Kammer oben neben dem Rittersaal, an deren Wänden einst sein erster Schrei und seiner Mutter letzter Hauch erloschen war, hatte man zur Nacht dem Gast die Lagerstatt bereitet. Aber sie blieb unberührt; im offenen Fenster lehnte er und blickte über die Waldblöße hinaus, die sich unten jenseit des Ringgrabens ausdehnte. Es war eine jener lichtgrauen, schwülen Sommernächte; nichts rührte sich draußen, weder das Schleichen eines Nachttieres noch das Flattern eines Vogels; dann aber rauschte es plötzlich wie aufatmend durch die Wipfel, und hinter ihm im Hause war es, als ob unsichtbare Hände an allen Klinken rührten. Die Nachtkerze, welche man ihm mitgegeben hatte, flackerte und erlosch; zugleich sprang die Tür auf, welche durch eine Reihe anderer Kammern nach dem oberen Flur hinausführte. Er trat zurück und spähte in die leeren Räume nebenan; dann zog er die offene Tür ins Schloß und drehte wie unwillkürlich von innen den rostigen Schlüssel um.

Wieder sank die schwüle Stille auf Haus und Wald, und wieder lehnte er halb wach, halb träumend in dem offenen Fenster. Schon seit lange hatte es von der Glocke aus dem Giebel zwölf geschlagen: nun war nichts hörbar als oben von dem Uhrboden her das einförmige Klirren der Eisenräder und das Rucken der Ketten, an denen die Gewichte hingen. Da endlich scholl wieder ein dröhnender Glockenschlag in das Haus hinunter; der Junker wandte sich vom Fenster ab und lauschte. Es folgte kein weiterer Schlag, es hatte eins geschlagen. Aber nebenan im Rittersaale rauschte es wie von Frauenkleidern, und jetzt deutlich hörte er »Detlev! Detlev!« wie mit angsterstickter Stimme seinen Namen rufen.

Als er die Tür zum Saale aufriß, erblickte er bei dem Nachtschimmer, der durch die Fenster drang, eine weiße Frauengestalt, welche beide Arme ihm entgegenstreckte.

Einen Augenblick nur stutzte er; dann trat er rasch auf die Erscheinung zu. »Du, Heilwig!« rief er, als eine warme Hand die seine faßte. »Was ist dir? Was hat dich nachts hier nach dem öden Saal hinaufgetrieben?«

Sie blickte ängstlich um sich her. »Die Uhr schlug so fürchterlich; ich wollte zu dir; mir war, als droh dir Unheil hier im Hause!«

Er stützte sie sanft in seinen Armen. »Du träumst, Heilwig!« sagte er, »was sollte mir in meiner Mutter Haus geschehen?«

– »Ich weiß nicht, Detlev; aber laß mich bei dir bleiben; die Sommernacht geht ja bald herum.«

»Nicht nur die Sommernacht; bleib immer bei mir, Heilwig!«

– »Ja, immer, wenn du es willst.«

Sie führte ihn zu einem der alten Sessel, der noch wie einstens, da sie als Kinder ihn gemeinschaftlich dorthin getragen hatten, vor dem Bildnis seiner Mutter stand; er sollte nach seiner Reise jetzt der Ruhe pflegen. Als er ihr den Willen getan hatte, zog sie eine Fußbank darunter vor und setzte sich zu seinen Knien, den Kopf in seine beiden Hände legend. Und als er dann im Schlummer sanft zu atmen schien, sprach sie wie aus Träumen vor sich hin: »Mein Bruder! Mein lieber Bruder!«

Aber er hatte nicht geschlafen; er neigte sich zu ihr herab und flüsterte: »Mein traut Geschwister!«

Dann wieder hob sie den Kopf ein wenig aus des Bruders Hand. »Wie seltsam, Detlev«, sprach sie leise; »es ist doch dunkel; aber ich sehe deutlich deiner Mutter Bildnis: sie blickt uns freundlich an!«

»Ja, Heilwig; sehr freundlich.«

Und dann schwiegen sie. Sie wären fast entschlummert; da horchte Heilwig auf: »Was war das, Detlev?«

– »Ich hörte nichts.«

»Doch! Da ist es wieder; hörst du nicht? Da drinnen riß es an der Kammertür!«

Der Junker hatte sich aufgerichtet. »Die Tür ist verschlossen«, sagte er.

Es war wieder alles still geworden; sie hörten nichts mehr; es mochte nur der Wind gewesen sein. Heilwig legte wieder das Haupt in ihres Bruders Hände; dann schwiegen beide, ein plötzlicher Schlummer hatte sie befangen.

Aber die Nacht war noch nicht herum, und es schlief nicht alles in diesem Hause. Wäre sonst ein Ohr noch wach gewesen, es hätte draußen im Flur das leise Öffnen der Tür zur Winterstube vernehmen müssen; dann ebenso leise unsichere Schritte durch dieselbe bis zur Tür des Saales selbst.

Unhörbar tat sich diese auf, und wie vorsichtig gegen die Kammertür hinschreitend, näherte es sich den Schlafenden. Doch erreichte es dieselben nicht; ein dumpfer Schrei, wie aus der Brust eines entsetzten Tieres, durchbrach die Stille der Nacht.

Heilwig war jäh emporgefahren, als müsse sie mit ihrem Leibe den des Bruders decken; aber es war nicht mehr vonnöten; sie sah nur noch eine taumelnde Gestalt mit beiden Armen um sich greifen und dann in schwerem Fall zu Boden stürzen. Zugleich erscholl ein Klirren, als würde eine Waffe über den Fußboden bis zu ihren Füßen fortgeschleudert.

Heilwig hielt mit beiden Armen des Junkers Hals umklammert. »Detlev! Detlev!« raunte sie ihm zu. Er aber antwortete nicht; er hatte sich gebückt, und seine Hand griff suchend auf dem Fußboden umher. Als er die Waffe erfaßt hatte, die unter ihrem Sessel lag, und seine Finger an dem Schlosse rührten, zuckte er zusammen, und es schüttelte ihn wie Fieberfrost. Zugleich aber sprang er auf, und den Arm fest um sie legend, riß er Heilwig mit sich in die Kammer und weiter, nachdem er hastig aufgeschlossen, durch die Reihe der übrigen Kammern auf den Flur hinaus und hinab die Wendelstiege.

»Wer war das?« rief sie, als beide atemlos im Unterhause angekommen waren. »Der wollte dich töten, Detlev!«

»Ich weiß nicht; frag mich nicht, Heilwig; ich will jetzt nur eines wissen! – Aber meiner Mutter Erbe werde ich nimmermehr verlangen.«

Er zog das Mädchen wieder mit sich fort, bis in die Schlafkammer der Großmutter, bis an das Bett der schlummernden Greisin.

Sie hörten es nicht, wie draußen über der Zugbrücke eilige Schritte laut wurden, und sahen nicht die fliehende Gestalt, die jenseit derselben unter dem Schatten der Eichen in die Nacht verschwand.

Herr Hennicke hatte recht behalten; der blonde Reiter ist nicht wieder auf den Hof gekommen, so emsig auch Frau Benedikte nach ihm ausgesehen. Mit ersterem selber aber mußte Seltsames geschehen sein; denn als, wie hergebracht, die Hausmagd mit der Morgensuppe an sein Bette kam, lag dort ein eisgrauer Mann mit eingesunkenem Antlitz; als sie aber mit Geschrei von dannen stürzen wollte, war es die Stimme ihres Herrn, welche die Närrin erst zurückrief und sie dann samt ihrer Suppe zu allen Teufeln schickte.

Er hat aber wochenlang in der dumpfen Kammer fortgesessen, bis eines Morgens drüben aus dem Dorf zu Eekenhof das Turmgeläute hell herüberwehte, das man des dazwischenliegenden Waldes wegen nur selten hat vernehmen können. Da hat er aufgehorcht und den eben eintretenden Vogt gefragt, wer denn begraben würde. Als dieser ihm berichtet, es sei die alte Förstersfrau vom Eekenhof, hat er sich arg erbost, daß man ihm nichts davon vermeldet, dann aber plötzlich nur den Namen »Heilwig« ausgestoßen und befohlen, ihm sein Pferd zu satteln. Er ist jedoch nicht fortgeritten; der Hofjunge hat stundenlang das aufgezäumte Tier im Hofe umhergeführt, bis es endlich wieder abgesattelt werden mußte. Und ebenso erging es am anderen und am dritten Morgen.

Danach aber eines Tages sah der Kätner Forthmann, welcher eine blanke Kuh am Seile führte, eine greise Reitergestalt über die Zugbrücke nach dem Eekenhof hinaufjagen und dort am Hause von dem Pferde steigen.

Der Kätner schüttelte den Kopf; er konnte sich nicht denken, was der Mann dort suche, denn es wohnte niemand mehr darin; seine Grete war zu dreien Malen mit der Morgenmilch ans Haus gekommen; aber immer hatte sie vergebens an die ringsum verschlossenen Türen gepocht.

Auch jetzt ist nichts Lebendiges zu spüren gewesen; selbst die schwarzen Krähen mußten auf Atzung fortgeflogen sein.

Der Reiter aber hatte mit einem schweren Doppelschlüssel die Haupttüre aufgeschlossen. Vom Flur aus hat er die Räume des Unterbaus durchwandert; aber es ist nichts darin gewesen als nur das stumme Gerät, das einst den beiden Frauen zu ihrem einsamen Leben diente. Als er auf den Flur zurückgekehrt war, ist er vor der Treppe stillgestanden, als müsse er auch hier die Stiegen noch hinauf; er hat aber nur den Fuß auf die unterste Stufe gesetzt und mit heiserer

Stimme einen Namen in das Oberhaus hineingerufen. Als ihm von dorther nur ein dumpfer Hall zurückgekommen, hat er, wie von jäher Furcht befallen, das Haus verlassen und ist vom Hofe fortgeritten; aber immer langsamer ist das Pferd gegangen, und immer zusammengesunkener ist die darauf sitzende Gestalt erschienen.

Das alte Haus innerhalb des Ringgrabens lag wieder in seiner stillen Abgeschiedenheit; nur die Krähen, als es Abend wurde, kehrten zurück und lärmten eine Zeitlang, bevor sie sich zum Schlafe in die Eichenwipfel setzten.

Herrn Hennickes Wünsche hatten sich erfüllt: der Junker Detlev war durch landgerichtlichen Spruch für tot erklärt worden; Frau Benedikte lag unter ihrem schweren Leichenstein. Aber Herr Hennicke ist ein gebrochener Mann gewesen. Die beiden Füchse, welche sich allmählich zu ein paar breitschulterigen geizigen Hagestolzen ausgewachsen, wirtschafteten emsig auf dem einen wie dem andern Hofe; sie ackerten und ernteten und säckelten die Korngelder ein, ohne daß Herr Hennicke dareingeredet hätte. Niemals hat er mehr ein Pferd bestiegen; aber in bestimmten Zwischenräumen ist er am Stabe nach Eekenhof gewandert. Das Haus hat er nie betreten; aber auf der kleinen Bank unter den Eichen hat er oft gesessen, wie erwartungsvoll das Antlitz dem Hause zugewandt, als ob dort in jedem Augenblick die Tür sich öffnen müsse. Nur wenn vom Giebel plötzlich der Schlag der Uhrglocke herabgeschollen, hat er wie erschreckt emporgeblickt; denn die Uhr schlug nach wie vor; er selber hat dem Küster aus dem Dorfe einen hohen Lohn gezahlt, daß er auf dem verfallenen Boden das Werk in stetem Gange halte. Wenn die Dorfkinder, vom Felde herkommend, hier vorübergingen, haben sie sich scheu von ferne die regungslose Greisengestalt gezeigt und heimlich untereinander flüsternd ihren Weg verfolgt, denn ein unsicheres, aber furchtbares Gerücht ist in den Bauernstuben umgelaufen: es seien die Schattenhände der toten Frau gewesen, die Herrn Hennickes Kraft gebrochen hätten.

Und so in seiner Einsamkeit ist er bis an die äußerste Grenze des Menschenlebens gelangt. Von Heilwig aber und dem blonden Reiter hat sich jede Spur verloren.

DIE SÖHNE DES SENATORS

Der nun längst vergessene alte Senator Christian Albrecht Jovers, dessen Sarg bei Beginn dieser einfachen Geschichte schon vor mehreren Jahren die stille Gesellschaft der Familiengruft vermehrt hatte, war einer der letzten größeren Kaufherren unserer Küstenstadt gewesen. Außer seiner Witwe, der von klein und groß geliebten Frau Senatorn, hatte er zwei Söhne hinterlassen, von denen er den ältesten, gleichen Namens mit ihm, kurz vor seinem Tode als Kompagnon der Firma aufgenommen hatte, während für den um ein Jahr jüngeren Herrn Friedrich Jovers am selben Orte ein durch den Tod des Inhabers frei gewordenes Weingeschäft erworben war.

Dem alten, nun in Gott ruhenden Herrn war derzeit der Ruf gefolgt, daß er in seinem Hause, selbst gegen seine im vorgeschrittenen Mannesalter stehenden Söhne, die Familiengewalt mit Strenge, ja oft mit Heftigkeit geübt habe; nicht minder aber, daß er ein Mann gewesen sei, stets eingedenk der Würde seiner Stellung und des wohlerworbenen Ansehens seiner Voreltern, mit einem offenen Herzen für seine Vaterstadt und alle reputierlichen Leute in derselben, mochten sie in den großen Giebelhäusern am Markte oder in den Katen an den Stadtenden wohnen. Beim Jahreswechsel mußte ohnfehlbar der Buchhalter und Kassierer Friedebohm einen gewichtigen Haufen dänischer und holländischer Dukaten in einzelne Päckchen siegeln, sei es zu Ehrengeschenken für die Prediger, für Kirchen- und Schulbediente oder für am Orte wohnende frühere Dienstboten als ein Beitrag zu den Kosten der verflossenen Feiertage; ebenso sicher aber war auch dann schon vor Einbruch der schlimmsten Wintersnot ein auf dem nahe liegenden Marschhofe des Senators fettgegraster Mastochse für die Armen ausgeschlachtet und verteilt worden. So stand denn nicht zu verwundern, daß die Mitbürger des alten Herrn, wenn sie ihm bei seinen seltenen Gängen durch die Stadt begegneten, stets mit einer Art sorglicher Feierlichkeit ihren Dreispitz von der Perücke hoben, auch wohl erwartungsvoll hinblickten, ob bei dem Gegengruße ein Lächeln um den streng geschlossenen Mund sich zeige.

Das Haus der Familie lag inmitten der Stadt in einer nach dem Hafen hinabgehenden Straße. Es hatte einen weiten, hohen Flur mit breiter Treppe in das Oberhaus, zur Linken neben der mächtigen Haustür das Wohnzimmer, in dem langgestreckten Hinterhause die beiden Schreibstuben für die Kaufmannsgesellen und den Prinzipal; darüber, im oberen Stockwerk, lag der nur bei feierlichen Anlässen gebrauchte große Festsaal. Auch was derzeit sonst an Raum und Gelaß für eine angesehene Familie nötig war, befand sich in und bei dem Hause; nur eines fehlte: es hatte keinen Garten, sondern nur einen mäßig großen Steinhof, auf welchen oben die drei Fenster des Saales, unten die der Schreibstuben hinaussahen. Der karge Ausblick aus diesem Hofe ging über eine niedrige Grenzmauer auf einen Teil des hier nicht breiteren Nachbarhofes; der Nachbar selber aber war Herr Friedrich Jovers, und über die niedrige Mauer pflegten die beiden Brüder sich den Morgengruß zu bieten.

Gleichwohl fehlte es der Familie nicht an einem stattlichen Lust- und Nutzgarten, nur lag er einige Straßen weit vom Hause; doch immerhin so, daß er, wie man hier sich ausdrückt, »hintenum« zu erreichen war. Und für den vielbeschäftigten alten Kaufherrn mag es wohl gar eine Erquickung gewesen sein, wenn er spätnachmittags am Westrande der Stadt entlangwandelte, bisweilen anhaltend, um auf die grüne Marschweide hinabzuschauen oder, wenn bei feuchter Witterung der Meeresspiegel wie emporgehoben sichtbar wurde, darüber hinaus nach den Masten eines seiner auf der Reede ankernden Schiffe. Er zögerte dann wohl noch ein Weilchen, bevor er sich wieder in die Stadt zurückwandte; denn freilich galt es, von hier aus nun noch etwa zwanzig Schritte in eine breite Nebengasse hineinzubiegen, wo die niedrigen, aber sauber gehaltenen Häuser von Arbeitern und kleinen Handwerkern der hereinströmenden Seeluft wie dem lieben Sonnenlichte freien Eingang ließen. Hier wurde die nördliche Häuserreihe von einem grünen Weißdornzaune und dieser wiederum durch eine breite Staketpforte unterbrochen. Mit dem schweren Schlüssel, den er aus der Tasche zog, schloß der alte Herr die Pforte auf, und bald konnte man ihn auf dem geradlinigen, mit weißen Muscheln ausgestampften Steige in den Garten hineinschreiten sehen, je nach der Jahreszeit den weißen Kopf seitwärts zu einer frisch erschlossenen Provinzrose hinabbeugend oder das Obst an den jungen, in den Rabatten neu gepflanzten Bäumen prüfend.

Der zwischen Buchseinfassung hinlaufende breite Steig führte nach etwa hundert Schritten zu einem im Zopfstil erbauten Pavillon; und es war für die angrenzende Gasse allemal ein Fest, wenn an Sonntagnachmittagen die Familie sich hier zum Kaffee versammelt hatte und dann beide Flügeltüren weit geöffnet waren. Der alte Andreas, welcher dicht am Garten wohnte, hatte an solchen Tagen schon in der Morgenfrühe oder vorher, am Sonnabend, alle Nebensteige geharkt und Blumen und Gesträuche sauber aufgebunden. Weiber mit ihrem Nachwuchs auf den Armen, halbgewachsene Jungen und Mädchen drängten sich um die Pforte, um durch deren Stäbe einen Blick in die patrizischen Sommerfreuden zu erhaschen, mochten sie nun das blinkende Service des Kaffeetisches bewundern oder Schärferblickende die nicht übel gemalte tanzende Flora an der Rückwand des Pavillons gewahren und nun lebhaft dafür eintreten, daß diese fliegende Dame das Bild der guten Frau Senatorn in ihren jungen Tagen vorstelle. Die ganze Freude der Jugend aber war ein grüner Papagei aus Kuba, der bei solchen Anlässen als vieljähriger Haus- und Festgenosse vor den Türen des Pavillons seinen Platz zu finden pflegte. Auf seiner Stange sitzend, pfiff er bald ein heimatliches Negerliedchen, bald, wenn von der Pforte her zu viele Finger und blanke Augen auf ihn zielten, schrie er flügelschlagend ein fast verständliches Wort zu der Gassenbrut herüber. Dann frugen die Jungen untereinander: »Wat seggt he? Wat seggt de Papagoy?« Und immer war einer dazwischen, welcher Antwort geben konnte. »Wat he seggt? – ›Komm röwer!‹ seggt he!« – Dann lachten die Jungen und stießen sich mit den Ellenbogen, und wenn Stachelbeeren an den Büschen oder Eierpflaumen an den Bäumen hingen, so hatten sie zum Herüberkommen gewiß nicht übel Lust. Aber das war schwerlich die Meinung des alten Papageien; denn wenn Herr Christian Albrecht, sein besonderer Gönner, mit einem Stückchen Zucker an die Stange trat, so schrie er ebenfalls: »Komm röwer!« Er hatte dasselbe schon geschrien, als ein alter Kapitän ihres Vaters den Knaben Friedrich und Christian Albrecht den fremden Vogel zum Geschenke brachte; und als auch sie ihn damals frugen: »Wat seggt de Papagoy?«, da hatte der alte Mann nur lachend erwidert: »Ja, ja, se hebbt upt Schipp em allerlei dumm Tüges lehrt!« Der Himmel mochte wissen, was der Vogel mit seinem plattdeutschen Zuruf sagen wollte!

Mitunter ging auch wohl die kleine, freundliche Frau Senatorn mit ihrer Kaffeetasse in der Hand den Steig hinab, um die Enkelinnen des alten Andreas mit einer Frucht oder einem Sonntagsschilling zu erfreuen; dann putzten die Weiber ihren Säuglingen rasch die Näschen, die Jungen aber blieben grinsend stehen: sie wußten zu genau, daß die gute Dame es mit der Verwandtschaft zum Andreas nicht allzu peinlich nahm. Ebenso geschah es mit Herrn Christian Albrecht, denn er glich seiner Mutter an froher Leichtlebigkeit; er kannte die Buben all bei Namen und erzählte ihnen von dem Papageien die wunderbarsten und ergötzlichsten Geschichten. Anders, wenn der alte Kaufherr mit seiner holländischen Kalkpfeife auf den Steig hinaustrat; dann zogen sich alle ausgestreckten Finger zwischen den Stäben der Pforte zurück, und alt und jung schaute in ehrerbietigem Schweigen auf ihn hin; war es aber Herr Friedrich Jovers, der den Steig herabkam, so waren plötzlich mit dem Rufe: »De junge Herr!« alle Jungen zu beiden Seiten der Pforte hinter dem hohen Zaun verschwunden, denn der unbequeme Verkehr mit Kindern lag nicht in seiner Art; wohl aber hatte er einmal einen der größeren Jungen derb geschüttelt, als dieser eben von der Gasse aus mit seinem Flitzbogen auf einen im Garten singenden Hänfling schießen wollte.

-- Diese Familienfeste waren nun vorüber. - Der nördliche, hinter dem Pavillon liegende Teil des Gartens grenzte an den schon außerhalb der Stadt liegenden Kirchhof, und hier, in der von seinem Vater erbauten Familiengruft, ruhte der alte Kaufherr und Senator von seiner langen Lebensarbeit; mit dem Liede »O du schönes Weltgebäude« hatten die Gelehrten- und die Bürgerschule ihn zu Grabe gesungen, denen beiden, oft im Kampfe mit seinem Schwager, dem regierenden Bürgermeister, er zeitlebens ein starker Schutz und Halt gewesen war. Hier ruhte seit kurzem auch die freundliche Frau Senatorn, nachdem noch kurz zuvor Herr Christian Albrecht eine ihr gleichgeartete, rosige Schwiegertochter in das alte Haus geführt hatte. »Du brauchst mich nun nicht weiter«, hatte sie lächelnd zu dem trostbedürftigen Sohne gesagt; »in der da hast du mich ja wieder, und noch jung und hübsch dazu!« Und dann hatte auch sie die Augen geschlossen, und viele Augen hatten um sie geweint, und ihr sie verehrender Freund, der alte Kantor van Essen, hatte bei ihrem Begräbnis mit einer eigens dazu komponierten Trauermusike aufgewartet.

Der Kirchhof war durch einen niedrigen Zaun von dem Garten

getrennt, und Herr Christian Albrecht hatte sonst, ohne viele Gedanken, darüber weg auf den unweit belegenen Überbau der Gruft geblickt; seitdem aber sein Vater darunter ruhte, war ihm unwillkürlich der Wunsch gekommen, daß eine hohe Planke oder Mauer hier die Aussicht schließen möchte. Nicht, daß er die Grabstätte seines Vaters scheute; nur vom Garten aus wollte er sie nicht vor Augen haben; wenn ihn sein Herz dahin trieb, so wollte er auf dem Umwege der Gassen und auf dem allgemeinen Totengang dahin gelangen. Er hatte diese Gedanken wohl auch gegen seinen Bruder ausgesprochen; er hatte sie dann über sein junges Eheglück vergessen; als aber jetzt auch der Leichnam der ihm herzverwandten Mutter unter jenen schweren Steinen lag, waren sie aufs neue hervorgetreten.

Allein zunächst galt es, sich mit dem Bruder über den elterlichen Nachlaß zu vereinigen; es war ja noch unbestimmt, in wessen Hand der Garten kommen würde.

An einem Sonntagvormittage im November gingen die beiden Brüder, Herr Christian Albrecht und Herr Friedrich Jovers, in dem großen, ungeheizten Festsaale des Familienhauses schweigend auf und ab. Die Morgensonne, welche noch vor kurzem durch die kleinen Scheiben der drei hohen Fenster hineingeschienen hatte, war schon fortgegangen, die großen Spiegel an den Zwischenwänden standen fast düster zwischen den grauseidenen Vorhängen. Fast behutsam traten die Männer auf, als wollten sie in dem weiten Gemache den Widerhall nicht wecken; endlich blieben sie vor einer zierlichen Schatulle mit Spiegelaufsatz stehen, dessen reichvergoldete Bekrönung aus einer von Amoretten gehaltenen Rosengirlande bestand. »Hm«, sagte Christian Albrecht, »Mama selig, als sie in ihren letzten Jahren einmal ihren Muff hier aus der Schublade nahm, da nickte sie dem einen Spiegel zu; ›du Schelm‹, sagte sie, ›wo hast du das schmucke Antlitz hingetan, das du mir sonst so eifrig vorgehalten hast! Nun guck einmal, Christian Albrecht, was itzo da herausschaut!‹ Die alte, heitere Frau, dann gab sie mir die Hand und lachte herzlich.«

Die beiden Brüder blickten auf das stumme Glas: kein junges Antlitz blickte mehr heraus; auch nicht das liebe alte, das sie besser noch als jenes kannten. Schweigend gingen sie weiter; sie legten fast wie mit Ehrfurcht ihre Hand bald auf das eine, bald auf das andere der umherstehenden Geräte, als wäre es noch in ihrer Knabenzeit, wo ihnen der Eintritt hier nur bei Familienfesten und zur Weihnachtszeit vergönnt gewesen war. Wie damals war unter der schweren Stuckrosette der Gipsdecke das stille Blitzen der großen Kristallkrone; wie damals hingen über dem Kanapee, den Fenstern gegenüber, die lebensgroßen Brustbilder der Eltern in ihrem Brautstaate, daneben in höherem Alter die der Großeltern, deren altmodische Gestalten ihnen in der Dämmerung ihrer frühesten Jugendzeit entschwanden.

»Christian Albrecht«, sagte der Jüngere, und der vom Vater ererbte strenge Zug um den Mund verschwand ein wenig; »hier darf nichts gerückt werden.«

»Ich meine auch nicht, Friedrich.«

»Es verbleibt dir sonach mit dem Hause.«

»Und der Papagei? Den haben wir vergessen.«

»Ich denke, der gehört auch mit zum Hause.«

Christian Albrecht nickte. »Und du nimmst dagegen das beste Tafelsilber und das Sèvresporzellan, das hierneben in der Geschirrkammer steht!«

Friedrich nickte; eine Pause entstand.

»So wären wir denn mit unserer Teilung fertig!« sagte Christian Albrecht wieder.

Friedrich antwortete nicht; er stand vor den Familienbildern, als ob er eingehend sie betrachten müsse; sein Kopf drückte sich immer weiter in den Nacken, bis der schwarzseidene Haarbeutel im rechten Winkel von dem schokoladefarbenen Rocke abstand. »Es ist nur noch der Garten«, sagte er endlich, als ob er etwas ganz Beiläufiges erwähne.

Aber in des Bruders sonst so ruhigem Antlitz zuckte es, wie wenn ein lang Gefürchtetes plötzlich ausgesprochen wäre. »Den Garten könntest du mir lassen«, sagte er beklommen; »die Auslösungssumme magst du selbst bestimmen!«

»Meinst du, Christian Albrecht?«

»Ich meine es, Friedrich. Du sagst es selbst, du seiest ein geborener Hagestolz; – aber ich und meine Christine, unsere Ehe wird gesegnet sein! Hier haben wir nur den engen Steinhof; bedenk es, Bruder, wo sollen wir mit den lieben Geschöpfen hin? Und dann – du selber! Im Pavillon, an den Sonntagnachmittagen! Du wirst doch lieber deine junge Schwägerin als deine bärbeißige Witwe Antje Möllern unserer Mutter Kaffeetisch verwalten sehen!«

»Deinen Kindern«, erwiderte der andere, ohne umzublicken, »wird mein Garten nicht verschlossen sein.«

»Das weiß ich, lieber Friedrich; aber Kinderhände in meines ordnungsliebenden Herrn Bruders Ranunkel- und Levkojenbeeten!«

Friedrich antwortete hierauf nicht. »Es ist ein Kodizill zu unseres Vaters Testament gewesen«, sagte er, als spräche er es zu den Bildern oder zu der Wand ihm gegenüber, »danach sollte mir der Garten werden; die Auslösungssumme ist mir nicht bekannt geworden, die magst du bestimmen oder sonst bestimmen lassen.«

Der Ältere nahm fast gewaltsam seines Bruders Hand. »Du weißt es von unserer seligen Mutter, daß unser Vater, da sie das Schriftstück einmal in die Hand bekam, ausdrücklich ihr geheißen hat: ›Zerreiße es; die Brüder sollen sich darum vertragen.‹«

»Es ist aber nicht zerrissen worden.«

»Das weiß ich wohl; es trat im selben Augenblick ein Fremder in das Zimmer, und derohalben unterblieb es damals; aber später, am Tage nach selig Vaters Begräbnis, hat unsere Mutter den Willen des Verstorbenen ausgeführt.«

»Das war ein volles Jahr nachher.«

»Friedrich, Friedrich!« rief der Ältere. »Willst du verklagen, was unsere Mutter tat!«

»Das nicht, Christian Albrecht, aber Mama selig versierte in einem Irrtum; sie war nicht mehr befugt, das Schriftstück zu zerreißen.«

Auf dem Antlitz des älteren Bruders stand es für einen Augenblick wie eine ratlose Frage; dann begann er in dem weiten Saale auf und ab zu wandern, bis er mit ausgestreckten Armen in der Mitte stehenblieb. »Gut«, sagte er, »du wünschest den Garten, wir beiden wünschen ihn! Aber dabei soll unseres Vaters Wort in Ehren bleiben; teilen wir, wenn du es willst, daß jeder seine Hälfte habe!«

»Und jeder ein verhunztes Stück bekäme!«

»Nun denn, so losen wir! Laß uns hinuntergehen, Christine kann die Lose machen!«

Herr Friedrich hatte sich umgewandt; sein dem Bruder zugekehrtes Antlitz war bis über die dichten Augenbrauen hinauf gerötet. »Was mein Recht ist«, sagte er heftig, »das setze ich nicht aufs Los.«

In diesem Augenblicke klang das Negerlied des Papageien aus dem Unterhaus herauf; ein alter Diener hatte die Tür des Saales geöffnet: »Madame läßt bitten; es ist angerichtet.«

»Gleich! Sogleich!« rief Christian Albrecht. »Wir werden gleich hinunterkommen!«

Der Diener verschwand; aber die Herren kamen nicht.

Nach einer Viertelstunde trat unten aus dem Wohnzimmer eine jugendliche Frau mit leicht gepudertem Köpfchen auf den Flur hinaus; behende erstieg sie die breite Treppe bis zur Hälfte und rief dann nach dem Saal hinauf: »Seid ihr denn noch nicht fertig? Friedrich! Christian Albrecht! Soll denn die Suppe noch zum dritten Mal zu Feuer?«

Es erfolgte keine Antwort; aber nach einer Weile, während der Stöckelschuh der hübschen Frau ein paarmal ungeduldig auf der Stufe aufgeklappert hatte, wurde oben die Saaltür aufgestoßen, und Friedrich kam allein die Treppe herab.

Die junge Frau Senatorin – denn ihr Eheliebster war kürzlich seinem Vater in dieser Würde nachgefolgt – sah ihn ganz erschrocken an. »Friedrich!« rief sie, »wie siehst du aus? Und wo bleibt Christian Albrecht?«

Aber der Schwager stürmte ohne Antwort an ihr vorüber. »Wünsche wohl zu speisen!« murmelte er und stand gleich darauf schon unten an der Haustür, die Klinke in der Hand.

Sie lief ihm nach. »Friedrich! Friedrich, was fällt dir ein? Dein Leibgericht, perdrix aux truffes!«

Aber er war schon auf der Gasse, und durch das Flurfenster sah sie ihn seinem Hause zueilen. »Nun sieh mir einer diesen Querkopf an!« Und sie schüttelte ihr Köpfchen und stieg nachdenklich die Treppe wieder hinauf. Als sie die Tür des Saales öffnete, sah sie den jungen Herrn Senator, die Hände in den Rockschößen, vom andern Ende des Gemaches herschreiten, so ernsthaft vor sich auf die Dielen schauend, als wolle er die Nägelköpfe zählen.

»Christian! Christian Albrecht!« rief sie, als er vor ihr stand.

Als er den Klang ihrer Stimme hörte und, den Kopf erhebend, ihr in die kinderblauen Augen sah, gewannen seine Züge die gewohnte Heiterkeit zurück. »Gehen wir zu Tisch, Madame!« sagte er lächelnd. »Bruder Friedrich muß nun heute mit der Frau Witwe Antje Möllern speisen; aber ich habe denn doch auch meinen Kopf, und – unseres Vaters Wort muß gelten!«

Damit bot er seiner erstaunten Frau den Arm und führte sie die Treppe hinab und zu Tische.

Das Wiederkommen hatte indessen gute Weile; vierzehn Tage waren verflossen, und Herr Friedrich hatte seinen Fuß noch nicht wieder über die Schwelle des Familienhauses gesetzt. Gleich am ersten Morgen nach jenem verfehlten Mittage war Christian Albrecht wiederholt auf seinen Steinhof hinausgegangen, um wie sonst über die niedrige Grenzmauer seinem Bruder den Morgengruß zu bieten; aber von Herrn Friedrich war nichts zu sehen gewesen; ja, eines Morgens hatte Herr Christian Albrecht ganz deutlich den Schritt des Bruders aus der in einem Winkel verborgenen Hoftür kommen hören: als ihn aber im selben Augenblicke ob einer in der Alteration zu scharf genommenen Prise ein lautes Niesen anfiel, hörte er gleich darauf die Schritte wieder umkehren und die ihm unsichtbare Hoftür zuschlagen.

Herr Christian Albrecht wurde ganz still in sich bei dieser Lage der Dinge; nur mit halbem Ohre lauschte er, wenn, um ihn aufzumuntern, die hübsche Frau Senatorin sich in der Dämmerstunde ans Klavier setzte und ihm die allerneusten Lieder: »Beschattet von der Pappelweide« und »Blühe, liebes Veilchen«, eines nach dem andern mit ihrer hellen Stimme vorsang.

Er hatte gegen sie nach der ersten Mitteilung »der kleinen Differenze« kein Wort über den Bruder mehr geäußert; endlich aber, eines Morgens, da die Eheleute beim Kaffee auf dem Kanapee beisammensaßen, legte die Frau Senatorin sanft ihre kleine Hand auf die des Mannes. »Siehst du nun«, sagte sie leise, »er kommt nicht wieder; ich hab es gleich gesagt.«

»Hm, ja, Christinchen; ich glaub es selber fast.«

»Nein, nein, Christian Albrecht; es ist ganz gewiß, er kommt nicht wieder; er kann nicht wiederkommen; denn er ist ein Trotzkopf!«

Christian Albrecht lächelte; aber zugleich stützte er den Kopf in seine Hand. »Ja freilich, das ist er; das war er schon als kleiner Knabe; ich und das Kindermädchen tanzten dann um ihn herum und sangen: ›Der Bock, der Bock! O jemine, der Bock!‹, bis er zuletzt einen Kegel oder ein Stück von seinem Bauholz aufgriff und damit nach unseren Köpfen warf; am liebsten warf er noch mit seinem Bauholz! Aber Christinchen – wenn's Herz nur gut ist!«

»Nicht wahr?« rief die hübsche Frau und sah ihrem Mann mit lebhafter Zärtlichkeit ins Antlitz, »ein gutes Herz hat unser Friedrich, und deshalb – ich meine, du könntest zu ihm gehen; du bist kein Trotzkopf, Christian Albrecht, du hast es leichter in der Welt!«

Der Senator streichelte sanft die geröteten Wangen seiner Eheliebsten. »Was ich für eine kluge Frau bekommen habe!« sagte er nekkend.

»Ei was, Christian Albrecht, sag lieber, daß du zu deinem armen Bruder gehen willst!«

»Arm, Christinchen? – Eine sonderbare Armut, wenn einer alles Recht für sich allein verlangt! Aber du sollst schon deinen Willen haben; heut abend oder schon heute nachmittag . . .«

»Warum nicht schon heut vormittag?«

»Nun, wenn du willst, auch heute vormittag!«

»Und du bist versöhnlich, du gibst nach?«

»Das heißt, ich gebe ihm den Garten?«

Sie nickte: »Wenn es sein muß! Doch lieber, als daß ihr im Zorne auseinandergeht!«

»Und, Christinchen, unsere Kinder? Sollen sie mit den Hühnern hier auf dem engen Steinhof laufen?«

»Ach, Christian Albrecht!« Und sie fiel ihm um den Hals und sagte leise: »Wir sind so glücklich, Christian Albrecht!«

Während bald darauf der junge Kaufherr über den Flur nach seinen Geschäftsräumen im Hinterhause schritt, hatte im Wohnzimmer seine Frau sich an das Fenster gesetzt; an einem möglichst kleinen Häubchen strickend, schaute sie über die Straße nach dem gegenüberliegenden Nachbarhause, mehr nur, wie es schien, um bei dem inneren Gedankentausche doch irgendwohin die Augen zu richten. Jetzt aber sah sie Frau Antje Möllern in Futterhemd und Schürze über die Straße schreiten und mit der Frau Nachbarn Jipsen, die soeben auch aus ihrem Hause trat, sich auf eine der steinernen Beischlagsbänke setzen. Frau Antje Möllern war die Erzählende, wobei sie sehr vergnügt und triumphierend aussah und mehrmals mit einer schwerfälligen Bewegung ihres dicken Kopfes nach dem elterlichen Hause ihres Herrn hinüberwinkte. Frau Nachbarn Jipsen schlug zuerst ihre Hände, wie vor Staunen, klatschend ineinander; dann aber nickte sie wiederholt und lebhaft; auch ihr schienen die Dinge, um die es sich handelte, ausnehmend zu gefallen; und bald, während das eifrigste Wechselgespräch im Gange war, zuckten und deuteten die Köpfe und Hände der beiden Weiber in keineswegs respektvoller Gebärde nach dem altehrwürdigen Kaufmannshaus hinüber.

Die junge Frau am Fenster wurde denn doch aufmerksam: die da drüben waren nicht eben ihre Freunde; der einen – das wußte sie – war es zugetragen worden, daß sie Herrn Friedrich Jovers abgeraten hatte, ihre mauldreiste Personnage in sein Haus zu nehmen; der andern hatte sie einmal ihre große Tortenpfanne nicht leihen können, weil sie eben beim Kupferschmied zum Löten war.

Unwillkürlich hatte sie die Arbeit sinken lassen: was mochten die Weiber zu verhandeln haben?

Aber die Unterhaltung drüben wurde unterbrochen. Von der Hafenstraße herauf kam der kleine bewegliche Advokat, Herr Siebert Sönksen, den sie den »Goldenen« nannten, weil er bei feierlichen Gelegenheiten es niemals unter einer goldbrokatenen Weste tat, deren unmäßig lange Schöße fast seinen ganzen Leib bedeckten. Eilig schritt er auf die beiden zu, richtete, wie es schien, eine Frage an Frau Antje Möllern und schritt, nachdem diese mit einem Kopfnicken beantwortet worden, lebhaft, wie er herangetreten gar, quer über die Gasse nach Herrn Friedrichs Hause zu.

»Hm«, kam es aus dem Munde der jungen Frau, »der Goldene? Gehört der auch dazu? Was will denn der bei unserem Bruder Friedrich?«

Die hervorragenden Eigenschaften des Herrn Siebert Sönksen waren bekannt genug: er jagte wie ein Trüffelhund nach verborgen liegenden Prozessen und galt für einen spitzfindigen Gesellen und höchst beschwerlichen Gegenpart auch in den einfachsten Rechtsstreitigkeiten. Im übrigen wußte er, je nach welcher Seite hin sein Vorteil lag, ebensowohl einen sauberen Vergleich zustande zu bringen, als einen schikanösen Prozeß durch alle Instanzen hindurchzuziehen.

Die Frau Senatorin war aufgestanden; sie mußte doch zu ihrem Christian Albrecht, um seine Meinung über diese Dinge einzuholen! Allein, da trat die Köchin in das Zimmer, ein altes Inventarienstück aus dem schwiegerelterlichen Nachlaß, eine halbe Respektsperson, die nicht so abzuweisen war. Die junge Frau mußte ihr Haushaltungsbuch aus der Schatulle nehmen; sie mußte notieren und rechnen, um dann die näheren Positionen der heutigen Küchenkampagne mit der kundigen Alten festzustellen.

Hinten in der vorderen Schreibstube saßen indessen der alte Friedebohm und ein jüngerer Kaufmannsgeselle sich an dem schweren Doppelpulte gegenüber. Es gab viel zu tun heute, denn die Brigg »Elsabea Fortuna«, welche der selige Herr nach seiner alten Ehefrau getauft hatte, lag zum Löschen fertig draußen auf der Reede. »Musche Peters«, sagte der Buchhalter zu seinem Gegenüber, »wir müssen noch einen Lichter haben; ist Er bei Kapitän Rickertsen gewesen?«

Aber bevor der junge Mensch zur Antwort kam, wurde an die Tür geklopft, und ehe noch ein »Herein« erfolgen konnte, stand schon der goldene Advokat am Pulte und legte seine Hand vertraulich auf den Arm des alten Mannes. »Der Herr Prinzipal in seinem Kabinette, lieber Friedebohm?« Er frug das so zärtlich, daß der Alte ihn höchst erstaunt ansah, denn dieser Mann war nicht der betraute Sachwalter ihres Hauses. Deshalb gedachte er eben von seinem Bock herabzurutschen, um ihn selber bei dem Herrn Senator anzumelden; aber Herr Siebert Sönksen war schon nach flüchtigem Anpochen in das Privatkabinett des Prinzipals hineingeschlüpft.

»Ei, ei, ja doch!« murmelte der Alte. »Die Klatschmäuler werden doch nicht recht behalten?« Er kniff die Lippen zusammen und schaute eine Weile durch das Fenster auf den Steinhof, wo ihm die niedrige Mauer jetzt auch eine innere Scheidung der beiden verwandten Häuser zu bedeuten schien.

Drinnen im Kabinette war nach ein paar Hin- und Widerreden der Herr Senator wirklich von seinem Bock herabgekommen. »Herr!« rief er und stieß seine Feder auf das Pult, daß sie bis zur Fahne aufriß, »verklagen, sagt Ihr? Meines Vaters Sohn will mich verklagen? Herr Siebert Sönksen, Sie sollten nicht solche Scherze machen!«

Der Goldene zog ein Papier aus seiner Tasche. »Mein werter Herr Senator, es wird ja nicht sogleich ad processum ordinarium geschritten.«

»Auch nicht, da Herr Siebert Sönksen dem Gegenpart bedienet ist?«

Der Goldene lächelte und legte das Schriftstück, welches er in der Hand hielt, vor Herrn Christian Albrecht auf das Pult. »Laut dieser Vollmacht«, sagte er vertraulich, »bin ich so gut zum Abschluß von Vergleichen wie zur Anstellung der Klage legitimiert!«

»Und wegen des Vergleiches sind Sie zu mir gekommen?« frug der Kaufherr nicht ohne ziemliche Verwunderung; denn er wußte nicht, daß Herr Siebert Sönksen schon längst darauf spekuliert hatte, statt seines alten und, wie er sagte, »fürtrefflichen, aber abgängigen« Kollegen der Anwalt dieses angesehenen Hauses zu werden.

Der Advokat hatte mit einem höflichen Kopfnicken die an ihn gerichtete Frage beantwortet.

»Herr Siebert Sönksen« sagte der Senator, und er sprach diese Worte in großer innerlicher Erregung, »so kommen Sie also im Auftrage, im ausdrücklichen Auftrage meines Bruders?«

Herr Siebert stutzte einen Augenblick. »In Vollmacht, mein werter Herr Senator; wie Sie zu bemerken belieben, laut richtig subskribierter Vollmacht! Es ist für den erwünschten Frieden unterweilen tauglich, wenn eine unbeteiligte sachkundige Person . . .«

Herr Christian Albrecht unterbrach ihn. »Also«, sagte er aufatmend, »mein Bruder weiß nichts von Ihrem werten Besuche: Ich danke Ihnen, Herr Sönksen; das freut mich recht von Herzen!«

Der Goldene schaute etwas verblüfft in das gerötete Antlitz des stattlichen Kaufherrn. »Aber mein wertester Herr Ratsverwandter!«

»Nein, nein, Herr Siebert Sönksen, führen Sie meinethalben so viele Prozesse, als Sie fertigbringen können, aber wo zwei Brüder in der Güte miteinander handeln wollen, da gehört weder der Beichtvater noch der Advokat dazwischen.«

»Aber, ich dächte doch –«

»Sie denken sonder Zweifel anders, Herr Siebert Sönksen«, sagte der Senator mit einer unwillkürlichen Verbeugung. »Kann ich Ihnen sonstwie meine Dienste offerieren?«

»Allersubmisseste Danksagung! Nun, schönsten guten Morgen, mein werter Herr Senator!«

Gleich darauf schritt der Goldene mit einem eiligen »Serviteur, Musche Friedebohm« durch die vordere Schreibstube und hielt erst an, als er draußen auf den Treppenstufen vor der Haustür stand. Seinen Rohrstock unter den Arm nehmend, zog er die Horndose aus der Westentasche und nahm bedächtig eine Prise. »Eigene Käuze das, die Söhne des alten Herrn Senators Christian Albrecht Jovers!« murmelte er und tauchte zum zweiten Male seine spitzen Finger in die volle Dose. »Nun, nehmen wir fürerst mit dem Prozeß fürlieb!«

– – Bald nach dem Goldenen war auch der junge Kaufherr an dem ihm kopfschüttelnd nachschauenden Musche Friedebohm vorbeigeeilt, um gleich darauf in die Wohnstube zu treten, wo seine Eheliebste auf dem Kanapee an ihrem Kinderhäubchen strickte. Aber er sprach nicht zu ihr; er hatte wieder beide Hände in den Rockschößen und lief im Zimmer auf und ab, bis die Frau Senatorin aufstand und so glücklich war, ihn zu erhaschen.

»Weshalb rennst du so, Christian Albrecht?« sagte die junge Frau und stellte sich tapfer vor ihn hin.

»Nun, Christine, wer da nicht rennen sollte!«

»Nein, nein, Christian Albrecht, du bleibst mir stehen!« Und sie legte beide Arme um seinen Hals. »So«, sagte sie; »nun sieh mich an und sprich!«

Aber Herr Christian Albrecht tat auch nicht einen Blick in ihre hübschen Augen. »Christine«, sagte er und sah dabei schier über sie hinweg, »ich kann nicht zu Bruder Friedrich gehen.«

Sie ließ ihn ganz erschrocken los. »Aber du hast es mir versprochen!«

»Aber ich kann nicht!«

»Du kannst nicht? Weshalb kannst du nicht?«

»Christinchen«, sagte er und faßte seine Frau an beiden Händen, »ich kann nicht, weil er wieder in seine Kinderstreiche verfallen ist; er hat mir ein Stück Bauholz nach dem Kopf geworfen.«

»Was soll das heißen, Christian Albrecht?«

»Das soll heißen, daß mein Bruder Friedrich den goldenen Advokaten zum Prozesse gegen mich bevollmächtigt hat. Er ist justement als wie in seinen Kinderjahren; er hat den Bock, und zwar im allerhöchsten Grade! Und so mag's denn auch von meinetwegen jetzt ein Tänzchen geben!«

Die junge Frau suchte wieder zu begütigen, allein Herr Christian Albrecht war unerbittlich. »Nein, nein, Christinchen; er muß diesmal fühlen, wie der Bock ihn selber stößt, so wird er sich ein andermal in acht zu nehmen wissen. Wir sollen, so Gott will, noch lange mit unserem Bruder Friedrich leben; bedenk einmal, was sollte daraus werden, wenn wir allzeit laufen müßten, um seinen stößigen Bock ihm anzubinden!«

Und dabei hatte es sein Bewenden. Zwar will man wissen, daß die junge Frau noch einmal hinter ihres Mannes Rücken in des Schwagers Haus geschlüpft sei, um mit den eignen kleinen Händen den Knoten zu entwirren; aber Frau Antje Möllern hatte sie mit frecher Stirne fortgelogen, indem sie fälschlich angab, Herr Friedrich Jovers sei soeben in dringenden Geschäften zum Herrn Siebert Sönksen fortgegangen. Und die Augen der alten Personnage sollen dabei so von Bosheit voll geleuchtet haben, daß die junge Frau zu einem zweiten Versuche keinen Mut hatte gewinnen können.

Ein neues Jahr hatte begonnen, und der Prozeß zwischen den beiden Brüdern war in vollem Gange. Der Herr Vetter Kirchenpropst und der Onkel Bürgermeister hatten sich vergebens als Vermittler zum gütlichen Austrag angeboten; vergebens hatte der letztere gegen den jungen Senator hervorgehoben, daß »kraft seines tragenden Amtes, abseiten des Ansehens der Familie«, die Augen der ganzen Stadt auf ihn gerichtet seien; denn darin schienen die Streitenden stillschweigend einverstanden, daß das Wort der Güte nur fern von fremder Einmischung von dem einen zu dem andern gehen könne. Aber freilich, dazu gab keiner von ihnen die Gelegenheit; der notwendige geschäftliche Verkehr wurde schriftlich fortgesetzt, und eine Menge Zettel: »Der Herr Bruder wolle gelieben« oder »Dem Herrn Bruder zur gefälligen Unterweisung«, gingen hin und wider.

Die kleine Seestadt in allen ihren Kreisen hatte sich müde an diesem unerhörten Fall gesprochen, und das Gespräch, wenn irgendwie der Stoff zu anderem ausging, wurde noch immer mit Begierde wieder aufgegriffen. Vollständig munter aber, trotz der Winterkälte, erhielt es sich drüben auf der Beischlagsbank der Frau Nachbarn Jipsen; diese und Frau Antje Möllern winkten jetzt nicht nur mit ihren Köpfen, sondern mit beiden Armen und dem ganzen Leibe nach dem Senatorshause hinüber. Aber in dem letzteren war freilich mittlerweile auch noch ein ganz Besonderes passiert: ein Sohn war dort geboren worden, und Herr Friedrich Jovers hatte ja für solchen Fall Gevatter stehen sollen!

-- Die junge Frau Senatorn lief indessen schon wieder flink von der Wiege ihres Kindes treppunter nach der Küche und noch flinker von der Küche treppauf nach ihrer Wiege, als eines Morgens Herr Christian Albrecht, nachdem er erst soeben vom gemeinschaftlichen Kaffeetische in sein Kontor gegangen war, wieder zu ihr in das Wohnzimmer trat. »Christine«, sagte er zu seiner immerhin noch etwas bläßlichen Eheliebsten, »bist du heute schon draußen auf unserem Steinhofe gewesen? -- Nicht? - Nun, so alteriere dich nur nicht, wenn du dahin kommst!«

»Um Gottes willen, es hat doch kein Unglück gegeben?« rief die junge Frau.

»Nein, nein, Christine.«

»Aber ein Malheur doch, Christian Albrecht; du bist ja selber alteriert!«

Ein Lächeln flog über sein freilich ungewöhnlich ernstes Gesicht. »Ich denke nicht, Christine; aber komm nur mit und siehe selber!«

Er faßte ihre Hand und führte sie über den Hausflur in die große Schreibstube. Der jüngere Kontorist war nicht zugegen; der alte Friedebohm stand neben seinem Schreibbocke am Fenster und nahm eine Prise nach der andern.

Auch Frau Christine sah jetzt in den Hof hinaus, fuhr aber gleich darauf mit der Hand über ihre Augen, als gälte es, dort ein Spinnweb fortzuwischen. »Um Gottes willen, was ist das, Friedebohm? Was machen die Leute da auf Bruder Friedrichs Hof? Die Mauer ist ja auf einmal fast um zwei Fuß höher!«

»Frau Prinzipalin«, sagte der Alte, »das sind Meister Hansens Leute; sehen Sie, dort kommt schon einer mit der Kelle!«

»Aber was soll denn das bedeuten?«

»Nun« – und Monsieur Friedebohm nahm wieder eine Prise –, »Herr Friedrich läßt wohl ein paar Schuhe höher mauern.«

»Aber, Christian Albrecht«, und Frau Christine wandte sich lebhaft zu ihrem Mann, der schweigend hinter ihr gestanden hatte, »geschieht denn das mit deinem Willen?«

Herr Christian Albrecht schüttelte den Kopf.

»Aber die Grenzmauer, sie gehört doch uns gleichwohl; wie kann sich Friedrich so etwas unterstehen!«

»Mein Schatz, die Mauer steht auf Friedrichs Grund und Boden.«

Die Augen der kleinen Frau funkelten.

»Oh, das ist schlecht von ihm, das hätte ich ihm nicht zugetraut; er hat ein hartes Herz!«

»Da irrst du doch gewaltig, Christinchen«, erwiderte Herr Christian Albrecht; »das ist's ja gerade, daß er noch immer sein altes weiches Herz hat; er schämt sich nur, und deshalb läßt er diese große steinerne Gardine zwischen sich und seinem Bruder aufziehen.«

Die junge Frau blickte mit unverhohlener Bewunderung auf ihren Mann. »Aber«, sagte sie fast schüchtern und legte ihre Hand in seine; »wie wird er sich erst schämen, wenn er den Prozeß gewinnen sollte!«

»Dann«, erwiderte der Senator, »dann kommt mein Bruder zu mir, denn dann ist der böse Bock gezähmt. Hab ich nicht recht, Papa Friedebohm?« setzte er in munterem Ton hinzu.

»Ei ja, Gott lenkt die Herzen«, erwiderte der alte Mann, indem er seine Dose in die Tasche steckte und dafür die Feder wieder in die Hand nahm; »aber beim wohlseligen Herrn Senator ist uns solcher Umstand im Geschäft nicht vorgekommen.«

Zwei Tage darauf hatte die Mauer schon eine beträchtliche Höhe erreicht, und noch immer wurde daran gearbeitet. Aus der Schreibstube hinten war dergleichen nie gesehen worden, und der junge Kaufmannsgeselle konnte es nicht lassen, je um eine kleine Weile mit offenem Munde nach den Arbeitern hinzustarren. »Musche Peters«, sagte der alte Friedebohm, »wolle Er lieber in Seine Bilanzrechnung schauen! Es will sich für Ihn nicht schicken, daß Er über das neue Werk da draußen sich irgendwelche überflüssige Gedanken mache!« Und der junge Mensch wurde über und über rot und tauchte hastig seine Feder in das Dintenfaß.

Aber auch Monsieur Friedebohm selber konnte sich nicht enthalteng unterweilen über seine Arbeit wegzuschauen; die beiden Gesellen da draußen, insonders der Alte mit dem respektwidrigen langen Barte, wurden ihm mit jeder Stunde mehr zuwider. »Der struppige Assyrer!« brummte er vor sich hin, »mag wohl am Turm von Babel schon getagwerkt haben; wird aber diesmal auch nicht in den Himmel bauen!«

Als gleich darauf Herr Christian Albrecht aus seinem Kabinett hereintrat, sah er seinen Buchhalter sich mit dem Schneiden einer Feder mühen, die er immer näher an die Nase rückte. »Will's nicht mit den alten Augen, Papa Friedebohm?« sagte er freundlich.

Aber Monsieur Friedebohm zuckte bedeutsam mit der einen Schulter nach der Mauer draußen. »Herr Christian Albrecht, wir haben schon immer das Licht nicht justement mit Scheffeln hier gehabt.«

Der Senator warf einen Blick nach dem hohen Werke, an welchem die beiden Gesellen unter lustigem Singen noch immer weiterarbeiteten. »Ja, ja, Friedebohm«, rief er heftig, »du hast recht! Alle Tausend, das geht denn doch übers –«

»Übers Bohnenlied!« wollte er sagen, wo schon derzeit gar nichts darüber ging; aber er schwieg plötzlich, da er auf den jungen Musche

Peters sah, der wieder mit offenem Mund an seinem Pulte saß, und ging, nachdem er eine geschäftliche Anordnung erteilt hatte, in sein Kabinett zurück.

-- Nach ein paar Stunden steckte Frau Christine ihr hübsches Köpfchen durch die Tür. »Darf man eintreten?« frug sie.

»Komm nur!« erwiderte Herr Christian Albrecht von seinem Schreibstuhl aus. »Was hast du auf dem Herzen?«

»Oh«, und sie stand schon mitten in dem Stübchen und ließ ihre Blicke an der geschwärzten Decke wandern - »ich wollte nur; --- aber, Christian Albrecht, hier herrscht ja ägyptische Finsternis! Die schönen Spinngewebe, die unsere Wiebke immer sitzen läßt, die können deine Spinnen nun ruhig weiterweben! Und weißt du, das naseweise Ding - aber ich habe ihr auch einen tüchtigen Wischer gegeben -, sie hat eben die Mauer mit ihrem Eulbesenstiel gemessen; ›genau elf Fuß nach meiner Elle‹, sagt sie! Aber sieh nur, Christian Albrecht, nun wird's denn auch nicht höher; sie legen schon die runden Steine obenauf.«

Herr Christian Albrecht saß noch immer auf seinem hohen Schreibstuhl, die Feder in der Hand. »Weißt du, Christine«, sagte er, indem er ernsthaft vor sich hin sah, »der Bock meines Herrn Bruders wird mir doch zu mächtig; es tut jetzt not, und ich habe mich auf einen guten Gegenstoß besonnen.« Und als sie ihn unterbrechen wollte: »Nein, red mir nicht dazwischen, Frau; ich will auch einmal meinen Willen haben.«

Sie faßte ihn leise an dem Aufschlag seines Rockes und zog ihn sanft von seinem Thron herab und dicht zu sich heran. »O weh«, sagte sie und sah ihm ernsthaft in die Augen, »da habe ich am Ende einen Mann geheiratet, den ich erst heute kennenlerne! Gesteh mir's, Christian Albrecht, du hast doch nicht auch etwa so einen -«

»Zum Kuckuck«, rief Herr Christian Albrecht lachend, »im hintersten Stallwinkel wird auch wohl bei mir so einer angebunden stehen; und der soll jetzt heraus ans Tageslicht, trotz aller klugen Frauenzimmer und meiner allerklügsten noch dazu!«

»So Christian Albrecht? Und in welcher Art« - sie zögerte ein wenig - »soll denn der deine seinen Gegenstoß vollführen?«

»Setz dich, Christine«, sagte der Senator, indem er die anmutige Frau auf seinen Schreibtisch hob, »und reden wir deutsch mitsammen! In jener Sache da draußen auf dem Hof will ich mein Recht, und keinen Titel davon aufgeben! Aber dazu bedarf es keines Prozessierens, denn es steht klar und bündig in den alten, noch vorhandenen Kaufkontrakten.«

»Und weiter, Christian Albrecht?«

»Und weiter, Christine, hat zwar der Besitzer von Friedrichs Hause die Mauer zwischen beiden Häusern aufzuführen und zu unterhalten; aber der des unserigen hat den Halbschied der Kosten dazu beizutragen.«

»Wirklich? Auf Höhe von elf Fuß?«

»Ei was, und wenn's die Mauer von Jericho wäre! Das ist meine Sache; wenn ich ihm zahlen will, er muß schon stillhalten und Quittanz dafür erteilen!«

»Und du willst wirklich die Halbschied der Kosten, so das blanke bare Geld dafür dem Bruder Friedrich in sein Haus schicken?«

»Das will ich, Christine; ganz gewiß, das will ich.«

Sie sah ihn eine Weile ganz nachdenklich an.

»So, also auf die Art, Christian Albrecht!« sagte sie langsam.

Aber bevor sie ihre Gedanken über diesen kritischen Fall zu ordnen vermochte, kam Botschaft aus der Küche: die Kochfrau war eben angelangt, und der Bratenwender sollte aufgestellt werden, denn auf morgen gab es ein großes Fest im Hause. Frau Christine gedachte plötzlich wieder der Veranlassung, um deren willen sie das Allerheiligste ihres Mannes aufgesucht hatte; sie ließ sich ihr blaues Haushaltungsbeutelchen bis zum Rande füllen und verließ das Stübchen, den Kopf voll junger Wirtschaftssorgen.

In dem Hause nebenan sollte heute Herr Friedrich Jovers mit seiner ehrsamen Haushälterin selbander speisen, denn sein junger Lübecker Küfer war auswärts in Geschäften. Zuvor aber trat er nach seiner Gewohnheit vor die Haustür und schaute von dem obersten Treppensteine ein paar Augenblicke in das Wetter und rechts die Straße hinab nach dem dort unten sichtbaren Teil des Hafens.

Als er dann wieder ins Haus und gleich darauf in das Wohnzimmer getreten war, stand die Matrone schon mit vorgesteckter Serviette in der kalmankenen Sonntagskontusche hinter ihrem Stuhle.

»Ist Hochzeit in der Stadt, Frau Möllern?« frug er. »Die Schiffe flaggen ja!«

Er setzte sich, und die Alte setzte sich ihm gegenüber; die Frage mochte er wohl schon vergessen haben, denn Herr Friedrich Jovers pflegte seit geraumer Zeit auf dergleichen keine Antwort zu erwarten.

Aber Frau Antje Möllern, welche auf gewisse Dinge ihren Herrn nicht anzusprechen wagte, ließ sich die Gelegenheit nicht entschlüpfen. »Hochzeit?« wiederholte sie scharf, und ein gewisses Zucken um ihre derben Lippen zeigte, daß eine verhaltene Entrüstung zum Ausbruch drängte. »Nein, es ist keine Hochzeit, es ist nur eine Kindtaufe!«

»Eine Kindtaufe, und die Schiffe flaggen?« sagte Herr Jovers gleichgültig. »Ich wüßte doch nicht, daß bei den Honoratioren –«

Aber Frau Möllern vermochte nicht, ihn ausreden zu lassen. »Oh, Herr Jovers, freilich ist es bei den Honoratioren, bei den allerersten Honoratioren; aber eine Schande ist es, eine offenbare Schande, sag ich!«

Herr Jovers wurde doch aufmerksam. »Was will Sie damit sagen?« frug er kurz.

»Damit, Herr Jovers, will ich sagen, daß Ihr einziger Bruder, der Herr Senator Christian Albrecht Jovers, heute sein erstes Söhnchen taufen läßt; und Sie fragen noch, warum die Schiffe flaggen!«

Herr Friedrich sagte nichts; aber Frau Antje Möllern entging es nicht, wie ihm die Hand zitterte, während er schweigend den Rest seiner Suppe hinunterlöffelte.

Die grimmigen Augen der Alten begannen plötzlich einen wehleidigen Ausdruck anzunehmen. »Herr Jovers«, begann sie seufzend, »Ihr Herr Großvater selig und meines Vaters Onkel, was waren das für gute Freunde! Sie wissen das ja auch, Herr Jovers!«

»Zum mindesten«, sagte Herr Jovers, »hat Sie mir das oft genug erzählt.«

»Nun, Herr Jovers, selig Senatorn wußte das ja auch!«

»Ja, ja, Möllern, und auch der alte Friedebohm! Denn in den Büchern meines Großvaters läuft bis zu seinem seligen Ende eine jährliche Ausgabepost: Zehn Pfund Tabak und ein Gewandstück für den armen Krischan Möller.«

Frau Antje schluckte etwas; dann aber, nachdem sie den mittlerweile erschienenen Braten vorgelegt hatte, nahm sie doch den Faden wieder auf. »Ja, Herr Jovers, sie waren Schulkameraden, und das vergaßen sie sich nicht! Für alle Mittwoch war Herr Christian Möller zu dem Herrn Senator Christian Jovers auf den Kaffee eingeladen; im

Sommer tranken sie denselben in dem schönen Gartenpavillon, den Ihr Herr Großvater damalen erst gebaut hatte. Nicht wahr, Herr Jovers, man hätte sie wohl sehen mögen, die alten Herren, wie sie in liebevoller Unterhaltung mit ihren holländischen Pfeifen vor den offenen Gartentüren saßen! – Wenn sie es damalen hätten voraussehen können«, fuhr Frau Antje fort, vor ihrem noch immer unberührten Braten sitzend, »daß der nunmehrige Herr Senator Jovers, oder, sagen wir's nur gradheraus, die nunmehrige Frau Senatorin einen solchen Prozeß um diesen schönen Lustgarten anheben würde, was würden die beiden braven Freunde dazu wohl gesagt haben?«

»Weiß nicht, Möllersch«, sagte Herr Friedrich, der bisher in halber Zerstreuung dagesessen hatte; »vielleicht wäre es meinem Großvater zum Verdruß geschlagen, und er hätte den laufenden Posten von zehn Pfund Tabak und einem Gewandstück ein für allemal gestrichen!«

Die Matrone nagte sich ein paarmal auf die Lippe; dann sprach sie mit andächtigem Aufblick: »Wie wohl hat unser Herrgott es gemacht, daß diese lieben Männer itzt in ihrem Grabe ruhen!«

»Sehr wohl, Möllersch«, sagte Herr Friedrich, indem er vom Tische aufstand; »und da lasse Sie die beiden alten Leute nur, und sorge Sie für Ihre Leibesnahrung, damit Sie nicht vor der Zeit bei Ihres Vaters Onkel zu ruhen komme! Zunächst aber hole Sie mir den Überrock von draußen aus dem Schrank!«

Als das geschehen war, ging Herr Friedrich aus dem Hause, ohne zu sagen, wohin und wann er wiederkommen werde; Frau Antje aber legte zuvörderst die Serviette zusammen, welche der sonst so akkurate Herr als wie ein Wischtuch auf dem Tische hatte liegenlassen, und machte sich dann voll stillen Ingrimms über ihren Braten her.

– Am selbigen Abend, da es vom Kirchturme acht geschlagen hatte, stand Herr Friedrich Jovers auf seinem Steinhofe mit dem Rücken an der Mauer eines Hintergebäudes und blickte unverwandt nach den hell erleuchteten Saalfenstern seines Elternhauses, deren unterste Scheiben die neue Mauer noch so eben überragten.

Ganz heimlich, vor allem als dürfe Frau Antje Möllern nichts davon gewahren, war er nach seiner Rückkehr hier hinausgeschlichen. Weshalb, wußte er wohl selber kaum; denn mit jedem Gläserklingen, das zu ihm herüberscholl, mit jeder neuen Gesundheit, deren Worte er deutlich zu verstehen glaubte, drückte er die Zähne fester aufeinander. Gleichwohl stand er wie gebannt an seinem Platze, sah in das Blitzen der brennenden Kristallkrone und horchte, wenn nichts anderes laut wurde, auf den Schrei des alten Papageien, der, wie er wohl wußte, bei der Festtafel heute nicht fehlen durfte.

Da erschien an einem der Fenster, gerade an dem, welches seinen Schein auf Herrn Friedrichs Standplatz warf, eine zierliche Frauengestalt. Er konnte das Antlitz nicht erkennen; aber er sah es deutlich, daß der Kopf des Frauenzimmers, wie um ungehinderter hinauszuschauen, sich mit der Stirn an eine Scheibe drückte. Doch auch das schien ihr noch nicht zu genügen; ein Arm streckte sich empor, wie um die obere Haspe zu erreichen, und jetzt, während im Saale neues Gläserklingen sich erhob und der Papagei dazwischenschrie, wurde leise der Fensterflügel aufgestoßen.

Herr Friedrich erkannte seine Schwägerin. Sie lehnte sich hinaus, sie legte die Hand an ihren Mund, als ob sie zu ihm hinüberrufen wolle; und jetzt hörte er es deutlich, wenn es auch nur wie geflüstert klang: es war sein Name, den sie gerufen hatte. Und da er wie ein steinern Bild an seiner Mauer blieb, kam es noch einmal zu ihm herüber, und dann, als wolle sie ihm winken, erhob sie langsam ihre Hand und deutete dann wieder nach dem hellen Festsaal. – Was hatte sie vor? Wollte sie ihn noch jetzt zur Taufe laden? Er wußte, sie konnte solche Einfälle haben; er wußte auch, wenn er jetzt ihr folgte, er würde seinem Bruder den besten Teil des Festes bringen; aber – der Garten! Nach ein paar fürsorglichen Andeutungen des Herrn Siebert Sönksen stand in allernächster Zeit eine abfällige Sentenz bei dem Magistrate hier in Aussicht! – Nein, nein, die zweite Instanz mußte beschritten, der Prozeß mußte dort gewonnen werden; waren doch auch die weitschichtigen Rezesse des Goldenen von vornherein auf diese höhere Weisheit nur berechnet gewesen!

Herr Friedrich Jovers wollte sein Recht. Frau Christine hatte es selbst gesagt, er konnte nicht anders, er war ein Trotzkopf; er rührte sich nicht, der Bock hielt ihn mit beiden Hörnern gegen die Mauer gepreßt.

Freilich wußte er es nicht, daß Christian Albrecht ihn im Gevatterstande vertreten und seinen Erstgeborenen getrost auf seines Bruders und des Urgroßvaters Namen hatte taufen lassen. Da drüben aber wurde das Fenster zögernd wieder zugeschlossen.

Wenige Tage später stand der vierschrötige Maurermeister Hinrich Hansen, wohlrasiert, seinen Dreispitz in der Hand, im Kabinette des Senators Christian Albrecht Jovers.

»Also«, frug dieser, »zweihundertundvierzig Reichstaler war die Verdingsumme für das Werk da draußen, und Er hat den Betrag bereits empfangen?«

Meister Hansen bejahte das.

»Weiß Er denn wohl«, sagte der Senator wieder, »daß mein Bruder Ihm da um die Hälfte zuviel gegeben hat?«

Der alte Handwerksmann wollte aufbrausen; das griff an seine Zunft- und Bürgerehre. »Laß Er nur, Meister«, sagte Herr Christian Albrecht und legte beschwichtigend die Hand auf den Arm des neben ihm Stehenden. »Seine Arbeit ist auch diesmal rechtschaffen; aber Er weiß doch, was ein Hauskontrakt bedeutet?« Und damit schob er ihm das vergilbte Schriftstück zu, welches aufgeschlagen auf dem Pulte lag.

Der Meister zog seine Messingbrille hervor und studierte lange und bedächtig unter Beistand seines Zeigefingers den ihm bezeichneten Paragraphen; endlich klappte er die Brille zusammen und streckte sie wieder in das Futteral.

»Nun?« frug Herr Christian Albrecht.

Der Meister antwortete nicht; er fuhr mit seinen Fingern in die Westentasche und suchte nach einem Endchen Kautabak, womit er in schwierigen Umständen seinen Verstand zu ermuntern pflegte.

»Nicht wahr, Meister«, sagte der Senator wieder, »da steht es klar und deutlich?«

Der Meister kam nun doch zu Worte. »Mag sein, Herr«, erwiderte er stockend, »aber es ist mir denn doch alles voll und richtig ausbezahlt!«

Der Senator ließ sich das nicht anfechten. »Freilich, Meister; aber die eine Hälfte war ja nicht Herr Friedrich Jovers, sondern ich Ihm schuldig! Das macht auf den Punkt einhundertundzwanzig Reichstaler. Hier sind sie, wohlgezählt in Kron- und Markstücken; und nun gehe Er zu Herrn Friedrich Jovers und zahle Er ihm zurück, was Er von ihm zuviel empfangen hat!«

Meister Hansen zögerte noch; in seinem Kopfe mochte die Vorstellung von einem etwas kuriosen Umwege auftauchen, aber bevor er mit seinen schwerbeweglichen Gedanken darüber ins reine kam, war schon das Geld in seiner Tasche und er selbst zur Tür hinaus.

Herr Christian Albrecht rieb sich vergnügt die Hände. »Was wird Bruder Friedrich dazu sagen? Stillhalten muß er schon; hier steht's!« Und er tupfte mit den Fingern dreimal zuversichtlich auf den alten Hauskontrakt.

Da wurde an die Tür gepocht. Der Schreiber seines Sachwalters überbrachte ihm einen Brief.

Als der Überbringer sich entfernt und Herr Christian Albrecht den Brief gelesen hatte, war der eben noch so vergnügliche Ausdruck seines Angesichts mit einem Mal wie fortgeblasen. »Musche Peters«, sagte er kleinlaut, indem er die Tür zur großen Schreibstube öffnete, »bitte Er doch die Frau Senatorin, auf ein paar Augenblicke bei mir vorzusprechen!«

Die Frau Senatorin ließ nicht auf sich warten. »Da hast du mich, Christian Albrecht!« rief sie fröhlich, »aber« -- und sie schaute ihm ganz nahe in die Augen, »fehlt dir etwas? Es ist doch kein Unglück geschehen?«

»Freilich ist ein Unglück geschehen, Christinchen; da - lies nur diesen Brief!«

Ihre Augen flogen über das Papier. »Aber, Christian Albrecht, du hast ja den Prozeß gewonnen!«

»Freilich, Christinchen, hab ich ihn gewonnen.«

»Und das nennst du ein Unglück? Da hast du ja alles nun in deiner Hand!«

»Hatte ich in meiner Hand, mußt du sagen! Fünf Minuten vor Empfang dieses Schreibens habe ich durch Meister Hansen die Hälfte der unseligen Mauergelder an Bruder Friedrich abgesandt.«

Frau Christine schlug die Hände ineinander. »Das wird eine schöne Geschichte werden! - Du!?« - und sie drohte ihm mit dem Finger - »ich hatte es dir vorhergesagt!«

Und es wurde eine schöne Geschichte; denn zu derselben Zeit stand im Nachbarhause der Meister Hansen vor dem Herrn Friedrich Jovers.

Bei seinem Eintritt in den Hausflur war der goldene Advokat gegen ihn angeprallt und dann wie in blindem Geschäftseifer an ihm vorbeigeschossen. Im Zimmer selbst saß der Hausherr mit einem Schriftstück in der herabhängenden Hand, das mit vielen Schnörkeln begann und mit dem großen Magistratssiegel endete. Er schien über den zuvor gelesenen Inhalt nachzusinnen und nicht gehört zu haben, was ihm der Meister eben vorgetragen hatte; als dieser aber aus seiner Hand ein paar schwere Geldrollen auf den Tisch fallen ließ, richtete er sich plötzlich auf. »Geld? Was soll das?« rief er. »Was sagt Er, Meister Hansen?«

Der Meister trug noch einmal seine Sache vor, und jetzt hatte Herr Friedrich zugehört und recht verstanden.

»So?« sagte er anscheinend ruhig, indem er sich von seinem Sitz erhob; aber sein Antlitz rötete sich bis unter das dunkle Stirnhaar. »Also dazu hat Er sich gebrauchen lassen?« – Dann ergriff er plötzlich die beiden Geldrollen und machte eine Armbewegung, die den stämmigen Meister fast zur Gegenwehr veranlaßt hätte.

Aber Herr Friedrich besann sich wieder. »Setz Er sich!« sagte er kurz; dann ging er rasch zur Stubentür und über den Hausflur nach dem Hof hinaus.

Der junge Küfer, der vor der offenen Kellertür des Lagerraums beschäftigt war, sah mit Verwunderung den Herrn Prinzipal bald mit vorgestrecktem Kopfe auf dem Klinkersteige des Hofes dröhnend hin und wider schreiten, bald wieder ein Weilchen stillestehn und mit halb scheuen Blicken an der hohen Scheidemauer hinaufschauen.

Das mochte eine Viertelstunde so gedauert haben; endlich, wie in raschem Entschluß, ging Herr Friedrich in das Haus zurück. Als er ins Zimmer trat, fand er den Handwerksmann auf demselben Stuhle, wo er ihn gelassen hatte.

»Meister«, sagte er, aber es war, als werde bei den wenigen Worten ihm der Atem kurz, »hat Er Leute in Bereitschaft? So etwa fünf oder sechs, und noch heute oder doch morgen schon?«

Der Meister war aufgestanden und besann sich. »Nun, Herr Jovers, es ginge wohl! Mit der Stadtswaage sind wir jetzt soweit; ein Stücker fünfe könnten schon gemißt werden.«

»Gut denn, Meister« – und Herr Friedrich ergriff noch einmal, und nicht minder heftig als vorhin, die beiden auf dem Tische liegenden Geldrollen –, »so baue Er mir die Mauer auf meinem Hofe noch um soviel höher, als dieses Silber dazu reichen will!«

Der Handwerksmann schien kaum zu merken, daß während dieser Worte die Rollen schon in seinen Händen lagen.

»Hat Er mich nicht verstanden?« fuhr Herr Friedrich fort, da der andere keine Antwort gab.

»Freilich, Herr; das ist wohl zu verstehen; aber« – und der Meister schien ein paar Augenblicke nachzurechnen – »das gäbe ja noch an die sechs bis sieben Fuß!«

»Meinetwegen«, sagte Herr Friedrich finster, »nur sorge Er dafür, daß es um keinen Schilling niedriger und auch um keinen höher werde, als wozu Er da das Geld in Händen hat!«

»Hm«, machte der alte Mann und sah den jüngeren mit einem Blicke an, als ob ihm plötzlich ein Verständnis komme, »wenn Sie es denn so wollen, Herr Jovers; es ist Ihre Sache.«

Herr Jovers wandte sich ab. »So wären wir fertig miteinander!« sagte er hastig. »Fanget nur gleich morgen an, damit ich der Unruhe in Bälde wieder ledig werde!«

Als Meister Hansen dann hinausgegangen war, warf er sich auf einen Stuhl am Fenster und starrte auf die leere Straße. Er schien keine Gedanken zu haben; vielleicht auch wollte er keine haben.

Und schon am andern Tage, während der Herr Onkel Bürgermeister und der Herr Vetter Kirchenpropst noch einmal ihr vergebliches Versöhnungswerk betrieben, wurde zwischen den Höfen der beiden Brüder rüstig fortgemauert, und der struppige Assyrer sang dabei alle Lieder, die er auf seinen Kreuz- und Querzügen aus der Fremde heimgebracht hatte. Im Hause des Senators wurden die Schreibstuben mit jeder neuen Steinlage immer mehr verdunkelt, und der alte Friedebohm ertappte sich zu seinem Schrecken mehr als einmal, wie er müßig vor dem Fenster stand und, eine vergessene Prise zwischen den Fingern, diesem, wie er es bei sich selber nannte, babylonischen Beginnen zusah. Auf der andern Seite ging Herr Friedrich Jovers, wenn er auf dem Wege zu seinen Geschäftsräumen den Hof betreten mußte, hastig und ohne jemals aufzublicken, daran vorüber. Dann, nach Verlauf einiger Tage, hörte das Mauern und das Singen auf; die Handwerker waren fort, das neue Werk war fertig.

Statt dessen vernahm Herr Friedrich am nächsten Vormittage ein Geräusch, das ihm wie mit einem Schlage die seltensten, aber höchsten Freuden seiner Knabenjahre vor die Seele führte; er hatte eben die Hoftür geöffnet und seinem draußen beschäftigten Ausläufer etwas zugerufen, als er horchend stehenblieb. Er wußte es genau; er sah es vor sich, wie jetzt drüben auf dem Hofe des Elternhauses die großen Reisemäntel ausgeklopft wurden; ja, er sah sich selbst als

Knaben in seinen Sonntagskleidern an seiner Mutter Hand danebenstehen und hörte den frohen Ton ihrer Stimme, womit sie bei solchem Anlaß einstmals ihrer Kinder Herz erfreute.

Er erschrak fast, als der Gerufene ihm jetzt entgegentrat, und ihm entfiel unwillkürlich die Frage, was denn für eine Reise drüben wohl im Werke sei. Aber bevor der Mann den Mund aufzutun vermochte, kam bereits die Antwort aus der nahe liegenden Küche: Frau Antje Möllern hatte selbstverständlich schon lange die genauesten Nachrichten; ein Glück, daß sie es endlich nun erzählen konnte! Die junge Frau Senatorn wollte mit ihrem Erbprinzen auf Besuch zu ihren Eltern, obschon das liebe Kind mit jedem Tag ins Zahnen fallen könne und Pankratius und Servatius noch nicht einmal vorüber seien; und der gute Herr Senator müsse auch mit auf die Reise, denn was kümmere das die Frau Senatorn, daß eine große Ladung Ostseeroggen erst eben auf der Reede angekommen sei! »Herr Jovers!« schloß Frau Antje ihre Rede, als der Arbeitsmann sich entfernt hatte, und wies mit dem Daumen nach dem Hofe zu, »glauben Sie es, oder glauben Sie es nicht – die hat's nicht ausgehalten, daß sie uns von drüben nun nicht mehr in unsere Töpfe gucken kann!«

Ein fast grimmiges Zucken fuhr um Herrn Friedrichs Lippen; dann aber sah er die alte Dame nur eine Weile mit etwas starren Augen an. »Also das ist Ihre Meinung, Möllersch?« sagte er trocken, und als sie hierauf beteuernd mit ihrem dicken Kopf genickt hatte, setzte er hinzu: »So wolle Sie die Güte haben, dergleichen Meinung künftig bei sich selber zu behalten!«

Als er das gesprochen hatte, ging er fort, und Frau Antje blieb, die Hände über ihrem starken Busen gefaltet, noch eine ganze Weile stehen, die Augen unbeweglich nach der Richtung, in der ihr Herr verschwunden war. Dann plötzlich trabte sie an den verlassenen Herd zurück und rührte unter heftigen Selbstgesprächen in dem über dem Dreifuß stehenden Topfe, daß die kochende Brühe zu allen Seiten in die lodernden Flammen spritzte.

Es war unverkennbar, daß die Mauer draußen, obgleich sie keineswegs behagliche Gefühle in ihm erweckte, nach ihrer abermaligen Vollendung eine geheimnisvolle Anziehungskraft auf Herrn Friedrich Jovers übte. Freilich hatte er noch immer vermieden, an dem neuen Werk emporzusehen; jetzt aber, nachdem der Abend herangekommen war, ließ es ihm auch hierzu keine Ruhe mehr. Er hatte sich vorgespiegelt, sein junger Küfer, der zur gewohnten Stunde aus dem Geschäft gegangen war, könne das Auffüllen der neuen Fässer unterlassen haben, welche in dem Keller hinter dem Hofe lagen; allein er hatte schon darum vergessen, als er kaum den Hof betreten hatte.

Oben an dem dunkeln Frühlingshimmel schwamm die schmale Sichel des Mondes und warf ihr bläuliches Licht auf den oberen Rand der Scheidemauer und das Dach des elterlichen Hauses. Herr Friedrich stand jetzt an derselben Stelle, von wo aus er an jenem Abend ein stummer Zeuge der Familienfeierlichkeit gewesen war; er stand dort ebenso stumm und unbeweglich, aber auf seinem Antlitz lag jetzt ein unverkennbarer Ausdruck von Bestürzung. Sosehr er seine Augen anstrengte, es wurde nicht anders: hinter dem neuen Maueraufsatz waren die Fenster des alten Familiensaales bis zum letzten Rand verschwunden.

Es war schon spät am Abend; nichts regte sich, weder hüben noch drüben; nur das Klirren eines Fensterflügels, der im Hauptbau auf der andern Seite offenstehen mochte, wurde dann und wann im Aufwehen der Nachtluft hörbar. Herr Friedrich wollte eben in sein Haus zurückkehren, da tönte von drüben plötzlich die Stimme des alten Kuba-Papageien: »Komm röwer!« und nach einer Weile noch einmal: »Komm röwer!« Wie ein eindringlicher Ruf, fast schneidend, klang es durch die Stille der Nacht; dann nach kurzer Pause folgte ein gellendes Gelächter. Herr Friedrich kannte es sehr wohl; der verwöhnte Vogel pflegte es auszustoßen, wenn ihm die Nachahmung der eingelernten Worte besonders wohl gelungen war. Aber was sonst als der unbehülfliche Laut eines abgerichteten Tieres gleichgültig an seinem Ohr vorbeigegangen war, das traf den einsamen Mann jetzt wie der neckende Hohn eines schadenfrohen Dämons.

»Komm röwer!« seine Lippen sprachen unwillkürlich diese Worte nach; über seine selbstgebaute Mauer konnte er nicht hinüberkommen.

Noch lange stand er, das Hirn voll grübelnder Gedanken, ohne daß etwas anderes als das gewöhnliche Geräusch der Nacht zu seinem Ohr gedrungen wäre; fast sehnte er sich, noch einmal den Schrei des Vogels zu vernehmen; als aber alles still blieb, ging er ins Haus und legte sich zum Schlafen nieder.

Allein er hörte eine Stunde nach der andern schlagen, und da er endlich schlief, war es nur eine halbe Ruhe. Ihm war, als sei er auf dem Wege zum Garten; aus der Pforte kamen seine Eltern ihm entgegen, von denen er gemeint hatte, daß sie beide schon im Grabe lägen; als er auf sie zuging, sah er, daß ihre Augen fest geschlossen waren; er wollte sie eben bitten, ihn doch anzusehen, da war die hohe Mauer vor ihm aufgestiegen, und dahinter scholl das Gelächter des alten Kubavogels, das wie in einem Echo an hundert Mauern hin und wider sprang.

-- Das Geräusch eines dicht unter seinen Fenstern vorüberrollenden Wagens weckte ihn. Es war schon Morgenfrühe; die dicke goldene Taschenuhr, welche er von seinem Nachttisch langte, zeigte auf reichlich fünf Uhr. Rasch war er aus dem Bette, zog das Vorhängsel von einem Guckfenster in der vorspringenden Seitenwand zurück und sah auf die Straße hinab. Von Osten her lagen die Häuserschatten noch auf den feuchten Steinen und bis hoch an den gegenüberstehenden Gebäuden hinauf; vor der Treppe des brüderlichen Hauses hielt ein bespannter Reisewagen: Koffer wurden durch den alten Diener hintenauf geladen und Kisten und Schachteln unter den Wagenstühlen festgebunden. Bald darauf sah er seinen Bruder und Frau Christine in Reiserock und Mantel aus dem Hause treten; dann folgte eine gleichfalls reisefertige Magd mit einem anscheinend nur aus Tüchern bestehenden Bündelchen, an welchem die junge Frau Senatorn noch viel zu zupfen und zu stecken hatte und worin Herr Friedrich nicht ohne Grund seinen ihm noch unbekannten jungen Neffen vermutete.

Endlich war alles auf dem Wagen. Herr Friedebohm, von der obersten Treppenstufe, schien eiligst noch mit Kopf und Händen die Versicherung getreuen Einhütens zu erteilen; dann klatschte der Kutscher, und bald war die Straße leer, und Herr Friedrich hörte nur noch das schwache Rollen des Wagens droben in der Stadt, wo es zum Ostertor hinausführte.

Aber auch ihn duldete es nun nicht länger im Hause; rasch war er angekleidet und ging in den frischen Morgen hinaus. Er war hinten um die Stadt herumgegangen, an der stillen Gasse vorüber, in welcher die Pforte zu dem Familiengarten sich befand; jetzt schritt er langsam, seinen Rohrstock unter dem Arme, drüben auf dem breiten Gange des Kirchhofes und schaute über den alten Hagedornzaun nach dem seit einem halben Jahr von ihm gemiedenen Familiengrundstücke hinüber. Bäume und Sträucher standen schon in lichtem Grün, und dort von den jungen Apfelbäumen, die sein Vater, der alte Herr Senator, noch gepflanzt hatte, lachten ihn die ersten roten Blütensträuße an. Bald auch gewahrte er mit Verwunderung, daß der Garten, wie in jedem Frühjahr, in ordnungsmäßigen Stand gesetzt war, und – täuschte ihn denn sein Ohr? – er hörte ein Geräusch, als ob geharkt und darauf Beete mit dem Spaten angeklopft würden; aber der Pavillon und das hohe Gebüsch zu dessen Seiten verwehrten ihm die Aussicht.

Er blieb stehen und lauschte, während das Geräusch des Arbeitens sich ebenmäßig fortsetzte. Da wallte es in ihm auf; wer konnte sich unterstehen, den in Streit befangenen Garten anzufassen?

»Heda!« rief er. »Was wird da getrieben?«

Das Arbeiten hörte auf, und nach einigen Augenblicken trat der alte Andreas mit einem Spaten auf der Schulter hinter dem Pavillon hervor.

»Er, Andreas?« herrschte ihn Herr Friedrich an. »Was hat er hier zu schaffen? Hat Ihn mein Bruder etwa hier zur Arbeit herbeordert?«

Der Alte schob seine Pudelmütze von einem Ohr zum andern. Die Frage mochte ihm unerwartet kommen; hatte er doch noch von dem seligen Herrn her einen Schlüssel zu der Gartenpforte und seit über einem Vierteljahrhundert einzig nach dem Kalender, den er in seinem Kopfe trug, die Beete umgegraben, Erbsen und Bohnen nach seiner eigenen Wissenschaft gelegt und Bäume und Gesträuche angebunden und beschnitten. »Herbeordert?« sagte er endlich. »Nein, Herr; so herbeordert hat mich niemand; aber wenn's nicht alles in die Wildnis gehen sollte, so war es just die höchste Zeit.«

»Was kümmert Ihn das«, rief Herr Friedrich, »ob es hier verwildert?«

Der Alte hatte seinen Spaten in die Erde gestoßen. »Was mich das kümmert?« wiederholte er und sah völlig verdutzt zu dem Sohne seines alten Herrn hinüber.

»Freilich Ihn!« fuhr dieser fort; »denn wer wohl, meint Er, daß Ihm Seine Arbeit hier bezahlen werde?«

»Nun, Herr; es wird schon alles angeschrieben.«

»So schreib Er's gleich nur in den Schornstein«, rief Herr Friedrich, »und vertu Er seine Zeit nicht, die Er besser brauchen kann!«

Andreas wischte mit der Hand den Schweiß von seiner Stirne. »Wenn das Ihr Ernst ist, Herr Jovers«, sagte er, »so kann ich freilich nur nach Feierabend hier noch arbeiten; das aber« – und er erhob den Spaten und zeigte damit nach dem Kirchhofe hinüber – »tu ich meiner alten Herrschaft da zuliebe.«

Herr Friedrich sagte nichts; Andreas aber ging mit seinem Spaten fort, und bald wurde wieder das einförmige Geräusch des Grabens in der Morgenstille hörbar.

Der andere stand noch eine Weile an derselben Stelle, als müsse er die Spatenstiche zählen, die er drüben den alten Arbeiter machen hörte; dann wandte er sich plötzlich und ging weiter in den Kirchhof hinein, bis zu dem Grabe seiner Eltern. Hier saß er lange auf den Steinen, welche die Familiengruft bedeckten, und blickte auf den grünen Koog hinunter und darüber hinaus auf den silbernen Strich des Meeres, wo in der Ferne die Masten des guten, ihm so wohlbekannten Schiffes »Elsabea Fortuna« sichtbar wurden.

Als es in der Stadt vom Turme sieben schlug, stand er wieder an dem alten Gartenzaune. Der vorübergehende Totengräber, dessen Gruß er nicht zu bemerken schien, gewahrte mit Verwunderung, wie Herr Friedrich Jovers mit seinem Stocke recht unbarmherzig gegen einzelne der alten Büsche stieß, während doch, wie von einem frohen Entschluß, ein stilles Lächeln auf seinem Antlitz lag.

Plötzlich aber richtete Herr Friedrich sich auf und schritt aus dem Kirchhofe in die Stadt hinein; er schritt nicht seiner Wohnung zu, sondern die lange Osterstraße hinauf, wo das Haus des Meisters Hinrich Hansen lag.

Und acht Tage später, an einem sonnigen Spätnachmittage, hielt der Chaisewagen des Senators wieder vor dessen Haustür; die Reisenden samt Kind und Kindsmagd waren heimgekehrt. Als der schlafende Erbe glücklich vom Wagen und oben in der Kinderstube untergebracht war, lief die junge Frau, wie zu neuer freudiger Besitznahme, durch alle Räume ihres Hauses, und als sie hier überall gewesen war und, dank der alten schwiegerelterlichen Köchin, alles in musterhafter Ordnung vorgefunden hatte, schritt sie langsam den Gang hinab, der an der Küche vorbei zur Hoftür führte. Ihr Gesicht war plötzlich ernst geworden, und es dauerte eine Weile, bevor sie die Klinke aufdrückte und hinaustrat.

Allein so zögernd sie hinausgegangen war, so rasch kam sie jetzt zurück; sie flog fast an der Küche vorüber nach dem Hausflur; ihre

Augen strahlten. »Christian, Christian Albrecht!« rief sie. »Wo steckst du? Komm doch, komm geschwinde!«

Da trat er schon mit heiterem Antlitz aus der Schreibstube auf sie zu.

»Komm!« rief sie nochmals und ergriff ihn bei der Hand. »Ein Wunder, Christian Albrecht, ein wirkliches Wunder! Wie aus dem Döntje von dem Fischer un sine Fru! Ein schwarzer jütscher Topf, ein Haus, ein Palast; immer höher und höher, und dann eines angenehmen Morgens – ›Mantje Mantje Timpe Te!‹ –, da sitzen sie wieder in ihrem schwarzen Pott!« Und sie sah mit glückseligen Augen zu ihrem Mann empor.

Auch aus seinen guten Augen leuchtete ein Strahl des Glückes. »Ich habe es schon gesehen«, sagte er; »aber es ist kein Wunder, es ist viel besser als ein Wunder.«

Und als sie dann Arm in Arm auf den Hof hinaustraten, der wieder hell und frei wie früher vor ihnen lag, da sahen sie die hohe Mauer bis auf ihr altes Maß hinabgeschwunden, und hinter der niedrigen Grenzscheide stand Herr Friedrich Jovers und streckte schweigend dem Bruder seine Hand entgegen.

»Friedrich!«

»Christian Albrecht!«

Die Hände lagen ineinander; aber jetzt erhob Herr Friedrich den Kopf, als ob er nach den Fenstern des elterlichen Hauses hinüberlausche.

»Worauf hörst du, Bruder?« frug ihn der Senator.

Einen Augenblick noch blieb der andere in seiner horchenden Stellung, dann ging ein Lächeln über sein ernstes Gesicht. »Ich meinte, Bruder, daß unser alter Papagei mich riefe, aber er hat es neulich abends schon getan.«

Und als er das gesagt hatte, legte er die eine Hand auf den oberen Rand der Mauer, und mit einem Satze schwang er sich hinüber.

»Mein Gott, Friedrich«, rief Frau Christine, indem sie einen raschen Schritt zurücktrat, »ich habe dich noch niemals springen sehen!« Und dabei standen ihre Augen voll von Tränen.

Er faßte seine Schwägerin an beiden Händen. »Christine«, sagte er, »dieser Sprung war nur ein Symbolum; ich werde künftig wieder hübsch auf ebener Erde bleiben.«

Der Senator blickte heiter in den nun wieder frei gewordenen

Luftraum. »Lieber Bruder«, begann er mit bedächtigem Lächeln, »die ganze Mauer war ja eigentlich nur ein Symbolum, außer daß sie denn doch leibhaftig dagestanden und währenddem der alte Friedebohm sich seine Federn nicht mehr schneiden konnte –«

Herr Friedrich unterbrach ihn: »Wenn's gefällig wäre, so nehmet noch einmal euere eben abgelegten Hüte und begleitet mich auf einer kurzen Promenade!«

»Was du willst, Friedrich!« rief Frau Christine. »Alles, was du willst!« Und da Herr Christian Albrecht gleichfalls einverstanden war, so gingen sie miteinander durch das elterliche Haus, und Herr Friedrich führte sie den bekannten Weg hinten um die Straße, an der grünen Marsch entlang und wieder in die Stadt hinein.

Sie hatten längst bemerkt, daß er sie zu dem in Streit befangenen Garten führte; aber sie fragten nicht, sie gingen schweigend und in freudiger Erwartung neben dem Bruder her.

Am Eingange empfing sie der alte Andreas, die Steigharke in der Hand, ein schelmisches Schmunzeln im Gesicht. Alles zeigte sich in schönster Ordnung; an den jungen Apfelbäumen waren alle Blütensträuße aufgebrochen.

Herr Friedrich beschleunigte seine Schritte, während er den Muschelsteig zum Pavillon hinauf-, dann aber an demselben vorbei und nach der Kirchhofseite zuschritt. Als sie hier aus dem Gebüsch hinaustraten, stieß Frau Christine einen leichten Schrei aus, wie er sich in freudiger Überraschung so anmutig von dem Frauenherzen löst; denn an der Stelle des krüppelhaften Zaunes, welcher sonst die Scheide gegen den Kirchhof hin bezeichnet hatte, erhob sich vor ihnen eine stattliche Mauer, wie Herr Christian Albrecht sie sich immer hier gewünscht hatte. »Nun, gewißlich«, rief die hübsche Frau, »da steht es vor uns, auch die Liebe kann –«

Aber Herr Friedrich nahm ihr das Wort vom Munde. »Die Frau Schwester meinen«, sagte er höflich, »Meister Hansens Leute können, wenn auch keine Berge, so doch eine Mauer recht gescheit versetzen; mich selber anbelangend, so habe ich hierbei auf des Herrn Bruders gütigen Konsens gerechnet. Und, Christian Albrecht«, fuhr er in herzlichem Tone fort, indem er sich zu seinem Bruder wandte, »hiermit, so du gleichen Sinnes bist, ist unser Prozeß am Ende; du hast das Urteil unseres Magistrates für dich; meinen Einspruch habe ich zurückgezogen. Tue du nun ein übriges und bestimme als der Älteste, wie es mit dem Garten soll verhalten werden! Wie du die Teilung vornimmst, ich bin es jedenfalls zufrieden.«

Herr Christian Albrecht hatte dieser Rede zugehört wie einer, welcher zugleich einem eigenen Gedanken nachgeht. »Ist das dein Ernst, Friedrich?« sagte er, seinem Bruder voll ins Antlitz sehend; »dein wohlbedachter Ernst?«

»Mein voller, wohlbedachter Ernst«, erwiderte Herr Friedrich ohne Zögern.

»Nun denn«, rief Christian Albrecht freudig, »so teilen wir gar nicht, Bruder Friedrich! ›Jovers' Garten‹ hat es hier von Großvaters Zeiten her geheißen, so darf es jetzt nicht Christian Albrechts und Friedrichs Garten heißen!«

Einen Augenblick lang zogen Herrn Friedrichs dunkle Brauen sich zusammen, als ob er über einen Gewaltstreich seines Bruders zürnen müsse; dann aber wurde es plötzlich hell auf seinem Antlitz, wie Christian Albrecht in so raschem Wechsel es nur bei ihrem Vater einst gesehen hatte. Lebhaft ergriff er seines Bruders Hand: »Topp, Christian Albrecht! Aber wie war's nur möglich, daß dies damals keinem von uns beiden eingefallen ist?«

Herr Christian Albrecht lächelte. »Ich glaube, Friedrich, wir haben damals beide etwas laut geredet; da konnten wir die eigene Herzensmeinung nicht vernehmen.«

Frau Christine, die in stiller Freude dem Gespräch der Brüder zugehört hatte, hob jetzt ihre Uhr empor, die sie, noch von der Reise her, an einem schweren Gürtelhaken bei sich führte. »Vesperzeit, wenn's beliebet!« rief sie. »Und Friedrich, du speisest doch heut abend bei uns? Die alte Margret wird schon löblich vorgesehen haben! Freilich – deine perdrix aux truffes, die hast du ein für allemal verlaufen.«

Es war zu Ende Juli. Frau Antje Möllern saß bei Frau Nachbarn Jipsen auf der Beischlagsbank und erzählte dieser noch einmal, wie schon mehreremal zuvor, daß es nun nichts nütze, da drüben noch länger hauszuhalten; denn die da – und sie nickte nicht eben sanft nach dem alten Kaufherrnhaus hinüber – haben nun auch Herrn Friedrich Jovers ganz in ihren Schlingen; sie, Antje Möllern, habe dies dem letzteren auch rundheraus gesagt und dann zugleich auf Michael gekündigt; und Frau Nachbarn Jipsen erwiderte darauf, heute gleichfalls nicht zum ersten Mal, daß sie das alles längst vorausgesehen habe.

Unten im Ratsweinkeller saß an diesem warmen Nachmittage der goldene Advokat und demonstrierte dem Herrn Stadtsekretär, der aus den oberen Rathausräumen zu einem kühlen Trunk herabgestiegen war, wie er die scharfsinnigen Deduktionen seiner Klage- und Replikrezesse, welche – ganz sub rosa – denn doch über den Horizont des ehrenwerten Magistrats hinausgingen, nun leider ganz umsonst geschrieben habe; und der stets höfliche Herr Stadtsekretär tupfte dem Goldenen recht freundlich auf die Schulter und sagte lächelnd: »Umsonst, Herr Siebert Sönksen? Doch wohl nicht ganz umsonst! Da müßten wir die Herren Jovers sonst nicht kennen!« – Und der Goldene lächelte gleichfalls und griff behaglich nach seinem Spitzglas Roten.

Draußen in den Gärten aber war es in der Stachelbeerenzeit, und in »Jovers' Garten« war heute überdies ein großer Familienkaffee. Der Herr Onkel Bürgermeister und der Herr Vetter Kirchenpropst mit ihren Frauen waren da, und der alte Friedebohm und der alte Andreas waren da, jeder an dem Platze, der ihnen zukam, und der alte Papagei saß auf seiner hohen Stange vor dem Pavillon, und auch Musche Peters in seinem neuesten Anzug mit einer kleinen Zopfperücke fehlte nicht. Selbst den kleinen Erbprinzen hätte man in seinem Kinderwagen an einem stillen Schattenplätzchen finden können, freilich bis jetzt nur schlummernd unter der Hut der treuen Kindermagd. Im Innern des Pavillons aber, vor den weit geöffneten Flügeltüren, waltete Frau Christine des blinkenden Kaffeetisches, während drunten vor der Staketpforte sich zusammendrängte, was die kleine Gasse an neugierigen Weibern und lustiger Jugend aufzubieten hatte. Die Weiber erzählten sich von der guten seligen Frau Senatorn und nickten dabei nach der innern Wand des Pavillons hinüber, wo die unermüdliche Dame Flora nach wie vor mit ihrer Rosengirlande tanzte; die Buben dagegen, die sich allmählich den ersten Platz vor der Pforte erobert hatten, wiesen mit ausgestreckten Armen nach den großen roten Stachelbeeren, die auf den Rabatten in schwerer Fülle an den Büschen hingen. Mitunter hörte man sie den Namen des jungen Herrn Senators nennen; sie schienen auf ihn zu warten, dessen milde Hand ja auch nach dem Hintritt der guten alten Frau Senatorn noch vorhanden war. »Da kommt he! Kiek mal, da kommt he!« riefen ein paar von ihnen, deren gierige Augen eben einen Schimmer seines pfirsichfarbenen Rockes erspäht hatten; aber sie wurden plötzlich stille, als sie ihn an der Seite des gefürchteten Herrn Friedrich Jovers aus einem belaubten Seitengange treten sahen.

Die beiden Brüder gingen schweigend nebeneinander; aber auf ihrem Antlitz lag noch der friedliche Ausdruck des traulichen Gespräches, welches sie vorhin die einsameren Seitengänge hatte aufsuchen lassen. Auch jetzt noch wandten sie sich nicht wieder zur Gesellschaft, sondern schritten in stummem Einverständnis den breiten Muschelstieg hinab.

Ihnen im Rücken hatte inzwischen Musche Peters sich der Papageienstange genähert und suchte in Ermangelung gleichberechtigter Unterhaltung mit dem gefiederten Gaste in bescheidenem Flüstertone anzuknüpfen; sogar ein Stückchen Zucker wagte er dem Papchen hinzuhalten. Aber der grüne Unhold schien für diese Aufmerksamkeit keinen Sinn zu haben; statt nach dem Zucker hackte er nach Musche Peters' Finger und schrie dann gellend, als wolle er's nun ein für allemal gesagt haben: »Komm röwer!«

Als der Schrei des Vogels das Ohr der beiden Brüder erreichte, flog über Herrn Friedrichs Angesicht ein Schatten, wie aus jener Nacht, von der er seinem Bruder heut zum ersten Mal gesprochen hatte. Der Senator aber faßte seine Hand und sagte leise: »Mein Friedrich, das hat jetzt keine Bedeutung mehr; du bist nun ein für allemal herüber.«

Als Herr Friedrich hierauf den Kopf erhob, um seinen Bruder anzublicken, blieben seine Augen auf dem Bubenhaufen vor der Pforte haften, und die finstere Miene wurde von einem fast schelmischen Lächeln fortgedrängt. »Keine Bedeutung mehr?« sagte er, die Worte des Bruders wiederholend. »Meinst du, ich verstünde ganz allein die Papageiensprache?« Und ohne eine Antwort abzuwarten, rief er mit lauter, kräftiger Stimme: »Holla, Jungens, wat seggt de Papagoy?«

Da kam zuerst eine noch etwas zaghafte Stimme, dann aber eine nach der andern, und immer lauter und lauter: »›Komm röwer! Komm röwer!‹ seggt de Papagoy.«

Und lustig winkend, erhob Herr Friedrich den Arm: »Nun denn, alle Mann hoch: ›Komm röwer!‹« Und ebenso lustig wies seine Hand nach den brechend vollbeladenen Stachelbeerbüschen.

Zuerst sahen die Jungen nur einander an und flüsterten angelegentlich mitsammen; sie konnten sich's nicht denken, daß der böse Herr Friedrich Jovers mit einem Male so erstaunlich gut geworden sei. Als aber jetzt die beiden Herren Jovers in ein unverkennbar herzliches Lachen ausbrachen, da war kein Halten mehr, einer wollte noch eher als der andere, und bald sprang und fiel und purzelte der ganze Schwarm über die Pforte in den Garten hinab, und unter jeder Stachelbeerstaude saß mit lachendem Angesicht ein unermüdlich schmausender Junge.

»Christian Albrecht«, sagte Herr Friedrich, den Arm um seines Bruders Schultern legend, »wenn erst deine Jungen hier so in den Büschen liegen!«

Da erscholl hinter ihnen vom oberen Teil des Gartensteiges ein helles fröhliches »Bravissimo!«, und als sie sich hierauf umwandten, da stand in der offenen Tür des Pavillons inmitten aller Gäste die junge anmutige Frau Senatorin, mit emporgehobenen Armen hielt sie den Brüdern ihr eben erwachtes Kind entgegen, das mit großen Augen in die bunte Welt hinaussah.

DER HERR ETATSRAT

Wir hatten über Personen und Zustände gesprochen, wie sie zur Zeit meiner Jugend in unserer Vaterstadt gewesen waren, und zuletzt auch einer eigentümlichen und derzeit nicht eben in bester Weise vielbesprochenen Persönlichkeit Erwähnung getan.

»Sie müssen die Bestie ja noch in Person gekannt haben?« wandte sich ein etwas derber junger Freund zu mir. »Ich habe nur so von fern darüber reden hören.«

»Wenn Sie«, erwiderte ich, »mit diesem Worte den ›Herrn Etatsrat‹ bezeichnen wollen, so habe ich ihn in gewisser Beziehung allerdings gekannt; ihn und auch die Seinen. Übrigens gehörte er ohne Zweifel zu der Gattung homo sapiens; denn er hatte unbewegliche Ohren und ging, wenn er nicht betrunken war, trotz seiner kurzen Beine aufrecht. Freilich soll eine Nachtwächterfrau, da sie einst im Schummerabend ihm begegnete, mit Zetergeschrei davongelaufen sein, weil sie ihn für einen Tanzbären hielt, den sie tags vorher auf dem Jahrmarkte gesehen hatte. Und in der Tat, der dicke braunrote Kopf mit dem kurzgeschorenen Schwarzhaar, welcher unmittelbar aus dem fleischigen Brustkasten herausgewachsen schien, mochte alten Frauen immerhin einen gerechten Schrecken einjagen.

Bei uns Jungen war die Wirkung freilich eine andere. Mir ist noch wohl erinnerlich, wie einst an einem Sonntagvormittage ein armer Bube unter dem Versprechen eines Sechslings bei der etatsrätlichen Gartenplanke von uns angestellt wurde, um uns zu rufen, sobald der mächtige Herr den einzigen Ort betreten hätte, worin er derzeit außer seinem Hause noch in Person zu sehen war.

Und bald, auf einen vorsichtig erteilten Wink des Jungen, lagen auch wir mit plattgedrückten Nasen an der Planke. »Dat is em! Dat is em!« ging es flüsternd von dem einen zum andern, als endlich die groteske Gestalt, aus einer riesigen Meerschaumpfeife rauchend, unter dröhnendem Räuspern auf dem Gartensteige dahergewatschelt kam und sich dann in einer offenen Laube in einen kräftig gezimmerten Lehnsessel sinken ließ. Nachdem er den verlorenen Atem wiedergewonnen hatte, blickte er mit einer herablassenden Miene um sich und räusperte sich dann noch einmal, daß es weit über die Nachbargärten hinscholl. Diesmal aber war es unverkennbar ein demonstratives Räuspern: »Ihr kleinen Leute, wisset es alle, der Herr Etatsrat wird jetzt seine Gartenruhe halten!« Dann suchte er seinen dicken Kopf zwischen den Schultern aufzurichten und rief ein paarmal hintereinander: »Käfer – Käfer!«

Es war kein Insekt, das auf diesen Ruf erschien, sondern ein etwa achtzehnjähriger Bursche, der als Schreiber und Bedienter in einer Person bei ihm beschäftigt wurde. Vom Hause her brachte er erst einen kleinen Tisch, dann einen Schemel, einen Tabakskasten, eine Zeitung und zuletzt auf einem Präsentierbrettchen ein großes Kelchglas, aus dem ein starker Dampf emporstieg. Der Bursche mit seinem zarten, blassen Gesicht und den weichgelockten braunen Haaren sah keineswegs so übel aus; aber die Art, womit er alle diese Dinge schob und rückte und dem Herrn Etatsrat handgerecht zu machen wußte, war von einer so glatten Beflissenheit und doch wiederum so unverkennbar von verstohlenem Trotz begleitet, daß ich schon damals einen mir sehr bewußten Widerwillen gegen diesen Käfer faßte. Mir sind im späteren Leben ähnliche Gesichter begegnet, welche, ohne daß etwas Besonderes von ihnen ausgegangen wäre, meine flache Hand ins Zucken brachten und mir dadurch über meine derzeitigen Gefühle und Wünsche in betreff jenes schmucken Gesellen zur völligen Klarheit halfen.

Wie lange übrigens damals der Herr Etatsrat in seinem Gartensessel ruhte und wie oft der dampfende Kelch geleert wurde, vermag ich nicht zu sagen; jedenfalls hörten wir noch mehrere Male das »Käfer – Käfer!« und sahen den geschmeidigen Burschen mit einer neuen Füllung aus dem Hause kommen.

Ob der Herr Etatsrat, welcher eine höhere Stelle in dem Wasserbauwesen unseres Landes bekleidete, wirklich mit soviel Verstand und Kenntnissen ausgestattet war, wie man dies von ihm behauptete, oder ob diese Behauptung nur aus einem unwillkürlichen Drange hervorgegangen war, sei es, die breiten Schatten dieser Persönlichkeit durch eine Zutat von Licht zu mildern oder aber dieselben noch etwas kräftiger herauszuarbeiten, darüber vermag ich nicht zu urteilen. Wenigstens scheint es, daß es ihm an jenem Dritten, wodurch alle andern geistigen Eigenschaften erst für die tatsächliche Anwendung flüssig werden, ich meine, daß es an Phantasie ihm nicht gebrochen habe; nur pflegte sie, zum mindesten außerhalb seines Faches, sich nicht eben mit Dingen zu beschäftigen, welche anderer Menschen Herz erfreuen.

So befand sich in seinem übrigens mit dem kärglichsten Geräte ausgestatteten Gartensaale ein sehr hoher Schrank in Gestalt eines Altars, welchen er genau nach eigenen Zeichnungen hatte anfertigen lassen. Am Fußende des schwarzen Kreuzes, welches durch die Türleisten gebildet wurde, lagen die Symbole des Todes: Schädel und Beinknochen, in abscheulicher Natürlichkeit aus Buchs geschnitten; darunter, so daß sie bequem von einem davorstehenden Stuhle aus gehandhabt werden konnte, sah man eine Glasharmonika, zu deren rechter Seite eine Punschbowle von getriebenem Silber stand.

Wenn die Nachbarn abends von ihren Höfen oder Gärten aus die Töne der Harmonika vernahmen, und das geschah im Hochsommer mehrmals in der Woche, dann wußten sie schon, daß bis nach Mitternacht auf keinen Schlaf zu rechnen sei; denn der Herr Etatsrat saß an seinem Altare und spielte auf seinem Lieblingsinstrument; aber er spielte nicht nur, er sang auch dazu. Nicht etwa, wie man hätte glauben mögen, Lieder des Todes und der Auferstehung; wer hinten an der Gartenplanke lauschen wollte, konnte Melodie und Worte des »Landesvaters«, des »Fürst von Thoren« und anderer alter Studentenlieder deutlich genug erkennen.

Drinnen im Saale, wenn vom Garten aus kein Licht mehr durch die Fenster drang, brannte dann zu jeder Seite des Altars eine Kerze auf hohem Silberleuchter; die mächtige Schale war mit dampfendem Trank gefüllt, und je nach Beendigung eines Liedes, mitunter auch einer Strophe, faßte der Herr Etatsrat sie bei den silbernen Ohren und ließ einen breiten Strom über seine dehnbaren Lippen fließen. Bisweilen, wenn, von irgendeinem Zuge bewegt, die Kerzen flackerten und die Schatten in den Augenhöhlen des Totenkopfes spielten, unterbrach er auch wohl seinen Gesang und stierte eine Weile darauf hin. Aber der Anblick des Todes schien für ihn nur das Gewürz zu den Freuden des Lebens; kameradschaftlich, aber doch als müsse er den armen Burschen zur Ruhe verweisen, klopfte er mit dem Harmonikahammer auf die Stirn des Schädels und intonierte dann nur um so dröhnender: »Freude, Göttin edler Herzen«, oder wozu sonst der Geist ihn treiben mochte.

Ich habe übrigens, wie ich bermerken muß, diese Dinge nicht aus eigener Wahrnehmung, sondern von dem nächsten Grundnachbarn des Herrn Etatsrats, einem alten schnurrenliebenden Rotgießermeister, der im Abenddunkel mitunter durch den Grenzzaun schlüpfte und dann an einem der unverhangenen Saalfenster in stillvergnügter Einsamkeit diesen musikalischen Festen beiwohnte; oft bis nach Mitternacht, um, wie er sagte, das Ende nicht zu versäumen, was bei einer richtigen Komödie ja doch das Beste sein müsse.

Und in der Tat, dieses Ende ließ bisweilen nichts zu wünschen übrig. Wenn die Bowle auf die Neige ging, begann der heiße Trank den Herrn Etatsrat allgemach zu drangsalieren; der Lauscher draußen sah es deutlich, wie unter dem schwarzen Borstenhaar der dicke Kopf gleich einer Feuerkugel glühte.

Dann riß der Herr Etatsrat an seinem Halstuch, daß ihm die Augen aus den Höhlen quollen und der teilnehmende Rotgießermeister erst wieder aufatmete, wenn endlich das Tuch mit zorniger Gebärde fortgeschleudert wurde. Diesem folgte alsbald unter mühseliger und gefahrvoller Häutung noch das eine oder andere Gewandstück, bis er zuletzt in greuelvoller Unbekleidung dasaß.

Aber nicht jedesmal gelang ihm dies in gleicher Weise; mitunter – und das war eben das Hauptstück für den vergnüglichen Zuschauer – erscholl um solche Zeit aus dem Saale ein dumpfer Fall, und abgerissene, elementare Laute, einem Windstoß in der Esse nicht unähnlich, drangen in die Nacht hinaus. Wenn dann nach einer Weile die Hausgenossenschaft zusammenstürzte, rannten die Mägde wohl mit Geschrei im selben Augenblicke wieder fort; denn auf dem Fußboden neben seinem Altar lag der Herr Etatsrat gleich einem ungeheuren Roßkäfer auf dem Rücken und arbeitete mit seinen kurzen Beinen ganz vergebens in der Luft umher, bis Herr Käfer, das allmählich immer unentbehrlicher gewordene Faktotum, und der einzige Sohn des Hauses den Verunglückten mit geübter Kunst wieder aufgerichtet hatten und in seinem Kabinett zur Ruhe brachten.

Dieser Sohn war von guter und heiterer Gemütsart und hatte vom Vater nichts als das ungewöhnlich große, bei ihm jedoch mit spärlichem erbsenblondem Haar bewachsene Haupt, welches er mit seinem Halstuch zwischen zwei spitzen Vatermördern derart einzuschnüren pflegte, daß die runden Augen stets mit etwas gewaltsamer Freundlichkeit daraus hervorsahen; darunter aber saß ein ebenso zierliches als winziges Körperchen mit lächerlich kleinen Händen und Füßen, welche letzteren ihn übrigens befähigt hatten, sich zum geschickten und nicht unbeliebten Tänzer auszubilden.

Der Vater hatte ihn auf den Namen Archimedes taufen lassen, ohne jedoch später die Mittel zu gewähren, welche dem Sohn eine Nachfolge seines klassischen Taufpaten hätten ermöglichen können. Zwar kümmerte er sich nicht darum, daß Archimedes auf der städtischen Gelehrtenschule, wo er in der Tat für die Mathematik eine glückliche Begabung zeigte, aus einer Klasse in die andere rückte, und auch die stets erst nach mehrfachen Anmahnungen des Pedellen und unter allerlei Zornausbrüchen erfolgende Auskehrung des Quartalschulgeldes veranlaßte hierin keine Unterbrechung; statt aber dann den absolvierten Primaner auf die Universität zu schicken, gebrauchte ihn der Vater zu untergeordneten Arbeiten seines Amtes oder kümmerte sich auch gar nicht weiter um den Sohn.

Wenn der kleine Archimedes sich einmal zu der schüchternen Bitte aufschwang, ihn nun doch endlich zu der Alma mater zu entlassen, dann blickte der Herr Etatsrat ihn nur eine Weile strafend mit seinen stieren Augen an und sagte leise, aber nachdrücklich: »Zeige einmal her, Archimedes, wie steht es mit der Schleusenrechnung?« oder: »Wie weit bist du denn eigentlich mit der Karte vom Westerkoog gediehen?« Dann holte Archimedes voll stillen Zorns die halb oder ganz vollendete Arbeit, war aber zugleich für lange Zeit mit seinen Bitten aus dem Felde geschlagen.

So blieb er denn zurück, während seine Schulgenossen erst lustige Studenten wurden, dann einer nach dem andern sein Examen machte und auch wohl schon in die praktischen Geschäfte seines erwählten Berufes eintrat. Dabei machte es sich von selbst, daß Archimedes mit der Prima unserer Gelehrtenschule in einem gewissen Verkehr blieb, auch nachdem der letzte fort war, der noch zugleich mit ihm unserem armen Kollaborator das Leben sauer gemacht hatte. Dies geschah schon dadurch, daß er zur Aufbesserung seines spärlichen Taschengeldes, das ihm der Vater für seine Kontoarbeiten zufließen ließ, an faule oder schwach beanlagte Schüler einen nicht üblen Unterricht in der Mathematik erteilte. Ich, der ich jene beiden Arten in mir vereinigte, genoß diesen schon als Sekundaner, konnte jedoch hergebrachtermaßen seines freundschaftlichen Umganges erst als Primaner teilhaftig werden. Noch lebhaft entsinne ich mich, daß in meiner letzten

Sekundanerzeit mir die Aussicht auf dieses Aufrücken kein geringerer Ehrenpunkt war als der Übergang in die höhere Klasse selbst; denn Archimedes imponierte uns durch eine gewisse Festigkeit seiner geselligen Manieren, wie er denn überhaupt, soweit es sich nicht um seinen Vater handelte, unbefangen genug in seinen zierlichen Stiefeln auftrat. Er hatte, vielleicht als Erbteil aus seiner mütterlichen Familie, etwas von dem Wesen der Offiziere aus meiner Knabenzeit, bei denen ich nie darüber ins klare kam, ob die eigentümlich stramme Haltung ihres Kopfes mehr eine Folge der steifen Halsbinden oder ihres ritterlichen Standesbewußtseins war.

»Trefflich, trefflich!« pflegte Archimedes auszurufen, wenn ich später, in meiner Primanerzeit, den Vorschlag zu einem ihm wohlgefälligen Unternehmen tat, sei es zu einem »thé dansant« oder zu einer Schlittenpartie, wo es galt, bei jungen und jüngsten Damen den Kavalier zu machen. »Trefflich, trefflich, lieber Freund; wir werden das in Überlegung ziehen!« Und während um seinen Mund das verbindlichste Lächeln spielte, sahen mich unter den kriegerisch aufgezogenen Brauen die richtigen Offiziersaugen an, wie ich sie als Kind bei unserem Vetter Major bewundert hatte, wenn er in der roten Galauniform meiner Mutter seine Neujahrsvisite machte.

Indessen fanden dergleichen Vorschläge meist nur ihre Ausführung, wenn in den Ferien unsere Studenten wieder eingerückt waren, von denen übrigens die sportslustigen vor allen zu seinen Freunden zählten. Dann war seine Festzeit, in der er förmlich aufblühte; noch sehe ich ihn mit leuchtenden Augen zwischen ihnen sitzen, während sie prahlend ihre glücklichen Torheiten vor ihm auskramten. »Brillant – brillant!« rief er, wenn die Geschichte ihren mit Spannung erwarteten Höhepunkt erstiegen hatte, streckte den eingeschnürten Kopf gegen den Erzähler und stemmte beide Hände an die Hüften. Was Wunder, daß die andern erzählten, solange auch nur ein Tittelchen noch übrig war!

So kam es, daß er in der alten Universitätsstadt, welche er andauernd in der Phantasie bewohnte, allmählich besser Bescheid wußte als die, welche zwar in Wirklichkeit, aber nur vorübergehend dort zu Hause waren. Hatte er jedoch den Ankömmlingen ihre Studenten- und Professorengeschichten glücklich abgewonnen, so ruhte er nicht, bis mit oder im Notfall auch ohne Damenwelt die eine oder andere Lustbarkeit zustande kam. Da sein Stundengeld ihn niemals ohne eine kleine Kasse ließ, so wurde es bei solchem Anlaß fast zur Regel, daß Archimedes, nachdem die andern die Erschöpfung ihrer Kasse eingestanden hatten, seine wohlbekannte grünseidene Börse hervorzog und mit einem wahrhaft kindlichen Triumphe den für diese Festzeit gesparten Inhalt auf der Tischplatte tanzen ließ, dann aber bereitwillig auf den nächsten Wechsel seiner Freunde Vorschuß leistete.

Freilich zu dem stets ersehnten Besuche der Universität reichte diese bescheidene Kasse nicht; und der Tag, welcher am Ende der Ferien die Studenten unserer Vaterstadt wiederum entführte, war für Archimedes, was für den lustigen Katholiken der Aschermittwoch ist. Er pflegte ihn auch selber so zu nennen, und wenn ich am Nachmittage darauf sein Zimmer betrat, so traf ich ihn mit den Händen in der Tasche eifrig auf und ab gehend, als ob er einen Gesundheitsbrunnen abzuwandeln habe; erst nach einer Weile blieb er vor mir stehen und fuhr ohne weiteren Gruß mit der Hand über seine Stirn. »Asche, Asche, lieber Freund!« sagte er dann seufzend, und sein Finger machte das Zeichen des Kreuzes.

Sprach ich hierauf: »Wollen wir nicht lieber unsere Mathematik vornehmen?«, so war er auch hierzu bereit, legte Buch und Tafel auf den Tisch, und wir nahmen unsere Stunde. War dieselbe in aller Pünktlichkeit gehalten worden, dann – es war sicher darauf zu rechnen – stellte Archimedes zwei kleine geschliffene Gläser auf den Tisch und füllte sie mit einem feinen Kopenhagener Kümmel, den er sich, ich weiß nicht woher, mitunter zu verschaffen wußte. »Trink einmal«, sagte er während des Einschenkens; »das vertreibt die Grillen!« Und gleichzeitig leerte er auf einen Zug sein Glas.

»Ich habe keine Grillen, Archimedes«, pflegte ich zu erwidern; »und wer kann so früh am Tag schon trinken!«

»Freilich, freilich!« stieß er hervor. »Aber« – und er begann wieder, mit den Händen in der Tasche, auf und ab zu schreiten, wobei seine Augen wie ins Leere um sich blickten.

Eine Weile sah ich dem zu; dann hieß es: »Prosit, Archimedes!« und von seiner Seite wie im Echo: »Prosit!« und darauf, wie aus Träumen auffahrend, während ich zur Tür hinausging, noch einmal: »Prosit, prosit, lieber Freund!«

Diese Szene hat sich in fast wörtlicher Wiederholung mehr als einmal zwischen uns abgespielt.

Ich hätte wohl schon erwähnen sollen, daß Archimedes eine Schwester hatte; sie war zugleich sein einziges Geschwister, jedoch um viele Jahre jünger als der Bruder. Gesehen hatte ich sie bis zu meiner Sekundanerzeit nur im Vorübergehen, dagegen oftmals von ihr reden hören; denn sie war eines der Hauptkapitel einer unverheirateten Hausfreundin, die wir, nicht etwa weil sie alles konnte, aber weil sie alles wußte, »Tante Allmacht« nannten.

Daß die Mutter des Kindes bald nach dessen Geburt ihr freudloses Leben hingegeben hatte, war freilich bekannt genug; Tante Allmacht aber, deren Magd vordem in dem etatsrätlichen Hause gedient hatte, wußte noch hinzuzufügen, daß ihr durch den unvermuteten Eintritt ihres Herrn Gemahls in die Wochenstube gleich jener Nachtwächterfrau ein Schrecken widerfahren sei, dem sie in ihrem Zustande und bei ihrer zarteren Organisation notwendig habe erliegen müssen. Da kein weibliches Wesen wieder in das Haus kam, welches die Stelle der Mutter hätte vertreten können, so mußte, nachdem die unumgängliche Säugamme entlassen war, die kleine Waise zwischen Köchin und Hausmagd aufwachsen, »die, Gott tröst es«, sagte Tante Allmacht, »dort alle Halbjahr neue Gesichter haben! – Meine Stine«, setzte sie hinzu, »die gute Kreatur, hat freilich ein rundes Jahr in dem unseligen Hause ausgehalten, bloß um des lieben Kindes willen, das sich sogar sein bißchen Mittag in der Küche betteln mußte. Wenn's Abend wurde, dann hat es freilich wohl der gutmütige junge Mensch, der Archimedes, mit auf seine Stube genommen; da saß es dann auf einem Schemelchen und verschmauste sein Butterbrot, und Stine hatte ihm auch mitunter noch ein Ei dazu gekocht. Sie war nicht bang, meine Stine, vor diesem Herrn Etatsrat; sie hat ihn manches Mal vor seiner alten Harmonika wieder auf die Beine gestellt, als der Musche Käfer das noch lange nicht gewagt hat; und bei solchem Anlaß hat sie's denn auch einmal durchgesetzt, daß das arme Kind aus der Klippschule zum mindesten in die ordentliche Mädchenschule gekommen ist; denn sie hat ihm keine Handreichung tun wollen, bevor der musikalische Oger ihr nicht solches mit teuern Eiden zugeschworen hatte. Wohin die kleine Phia, ob sie nach rechts oder links ihren Schulweg nahm, darum hat das Ungeheuer sich nicht gekümmert; nur wenn zu Ende des Quartals das jetzt um etwas höhere Schulgeld gezahlt werden mußte, hat es einen argen Sturm gesetzt; denn der Herr Etatsrat hat es der treuen Magd in ihrem Lohne kürzen wollen;

aber – sie wußte ihn zu bestehen, und um sein Getobe, darum quälte sie sich soviel, als wenn der Wind um unsere Ecke weht.«

So hatte Tante Allmacht wieder einmal geredet, als ich tags darauf meinen ersten Mathematikunterricht bei Archimedes hatte. Er war eben beschäftigt, mir die außerordentliche Einfachheit des pythagoreischen Lehrsatzes auseinanderzusetzen, als sich die Stubentür öffnete und ich zugleich eine junge lebhafte Stimme rufen hörte: »Archi, hilf mir, ich kann das dumme Exempel nicht . . .«

Ein feinggebautes, etwa zwölfjähriges Mädchen mit zwei langen schwarzen Haarzöpfen stand im Zimmer; sie war, da sie einen Fremden bei ihrem Bruder sah, plötzlich verstummt und hielt diesem nun mit einer halb bittenden, halb verschämten Gebärde ihre große Rechentafel hin.

»Wollen Sie nicht erst Ihrer Schwester helfen?« sagte ich zu Archimedes, von dem mir derzeit das vertrauliche »Du« noch nicht zuteil geworden war.

Er entschuldigte sich höflich, daß er seine Schwester von dieser neuen Stunde noch nicht in Kenntnis gesetzt habe; dann winkte er sie zu sich. »Nun aber rasch, mein lieber kleiner Dummbart!« sagte er und legte den einen Arm um das jetzt an seiner Seite stehende Mädchen, während sie ihr schwarzhaariges Köpfchen an das seine lehnte, als habe sie nun ihren ganzen kleinen Notstand auf den Bruder abgeladen.

Archimedes hatte ihre Tafel vor sich auf den Tisch gelegt. »Du mußt aber auch hübsch selbst mit zusehen, Phia!« sagte er, indem er bereits den Griffel in Bewegung setzte.

»Ja, Archi!« Und sie sah für ein Weilchen gehorsam auf ihre Rechnerei herab, in welcher der Bruder unter stummem Kopfschütteln und manchem nicht zu unterdrückenden »Außerordentlich!« eine ziemliche Verwüstung anzurichten begann.

Ich hatte indessen Muße, mir diese in ihrem Äußeren so ungleichen Geschwister zu betrachten. Das Mädchen erinnerte in keinem Zuge weder an den Bruder noch an den Vater; ihr schmales Antlitz war blaß – auffallend blaß; dies trat noch mehr hervor, wenn sie, noch zärtlicher sich an ihren Bruder drängend, unter tiefem Atemholen ihre dunklen Augen von der Tafel aufschlug, bis eine neue, leise gesprochene Ermahnung sie hastig wieder abwärts blicken ließ. – »Das Kind einer toten Mutter«, so hatte ich von einer alten feinen

Dame ihr Äußeres einmal bezeichnen hören; meine Phantasie ging jetzt noch weiter: ich hatte vor kurzem in einem englischen Buche von den Willis gelesen, welche im Mondesdämmer über Gräbern schweben; seit dieser Stunde dachte ich mir jene jungfräulichen Geister nur unter der Gestalt der blassen Phia Sternow; aber auch umgekehrt blieb an dem Mädchen selber etwas von jenem bleichen Märchenschimmer haften.

»Nein, kleine Phia«, hörte ich jetzt Archimedes sagen, »du wirst dein Leben lang kein Rechenmeister!«

Ich sah noch, wie sie fast heimlich die Arme um den Hals des Bruders schlang; dann war sie, ich weiß nicht wie, verschwunden, und Archimedes hatte seine Augen zärtlich auf die geschlossene Stubentür gerichtet. »Sie kann nicht rechnen«, sagte er. »Außerordentlich; aber sie kann gar nicht rechnen!«

Eine Art phantastischen Mitleids mit diesem Kinde hatte sich meiner bemächtigt. Ich begann wieder, wenn ich dort vorbeiging, durch die Plankenritzen in den etatsrätlichen Garten hineinzuspähen, hinter welchem sich ein wenig benutzter Fußweg mit dem Kirchhofswege kreuzte. Und oftmals nach der Nachmittagsschulzeit, wenn die Gartenruhe des Herrn Etatsrats längst vorüber war, habe ich sie dort beobachtet; meistens in dem vom Hause abgelegeneren Teile, wo die an der Planke hingereihten Linden und eine Menge alter Obstbäume die darunter liegenden Rasenpartien fast ganz beschatteten. Hier sah ich sie, in der niedrigen Astgabel eines Baumes sitzend, an einem Kranz aus Immergrün und Primeln winden; ich sah sie dann, da ich nach längerer Zeit denselben Weg zurückkam, das dunkle Köpfchen mit dem fertigen Kranze geschmückt, auf den schon dämmerigen Gartensteigen hin und wider wandeln, die Hände ineinandergefaltet, wie in heimlicher Glückseligkeit. Als es Herbst geworden war, sammelte sie wohl auch einen Apfel aus dem tiefen Grase und biß frisch hinein mit ihren weißen Zähnchen; aber immer sah ich sie allein; niemals war eine Gespielin bei ihr, welche mit ihr in die saftigen Äpfel hätte beißen oder sie in ihrem Primelkranze hätte bewundern können. Den letzteren hatte ich einige Tage nach seiner Anfertigung auf einem vernachlässigten Grabe des nahen Kirchhofs liegen sehen; es mochte ihr leid geworden sein, sich so für sich allein damit zu schmücken.

Aber auch in der Schule schien die Tochter des Etatsrats keine Genossin zu haben, wenigstens hatte ich mehrfach beobachtet, wie sie auf dem Heimwege mit ihrer schweren Büchertasche allein hinter dem plaudernden Schwarm einherging, der Arm in Arm die ganze Straßenbreite einnahm.

»Warum«, sagte ich zu meiner Schwester, »laßt ihr Sophie Sternow so allein gehen?«

Sie sah mich mit ihren lebhaften Augen an. »Bist du plötzlich Sophie Sternows Ritter geworden?«

Beschämt, meine zarten Empfindungen verraten zu haben, erwiderte ich nachlässig: »Ich meinte nur, sie tut mir leid; ist sie denn nicht nett?«

»Nett? Ich weiß nicht; ich glaube wohl, daß sie ganz nett ist.«

»Du sagst das ja, als wenn du Almosen austeiltest!«

»Nein, nein; ich kann sie ganz gut leiden, aber sie will nur immer meine Freundin werden!«

»Und warum willst du das denn nicht?«

»Warum? Ich habe ja schon eine; man kann doch nicht zwei Freundinnen haben!«

»So könntest du sie doch einmal zu dir einladen«, sagte ich nach einigem Bedenken.

»Die Blasse scheint dir ja sehr am Herzen zu liegen!« erwiderte meine Schwester mit einem unausstehlichen Anstarren.

»Ach, Unsinn! Sie dauert mich; ihr Mädchen seid hartherzige Kreaturen.«

Nach diesem geschwisterlichen Zwiegespräche kam Archimedes' Schwester einige Male in unser Haus. Mit Genugtuung beobachtete ich, wie meine Mutter das schmächtige Mädchen zärtlich zu sich heranzog; es war unverkennbar, daß diese sich dann Gewalt antat, um nicht die ungewohnte Liebkosung mit allem Ungestüm der Jugend zu erwidern. Im übrigen war sie schüchtern, besonders wenn sie die Hand zum Abschied reichte; es schien sie dann zu drücken, daß sie nicht auch ihrerseits meine Schwester zu sich einladen konnte. Aber eines Sonntagvormittags erschien sie strahlend mit vor Freude geröteten Wangen. »Ich soll dich einladen«, sagte sie zu meiner Schwester; »ich darf noch viele einladen; mein Vater hat es mir erlaubt!«

Und wirklich, der Herr Etatsrat hatte es erlaubt. Er hatte kürzlich herausgefunden, daß er eine Tochter habe, welche abends, wo die geröteten Augen ihm nicht selten ihren Dienst versagten, zum Vorlesen von Zeitungen und auch wohl amtlicher Aktenstücke trefflich zu gebrauchen sei; dann hatte er sich auch fernerer Vaterpflichten entsonnen und schließlich seine Tochter aufgefordert, »die kleinen Fräulein«, welche mit ihr in die Schule gingen, auf den Sonntag zu sich einzuladen.

Nach geheimem Zwiesprach zwischen unseren Eltern wurde, wohl nicht ganz unbedenklich, meiner Schwester die Zusage gestattet, und Phia Sternow ging mit leuchtenden Augen weiter, um auch ihre übrigen Gäste einzuladen.

Der Tag verging. Als wir übrigen im elterlichen Hause bei unserer Abendmahlzeit saßen und eben hin und her erwogen wurde, ob ich oder unser Kutscher meine Schwester von der etatsrätlichen Gesellschaft heimgeleiten solle, ging draußen die Haustür, und die Besprochene stand plötzlich vor uns, den Hut etwas verschoben auf dem Kopfe, ihren Umhang über dem Arm.

»Da bist du?« rief meine Mutter. »Ist die Gesellschaft denn schon aus?«

»Nein, Mutter – noch nicht; ich bin nur fortgelaufen.«

»Fortgelaufen? – War's denn nicht gut sein dort?«

»Oh – ja, zuerst! Phia war reizend! Wir waren alle im Garten; die andern spielten Greif um die großen Rasen; Phia und ich aber saßen ganz allein miteinander auf dem Altan; wißt ihr, da in der Ecke, wo man nach dem Kirchhof hinübersieht. Sie kannte all die kleinen Kindergräber und erzählte so wunderbare Geschichten von den toten Kindern; man sah sie ordentlich mit ihren kleinen blassen Gesichtern zwischen den Kirchhofsblumen laufen; ihr könnt es euch nicht denken, so reizend und so unbeschreiblich traurig! Ich sah sie an und frug, ob sie das alles doch nicht nur geträumt habe; da fiel sie mir um den Hals und küßte mich.«

Meine Mutter hörte teilnehmend zu; mein Vater sagte: »Das ist recht schön, Margrete; aber vor den toten Kindern bist du doch nicht fortgelaufen!?«

Meine Schwester nickte ein paarmal kräftig. »Wart nur, Papa! – Um acht Uhr, nach dem Abendessen – es war übrigens sehr gut, zuletzt Schokoladepudding mit Vanillecreme –, da kam der Herr Etatsrat zu uns in den Gartensaal. Es ist ganz gewiß, er mußte sich an eine

Stuhllehne halten, als er uns seinen Diener machte; er ist so wunderlich gewachsen! Dann setzte er sich vor seinen Altar und spielte auf seiner Glasharmonika, und wir sollten danach tanzen. ›Verstehet ihr Menuett, kleine Fräulein? Trà-là-lalà-lalà-lalà!‹ Er sang das mit einer ganz fürchterlichen Stimme und sagte, es sei aus dem ›Don Juan‹. Aber wir konnten kein Menuett. ›Immer zu Diensten der Damen!‹ rief er, und dann spielte er einen Walzer, und danach tanzten wir miteinander.«

»Wo war denn der gute Archimedes?« frug ich dazwischen. »An dem hättet ihr doch wenigstens einen Herrn gehabt.«

»Der gute Archimedes? Ja, der kam auch mal herein und wollte mit mir tanzen; aber der Herr Etatsrat sagte, unsere Eltern würden es als sehr unschicklich vermerken, wenn er gestatten wollte, daß eine so junge männliche Person allein zwischen all den kleinen Fräulein tanze. Und so mußte er wieder zum Saal hinaus. Aber paßt nur auf, das Schlimmste kommt nur noch!«

Mein Vater lächelte doch. »Was war denn das, Margrete?«

»Ja, glaub nur, es war schlimm genug! So eine riesengroße silberne Bowle, ganz voll von Punsch, und so stark, ich glaube, ich wurde schon vom bloßen Riechen schwindlig! Und dabei sagte der schreckliche Mensch: ›Das ist ein wenig Zuckerwasser für die Damen!‹ Eigentlich, weißt du, Papa, es schmeckte ganz gut; aber ich mußte doch greulich danach husten, als ich nur eben davon nippte. Der Herr Etatsrat aber trank gleich drei Gläser nacheinander, und er goß sich noch jedesmal etwas dazu aus einer kleinen Flasche, die er neben seinem Altar stehen hatte. – Und dann mußten wir wieder tanzen, und dann trank er auf unsere Gesundheit: ›Die Rosen im Lebensgarten, die Damen leben hoch!‹ Sehr schön, nicht wahr? Wir mußten alle mit ihm anstoßen, und dann füllte er sein Glas wieder, bis er zuletzt einen Kopf hatte wie eine Feuerkugel – ganz greulich sah er aus! ›Tanzet, kleine Fräulein, tanzet!‹ rief er immer; aber er konnte gar nicht mehr Takt halten; ich glaube gewiß Papa, er war betrunken!«

»Ich glaube auch, Margrete.«

»Ja, und wir waren auch so bange; wir saßen alle in der weitesten Ecke, ganz übereinander wie die Fliegen. Mich dauerte nur Phia – Papa, wenn ich solche Angst vor dir haben müßte, schrecklich! – Wie ein kleiner Geist stand sie vor uns und flehte uns ordentlich an: ›Wollt ihr nicht mehr tanzen? Oh, bitte, versucht es doch noch einmal!‹ Sie streckte ihre Arme aus, daß eine von uns sie aufnehmen möchte, denn sie tanzte immer nur als Dame; als wir uns aber nicht aus unserer Ecke wagten, ging sie von der einen zu der andern und bat uns um Verzeihung, wir möchten doch nicht böse sein, daß sie uns zu sich eingeladen habe. Und da wollten wir auch wieder tanzen, aber als wir eben ein wenig im Gange waren, da fing der schreckliche Etatsrat auf einmal an zu singen: ›Was kommt dort von der Höh, was kommt dort von der ledernen Höh?‹ – Kennt ihr es? Ein ganz scheußliches Studentenlied! – Und dabei wurde er so hitzig, daß er sich das Tuch vom Halse riß und es dicht vor meine Füße schleuderte!«

»Und dann, Margrete?« frug mein Vater, als sie hoch aufatmend innehielt.

»Dann? Ja, glaubt nur, daß ich mich erschrocken hatte! Dann – bin ich fortgelaufen. Hu! ich mußte ganz dicht bei dem fürchterlichen Mann vorbei; ich weiß noch selbst nicht, wie ich aus dem Saal gekommen bin.«

»Arme Phia!« dachte ich in demselben Augenblicke, als meine Mutter diese Worte aussprach.

Mein Vater wiegte leise seinen Kopf und sagte nachdenklich wie zu sich selber: »Es geht doch nicht; das darf nicht wiederkommen.«

Und es ging auch nicht. Für Phia Sternow blieb dieses Fest mit ihren Jugendgenossinnen das einzige ihres Lebens.

Als endlich bei Beginn eines Sommersemesters auch die Zeit meines Abganges zur Universität heranrückte, verfiel Archimedes in eine große Traurigkeit; die Szene mit den kleinen Gläsern, da es nachher nicht mehr möglich war, hatte sich schon jetzt in einigen Variationen abgespielt, und das Mitleid bedrängte mich derart, daß es sich notwendig in irgendeiner heldenhaften Tat entladen mußte.

Bei dem Abschiedsbesuche, den ich Archimedes auf seinem oben nach dem Garten hinaus liegenden Zimmer abstattete, bot sich hierzu die günstigste Gelegenheit; denn da ich, während mein armer Freund schweigend auf und ab wandelte, ebenso stumm und erregten Herzens aus dem Fenster blickte, gewahrte ich drunten den Herrn Etatsrat, der, in einer großen Zeitung lesend, in seinem Gartenstuhle saß. Mein Entschluß war sofort gefaßt; ich nahm kurzen Abschied, drängte den verbindlichen Archimedes zurück, als er mich die

Treppe hinabbegleiten wollte, ging dann aber, statt auf die Straße, hinten nach dem Garten und stand gleich darauf dem Herrn Etatsrat gegenüber.

Er schien trotz meines Grußes meine Anwesenheit nicht zu bemerken, wenigstens las er ruhig weiter, während ich ebenso ruhig, aber keineswegs mit besonderer Behaglichkeit, vor ihm stehenblieb. Endlich ließ er den Arm mit dem Zeitungsblatte sinken. »Was wollen Sie, mein Freund?« sagte er. »Nicht wahr, Sie sind der Sohn des Justizrats Soundso?«

Diese Worte sind nicht etwa eine Abkürzung seiner Rede; er sprach das wirklich, obgleich er mit meinem Vater längst in mannigfacher, mitunter vielleicht ein wenig heikler Geschäftsverbindung stand.

Etwas betroffen suchte ich meine Gedanken möglichst rasch zu ordnen und plädierte dann auch mit allen Gründen des Kopfes und des Herzens und, wie ich mehr und mehr zu empfinden meinte, in siegversprechendster Weise für den Lebenswunsch des armen Archimedes.

Der Herr Etatsrat hatte mich ausreden lassen, dann aber winkte er mich näher zu sich heran und legte, nachdem ich Folge geleistet hatte, seine Hand schwer auf meine Schulter. »Junger Mann«, begann er mit immer gewaltigerem Brustton, »Sie haben sonder Zweifel davon reden hören: vor meiner Zeit war hier kein Deich, der standhielt; Menschen und Vieh ersoffen gleich wie zu Noä Zeiten; hier war nichts als Pestilenz und gelbes Fieber! Erst von mir, von dem Sie einst erzählen mögen, daß Sie den Mann mit eigenen Augen noch gesehen haben, datiert die eigentliche Ära unseres Deichbauwesens! Holländische Staatsingenieure wurden hergesandt, um die Konstruktion meiner Profile zu studieren; denn es ist mein Werk, daß diese ehrenreiche Stadt samt Ihnen, junger Freund, und dem Justizrat, Ihrem Vater, nicht Anno fünfundzwanzig von der Flut verschlungen worden und daß hier, wo ich jetzt die Ehre Ihrer Unterhaltung genieße, nicht Hai und Rochen miteinander konversieren! Aber« – und die vorquellenden Augen verbaten sich jeden Widerspruch – »nach mir ist mein Sohn Archimedes der erste Mathematikus des Landes!«

Er zog seine Hand zurück und machte gegen mich von seinem Sessel aus eine Art unbehülflichen Entlassungskompliments.

Unwillkürlich erwiderte ich dasselbe und ging dann recht beschämt davon, in der, wie ich noch jetzt meine, wohlbegründeten

Überzeugung, daß meine grüne Beredsamkeit gegen diese Art denn doch nicht aufzukommen vermöge.

So blieb denn Archimedes abermals zurück, während ich voll mutiger Erwartung in das neue Leben hinaussteuerte.

Ich habe hier nicht von mir und meinem Studentenleben zu reden, sonst müßte ich erzählen, wie diese Erwartungen nur zum kleinsten Teil erfüllt wurden; denn die Leute, mit denen ich zusammentraf, erschienen mir, sei es durch ihre Persönlichkeit oder nur durch ihr derzeitiges Tun und Treiben, um einige Stufen niedriger als die, welche ich zurückgelassen hatte. So kam es, daß ich manchen Brief in meine Heimat sandte und wiederum von dort empfing; auch Archimedes schrieb mir einige Male; sein Übergewicht an Jahren, seine treuherzige Anhänglichkeit boten für das ihm etwa Fehlende genügenden Ersatz, und seine Briefe waren so ganz er selber, daß ich beim Lesen ihn leibhaftig vor mir sah, den kleinen guten Mann mit seinem erbsengelben Haarpull, seinem verbindlichen Lächeln bei dem kriegerischen Aufblick seiner runden Äuglein. Das freilich war die Hauptsache; denn seine Mitteilungen beschränkten sich auf die einfachen Vorkommnisse seines Lebens. Einmal aber, im Hochsommer, war eine neue Art der Unterhaltung für ihn aufgekommen. Der Herr Etatsrat hatte gegen irgendwelchen Ungehorsam seines Leibes den Gebrauch des »Erdbades«, wie er diese selbstersonnene Kur nannte, für notwendig befunden; ob von jener nur allzu gründlichen Heilkraft unserer guten Mutter Erde ausgehend, ob in anderer Anleitung, mochte er selbst am besten wissen. Um aber zugleich die Gunst der Seeluft zu genießen, ließ er sich – und es geschah dies einen um den anderen Tag – eine Stunde weit an den Strand hinausfahren, und da er hierbei außer dem Kutscher noch einer weiteren Hülfe bedurfte, so mußte Archimedes stets bei diesem aufsitzen. Unweit eines dort belegenen Dorfkruges, an einer Stelle, wo neben zwei im Sande steckenden Spaten bereits ein entsprechend tiefes Loch gegraben war, wurde haltgemacht und der Herr Etatsrat aus dem verdeckten Wagen unter das Angesicht des Himmels herausgeschafft. Glücklicherweise aber verschwand er unter eifrigen Schaufeln des Kutschers und eines bereitstehenden Arbeiters gleich darauf wieder in den Schoß der Erde, so daß nach vollbrachter Arbeit nur noch der braunrote Kopf über der weiten Strandfläche hervorsah.

Die Wellen rauschten, die Möwen schrien, der Herr Etatsrat badete.

Dann folgte der zweite Teil der Kur. Das mächtige Haupt drehte sich mühsam nach der Gegend des Dorfkruges. »Sohn Archimedes«, rief es, »eile jetzo, deinen Vater zu erquicken!«

Auf diese pathetisch vorgebrachten Worte schritt Archimedes nach dem Kruge, wo unter den Flaschen auf dem Schenkregal eine mit der Aufschrift »Pomeranzen« prangte. Nachdem er, wie nicht unbillig, sich zuvörderst selbst erquickt hatte, kehrte er eilig mit mehreren Gläsern dieses Trankes an den Strand zurück und kredenzte sie dort in gewohnter Zierlichkeit dem über unkindliche Säumnis scheltenden Haupte seines Vaters.

Damit war das Bad beendet; nur daß sich alle dann noch nach dem Wirtshause begaben, wo der Herr Etatsrat sich eine letzte Stärkung nicht entgehen ließ; für Archimedes war von seinem Vater als das ihm angemessenste Getränk ein für allemal ein Glas Eierbier bestellt, welches er denn auch mit vielsagendem Lächeln zu sich nahm. Bei einer der letzten Fahrten aber geschah etwas Unerwartetes. »Sohn Archimedes«, begann der Herr Etatsrat feierlich, als er nach genossenem Erdbade pustend in dem Flickenpolsterstuhle des Wirtes ruhte, »heute, als an deinem siebenundzwanzigsten Geburtstage, darfst auch du wohl einmal von diesem Tranke kosten, welcher den Jünglingen Verderben, den Männern aber Labsal ist!«

Herablassend winkte seine schwere Hand dem Wirte; dieser aber, während er den braunen Saft ins Glas goß, warf einen verständnisvollen Blick erst auf Herrn Archimedes, sodann auf eine hübsche Reihe von Kreidestrichen, welche an der Stubentür verzeichnet standen.

Der Zusammenhang dieser Gebärden wurde völlig klar, als später, nachdem die Zeche des Etatsrats in hergebrachter Weise durch den Kutscher berichtigt worden, auch Archimedes seine damals grade wohlgefüllte Börse zog und hierauf jene Striche sämtlich von der Tür verschwanden.

Er hatte diese Vorgänge in jenem harmlos heiteren Ton erzählt, der im persönlichen Verkehr mich immer freundlich anzusprechen pflegte; gleichwohl entsinne ich mich, daß ich derzeit diesen Brief nicht ohne ein Gefühl von Unbehaglichkeit beiseite legte. Vorübergehend kam mir auch wohl die Frage, weshalb denn der Herr Etatsrat nicht sein Faktotum Käfer statt des ihm fernerstehenden Sohnes bei diesen

Badefahrten mit sich führe; aber freilich, der Schlingel mochte es schon verstanden haben, sich von solchen Diensten frei zu machen.

Ein Jahr war dahingegangen, die Ferienzeit war fast verstrichen, und die andern Studenten waren längst schon heimgereist; durch mancherlei Umstände aber war es gekommen, daß ich nur die letzten Tage vor Beginn des neuen Sommersemesters im elterlichen Hause verleben konnte. Als ich eintraf, sah ich wohl, daß Archimedes schon unter dem grauen Gespinst der Abschiedsstimmung einherwandelte. »Asche, Asche, lieber Freund!« rief er sogleich nach der ersten Freude des Wiedersehens. »Um ein paar Tage seid ihr alle wieder fort: und schau nur her!« – er hob das spärliche Haar von seinen Schläfen – »da kommen schon die silbernen! Wenn ihr wiederkehrt, ihr werdet einen alten Mann dann finden!«

Und freilich, ein paar weiße Härchen zeigten sich, und der kurze Rest der Ferien ging rasch zu Ende. Es wurde indessen anders, als irgendeiner es erwarten konnte.

Ich weiß nicht sicher, ob Archimedes immer einen schwarzen Frack und einen glattgebürsteten Zylinder trug; ich glaube es fast; unvergeßlich ist mir, wie ich ihn so am letzten Tage vor der Abreise zu mir in die Stube treten sah, während ich, am Fußboden kniend, meinen Koffer packte.

Archimedes sagte nichts, er ging nur, sein Stöckchen schwingend, mit sehr elastischen Schritten auf und ab; dann räusperte er sich ein paarmal, machte seine exaktesten Kopfbewegungen, aber sagte wieder nichts.

»Nun?« rief ich.

»Nun?« rief Archimedes.

Ich faßte ihn jetzt recht fest ins Auge; aber in meinem Leben habe ich nicht so die Freude auf einem Menschenantlitz ausgeprägt gesehen.

»Archimedes«, rief ich, »was ist geschehen?«

Er räusperte sich noch einmal; er schien zu geizen mit der gleichwohl stumm von seinen Lippen redenden Glückesbotschaft. »Lieber Freund«, sagte er endlich mit erkünstelter Trockenheit und tickte mit seinem Stöckchen mich leise auf der Schulter; »ich möchte nur bescheiden bei dir anfragen, ob morgen noch ein Plätzchen auf deines Vaters Wagen offen ist.«

Ich erhob mich von meinem Koffer und betrachtete meinen kleinen Freund, der mit seinem Stöckchen wippte, als ob er ein mutiges Pferd besteigen wolle.

»Warte nur«, sagte ich, »wie viele sind wir denn? Peter Krümp, der Rantzauer, Jochen Fürchterlich -- freilich, es ist just ein Platz noch offen! Willst du uns begleiten, oder ... am Ende gar? Hat der Alte herausgerückt?«

»Halt!« rief Archimedes. »Bester Freund, du sollst noch Ratsherr werden!« Und damit zog er seine bekannte grünseidene Börse aus der Tasche, deren außerordentlicher Umfang mir heute zum ersten Male recht erkennbar wurde, und setzte daraus einen Stapel blanker Speziestaler nach dem andern auf den Tisch. »Schau her!« rief er. »Hier Kollegiengelder, für die du kein Verständnis hast; dann in schwindender Proportion, hier für eine Kneipe in der Wolfsschlucht, hier für den etwas mageren Kosttisch, an dem die Theologen futtern!« Er warf mit kurzem Lachen seinen Kopf zurück und sah mich ganz verwegen an. »Ja, ja, Bester, ich fürchte mich nicht vor den zähen Pfannekuchen und werde sie keineswegs wie gewisse Leute so schnöde an die Stubentüren nageln! Und somit, das erste Semester wäre in Sicherheit!«

Auf einmal begann er, sein Stöckchen schwingend, wieder auf und ab zu wandeln; sein Gesicht hatte einen ernsten, fast sorgenvollen Ausdruck angenommen.

»Woran denkst du, Archimedes?« frug ich.

»Hm, im Grunde nicht so außerordentlich!« Und er setzte noch immer seinen Spaziergang fort. »Meine arme kleine Schwester; sie hatte an mir doch einen Kameraden!«

Ich schwieg beklommen, denn auch mit meiner Schwester hatte der Verkehr ja aufgehört.

»Ich weiß wohl«, fuhr er fort; »der Alte ist ja eigentümlich; das ist kein Haus für junge Damen.« Er schwieg plötzlich und schneuzte sich heftig, mit seinem großen rotseidenen Taschentuche.

»Archimedes«, sagte ich, »die Mädchen könnten ja doch hier zusammenkommen! Mutter und Schwester haben deine Phia beide gern.« Ich sagte das aufs Geratewohl; ich konnte nicht anders.

Er blieb stehen. »Ist das dein Ernst? Darf ich es ihr sagen?« rief er lebhaft.

»Gewiß darfst du das.«

Seine Augen leuchteten ordentlich. »Trefflich, trefflich!« rief er und drückte mir die Hand. »Freilich, wenn der Alte sie nur fahrenläßt! Abends muß sie ihm vorlesen, bis ihr die Brust weh tut; sie ist nicht stark, die kleine Phia. Und tages . . . nach ihrer Konfirmation ist gleich die eine Dienstmagd abgeschafft, sie hat soviel zu tun, das arme Ding. Aber gewiß, ich werd's ihr sagen; nun wird die Reise viel fröhlicher vonstatten gehen!«

Aber Archimedes hatte noch ein Bedenken oder wenigstens noch einen Widerhaken im Gemüte; und ich war nun einmal sein Vertrauter.

»Weißt du auch«, begann er wieder, »wem ich diese außerordentliche, ja ganz unglaubliche Erfüllung meines Wunsches zu verdanken habe?«

»Ich denke, deinem Vater«, erwiderte ich, »du sagtest es ja schon.«

Archimedes vollführte einen scharfen Hieb mit seinem Stöckchen durch die Luft. »Freilich, Bester; aber – der Günstling, der Haus- und Kassenverwalter Käfer hat es hinter meinem Rücken bei dem Alten durchgesetzt; die Sache ist ganz sicher, Phia hat es mich versichert; sie hält diesen Käfer für den besten aller Menschen! Siehst du, das wurmt mich; ich mag dieser Kreatur nichts zu verdanken haben.«

»Nun«, sagte ich – ich weiß nicht, wie es mir eben auf die Zunge kam –, »vielleicht hast du ihm auch nichts zu danken; vielleicht mag's ihm selber daran liegen, dich aus dem Hause loszuwerden.«

Archimedes starrte mich fast erschrocken an. »Du sagst es!« rief er; »aber ich habe auch schon daran gedacht! Nur wüßte ich eigentlich nicht, warum; ich habe mich nie darum gekümmert, wie aus des Alten Schatulle das Silber in seine Tasche fließt; glaubt er indessen, durch meine Abwesenheit diesen Strom noch zu verstärken – basta! so möge er seinen Lohn dahin haben!«

Damit war unsere Unterhaltung zu Ende. »Auf morgen denn!« rief Archimedes in seiner alten Fröhlichkeit; die Ausprägung jenes letzten Gedankens schien seine Bedenklichkeiten ganz verscheucht zu haben. Und auch mir schien damit alles erklärt zu sein; denn Herr Käfer mußte augenscheinlich nicht wenig Geld verbrauchen. Er kleidete sich gut, man konnte sagen, mit Geschmack; er ließ sich auch sonst nichts abgehen. Trotz seines noch immer etwas weibischen Gesichtes machte er keine üble Figur, so daß alte Damen ihn einen feinen jungen Menschen nannten; auch ich selber wäre vielleicht weniger dagegen gewesen, wenn ich ihn mir nicht zehn Jahre früher durch die Planke so genau betrachtet hätte. Er war unablässig bemüht, sich in die bessere Gesellschaft einzudrängen, und hatte es sogar fertiggebracht, mit einer Anzahl von drei weißen Kugeln von der Harmoniegesellschaft zurückgewiesen zu werden. Und somit machte auch ich mir keine weiteren Gedanken.

Am Tage darauf, am schönsten Junimorgen, fuhren wir Studenten ab. Archimedes war anfänglich etwas still. »Ein harter Abschied«, flüsterte er mir zu und drückte krampfhaft meine Hand. Aber die Abschiedsstimmung hielt nicht stand; am Waldesrande, etwa eine Meile hinter unserer Vaterstadt, sprangen wir alle vom Wagen und schmückten Pferde und Geschirr mit frischem Buchengrün, uns selbst nicht zu vergessen. Der junge Kutscher meines Vaters, »Thoms Knappe« von uns genannt, hatte die Fahrt schon mehrfach mitgemacht; er kannte alle unsere Lieder und sang mit seiner klingenden Tenorstimme frisch dazwischen, als es jetzt wieder in das freie Land hinausging. Ich entsinne mich kaum einer Reise, wo mir die Sonne so ins Herz gelacht hätte; es war aber auch nicht allein die Sonne: zur Seite des rollenden Wagens flogen die hellsten Genien des Lebens, Hoffnung und Jugend, mit ihrer weithin leuchtenden Aureole.

Auf der Hälfte des Weges, in dem großen baumreichen Dorfe, wo man im Vorüberfahren in des Hardesvogts Garten den kleinen Springbrunnen mit der goldenen Kugel spielen sah, vor dem stattlichen Wirtshause, dem der mit dunklen Tannen bestandene Hügel gegenüberlag, wurden die dampfenden Pferde abgeschirrt und den Herren Studenten das helle Staatszimmer zur Mittagstafel eingeräumt. Und bald auch saßen wir alle, Thoms Knappe nicht ausgenommen, um den sauber gedeckten Tisch; glänzende Schinkenschnitte, Eier und Eierkuchen, und was sonst noch in den hochbeladenen Schüsseln aufgetragen wurde, verschwand mit unglaublicher Geschwindigkeit. Buttermilch wurde nicht getrunken, vielmehr kann nicht verschwiegen werden, daß neben jedem Teller ein tüchtiges Glas Grog seinen erquickenden Dampf versandte, während zur Tafelmusik Finken und Rotschwänze drüben aus den Tannen schlugen.

Mit einem unsäglich frohen Angesicht saß Archimedes neben mir; er schien alles, was ihn daheim belastet hatte, hinter sich geworfen zu haben; sooft er mit vergnügtem Lächeln sein dampfendes Glas zum Munde führte, machte er seine kriegerischsten Augen, als wollte er sagen: ›Leben, wo bist du? Komm heraus; wir wollen dich bestehen!‹ Und »Prosit! Prosit Archimedes!« klang es von allen Seiten.

Einige Tage nach unserer Ankunft in der Stadt, der Alma mater, da ich auf meinem Zimmer mich eben mit dem rätselvollen Kapitel der Korrealobligationen plagte, stand Archimedes plötzlich vor mir; er nickte mir zu, hob sich auf den Fußspitzen und drückte den Kopf in den Nacken, als fordere er mich heraus, ihn zu betrachten.

»Alle Wetter, Archimedes!« rief ich: »wo hast du dir dies strahlende Angesicht geholt?«

Er hob den Kopf noch höher aus den spitzen Vatermördern. »Nur drei Häuser weit von hier, lieber Freund; von dem rectore magnifico! Ich bin Student, immatrikuliert – data dextera – der alte Celeberrimus in Schlafrock und Pantoffeln! Wahrhaft rührend, ganz erhebend! Aber«, fuhr er fort, indem er sich zum Fenster wandte, »dein Spiegel hängt auch ganz verteufelt hoch!« Und damit nahm er mir mein dickes schweinsledernes Corpus juris vor der Nase fort und legte es als Schemel auf den Fußboden; nachdem er also seiner Kürze nachgeholfen, betrachtete er sich in der fleckigen Spiegelscheibe mit augenscheinlichem Behagen. »Student!« sagte er noch einmal. »Meinst du nicht auch, der Schnurrbart ist in den kurzen acht Tagen doch schon hübsch gewachsen! Vivat der Alte! Weißt du, wir wollen heute abend seine Gesundheit trinken; ich werde sehr guten Stoff besorgen. Nicht so, du willst doch? Der Alte hat es in der Tat verdient!«

»Freilich will ich, Archimedes«, erwiderte ich; »sage nur auch die andern an, alles übrige werde ich besorgen.«

»Trefflich, trefflich!« rief Archimedes. »Aber hier hast du dein Corpus juris wieder; ich muß zunächst nun meine mathematica belegen; denn, lieber Freund, es soll höllisch jetzt geochst werden!«

Wie tanzend schritt er nach der Tür, nachdem er mir ein paarmal mutig zugenickt hatte; plötzlich aber hielt er inne. »Weiß der Henker«, sagte er; »ich muß immer wieder an diesen Schuft, den Käfer, denken! Er ist nicht mal ein ordentlicher Käfer, höchstens ein Insekt der siebenten Ordnung, so eine Schnabelkerfe oder dergleichen etwas!«

Meine Gedanken waren schon wieder bei den Korrealobligationen. »Was kümmert dich der Bursche«, sagte ich obenhin; »der ist ja weit von hier!«

»Freilich, freilich«, erwiderte Archimedes, indem er aus der Tür ging; »wir wollen die Naturgeschichte ruhen lassen.« --

Die kleine Kneiperei ging dann auch am Abend zur Herzensberuhigung unseres Freundes in bester Heiterkeit vonstatten; als wir aber feierlich die Gesundheit seines Alten tranken, flüsterte er mir ganz ergrimmt ins Ohr: »Und daß er bald der Schnabelkerfe einen Fußtritt gebe!« Dann stürzte er sein volles Glas herunter.

Es ist mir später klargeworden, daß in betreff jenes Menschen eine unbestimmte Furcht in seiner Seele lag, die er selber freilich nicht mehr bestätigt sehen sollte. Im weiteren Verlaufe des Semesters erwähnte er desselben nicht wieder; seine Arbeiten mochten diese Dinge bei ihm zurückgedrängt haben; denn seiner Ankündigung gemäß betrieb er diese vom Morgenrot bis in die Mitternacht hinein.

Bei Beginn der Herbstferien reiste Archimedes nach Hause, weil mit dem Semester auch seine dafür berechnete Kasse ihr Ende erreicht hatte; ich blieb noch, um unter Benutzung der Universitätsbibliothek eine bestimmte Materie durchzuarbeiten. Erst kurz vor dem Wiederbeginn der Kollegien folgte auch ich, um wenigstens ein paar Tage mit den Meinen zu verleben.

Archimedes fand ich besonders heiter und in großer Regsamkeit. »Du kommst verteufelt spät, lieber Freund!« rief er mir entgegen; »aber der Alte ist splendid gewesen, ich reise wieder mit euch! Übrigens . . .« Und nun erfuhr ich, daß am letzten Tage noch ein Ball stattfinden solle, den ich nicht versäumen dürfe; seine kleine Phia würde auch erscheinen.

Dann schwieg er eine Weile und sah mit seinem kindlichen Lächeln zu mir auf. »Weißt du, lieber Freund«, begann er wieder, »ich habe dabei auf dich gerechnet! Sie hat noch keinen Ball besucht; sie hat daher nicht so ihre gewohnten Tänzer wie die andern; nicht wahr, du hilfst mir, sie gleich ein wenig mit hineinzubringen?«

Ich dachte plötzlich wieder an die Willis. »Deine Schwester muß ja bezaubernd tanzen«, sagte ich. »Wie wär's mit Polonäse und Kotillon? Willst du meine Bitte überbringen?«

Archimedes drückte mir die Hand. »Trefflich, trefflich, lieber Freund! Aber nun muß ich zum Schuster, ob meine neuen Lackierten doch auch fertig sind!« –

Am Morgen des Festabends waren wir alle in Bewegung; die eine, um Handschuhe oder seidene Strümpfe einzukaufen – denn Archimedes war der einzige, der stets in Lackstiefeln tanzte –, die andern, um bei dem Gärtner einen heimlichen Strauß für die Angebetete zu bestellen. Diese letzteren belächelte Archimedes, indem er sanft den Kopf emporschob; er hatte niemals eine Herzdame, sondern nur eine allgemeine kavaliermäßige Verehrung für das ganze Geschlecht, worin er vor allem seine Schwester einschloß. Ich entsinne mich fast keiner Schlittenpartie, wobei sie nicht die Dame des eigenen Bruders war; es schien bei solchem Anlaß, als möge er sie keinem Dritten anvertrauen; sorgsam vor der Abfahrt breitete er alle Hüllen um und über sie, während das blasse Gesichtchen ihn dankbar anlächelte; und ebenso sorgsam und ritterlich hob er bei Beendigung der Fahrt sie wieder aus dem Schlitten.

So war denn Archimedes zum Festordner wie geschaffen und auch diesmal dazu erwählt worden. Als ich, wie gewöhnlich sein Gehülfe bei solcher Gelegenheit, am Vormittag des Festes in den Ballsaal trat, wo noch einiges mit dem Wirte zu ordnen war, fand ich ihn mit diesem bereits in lebhafter Unterhaltung. »Vorzüglich, ganz vorzüglich!« hörte ich ihn eben sagen; »also noch ein Dutzend Spiegellampetten an den Wänden, damit die Toiletten der Damen sich im gehörigen Lüstre präsentieren, und, Liebster, nicht zu vergessen die bewußten Draperien, um auch die Musikantenbühne in etwas zu verschönern!«

Während der Wirt sich entfernte, schritt Archimedes auf mich zu, der ich am andern Ende des Saales die Tischchen mit den Kotillonraritäten revidierte; aber der Ausdruck seines guten Gesichts schien den heiteren Worten, die ich erst eben von ihm gehört hatte, wenig zu entsprechen.

»Was fehlt dir, Archimedes?« frug ich. »Deine Schwester ist heute abend doch nicht abgehalten?«

»Nein, nein!« rief er. »Sie wird schon kommen, und wenn auch erst um zehn Uhr, nachdem der Alte zur Ruhe gegangen ist; aber ich denke sie noch früher loszunesteln!«

»Nun also, was ist es denn?«

»Oh, es ist eigentlich nichts, lieber Freund; aber dieser Käfer, der Herr Hausverwalter! Ich glaube, das arme Ding fürchtet sich ordentlich vor ihm. Stelle dir's vor, er unterstand sich heute, auf mein Zimmer zu kommen und uns beiden zu erklären, der Herr Etatsrat werde das sehr übel vermerken, wenn das Fräulein auf den Ball ginge; und das Fräulein hing so verzagt an seinem unverschämten Munde; es fehlte nur noch, daß er ihr gradezu den Ball verboten hätte!«

Archimedes zuckte mit seinem Stöckchen ein paarmal heftig durch die Luft. »Ich werde diesem Käfer noch die Flügeldecken ausreißen!« sagte er und machte seine Offiziersaugen. »Der Mensch unterstand sich sogar, mich bei meinem Vornamen anzureden; da habe ich ihm denn seinen Standpunkt klargemacht und ihn hierauf sanft aus der Tür geschoben; siehst du« – und er erhob den Arm –, »mit dieser meiner eigenen Hand, die leider ohne Handschuh war!« Er ging ein paarmal auf und nieder. »Zu toll, zu toll!« rief er. »Während meiner Philippika hatte das Kind mich fortwährend am Rock gezupft; nun der Bursche fort war, bat sie mich unter Tränen, sie doch zu Haus zu lassen. Aber sie soll nicht; sie soll auch einmal wie andere eine Freude haben; und sie hat mir's denn endlich auch versprochen.«

Archimedes steckte beide Hände in die Taschen und blickte eine Weile schweigend gegen die Saaldecke. »Das arme Ding«, sagte er; »sie hatte so ein Paar große erschrockene Kinderaugen! Wenn der Halunke es sie später nur nicht entgelten läßt! Nun, am Ende, wir sind denn doch nicht aus der Welt!«

Und allmählich beruhigten sich seine Gesichtszüge, und sein gutes Lächeln trat wieder um seinen wohlgeformten Mund. »Aber noch eines, lieber Freund«, begann er aufs neue; »ich weiß, du bist auch so etwas für die Blumensträuße, und du meinst es stets aufs trefflichste; aber – sende ihr keinen! Nicht um meiner Grille halber, es würde sie ja wohl erfreuen; es ist nur – in unserem Hause paßt das mit den Blumensträußen nicht. Aber komm und hilf mir; die kleine Phia soll denn doch nicht ohne Blumen auf den Ball!«

Und dann gingen wir miteinander fort und kauften die schönste dunkelrote Rose für das schwarze Haar des blassen Mädchens.

Meine Schwester war von einem leichten Unwohlsein befallen; so kam es, daß ich abends allein und erst kurz vor Beginn des Tanzes in das Vorzimmer des Ballsaales trat.

Archimedes kam mir schon entgegen. »Ah!« rief er, »vortrefflich, daß du da bist! Nun wollen wir auch sofort beginnen!«

Aber ich hielt ihn noch zurück. »Einen Augenblick!« sagte ich. »Ich muß mir erst die Handschuh knöpfen.« In Wahrheit aber wollte ich ihn selber nur betrachten; dieser kunstvoll frisierte Haarpull, der kohlschwarz gewichste Schnurrbart, dazu das fröhliche und doch gemessene Werfen des Kopfes, das elegante Schwenken des kleinen Chapeau claque – in Wahrheit, er imponierte mir noch immer.

»Deine Schwester ist doch drinnen?« frug ich dann, nach der offenen Tür des Saales zeigend, indem ich mich zugleich für vollkommen tanzfähig erklärte.

Er drückte mir die Hand. »Alles in Ordnung, lieber Freund!«

Als dann gleich darauf die Musik einsetzte, schritt Archimedes erhobenen Hauptes in den Saal, und ich folgte ihm, um meiner Dame zur Polonäse die Hand zu reichen. Aber sie war nicht unter ihren Altersgenossinen, die am andern Ende des Saales sich wie zu einem Blumenbeet zusammengeschart hatten; ich fand sie gleich am Eingang bei einem mir unbekannten, unschönen und plump gekleideten Mädchen sitzend. Sophie Sternow trug ein weißes Kleid mit silberblauem Gürtelbande; das glänzende, an den Schläfen schlicht herabgestrichene Haar war im Nacken zu einem schweren Knoten aufgeschürzt; aber weder die Rose, welche ihr Bruder unter meinem Beirat vormittags für sie gekauft hatte, noch sonst ein Schmuck, wie ihn die Mädchen lieben, war daran zu sehen.

Ein leichtes Rot flog über ihr Antlitz, als ich auf sie zutrat. »Freund Archimedes«, sagte ich, »wird mir hoffentlich den Tanz gesichert haben; ich möchte nicht zu spät gekommen sein.«

Ein flüchtiger Blick aus ihren dunklen Augen streifte mich. »Ich danke Ihnen«, sagte sie fast demütig, indem sie, mich kaum berührend, ihre Hand auf den ihr dargereichten Arm legte, »aber auch ohnedies wären Sie nicht zu spät gekommen.«

Ich hatte sie lange nicht gesehen; aber Archimedes irrte, das waren keine Kinderaugen mehr.

Wir tanzten dann, und ich würde noch jetzt sagen, daß sie trefflich tanzte; nur empfand ich in ihren anmutigen Bewegungen nichts von jener frohen Kraft der Jugend, die sonst in den Rhythmen des Tanzes so gern ihren Ausdruck findet. Dies und die etwas zu schmalen Schultern beeinträchtigten vielleicht in etwas die sonst so eigentümlich schöne Mädchenerscheinung.

Nach beendigtem Tanze führte ich sie an ihren Platz zurück, und sie setzte sich wieder neben das häßliche Mädchen, welches von niemandem aufgefordert war und jetzt froh schien, wenigstens für den Augenblick aus seiner Verlassenheit erlöst zu werden. Als ich in dem Gewirre der sich auflösenden Paare Archimedes zu Gesicht bekam, konnte ich die Frage nicht unterlassen, ob er denn die Rose von heute morgen seiner Schwester nicht gegeben habe.

»Freilich, freilich!« erwiderte er, indem er zugleich einen Inspektionsblick in dem Saal umherwarf; »aber die Kleine scheint auf einmal eigensinnig geworden; sie wollte keine Blumen tragen; sie konnte nicht einmal sagen, weshalb sie es nicht wollte; sie bat mich flehentlich um Verzeihung, daß sie es nicht könne; denn, in der Tat, ich wurde fast ein wenig zornig! – Nun, lieber Freund«, setzte er in munterem Ton hinzu, »die Damen haben ihre Launen, und jetzt werde ich selber mit der kleinen Dame tanzen!«

Während er dann zunächst noch zu den Musikanten ging, blickte ich im Saal umher. Die blasse Phia Sternow war die einzige, deren junges Haupt mit keiner Blume geschmückt war; in dem duftweißen Kleide mit dem Silbergürtel erschien sie fast nur wie ein Mondenschimmer neben ihrer plump geputzten Nachbarin. Und wieder mußte ich an die Willis denken, und jenes phantastische Mitgefühl, das ich als halber Knabe für sie empfunden hatte, überkam mich jetzt aufs neue. Dies verleitete mich auch, als ich später mit der Busenfreundin meiner Schwester im Contretanze stand, diese etwas männliche Brünette mit ziemlich unbedachten Vorwürfen wegen einer solchen, wie ich mich ausdrückte, absichtlichen Trennung von der früheren Schulgenossin zu überhäufen. Hatte ich doch mit steigender Erregung wahrgenommen, daß keine der hiesigen jungen Damen sie begrüßte, wenn sie an ihrem Platz vorübergingen, ja daß eine derselben mit plötzlicher Bewegung den Kopf zur Seite wandte, da sie unerwartet in der Tanzkette ihr die Fingerspitzen reichen mußte.

Schon während meiner Rede hatte ich bemerkt, daß meine Tänzerin eine kriegsbereite Haltung annahm. »Sprechen Sie nur weiter!« sagte sie jetzt, als ich zu Ende war; »ich höre schon.« Und dabei trat sie einen Schritt zurück, als wolle sie mich besser Aug in Auge fassen.

Als ich hierauf noch einmal betonte, was nach meiner Meinung in diesem Falle vorzubringen war, ließ die schöne Braune mich ruhig ausreden; dann sagte sie mit einer Gemessenheit, die seltsam zu dem jungen Munde stand: »Ich verstehe das alles wohl; aber finden Sie nicht selbst, daß es Fräulein Sternow völlig freisteht, unsere Gesellschaft aufzusuchen, wenn sie anders meinen sollte, daß sie noch dahin gehöre?«

»Dahin gehöre?« Ich wiederholte es fast erschrocken. »Sie wollen doch die Ärmste nicht für ihr väterliches Haus verantwortlich machen?«

Fräulein Juliane – so hieß die schöne Männin – zuckte nur die Achseln; gleich darauf mußten wir tanzen. Als wir wieder auf unserem Platz standen, gewahrte ich die Besprochene in der andern Reihe neben uns, und so konnte das Gespräch nicht wieder aufgenommen werden. Zu meiner stillen Genugtuung bemerkte ich indessen, daß Phia Sternow von den Tänzern nicht vergessen wurde, wenn diese auch meist nur aus den Freunden ihres Bruders und diesem selbst bestanden. Sie erschien mir jetzt, da der Tanz ein leichtes Rot auf ihre Wangen gehaucht hatte, so über alle schön, daß ich fast laut zu mir selber sagte: ›Der Neid; es ist der Neid, der sie verfemt.‹

Die Hälfte des Abends war vorüber, der Kotillon, der Tanz, wo es gilt, die Pausen zu verplaudern, führte mich wieder mit ihr zusammen. Den vorhergehenden Walzer hatte ich in einem Anfalle von Barmherzigkeit mit ihrer unschönen Nachbarin getanzt, und Sophie Sternow hatte mich, da ich sie von ihrer Seite holte, mit einem dankbaren Lächeln angeblickt, dem einzigen, das ich an diesem Abend auf ihrem jungen Antlitz sehen sollte. »Wer ist das Mädchen?« frug ich jetzt. »Sie scheint eben keine beliebte Tänzerin.«

Phia blickte flüchtig zu mir auf. »Sie ist eine Fremde«, sagte sie dann; »sie hat hier keine Freunde.«

Sie schwieg, und ich suchte nach einem andern Unterhaltungsstoff. Was aber sollte ich reden, ohne bei der Armseligkeit dieses Lebens anzustoßen! Da begann ich von ihrem Bruder, von seinem redlichen Fleiße, von unserem treuen Zusammenhalten. Nur aus den geöffneten Lippen und den regungslos auf mich gerichteten Augen erkannte ich, mit welcher Teilnahme sie meinen Worten folgte; aber auch jetzt brach kein Lächeln durch den leidenden Ernst dieser jungen Züge.

»Fräulein Sophie«, sagte ich, »ich weiß es, Sie haben durch den Fortgang dieses Bruders viel verloren.«

Ein kaum hörbares »Ja« war die Antwort. Als ich aber dann, des aufs neue bevorstehenden Scheidens gedenkend, hinzufügte: »Diesmal werden Sie ihn schon nach ein paar Monaten wiederhaben!«, da schloß sie die Augen, als wolle sie in keine Zukunft blicken, und hielt ihr Antlitz wie das einer schönen Toten mir entgegen.

»Fräulein Sophie!« erinnerte ich leise, denn ich sollte meine Dame zu dem mit Blumensträußen gefüllten Körbchen führen.

Sie schlug langsam die Augen wieder auf, und wir tanzten diese und noch manche andere Tour; gesprochen aber haben wir nicht viel mehr miteinander.

Gern hätte ich noch vor der gemeinschaftlichen Abreise am andern Morgen meine Schwester über die Vorgänge des verflossenen Abends ausgeforscht; aber der Wagen hielt schon früh um fünf Uhr vor dem Hause, und ihres Unwohlseins halber durfte sie nicht wie sonst das letzte Viertelstündchen beim Morgentee mit mir verplaudern.

Es kann endlich nicht länger verschwiegen werden, daß Archimedes während der langen Wartezeit daheim auch bei andern als den bisher erwähnten Anlässen mit jenen kleinen Gläsern in Berührung gekommen war. – Im Hinterstübchen eines Gasthofes, wo sonst nur die Leute aus der Marsch ihre Anfahrt hielten, pflegte sich ein paarmal wöchentlich ein Kleeblatt älterer Männer zusammenzufinden, sämtlich voll mannigfacher Welterfahrung und scharfer rücksichtsloser Beurteilung aller übrigen Menschen. Bei einer Pfeife Petit-Kanasters und einem Gläschen feinsten und nur in diesem Stübchen zum Ausschank kommenden Pomeranzen-Liquors, das ohne Bestellung vor jeden hingestellt und ebenso erneuert wurde, verstanden sie es, die respektabelsten Häupter der Stadt in so einseitige Beleuchtung zu rücken, daß sie jedem als die lustigsten Karikaturen erscheinen mußten. Diesen Leuten, welche in halbem Bruche mit der übrigen Gesellschaft sich selbst genug waren, hatte im letzten Winter Archimedes sich als vierter angeschlossen, nachdem er eines Nachmittags mit dem Hauptwortführer, einem früheren Offizier, auf der Eisfläche des Mühlenteiches in allen Kunstformen des Schlittschuhlaufs gewetteifert hatte.

Zwar hatte er, als dann abends im Hinterstübchen des Gasthofes die bestbeleumdeten Honoratioren in so possenhafter Verwandlung vorgeführt wurden, anfänglich sein gutmütiges Haupt geschüttelt; das Gläschen, welches auch ihm gesetzt und gefüllt wurde, war für ihn durchaus notwendig, um nur die spaßhafte Seite dieses Puppenspiels zu sehen; aber freilich, das Mittel schlug auch an, und so kam es, daß er an den betreffenden Abenden meist schon als der erste des nunmehrigen Vierblattes vor seinem Gläschen saß, in ungeduldiger Erwartung, daß mit dem Erscheinen der drei andern Gäste das Stück aufs neue beginnen möge. Er bedurfte eben eines kräftigeren Anreizes, als der Verkehr mit den ihm immer grüner erscheinenden Gelehrtenschülern ihm zu bieten vermochte.

Daß eine eigentliche Neigung zum Trinken in Archimedes steckte, habe ich nie bemerkt; jedenfalls schien zu solchem Bedenken jeder Anlaß verschwunden, sobald er den Boden der Universität betreten hatte. Da tauchte, etwa einen Monat nach unserer letzten Rückkehr, unter einer Anzahl ihm bekannter Korpsstudenten eine Tollheit auf, welche vielleicht von einzelnen älteren Herren noch jetzt als ein Auswuchs ihres Jugendübermuts belächelt wird, welche aber für andere der Anfang des Endes wurde. Ohne Ahnung jener späteren Ära des Absinthes, behaupteten sie, in dem »Pomeranzen-Bittern« den eigentlichen Feind des Menschengeschlechts entdeckt zu haben, und erklärten es für eine der idealsten Lebensaufgaben, selbigen, wo er immer auch betroffen würde, mit Hintenansetzung von Leben und Gesundheit zu vertilgen. Dieser Erkenntnis folgte rasch die Tat: eine »Bitternvertilgungskommission« wurde gebildet, die an immer neu erforschten Lagerorten des Feindes ihre fliegenden Sitzungen hielt. Die Sache wurde bekannt und begann über die Studentenkreise hinaus Anstoß zu erregen; sogar ein Anschlag am Schwarzen Brett erschien, welcher den Studenten unter Androhung der Relegation den Besuch einer Reihe näher bezeichneter Häuser untersagte; natürlich nur ein Sporn zu noch heldenhafteren Taten.

Zu meinem Schrecken erfuhr ich, daß auch Archimedes sich diesem Unwesen zugesellte. Hatte die Öde seines niedergehaltenen Lebens ihn zu jenem älteren Kleeblatt hingetrieben, so war es jetzt das in dieser Sache steckende Stückchen Sport, das ihn heranzog; er kannte ja jenen Feind des menschlichen Geschlechts seit lange, er mußte mit dabeisein. Vergebens suchte ich ihn zurückzuhalten. »Liebster«, sagte er, »laß mich auch einmal, wie du es nennst, ein wenig toll sein; ich versäume ja nichts damit! Und so beruhige dein treues Herz, auch wenn dir für unsere erhabene Sache das Verständnis fehlen sollte!«

Er machte seine kriegerischen Augen und sah mich dabei mit seinem besten Lächeln an; mir blieb zuletzt nichts übrig, als der Sache ihren Lauf zu lassen. Denn darin freilich unterschied er sich von den

Genossen seiner Tollheit, außer seiner Gesundheit wurde nichts von ihm versäumt. Gewissenhaft, und wenn die Stunde noch so früh war, besuchte er seine Kollegien, und war die eine Nacht durchrast, so wurde unfehlbar die darauf folgende hindurch gearbeitet. Auf seiner Spritmaschine, welche brennend neben ihm stand, filtrierte er sich den stärksten Kaffee, und vermochte auch der dem erschöpften Körper die Müdigkeit nicht fernzuhalten, so holte Archimedes, wenn alle andern Bewohner des Hauses schliefen, sich aus der Pumpe auf dem Hofe einen Eimer eiskalten Wasser, um seine nackten Füße dahinein zu stecken und dann frei von jedem verführerischen Schlafverlangen in seiner Arbeit fortzufahren.

Diese zweite, wenn auch achtungswerte Tollheit hatte er vor mir wie vor allen andern verborgen gehalten; aber freilich, ihre Folgen konnten nicht verborgen bleiben. Wir waren diesmal beide in den Weihnachtsferien nicht nach Hause gewesen; es ging schon in den März, als ich eine auffallende Veränderung in dem Wesen meines Freundes wahrnahm: der sonst so ordnungsliebende Mann war verschwenderisch geworden; er machte wiederholt allerlei seltsame Ankäufe, die seine knappen Mittel bei weitem überstiegen. Außer den teuersten Zirkeln, welche ihm gleichwohl immer nicht genügten, war seine Erwerbslust auf verschiedene Arten von Stoßrapieren gerichtet, eine Waffe, die auf unserer Universität nicht gebräuchlich war, aber freilich, seiner Person entsprechend, gern und mit Geschick von ihm gehandhabt wurde; endlich kamen sogar Lackstiefel mit immer dünneren und biegsameren Sohlen an die Reihe.

Als ich ihn über diese mir ganz unverständliche Verschwendung zur Rede stellte, glaubte ich etwas Unheimliches in seinen Augen aufleuchten zu sehen. »Geduld, Geduld!« sagte er hastig. »Kein voreiliges Urteil, Liebster! Ich habe jetzt endlich einen Schuster gefunden; ein exzellenter Bursche, ausnehmend exzellent! Wenn sie fertig sind, werde ich in den durchaus vollkommenen Stiefeln zu dir kommen –«

»Aber Archimedes«, unterbrach ich ihn, »was willst du damit und mit all deinen Zirkeln und Rapieren?«

Er sah mich mit weit aufgerissenen Augen an; der Erwerb jener letzteren Dinge war ihm offenbar entfallen, obgleich die Rapiere in seinem Zimmer eine halbe Wand bedeckten.

Plötzlich, einige Tage danach, in welchen ich ihn nicht gesehen hatte, hieß es, Archimedes liege am Nervenfieber, es stehe schlecht mit ihm. Eilig ging ich nach seiner Wohnung; aber ich erschrak, ich erkannte ihn fast nicht; in seinem Bette lag etwas wie ein kleiner abgezehrter Greis, und noch heute würde ich die Möglichkeit einer so raschen Wandlung bestreiten, wenn ich sie nicht mit offenen Augen erlebt hätte. – Ein uns beiden befreundeter junger Arzt von anerkannter Tüchtigkeit hatte ihn in Behandlung genommen; auch eine von diesem besorgte Wärterin war vorhanden.

Archimedes bewegte seinen Kopf, als ob er mir zunicken wolle. »Lieber Freund«, flüsterte er, »ich fürchte, ich bin recht wunderlich gewesen die letzte Zeit; aber nun, es wird nun besser werden!« Er versuchte zu lächeln, nachdem er langsam und kaum verständlich dies gesprochen hatte; aber es gelang ihm ebensowenig wie der Versuch, sich dann auf seinem Kissen umzuwenden; die Wärterin stand auf, und wir beide hoben und legten ihn, bis er zufrieden war.

Bald darauf kam auch der Arzt. Als wir nach einiger Zeit zusammen das Haus verließen, wollte er keine bestimmte Hoffnung geben; als ein eigentliches Nervenfieber bezeichnete er die Krankheit nicht; der Grund derselben liege in den fortgesetzten Ausschreitungen nach zweien Seiten, welche dieser an sich zarte Körper nicht habe ertragen können.

In meiner Wohnung angelangt, setzte ich mich sofort hin und gab dem Vater brieflich über diesen Stand der Dinge Auskunft; ich glaubte ihm anheimstellen zu müssen, ob er bei dem ungewissen Ausgang persönlich kommen oder aber der Schwester die Reise an das Krankenbett des Bruders gestatten wolle; zugleich bat ich, mit Rücksicht auf das zu Ende gehende Quartal, um Übersendung einer Geldsumme für diesen außerordentlichen Fall.

Mit umgehender Post erhielt ich auch ein eigenhändiges Schreiben des Herrn Etatsrats: sein herrlicher Archimedes solle erfahren, daß sein Vater sich der vollen Verantwortlichkeit bewußt sei, einen Jüngling wie ihn der Mit- und Nachwelt zu erhalten; durch den Herrn Käfer würden instanter die ausreichendsten Mittel an mich, dem er sein vollstes Vertrauen entgegenbringe, eingehen; im übrigen solle ich den Arzt zum Teufel jagen; die Sternows hätten allzeit eine Konstitution gehabt, welche ohne diese Pfuscherkünste in das Geleise der Natur zurückzufinden wisse.

Damit schloß das Schreiben, von einem persönlichen Kommen,

sei es des Schreibers selber oder seiner Tochter, war nichts erwähnt. Die Geldsendung indessen erfolgte wirklich, es war eine elende Summe, die kaum ausgereicht hätte, die Wärterin auf längere Zeit hin zu besolden. – Sie sollte freilich hierfür noch mehr als ausreichend gewesen sein. Acht Tage waren vergangen, Archimedes wurde immer schwächer.

Als ich dann eines Vormittags in sein Zimmer trat, fand ich ihn schwer atmend, mit geschlossenen Augen; in seinem Antlitz schien aufs neue eine Veränderung vorgegangen zu sein: ob zum Leben oder zum Tode, vermochte ich nicht zu erkennen; etwas wie eine ruhige Klarheit war in seinen Zügen, aber die Finger der Hand, welche auf der Decke lagen, zuckten unruhig durcheinander. Ich stand schon lange vor ihm, ohne daß er meine Anwesenheit bemerkt hätte.

»Der Herr ist schwerkrank!« sagte die Wärterin, die vor einer Tasse Kaffee in dem alten Lehnstuhl saß. »Sehen Sie nur« – und sie fuhr sich mit der Hand unter ihrer Mütze hin und her, als wolle sie andeuten, daß es auch unter der Hirnschale des Kranken nicht in Ordnung sei –, »alle die lackierten Stiefelchen habe ich dem Bette gegenüber in eine Reihe stellen müssen, und es wollte immer doch nicht richtig werden, bis ich endlich dort das eine Pärchen obenan und dann noch wieder eine Handbreit vor den andern herausgerückt hatte. Du lieber Gott, so kleine Füßchen und soviel schöne Stiefelchen!«

Die Alte mochte dies etwas laut gesprochen haben; denn Archimedes fuhr mit beiden Händen an sein Gesicht und zupfte daneben in die Luft, als säße sein armer Kopf noch zwischen den steifen Vatermördern, die er in gewohnter Weise in die Richte ziehen müsse, dann schlug er die Augen auf und blickte um sich her. »Du?« sagte er, und ein Anflug seines alten verbindlichen Lächelns flog um seinen Mund. »Trefflich, trefflich!«

Er hatte das kaum verständlich hingemurmelt; aber plötzlich richtete er sich auf, und mich wie mühsam mit den Augen fassend, sprach er vernehmlich: »Ich wollte dir doch etwas sagen! Weißt du denn nicht? Du mußt mir helfen; ich wollte dich ja deshalb holen lassen. – Ja so! Ich glaube« – er stieß diese Worte sehr scharf hervor –, »es hätte etwas aus mir werden können; nicht wahr, du bist doch auch der Meinung? Ich habe darüber nachgedacht.«

Er schwieg eine Weile; dann warf er heftig den Kopf auf seinem Kissen hin und her: »Pfui, pfui, man soll seine Eltern ehren; aber, weißt du – auf meines Vaters Gesundheit kann ich doch nicht wieder trinken; und darum –« Seine Hände fuhren auf dem Deckbett hin und her. »Nein«, hub er wieder an, »lieber Freund, das war es doch nicht, was ich dir sagen wollte; entschuldige mich, du mußt das wirklich entschuldigen!«

Bei den letzten Worten waren seine Augen im Zimmer umhergeirrt, und seine Blicke verfingen sich an dem Stiefelpaar, womit er der Wärterin nach deren Erzählung so viele Mühe gemacht hatte; dem einzigen, welches Spuren des Gebrauches an sich trug.

Ein glückliches Lächeln ging über sein eingefallenes Antlitz. »Nun weiß ich es!« sagte er leise, und mit seiner abgezehrten Hand ergriff er die meine; die andere hob sich zitternd und wies mit vorgestrecktem Zeigefinger nach den Stiefeln. »Das war unser letzter Ball, lieber Freund; du tanztest mit meiner Schwester, mit meiner kleinen Phia; aber sie war doch nicht vergnügt ... sie ist noch so jung; aber sie konnte nicht vergnügt sein – ich habe immer daran denken müssen: so allein mit dem Alten und den Zeitungen und dem – verfluchten Käfer!«

Er hatte beide Arme aufgestemmt und sah mit wilden Blicken um sich. »Sie hat mir nicht geschrieben, gar nicht; auf alle meine Briefe nicht!«

Die Wärterin erhob warnend ihre Hand. »Der Herr spricht zuviel!« Aber Archimedes warf ihr seine Kavaliersaugen zu: »Dummes Weib!« murmelte er; dann, wie von der letzten Anstrengung ermüdet, ließ er sich zurücksinken und schloß die Augen. Er atmete ruhig, und ich glaubte, er werde schlafen; aber noch einmal, ohne sich zu regen, flüsterte er mit unaussprechlicher Zärtlichkeit: »Wenn ich nur erst das Examen ... Phia, meine liebe kleine Schwester!«

Dann schlief er wirklich; ich legte seine Hand, welche wieder die meine ergriffen hatte, auf das Deckbett und ging leise fort. – –

Als ich am andern Morgen wieder durch den unteren Flur des Hauses ging, schlurfte der Eigentümer desselben, ein hagerer Knochendreher, auf seinen Pantoffeln hinter mir her und zog mich unter Höflichkeitsgebärden in eins der nächsten Zimmer, wo ich außerdem noch seine wohlgenährte Gattin, welche der eigentliche Mann des Hauses war, und eine ältliche Tochter antraf, die wie ein weiblicher Knochendreher aussah. Alle umringten mich und redeten durcheinander auf mich ein; sie hätten vor ein paar Jahren erst das teure Haus mit all den schönen Zimmern hier gekauft; das könne ich wohl denken, daß noch schwere Hypotheken darauf lasteten, und noch ständen just die besten Zimmer unvermietet, obschon die Herren es doch nirgend besser als bei ihnen haben könnten! – Ich wußte anfänglich nicht, wo alles dies hinaus sollte; dann aber kam's: sie fürchteten für ihren rückständigen Mietzins; ich sollte ihnen helfen; denn – Archimedes war um Mitternacht verschieden.

Ich stieß diese Leute, die freilich nur ihr gutes Recht zu decken suchten, fast gewaltsam von mir und stieg langsam die Treppe nach dem Oberhaus hinauf. – »Also doch! Tot; Archimedes tot!«

Und da stand ich vor seinem schon erkalteten Leichnam; aber sein eingefallenes Totenantlitz trug wieder den Ausdruck der Jugend, und mir war, als schwebe noch einmal sein gutes Lächeln um die erstarrten Lippen.

Als ich in den Osterferien nach Hause kam, war mein erster Gang zu dem Herrn Etatsrat; nicht daß mein Herz mich zu dem Vater meines verstorbenen Freundes hingetrieben hätte, es waren vielmehr geschäftliche Dinge, und nicht der angenehmsten Art. Die Begräbniskosten und die Forderungen des Hauswirts waren durch Herrn Käfer in irgendeiner Art geordnet; aber jene während der dem eigentlichen Krankenlager vorangegangenen Gemütsstörung zusammengekauften Gegenstände waren zum größten Teile von dem Verstorbenen unbezahlt gelassen. Zwar hatten später die Verkäufer dem Herrn Etatsrat ihre Rechnungen eingesandt; aber es war darauf weder Geld noch Antwort erfolgt. Nun hatten sie dieselben noch einmal ausgestellt und mir, den sie als Freund und Landsmann ihres Schuldners kannten, mit der Bitte um Verwendung bei dem Vater übergeben.

Bei meinem Eintritt in den Hausflur sah ich eine weibliche Gestalt mit einer blauen Küchenschürze, als wolle sie nicht gesehen werden, durch eine Hintertür verschwinden; ob es eine Magd oder wer sie sonst war, vermochte ich so rasch nicht zu erkennen. Da ich indessen den braunroten Kopf des Herrn Etatsrats von der Straße aus in einem der unteren Zimmer bemerkt hatte, so pochte ich, da sich sonst niemand zeigte, ohne weiteres an die betreffende Zimmertür. Es erfolgte jetzt etwas wie das Brummen eines Bären aus einer dahinter liegenden Höhle; ich nahm es für ein menschliches »Herein« und fand dann auch den Herrn Etatsrat im Lehnstuhl an seinem mit Papieren bedeckten Schreibtisch sitzen, wo ich ihn vorhin durchs Fenster erblickt hatte. Ihm zur Seite stand ein kleiner Tisch, darauf eine Kristallflasche mit Madeira und ein halb geleertes Glas, Als ich näher trat, sah er mich eine Weile mit offenem Munde an; dann langte er hinter sich nach einem Schränkchen und brachte ein zweites Glas hervor, das er sofort füllte und nach der andern Seite des Tisches schob.

»Sie sind der Sohn des Justizrats«, begann er; »aber setzen Sie sich, junger Mann! Sie waren der Freund meines unvergeßlichen Archimedes; Sie werden das zu schätzen wissen!«

Ich gab dem meine Zustimmung und erzählte, den Tod und die vermutliche Todesursache des Verstorbenen übergehend, von der Gewissenhaftigkeit, womit er unter allen Umständen und bis zuletzt seine Studien betrieben hatte, und von mancher freundlichen Äußerung seiner Fachprofessoren, welche nach seinem Tode mir zu Ohren gekommen war.

Der Herr Etatsrat hatte indessen sein Glas geleert und wiederum gefüllt. »Junger Mann«, sagte er, »erheben wir den Pokal und trinken auf das Gedächtnis des ersten Mathematikus unseres Landes; denn das war mein Archimedes schon jetzt in seinen jungen Jahren! Ich, der ich denn doch ein ganz anderer Gewährsmann bin als jene soeben von Ihnen in Bezug genommenen Professoren, ich selber habe ihn geprüft, als der Selige zum letzten Male in diesem Hause weilte. Wenn ich sage: geprüft, so will das Wort sich eigentlich nicht schicken; denn mein Archimedes war der Größere von uns beiden!« – Und seine Blicke legten sich wie drückende Bleikugeln auf die meinen, während er mit mir anstieß und dann in einem Zug sein Glas heruntergoß.

Damals fürchtete ich mich noch nicht vor einem tüchtigen Trunk. »In memoriam«, sprach ich andächtig und folgte seinem Beispiel. Der Herr Etatsrat nickte und schenkte die Gläser wieder voll. »Sie haben«, hub er aufs neue an, »Ihren großen Kommilitionen mit allen studentischen Ehren zu seiner letzten Ruhestatt begleitet; so verhielten wir es auch zu meiner Zeit; besonders bei unserem Konsenior, den wir Mathematiker ›Rumboides‹ nannten! Er war ein Rheinländer, aber der Wein war bei ihm ein überwundener Standpunkt; er trank des Morgens Rum und des Abends wieder Rum; und so fiel er auch nicht, wie mein unsterblicher Archimedes, als ein Opfer der Wissenschaft, er war vielmehr dem Laster der Trunksucht ergeben und ging dadurch zugrunde. Desohnerachten bliesen wir ihn mit zwölf Posaunen zu Grabe und tranken sodann im Ratskeller so tapfer auf seine fröhliche Urständ, daß bei Anbruch des Morgens nur noch wenige von uns an das Tageslicht hinaufzugelangen vermochten. – Aber« – sein Blick war auf mein unberührtes Glas gefallen – »Sie haben ja nicht getrunken! ›Dulce merum‹, sagte Horatius; schenken Sie sich selber ein; es freut mich, einmal wieder mit einem flotten Studiosus den Pokal zu leeren!«

Aber die Gesellschaft des Herrn Etatsrats begann mir unheimlich zu werden; auch wollte ich endlich meine Rechnungen zur Sprache bringen und zog deshalb, indem ich zugleich seiner Aufforderung folgte, mein Päckchen aus der Tasche und begann die Papiere vor ihm hinzubreiten.

Er würdigte dieselben keines Blickes; die Erläuterungen aber, welche ich hinzuzufügen für nötig hielt, schien er aufmerksam anzuhören. »Gewiß, mein junger Freund«, sagte er dann, als ich zu Ende war, »mein herrlicher Archimedes wäre ja kein Student gewesen, wenn er nicht mit Hinterlassung etwelcher Schulden in die Ewigkeit gegangen wäre! Geben Sie, junger Mann, die Rechnungen dieser Böotier an den Herrn Käfer zur weiteren Hinterlegung, oder, was ich für das schicklichste erachte, retradieren Sie selbige an ihre ehrenwerten Autoren!«

Ich glaubte den Sinn dieser Worte nicht recht gefaßt zu haben. »Aber sie sollen doch bezahlt werden?« wagte ich einzuwenden.

»Nein, mein junger Freund« – und die stumpfen Augen sahen unter den schwarzen Borstenhaaren mich fast höhnisch an –, »ich sehe dazu nicht die mindeste Veranlassung.«

Ich mag dem Herrn Etatsrat wohl ein recht verblüfftes Gesicht gemacht haben, als ich meine Rechnungen zusammensammelte und wieder in die Tasche steckte; dann aber nahm ich meinen Abschied, sosehr er mich auch mit trunkener Höflichkeit zurückzuhalten suchte.

Als ich auf den Flur hinaustrat, vernahm ich dort ein halb unterdrücktes Weinen, und da ich den Kopf wandte, sah ich auf den Stufen einer Treppe, die hinter dem Zimmer des Etatsrats in das Oberhaus hinaufführte, eine weibliche Gestalt hingekauert; an der blauen Schürze, in die sie ihr Gesicht verhüllt hatte, glaubte ich sie für dieselbe zu erkennen, die sich vorhin so hastig meinem Blick entzogen hatte.

Als ich unwillkürlich näher trat, erhob sie den Kopf ein wenig, und zwei dunkle Augen blickten flüchtig zu mir auf.

»Fräulein Sophie!« rief ich; denn ich hatte sie erkannt, obgleich ihr schönes Antlitz durch einen fremden, scharfen Zug entstellt war. »Ja, weinen Sie nur; er hat Sie sehr geliebt! Oh, Fräulein Phia, wenn Sie nicht kommen konnten, weshalb schwiegen Sie auf alle seine Briefe?« – Das einsame Sterbelager meines Freundes war vor mir aufgestiegen; ich hatte es nicht lassen können, diesen Vorwurf auszusprechen.

Sie antwortete mir nicht; sie wühlte das Haupt in ihren Schoß und streckte beide Arme händeringend vor sich hin; ein Schluchzer erschütterte den jungen Körper, als ob ein stumm getragenes ungeheures Leid zum Ausbruch drängte.

War das allein die Trauer um den Toten, was sich da vor meinen Augen offenbarte? – Unschlüssig stand ich vor ihr; dann begann ich zu berichten, was ich immerhin der Schwester des Verstorbenen schuldig zu sein meinte: von ihres Bruders letzten Tagen, von seiner Sehnsucht nach der fernen Schwester, und wie ihr Name von seinem sterbenden Munde auch für mich das Abschiedswort von ihm gewesen sei.

Ich schwieg einen Augenblick. Als ich noch einmal beginnen wollte, streckte sie abwehrend, in leidenschaftlicher Bewegung die Hände gegen mich. »Dank, Dank!« rief sie mit einer Stimme, die ich nie vergessen werde; »aber gehen Sie, aus Barmherzigkeit, gehen Sie jetzt!« Und ehe ich es verhindern konnte, hatte sie meine Hand ergriffen, und ein Paar fieberheiße Lippen drückten sich darauf.

Beschämt und verwirrt, zögerte ich noch, ihr zu gehorchen; da wurde aus dem Zimmer nebenan ihr Name gerufen; die rauhe Stimme ihres Vaters war nicht zu verkennen.

Schweigend und wie todmüde erhob sie sich; aber ich hielt sie noch zurück und sprach die Hoffnung aus, sie bald in ruhigerer Stunde in meiner Eltern Haus zu sehen.

Sie blickte nicht zu mir hin und antwortete mir nicht, weder durch Worte noch Gebärde; langsam schritt sie nach dem Zimmer ihres Vaters. Als ich die Haustür geöffnet hatte, wandte ich den Kopf zurück: da stand sie noch, die Klinke in der Hand, die großen Augen weit dem Sonnenlicht geöffnet, das von draußen in den dunkeln Hausflur strömte; mir aber war, da hinter mir die schwere Tür ins Schloß fiel, als hätte ich sie in einer Gruft zurückgelassen.

Wie betäubt kam ich nach Hause; es nahm mich fast wunder, als ich hier alles wie gewöhnlich fand: meine Schwester saß mit einer großen Weißzeugnäherei am Fenster, neben ihr im Sofa Tante Allmacht mit ihrer ewigen Trikotage.

Ich konnte nicht an mir halten, ich erzählte den Frauen alles, was mir widerfahren war. »Was ist geschehen mit dem armen Kinde?« rief ich; »das war nicht nur ein Leid, das war Verzweiflung, was ich da gesehen habe.«

Ich erhielt keine Antwort; Tante Allmacht schloß ihre Lippen fest zusammen, meine Schwester packte ihre Näherei hinter sich auf den Stuhl und ging hinaus. Ich sah ihr erst erstaunt nach und machte dann Anstalt, sie zurückzurufen; aber Tante Allmacht faßte meine Hand: »Laß, laß, mein lieber Junge; das sind keine Dinge für die Ohren einer jungen Dame, wenn auch die ganze Stadt davon erfüllt ist!«

»Sprich nur, Tante«, sagte ich traurig; »ich weiß schon, was nun folgen wird!«

»Ja, ja, mein Junge; der Musche Käfer – es ist gekommen, wie es nicht anders kommen konnte; und wenn nicht ein noch größerer Skandal geschehen soll, so wird der Herr Etatsrat zu einer sehr unschicklichen und recht betrübten Heirat seinen Segen geben müssen. Im übrigen ist natürlich dieser Rabenvater der einzige, welcher von dem Stand der Dinge keine Ahnung hat.«

Tante Allmacht tat ein paar Seufzer. »Die arme Phia!« fügte sie dann mit seltener Milde bei; »ich habe kluge und gereifte Frauen an solch elenden Gesellen verderben sehen, warum denn nicht ein dummes unberatenes Kind!«

Zu der von Tante Allmacht vorhin bezeichneten Heirat kam es nicht. – Was nun noch folgte, habe ich nicht miterlebt; ich saß in unserer Universitätsstadt an meiner lateinischen Examenarbeit; aber mein Gewährsmann ist wiederum jener alte Handwerksmeister, der nächste Nachbar des Herrn Etatsrats.

Es war im Hochsommer desselben Jahres, in einer jener hellen Nächte, die auch schon unserer nördlicheren Heimat eigen sind, als er durch etwas wie aus der Nachbarschaft zu seinem Ohre Dringendes aus tiefem Schlaf emporgerissen wurde; ein Geräusch, ein ungewohnter Laut hatte die Stille der Nacht durchbrochen. Aufrecht in den Kissen sitzend, unterschied er deutlich die Haustürglocke des Herrn Etatsrats, im Hause selbst ein Treppenlaufen und Schlagen mit den Türen; nach einer Weile eine junge Stimme; nein, einen Schrei, wie in höchster Not aus armer hülfloser Menschenbrust hervorgestoßen!

Voll Entsetzen war der alte Mann von seinem Lager aufgesprungen, da hörte er draußen auf der Straße eilige Schritte näher kommen. Er stieß das Fenster auf und gewahrte eine alte Frau, die er in der Dämmerhelle zu erkennen glaubte. »Wieb! Wieb Peters«, rief er, »ist Sie es? Was ist denn das für ein Schrecken in der Nacht?«

Die alte, sonst so schweigsame Frau war dicht zu ihm herangetreten. »Geh Er nur wieder schlafen, Meister«, sagte sie und hielt dabei ihre großen unbeweglichen Augen auf ihn gerichtet; »was Er gehört hat, geht Ihn ganz und gar nichts an; oder wenn Er nicht schlafen kann, so helf Er den Herrn Etatsrat wecken, wenn Reu und Leid ihn noch nicht haben wecken können!«

Damit war sie fortgegangen; und gleich darauf hatte der Meister abermals die Türglocke des Nachbarhauses läuten hören. -- Was in dieser Nacht geschehen war, blieb nicht lange verborgen; schon am andern Morgen lief es durch die Stadt; in den Häusern flüsterte man es sich zu, auf den Gassen erzählte man es laut: unter dem Dache des Herrn Etatsrat lagen zwei Leichen; die Stadt hatte auf Wochen Stoff zur Unterhaltung.

Dann kam der Begräbnistag. Dem Sarge, in welchem ein neugeborenes Kind an seiner jungen Mutter Brust lag, folgten zwei Schreiber und die nächsten Nachbarn. Herr Käfer hatte am selben Morgen eine Reise angetreten; der Herr Etatsrat hatte aus unbekanntem Grunde sich zurückgehalten. Als aber in dem Totengange der Leichenzug an der Gartenplanke entlangkam, sah man ihn auf dem Altane, der jetzt weit offenen Kirchhofspforte gegenüber, sitzen; er rauchte aus seiner Meerschaumpfeife und stieß mächtige Dampfwolken vor sich hin, während auf den Schultern dürftig gekleideter Arbeitsleute die letzte Bettstatt seines Kindes näher schwankte.

Eine leuchtende Junisonne stand am Himmel und beschien den Sarg und den einzigen, aus Immergrün und Myrten gewundenen Kranz, den Tante Allmachts Stina heimlich am Abend vorher darauf gelegt hatte. Als der Zug unterhalb des Altans angelangt war, scheuchte der Herr Etatsrat den blauen Tabaksqualm zur Seite, indem er herablassend gegen das Gefolge grüßte. »Contra vim mortis, meine Freunde! Contra vim mortis!« rief er und schüttelte mit kondolierender Gebärde seine runde Hand; »aber recht schönes Wetter hat sie sich noch zu ihrem letzten Gange ausgesucht!«

Der Zug hatte bei diesen Worten bereits die Kirchhofsschwelle überschritten, und bald waren die beiden armen Kinder in die für sie geöffnete Gruft hinabgesenkt.

-- Phia Sternow ruht neben ihrer fast in gleicher Jugend, aber ohne eine gleiche Kränkung der öffentlichen Meinung hingeschiedenen Mutter; wie ich mich später überzeugte, unter jenem vernachlässigten Hügel, auf dem ich einstmals ihren Primelkranz gefunden hatte. – Eine Willi ist sie nicht geworden, nur ein verdämmernder Schatten, der mit anderen einst Gewesener noch mitunter vor den Augen eines alten Mannes schwebt. – Arme Phia! Armer Archimedes!«

Ich schwieg. Mein junger Freund, dem ich dies alles auf eine hingeworfene Frage erzählt hatte, sah mich unbefriedigt an. »Und der Herr Etatsrat?« frug er und langte aufs neue in die Zigarrenkiste, die ich ihm mittlerweile zugeschoben hatte, »was ist aus dem geworden?«

»Aus dem? Nun, was zuletzt aus allen und aus allem wird! Da ich einst nach elfjähriger Abwesenheit in unsere Vaterstadt zurückkehrte, war er nicht mehr vorhanden. Viele wußten gar nicht mehr von ihm; auch sein Amt existierte nicht mehr, und seine vielgerühmten Deichprofile sind durch andere ersetzt, die selbstverständlich nun die einzig richtigen sind; Sie aber sind der erste, dem zu erzählen mir die Ehre wurde, daß ich den großen Mann mit eigenen Augen noch gesehen habe.«

»Hm! Und Herr Käfer?«

»Ich bitte, fragen Sie mich nicht mehr! Wenn er noch lebt, so wird er jedenfalls sich wohl befinden; denn er verstand es, seine Person mit andern zu sparen.«

»Das hol der Teufel!« sagte mein ungeduldiger junger Freund.

HANS UND HEINZ KIRCH

Auf einer Uferhöhe der Ostsee liegt hart am Wasser hingelagert eine kleine Stadt, deren stumpfer Turm schon über ein Halbjahrtausend auf das Meer hinausschaut. Ein paar Kabellängen vom Lande streckt sich quervor ein schmales Eiland, das sie dort den »Warder« nennen, von wo aus im Frühling unablässiges Geschrei der Strand- und Wasservögel nach der Stadt herübertönt. Bei hellem Wetter tauchen auch wohl drüben auf der Insel, welche das jenseitige Ufer des Sundes bildet, rotbraune Dächer und die Spitze eines Turmes auf, und wenn die Abenddämmerung das Bild verlöscht hat, entzünden dort zwei Leuchttürme ihre Feuer und werfen über die dunkle See einen Schimmer nach dem diesseitigen Strand herüber. Gleichwohl, wer als Fremder durch die auf- und absteigenden Straßen der Stadt wandert, wo hie und da roh gepflasterte Stufen über die Vorstraße zu den kleinen Häusern führen, wird sich des Eindrucks abgeschlossener Einsamkeit wohl kaum erwehren können, zumal wenn er von der Landseite über die langgestreckte Hügelkette hier herabgekommen ist. In einem Balkengestelle auf dem Markte hing noch vor kurzem, wie seit Jahrhunderten, die sogenannte Bürgerglocke; um zehn Uhr abends, sobald es vom Kirchturme geschlagen hatte, wurde auch dort geläutet, und wehe dem Gesinde oder auch dem Haussohn, der diesem Ruf nicht Folge leistete; denn gleich danach konnte man straßab und -auf sich alle Schlüssel in den Haustüren drehen hören.

Aber in der kleinen Stadt leben tüchtige Menschen, alte Bürgergeschlechter, unabhängig von dem Gelde und dem Einfluß der umwohnenden großen Grundbesitzer; ein kleines Patriziat ist aus ihnen erwachsen, dessen stattlichere Wohnungen, mit breiten Beischlägen hinter mächtig schattenden Linden, mitunter die niedrigen Häuserreihen unterbrechen. Aber auch aus diesen Familien mußten bis vor dem letzten Jahrzehent die Söhne den Weg gehen, auf welchem Eltern und Vorfahren zur Wohlhabenheit und bürgerlichen Geltung gelangt waren; nur wenige ergaben sich den Wissenschaften, und kaum war unter den derzeitig noch studierten Bürgermeistern jemals ein Eingeborener dagewesen; wenn aber bei den jährlichen Prüfungen in der

Rektorschule der Propst den einen oder andern von den Knaben frug: »Mein Junge, was willst du werden?«, dann richtete der sich stolz von seiner Bank empor, der mit der Antwort »Schiffer!« herauskommen durfte. Schiffsjunge, Kapitän auf einem Familien-, auf einem eignen Schiffe, dann mit etwa vierzig Jahren Reeder und bald Senator in der Vaterstadt, so lautete der Stufengang der bürgerlichen Ehren.

Auf dem Chor der von einem Landesherzog im dreizehnten Jahrhundert erbauten Kirche befand sich der geräumige Schifferstuhl, für den Abendgottesdienst mit stattlichen Metalleuchtern an den Wänden prangend, durch das an der Decke schwebende Modell eines Barkschiffes in vollem Takelwerke kenntlich. Auf diesen Raum hatte jeder Bürger ein Recht, welcher das Steuermannsexamen gemacht hatte und ein eigenes Schiff besaß; aber auch die schon in die Kaufmannschaft Übergetretenen, die ersten Reeder der Stadt, hielten, während unten in der Kirche ihre Frauen saßen, hier oben unter den andern Kapitänen ihren Gottesdienst; denn sie waren noch immer und vor allem meerbefahrene Leute, und das kleine schwebende Barkschiff war hier ihre Hausmarke.

Es ist begreiflich, daß auch manchen jungen Matrosen oder Steuermann aus dem kleinen Bürgerstande beim Eintritt in die Kirche statt der Andacht ein ehrgeiziges Verlangen anfiel, sich auch einmal den Platz dort oben zu erwerben, und daß er trotz der eindringlichen Predigt dann statt mit gottseligen Gedanken mit erregten weltlichen Entschlüssen in sein Quartier oder auf sein Schiff zurückkehrte.

Zu diesen strebsamen Leuten gehörte Hans Adam Kirch. Mit unermüdlichem Tun und Sparen hatte er sich vom Setzschiffer zum Schiffseigentümer hinaufgearbeitet; freilich war es nur eine kleine Jacht, zu der seine Mittel gereicht hatten, aber rastlos und in den Winter hinein, wenn schon alle andern Schiffer daheim hinter ihrem Ofen saßen, befuhr er mit seiner Jacht die Ostsee, und nicht nur Frachtgüter für andre, bald auch für eigne Rechnung brachte er die Erzeugnisse der Umgegend, Korn und Mehl, nach den größeren und kleineren Küstenplätzen; erst wenn bereits außen vor den Buchten das Wasser fest zu werden drohte, band auch er sein Schiff an den Pfahl und saß beim Sonntagsgottesdienst droben im Schifferstuhl unter den Honoratioren seiner Vaterstadt. Aber lang vor Frühlingsanfang war er wieder auf seinem Schiffe; an allen Ostseeplätzen kannte man den kleinen hageren Mann in der blauen schlotternden Schifferjacke, mit dem gekrümmten Rücken und dem vornüberhängenden dunkelhaarigen Kopfe; überall wurde er aufgehalten und angeredet, aber er gab nur kurze Antworten, er hatte keine Zeit; in einem Tritte, als ob er an der Fallreepstreppe hinauflaufe, sah man ihn eilfertig durch die Gassen wandern. Und diese Rastlosigkeit trug ihre Früchte; bald wurde zu dem aus der väterlichen Erbschaft übernommenen Hause ein Stück Wiesenland erworben, genügend für die Sommer- und Winterfütterung zweier Kühe; denn während das Schiff zu Wasser, sollten diese zu Lande die Wirtschaft vorwärtsbringen. Eine Frau hatte Hans Kirch sich im stillen vor ein paar Jahren schon genommen; zu der Hökerei, welche diese bisher betrieben, kam nun noch eine Milchwirtschaft; auch ein paar Schweine konnten jetzt gemästet werden, um das Schiff auf seinen Handelsfahrten zu verproviantieren; und da die Frau, welche er im Widerspruch mit seinem sonstigen Tun aus einem armen Schulmeisterhause heimgeführt hatte, nur seinen Willen kannte und überdies aus Furcht vor dem bekannten Jähzorn ihres Mannes sich das Brot am Munde sparte, so pflegte dieser bei jeder Heimkehr auch zu Hause einen hübschen Haufen Kleingeld vorzufinden.

In dieser Ehe wurde nach ein paar Jahren ein Knabe geboren und mit derselben Sparsamkeit erzogen. »All wedder 'n Dreling umsünst utgeb'n!« Dies geflügelte Wort lief einmal durch die Stadt; Hans Adam hatte es seiner Frau zugeworfen, als sie ihrem Jungen am Werktag einen Sirupskuchen gekauft hatte. Trotz dieser dem Geize recht nahe verwandten Genauigkeit war und blieb der Kapitän ein zuverlässiger Geschäftsmann, der jeden ungeziemenden Vorteil von sich wies; nicht nur infolge einer angeborenen Rechtschaffenheit, sondern ebensosehr seines Ehrgeizes. Den Platz im Schifferstuhle hatte er sich errungen; jetzt schwebten höhere Würden, denen er nichts vergeben durfte, vor seinen Sinnen; denn auch die Sitze im Magistratskollegium, wenn sie auch meist den größeren Familien angehörten, waren mitunter von dem kleineren Bürgerstande aus besetzt worden. Jedenfalls, seinem Heinz sollte der Weg dazu gebahnt werden; sagten die Leute doch, er sei sein Ebenbild: die fest auslugenden Augen, der Kopf voll schwarzbrauner Locken seien väterliche Erbschaft, nur statt des krummen Rückens habe er den schlanken Wuchs der Mutter.

Was Hans Kirch an Zärtlichkeit besaß, das gab er seinem Jungen;

bei jeder Heimkehr lugte er schon vor dem Warder durch sein Glas, ob er am Hafenplatz ihn nicht gewahren könne; kamen dann nach der Landung Mutter und Kind auf Deck, so hob er zuerst den kleinen Heinz auf seinen Arm, bevor er seiner Frau die Hand zum Willkommen gab.

Als Heinz das sechste Jahr erreicht hatte, nahm ihn der Vater zum ersten Male mit sich auf die Fahrt, als »Spielvogel«, wie er sagte; die Mutter sah ihnen mit besorgten Augen nach; der Knabe aber freute sich über sein blankes Hütchen und lief jubelnd über das schmale Brett an Bord; er freute sich, schon jetzt ein Schiffer zu werden wie sein Vater, und nahm sich im stillen vor, recht tüchtig mitzuhelfen. Frühmorgens waren sie ausgelaufen; nun beschien sie die Mittagssonne auf der blauen Ostsee, über die ein lauer Sommerwind das Schiff nur langsam vorwärts trieb. Nach dem Essen, bevor der Kapitän zur Mittagsruhe in die Kajüte ging, wurde Heinz dem Schiffsjungen anvertraut, der mit dem Spleißen zerrissener Taue auf dem Deck beschäftigt war; auch der Knabe erhielt ein paar Tauenden, die er eifrig ineinander zu verflechten strebte.

Nach einer Stunde etwa stieg Hans Kirch wieder aus seiner Kajüte und rief, noch halb im Taumel: »Heinz! Komm her, Heinz, wir wollen Kaffee trinken!« Aber weder der Knabe selbst noch eine Antwort kam auf diesen Ruf; statt dessen klang drüben vom Bugspriet her der Gesang einer Kinderstimme. Hans Kirch wurde blaß wie der Tod; denn dort, fast auf der äußersten Spitze, hatte er seinen Heinz erblickt. Auf der Luvseite, behaglich an das matt geschwellte Segel lehnend, saß der Knabe, als ob er hier von seiner Arbeit ruhe. Als er seinen Vater gewahrte, nickte er ihm freundlich zu; dann sang er unbekümmert weiter, während am Bug das Wasser rauschte; seine großen Kinderaugen leuchteten, sein schwarzbraunes Haar wehte in der sanften Brise.

Hans Kirch aber stand unbeweglich, gelähmt von der Ratlosigkeit der Angst; nur er wußte, wie leicht bei der schwachen Luftströmung das Segel flattern und vor seinen Augen das Kind in die Tiefe schleudern konnte. Er wollte rufen; aber noch zwischen den Zähnen erstickte er den Ruf; Kinder, wie Nachtwandler, muß man ja gewähren lassen; dann wieder wollte er das Boot aussetzen und nach dem Bug des Schiffes rudern; aber auch das verwarf er. Da kam von dem Knaben selbst die Entscheidung; das Singen hatte er satt, er wollte jetzt zu seinem Vater und dem seine Taue zeigen. Behutsam, entlang dem unteren Rande des Segels, das nach wie vor sich ihm zur Seite blähte, nahm er seinen Rückweg; eine Möwe schrie hoch oben in der Luft, er sah empor und kletterte dann ruhig weiter. Mit stockendem Atem stand Hans Kirch noch immer neben der Kajüte; seine Augen folgten jeder Bewegung seines Kindes, als ob er es mit seinen Blicken halten müsse. Da plötzlich, bei einer kaum merklichen Wendung des Schiffes, fuhr er mit dem Kopf herum. »Backbord!« schrie er nach der Steuerseite; »Backbord!«, als ob es ihm die Brust zersprengen solle. Und der Mann am Steuer folgte mit leisem Druck der Hand, und die eingesunkene Leinewand des Segels füllte sich aufs neue.

Im selben Augenblicke war der Knabe fröhlich aufs Vorderdeck gesprungen; nun lief er mit ausgebreiteten Armen auf den Vater zu. Die Zähne des gefahrgewohnten Mannes schlugen noch aneinander: »Heinz, Heinz, das tust du mir nicht wieder!« Krampfhaft preßte er den Knaben an sich; aber schon begann die überstandene Angst dem Zorne gegen ihren Urheber Platz zu machen. »Das tust du mir nicht wieder!« Noch einmal sagte er es; aber ein dumpfes Grollen klang jetzt in seiner Stimme; seine Hand hob sich, als wolle er sie auf den Knaben fallen lassen, der erstaunt und furchtsam zu ihm aufblickte.

Es sollte für diesmal nicht dahin kommen; der Zorn des Kapitäns sprang auf den Schiffsjungen über, der eben in seiner lässigen Weise an ihnen vorüberschieben sollte; aber mit entsetzten Augen mußte der kleine Heinz es ansehen, wie sein Freund Jürgen, er wußte nicht weshalb, von seinem Vater auf das grausamste gezüchtigt wurde.

-- Als im nächsten Frühjahr Hans Kirch seinen Heinz wieder einmal mit aufs Schiff nehmen wollte, hatte dieser sich versteckt und mußte, als er endlich aufgefunden wurde, mit Gewalt an Bord gebracht werden; auch saß er diesmal nicht mehr singend unterm Klüversegel; er fürchtete seinen Vater und trotzte ihm doch zugleich. Die Zärtlichkeit des letzteren kam gleicherweise immer seltener zutage, je mehr der eigne Wille in dem Knaben wuchs; glaubte er doch selber nur den Erben seiner aufstrebenden Pläne in dem Sohn zu lieben.

Als Heinz das zwölfte Jahr erreicht hatte, wurde ihm noch eine Schwester geboren, was der Vater als ein Ereignis aufnahm, das eben nicht zu ändern sei. Heinz war zu einem wilden Jungen aufgeschossen; aber in der Rektorschule hatte er nur noch wenige über sich. »Der hat Gaben!« meinte der junge Lehrer, »der könnte hier einmal die Kanzel zieren.« Aber Hans Kirch lachte: »Larifari, Herr Rektor! Ums Geld ist es nicht; aber man sieht doch gleich, daß Sie hier nicht zu Hause sind.«

Gleichwohl ging er noch an demselben Tage zu seinem Nachbaren, dem Pastoren, dessen Garten sich vor dem Hause bis zur Straße hinab erstreckte. Der Pastor empfing den Eintretenden etwas stramm. »Herr Kirch«, sagte er, bevor noch dieser das Wort zu nehmen vermochte, »Ihr Junge, der Heinz, hat mir schon wieder einmal die Scheiben in meinem Stallgiebel eingeworfen!«

»Hat er das«, erwiderte Hans Kirch, »so muß ich sie einsetzen lassen, und Heinz bekommt den Stock; denn das Spielwerk ist zu teuer.«

Dann, während der andre zustimmend nickte, begann er mit dem, was ihn hergeführt, herauszurücken: der Pastor sollte seinen Heinz in die Privatstunden aufnehmen, welche er zur Aufbesserung seines etwas schmalen Ehrensoldes einigen Kostgängern und Söhnen der Honoratioren zu erteilen pflegte. Als dieser sich nach einigen Fragen bereit erklärte, machte Hans Kirch noch einen Versuch, das Stundengeld herabzudrücken; da aber der Pastor nicht darauf zu hören schien, so wiederholte er ihn nicht; denn Heinz sollte mehr lernen, als jetzt noch in der Rektorschule für ihn zu holen war.

Am Abend dieses Tages erhielt Heinz die angelobte Strafe und am Nachmittage des folgenden, als er zwischen den andern Schülern oben in des Pastors Studierzimmer saß, von Wohlehrwürden noch einen scharf gesalzenen Text dazu. Kaum aber war nach glücklich verflossener Stunde die unruhige Schar die Treppe hinab- und in den Garten hinausgestürmt, als der erlöste Mann von dorten unter seinem Fenster ein lautes Wehgeheul vernahm. »Ich will dich klickern lehren!« rief eine wütende Knabenstimme, und wiederum erscholl das klägliche Geheul. Als aber der Pastor sein Fenster öffnete, sah er unten nur seinen fahlblonden Kostgänger, der ihm am Morgen Heinzens Missetat verraten hatte, jetzt in eifriger Beschäftigung, mit seinem Schnupftuch sich das Blut von Mund und Nase abzutrocknen. Daß er selbst an jenem Spielwerk mitgeholfen hatte, fand er freilich sich nicht veranlaßt zu verraten; aber ebensowenig verriet er jetzt, wer ihm den blutigen Denkzettel auf den Weg gegeben hatte.

Der Pastor war des Segens eines Sohnes nicht teilhaftig geworden; nur zwei Töchter besaß er, einige Jahre jünger als Heinz und von nicht üblem Aussehen; aber Heinz kümmerte sich nicht um sie, und man hätte glauben können, daß auch er der Bubenregel folge, ein tüchtiger Junge dürfe sich nicht mit Dirnen abgeben, wenn in dem Hause dem Pastorgarten gegenüber nicht die kleine Wieb gewesen wäre. Ihre Mutter war die Frau eines Matrosen, eine Wäscherin, die ihr Kind sauberer hielt als, leider, ihren Ruf. »Deine Mutter ist auch eine Amphibie!« hatte einmal ein großer Junge dem Mädchen ins Gesicht geschrien, als eben in der Schule die Lehre von diesen Kreaturen vorgetragen war. – »Pfui doch, warum?« hatte entrüstet die kleine Wieb gefragt. – »Warum? Weil sie einen Mann zu Wasser und einen zu Lande hat!« – Der Vergleich hinkte; aber der Junge hatte doch seiner bösen Lust genuggetan.

Gleichwohl hielten die Pastorstöchter eine Art von Spielkameradschaft mit dem Matrosenkinde; freilich meist nur für die Werkeltage und wenn die Töchter des Bürgermeisters nicht bei ihnen waren; wenn sie ihre weißen Kleider mit den blauen Schärpen trugen, spielten sie lieber nicht mit der kleinen Wieb. Trafen sie diese dann etwa still und schüchtern vor der Gartenpforte oder hatte gar die jüngste, gutmütige Bürgermeisterstochter sie hereingeholt, dann sprachen sie wohl zu ihr sehr freundlich, aber auch sehr eilig: »Nicht wahr, kleine Wieb, du kommst doch morgen zu uns in den Garten?« Im Nachsommer steckten sie ihr auch wohl einen Apfel in die Tasche und sagten: »Wart, wir wollen dir noch einen mehr suchen!« Und die kleine Wieb schlich dann mit ihren Äpfeln ganz begossen aus dem Garten auf die Gasse. Wenn aber Heinz darüber zukam, dann riß er sie ihr wohl wieder fort und warf sie zornig in den Garten zurück, mitten zwischen die geputzten Kinder, daß sie schreiend ins Haus stoben; und wenn dann Wieb über die Äpfel weinte, wischte er mit seinem Schnupftuch ihr die Tränen ab: »Sei ruhig, Wieb; für jeden Apfel hol ich dir morgen eine ganze Tasche voll aus ihrem Garten!« – Und sie wußte wohl, er pflegte Wort zu halten.

Wieb hatte ein Madonnengesichtlein, wie der kunstliebende Schulrektor einmal gesagt hatte, ein Gesichtlein, das man nicht gut leiden sehen konnte; aber die kleine Madonna aß gleichwohl gern des Pastors rote Äpfel, und Heinz stieg bei erster Gelegenheit in die Bäume und stahl sie ihr. Dann zitterte die kleine Wieb; nicht weil sie den Äpfeldiebstahl für eine Sünde hielt, sondern weil die größeren Kostgänger des Pastors ihren Freund dabei mitunter überfielen und ihm den Kopf zu bluten schlugen. Wenn aber nach wohlbestandenem Abenteuer Heinz ihr hinten nach der Allee gewinkt hatte, wenn er vor ihr auf dem Boden kniete und seinen Raub in ihre Täschchen pfropfte, dann lächelte sie ihn ganz glückselig an, und der kräftige Knabe hob seinen Schützling mit beiden Armen in die Luft. »Wieb, Wiebchen, kleines Wiebchen!« rief er jubelnd; und er schwenkte sich mit ihr im Kreise, bis die roten Äpfel aus den Taschen flogen.

Mitunter auch, bei solchem Anlaß, nahm er die kleine Madonna bei der Hand und ging mit ihr hinunter an den Hafen. War auf den Schiffen alles unter Deck, dann löste er wohl ein Boot, ließ seinen Schützling sacht hineintreten und ruderte mit ihr um den Warder herum, weit in den Sund hinein; wurde der Raub des Bootes hinterher bemerkt und drangen nun von dem Schiffe zornige Scheltlaute über das Wasser zu ihnen herüber, dann begann er hell zu singen, damit die kleine Wieb nur nicht erschrecken möge; hatte sie es aber doch gehört, so ruderte er nur um so lustiger und rief: »Wir wollen weit von all den schlechten Menschen fort!« – Eines Nachmittages, da Hans Kirch mit seinem Schiffe auswärts war, wagten sie es sogar, drüben bei der Insel anzulegen, wo Wieb in dem großen Dorfe eine Verwandte wohnen hatte, die sie »Möddersch« nannte. Es war dort eben der große Michaelis-Jahrmarkt, und nachdem sie bei Möddersch eine Tasse Kaffee bekommen hatten, liefen sie zwischen die Buden und in den Menschendrang hinein, wo Heinz für sie beide mit tüchtigen Ellenbogenstößen Raum zu schaffen wußte. Sie waren schon im Karussell gefahren, hatten Kuchenherzen gegessen und bei mancher Drehorgel stillgestanden, als Wiebs blaue Augen an einem silbernen Ringlein haftenblieben, das zwischen Ketten und Löffeln in einer Goldschmiedebude auslag. Hoffnungslos drehte sie ihr nur aus drei Kupfersechslingen bestehendes Vermögen zwischen den Fingern; aber Heinz, der gestern alle seine Kaninchen verkauft hatte, besaß nach der heutigen Verschwendung noch acht Schillinge, und dafür und für die drei Sechslinge wurde glücklich der Ring erhandelt. Nun freilich waren beider Taschen leer; zum Karussell für Wieb spendierte Möddersch noch einmal einen Schilling – denn soviel kostete es, da Wieb nicht wie vorhin in einem Stuhle fahren, sondern auf dem großen Löwen reiten wollte –; dann, als eben alle Lampen zwischen den schmelz- und goldgestickten Draperien angezündet wurden, waren für sie die Freuden aus, und auch die alte Frau trieb jetzt zur Rückfahrt. Manchmal, während Heinz mit kräftigen Schlägen seine Ruder brauchte, blickten sie noch zurück, und das Herz wurde ihnen groß, wenn sie im zunehmenden Abenddunkel den Lichtschein von den vielen Karussellampen über der Stelle des unsichtbaren Dorfes schweben sahen; aber Wieb hatte ihren silbernen Ring, den sie nun nicht mehr von ihrem Finger ließ.

Inzwischen hatte Kapitän Kirch seine Jacht verkauft. Mit einem stattlichen Schoner, der auf der heimischen Werft gebaut worden war, brachte er für eigene Rechnung Korn nach England und nahm als Rückfracht Kohlen wieder mit. So war zu dem Korn- nun auch ein Kohlenhandel gekommen, und auch diesen mußte, gleich der Milchwirtschaft, die Frau besorgen. Um seinen Heinz, wenn er bei seiner Heimkehr auf die kurze Frage »Hat der Junge sich geschickt?« von der Mutter eine bejahende Antwort erhalten hatte, schien er sich im übrigen nicht groß zu kümmern; nur beim Quartalschlusse pflegte er den Rektor und den Pastor zu besuchen, um zu erfahren, wie der Junge lerne. Dann hieß es allemal, das Lernen sei ihm nur ein Spiel, es bleibe dabei nur zuviel unnütze Zeit ihm übrig; denn wild sei er wie ein Teufel, kein Junge ihm zu groß und keine Spitze ihm zu hoch.

Auf Hans Adams Antlitz hatte sich, nach Aussage des Schulrektors, mehrmals bei solcher Auskunft ein recht ungeeignetes und fast befriedigtes Lächeln gezeigt, während er mit einem kurz hervorgestoßenen »Na, na!« zum Abschiede ihm die Hand gedrückt habe.

Wie recht übrigens auch Heinzens Lehrer haben mochten, so blieb doch das Schutzverhältnis zu der kleinen Wieb dasselbe, und davon wußte mancher frevle Junge nachzusagen. Auch sah man ihn wohl an Sonntagen mit seiner Mutter nach einem dürftigen, unweit der Stadt belegenen Wäldchen wandern und bei der Rückkehr nebst dem leeren Proviantkorbe sein Schwesterchen auf dem Rücken tragen. Mitunter war auch die allmählich aufwachsende Wieb bei dieser Sonntagswanderung. Die stille Frau Kirch hatte Gefallen an dem feinen Mädchen und pflegte zu sagen: »Laß sie nur mitgehen, Heinz; so ist sie doch nicht bei der schlechten Mutter.«

Nach seiner Konfirmation mußte Heinz ein paar Fahrten auf seines Vaters Schiffe machen, nicht mehr als »Spielvogel«, sondern als strenggehaltener Schiffsjunge; aber er fügte sich, und nach der ersten Rückkehr klopfte Kapitän Kirch ihm auf die Schulter, während er seiner Frau durch ein kurzes Nicken ihren Anteil an seiner Befriedigung zukommen ließ. Die zweite Reise geschah mit einem Setzschiffer; denn der wachsende Handel daheim verlangte die persönliche Gegenwart des Geschäftsherrn. Dann, nach zwei weiteren Fahrten auf größeren Schiffen, war Heinz als Matrose in das elterliche Haus zurückgekehrt. Er war jetzt siebzehn Jahre; die blaue schirmlose Schiffermütze mit dem bunten Rande und den flatternden Bändern ließ ihm so gut zu seinem frischen braunen Antlitz, daß selbst die Pastorstöchter durch den Zaun lugten, wenn sie ihn nebenan im elterlichen Garten mit seiner Schwester spielen hörten. Auch Kapitän Kirch selber konnte es sonntags beim Gottesdienste nicht unterlassen, von seinem Schifferstuhle nach unten in die Kirche hinabzuschielen, wo sein schmucker Junge bei der Mutter saß. Unterweilen schweiften auch wohl seine Blicke drüben nach dem Epitaphe, wo zwischen mannigfachen Siegestrophäen sich die Marmorbüste eines stattlichen Mannes in gewaltiger Allongeperücke zeigte; gleich seinem Heinz nur eines Bürgers Sohn, der gleichwohl als Kommandeur von dreien Seiner Majestät Schiffen hier in die Vaterstadt zurückgekommen war. Aber nein, so hohe Pläne hatte Hans Kirch doch nicht mit seinem Jungen, vorläufig galt es eine Reise mit dem Hamburger Schiffe »Hammonia« in die chinesischen Gewässer, von der die Rückkehr nicht vor einem Jahr erfolgen würde; und heute war der letzte Tag im elterlichen Hause.

Die Mutter hatte diesmal nicht ohne Tränen ihres Sohnes Kiste gepackt, und nach der Rückkehr aus der Kirche legte sie noch ihr eigenes Gesangbuch obenauf. Der Vater hatte auch in den letzten Tagen außer dem Notwendigen nicht viel mit seinem Sohn gesprochen; nur an diesem Abend, als er auf dem dunkeln Hausflur ihm begegnete, griff er nach seiner Hand und schüttelte sie heftig: »Ich sitze hier nicht still, Heinz; für dich, nur für dich! Und komm auch glücklich wieder!« Hastig hatte er es hervorgestoßen; dann ließ er die Hand seines Sohnes fahren und trabte eilig nach dem Hof hinaus.

Überrascht blickte ihm Heinz eine Weile nach; aber seine Gedanken waren anderswo. Er hatte Wieb am Tage vorher wiedergesehen; doch nur zu ein paar flüchtigen Worten war Gelegenheit gewesen;

nun wollte er noch Abschied von ihr nehmen, sie wie sonst noch einmal um den Warder fahren.

Es war ein kühler Maiabend; der Mond stand über dem Wasser, als er an den Hafen hinabkam; aber Wieb war noch nicht da. Freilich hatte sie ihm gesagt, daß sie abends bei einer alten Dame einige leichte Dienste zu versehen habe; desungeachtet, während er an dem einsamen Bollwerk auf und ab ging, konnte er seine Ungeduld kaum niederzwingen: er schalt sich selbst und wußte nicht, weshalb das Klopfen seines Blutes ihm fast den Atem raubte. Endlich sah er sie aus der höher belegenen Straße herabkommen. Bei dem Mondlicht, das ihr voll entgegenfiel, erschien sie ihm so groß und schlank, daß er erst fast verzagte, ob sie es wirklich sei. Gleichwohl hatte sie den Oberkörper in ein großes Tuch vermummt; einer Kopfbedeckung bedurfte sie nicht, denn das blonde Haar lag voll wie ein Häubchen über ihrem zarten Antlitz. »Guten Abend, Heinz!« sagte sie leise, als sie jetzt zu ihm trat; und schüchtern, fast wie ein Fremder, berührte er ihre Hand, die sie ihm entgegenstreckte. Schweigend führte er sie zu einem Boot, das neben einer großen Kuff im Wasser lag. »Komm nur!« sagte er, als er hineingetreten war und der auf der Hafentreppe Zögernden die Arme entgegenstreckte; »ich habe Erlaubnis, wir werden diesmal nicht gescholten.«

Als er sie in seinen Armen aufgefangen hatte, löste er die Taue, und das Boot glitt aus dem Schatten des großen Schiffes auf die weite, mondglitzernde Wasserfläche hinaus.

Sie saß ihm auf der Bank am Hinterspiegel gegenüber; aber sie fuhren schon um die Spitze des Warders, wo einige Möwen gackernd aus dem Schlafe auffuhren, und noch immer war kein weiteres Wort zwischen ihnen laut geworden. So vieles hatte Heinz der kleinen Wieb in dieser letzten Stunde sagen wollen, und nun war der Mund ihm wie verschlossen. Und auch das Mädchen, je weiter sie hinausfuhren, je mehr zugleich die kurze Abendzeit verrann, desto stiller und beklommener saß sie da; zwar seine Augen verschlangen fast die kindliche Gestalt, mit der er jetzt so einsam zwischen Meer und Himmel schwebte; die ihren aber waren in die Nacht hinaus gewandt. Dann stieg's wohl plötzlich in ihm auf, und das Boot schütterte unter seinen Ruderschlägen, daß sie jäh das Köpfchen wandte und das blaue Leuchten ihrer Augen in die seinen traf. Aber auch das flog rasch vorüber, und es war etwas wie Zorn, das über ihn kam, er wußte nicht, ob gegen sich selber oder gegen sie, daß sie so fremd ihm gegenübersaß, daß alle Worte, die ihm durch den Kopf fuhren, zu ihr nicht passen wollten. Mit Gewalt rief er sich zurück: hatte er doch draußen schon mehr als einmal die trotzigste Dirne im Arm geschwenkt, auch wohl ein übermütiges Wort ihr zugeraunt; aber freilich, der jungfräulichen Gestalt ihm gegenüber verschlug auch dieses Mittel nicht.

»Wieb«, sagte er endlich, und es klang fast bittend, »kleine Wieb, das ist nun heut für lange Zeit das letzte Mal.«

»Ja, Heinz«, und sie nickte und sah zu Boden; »ich weiß es wohl.« Es war, als ob sie noch etwas andres sagen wollte, aber sie sagte es nicht. Das schwere Tuch war ihr von der Schulter geglitten; als sie es wieder aufgerafft hatte und nun mit ihrer Hand über der Brust zusammenhielt, vermißte er den kleinen Ring an ihrem Finger, den er einst auf dem Jahrmarkte ihr hatte einhandeln helfen. »Dein Ring, Wieb!« rief er unwillkürlich. »Wo hast du deinen Ring gelassen?«

Einen Augenblick noch saß sie unbeweglich; dann richtete sie sich auf und trat über die nächste Bank zu ihm hinüber. Sie mußte in dem schwankenden Boot die eine Hand auf seine Schulter legen, mit der andern langte sie in den Schlitz ihres Kleides und zog eine Schnur hervor, woran der Ring befestigt war. Mit stockendem Atem nahm sie ihrem Freunde die Mütze von den braunen Locken und hing die Schnur ihm um den Hals. »Heinz, o bitte, Heinz!« Der volle blaue Strahl aus ihren Augen ruhte in den seinen; dann stürzten ihre Tränen auf sein Angesicht, und die beiden jungen Menschen fielen sich um den Hals, und da hat der wilde Heinz die kleine Wieb fast totgeküßt.

-- Es mußte schon spät sein, als sie ihr Boot nach dem großen Schiff zurückbrachten; sie hatten keine Stunden schlagen hören; aber alle Lichter in der Stadt schienen ausgelöscht.

Als Heinz an das elterliche Haus kam, fand er die Tür verschlossen; auf sein Klopfen antwortete die Mutter vom Flure aus; aber der Vater war schon zur Ruhe gegangen und hatte den Schlüssel mitgenommen; endlich hörte Heinz auch dessen Schritte, wie sie langsam von droben aus der Kammer die Treppe hinabkamen. Dann wurde schweigend die Tür geöffnet und, nachdem Heinz hineingelassen war, ebenso wieder zugeschlossen; erst als er seinen »Guten Abend« vorbrachte, sah Hans Kirch ihn an: »Hast du die Bürgerglocke nicht gehört? Wo hast du dich umhergetrieben?«

Der Sohn sah den Jähzorn in seines Vaters Augen aufsteigen; er wurde blaß bis unter seine dunkeln Locken, aber er sagte ruhig: »Nicht umhergetrieben, Vater«; und seine Hand faßte unwillkürlich nach dem kleinen Ringe, den er unter seiner offnen Weste barg.

Aber Hans Kirch hatte zu lange auf seinen Sohn gewartet. »Hüte dich!« schrie er und zuckte mit dem schweren Schlüssel gegen seines Sohnes Haupt. »Klopf nicht noch einmal so an deines Vaters Tür! Sie könnte dir verschlossen bleiben.«

Heinz hatte sich hoch aufgerichtet; das Blut war ihm ins Gesicht geschossen; aber die Mutter hatte die Arme um seinen Hals gelegt, und die heftige Antwort unterblieb, die schon auf seinen Lippen saß. »Gute Nacht, Vater!« sagte er, und schweigend die Hand der Mutter drückend, wandte er sich ab und ging die Treppe hinauf in seine Kammer.

Am andern Tage war er fort. Die Mutter ging still umher in dem ihr plötzlich öd gewordenen Hause; die kleine Wieb trug schwer an ihrem jungen Herzen; nachdenklich und fast zärtlich betrachtete sie auf ihrem Arm die roten Striemen, durch welche die Mutter für die Störung ihrer Nachtruhe sich an ihr erholt hatte; waren sie ihr doch fast wie ein Angedenken an Heinz, das sie immer hätte behalten mögen; nur Hans Kirchs Dichten und Trachten strebte schon wieder rüstig in die Zukunft.

Nach sechs Wochen war ein Brief von Heinz gekommen; er brachte gute Nachricht; wegen kecken Zugreifens im rechten Augenblick hatte der Kapitän freiwillig seine Heuer erhöht. Die Mutter trat herein, als ihr Mann den Brief soeben in die Tasche steckte. »Ich darf doch auch mitlesen?« frug sie scheu. »Du hast doch gute Nachricht?«

»Ja, ja«, sagte Hans Kirch; »nun, nichts Besonderes, als daß er dich und seine Schwester grüßen läßt.«

Am Tage darauf aber begann er allerlei Gänge in der Stadt zu machen; in die großen Häuser mit breiten Beischlägen und unter dunklem Lindenschatten sah man ihn der Reihe nach hineingehen. Wer konnte wissen, wie bald der Junge sein Steuermannsexamen hinter sich haben würde; da galt es auch für ihn noch eine Stufe höher aufzurücken. Im Deputiertenkollegium hatte er bereits einige Jahre gesessen; jetzt war ein Ratsherrnstuhl erledigt, der von den übrigen Mitgliedern des Rates zu besetzen war.

Aber Hans Adams Hoffnungen wurden getäuscht; auf dem erledigten Stuhl saß nach einigen Tagen sein bisheriger Kollege, ein dicker Bäckermeister, mit dem er freilich weder an Reichtum noch an Leibesgewicht sich messen durfte. Verdrießlich war er eben aus einer Deputiertensitzung gekommen, wo nun der Platz des Bäckers leer geworden war, und stand noch, an einem Tabakendchen seinen Groll zerkauend, unter dem Schwanz des Riesenfisches, den sie Anno Siebenzig hier gefangen und zum Gedächtnis neben der Rathaustür aufgehangen hatten, als ein ältliches, aber wehrhaftes Frauenzimmer über den Markt und grade auf ihn zukam; ein mit zwei großen Schinken beladener Junge folgte ihr.

»Das ging den verkehrten Weg, Hans Adam!« rief sie ihm schon von weitem zu.

Hans Adam hob den Kopf. »Du brauchst das nicht über die Straße hinzuschreien, Jule; ich weiß das ohne dich.«

Es war seine ältere Schwester, die nach ihres Mannes Tode mit der Kirchschen Rührigkeit eine Speckhökerei betrieb. »Warum sollte ich nicht schreien?« rief sie wiederum, »mir kann's recht sein, wenn sie es alle hören! Du bist ein Geizhals, Hans Adam; aber du hast einen scharfen Kopf, und den können die regierenden Herren nicht gebrauchen, wenn er nicht zufällig auf ihren eignen Schultern sitzt; da paßt ihnen so eine blonde Semmel besser, wenn sie denn doch einmal an uns Mittelbürgern nicht vorbeikönnen.«

»Du erzählst mir ganz was Neues!« sagte der Bruder ärgerlich.

»Ja, ja, Hans Adam, du bist auch mir zu klug, sonst säßest du nicht so halb umsonst in unserem elterlichen Hause!«

Die brave Frau konnte es noch immer nicht verwinden, daß von einem Kauflustigen ihrem Bruder einst ein höherer Preis geboten war, als wofür er das Haus in der Nachlaßteilung übernommen hatte. Aber Hans Kirch war diesen Vorwurf schon gewohnt, er achtete nicht mehr darauf, zum mindesten schien es für ihn in diesem Augenblicke nur ein Spornstich, um sich von dem erhaltenen Schlage plötzlich wieder aufzurichten. Äußerlich zwar ließ er den Kopf hängen, als sähe er etwas vor sich auf dem Straßenpflaster; seine Gedanken aber waren schon rastlos tätig, eine neue Bahn nach seinem Ziele hin zu schaufeln: das war ihm klar, es mußte noch mehr erworben und – noch mehr erspart werden; dem Druck des Silbers mußte bei wiederkehrender Gelegenheit auch diese Pforte noch sich öffnen; und sollte es für ihn selbst nicht mehr gelingen, für seinen Heinz, bei dessen besserer Schulbildung und stattlicherem Wesen würde es damit schon durchzubringen sein, sobald er seine Seemannsjahre nach Gebrauch als Kapitän beschlossen hätte.

Mit einer raschen Bewegung hob Hans Adam seinen Kopf empor. »Weißt du, Jule« – er tat wie beiläufig diese Frage –, »ob dein Nachbar Schmüser seinen großen Speicher noch verkaufen will?«

Frau Jule, die mit ihrer letzten Äußerung ihn zu einer ganz andern Antwort hatte reizen wollen und so lange schon darauf gewartet hatte, meinte ärgerlich, da tue er am besten, selbst darum zu fragen.

»Ja, ja; da hast du recht.« Er nickte kurz und hatte schon ein paar Schritte der Straße zu getan, in der Fritz Schmüser wohnte, als die Schwester, unachtend des Jungen, der seitwärts unter seinen Schinken stöhnte, ihn noch einmal festzuhalten suchte; so wohlfeil sollte er denn doch nicht davonkommen. »Hans Adam!« rief sie; »wart noch einen Augenblick! Dein Heinz ...«

Hans Adam stand bei diesem Namen plötzlich still. »Was willst du, Jule?« frug er hastig. »Was soll das mit meinem Heinz?«

»Nicht viel, Hans Adam; aber du weißt wohl nicht, was dein gewitzter Junge noch am letzten Abend hier getrieben hat?«

»Nun?« stieß er hervor, als sie eine Pause machte, um erst die Wirkung dieses Eingangs abzuwarten; »sag's nur gleich auf einmal, Jule; ein Loblied sitzt doch nicht dahinter!«

»Je nachdem, Hans Adam, je nachdem! Bei der alten Tante war zum Adesagen freilich nicht viel Zeit; aber warum sollte er die schmucke Wieb, die kleine Matrosendirne, nicht von neun bis elf spazierenfahren? Es möchte wohl ein kalt Vergnügen gewesen sein da draußen auf dem Sund; aber wir Alten wissen's ja wohl noch, die Jugend hat allezeit ihr eigen Feuer bei sich.«

Hans Adam zitterte, seine Oberlippe zog sich auf und legte seine vollen Zähne bloß. »Schwatz nicht!« sagte er. »Sprich lieber, woher weißt du das?«

»Woher?« Frau Jule schlug ein fröhliches Gelächter auf – »das weiß die ganze Stadt, am besten Christian Jensen, in dessen Boot die Lustfahrt vor sich ging! Aber du bist ein Hitzkopf, Hans Adam, bei dem man sich leicht üblen Bescheid holen kann; und wer weiß denn auch, ob dir die schmucke Schwiegertochter recht ist? Im übrigen« – und sie faßte den Bruder an seinem Rockkragen und zog ihn dicht zu sich heran –, »für die neue Verwandtschaft ist's doch so am besten, daß du nicht auf den Ratsherrnstuhl hinaufgekommen bist.«

Als sie solcherweise ihre Worte glücklich angebracht hatte, trat sie zurück. »Komm, Peter, vorwärts!« rief sie dem Jungen zu, und bald waren beide in einer der vom Markte auslaufenden Gassen verschwunden.

Hans Kirch stand noch wie angedonnert auf derselben Stelle. Nach einer Weile setzte er sich mechanisch in Bewegung und ging der Gasse zu, worin Fritz Schmüsers Speicher lag; dann aber kehrte er plötzlich wieder um. Bald darauf saß er zu Hause an seinem Pult und schrieb mit fliegender Feder einen Brief an seinen Sohn, in welchem in verstärktem Maße sich der jähe Zorn ergoß, dessen Ausbruch an jenem letzten Abend durch die Dazwischenkunft der Mutter war verhindert worden.

Monate waren vergangen; die Plätze, von denen aus Heinz nach Abrede hätte schreiben sollen, mußten längst passiert sein, aber Heinz schrieb nicht; dann kamen Nachrichten von dem Schiffe, aber kein Brief von ihm. Hans Kirch ließ sich das so sehr nicht anfechten. ›Er wird schon kommen‹, sagte er zu sich selber; ›er weiß gar wohl, was hier zu Haus für ihn zu holen ist.‹ Und somit, nachdem er den Schmüserschen Speicher um billigen Preis erworben hatte, arbeitete er rüstig an der Ausbreitung seines Handels und ließ sich keine Mühe verdrießen. Freilich, wenn er von den dadurch veranlaßten Reisen, teils nach den Hafenstädten des Inlandes, einmal sogar mit seinem Schoner nach England, wieder heimkehrte, »Brief von Heinz?« war jedesmal die erste hastige Frage an seine Frau, und immer war ein trauriges Kopfschütteln die einzige Antwort, die er darauf erhielt.

Die Sorge, der auch er allmählich sich nicht hatte erwehren können, wurde zerstreut, als die Zeitungen die Rückkehr der »Hammonia« meldeten. Hans Kirch ging unruhig in Haus und Hof umher, und Frau und Tochter hörten ihn oft heftig vor sich hin reden; denn der Junge mußte jetzt ja selber kommen, und er hatte sich vorgesetzt, ihm scharf den Kopf zu waschen. Aber eine Woche verging, die zweite ging auch bald zu Ende, und Heinz war nicht gekommen. Auf eingezogene Erkundigungen erfuhr man endlich, er habe auf der Rückfahrt nach Abkommen mit dem Kapitän eine neue Heuer angenommen; wohin, war nicht zu ermitteln. ›Er will mir trotzen!‹ dachte

Hans Adam. ›Sehen wir, wer's am längsten aushält von uns beiden!‹ – Die Mutter, welche nichts von jenem Briefe ihres Mannes wußte, ging in kummervollem Grübeln und konnte ihren Jungen nicht begreifen; wagte sie es einmal, ihren Mann nach Heinz zu fragen, so blieb er entweder ganz die Antwort schuldig oder hieß sie, ihm mit dem Jungen ein für allemal nicht mehr zu kommen.

In einem zwar unterschied er sich von der gemeinen Art der Männer: er bürdete der armen Mutter nicht die Schuld an diesen Übelständen auf; im übrigen aber war mit Hans Adam jetzt kein leichter Hausverkehr.

Sommer und Herbst gingen hin, und je weiter die Zeit verrann, desto fester wurzelte der Groll in seinem Herzen; der Name seines Sohnes wurde im eignen Hause nicht mehr ausgesprochen, und auch draußen scheute man sich, nach Heinz zu fragen.

Schon wurde es wieder Frühling, als er eines Morgens von seiner Haustür aus den Herrn Pastor mit der Pfeife am Zaune seines Vorgartens stehen sah. Hans Kirch hatte Geschäfte weiter oben in der Stadt und wollte mit stummem Hutrücken vorbeipassieren; aber der Nachbar Pastor rief mit aller Würde pfarramtlicher Überlegenheit ganz laut zu ihm hinüber: »Nun, Herr Kirch, noch immer keine Nachricht von dem Heinz?«

Hans Adam fuhr zusammen, aber er blieb stehen, die Frage war ihm lange nicht geboten worden. »Reden wir von was anderem, wenn's gefällt, Herr Pastor!« sagte er kurz und hastig.

Allein der Pastor fand sich zur Befolgung dieser Bitte nicht veranlaßt. »Mein lieber Herr Kirch, es ist nun fast das zweite Jahr herum; Sie sollten sich doch einmal wieder um den Sohn bekümmern!«

»Ich dächte, Herr Pastor, nach dem vierten Gebote wär das umgekehrt!«

Der Pastor tat die Pfeife aus dem Munde: »Aber nicht nach dem Gebote, in welchem nach des Herren Wort die andern all enthalten sind, und was wäre Euch näher als Euer eigen Fleisch und Blut!«

»Weiß nicht, Ehrwürden«, sagte Hans Kirch, »ich halte mich ans vierte.«

Es war etwas in seiner Stimme, das es dem Pastor rätlich machte, nicht mehr in diesem Tone fortzufahren. »Nun, nun«, sagte er begütigend, »er wird ja schon wiederkehren, und wenn er kommt, er ist ja von Ihrer Art, Herr Nachbar, so wird es nicht mit leeren Händen sein!«

Etwas von dem Schmunzeln, das sich bei dieser letzten Rede auf des Pastors Antlitz zeigte, war doch auch auf das des anderen übergegangen, und während sich der erstere mit einer grüßenden Handbewegung nach seinem Hause zurückwandte, trabte Hans Kirch munterer als seit lange die Straße hinauf nach seinem großen Speicher.

Es war am Tage danach, als der alte Postbote dieselbe Straße hinabschritt. Er ging rasch und hielt einen dicken Brief in der Hand, den er schon im Vorwege aus seiner Ledertasche hervorgeholt zu haben schien; aber ebenso rasch schritt, lebhaft auf ihn einredend, ein etwa sechzehnjähriges blondes Mädchen an seiner Seite. »Von einem guten Bekannten, sagst du? Nein, narre mich nicht länger, alter Marten! Sag's doch, von wem ist er denn?«

»Ei, du junger Dummbart«, rief der Alte, indem er mit dem Briefe ihr vor den Augen gaukelte, »kann ich das wissen? Ich weiß nur, an wen ich ihn zu bringen habe.«

»An wen, an wen denn, Marten?«

Er stand einen Augenblick und hielt die Schriftseite des Briefes ihr entgegen.

Die geöffneten Mädchenlippen versandten einen Laut, der nicht zu einem Wort gedieh.

»Von Heinz!« kam es dann schüchtern hintennach, und wie eine helle Lohe brannte die Freude auf dem jungen Antlitz.

Der Alte sah sie freundlich an. »Von Heinz?« wiederholte er schelmisch. »Ei, Wiebchen, mit den Augen ist das nicht darauf zu lesen!«

Sie sagte nichts; aber als er jetzt in der Richtung nach dem Kirchschen Haus zu schritt, lief sie noch immer nebenher.

»Nun?« rief er, »du denkst wohl, daß ich auch für dich noch einen in der Tasche hätte?«

Da blieb sie plötzlich stehen, und während sie traurig ihr Köpfchen schüttelte, ging der Bote mit dem dicken Briefe fort.

Als er die Kirchsche Wohnung betrat, kam eben die Hausmutter mit einem dampfenden Schüsselchen aus der Küche; sie wollte damit in das Oberhaus, wo im Giebelstübchen die kleine Lina an den Masern lag. Aber Marten rief sie an: »Frau Kirch! Frau Kirch! Was geben Sie für diesen Brief?«

Und schon hatte sie die an ihren Mann gerichtete Adresse gelesen und die Schrift erkannt. »Heinz!« rief auch sie, »oh, von Heinz!« Und wie ein Jubel brach es aus dieser stillen Brust. Da kam von oben her die Kinderstimme: »Mutter! Mutter!«

»Gleich, gleich, mein Kind!« Und nach einem dankbaren Nicken gegen den Boten flog sie die Treppen hinauf. »O Lina, Lina! Von Heinz, ein Brief von unserm Heinz!«

Im Wohnzimmer unten saß Hans Kirch an seinem Pulte, zwei aufgeschlagene Handelsbücher vor sich; er war mit seinem Verlustkonto beschäftigt, das sich diesmal ungewöhnlich groß erwiesen hatte. Verdrießlich hörte er das laute Reden draußen, das ihn in seiner Rechnung störte; als der Postbote hereintrat, fuhr er ihn an: »Was treibt Er denn für Lärmen draußen mit der Frau?«

Statt einer Antwort überreichte Marten ihm den Brief.

Fast grollend betrachtete er die Aufschrift mit seinen scharfen Augen, die noch immer der Brille nicht bedurften. »Von Heinz«, brummte er, nachdem er alle Stempel aufmerksam besichtigt hatte; »Zeit wär's denn auch einmal!«

Vergebens wartete der alte Marten, auch aus des Vaters Augen einen Freudenblitz zu sehen; nur ein Zittern der Hand - wie er zu seinem Trost bemerkte - konnte dieser nicht bewältigen, als er jetzt nach einer Schere langte, um den Brief zu öffnen. Und schon hatte er sie angesetzt, als Marten seinen Arm berührte: »Herr Kirch, ich darf wohl noch um dreißig Schilling bitten!«

- »Wofür?« - er warf die Schere hin - »ich bin der Post nichts schuldig!«

»Herr, Sie sehen ja wohl, der Brief ist nicht frankiert.«

Er hatte es nicht gesehen; Hans Adam biß die Zähne aufeinander: dreißig Schillinge; warum denn auch nicht die noch zum Verlust geschrieben! Aber - die Bagatelle, die war's ja nicht; nein - was dahinterstand! Was hatte doch der Pastor neulich hingeredet? Er würde nicht mit leeren Händen kommen! - Nicht mit leeren Händen! - Hans Adam lachte grimmig in sich hinein. - Nicht mal das Porto hatte er gehabt! Und der, der sollte im Magistrat den Sitz erobern, der für ihn, den Vater, sich zu hoch erwiesen hatte!

Hans Kirch saß stumm und starr an seinem Pulte; nur im Gehirne tobten ihm die Gedanken. Sein Schiff, sein Speicher, alles, was er in so vielen Jahren schwer erworben hatte, stieg vor ihm auf und addierte wie von selber die stattlichen Summen seiner Arbeit. Und das, das alles sollte er diesem ... Er dachte den Satz nicht mehr zu Ende; sein Kopf brannte, es brauste ihm vor den Ohren. »Lump!« schrie er plötzlich, »so kommst du nicht in deines Vaters Haus!«

Der Brief war dem erschrockenen Boten vor die Füße geschleudert. »Nimm«, schrie er, »ich kauf ihn nicht; der ist für mich zu teuer!« Und Hans Kirch griff zur Feder und blätterte in seinen Kontobüchern.

Der gutmütige Alte hatte den Brief aufgehoben und versuchte bescheiden noch einige Überredung; aber der Hausherr trieb ihn fort, und er war nur froh, die Straße zu erreichen, ohne daß er der Mutter zum zweiten Mal begegnet wäre.

Als er seinen Weg nach dem Südende der Stadt fortsetzte, kam Wieb eben von dort zurück; sie hatte in einer Brennerei, welche hier das letzte Haus bildete, eine Bestellung ausgerichtet. Ihre Mutter war nach dem plötzlichen Tode »ihres Mannes zur See« in aller Form Rechtens die Frau »ihres Mannes auf dem Lande« geworden und hatte mit diesem eine Matrosenschenke am Hafenplatz errichtet. Viel Gutes wurde von der neuen Wirtschaft nicht geredet; aber wenn an Herbstabenden die über der Haustür brennende rote Lampe ihren Schein zu den Schiffen hinabwarf, so saß es da drinnen in der Schenkstube bald Kopf an Kopf, und der Brenner draußen am Stadtende hatte dort gute Kundschaft.

Als Wieb sich dem alten Postboten näherte, bemerkte sie sogleich, daß er jetzt recht mürrisch vor sich hin sah; und dann – er hatte ja den Brief von Heinz noch immer in der Hand. »Marten!« rief sie – sie hätte es nicht lassen können –, »der Brief, hast du ihn noch? War denn sein Vater nicht zu Hause?«

Marten machte ein grimmiges Gesicht. »Nein, Kind, sein Vater war wohl nicht zu Hause; der alte Hans Kirch war da; aber für den war der Brief zu teuer.«

Die blauen Mädchenaugen blickten ihn erschrocken an. »Zu teuer, Marten?«

– »Ja, ja; was meinst du, unter dreißig Schillingen war er nicht zu haben.«

Nach diesen Worten steckte Marten den Brief in seine Ledertasche und trat mit einem andern, den er gleichzeitig hervorgezogen hatte, in das nächste Haus.

Wieb blieb auf der Gasse stehen. Einen Augenblick noch sah sie auf die Tür, die sich hinter dem alten Mann geschlossen hatte; dann, als käme ihr plötzlich ein Gedanke, griff sie in ihre Tasche und klimperte darin, als wie mit kleiner Silbermünze. Ja, Wieb hatte wirklich Geld in ihrer Tasche; sie zählte es sogar, und es war eine ganze Handvoll, die sie schon am Vormittage hinter dem Schenktisch eingenommen hatte. Zwar, es gehörte nicht ihr, das wußte sie recht wohl; aber was kümmerte sie das, und mochte ihre Mutter sie doch immer dafür schlagen! »Marten«, sagte sie hastig, als dieser jetzt wieder aus dem Hause trat, und streckte eine Handvoll kleiner Münze ihm entgegen, »da ist das Geld, Marten; gib mir den Brief!«

Marten sah sie voll Verwunderung an.

»Gib ihn doch!« drängte sie. »Hier sind ja deine dreißig Schillinge!« Und als der Alte den Kopf schüttelte, faßte sie mit der freien Hand an seine Tasche: »Oh, bitte, bitte, lieber Marten, ich will ihn ja nur einmal zusammen mit seiner Mutter lesen.«

»Kind«, sagte er, indem er ihre Hand ergriff und ihr freundlich in die angstvollen Augen blickte, »wenn's nach mir ginge, so wollten wir den Handel machen; aber selbst der Postmeister darf dir keinen Brief verkaufen.« Er wandte sich von ihr ab und schritt auf seinem Botenwege weiter.

Aber sie lief ihm nach, sie hing sich an seinen Arm, ihr einfältiger Mund hatte die holdesten Bitt- und Schmeichelworte für den alten Marten und ihr Kopf die allerdümmsten Einfälle; nur leihen sollte er ihr zum mindesten den Brief; er sollte ihn ja noch heute abend wiederhaben.

Der alte Marten geriet in große Bedrängnis mit seinem weichen Herzen; aber ihm blieb zuletzt nichts übrig, er mußte das Kind gewaltsam von sich stoßen.

Da blieb sie zurück; mit der Hand fuhr sie an die Stirn unter ihr goldblondes Haar, als ob sie sich besinnen müsse; dann ließ sie das Geld in ihre Tasche fallen und ging langsam dem Hafenplatze zu. Wer den Weg entgegenkam, sah ihr verwundert nach; denn sie hatte die Hände auf die Brust gepreßt und schluchzte überlaut.

Seitdem waren funfzehn Jahre hingegangen. Die kleine Stadt erschien fast unverändert; nur daß für einen jungen Kaufherrn aus den alten Familien am Markt ein neues Haus erbaut war, daß Telegraphendrähte durch die Gassen liefen und auf dem Posthausschilde jetzt mit goldenen Buchstaben »Kaiserliche Reichspost« zu lesen war; wie immer rollte die See ihre Wogen an den Strand, und wenn der Nordwest vom Ostnordost gejagt wurde, so spülte das Hochwasser an die Mauern der Brennerei, die auch jetzt noch in der Roten Laterne ihre beste Kundschaft hatte; aber das Ende der Eisenbahn lag noch manche Meile landwärts hinter dem Hügelzuge, sogar auf dem Bürgermeisterstuhle saß trotz der neuen Segnungen noch im guten alten Stile ein studierter Mann, und der Magistrat behauptete sein altes Ansehen, wenngleich die Senatoren jetzt in »Stadträte« und die Deputierten in »Stadtverordnete« verwandelt waren; die Abschaffung der Bürgerglocke als eines alten Zopfes war in der Stadtverordnetenversammlung von einem jungen Mitgliede zwar in Vorschlag gebracht worden, aber zwei alte Herren hatten ihr das Wort geredet: die Glocke hatte sie in ihrer Jugend vor manchem dummen Streich nach Haus getrieben; weshalb sollte jetzt das junge Volk und das Gesinde nicht in gleicher Zucht gehalten werden? Und nach wie vor, wenn es zehn vom Turm geschlagen hatte, bimmelte die kleine Glocke hinterdrein und schreckte die Pärchen auseinander, welche auf dem Markt am Brunnen schwatzten.

Nicht so unverändert war das Kirchsche Haus geblieben. Heinz war nicht wieder heimgekommen; er war verschollen; es fehlte nur, daß er auch noch gerichtlich für tot erklärt worden wäre; von den jüngeren Leuten wußte mancher kaum, daß es hier jemals einen Sohn des alten Kirch gegeben habe. Damals freilich, als der alte Marten den Vorfall mit dem Briefe bei seinen Gängen mit herumgetragen hatte, war von Vater und Sohn genug geredet worden; und nicht nur von diesen, auch von der Mutter, von der man niemals redete, hatte man erzählt, daß sie derzeit, als es endlich auch ihr von draußen zugetragen worden, zum ersten Mal sich gegen ihren Mann erhoben habe. »Hans! Hans!« so hatte sie ihn angesprochen, ohne der Magd zu achten, die an der Küchentür gelauscht hatte; »das ohne mich zu tun war nicht dein Recht! Nun können wir nur beten, daß der Brief nicht zu dem Schreiber wiederkehre; doch Gott wird ja so schwere Schuld nicht auf dich laden.« Und Hans Adam, während ihre Augen voll und tränenlos ihn angesehen, hatte hierauf nichts erwidert, nicht ein Sterbenswörtlein; sie aber hatte nicht nur gebetet; überallhin, wenn auch stets vergebens, hatte sie nach ihrem Sohne forschen lassen; die Kosten, die dadurch verursacht wurden, entnahm sie ohne Scheu den kleineren Kassen, welche sie verwaltete; und Hans Adam, obgleich er bald des inne wurde, hatte sie still gewähren lassen. Er selbst tat nichts dergleichen; er sagte es sich beharrlich vor, der Sohn, ob brieflich oder in Person, müsse anders oder niemals wieder an die Tür des Elternhauses klopfen.

Und der Sohn hatte niemals wieder angeklopft. Hans Adams Haar war nur um etwas rascher grau geworden; der Mutter aber hatte endlich das stumme Leid die Brust zernagt, und als die Tochter aufgewachsen war, brach sie zusammen. Nur eins war stark in ihr geblieben, die Zuversicht, daß ihr Heinz einst wiederkehren werde; doch auch die trug sie im stillen. Erst da ihr Leben sich rasch zu Ende neigte, nach einem heftigen Anfall ihrer Schwäche, trat es einmal über ihre Lippen. Es war ein frostheller Weihnachtsmorgen, als sie, von der Tochter gestützt, mühsam die Treppe nach der oben belegenen Schlafkammer emporstieg. Eben, als sie auf halbem Wege, tief aufatmend und wie hülflos um sich blickend, gegen das Geländer lehnte, brach die Wintersonne durch die Scheiben über der Haustür und erleuchtete mit ihrem blassen Schein den dunkeln Flur. Da wandte die kranke Frau den Kopf zu ihrer Tochter. »Lina«, sagte sie geheimnisvoll, und ihre matten Augen leuchteten plötzlich in beängstigender Verklärung, »ich weiß es, ich werde ihn noch wiedersehen! Er kommt einmal so, wenn wir es gar nicht denken!«

»Meinst du, Mutter?« frug die Tochter fast erschrocken.

»Mein Kind, ich meine nicht; ich weiß es ganz gewiß!«

Dann hatte sie ihr lächelnd zugenickt; und bald lag sie zwischen den weißen Linnen ihres Bettes, welche in wenigen Tagen ihren toten Leib umhüllen sollten.

In dieser letzten Zeit hatte Hans Kirch seine Frau fast keinen Augenblick verlassen; der Bursche, der ihm sonst im Geschäfte nur zur Hand ging, war schier verwirrt geworden über die ihn plötzlich treffende Selbstverantwortlichkeit; aber auch jetzt wurde der Name des Sohnes zwischen den beiden Eltern nicht genannt; nur da die schon erlöschenden Augen der Sterbenden weit geöffnet und wie suchend in die leere Kammer blickten, hatte Hans Kirch, als ob er ein Versprechen gebe, ihre Hand ergriffen und gedrückt; dann hatten ihre Augen sich zur letzten Lebensruhe zugetan.

Aber wo war, was trieb Heinz Kirch in der Stunde, als seine Mutter starb?

Ein paar Jahre weiter, da war der spitze Giebel des Kirchschen Hauses abgebrochen und statt dessen ein volles Stockwerk auf das Erdgeschoß gesetzt worden; und bald hausete eine junge Wirtschaft in den neuen Zimmern des Oberhauses; denn die Tochter hatte den Sohn eines wohlhabenden Bürgers aus der Nachbarstadt geheiratet, der dann in das Geschäft ihres Vaters eingetreten war. Hans Kirch begnügte sich mit den Räumen des alten Unterbaues; die Schreibstube neben der Haustür bildete zugleich sein Wohnzimmer. Dahinter, nach dem Hofe hinaus, lag die Schlafkammer; so saß er ohne viel Treppensteigen mitten im Geschäft und konnte trotz des anrückenden Greisenalters und seines jungen Partners die Fäden noch in seinen Händen halten. Anders stand es mit der zweiten Seite seines Wesens; schon mehrmals war ein Wechsel in den Magistratspersonen eingetreten, aber Hans Kirch hatte keinen Finger darum gerührt; auch, selbst wenn er darauf angesprochen worden, kein Für oder Wider über die neuen Wahlen aus seinem Munde gehen lassen.

Dagegen schlenderte er jetzt oft, die Hände auf dem Rücken, bald am Hafen, bald in den Bürgerpark, während er sonst auf alle Spaziergänger nur mit Verachtung herabgesehen hatte. Bei anbrechender Dämmerung konnte man ihn auch wohl draußen über der Bucht auf dem hohen Ufer sitzen sehen; er blickte dann in die offene See hinaus und schien keinen der wenigen, die vorübergingen, zu bemerken. Traf es sich, daß aus dem Abendrot ein Schiff hervorbrach und mit vollen Segeln auf ihn zuzukommen schien, dann nahm er seine Mütze ab und strich mit der andern Hand sich zitternd über seinen grauen Kopf. – Aber nein, es geschahen ja keine Wunder mehr; weshalb sollte denn auch Heinz auf jenem Schiffe sein? – Und Hans Kirch schüttelte sich und trat fast zornig seinen Heimweg an.

Der ganze Ehrgeiz des Hauses schien jedenfalls, wenn auch in anderer Form, jetzt von dem Tochtermann vertreten zu werden; Herr Christian Martens hatte nicht geruht, bis die Familie unter den Mitgliedern der Harmoniegesellschaft figurierte, von der bekannt war, daß nur angesehenere Bürger zugelassen wurden. Der junge Ehemann war, wovon der Schwiegervater sich zeitig und gründlich überzeugt hatte, ein treuer Arbeiter und keineswegs ein Verschwender; aber – für einen feinen Mann gelten, mit den Honoratioren einen vertraulichen Händedruck wechseln, etwa noch eine schwergoldene

Kette auf brauner Sammetweste, das mußte er daneben haben. Hans Kirch zwar hatte anfangs sich gesträubt; als ihm jedoch in einem stillen Nebenstübchen eine solide Partie »Sechsundsechzig« mit ein paar alten seebefahrenen Herren eröffnet wurde, ging auch er mit seinen Kindern in die Harmonie.

So war die Zeit verflossen, als an einem sonnigen Vormittage im September Hans Kirch vor seiner Haustür stand; mit seinem krummen Rücken, seinem hängenden Kopfe und wie gewöhnlich beide Hände in den Taschen. Er war eben von seinem Speicher heimgekommen; aber die Neugier hatte ihn wieder hinausgetrieben, denn durchs Fenster hatte er links hin auf dem Markte, wo sonst nur Hühner und Kinder liefen, einen großen Haufen erwachsener Menschen, Männer und Weiber, und offenbar in lebhafter Unterhaltung miteinander, wahrgenommen; er hielt die Hand ans Ohr, um etwas zu erhorchen; aber sie standen ihm doch zu fern. Da löste sich ein starkes, aber anscheinend hochbetagtes Frauenzimmer aus der Menge; sie mochte halb erblindet sein, denn sie fühlte mit einem Krückstock vor sich hin; gleichwohl kam sie bald rasch genug gegen das Kirchsche Haus dahergewandert. »Jule!« brummte Hans Adam. »Was will Jule?«

Seitdem der Bruder ihr vor einigen Jahren ein größeres Darlehen zu einem Einkauf abgeschlagen hatte, waren Wort und Gruß nur selten zwischen ihnen gewechselt worden; aber jetzt stand sie vor ihm; schon von weitem hatte sie ihm mit ihrer Krücke zugewinkt. Im ersten Antrieb hatte er sich umwenden und in sein Haus zurückgehen wollen; aber er blieb doch. »Was willst du, Jule?« frug er. »Was verakkordieren die da auf dem Markt?«

»Was die verakkordieren, Hans? Ja, leihst du mir jetzt die hundert Taler, wenn ich dir's erzähle?«

Er wandte sich jetzt wirklich, um ins Haus zu treten.

»Nun, bleib nur!« rief sie. »Du sollst's umsonst zu wissen kriegen; dein Heinz ist wieder da!«

Der Alte zuckte zusammen. »Wo? Was?« stieß er hervor und fuhr mit dem Kopf nach allen Seiten. Die Speckhökerin sah mit Vergnügen, wie seine Hände in den weiten Taschen schlotterten.

»Wo?« wiederholte sie und schlug den Bruder auf den krummen Rücken. »Komm zu dir, Hans! Hier ist er noch nicht; aber in Hamburg, beim Schlafbaas in der Johannisstraße!«

Hans Kirch stöhnte. »Weibergewäsch!« murmelte er. »Siebzehn Jahre fort; der kommt nicht wieder – der kommt nicht wieder.«

Aber die Schwester ließ ihn nicht los. »Kein Weibergewäsch, Hans! Der Fritze Reimers, der mit ihm in Schlafstelle liegt, hat's nach Haus geschrieben!«

»Ja, Jule, der Fritze Reimers hat schon mehr gelogen!«

Die Schwester schlug die Arme unter ihrem vollen Busen umeinander. »Zitterst du schon wieder für deinen Geldsack?« rief sie höhnend. »Ei nun, für dreißig Reichsgulden haben sie unsern Herrn Christus verraten, so konntest du dein Fleisch und Blut auch wohl um dreißig Schillinge verstoßen. Aber jetzt kannst du ihn alle Tage wiederhaben! Ratsherr freilich wird er nun wohl nicht mehr werden; du mußt ihn nun schon nehmen, wie du ihn dir selbst gemacht hast!«

Aber die Faust des Bruders packte ihren Arm; seine Lippen hatten sich zurückgezogen und zeigten das noch immer starke, vollzählige Gebiß. »Nero! Nero!« schrie er mit heiserer Stimme in die offene Haustür, während sogleich das Aufrichten des großen Haushundes drinnen hörbar wurde. »Weib, verdammtes, soll ich dich mit Hunden von der Türe hetzen!«

Frau Jules sittliche Entrüstung mochte indessen nicht so tief gegangen sein; hatte sie doch selbst vor einem halben Jahre ihre einzige Tochter fast mit Gewalt an einen reichen Trunkenbold verheiratet, um von seinen Kapitalien in ihr Geschäft zu bringen; es hatte sie nur gereizt, ihrem Bruder, wie sie später meinte, für die hundert Taler auch einmal etwas auf den Stock zu tun. Und so war sie denn schon dabei, ihm wieder gute Worte zu geben, als vom Markte her ein älterer Mann zu den Geschwistern trat. Es war der Krämer von der Ecke gegenüber. »Kommt, Nachbar«, sagte dieser, indem er Hans Adams Hand faßte, »wir wollen in Ihr Zimmer gehen; das gehört nicht auf die Straße!«

Frau Jule nickte ein paarmal mit ihrem dicken Kopfe. »Das meine ich auch, Herr Rickerts«, rief sie, indem sie sich mit ihrem Krückstocke nach der Straße hinunterfühlte; »erzählen Sie's ihm besser; seiner Schwester hat er es nicht glauben wollen! Aber Hans, wenn's dir an Reisegeld nach Hamburg fehlen sollte?«

Sie bekam keine Antwort; Herr Rickerts trat mit dem Bruder schon in dessen Zimmer. »Sie wissen es also, Nachbar!« sagte er;

»es hat seine Richtigkeit; ich habe den Brief von Fritze Reimers selbst gelesen.«

Hans Kirch hatte sich in seinen Lehnstuhl gesetzt und starrte, mit den Händen auf den Knien, vor sich hin. »Von Fritze Reimers?« frug er dann. »Aber Fritze Reimers ist ein Windsack, ein rechter Weißfisch!«

»Das freilich, Nachbar, und er hat auch diesmal seine eigne Schande nach Haus geschrieben. Beim Schlafbaas in der Johannisstraße haben sie abends in der Schenkstube beisammengesessen, deutsche Seeleute, aber aus allen Meeren, Fritze Reimers und noch zwei andre unsrer Jungens mit dazwischen. Nun haben sie geredet über Woher und Wohin; zuletzt, wo ein jeder von ihnen denn zuerst die Wand beschrien habe. Als an den Reimers dann die Reihe gekommen ist, da hat er – Sie kennen's ja wohl, Nachbar – das dumme Lied gesungen, worin sie den großen Fisch an unserm Rathaus in einen elenden Bütt verwandelt haben; kaum aber ist das Wort herausgewesen, so hat vom andern Ende des Tisches einer gerufen: ›Das ist kein Bütt, das ist der Schwanz von einem Butzkopf, und der ist doppelt so lang als Arm und Bein bei dir zusammen!‹

Der Mann, der das gesprochen hat, ist vielleicht um zehn Jahre älter gewesen als unsere Jungens, die da mit gesessen, und hat sich John Smidt genannt.

Fritze Reimers aber hat nicht geantwortet, sondern weiter fortgesungen, wie es in dem Liede heißt: ›Und sie handeln, sagt er, da mit Macht, sagt er; hab'n zwei Böte, sagt er, und 'ne Jacht!‹ «

»Der Schnösel!« rief Hans Kirch; »und sein Vater hat bis an seinen Tod auf meinem Schoner gefahren!«

»Ja, ja, Nachbar; der John Smidt hat auch auf den Tisch geschlagen. ›Pfui für den Vogel, der sein eigen Nest beschmutzt!‹ «

»Recht so!« sagte Hans Kirch; »er hätte ihn nur auf seinen dünnen Schädel schlagen sollen!«

»Das tat er nicht; aber als der Reimers ihm zugerufen, was er dabei denn mitzureden habe, da –«

Hans Kirch hatte des andern Arm gefaßt. »Da?« wiederholte er.

»Ja, Nachbar« – und des Erzählers Stimme wurde leiser –, »da hat John Smidt gesagt, er heiße eigentlich Heinz Kirch, und ob er denn auch nun noch etwas von ihm kaufen wolle. – Sie wissen es ja, Nachbar, unsre Jungens geben sich da drüben manchmal andre Namen, Smidt oder Mayer, oder wie es eben kommen mag, zumal wenn's mit dem Heuerwechsel nicht so ganz in Ordnung ist. Und dann, ich bin ja erst seit sechzehn Jahren hier; aber nach Hörensagen, es muß Ihrem Heinz schon ähnlich sehen, das!«

Hans Kirch nickte. Es wurde ganz still im Zimmer, nur der Perpendikel der Wanduhr tickte; dem alten Schiffer war, als fühle er eine erkaltende Hand, die den Druck der seinigen erwarte.

Der Krämer brach zuerst das Schweigen. »Wann wollen Sie reisen, Nachbar?« frug er.

»Heute nachmittag«, sagte Hans Kirch und suchte sich so grade wie möglich aufzurichten.

– »Sie werden guttun, sich reichlich mit Gelde zu versehen; denn die Kleidung Ihres Sohnes soll just nicht im besten Stande sein.«

Hans Kirch zuckte. »Ja, ja; noch heute nachmittag.«

Dies Gespräch hatte eine Zuhörerin gehabt; die junge Frau, welche zu ihrem Vater wollte, hatte vor der halboffenen Tür des Bruders Namen gehört und war aufhorchend stehengeblieben. Jetzt flog sie, ohne einzutreten, die Treppe wieder hinauf nach ihrem Wohnzimmer, wo eben ihr Mann, am Fenster sitzend, sich zu besonderer Ergötzung eine Havanna aus dem Sonntagskistchen angezündet hatte. »Heinz!« rief sie jubelnd ihm entgegen, wie vor Zeiten ihre Mutter es gerufen hatte, »Nachricht von Heinz! Er lebt, er wird bald bei uns sein!« Und mit überstürzenden Worten erzählte sie, was sie unten im Flur erlauscht hatte. Plötzlich aber hielt sie inne und sah auf ihren Mann, der nachdenklich die Rauchwölkchen vor sich hin blies.

»Christian!« rief sie und kniete vor ihm hin; »mein einziger Bruder! Freust du dich denn nicht?«

Der junge Mann legte die Hand auf ihren Kopf: »Verzeih mir, Lina; es kam so unerwartet; dein Bruder ist für mich noch gar nicht dagewesen; es wird ja nun so vieles anders werden.« Und behutsam und verständig, wie es sich für einen wohldenkenden Mann geziemt, begann er dann ihr darzulegen, wie durch diese nicht mehr vermutete Heimkehr die Grundlagen ihrer künftigen Existenz beschränkt, ja vielleicht erschüttert würden. Daß seinerseits die Verschollenheit des Haussohnes, wenn auch ihm selbst kaum eingestanden, wenigstens den zweiten Grund zum Werben um Hans Adams Tochter abgegeben habe, das ließ er freilich nicht zu Worte kommen, so aufdringlich es auch jetzt vor seiner Seele stand.

Frau Lina hatte aufmerksam zugehört. Da aber ihr Mann jetzt schwieg, schüttelte sie nur lächelnd ihren Kopf: »Du sollst ihn nur erst kennenlernen; oh, Heinz war niemals eigennützig.«

Er sah sie herzlich an. »Gewiß, Lina; wir müssen uns darein zu finden wissen; um desto besser, wenn er wiederkehrt, wie du ihn einst gekannt hast.«

Die junge Frau schlug den Arm um ihres Mannes Nacken: »Oh, du bist gut, Christian! Gewiß, ihr werdet Freunde werden!«

Dann ging sie hinaus; in die Schlafkammer, in die beste Stube, an den Herd; aber ihre Augen blickten nicht mehr so froh, es war auf ihre Freude doch ein Reif gefallen. Nicht, daß die Bedenken ihres Mannes auch ihr Herz bedrängten; nein, aber daß so etwas überhaupt sein könne; sie wußte selber kaum, weshalb ihr alles jetzt so öde schien.

Einige Tage später war Frau Lina beschäftigt, in dem Oberbau die Kammer für den Bruder zu bereiten; aber auch heute war ihr die Brust nicht freier. Der Brief, worin der Vater seine und des Sohnes Ankunft gemeldet hatte, enthielt kein Wort von einem frohen Wiedersehen zwischen beiden; wohl aber ergab der weitere Inhalt, daß der Wiedergefundene sich anfangs unter seinem angenommenen Namen vor dem Vater zu verbergen gesucht habe und diesem wohl nur widerstrebend in die Heimat folgen werde.

Als dann an dem bezeichneten Sonntagabend das junge Ehepaar zu dem vor dem Hause haltenden Wagen hinausgetreten war, sahen sie bei dem Lichtschein, der aus dem offenen Flur fiel, einen Mann herabsteigen, dessen wetterhartes Antlitz mit dem rötlichen Vollbart und dem kurzgeschorenen braunen Haupthaar fast einen Vierziger anzudeuten schien; eine Narbe, die über Stirn und Auge lief, mochte indessen dazu beitragen, ihn älter erscheinen zu lassen, als er wirklich war. Nach ihm kletterte langsam Hans Kirch vom Wagen. »Nun, Heinz«, sagte er, nacheinander auf die Genannten hinweisend, »das ist deine Schwester Lina und das ihr Mann Christian Martens; ihr müßt euch zu vertragen suchen.«

Ebenso nacheinander streckte diesen jetzt Heinz die Hand entgegen und schüttelte die ihre kurz mit einem trockenen »Very well!« Er tat dies mit einer unbeholfenen Verlegenheit; mochte die Art seiner

Heimkehr ihn bedrücken, oder fühlte er eine Zurückhaltung in der Begrüßung der Geschwister; denn freilich, sie hatten von dem Wiederkehrenden sich ein anderes Bild gemacht.

Nachdem alle in das Haus getreten waren, geleitete Frau Lina ihren Bruder die Treppe hinauf nach seiner Kammer. Es war nicht mehr dieselbe, in der er einst als Knabe geschlafen hatte, es war hier oben ja alles neu geworden; aber er schien nicht darauf zu achten. Die junge Frau legte das Reisegepäck, das sie ihm nachgetragen hatte, auf den Fußboden. »Hier ist dein Bett«, sagte sie dann, indem sie die weiße Schutzdecke abnahm und zusammenlegte; »Heinz, mein Bruder, du sollst recht sanft hier schlafen!«

Er hatte den Rock abgeworfen und war mit aufgestreiften Ärmeln an den Waschtisch getreten. Jetzt wandte er rasch den Kopf, und seine braunen blitzenden Augen ruhten in den ihren. »Dank, Schwester«, sagte er. Dann tauchte er den Kopf in die Schale und sprudelte mit dem Wasser umher, wie es wohl Leuten eigen ist, die dergleichen im Freien zu verrichten pflegen. Die Schwester, am Türpfosten lehnend, sah dem schweigend zu; ihre Frauenaugen musterten des Bruders Kleidung, und sie erkannte wohl, daß alles neu geschafft sein mußte; dann blieben ihre Blicke auf den braunen sehnigen Armen des Mannes haften, die noch mehr Narben zeigten als das Antlitz. »Armer Heinz«, sagte sie, zu ihm hinübernickend, »die müssen schwere Arbeit getan haben!«

Er sah sie wieder an; aber diesmal war es ein wildes Feuer, das aus seinen Augen brach. »Demonio!« rief er, die aufgestreckten Arme schüttelnd; »allerlei Arbeit Schwester! Aber – basta y basta!« Und er tauchte wieder den Kopf in die Schale und warf das Wasser über sich, als müsse er, Gott weiß was, herunterspülen.

Beim Abendtee, den die Familie zusammen einnahm, wollte eine Unterhaltung nicht recht geraten. »Ihr seid weit umhergekommen, Schwager«, sagte nach einigen vergeblichen Anläufen der junge Ehemann; »Ihr müßt uns viel erzählen.«

»Weit genug«, erwiderte Heinz; aber zum Erzählen kam es nicht; er gab nur kurze allgemeine Antwort.

»Laß ihn, Christian!« mahnte Frau Lina; »er muß erst eine Nacht zu Haus geschlafen haben.« Dann aber, damit es am ersten Abend nicht gar zu stille werde, begann sie selbst die wenigen Erinnerungen aus des Bruders Jugendjahren auszukramen, die sie nach eigenem Erlebnis oder den Erzählungen der Mutter noch bewahrte.

Heinz hörte ruhig zu. »Und dann«, fuhr sie fort, »damals, als du dir den großen Anker mit deinem Namen auf den Arm geätzt hattest! Ich weiß noch, wie ich schrie, als du so verbrannt nach Hause kamst, und wie dann der Physikus geholt wurde. Aber« – und sie stutzte einen Augenblick – »war es denn nicht auf dem linken Unterarm?«

Heinz nickte: »Mag wohl sein; das sind so Jungenstreiche.«

»Aber Heinz – es ist ja nicht mehr da; ich meinte, so was könne nie vergehen!«

»Muß doch wohl, Schwester; sind verteufelte Krankheiten da drüben; man muß schon oft zufrieden sein, wenn sie einem nicht gar die Haut vom Leibe ziehen.«

Hans Kirch hatte nur ein halbes Ohr nach dem, was hier gesprochen wurde. Noch mehr als sonst in sich zusammengesunken, verzehrte er schweigend sein Abendbrot; nur bisweilen warf er von unten auf einen seiner scharfen Blicke auf den Heimgekehrten, als wolle er prüfen, was mit diesem Sohn noch zu beginnen sei.

– – Aber auch für die folgenden Tage blieb dies wortkarge Zusammensein. Heinz erkundigte sich weder nach früheren Bekannten, noch sprach er von dem, was weiter denn mit ihm geschehen solle. Hans Adam frug sich, ob der Sohn das erste Wort von ihm erwarte oder ob er überhaupt nicht an das Morgen denke; »ja, ja«, murmelte er dann und nickte heftig mit seinem grauen Kopfe; »er ist's ja siebzehn Jahre so gewohnt geworden.«

Aber auch heimisch schien Heinz sich nicht zu fühlen. Hatte er kurze Zeit im Zimmer bei der Schwester seine Zigarre geraucht, so trieb es ihn wieder fort; hinab nach dem Hafen, wo er dem oder jenem Schiffer ein paar Worte zurief, oder nach dem großen Speicher, wo er teilnahmlos dem Abladen der Steinkohlen oder andern Arbeiten zusah. Ein paarmal, da er unten im Kontor gesessen, hatte Hans Kirch das eine oder andere der Geschäftsbücher vor ihm aufgeschlagen, damit er von dem gegenwärtigen Stande des Hauses Einsicht nehme; aber er hatte sie jedesmal nach kurzem Hin- und Herblättern wie etwas Fremdes wieder aus der Hand gelegt.

In einem aber schien er, zur Beruhigung des jungen Ehemannes, der Schilderung zu entsprechen, die Frau Lina an jenem Vormittage von ihrem Bruder ihm entworfen hatte: an eine Ausnutzung seiner Sohnesrechte schien der Heimgekehrte nicht zu denken.

Und noch ein zweites war dem Frauenauge nicht entgangen. Wie der Bruder einst mit ihr, der soviel jüngeren Schwester, sich herumgeschleppt, ihr erzählt und mit ihr gespielt hatte, mit ihr und – wie sie von der Mutter wußte – früher auch mit einer anderen, der er bis jetzt mit keinem Worte nachgefragt und von der zu reden sie vermieden hatte, in gleicher Weise ließ er jetzt, wenn er am Nachmittage draußen auf dem Beischlag saß, den kleinen Sohn des Krämers auf seinem Schoß umherklettern und sich Bart und Haar von ihm zerzausen; dann konnte er auch lachen, wie Frau Lina meinte, es einst im Garten oder auf jenen Sonntagswanderungen mit der Mutter von ihrem Bruder Heinz gehört zu haben. Schon am zweiten Tage, da sie eben in Hut und Tuch aus der Haustür zu ihm treten wollte, hatte sie ihn so getroffen. Der kleine Bube stand auf seinen Knien und hielt ihn bei der Nase. »Du willst mir was vorlügen, du großer Schiffer!« sagte er und schüttelte derb an ihm herum.

»Nein, nein, Karl, by Jove, es gibt doch Meerfrauen; ich habe sie ja selbst gesehen.«

Der Knabe ließ ihn los. »Wirklich? Kann man die denn heiraten?«

»Oho, Junge! Freilich kann man das! Da drüben in Texas, könntst allerlei da zu sehen bekommen, kannte ich einen, der hatte eine Meerfrau; aber sie mußte immer in einer großen Wassertonne schwimmen, die in seinem Garten stand.«

Die Augen des kleinen Burschen leuchteten; er hatte nur einmal einen jungen Seehund so gesehen, und dafür hatte er einen Schilling zahlen müssen. »Du«, sagte er heimlich und nickte seinem bärtigen Freunde zu; »ich will auch eine Wasserfrau heiraten, wenn ich groß geworden bin!«

Heinz sah nachdenklich den Knaben an. »Tu das nicht, Karl; die Wasserfrauen sind falsch; bleib lieber in deines Vaters Stor und spiel mit deines Nachbarn Katze.«

Die Hand der Schwester legte sich auf seine Schulter: »Du wolltest mit mir zu unserer Mutter Grabe!«

Und Heinz setzte den Knaben zur Erde und ging mit Frau Lina nach dem Kirchhof. Ja, er hatte sich später auch von ihr bereden lassen, den alten Pastor, der jetzt mit einer Magd im großen Pfarrhaus wirtschaftete, und sogar auch Tante Jule zu besuchen, um die der Knabe Heinz sich wenig einst gekümmert hatte.

So war der Sonntagvormittag herangekommen, und die jungen Eheleute rüsteten sich zum gewohnten Kirchgang; auch Heinz hatte sich bereit erklärt. Hans Kirch war am Abend vorher besonders schweigsam gewesen, und die Augen der Tochter, die ihn kannte, waren mehrmals angstvoll über des Vaters Antlitz hingestreift. Jetzt kam es ihr wie eine Beruhigung, als sie ihn vorhin den großen Flurschrank hatte öffnen und wieder schließen hören, aus dem er selber seinen Sonntagsrock hervorzuholen pflegte.

Als aber bald danach die drei Kirchgänger in das untere Zimmer traten, stand Hans Kirch, die Hände auf dem Rücken, in seiner täglichen Kleidung an dem Fenster und blickte auf die leere Gasse; Hut und Sonntagsrock lagen wie unordentlich hingeworfen auf einem Stuhl am Pulte.

»Vater, es ist wohl an der Zeit!« erinnerte Frau Lina schüchtern.

Hans Adam hatte sich umgewandt. »Geht nur!« sagte er trocken, und die Tochter sah, wie seine Lippen zitterten, als sie sich über den starken Zähnen schlossen.

»Wie, du willst nicht mit uns, Vater?«

– »Heute nicht, Lina!«

»Heute nicht, wo Heinz nun wieder bei uns ist?«

»Nein, Lina«, er sprach die Worte leise, aber es war, als müsse es gleich danach hervorbrechen; »ich mag heut nicht allein in unsern Schifferstuhl.«

»Aber, Vater, du tust das ja immer«, sprach Frau Lina zagend; »Christian sitzt ja auch stets unten bei mir.«

– »Ei was, dein Mann, dein Mann!« – und ein zorniger Blick schoß unter den buschigen Brauen zu seinem Sohn hinüber, und seine Stimme wurde immer lauter – »dein Mann gehört dahin; aber die alten Matrosen, die mit fünfunddreißig Jahren noch fremde Kapitäne ihres Vaters Schiffe fahren lassen, die längst ganz anderswo noch sitzen sollten, die mag ich nicht unter mir im Kirchstuhl sehen!«

Er schwieg und wandte sich wieder nach dem Fenster, und niemand hatte ihm geantwortet; dann aber legte Heinz das Gesangbuch, das seine Schwester ihm gegeben hatte, auf das Pult. »Wenn's nur das ist, Vater«, sagte er, »der alte Matrose kann zu Hause bleiben; er hat so manchen Sonntag nur den Wind in den Tauen pfeifen hören.«

Aber die Schwester ergriff des Bruders, dann des Vaters Hände. »Heinz! Vater! Laßt das ruhen jetzt! Hört zusammen Gottes Wort; ihr werdet mit guten Gedanken wiederkommen, und dann redet miteinander, was nun weiter werden soll!« Und wirklich, mochte es nun den heftigen Mann beruhigt haben, daß er, zum mindesten vorläufig, sich mit einem Worte Luft geschafft – was sie selber nicht erwartet hatte, sie brachte es dahin, daß beide in die Kirche gingen.

Aber Hans Kirch, während unten, wie ihm nicht entging, sich aller Blicke auf den Heimgekehrten richteten, saß oben unter den andern alten Kapitänen und Reedern und starrte, wie einst, nach der Marmorbüste des alten Kommandeurs; das war auch ein Stadtsjunge gewesen, ein Schulmeisterssohn, wie Heinz ein Schulmeistersenkel; wie anders war der heimgekommen!

–– Eine Unterredung zwischen Vater und Sohn fand weder nach dem Kirchgang noch am Nachmittage statt. Am Abend zog Frau Lina den Bruder in ihre Schlafkammer: »Nun, Heinz, hast du mit Vater schon gesprochen?«

Er schüttelte den Kopf: »Was soll ich mit ihm sprechen, Schwester?«

– »Du weißt es wohl, Heinz; er will dich droben in der Kirche bei sich haben. Sag ihm, daß du dein Steuermannsexamen machen willst; warum hast du es nicht längst gesagt?«

Ein verächtliches Lächeln verzerrte sein Gesicht. »Ist das eine Gewaltssache mit dem alten Schifferstuhl!« rief er. »Todos diabolos, ich alter Kerl noch auf der Schulbank! Denk wohl, ich habe manche alte Bark auch ohne das gesteuert!«

Sie sah ihn furchtsam an; der Bruder, an den sie sich zu gewöhnen anfing, kam ihr auf einmal fremd, ja unheimlich vor. »Gesteuert?« wiederholte sie leise; »wohin hast du gesteuert, Heinz? Du bist nicht weit gekommen.«

Er blickte eine Weile seitwärts auf den Boden; dann reichte er ihr die Hand. »Mag sein, Schwester«, sagte er ruhig; »aber – ich kann noch nicht wie ihr; muß mich immer erst besinnen, wo ich hinzutreten habe; kennt das nicht, ihr alle nicht, Schwester! Ein halbes Menschenleben – ja rechne, noch mehr als ein halbes Menschenleben kein ehrlich Hausdach überm Kopf; nur wilde See oder wildes Volk oder beides miteinander! Ihr kennt das nicht, sag ich, das Geschrei und das Gefluche, mein eignes mit darunter; ja, ja, Schwester, mein eignes auch, es lärmt mir noch immer in die Ohren; laßt's erst stiller werden, sonst – es geht sonst nicht!«

Die Schwester hing an seinem Halse. »Gewiß, Heinz, gewiß, wir wollen Geduld haben; o wie gut, daß du nun bei uns bist!«

Plötzlich, Gott weiß woher, tauchte ein Gerücht auf und wanderte emsig von Tür zu Tür: der Heimgekehrte sei gar nicht Heinz Kirch, es sei der Hasselfritz, ein Knabe aus dem Armenhause, der gleichzeitig mit Heinz zur See gegangen war und gleich diesem seitdem nichts von sich hatte hören lassen. Und jetzt, nachdem es eine kurze Weile darum herumgeschlichen, war es auch in das Kirchsche Haus gedrungen. Frau Lina griff sich mit beiden Händen an die Schläfen; sie hatte durch die Mutter wohl von jenem anderen gehört; wie Heinz hatte er braune Augen und braunes Haar gehabt und war wie dieser ein kluger wilder Bursch gewesen; sogar eine Ähnlichkeit hatte man derzeit zwischen ihnen finden wollen. Wenn alle Freude nun um nichts sein sollte, wenn es nun nicht der Bruder wäre! Eine helle Röte schlug ihr ins Gesicht: sie hatte ja an dieses Menschen Hals gehangen, sie hatte ihn geküßt – Frau Lina vermied es plötzlich, ihn zu berühren; verstohlen aber und desto öfter hafteten ihre Augen auf den rauhen Zügen ihres Gastes, während zugleich ihr innerer Blick sich mühte, unter den Schatten der Vergangenheit das Knabenantlitz ihres Bruders zu erkennen. Als dann auch der junge Ehemann zur Vorsicht mahnte, wußte Frau Lina sich auf einmal zu entsinnen, wie gleichgültig ihr der Bruder neulich an ihrer Mutter Grab erschienen sei; als ob er sich langweile, habe er mit beiden Armen sich über die Eisenstangen der Umfassung gelehnt und dabei seitwärts nach den andern Gräbern hingestarrt; fast als ob, wie bei dem Vaterunser nach der Predigt, nur das Ende abgewartet werden müsse.

Beiden Eheleuten erschien jetzt auch das ganze Gebaren des Bruders noch um vieles ungeschlachter als vordem; dies Sichumherwerfen auf den Stühlen, diese Nichtachtung vor Frau Linas sauberen Dielen. Heinz Kirch, das sagten alle, und den Eindruck bewahrte auch Frau Linas eigenes Gedächtnis, war ja ein feiner junger Mensch gewesen. Als beide dann dem Vater ihre Bedenken mitteilten, war es auch dem nichts Neues mehr; aber er hatte geschwiegen und schwieg auch jetzt; nur die Lippen drückte er fester aufeinander. Freilich, als er bald darauf seinen alten Pastor mit der Pfeife am Zaune seines Vorgartens stehen sah, konnte er doch nicht lassen, wie zufällig heranzutreten und so von weitem an ihm herumzuforschen.

»Ja, ja«, meinte der alte Herr, »es war recht schicklich von dem Heinz, daß er seinen Besuch mir gleich am zweiten Tage gönnte.«

»Schuldigkeit, Herr Pastor«, versetzte Kirch; »mag Ihnen aber auch wohl ergangen sein wie mir; es kostet Künste, in diesem Burschen mit dem roten Bart den alten Heinz herauszufinden.«

Der Pastor nickte; sein Gesicht zeigte plötzlich den Ausdruck oratorischer Begeisterung. »Ja, mit dem Barte!« wiederholte er nachdrücklich und fuhr mit der Hand, wie auf der Kanzel, vor sich hin. »Sie sagen es, Herr Nachbar; und wahrlich, seit dieser unzierliche Zierat Mode worden, kann man die Knaben in den Jünglingen nicht wiedererkennen, bevor man sie nicht selber sich bei Namen rufen hörte; das habe ich an meinen Pensionären selbst erfahren! Da war der blonde Dithmarscher, dem Ihr Heinz – er wollte jetzo zwar darauf vergessen haben – einmal den blutigen Denkzettel unter die Nase schrieb; der glich wahrlich einem weißen Hammel, da er von hier fortging; und als er nach Jahren in meine friedliche Kammer so unerwartet eintrat – ein Löwe! Ich versichere Sie, Herr Nachbar, ein richtiger Löwe! Wenn nicht die alten Schafsaugen zum Glück noch standgehalten hätten, ich alter Mann hätte ja den Tod sonst davon haben können!« Der Pastor sog ein paarmal an seiner Pfeife und drückte sich das Sammetkäppchen fester auf den weißen Kopf.

»Nun freilich«, meinte Hans Kirch; denn er fühlte wohl, daß er ein Lieblingsthema wachgerufen habe, und suchte noch einmal wieder anzuknüpfen; »solche Signale wie Ihr Dithmarscher hat mein Heinz nicht aufzuweisen.«

Aber der alte Herr ging wieder seinen eigenen Weg. »Bewahre!« sagte er verächtlich und machte mit der Hand eine Bewegung, als ob er die Schafsaugen weit von sich in die Büsche werfe. »Ein Mann, ein ganzer Mann!« Dann hob er den Zeigefinger und beschrieb schelmisch lächelnd eine Linie über Stirn und Auge: »Auch eine Dekorierung hat er sich erworben; im Gefecht, Herr Nachbar, ich sage im Gefechte; gleich einem alten Studiosus! Zu meiner Zeit – Seeleute und Studenten, das waren die freien Männer, wir standen allzeit beieinander!«

Hans Kirch schüttelte den Kopf. »Sie irren, Ehrwürden; mein Heinz war nur auf Kauffahrteischiffen; im Sturm, ein Holzsplitter, eine stürzende Stenge tun wohl dasselbe schon.«

»Crede experto! Traue dem Sachkundigen!« rief der alte Herr und hob geheimnisvoll das linke Ohrläppchen, hinter welchem die schwachen Spuren einer Narbe sichtbar wurden. »Im Gefecht, Herr Nachbar; oh, wir haben auch pro patria geschlagen.«

Ein Lächeln flog über das Gesicht des alten Seemanns, das für einen Augenblick das starke Gebiß bloßlegte. »Ja, ja, Herr Pastor; freilich, er war kein Hasenfuß, mein Heinz!«

Aber der frohe Stolz, womit diese Worte hervorbrachen, verschwand schon wieder; das Bild seines kühnen Knaben verblich vor dem des Mannes, der jetzt unter seinem Dache hauste.

Hans Kirch nahm kurzen Abschied; er gab es auf, es noch weiter mit der Geschwätzigkeit des Greisenalters aufzunehmen.

-- Am Abend war Ball in der Harmonie. Heinz wollte zu Hause bleiben, er passe nicht dahin; und die jungen Eheleute, die ihm auch nur wie beiläufig davon gesprochen hatten, waren damit einverstanden; denn Heinz, sie mochten darin nicht unrecht haben, war in dieser Gesellschaft für jetzt nicht wohl zu präsentieren. Frau Lina wollte ebenfalls zu Hause bleiben; doch sie mußte dem Drängen ihres Mannes nachgeben, der einen neuen Putz für sie erhandelt hatte. Auch Hans Kirch ging zu seiner Partie Sechsundsechzig; eine innere Unruhe trieb ihn aus dem Hause.

So blieb denn Heinz allein zurück. Als alle fort waren, stand er, die Hände in den Taschen, am Fenster seiner dunklen Schlafkammer, das nach Nordosten auf die See hinausging. Es war unruhiges Wetter, die Wolken jagten vor dem Mond; doch konnte er jenseit des Warders, in dem tieferen Wasser, die weißen Köpfe der Wellen schäumen sehen. Er starrte lange darauf hin; allmählich, als seine Augen sich gewöhnt hatten, bemerkte er auch drüben auf der Insel einen hellen Dunst; von dem Leuchtturm konnte das nicht kommen; aber das große Dorf lag dort, wo, wie er hatte reden hören, heute Jahrmarkt war. Er öffnete das Fenster und lehnte sich hinaus; fast meinte er, durch das Rauschen des Wassers die ferne Tanzmusik zu hören; und als packe es ihn plötzlich, schlug er das Fenster eilig zu und sprang, seine Mütze vom Türhaken reißend, in den Flur hinab. Als er ebenso rasch der Haustür zuging, frug die Magd ihn, ob sie mit dem Abschließen auf ihn warten solle; aber er schüttelte nur den Kopf, während er das Haus verließ.

Kurze Zeit danach, beim Rüsten der Schlafgemächer für die Nacht, betrat die Magd auch die von ihrem Gaste vorhin verlassene Kammer. Sie hatte ihr Lämpchen auf dem Vorplatze gelassen und nur die Wasserflasche rasch hineinsetzen wollen; als aber draußen eben jetzt der Mond sein volles Licht durch den weiten Himmelsraum ergoß, trat sie gleichfalls an das Fenster und blickte auf die wie mit Silberschaum gekrönten Wellen; bald aber waren es nicht mehr diese; ihre jungen weitreichenden Augen hatten ein Boot erkannt, das von einem einzelnen Manne durch den sprühenden Gischt der Insel zugetrieben wurde.

Wenn Hans Kirch oder die jungen Eheleute in die Harmonie gegangen waren, um dort nähere Aufschlüsse über jenes unheimliche Gerücht zu erhalten, so mußten sie sich getäuscht finden; niemand ließ auch nur ein andeutendes Wort darüber fallen; es war wieder wie kurz zuvor, als ob es niemals einen Heinz Kirch gegeben hätte.

Erst am andern Morgen erfuhren sie, daß dieser am Abend bald nach ihnen fortgegangen und bis zur Stunde noch nicht wieder da sei; die Magd teilte auf Befragen ihre Vermutungen mit, die nicht weit vom Ziele treffen mochten. Als dann endlich kurz vor Mittag der Verschwundene mit stark gerötetem Antlitz heimkehrte, wandte Hans Kirch, den er im Flur traf, ihm den Rücken und ging rasch in seine Stube. Frau Lina, der er auf der Treppe begegnete, sah ihn vorwurfsvoll und fragend an; sie stand einen Augenblick, als ob sie sprechen wolle; aber – wer war dieser Mann? – Sie hatte sich besonnen und ging ihm stumm vorüber.

Nach der schweigend eingenommenen Mittagsmahlzeit hatte Heinz sich oben in der Wohnstube des jungen Paares in die Sofaecke gesetzt. Frau Lina ging ab und zu; er hatte den Kopf gestützt und war eingeschlafen. Als er nach geraumer Zeit erwachte, war die Schwester fort; statt dessen sah er den grauen Kopf des Vaters über sich gebeugt; der Erwachende glaubte es noch zu fühlen, wie die scharfen Augen in seinem Antlitz forschten.

Eine Weile hafteten beider Blicke ineinander; dann richtete der Jüngere sich auf und sagte: »Laßt nur, Vater; ich weiß es schon, Ihr möchtet gern, daß ich der Hasselfritze aus der Armenkate wäre; möcht Euch schon den Gefallen tun, wenn ich mich selbst noch mal zu schaffen hätte.«

Hans Kirch war zurückgetreten. »Wer hat dir das erzählt?« sagte er, »du kannst nicht behaupten, daß ich dergleichen von dir gesagt hätte.«

»Aber Euer Gesicht sagt mir's; und unsre junge Frau, sie zuckt vor meiner Hand, als sollt sie eine Kröte fassen. Wußte erst nicht, was da unterwegs sei; aber heut nacht, da drüben, da schrien es beim Tanz die Eulen in die Fenster.«

Hans Kirch erwiderte nichts; der andre aber war aufgestanden und sah auf die Gasse, wo in Stößen der Regen vom Herbstwinde vorbeigetrieben wurde. »Eins aber«, begann er wieder, indem er sich finster zu dem Alten wandte, »mögt Ihr mir noch sagen! Warum damals, da ich noch jung war, habt Ihr das mit dem Brief mir angetan? Warum? Denn ich hätte Euch sonst mein altes Gesicht wohl wieder heimgebracht.«

Hans Kirch fuhr zusammen. An diesen Vorgang hatte seit dem Tode seines Weibes keine Hand gerührt; er selbst hatte ihn tief in sich begraben. Er fuhr mit den Fingern in die Westentasche und biß ein Endchen von der schwarzen Tabaksrolle, die er daraus hervorgeholt hatte. »Einen Brief?« sagte er dann; »mein Sohn Heinz war nicht für das Briefschreiben.«

»Mag sein, Vater; aber einmal - einmal hatte er doch geschrieben; in Rio hatte er den Brief zur Post gegeben, und später, nach langer Zeit - der Teufel hatte wohl sein Spiel dabei - in San Jago, in dem Fiebernest, als die Briefschaften für die Mannschaft ausgeteilt wurden, da hieß es: ›Hier ist auch was für dich.‹ Und als der Sohn, vor Freude zitternd, seine Hand ausstreckte und mit den Augen nur die Aufschrift des Briefes erst verschlingen wollte, da war's auch wirklich einer, der von Hause kam, und auch eine Handschrift von zu Hause stand darauf; aber - es war doch nur sein eigener Brief, der nach sechs Monaten uneröffnet an ihn zurückkam.«

Es sah fast aus, als seien die Augen des Alten feucht geworden; als er aber den trotzigen Blick des Jungen sich gegenüber sah, verschwand das wieder. »Viel Rühmliches mag auch nicht darin gestanden haben!« sagte er grollend.

Da fuhr ein hartes Lachen aus des Jüngeren Munde und gleich darauf ein fremdländischer Fluch, den der Vater nicht verstand. »Da mögt Ihr recht haben, Hans Adam Kirch; ganz regulär war's just nicht hergegangen; der junge Bursche wär auch damals gern vor seinem Vater hingefallen; lagen aber tausend Meilen zwischen ihnen; und überdem - das Fieber hatte ihn geschüttelt, und er war erst eben von seinem elenden Lazarettbett aufgestanden! Und später dann - was meint Ihr wohl, Hans Kirch? Wen Vaters Hand verstoßen, der fragt bei der nächsten Heuer nicht, was unterm Deck geladen ist, ob Kaffeesäcke oder schwarze Vögel, die eigentlich aber schwarze Menschen sind; wenn's nur Dublonen gibt; und fragt auch nicht, wo die der Teufel holt und wo dann wieder neue zu bekommen sind!«

Die Stimme, womit diese Worte gesprochen wurden, klang so wüst und fremd, daß Hans Kirch sich unwillkürlich frug: ›Ist das dein Heinz, den der Kantor beim Amensingen immer in die erste Reihe stellte, oder ist es doch der Junge aus der Armenkate, der nur auf deinen Beutel spekuliert?‹ Er wandte wieder seine Augen prüfend auf des andern Antlitz; die Narbe über Stirn und Auge flammte brandrot. »Wo hast du dir denn das geholt?« sagte er, an seines Pastors Rede denkend. »Bist du mit Piraten im Gefecht gewesen?«

Ein desperates Lachen fuhr aus des Jüngeren Munde. »Piraten?« rief er. »Glaubt nur, Hans Kirch, es sind auch dabei brave Kerle! Aber laßt das; das Gespinst ist gar zu lang, mit wem ich all zusammen war!«

Der Alte sah ihn mit erschrockenen Augen an. »Was sagst du?« frug er so leise, als ob es niemand hören dürfe.

Aber bevor eine Antwort darauf erfolgen konnte, wurden schwerfällige Schritte draußen auf der Treppe laut; die Tür öffnete sich, und von Frau Lina geführt, trat Tante Jule in das Zimmer. Während sie, pustend und mit beiden Händen sich auf ihren Krückstock lehnend, stehenblieb, war Heinz an ihr vorüber schweigend aus der Tür gegangen.

»Ist er fort?« sagte sie, mit ihrem Stocke hinter ihm her weisend.

»Wer soll fort sein?« frug Hans Kirch und sah die Schwester nicht eben allzu freundlich an.

»Wer? Nun, den du seit vierzehn Tagen hier in Kost genommen.«

– »Was willst du wieder, Jule? Du pflegst mir sonst nicht so ins Haus zu fallen.«

»Ja, ja, Hans«, und sie winkte der jungen Frau, ihr einen Stuhl zu bringen, und setzte sich darauf; »du hast's auch nicht um mich verdient; aber ich bin nicht so, Hans; ich will dir Abbitte tun; ich will bekennen, der Fritze Reimers mag doch wohl gelogen haben, oder wenn nicht er, so doch der andre!«

»Was soll die Rederei?« sagte Hans Kirch, und es klang, als ob er müde wäre.

– »Was es soll? Du sollst dich nicht betrügen lassen! Du meinst, du hast nun deinen Vogel wieder eingefangen; aber sieh nur zu, ob's auch der rechte ist!«

»Kommst du auch mit dem Geschwätz? Warum sollt's denn nicht der rechte sein?« Er sprach das unwirsch, aber doch, als ob es zu hören ihn verlange.

Frau Jule hatte sich in Positur gesetzt. »Warum, Hans? Als er am Mittwochnachmittage mit der Lina bei mir saß – wir waren schon bei der dritten Tasse Kaffee, und noch nicht einmal hatte er, ›Tante‹ zu mir gesagt! – ›Warum‹, frug ich, ›nennst du mich denn gar nicht Tante?‹ – ›Ja, Tante‹, sagt er, ›du hast ja noch allein gesprochen!‹ Und, siehst du, Hans, das war beim ersten Mal denn schon gelogen; denn das soll mir keiner nachsagen; ich lasse jedermann zu Worte kommen! Und als ich ihn dann nahe zu mir zog und mit der Hand und mit meinen elenden Augen auf seinem Gesicht herumfühlte – nun, Hans, die Nase kann doch nicht von Ost nach West gewachsen sein!«

Der Bruder saß mit gesenktem Kopf ihr gegenüber; er hatte nie darauf geachtet, wie seinem Heinz die Nase im Gesicht gestanden hatte. »Aber«, sagte er – denn das Gespräch von vorhin flog ihm durch den Kopf; doch schienen ihm die Worte schwer zu werden – »sein Brief von damals; wir redeten darüber; er hat ihn in San Jago selbst zurückerhalten!«

Die dicke Frau lachte, daß der Stock ihr aus den Händen fiel. »Die Briefgeschichte, Hans! Ja, die ist seit den vierzehn Tagen reichlich wieder aufgewärmt; davon konnte er für einen Dreiling bei jedem Bettelkinde einen Suppenlöffel voll bekommen! Und er mußte dir doch auch erzählen, weshalb der echte Heinz denn all die Jahre draußen blieb. Laß dich nicht nasführen, Hans! Warum denn hat er nicht mit dir wollen, als du ihn von Hamburg holtest? War's denn so schlimm, wieder einmal an die volle Krippe und ins warme Nest zu kommen? – Ich will's dir sagen; das ist's: er hat sich so geschwind nicht zu dem Schelmenwagstück resolvieren können!«

Hans Adam hatte seinen grauen Kopf erhoben, aber er sprach nicht dazwischen; fast begierig horchte er auf alles, was die Schwester vorbrachte.

»Und dann«, fuhr diese fort, »die Lina hat davon erzählt.« – – Aber plötzlich stand sie auf und fühlte sich mit ihrer Krücke, die Lina ihr dienstfertig aufgehoben hatte, nach dem Fenster hin; von draußen hörte man zwei Männerstimmen in lebhafter Unterhaltung. »O Lina«, sagte Tante Jule; »ich hör's, der eine ist der Justizrat, lauf doch und bitte ihn, ein paar Augenblicke hier heraufzukommen!«

Der Justizrat war der alte Physikus; bei dem früheren Mangel passender Alterstitel hierzulande waren alle älteren Physici Justizräte.

Hans Kirch wußte nicht, was seine Schwester mit diesem vorhatte; aber er wartete geduldig, und bald auch trat der alte Herr mit der jungen Frau ins Zimmer. »Ei, ei«, rief er, »Tante Jule und Herr Kirch beisammen? Wo ist denn nun der Patient?«

»Der da«, sagte Tante Jule und wies auf ihren Bruder; »er hat den Star auf beiden Augen!«

Der Justizrat lachte. »Sie scherzen, liebe Madame; ich wollte, ich hätte selbst nur noch die scharfen Augen unseres Freundes.«

»Mach fort, Jule«, sagte Hans Kirch; »was gehst du lange um den Brei herum!«

Die dicke Frau ließ sich indes nicht stören. »Es ist nur so sinnbildlich, mein Herr Justizrat«, erklärte sie mit Nachdruck. »Aber besinnen Sie sich einmal darauf, wie Sie vor so ein zwanzig Jahren hier auch ins Haus geholt wurden; die Lina, die große Frau jetzt, schrie damals ein Zetermordio durchs Haus; denn ihr Bruder Heinz hatte sich nach Jungensart einen schönen Anker auf den Unterarm geätzt und sich dabei weidlich zugerichtet.«

Hans Kirch fuhr mit seinem Kopf herum; denn die ihm derzeit unbeachtet vorübergegangene Unterhaltung bei der ersten Abendmahlzeit kam ihm plötzlich, und jetzt laut und deutlich, wieder.

Aber der alte Doktor wiegte das Haupt: »Ich besinne mich nicht; ich hatte in meinem Leben so viele Jungen unter Händen.«

»Nun so, mein Herr Justizrat«, sagte Tante Jule; »aber Sie kennen doch dergleichen Jungensstreiche hier bei uns; es fragt sich nur, und das möchten wir von Ihnen wissen, ob denn in zwanzig Jahren solch ein Anker ohne Spur verschwinden könne.«

»In zwanzig Jahren?« erwiderte jetzt der Justizrat ohne Zögern; »ei, das kann gar leicht geschehen!«

Aber Hans Kirch mischte sich ins Gespräch: »Sie denken, wie sie's jetzt machen, Doktor, so mit blauer Tusche; nein, der Junge war damals nach der alten gründlichen Manier ans Werk gegangen; tüchtige Nadelstiche, und dann mit Pulver eingebrannt.«

Der alte Arzt rieb sich die Stirn. »Ja, ja; ich entsinne mich auch jetzt. Hm! – Nein, das dürfte wohl unmöglich sein; das geht bis auf die cutis; der alte Hinrich Jakobs läuft noch heut mit seinem Anker.«

Tante Jule nickte beifällig; Frau Lina stand, die Hand an der Stuhllehne, blaß und zitternd neben ihr.

»Aber«, sagte Hans Kirch, und auch bei ihm schlich sich die Stimme nur wie mit Zagen aus der Kehle, »sollte es nicht Krankheiten geben? Da drüben, in den heißen Ländern?«

Der Arzt bedachte sich eine Weile und schüttelte dann sehr bestimmt den Kopf. »Nein, nein; das ist nicht anzunehmen; es müßten denn die Blattern ihm den Arm zerrissen haben.«

Eine Pause entstand, während Frau Jule ihre gestrickten Handschuhe anzog. »Nun, Hans«, sagte sie dann; »ich muß nach Haus; aber du hast nun die Wahl: den Anker oder die Blatternarben! Was hat dein neuer Heinz denn aufzuweisen? Die Lina hat nichts von beiden sehen können; nun sieh du selber zu, wenn deine Augen noch gesund sind!«

-- Bald danach ging Hans Kirch die Straße hinauf nach seinem Speicher; er hatte die Hände über dem Rücken gefaltet, der Kopf hing ihm noch tiefer als gewöhnlich auf die Brust. Auch Frau Lina hatte das Haus verlassen und war dem Vater nachgegangen; als sie in den unteren dämmerhellen Raum des Speichers trat, sah sie ihn in der Mitte desselben stehen, als müsse er sich erst besinnen, weshalb er denn hieher gegangen sei. Bei dem Geräusche des Kornumschaufelns, das von den oberen Böden herabscholl, mochte er den Eintritt der Tochter überhört haben; denn er stieß sie fast zurück, als er sie jetzt so plötzlich vor sich sah: »Du, Lina! Was hast du hier zu suchen?«

Die junge Frau zitterte und wischte sich das Gesicht mit ihrem Tuche. »Nichts, Vater«, sagte sie; »aber Christian ist unten am Hafen, und da litt es mich nicht so allein zu Hause mit ihm – mit dem fremden Menschen! Ich fürchte mich; oh, es ist schrecklich, Vater!«

Hans Kirch hatte während dieser Worte wieder seinen Kopf gesenkt; jetzt hob er wie aus einem Abgrunde seine Augen zu denen seiner Tochter und blickte sie lange und unbeweglich an. »Ja, ja, Lina«, sagte er dann hastig; »Gott Dank, daß es ein Fremder ist!«

Hierauf wandte er sich rasch, und die Tochter hörte, wie er die Treppen zu dem obersten Bodenraum hinaufstieg.

Ein trüber Abend war auf diesen Tag gefolgt; kein Stern war sichtbar; feuchte Dünste lagerten auf der See. Im Hafen war es ungewöhnlich voll von Schiffen, meist Jachten und Schoner; aber auch ein paar Vollschiffe waren dabei und außerdem der Dampfer, welcher wöchentlich hier anzulegen pflegte. Alles lag schon in tiefer Ruhe, und auch auf dem Hafenplatz am Bollwerk entlang schlenderte nur ein einzelner Mann: wie es den Anschein hatte, müßig und ohne eine bestimmte Absicht. Jetzt blieb er vor dem einen der beiden Barkschiffe stehen, auf dessen Deck ein Junge sich noch am Gangspill zu schaffen machte; er rief einen »guten Abend« hinüber und fragte, wie halb gedankenlos, nach Namen und Ladung des Schiffes. Als ersterer genannt wurde, tauchte ein Kopf aus der Kajüte, schien eine Weile den am Ufer Stehenden zu mustern, spie dann weit hinaus ins Wasser und tauchte wieder unter Deck. Schiff und Schiffer waren nicht von hier; der am Ufer schlenderte weiter; vom Warder drüben kam dann und wann ein Vogelschrei; von der Insel her drang nur ein schwacher Schein von den Leuchtfeuern durch den Nebel. Als er an die Stelle kam, wo die Häuserreihe näher an das Wasser tritt, schlug von daher ein Gewirr von Stimmen an sein Ohr und veranlaßte ihn stillzustehen. Von einem der Häuser fiel ein roter Schein in die Nacht hinaus; er erkannte es wohl, wenngleich sein Fuß die Schwelle dort noch nicht überschritten hatte; das Licht kam aus der Laterne der Hafenschenke. Das Haus war nicht wohlbeleumdet; nur fremde Matrosen und etwa die Söhne von Setzschiffern verkehrten dort; er hatte das alles schon gehört. – Und jetzt erhob das Lärmen sich von neuem, nur daß auch eine Frauenstimme nun dazwischenkreischte. – Ein finsteres Lachen fuhr über das Antlitz des Mannes; beim Schein der roten Laterne und den wilden Lauten hinter den verhangenen Fenstern mochte allerlei in seiner Erinnerung aufwachen, was nicht guttut, wenn es wiederkommt. Dennoch schritt er darauf zu, und als er eben von der Stadt her die Bürgerglocke läuten hörte, trat er in die niedrige, aber geräumige Schenkstube.

An einem langen Tische saß eine Anzahl alter und junger Seeleute; ein Teil derselben, zu denen sich der Wirt gesellt zu haben schien, spielte mit beschmutzten Karten; ein Frauenzimmer, über die Jugendblüte hinaus, mit blassem, verwachtem Antlitz, dem ein Zug des Leidens um den noch immer hübschen Mund nicht fehlte, trat mit einer Anzahl dampfender Gläser herein und verteilte sie schweigend an die Gäste. Als sie an den Platz eines Mannes kam, dessen kleine Augen begehrlich aus dem grobknochigen Angesicht hervorspielten, schob sie das Glas mit augenscheinlicher Hast vor ihn hin; aber der Mensch lachte und suchte sie an ihren Röcken festzuhalten: »Nun, Ma'am, habt Ihr Euch noch immer nicht besonnen? Ich bin ein höflicher Mann, versichere Euch! Aber ich kenne die Weibergeographie: Schwarz oder Weiß, ist alles eine Sorte!«

»Laßt mich«, sagte das Weib; »bezahlt Euer Glas und laßt mich gehen!«

Aber der andre war nicht ihrer Meinung; er ergriff sie und zog sie jäh zu sich heran, daß das vor ihm stehende Glas umstürzte und der Inhalt sie beide überströmte. »Sieh nur, schöne Missis!« rief er, ohne darauf zu achten, und winkte mit seinem rothaarigen Kopfe nach einem ihm gegenübersitzenden Burschen, dessen flachsblondes Haar auf ein bleiches, vom Trunke gedunsenes Antlitz herabfiel; »sieh nur, der Jochum mit seinem greisen Kalbsgesicht hat nichts dagegen einzuwenden! Trink aus, Jochum, ich zahle dir ein neues!«

Der Mensch, zu dem er gesprochen hatte, goß mit blödem Schmunzeln sein Glas auf einen Zug hinunter und schob es dann zu neuem Füllen vor sich hin.

Einen Augenblick ruhten die Hände des Weibes, mit denen sie sich aus der gewaltsamen Umarmung zu lösen versucht hatte; ihre Blicke fielen auf den bleichen Trunkenbold, und es war, als wenn Abscheu und Verachtung sie eine Weile alles andere vergessen ließen.

Aber ihr Peiniger zog sie nur fester an sich: »Siehst du, schöne Frau! Ich dächte doch, der Tausch wäre nicht so übel! Aber, der ist's am Ende gar nicht! Nimm dich in acht, daß ich nicht aus der Schule schwatze!« Und da sie wiederum sich sträubte, nickte er einem hübschen, braunlockigen Jungen zu, der am unteren Ende des Tisches saß. »He, du Gründling«, rief er, »meinst du, ich weiß nicht, wer gestern zwei Stunden nach uns aus der Roten Laterne unter Dreck gekrochen ist?«

Die hellen Flammen schlugen dem armen Weibe ins Gesicht; sie wehrte sich nicht mehr, sie sah nur hülfesuchend um sich. Aber es rührte sich keine Hand; der junge hübsche Bursche schmunzelte nur und sah vor sich in sein Glas.

Aus einer unbesetzten Ecke des Zimmers hatte bisher der zuletzt erschienene Gast dem allen mit gleichgültigen Augen zugesehen; und wenn er jetzt die Faust erhob und dröhnend vor sich auf die Tischplatte schlug, so schien auch dieses nur mehr wie aus früherer Gewohnheit, bei solchem Anlaß nicht den bloßen Zuschauer abzugeben. »Auch mir ein Glas!« rief er, und es klang fast, als ob er Händel suche.

Drüben war alles von den Sitzen aufgesprungen. »Wer ist das? Der will wohl unser Bowiemesser schmecken? Werft ihn hinaus! Goddam, was will der Kerl?«

»Nur auch ein Glas!« sagte der andre ruhig. »Laßt euch nicht stören! Haben, denk ich, hier wohl alle Platz!«

Die drüben waren endlich doch auch dieser Meinung und blieben an ihrem Tische; aber das Frauenzimmer hatte dabei Gelegenheit gefunden, sich zu befreien, und trat jetzt an den Tisch des neuen Gastes. »Was soll es sein?« frug sie höflich; aber als er ihr Bescheid gab, schien sie es kaum zu hören; er sah verwundert, wie ihre Augen starr und doch wie abwesend auf ihn gerichtet waren und wie sie noch immer vor ihm stehenblieb.

»Kennen Sie mich?« sagte er und warf mit rascher Bewegung seinen Kopf zurück, so daß der Schein der Deckenlampe auf sein Antlitz fiel.

Das Weib tat einen tiefen Atemzug, und die Gläser, die sie in der Hand hielt, schlugen hörbar aneinander. »Verzeihen Sie«, sagte sie ängstlich; »Sie sollen gleich bedient werden.«

Er blickte ihr nach, wie sie durch eine Seitentür hinausging; der Ton der wenigen Worte, welche sie zu ihm gesprochen, war ein so anderer gewesen, als den er vorhin von ihr gehört hatte; langsam hob er den Arm und stützte seinen Kopf darauf; es war, als ob er mit allen Sinnen in eine weite Ferne denke. Es hätte ihm endlich auffallen müssen, daß seine Bestellung noch immer nicht ausgeführt sei; aber er dachte nicht daran. Plötzlich, während am andern Tisch die Karten mit den Würfeln wechselten, erhob er sich. Wäre die Aufmerksamkeit der übrigen Gäste auf ihn statt auf das neue Spiel gerichtet gewesen, er wäre sicher ihrem Hohne nicht entgangen; denn der hohe kräftige Mann zitterte sichtbar, als er jetzt mit auf den Tisch gestemmten Händen dastand.

Aber es war nur für einige Augenblicke; dann verließ er das Zimmer durch dieselbe Tür, durch welche vorhin die Aufwärterin hinausgegangen war. Ein dunkler Gang führte ihn in eine große

Küche, welche durch eine an der Wand hängende Lampe nur kaum erhellt wurde. Hastig war er eingetreten; seine raschen Augen durchflogen den vor ihm liegenden wüsten Raum; und dort stand sie, die er suchte; wie unmächtig, die leeren Gläser noch in den zusammengefalteten Händen, lehnte sie gegen die Herdmauer. Einen Augenblick noch, dann trat er zu ihr; »Wieb!« rief er; »Wiebchen, kleines Wiebchen!«

Es war eine rauhe Männerstimme, die diese Worte rief und jetzt verstummte, als habe sie allen Odem an sie hingegeben.

Und doch, über das verblühte Antlitz des Weibes flog es wie ein Rosenschimmer, und während zugleich die Gläser klirrend auf den Boden fielen, entstieg ein Aufschrei ihrer Brust; wer hätte sagen mögen, ob es Leid, ob Freude war. »Heinz!« rief sie, »Heinz, du bist es; oh, sie sagten, du seist es nicht.«

Ein finstres Lächeln zuckte um den Mund des Mannes: »Ja, Wieb; ich wußt's wohl schon vorher; ich hätte nicht mehr kommen sollen. Auch dich – das alles war ja längst vorbei –, ich wollte dich nicht wiedersehen, nichts von dir hören, Wieb; ich biß die Zähne aufeinander, wenn dein Name nur darüber wollte. Aber – gestern abend – es war wieder einmal Jahrmarkt drüben – wie als Junge hab ich mir ein Boot gestohlen; ich mußte, es ging nicht anders; vor jeder Bude, auf allen Tanzböden hab ich dich gesucht; ich war ein Narr, ich dachte, die alte Möddersch lebe noch; o süße kleine Wieb, ich dacht wohl nur an dich; ich wußte selbst nicht, was ich dachte!« Seine Stimme bebte, seine Arme streckten sich weit geöffnet ihr entgegen.

Aber sie warf sich nicht hinein; nur ihre Augen blickten traurig auf ihn hin. »O Heinz!« rief sie; »du bist es! Aber ich, ich bin's nicht mehr! – Du bist zu spät gekommen, Heinz!«

Da riß er sie an sich und ließ sie wieder los und streckte beide Arme hoch empor: »Ja, Wieb, das sind auch nicht mehr die unschuldigen Hände, womit ich damals dir die roten Äpfel stahl; by Jove, das schleißt, so siebzehn Jahre unter diesem Volk!«

Sie war neben dem Herde auf die Knie gesunken. »Heinz«, murmelte sie, »o Heinz, die alte Zeit!«

Wie verlegen stand er neben ihr; dann aber bückte er sich und ergriff die eine ihrer Hände, und sie duldete es still.

»Wieb«, sagte er leise, »wir wollen sehen, daß wir uns wiederfinden, du und ich!«

Sie sagte nichts; aber er fühlte eine Bewegung ihrer Hand, als ob sie schmerzlich in der seinen zucke.

Von der Schenkstube her erscholl ein wüstes Durcheinander; Gläser klirrten, mitunter dröhnte ein Faustschlag. »Kleine Wieb«, flüsterte er wieder, »wollen wir weit von all den bösen Menschen fort?«

Sie hatte den Kopf auf den steinernen Herd sinken lassen und stöhnte schmerzlich. Da wurden schlurfende Schritte in dem Gang hörbar, und als Heinz sich wandte, stand ein Betrunkener in der Tür; es war derselbe Mensch mit dem schlaffen gemeinen Antlitz, den er vorhin unter den andern Schiffern schon bemerkt hatte. Er hielt sich an dem Türpfosten, und seine Augen schienen, ohne zu sehen, in dem dämmerigen Raum umherzustarren. »Wo bleibt der Grog?« stammelte er. »Sechs neue Gläser. Der rote Jakob flucht nach seinem Grog!«

Der Trunkene hatte sich wieder entfernt; sie hörten die Tür der Schenkstube hinter ihm zufallen.

»Wer war das?« frug Heinz.

Wieb erhob sich mühsam. »Mein Mann«, sagte sie; »er fährt als Matrose auf England; ich diene bei meinem Stiefvater hier als Schenkmagd.«

Heinz sagte nichts darauf; aber seine Hand fuhr nach der behaarten Brust, und es war, als ob er gewaltsam etwas von seinem Nacken reiße. »Siehst du«, sagte er tonlos und hielt einen kleinen Ring empor, von dem die Enden einer zerrissenen Schnur herabhingen, »da ist auch noch das Kinderspiel! Wär's Gold gewesen, er wär so lang wohl nicht bei mir geblieben. Aber auch sonst – ich weiß nicht, war's um dich? Es war wohl nur ein Aberglaube, weil's doch noch das letzte Stück von Hause war.«

Wieb stand ihm gegenüber, und er sah, wie ihre Lippen sich bewegten.

»Was sagst du?« frug er.

Aber sie antwortete nicht; es war nur, als flehten ihre Augen um Erbarmen. Dann wandte sie sich und machte sich daran, wie es ihr befohlen war, den heißen Trank zu mischen. Nur einmal stockte sie in ihrer Arbeit, als ein feiner Metallklang auf dem steinernen Fußboden ihr Ohr getroffen hatte. Aber sie wußte es, sie brauchte nicht erst umzusehen; was sollte er denn jetzt noch mit dem Ringe!

Heinz hatte sich auf einen hölzernen Stuhl gesetzt und sah schweigend zu ihr hinüber; sie hatte das Feuer geschürt, und die Flammen lohten und warfen über beide einen roten Schein. Als sie fortgegangen war, saß er noch da; endlich sprang er auf und trat in den Gang, der nach der Schenkstube führte. »Ein Glas Grog; aber ein festes!« rief er, als Wieb ihm von dort her aus der Tür entgegenkam; dann setzte er sich wieder allein an seinen Tisch. Bald darauf kam Wieb und stellte das Glas vor ihm hin, und noch einmal sah er zu ihr auf; »Wieb, kleines Wiebchen!« murmelte er, als sie fortgegangen war; dann trank er, und als das Glas leer war, rief er nach einem neuen, und als sie es schweigend brachte, ließ er es, ohne aufzusehen, vor sich hinstellen.

Am andern Tische lärmten sie und kümmerten sich nicht mehr um den einsamen Gast; eine Stunde der Nacht schlug nach der andern, ein Glas nach dem andern trank er; nur wie durch einen Nebel sah er mitunter das arme schöne Antlitz des ihm verlorenen Weibes, bis er endlich dennoch nach den andern fortging und dann spät am Vormittag mit wüstem Kopf in seinem Bett erwachte.

In der Kirchschen Familie war es schon kein Geheimnis mehr, in welchem Hause Heinz diesmal seine Nacht verbracht hatte. Das Mittagsmahl war, wie am gestrigen Tage, schweigend eingenommen; jetzt am Nachmittage saß Hans Adam Kirch in seinem Kontor und rechnete. Zwar lag unter den Schiffen im Hafen auch das seine, und die Kohlen, die es von England gebracht hatte, wurden heut gelöscht, wobei Hans Adam niemals sonst zu fehlen pflegte; aber diesmal hatte er seinen Tochtermann geschickt; er hatte Wichtiges zu tun: er rechnete, er summierte und subtrahierte, er wollte wissen, was ihm dieser Sohn, den er sich so unbedacht zurückgeholt hatte, oder – wenn es nicht sein Sohn war – dieser Mensch noch kosten dürfe. Mit rascher Hand tauchte er seine Feder ein und schrieb seine Zahlen nieder; Sohn oder nicht, das stand ihm fest, es mußte jetzt ein Ende haben. Aber freilich – und seine Feder stockte einen Augenblick –, um weniges würde er ja schwerlich gehen; und – wenn es dennoch Heinz wäre, den Sohn durfte er mit wenigem nicht gehen heißen. Er hatte sogar daran gedacht, ihm ein für allemal das Pflichtteil seines Erbes auszuzahlen; aber die gerichtliche Quittung, wie war die zu beschaffen? Denn sicher mußte es doch gemacht werden, damit er nicht noch einmal wiederkomme. Er warf die Feder hin, und der Laut, der an den Zähnen ihm verstummte, klang beinahe wie ein Lachen: es war ja aber nicht sein Heinz! Der Justizrat, der verstand es doch; und der alte Hinrich Jakobs trug seinen Anker noch mit seinen achtzig Jahren!

Hans Kirch streckte die Hand nach einer neben ihm liegenden Ledertasche aus; langsam öffnete er sie und nahm eine Anzahl Kassenscheine von geringem Werte aus derselben. Nachdem er sie vor sich ausgebreitet und dann einen Teil und nach einigem Zögern noch einen Teil davon in die Ledertasche zurückgelegt hatte, steckte er die übrigen in ein bereitgehaltenes Kuvert; er hatte genau die mäßige Summe abgewogen.

Er war nun fertig; aber noch immer saß er da, mit herabhängendem Unterkiefer, die müßigen Hände an den Tisch geklammert. Plötzlich fuhr er auf, seine grauen Augen öffneten sich weit: »Hans! Hans!« hatte es gerufen; hier im leeren Zimmer, wo, wie er jetzt bemerkte, schon die Dämmerung in allen Winkeln lag. Aber er besann sich; nur seine eigenen Gedanken waren über ihn gekommen; es war nicht jetzt, es war schon viele Jahre her, daß ihn diese Stimme so gerufen hatte. Und dennoch, als ob er widerwillig einem außer sich Gehorsam leiste, öffneten seine Hände noch einmal die Ledertasche und nahmen zögernd eine Anzahl großer Kassenscheine aus derselben. Aber mit jedem einzelnen, den Hans Adam jetzt der vorher bemessenen kleinen Summe zugesellte, stieg sein Groll gegen den, der dafür Heimat und Vaterhaus an ihn verkaufen sollte; denn was zum Ausbau lang gehegter Lebenspläne hatte dienen sollen, das mußte er jetzt hinwerfen, nur um die letzten Trümmer davon wegzuräumen.

-- Als Heinz etwa eine Stunde später, von einem Gange durch die Stadt zurückkehrend, die Treppe nach dem Oberhaus hinaufging, trat gleichzeitig Hans Adam unten aus seiner Zimmertür und folgte ihm so hastig, daß beide fast miteinander in des Sohnes Kammer traten. Die Magd, welche oben auf dem Vorplatz arbeitete, ließ bald beide Hände ruhen; sie wußte es ja wohl, daß zwischen Sohn und Vater nicht alles in der Ordnung war, und drinnen hinter der geschlossenen Tür schien es jetzt zu einem heftigen Gespräch zu kommen. - Aber nein, sie hatte sich getäuscht, es war nur immer die alte Stimme, die sie hörte; und immer lauter und drohender klang es, obgleich von der andern Seite keine Antwort darauf erfolgte; aber vergebens strengte sie sich an, von dem Inhalte etwas zu verstehen; sie hörte drinnen den offenen Fensterflügel im Winde klappern, und ihr war, als würden die noch immer heftiger hervorbrechenden Worte dort in die dunkle Nacht hinausgeredet. Dann endlich wurde es still; aber zugleich sprang die Magd, von der aufgestoßenen Kammertür getroffen, mit einem Schrei zur Seite und sah ihren gefürchteten Herrn mit wirrem Haar und wild blickenden Augen die Treppe hinabstolpern und hörte, wie die Kontortür aufgerissen und wieder zugeschlagen wurde.

Bald danach trat auch Heinz aus seiner Kammer; als er unten im Flur der Schwester begegnete, ergriff er fast gewaltsam ihre beiden Hände und drückte sie so heftig, daß sie verwundert zu ihm aufblickte; als sie aber zu ihm sprechen wollte, war er schon draußen auf der Gasse. Er kam auch nicht zur Abendmahlzeit; aber als die Bürgerglocke läutete, stieg er die Treppe wieder hinauf und ging in seine Kammer.

-- Am andern Morgen in der Frühe stand Heinz vollständig angekleidet droben vor dem offenen Fenster; die scharfe Luft strich über ihn hin, aber es schien ihm wohlzutun; fast mit Andacht schaute er auf alles, was, wie noch im letzten Hauch der Nacht, dort unten vor ihm ausgebreitet lag. Wie bleicher Stahl glänzte die breitere Wasserstraße zwischen dem Warder und der Insel drüben, während auf dem schmaleren Streifen zwischen jenem und dem Festlandsufer schon der bläulichrote Frühschein spielte. Heinz betrachtete das alles; doch nicht lange stand er so; bald trat er an einen Tisch, auf welchem das Kuvert mit den so widerwillig abgezählten Kassenscheinen noch an derselben Stelle lag, wo es Hans Kirch am Abende vorher gelassen hatte.

Ein bitteres Lächeln umflog seinen Mund, während er den Inhalt hervorzog und dann, nachdem er einige der geringeren Scheine an sich genommen hatte, das übrige wieder an seine Stelle brachte. Mit einem Bleistift, den er auf dem Tische fand, notierte er die kleine Summe, welche er herausgenommen hatte, unter der größeren, die auf dem Kuvert verzeichnet stand; dann, als er ihn schon fortgelegt hatte, nahm er noch einmal den Stift und schrieb darunter: »Thanks for the alms and farewell for ever.« Er wußte selbst nicht, warum er das nicht auf deutsch geschrieben hatte.

Leise, um das schlafende Haus nicht zu erwecken, nahm er sein Reisegepäck vom Boden; noch leiser schloß er unten im Flur die Tür zur Straße auf, als er jetzt das Haus verließ.

In einer Nebengasse hielt ein junger Bursche mit einem einspännigen Gefährte; das bestieg er und fuhr damit zur Stadt hinaus. Als sie auf die Höhe des Hügelzuges gelangt waren, von wo aus man diese zum letzten Male erblicken kann, wandte er sich um und schwenkte dreimal seine Mütze. Dann ging's im Trabe in das weite Land hinaus.

Aber einer im Kirchschen Hause war dennoch mit ihm wach gewesen. Hans Kirch hatte schon vor dem Morgengrauen aufrecht in seinem Bett gesessen; mit jedem Schlage der Turmuhr hatte er schärfer hingehorcht, ob nicht ein erstes Regen in dem Oberhause hörbar werde. Nach langem Harren war ihm gewesen, als würde dort ein Fensterflügel aufgestoßen; aber es war wieder still geworden, und die Minuten dehnten sich und wollten nicht vorüber. Sie gingen dennoch; und endlich vernahm er das leise Knarren einer Tür, es kam die Treppe in den Flur hinab, und jetzt – er hörte es deutlich, wie sich der Schlüssel in dem Schloß der Haustür drehte. Er wollte aufspringen; aber nein, er wollte es ja nicht; mit aufgestemmten Armen blieb er sitzen, während nun draußen auf der Straße kräftige Mannestritte laut wurden und nach und nach in unhörbare Ferne sich verloren.

Als das übrige Haus allmählich in Bewegung kam, stand er auf und setzte sich zu seinem Frühstück, das ihm, wie jeden Morgen, im Kontor bereitgestellt war. Dann griff er nach seinem Hute – einen Stock hatte er als alter Schiffer bis jetzt noch nicht gebraucht – und ging, ohne seine Hausgenossen gesehen zu haben, an den Hafen hinab, wo er seinen Schwiegersohn bereits mit der Leitung des Löschens beschäftigt fand. Diesem von den letzten Vorgängen etwas mitzuteilen, schien er nicht für nötig zu befinden; aber er sandte ihn nach dem Kohlenschuppen und gab ihm Aufträge in die Stadt, während er selber hier am Platze blieb. Wortkarg und zornig erteilte er seine Befehle; es hielt schwer, ihm heute etwas recht zu machen, und wer ihn ansprach, erhielt meist keine Antwort; aber es geschah auch bald nicht mehr, man kannte ihn ja schon.

Kurz vor Mittag war er wieder in seinem Zimmer. Wie aus unwillkürlichem Antrieb hatte er hinter sich die Tür verschlossen; aber er saß kaum in seinem Lehnstuhl, als von draußen Frau Linas Stimme dringend Einlaß begehrte. Unwirsch stand er auf und öffnete. »Was willst du?« frug er, als die Tochter zu ihm eingetreten war.

»Schelte mich nicht, Vater«, sagte sie bittend; »aber Heinz ist fort, auch sein Gepäck; oh, er kommt niemals wieder!«

Er wandte den Kopf zur Seite: »Ich weiß das, Lina; darum hättst du dir die Augen nicht dick zu weinen brauchen.«

»Du weißt es, Vater?« wiederholte sie und sah ihn versteinert an.

Hans Kirch fuhr zornig auf: »Was stehst du noch? Die Komödie ist vorbei; wir haben gestern miteinander abgerechnet.«

Aber Frau Lina schüttelte nur ernst den Kopf. »Das fand ich oben auf seiner Kammer«, sagte sie und reichte ihm das Kuvert mit den kurzen Abschiedsworten und dem nur kaum verkürzten Inhalt. »O Vater, er war es doch! Er ist es doch gewesen!«

Hans Kirch nahm es; er las auch, was dort geschrieben stand; er wollte ruhig bleiben, aber seine Hände zitterten, daß aus der offenen Hülle die Scheine auf den Fußboden hinabfielen.

Als er sie eben mit Linas Hülfe wieder zusammengerafft hatte, wurde an die Tür gepocht, und ohne die Aufforderung dazu abzuwarten, war eine blasse Frau hereingetreten, deren erregte Augen ängstlich von dem Vater zu der Tochter flohen.

»Wieb!« rief Frau Lina und trat einen Schritt zurück.

Wieb rang nach Atem. »Verzeihung!« murmelte sie. »Ich mußte; Ihr Heinz ist fort; Sie wissen es vielleicht nicht; aber der Fuhrmann sagte es, er wird nicht wiederkommen, niemals!«

»Was geht das dich an!« fiel ihr Hans Kirch ins Wort.

Ein Laut des Schmerzes stieg aus ihrer Brust, daß Linas Augen unwillkürlich voll Mitleid auf diesem einst so holden Antlitz ruhten. Aber Wieb hatte dadurch wieder Mut gewonnen. »Hören Sie mich!« rief sie. »Aus Barmherzigkeit mit Ihrem eigenen Kinde! Sie meinen, er sei es nicht gewesen; aber ich weiß es, daß es niemand anders war! Das«, und sie zog die Schnur mit dem kleinen Ringe aus ihrer Tasche, »es ist ja einerlei nun, ob ich's sage – das gab ich ihm, da wir noch halbe Kinder waren; denn ich wollte, daß er mich nicht vergesse! Er hat's auch wieder heimgebracht und hat es gestern vor meinen Augen in den Staub geworfen.«

Ein Lachen, das wie Hohn klang, unterbrach sie. Hans Kirch sah sie mit starren Augen an: »Nun, Wieb, wenn's denn dein Heinz gewesen ist, es ist nicht viel geworden aus euch beiden.«

Aber sie achtete nicht darauf, sie hatte sich vor ihm hingeworfen. »Hans Kirch!« rief sie und faßte beide Hände des alten Mannes und schüttelte sie. »Ihr Heinz, hören Sie es nicht? Er geht ins Elend, er kommt niemals wieder! Vielleicht – o Gott, sei barmherzig mit uns allen! Es ist noch Zeit vielleicht!«

Auch Lina hatte sich jetzt neben ihr geworfen; sie scheute es nicht mehr, sich mit dem armen Weibe zu vereinigen. »Vater«, sagte sie und streichelte die eingesunkenen Wangen des harten Mannes, der jetzt dies alles über sich ergehen ließ, »du sollst diesmal nicht allein reisen, ich reise mit dir; er muß ja jetzt in Hamburg sein; oh, ich will nicht ruhen, bis ich ihn gefunden habe, bis wir ihn wieder hier in unsern Armen halten! Dann wollen wir es besser machen, wir wollen Geduld mit ihm haben; oh, wir hatten sie nicht, mein Vater! Und sag nur nicht, daß du nicht mit uns leidest, dein bleiches Angesicht kann doch nicht lügen! Sprich nur ein Wort, Vater, befiehl mir, daß ich den Wagen herbestelle, ich will gleich selber laufen, wir haben ja keine Zeit mehr zu verlieren!« Und sie warf den Kopf an ihres Vaters Brust und brach in lautes Schluchzen aus.

Wieb war aufgestanden und hatte sich bescheiden an die Tür gestellt; ihre Augen sahen angstvoll auf die beiden hin.

Aber Hans Kirch saß wie ein totes Bild; sein jahrelang angesammelter Groll ließ ihn nicht los; denn erst jetzt, nach diesem Wiedersehen mit dem Heimgekehrten, war in der grauen Zukunft keine Hoffnung mehr für ihn. »Geht!« sagte er endlich, und seine Stimme klang so hart wie früher; »mag er geheißen haben, wie er will, der diesmal unter meinem Dach geschlafen hat; mein Heinz hat schon vor siebzehn Jahren mich verlassen.«

Für fremde Augen mochte es immerhin den Anschein haben, als ob Hans Kirch auch jetzt noch in gewohnter Weise seinen mancherlei Geschäften nachgehe; in Wirklichkeit aber hatte er das Steuer mehr und mehr in die Hand des jüngeren Teilhabers der Firma übergehen lassen; auch aus dem städtischen Kollegium war er, zur stillen Befriedigung einiger ruheliebender Mitglieder, seit kurzer Zeit geschieden; es drängte ihn nicht mehr, in den Gang der kleinen Welt, welche sich um ihn her bewegte, einzugreifen.

Seit wieder die ersten scharfen Frühlingslüfte wehten, konnte man ihn oft auf der Bank vor seinem Hause sitzen sehen, trotz seiner jetzt fast weißen Haare als alter Schiffer ohne jede Kopfbedeckung. – Eines Morgens kam ein noch weißerer Mann die Straße hier herab und setzte sich, nachdem er näher getreten war, ohne weiteres an seine Seite. Es war ein früherer Ökonom des Armenhauses, mit dem er als Stadtverordneter einst manches zu verhandeln gehabt hatte; der Mann war später in gleicher Stellung an einen andern Ort gekommen, jetzt aber zurückgekehrt, um hier in seiner Vaterstadt seinen Alterspfennig zu verzehren. Es schien ihn nicht zu stören, daß das Antlitz seines früheren Vorgesetzten ihn keineswegs willkommen hieß; er wollte ja nur plaudern, und er tat es um so reichlicher, je weniger er unterbrochen wurde; und eben jetzt geriet er an einen Stoff, der unerschöpflicher als jeder andere schien. Hans Kirch hatte Unglück mit den Leuten, die noch weißer als er selber waren; wo sie von Heinz sprechen sollten, da sprachen sie von sich selber, und wo sie von allem andern sprechen konnten, da sprachen sie von Heinz. Er wurde unruhig und suchte mit schroffen Worten abzuwehren; aber der geschwätzige Greis schien nichts davon zu merken. »Ja, ja; ei du mein lieber Herrgott!« fuhr er fort, behaglich in seinem Redestrome weiterschwimmend; »der Hasselfritze und der Heinz, wenn ich an die beiden Jungen denke, wie sie sich einmal die großen Anker in die Arme brannten! Ihr Heinz, ich hörte wohl, der mußte vor dem Doktor liegen; den Hasselfritze aber hab ich selber mit dem Hasselstock kuriert.«

Er lachte ganz vergnüglich über sein munteres Wortspiel; Hans Kirch aber war plötzlich aufgestanden und sah mit offenem Munde gar grimmig auf ihn herab. »Wenn Er wieder schwatzen will, Fritz Peters«, sagte er, »so suche Er sich eine andere Bank; da drüben bei dem jungen Doktor steht just eine hagelneue!«

Er war ins Haus gegangen und wanderte in seinem Zimmer hin und wider; immer tiefer sank sein Kopf zur Brust hinab, dann aber erhob er ihn allmählich wieder. Was hatte er denn eigentlich vorhin erfahren? Daß der Hasselfritze ebenfalls das Ankerzeichen hätte haben müssen? Was war's denn weiter? – Welchen Gast er von einem Sonntag bis zum andern oder ein paar Tage noch länger bei sich beherbergt hatte, darüber brauchte ihn kein anderer aufzuklären.

Und auch dieser Tag ging vorüber, und die dann kamen, nahmen ihren gleichmäßigen Verlauf. – Im Oberhause wurde ein Kind geboren; der Großvater frug, ob es ein Junge sei; es war ein Mädchen, und er sprach dann nicht mehr darüber. Aber was hätte es ihm auch geholfen, wenn es ein künftiger Christian oder günstigen Falles ein

Hans Martens gewesen wäre! Nur die Unruhe, die jetzt oft nächtens über seinem Kopfe in dem Schlafzimmer des jungen Paares herrschte, störte ihn.

Eines Abends, da es schon Herbst geworden – es jährte sich grade mit der Abreise seines Sohnes –, war Hans Kirch wie gewöhnlich mit dem Schlage zehn in seine nach der Hofseite belegene Schlafkammer getreten. Es war die Zeit der Äquinoktialstürme, und hierhinaus hörte man die ganze Gewalt des Wetters; bald heulte es in den obersten Luftschichten, bald fuhr es herab und tobte gegen die kleinen Fensterscheiben. Hans Kirch hatte seine silberne Taschenuhr hervorgezogen, um sie, wie jeden Abend, aufzuziehen; aber er stand noch immer mit dem Schlüssel in der Hand, hinaushorchend in die wilde Nacht.

Das Balken- und Sparrenwerk des neuen Daches krachte, als ob es aus den Fugen solle; aber er hörte es nicht; seine Gedanken fuhren draußen mit dem Sturm. »Südsüdwest!« murmelte er vor sich hin, während er den Uhrschlüssel in die Tasche steckte und die Uhr unaufgezogen über seinem Bette an den Haken hing. – Wer jetzt auf See war, hatte keine Zeit zum Schlafen; aber er war ja seit lange nicht mehr auf See; er wollte schlafen, wie er es bei manchem Sturm hier schon getan hatte; die Stürme kamen ja allemal im Äquinoktium, er hatte sie so manches Mal gehört.

Aber es mußte heute noch etwas anderes dabeisein; Stunden waren schon vergangen, und noch immer lag er wach in seinen Kissen. Ihm war, als könne er Hunderte von Meilen weit hinaushorchen nach einem klippenvollen Küstenwasser des Mittelländischen Meeres, das er in seiner Jugend als Matrose einst befahren hatte; und als endlich ihm die Augen zugefallen waren, riß er gleich darauf mit Gewalt sich wieder empor; denn ganz deutlich hatte er ein Schiff gesehen, ein Vollschiff mit gebrochenen Masten, das von turmhohen Wellen auf und ab geschleudert wurde. Er suchte sich völlig zu ermuntern, aber wieder drückte es ihm die Augen zu, und wiederum erkannte er das Schiff; deutlich sah er zwischen Bugspriet und Vordersteven die Galion, eine weiße mächtige Fortuna, bald in der schäumenden Flut versinken, bald wieder stolz emportauchen, als ob sie Schiff und Mannschaft über Wasser halten wolle. Dann plötzlich hörte er einen Krach; er fuhr jäh empor und fand sich aufrecht in seinem Bette sitzend.

Alles um ihn her war still, er hörte nichts; er wollte sich besinnen, ob es nicht eben vorher noch laut gestürmt habe; da überfiel es ihn, als sei er nicht allein in seiner Kammer; er stützte beide Hände auf die Bettkanten und riß weit die Augen auf. Und – da war es, dort in der Ecke stand sein Heinz; das Gesicht sah er nicht, denn der Kopf war gesenkt, und die Haare, die von Wasser trieften, hingen über die Stirn herab; aber er erkannte ihn dennoch – woran, das wußte er nicht und frug er sich auch nicht. Auch von den Kleidern und von den herabhängenden Armen troff das Wasser; es floß immer mehr herab und bildete einen breiten Strom nach seinem Bette zu.

Hans Kirch wollte rufen, aber er saß wie gelähmt mit seinen aufgestemmten Armen; endlich brach ein lauter Schrei aus seiner Brust, und gleich darauf auch hörte er es über sich in der Schlafkammer der jungen Leute poltern, und auch den Sturm hörte er wieder, wie er grimmig an den Pfosten seines Hauses rüttelte.

Als bald danach sein Schwiegersohn mit Licht hereintrat, fand dieser ihn in seinen Kissen zusammengesunken. »Wir hörten Euch schreien«, frug er, »was ist Euch, Vater?«

Der Alte sah starr nach jener Ecke. »Er ist tot«, sagte er, »weit von hier.«

– »Wer ist tot, Vater? Wen meint Ihr? Meint Ihr Eueren Heinz?«

Der Alte nickte. »Das Wasser«, sagte er; »geh da fort, du stehst ja mitten in dem Wasser!«

Der Jüngere fuhr mit dem Lichte gegen den Fußboden: »Hier ist kein Wasser, Vater, Ihr habt nur schwer geträumt.«

»Du bist kein Seemann, Christian; was weißt du davon!« sagte der Alte heftig. »Aber ich weiß es, so kommen unsere Toten.«

»Soll ich Euch Lina schicken, Vater?« frug Christian Martens wieder.

»Nein, nein, sie soll bei ihrem Kinde bleiben; geh nur, laß mich allein!«

Der Schwiegersohn war mit dem Lichte fortgegangen, und Hans Kirch saß im Dunkeln wieder aufrecht in seinem Bette; er streckte zitternd die Arme nach jener Ecke, wo eben noch sein Heinz gestanden hatte; er wollte ihn noch einmal sehen, aber er sah vergebens in undurchdringliche Finsternis.

–– Es ging schon in den Vormittag, als Frau Lina, da sie unten in die Stube trat, das Frühstück ihres Vaters unberührt fand; als sie dann in die Schlafkammer ging, lag er noch in seinem Bette; er konnte nicht aufstehen, denn ein Schlaganfall hatte ihn getroffen, freilich nur an der einen Seite und ohne ihn am Sprechen zu behindern. Er verlangte nach seinem alten Arzte, und die Tochter lief selbst nach dem Hause des Justizrats und stand bald wieder zugleich mit diesem an des Vaters Lager.

Es war nicht gar so schlimm, es würde wohl so vorübergehen, lautete dessen Ausspruch. Aber Hans Kirch hörte kaum darauf; mehr als bei seiner Krankheit waren seine Gedanken bei den Vorgängen der verflossenen Nacht; Heinz hatte sich gemeldet, Heinz war tot, und der Tote hatte alle Rechte, die er noch eben dem Lebenden nicht mehr hatte zugestehen wollen.

Als Frau Lina es ihm ausreden wollte, berief er sich eifrig auf den Justizrat, der ja seit Jahr und Tag in manches Seemannshaus gekommen sei.

Der Justizrat suchte zu beschwichtigen. »Freilich«, fügte er hinzu, »wir Ärzte kennen Zustände, wo die Träume selbst am hellen Werktag das Gehirn verlassen und dem Menschen leibhaftig in die Augen schauen.«

Hans Kirch warf verdrießlich seinen Kopf herum: »Das ist mir zu gelehrt, Doktor; wie war's denn damals mit dem Sohn des alten Rickerts?«

Der Arzt faßte den Puls des Kranken. »Es trifft, es trifft auch nicht«, sagte er bedächtig; »das war der ältere Sohn; der jüngere, der sich auch gemeldet haben sollte, fährt noch heute seines Vaters Schiff.«

Hans Kirch schwieg; er wußte es doch besser als alle andern, was weit von hier in dieser Nacht geschehen war.

Wie der Arzt es vorhergesagt hatte, so geschah es. Nach einigen Wochen konnte der Kranke das Bett und allmählich auch das Zimmer, ja sogar das Haus verlassen; nur bedurfte er dann, gleich seiner Schwester, eines Krückstockes, den er bisher verschmäht hatte. Von seinem früheren Jähzorn schien meist nur eine weinerliche Ungeduld zurückgeblieben; wenn es ihn aber einmal wie vordem überkam, dann brach er hinterher erschöpft zusammen.

Als es Sommer wurde, verlangte er aus der Stadt hinaus, und Frau Lina begleitete ihn mehrmals auf dem hohen Uferwege um die Bucht, von wo er nicht nur die Inseln, sondern ostwärts auch auf das freie Wasser sehen konnte. Da das Ufer an mehreren Stellen tief und steil gegen den Strand hinabfällt, so wagte man ihn hier nicht allein zu lassen und gab ihm zu andern Malen, wenn die Tochter keine Zeit hatte, einen der Arbeiter oder sonst eine andere sichere Person zur Seite.

-- Auf den Sommer war der Herbst gefolgt, und es war um die Zeit, da Heinzens kurze Einkehr in das Elternhaus zum zweiten Mal sich jährte. Hans Kirch saß auf einem sandigen Vorsprunge des steilen Ufers und ließ die Nachmittagssonne seinen weißen Kopf bescheinen, während er die Hände vor sich auf seinen Stock gefaltet hielt und seine Augen über die glatte See hinausstarrten. Neben ihm stand ein Weib, anscheinend in gleicher Teilnahmlosigkeit, welche den Hut des alten Mannes in der herabhängenden Hand hielt. Sie mochte kaum über dreißig Jahre zählen; aber nur ein schärferes Auge hätte in diesem Antlitz die Spuren einer früh zerstörten Anmut finden können. Sie schien nichts davon zu hören, was der alte Schiffer, ohne sich zu rühren, vor sich hin sprach; es war auch nur ein Flüstern, als ob er es den leeren Lüften anvertraue; allmählich aber wurde es lauter. »Heinz, Heinz!« rief er. »Wo ist Heinz Kirch geblieben?« Dann wieder bewegte er langsam seinen Kopf: »Es ist auch einerlei, denn es kennt ihn keiner mehr.«

Da seufzte das Weib an seiner Seite, daß er sich wandte und zu ihr aufsah. Als sie das blasse Gesicht zu ihm niederbeugte, suchte er ihre Hand zu fassen: »Nein, nein, Wieb, du - du kanntest ihn; dafür« - und er nickte vertraulich zu ihr auf - »bleibst du auch bei mir, solang ich lebe, und auch nachher - ich habe in meinem Testament das festgemacht; es ist nur gut, daß dein Taugenichts von Mann sich totgetrunken.«

Als sie nicht antwortete, wandte er seinen Kopf wieder ab, und seine Augen folgten einer Möwe, die vom Strande über das Wasser hinausflog. »Und dort«, begann er wieder, und seine Stimme klang jetzt ganz munter, während er mit seinem Krückstock nach dem Warder zeigte, »da hat er damals dich herumgefahren? Und dann schalten sie vom Schiff herüber?« - Und als sie schweigend zu ihm herabnickte, lachte er leise vor sich hin. Aber bald verfiel er wieder in sein Selbstgespräch, während seine Augen vor ihm in die große Leere starrten. »Nur in der Ewigkeit, Heinz! Nur in der Ewigkeit!« rief er, in plötzliches Weinen ausbrechend, und streckte zitternd beide Arme nach dem Himmel.

Aber seine laut gesprochenen Worte erhielten diesmal eine Antwort. »Was haben wir Menschen mit der Ewigkeit zu schaffen?« sprach eine heisere Stimme neben ihm. Es war ein herabgekommener Tischler, den sie in der Stadt den »Sozialdemokraten« nannten; er glaubte ein Loch in seinem Christenglauben entdeckt zu haben und pflegte nun nach Art geringer Menschen gegen andere damit zu trotzen.

Mit einer raschen Bewegung, die weit über die Kraft des gebrochenen Mannes hinauszugehen schien, hatte Hans Kirch sich zu dem Sprechenden gewandt, der mit verschränkten Armen stehenblieb. »Du kennst mich wohl nicht, Jürgen Hans?« rief er, während der ganze arme Leib ihm zitterte. »Ich bin Hans Kirch, der seinen Sohn verstoßen hat, zweimal! Hörst du es, Jürgen Hans? Zweimal hab ich meinen Heinz verstoßen, und darum hab ich mit der Ewigkeit zu schaffen!«

Der andere war dicht an ihn herangetreten. »Das tut mir leid, Herr Kirch«, sagte er und wog ihm trocken jedes seiner Worte zu; »die Ewigkeit ist in den Köpfen alter Weiber!«

Ein fieberhafter Blitz fuhr aus den Augen des greisen Mannes. »Hund!« schrie er, und ein Schlag des Krückstocks pfiff jäh am Kopf des anderen vorüber.

Der Tischler sprang zur Seite, dann stieß er ein Hohngelächter aus und schlenderte den Weg zur Stadt hinab.

Aber die Kraft des alten Mannes war erschöpft; der Stock entfiel seiner Hand und rollte vor ihm den Hang hinunter, und er wäre selber nachgestürzt, wenn nicht das Weib sich rasch gebückt und ihn in ihren Armen aufgefangen hätte.

Neben ihm kniend, sanft und unbeweglich, hielt sie das weiße Haupt an ihrer Brust gebettet, denn Hans Kirch war eingeschlafen. – Das Abendrot legte sich über das Meer, ein leichter Wind hatte sich erhoben, und drunten rauschten die Wellen lauter an den Strand. Noch immer beharrte sie in ihrer unbequemen Stellung; erst als schon die Sterne schienen, schlug er die Augen zu ihr auf. »Er ist tot«, sagte er, »ich weiß es jetzt gewiß; aber – in der Ewigkeit, da will ich meinen Heinz schon wiederkennen.«

»Ja«, sagte sie leise, »in der Ewigkeit.«

Vorsichtig, von ihr gestützt, erhob er sich, und als sie seinen Arm um ihren Hals und ihren Arm ihm um die Hüfte gelegt hatte, gingen sie langsam nach der Stadt zurück. Je weiter sie kamen, desto schwerer wurde ihre Last; mitunter mußten sie stillestehn, dann blickte Hans Kirch nach den Sternen, die ihm einst so manche Herbstnacht an Bord seiner flinken Jacht geschienen hatten, und sagte: »Es geht schon wieder«, und sie gingen langsam weiter. Aber nicht nur von den Sternen, auch aus den blauen Augen des armen Weibes leuchtete ein milder Strahl; nicht jener mehr, der einst in einer Frühlingsnacht ein wildes Knabenhaupt an ihre junge Brust gerissen hatte, aber ein Strahl jener allbarmherzigen Frauenliebe, die allen Trost des Lebens in sich schließt.

Noch während der nächsten Jahre, meist an stillen Nachmittagen und wenn die Sonne sich zum Untergange neigte, konnte man Hans Kirch mit seiner steten Begleiterin auf dem Uferwege sehen; zur Zeit des Herbstäquinoktiums war er selbst beim Nordoststurm nicht daheim zu halten. Dann hat man ihn auf dem Friedhof seiner Vaterstadt zur Seite seiner stillen Frau begraben.

Das von ihm begründete Geschäft liegt in den besten Händen; man spricht schon von dem »reichen« Christian Martens, und Hans Adams Tochtermanne wird der Stadtrat nicht entgehen; auch ein Erbe ist längst geboren und läuft schon mit dem Ranzen in die Rektorschule; – wo aber ist Heinz Kirch geblieben?

EIN DOPPELGÄNGER

Vor einigen Jahren im Hochsommer war es, und alle Tage echtes Sonnenwetter; ich hatte mich in Jena, wie einst Dr. Martinus, in der alten Gastwirtschaft zum Bären einquartiert, hatte mit dem Wirt schon mehr als einmal über Land und Leute geredet und mich mit Namen, Stand und Wohnort, welcher derzeit zugleich mein Geburtsort war, in das Fremdenbuch eingeschrieben.

Am Tage nach meiner Ankunft war ich nach Besteigung des Fuchsturms und nach manchem andern Auf- und Absteigen spätnachmittags in das geräumige, aber leere Gastzimmer zurückgekehrt und hatte mich sommermüde vor einer Flasche Ingelheimer hinter dem kühlen Ofen in einen tiefen Lehnstuhl gesetzt; eine Uhr pickte, die Fliegen summten am Fensterglas, und mir wurde die Gnade, davon in den Schlaf gewiegt zu werden, und zwar recht tief.

Das erste, was vom Außenleben wieder an mich herankam, war eine sonore milde Männerstimme, welche, wie zum Abschied, gute Lehren gebend, zu einem andern zu reden schien. Ich öffnete ein wenig die Augen: am Tische, unfern von meinem Lehnstuhl, saß ein ältlicher Herr, den ich nach seiner Kleidung als einen Oberförster zu erkennen meinte; ihm gegenüber ein noch junger Mann, gleichfalls im grünen Rock, zu dem er redete; ein rötlicher Abendschein lag schon auf den Wänden.

»Und dessen gedenke auch noch«, hörte ich den Alten sagen, »du bist ein Stück von einem Träumer, Fritz; du hast sogar schon einmal ein Gedicht gemacht; laß dir so was bei dem Alten nimmer beikommen! Und nun geh und grüß deinen neuen Herrn von mir; zur Herbstjagd werd ich mich nach dir erkundigen!«

Als dann der Junge sich entfernt hatte, rüttelte ich mich völlig auf; der Alte stand am Fenster und drückte die Stirn gegen eine Scheibe, wie um dem Fortgehenden noch einmal nachzuschauen. Ich trank den Rest meines Ingelheimers, und als der Oberförster sich in das Zimmer zurückwandte, begrüßten wir uns wie nach abgetanen Werken, und bald, da niemand außer uns im Zimmer war, saßen wir plaudernd nebeneinander.

Es war ein stattlicher Mann von etwa fünfzig Jahren, mit kurzgeschorenem, schon ergrautem Haupthaar; über dem Vollbart schauten ein Paar freundliche Augen, und ein leichter Humor, der bald in seinen Worten spielte, zeugte von der Behaglichkeit seines inneren Menschen. Er hatte eine kurze Jagdpfeife angebrannt und erzählte mir von dem jungen Burschen, welchen er einige Jahre in seinem Hause gehabt und nun zur weiteren Ausbildung an einen älteren Freund und Amtsbruder empfohlen habe. Als ich ihn, seiner Vorhaltung an den Jungen gedenkend, frug, was für Leides ihm die Poeten denn getan hätten, schüttelte er lachend den Kopf.

»Gar keines, lieber Herr«, sagte er, »im Gegenteil! Ich bin ein Landpastorensohn, und mein Vater war selber so ein Stück von einem Poeten; wenigstens wird ein Kirchenlied von ihm, das er einmal als fliegendes Blatt hatte drucken lassen, noch heutigen Tages nach ›Befiehl du deine Wege‹ in meinem Heimatdorf gesungen; und ich selber – als junger Gelbschnabel wußte ich sogar den halben Uhland auswendig, zumal in jenem Sommer« – er strich sich plötzlich mit der Hand über sein leicht errötend Antlitz und sagte dann, wie im stillen seine vorgehabte Rede ändernd –, »wo am Waldesrand das Geißblatt wie zuvor in keinem andern Jahre duftete! Aber ein Rehbock, ein andermal – und das war schwer verzeihlich – die seltene Jagdbeute, eine Trappe, sind mir darüber aus dem Schuß gekommen! – Nun, mit dem Jungen ist es nicht so schlimm; nur der Alte drüben wird schon fuchswild, wenn wir gelegentlich einmal anstimmen: ›Es lebe, was auf Erden stolziert in grüner Tracht‹; Sie kennen wohl das schöne Lied?«

Ich kannte zwar das Lied – hatte nicht auch Freiligrath seinen patriotischen Zorn an dem harmlosen Dinge ausgelassen? – Aber mir lag die plötzliche Erregung des alten Herrn im Sinne. »Hat das Geißblatt auch in späteren Jahren wieder so geduftet?« frug ich leise.

Ich fühlte meine Hand ergriffen und einen Druck, daß ich einen Schrei ersticken mußte. »Das war ja nicht von dieser Welt«, raunte der Mann mir zu, »der Duft ist unvergänglich – – solang sie lebt!« setzte er zögernd hinzu und schenkte sich sein Glas voll hellen Weines und trank es in einem Zuge leer.

Wir hatten noch eine Weile weitergeplaudert, und manche anziehende Mitteilung aus seinem Forst- und Jagdleben hatte ich von ihm gehört, manches Wort, das auf einen ruhigen Lebensernst in diesem Manne schließen ließ. Es war fast völlig dunkel geworden; die Stube füllte sich mit andern Gästen, und die Lichter wurden angezündet; da stand der Oberförster auf. »Ich säße noch gern ein Weilchen«, sagte er, »aber meine Frau würde nach mir aussehen; wir beide bilden jetzt allein die Familie, denn unser Sohn ist auf dem Forstinstitut zu Ruhla.« Er steckte seine Pfeife in die Tasche, rief einem braunen Hühnerhund, der, mir unbemerkt, in einem Winkel gelegen hatte, und reichte mir die Hand. »Wann denken Sie wieder fort von hier?« frug er.

»Ich dachte, morgen!«

Er sah ein paar Augenblicke vor sich hin. »Meinen Sie nicht«, frug er dann, ohne mich anzublicken, »wir könnten unsere neue Bekanntschaft noch ein wenig älter werden lassen?«

Seine Worte trafen meine eigene Empfindung; denn auf meiner nun zweiwöchentlichen Reise hatte ich heute zum erstenmal ein herzlich Wort mit einem Begegnenden gewechselt; aber ich antwortete nicht gleich; ich sann nach, wohin er zielen möge.

Und schon fuhr er fort: »Lassen Sie mich es offen gestehen: zu dem Eindruck Ihrer Persönlichkeit kommt noch ein anderes dazu: es ist Ihre Stimme, oder richtiger die Art Ihres Sprechens, was diesen Wunsch in mir erregt; mir ist, als gehe es mich ganz nahe an, und doch . . .« Statt des verständigenden Wortes aber ergriff er plötzlich meine beiden Hände. »Tun Sie es mir zulieb«, sagte er dabei, »meine Försterei liegt nur so reichlich eine Stunde von hier, zwischen Eichen und Tannen – darf ich Sie bei meiner lieben Alten als unsern Gast auf ein paar Tage anmelden?«

Der alte Herr sah mich so treuherzig an, daß ich gern und schon auf morgen zusagte. Er schüttelte mir lachend die Hände: »Abgemacht! Prächtig! Prächtig!«, pfiff seinem Hunde, und nachdem er noch einmal seine Kappe mit der Falkenfeder gegen mich geschwenkt hatte, bestieg er seinen Rappen und ritt in freudigem Galopp davon.

Als er fort war, trat der Wirt zu mir: »Ein braver Herr, der Herr Oberförster; dacht schon, Sie würden Bekanntschaft machen!«

»Und warum dachten Sie das?« frug ich entgegen.

Der Wirt lachte. »Ei, da wissen's der Herr wohl selber noch gar nicht?«

»So sagen Sie es mir! Was soll ich wissen?«

»Ei, Sie und die Frau Oberförster sind doch gar Stadtkinder miteinander!«

»Ich und die Frau Oberförster? Davon weiß ich nichts; Sie sagen es mir zuerst; ich hab dem Herrn auch meine Heimat nicht genannt.«

»Nun«, sagte der Wirt, »da ging's freilich nicht; denn 's Fremdenbuch hat er nicht gelesen; das ist grade keine Zeitung!«

Ich aber dachte: ›Das war es also! Liegt der Heimatklang so tief und darum auch so unverwüstlich?‹ Aber ich kannte daheim alle jungen Mädchen unseres Schlages innerhalb der letzten dreißig Jahre; ich wußte keine, die so weit gen Süden geheiratet hätte. »Sie irren sich vielleicht«, sagte ich zu dem Wirt, »wie ist denn der Jungfernname der Frau Oberförster?«

»Kann nicht damit dienen, Herr«, entgegnete er, »aber mir ist's noch just wie heute, als die seligen Eltern des Herrn Oberförsters, die alten Pfarrersleute, mit dem derzeit kaum achtjährigen Dirnlein hier vorgefahren kamen.«

-- Ich wollte nicht weiterfragen und ließ es für itzt dabei bewenden; nur den Weg zur Oberförsterei ließ ich mir noch einmal, wie zuvor schon von dem Besitzer derselben, eingehend berichten.

Und schon in der Frühe des andern Morgen, als noch die Tautropfen auf den Blättern lagen und die ersten Vogelstimmen am Wege aus den Büschen riefen, befand ich mich auf der Wanderung. Nachdem ich etwa eine Stunde, zuletzt an einem Eichwald entlang, gegangen war, bog ich gemäß der empfangenen Weisung in einen breiten Fahrweg ein, der zur Linken unter die schattigen Wipfel durchführte. Bald mußte ich den Weg sich öffnen und das Heimwesen meines neuen Freundes vor mir liegen sehen! Dann, kaum eine Viertelstunde weiter, kam aus der großen Waldesstille ein Geräusch wie von wirtschaftlichem Leben mir entgegen; die Schatten um mich hörten auf, und ein blinkender Teich und jenseit desselben ein altes, stattliches Gebäu mit mächtigem Hirschgeweih über dem offenen, auf einer Treppenplatte befindlichen Tore lagen in der lichten Morgensonne vor mir; ein wütendes Gebell von wenigstens einem halben Dutzend großer und kleiner Jagdhunde erhob sich und verstummte plötzlich auf einen gellenden Pfiff.

»Grüß Gott und tausendmal willkommen!« rief statt dessen die mir schon bekannte Männerstimme; und da kam er selbst aus dem Hause, die Stiege herab und um den kleinen Teich herum; aber nicht allein: eine zarte Frau, fast mädchenhaft, ging an seinem Arm; doch sah ich im Näherkommen wohl, daß sie den Vierzig nahe sein müsse. Sie begrüßte mich, indem sie fast nur die Worte ihres Mannes wiederholte; aber ein Zug von Güte um den halbgeöffneten Mund, der noch ein Weilchen in dem stillen Angesicht verblieb, ließ keinen Zweifel an ihrer Echtheit aufkommen. Während wir dann miteinander dem Hause zugingen, fiel es mir auf, wie sie mitunter ihren Arm auf seinem ruhen ließ, als wollte sie ihm sagen: ›Du trägst mein Leben, und du trägst es gern; dein Glück und meines sind dasselbe!‹

Als wir dann drinnen in dem bürgerlich schlichten Zimmer beim Morgenkaffee saßen, den man für mich aufgeschoben hatte, legte der Oberförster sich behaglich in seinen Lehnsessel zurück. »Christinchen«, sagte er, mich und seine Frau mit einem schelmischen Blicke streifend, »ich habe dir einen lieben Gast gebracht, von dem ich gleichwohl weder Namen noch Stand weiß; er mag uns beides sagen, wenn er uns verläßt, damit wir ihn doch wiederfinden können: es ist so tröstlich, auch einmal mit einem Menschen und nicht eben mit einem Herrn Geheimen Oberregierungsrat oder einem Leutnant zu verkehren.«

»Nun«, sagte ich lachend, »Qualitäten habe ich nicht zu verhehlen«; als ich dann aber mit dem Hinzufügen, daß ich ein schlichter Advokat sei, meinen Namen nannte, wandte sich die Frau wie überrascht mir zu, und ich fühlte, wie ihre Augen flüchtig auf meinem Antlitz weilten.

»Was hast du, Frau«, rief der Oberförster; »mir ist der Advokat schon recht!«

»Mir auch«, sagte sie und reichte mir eine Tasse Kaffee, dessen Duft mich mit allem einverstanden sein ließ. Sie war noch einmal aufgestanden, kehrte aber, nachdem sie eine Handvoll Brosamen aus dem offenen Fenster geworfen hatte, auf ihren Platz zurück. Draußen stürzte sich, einem Platzregen gleich, eine Flucht von Tauben von dem Dache auf den Boden herab; aus den Linden vor dem Hause kamen die Sperlinge dazu, und ein lustiger Tumult erhob sich.

»Die haben's gut!« sagte lachend der Oberförster, mit dem Kopfe nach dem Fenster winkend; »seit unser Paul in Ruhla ist! Sie kann es nicht lassen, den allzeit Hungerigen Brosamen auszustreuen; sei es nun der Bub, oder seien es nur unseres Herrgotts Krippenfresser!«

Aber die Frau setzte ruhig ihre Tasse von dem Munde: »Der Bub allein? Ich dächte, der Vater wär auch wohl dabei!«

»Komm, Alte«, rief der Oberförster, »ich merke doch, du bist mir zu gescheit; wir wollen Frieden machen!«

Wir plauderten weiter; und wenn das liebe Frauenantlitz sich zu mir wandte, konnte ich es mir nicht versagen, nach bekannten Zügen darin zu suchen; allein obgleich ein paarmal, wie im Fluge, als wolle es mir helfen, das frühere Kinderangesicht mich daraus anzublicken schien, ich mußte mir dennoch sagen: ›Die kennst du nicht; du hast sie nie gesehen!‹ Ich lauschte dann auch ihrer Sprache, aber weder die uns heimische Verwechslung verwandter Vokale noch die von solchen Konsonanten kam zum Vorschein; nur ein paarmal meinte ich das scharfe S vor einem andern Konsonanten zu vernehmen, dessen ich selbst freilich mich längst entwöhnt glaubte.

Am Vormittag ging ich mit dem Oberförster in den umliegenden Wald; er wies mir seine Hauptschläge, die mit uralten und mit kaum fingerhohen Eichen, und entwickelte mir eindringlich sein System der Waldkultur; wir sahen einen Hirsch mit sechzehn Enden und ein paar Rehe; aus einem schlammigen Sumpfe schielte sogar der schwarzbraune Borstenkopf eines Keilers aus seinen enggeschlitzten Augen nach uns hinüber. Wir gingen ohne Hunde. »Nur ruhig weiter«, mahnte mein Geleitsmann; »und wir kommen ungefährdet wieder nach Hause.«

Nach dem Mittagessen führte mein Wirt mich eine Treppe hoch nach hinten zu in das mir angewiesene Zimmer. »Sie wollten noch Briefe schreiben«, sagte er; »hier finden Sie alles, was dazu nötig ist! Unser Junge hat hier vordem gewohnt; aber es ist kühl und still!« Er zog mich an eines der offenstehenden Fenster. »Hier unten sehen Sie ein Stück von unserm Garten, dahinter zieht sich der Teich herum; dann dort die grüne Wiese und dann der hohe dunkle Wald – der schützt Sie vor allem Weltgeräusch! – Nun ruhen Sie vorerst sanft nach Ihren Wanderstrapazen!« sagte er und drückte mir die Hand.

Er ging, und ich tat nach seinen Worten; und die Stimmen der Grasmücken aus dem Garten und des Pirols und der Falken aus dem nahen Walde und über seinen Wipfeln aus der blauen Luft kamen wie aus immer größerer Ferne durch die offenen Fenster; dann hörte alles auf.

Ich erwachte endlich; ich hatte lang geschlafen; der Weiser meiner Taschenuhr zeigte schon nach fünf; gleichwohl mußte der Brief geschrieben werden, denn ein Knecht sollte ihn um sechs Uhr mit zur Stadt nehmen.

So kam ich erst spät wieder in das Haus hinab. Die Frau fand ich vor demselben im Lindenschatten auf der Bank mit einer Flickarbeit beschäftigt. »Das ist für unsern Paul«, sagte sie wie entschuldigend und schob die Sachen an die Seite; »er schleißt, er ist noch jung und wild; aber noch mehr gut als wild! – Und Sie haben fest geschlafen: die Sonne will schon zur Neige gehn!«

Ich frug nach ihrem Mann.

»Er hat eine Weile geschäftshalber fortmüssen; aber er läßt Sie grüßen; wir sollten nähere Bekanntschaft machen – so hat er mir gesagt – und dort die Schneise durch die Tannen hinaufspazieren; nach der andern Seite, als wo Sie heute vormittag mit ihm hinaus waren; er würd uns dort bald finden!«

Wir plauderten aber noch eine Weile, nachdem sie auf meine Bitte ihre mütterliche Arbeit wiederaufgenommen hatte; dann, da er nicht kam, erhob sie sich. »Es wird wohl Zeit!« sagte sie, und ein flüchtig Rot ging über ihr Antlitz.

So wanderten wir denn nebeneinander auf dem Wege zwischen den hohen Tannen, dessen eine Seite noch von der Sonne angeschienen war. Unser Gespräch schien ganz erloschen; nur hin und wieder prüfte ich mit einem Blicke ihr Profil; aber es machte mich nicht klüger.

»Gestatten Sie, verehrte Frau«, sprach ich endlich, »daß ich die Waldstille unterbreche; es drängt mich, Ihnen eins zu sagen und Ihnen eine Frage vorzulegen; Sie wissen wohl, daß man in der Fremde doch immer heimlich nach der Heimat sucht!«

Sie nickte. »Sprechen Sie nur!« sagte sie.

»Ich glaubte nicht zu irren«, begann ich, »Sie schienen überrascht, als ich heute morgen meinen Namen nannte. Hatten Sie ihn früher schon gehört? Mein Vater war, wenigstens im Lande, ein bekannter Mann.«

Sie nickte wieder ein paarmal: »Ja, ich erinnere mich Ihres Namens aus meiner Kinderzeit.«

Als ich dann aber meine Vaterstadt ihr nannte, wurden ihre Augen plötzlich starr und blieben unbeweglich auf den meinen ruhen; nur ein paar vorquellende Tränen verdunkelten jetzt beide.

Ich erschrak fast. »Es war nicht mein Gedanke, Ihnen weh zu tun«, sagte ich; »aber der Wirt zum Bären, der meine Heimat aus dem Fremdenbuch erfahren hatte, behauptete, wir beide seien Stadtkinder miteinander!

Sie tat einen tiefen Atemzug. »Wenn Sie daher stammen«, sagte sie, »so sind wir es.«

»Und doch«, fuhr ich etwas zögernd fort, »ich glaube alle damaligen Familien unserer Stadt zu kennen und wüßte nicht, in welche ich Sie hineinbringen sollte.«

»Die meine werden Sie nicht gekannt haben«, erwiderte die Frau.

»Das wäre seltsam! Wann haben Sie denn die Stadt verlassen?«

»Das mag fast dreißig Jahre her sein.«

»Oh, damals war ich noch in unsrer Heimat, bevor wir, so viele, in die Fremde mußten.«

Sie schüttelte den Kopf. »Die Ursache liegt woanders; meine Wiege« – sie zögerte ein wenig und sagte dann: »Ich hatte wohl nicht einmal eine; aber die Kate, in der ich geboren wurde, war nur die Mietwohnung eines armen Arbeiters, und ich war seine Tochter.«

Sie blickte mit ihren klaren Augen zu mir auf. »Mein Vater hieß John Hansen«, sagte sie.

Ich suchte mich zurechtzufinden, aber es gelang mir nicht; der Name Hansen war bei uns wie Sand am Meer. »Ich kannte manchen Arbeiter«, erwiderte ich; »unter dem Dache des einen war ich als Knabe sogar ein wöchentlicher Gast, und für manches, was ich noch zu meinem Besten rechne, fühle ich mich ihm und seiner braven Frau verpflichtet. Aber Sie mögen recht haben, der Name Ihres Vaters ist mir unbekannt.«

Sie schien aufmerksam zuzuhören, und mir war es, als würden ihre kindlichen Augen wieder feucht.

»Sie hätten ihn kennen müssen«, rief sie, »Sie würden die, welche die kleinen Leute genannt werden, noch tiefer in Ihr Herz geschlossen haben! Als meine Mutter, da ich kaum drei Jahre alt war, starb, da hatte ich nur ihn; aber schon in meinem achten Jahre ist er plötzlich mir entrissen worden.«

Wir gingen eine Zeitlang, ohne ein Wort zu wechseln, und ließen die Spitzen der Tannenzweige, die in den Weg hingen, durch unsre Finger gleiten; dann hob sie den Kopf, als ob sie sprechen wolle, und sagte zögernd: »Ich möchte nun auch Ihnen, meinem Landsmann, etwas Weiteres vertrauen; es ist seltsam, aber es kommt mir immer wieder: mir ist oftmals, als hätt ich vorher, bei Lebzeiten meiner Mutter, einen andern Vater gehabt – den ich fürchtete, vor dem ich mich verkroch, der mich anschrie und mich und meine Mutter schlug –, und das ich doch unmöglich! Ich habe selbst das Kirchenbuch aufschlagen lassen; meine Mutter hat nur diesen einen Mann gehabt. Wir haben zusammen Not gelitten, gefroren und gehungert; aber an Liebe war niemals Mangel. Eines Winterabends entsinne ich mich noch deutlich; es war an einem Sonntag, und ich mochte etwa sechs Jahre alt sein. Wir hatten leidlich zu Mittag gegessen; doch zum Abend wollte es nicht mehr reichen; mich hungerte noch recht, und der Ofen war fast kalt geworden. Da sah mein Vater mich mit seinen schönen dunkeln Augen an, und ich streckte meine Ärmchen ihm entgegen; und bald lag ich, in ein altes Tuch gewickelt, an der warmen Brust des mächtigen Mannes. Wir gingen durch die dunkeln Straßen, immer in eine neue; aber über uns waren alle Sterne angezündet, und meine Augen gingen von dem einen zu dem andern. ›Wer wohnt da oben?‹ frug ich endlich, und mein Vater antwortete: ›Der liebe Gott, der wird dich nicht vergessen!‹ Ich sah wieder in die Sterne, und alle blinkten so still und freundlich auf mich nieder. ›Vater‹, sagte ich, ›bitte ihn doch noch um ein kleines Stückchen Brot für heute abend!‹ Ich fühlte einen warmen Tropfen auf mein Angesicht fallen; ich meinte, er käme von dem lieben Gott. – Ich weiß, mich hungerte nachher noch in meinem Bettchen; aber ich schlief doch ruhig ein.«

Sie schwieg einen Augenblick, während wir langsam auf dem Waldweg weiterschritten.

»Aus der Zeit aber, wo ich mit meiner Mutter lebte«, sagte sie dann noch, »vermag ich keine feste Erinnerung an meinen Vater zu gewinnen; ich muß mich mit dem wüsten Schreckbild begnügen, das mein Verstand vergebens zu fassen sucht.«

Sie kniete plötzlich nieder, um eine Handvoll jener kleinen rötlichen Immortellen zu pflücken, die sich gern auf magerem Sandboden ansiedeln; da wir dann weitergingen, begannen ihre Finger einen Kranz daraus zu flechten.

Ich war noch mit ihren letzten Worten beschäftigt: mir ging im Kopf ein wüster junger Kerl herum; er war bekannt genug gewesen, aber sein Name war ein anderer. »Auch Kinder«, sagte ich endlich, während meine Augen ihren geschickten Händen folgten, »mag wohl einmal der Gedanke an den unsichtbar umhergeisternden Tod wie ein Schauder überfallen, daß sie voll Angst die Arme um ihr Liebstes klammern; dazu – Sie kannten gewiß schon von den Vätern, mit denen die Kommunen die Kinder der Armen zu beschenken pflegen – was Wunder, daß Ihre Phantasie das Schreckbild in jene von Erinnerung leere Zeit hinabschob!«

Aber die edle Frau schüttelte lächelnd ihren Kopf. »Schön ausgerechnet«, sagte sie; »aber ich habe niemals an solchen Gespensterphantasien gelitten; und die Menschen, die mich dann nach meines lieben Vaters Tode zu sich nahmen – bessere konnte kein Kind sich wünschen: es waren die Eltern meines Mannes, die auf einer Badereise ein paar Tage in unserer Vaterstadt verweilen mußten.«

In diesem Augenblicke glaubte ich in dem Staubwege Schritte hinter uns zu hören, und als ich umblickte, sah ich den Oberförster schon in der Nähe.

»Sehen Sie wohl«, rief er mir zu, »da habe ich Sie schon! Und du, Christine« – und er ergriff die Hand seiner Frau und neigte den Kopf, um ihr in die Augen zu blicken –, »du schaust ja so nachdenklich; was ist denn?«

Sie lehnte sich lächelnd an seine Schulter: »Ja, Franz Adolf, wir sprachen von unserer Vaterstadt – denn es hat sich herausgestellt, daß wir dieselbe haben –, aber wir haben uns dort nicht finden können.«

»So ist es um so schöner«, erwiderte er und reichte mir die Hand, »daß wir ihn heute bei uns haben; das Damals wäre ja doch schon längst vorüber!«

Sie nickte nachdenklich und schob ihren Arm in seinen. So gingen wir ein paar hundert Schritte weiter bis an einen Waldteich, an dessen Ufern die gelben Iris in für mich nie gesehener Fülle blühten.

»Da ist deine Lieblingsblume!« rief der Förster; »aber du würdest dir die Schuhe überwaten; sollen wir Männer dir einen braven Strauß holen?«

»Ich verzichte diesmal auf Ritterdienste«, erwiderte sie, sich anmutig gegen uns verneigend; »ich bin heute bei den Kleinen und weiß hier eine Stelle, wo ich mein Kränzlein vervollständigen kann!«

»So erwarten wir dich hier«, rief ihr der Oberförster nach, sie mit ernsten, liebevollen Blicken verfolgend, bis sie in der nahe liegenden Lichtung verschwand.

Dann wandte er sich plötzlich zu mir. »Sie werden mir nicht zürnen«, sagte er, »wenn ich Sie bitte, mit meiner Frau nicht weiter über ihren Vater zu sprechen. Ich ging im weichen Wegestaub schon länger hinter Ihnen, und der leichte Sommerwind trug mit genügende Brocken Ihres Gespräches zu, um das übrige zu erraten. Hätte ich von Ihrer beider so genauen Landsmannschaft gewußt – verzeihen Sie mir dies Geständnis –, ich hätte mir die Freude Ihres Besuches versagt; die Freude, sag ich; doch es ist so besser, wir kennen uns nun schon.«

»Aber«, entgegnete ich etwas bestürzt, »ich kann Sie versichern, es ist von einem Arbeiter John Hansen keine Spur in meiner Erinnerung.«

»Sie könnte Ihnen dennoch plötzlich kommen!«

»Ich denke nicht; jedenfalls, obgleich ich nicht die Ursache kenne, seien Sie meines Schweigens sicher!«

»Die Ursache«, erwiderte er, »will ich Ihnen mit einem Worte geben: der Vater meiner Frau hieß freilich John Hansen; von den Leuten aber wurde er John Glückstadt genannt, nach dem Orte, wo er als junger Mensch eine Zuchthausstrafe verbüßt hatte. Meine Frau weiß weder von diesem Übernamen noch von der Strafe, auf welcher er beruht; und – ich denke, Sie stimmen mir bei – ich möchte nicht, daß sie das je erführe; ihr Vater, den sie kindlich verehrt, würde mit jenem Schreckbild zusammenfallen, das ihre Phantasie ihr immer wieder vorbringt und das leider keine bloße Phantasie war.«

Fast mechanisch reichte ich ihm die Hand, und bald waren wir wieder auf dem Heimwege; die Frau ging, längst wieder an ihrem Kranze flechtend, neben mir, als ich aus andrängenden und sich ineinanderfügenden Erinnerungen wieder aufschaute. »Verzeihen Sie«, sagte ich, »es kommt mir mitunter, von einem plötzlichen Gedanken bis zur Vergessenheit der Gegenwart hingenommen zu werden. Im Elternhause sagte dann mein Bruder, des alten Volksglaubens gedenkend: ›Stört ihn nicht, seine Maus ist ihm aus dem Mund gesprungen!‹ Aber ich verspreche, sie in Zukunft besser zu überwachen.«

Aus den Augen des Oberförsters traf mich ein verständnisvoller Blick. »Auch wir haben hier den Glauben«, sagte er; »aber Sie sind bei Freunden, wenn auch nur bei neuen!«

So kamen wir wieder in Gespräch, und während die Tannenriesen schon tiefe Schatten über den Weg warfen und die Luft mit schwülem Abendduft erfüllten, gelangten wir allmählich an die Oberförsterei zurück; die Hunde, ohne zu bellen, sprangen uns entgegen, und aus der dampfenden Wiese, die hinter dem Teiche lag, scholl hin und wieder der schnarrende Laut des Wachtelkönigs; ein heimatlicher Frieden war überall.

Die Frau war uns voran ins Haus gegangen, mein Wirt und ich setzten uns auf die Seitenbänke der Haustreppe; aber seine Leute kamen einer nach dem andern, um zu berichten oder sich Anweisung für den folgenden Tag zu holen; dazwischen drängten sich die Hunde, Teckel und Hühnerhunde, voran das Prachtexemplar eines lohbraunen Schweißhundes; zu Erörterungen zwischen uns blieb keine Zeit. Dann erschien meine Landsmännin in der offenen Haustür und lud zum Abendessen; und als wir im behaglichen Zimmer bei einer guten Flasche alten Hardtweins saßen, erzählte der Oberförster die Geschichte seines Lieblings, des Lohbraunen, den er als junges Tier von einem ruinierten Spieler gekauft hatte, und von den Heldentaten, welche er schon jetzt gegen die hier insonders kühnen Wilderer verübt habe. So gerieten wir in die Jagdgeschichten, von denen eine immer die andere nach sich zog; nur einmal, in einer Pause des Gesprächs, sagte Frau Christine wie aus langem Sinnen: »Ob wohl noch die Kate da ist, am Ende der Straße, und das Astloch in der Haustüre, durch das ich abends hinaussah, ob nicht mein Vater von der Arbeit komme? – Ich möcht doch einmal wieder hin!«

Sie sah mich an, und ich erwiderte nur: »Sie würden viel verändert finden!« Der Oberförster aber faßte ihre beiden Hände und schüttelte sie ein wenig.

»Wach auf, Christel!« rief er. »Was wolltest du dort? Selbst unser Gastfreund hat sich ausgebaut! Bleib bei mir, wo du zu Haus bist – und um acht Tage kommt dein Junge in die Sommerferien!«

Sie sah mit glücklichen Augen zu ihm auf. »Es war ja nicht so ernst gemeint, Franz Adolf!« sagte sie leise.

Als es auf der Hausuhr vom Flur aus zehn schlug, brachen wir auf; der Oberförster zündete eine Kerze an und begleitete mich, wie am Nachmittage, die Treppe hinauf nach meinem Gastzimmer.

»Nun«, sagte er, nachdem er das Licht auf den Tisch gesetzt hatte, »nicht wahr, wir sind jetzt einig? Sie verstehen mich?«

Ich nickte. »Gewiß; ich weiß nun freilich, wer John Hansen ist.«

»Ja, ja«, rief er, »aus dem Staube des Weges haben meine lieben Eltern dies Kind für mich aufgesammelt; ich dank es ihnen jeden Morgen, wenn ich beim Aufstehen dies friedliche Antlitz noch neben mir im Schlummer sehe oder wenn sie mir vom Kissen ihren Morgengruß zunickt. Doch – gute Nacht! Auch die Vergangenheit soll schlafen!«

Wir reichten uns die Hände, und ich hörte ihn den Korridor entlang- und die Treppe hinabgehen. Aber bei mir wollte die Vergangenheit nicht schlafen; ich trat an das offene Fenster und sah auf den Teich und auf die Wasserlilien, die wie Mondflimmer auf seinem dunkeln Spiegel lagen; die Linden am Ufer hatten zu blühen begonnen, und ihr Duft wehte im Nachthauch zu mir herüber; eine mir unbekannte Vogelstimme scholl in Pausen vom Wald herüber. Aber die reiche Sommernacht nahm mich nicht gefangen; vor mein inneres Auge drängten abwechselnd sich zwei öde Orte: ein verlassener Brunnen mit vermorschtem Plankwerk, der in der Nähe meiner Vaterstadt auf einem weiten Felde lag, wo vorzeiten ein Haus, eine Schinderkate, sollte gestanden haben; als Knabe, auf einer einsamen Schmetterlingsjagd, hatte ich einst erschrocken vor ihm haltgemacht; – was damit wechselte, war das äußerste der kleinen Stadthäuser am Ende der Norderstraße, mit einem Strohdach, auf dem allzeit ein großer Hauslauch wuchs, so niedrig, daß man's mit der Hand erreichen konnte; das Ganze zum Einstürzen verfallen und so winzig, daß kaum mehr als eine Kammer und der engste Küchenherd darin Platz haben konnten. Als Junge hatte ich manchmal, von Feldstreifereien heimkehrend, davor stillgestanden und mir vorphantasiert, wie hübsch es sich in diesem Liliputer-Hause ohne Eltern und ohne Lehrer würde wohnen lassen. Später, als ich schon Sekundaner war, kam noch ein anderes hinzu; es gab oft einen Lärm in diesen engen Räumen, der die Vorübergehenden davor haltmachen ließ, und zu diesen gehörte auch ich ein paarmal. Eine kräftige Männerstimme fluchte und schalt in sich überstürzenden Worten; dröhnende Schläge, das Zerschellen von Gefäßen wurde hörbar; dazwischen, kaum vernehmbar, das Wimmern einer Frauenstimme, doch nie ein Hülferuf. Eines Abends trat danach ein junger, wilder Kerl aus dem Innern in die offene Haustür, mit erhitztem Antlitz, über das ein paar dunkle Haarlocken ihm in die Stirn hingen. Er warf den Kopf mit der starken Adlernase zurück und musterte schweigend die Umstehenden; mich blitzte er mit ein Paar Augen an, mir war, als hörte ich ihn schreien: »Mach, daß du fortkommst, du mit dem feinen Rock! Was geht's dich an, wenn ich mein Weib zerhaue!«

Das war John Glückstadt, der Vater meiner edlen Wirtin, von dem ich heute erfahren hatte, daß er eigentlich John Hansen geheißen habe.

-- John Hansen war von einem Nachbarsdorfe und hatte seine Militärzeit als tüchtiger Soldat bestanden, wenn auch zu Anfang nur der kräftigere Arm eines Kameraden schuld gewesen war, daß er den dänischen Kapitän, der ihn »tyske Hund« geheißen hatte, nicht mit dem kurzen Seitengewehre niederstach. Als aber die Dienstzeit aus und er entlassen war, da wollte die müßige, aber wilde Kraft in ihm etwas zu schaffen haben; ein Dienst als Knecht war nicht sogleich zur Hand, so ging er in die Stadt und gab sich vorerst bei einem Kellerwirte in die Kost. Aber dort verkehrte allerlei fremdes und hergelaufenes Volk; eine Menge Arbeiter, die bei einem Schleusenbau beschäftigt waren, hatten dort ihre Schlafstelle.

Einer davon, der wegen Trunkfälligkeit aus der Arbeit gejagt war, blieb trotzdem und verzehrte und vertrank seine letzten Schillinge. Er und John hatten beide nichts zu tun; so waren sie stets zusammen, lagen draußen am Deich oder saßen allein in der dämmerigen Kellerstube, und der Fremde erzählte allerlei lustige Spitzbuben- und Gewaltsgeschichten; er wußte genug davon, und bei den meisten war er selber mit dabeigewesen; aber alles war immer lustig ausgegangen.

Bei solcher Gelegenheit, da sie wieder einmal weit draußen am Haffdeich miteinander im Grase lagen, wo nur der Westwind pfiff und die Möwen schrien, überfiel den jungen Burschen die Lust, auch seinerseits einmal den Hals zu wagen; er streckte seine straffen Arme aus und schüttelte die Fäuste, ein wüstes Feuer brach aus seinen Augen. »Zum Satan!« rief er, »hätt man so was auch nur zu schaffen, da ehrliche Arbeit nicht zu haben ist!«

Der alte Halunke, der neben ihm lag und beim Erzählen nur über sich die Wolken hatte ziehen sehn, blickte ihn von der Seite an. »Meinst du?« sagte er heimlich – »nun, Spaß würd schon dabeisein!«

John antwortete nicht; ein Trupp Arbeiter kam von draußen auf dem Deich daher. Der Fremde stand auf und sagte: »Komm, John, die kennen uns; wir wollen mit ihnen heimgehn!«

-- Am andern Nachmittage, da sich für John abermals die Aussicht auf einen Dienst zerschlagen hatte, lagen die beiden wieder an derselben Stelle. Der Fremde sprach nicht; John riß Grasbüschel aus dem Boden und warf damit nach vorbeistreichenden Schwalben.

»Du ruinierst doch den Deich, da du sonst nichts zu tun hast!« sagte der andere lachend.

John stieß einen Fluch aus. »Du wolltest mir gestern was erzählen, Wenzel!« sagte er.

Wenzel sah wie abwesend auf die See, wo draußen eben ein Segel vorbeizog. »Ich?« sagte er. »Was sollte das gewesen sein?«

– »Das mußt du selber wissen; aber Spaß sollte dabeisein. So sagtest du.«

»Ja so! Ich weiß schon; aber es ist noch mehr Gefahr als Spaß dabei.«

John lachte.

»Was lachst du!« sagte Wenzel; »es kann um Kopf und Kragen gehn!«

»Ich meinte nur, es sei das just der Spaß!«

Der andere richtete sich auf: »Ist dir dein Kopf so wohlfeil?«

»Nein, Wenzel; aber ich denk, er sitzt mir ziemlich fest. Erzähl nur, es ist profitabler!«

Sie rückten näher zusammen; ihr Reden wurde ein Flüstern; mitunter lief der eine auf den Deich und blickte scheu umher, aber keine Menschenseele ließ sich sehen. Die Dämmerung fiel herab, in tiefem Dunkel kamen die beiden zurück und stiegen in den Keller hinab, wo noch halbtrunkenes Volk an den Tischen lärmte.

– – Drei Tage nachher wurde unsere Stadt durch das Gerücht eines unerhört frechen Einbruchdiebstahls aufgeschreckt, und was an Polizei vorhanden war, hatte mit Arm und Beinen zu tun. Das Erkerhaus am großen Markt, das der Exsenator Quanzberger allein mit seinem alten Diener bewohnte, war der Schauplatz gewesen. Der alte hagere Herr, den man gebunden, mit einem Knebel in seinem zahnlosen Munde neben seinem Bett gefunden hatte, konnte viele Wochen nachher nicht seinen pünktlichen Spaziergang durch die Gassen machen, und viele Jungen wußten deshalb nicht mehr, was die Uhr sei, und kamen viel zu spät oder zu früh in die Schule; und als er ihn wieder antrat, fehlte unter seinem Arm der rotseidene Regenschirm, und sein hoher Filzhut zitterte auf der fuchsfarbenen Perücke. Am schlimmsten aber war es, daß bei seinem alten Nikolaus, der durch einen Schlag über den Schädel betäubt war, nur mit genauer Not noch Leib und Seele beieinander geblieben.

Das war es gewesen, was dem braven Soldaten John Hansen eine sechsjährige Zuchthausstrafe und den Namen John Glückstadt eingetragen hatte. Seltsam war es, daß nach Publizierung des Urteils auch unter den städtischen Honoratioren von mancher Seite für den Verurteilten Partei ergriffen wurde; man hob hervor, daß er die goldene Uhr des Exsenators, die ihm als Beuteanteil zugefallen war, schon am Tage nach der Tat einem jungen Vetter auf dem Lande als Konfirmationsgeschenk gegeben habe, was freilich dann zuerst der Anlaß zu seiner Verhaftung geworden war. »Schad um den Burschen«, sagten die einen, »daß er ein Spitzbube geworden! Sieht er nicht aus, als hätte er General werden müssen?« Und die andern erwiderten: »Freilich, doch mehr noch wie jene vornehmen Räuber, denen es weniger um den Gewinn als um den Sport dabei zu tun war.«

Aber John mußte desungeachtet in das Zuchthaus und war vorläufig dann vergessen.

Auch sechs Jahre im Zuchthaus vergehen endlich; aber voll hatte er sie absitzen müssen, denn es war in währender Zeit im Lande weder ein König gekrönt noch einer geboren worden. Als er, wie beim Soldatendienst, mit guten Zeugnissen entlassen war, kam er abermals in unsere Stadt, um sich nach Arbeit umzutun, aber man wollte den Zuchthäusler nicht; mehr noch war es um den Grimm und Trotz, der jetzt aus seinen dunkeln Augen brach. »Der Mensch sieht gefährlich aus«, hieß es, »ich möchte in der Nacht ihm nicht allein begegnen!«

Endlich war es ihm gelungen. Zur Seite der erwähnten Norderstraße strecken sich nordwärts, wo vor ein paar hundert Jahren der dreibeinige Galgen neben Bürgermeister Luthens Fischteich stand, große uneingezäunte Felder weit von der Stadt hinauf. Sie dienten damals einem vielgeschäftigen Bürger zum Zichorienbau, und die dazu gedungenen fünfzig oder sechzig Weiber und jungen Dirnen begannen eben auf der ungeheuren Fläche das Unkraut zwischen den Pflanzen auszujäten; vom Wege aus, der an der Stadt entlanglief, hörte man schon von weitem das Schwatzen der Weiber wie einen Mühlbach rauschen; mitunter auch stieg daraus ein silberhelles Lachen in die Luft empor; dann wieder ward es plötzlich still: der Aufseher, der sich bei einem Trupp von Arbeiterinnen irgendwo am andern Ende des Feldes aufgehalten hatten, war wieder zwischen sie getreten; er sprach nicht, er übersah nur einmal mit seinen finstern Augen die ganze Schar.

Der Aufsichtsmann war John Glückstadt; man hatte ihn zu diesem Posten besonders tauglich gehalten, und da draußen auf dem Felde konnt's auch nicht gefährlich sein; überdies zeigte die Rechnung sich als richtig, denn noch niemals war das Unkraut so gründlich und so rasch verschwunden.

– Unter den Dirnen hatte ich eine, dieselbe, deren Lachen aus der Schar so hell hervorschlug, oft genug auf dem Hausflur meiner Eltern als Bettelmädchen an der Kellertreppe stehen sehen; sie schaute mich, wenn ich zufällig aus dem Zimmer trat, nur stumm mit ihren verlangenden braunen Augen an, und hatte ich einen Schilling in der Tasche, so zog ich ihn gewiß heraus und legte ihn in ihre Hand. Ich entsinne mich noch wohl, wie süß mir die Berührung dieser schmalen Hand tat, auch daß ich nachher noch eine Weile stehenblieb und wie gebannt auf die Stelle der Treppe hinabsah, von der das Mädchen sich ebenso schweigend wieder entfernt hatte.

Dem finstern Aufsichtsmann, unter dem sie jetzt in ehrlicher Arbeit stand, mochte etwas Ähnliches mitspielen; er ertappte sich darauf, daß er mitunter, statt den faulen Weibern auf die Finger zu passen, das jetzt siebzehnjährige Mädchen mit seinen Blicken verschlang. Sie mochte ihn dann wohl still mit ihren heißen Augen anschauen, denn sie war die einzigste, welche die seinen nicht fürchtete, und der Mann, in dessen Antlitz ein Zug von Seelenleiden spielte, war vielleicht für solche Weiber der gefährlichste.

Aber eines mußte noch hinzukommen. An der weiter von der Stadt liegenden Ostseite des Ackers, wo die Arbeit schon vollendet war, befand sich jener verlassene Brunnen, neben dem schon seit undenkbaren Jahren das Schinderhaus verschwunden war; um drei Pfähle hingen noch ein paar vermorschte Bretter, die keinen Widerstand zu leisten vermochten. John Glückstadt kannte ihn wohl: der Brunnen war eng und an den Seiten mit Moos und einzelnen Pflanzenbüscheln bewachsen, durch die er vergebens mit seinen Blicken den Boden zu erreichen gesucht hatte; aber tief mußte er sein, denn als John eines Abends über das leere Feld ging und im Vorbeigehen einen Stein hinabwarf, dauerte es eine ganze Weile, bevor ein Ton wie ein harter Aufschlag sein Ohr erreichte. »Gott mag wissen, was da unten liegt«, murmelte der Mann; »Wasser nicht, vielleicht nur Kröten und Unzeug!« Und er rührte unwillkürlich seine Beine, um rascher nach Hause zu gelangen.

Als er jetzt eines Morgens auf das Feld kam, wo gegenüber schon die Mehrzahl der Arbeiterinnen versammelt war, störte ihn eine Krähe aus seinem Brüten auf, das er heute vom Bette mit ins Freie genommen hatte; der Vogel war bei seiner Annäherung mit Gekrächz von der verfallenen Brunnenplanke aufgeflogen; als John aber auf- und dann weiter hinausblickte, sah er die braune schmächtige Dirne wie in blinder Angst mit erhobenen Armen auf den Brunnen zustürzen; ein anderes, breitschulteriges Weib, das sich schon drei Jungfernkinder aufgeladen hatte, lief hinter ihr darein. Es hatte das Mädchen geneckt, daß sie dem schmucken Aufsichtsmann ihre Augen hinhalte, er solle wohl hineinfallen; die andern Frauenzimmer hatten gelacht: »Frisch, Wieb, vertreib dem Fratz seine Katzenkünste!« Da war die Dirne zornig geworden und hatte dem Weibe so gründlich Wahrheiten zugeworfen, daß es mit der Unkrauthacke in der Faust wie toll hinter der Leichtfüßigen herlief.

Der düstere John sah die wilde Flucht gerade auf das Brunnenloch zufahren und sprang rasch vor die verfallene Umzäunung. »Sie will mich totschlagen!« schrie die junge Dirne und stürzte mit solcher Gewalt in seine Arme, daß ihm selbst die Füße auf dem Boden wankten.

»Nun, Dirne«, rief er, »sollten wir hier beide in den Brunnen? Es wär vielleicht das beste!« und hielt sie fest an seiner Brust.

Sie wollte sich von ihm losringen. »Laßt mich!« rief sie. »Was wollt Ihr von mir?«

Er sah sich um, sie waren ganz allein: das große Frauenzimmer hatte vor dem Aufseher sogleich die Flucht ergriffen, die andern Weiber arbeiteten fern am Westrande des Ackers; er wandte seine Augen wieder auf das Kind in seinen Armen.

Sie hatte mit ihren kleinen Fäusten ihm ins Gesicht geschlagen. »Laß mich«, rief sie, »ich schreie; glaub nicht, daß du mir Leides antun kannst!«

Er schwieg eine Weile, und die dunkeln Augen beider sahen regungslos ineinander. »Was ich von dir will?« sagte er dann; »Leids will ich dir nicht tun – aber ich will dich heiraten, wenn du es willst!«

Sie antwortete nicht, ein paar Augenblicke lag sie wie tot an seiner Brust; er fühlte nur, das Widerstreben ihrer Glieder hatte nachgelassen.

»Willst du nicht sprechen?« frug er sanft.

Da griff sie jäh mit beiden Händen um seinen Hals, daß sie den starken Mann fast würgte. »Ja, ich will«, rief sie. »Du bist der Schönste! Komm weg vom Brunnen! Du sollst nicht drunten liegen, in meinen Armen ist's besser!« Und sie küßte ihn, bis sie den Atem verloren hatte.

»Weißt du«, sagte sie dann, »du ziehst zu uns, zu mir und meiner Mutter in das kleine Haus; du zahlst die halbe Miete!« Sie sah ihn wieder an, sie küßte ihn nochmals; dann warf sie den Kopf mit dem dunkeln Haar in den Nacken, und ihr helles Lachen stieg fast zu übermütig aus den roten Lippen. »So!« rief sie, »nun lauf ich voraus; komm aber bald mir nach und sieh zu, ob ich nicht auch die schönste von all den Weibern bin!«

Sie stürmte dem Arbeitsplatze zu, und er folgte ihr, taumelnd vor Entzücken. Wer ihn jetzt gesehen und einen Freund bedurft hätte, der würde ohn Bedenken in seine Arme gestürzt sein; der gefährliche Mensch war wie ein Kind geworden; er öffnete die Arme und schloß sie langsam wieder über seiner Brust, als müsse er das Glück umfassen, das ihm die junge Dirne zugebracht hatte, die wie ein fliegend Vöglein dort vor ihm das Feld hinanlief. »Und Arbeit«, rief er und streckte die starken Fäuste in die Luft, »die soll für uns nicht fehlen!«

Als er den Arbeitsplatz erreicht hatte, suchte die große Dirne sich vor ihm zu verbergen; aber, was sonst niemand noch gesehen hatte, seine Augen lachten nur, wenn sie auf ihr grobes Angesicht trafen. ›Lauf nur, was schierst du mich!‹ sprach er zu sich selber, ›du warst der Hund, der unversehens mir das Glück in meine Arme jagte!‹

Die junge Braune aber wußte ihrem stillen Liebsten stets aufs neue zu begegnen. »Lach doch! Warum lachst du nicht?« raunte sie ihm zu und hielt ihm, selber lächelnd, ihre dunkeln Augen hin.

»Ich weiß nicht«, sagte er; »– der Brunnen!«

»Was soll der?« frug sie.

»Ich wollt, er wäre aus der Welt!« Und nach einer Weile: »Du könntst mir einmal da hineinfallen, du bist so wild, Hanna – er darf nicht offen bleiben.«

»Du bist ein Narr, John«, raunte ihm die Dirne zu, »wie sollt ich von heut an noch in den Brunnen fallen! Wenn nur die dummen Weiber nicht so nahe wären, ich fiel dir lieber an den Hals!«

Aber er ging sinnend von ihr, und als er später bei Ende der Tagesarbeit über den einsamen Acker ging, konnte er an dem Brunnen nicht vorbei; er blieb stehen und warf wieder kleine Steine in die Tiefe; er kniete dabei nieder und bog sich über den Rand und lauschte, als ob die Tiefe ein furchtbares Geheimnis berge, von dem er einen Laut erhorchen müsse.

Als auch das Abendrot am fernen Horizont verschwunden war, ging er langsam in die Stadt zurück und nach der Großstraße in das Haus seines Arbeitgebers. – Am andern Morgen erschien zur Verwunderung der Arbeiterinnen ein Zimmermann auf dem Acker und schlug ein rohes, aber derbes Brettergerüst um den alten Brunnen.

Im September, gegen Abend, wurde auf dem ersten Packboden des ungeheueren Speichers das »Zichorienbier« gefeiert, das schon am Nachmittag begonnen hatte; was in der Fabrik in Arbeit stand, der Fuhrmann, der Heizer, der Brenner und wie sie alle genannt wurden, alle waren da, es war wimmelnd voll; Gewinde von Astern und Buchsbaum und von sonstigen Herbstblumen und Blättern hingen überall an den Balken. An großen Tischen, an über Tonnen gelegten Brettern hatten sie gesessen; nun aber war der Kaffee ausgetrunken; die Lampen und Laternen, die zwischen den Kränzen hingen, wurden angezündet, und in dem dämmerigen Gemunkel wurden eine Klarinette und ein paar Geigen laut, wonach die jungen Dirnen längst die Hälse gestreckt hatten.

John tanzte schon mit seiner jungen Frau, die heiß in seinen Armen lag; er sah voll Lust über die dunkle Menschenmenge hin; aber was ging sie ihn an? – Da wurde er mit seiner Tänzerin gegen das Ende eines schweren Eichentisches gestoßen, der unter die Tanzenden hineinragte, und sie tat einen jähen Aufschrei. Es hatte nichts auf sich, aber John rief den jungen kräftigen Heizer an: »Hilf mir den Tisch fort setzen, Franz!«

Er schien es nicht zu hören; da faßte John ihn an dem Ärmel. »Was soll's?« rief der Heizer und wandte halb den Kopf.

»Nicht viel«, entgegnete John, »der Tisch muß fort, dort in die Ecke!«

»Ja, trag ihn nur dahin!« sagte der junge Mensch und drängte sich zu den andern Arbeitern, von denen ein Teil zusammenstand. »Was wollte er von dir?« frug einer von ihnen.

»Ich weiß nicht; ich sollt ihm helfen! Mag er sich selber helfen! Man hat nur keine andere Arbeit, sonst müßt man von hier fort!«

Die andern lachten und gingen auseinander, um sich Tänzerinnen zu suchen. John aber, der aus halbgehörten Worten sich genug heraushörte, klemmte die Lippen zusammen und tanzte weiter mit seinem jungen Weibe, und immer nur mit ihr.

Inmitten der Fröhlichkeit kam auch die Herrschaft mit einigen Freunden auf den Boden; auch der Bürgermeister war dabei, einer von denen, deren Teilnahme damals den Verurteilten in das Zuchthaus begleitet hatte. Jetzt folgte sein Blick dem hübschen jungen Paare.

Eine ältliche, unverheiratete Schwester der Hausfrau stand neben ihm. »Nun sehen Sie«, flüsterte die Dame und zeigte mit dem Finger nach dem Paare, »vor zehn Monaten noch am Wollspinnen im Zuchthaus, und nun tanzt er mit dem Glück im Arm!«

Der Bürgermeister nickte: »Ja, ja – Sie haben recht . . . aber er selbst ist doch nicht glücklich und wird es nimmer werden.«

Die alte Jungfer sah ihn an. »Das versteh ich doch nicht ganz«, sagte sie, »solche Leute fühlen anders als unsereins. Aber freilich, Sie sind ein unverbesserlicher Junggesell!«

»Ich scherze nicht, liebes Fräulein«, erwiderte der Bürgermeister; »es tut mir leid um diesen Menschen: das Glück in seinem Arm mag echt genug sein, ihm wird es nichts nützen; denn in seinem tiefsten Innern brütet er über einem Rätsel, zu dessen Lösung ihm weder sein Glück, wie Sie das junge Kind in seinen Armen zu nennen belieben, noch irgendein anderer Mensch auf Erden verhelfen kann.«

Das alte Fräulein sah recht dumm zu dem Redenden auf. »So möge er das Brüten lassen!« sagte sie endlich.

»Das kann er nicht.«

»Weshalb nicht? Er sieht doch herrisch genug aus.«

»Das tut er«, entgegnete der Bürgermeister nachdenklich, »er könnte sogar wohl toll darüber werden, vielleicht noch einmal ein Verbrecher; denn das Rätsel heißt: Wie find ich meine verspielte Ehre wieder? – – Er wird es niemals lösen.«

»Hm!« meinte die Dame, »Herr Bürgermeister, Sie haben allzeit so besondere Gedanken; aber ich denke, wir haben jetzt genug davon; die Laubkränze verbreiten so strengen Duft, und die Lampen qualmen auch, man trägt's noch tagelang in Haar und Kleidern.«

Sie gingen alle und überließen die Armen ihrer Lustbarkeit; nur der Bürgermeister zögerte noch ein paar Minuten, da wieder das junge

Paar vorübertranzte. Das siebzehnjährige Weib hing mit lachenden Augen an denen ihres Mannes, die sich, wie um alles zu vergessen, in die ihren zu bohren schienen.

»Wie lange noch wird's dauern?« murmelte der Bürgermeister, dann folgte er den andern.

Es dauerte doch noch ziemlich lange; denn das Weib war, obgleich in Lumpen aufgewachsen, jung und unschuldig. Sie wohnten in der Kate am Ende der ins Feld hinaus laufenden Norderstraße; das Kämmerlein vorn war das ihre, die Mutter hatte sich ein Lager in der engen Küche einzurichten verstanden. Sein alter Arbeitgeber wußte nun schon, daß John ein halbmal mehr als andere arbeite, und deshalb, und da auch der Bürgermeister ihm zusprach, hielt er den Mann fest, sooft ihm auch geraten wurde, den Zuchthäusler vor die Tür zu setzen. So war allzeit Arbeit da, für ihn und oftmals auch für die Frau, und die Nahrungssorge klopfte nicht an die kleine Tür. Ein Gärtlein war auch am Hause, und darin, hinten nach dem Weg hinaus, eine dichte Ligusterlaube. Hier saß die Frau meist an den Sommerabenden und harrte seiner, bis er von der Arbeit kam; dann flog sie auf ihn zu und zwang ihn, sich auf die Bank zu setzen; er aber litt sie nicht neben sich, er setzte sie auf seinen Schoß und hielt sie wie ein Kind an seiner Brust. »Komm nur«, sagte er, »so müde bin ich nicht; ich hab nicht viel, ich muß es alles in meinen Armen haben.« So sprach er eines Abends; da sah sie ihn an und strich ihm, als wollte sie etwas fortwischen, mit ihren Fingern über die Stirn. »Das da wird immer tiefer!« sagte sie. »Was denn, Hanna?«

»Die Falte – nein, sprich nicht, John; ich kann's schon denken, die Brückenarbeiter haben heut ihr Fest, die andern sind da, sie haben dich nicht eingeladen.«

Die Falte wurde noch tiefer. »Laß das!« sagte er. »Sprich nicht davon; ich wär ja doch nicht hingegangen.« Und er klammerte die Arme fester um sein Weib. »Am besten«, sagte er, »nur wir zwei allein.«

– – Nach einigen Monaten sollte ein Kind geboren werden. Die gutmütige Alte lief mit wirrem Kopf umher; bald stellte sie ein Töpfchen für die Wöchnerin ans Feuer, bald wieder wickelte sie die dürftigen Hemdchen auseinander, die sie für ihr erwartetes Enkelkind aus alter Leinwand in vielen Wochen genäht hatte. Das junge Weib war im

Bette liegengeblieben; der Mann saß bei ihr; er hatte Arbeit Arbeit sein lassen und hörte nur auf das Stöhnen seines Weibes, die fest ihre Hand um seine preßte. »John!« rief sie, »John! Geschwind, du mußt zur Mutter Grieten laufen, aber komm gleich wieder, bleib nicht fort!«

John hatte in dumpfem Sinnen gesessen. Nur wenige Augenblicke noch, dann sollte er Vater werden; ihn schauderte; er sah sich plötzlich wieder in der Züchtlingsjacke. »Ja, ja«, rief er, »ich bin gleich wieder da!«

Es war am Morgen, und die Hebamme wohnte in derselben Straße; er lief und riß die Haustür auf, und als er in die kleine Stube trat, saß die dicke Alte an ihrem Morgenkaffee. »Na, Er ist's!« rief sie unwirsch, »ich dacht zum mindesten, es sei der Amtmann!«

»Ich hab nicht weniger ein Weib als der!«

»Was ist mit Seinem Weibe?« frug die Alte.

»Frag Sie nicht! Komm Sie mit mir; mein Weib liegt in Kindesnöten; wir bedürfen Ihrer Hülfe.«

Die Alte musterte den erregten Mann, als zähle sie im Geist die wenigen Schillinge, die dieser Dienst ihr abwerfen werde, wenn sie nicht gar verlorengingen. »Geh Er nur vorab!« sagte sie. »Ich muß erst meinen Kaffee trinken.«

John stand wie unentschlossen an der Stubentür.

»Geh Er nur!« wiederholte sie, »Sein Kind kommt früh genug!« Er hätte das Weib erdrosseln mögen; aber er biß nur die Zähne aufeinander; sein Weib bedurfte ihrer. »So bitt ich nur, Frau Grieten, trinket nicht zu langsam!«

»Ja, ja«, sagte die Alte, »ich trinke, wie ich Lust hab.«

Er ging; er sah, daß jedes seiner Worte sie nur noch widerwilliger machte.

Sein Weib fand er wimmernd auf dem heißen Bette. »Bist du es, John? Hast du sie bei dir?«

»Noch nicht; sie kommt wohl gleich.«

Das »gleich« wurde zu einer halben Stunde, während John reglos neben der jammernden Wöchnerin saß und die Alte draußen noch einmal Kaffee für Mutter Grieten kochte. ›Die können allzeit Kaffee trinken‹, sprach sie zu sich selber, ›man muß sie sich zu Freunden halten!‹

»John!« rief in der Kammer das junge Weib, »sie kommt noch immer nicht!«

»Nein«, sagte er, »sie muß erst Kaffee trinken.« Er knirschte mit den Zähnen, und seine düsteren Brauen zogen sich zusammen. »Du hättest nur des Amtmanns Weib sein sollen!«

»John, ach John, ich sterbe!« schrie sie plötzlich.

Da sprang er auf und rannte aus dem Hause. Auf der Straße begegnete er der dicken Hebamme. »Nun«, rief sie, »ist das Kind schon da? Wohin will Er denn?«

»Zu Ihr, Frau Grieten, damit mir meine Frau nicht sterbe.«

Die Alte lachte. »Tröst Er sich, an so etwas stirbt Euresgleichen nicht!«

Sie zog ihn mit nach seiner kleinen Wohnung. Als sie in die Kammer trat, sah sie auf die Wöchnerin. »Wo ist die Alte?« frug sie. »Habt Ihr denn nichts bedacht?« Und sie zählte auf, was man bei solcher Gelegenheit für sie bereitzuhalten pflegte, und sie brachten ihr, was sie hatten.

John stand zitternd am Ende des Bettes, und endlich wurde das Kind geboren. Die Hebamme wandte den Kopf nach ihm. »Da hat Er eine Dirne, die braucht nicht Soldat zu werden!«

»Eine Züchtlingstochter!« murmelte er; dann fiel er vor dem Bette auf die Knie: »Möcht Gott sie wieder zu sich nehmen!«

Immer feindlicher stand ihm die Welt entgegen; wo er ihrer bedurfte, wo er sie ansprach, immer hörte er den Vorwurf seiner jungen Schande als die Antwort; und bald hörte er es auch, wo kein anderer es hätte hören können. Man hätte fragen mögen: »Du mit den starken Armen, mit deiner mächtigen Faust, warum duldest du das, warum bringst du sie nicht zum Schweigen?« Hatte er doch einmal, da von einem maulfrechen Matrosen sein Weib eine Betteldirne war gescholten worden, den Menschen hingeworfen und ihm fast den Schädel eingeschlagen; und nur mit Not hatte im Sühnetermin der ihm günstige Bürgermeister die Sache unter beiden ausgeglichen!

Doch das war ein anderes; wo aber eine Hand erbarmungslos an jene offene Wunde seines Lebens rührte, wo er's nur glaubte, da fielen die starken Arme ihm an seinem Leib herunter, da war nichts mehr zu schützen oder gar zu rächen.

Und dennoch, mit ihm in seinem armen Hause wohnte noch immer das Glück. Zwar, wenn seine Stirn zu finster, sein Wort zu knapp und trocken wurde, dann flog es wohl erschreckt davon, aber es kehrte doch allzeit zurück und saß mit den jungen Eltern an dem Bettchen ihres Kindes und lächelte sie an und fügte ihre Hände unvermerkt zusammen. Das Glück war noch nicht ganz gewichen; die Alte nahm sich mehr und mehr der Wartung des Kindes an, je weiter es heranwuchs, und Hanna ging wieder dann und wann auf Arbeit und half erwerben. Wer trug denn die Schuld, daß immer öfter das Glück davonflog und sie immer länger ohne die holde Genossin zwischen ihren kahlen Wänden saßen? War es der Eigenwille der Weiber oder der so lang in Schlaf versenkte Jähzorn in ihnen beiden, der nach der großen Liebesfreude allmählich aus der Tiefe immer ungebändigter hervorbrach? Oder war es in dem Manne die unsühnbare Schuld, die den bitteren Unmut in ihm aufjagte? Hatte es doch, da vor geraumer Zeit sein alter Arbeitgeber durch jähen Tod gestorben war, nur kaum unter Not und Kummer gelingen wollen, daß er jetzt endlich am Wege saß und Steine klopfte.

Da war's, an einem Herbstabend, das Kind mochte ein Jahr alt sein; es lag in seinem Bettchen, das bald nach der Geburt der Vater ihm gezimmert hatte, und schlief, daß die heißen Tropfen auf der kleinen Stirne perlten. Aber Hanna saß verdrossen dabei, die kleinen Füße ausgestreckt, den einen Arm über die Stuhllehne herabhängend: das Kind hatte immer noch nicht schlafen wollen, und die alte Mutter, die ihr sonst die Last abnahm, war von einem Gichtanfall ins Bett getrieben worden. »Du hättest auch eine Wiege zimmern können!« rief sie ihrem Manne zu, der eben müde von der Arbeit kam und sein Werkzeug in eine Ecke stellte.

»Was ist denn?« frug er, »das Kind schläft nun ein Jahr schon in dem Bettchen; du freutest dich doch selbst, als ich's gemacht hatte!«

»Nun will es aber nicht mehr«, gab sie zur Antwort.

»Es schläft ja doch!«

»Ja – über eine Stund hab ich damit herumgearbeitet!«

»Da haben wir beid gearbeitet«, sagte er kurz.

Aber sie schwieg nicht; Red um Rede ward wechselsweise schärfer und unbedachter.

»Es wird schon morgen besser schlafen oder übermorgen«, sprach noch der Mann. »Wenn's gar nicht geht – wir kriegen dann wohl eine Wiege!«

»Woher?« frug sie. »Damals, als du das gute Holz hattest, hättst du die Wiege machen sollen!«

»Ei, so säg ich die Beine ab«, sagte John, »und schlag ein paar Gängel darunter; dann hast du deine Wiege!«

Aber dem jungen Weibe war ja die Wiege nur ein Spielwerk für ihren Unmut gewesen; ein häßlich Lachen fuhr aus dem hübschen Munde: »Soll ich das Ungeheuer denn allein regieren?«

Er riß den Kopf empor: »Willst du mich höhnen, Weib?«

»Warum nicht!« rief sie und verzog den Mund, daß ihre weißen Zähne ihm in die Augen blitzten.

»So helf dir Gott!« schrie John und hob die Faust.

Sie sah es und sah erst jetzt den Jähzorn in seinen Augen flimmern. Ein plötzliches Entsetzen fiel sie an; sie flog in eine Ecke des Zimmers und stürzte dort zusammen. »Schlag nicht, John!« schrie sie. »Um deinetwillen, schlag mich nicht!«

Aber seine stets so rasche Hand war in der Leidenschaft zu rasch gewesen. Die Hände an den Schläfen in das dunkle Haar gedrückt, mit scheuen Augen sah das Weib ihn an; seine Hand hatte ihr die Stirn nur leicht gestreift; sie selber sprach kein Wort; aber dennoch hörte er es in seinen Ohren gellen: ›Weh dir, du hast dein Glück zerschlagen!‹

Er fiel zu ihr nieder; er sprach, er wußte selbst nicht, was; er bat sie; er riß ihr die Hände vom Gesicht und küßte sie. Aber sein Weib antwortete ihm nicht; wie mit der List des Wahnsinnes blickte sie heimlich nach der offenen Stubentür, und plötzlich war sie unter seinen Armen fort; er hörte, wie sie hinter sich die Hoftür zuschlug.

Und als er dann sich wandte, sah er sein Kind aufrecht in dem Bettchen sitzen; es hatte mit beiden kleinen Fäusten sich das Bettuch in den Mund gestopft und sah mit großen Augen auf ihn hin; doch als er unwillkürlich näher kam, schlug es Kopf und Ärmchen rückwärts, und die Kinderstimme gellte durch das kleine Haus, als ob sie untragbar Unglück auszuschreien habe. Er erschrak, aber er hatte keine Zeit; was kümmerte ihn jetzt das Kind! Er rannte aus der Hoftür durch den dunklen Garten. »Hanna!« rief er, und laut und immer lauter: »Hanna!« Aber nur die Baumwipfel der vielen Gärten, die hier aneinanderliegen, rauschten von den Tropfen, die jetzt vom Himmel fielen, und aus der hinterliegenden Stadt kam das Geräusch von allerlei Fuhrwerk. Mit Entsetzen fiel ihm der Brunnen ein: ›Wenn sie sich ein Leids angetan hätte!‹ Er lief den Weg hinauf, wo der Eingang zu den Feldern war; da stolperte sein Fuß; ein Menschenlaut vom

Boden wurde hörbar. »Hanna!« schrie er, »Hanna, du lebst? Gott sei Dank, du bist es!« Ein lautes Jauchzen hätte er in die Nacht geschrien, aber sein Herz, das zum Zerspringen klopfte, machte es ihm unmöglich. Er hob sie wie ein Kind auf seine Arme, und da der Regen stärker fiel, zog er seinen Rock vom Leibe und hüllte sie darein; dann hielt er sie sanft an seine Brust und ging langsam, als sei er zum ersten Mal allein mit seinem jungen Weibe, in dem strömenden Regen ihrem Hause zu.

Sie hatte alles, ohne ein Zeichen des Lebens, sich gefallen lassen; erst als aus ihres Mannes Augen ein warmer Tränenschauer auf ihr Antlitz fiel, streckte sie die Hand empor und strich damit ihm sanft über seine Wange.

»Hanna, liebe Hanna!« rief der Mann. Da kam auch ihre andre Hand hervor, und beide schlossen sich um seinen Hals.

Und das Glück ging wieder leis an ihrer Seite; er hatte es noch nicht verjagt.

Wer wüßte nicht, wie oft es denen, die wir »Arbeiter« nennen, zum Verhängnis wird, daß ihre Hand allein ihr Leben machen muß! Wo in der Leidenschaft das ungeübte Wort nicht reichen will, da fährt sie, als ob's auch hier von ihr zu schaffen wäre, wie von selbst dazwischen, und was ein Nichts, ein Hauch war, wird ein schweres Unheil. Und geschah es einmal, so geschieht's auch ferner; denn die meisten dieser Leute, just nicht die schlechtesten, sie leben ihre Zeit dahin und haben ihre Augen nur auf heut und morgen; was gewesen und vergangen ist, gibt ihnen keine Lehre.

So war es auch mit John. Wenn an arbeits- und verdienstlosen Tagen die Not, oder was es immer sein mochte, seine Nerven zucken machte, so faßte auch ferner seine böse Hand nach seinem Weibe, deren Blut nicht kälter rollte als das seine. Und Buben und junge Leute blieben auf der Gasse vor ihrem Häuschen stehen und ergötzten sich an dem, was von dem Elend drinnen an ihr Ohr hinausdrang. Nur einer, der alte Nachbar Tischler, kam mit gutem Willen, er ging ins Haus und sprach mitunter die Streitenden zur Ruhe, oder er trat, mit einem hübschen, leise schluchzenden Kinde auf den Armen, wieder aus der Tür; »das ist nichts für dich, du kleiner Engel«, sagte der alte Mann, »komm du mit mir!« Und er ging mit ihr in seine Wohnung, wo eine ebenso alte Frau das Kind ihm zärtlich aus den Armen nahm.

Wenn aber in dem kleinen Hause Jähzorn und Kräfte sich erschöpft hatten, dann – wovon die draußen nichts gewahrten – fielen Mann und Weib sich in die Arme und preßten und küßten sich, als ob sie sich töten wollten. »O Hanna, sterben!« rief einmal der wilde Mann; »nun mit dir sterben!« Und aus den roten Lippen des Weibes stieg ein Seufzer; sie warf ihre trunkenen Augen auf den erregten Mann und zog das Mieder, das er vorhin über ihrer weißen Brust zerrissen hatte, noch weiter von der Schulter. »Ja, John«, rief sie, »nimm nur dein Messer und stoß es da hinein!«

Aber während er sie anstarrte, ob denn das Furchtbare ihr auch Ernst sei, rief sie plötzlich: »Nein, nein! Tu's nicht, das nicht! – unser Kind, John! – das wär Todsünde!«, und sie bedeckte hastig ihre preisgegebene Brust.

Er sagte langsam: »Ich weiß es nun, ich tauge nicht, ich bin doch wieder schlecht gegen dich!«

»Du nicht! du nicht, John!« rief sie; »ich bin die Böse, ich reiz dich, ich zerr an dir herum!«

Aber er zog sie fester an sich und verschloß ihren Mund mit Küssen.

»John!« flüsterte sie, als sie wieder frei war und wieder ihren Atem hatte, »schlag mich nur, John! Es tut wohl weh, am meisten in meinem Herzen; aber dann küß mich, küß mich tot, wenn du es kannst! Das tut noch süßer, als das Schlagen weh tut!«

Er sah sie an, und er zitterte, als er sie so in ihrer Schönheit sah: sein Weib, die keines andern war als nur die seine.

»Ich will dich nicht mehr schlagen«, sprach er; »zerr mich nur, soviel du kannst!«, und mit zärtlichen, unterwürfigen Augen blickte er auf sie hinab.

»Nein, John«, bat sie, und ihre tiefe Stimme klang so weich, »du wirst es doch tun! Aber nur eines: du tatst es gestern, aber tu's nicht wieder! Schlag nicht unser armes Kind! Ich hasse dich dann, und das, John, tut am allerwehesten!«

»Nein, Hanna, auch das Kind nicht«, sprach er wie träumend.

Und sie bückte sich und küßte seine Hand, mit der er sie vorhin geschlagen hatte.

– Das sah kein Mensch; und doch, nach ihrer beider Tode ist davon erzählt worden.

Trotz Not und Schuld war die enge Kate noch immer sein Heim und seine Burg; denn von den beiden Frauen dort rührte keine an seiner Wunde, nur dort noch war er davor sicher.

Es war das eben kein Erbarmen; sie dachten nur nicht daran, und taten sie es je, so war des Mannes Jugendschuld ihnen mehr ein Unglück als ein Verbrechen; denn in ihrem eigenen Leben lagen Recht und Unrecht oft nur kaum unterscheidbar nebeneinander. War doch auch in des Weibes Kinderzeit ein sehr alter Mann ihr guter Freund gewesen, der wegen gleichen Vergehens in der »Sklaverei« gewesen war und manches Jahr in Ketten die Karre geschoben hatte. Harmlos, wie andere von den Abenteuern ihrer Jugend plaudern, hatte er dem Kinde das erzählt. Nun wohnte er in einem nahen Dorfe und fuhr mit seiner mageren Kracke weißen Sand zur Stadt und schnitzte, wenn er daheim war, Holzschuhe und Sensenstiele. Er hatte oftmals im Vorbeifahren mit dem munteren, auf der Haustürschwelle sitzenden Kinde ein paar großväterliche Worte geredet, so daß sie allmählich aufpaßte, wenn der weißhaarige Greis mit seinem kümmerlichen Fuhrwerk von der Landstraße in die Stadt kam. Die Holzschühchen, die er ihr einmal mitgebracht hatte, standen noch auf dem kleinen Boden; sie hatte sie neulich für ihr eigen Kind hervorgesucht. – ›Wo der alte Mann wohl abgeblieben ist?‹ hatte sie bei sich selber gesprochen, indem sie den Staub von den Schühchen wischte und sie dann sorgsam nebeneinanderstellte, ›auf einmal kam er nimmer wieder.‹

Daß der Greis, der in so friedlichem Alter dahingegangen war, auch zu den Züchtlingen gehört hatte, das hatte weder ihn noch sie beunruhigt.

Dennoch kam eines und machte allem ein jähes Ende.

–– Es war eine Zeit leidlichen Verdienstes gewesen; aber Hannas Mutter war nach kurzem Krankenbett gestorben. Hanna hatte die alte Frau leidenschaftlich beweint; John hatte gerechnet und tat es noch; denn das verdiente Geld war dabei fortgegangen, und kleine Schulden waren noch dazu aufgelaufen. – Am Häuschen, an der Gartenseite, hatte lange Jahre ein starker Eschenbaum gestanden, in dessen Schatten die jungen Eheleute früher am Sonntagmorgen oft gesessen hatten, aber schon vor Jahr und Tag, in einer Zeit des Notstandes, hatte John ihn umgehauen; er hatte Geld aus dem schönen Stamm zu lösen gedacht, den, wie die Alte versicherte, ihr Mann einst selbst dorthin gepflanzt hatte; allein der Baum lag noch immer auf dem Hofe, und nur der erquickliche Schattensitz war verloren. Jetzt kam er doch zu Nutzen: der Nachbar Tischler nahm ihn und machte dafür der Alten einen Sarg mit hohem Deckel; so kam sie, was ihre letzte Sorge gewesen war, doch anständig in die Grube.

Aber die Totengebühren waren meist noch unbezahlt, und manches andre drückte auch noch; es bot sich wieder einmal kaum je am andern Tage eine Arbeit.

Ein Sonntagmorgen war es; Hanna hatte eben das jetzt schon dreijährige Kind in seinen dürftigen Sonntagsstaat gekleidet; John saß mit aufgestütztem Ellenbogen am Tisch vor seinem Morgenkaffee, wühlte mit der Hand in seinen dunklen Locken und schrieb mit einem Stückchen Kreide Zahlen auf die Platte.

Bald aber zerbrach und zermalmte er die Kreide zwischen seinen Fingern und starrte wie gedankenlos auf Weib und Kind. »Was hast du jetzt zu tun, Hanna?« frug er endlich.

Sie warf den Kopf herum; die Worte klangen ihr so trocken. »Nichts!« sagte sie ebenso, »das Kind ist angezogen.«

»Was tatest du denn, als du mit deiner Mutter noch allein warst und nicht einmal ein Kind zum Anziehn da war?«

»Ich ging betteln in der Stadt!« antwortete sie, und ein höhnischer Trotz klang aus den Worten; »das ging noch besser, als es jetzt geht! Du wußtest ja, daß du eine Betteldirne freitest!«

»Und schämtest du dich nicht?« fuhr es aus ihm heraus.

»Nein«, sagte sie hart und sah ihm mit starren Augen ins Gesicht.

»Warum lerntest du nicht mit feiner Wäsche umgehn? Deine Mutter konnte es doch; sie hatte bei Herrschaften gedient. Das hätte uns jetzt Geld gebracht und wär besser gewesen als das faule Umherlungern.«

Sie schwieg; es war nie daran gedacht worden. Aber in ihrem hübschen Kopfe fing es an zu kochen, als sie nichts erwidern konnte. Dazu, die Augen ihres Mannes lagen auf ihr, als wolle er sie ganz ins Nichts hinunterdrücken. Da kam ihr ein Gedanke; er versetzte ihr den Atem, aber sie konnte es nicht verhalten. »Es gibt ja noch andern Verdienst!« sagte sie, und als er schwieg: »Wir können Wolle spinnen; das hast du ja sechs Jahre lang getrieben und kannst es mich selber lehren!«

Ihm war, als hätte er einen Schlag in sein Gehirn bekommen, und sein Gesicht verwandelte sich so furchtbar, daß sich das Kind mit beiden Ärmchen an die Mutter klammerte.

»Weib! Hanna!« schrie er. »Das sagst du mir? – du?«

Und als sie jetzt wie ohne Leben ihm ihr Gesicht entgegenhielt, faßte er sie an beiden Schultern, zog sie an sich, als müsse er sich überzeugen, ob sie's auch selber wäre, und stieß sie dann gewaltsam von sich. Der Stuhl, an welchem sie gestanden hatte, fiel zurück, und das Kind stieß einen gellenden Schrei aus; das Weib aber stürzte gegen den Ofen; dann glitt sie mit einem schwachen Wehlaut auf den Boden.

Als wären die Gedanken ihm abhanden gekommen, sah John darauf hin; als er ein wenig seine Augen hob, da sah er an einem hervorstehenden Schraubenstift des Ofens, von dem das Kind den Messingknopf zum Spielen abgenommen hatte, einen Tropfen roten Blutes hängen. Er kniete nieder und fuhr suchend mit den Händen durch das volle Haar seines Weibes; plötzlich wurden ihm die Finger feucht; er zog sie hervor. »Blut!« schrie er und betrachtete mit Entsetzen seine Hand; dann fuhr er fort zu suchen, hastig, mit fliegendem Atem, und – nun hatte er es gefühlt, ein Stöhnen brach aus seinem Munde: da, da quoll es hervor, da war der Stift hineingedrungen; tief – er wußte nicht, wie tief. »Hanna!« flüsterte er, indem er sich zu ihrem Ohre beugte, und noch einmal stärker: »Hanna!«

Da kam es endlich. »John!« kam es von ihren Lippen; doch wie aus weiter Ferne.

»Hanna!« flüsterte er wieder; »bleib, o stirb nicht, Hanna! Ich hol einen Doktor; gleich, gleich bin ich wieder da!«

»Es kommt doch keiner.«

»Ja, Hanna, er soll kommen!«

Eine Hand griff tastend nach der seinen, wie um ihn zurückzuhalten. »Nein, John – kein Doktor – du bist nicht schuld – aber – sie setzen dich ins Gefängnis!«

Sie warf sich plötzlich gewaltsam herum. »Küß mich, John!« rief sie laut wie in Todesangst; doch als er seine Lippen auf die ihren drückte, küßte er nur noch eine Tote.

Scheu schlich das Kind zu ihm heran. »Ist Mutter tot?« frug es nach einer Weile, und als der Vater nickte: »Warum weinest du denn nicht?«

Da ergriff er das erschrockene Kind mit beiden Händen und drückte es an sich. »Ich kann nicht!« stammelte er heiser; »ich habe sie – – ermordet«, wollte er sagen, aber es wurde an die Tür geklopft.

Er wandte den Kopf und sah den Nachbar Tischler eintreten. Der alte Mann hatte durch die dünnen Wände den Lärm gehört, das Mitleid mit der Frau, die dessen nicht mehr bedurfte, hatte ihn hergetrieben; nun sah er erschrocken auf die Tote.

»Was ist das! Was habt Ihr hier?« frug er verwirrt.

John richtete sich auf und setzte die Kleine auf den Fußboden. »Es ist nur wieder ein Sarg zu machen«, sagte er tonlos, »und ich habe keine Eschenstämme mehr. Ich bin ein armer Lump, Nachbar!«

Der Alte sah ihn eine Weile schweigend durch seine runden Brillengläser an. »Ich weiß wohl«, sagte er dann, »daß du dies Weib nicht verdientest; du brauchst just nicht davon zu reden – wie ist denn das Unglück hier zu Platz gekommen?«

Und John berichtete, was geschehen war; ohne Auslaß, trocken, als sei es eines Dritten Sache; dann aber warf er sich wieder zu der Toten und betrachtete mit Scheu ihr Antlitz, das wie schlafend vor ihm lag; leise, als gelte es, ein Verbot zu übertreten, streckte seine große Hand sich aus und strich zitternd über die leblosen Züge. »Wie schön, o wie schön!« murmelte er; »und sie werden ein glattes Brett darübernageln, wie sie es den armen Menschen tun!«

Der Alte kannte seinen Mann; er glaubte seinem Berichte: er wußte, er brauchte nicht weiter darüber zu reden; dennoch trug er ihm mehr Groll als Mitleid. »Sei ruhig, John«, sagte er fast mürrisch; »ich mache deinem Weibe ihren Sarg wie damals ihrer Mutter; wenn wieder Arbeit kommt, so magst du zahlen, wenn du es kannst!«

Da richtete der elende Mann sich auf. »Dank, Nachbar; aber gewiß, ich bezahl's Euch, jeden Sechsling, jeden Pfennig, denn ich muß sie selbst begraben. Sonst soll mich Gott verdammen!«

Das Kind erschrak und ließ den Zipfel seines Rockes los, den es bisher gefaßt hielt.

»Soll meine Frau Euch«, frug der Tischler, »die Kleine für die nächsten Tage abnehmen? Ihr habt hier niemand mehr.«

»Nein, niemand mehr«; und aus seinen Augen flog ein Blick, wie um Erbarmen flehend, zu dem Angesicht des neben ihm stehenden Kindes. »Fragt sie selbst, Nachbar!« sagte er und ließ den Kopf auf seine Brust sinken. Aber er fühlte plötzlich die kleinen Arme zu sich emporstreben, und als er dann sein Kind emporhob, drückte er das

Köpfchen fest an seine Wange; wie einen Strom von Lebensmut fühlte er es an sein Herz zurückfluten. »Nein, Nachbar«, sprach er, »seid bedankt! Aber mein Kind will doch nicht von mir; sie weiß, es ist nicht gut, so ganz allein zu sein.«

Dann, als der Alte fortgegangen war, brach ein Strom von Tränen aus seinen Augen. Er kniete nieder zu der Toten. »Hilf mir, mein Kind; es wird mir schwer, zu leben!« rief er, und die Kleine sah mit großen Augen zu ihm auf.

Vom Begräbnisse war John allein zurückgekommen, niemand hatte ihn begleitet; der alte Nachbar hatte der Toten ihren Sarg gemacht und war den letzten Weg mit ihr gegangen, dann war er in sein Haus zurückgekehrt.

John stand in seinem Zimmer und sah sich schweigend in den leeren Wänden um; hier war nun Ruhe, aber wo war das Glück? – Auf der kleinen Schatulle standen neben anderem Geschirre die zwei Tassen mit den grob gemalten Rosen, die er vor ein paar Jahren am Hochzeitsmorgen gekauft hatte. Seine Augen streiften darüber hin, er sah noch den Herbstsonnenschein, der damals über der breiten Straße gelegen hatte; er schüttelte sich, der war ja längst vergangen. Draußen auf der Gasse war wie immer das gewerbliche Getöse, aber hier in der kleinen Kammer war es furchtbar still; auch der kattunene Vorhang dort in der Ecke hing so unbeweglich, als ob nun alles aus sei. Er konnte es nicht ertragen, er trat hinzu und zog ihn zurück; da fiel ein Mieder Hannas, das sie noch selbst dahin gehangen hatte, auf den Boden. Ein wilder Schmerz durchfuhr ihn, als er es aufhob; er taumelte auf einen Stuhl und schlug die Hände vors Gesicht.

Da knarrte die nur angelehnte Kammertür; sein Töchterchen drängte sich hindurch und hielt ihm triumphierend ein Püppchen unter die Augen, ein Geschenk der Tischlerfrau, die das Kind während des Begräbnisses an sich genommen hatte. Nun aber hatte es nicht länger Ruhe gehabt; es war durch die Gärten und zur Hintertür hereingelaufen, um auch dem Vater seinen Reichtum zu zeigen.

Der sah sie mit wirren Augen an; als sie aber erwartend vor ihm stehenblieb, hob er sie auf seinen Schoß und suchte sich zu fassen. »Was hast du da, Christinchen? Wer hat dir das geschenkt?«

Aber bevor noch die Antwort des Kindes kam, wurde mit einem Stecken an die Tür geklopft, und ein alter, grauhaariger Weiberkopf guckte in die Stube; der zahnlose Mund blieb offenstehen, während der Kopf mit den kleinen munteren Augen Vater und Tochter zunickte.

John kannte das Gesicht: es gehörte der alten »Küster-Mariken«, einer jener sauberen Bettlerinnen, wie wir manche bei uns zu Hause haben. Sie war eine Schullehrertochter vom Lande, hatte in ihrer Jugend in der Stadt gedient und dort einen kleinen Handwerksmann geheiratet. Nach dessen Tode hatte sie jahrelang mit ehrlicher Arbeit sich um die Lebensnotdurft abgemüht, dann war sie früh gealtert und verarmt; nur das schwer ersparte Geld zu einem guten Leichenbegängnis trug sie unantastbar in einem Lederbeutelchen an ihrem Leibe; was sie zu ihrer Nahrung noch bedurfte, holte sie sich nun Tag für Tag bei den Leuten, wo sie einst gedient hatte, oder bei deren Kindern oder solchen, die es ihr geboten hatten. John war ihr oft auf ihren »Suppengängen«, wie sie das selber nannte, begegnet und hatte der Alten freundlich guten Weg geboten.

Auch jetzt nickte er ihr freundlich zu. »So kommt doch arm zu arm!« sagte er. »Was will Sie von mir, Mariken?«

Aber von der Alten war noch immer nur der Kopf und die Krücke ihres Steckens in dem Zimmer. »John«, sagte sie, »kannst du ein altes Weib gebrauchen? Ich möchte in eins von deinen leeren Betten kriechen!«

»Das Bettzeug ist schon verkauft, Mariken«, sagte John.

»Nein, John, das Bettzeug hab ich selber, da brauchst du nicht zu sorgen!«

»Was will Sie denn mit dem leeren Bett?«

»Ei«, erwiderte die Alte, »so will ich's nach der Ordnung sagen: du weißt doch, ich hab ein Kämmerchen bei dem Schlachter Nissen, nur sechs Fuß hin und her, doch schmuck und sauber, und jeder kann auf meine Dielen treten!«

»Nun«, unterbrach sie John, »hat der Sie jetzt hinausgeworfen?«

Die Alte war einen Schritt in die Stube getreten und drohte schmunzelnd mit der Krücke: »Beileibe nicht! Aber das alte faule Gebäu muß eingerissen werden, und in dem neuen, da passet unsereins nicht mehr hinein. So hab ich an dich gedacht, John! Sie trauen dir zwar nicht; aber ich kenn dich besser! Du gibst mir Unterschlupf; ich halte dir deine Kammer hier so schmuck wie jetzund die meine und hüte dir dein Christinchen, wenn du auf Arbeit bist.« Sie machte mit ihren Fingern ein Häschen und nickte der Kleinen freundlich zu, die unverwandt der Alten ins Gesicht starrte. »Nur«, fügte sie hinzu, »wo ich meinen alten Kopf zur Ruhe legen kann, weiter braucht's nicht; du weißt ja, mein bißchen Essen hol ich mir schon selber!«

John nickte: »Ja, ich weiß, Sie bettelt.« – Und in sich selber sprach er leis und traurig: ›Mein Weib tat dies in ihrer Kindheit auch!‹

Aber die Alte rief: »Was sagst du, John?« und stieß mit ihrem Stecken auf den Boden. »Das ist kein Betteln! Das geben mir meine früheren Herrschaften und ihre Freunde, das gehört sich so; ich bin ein alter Dienstbot', den dürfen sie nicht verhungern lassen!«

John sah sinnend auf das Weib; die Kleine war von seinem Schoß herabgeglitten und hielt der Alten ihre Puppe vor. »Sieh!« sagte sie, »die ist mein!« und nickte zur Bestätigung ein paarmal mit ihrem hübschen Köpfchen.

Küster-Mariken hatte sich an ihrem Stock herniedergleiten lassen und hockte vor dem Kinde auf dem Fußboden. »Ei der Tausend!« sagte sie, »das ist wohl die Prinzessin Pumphia! Ja, die kenn ich; als ich so klein war wie du, ist ihre Großmutter bei mir gewesen; von der könnt ich dir Geschichten erzählen! Wenn nur dein Vater das alte Weib nicht aus dem Hause wirft!«

»Nein, du sollst bleiben!« rief das Kind, und die Puppe wäre fast zu Fall gekommen, als sie mit ihren Händchen nach den dürren Fingern der Alten langte.

John nickte seinem Kinde zu: »Willst du sie behalten, Christine, so sag ihr, daß sie morgen kommen mag!«

Und so war es abgemacht. »Das liebe Dirnlein!« murmelte die Alte immer wieder, als sie aus dem Hause und durch die lange Straße ihrer Wohnung zu an ihrem Stecken ging.

So waren nun wieder drei Bewohner in der Kate; und doch war es darin so still, daß die Buben und Pflastertreter, welche daran vorbeigingen, vergebens einen Zeitvertreib von dort erwarteten. Nur etwas Hübsches, das sie jedoch nicht zum Stillstehn brachte, gab es im Sommer bisweilen dort zu sehn. Das war ein dürftig, aber allzeit sauber gekleidetes Dirnlein, das mit einer Puppe oder einem andern Spielwerk auf der Haustürschwelle saß, wo die Sonne auf ihrem braunen Scheitel glänzte. Wenn aber von drunten aus der Stadt die Turmuhr Mittag schlug, dann legte sie hastig ihre Puppe auf die

Schwelle und ging mit vorgestrecktem Köpfchen einige Häuser, so weit Alt-Mariken es ihr erlaubt hatte, in die Stadt hinab; auch wohl, bedächtig und immer das Köpfchen rückwärts drehend, ging sie wiederum nach ihrer Haustür und nahm wie gedankenlos die Puppe in die Hand; bald aber trieb es sie aufs neue auf, und endlich, mit jenem Aufschrei vollsten Kinderglückes, flog sie dem von der Arbeit zu kurzer Ruhe heimkehrenden Vater in die ausgebreiteten Arme. Dann trug er seinen kleinen Trost die paar Häuser weit nach seiner Wohnung, wo schon die Alte mit ihren munteren Augen an der Türe harrte. »Nur herein, John! Nur herein!« rief sie; »die Kartoffeln hab ich Euch gekocht; und das Töpfchen Milch vom Nachbar Bäcker steht auch schon auf dem Tisch!« Dann band sie eine reine Schürze vor und ging mit dem irdenen Henkeltopf auf ihren eigenen Suppengang in die Stadt hinunter.

John aber und sein Christinchen setzten sich an den Tisch, nachdem er zuvor aus der Schatullenschublade ein derbes Schwarzbrot hervorgeholt hatte. Er schnitt zwei Stücke ab und brockte sie in die Milch, die in zwei Kümmchen verteilt wurde; zuletzt aßen sie mit etwas Salz die dampfenden Kartoffeln. Nachbar Tischlers bunte Katze kam herein und strich dem Kinde um die Beinchen; der warf Christinchen auch noch eine in Salz gestippte Kartoffel zu. Aber die Katze beroch sie nur, leckte einmal daran und begann sie dann mit ihren Pfötchen in der Kammer umherzurollen. Da lachten Vater und Tochter. »Die mag keine Kartoffeln«, sagte John; »das ist ein Leckerzahn! Schmeckt es denn dir, Christinchen?«

Und als die Kleine ihm schmausend zunickte, holte er noch einmal etwas aus der Schublade. »Nun merk auf!« rief er. »Nun kommt der Nachtisch!« Es war aber nur eine Messerspitze mit Butter, was er jetzt auf ihren Teller strich. »So«, sagte er, »damit iß nun deine letzte Kartoffel!« Und des Kindes Augen leuchteten vor Vergnügen.

Wenn die kleine Haustürglocke schellte und Mariken mit ihrem Topfe wieder heimkam, dann griff John nach der Mütze und ging wieder auf seine Arbeit.

Als Christinchen dann eines Tages in die Küche lief, sah sie die Alte am Herde sitzen und mit besondrem Behagen aus ihrem Topfe löffeln; ein leckerer Duft schwamm ordentlich in der Küche, und nach dem mageren Mittag mochte ein begehrlicher Ausdruck deutlich genug auf dem Kinderantlitz stehen.

Die Alte legte den Löffel aus der Hand. »Komm, Kind, und halte mit!« rief sie, »das wird dir guttun!«

Aber Christine trat zurück und schüttelte das Köpfchen: »Ich hab mit Vater schon gegessen.«

»Doch nicht von Frau Senator ihrer Sonntagssuppe!«

»Ich darf nicht«, sagte das Kind leise.

»Was?« rief die Alte. »Wer hat dir das verboten?«

»Mein Vater«, kam es ebenso von den Lippen des Kindes.

Wie Zornesröte flog es in das Gesicht der Alten. »So, so!« sagte sie und stemmte die Faust mit dem Löffel auf ihre Knie. »Ja, ja, ich glaub's: du sollst nicht mit mir von meinen Bettelsuppen essen!« Aber sie drängte die Worte zurück, die noch über ihre Zunge wollten; das Kind durfte das nicht hören. »Komm«, sagte sie und stellte ihren Topf beiseite, »ich bin satt; wir wollen in den Garten, da find ich dir noch ein paar Stachelbeeren. Du bist ein braves Kind! Sei deinem Vater allzeit so gehorsam; da wird's dir wohlgehn!«

Und sie wanderten miteinander in den Garten, und so dürftig auch die Ernte ausfiel, die Alte erzählte so alles vergessen machende Geschichten von Prinzessin Pumphias Großmutter, daß der Leckerappetit der Kleinen, sie wußte nicht wie, verging.

-- Das war in der Zeit, die sich so unauslöschlich dem Kinderherzen einprägte, daß dagegen alles, was vorher war, in Dämmerung versank, von der die Frau, die einstmals dieses Kind gewesen war, mir heute noch gesagt hatte, daß es in ihrer Kindheit die Rosenzeit gewesen sei.

John hatte dem Nachbar Tischler Wort gehalten: der Sarg der jungen Frau war bis auf den letzten Dreier von ihm bezahlt worden; er hatte sein Weib doch selbst begraben.

Das anmutige Kind, das so jählings mutterlos geworden, mit dem jetzt wohl nachmittags die Alte durch die Straßen prunkte, hatte das Mitleid der Stadt erweckt; und war auch diese Teilnahme nicht von langer Dauer, es hatte dem Vater doch zu Arbeiten verholfen, die ihm sonst nicht gekommen wären, und da es meist Verdingsarbeiten waren, so half seine geschickte Kraft ihm jetzt zu gutem Verdienst. Und eines Sonnabends – das Kind mochte jetzt schon reichlich seine fünf Jahre alt sein –, da John am Feierabend einen tüchtigen Wochenlohn vor sich auf den Tisch zählte und dann einen Teil davon zum Mietzins abschied, stand auch Alt-Mariken dabei, und auf die vielen Schillinge niederschauend, sprach sie: »Gib mir auch etwas davon!« Als er verwundert aufsah, fügte sie schmunzelnd bei: »Du glaubst, John, ich will nun auch bei dir betteln!«

»Nein, Mariken; aber was will Sie?«

»Nur acht Schillinge, um eine Tafel und eine Fibel dafür zu kaufen!«

»Will Sie noch schreiben und lesen lernen?«

»Nein, John, das hab ich, Gott und meinem seligen Vater Dank, nicht nötig! Aber mit Christinchen ist es an der Zeit. Und das soll sie schon von dem alten Weibe lernen; ich war einst meines Vaters beste Schülerin.«

John reichte ihr, was sie verlangte. »Sie hat wohl recht, Mariken«, sagte er.

-- Und so lernte Christine diese schwierigen Dinge leichter und um ein paar Jahre früher, als es armen Kindern sonst zuteil wird; und jetzt waren es andere Menschen als früher, nachdenkliche Leute, pensionierte Schullehrer, auch wohl alte Großmütter, die manchmal vor der kleinen Kate ihren Schritt hemmten und mit einem Ausdruck von zärtlichem Beifall auf das eifrige Kind dort auf der Haustürschwelle sahen, das, ohne umzublicken, unachtend der braunen Löckchen, die von der Stirn ihm in die Augen hingen, den Kopf über eine Fibel neigte und, alles um sich her vergessend, den kleinen Zeigefinger von einem Wort zum andern rückte, sobald das Mündlein die schwarzen Druckzeichen in den hellen Sprachlaut umgesetzt hatte.

Wenn aber am Feierabend der Vater da war, wenn sie mit aller Wichtigkeit ihm erst gezeigt hatte, wie weit sie heute auf der Tafel oder im Fibelbuch gekommen sei, und wenn sie dann miteinander ihr kleines Mahl verzehrt hatten, so ging er wohl noch einmal mit ihr hinaus unter den Sternenhimmel, auf die Straßen oder, war es dort zu laut noch, in das Gärtchen und weiter in die Wege, die in das Feld hinausliefen. Dann hob er oft sein Kind auf beide Arme, und was er tags erfahren hatte oder was nur an Gedanken bei der Arbeit ihm gekommen war, was sie verstand oder nicht verstand, das flüsterte er in die kleinen Ohren; er hatte keinen andern Vertrauten, und ein ewig Schweigen soll kein Mensch ertragen können. Wohl bog das Kind bisweilen das Köpfchen zu dem seinen auf und lächelte ihm nickend zu; manchmal aber erschrak es und bat: »Nicht so! Oh, sag das nicht, mein Vater!« Er wußte nicht, war diese Tochter ihm ein neues Glück, war sie ihm nur ein Trost für ein verlorenes; denn immer wieder nach dem toten Weibe in Reu und Sehnsucht wollte ihm das Herz zerbrechen; noch im Traum betörte ihn der Reiz des längst vergangenen Leibes, daß er, vom Schlafe auffahrend, ihren Namen durch die dunkle Kammer schrie, bis er endlich faßte, was unrettbar der Vergangenheit gehöre. Manchmal in der Nacht hatte auch das Kind nach der Mutter gerufen und die Ärmchen weinend nach ihr ausgestreckt; wenn er dann am Abend darauf sie durch die Einsamkeit der Gassen auf seinen Armen trug, erzählte er ihr, wie Süßes oft im Traume ihm geschehen, wie schrecklich sein Erwachen gewesen sei.

Dann frug das Kind wohl zitternd: »War denn Mutter bei dir in der Nacht?«

»Nein, Christine; es war ja nur ein Traum.«

Und das Kind frug weiter: »War denn Mutter so schön?«

Dann drückte er sie heftig an sich: »Für mich das Schönste auf der Erde! Weißt du das nicht mehr? Du warst schon drei Jahre alt, als sie starb!« Als er das letzte Wort gesprochen hatte, stockte ihm die Rede plötzlich; ein Frösteln rann durch seine Glieder. Konnte er so einfach von ihrem Sterben sprechen? Er wollte sein liebes Kind doch nicht betrügen. – Die Kleine aber, die eine Weile geschwiegen hatte, sagte jetzt traurig: »Mein Vater, ich weiß gar nicht mehr, wie Mutter aussah!«

»Wir hatten nimmer Geld zu einem Bilde; wir dachten auch nicht an den Tod!« antwortete John, und seine Stimme bebte; »aber er ist immer bei uns; streck nur den Finger aus, so kommt er schon!«

Die Kleine drückte angstvoll das Köpfchen an seine Brust. »Nein, nein«, sagte er, »so ist's doch nicht! Du kannst schon deine beiden ganzen Händchen ausstrecken! Der liebe Gott ist doch über ihm; der hat auch versprochen, daß wir die Toten alle wiedersehen sollen; so lange mußt du warten.«

»Ja, Vater«, sagte das Kind, und der kleine Mund drückte sich auf den seinen, »aber du mußt bei mir bleiben.«

»Wie Gott will.«

-- War bei ihrer Nachhausekunft Alt-Mariken noch wach oder hatte die Haustürschwelle sie wieder aufgeschreckt, dann schalt sie John, die Nacht sei nicht für Kinder; er trage sie noch in den Tod.

Er aber sagte dann wohl halb für sich selber:

Besser früher Tod,
Als spät die Not.

Da kam jener furchtbare Winter in den vierziger Jahren, wo die Vögel tot aus der Luft fielen und die Rehe erfroren im Walde zwischen den von Schnee gebeugten Bäumen lagen, wo die armen Leute mit ihrem leeren Magen, um nicht gleichfalls zu erfrieren, in ihre kargen Betten krochen, die in ungeheizten Kammern standen; denn auch die Arbeit war mit eingefroren.

John hatte sein Kind auf dem Schoß; er sann wohl darüber nach, warum in solcher Zeit das Mitleid nicht den Armen Arbeit schaffe; er wußte nicht, daß es an ihm vorbeigegangen war. Die lange nicht gestutzten Haare hingen über seine eingefallenen Wangen; die Arme hielt er um sein Kind geschlungen. Der Mittag war vorüber, wie die zwei leeren irdenen Teller auswiesen, die, mit Kartoffelschale bedeckt, neben einem Salzfaß auf dem Tische standen. Ein kaltes graues Zwielicht war in der Kammer; denn das Tageslicht konnte durch die dick mit Eisblumen überzogenen Scheiben nur kaum hineindringen. »Schlaf ein wenig, Christine!« sagte John. »Schlaf ist gut; es gibt nichts Besseres; es wird auch wieder Sommer werden!«

»Ja!« hauchte das Kind.

»Wart nur!« Und er nahm ein Wollentuch, das Hanna einst getragen hatte, und bedeckte sie damit. »Das ist Mutters Tuch«, sagte er, »deine kleinen Füße sind so kalt.«

Sie ließ sich das gefallen und schmiegte sich an den Vater, der vergebens hoffte, daß der Schlaf ihr kommen werde. Er hatte die letzten drei Torf so vorsichtig in den kleinen Ofen geheizt, aber es war doch zu kalt geblieben. Da schellte die Haustürglocke, und Alt-Mariken trat nach einer Weile in die Kammer. Sie deckte ihre kleinen Augen mit der Hand, denn das graue Zwielicht da drinnen hatte sie geblendet; dann nickte sie den beiden zu. »Das glaub ich«, sagte sie, »ihr könnt euch aneinander wärmen! So gut hat's unsereiner nicht; denn sieh, John, das Kinderkriegen hab ich nicht verstanden. Nur einmal war's ein totes, aber das zählt ja nicht.«

John blickte nicht auf. »Da braucht Sie heute auch nur für sich allein zu frieren«, sagte er und nahm die kalten Füßchen seines Kindes in seine großen Hände.

»Nun, nun«, erwiderte die Alte; »ich weiß mir schon zu helfen; sorg nicht um mich, John! Die alte Senatorin hört gar zu gern die Geschichten von Anno damals, vom Kosakenwinter; und da kann ich aushelfen, John! Die haben mir heut drei Tassen heißen Kaffee eingebracht; da kann man's dann schon wieder aushalten, wo nur der Winter einheizt!« Sie lachte: »Ihr beiden solltet einmal tanzen! Das hat mir früher oft geholfen; die Tanzbein' sind mir nur abhanden gekommen.«

Da hob das Kind sein Köpfchen aus den Umhüllungen und sagte: »Vater, morgen ist doch Weihnachten; darf es hier dann nicht ein wenig wärmer sein?«

John sah nur finster auf sie hin; die Alte aber huckte sich neben ihm und der Kleinen zu Boden. »Kind, Gottes Engel!« rief sie und streichelte mit ihrer warmen Hand Stirn und Wangen der Kleinen; dabei griff sie mit der andern in ihre Tasche und fühlte nach den Schillingen, von denen sie nicht geredet, die sie aber neben dem Kaffee von der Frau Senatorin als Festgeschenk erhalten hatte. »Ja, ja, Christinchen, sorg nur nicht! Unser Herr Christus hat dazumal auch warm in seinem Kripplein gelegen!« John schwieg noch immer; das Wort seines Kindes war ihm wie ein Schwert durchs Herz gegangen. Aber vor seinem innern Auge stand jetzt plötzlich jener einsame Brunnen draußen auf dem Felde; er sah den Bretterzaun im Froste flimmern. Sein alter Arbeitgeber, von dem er ihn einst selbst erbeten hatte, war jahrelang tot; auch sie, um deren willen es geschah – wen kümmerte das von damals noch? Hatten die Bretter einst sein Weib geschützt, sie konnten nun sein Kind erwärmen! – Das Blut stieg ihm zu Häupten; sein Herz hämmerte heftig.

Das hörte das Kind, dessen Kopf daran lag. »Vater«, sagte sie, »was klopft so in dir?«

»Das Gewissen!« – Er war zusammengefahren. Niemand hatte das gesagt, und war ihm doch, als habe er es gehört, deutlich, dicht vor seinem Ohr.

»Mich friert!« sagte die Kleine wieder.

Da stieg aufs neu der Brunnen vor ihm auf. »Wärme dich ein Stündchen in meinem Bette!« sagte er hastig; »dort wirst du schlafen; ich wecke dich dann wieder.«

»Ja, ja, Christinchen«, rief die Alte, »ich setz mich zu dir; schlaf nur, Kind; die Welt ist gar zu kalt!« John aber stürzte aus der Kammer, dem niedrigen Verschlage zu, der auf dem Hofe war; hier in der

Dunkelheit, nach zugeriegelter Tür, schärfte er seine Handsäge und schliff sein Handbeil auf dem dort stehenden Schleifstein.

-- In der Nacht, die diesem Tage folgte, fiel das Quecksilber in den Thermometern noch um mehrere Grade tiefer; die schneebedeckten Felder, auf welche die zitternden Sterne herabblinkten, schienen wie eine Öde, die nie ein Menschenfuß betreten. Dennoch vernahmen die Kranken oder in Sorgen Wachenden, welche in der Norderstraße ihre Schlafkammern nach den Gärten hatten, aus der Ferne die Schläge eines Beiles, die in der grenzenlosen Stille nach der Stadt hinüberschollen. Vielleicht mochte auch ihrer einer sich erheben und vom Bett aus, wiewohl vergebens, durch die flimmernden Fensterscheiben hinauszublicken suchen; aber wen kümmerte es weiter, wer draußen noch so geschäftig wach war.

Als aber Alt-Mariken am Morgen spät erwachte, da sah sie von ihrem Bett aus, daß in dem Beilegerofen schon ein helles Feuer prasselte und ihre Schillinge nicht mehr nötig waren. In der Kammer stand John neben seinem Töchterlein und sah schweigend zu, wie sie behaglich sich die Kleider überzog und unterweilen mit ihren Händchen an den Ofen klatschte. »Oh«, rief sie fröhlich und zog sie rasch zurück, »er hat mich ordentlich gebrannt!«

Und allmählich schmolz der Schnee; die Sonne kam immer länger auf Besuch; die Schneeglöckchen hatten ausgeblüht, und die Veilchen zeigten dicke Knospen; Vögel und allerlei Wandergäste kamen; darunter auch, die nicht willkommen waren.

John hatte eine Gartenarbeit unten in der Stadt und bog eines Abends, seinen Spaten auf dem Nacken, aus einer Nebengasse in die breite Straße ein, um durch diese und deren Verlängerung nach seiner Wohnung hinaufzugehen. Alle seine Gedanken waren bei seinem Kinde; sie kam ihm ja immer noch entgegen, wenn auch nicht so ungestüm wie früher; denn auf den Herbst hatte sie schon ihr siebentes Jahr. Da schlug von rückwärts der Schall eines Fußtrittes an sein Ohr, als ob er ihn einzuholen trachte. Er stutzte. ›Wer ging doch so?‹ – Wie eine unheimliche Erinnerung überkam es ihn; aber er konnte sich nicht entsinnen; ihm war nur, als sei ihm Unheil auf den Fersen. Er sah nicht um; aber er ging jetzt rascher, denn es war ganz hell noch auf den Gassen. Doch auch das hinter ihm ging rascher; er brütete noch: wer kann das sein? – da schob ein magerer Arm sich in den seinen, und ein bleiches bartloses

Gesicht mit kurzgeschorenem Schädel sah ihn aus kleinen scharfen Augen an.

John erschrak bis in die Fußspitzen. »Wenzel!« stieß er hervor. »Wo kommst du her?«

»Wo du auch einmal sechs Jahr gewesen bist, John! Ich hatte es noch einmal versucht.«

»Laß mich!« sagte John; »ich darf nicht mit dir gesehen werden. Das Leben ist schwer genug.« Er ging noch rascher; aber der andere blieb ihm zur Seite.

»Nur die Straße hier hinauf«, sagte er. »Du trägst das Zeichen der Ehrlichkeit da auf den Schultern; das tät mir gut zu meiner Reputation!«

John stand still und trat von ihm zurück: »Du machst linksum, oder ich stoße dich hier zu Boden!«

Der schwache Züchtling mochte den Grimm des Mannes fürchten; er zog grinsend seine alte Mütze: »Auf Wiedersehn, Herr John! Du bist heut just nicht höflich gegen einen alten Kameraden!« Er steckte die Hände in die Hosentaschen und ging nach links unter den Rathausschwibbögen zur Stadt hinaus. In furchtbarer Bewegung setzte John seinen Weg fort; ihm war, als wäre alles in ihm eingestürzt. Einige Häuser vor dem seinen kam ihm das Kind entgegen und hing sich an seinen Arm. »Du sprichst ja gar nicht, Vater? Fehlt dir was?« sagte sie nach einigen Schritten.

Er schüttelte den Kopf: »Ja, Kind; wenn nur, was einmal dagewesen, nicht immer wieder zu uns kommen wollte!«

Die Kleine sah zärtlich, voll unverstandenen Mitleids, zu ihm auf. »Kann denn der liebe Gott nicht helfen?« sprach sie zaghaft.

»Ich weiß nicht, Stine; aber wir wollen zu ihm beten!«

-- Am folgenden Tage hatte John den Gefürchteten nicht gesehen; er war auch nicht durch die Stadt, er war hinter derselben an den Gärten entlang auf seine Arbeit und wiederum nach Haus gegangen. Am Abend darauf sah er ihn hier auf sich zukommen; das bleiche Züchtlingsgesicht, um das jetzt ein Stoppelbart zu wachsen begann, war nicht zu verkennen.

»Ei, Freund John«, rief Wenzel ihm entgegen, »ich glaub, du suchst mir auszuweichen; bist du denn noch so mürrisch?«

John blieb stehen. »Dein Gesicht macht mich nicht fröhlicher«, sagte er.

»Das denn vielleicht?« entgegnete Wenzel und zog ein paar Mark Geldes aus der Tasche. »Ich wollt mich auf eine Woche bei dir einmieten, John! Es ist nicht leicht für mich, Quartier zu kriegen!«

»Miet dich beim Teufel ein!« sagte John. Als er aufblickte, kam aus einem Seitenwege ein Gendarm auf sie zu. John wies auf den Polizeisoldaten; aber Wenzel sagte: »Den fürcht ich nicht; meine Papiere sind in Ordnung.«

Noch bevor dieser sie erreicht hatte, zog er sein Taschenbuch hervor und übergab es ihm, der mit amtlicher Würde den Inhalt durchstudierte. Schon streckte Wenzel seine Hand aus, um seinen Schatz sich wieder auszubitten; aber der Gendarm steckte die Papiere ruhig in seine eigne Tasche. »Er hat sich auf der Polizei noch nicht gemeldet«, sagte er kurz. »Er geht mit mir!« Und einen raschen Blick auf John werfend, ließ er den Züchtling vorangehen und folgte, die Hand am Säbelgriff.

Der Bürgermeister befand sich auf dem Rathause in seinem Arbeitszimmer, als der Gendarm eintrat und den entlassenen Züchtling Wenzel meldete.

Er lächelte. »Ein alter Bekannter!«

»Ich traf ihn hinten am Kuhsteig; der John Glückstadt stand bei ihm«, berichtete der Gendarm.

Der Beamte sann einen Augenblick: »Ja, ja – John Glückstadt, das läßt sich denken.«

»Freilich, Herr Bürgermeister; das Zusammentreffen schien mir sehr verdächtig, hinter der Stadt und um die Vesperzeit, wo niemand dort zu kommen pflegt.«

»Wie meinen Sie das, Lorenzen?« frug der Bürgermeister. »Dieser John Hansen ist jetzt ein reputierlicher Mensch, der sich und seine Kleine ehrlich durchzubringen sucht.«

»Sehr wohl, Herr Bürgermeister; aber sie waren vordem zusammen im Zuchthaus; es dürfte nicht ohne Bedeutung sein, daß sie auch hier gleich wiederum zusammenstehen.«

Aber der Bürgermeister schüttelte den Kopf. Er hatte John im Winter ein kleines Darlehen gegeben und es in diesen Frühlingstagen zurückerhalten. »Nein, Lorenzen«, sprach er, »stören Sie mir den Mann nicht; den kenn ich besser: auch hat er Arbeit jetzt, die er nicht aufs Spiel setzen wird. Und nun lassen Sie den Wenzel kommen!«

»Befehlen«, sagte der Gendarm und drehte sich militärisch nach der Tür. Aber die Zurückweisung seiner so wohl ausgesonnenen Schlüsse auf John Glückstadt hatte heimlich ihn ergrimmt. Drum erzählte er noch am selben Tage Arbeitern und kleinen Handwerkern, mit denen er zusammentraf, und mit noch stärkeren Akzenten, die verdächtige Geschichte; die brachten es an die Dienstboten und diese an die Herrschaften, und so war bald die ganze Stadt voll von den gefährlichen Plänen, welche Wenzel und John Glückstadt in erneuerter Kameradschaft miteinander geschmiedet hätten; und obwohl Wenzel schon am folgenden Tage wieder entlassen und dann von Behörde zu Behörde gewiesen war und hier niemals wieder gesehen wurde, so hatte er doch für John des Teufels Spur zurückgelassen. Dieser hatte gehofft, die Arbeit in dem großen Garten drunten in der Stadt den ganzen Sommer, ja gar für künftige Jahre behalten zu können, denn der Besitzer hatte ihm wiederholt die Sauberkeit und Raschheit seiner Arbeit gelobt; jetzt aber kam die Botschaft von demselben, John brauche nicht wiederzukommen. Bei Anfragen in andern Häusern erhielt er trockenen Abschlag; mit Mühe bekam er endlich in einem nahe belegenen Dorfe eine schlechtbezahlte Feldarbeit; aber auch die ging bald zu Ende. Sein Mut sank; seines Kindes Antlitz drückte ihn noch tiefer; das Elend war schon halb in seiner Kate; nur der Kleinen wußte die kluge Alte unter immer neuen Vorwänden ein Teilchen von ihren Suppengängen zukommen zu lassen.

So war das Ende des August herangekommen und ein Abend, wo für den andern Tag kein Mundvoll mehr im Hause war. Er saß am Bette seines Kindes, das schon mit dem Schlafe kämpfte, und sah starr auf das liebliche Gesichtlein; aber so still er saß, er wußte vor Angst nicht, wo er mit seinen Gedanken bleiben sollte. Da, als das Kind die Augen zu ihm aufschlug, brach es aus ihm hervor: »Christine!«, aber er stockte einen Augenblick; »Christine«, sagte er nochmals, »könntest du wohl betteln?«

»Betteln!« Das Kind erschrak über das Wort. »Betteln, Vater?« wiederholte sie; »wie meinst du?« Die Kinderaugen waren plötzlich erregt auf ihn gerichtet.

»Ich meine«, sagte er langsam, aber deutlich, »zu fremden Leuten gehen und sie um einen Sechsling oder noch weniger, um einen Dreiling bitten, oder um ein Stück Brot.«

Dem Kinde stürzten die Tränen aus den Augen: »Vater, warum fragst du so? Du sagtest immer, betteln sei eine Schande!«

»Es kann auch kommen, daß Schande noch nicht das Schlimmste ist. – Nein, nein!« rief er dann laut und riß sie heftig in seine Arme. »Weine nicht, oh, weine nicht so, mein Kind! Du sollst nicht betteln; nimmer sollst du das! Wir essen nur ein bißchen weniger!«

»Noch weniger, Vater?« frug die Kleine zögernd.

Er antwortete nicht; aber ihr war, als fühlte sie ihn schluchzen, als er seinen Kopf gegen ihren kleinen Körper barg. Da wischte sie sich die Tränen vom Gesicht; und als sie eine Weile wie grübelnd dagelegen, brachte sie ihren kleinen Mund zu seinem Ohr. »Vater!« flüsterte sie leise.

»Ja, mein Kind?« Und er richtete sich empor.

»Vater, ich glaub, ich könnte doch wohl betteln!«

»Nein, nein, Christine; denk nicht mehr daran!«

»Ja, Vater«, und sie schloß ihre Ärmchen fest um seinen Hals, »wenn du krank und hungrig wärest, dann wollte ich es doch!«

»Nun, Kind; du weißt ja, ich bin kerngesund!«

Sie blickte ihn an; er sah nicht sehr gesund aus; aber er lächelte ja doch. »So, schlaf nun!« sagte er und löste die Ärmchen sanft von seinem Nacken und legte sie in ihr Bett zurück. Und sie tat, wie getröstet, ihre Augen zu und war bald entschlafen; nur ihres Vaters Hand behielt sie noch fest in der ihren, bis auch die kleinen Finger sich lösten und das ruhigere Atmen den festen Schlaf bekundete.

Er blieb noch immer sitzen; das erste Viertel des Mondes war heraufgekommen und schimmerte trübe in die Kammer. Der Mann starrte in Verzweiflung auf sein Kind: was sollte er beginnen? Zur Sparkasse? – Aber wer würde für ihn Bürgschaft leisten? Zum Bürgermeister gehen und um ein Darlehn bitten – und das im hohen Sommer? – Im Winter hatte er es getan; er wußte genau die Zeit: die Bretter des Brunnens waren verbrannt und die Kammer wieder kalt gewesen. Der Bürgermeister hatte es ihm damals auch gegeben; aber die scharfen Augen des alten Herrn hatten ihn so seltsam angesehen. »Damit Er nicht wieder in Versuchung komme, John!« hatte er dabei gesagt; ihm aber hatten plötzlich die Beine unterm Leib gezittert. Ob denn der Bürgermeister von jener Sache wisse oder nur Gedanken habe, frug er sich jetzt; dann fiel's ihm auf die Brust, er war ein

Züchtling, dem wird alles zugerechnet; weshalb war denn seitdem schon immer wieder keine Arbeit für ihn dagewesen? Wie eine drückende Wolke fühlte er den Verdacht ob seinem Haupte schweben. Das geliehene Geld zwar hatte er zurückgezahlt; aber, nein – nicht noch einmal zum Bürgermeister! -- Nebenan im Garten des Tischlers standen wohl noch ein paar Reihen Kartoffeln, sie schienen ganz vergessen zu sein – aber John biß die Zähne zusammen: er hatte durch ihn sein totes Weib begraben können. Einen Augenblick entflohen ihm die Gedanken; sie hafteten dort, wo der Ofen stand, wo ein schwacher Mondschimmer auf dem Messingknopfe schimmerte. »Hanna!« murmelte er, »du bist schon recht gestorben!« Wie in unausdenkbarem Elend streckte er die Hände mit ausgespreizten Fingern vor sich hin; aber die Bilder in seinem Kopfe wechselten, und die des Hungers waren doch die stärksten. Da plötzlich streckte sich ein weites Kartoffelfeld vor seinen Augen; es war draußen auf dem Felde neben dem von ihm beraubten Brunnen, der jetzt in einem hohen Ährenfeld verborgen stand. Die Kartoffeln waren noch immer nicht aufgenommen; andere Feldarbeit war im Wege gewesen. »Nur ein paar Bülte!« murmelte er, »nur um einmal satt zu werden!« Etwas von dem Trotz der Ausgestoßenen kam über ihn. »Es kann ja morgen wieder Arbeit kommen – wenn nicht, so muß ich's mit dem lieben Gott versuchen!«

Er saß noch lange, noch manche Stunde, bis der Mond schon unter war und er alles schlafend glaubte; da schritt er leise aus der Kammer und aus dem Hause. Die Luft war schwül; nur mitunter fuhr ein Windstoß auf, und fast undurchdringliche Finsternis lag auf der Erde. Aber John war den Weg schon oft gegangen, und endlich, an dem Kraute, das um seine Beine schlug, fühlte er, er war auf dem Kartoffelacker. Er lief noch weiter hinein, denn ihm war, als müsse er überall gesehen werden; mitunter bückte er sich und wühlte unter den Büschen, mitunter zuckte er erschreckt zurück; aber es war nur das Gezücht, das hier gelegen hatte; ein Tausendfuß, eine Kröte waren über seine Hand geschlüpft. Das Säcklein, das er mitgenommen hatte, war halb gefüllt. Er stand und wog es in der Hand: es war genug; aber ... Er hatte den Sack schon umgekehrt, um alles wieder auf den Acker auszuschütten, nur unten hielt noch seine eine Hand das Linnen zusammen. Ihm war im Kopfe, als senke eine Waage sich auf und ab; dann sprach er langsam: »Ich kann nicht, lieber Gott!

Mein Kind! Es soll ans Kreuz geschlagen werden; laß mich es retten; ich bin ja nur ein Mensch!«

Er stand und horchte, als solle eine Stimme von oben aus der Nacht zu ihm herunterkommen; dann krampfte seine Hand sich um den Sack; er lief nur weiter, immer weiter; kaum fühlte er, daß jetzt hohe Ähren ihm mit ihren rauhen Köpfen ins Gesicht strichen; kein Stern zeigte ihm den Weg; er ging her und hin und kam doch nicht zum Ausgang. Ihn überfiel's, wie er vor einem Jahrzehnt als Aufsichtsmann so sicher hier geschritten war; es konnte nicht weit sein, wo einst sein Weib, ein sechzehnjährig Dirnlein, ihm in die Arme stürzte! In süßem Schauder ging er vorwärts; gleichmäßig rauschten bei seinem Schritt die Ähren; ein Vogel, ein Rebhuhn oder eine Ammer, schwirrte vor ihm auf; er hörte es kaum, er schritt nur weiter, als ob er ewig so zu schreiten habe.

Da zuckte fern unten am Horizont ein schwacher Schein; ein Gewitter schien heraufzukommen. Einen Augenblick stand er und besann sich: er hatte die dunkeln Wolken am Abend schon gesehen; er wußte plötzlich, wo Osten und Westen war. Nun wandte er sich und beschleunigte seine Schritte; er wollte rasch nach Haus, zu seinem Kinde. Da war etwas vor seinen Füßen, er kam ins Straucheln, und eh er sich besonnen, tat er einen neuen Schritt; aber sein Fuß fand keinen Boden -- ein gellender Schrei fuhr durch die Finsternis; dann war's, als ob die Erde ihn verschluckt habe.

Ein paar Vögel schreckten in die Luft, dann war alles still; kein Menschenschritt war jetzt noch in dem Korn. Eintönig säuselten die Ähren, und kaum hörbar nagten die Millionen Geziefers an den Wurzeln oder Schaften der Pflanzen, bis die immer drückendere Schwüle in einem starken Wetter sich entlud und in den hallenden Donnern und dem niederstürzenden Regen alle andern Geräusche der Erde verschwanden.

In der Kate am Ende der Norderstraße fuhr um diese Zeit ein armes Kind aus seinem Schlafe auf; ihm träumte, es habe ein Brot gefunden, aber es hatte in einen Stein gebissen. Halb im Traum noch griff es in das große Wandbett nach der Hand seines Vaters, doch es erfaßte nur den Zipfel des Kopfkissens und schlief dann ruhig weiter.

-- John Glückstadt ist niemals wieder nach Haus und nie zu seinem Kinde zurückgekommen; alle Anstalten der Polizei, eine Spur von ihm zu finden, waren vergebens. Sein Verschwinden wurde einige Tage in der kleinen Stadt besprochen; die einen meinten, er sei entflohen, um nachher mit seinem Kameraden Wenzel zusammenzutreffen und mit ihm übers Meer zu fahren, wo es den Spitzbuben gut zu gehen pflege; das Geld zur Überfahrt würden sie unterwegs nach Hamburg sich schon zu schaffen wissen, und das kleine Dings sei ja in guter Hut bei Küster-Mariken; die andern meinten, am Deich da draußen in der Schleusengrube, neben welcher er und Wenzel ihr Schelmstück einst beraten hätten, habe er den Tod gesucht, und die Ebbe habe ihn ins Meer hinausgetrieben.

Diese Meinungen wurden in einer Tischgesellschaft gegeneinander abgewogen. »Nun, und Sie, Herr Bürgermeister«, sagte zu diesem die alte Schwägerin des einstigen Zichorienfabrikanten, die er zu Tische geführt hatte, »was meinen Sie dazu?«

Der Bürgermeister, der bisher kein Wort dazu geredet hatte, nahm erst bedächtig eine Prise. »Hm«, sagte er, »was soll ich meinen? – Nachdem dieser John von Rechtes wegen seine Strafe abgebüßt hatte, wurde er, wie gebräuchlich, der lieben Mitwelt zur Hetzjagd überlassen. Und sie hat ihn nun auch zu Tode gehetzt; denn sie ist ohn Erbarmen. Was ist davon zu sagen? Wenn ich was meinen soll, so sollet ihr ihn jetzt in Ruhe lassen, denn er gehört nun einem andern Richter.«

»Wahrhaftig«, sagte die Alte ganz erstaunt, »Sie haben noch immer Ihre sonderbaren Meinungen von diesem John Glückstadt!«

»John Hansen«, berichtigte der Bürgermeister ernsthaft.

––– Mir kam allmählich das Bewußtsein, daß ich weit von meiner Vaterstadt im Oberförsterhause an dem offenen Fenster stehe; der Mond schien von drüben über dem Walde auf das Haus, und aus den Wiesen hörte ich wieder das Schnarren des Wachtelkönigs. Ich zog meine Uhr: es war nach eins! Das Licht auf dem Tische war tief herabgebrannt. In halbvisionärem Zustande – seit meiner Jugend haftete dergleichen an mir – hatte ich ein Menschenleben an mir vorübergehen sehen, dessen Ende, als es derzeit eintrat, auch mir ein Rätsel geblieben war. Jetzt kannte ich es plötzlich; deutlich sah ich die zusammengekauerte Totengestalt des Unglücklichen in der unheimlichen Tiefe. Nachdem ich heute den Namen meiner Wirtin erfahren hatte, wußte ich jetzt auch: noch einmal aus der düsteren Gruft hatte seine lebendige Stimme ein lebendig Menschenohr erreicht; aber es war nur das eines vierzehnjährigen Knaben. Am Abend nach dem Verschwinden des Armen, da ich bei einer befreundeten Familie eingetreten war, kam der Sohn mit seinem Schmetterlingsketscher schreckensbleich ins Zimmer. »Es hat gespukt!« rief er und sah sich um, als ob er auch hier noch nicht ganz sicher sei; »lacht nur nicht, ich hab es selbst gehört!« – Zwischen den Kartoffeln auf dem Acker neben dem Schinderbrunnen war er gewesen, um sich den Totenkopf zu fangen, der in der Dämmerung dort fliegen sollte; da hatte es unweit von ihm aus dem Kornfeld seinen Namen »Christian!« gerufen, hohl und heiser, wie er solche Stimme nie gehört; und da er entsetzt davongelaufen, sei es noch einmal hinter ihm hergekommen, als ob's ihn habe greifen wollen.

Ich wußte jetzt, nach über dreißig Jahren: es hatte nicht gespukt, und nicht »Christian« hatte er es rufen hören; den Namen seiner Tochter »Christine« hatte der Mann da drunten in hoffnungsloser Sehnsucht ausgestoßen. Und noch eines wußte ich: ein Arbeiter, mein alter Freund aus der Kinderzeit, hatte einige Tage später draußen an dem Brunnen das Korn mähen helfen. »Da hätten wir bald einen Falken fangen können!« erzählte er mir eines Abends.

»Einen großen?« frug ich.

»Das mag der Herr glauben! Er war ein Stück in den alten Schinderbrunnen hinabgestoßen – der Himmel weiß, was drunten liegt –, aber seine Fluchten waren zu weit in der Spanne, er schlug und arbeitete damit in dem engen Brunnen und kam nicht gleich heraus. Wir hatten nur keine Knüppel, ihn zu schlagen; auch wehte ein übler Dunst uns an; es war, als hätte schon vordem die Kreatur an Aas gesessen!«

Ich hatte damals dieser Rede nicht geachtet; mich schauderte, da mich die Erinnerung jetzt befiel; der feuchte Nachtwind, der mich anwehte, tat mir wohl, vor allem, weil er von heut und nicht von damals war; ich wußte, der Brunnen war vor ein paar Jahren zugeschüttet. »Zu Bett!« sprach ich halblaut zu mir; »und, Seele, geh du auch zu Bett!«

Ich löschte das Licht und ließ das Fenster offen, damit alles, was lebendig war, zu mir herein könne; und bälder, als ich gedacht hatte, kam der Schlaf; nur mit einem freundlichen Bilde spielte noch der Traum: ich sah die von der Morgensonne nur noch halb erleuchteten Straßen meiner Vaterstadt; ich hörte einen Wagen heranrasseln, und zwischen zwei lieben alten Leuten auf dem offenen Sitze saß die kleine Christine, und sie nickte mir freundlich zu, als sie bei mir vorbei und über dem Zingel zur Stadt hinausfuhren.

Der alten Mariken dachte ich nicht weiter; ich wußte, daß sie vor langen Jahren in St. Jürgens Stift ein ruhiges Sterbekissen gefunden hatte.

-- Als ich spät am andern Morgen in das Haus hinunterkam, erhob sich der Lohbraune von der Matte vor der Tür des Wohnzimmers und begrüßte mich wedelnd als einen Gast des Hauses; als ich aber eintrat, war niemand drinnen; nur die Magd öffnete eine Seitentür, guckte herein, als ob sie bestellt sei, meine Ankunft zu berichten, und lief dann rasch von dannen. Ich beschäftigte mich indes damit, die Bilder an den Wänden zu beschauen, aus denen deutlich zwei Generationen zu erkennen waren: auf der einen Jagd- und Tierstücke von Steffeck und dem alten Ridinger; über dem Sofa dagegen fand ich eine Kreuzesabnahme von Rubens und je zur Seite die Bildnisse von Luther und Melanchthon. Am Sofa, auf dem lichtlosen Wandstücke am Fenster, hing, wie im Schatten der Vergangenheit, eine halberloschene Photographie; aber ein Kranz von Immortellen, wie Johns Tochter sie gestern auf unserem Waldgang gepflückt hatte, wohl gar derselbe, umgab den dunkeln Rahmen.

Mit Scheu fast trat ich näher: es war das Bildnis eines Soldaten in Uniform, wie dergleichen die jungen Landleute während ihrer Dienstzeit anfertigen lassen und nach Hause schicken. Der Kopf war leidlich ausgeprägt erhalten und zeigte mir das kaum mehr als einmal gesehene, aber unvergessene Antlitz des Arbeiters John Glückstadt; nur war in diesen Zügen noch nichts von Kummer oder Schuld; der kleine dunkle Schnurrbart saß unter der kecken Adlernase, und die Augen sahen ernst, doch sicher in die Welt hinaus. Es war John Glückstadt nicht; es war John Hansen, wie er im Herzen seiner Tochter fortlebte, für den sie gestern ihren frischen dauerhaften Kranz gepflückt hatte; mit diesem John hatte der doppelgängerische Schatten noch nichts zu schaffen. Es brannte mich, meiner edlen Wirtin zuzurufen: ›Laß das Gespenst in deinem Haupte fahren; der Spuk und dein geliebter Vater, sie sind nur eines: er war ein Mensch, er irrte, und er hat gelitten!‹

Aber ich hörte die Stimmen meiner Wirtsleute von hinten durch die Gartentüre ins Haus kommen, und ich wandte mich von dem bekränzten Bilde ihnen entgegen, um ihren Morgengruß und ihre Scherze über meine Langschläferei in Empfang zu nehmen.

– Wir lebten noch einen schönen Frühlingstag zusammen. Als ich aber spätabends mit dem Oberförster und seinem treuen Hunde noch einen Waldgang machte, da schwieg ich nicht länger; ich erzählte ihm alles, jedes einzelne, was in der vergangenen Nacht mir in Erinnerung und im eigenen Geiste aufgegangen war.

»Hm«, machte der besonnene Mann und ließ seine Augen treuherzig auf mir ruhen; »das ist aber Poesie; Sie sind am Ende nicht bloß ein Advokat!«

Ich schüttelte den Kopf: »Nennen Sie es immer Poesie; Sie könnten es auch Liebe oder Anteil nennen, die ich rasch an meinen Wirten genommen hätte.« Es war zu dunkel, um zu sehen; aber mir war, als ob ein herzlicher Blick von ihm mich streifte. »Ich danke Ihnen, lieber Freund«, sagte er dann; »aber der Vater meiner Frau – ich hatte freilich nur weniges von ihm gehört – ist mir nimmer so erschienen.«

»Und wie denn anders?« frug ich.

Er antwortete nicht mehr, sinnend gingen wir nebeneinander, bis wir das Haus erreicht hatten.

»Ihr seid sehr langsam gegangen«, sagte Frau Christine, als sie uns entgegentrat; »ihr habt mich schier vergessen!«

– – Als ich am andern Morgen fortging, begleiteten mich beide, bis wo der Waldweg in die Landstraße ausläuft. »Wir schreiben Ihnen einmal!« sagte der Oberförster. »Ich bin sonst kein Briefsteller; aber gewiß, ich tu's; wir müssen Sie festzuhalten suchen, damit Sie einmal wieder den Weg zu uns hinaus finden!«

»Ja, kommen Sie wieder!« rief Frau Christine. »Versprechen Sie es; Ihr Abschied würde uns nicht so traurig machen!«

Ich versprach es gern; dann reichten beide mir die Hand, und ich stand und sah sie fortgehen; sie hatte sich fest an ihren Mann geschlossen; er legte sanft den Arm um ihre Hüfte. Dann kam eine Biegung des Weges, und ich sah sie nicht mehr.

»Leb wohl, John Glückstadts Tochter!« rief ich leise; »nur die erste Silbe, nur das Glück ist dein geblieben; es wird schon treu sein, denn es ist an rechter Stelle!«

– – Schon nach vierzehn Tagen kam der erste Brief des Oberförsters und ließ mich im Aktenlesen eine lange Pause machen. »Ich muß Sie auch noch Ihres Versprechens entbinden«, schrieb er; »gleich am

Abend unseres Abschieds habe ich meiner Christine die Geschichte ihres Vaters erzählt, ausführlich, wie ich sie von Ihnen hörte. Sie mögen recht haben, er wird wohl so gewesen sein, und er war dann doch noch ein anderer Kerl, als wie er bisher weichselig im Herzen seiner Tochter ruhte; auch dürfen Mann und Weib nicht solch Geheimnis voreinander haben. Zwar ein leidenschaftlicher Tränensturz war die erste Folge, so daß ich schier erschrak und dachte, es möchte das Temperament des Vaters in meiner sanften Frau erwacht sein. Aber ihr eigenstes Ich erschien bald wieder; und jetzt – mein Freund, das Geißblatt am Waldesrande, das jetzt wieder blüht, so lieblich, dünkt mich, hat es fast niemals noch geduftet; und das Bild des John Glückstadt trägt nun einen vollen Rosenkranz; seine Tochter hat jetzt mehr an ihm; nicht nur den Vater, sondern einen ganzen Menschen. – Den Dank und Gruß, den Frau Christine mir für Sie aufgetragen, versteh ich in der frauenhaften Weise nicht zu Papier zu bringen; ich kann Sie nur bitten, sich das Herzlichste zu denken.«

So schrieb der Oberförster damals; aber, wie es so geht, obgleich Briefe ein paarmal in jedem Jahre zwischen uns hin- und hergegangen sind, ich bin nicht wieder dort gewesen. Aber hier links in der Ecke meiner Schreibstube auf zwei Stühlen steht jetzt mein gepackter Reisekoffer; draußen an den Wallzäunen blüht einmal wieder das Geißblatt, und hier drinnen ist für eine Woche alles sauber weggeordnet; denn gewiß und wahrhaftig – morgen geht es fort zu meinen Freunden, zu John Glückstadts Tochter und zu meinem wackern Oberförster. Sein Brief, der die Antwort auf meine Anmeldung brachte, war ein rechter Jubelbrief. »Wir harren Ihrer mit Freuden«, schrieb er; »Sie kommen just zur rechten Zeit; der Junge ist auch da mit seinem Examenszeugnis in der Tasche; seine Mutter ist schier verliebt in ihn und studiert sein Antlitz, um darin immer einen neuen Zug aus dem ihres Vaters aufzufinden. Kommen Sie also; uns fehlt nur noch der Freund!«

-- Gewiß, wenn Gottes Sonnenschein mich morgen weckt, ich komme!

DER SCHIMMELREITER

Was ich zu berichten beabsichtige, ist mir vor reichlich einem halben Jahrhundert im Hause meiner Urgroßmutter, der alten Frau Senator Feddersen, kundgeworden, während ich, an ihrem Lehnstuhl sitzend, mich mit dem Lesen eines in blaue Pappe eingebundenen Zeitschriftenheftes beschäftigte; ich vermag mich nicht mehr zu entsinnen, ob von den »Leipziger« oder von »Pappes Hamburger Lesefrüchten«. Noch fühl ich es gleich einem Schauer, wie dabei die linde Hand der über Achtzigjährigen mitunter liebkosend über das Haupthaar ihres Urenkels hinglitt. Sie selbst und jene Zeit sind längst begraben; vergebens auch habe ich seitdem jenen Blättern nachgeforscht, und ich kann daher um so weniger weder die Wahrheit der Tatsachen verbürgen, als, wenn jemand sie bestreiten wollte, dafür aufstehen; nur so viel kann ich versichern, daß ich sie seit jener Zeit, obgleich sie durch keinen äußeren Anlaß in mir aufs neue belebt wurden, niemals aus dem Gedächtnis verloren habe.

Es war im dritten Jahrzehnt unseres Jahrhunderts, an einem Oktobernachmittag – so begann der damalige Erzähler –, als ich bei starkem Unwetter auf einem nordfriesischen Deich entlangritt. Zur Linken hatte ich jetzt schon seit über einer Stunde die öde, bereits von allem Vieh geleerte Marsch, zur Rechten, und zwar in unbehaglichster Nähe, das Wattenmeer der Nordsee; zwar sollte man vom Deiche aus auf Halligen und Inseln sehen können; aber ich sah nichts als die gelbgrauen Wellen, die unaufhörlich wie mit Wutgebrüll an den Deich hinaufschlugen und mitunter mich und das Pferd mit schmutzigem Schaum bespritzten; dahinter wüste Dämmerung, die Himmel und Erde nicht unterscheiden ließ; denn auch der halbe Mond, der jetzt in der Höhe stand, war meist von treibendem Wolkendunkel überzogen. Es war eiskalt; meine verklommenen Hände konnten kaum den Zügel halten, und ich verdachte es nicht den Krähen und Möwen, die sich fortwährend krächzend und gackernd vom Sturm ins Land hineintreiben ließen. Die Nachtdämmerung hatte begonnen, und schon konnte ich nicht mehr mit Sicherheit die Hufen meines Pferdes erkennen; keine Menschenseele war mir begegnet, ich hörte nichts als das Geschrei der Vögel, wenn sie mich oder meine treue Stute fast mit den langen Flügeln streiften, und das Toben von Wind und Wasser. Ich leugne nicht, ich wünschte mich mitunter in sicheres Quartier.

Das Wetter dauerte jetzt in den dritten Tag, und ich hatte mich schon über Gebühr von einem mir besonders lieben Verwandten auf seinem Hofe halten lassen, den er in einer der nördlicheren Harden besaß. Heute aber ging es nicht länger; ich hatte Geschäfte in der Stadt, die auch jetzt wohl noch ein paar Stunden weit nach Süden vor mir lag, und trotz aller Überredungskünste des Vetters und seiner lieben Frau, trotz der schönen selbstgezogenen Perinette- und Grand-Richard-Äpfel, die noch zu probieren waren, am Nachmittag war ich davongeritten. »Wart nur, bis du ans Meer kommst«, hatte er noch an seiner Haustür mir nachgerufen; »du kehrst noch wieder um; dein Zimmer wird dir vorbehalten!«

Und wirklich, einen Augenblick, als eine schwarze Wolkenschicht es pechfinster um mich machte und gleichzeitig die heulenden Böen mich samt meiner Stute vom Deich herabzudrängen suchten, fuhr es mir wohl durch den Kopf: ›Sei kein Narr! Kehr um und setz dich zu deinen Freunden ins warme Nest.‹ Dann aber fiel's mir ein, der Weg zurück war wohl noch länger als der nach meinem Reiseziel; und so trabte ich weiter, den Kragen meines Mantels um die Ohren ziehend.

Jetzt aber kam auf dem Deiche etwas gegen mich heran; ich hörte nichts; aber immer deutlicher, wenn der halbe Mond ein karges Licht herabließ, glaubte ich eine dunkle Gestalt zu erkennen, und bald, da sie näher kam, sah ich es, sie saß auf einem Pferde, einem hochbeinigen hageren Schimmel; ein dunkler Mantel flatterte um ihre Schultern, und im Vorbeifliegen sahen mich zwei brennende Augen aus einem bleichen Antlitz an.

Wer war das? Was wollte der? – Und jetzt fiel mir bei, ich hatte keinen Hufschlag, kein Keuchen des Pferdes vernommen; und Roß und Reiter waren doch hart an mir vorbeigefahren!

In Gedanken darüber ritt ich weiter, aber ich hatte nicht lange Zeit zum Denken, schon fuhr es von rückwärts wieder an mir vorbei; mir war, als streifte mich der fliegende Mantel, und die Erscheinung war, wie das erste Mal, lautlos an mir vorübergestoben. Dann sah ich sie fern und ferner vor mir; dann war's, als säh ich plötzlich ihren Schatten an der Binnenseite des Deiches hinuntergehen.

Etwas zögernd ritt ich hinterdrein. Als ich jene Stelle erreicht hatte, sah ich hart am Deich im Kooge unten das Wasser einer großen Wehle blinken – so nennen sie dort die Brüche, welche von den Sturmfluten in das Land gerissen werden und die dann meist als kleine, aber tiefgründige Teiche stehen bleiben.

Das Wasser war, trotz des schützenden Deiches, auffallend bewegt; der Reiter konnte es nicht getrübt haben; ich sah nichts weiter von ihm. Aber ein anderes sah ich, das ich mit Freuden jetzt begrüßte: vor mir, von unten aus dem Kooge, schimmerten eine Menge zerstreuter Lichtscheine zu mir herauf; sie schienen aus jenen langgestreckten friesischen Häusern zu kommen, die vereinzelt auf mehr oder minder hohen Werften lagen; dicht vor mir aber auf halber Höhe des Binnendeiches lag ein großes Haus derselben Art; an der Südseite, rechts von der Haustür, sah ich alle Fenster erleuchtet; dahinter gewahrte ich Menschen und glaubte trotz des Sturmes sie zu hören. Mein Pferd war schon von selbst auf den Weg am Deich hinabgeschritten, der mich vor die Tür des Hauses führte. Ich sah wohl, daß es ein Wirtshaus war; denn vor den Fenstern gewahrte ich die sogenannten »Ricks«, das heißt auf zwei Ständern ruhende Balken mit großen eisernen Ringen, zum Anbinden des Viehes und der Pferde, die hier haltmachten.

Ich band das meine an einen derselben und überwies es dann dem Knechte, der mir beim Eintritt in den Flur entgegenkam. »Ist hier Versammlung?« frug ich ihn, da mir jetzt deutlich ein Geräusch von Menschenstimmen und Gläserklirren aus der Stubentür entgegendrang.

»Is wull so wat«, entgegnete der Knecht auf plattdeutsch – und ich erfuhr nachher, daß dieses neben dem Friesischen hier schon seit über hundert Jahren im Schwange gewesen sei –, »Diekgraf und Gevollmächtigten un wecke von de annern Interessenten! Dat is um 't hoge Water!«

Als ich eintrat, sah ich etwa ein Dutzend Männer an einem Tische sitzen, der unter den Fenstern entlanglief; eine Punschbowle stand darauf, und ein besonders stattlicher Mann schien die Herrschaft über sie zu führen.

Ich grüßte und bat, mich zu ihnen setzen zu dürfen, was bereitwillig gestattet wurde. »Sie halten hier die Wacht!« sagte ich, mich zu jenem Manne wendend, »es ist bös Wetter draußen; die Deiche werden ihre Not haben!«

»Gewiß«, erwiderte er; »wir, hier an der Ostseite, aber glauben, jetzt außer Gefahr zu sein; nur drüben an der andern Seite ist's nicht sicher, die Deiche sind dort meist noch mehr nach altem Muster; unser Hauptdeich ist schon im vorigen Jahrhundert umgelegt. – Uns ist vorhin da draußen kalt geworden, und Ihnen«, setzte er hinzu, »wird es ebenso gegangen sein; aber wir müssen hier noch ein paar Stunden aushalten; wir haben sichere Leute draußen, die uns Bericht erstatten.« Und ehe ich meine Bestellung bei dem Wirte machen konnte, war schon ein dampfendes Glas mir hingeschoben.

Ich erfuhr bald, daß mein freundlicher Nachbar der Deichgraf sei; wir waren ins Gespräch gekommen, und ich hatte begonnen, ihm meine seltsame Begegnung auf dem Deiche zu erzählen. Er wurde aufmerksam, und ich bemerkte plötzlich, daß alles Gespräch umher verstummt war. »Der Schimmelreiter!« rief einer aus der Gesellschaft, und eine Bewegung des Erschreckens ging durch die übrigen.

Der Deichgraf war aufgestanden. »Ihr braucht nicht zu erschrekken«, sprach er über den Tisch hin; »das ist nicht bloß für uns; Anno 17 hat es auch denen drüben gegolten; mögen sie auf alles vorgefaßt sein!«

Mich wollte nachträglich ein Grauen überlaufen. »Verzeiht!« sprach ich, »was ist das mit dem Schimmelreiter?«

Abseits hinter dem Ofen, ein wenig gebückt, saß ein kleiner hagerer Mann in einem abgeschabten schwarzen Röcklein; die eine Schulter schien ein wenig ausgewachsen. Er hatte mit keinem Worte an der Unterhaltung der andern teilgenommen, aber seine bei dem spärlichen grauen Haupthaar noch immer mit dunklen Wimpern besäumten Augen zeigten deutlich, daß er nicht zum Schlaf hier sitze.

Gegen diesen streckte der Deichgraf seine Hand. »Unser Schulmeister«, sagte er mit erhobener Stimme, »wird von uns hier Ihnen das am besten erzählen können; freilich nur in seiner Weise und nicht so richtig, wie zu Haus meine alte Wirtschafterin Antje Vollmers es beschaffen würde.«

»Ihr scherzet, Deichgraf!« kam die etwas kränkliche Stimme des Schulmeisters hinter dem Ofen hervor, »daß Ihr mir Euern dummen Drachen wollt zur Seite stellen!«

»Ja, ja, Schulmeister!« erwiderte der andere, »aber bei den Drachen sollen derlei Geschichten am besten in Verwahrung sein!«

»Freilich!« sagte der kleine Herr; »wir sind hierin nicht ganz derselben Meinung«; und ein überlegenes Lächeln glitt über das feine Gesicht.

»Sie sehen wohl«, raunte der Deichgraf mir ins Ohr; »er ist immer noch ein wenig hochmütig; er hat in seiner Jugend einmal Theologie studiert und ist nur einer verfehlten Brautschaft wegen hier in seiner Heimat als Schulmeister behangen geblieben.«

Dieser war inzwischen aus seiner Ofenecke hervorgekommen und hatte sich neben mir an den langen Tisch gesetzt. »Erzählt, erzählt nur, Schulmeister«, riefen ein paar der Jüngeren aus der Gesellschaft.

»Nun freilich«, sagte der Alte, sich zu mir wendend, »will ich gern zu Willen sein; aber es ist viel Aberglaube dazwischen und eine Kunst, es ohne diesen zu erzählen.«

»Ich muß Euch bitten, den nicht auszulassen«, erwiderte ich; »traut mir nur zu, daß ich schon selbst die Spreu vom Weizen sondern werde!«

Der Alte sah mich mit verständnisvollem Lächeln an. »Nun also!« sagte er. »In der Mitte des vorigen Jahrhunderts, oder vielmehr, um genauer zu bestimmen, vor und nach derselben, gab es hier einen Deichgrafen, der von Deich- und Sielsachen mehr verstand, als Bauern und Hofbesitzer sonst zu verstehen pflegen; aber es reichte doch wohl kaum, denn was die studierten Fachleute darüber niedergeschrieben, davon hatte er wenig gelesen; sein Wissen hatte er sich, wenn auch von Kindesbeinen an, nur selber ausgesonnen. Ihr hörtet wohl schon, Herr, die Friesen rechnen gut, und habet auch wohl schon über unsern Hans Mommsen von Fahretoft reden hören, der ein Bauer war und doch Bussolen und Seeuhren, Teleskopen und Orgeln machen konnte. Nun, ein Stück von solch einem Manne war auch der Vater des nachherigen Deichgrafen gewesen; freilich wohl nur ein kleines. Er hatte ein paar Fennen, wo er Raps und Bohnen baute, auch eine Kuh graste, ging unterweilen im Herbst und Frühjahr auch aufs Landmessen und saß im Winter, wenn der Nordwest von draußen kam und an seinen Läden rüttelte, zu ritzen und zu prickeln, in seiner Stube. Der Junge saß meist dabei und sah über seine Fibel oder Bibel weg dem Vater zu, wie er maß und berechnete, und grub sich mit der Hand in seinen blonden Haaren. Und eines Abends frug er den Alten, warum denn das, was er eben hingeschrieben hatte, gerade so sein müsse und nicht anders sein könne, und stellte dann eine eigene Meinung darüber auf. Aber der Vater, der darauf nicht zu antworten wußte, schüttelte den Kopf und sprach: »Das kann ich dir nicht sagen; genug, es ist so, und du selber irrst dich. Willst du mehr wissen, so suche morgen aus der Kiste, die auf unserm Boden steht, ein Buch, einer, der Euklid hieß, hat's geschrieben; das wird's dir sagen!«

-- Der Junge war tags darauf zum Boden gelaufen und hatte auch bald das Buch gefunden; denn viele Bücher gab es überhaupt nicht in dem Hause; aber der Vater lachte, als er es vor ihm auf den Tisch legte. Es war ein holländischer Euklid, und Holländisch, wenngleich es doch halb Deutsch war, verstanden alle beide nicht. »Ja, ja«, sagte er, »das Buch ist noch von meinem Vater, der verstand es; ist denn kein deutscher da?«

Der Junge, der von wenig Worten war, sah den Vater ruhig an und sagte nur: »Darf ich's behalten? Ein deutscher ist nicht da.«

Und als der Alte nickte, wies er noch ein zweites, halb zerrissenes Büchlein vor. »Auch das?« frug er wieder.

»Nimm sie alle beide!« sagte Tede Haien; »sie werden dir nicht viel nützen.«

Aber das zweite Buch war eine kleine holländische Grammatik, und da der Winter noch lange nicht vorüber war, so hatte es, als endlich die Stachelbeeren in ihrem Garten wieder blühten, dem Jungen schon so weit geholfen, daß er den Euklid, welcher damals stark im Schwange war, fast überall verstand.

Es ist mir nicht unbekannt, Herr«, unterbrach sich der Erzähler, »daß dieser Umstand auch von Hans Mommsen erzählt wird; aber vor dessen Geburt ist hier bei uns schon die Sache von Hauke Haien – so hieß der Knabe – berichtet worden. Ihr wisset auch wohl, es braucht nur einmal ein Größerer zu kommen, so wird ihm alles aufgeladen, was in Ernst oder Schimpf seine Vorgänger einst mögen verübt haben.

Als der Alte sah, daß der Junge weder für Kühe noch Schafe Sinn hatte und kaum gewahrte, wenn die Bohnen blühten, was doch die Freude von jedem Marschmann ist, und weiterhin bedachte, daß die kleine Stelle wohl mit einem Bauer und einem Jungen, aber nicht mit einem Halbgelehrten und einem Knecht bestehen könne, ingleichen, daß er auch selber nicht auf einen grünen Zweig gekommen sei, so schickte er seinen großen Jungen an den Deich, wo er mit andern Arbeitern von Ostern bis Martini Erde karren mußte. ›Das wird ihn vom Euklid kurieren‹, sprach er bei sich selber.

Und der Junge karrte; aber den Euklid hatte er allzeit in der Tasche, und wenn die Arbeiter ihr Frühstück oder Vesper aßen, saß er auf seinem umgestülpten Schubkarren mit dem Buche in der Hand. Und wenn im Herbst die Fluten höher stiegen und manch ein Mal die Arbeit eingestellt werden mußte, dann ging er nicht mit den andern nach Haus, sondern blieb, die Hände über die Knie gefaltet, an der abfallenden Seeseite des Deiches sitzen und sah stundenlang zu, wie die trüben Nordseewellen immer höher an die Grasnarbe des Deiches hinaufschlugen; erst wenn ihm die Füße überspült waren und der Schaum ihm ins Gesicht spritzte, rückte er ein paar Fuß höher und blieb dann wieder sitzen. Er hörte weder das Klatschen des Wassers noch das Geschrei der Möwen und Strandvögel, die um oder über ihm flogen und ihn fast mit ihren Flügeln streiften, mit den schwarzen Augen in die seinen blitzend; er sah auch nicht, wie vor ihm über die weite, wilde Wasserwüste sich die Nacht ausbreitete; was er allein hier sah, war der brandende Saum des Wassers, der, als die Flut stand, mit hartem Schlage immer wieder dieselbe Stelle traf und vor seinen Augen die Grasnarbe des steilen Deiches auswusch.

Nach langem Hinstarren nickte er wohl langsam mit dem Kopfe oder zeichnete, ohne aufzusehen, mit der Hand eine weiche Linie in die Luft, als ob er dem Deiche damit einen sanfteren Abfall geben wollte. Wurde es so dunkel, daß alle Erdendinge vor seinen Augen verschwanden und nur die Flut ihm in die Ohren donnerte, dann stand er auf und trabte halb durchnäßt nach Hause.

Als er so eines Abends zu seinem Vater in die Stube trat, der an seinen Meßgeräten putzte, fuhr dieser auf: »Was treibst du draußen? Du hättest ja versaufen können; die Wasser beißen heute in den Deich.«

Hauke sah ihn trotzig an.

– »Hörst du mich nicht? Ich sag, du hättst versaufen können.«

»Ja«, sagte Hauke; »ich bin doch nicht versoffen!«

»Nein«, erwiderte nach einer Weile der Alte und sah ihm wie abwesend ins Gesicht – »diesmal noch nicht.«

»Aber«, sagte Hauke wieder, »unsere Deiche sind nichts wert!«

– »Was für was, Junge?«

»Die Deiche, sag ich!«

– »Was sind die Deiche?«

»Sie taugen nichts, Vater!« erwiderte Hauke.

Der Alte lachte ihm ins Gesicht. »Was denn, Junge? Du bist wohl das Wunderkind aus Lübeck!«

Aber der Junge ließ sich nicht irren. »Die Wasserseite ist zu steil«, sagte er; »wenn es einmal kommt, wie es mehr als einmal schon gekommen ist, so können wir hier auch hinterm Deich ersaufen!«

Der Alte holte seinen Kautabak aus der Tasche, drehte einen Schrot ab und schob ihn hinter die Zähne. »Und wieviel Karren hast du heut geschoben?« frug er ärgerlich; denn er sah wohl, daß auch die Deicharbeit bei dem Jungen die Denkarbeit nicht hatte vertreiben können.

»Weiß nicht, Vater«, sagte dieser, »so, was die andern machten; vielleicht ein halbes Dutzend mehr; aber – die Deiche müssen anders werden!«

»Nun«, meinte der Alte und stieß ein Lachen aus; »du kannst es ja vielleicht zum Deichgraf bringen; dann mach sie anders!«

»Ja, Vater!« erwiderte der Junge.

Der Alte sah ihn an und schluckte ein paarmal; dann ging er aus der Tür; er wußte nicht, was er dem Jungen antworten sollte.

Auch als zu Ende Oktobers die Deicharbeit vorbei war, blieb der Gang nordwärts nach dem Haff hinaus für Hauke Haien die beste Unterhaltung; den Allerheiligentag, um den herum die Äquinoktialstürme zu tosen pflegen, von dem wir sagen, daß Friesland ihn wohl beklagen mag, erwartete er, wie heut die Kinder, das Christfest. Stand eine Springflut bevor, so konnte man sicher sein, er lag trotz Sturm und Wetter weit draußen am Deiche mutterseelenallein; und wenn die Möwen gackerten, wenn die Wasser gegen den Deich tobten und beim Zurückrollen ganze Fetzen von der Grasdecke mit ins Meer hinabrissen, dann hätte man Haukes zorniges Lachen hören können. »Ihr könnt nichts Rechtes«, schrie er in den Lärm hinaus, »so wie die Menschen auch nichts können!« Und endlich, oft im Finstern, trabte er aus der weiten Öde den Deich entlang nach Hause, bis seine aufgeschossene Gestalt die niedrige Tür unter seines Vaters Rohrdach erreicht hatte und darunter durch in das kleine Zimmer schlüpfte.

Manchmal hatte er eine Faust voll Kleierde mitgebracht; dann setzte er sich neben den Alten, der ihn jetzt gewähren ließ, und knetete bei dem Schein der dünnen Unschlittkerze allerlei Deichmodelle, legte sie in ein flaches Gefäß mit Wasser und suchte darin die Ausspülung der Wellen nachzumachen, oder er nahm seine Schiefertafel und zeichnete darauf das Profil der Deiche nach der Seeseite, wie es nach seiner Meinung sein mußte.

Mit denen zu verkehren, die mit ihm auf der Schulbank gesessen hatten, fiel ihm nicht ein; auch schien es, als ob ihnen an dem Träumer nichts gelegen sei. Als es wieder Winter geworden und der Frost hereingebrochen war, wanderte er noch weiter, wohin er früher nie gekommen, auf den Deich hinaus, bis die unabsehbare eisbedeckte Fläche der Watten vor ihm lag.

Im Februar bei dauerndem Frostwetter wurden angetriebene Leichen aufgefunden; draußen am offenen Haff auf den gefrorenen Watten hatten sie gelegen. Ein junges Weib, die dabeigewesen war, als man sie in das Dorf geholt hatte, stand redselig vor dem alten Haien. »Glaubt nicht, daß sie wie Menschen aussahen«, rief sie; »nein, wie die Seeteufel! So große Köpfe«, und sie hielt die ausgespreizten Hände von weitem gegeneinander, »gnidderschwarz und blank, wie frischgebacken Brot! Und die Krabben hatten sie angeknabbert; und die Kinder schrien laut, als sie sie sahen!«

Dem alten Haien war so was just nichts Neues. »Sie haben wohl seit November schon in See getrieben!« sagte er gleichmütig.

Hauke stand schweigend daneben; aber sobald er konnte, schlich er sich auf den Deich hinaus; es war nicht zu sagen, wollte er noch nach weiteren Toten suchen, oder zog ihn nur das Grauen, das noch auf den jetzt verlassenen Stellen brüten mußte. Er lief weiter und weiter, bis er einsam in der Öde stand, wo nur die Winde über den Deich wehten, wo nichts war als die klagenden Stimmen der großen Vögel, die rasch vorüberschossen; zu seiner Linken die leere weite Marsch, zur andern Seite der unabsehbare Strand mit seiner jetzt vom Eise schimmernden Fläche der Watten; es war, als liege die ganze Welt in weißem Tod.

Hauke blieb oben auf dem Deiche stehen, und seine scharfen Augen schweiften weit umher; aber von Toten war nichts mehr zu sehen; nur wo die unsichtbaren Wattströme sich darunter drängten, hob und senkte die Eisfläche sich in stromartigen Linien.

Er lief nach Hause; aber an einem der nächsten Abende war er wiederum da draußen. Auf jenen Stellen war jetzt das Eis gespalten; wie Rauchwolken stieg es aus den Rissen, und über das ganze Watt spann sich ein Netz von Dampf und Nebel, das sich seltsam mit der Dämmerung des Abends mischte. Hauke sah mit starren Augen darauf hin; denn in dem Nebel schritten dunkle Gestalten auf und ab, sie schienen ihm so groß wie Menschen. Würdevoll, aber mit seltsamen, erschreckenden Gebärden; mit langen Nasen und Hälsen sah er sie fern an den rauchenden Spalten auf und ab spazieren; plötzlich begannen sie wie Narren unheimlich auf und ab zu springen, die großen über die kleinen und die kleinen gegen die großen; dann breiteten sie sich aus und verloren alle Form.

›Was wollen die? Sind es die Geister der Ertrunkenen?‹ dachte Hauke. »Hoiho!« schrie er laut in die Nacht hinaus; aber die draußen kehrten sich nicht an seinen Schrei, sondern trieben ihr wunderliches Wesen fort.

Da kamen ihm die furchtbaren norwegischen Seegespenster in den Sinn, von denen ein alter Kapitän ihm einst erzählt hatte, die statt des Angesichts einen stumpfen Pull von Seegras auf dem Nacken tragen; aber er lief nicht fort, sondern bohrte die Hacken seiner Stiefel fest in den Klei des Deiches und sah starr dem possenhaften Unwesen zu, das in der einfallenden Dämmerung vor seinen Augen fortspielte. »Seid ihr auch hier bei uns?« sprach er mit harter Stimme; »ihr sollt mich nicht vertreiben!«

Erst als die Finsternis alles bedeckte, schritt er steifen, langsamen Schrittes heimwärts. Aber hinter ihm drein kam es wie Flügelrauschen und hallendes Geschrei. Er sah nicht um; aber er ging auch nicht schneller und kam erst spät nach Hause; doch niemals soll er seinem Vater oder einem andern davon erzählt haben. Erst viele Jahre später hat er sein blödes Mädchen, womit später der Herrgott ihn belastete, um dieselbe Tages- und Jahreszeit mit sich auf den Deich hinausgenommen, und dasselbe Wesen soll sich derzeit draußen auf den Watten gezeigt haben; aber er hat ihr gesagt, sie solle sich nicht fürchten, das seien nur die Fischreiher und die Krähen, die im Nebel so groß und fürchterlich erschienen; die holten sich die Fische aus den offenen Spalten.

Weiß Gott, Herr!« unterbrach sich der Schulmeister, »es gibt auf

Erden allerlei Dinge, die ein ehrlich Christenherz verwirren können; aber der Hauke war weder ein Narr noch ein Dummkopf.«

Da ich nichts erwiderte, wollte er fortfahren; aber unter den übrigen Gästen, die bisher lautlos zugehört hatten, nur mit dichterem Tabaksqualm das niedrige Zimmer füllend, entstand eine plötzliche Bewegung; erst einzelne, dann fast alle wandten sich dem Fenster zu. Draußen – man sah es durch die unverhangenen Fenster – trieb der Sturm die Wolken, und Licht und Dunkel jagten durcheinander; aber auch mir war es, als hätte ich den hageren Reiter auf seinem Schimmel vorbeisausen gesehen.

»Wart Er ein wenig, Schulmeister!« sagte der Deichgraf leise.

»Ihr braucht Euch nicht zu fürchten, Deichgraf!« erwiderte der kleine Erzähler, »ich habe ihn nicht geschmäht und hab auch dessen keine Ursach«; und er sah mit seinen kleinen, klugen Augen zu ihm auf.

»Ja, ja«, meinte der andere, »laß Er Sein Glas nur wieder füllen.« Und nachdem das geschehen war und die Zuhörer, meist mit etwas verdutzten Gesichtern, sich wieder zu ihm gewandt hatten, fuhr er in seiner Geschichte fort:

»So für sich, und am liebsten nur mit Wind und Wasser und mit den Bildern der Einsamkeit verkehrend, wuchs Hauke zu einem langen, hageren Burschen auf. Er war schon über ein Jahr lang eingesegnet, da wurde es auf einmal anders mit ihm, und das kam von dem alten weißen Angorakater, welchen der alten Trin' Jans einst ihr später verunglückter Sohn von seiner spanischen Seereise mitgebracht hatte. Trin' wohnte ein gut Stück hinaus auf dem Deiche in einer kleinen Kate, und wenn die Alte in ihrem Hause herumarbeitete, so pflegte diese Unform von einem Kater vor der Haustür zu sitzen und in den Sommertag und nach den vorüberfliegenden Kiebitzen hinauszublinzeln. Ging Hauke vorbei, so mauzte der Kater ihn an, und Hauke nickte ihm zu; die beiden wußten, was sie miteinander hatten.

Nun aber war's einmal im Frühjahr, und Hauke lag nach seiner Gewohnheit oft draußen am Deich, schon weiter unten dem Wasser zu, zwischen Strandnelken und dem duftenden Seewermut, und ließ sich von der schon kräftigen Sonne bescheinen. Er hatte sich tags zuvor droben auf der Geest die Taschen voll von Kieseln gesammelt, und als in der Ebbezeit die Watten bloßgelegt waren und die kleinen grauen Strandläufer schreiend darüber hinhuschten, holte er jählings einen Stein hervor und warf ihn nach den Vögeln. Er hatte das von Kindesbeinen an geübt, und meistens blieb einer auf dem Schlicke liegen; aber ebensooft war er dort auch nicht zu holen; Hauke hatte schon daran gedacht, den Kater mitzunehmen und als apportierenden Jagdhund zu dressieren. Aber es gab auch hier und dort feste Stellen oder Sandlager; solchenfalls lief er hinaus und holte sich seine Beute selbst. Saß der Kater bei seiner Rückkehr noch vor der Haustür, dann schrie das Tier vor nicht zu bergender Raubgier so lange, bis Hauke ihm einen der erbeuteten Vögel zuwarf.

Als er heute, seine Jacke auf der Schulter, heimging, trug er nur einen ihm noch unbekannten, aber wie mit bunter Seide und Metall gefiederten Vogel mit nach Hause, und der Kater mauzte wie gewöhnlich, als er ihn kommen sah. Aber Hauke wollte seine Beute – es mag ein Eisvogel gewesen sein – diesmal nicht hergeben und kehrte sich nicht an die Gier des Tieres. »Umschicht!« rief er ihm zu, »heute mir, morgen dir; das hier ist kein Katerfressen!« Aber der Kater kam vorsichtigen Schrittes herangeschlichen; Hauke stand und sah ihn an, der Vogel hing an seiner Hand, und der Kater blieb mit erhobener Tatze stehen. Doch der Bursche schien seinen Katzenfreund noch nicht so ganz zu kennen; denn während er ihm seinen Rücken zugewandt hatte und eben fürbaß wollte, fühlte er mit einem Ruck die Jagdbeute sich entrissen, und zugleich schlug eine scharfe Kralle ihm ins Fleisch. Ein Grimm, wie gleichfalls eines Raubtiers, flog dem jungen Menschen ins Blut; er griff wie rasend um sich und hatte den Räuber schon am Genicke gepackt. Mit der Faust hielt er das mächtige Tier empor und würgte es, daß die Augen ihm aus den rauhen Haaren vorquollen, nicht achtend, daß die starken Hintertatzen ihm den Arm zerfleischten. »Hoiho!« schrie er und packte ihn noch fester; »wollen sehen, wer's von uns beiden am längsten aushält!«

Plötzlich fielen die Hinterbeine der großen Katze schlaff herunter, und Hauke ging ein paar Schritte zurück und warf sie gegen die Kate der Alten. Da sie sich nicht rührte, wandte er sich und setzte seinen Weg nach Hause fort.

Aber der Angorakater war das Kleinod seiner Herrin; er war ihr Geselle und das einzige, was ihr Sohn, der Matrose, ihr nachgelassen hatte, nachdem er hier an der Küste seinen jähen Tod gefunden hatte, da er im Sturm seiner Mutter beim Porrenfangen hatte helfen wollen.

Hauke mochte kaum hundert Schritte weiter getan haben, während er mit einem Tuch das Blut aus seinen Wunden auffing, als schon von der Kate her ihm ein Geheul und Zetern in die Ohren gellte. Da wandte er sich und sah davor das alte Weib am Boden liegen; das greise Haar flog ihr im Winde um das rote Kopftuch. »Tot!« rief sie, »tot!« und erhob dräuend ihren mageren Arm gegen ihn: »Du sollst verflucht sein! Du hast ihn totgeschlagen, du nichtsnutziger Strandläufer; du warst nicht wert, ihm seinen Schwanz zu bürsten!« Sie warf sich über das Tier und wischte zärtlich mit ihrer Schürze das Blut fort, das noch aus Nas' und Schnauze rann; dann hob sie aufs neue an zu zetern.

»Bist du bald fertig?« rief Hauke ihr zu, »dann laß dir sagen: ich will dir einen Kater schaffen, der mit Maus- und Rattenblut zufrieden ist!«

Darauf ging er, scheinbar auf nichts mehr achtend, fürbaß. Aber die tote Katze mußte ihm doch im Kopfe Wirrsal machen, denn er ging, als er zu den Häusern gekommen war, dem seines Vaters und auch den übrigen vorbei und eine weite Strecke noch nach Süden auf dem Deich der Stadt zu.

Inmittelst wanderte auch Trin' Jans auf demselben in der gleichen Richtung; sie trug in einem alten blaukarierten Kissenüberzug eine Last in ihren Armen, die sie sorgsam, als wär's ein Kind, umklammerte; ihr greises Haar flatterte in dem leichten Frühlingswind. »Was schleppt Sie da, Trina?« frug ein Bauer, der ihr entgegenkam. »Mehr als dein Haus und Hof«, erwiderte die Alte; dann ging sie eifrig weiter. Als sie dem unten liegenden Hause des alten Haien nahe kam, ging sie den Akt, wie man bei uns die Trift- und Fußwege nennt, die schräg an der Seite des Deiches hinab- oder hinaufführen, zu den Häusern hinunter.

Der alte Tede Haien stand eben vor der Tür und sah ins Wetter. »Na, Trin'!« sagte er, als sie pustend vor ihm stand und ihren Krückstock in die Erde bohrte, »was bringt Sie Neues in Ihrem Sack?«

»Erst laß mich in die Stube, Tede Haien! dann soll Er's sehen!« Und ihre Augen sahen ihn mit seltsamem Funkeln an.

»So komm Sie!« sagte der Alte. Was gingen ihn die Augen des dummen Weibes an.

Und als beide eingetreten waren, fuhr sie fort: »Bring Er den alten Tabakskasten und das Schreibzeug von dem Tisch – was hat Er denn immer zu schreiben? – – So; und nun wisch Er ihn sauber ab!«

Und der Alte, der fast neugierig wurde, tat alles, was sie sagte; dann nahm sie den blauen Überzug bei beiden Zipfeln und schüttete daraus den großen Katerleichnam auf den Tisch. »Da hat Er ihn!« rief sie; »Sein Hauke hat ihn totgeschlagen.« Hierauf aber begann sie ein bitterliches Weinen; sie streichelte das dicke Fell des toten Tieres, legte ihm die Tatzen zusammen, neigte ihre lange Nase über dessen Kopf und raunte ihm unverständliche Zärtlichkeiten in die Ohren.

Tede Haien sah dem zu. »So«, sagte er; »Hauke hat ihn totgeschlagen?« Er wußte nicht, was er mit dem heulenden Weibe machen sollte.

Die Alte nickte ihn grimmig an: »Ja, ja; so Gott, das hat er getan!« Und sie wischte sich mit ihrer von Gicht verkrümmten Hand das Wasser aus den Augen. »Kein Kind, kein Lebigs mehr!« klagte sie. »Und Er weiß es ja wohl auch, uns Alten, wenn's nach Allerheiligen kommt, frieren abends im Bett die Beine, und statt zu schlafen, hören wir den Nordwest an unseren Fensterläden rappeln. Ich hör's nicht gern, Tede Haien, er kommt daher, wo mein Junge mir im Schlick versank.«

Tede Haien nickte, und die Alte streichelte das Fell ihres toten Katers. »Der aber«, begann sie wieder, »wenn ich winters am Spinnrad saß, dann saß er bei mir und spann auch und sah mich an mit seinen grünen Augen! Und kroch ich, wenn's mir kalt wurde, in mein Bett – es dauerte nicht lang, so sprang er zu mir und legte sich auf meine frierenden Beine, und wir schliefen so warm mitsammen, als hätte ich noch meinen jungen Schatz im Bett!« Die Alte, als suche sie bei dieser Erinnerung nach Zustimmung, sah den neben ihr am Tische stehenden Alten mit ihren funkelnden Augen an.

Tede Haien aber sagte bedächtig: »Ich weiß Ihr einen Rat, Trin' Jans«, und er ging nach seiner Schatulle und nahm eine Silbermünze aus der Schublade – »Sie sagt, daß Hauke Ihr das Tier vom Leben gebracht hat, und ich weiß, Sie lügt nicht; aber hier ist ein Krontaler von Christian dem Vierten; damit kauf Sie sich ein gegerbtes Lammfell für Ihre kalten Beine! Und wenn unsere Katze nächstens Junge wirft, so mag Sie sich das größte davon aussuchen, das zusammen tut wohl einen altersschwachen Angorakater! Und nun nehm Sie das Vieh und bring Sie es meinethalb an den Racker in der Stadt, und halt Sie das Maul, daß es hier auf meinem ehrlichen Tisch gelegen hat!«

Während dieser Rede hatte das Weib schon nach dem Taler gegriffen und ihn in einer kleinen Tasche geborgen, die sie unter ihren Röcken trug; dann stopfte sie den Kater wieder in das Bettbühr, wischte mit ihrer Schürze die Blutflecken von dem Tisch und stakte zur Tür hinaus. »Vergiß Er mir nur den jungen Kater nicht!« rief sie noch zurück.

-- Eine Weile später, als der alte Haien in dem engen Stüblein auf und ab schritt, trat Hauke herein und warf seinen bunten Vogel auf den Tisch; als er aber auf der weißgescheuerten Platte den noch kennbaren Blutfleck sah, frug er, wie beiläufig: »Was ist denn das?«

Der Vater blieb stehen: »Das ist Blut, was du hast fließen machen!«

Dem Jungen schoß es doch heiß ins Gesicht: »Ist denn Trin' Jans mit ihrem Kater hier gewesen?«

Der Alte nickte: »Weshalb hast du ihr den totgeschlagen?«

Hauke entblößte seinen blutigen Arm. »Deshalb«, sagte er; »er hatte mir den Vogel fortgerissen!«

Der Alte sagte nichts hierauf; er begann eine Zeitlang wieder auf und ab zu gehen; dann blieb er vor dem Jungen stehn und sah eine Weile wie abwesend auf ihn hin. »Das mit dem Kater hab ich rein gemacht«, sagte er dann; »aber, siehst du, Hauke, die Kate ist hier zu klein; zwei Herren können darauf nicht sitzen – es ist nun Zeit, du mußt dir einen Dienst besorgen!«

»Ja, Vater«, entgegnete Hauke; »hab dergleichen auch gedacht.«

»Warum?« frug der Alte.

– »Ja, man wird grimmig in sich, wenn man's nicht an einem ordentlichen Stück Arbeit auslassen kann.«

»So?« sagte der Alte, »und darum hast du den Angorer totgeschlagen? Das könnte leicht noch schlimmer werden!«

– »Er mag wohl recht haben, Vater; aber der Deichgraf hat seinen Kleinknecht fortgejagt; das könnt ich schon verrichten!«

Der Alte begann wieder auf und ab zu gehen und spritzte dabei die schwarze Tabaksjauche von sich. »Der Deichgraf ist ein Dummkopf, dumm wie 'ne Saatgans! Er ist nur Deichgraf, weil sein Vater und Großvater es gewesen sind, und wegen seiner neunundzwanzig Fennen. Wenn Martini herankommt und hernach die Deich- und Sielrechnungen abgetan werden müssen, dann füttert er den Schulmeister mit Gansbraten und Met und Weizenkringeln und sitzt dabei und nickt, wenn der mit seiner Feder die Zahlenreihen hinunterläuft, und sagt: ›Ja, ja, Schulmeister, Gott vergönn's Ihm! Was kann Er rechnen?‹ Wenn aber einmal der Schulmeister nicht kann oder auch nicht will, dann muß er selber dran und sitzt und schreibt und streicht wieder aus, und der große dumme Kopf wird ihm rot und heiß, und die Augen quellen wie Glaskugeln, als wollte das bißchen Verstand da hinaus.«

Der Junge stand gerade auf vor dem Vater und wunderte sich, was der reden könne; so hatte er's noch nicht von ihm gehört. »Ja, Gott tröst!« sagte er, »dumm ist er wohl; aber seine Tochter Elke, die kann rechnen!«

Der Alte sah ihn scharf an. »Ahoi, Hauke«, rief er; »was weißt du von Elke Volkerts?«

– »Nichts, Vater; der Schulmeister hat's mir nur erzählt.«

Der Alte antwortete nicht darauf; er schob nur bedächtig seinen Tabaksknoten aus einer Backe hinter die andere.

»Und du denkst«, sagte er dann, »du wirst dort auch mitrechnen können.«

»O ja, Vater, das möcht schon gehen«, erwiderte der Sohn, und ein ernstes Zucken lief um seinen Mund.

Der Alte schüttelte den Kopf: »Nun, aber meinethalb; versuch einmal dein Glück!«

»Dank auch, Vater!« sagte Hauke und stieg zu seiner Schlafstatt auf dem Boden; hier setzte er sich auf die Bettkante und sann, weshalb ihn denn sein Vater um Elke Volkerts angerufen habe. Er kannte sie freilich, das ranke achtzehnjährige Mädchen mit dem bräunlichen schmalen Antlitz und den dunklen Brauen, die über den trotzigen Augen und der schmalen Nase ineinanderliefen; doch hatte er noch kaum ein Wort mit ihr gesprochen; nun, wenn er zu dem alten Tede Volkerts ging, wollte er sie doch besser darauf ansehen, was es mit dem Mädchen auf sich habe. Und gleich jetzt wollte er gehen, damit kein anderer ihm die Stelle abjage; es war ja kaum noch Abend. Und so zog er seine Sonntagsjacke und seine besten Stiefel an und machte sich guten Mutes auf den Weg.

– Das langgestreckte Haus des Deichgrafen war durch seine hohe Werfte, besonders durch den höchsten Baum des Dorfes, eine gewaltige Esche, schon von weitem sichtbar; der Großvater des jetzigen, der erste Deichgraf des Geschlechtes, hatte in seiner Jugend eine solche osten der Haustür hier gesetzt; aber die beiden ersten Anpflanzungen waren vergangen, und so hatte er an seinem Hochzeitsmorgen diesen dritten Baum gepflanzt, der noch jetzt mit seiner immer mächtiger werdenden Blätterkrone in dem hier unablässigen Winde wie von alten Zeiten rauschte.

Als nach einer Weile der lang aufgeschossene Hauke die hohe Werfte hinaufstieg, welche an den Seiten mit Rüben und Kohl bepflanzt war, sah er droben die Tochter des Hauswirts neben der niedrigen Haustür stehen. Ihr einer etwas hagerer Arm hing schlaff herab, die andere Hand schien im Rücken nach dem Eisenring zu greifen, von denen je einer zu beiden Seiten der Tür in der Mauer war, damit, wer vor das Haus ritt, sein Pferd daran befestigen könne. Die Dirne schien von dort ihre Augen über den Deich hinaus nach dem Meer zu haben, wo an dem stillen Abend die Sonne eben in das Wasser hinabsank und zugleich das bräunliche Mädchen mit ihrem letzten Schein vergoldete.

Hauke stieg etwas langsamer an der Werfte hinan und dachte bei sich: ›So ist sie nicht so dösig!‹ Dann war er oben. »Guten Abend auch!« sagte er, zu ihr tretend; »wonach guckst du denn mit deinen großen Augen, Jungfer Elke?«

»Nach dem«, erwiderte sie, »was hier alle Abend vor sich geht, aber hier nicht alle Abend just zu sehen ist.« Sie ließ den Ring aus der Hand fallen, daß er klingend gegen die Mauer schlug. »Was willst du, Hauke Haien?« frug sie.

»Was dir hoffentlich nicht zuwider ist«, sagte er. »Dein Vater hat seinen Kleinknecht fortgejagt, da dachte ich bei euch in Dienst.«

Sie ließ ihre Blicke an ihm herunterlaufen. »Du bist noch so was schlanterig, Hauke!« sagte sie; »aber uns dienen zwei feste Augen besser als zwei feste Arme!« Sie sah ihn dabei fast düster an, aber Hauke hielt ihr tapfer stand. »So komm«, fuhr sie fort; »der Wirt ist in der Stube, laß uns hineingehen!«

Am andern Tage trat Tede Haien mit seinem Sohne in das geräumige Zimmer des Deichgrafen; die Wände waren mit glasurten Kacheln bekleidet, auf denen hier ein Schiff mit vollen Segeln oder ein Angler an einem Uferplatz, dort ein Rind, das kauend vor einem Bauernhause lag, den Beschauer vergnügen konnte; unterbrochen war diese dauerhafte Tapete durch ein mächtiges Wandbett mit jetzt zugeschobenen Türen und einen Wandschrank, der durch seine beiden Glastüren allerlei Porzellan- und Silbergeschirr erblicken ließ; neben der Tür zum anstoßenden Pesel war hinter einer Glasscheibe eine holländische Schlaguhr in die Wand gelassen.

Der starke, etwas schlagflüssige Hauswirt saß am Ende des blankgescheuerten Tisches im Lehnstuhl auf seinem bunten Wollenpolster. Er hatte seine Hände über dem Bauch gefaltet und starrte aus seinen runden Augen befriedigt auf das Gerippe einer fetten Ente; Gabel und Messer ruhten vor ihm auf dem Teller.

»Guten Tag, Deichgraf!« sagte Haien, und der Angeredete drehte langsam Kopf und Augen zu ihm hin.

»Ihr seid es, Tede?« entgegnete er, und der Stimme war die verzehrte fette Ente anzuhören, »setzt Euch; es ist ein gut Stück von Euch zu mir herüber!«

»Ich komme, Deichgraf«, sagte Tede Haien, indem er sich auf die an der Wand entlanglaufende Bank dem andern im Winkel gegenübersetzte. »Ihr habt Verdruß mit Euerem Kleinknecht gehabt und seid mit meinem Jungen einig geworden, ihn an dessen Stelle zu setzen!«

Der Deichgraf nickte: »Ja, ja, Tede; aber – was meint Ihr mit Verdruß? Wir Marschleute haben, Gott tröst uns, was dagegen einzunehmen!« Und er nahm das vor ihm liegende Messer und klopfte wie liebkosend auf das Gerippe der armen Ente. »Das war mein Leibvogel«, setzte er behaglich lachend hinzu; »sie fraß mir aus der Hand!«

»Ich dachte«, sagte der alte Haien, das letzte überhörend, »der Bengel hätte Euch Unheil im Stall gemacht.«

»Unheil? Ja, Tede; freilich Unheil genug! Der dicke Mopsbraten hatte die Kälber nicht gebörmt; aber er lag vollgetrunken auf dem Heuboden, und das Viehzeug schrie die ganze Nacht vor Durst, daß ich bis Mittag nachschlafen mußte; dabei kann die Wirtschaft nicht bestehen!«

»Nein, Deichgraf; aber dafür ist keine Gefahr bei meinem Jungen.«

Hauke stand, die Hände in den Seitentaschen, am Türpfosten, hatte den Kopf im Nacken und studierte an den Fensterrähmen ihm gegenüber.

Der Deichgraf hatte die Augen zu ihm gehoben und nickte hinüber: »Nein, nein, Tede«; und er nickte nun auch dem Alten zu; »Euer Hauke wird mir die Nachtruh nicht verstören; der Schulmeister hat's mir schon vordem gesagt, der sitzt lieber vor der Rechentafel als vor einem Glas mit Branntwein.«

Hauke hörte nicht auf diesen Zuspruch, denn Elke war in die Stube getreten und nahm mit ihrer leichten Hand die Reste der Speisen von dem Tisch, ihn mit ihren dunkeln Augen flüchtig streifend. Da fielen seine Blicke auch auf sie. ›Bei Gott und Jesus‹, sprach er bei sich selber, ›sie sieht auch so nicht dösig aus!‹

Das Mädchen war hinausgegangen. »Ihr wisset, Tede«, begann der Deichgraf wieder, »unser Herrgott hat mir einen Sohn versagt!«

»Ja, Deichgraf; aber laßt Euch das nicht kränken«, entgegnete der andere, »denn im dritten Gliede soll der Familienverstand ja verschleißen; Euer Großvater, das wissen wir noch alle, war einer, der das Land geschützt hat!«

Der Deichgraf, nach einigem Besinnen, sah schier verdutzt aus. »Wie meint Ihr das, Tede Haien?« sagte er und setzte sich in seinem Lehnstuhl auf, »ich bin ja doch im dritten Gliede!«

»Ja so! Nicht für ungut, Deichgraf; es geht nur so die Rede!« Und der hagere Tede Haien sah den alten Würdenträger mit etwas boshaften Augen an.

Der aber sprach unbekümmert: »Ihr müßt Euch von alten Weibern dergleichen Torheit nicht aufschwatzen lassen, Tede Haien; Ihr kennt nur meine Tochter nicht, die rechnet mich selber dreimal um und um! Ich wollt nur sagen, Euer Hauke wird außer im Felde auch hier in meiner Stube mit Feder oder Rechenstift so manches profitieren können, was ihm nicht schaden wird!«

»Ja, ja, Deichgraf, das wird er; da habt Ihr völlig recht!« sagte der alte Haien und begann dann noch einige Vergünstigungen bei dem Mietkontrakt sich auszubedingen, die abends vorher von seinem Sohne nicht bedacht waren. So sollte dieser außer seinen leinenen Hemden im Herbst auch noch acht Paar wollene Strümpfe als Zugabe seines Lohnes genießen; so wollte er selbst ihn im Frühling acht Tage bei der eigenen Arbeit haben, und was dergleichen mehr war. Aber der Deichgraf war zu allem willig; Hauke Haien schien ihm eben der rechte Kleinknecht.

-- »Nun, Gott tröst dich, Junge«, sagte der Alte, da sie eben das Haus verlassen hatten, »wenn der dir die Welt klarmachen soll.«

Aber Hauke erwiderte ruhig: »Laß Er nur, Vater; es wird schon alles werden.«

Und Hauke hatte so unrecht nicht gehabt; die Welt, oder was ihm die Welt bedeutete, wurde ihm klarer, je länger sein Aufenthalt in diesem Hause dauerte; vielleicht um so mehr, je weniger ihm eine überlegene Einsicht zu Hülfe kam und je mehr er auf seine eigene Kraft angewiesen war, mit der er sich von jeher beholfen hatte. Einer freilich war im Hause, für den er nicht der Rechte zu sein schien; das war der Großknecht Ole Peters, ein tüchtiger Arbeiter und ein maulfertiger Geselle. Ihm war der träge, aber dumme und stämmige Kleinknecht von vorhin besser nach seinem Sinn gewesen, dem er ruhig die Tonne Hafer auf den Rücken hatte laden und den er nach Herzenslust hatte herumstoßen können. Dem noch stilleren, aber ihn geistig überragenden Hauke vermochte er in solcher Weise nicht beizukommen; er hatte eine gar zu eigene Art, ihn anzublicken. Trotzdem verstand er es, Arbeiten für ihn auszusuchen, die seinem noch nicht gefesteten Körper hätten gefährlich werden können, und Hauke, wenn der Großknecht sagte: »Da hättest du den dicken Niß nur sehen sollen, dem ging es von der Hand!«, faßte nach Kräften an und brachte es, wenn auch mit Mühsal, doch zu Ende. Ein Glück war es für ihn, daß Elke selbst oder durch ihren Vater das meistens abzustellen wußte. Man mag wohl fragen, was mitunter ganz fremde Menschen aneinander bindet; vielleicht – sie waren beide geborene Rechner, und das Mädchen konnte ihren Kameraden in der groben Arbeit nicht verderben sehen.

Der Zwiespalt zwischen Groß- und Kleinknecht wurde auch im Winter nicht besser, als nach Martini die verschiedenen Deichrechnungen zur Revision eingelaufen waren.

Es war an einem Maiabend, aber es war Novemberwetter; von drinnen im Hause hörte man draußen hinterm Deich die Brandung donnern. »He, Hauke«, sagte der Hausherr, »komm herein; nun magst du weisen, ob du rechnen kannst!«

»Uns' Weert«, entgegnete dieser – denn so nennen hier die Leute ihre Herrschaft –, »ich soll aber erst das Jungvieh füttern!«

»Elke!« rief der Deichgraf; »wo bist du, Elke! – Geh zu Ole und sag ihm, er sollte das Jungvieh füttern; Hauke soll rechnen!«

Und Elke eilte in den Stall und machte dem Großknecht die Bestellung, der eben damit beschäftigt war, das über Tag gebrauchte Pferdegeschirr wieder an seinen Platz zu hängen.

Ole Peters schlug mit einer Trense gegen den Ständer, neben dem er sich beschäftigte, als wolle er sie kurz und klein haben: »Hol der Teufel den verfluchten Schreiberknecht!«

Sie hörte die Worte noch, bevor sie die Stalltür wieder geschlossen hatte.

»Nun?« frug der Alte, als sie in die Stube trat.

»Ole wollte es schon besorgen«, sagte die Tochter, ein wenig sich die Lippen beißend, und setzte sich Hauke gegenüber auf einen grobgeschnitzten Holzstuhl, wie sie noch derzeit hier an Winterabenden im Hause selbst gemacht wurden. Sie hatte aus einem Schubkasten einen weißen Strumpf mit rotem Vogelmuster genommen, an dem sie nun weiterstrickte; die langbeinigen Kreaturen darauf mochten Reiher oder Störche bedeuten sollen. Hauke saß ihr gegenüber, in seine Rechnerei vertieft, der Deichgraf selbst ruhte in seinem Lehnstuhl und blinzelte schläfrig nach Haukes Feder; auf dem Tisch brannten, wie immer im Deichgrafenhause, zwei Unschlittkerzen, und vor den beiden in Blei gefaßten Fenstern waren von außen die Läden vorgeschlagen und von innen zugeschroben; mochte der Wind nun poltern, wie er wollte. Mitunter hob Hauke seinen Kopf von der Arbeit und blickte einen Augenblick nach den Vogelstrümpfen oder nach dem schmalen ruhigen Gesicht des Mädchens.

Da tat es aus dem Lehnstuhl plötzlich einen lauten Schnarcher, und ein Blick und ein Lächeln flog zwischen den beiden jungen Menschen hin und wider; dann folgte allmählich ein ruhigeres Atmen; man konnte wohl ein wenig plaudern; Hauke wußte nur nicht, was.

Als sie aber das Strickzeug in die Höhe zog und die Vögel sich nun in ihrer ganzen Länge zeigten, flüsterte er über den Tisch herüber: »Wo hast du das gelernt, Elke?«

»Was gelernt?« frug das Mädchen zurück.

– »Das Vogelstricken«, sagte Hauke.

»Das? Von Trin' Jans draußen am Deich; sie kann allerlei; sie war vorzeiten einmal bei meinem Großvater hier im Dienst.«

»Da warst du aber wohl noch nicht geboren?« fragte Hauke.

»Ich denk wohl nicht; aber sie ist noch oft ins Haus gekommen.«

»Hat denn die die Vögel gern?« frug Hauke; »ich meint, sie hielt es nur mit Katzen!«

Elke schüttelte den Kopf: »Sie zieht ja Enten und verkauft sie; aber im vorigen Frühjahr, als du den Angorer totgeschlagen hattest, sind ihr hinten im Stall die Ratten dazwischengekommen; nun will sie sich vorn am Hause einen andern bauen.«

»So«, sagte Hauke und zog einen leisen Pfiff durch die Zähne, »dazu hat sie von der Geest sich Lehm und Steine hergeschleppt! Aber dann kommt sie in den Binnenweg! – Hat sie denn Konzession?«

»Weiß ich nicht«, meinte Elke. Aber er hatte das letzte Wort so laut gesprochen, daß der Deichgraf aus seinem Schlummer auffuhr. »Was Konzession?« frug er und sah fast wild von einem zu der andern. »Was soll die Konzession?«

Als aber Hauke ihm dann die Sache vorgetragen hatte, klopfte er ihm lachend auf die Schulter: »Ei was, der Binnenweg ist breit genug; Gott tröst den Deichgrafen, sollt er sich auch noch um die Entenställe kümmern!«

Hauke fiel es aufs Herz, daß er die Alte mit ihren jungen Enten den Ratten sollte preisgegeben haben, und er ließ sich mit dem Einwand abfinden. »Aber, uns' Weert«, begann er wieder, »es tät wohl dem und jenem ein kleiner Zwicker gut, und wollet Ihr ihn nicht selber greifen, so zwicket den Gevollmächtigten, der auf die Deichordnung passen soll!«

»Wie, was sagt der Junge?« Und der Deichgraf setzte sich vollends auf, und Elke ließ ihren künstlichen Strumpf sinken und wandte das Ohr hinüber.

»Ja, uns' Weert«, fuhr Hauke fort, »Ihr habt doch schon die Frühlingsschau gehalten; aber trotzdem hat Peter Jansen auf seinem Stück das Unkraut auch noch heute nicht gebuscht; im Sommer werden die Stieglitzer da wieder lustig um die roten Distelblumen spielen! Und dicht daneben, ich weiß nicht, wem's gehört, ist an der Außenseite eine ganze Wiege in dem Deich; bei schön Wetter liegt es immer voll von kleinen Kindern, die sich darin wälzen; aber – Gott bewahr uns vor Hochwasser!«

Die Augen des alten Deichgrafen waren immer größer geworden.

»Und dann –«, sagte Hauke wieder.

»Was dann noch, Junge?« frug der Deichgraf; »bist du noch nicht fertig?« Und es klang, als sei der Rede seines Kleinknechts ihm schon zuviel geworden.

»Ja, dann, uns' Weert«, sprach Hauke weiter; »Ihr kennt die dicke Vollina, die Tochter vom Gevollmächtigten Harders, die immer ihres

Vaters Pferde aus der Fenne holt – wenn sie nur eben mit ihren runden Waden auf der alten gelben Stute sitzt, hü hopp! so geht's allemal schräg an der Dossierung den Deich hinan!«

Hauke bemerkte erst jetzt, daß Elke ihre klugen Augen auf ihn gerichtet hatte und leise ihren Kopf schüttelte.

Er schwieg, aber ein Faustschlag, den der Alte auf den Tisch tat, dröhnte ihm in die Ohren; »da soll das Wetter dreinschlagen!« rief er, und Hauke erschrak beinahe über die Bärenstimme, die plötzlich hier hervorbrach. »Zur Brüche! Notier mir das dicke Mensch zur Brüche, Hauke! Die Dirne hat mir im letzten Sommer drei junge Enten weggefangen! Ja, ja, notier nur«, wiederholte er, als Hauke zögerte; »ich glaub sogar, es waren vier!«

»Ei, Vater«, sagte Elke, »war's nicht die Otter, die die Enten nahm?«

»Eine große Otter«, rief der Alte schnaufend; »werd doch die dicke Vollina und eine Otter auseinanderkennen! Nein, nein, vier Enten, Hauke – aber was du im übrigen schwatzest, der Herr Oberdeichgraf und ich, nachdem wir zusammen in meinem Hause hier gefrühstückt hatten, sind im Frühjahr an deinem Unkraut und an deiner Wiege vorbeigefahren und haben's doch nicht sehen können. Ihr beide aber«, und er nickte ein paarmal bedeutsam gegen Hauke und seine Tochter, »danket Gott, daß ihr nicht Deichgraf seid! Zwei Augen hat man nur, und mit hundert soll man sehen. – – Nimm nur die Rechnungen über die Bestickungsarbeiten, Hauke, und sieh sie nach; die Kerls rechnen oft zu liederlich!«

Dann lehnte er sich wieder in seinen Stuhl zurück, ruckte den schweren Körper ein paarmal und überließ sich bald dem sorgenlosen Schlummer.

Dergleichen wiederholte sich an manchem Abend. Hauke hatte scharfe Augen und unterließ es nicht, wenn sie beisammensaßen, das eine oder andre von schädlichem Tun oder Unterlassen in Deichsachen dem Alten vor die Augen zu rücken; und da dieser sie nicht immer schließen konnte, so kam unversehens ein lebhafterer Geschäftsgang in die Verwaltung, und die, welche früher im alten Schlendrian fortgesündigt hatten und jetzt unerwartet ihre frevlen oder faulen Finger geklopft fühlten, sahen sich unwillig und verwundert um, woher die Schläge denn gekommen seien. Und Ole, der Großknecht, säumte nicht, möglichst weit die Offenbarung zu verbreiten und dadurch gegen Hauke und seinen Vater, der doch die Mitschuld tragen mußte, in diesen Kreisen einen Widerwillen zu erregen; die andern aber, welche nicht getroffen waren oder denen es um die Sache selbst zu tun war, lachten und hatten ihre Freude, daß der Junge den Alten doch einmal etwas in Trab gebracht habe. »Schad nur«, sagten sie, »daß der Bengel nicht den gehörigen Klei unter den Füßen hat; das gäbe später sonst einmal wieder einen Deichgrafen, wie vordem sie dagewesen sind; aber die paar Demat seines Alten, die täten's denn doch nicht!«

Als im nächsten Herbst der Herr Amtmann und Oberdeichgraf zur Schauung kam, sah er sich den alten Tede Volkerts von oben bis unten an, während dieser ihn zum Frühstück nötigte. »Wahrhaftig, Deichgraf«, sagte er, »ich dacht's mir schon, Ihr seid in der Tat um ein Halbstieg Jahre jünger geworden; Ihr habt mir diesmal mit all Euern Vorschlägen warm gemacht; wenn wir mit alledem nur heute fertig werden!«

»Wird schon, wird schon, gestrenger Herr Oberdeichgraf«, erwiderte der Alte schmunzelnd; »der Gansbraten da wird schon die Kräfte stärken! Ja, Gott sei Dank, ich bin noch allezeit frisch und munter!« Er sah sich in der Stube um, ob auch nicht etwa Hauke um die Wege sei; dann setzte er in würdevoller Ruhe noch hinzu: »So hoffe ich zu Gott, noch meines Amtes ein paar Jahre in Segen warten zu können.«

»Und darauf, lieber Deichgraf«, erwiderte sein Vorgesetzter, sich erhebend, »wollen wir dieses Glas zusammen trinken!«

Elke, die das Frühstück bestellt hatte, ging eben, während die Gläser aneinanderklangen, mit leisem Lachen aus der Stubentür. Dann holte sie eine Schüssel Abfall aus der Küche und ging durch den Stall, um es vor der Außentür dem Federvieh vorzuwerfen. Im Stall stand Hauke Haien und steckte den Kühen, die man der argen Witterung wegen schon jetzt hatte heraufnehmen müssen, mit der Furke Heu in ihre Raufen. Als er aber das Mädchen kommen sah, stieß er die Furke auf den Grund. »Nu, Elke!« sagte er.

Sie blieb stehen und nickte ihm zu: »Ja, Hauke; aber eben hättest du drinnen sein müssen!«

»Meinst du? Warum denn, Elke?«

»Der Herr Oberdeichgraf hat den Wirt gelobt!«

»Den Wirt? Was tut das mir?«

»Nein, ich mein, den Deichgrafen hat er gelobt!«

Ein dunkles Rot flog über das Gesicht des jungen Menschen. »Ich weiß wohl«, sagte er, »wohin du damit segeln willst!«

»Werd nur nicht rot, Hauke, du warst es ja doch eigentlich, den der Oberdeichgraf lobte!«

Hauke sah sie mit halbem Lächeln an. »Auch du doch, Elke!« sagte er.

Aber sie schüttelte den Kopf: »Nein, Hauke; als ich allein der Helfer war, da wurden wir nicht gelobt. Ich kann ja auch nur rechnen; du aber siehst draußen alles, was der Deichgraf doch wohl selber sehen sollte; du hast mich ausgestochen!«

»Ich hab das nicht gewollt, dich am mindsten«, sagte Hauke zaghaft, und er stieß den Kopf einer Kuh zur Seite. »Komm, Rotbunt, friß mir nicht die Furke auf, du sollst ja alles haben!«

»Denk nur nicht, daß mir's leid tut, Hauke«, sagte nach kurzem Sinnen das Mädchen; »das ist ja Mannessache!«

Da streckte Hauke ihr den Arm entgegen: »Elke, gib mir die Hand darauf!«

Ein tiefes Rot schoß unter die dunkeln Brauen des Mädchens. »Warum? Ich lüg ja nicht!« rief sie.

Hauke wollte antworten; aber sie war schon zum Stall hinaus, und er stand mit seiner Furke in der Hand und hörte nur, wie draußen die Enten und Hühner um sie schnatterten und krähten.

Es war im Januar von Haukes drittem Dienstjahr, als ein Winterfest gehalten werden sollte; »Eisboseln« nennen sie es hier. Ein ständiger Frost hatte beim Ruhen der Küstenwinde alle Gräben zwischen den Fennen mit einer festen ebenen Kristallfläche belegt, so daß die zerschnittenen Landstücke nun eine weite Bahn für das Werfen der kleinen, mit Blei ausgegossenen Holzkugeln bildeten, womit das Ziel erreicht werden sollte. Tagaus, tagein wehte ein leichter Nordost: alles war schon in Ordnung; die Geestleute in dem zu Osten über der Marsch belegenen Kirchdorf, die im vorigen Jahre gesiegt hatten, waren zum Wettkampf gefordert und hatten angenommen; von jeder Seite waren neun Werfer aufgestellt; auch der Obmann und die Kretler waren gewählt. Zu letzteren, die bei Streitfällen über einen zweifelhaften Wurf miteinander zu verhandeln hatten, wurden allezeit Leute genommen, die ihre Sache ins beste Licht zu rücken verstanden, am liebsten Burschen, die außer gesundem Menschenverstand auch noch ein lustig Mundwerk hatten. Dazu gehörte vor allen Ole Peters, der Großknecht des Deichgrafen. »Werft nur wie die Teufel«, sagte er; »das Schwatzen tu ich schon umsonst!«

Es war gegen Abend vor dem Festtag; in der Nebenstube des Kirchspielskruges droben auf der Geest war eine Anzahl von den Werfern erschienen, um über die Aufnahme einiger zuletzt noch Angemeldeten zu beschließen. Hauke Haien war auch unter diesen; er hatte erst nicht wollen, obschon er seiner wurfgeübten Arme sich wohl bewußt war, aber er fürchtete, durch Ole Peters, der einen Ehrenposten in dem Spiel bekleidete, zurückgewiesen zu werden; die Niederlage wollte er sich sparen. Aber Elke hatte ihm noch in der elften Stunde den Sinn gewandt. »Er wird's nicht wagen, Hauke«, hatte sie gesagt; »er ist ein Tagelöhnersohn; dein Vater hat Kuh und Pferd und ist dazu der klügste Mann im Dorf!«

»Aber, wenn er's dennoch fertigbringt?«

Sie sah ihn halb lächelnd aus ihren dunkeln Augen an. »Dann«, sagte sie, »soll er sich den Mund wischen, wenn er abends mit seines Wirts Tochter zu tanzen denkt!« – Da hatte Hauke ihr mutig zugenickt.

Nun standen die jungen Leute, die noch in das Spiel hineinwollten, frierend und fußtrampelnd vor dem Kirchspielskrug und sahen nach der Spitze des aus Felsblöcken gebauten Kirchturms hinauf, neben dem das Krughaus lag. Des Pastors Tauben, die sich im Sommer auf den Feldern des Dorfes nährten, kamen eben von den Höfen und Scheuern der Bauern zurück, wo sie sich jetzt ihre Körner gesucht hatten, und verschwanden unter den Schindeln des Turmes, hinter welchen sie ihre Nester hatten; im Westen über dem Haff stand ein glühendes Abendrot.

»Wird gut Wetter morgen!« sagte der eine der jungen Burschen und begann heftig auf und ab zu wandern; »aber kalt! kalt!« Ein zweiter, als er keine Taube mehr fliegen sah, ging in das Haus und stellte sich horchend neben die Tür der Stube, aus der jetzt ein lebhaftes Durcheinanderreden herausscholl; auch des Deichgrafen Kleinknecht war neben ihn getreten. »Hör, Hauke«, sagte er zu diesem; »nun schreien sie um dich!« Und deutlich hörte man von drinnen Ole Peters' knarrende Stimme: »Kleinknechte und Jungens gehören nicht dazu!«

»Komm«, flüsterte der andre und suchte Hauke am Rockärmel an die Stubentür zu ziehen, »hier kannst du lernen, wie hoch sie dich taxieren!«

Aber Hauke riß sich los und ging wieder vor das Haus. »Sie haben uns nicht ausgesperrt, damit wir's hören sollen!« rief er zurück.

Vor dem Hause stand der dritte der Angemeldeten. »Ich fürcht, mit mir hat's einen Haken«, rief er ihm entgegen; »ich hab kaum achtzehn Jahre; wenn sie nur den Taufschein nicht verlangen! Dich, Hauke, wird dein Großknecht schon herauskreteln!«

»Ja, heraus!« brummte Hauke und schleuderte mit dem Fuße einen Stein über den Weg; »nur nicht hinein!«

Der Lärm in der Stube wurde stärker; dann allmählich trat eine Stille ein; die draußen hörten wieder den leisen Nordost, der sich oben an der Kirchturmspitze brach. Der Horcher trat wieder zu ihnen. »Wen hatten sie da drinnen?« frug der Achtzehnjährige.

»Den da!« sagte jener und wies auf Hauke; »Ole Peters wollte ihn zum Jungen machen; aber alle schrien dagegen. ›Und sein Vater hat Vieh und Land‹, sagte Jeß Hansen. ›Ja, Land‹, rief Ole Peters, ›das man auf dreizehn Karren wegfahren kann!‹ – Zuletzt kam Ole Hensen. ›Still da!‹ schrie er; ›ich will's euch lehren: sagt nur, wer ist der erste Mann im Dorf?‹ Da schwiegen sie erst und schienen sich zu besinnen; dann sagte eine Stimme: ›Das ist doch wohl der Deichgraf!‹ Und alle anderen riefen: ›Nun ja, unserthalb der Deichgraf!‹ – ›Und wer ist denn der Deichgraf?‹ rief Ole Hensen wieder; ›aber nun bedenkt euch recht!‹ -- Da begann einer leis zu lachen, und dann wieder einer, bis zuletzt nichts in der Stube war als lauter Lachen. ›Nun, so ruft ihn‹, sagte Ole Hensen; ›ihr wollt doch nicht den Deichgrafen von der Tür stoßen!‹ Ich glaub, sie lachen noch; aber Ole Peters' Stimme war nicht mehr zu hören!« schloß der Bursche seinen Bericht.

Fast in demselben Augenblicke wurde drinnen im Hause die Stubentür aufgerissen, und: »Hauke! Hauke Haien!« rief es laut und fröhlich in die Nacht hinaus.

Da trabte Hauke in das Haus und hörte nicht mehr, wer denn der Deichgraf sei; was in seinem Kopfe brütete, hat indessen niemand wohl erfahren.

-- Als er nach einer Weile sich dem Hause seiner Herrschaft nahte, sah er Elke drunten am Heck der Auffahrt stehen, das Mondlicht schimmerte über die unermeßliche weißbereifte Weidefläche. »Stehst du hier, Elke?« frug er.

Sie nickte nur. »Was ist geworden?« sagte sie; »hat er's gewagt?« – »Was sollt er nicht!«

»Nun, und?«

– »Ja, Elke; ich darf es morgen doch versuchen!«

»Gute Nacht, Hauke!« Und sie lief flüchtig die Werfte hinan und verschwand im Hause.

Langsam folgte er ihr.

Auf der weiten Weidefläche, die sich zu Osten an der Landseite des Deiches entlangzog, sah man am Nachmittag darauf eine dunkle Menschenmasse bald unbeweglich stillestehen, bald, nachdem zweimal eine hölzerne Kugel aus derselben über den durch die Tagessonne jetzt von Reif befreiten Boden hingeflogen war, abwärts von den hinter ihr liegenden langen und niedrigen Häusern allmählich weiterrücken; die Parteien der Eisbosler in der Mitte, umgeben von alt und jung, was mit ihnen, sei es in jenen Häusern oder in denen droben auf der Geest, Wohnung oder Verbleib hatte; die älteren Männer in langen Röcken, bedächtig aus kurzen Pfeifen rauchend, die Weiber in Tüchern oder Jacken, auch wohl Kinder an den Händen ziehend oder auf den Armen tragend. Aus den gefrorenen Gräben, welche allmählich überschritten wurden, funkelte durch die scharfen Schilfspitzen der bleiche Schein der Nachmittagssonne; es fror mächtig, aber das Spiel ging unablässig vorwärts, und aller Augen verfolgten immer wieder die fliegende Kugel, denn an ihr hing heute für das ganze Dorf die Ehre des Tages. Der Kretler der Parteien trug hier einen weißen, bei den Geestleuten einen schwarzen Stab mit eiserner Spitze; wo die Kugel ihren Lauf geendet hatte, wurde dieser, je nachdem, unter schweigender Anerkennung oder dem Hohngelächter der Gegenpartei in den gefrorenen Boden eingeschlagen, und wessen Kugel zuerst das Ziel erreichte, der hatte für seine Partei das Spiel gewonnen.

Gesprochen wurde von all den Menschen wenig; nur wenn ein Kapitalwurf geschah, hörte man wohl einen Ruf der jungen Männer oder Weiber; oder von den Alten einer nahm seine Pfeife aus dem Mund und klopfte damit unter ein paar guten Worten den Werfer auf die Schulter: »Das war ein Wurf, sagte Zacharies und warf sein Weib aus der Luke!« oder: »So warf dein Vater auch; Gott tröst ihn in der Ewigkeit!« oder was sie sonst für Gutes sagten.

Bei seinem ersten Wurfe war das Glück nicht mit Hauke gewesen: als er eben den Arm hinten ausschwang, um die Kugel fortzuschleudern, war eine Wolke von der Sonne fortgezogen, die sie vorhin bedeckt hatte, und diese traf mit ihrem vollen Strahl in seine Augen; der Wurf wurde zu kurz, die Kugel fiel auf einen Graben und blieb im Bummeis stecken.

»Gilt nicht! Gilt nicht! Hauke, noch einmal«, riefen seine Partner.

Aber der Kretler der Geestleute sprang dagegen auf: »Muß wohl gelten; geworfen ist geworfen!«

»Ole! Ole Peters!« schrie die Marschjugend. »Wo ist Ole? Wo, zum Teufel, steckt er?«

Aber er war schon da. »Schreit nur nicht so! Soll Hauke wo geflickt werden! Ich dacht's mir schon.«

– »Ei was! Hauke muß noch einmal werfen; nun zeig, daß du das Maul am rechten Fleck hast!«

»Das hab ich schon!« rief Ole und trat dem Geestkretler gegenüber und redete einen Haufen Galimathias aufeinander. Aber die Spitzen und Schärfen, die sonst aus seinen Worten blitzten, waren diesmal nicht dabei. Ihm zur Seite stand das Mädchen mit den Rätselbrauen und sah scharf aus zornigen Augen auf ihn hin; aber reden durfte sie nicht, denn die Frauen hatten keine Stimme in dem Spiel.

»Du leierst Unsinn«, rief der andere Kretler, »weil dir der Sinn nicht dienen kann! Sonne, Mond und Sterne sind für uns alle gleich und allezeit am Himmel; der Wurf war ungeschickt, und alle ungeschickten Würfe gelten!«

So redeten sie noch eine Weile gegeneinander; aber das Ende war, daß nach Bescheid des Obmanns Hauke seinen Wurf nicht wiederholen durfte.

»Vorwärts!« riefen die Geestleute, und ihr Kretler zog den schwarzen Stab aus dem Boden, und der Werfer trat auf seinen Nummerruf dort an und schleuderte die Kugel vorwärts. Als der Großknecht des Deichgrafen dem Wurfe zusehen wollte, hatte er an Elke Volkerts vorbeimüssen. »Wem zuliebe ließest du heut deinen Verstand zu Hause?« raunte sie ihm zu.

Da sah er sie fast grimmig an, und aller Spaß war aus seinem breiten Gesichte verschwunden. »Dir zulieb!« sagte er, »denn du hast deinen auch vergessen!«

»Geh nur; ich kenne dich, Ole Peters!« erwiderte das Mädchen, sich hoch aufrichtend; er aber kehrte den Kopf ab und tat, als habe er das nicht gehört.

Und das Spiel und der schwarze und weiße Stab gingen weiter. Als Hauke wieder am Wurf war, flog seine Kugel schon so weit, daß das Ziel, die große weißgekalkte Tonne, klar in Sicht kam. Er war jetzt ein fester junger Kerl, und Mathematik und Wurfkunst hatte er täglich während seiner Knabenzeit getrieben. »Oho, Hauke!« rief es aus dem Haufen; »das war ja, als habe der Erzengel Michael selbst geworfen!« Eine alte Frau mit Kuchen und Branntwein drängte sich durch den Haufen zu ihm; sie schenkte ein Glas voll und bot es ihm. »Komm«, sagte sie, »wir wollen uns vertragen: das heut ist besser, als da du mir die Katze totschlugst!« Als er sie ansah, erkannte er, daß es Trin' Jans war. »Ich dank dir, Alte«, sagte er; »aber ich trink das nicht.« Er griff in seine Tasche und drückte ihr ein frischgeprägtes Markstück in die Hand. »Nimm das und trink selber das Glas aus, Trin'; so haben wir uns vertragen!«

»Hast recht, Hauke!« erwiderte die Alte, indem sie seiner Anweisung folgte; »hast recht; das ist auch besser für ein altes Weib wie ich!«

»Wie geht's mit deinen Enten?« rief er ihr noch nach, als sie sich schon mit ihrem Korbe fortmachte; aber sie schüttelte nur den Kopf, ohne sich umzuwenden, und patschte mit ihren alten Händen in die Luft. »Nichts, nichts, Hauke; da sind zu viele Ratten in euren Gräben; Gott tröst mich; man muß sich anders nähren!« Und somit drängte sie sich in den Menschenhaufen und bot wieder ihren Schnaps und ihre Honigkuchen an.

Die Sonne war endlich schon hinter den Deich hinabgesunken; statt ihrer glimmte ein rotvioletter Schimmer empor; mitunter flogen schwarze Krähen vorüber und waren auf Augenblicke wie vergoldet, es wurde Abend. Auf den Fennen aber rückte der dunkle Menschentrupp noch immer weiter von den schwarzen, schon fern liegenden Häusern nach der Tonne zu; ein besonders tüchtiger Wurf mußte sie jetzt erreichen können. Die Marschleute waren an der Reihe; Hauke sollte werfen.

Die kreidige Tonne zeichnete sich weiß in dem breiten Abendschatten, der jetzt von dem Deiche über die Fläche fiel. »Die werdet ihr uns diesmal wohl noch lassen!« rief einer von den Geestleuten, denn es ging scharf her; sie waren um mindestens ein Halbstieg Fuß im Vorteil.

Die hagere Gestalt des Genannten trat eben aus der Menge; die grauen Augen sahen aus dem langen Friesengesicht vorwärts nach der Tonne; in der herabhängenden Hand lag die Kugel.

»Der Vogel ist dir wohl zu groß«, hörte er in diesem Augenblick Ole Peters' Knarrstimme dicht vor seinen Ohren; »sollen wir ihn um einen grauen Topf vertauschen?«

Hauke wandte sich und blickte ihn mit festen Augen an. »Ich werfe für die Marsch!« sagte er. »Wohin gehörst denn du?«

»Ich denke, auch dahin, du wirfst doch wohl für Elke Volkerts!«

»Beiseit!« schrie Hauke und stellte sich wieder in Positur. Aber Ole drängte mit dem Kopf noch näher auf ihn zu. Da plötzlich, bevor noch Hauke selber etwas dagegen unternehmen konnte, packte den Zudringlichen eine Hand und riß ihn rückwärts, daß der Bursche gegen seine lachenden Kameraden taumelte. Es war keine große Hand gewesen, die das getan hatte; denn als Hauke flüchtig den Kopf wandte, sah er neben sich Elke Volkerts ihren Ärmel zurechtzupfen, und die dunkeln Brauen standen ihr wie zornig in dem heißen Antlitz.

Da flog es wie eine Stahlkraft in Haukes Arm; er neigte sich ein wenig, er wiegte die Kugel ein paarmal in der Hand; dann holte er aus, und eine Todesstille war auf beiden Seiten; alle Augen folgten der fliegenden Kugel, man hörte ihr Sausen, wie sie die Luft durchschnitt; plötzlich, schon weit vom Wurfplatz, verdeckten sie die Flügel einer Silbermöwe, die, ihren Schrei ausstoßend, vom Deich herüberkam; zugleich aber hörte man es in der Ferne an die Tonne klatschen. »Hurra für Hauke!« riefen die Marschleute, und lärmend ging es durch die Menge: »Hauke! Hauke Haien hat das Spiel gewonnen!«

Der aber, da ihn alle dicht umdrängten, hatte seitwärts nur nach einer Hand gegriffen; auch da sie wieder riefen: »Was stehst du, Hauke? Die Kugel liegt ja in der Tonne!«, nickte er nur und ging nicht von der Stelle; erst als er fühlte, daß sich die kleine Hand fest an die seine schloß, sagte er: »Ihr mögt schon recht haben; ich glaube auch, ich hab gewonnen!«

Dann strömte der ganze Trupp zurück, und Elke und Hauke wurden getrennt und von der Menge auf den Weg zum Kruge fortgerissen, der an des Deichgrafen Werfte nach der Geest hinaufbog. Hier aber entschlüpften beide dem Gedränge, und während Elke auf ihre Kammer ging, stand Hauke hinten vor der Stalltür auf der

Werfte und sah, wie der dunkle Menschentrupp allmählich nach dort hinaufwanderte, wo im Kirchspielskrug ein Raum für die Tanzenden bereitstand. Das Dunkel breitete sich allmählich über die weite Gegend; es wurde immer stiller um ihn her, nur hinter ihm im Stalle regte sich das Vieh; oben von der Geest her glaubte er schon das Pfeifen der Klarinetten aus dem Kruge zu vernehmen. Da hörte er um die Ecke des Hauses das Rauschen eines Kleides, und kleine feste Schritte gingen den Fußsteig hinab, der durch die Fennen nach der Geest hinaufführte. Nun sah er auch im Dämmer die Gestalt dahinschreiten und sah, daß es Elke war; sie ging auch zum Tanze nach dem Krug. Das Blut schoß ihm in den Hals hinauf; sollte er ihr nicht nachlaufen und mit ihr gehen? Aber Hauke war kein Held den Frauen gegenüber; mit dieser Frage sich beschäftigend, blieb er stehen, bis sie im Dunkel seinem Blick entschwunden war.

Dann, als die Gefahr, sie einzuholen, vorüber war, ging auch er denselben Weg, bis er droben den Krug bei der Kirche erreicht hatte und das Schwatzen und Schreien der vor dem Hause und auf dem Flur sich Drängenden und das Schrillen der Geigen und Klarinetten betäubend ihn umrauschte. Unbeachtet drückte er sich in den »Gildesaal«; er war nicht groß und so voll, daß man kaum einen Schritt weit vor sich hin sehen konnte. Schweigend stellte er sich an den Türpfosten und blickte in das unruhige Gewimmel; die Menschen kamen ihm wie Narren vor; er hatte auch nicht zu sorgen, daß jemand noch an den Kampf des Nachmittags dachte und wer vor einer Stunde erst das Spiel gewonnen hatte; jeder sah nur auf seine Dirne und drehte sich mit ihr im Kreis herum. Seine Augen suchten nur die eine, und endlich – dort! Sie tanzte mit ihrem Vetter, dem jungen Deichgevollmächtigten; aber schon sah er sie nicht mehr, nur andere Dirnen aus Marsch und Geest, die ihn nicht kümmerten. Dann schnappten Violinen und Klarinetten plötzlich ab, und der Tanz war zu Ende; aber gleich begann auch schon ein anderer. Hauke flog es durch den Kopf, ob denn Elke ihm auch Wort halten, ob sie nicht mit Ole Peters ihm vorbeitanzen werde. Fast hätte er einen Schrei bei dem Gedanken ausgestoßen; dann -- ja, was wollte er dann? Aber sie schien bei diesem Tanze gar nicht mitzuhalten, und endlich ging auch der zu Ende, und ein anderer, ein Zweitritt, der eben erst hier in die Mode gekommen war, folgte. Wie rasend setzte die Musik ein, die jungen Kerle stürzten zu den Dirnen, die Lichter an den Wänden flirrten.

Hauke reckte sich fast den Hals aus, um die Tanzenden zu erkennen; und dort, im dritten Paare, das war Ole Peters; aber wer war die Tänzerin? Ein breiter Marschbursche stand vor ihr und deckte ihr Gesicht! Doch der Tanz raste weiter, und Ole mit seiner Partnerin drehte sich heraus. »Vollina! Vollina Harders!« rief Hauke fast laut und seufzte dann gleich wieder erleichtert auf. Aber wo blieb Elke? Hatte sie keinen Tänzer, oder hatte sie alle ausgeschlagen, weil sie nicht mit Ole hatte tanzen wollen? – Und die Musik setzte wieder ab, und ein neuer Tanz begann; aber wieder sah er Elke nicht! Doch dort kam Ole, noch immer die dicke Vollina in den Armen! »Nun, nun«, sagte Hauke; »da wird Jeß Harders mit seinen fünfundzwanzig Demat auch wohl bald aufs Altenteil müssen! – Aber wo ist Elke?«

Er verließ seinen Türpfosten und drängte sich weiter in den Saal hinein; da stand er plötzlich vor ihr, die mit einer älteren Freundin in einer Ecke saß. »Hauke!« rief sie, mit ihrem schmalen Antlitz zu ihm aufblickend; »bist du hier? ich sah dich doch nicht tanzen!«

»Ich tanzte auch nicht«, erwiderte er.

– »Weshalb nicht, Hauke?« Und sich halb erhebend, setzte sie hinzu: »Willst du mit mir tanzen? Ich hab es Ole Peters nicht gegönnt; der kommt nicht wieder!«

Aber Hauke machte keine Anstalt. »Ich danke, Elke«, sagte er; »ich verstehe das nicht gut genug; sie könnten über dich lachen; und dann ...« Er stockte plötzlich und sah sie nur aus seinen grauen Augen herzlich an, als ob er's ihnen überlassen müsse, das übrige zu sagen.

»Was meinst du, Hauke?« frug sie leise.

– »Ich mein, Elke, es kann ja doch der Tag nicht schöner für mich ausgehn, als er's schon getan hat.«

»Ja«, sagte sie, »du hast das Spiel gewonnen.«

»Elke!« mahnte er kaum hörbar.

Da schlug ihr eine heiße Lohe in das Angesicht. »Geh!« sagte sie; »was willst du?« und schlug die Augen nieder.

Als aber die Freundin jetzt von einem Burschen zum Tanze fortgezogen wurde, sagte Hauke lauter: »Ich dachte, Elke, ich hätt was Besseres gewonnen!«

Noch ein paar Augenblicke suchten ihre Augen auf dem Boden; dann hob sie sie langsam, und ein Blick, mit der stillen Kraft ihres Wesens, traf in die seinen, der ihn wie Sommerluft durchströmte.

»Tu, wie dir ums Herz ist, Hauke!« sprach sie; »wir sollten uns wohl kennen!«

Elke tanzte an diesem Abend nicht mehr, und als beide dann nach Hause gingen, hatten sie sich Hand in Hand gefaßt; aus der Himmelshöhe funkelten die Sterne über der schweigenden Marsch; ein leichter Ostwind wehte und brachte strenge Kälte; die beiden aber gingen, ohne viel Tücher und Umhang, dahin, als sei es plötzlich Frühling worden.

Hauke hatte sich auf ein Ding besonnen, dessen passende Verwendung zwar in ungewisser Zukunft lag, mit dem er sich aber eine stille Feier zu bereiten gedachte. Deshalb ging er am nächsten Sonntag in die Stadt zum alten Goldschmied Andersen und bestellte einen starken Goldring. »Streckt den Finger her, damit wir messen!« sagte der Alte und faßte ihm nach dem Goldfinger. »Nun«, meinte er, »der ist nicht gar so dick, wie sie bei euch Leuten sonst zu sein pflegen!« Aber Hauke sagte: »Messet lieber am kleinen Finger!« und hielt ihm den entgegen.

Der Goldschmied sah ihn etwas verdutzt an; aber was kümmerten ihn die Einfälle der jungen Bauernburschen. »Da werden wir schon so einen unter den Mädchenringen haben!« sagte er, und Hauke schoß das Blut durch beide Wangen. Aber der kleine Goldring paßte auf seinen kleinen Funger, und er nahm ihn hastig und bezahlte ihn mit blankem Silber; dann steckte er ihn unter lautem Herzklopfen, und als ob er einen feierlichen Akt begehe, in die Westentasche. Dort trug er ihn seitdem an jedem Tage mit Unruhe und doch mit Stolz, als sei die Westentasche nur dazu da, um einen Ring darin zu tragen.

Er trug ihn so über Jahr und Tag, ja der Ring mußte sogar aus dieser noch in eine neue Westentasche wandern; die Gelegenheit zu seiner Befreiung hatte sich noch immer nicht ergeben wollen. Wohl war's ihm durch den Kopf geflogen, nur gradenwegs vor seinen Wirt hinzutreten; sein Vater war ja doch auch ein Eingesessener! Aber wenn er ruhiger wurde, dann wußte er wohl, der alte Deichgraf würde seinen Kleinknecht ausgelacht haben. Und so lebten er und des Deichgrafen Tochter nebeneinander hin; auch sie in mädchenhaftem Schweigen, und beide doch, als ob sie allzeit Hand in Hand gingen.

Ein Jahr nach jenem Winterfesttag hatte Ole Peters seinen Dienst gekündigt und mit Vollina Harders Hochzeit gemacht; Hauke hatte recht gehabt: der Alte war auf Altenteil gegangen, und statt der dicken Tochter ritt nun der muntere Schwiegersohn die gelbe Stute in die Fenne und, wie es hieß, rückwärts allzeit gegen den Deich hinan. Hauke war Großknecht geworden und ein Jüngerer an seine Stelle getreten; wohl hatte der Deichgraf ihn erst nicht wollen aufrücken lassen. »Kleinknecht ist besser!« hatte er gebrummt; »ich brauch ihn hier bei meinen Büchern!« »Aber Elke hatte ihm vorgehalten: »Dann geht auch Hauke, Vater!« Da war dem Alten bange geworden, und Hauke war zum Großknecht aufgerückt, hatte aber trotz dessen nach wie vor auch an der Deichgrafschaft mitgeholfen.

Nach einem andern Jahr aber begann er gegen Elke davon zu reden, sein Vater werde kümmerlich, und die paar Tage, die der Wirt ihn im Sommer in dessen Wirtschaft lasse, täten's nun nicht mehr; der Alte quäle sich, er dürfe das nicht länger ansehn. – Es war ein Sommerabend; die beiden standen im Dämmerschein unter der großen Esche vor der Haustür. Das Mädchen sah eine Weile stumm in die Zweige des Baumes hinauf; dann entgegnete sie: »Ich hab's nicht sagen wollen, Hauke; ich dachte, du würdest selber wohl das Rechte treffen.«

»Ich muß dann fort aus eurem Hause«, sagte er, »und kann nicht wiederkommen.«

Sie schwiegen eine Weile und sahen in das Abendrot, das drüben hinterm Deiche in das Meer versank. »Du mußt es wissen«, sagte sie; »ich war heut morgen noch bei deinem Vater und fand ihn in seinem Lehnstuhl eingeschlafen; die Reißfeder in der Hand, das Reißbrett mit einer halben Zeichnung lag vor ihm auf dem Tisch; – und da er erwacht war und mühsam ein Viertelstündchen mit mir geplaudert hatte und ich nun gehen wollte, da hielt er mich so angstvoll an der Hand zurück, als fürchte er, es sei zum letzten Mal; aber ...«

»Was aber, Elke?« frug Hauke, da sie fortzufahren zögerte.

Ein paar Tränen rannen über die Wangen des Mädchens. »Ich dachte nur an meinen Vater«, sagte sie; »glaub mir, es wird ihm schwer ankommen, dich zu missen.« Und als ob sie zu dem Worte sich ermannen müsse, fügte sie hinzu: »Mir ist es oft, als ob er auf seine Totenkammer rüste.«

Hauke antwortete nicht; ihm war es plötzlich, als rühre sich der Ring in seiner Tasche; aber noch bevor er seinen Unmut über diese unwillkürliche Lebensregung unterdrückt hatte, fuhr Elke fort:

»Nein, zürn nicht, Hauke! Ich trau, du wirst auch so uns nicht verlassen!«

Da ergriff er eifrig ihre Hand, und sie entzog sie ihm nicht. Noch eine Weile standen die jungen Menschen in dem sinkenden Dunkel beieinander, bis ihre Hände auseinanderglitten und jedes seine Wege ging. – Ein Windstoß fuhr empor und rauschte durch die Eschenblätter und machte die Läden klappern, die an der Vorderseite des Hauses waren; allmählich aber kam die Nacht, und Stille lag über der ungeheueren Ebene.

Durch Elkes Zutun war Hauke von dem alten Deichgrafen seines Dienstes entlassen worden, obgleich er ihm rechtzeitig nicht gekündigt hatte, und zwei neue Knechte waren jetzt im Hause. – Noch ein paar Monate weiter, dann starb Tede Haien; aber bevor er starb, rief er den Sohn an seine Lagerstatt. »Setz dich zu mir, mein Kind«, sagte der Alte mit matter Stimme, »dicht zu mir! Du brauchst dich nicht zu fürchten; wer bei mir ist, das ist nur der dunkle Engel des Herrn, der mich zu rufen kommt.«

Und der erschütterte Sohn setzte sich dicht an das dunkle Wandbett. »Sprecht, Vater, was Ihr noch zu sagen habt!«

»Ja, mein Sohn, noch etwas«, sagte der Alte und streckte seine Hände über das Deckbett. »Als du, noch ein halber Junge, zu dem Deichgrafen in Dienst gingst, da lag's in deinem Kopf, das selbst einmal zu werden. Das hatte mich angesteckt, und ich dachte auch allmählich, du seiest der rechte Mann dazu. Aber dein Erbe war für solch ein Amt zu klein – ich habe während deiner Dienstzeit knapp gelebt – ich dacht es zu vermehren.«

Hauke faßte heftig seines Vaters Hände, und der Alte suchte sich aufzurichten, daß er ihn sehen könne. »Ja, ja, mein Sohn«, sagte er, »dort in der obersten Schublade der Schatulle liegt das Dokument. Du weißt, die alte Antje Wohlers hat eine Fenne von fünf und einem halben Demat; aber sie konnte mit dem Mietgelde allein in ihrem krüppelhaften Alter nicht mehr durchfinden; da habe ich allzeit um Martini eine bestimmte Summe, und auch mehr, wenn ich es hatte, dem armen Mensch gegeben; und dafür hat sie die Fenne mir übertragen; es ist alles gerichtlich fertig. -- Nun liegt auch sie am Tode: die Krankheit unserer Marschen, der Krebs, hat sie befallen; du wirst nicht mehr zu zahlen brauchen!«

Eine Weile schloß er die Augen; dann sagte er noch: »Es ist nicht viel; doch hast du mehr dann, als du bei mir gewohnt warst. Mög es dir zu deinem Erdenleben dienen!«

Unter den Dankesworten des Sohnes schlief der Alte ein. Er hatte nichts mehr zu besorgen; und schon nach einigen Tagen hatte der dunkle Engel des Herrn ihm seine Augen für immer zugedrückt, und Hauke trat sein väterliches Erbe an.

-- Am Tage nach dem Begräbnis kam Elke in dessen Haus. »Dank, daß du einguckst, Elke!« rief Hauke ihr als Gruß entgegen.

Aber sie erwiderte: »Ich guck nicht ein; ich will bei dir ein wenig Ordnung schaffen, damit du ordentlich in deinem Hause wohnen kannst! Dein Vater hat vor seinen Zahlen und Rissen nicht viel um sich gesehen, und auch der Tod schafft Wirrsal; ich will's dir wieder ein wenig lebig machen!«

Er sah aus seinen grauen Augen voll Vertrauen auf sie hin. »So schaff nur Ordnung!« sagte er; »ich hab's auch lieber.«

Und dann begann sie aufzuräumen: das Reißbrett, das noch dalag, wurde abgestäubt und auf den Boden getragen, Reißfedern und Bleistift und Kreide sorgfältig in einer Schatullenschublade weggeschlossen; dann wurde die junge Dienstmagd zur Hülfe hereingerufen und mit ihr das Gerät der ganzen Stube in eine andere und bessere Stellung gebracht, so daß es anschien, als sei dieselbe nun heller und größer geworden. Lächelnd sagte Elke: »Das können nur wir Frauen!« Und Hauke, trotz seiner Trauer um den Vater, hatte mit glücklichen Augen zugesehen, auch wohl selber, wo es nötig war, geholfen.

Und als gegen die Dämmerung – es war zu Anfang des Septembers – alles war, wie sie es für ihn wollte, faßte sie seine Hand und nickte ihm mit ihren dunkeln Augen zu: »Nun komm und iß bei uns zu Abend; denn meinem Vater hab ich's versprechen müssen, dich mitzubringen; wenn du dann heimgehst, kannst du ruhig in dein Haus treten!«

Als sie dann in die geräumige Wohnstube des Deichgrafen traten, wo bei verschlossenen Läden schon die beiden Lichter auf dem Tische brannten, wollte dieser aus seinem Lehnstuhl in die Höhe, aber mit seinem schweren Körper zurücksinkend, rief er nur seinem früheren Knecht entgegen: »Recht, recht, Hauke, daß du deine alten Freunde aufsuchst! Komm nur näher, immer näher!« Und als Hauke an seinen Stuhl getreten war, faßte er dessen Hand mit seinen beiden runden Händen. »Nun, nun, mein Junge«, sagte er, »sei nur ruhig jetzt, denn sterben müssen wir alle, und dein Vater war keiner von den Schlechtsten! – Aber, Elke, nun sorg, daß du den Braten auf den Tisch kriegst; wir müssen uns stärken! Es gibt viel Arbeit für uns, Hauke! Die Herbstschau ist in Anmarsch; Deich- und Sielrechnungen haushoch; der neuliche Deichschaden am Westerkoog – ich weiß nicht, wo mir der Kopf steht, aber deiner, gottlob, ist um ein gut Stück jünger; du bist ein braver Junge, Hauke!«

Und nach dieser langen Rede, womit der Alte sein ganzes Herz dargelegt hatte, ließ er sich in seinen Stuhl zurückfallen und blinzelte sehnsüchtig nach der Tür, durch welche Elke eben mit der Bratenschüssel hereintrat. Hauke stand lächelnd neben ihm. »Nun setz dich«, sagte der Deichgraf, »damit wir nicht unnötig Zeit verspillen; kalt schmeckt das nicht!«

Und Hauke setzte sich; es schien ihm Selbstverstand, die Arbeit von Elkes Vater mitzutun. Und als die Herbstschau dann gekommen war und ein paar Monde mehr ins Jahr gingen, da hatte er freilich auch den besten Teil daran getan.«

Der Erzähler hielt inne und blickte um sich. Ein Möwenschrei war gegen das Fenster geschlagen, und draußen vom Hausflur aus wurde ein Trampeln hörbar, als ob einer den Klei von seinen schweren Stiefeln abtrete.

Deichgraf und Gevollmächtigte wandten die Köpfe gegen die Stubentür. »Was ist?« rief der erstere.

Ein starker Mann, den Südwester auf dem Kopf, war eingetreten. »Herr«, sagte er, »wir beide haben es gesehen, Hans Nickels und ich: der Schimmelreiter hat sich in den Bruch gestürzt!«

»Wo saht Ihr das?« frug der Deichgraf.

– »Es ist ja nur die eine Wehle; in Jansens Fenne, wo der Hauke-Haien-Koog beginnt.«

»Saht Ihr's nur einmal?«

– »Nur einmal; es war auch nur wie Schatten, aber es braucht drum nicht das erste Mal gewesen zu sein.«

Der Deichgraf war aufgestanden. »Sie wollen entschuldigen«, sagte er, sich zu mir wendend, »wir müssen draußen nachsehn, wo das Unheil hin will!« Dann ging er mit dem Boten zur Tür hinaus; aber auch die übrige Gesellschaft brach auf und folgte ihm.

Ich blieb mit dem Schullehrer allein in dem großen öden Zimmer; durch die unverhangenen Fenster, welche nun nicht mehr durch die Rücken der davorsitzenden Gäste verdeckt wurden, sah man frei hinaus und wie der Sturm die dunklen Wolken über den Himmel jagte.

Der Alte saß noch auf seinem Platze, ein überlegenes, fast mitleidiges Lächeln auf seinen Lippen. »Es ist hier zu leer geworden«, sagte er; »darf ich Sie zu mir auf mein Zimmer laden? Ich wohne hier im Hause; und glauben Sie mir, ich kenne die Wetter hier am Deich; für uns ist nichts zu fürchten.«

Ich nahm das dankend an, denn auch mich wollte hier zu frösteln anfangen, und wir stiegen unter Mitnahme eines Lichtes die Stiegen zu einer Giebelstube hinauf, die zwar gleichfalls gegen Westen hinauslag, deren Fenster aber jetzt mit dunklen Wollteppichen verhangen waren. In einem Bücherregal sah ich eine kleine Bibliothek, daneben die Porträte zweier alter Professoren; vor einem Tische stand ein großer Ohrenlehnstuhl. »Machen Sie sich's bequem!« sagte mein freundlicher Wirt und warf einige Torf in den noch glimmenden kleinen Ofen, der oben von einem Blechkessel gekrönt war. »Nur noch ein Weilchen! Er wird bald sausen; dann brau ich uns ein Gläschen Grog, das hält Sie munter!«

»Dessen bedarf es nicht«, sagte ich; »ich werd nicht schläfrig, wenn ich Ihren Hauke auf seinem Lebensweg begleite!«

– »Meinen Sie?« Und er nickte mit seinen klugen Augen zu mir herüber, nachdem ich behaglich in seinem Lehnstuhl untergebracht war. »Nun, wo blieben wir denn? – – Ja, ja; ich weiß schon! Also«:

»Hauke hatte sein väterliches Erbe angetreten, und da die alte Antje Wohlers auch ihrem Leiden erlegen war, so hatte deren Fenne es vermehrt. Aber seit dem Tode oder, richtiger, seit den letzten Worten seines Vaters war in ihm etwas aufgewachsen, dessen Keim er schon seit seiner Knabenzeit in sich getragen hatte; er wiederholte es sich mehr als zu oft, er sei der rechte Mann, wenn's einen neuen Deichgrafen geben müsse. Das war es; sein Vater, der es verstehen mußte, der ja der klügste Mann im Dorf gewesen war, hatte ihm dieses Wort wie eine letzte Gabe seinem Erbe beigelegt; die Wohlerssche Fenne, die er ihm auch verdankte, sollte den ersten Trittstein zu dieser Höhe bilden! Denn, freilich, auch mit dieser – ein Deichgraf mußte noch einen andern Grundbesitz aufweisen können! – – Aber sein Vater hatte sich einsame Jahre knapp beholfen, und mit dem, was er sich entzogen hatte, war er des neuen Besitzes Herr geworden; das konnte er auch, er konnte noch mehr; denn seines Vaters Kraft war schon verbraucht gewesen, er aber konnte noch jahrelang die schwerste Arbeit tun! -- Freilich, wenn er es dadurch nach dieser Seite hin erzwang, durch die Schärfen und Spitzen, die er der Verwaltung seines alten Dienstherrn zugesetzt hatte, war ihm eben keine Freundschaft im Dorf zuwege gebracht worden, und Ole Peters, sein alter Widersacher, hatte jüngsthin eine Erbschaft getan und begann ein wohlhabender Mann zu werden! Eine Reihe von Gesichtern ging vor seinem innern Blick vorüber, und sie sahen ihn alle mit bösen Augen an; da faßte ihn ein Groll gegen diese Menschen: er streckte die Arme aus, als griffe er nach ihnen, denn sie wollten ihn vom Amte drängen, zu dem von allen nur er berufen war. - Und die Gedanken ließen ihn nicht; sie waren immer wieder da, und so wuchsen in seinem jungen Herzen neben der Ehrenhaftigkeit und Liebe auch die Ehrsucht und der Haß. Aber diese beiden verschloß er tief in seinem Innern; selbst Elke ahnte nichts davon.

- Als das neue Jahr gekommen war, gab es eine Hochzeit; die Braut war eine Verwandte von Haiens, und Hauke und Elke waren beide dort geladene Gäste; ja, bei dem Hochzeitessen traf es sich durch das Ausbleiben eines näheren Verwandten, daß sie ihre Plätze nebeneinander fanden. Nur ein Lächeln, das über beider Antlitz glitt, verriet ihre Freude darüber. Aber Elke saß heute teilnahmslos in dem Geräusche des Plauderns und Gläserklirrens.

»Fehlt dir etwas?« frug Hauke.

- »Oh, eigentlich nichts; es sind mir nur zu viele Menschen hier.«

»Aber du siehst so traurig aus!«

Sie schüttelte den Kopf; dann sprachen sie wieder nicht.

Da stieg es über ihr Schweigen wie Eifersucht in ihm auf, und heimlich unter dem überhängenden Tischtuch ergriff er ihre Hand; aber sie zuckte nicht, sie schloß sie wie vertrauensvoll um seine. Hatte ein Gefühl der Verlassenheit sie befallen, da ihre Augen täglich auf der hinfälligen Gestalt des Vaters haften mußten? - Hauke dachte nicht daran, sich so zu fragen; aber ihm stand der Atem still, als er jetzt seinen Goldring aus der Tasche zog. »Läßt du ihn sitzen?« frug er zitternd, während er den Ring auf den Goldfinger der schmalen Hand schob.

Gegenüber am Tische saß die Frau Pastorin; sie legte plötzlich ihre

Gabel hin und wandte sich zu ihrem Nachbar. »Mein Gott, das Mädchen!« rief sie; »sie wird ja totenblaß!«

Aber das Blut kehrte schon zurück in Elkes Antlitz. »Kannst du warten, Hauke?« frug sie leise.

Der kluge Friese besann sich doch noch ein paar Augenblicke. »Auf was?« sagte er dann.

– »Du weißt das wohl; ich brauch dir's nicht zu sagen.«

»Du hast recht«, sagte er; »ja, Elke, ich kann warten – wenn's nur ein menschlich Absehen hat!«

»O Gott, ich fürcht, ein nahes! Sprich nicht so, Hauke; du sprichst von meines Vaters Tod!« Sie legte die andere Hand auf ihre Brust. »Bis dahin«, sagte sie, »trag ich den Goldring hier; du sollst nicht fürchten, daß du bei meiner Lebzeit ihn zurückbekommst!«

Da lächelten sie beide, und ihre Hände preßten sich ineinander, daß bei anderer Gelegenheit das Mädchen wohl laut aufgeschrien hätte.

Die Frau Pastorin hatte indessen unablässig nach Elkes Augen hingesehen, die jetzt unter dem Spitzenstrich des goldbrokatenen Käppchens wie in dunklem Feuer brannten. Bei dem zunehmenden Getöse am Tische aber hatte sie nichts verstanden; auch an ihren Nachbar wandte sie sich nicht wieder, denn keimende Ehen – und um eine solche schien es ihr sich denn doch hier zu handeln –, schon um des daneben keimenden Traupfennigs für ihren Mann, den Pastor, pflegte sie nicht zu stören.

Elkes Vorahnung war in Erfüllung gegangen; eines Morgens nach Ostern hatte man den Deichgrafen Tede Volkerts tot in seinem Bett gefunden; man sah's an seinem Antlitz, ein ruhiges Ende war darauf geschrieben. Er hatte auch mehrfach in den letzten Monden Lebensüberdruß geäußert; sein Leibgericht, der Ofenbraten, selbst seine Enten hatten ihm nicht mehr schmecken wollen.

Und nun gab es eine große Leiche im Dorf. Droben auf der Geest auf dem Begräbnisplatz um die Kirche war zu Westen eine mit Schmiedegitter umhegte Grabstätte; ein breiter blauer Grabstein stand jetzt aufgehoben gegen eine Traueresche, auf welchem das Bild des Todes mit stark gezahnten Kiefern ausgehauen war; darunter in großen Buchstaben:

Dat is de Dod, de allens fritt,
Nimmt Kunst un Wetenshop di mit;
De kloke Mann is nu vergahn –
Gott gäw' em selig Uperstahn!

Es war die Begräbnisstätte des früheren Deichgrafen Volkert Tedsen; nun war eine frische Grube gegraben, wohinein dessen Sohn, der jetzt verstorbene Deichgraf Tede Volkerts, begraben werden sollte. Und schon kam unten aus der Marsch der Leichenzug heran, eine Menge Wagen aus allen Kirchspielsdörfern; auf dem vordersten stand der schwere Sarg, die beiden blanken Rappen des deichgräflichen Stalles zogen ihn schon den sandigen Anberg zur Geest hinauf; Schweife und Mähnen der Pferde wehten in dem scharfen Frühjahrswind. Der Gottesacker um die Kirche war bis an die Wälle mit Menschen angefüllt, selbst auf dem gemauerten Tore huckten Buben mit kleinen Kindern in den Armen; sie wollten alle das Begraben ansehn.

Im Hause drunten in der Marsch hatte Elke in Pesel und Wohngelaß das Leichenmahl gerüstet; alter Wein wurde bei den Gedecken hingestellt; an den Platz des Oberdeichgrafen – denn auch er war heut nicht ausgeblieben – und an den des Pastors je eine Flasche Langkork. Als alles besorgt war, ging sie durch den Stall vor die Hoftür; sie traf niemanden auf ihrem Wege; die Knechte waren mit zwei Gespannen in der Leichenfuhr. Hier blieb sie stehen und sah, während ihre Trauerkleider im Frühlingswinde flatterten, wie drüben an dem Dorfe jetzt die letzten Wagen zur Kirche hinauffuhren. Nach einer Weile entstand dort ein Gewühl, dem eine Totenstille zu folgen schien. Elke faltete die Hände; sie senkten wohl den Sarg jetzt in die Grube. »Und zur Erde wieder sollst du werden!« Unwillkürlich, leise, als hätte sie von dort es hören können, sprach sie die Worte nach; dann füllten ihre Augen sich mit Tränen, ihre über der Brust gefalteten Hände sanken in den Schoß. »Vater unser, der du bist im Himmel!« betete sie voll Inbrunst. Und als das Gebet des Herrn zu Ende war, stand sie noch lange unbeweglich, sie, die jetzige Herrin dieses großen Marschhofes; und Gedanken des Todes und des Lebens begannen sich in ihr zu streiten.

Ein fernes Rollen weckte sie. Als sie die Augen öffnete, sah sie schon wieder einen Wagen um den anderen in rascher Fahrt von der Marsch herab und gegen ihren Hof herankommen. Sie richtete sich auf, blickte noch einmal scharf hinaus und ging dann, wie sie gekommen war, durch den Stall in die feierlich hergestellten Wohnräume zurück. Auch hier war niemand; nur durch die Mauer hörte sie das Rumoren der Mägde in der Küche. Die Festtafel stand so still und einsam; der Spiegel zwischen den Fenstern war mit weißen Tüchern zugesteckt und ebenso die Messingknöpfe an dem Beilegerofen; es blinkte nichts mehr in der Stube. Elke sah die Türen vor dem Wandbett, in dem ihr Vater seinen letzten Schlaf getan hatte, offenstehen und ging hinzu und schob sie fest zusammen; wie gedankenlos las sie den Sinnspruch, der zwischen Rosen und Nelken mit goldenen Buchstaben darauf geschrieben stand:

Hest du din Dagwark richtig dan,
Da kummt de Slap von sülvst heran.

Das war noch von dem Großvater! – Einen Blick warf sie auf den Wandschrank; er war fast leer, aber durch die Glastüren sah sie noch den geschliffenen Pokal darin, der ihrem Vater, wie er gern erzählt hatte, einst bei einem Ringreiten in seiner Jugend als Preis zuteil geworden war. Sie nahm ihn heraus und setzte ihn bei dem Gedeck des Oberdeichgrafen. Dann ging sie ans Fenster, denn schon hörte sie die Wagen an der Werfte heraufrollen; einer um den andern hielt vor dem Hause, und munterer, als sie gekommen waren, sprangen jetzt die Gäste von ihren Sitzen auf den Boden. Händereibend und plaudernd drängte sich alles in die Stube; nicht lange, so setzte man sich an die festliche Tafel, auf der die wohlbereiteten Speisen dampften, im Pesel der Oberdeichgraf mit dem Pastor; und Lärm und lautes Schwatzen lief den Tisch entlang, als ob hier nimmer der Tod seine furchtbare Stille ausgebreitet hätte. Stumm, das Auge auf ihre Gäste, ging Elke mit den Mägden an den Tischen herum, daß an dem Leichenmahle nichts versehen werde. Auch Hauke Haien saß im Wohnzimmer neben Ole Peters und anderen kleineren Besitzern.

Nachdem das Mahl beendet war, wurden die weißen Tonpfeifen aus der Ecke geholt und angebrannt, und Elke war wiederum geschäftig, die gefüllten Kaffeetassen den Gästen anzubieten; denn auch der wurde heute nicht gespart. Im Wohnzimmer an dem Pulte des eben Begrabenen stand der Oberdeichgraf im Gespräche mit dem Pastor und dem weißhaarigen Deichgevollmächtigten Jewe Manners. »Alles gut, ihr Herren«, sagte der erste, »den alten Deichgrafen haben wir mit Ehren beigesetzt; aber woher nehmen wir den neuen? Ich denke, Manners, Ihr werdet Euch dieser Würde unterziehen müssen!«

Der alte Manners hob lächelnd das schwarze Sammetkäppchen von seinen weißen Haaren. »Herr Oberdeichgraf«, sagte er, »das Spiel würde zu kurz werden; als der verstorbene Tede Volkerts Deichgraf, da wurde ich Gevollmächtigter und bin es nun schon vierzig Jahre!«

»Das ist kein Mangel, Manners; so kennt Ihr die Geschäfte um so besser und werdet nicht Not mit ihnen haben!«

Aber der Alte schüttelte den Kopf: »Nein, nein, Euer Gnaden, lasset mich, wo ich bin, so laufe ich wohl noch ein paar Jahre mit!«

Der Pastor stand ihm bei. »Weshalb«, sagte er, »nicht den ins Amt nehmen, der es tatsächlich in den letzten Jahren doch geführt hat?«

Der Oberdeichgraf sah ihn an: »Ich verstehe nicht, Herr Pastor!«

Aber der Pastor wies mit dem Finger in den Pesel, wo Hauke in langsam ernster Weise zwei älteren Leuten etwas zu erklären schien. »Dort steht er«, sagte er, »die lange Friesengestalt mit den klugen grauen Augen neben der hageren Nase und den zwei Schädelwölbungen darüber! Er war des Alten Knecht und sitzt jetzt auf seiner eigenen kleinen Stelle; er ist zwar etwas jung!«

»Er scheint ein Dreißiger«, sagte der Oberdeichgraf, den ihm so Vorgestellten musternd.

»Er ist kaum vierundzwanzig«, bemerkte der Gevollmächtigte Manners; »aber der Pastor hat recht: was in den letzten Jahren Gutes für Deiche und Siele und dergleichen vom Deichgrafenamt in Vorschlag kam, das war von ihm; mit dem Alten war's doch zuletzt nichts mehr.«

»So, so?« machte der Oberdeichgraf; »und Ihr meinet, er wäre nun auch der Mann, um in das Amt seines alten Herrn einzurücken?«

»Der Mann wäre er schon«, entgegnete Jewe Manners; »aber ihm fehlt das, was man hier ›Klei unter den Füßen‹ nennt; sein Vater hatte so um fünfzehn, er mag gut zwanzig Demat haben; aber damit ist bis jetzt hier niemand Deichgraf geworden.«

Der Pastor tat schon den Mund auf, als wolle er etwas einwenden, da trat Elke Volkerts, die eine Weile schon im Zimmer gewesen, plötzlich zu ihnen. »Wollen Euer Gnaden mir ein Wort erlauben?« sprach sie zu dem Oberbeamten; »es ist nur, damit aus einem Irrtum nicht ein Unrecht werde!«

»So sprecht, Jungfer Elke!« entgegnete dieser; »Weisheit von hübschen Mädchenlippen hört sich allzeit gut!«

– »Es ist nicht Weisheit, Euer Gnaden; ich will nur die Wahrheit sagen.«

»Auch die muß man ja hören können, Jungfer Elke!«

Das Mädchen ließ ihre dunklen Augen noch einmal zur Seite gehen, als ob sie wegen überflüssiger Ohren sich versichern wolle. »Euer Gnaden«, begann sie dann, und ihre Brust hob sich in stärkerer Bewegung, »mein Pate, Jewe Manners, sagte Ihnen, daß Hauke Haien nur etwa zwanzig Demat im Besitz habe; das ist im Augenblick auch richtig, aber sobald es sein muß, wird Hauke noch um soviel mehr sein eigen nennen, als dieser, meines Vaters, jetzt mein Hof an Dematzahl beträgt; für einen Deichgrafen wird das zusammen denn wohl reichen.«

Der alte Manners reckte den weißen Kopf gegen sie, als müsse er erst sehen, wer denn eigentlich da rede. »Was ist das?« sagte er; »Kind, was sprichst du da?«

Aber Elke zog an einem schwarzen Bändchen einen blinkenden Goldring aus ihrem Mieder. »Ich bin verlobt, Pate Manners«, sagte sie; »hier ist der Ring, und Hauke Haien ist mein Bräutigam.«

– »Und wann – ich darf's wohl fragen, da ich dich aus der Taufe hob, Elke Volkerts –, wann ist denn das passiert?«

– »Das war schon vor geraumer Zeit; doch war ich mündig, Pate Manners«, sagte sie; »mein Vater war schon hinfällig worden, und da ich ihn kannte, so wollte ich ihn nicht mehr damit beunruhigen; itzt, da er bei Gott ist, wird er einsehen, daß sein Kind bei diesem Manne wohl geborgen ist. Ich hätte es auch das Trauerjahr hindurch schon ausgeschwiegen; jetzt aber, um Haukes und um des Kooges willen, hab ich reden müssen.« Und zum Oberdeichgrafen gewandt, setzte sie hinzu: »Euer Gnaden wollen mir das verzeihen!«

Die drei Männer sahen sich an; der Pastor lachte, der alte Gevollmächtigte ließ es bei einem »Hm, hm!« bewenden, während der Oberdeichgraf wie vor einer wichtigen Entscheidung sich die Stirn rieb. »Ja, liebe Jungfer«, sagte er endlich, »aber wie steht es denn hier im Kooge mit den ehelichen Güterrechten? Ich muß gestehen, ich bin augenblicklich nicht recht kapitelfest in diesem Wirrsal!«

»Das brauchen Euer Gnaden auch nicht«, entgegnete des Deichgrafen Tochter, »ich werde vor der Hochzeit meinem Bräutigam die

Güter übertragen. Ich habe auch meinen kleinen Stolz«, setzte sie lächelnd hinzu; »ich will den reichsten Mann im Dorfe heiraten!«

»Nun, Manners«, meinte der Pastor, »ich denke, Sie werden auch als Pate nichts dagegen haben, wenn ich den jungen Deichgrafen mit des alten Tochter zusammengebe!«

Der Alte schüttelte leis den Kopf. »Unser Herrgott gebe seinen Segen!« sagte er andächtig.

Der Oberdeichgraf aber reichte dem Mädchen seine Hand: »Wahr und weise habt Ihr gesprochen, Elke Volkerts; ich danke Euch für so kräftige Erläuterungen und hoffe auch in Zukunft, und bei freundlicheren Gelegenheiten als heute, der Gast Eueres Hauses zu sein; aber – daß ein Deichgraf von solch junger Jungfer gemacht wurde, das ist das Wunderbare an der Sache!«

»Euer Gnaden«, erwiderte Elke und sah den gütigen Oberbeamten noch einmal mit ihren ernsten Augen an, »einem rechten Manne wird auch die Frau wohl helfen dürfen!« Dann ging sie in den anstoßenden Pesel und legte schweigend ihre Hand in Hauke Haiens.

Es war um mehrere Jahre später: In dem kleinen Hause Tede Haiens wohnte jetzt ein rüstiger Arbeiter mit Frau und Kind; der junge Deichgraf Hauke Haien saß mit seinem Weibe Elke Volkerts auf deren väterlicher Hofstelle. Im Sommer rauschte die gewaltige Esche nach wie vor am Hause; aber auf der Bank, die jetzt darunterstand, sah man abends meist nur die junge Frau, einsam mit einer häuslichen Arbeit in den Händen; noch immer fehlte ein Kind in dieser Ehe; der Mann aber hatte anderes zu tun, als Feierabend vor der Tür zu halten, denn trotz seiner früheren Mithülfe lagen aus des Alten Amtsführung eine Menge unerledigter Dinge, an die auch er derzeit zu rühren nicht für gut gefunden hatte; jetzt aber mußte allmählich alles aus dem Wege; er fegte mit einem scharfen Besen. Dazu kam die Bewirtschaftung der durch seinen eigenen Landbesitz vergrößerten Stelle, bei der er gleichwohl den Kleinknecht noch zu sparen suchte; so sahen sich die beiden Eheleute, außer am Sonntag, wo Kirchgang gehalten wurde, meist nur bei dem von Hauke eilig besorgten Mittagessen und beim Auf- und Niedergang des Tages; es war ein Leben fortgesetzter Arbeit, doch gleichwohl ein zufriedenes.

Dann kam ein störendes Wort in Umlauf. – Als von den jüngeren Besitzern der Marsch- und Geestgemeinde eines Sonntags nach der

Kirche ein etwas unruhiger Trupp im Kruge droben am Trunke festgeblieben war, redeten sie beim vierten oder fünften Glase zwar nicht über König und Regierung – so hoch wurde damals noch nicht gegriffen –, wohl aber über Kommunal- und Oberbeamte, vor allem über Gemeindeabgaben und -lasten, und je länger sie redeten, desto weniger fand davon Gnade vor ihren Augen, insonders nicht die neuen Deichlasten; alle Siele und Schleusen, die sonst immer gehalten hätten, seien jetzt reparaturbedürftig; am Deiche fänden sich immer neue Stellen, die Hunderte von Karren Erde nötig hätten; der Teufel möchte die Geschichte holen!

»Das kommt von eurem klugen Deichgrafen«, rief einer von den Geestleuten, »der immer grübeln geht und seine Finger dann in alles steckt!«

»Ja, Marten«, sagte Ole Peters, der dem Sprecher gegenübersaß; »recht hast du, er ist hinterspinnig und sucht beim Oberdeichgraf sich 'nen weißen Fuß zu machen; aber wir haben ihn nun einmal!«

»Warum habt ihr ihn euch aufhucken lassen?« sagte der andre; »nun müßt ihr's bar bezahlen.«

Ole Peters lachte. »Ja, Marten Fedders, das ist nun so bei uns, und davon ist nichts abzukratzen; der alte wurde Deichgraf von seines Vaters, der neue von seines Weibes wegen.« Das Gelächter, das jetzt um den Tisch lief, zeigte, welchen Beifall das geprägte Wort gefunden hatte.

Aber es war an öffentlicher Wirtstafel gesprochen worden, es blieb nicht da, es lief bald um im Geest- und unten in dem Marschdorf; so kam es auch an Hauke. Und wieder ging vor seinem inneren Auge die Reihe übelwollender Gesichter vorüber, und noch höhnischer, als es gewesen war, hörte er das Gelächter an dem Wirtshaustische. »Hunde!« schrie er, und seine Augen sahen grimmig zur Seite, als wolle er sie peitschen lassen.

Da legte Elke ihre Hand auf seinen Arm: »Laß sie; die wären alle gern, was du bist!«

– »Das ist es eben!« entgegnete er grollend.

»Und«, fuhr sie fort, »hat denn Ole Peters sich nicht selber eingefreit?«

»Das hat er, Elke; aber was er mit Vollina freite, das reichte nicht zum Deichgrafen!«

– »Sag lieber; *er* reichte nicht dazu!« Und Elke drehte ihren Mann, so daß er sich im Spiegel sehen mußte, denn sie standen zwischen den Fenstern in ihrem Zimmer. »Da steht der Deichgraf!« sagte sie; »nun sieh ihn an; nur wer ein Amt regieren kann, der hat es!«

»Du hast nicht unrecht«, entgegnete er sinnend, »und doch ... Nun, Elke; ich muß zur Osterschleuse, die Türen schließen wieder nicht!«

Sie drückte ihm die Hand: »Komm, sieh mich erst einmal an! Was hast du, deine Augen sehen so ins Weite?«

»Nichts, Elke, du hast ja recht.«

Er ging; aber nicht lange war er gegangen, so war die Schleusenreparatur vergessen. Ein anderer Gedanke, den er halb nur ausgedacht und seit Jahren mit sich umhergetragen hatte, der aber vor den drängenden Amtsgeschäften ganz zurückgetreten war, bemächtigte sich seiner jetzt aufs neue und mächtiger als je zuvor, als seien plötzlich die Flügel ihm gewachsen.

Kaum daß er es selber wußte, befand er sich oben auf dem Haffdeich, schon eine weite Strecke südwärts nach der Stadt zu; das Dorf, das nach dieser Seite hinauslag, war ihm zur Linken längst verschwunden; noch immer schritt er weiter, seine Augen unablässig nach der Seeseite auf das breite Vorland gerichtet; wäre jemand neben ihm gegangen, er hätte es sehen müssen, welche eindringliche Geistesarbeit hinter diesen Augen vorging. Endlich blieb er stehen: das Vorland schwand hier zu einem schmalen Streifen an dem Deich zusammen. ›Es muß gehen!‹ sprach er bei sich selbst. ›Sieben Jahr im Amt; sie sollen nicht mehr sagen, daß ich nur Deichgraf bin von meines Weibes wegen!‹

Noch immer stand er, und seine Blicke schweiften scharf und bedächtig nach allen Seiten über das grüne Vorland; dann ging er zurück, bis wo auch hier ein schmaler Streifen grünen Weidelands die vor ihm liegende breite Landfläche ablöste. Hart an dem Deiche aber schoß ein starker Meeresstrom durch diese, der fast das ganze Vorland von dem Festlande trennte und zu einer Hallig machte; eine rohe Holzbrücke führte nach dort hinüber, damit man mit Vieh und Heu- und Getreidewagen hinüber und wieder zurück gelangen könne. Jetzt war es Ebbzeit, und die goldene Septembersonne glitzerte auf dem etwa hundert Schritte breiten Schlickstreifen und auf dem tiefen Priel in seiner Mitte, durch den auch jetzt das Meer noch seine Wasser trieb. ›Das läßt sich dämmen!‹ sprach Hauke bei sich selber, nachdem er diesem Spiele eine Zeitlang zugesehen; dann blickte er auf, und von dem Deiche, auf dem er stand, über den Priel hinweg, zog er in Gedanken eine Linie längs dem Rande des abgetrennten Landes, nach Süden herum und ostwärts wiederum zurück über die dortige Fortsetzung des Prieles und an den Deich heran. Die Linie aber, welche er unsichtbar gezogen hatte, war ein neuer Deich, neu auch in der Konstruktion seines Profiles, welches bis jetzt nur noch in seinem Kopf vorhanden war.

›Das gäbe einen Koog von zirka tausend Demat‹, sprach er lächelnd zu sich selber; ›nicht groß just; aber . . .‹

Eine andere Kalkulation überkam ihn: das Vorland gehörte hier der Gemeinde, ihren einzelnen Mitgliedern eine Zahl von Anteilen, je nach der Größe ihres Besitzes im Gemeindebezirk oder nach sonst zu Recht bestehender Erwerbung; er begann zusammenzuzählen, wieviel Anteile er von seinem, wie viele er von Elkes Vater überkommen und was an solchen er während seiner Ehe schon selbst gekauft hatte, teils in dem dunklen Gefühle eines künftigen Vorteils, teils bei Vermehrung seiner Schafzucht. Es war schon eine ansehnliche Menge; denn auch von Ole Peters hatte er dessen sämtliche Teile angekauft, da es diesem zum Verdruß geschlagen war, als bei einer teilweisen Überströmung ihm sein bester Schafbock ertrunken war. Aber das war ein seltsamer Unfall gewesen, denn so weit Haukes Gedächtnis reichte, waren selbst bei hohen Fluten dort nur die Ränder überströmt worden. Welch treffliches Weide- und Kornland mußte es geben und von welchem Werte, wenn das alles von seinem neuen Deich umgeben war! Wie ein Rausch stieg es ihm ins Gehirn; aber er preßte die Nägel in seine Handflächen und zwang seine Augen, klar und nüchtern zu sehen, was dort vor ihm lag: eine große deichlose Fläche, wer wußt es, welchen Stürmen und Fluten schon in den nächsten Jahren preisgegeben, an deren äußerstem Rande jetzt ein Trupp von schmutzigen Schafen langsam grasend entlangwanderte; dazu für ihn ein Haufen Arbeit, Kampf und Ärger! Trotz alledem, als er vom Deich hinab- und den Fußsteig über die Fennen auf seine Werfte zuging, ihm war's, als brächte er einen großen Schatz mit sich nach Hause.

Auf dem Flur trat Elke ihm entgegen. »Wie war es mit der Schleuse?« frug sie.

Er sah mit geheimnisvollem Lächeln auf sie nieder. »Wir werden bald eine andere Schleuse brauchen«, sagte er; »und Sielen und einen neuen Deich!«

»Ich versteh dich nicht«, entgegnete Elke, während sie in das Zimmer gingen; »was willst du, Hauke?«

»Ich will«, sagte er langsam und hielt dann einen Augenblick inne, »ich will, daß das große Vorland, das unserer Hofstatt gegenüber beginnt und dann nach Westen ausgeht, zu einem festen Kooge eingedeicht werde: die hohen Fluten haben fast ein Menschenalter uns in Ruh gelassen; wenn aber eine von den schlimmen wiederkommt und den Anwachs stört, so kann mit einem Mal die ganze Herrlichkeit zu Ende sein; nur der alte Schlendrian hat das bis heut so lassen können!«

Sie sah ihn voll Erstaunen an. »So schiltst du dich ja selber!« sagte sie.

– »Das tu ich, Elke; aber es war bisher auch soviel anderes zu beschaffen!«

»Ja, Hauke; gewiß, du hast genug getan!«

Er hatte sich in den Lehnstuhl des alten Deichgrafen gesetzt, und seine Hände griffen fest um beide Lehnen.

»Hast du denn guten Mut dazu?« frug ihn sein Weib.

– »Das hab ich, Elke!« sprach er hastig.

»Sei nicht zu rasch, Hauke; das ist ein Werk auf Tod und Leben; und fast alle werden dir entgegen sein, man wird dir deine Müh und Sorg nicht danken!«

Er nickte. »Ich weiß!« sagte er.

»Und wenn es nun nicht gelänge!« rief sie wieder; »von Kindesbeinen an hab ich gehört, der Priel sei nicht zu stopfen, und darum dürfe nicht daran gerührt werden.«

»Das war ein Vorwand für die Faulen!« sagte Hauke; »weshalb denn sollte man den Priel nicht stopfen können?«

– »Das hört ich nicht; vielleicht, weil er gerade durchgeht; die Spülung ist zu stark.« – Eine Erinnerung überkam sie, und ein fast schelmisches Lächeln brach aus ihren ernsten Augen. »Als ich Kind war«, sprach sie, »hörte ich einmal die Knechte darüber reden; sie meinten, wenn ein Damm dort halten solle, müsse was Lebigs da hineingeworfen und mit verdämmt werden; bei einem Deichbau auf der andern Seite, vor wohl hundert Jahren, sei ein Zigeunerkind verdämmet worden, das sie um schweres Geld der

Mutter abgehandelt hätten; jetzt aber würde wohl keine ihr Kind verkaufen!«

Hauke schüttelte den Kopf: »Da ist es gut, daß wir keins haben, sie würden es sonst noch schier von uns verlangen!«

»Sie sollten's nicht bekommen!« sagte Elke und schlug wie in Angst die Arme über ihren Leib.

Und Hauke lächelte; doch sie frug noch einmal: »Und die ungeheuren Kosten? Hast du das bedacht?«

– »Das hab ich, Elke; was wir dort herausbringen, wird sie bei weitem überholen, auch die Erhaltungskosten des alten Deiches gehen für ein gut Stück in dem neuen unter; wir arbeiten ja selbst und haben über achtzig Gespanne in der Gemeinde, und an jungen Fäusten ist hier auch kein Mangel. Du sollst mich wenigstens nicht umsonst zum Deichgrafen gemacht haben, Elke; ich will ihnen zeigen, daß ich einer bin!«

Sie hatte sich vor ihm niedergehuckt und ihn sorgvoll angeblickt; nun erhob sie sich mit einem Seufzer. »Ich muß weiter zu meinem Tagewerk«, sagte sie, und ihre Hand strich langsam über seine Wange; »tu du das deine, Hauke!«

»Amen, Elke!« sprach er mit ernstem Lächeln; »Arbeit ist für uns beide da!«

– – Und es war Arbeit genug für beide, die schwerste Last aber fiel jetzt auf des Mannes Schulter. An Sonntagnachmittagen, oft auch nach Feierabend, saß Hauke mit einem tüchtigen Feldmesser zusammen, vertieft in Rechenaufgaben, Zeichnungen und Rissen; war er allein, dann ging es ebenso und endete oft weit nach Mitternacht. Dann schlich er in die gemeinsame Schlafkammer – denn die dumpfen Wandbetten im Wohngemach wurden in Haukes Wirtschaft nicht mehr gebraucht –, und sein Weib, damit er endlich nur zur Ruhe komme, lag wie schlafend mit geschlossenen Augen, obgleich sie mit klopfendem Herzen nur auf ihn gewartet hatte; dann küßte er mitunter ihre Stirn und sprach ein leises Liebeswort dabei, und legte sich selbst zum Schlafe, der ihm oft nur beim ersten Hahnenkraht zu Willen war. Im Wintersturm lief er auf den Deich hinaus, mit Bleistift und Papier in der Hand, und stand und zeichnete und notierte, während ein Windstoß ihm die Mütze vom Kopf riß und das lange, fahle Haar ihm um sein heißes Antlitz flog; bald fuhr er, solange nur das Eis ihm nicht den Weg versperrte, mit einem Knecht zu Boot ins

Wattenmeer hinaus und maß dort mit Lot und Stange die Tiefen der Ströme, über die er noch nicht sicher war. Elke zitterte oft genug für ihn; aber war er wieder da, so hätte er das nur aus ihrem festen Händedruck oder dem leuchtenden Blitz aus ihren sonst so stillen Augen merken können. »Geduld, Elke«, sagte er, da ihm einmal war, als ob sein Weib ihn nicht lassen könne; »ich muß erst selbst im reinen sein, bevor ich meinen Antrag stelle!« Da nickte sie und ließ ihn gehen. Der Ritte in die Stadt zum Oberdeichgrafen wurden auch nicht wenige, und allem diesen und den Mühen in Haus- und Landwirtschaft folgten immer wieder die Arbeiten in die Nacht hinein. Sein Verkehr mit anderen Menschen außer in Arbeit und Geschäft verschwand fast ganz; selbst der mit seinem Weibe wurde immer weniger. ›Es sind schlimme Zeiten, und sie werden noch lange dauern‹, sprach Elke bei sich selber und ging an ihre Arbeit.

Endlich, Sonne und Frühlingswinde hatten schon überall das Eis gebrochen, war auch die letzte Vorarbeit getan; die Eingabe an den Oberdeichgrafen zu Befürwortung an höherem Orte, enthaltend den Vorschlag einer Bedeichung des erwähnten Vorlandes, zur Förderung des öffentlichen Besten, insonders des Kooges wie nicht weniger der Herrschaftlichen Kasse, da höchstderselben in kurzen Jahren die Abgabe von zirka tausend Demat daraus erwachsen würden – war sauber abgeschrieben und nebst anliegenden Rissen und Zeichnungen aller Lokalitäten, jetzt und künftig, der Schleusen und Siele und was noch sonst dazu gehörte, in ein festes Konvolut gepackt und mit dem deichgräflichen Amtssiegel versehen worden.

»Da ist es, Elke«, sagte der junge Deichgraf, »nun gib ihm deinen Segen!«

Elke legte ihre Hand in seine. »Wir wollen fest zusammenhalten«, sagte sie.

– »Das wollen wir.«

Dann wurde die Eingabe durch einen reitenden Boten in die Stadt gesandt.

Sie wollen bemerken, lieber Herr«, unterbrach der Schulmeister seine Erzählung, mich freundlich mit seinen feinen Augen fixierend, »daß ich das bisher Berichtete während meiner fast vierzigjährigen Wirksamkeit in diesem Kooge aus den Überlieferungen verständiger Leute oder aus Erzählungen der Enkel und Urenkel solcher zusammengefunden habe; was ich, damit Sie dieses mit dem endlichen Verlauf in Einklang zu bringen vermögen, Ihnen jetzt vorzutragen habe, das war derzeit und ist auch jetzt noch das Geschwätz des ganzen Marschdorfes, sobald nur um Allerheiligen die Spinnräder an zu schnurren fangen.

Von der Hofstelle des Deichgrafen, etwa fünf- bis sechshundert Schritte weiter nordwärts, sah man derzeit, wenn man auf dem Deiche stand, ein paar tausend Schritt ins Wattenmeer hinaus und etwas weiter von dem gegenüberliegenden Marschufer entfernt eine kleine Hallig, die sie ›Jeverssand‹, auch ›Jevershallig‹ nannten. Von den derzeitigen Großvätern war sie noch zur Schafweide benutzt worden, denn Gras war damals noch darauf gewachsen; aber auch das hatte aufgehört, weil die niedrige Hallig ein paarmal, und just im Hochsommer, unter Seewasser gekommen und der Graswuchs dadurch verkümmert und auch zur Schafweide unnutzbar geworden war. So kam es denn, daß außer von Möwen und den andern Vögeln, die am Strande fliegen, und etwa einmal von einem Fischadler, dort kein Besuch mehr stattfand; und an mondhellen Abenden sah man vom Deiche aus nur die Nebeldünste leichter oder schwerer darüber hinziehen. Ein paar weißgebleichte Knochengerüste ertrunkener Schafe und das Gerippe eines Pferdes, von dem freilich niemand begriff, wie es dort hingekommen sei, wollte man, wenn der Mond von Osten auf die Hallig schien, dort auch erkennen können.

Es war zu Ende März, als an dieser Stelle nach Feierabend der Tagelöhner aus dem Tede Haienschen Hause und Iven Johns, der Knecht des jungen Deichgrafen, nebeneinanderstanden und unbeweglich nach der im trüben Mondduft kaum erkennbaren Hallig hinüberstarrten; etwas Auffälliges schien sie dort so festzuhalten. Der Tagelöhner steckte die Hände in die Tasche und schüttelte sich. »Komm, Iven«, sagte er, »das ist nichts Gutes; laß uns nach Haus gehen!«

Der andere lachte, wenn auch ein Grauen bei ihm hindurchklang: »Ei was, es ist eine lebige Kreatur, eine große! Wer, zum Teufel, hat sie nach dem Schlickstück hinaufgejagt! Sieh nur, nun reckt's den Hals zu uns hinüber! Nein, es senkt den Kopf; es frißt! Ich dächt, es wär dort nichts zu fressen! Was es nur sein mag?«

»Was geht das uns an!« entgegnete der andere. »Gute Nacht, Iven, wenn du nicht mitwillst; ich gehe nach Haus!«

– »Ja, ja; du hast ein Weib, du kommst ins warme Bett! Bei mir ist auch in meiner Kammer lauter Märzluft!«

»Gut Nacht denn!« rief der Tagelöhner zurück, während er auf dem Deich nach Hause trabte. Der Knecht sah sich ein paarmal nach dem Fortlaufenden um; aber die Begier, Unheimliches zu schauen, hielt ihn noch fest. Da kam eine untersetzte, dunkle Gestalt auf dem Deich vom Dorf her gegen ihn heran; es war der Dienstjunge des Deichgrafen. »Was willst du, Carsten?« rief ihm der Knecht entgegen.

»Ich? – nichts«, sagte der Junge; »aber unser Wirt will dich sprechen, Iven Johns!«

Der Knecht hatte die Augen schon wieder nach der Hallig. »Gleich; ich komme gleich!« sagte er.

»Wonach guckst du denn so?« frug der Junge.

Der Knecht hob den Arm und wies stumm nach der Hallig. »Oha!« flüsterte der Junge; »da geht ein Pferd – ein Schimmel – das muß der Teufel reiten – wie kommt ein Pferd nach Jevershallig?«

– »Weiß nicht, Carsten, wenn's nur ein richtiges Pferd ist!«

»Ja, ja, Iven; sieh nur, es frißt ganz wie ein Pferd! Aber wer hat's dahin gebracht; wir haben im Dorf so große Böte gar nicht! Vielleicht auch ist es nur ein Schaf; Peter Ohm sagt, im Mondschein wird aus zehn Torfringeln ein ganzes Dorf. Nein, sieh! Nun springt es – es muß doch ein Pferd sein!«

Beide standen eine Weile schweigend, die Augen nur nach dem gerichtet, was sie drüben undeutlich vor sich gehen sahen. Der Mond stand hoch am Himmel und beschien das weite Wattenmeer, das eben in der steigenden Flut seine Wasser über die glitzernden Schlickflächen zu spülen begann. Nur das leise Geräusch des Wassers, keine Tierstimme war in der ungeheueren Weite hier zu hören; auch in der Marsch, hinter dem Deiche, war es leer; Kühe und Rinder waren alle noch in den Ställen. Nichts regte sich; nur was sie für ein Pferd, einen Schimmel, hielten, schien dort auf Jevershallig noch beweglich. »Es wird heller«, unterbrach der Knecht die Stille, »ich sehe deutlich die weißen Schafgerippe schimmern!«

»Ich auch«, sagte der Junge und reckte den Hals; dann aber, als komme es ihm plötzlich, zupfte er den Knecht am Ärmel. »Iven«, raunte er, »das Pferdegerippe, das sonst dabeilag, wo ist es? Ich kann's nicht sehen!«

»Ich seh es auch nicht! Seltsam!« sagte der Knecht.

– »Nicht so seltsam, Iven! Mitunter, ich weiß nicht, in welchen Nächten, sollen die Knochen sich erheben und tun, als ob sie lebig wären!«

»So?« machte der Knecht; »das ist ja Altweiberglaube!«

»Kann sein, Iven«, meinte der Junge.

»Aber, ich mein, du sollst mich holen; komm, wir müssen nach Haus! Es bleibt hier immer doch dasselbe.«

Der Junge war nicht fortzubringen, bis der Knecht ihn mit Gewalt herumgedreht und auf den Weg gebracht hatte. »Hör, Carsten«, sagte dieser, als die gespensterhafte Hallig ihnen schon ein gut Stück im Rücken lag, »du giltst ja für einen Allerweltsbengel; ich glaub, du möchtest das am liebsten selber untersuchen!«

»Ja«, entgegnete Carsten, nachträglich noch ein wenig schaudernd, »ja, das möcht ich, Iven!«

»Ist das dein Ernst? – dann«, sagte der Knecht, nachdem der Junge ihm nachdrücklich darauf die Hand geboten hatte, »lösen wir morgen abend unser Boot; du fährst nach Jeverssand; ich bleib so lange auf dem Deiche stehen.«

»Ja«, erwiderte der Junge, »das geht! Ich nehme meine Peitsche mit!«

»Tu das!«

Schweigend kamen sie an das Haus ihrer Herrschaft, zu dem sie langsam die hohe Werft hinanstiegen.

Um dieselbe Zeit des folgenden Abends saß der Knecht auf dem großen Steine vor der Stalltür, als der Junge, mit seiner Peitsche knallend, zu ihm kam. »Das pfeift ja wunderlich!« sagte jener.

»Freilich, nimm dich in acht«, entgegnete der Junge; »ich hab auch Nägel in die Schnur geflochten.«

»So komm!« sagte der andere.

Der Mond stand, wie gestern, am Osthimmel und schien klar aus seiner Höhe. Bald waren beide wieder draußen auf dem Deich und sahen hinüber nach Jevershallig, die wie ein Nebelfleck im Wasser stand. »Da geht es wieder«, sagte der Knecht; »nach Mittag war ich hier, da war's nicht da; aber ich sah deutlich das weiße Pferdegerippe liegen!«

Der Junge reckte den Hals. »Das ist jetzt nicht da, Iven«, flüsterte er.

»Nun, Carsten, wie ist's?« sagte der Knecht. »Juckt's dich noch, hinüberzufahren?«

Carsten besann sich einen Augenblick; dann klatschte er mit seiner Peitsche in die Luft. »Mach nur das Boot los, Iven!«

Drüben aber war es, als hebe, was dorten ging, den Hals und recke gegen das Festland hin den Kopf. Sie sahen es nicht mehr; sie gingen schon den Deich hinab und bis zur Stelle, wo das Boot gelegen war. »Nun, steig nur ein!« sagte der Knecht, nachdem er es losgebunden hatte. »Ich bleib, bis du zurück bist! Zu Osten mußt du anlegen; da hat man immer landen können!« Und der Junge nickte schweigend und fuhr mit seiner Peitsche in die Mondnacht hinaus; der Knecht wanderte unterm Deich zurück und bestieg ihn wieder an der Stelle, wo sie vorhin gestanden hatten. Bald sah er, wie drüben bei einer schroffen, dunkeln Stelle, an die ein breiter Priel hinanführte, das Boot sich beilegte und eine untersetzte Gestalt daraus ans Land sprang. – War's nicht, als klatschte der Junge mit seiner Peitsche? Aber es konnte auch das Geräusch der steigenden Flut sein. Mehrere hundert Schritte nordwärts sah er, was sie für einen Schimmel angesehen hatten; und jetzt! – ja, die Gestalt des Jungen kam gerade darauf zugegangen. Nun hob es den Kopf, als ob es stutze; und der Junge – es war deutlich jetzt zu hören – klatschte mit der Peitsche. Aber – was fiel ihm ein? er kehrte um, er ging den Weg zurück, den er gekommen war. Das drüben schien unablässig fortzuweiden, kein Wiehern war von dort zu hören gewesen; wie weiße Wasserstreifen schien es mitunter über die Erscheinung hinzuziehen. Der Knecht sah wie gebannt hinüber.

Da hörte er das Anlegen des Bootes am diesseitigen Ufer, und bald sah er aus der Dämmerung den Jungen gegen sich am Deich heraufsteigen. »Nun, Carsten«, frug er, »was war es?«

Der Junge schüttelte den Kopf. »Nichts war es!« sagte er. »Noch kurz vom Boot aus hatt ich es gesehen; dann aber, als ich auf der Hallig war – weiß der Henker, wo sich das Tier verkrochen hatte, der Mond schien doch hell genug; aber als ich an die Stelle kam, war nichts da als die bleichen Knochen von einem halben Dutzend Schafen, und etwas weiter lag auch das Pferdsgerippe mit seinem weißen, langen Schädel und ließ den Mond in seine leeren Augenhöhlen scheinen!«

»Hm!« meinte der Knecht; »hast auch recht zugesehen?«

»Ja, Iven, ich stand dabei; ein gottvergessener Kiewiet, der hinter dem Gerippe sich zur Nachtruh hingeduckt hatte, flog schreiend auf, daß ich erschrak und ein paarmal mit der Peitsche hintennach klatschte.«

»Und das war alles?«

»Ja, Iven; ich weiß nicht mehr.«

»Es ist auch genug«, sagte der Knecht, zog den Jungen am Arm zu sich heran und wies hinüber nach der Hallig. »Dort, siehst du etwas, Carsten?«

– »Wahrhaftig, da geht's ja wieder!«

»Wieder?« sagte der Knecht; »ich hab die ganze Zeit hinübergeschaut, aber es ist gar nicht fortgewesen; du gingst ja gerade auf das Unwesen los!«

Der Junge starrte ihn an; ein Entsetzen lag plötzlich auf seinem sonst so kecken Angesicht, das auch dem Knechte nicht entging. »Komm!« sagte dieser, »wir wollen nach Haus: von hier aus geht's wie lebig, und drüben liegen nur die Knochen – das ist mehr, als du und ich begreifen können. Schweig aber still davon, man darf dergleichen nicht verreden!«

So wandten sie sich, und der Junge trabte neben ihm; sie sprachen nicht, und die Marsch lag in lautlosem Schweigen an ihrer Seite.

– – Nachdem aber der Mond zurückgegangen und die Nächte dunkel geworden waren, geschah ein anderes.

Hauke Haien war zur Zeit des Pferdemarktes in die Stadt geritten, ohne jedoch mit diesem dort zu tun zu haben. Gleichwohl, da er gegen Abend heimkam, brachte er ein zweites Pferd mit sich nach Hause; aber es war rauhhaarig und mager, daß man jede Rippe zählen konnte, und die Augen lagen ihm matt und eingefallen in den Schädelhöhlen. Elke war vor die Haustür getreten, um ihren Eheliebsten zu empfangen. »Hilf Himmel!« rief sie, »was soll uns der alte Schimmel?« Denn da Hauke mit ihm vor das Haus geritten kam und unter der Esche hielt, hatte sie gesehen, daß die arme Kreatur auch lahme.

Der junge Deichgraf aber sprang lachend von seinem braunen Wallach: »Laß nur, Elke; es kostet auch nicht viel!«

Die kluge Frau erwiderte: »Du weißt doch, das Wohlfeilste ist auch meist das Teuerste.«

– »Aber nicht immer, Elke; das Tier ist höchstens vier Jahr alt; sieh es dir nur genauer an! Es ist verhungert und mißhandelt; da soll ihm unser Hafer guttun; ich werd es selbst versorgen, damit sie mir's nicht überfüttern.«

Das Tier stand indessen mit gesenktem Kopf; die Mähnen hingen lang am Hals herunter. Frau Elke, während ihr Mann nach den Knechten rief, ging betrachtend um dasselbe herum; aber sie schüttelte den Kopf: »So eins ist noch nie in unserm Stall gewesen!«

Als jetzt der Dienstjunge um die Hausecke kam, blieb er plötzlich mit erschrocknen Augen stehen. »Nun, Carsten«, rief der Deichgraf, »was fährt dir in die Knochen? Gefällt dir mein Schimmel nicht?«

»Ja – o ja, uns' Weert, warum denn nicht!«

– »So bring die Tiere in den Stall; gib ihnen kein Futter; ich komme gleich selber hin!«

Der Junge faßte mit Vorsicht den Halfter des Schimmels und griff dann hastig, wie zum Schutze, nach dem Zügel des ihm ebenfalls vertrauten Wallachs. Hauke aber ging mit seinem Weibe in das Zimmer; ein Warmbier hatte sie für ihn bereit, und Brot und Butter waren auch zur Stelle.

Er war bald gesättigt; dann stand er auf und ging mit seiner Frau im Zimmer auf und ab. »Laß dir erzählen, Elke«, sagte er, während der Abendschein auf den Kacheln an den Wänden spielte, »wie ich zu dem Tier gekommen bin: Ich war wohl eine Stunde beim Oberdeichgrafen gewesen; er hatte gute Kunde für mich – es wird wohl dies und jenes anders werden als in meinen Rissen; aber die Hauptsache, mein Profil, ist akzeptiert, und schon in den nächsten Tagen kann der Befehl zum neuen Deichbau dasein!«

Elke seufzte unwillkürlich. »Also doch?« sagte sie sorgenvoll.

»Ja, Frau«, entgegnete Hauke; »hart wird's hergehen; aber dazu, denk ich, hat der Herrgott uns zusammengebracht! Unsere Wirtschaft ist jetzt so gut in Ordnung; ein groß Teil kannst du schon auf deine Schultern nehmen; denk nur um zehn Jahr weiter – dann stehen wir vor einem andern Besitz.«

Sie hatte bei seinen ersten Worten die Hand ihres Mannes versichernd in die ihrigen gepreßt; seine letzten Worte konnten sie nicht erfreuen. »Für wen soll der Besitz?« sagte sie. »Du müßtest denn ein ander Weib nehmen; ich bring dir keine Kinder.«

Tränen schossen ihr in die Augen; aber er zog sie fest in seine Arme. »Das überlassen wir dem Herrgott«, sagte er; »jetzt aber und auch dann noch sind wir jung genug, um uns der Früchte unserer Arbeit selbst zu freuen.«

Sie sah ihn lange, während er sie hielt, aus ihren dunkeln Augen an. »Verzeih, Hauke«, sprach sie; »ich bin mitunter ein verzagt Weib!«

Er neigte sich zu ihrem Antlitz und küßte sie: »Du bist mein Weib und ich dein Mann, Elke! Und anders wird es nun nicht mehr.«

Da legte sie die Arme fest um seinen Nacken: »Du hast recht, Hauke, und was kommt, kommt für uns beide.« Dann löste sie sich errötend von ihm. »Du wolltest von dem Schimmel mir erzählen«, sagte sie leise.

»Das wollt ich, Elke. Ich sagte dir schon, mir war Kopf und Herz voll Freude über die gute Nachricht, die der Oberdeichgraf mir gegeben hatte; so ritt ich eben wieder aus der Stadt hinaus, da, auf dem Damm, hinter dem Hafen, begegnet' mir ein ruppiger Kerl; ich wußt nicht, war's ein Vagabund, ein Kesselflicker oder was denn sonst. Der Kerl zog den Schimmel am Halfter hinter sich; das Tier aber hob den Kopf und sah mich aus blöden Augen an; mir war's, als ob es mich um etwas bitten wolle; ich war ja auch in diesem Augenblicke reich genug. ›He, Landsmann!‹ rief ich, ›wo wollt Ihr mit der Kracke hin?‹

Der Kerl blieb stehen und der Schimmel auch. ›Verkaufen!‹ sagte jener und nickte mir listig zu.

›Nur nicht an mich!‹ rief ich lustig.

›Ich denke doch!‹ sagte er; ›das ist ein wacker Pferd und unter hundert Talern nicht bezahlt.‹

Ich lachte ihm ins Gesicht.

›Nun‹, sagte er, ›lacht nicht so hart; Ihr sollt's mir ja nicht zahlen! Aber ich kann's nicht brauchen, bei mir verkommt's; es würd bei Euch bald ander Ansehen haben!‹

Da sprang ich von meinem Wallach und sah dem Schimmel ins Maul und sah wohl, es war noch ein junges Tier. ›Was soll's denn kosten?‹ rief ich, da auch das Pferd mich wiederum wie bittend ansah.

›Herr, nehmt's für dreißig Taler!‹ sagte der Kerl, ›und den Halfter geb ich Euch darein!‹

Und da, Frau, hab ich dem Burschen in die dargebotne braune Hand, die fast wie eine Klaue aussah, eingeschlagen. So haben wir den Schimmel, und ich denk auch, wohlfeil genug! Wunderlich nur war es, als ich mit den Pferden wegritt, hört ich bald hinter mir ein Lachen, und als ich den Kopf wandte, sah ich den Slowaken; der stand noch sperrbeinig, die Arme auf dem Rücken, und lachte wie ein Teufel hinter mir drein.«

»Pfui«, rief Elke; »wenn der Schimmel nur nichts von seinem alten Herrn dir zubringt! Mög er dir gedeihen, Hauke!«

»Er selber soll es wenigstens, soweit ich's leisten kann!« Und der Deichgraf ging in den Stall, wie er vorhin dem Jungen es gesagt hatte.

-- Aber nicht allein an jenem Abend fütterte er den Schimmel, er tat es fortan immer selbst und ließ kein Auge von dem Tiere; er wollte zeigen, daß er einen Priesterhandel gemacht habe; jedenfalls sollte nichts versehen werden. - Und schon nach wenig Wochen hob sich die Haltung des Tieres; allmählich verschwanden die rauhen Haare; ein blankes, blaugeapfeltes Fell kam zum Vorschein, und da er es eines Tages auf der Hofstatt umherführte, schritt es schlank auf seinen festen Beinen. Hauke dachte des abenteuerlichen Verkäufers. ›Der Kerl war ein Narr oder ein Schuft, der es gestohlen hatte!‹ murmelte er bei sich selber. - Bald auch, wenn das Pferd im Stall nur seine Schritte hörte, warf es den Kopf herum und wieherte ihm entgegen; nun sah er auch, es hatte, was die Araber verlangen, ein fleischlos Angesicht; draus blitzten ein Paar feurige braune Augen. Dann führte er es aus dem Stall und legte ihm einen leichten Sattel auf; aber kaum saß er droben, so fuhr dem Tier ein Wiehern wie ein Lustschrei aus der Kehle; es flog mit ihm davon, die Werfte hinab auf den Weg und dann dem Deiche zu; doch der Reiter saß fest, und als sie oben waren, ging es ruhiger, leicht, wie tanzend, und warf den Kopf dem Meere zu. Er klopfte und streichelte ihm den blanken Hals, aber es bedurfte dieser Liebkosung schon nicht mehr; das Pferd schien völlig eins mit seinem Reiter, und nachdem er eine Strecke nordwärts den Deich hinausgeritten war, wandte er es leicht und gelangte wieder an die Hofstatt.

Die Knechte standen unten an der Auffahrt und warteten der Rückkunft ihres Wirtes. »So, John«, rief dieser, indem er von seinem Pferde sprang, »nun reite du es in die Fenne zu den andern; es trägt dich wie in einer Wiege!«

Der Schimmel schüttelte den Kopf und wieherte laut in die sonnige Marschlandschaft hinaus, während ihm der Knecht den Sattel abschnallte und der Junge damit zur Geschirrkammer lief; dann legte er den Kopf auf seines Herrn Schulter und duldete behaglich dessen

Liebkosung. Als aber der Knecht sich jetzt auf seinen Rücken schwingen wollte, sprang er mit einem jähen Satz zur Seite und stand dann wieder unbeweglich, die schönen Augen auf seinen Herrn gerichtet. »Hoho, Iven«, rief dieser, »hat er dir Leids getan?« und suchte seinem Knecht vom Boden aufzuhelfen.

Der rieb sich eifrig an der Hüfte. »Nein, Herr, es geht noch; aber den Schimmel reit der Teufel!«

»Und ich!« setzte Hauke lachend hinzu. »So bring ihn am Zügel in die Fenne!«

Und als der Knecht etwas beschämt gehorchte, ließ sich der Schimmel ruhig von ihm führen.

– – Einige Abende später standen Knecht und Junge miteinander vor der Stalltür; hinterm Deiche war das Abendrot erloschen, innerhalb desselben war schon der Koog von tiefer Dämmerung überwallt; nur selten kam aus der Ferne das Gebrüll eines aufgestörten Rindes oder der Schrei einer Lerche, deren Leben unter dem Überfall eines Wiesels oder einer Wasserratte endete. Der Knecht lehnte gegen den Türpfosten und rauchte aus einer kurzen Pfeife, deren Rauch er schon nicht mehr sehen konnte; gesprochen hatten er und der Junge noch nicht zusammen. Dem letzteren aber drückte etwas auf die Seele, er wußte nur nicht, wie er dem schweigsamen Knechte ankommen sollte. »Du, Iven!« sagte er endlich, »weißt du, das Pferdsgeripp auf Jeverssand!«

»Was ist damit?« frug der Knecht.

»Ja, Iven, was ist damit? Es ist gar nicht mehr da; weder Tages noch bei Mondschein; wohl zwanzigmal bin ich auf den Deich hinausgelaufen!«

»Die alten Knochen sind wohl zusammengepoltert?« sagte Iven und rauchte ruhig weiter.

»Aber ich war auch bei Mondschein draußen; es geht auch drüben nichts auf Jeverssand!«

»Ja«, sagte der Knecht, »sind die Knochen auseinandergefallen, so wird's wohl nicht mehr aufstehen können!«

»Mach keinen Spaß, Iven! Ich weiß jetzt; ich kann dir sagen, wo es ist!«

Der Knecht drehte sich jäh zu ihm. »Nun, wo ist es denn?«

»Wo?« wiederholte der Junge nachdrücklich. »Es steht in unserem Stall; da steht's, seit es nicht mehr auf der Hallig ist. Es ist auch nicht umsonst, daß der Wirt es allzeit selber füttert; ich weiß Bescheid, Iven!«

Der Knecht paffte eine Weile heftig in die Nacht hinaus. »Du bist nicht klug Carsten«, sagte er dann; »unser Schimmel? Wenn je ein Pferd ein lebigs war, so ist es der! Wie kann so ein Allerweltsjunge wie du in solch Altem-Weiber-Glauben sitzen!«

– – Aber der Junge war nicht zu bekehren: wenn der Teufel in dem Schimmel steckte, warum sollte er dann nicht lebendig sein? Im Gegenteil, um desto schlimmer! – Er fuhr jedesmal erschreckt zusammen, wenn er gegen Abend den Stall betrat, in dem auch sommers das Tier mitunter eingestellt wurde, und es dann den feurigen Kopf so jäh nach ihm herumwarf. »Hol's der Teufel!« brummte er dann; »wir bleiben auch nicht lange mehr zusammen!«

So tat er sich denn heimlich nach einem neuen Dienste um, kündigte und trat zum Allerheiligen als Knecht bei Ole Peters ein. Hier fand er andächtige Zuhörer für seine Geschichte von dem Teufelspferd des Deichgrafen; die dicke Frau Vollina und deren geistesstumpfer Vater, der frühere Deichgevollmächtigte Jeß Harders, hörten in behaglichem Gruseln zu und erzählten sie später allen, die gegen den Deichgrafen einen Groll im Herzen oder die an derart Dingen ihr Gefallen hatten.

Inzwischen war schon Ende März durch die Oberdeichgrafschaft der Befehl zur neuen Eindeichung eingetroffen. Hauke berief zunächst die Deichgevollmächtigten zusammen, und im Kruge oben bei der Kirche waren eines Tages alle erschienen und hörten zu, wie er ihnen die Hauptpunkte aus den bisher erwachsenen Schriftstücken vorlas; aus seinem Antrage, aus dem Bericht des Oberdeichgrafen, zuletzt den schließlichen Bescheid, worin vor allem auch die Annahme des von ihm vorgeschlagenen Profiles enthalten war und der neue Deich nicht steil wie früher, sondern allmählich verlaufend nach der Seeseite abfallen sollte; aber mit heiteren oder auch nur zufriedenen Gesichtern hörten sie nicht.

»Ja, ja«, sagte ein alter Gevollmächtigter, »da haben wir nun die Bescherung, und Proteste werden nicht helfen, da der Oberdeichgraf unserm Deichgrafen den Daumen hält!«

»Hast wohl recht, Detlev Wiens«, setzte ein zweiter hinzu; »die Frühlingsarbeit steht vor der Tür, und nun soll auch ein millionenlanger Deich gemacht werden – da muß ja alles liegenbleiben.«

»Das könnt ihr dies Jahr noch zu Ende bringen«, sagte Hauke; »so rasch wird der Stecken nicht vom Zaun gebrochen!«

Das wollten wenige zugeben. »Aber dein Profil!« sprach ein dritter, was Neues auf die Bahn bringend; »der Deich wird ja auch an der Außenseite nach dem Wasser so breit, wie Lawrenz sein Kind nicht lang war! Wo soll das Material herkommen? Wann soll die Arbeit fertig werden?«

»Wenn nicht in diesem, so im nächsten Jahre; das wird am meisten von uns selber abhängen!« sagte Hauke.

Ein ärgerliches Lachen ging durch die Gesellschaft. »Aber wozu die unnütze Arbeit; der Deich soll ja nicht höher werden als der alte«, rief eine neue Stimme; »und ich mein, der steht schon über dreißig Jahre!«

»Da sagt Ihr recht«, sprach Hauke, »vor dreißig Jahren ist der alte Deich gebrochen; dann rückwärts vor fünfunddreißig, und wiederum vor fünfundvierzig Jahren; seitdem aber, obgleich er noch immer steil und unvernünftig dasteht, haben die höchsten Fluten uns verschont. Der neue Deich aber soll trotz solcher hundert und aber hundert Jahre stehen; denn er wird nicht durchbrochen werden, weil der milde Abfall nach der Seeseite den Wellen keinen Angriffspunkt entgegenstellt, und so werdet ihr für euch und euere Kinder ein sicheres Land gewinnen, und das ist es, weshalb die Herrschaft und der Oberdeichgraf mir den Daumen halten; das ist es auch, was ihr zu eurem eigenen Vorteil einsehen solltet!«

Als die Versammelten hierauf nicht sogleich zu antworten bereit waren, erhob sich ein alter weißhaariger Mann mühsam von seinem Stuhle; es war Frau Elkes Pate, Jewe Manners, der auf Haukes Bitten noch immer in seinem Gevollmächtigtenamt verblieben war. »Deichgraf Hauke Haien«, sprach er, »du machst uns viel Unruhe und Kosten, und ich wollte, du hättest damit gewartet, bis mich der Herrgott hätt zur Ruhe gehen lassen; aber – recht hast du, das kann nur die Unvernunft bestreiten. Wir haben Gott mit jedem Tag zu danken, daß er uns trotz unserer Trägheit das kostbare Stück Vorland gegen Sturm und Wasserdrang erhalten hat; jetzt aber ist es wohl die elfte Stunde, in der wir selbst die Hand anlegen müssen, es auch nach all unserm Wissen und Können selber uns zu wahren und auf Gottes Langmut weiter nicht zu trotzen. Ich, meine Freunde, bin ein Greis; ich habe Deiche bauen und brechen sehen; aber den Deich, den Hauke Haien nach ihm von Gott verliehener Einsicht projektiert und bei der Herrschaft für euch durchgesetzt hat, den wird niemand von euch Lebenden brechen sehen, und wolltet ihr ihm selbst nicht danken, euere Enkel werden ihm den Ehrenkranz doch einstens nicht versagen können!«

Jewe Manners setzte sich wieder, er nahm sein blaues Schnupftuch aus der Tasche und wischte sich ein paar Tropfen von der Stirn. Der Greis war noch immer als ein Mann von Tüchtigkeit und unantastbarer Rechtschaffenheit bekannt, und da die Versammlung eben nicht geneigt war, ihm zuzustimmen, so schwieg sie weiter. Aber Hauke Haien nahm das Wort; doch sahen alle, daß er bleich geworden. »Ich danke Euch, Jewe Manners«, sprach er, »daß Ihr noch hier seid und daß Ihr das Wort gesprochen habt; ihr andern Herren Gevollmächtigten wollet den neuen Deichbau, der freilich mir zur Last fällt, zum mindesten ansehen als ein Ding, das nun nicht mehr zu ändern steht, und lasset uns demgemäß beschließen, was nun not ist!«

»Sprechet!« sagte einer der Gevollmächtigten. Und Hauke breitete die Karte des neuen Deiches auf dem Tische aus. »Es hat vorhin einer gefragt«, begann er, »woher die viele Erde nehmen? – Ihr seht, soweit das Vorland in die Watten hinausgeht, ist außerhalb der Deichlinie ein Streifen Landes frei gelassen; daher und von dem Vorlande, das nach Nord und Süd von dem neuen Kooge an dem Deiche hinläuft, können wir die Erde nehmen; haben wir an den Wasserseiten nur eine tüchtige Lage Klei, nach innen oder in der Mitte kann auch Sand genommen werden! – Nun aber ist zunächst ein Feldmesser zu berufen, der die Linie des neuen Deiches auf dem Vorland absteckt! Der mir bei Ausarbeitung des Planes behülflich gewesen, wird wohl am besten dazu passen. Ferner werden wir zur Heranholung des Kleis oder sonstigen Materiales die Anfertigung einspänniger Sturzkarren mit Gabeldeichsel bei einigen Stellmachern verdingen müssen; wir werden für die Durchdämmung des Prieles und nach den Binnenseiten, wo wir etwa mit Sand fürliebnehmen müssen, ich kann jetzt nicht sagen, wieviel hundert Fuder Stroh zur Bestickung des Deiches gebrauchen, vielleicht mehr, als in der Marsch hier wird entbehrlich sein! – Lasset uns denn beraten, wie zunächst dies alles zu beschaffen und einzurichten ist; auch die neue Schleuse hier an der Westseite gegen das Wasser zu ist später einem tüchtigen Zimmermann zur Herstellung zu übergeben.«

Die Versammelten hatten sich um den Tisch gestellt, betrachteten mit halbem Aug die Karte und begannen allgemach zu sprechen; doch war's, als geschähe es, damit nur überhaupt etwas gesprochen werde. Als es sich um Zuziehung des Feldmessers handelte, meinte einer der Jüngeren: »Ihr habt es ausgesonnen, Deichgraf; Ihr müsset selbst am besten wissen, wer dazu taugen mag.«

Aber Hauke entgegnete: »Da ihr Geschworene seid, so müsset ihr aus eigener, nicht aus meiner Meinung sprechen, Jakob Meyen; und wenn ihr's dann besser sagt, so werd ich meinen Vorschlag fallenlassen!«

»Nun ja, es wird schon recht sein«, sagte Jakob Meyen.

Aber einem der Älteren war es doch nicht völlig recht; er hatte einen Bruderssohn: so einer im Feldmessen sollte hier in der Marsch noch nicht gewesen sein, der sollte noch über des Deichgrafen Vater, den seligen Tede Haien, gehen!

So wurde denn über die beiden Feldmesser verhandelt und endlich beschlossen, ihnen gemeinschaftlich das Werk zu übertragen. Ähnlich ging es bei den Sturzkarren, bei der Strohlieferung und allem andern, und Hauke kam spät und fast erschöpft auf seinem Wallach, den er noch derzeit ritt, zu Hause an. Aber als er in dem alten Lehnstuhl saß, der noch von seinem gewichtigen, aber leichter lebenden Vorgänger stammte, war auch sein Weib ihm schon zur Seite. »Du siehst so müd aus, Hauke«, sprach sie und strich mit ihrer schmalen Hand das Haar ihm von der Stirn.

»Ein wenig wohl!« erwiderte er.

– »Und geht es denn?«

»Es geht schon«, sagte er mit bitterem Lächeln; »aber ich selber muß die Räder schieben und froh sein, wenn sie nicht zurückgehalten werden!«

– »Aber doch nicht von allen?«

»Nein, Elke; dein Pate, Jewe Manners, ist ein guter Mann; ich wollt, er wär um dreißig Jahre jünger.«

Als nach einigen Wochen die Deichlinie abgesteckt und der größte Teil der Sturzkarren geliefert war, waren sämtliche Anteilbesitzer des einzudeichenden Kooges, ingleichen die Besitzer der hinter dem alten Deich belegenen Ländereien, durch den Deichgrafen im Kirchspielskrug versammelt worden; es galt, ihnen einen Plan über die Verteilung der Arbeit und Kosten vorzulegen und ihre etwaigen

Einwendungen zu vernehmen; denn auch die letzteren hatten, sofern der neue Deich und die neuen Siele die Unterhaltungskosten der älteren Werke verminderten, ihren Teil zu schaffen und zu tragen. Dieser Plan war für Hauke ein schwer Stück Arbeit gewesen, und wenn ihm durch Vermittelung des Oberdeichgrafen neben einem Deichboten nicht auch noch ein Deichschreiber wäre zugeordnet worden, er würde es so bald nicht fertiggebracht haben, obwohl auch jetzt wieder an jedem neuen Tage in die Nacht hinein gearbeitet war. Wenn er dann todmüde sein Lager suchte, so hatte nicht wie vordem sein Weib in nur verstelltem Schlafe seiner gewartet; auch sie hatte so vollgemessen ihre tägliche Arbeit, daß sie nachts wie am Grunde eines tiefen Brunnens in unstörbarem Schlafe lag.

Als Hauke jetzt seinen Plan verlesen und die Papiere, die freilich schon drei Tage hier im Kruge zur Einsicht ausgelegen hatten, wieder auf den Tisch breitete, waren zwar ernste Männer zugegen, die mit Ehrerbietung diesen gewissenhaften Fleiß betrachteten und sich nach ruhiger Überlegung den billigen Ansätzen ihres Deichgrafen unterwarfen; andere aber, deren Anteile an dem neuen Lande von ihnen selbst oder ihren Vätern oder sonstigen Vorbesitzern waren veräußert worden, beschwerten sich, daß sie zu den Kosten des neuen Kooges hinzugezogen seien, dessen Land sie nichts mehr angehe, uneingedenk, daß durch die neuen Arbeiten auch ihre alten Ländereien nach und nach entbürdet würden; und wieder andere, die mit Anteilen in dem neuen Koog gesegnet waren, schrien, man möge ihnen doch dieselben abnehmen, sie sollten um ein Geringes feil sein; denn wegen der unbilligen Leistungen, die ihnen dafür aufgebürdet würden, könnten sie nicht damit bestehen. Ole Peters aber, der mit grimmigem Gesicht am Türpfosten lehnte, rief dazwischen: »Besinnt euch erst und dann vertrauet unserm Deichgrafen! Der versteht zu rechnen; er hatte schon die meisten Anteile, da wußte er auch mir die meinen abzuhandeln, und als er sie hatte, beschloß er, diesen neuen Koog zu deichen!«

Es war nach diesen Worten einen Augenblick totenstill in der Versammlung. Der Deichgraf stand an dem Tisch, auf dem er zuvor seine Papiere gebreitet hatte; er hob seinen Kopf und sah nach Ole Peters hinüber. »Du weißt wohl, Ole Peters«, sprach er, »daß du mich verleumdest; du tust es dennoch, weil du überdies auch weißt, daß doch ein gut Teil des Schmutzes, womit du mich bewirfst, an mir wird hängenbleiben! Die Wahrheit ist, daß du deine Anteile los sein wolltest und daß ich ihrer derzeit für meine Schafzucht bedurfte; und willst du Weiteres wissen, das ungewaschene Wort, das dir im Krug vom Mund gefahren, ich sei nur Deichgraf meines Weibes wegen, das hat mich aufgerüttelt, und ich hab euch zeigen wollen, daß ich wohl um meiner selbst willen Deichgraf sein könne; und somit, Ole Peters, hab ich getan, was schon der Deichgraf vor mir hätte tun sollen. Trägst du mir aber Groll, daß derzeit deine Anteile die meinen geworden sind – du hörst es ja, es sind genug, die jetzt die ihrigen um ein billiges feilbieten, nur weil die Arbeit ihnen jetzt zuviel ist!«

Von einem kleinen Teil der versammelten Männer ging ein Beifallsmurmeln aus, und der alte Jewe Manners, der dazwischenstand, rief laut: »Bravo, Hauke Haien! Unser Herrgott wird dir dein Werk gelingen lassen!«

Aber man kam doch nicht zu Ende, obgleich Ole Peters schwieg und die Leute erst zum Abendbrote auseinandergingen; erst in einer zweiten Versammlung wurde alles geordnet; aber auch nur, nachdem Hauke statt der ihm zukommenden drei Gespanne für den nächsten Monat deren vier auf sich genommen hatte.

Endlich, als schon die Pfingstglocken durch das Land läuteten, hatte die Arbeit begonnen. Unablässig fuhren die Sturzkarren von dem Vorlande an die Deichlinie, um den geholten Klei dort abzustürzen, und gleicherweise war dieselbe Anzahl schon wieder auf der Rückfahrt, um auf dem Vorland neuen aufzuladen; an der Deichlinie selber standen Männer mit Schaufeln und Spaten, um das Abgeworfene an seinen Platz zu bringen und zu ebnen; ungeheuere Fuder Stroh wurden angefahren und abgeladen; nicht nur zur Bedeckung des leichteren Materials, wie Sand und lose Erde, dessen man an den Binnenseiten sich bediente, wurde das Stroh benutzt; allmählich wurden einzelne Strecken des Deiches fertig, und die Grassoden, womit man sie belegt hatte, wurden stellenweis zum Schutz gegen die nagenden Wellen mit fester Strohbestickung überzogen. Bestellte Aufseher gingen hin und her, und wenn es stürmte, standen sie mit aufgerissenen Mäulern und schrien ihre Befehle durch Wind und Wetter; dazwischen ritt der Deichgraf auf seinem Schimmel, den er jetzt ausschließlich in Gebrauch hatte, und das Tier flog mit dem Reiter hin und wider, wenn er rasch und trocken seine Anordnungen machte, wenn er die Arbeiter lobte oder, wie es wohl geschah, einen

Faulen oder Ungeschickten ohn Erbarmen aus der Arbeit wies. »Das hilft nicht!« rief er dann; »um deine Faulheit darf uns nicht der Deich verderben!« Schon von weitem, wenn er unten aus dem Koog heraufkam, hörten sie das Schnauben seines Rosses, und alle Hände faßten fester in die Arbeit: »Frisch zu! Der Schimmelreiter kommt!«

War es um die Frühstückszeit, wo die Arbeiter mit ihrem Morgenbrot haufenweis beisammen auf der Erde lagen, dann ritt Hauke an den verlassenen Werken entlang, und seine Augen waren scharf, wo liederliche Hände den Spaten geführt hatten. Wenn er aber zu den Leuten ritt und ihnen auseinandersetzte, wie die Arbeit müsse beschafft werden, sahen sie wohl zu ihm auf und kauten geduldig an ihrem Brote weiter; aber eine Zustimmung oder auch nur eine Äußerung hörte er nicht von ihnen. Einmal zu solcher Tageszeit, es war schon spät, da er an einer Deichstelle die Arbeit in besonderer Ordnung gefunden hatte, ritt er zu dem nächsten Haufen der Frühstückenden, sprang von seinem Schimmel und frug heiter, wer dort so sauberes Tagewerk verrichtet hätte; aber sie sahen ihn nur scheu und düster an, und nur langsam und wie widerwillig wurden ein paar Namen genannt. Der Mensch, dem er sein Pferd gegeben hatte, das ruhig wie ein Lamm stand, hielt es mit beiden Händen und blickte wie angstvoll nach den schönen Augen des Tieres, die es, wie gewöhnlich, auf seinen Herrn gerichtet hielt.

»Nun Marten!« rief Hauke; »was stehst du, als ob dir der Donner in die Beine gefahren sei?«

– »Herr, Euer Pferd, es ist so ruhig, als ob es Böses vorhabe!«

Hauke lachte und nahm das Pferd selbst am Zügel, das sogleich liebkosend den Kopf an seiner Schulter rieb. Von den Arbeitern sahen einige schon zu Roß und Reiter hinüber, andere, als ob das alles sie nicht kümmere, aßen schweigend ihre Frühkost, dann und wann den Möwen einen Brocken hinaufwerfend, die sich den Futterplatz gemerkt hatten und mit ihren schlanken Flügeln sich fast auf ihre Köpfe senkten. Der Deichgraf blickte eine Weile wie gedankenlos auf die bettelnden Vögel und wie sie die zugeworfenen Bissen mit ihren Schnäbeln haschten; dann sprang er in den Sattel und ritt, ohne sich nach den Leuten umzusehen, davon; einige Worte, die jetzt unter ihnen laut wurden, klangen ihm fast wie Hohn. ›Was ist das?‹ sprach er bei sich selber. ›Hatte denn Elke recht, daß sie alle gegen mich sind? Auch diese Knechte und kleinen Leute, von denen vielen durch meinen neuen Deich doch eine Wohlhabenheit ins Haus wächst?‹

Er gab seinem Pferde die Sporen, daß es wie toll in den Koog hinabflog. Von dem unheimlichen Glanze freilich, mit dem sein früherer Dienstjunge den Schimmelreiter bekleidet hatte, wußte er selber nichts; aber die Leute hätten ihn jetzt nur sehen sollen, wie aus seinem hageren Gesicht die Augen starrten, wie sein Mantel flog und wie der Schimmel sprühte!

-- So war der Sommer und der Herbst vergangen; noch bis gegen Ende November war gearbeitet worden, dann geboten Frost und Schnee dem Werke Halt; man war nicht fertig geworden und beschloß, den Koog offen liegenzulassen. Acht Fuß ragte der Deich aus der Fläche hervor; nur wo westwärts gegen das Wasser hin die Schleuse gelegt werden sollte, hatte man eine Lücke gelassen; auch oben vor dem alten Deiche war der Priel noch unberührt. So konnte die Flut, wie in den letzten dreißig Jahren, in den Koog hineindringen, ohne dort oder an dem neuen Deiche großen Schaden anzurichten. Und so überließ man dem großen Gott das Werk der Menschenhände und stellte es in seinen Schutz, bis die Frühlingssonne die Vollendung würde möglich machen.

-- Inzwischen hatte im Hause des Deichgrafen sich ein frohes Ereignis vorbereitet: im neunten Ehejahre war noch ein Kind geboren worden. Es war rot und hutzelig und wog seine sieben Pfund, wie es für neugeborene Kinder sich gebührt, wenn sie, wie dies, dem weiblichen Geschlechte angehören; nur sein Geschrei war wunderlich verhohlen und hatte der Wehmutter nicht gefallen wollen. Das Schlimmste war: am dritten Tage lag Elke im hellen Kindbettfieber, redete Irrsal und kannte weder ihren Mann noch ihre alte Helferin. Die unbändige Freude, die Hauke beim Anblick seines Kindes ergriffen hatte, war zu Trübsal geworden; der Arzt aus der Stadt war geholt, er saß am Bett und fühlte den Puls und verschrieb und sah ratlos um sich her. Hauke schüttelte den Kopf: »Der hilft nicht; nur Gott kann helfen!« Er hatte sich sein eigen Christentum zurechtgerechnet, aber es war etwas, das sein Gebet zurückhielt. Als der alte Doktor davongefahren war, stand er am Fenster, in den winterlichen Tag hinausstarrend, und während die Kranke aus ihren Phantasien aufschrie, schränkte er die Hände zusammen; er wußte selber nicht, war es aus Andacht oder war es nur, um in der ungeheueren Angst sich selbst nicht zu verlieren.

»Wasser! Das Wasser!« wimmerte die Kranke. »Halt mich!« schrie sie; »halt mich, Hauke!« Dann sank die Stimme: es klang, als ob sie weine: »In See, ins Haff hinaus? O lieber Gott, ich seh ihn nimmer wieder!«

Da wandte er sich und schob die Wärterin von ihrem Bette; er fiel auf seine Knie, umfaßte sein Weib und riß sie an sich: »Elke! Elke, so kenn mich doch, ich bin ja bei dir!«

Aber sie öffnete nur die fieberglühenden Augen weit und sah wie rettungslos verloren um sich.

Er legte sie zurück auf ihre Kissen; dann krampfte er die Hände ineinander. »Herr, mein Gott«, schrie er; »nimm sie mir nicht! Du weißt, ich kann sie nicht entbehren!« Dann war's, als ob er sich besinne, und leiser setzte er hinzu: »Ich weiß ja wohl, du kannst nicht allezeit, wie du willst, auch du nicht; du bist allweise; du mußt nach deiner Weisheit tun – o Herr, sprich nur durch einen Hauch zu mir!«

Es war, als ob plötzlich eine Stille eingetreten sei; er hörte nur ein leises Atmen; als er sich zum Bette kehrte, lag sein Weib in ruhigem Schlaf, nur die Wärterin sah mit entsetzten Augen auf ihn. Er hörte die Tür gehen. »Wer war das?« frug er.

»Herr, die Magd Ann Grete ging hinaus; sie hatte den Warmkorb hereingebracht.«

– »Was sieht Sie mich denn so verfahren an, Frau Levke?«

»Ich? Ich hab mich ob Eurem Gebet erschrocken; damit betet Ihr keinen vom Tode los!«

Hauke sah sie mit seinen durchdringenden Augen an: »Besucht Sie denn auch, wie unsere Ann Grete, die Konventikel bei dem holländischen Flickschneider Jantje?«

»Ja, Herr; wir haben beide den lebendigen Glauben!«

Hauke antwortete ihr nicht. Das damals stark im Schwange gehende separatistische Konventikelwesen hatte auch unter den Friesen seine Blüten getrieben; heruntergekommene Handwerker oder wegen Trunkes abgesetzte Schulmeister spielten darin die Hauptrolle, und Dirnen, junge und alte Weiber, Faulenzer und einsame Menschen liefen eifrig in die heimlichen Versammlungen, in denen jeder den Priester spielen konnte. Aus des Deichgrafen Hause brachten Ann Grete und der in sie verliebte Dienstjunge ihre freien Abende dort zu. Freilich hatte Elke ihre Bedenken darüber gegen Hauke nicht zurückgehalten; aber er hatte gemeint, in Glaubenssachen solle man keinem dreinreden: das schade niemandem, und besser dort doch als im Schnapskrug!

So war es dabei geblieben, und so hatte er auch jetzt geschwiegen. Aber freilich über ihn schwieg man nicht; seine Gebetsworte liefen um von Haus zu Haus: er hatte Gottes Allmacht bestritten; was war ein Gott denn ohne Allmacht? Er war ein Gottesleugner; die Sache mit dem Teufelspferde mochte auch am Ende richtig sein!

Hauke erfuhr nichts davon; er hatte in diesen Tagen nur Ohren und Augen für sein Weib, selbst das Kind war für ihn nicht mehr auf der Welt.

Der alte Arzt kam wieder, kam jeden Tag, mitunter zweimal, blieb dann eine ganze Nacht, schrieb wieder ein Rezept, und der Knecht Iven Johns ritt damit im Flug zur Apotheke. Dann aber wurde sein Gesicht freundlicher, er nickte dem Deichgrafen vertraulich zu: »Es geht! Es geht! Mit Gottes Hülfe!« Und eines Tags – hatte nun seine Kunst die Krankheit besiegt, oder hatte auf Haukes Gebet der liebe Gott doch noch einen Ausweg finden können –, als der Doktor mit der Kranken allein war, sprach er zu ihr, und seine alten Augen lachten: »Frau, jetzt kann ich's getrost Euch sagen: heut hat der Doktor seinen Festtag; es stand schlimm um Euch, aber nun gehöret Ihr wieder zu uns, zu den Lebendigen!«

Da brach es wie ein Strahlenmeer aus ihren dunklen Augen. »Hauke! Hauke, wo bist du?« rief sie, und als er auf den hellen Ruf ins Zimmer und an ihr Bett stürzte, schlug sie die Arme um seinen Nacken. »Hauke, mein Mann, gerettet! Ich bleibe bei dir!«

Da zog der alte Doktor sein seiden Schnupftuch aus der Tasche, fuhr sich damit über Stirn und Wangen und ging kopfnickend aus dem Zimmer.

-- Am dritten Abend nach diesem Tage sprach ein frommer Redner – es war ein vom Deichgrafen aus der Arbeit gejagter Pantoffelmacher – im Konventikel bei dem holländischen Schneider, da er seinen Zuhörern die Eigenschaften Gottes auseinandersetzte: »Wer aber Gottes Allmacht widerstreitet, wer da sagt: ich weiß, du kannst nicht, was du willst – wir kennen den Unglückseligen ja alle; er lastet gleich einem Stein auf der Gemeinde –, der ist von Gott gefallen und suchet den Feind Gottes, den Freund der Sünde, zu seinem Tröster; denn nach irgendeinem Stabe muß die Hand des Menschen greifen. Ihr aber, hütet euch vor dem, der also betet; sein Gebet ist Fluch!«

– – Auch das lief um von Haus zu Haus. Was läuft nicht um in einer kleinen Gemeinde? Und auch zu Haukes Ohren kam es. Er sprach kein Wort darüber, nicht einmal zu seinem Weibe; nur mitunter konnte er sie heftig umfassen und an sich ziehen: »Bleib mir treu!« – Dann sahen ihre Augen voll Staunen zu ihm auf: »Dir treu? Wem sollte ich denn anders treu sein?« – Nach einer kurzen Weile aber hatte sie sein Wort verstanden. »Ja, Hauke, wir sind uns treu; nicht nur, weil wir uns brauchen.« Und dann ging jedes seinen Arbeitsweg.

Das wäre soweit gut gewesen; aber es war doch trotz aller lebendigen Arbeit eine Einsamkeit um ihn, und in seinem Herzen nistete sich ein Trotz und abgeschlossenes Wesen gegen andere Menschen ein; nur gegen sein Weib blieb er allezeit der gleiche, und an der Wiege seines Kindes lag er abends und morgens auf den Knien, als sei dort die Stätte seines ewigen Heils. Gegen Gesinde und Arbeiter aber wurde er strenger; die Ungeschickten und Fahrlässigen, die er früher durch ruhigen Tadel zurechtgewiesen hatte, wurden jetzt durch hartes Anfahren aufgeschreckt, und Elke ging mitunter leise bessern.

Als der Frühling nahte, begannen wieder die Deicharbeiten; mit einem Kajedeich wurde zum Schutz der jetzt aufzubauenden neuen Schleuse die Lücke in der westlichen Deichlinie geschlossen, halbmondförmig nach innen und ebenso nach außen; und gleich der Schleuse wuchs allmählich auch der Hauptdeich zu seiner immer rascher herzustellenden Höhe empor. Leichter wurde dem leitenden Deichgrafen seine Arbeit nicht, denn an Stelle des im Winter verstorbenen Jewe Manners war Ole Peters als Deichgevollmächtigter eingetreten. Hauke hatte nicht versuchen wollen, es zu hindern; aber anstatt der ermutigenden Worte und der dazugehörigen zutunlichen Schläge auf seine linke Schulter, die er so oft von dem alten Paten seines Weibes einkassiert hatte, kamen ihm jetzt von dem Nachfolger ein heimliches Widerhalten und unnötige Einwände und waren mit unnötigen Gründen zu bekämpfen; denn Ole gehörte zwar zu den Wichtigen, aber in Deichsachen nicht zu den Klugen; auch war von früher her der »Schreiberknecht« ihm immer noch im Wege.

Der glänzendste Himmel breitete sich wieder über Meer und Marsch, und der Koog wurde wieder bunt von starken Rindern, deren Gebrüll von Zeit zu Zeit die weite Stille unterbrach; unablässig sangen in hoher Himmelsluft die Lerchen, aber man hörte es erst, wenn einmal auf eines Atemzuges Länge der Gesang verstummt war. Kein Unwetter störte die Arbeit, und die Schleuse stand schon mit ihrem ungestrichenen Balkengefüge, ohne daß auch nur in einer Nacht sie eines Schutzes von dem Interimsdeich bedurft hätte; der Herrgott schien seine Gunst dem neuen Werke zuzuwenden. Auch Frau Elkes Augen lachten ihrem Manne zu, wenn er auf seinem Schimmel draußen von dem Deich nach Hause kam. »Bist doch ein braves Tier geworden!« sagte sie dann und klopfte den blanken Hals des Pferdes. Hauke aber, wenn sie das Kind am Halse hatte, sprang herab und ließ das winzige Dinglein auf seinen Armen tanzen; wenn dann der Schimmel seine braunen Augen auf das Kind gerichtet hielt, dann sprach er wohl: »Komm her; sollst auch die Ehre haben!« Und er setzte die kleine Wienke – denn so war sie getauft worden – auf seinen Sattel und führte den Schimmel auf der Werft im Kreise herum. Auch der alte Eschenbaum hatte mitunter die Ehre; er setzte das Kind auf einen schwanken Ast und ließ es schaukeln. Die Mutter stand mit lachenden Augen in der Haustür; das Kind aber lachte nicht, seine Augen, zwischen denen ein feines Näschen stand, schauten ein wenig stumpf ins Weite, und die kleinen Hände griffen nicht nach dem Stöckchen, das der Vater ihr hinhielt. Hauke achtete nicht darauf, er wußte auch nichts von so kleinen Kindern; nur Elke, wenn sie das helläugige Mädchen auf dem Arm ihrer Arbeitsfrau erblickte, die mit ihr zugleich das Wochenbett bestanden hatte, sagte mitunter schmerzlich: »Das Meine ist noch nicht so weit wie deines, Stina!« Und die Frau, ihren dicken Jungen, den sie an der Hand hatte, mit derber Liebe schüttelnd, rief dann wohl: »Ja, Frau, die Kinder sind verschieden; der da, der stahl mir schon die Äpfel aus der Kammer, bevor er übers zweite Jahr hinaus war!« Und Elke strich dem dicken Buben sein Kraushaar aus den Augen und drückte dann heimlich ihr stilles Kind ans Herz.

– – Als es in den Oktober hineinging, stand an der Westseite die neue Schleuse schon fest in dem von beiden Seiten schließenden Hauptdeich, der bis auf die Lücken bei dem Priele nun mit seinem sanften Profile ringsum nach den Wasserseiten abfiel und um fünfzehn Fuß die ordinäre Flut überragte. Von seiner Nordwestecke sah man an Jevershallig vorbei ungehindert in das Wattenmeer hinaus; aber freilich auch die Winde faßten hier schärfer; die Haare flogen, und wer hier ausschauen wollte, der mußte die Mütze fest auf dem Kopf haben.

Zu Ende November, wo Sturm und Regen eingefallen waren, blieb nur noch hart am alten Deich die Schlucht zu schließen, auf deren Grunde an der Nordseite das Meerwasser durch den Priel in den neuen Koog hineinschoß. Zu beiden Seiten standen die Wände des Deiches; der Abgrund zwischen ihnen mußte jetzt verschwinden. Ein trocken Sommerwetter hätte die Arbeit wohl erleichtert; aber auch so mußte sie getan werden, denn ein aufbrechender Sturm konnte das ganze Werk gefährden. Und Hauke setzte alles daran, um jetzt den Schluß herbeizuführen. Der Regen strömte, der Wind pfiff; aber seine hagere Gestalt auf dem feurigen Schimmel tauchte bald hier, bald dort aus den schwarzen Menschenmassen empor, die oben wie unten an der Nordseite des Deiches neben der Schlucht beschäftigt waren. Jetzt sah man ihn unten bei den Sturzkarren, die schon weither die Kleierde aus dem Vorlande holen mußten und von denen eben ein gedrängter Haufen bei dem Priele anlangte und seine Last dort abzuwerfen suchte. Durch das Geklatsch des Regens und das Brausen des Windes klangen von Zeit zu Zeit die scharfen Befehlsworte des Deichgrafen, der heute hier allein gebieten wollte; er rief die Karren nach den Nummern vor und wies die Drängenden zurück; ein »Halt!« scholl von seinem Munde, dann ruhte unten die Arbeit; »Stroh! ein Fuder Stroh hinab!« rief er denen droben zu, und von einem der oben haltenden Fuder stürzte es auf den nassen Klei hinunter. Unten sprangen Männer dazwischen und zerrten es auseinander und schrien nach oben, sie nur nicht zu begraben. Und wieder kamen neue Karren, und Hauke war schon wieder oben und sah von seinem Schimmel in die Schlucht hinab und wie sie dort schaufelten und stürzten; dann warf er seine Augen nach dem Haff hinaus. Es wehte scharf, und er sah, wie mehr und mehr der Wassersaum am Deich hinaufklimmte und wie die Wellen sich noch höher hoben; er sah auch, wie die Leute trieften und kaum atmen konnten in der schweren Arbeit vor dem Winde, der ihnen die Luft am Munde abschnitt, und vor dem kalten Regen, der sie überströmte. »Ausgehalten, Leute! Ausgehalten!« schrie er zu ihnen hinab. »Nur einen Fuß noch höher; dann ist's genug für diese Flut!« Und durch alles Getöse des Wetters hörte man das Geräusch der Arbeiter; das Klatschen der hineingestürzten Kleimassen, das Rasseln der Karren und das Rauschen des von oben hinabgelassenen Strohes ging unaufhaltsam vorwärts; dazwischen war mitunter das Winseln eines gelben Hundes laut geworden, der frierend und wie verloren zwischen Menschen und Fuhrwerken herumgestoßen wurde; plötzlich aber scholl ein jammervoller Schrei des kleinen Tieres von unten aus der Schlucht herauf. Hauke blickte hinab; er hatte es von oben hinunterschleudern sehen; eine jähe Zornröte stieg ihm ins Gesicht. »Halt! Haltet ein!« schrie er zu den Karren hinunter; denn der nasse Klei wurde unaufhaltsam aufgeschüttet.

»Warum?« schrie eine rauhe Stimme von unten herauf; »doch um die elende Hundekreatur nicht?«

»Halt! sag ich«, schrie Hauke wieder; »bringt mir den Hund! Bei unserm Werke soll kein Frevel sein!«

Aber es rührte sich keine Hand; nur ein paar Spaten zähen Kleis flogen noch neben das schreiende Tier. Da gab er seinem Schimmel die Sporen, daß das Tier einen Schrei ausstieß, und stürmte den Deich hinab, und alles wich vor ihm zurück. »Den Hund!« schrie er; »ich will den Hund!«

Eine Hand schlug sanft auf seine Schulter, als wäre es die Hand des alten Jewe Manners; doch als er umsah, war es nur ein Freund des Alten. »Nehmt Euch in acht, Deichgraf!« raunte er ihm zu, »Ihr habt nicht Freunde unter diesen Leuten; laßt es mit dem Hunde gehen!«

Der Wind pfiff, der Regen klatschte; die Leute hatten die Spaten in den Grund gesteckt, einige sie fortgeworfen. Hauke neigte sich zu dem Alten. »Wollt Ihr meinen Schimmel halten, Harke Jens?« frug er; und als jener noch kaum den Zügel in der Hand hatte, war Hauke schon in die Kluft gesprungen und hielt das kleine winselnde Tier in seinem Arm; und fast im selben Augenblicke saß er auch wieder hoch im Sattel und sprengte auf den Deich zurück. Seine Augen flogen über die Männer, die bei den Wagen standen. »Wer war es?« rief er. »Wer hat die Kreatur hinabgeworfen?«

Einen Augenblick schwieg alles, denn aus dem hageren Gesicht des Deichgrafen sprühte der Zorn, und sie hatten abergläubische Furcht vor ihm. Da trat von einem Fuhrwerk ein stiernackiger Kerl vor ihn hin. »Ich tat es nicht, Deichgraf«, sagte er und biß von einer Rolle Kautabak ein Endchen ab, das er sich erst ruhig in den Mund schob; »aber der es tat, hat recht getan; soll Euer Deich sich halten, so muß was Lebiges hinein!«

– »Was Lebiges? Aus welchem Katechismus hast du das gelernt?«

»Aus keinem, Herr!« entgegnete der Kerl, und aus seiner Kehle stieß ein freches Lachen; »das haben unsere Großväter schon gewußt, die sich mit Euch im Christentum wohl messen durften! Ein Kind ist besser noch; wenn das nicht da ist, tut's auch wohl ein Hund!«

»Schweig du mit deinen Heidenlehren«, schrie ihn Hauke an, »es stopfte besser, wenn man dich hineinwürfe.«

»Oho!« erscholl es; aus einem Dutzend Kehlen war der Laut gekommen, und der Deichgraf gewahrte ringsum grimmige Gesichter und geballte Fäuste; er sah wohl, daß das keine Freunde waren; der Gedanke an seinen Deich überfiel ihn wie ein Schrecken: was sollte werden, wenn jetzt alle ihre Spaten hinwürfen? – Und als er nun den Blick nach unten richtete, sah er wieder den Freund des alten Jewe Manners; der ging dort zwischen den Arbeitern, sprach zu dem und jenem, lachte hier einem zu, klopfte dort mit freundlichem Gesicht einem auf die Schulter, und einer nach dem andern faßte wieder seinen Spaten; noch einige Augenblicke, und die Arbeit war wieder in vollem Gange. – Was wollte er denn noch? Der Priel mußte geschlossen werden, und den Hund barg er sicher genug in den Falten seines Mantels. Mit plötzlichem Entschluß wandte er seinen Schimmel gegen den nächsten Wagen. »Stroh an die Kante!« rief er herrisch, und wie mechanisch gehorchte ihm der Fuhrknecht; bald rauschte es hinab in die Tiefe, und von allen Seiten regte es sich aufs neue und mit allen Armen.

Eine Stunde war noch so gearbeitet; es war nach sechs Uhr, und schon brach tiefe Dämmerung herein; der Regen hatte aufgehört, da rief Hauke die Aufseher an sein Pferd. »Morgen früh vier Uhr«, sagte er, »ist alles wieder auf dem Platz; der Mond wird noch am Himmel sein; da machen wir mit Gott den Schluß! Und dann noch eines!« rief er, als sie gehen wollten; »kennt ihr den Hund?«, und er nahm das zitternde Tier aus seinem Mantel.

Sie verneinten das; nur einer sagte: »Der hat sich taglang schon im Dorf herumgebettelt; der gehört gar keinem!«

»Dann ist er mein!« entgegnete der Deichgraf. »Vergesset nicht: morgen früh vier Uhr!« und ritt davon.

Als er heimkam, trat Ann Grete aus der Tür: sie hatte saubere Kleidung an, und es fuhr ihm durch den Kopf, sie gehe jetzt zum Konventikelschneider. »Halt die Schürze auf!« rief er ihr zu, und da sie es unwillkürlich tat, warf er das kleibeschmutzte Hündlein ihr hinein. »Bring ihn der kleinen Wienke; er soll ihr Spielkamerad werden! Aber wasch und wärm ihn zuvor; so tust du auch ein gottgefällig Werk, denn die Kreatur ist schier verklommen.«

Und Ann Grete konnte nicht lassen, ihrem Wirt Gehorsam zu leisten, und kam deshalb heute nicht in den Konventikel.

Und am andern Tage wurde der letzte Spatenstich am neuen Deich getan; der Wind hatte sich gelegt; in anmutigem Fluge schwebten Möwen und Avosetten über Land und Wasser hin und wider; von Jevershallig tönte das tausendstimmige Geknorr der Rottgänse, die sich's noch heute an der Küste der Nordsee wohl sein ließen, und aus den weißen Morgennebeln, welche die weite Marsch bedeckten, stieg allmählich ein goldner Herbsttag und beleuchtete das neue Werk der Menschenhände.

Nach einigen Wochen kamen mit dem Oberdeichgrafen die herrschaftlichen Kommissäre zur Besichtigung desselben; ein großes Festmahl, das erste nach dem Leichenmahl des alten Tede Volkerts, wurde im deichgräflichen Hause gehalten; alle Deichgevollmächtigten und die größten Interessenten waren dazu geladen. Nach Tische wurden sämtliche Wagen der Gäste und des Deichgrafen angespannt; Frau Elke wurde von dem Oberdeichgrafen in die Karriole gehoben, vor der der braune Wallach mit seinen Hufen stampfte; dann sprang er selber hintennach und nahm die Zügel in die Hand; er wollte die gescheite Frau seines Deichgrafen selber fahren. So ging es munter vor der Werfte und in den Weg hinaus, den Akt zum neuen Deich hinan und auf demselben um den jungen Koog herum. Es war inmittelst ein leichter Nordwestwind aufgekommen, und an der Nord- und Westseite des neuen Deiches wurde die Flut hinaufgetrieben; aber es war unverkennbar, der sanfte Abfall bedingte einen sanfteren Anschlag; aus dem Munde der herrschaftlichen Kommissäre strömte das Lob des Deichgrafen, daß die Bedenken, welche hie und da von den Gevollmächtigten dagegen langsam vorgebracht wurden, gar bald darin erstickten.

– Auch das ging vorüber; aber noch eine Genugtuung empfing der Deichgraf eines Tages, da er in stillem, selbstbewußtem Sinnen auf dem neuen Deich entlangritt. Es mochte ihm wohl die Frage kommen, weshalb der Koog, der ohne ihn nicht da wäre, in dem sein

Schweiß und seine Nachtwachen steckten, nun schließlich nach einer der herrschaftlichen Prinzessinnen »der neue Karolinenkoog« getauft sei; aber es war doch so: auf allen dahin gehörigen Schriftstücken stand der Name, auf einigen sogar in roter Frakturschrift. Da, als er aufblickte, sah er zwei Arbeiter mit ihren Feldgerätschaften, der eine etwa zwanzig Schritte hinter dem andern, sich entgegenkommen. »So wart doch!« hörte er den Nachfolgenden rufen; der andere aber – er stand eben an einem Akt, der in den Koog hinunterführte – rief ihm entgegen: »Ein andermal, Jens! Es ist schon spät; ich soll hier Klei schlagen!«

– »Wo denn?«

»Nun hier, im Hauke-Haien-Koog!«

Er rief es laut, indem er den Akt hinabtrabte, als solle die ganze Marsch es hören, die darunterlag. Hauke aber war es, als höre er seinen Ruhm verkünden; er hob sich im Sattel, gab seinem Schimmel die Sporen und sah mit festen Augen über die weite Landschaft hin, die zu seiner Linken lag. »Hauke-Haien-Koog!« wiederholte er leis; das klang, als könnt es alle Zeit nicht anders heißen! Mochten sie trotzen, wie sie wollten, um seinen Namen war doch nicht herumzukommen; der Prinzessinnen-Name – würde er nicht bald nur noch in alten Schriften modern? – Der Schimmel ging in stolzem Galopp; vor seinen Ohren aber summte es: »Hauke-Haien-Koog! Hauke-Haien-Koog!« In seinem Gedanken wuchs fast der neue Deich zu einem achten Weltwunder; in ganz Friesland war nicht seinesgleichen! Und er ließ den Schimmel tanzen; ihm war, er stünde inmitten aller Friesen; er überragte sie um Kopfeshöhe, und seine Blicke flogen scharf und mitleidig über sie hin.

–– Allmählich waren drei Jahre seit der Eindeichung hingegangen; das neue Werk hatte sich bewährt, die Reparaturkosten waren nur gering gewesen; im Kooge aber blühte jetzt fast überall der weiße Klee, und ging man über die geschützten Weiden, so trug der Sommerwind einem ganze Wolken süßen Dufts entgegen. Da war die Zeit gekommen, die bisher nur idealen Anteile in wirkliche zu verwandeln und allen Teilnehmern ihre bestimmten Stücke für immer eigentümlich zuzusetzen. Hauke war nicht müßig gewesen, vorher noch einige neue zu erwerben; Ole Peters hatte sich verbissen zurückgehalten, ihm gehörte nichts im neuen Kooge. Ohne Verdruß und Streit hatte auch so die Teilung nicht abgehen können, aber fertig war er gleichwohl geworden; auch dieser Tag lag hinter dem Deichgrafen.

Fortan lebte er einsam seinen Pflichten als Hofwirt wie als Deichgraf und denen, die ihm am nächsten angehörten; die alten Freunde waren nicht mehr in der Zeitlichkeit, neue zu erwerben, war er nicht geeignet. Aber unter seinem Dach war Frieden, den auch das stille Kind nicht störte; es sprach wenig, das stete Fragen, was den aufgeweckten Kindern eigen ist, kam selten und meist so, daß dem Gefragten die Antwort darauf schwer wurde; aber ihr liebes, einfältiges Gesichtlein trug fast immer den Ausdruck der Zufriedenheit. Zwei Spielkameraden hatte sie, die waren ihr genug; wenn sie über die Werfte wanderte, sprang das gerettete gelbe Hündlein stets um sie herum, und wenn der Hund sich zeigte, war auch klein Wienke nicht mehr fern. Der zweite Kamerad war eine Lachmöwe, und wie der Hund »Perle«, so hieß die Möwe »Klaus«.

Klaus war durch ein greises Menschenkind auf dem Hofe installiert worden; die achtzigjährige Trin' Jans hatte in ihrer Kate auf dem Außendeich sich nicht mehr durchbringen können; da hatte Frau Elke gemeint, die verlebte Dienstmagd ihres Großvaters könnte bei ihnen noch ein paar stille Abendstunden und eine gute Sterbekammer finden, und so, halb mit Gewalt, war sie von ihr und Hauke nach dem Hofe geholt und in dem Nordweststübchen der neuen Scheuer untergebracht worden, die der Deichgraf vor einigen Jahren neben dem Haupthause bei der Vergrößerung seiner Wirtschaft hatte bauen müssen. Ein paar der Mägde hatten daneben ihre Kammer erhalten und konnten der Greisin nachts zur Hand gehen. Rings an den Wänden hatte sie ihr altes Hausgerät: eine Schatulle von Zuckerkistenholz, darüber zwei bunte Bilder vom verlorenen Sohn, ein längst zur Ruhe gestelltes Spinnrad und ein sehr sauberes Gardinenbett, vor dem ein ungefüger, mit dem weißen Fell des weiland Angorakaters überzogener Schemel stand. Aber auch was Lebiges hatte sie noch um sich gehabt und mit hieher gebracht: das war die Möwe Klaus, die sich schon jahrelang zu ihr gehalten hatte und von ihr gefüttert worden war; freilich, wenn es Winter wurde, flog sie mit den andern Möwen südwärts und kam erst wieder, wenn am Strand der Wermut duftete.

Die Scheuer lag etwas tiefer an der Werfte; die Alte konnte von ihrem Fenster aus nicht über den Deich auf die See hinausblicken. »Du hast mich hier als wie gefangen, Deichgraf!« murrte sie eines Tages, als Hauke zu ihr eintrat, und wies mit ihrem verkrümmten Finger nach den Fennen hinaus, die sich dort unten breiteten. »Wo ist denn Jeverssand? Da über den roten oder über den schwarzen Ochsen hinaus?«

»Was will Sie denn mit Jeverssand?« frug Hauke.

– »Ach was, Jeverssand!« brummte die Alte. »Aber ich will doch sehen, wo mein Jung mir derzeit ist zu Gott gegangen!«

– »Wenn Sie das sehen will«, entgegnete Hauke, »so muß Sie sich oben unter den Eschenbaum setzen, da sieht Sie das ganze Haff!«

»Ja«, sagte die Alte; »ja, wenn ich deine jungen Beine hätte, Deichgraf!«

Dergleichen blieb lange der Dank für die Hülfe, die ihr die Deichgrafsleute angedeihen ließen; dann aber wurde es auf einmal anders. Der kleine Kindskopf Wienkes guckte eines Morgens durch die halbgeöffnete Tür zu ihr herein. »Na«, rief die Alte, welche mit den Händen ineinander auf ihrem Holzstuhl saß, »was hast du denn zu bestellen?«

Aber das Kind kam schweigend näher und sah sie mit ihren gleichgültigen Augen unablässig an.

»Bist du das Deichgrafskind?« frug sie Trin' Jans, und da das Kind wie nickend das Köpfchen senkte, fuhr sie fort: »So setz dich hier auf meinen Schemel! Ein Angorakater ist's gewesen – so groß! Aber dein Vater hat ihn totgeschlagen. Wenn er noch lebig wäre, so könntst du auf ihm reiten.«

Wienke richtete stumm ihre Augen auf das weiße Fell; dann kniete sie nieder und begann es mit ihren kleinen Händen zu streicheln, wie Kinder es bei einer lebenden Katze oder einem Hunde zu machen pflegen. »Armer Kater!« sagte sie dann und fuhr wieder in ihren Liebkosungen fort.

»So!« rief nach einer Weile die Alte; »jetzt ist es genug; und sitzen kannst du auch noch heut auf ihm; vielleicht hat dein Vater ihn auch nur um deshalb totgeschlagen!« Dann hob sie das Kind an beiden Armen in die Höhe und setzte es derb auf den Schemel nieder. Da es aber stumm und unbeweglich sitzen blieb und sie nur immer ansah, begann sie mit dem Kopfe zu schütteln. »Du strafst ihn, Gott der Herr! Ja, ja, du strafst ihn!« murmelte sie; aber ein Erbarmen mit dem

Kinde schien sie doch zu überkommen; ihre knöcherne Hand strich über das dürftige Haar desselben, und aus den Augen der Kleinen kam es, als ob ihr damit wohl geschehe.

Von nun an kam Wienke täglich zu der Alten in die Kammer; sie setzte sich bald von selbst auf den Angoraschemel, und Trin' Jans gab ihr kleine Fleisch- und Brotstückchen in ihre Händchen, welche sie allezeit in Vorrat hatte, und ließ sie diese auf den Fußboden werfen; dann kam mit Gekreisch und ausgespreizten Flügeln die Möwe aus irgendeinem Winkel hervorgeschossen und machte sich darüber her. Erst erschrak das Kind und schrie auf vor dem großen, stürmenden Vogel; bald aber war es wie ein eingelerntes Spiel, und wenn sie nur ihr Köpfchen durch den Türspalt steckte, schoß schon der Vogel auf sie zu und setzte sich ihr auf Kopf oder Schulter, bis die Alte ihr zu Hülfe kam und die Fütterung beginnen konnte. Trin' Jans, die es sonst nicht hatte leiden können, daß einer auch nur die Hand nach ihrem »Klaus« ausstreckte, sah jetzt geduldig zu, wie das Kind allmählich ihr den Vogel völlig abgewann. Er ließ sich willig von ihr haschen; sie trug ihn umher und wickelte ihn in ihre Schürze, und wenn dann auf der Werfte etwa das gelbe Hündlein um sie herum und eifersüchtig gegen den Vogel aufsprang, dann rief sie wohl: »Nicht du, nicht du, Perle!« und hob mit ihren Ärmchen die Möwe so hoch, daß diese, sich selbst befreiend, schreiend über die Werfte hinflog und statt ihrer nun der Hund durch Schmeicheln und Springen den Platz auf ihren Armen zu erobern suchte.

Fielen zufällig Haukes und Elkes Augen auf dies wunderliche Vierblatt, das nur durch einen gleichen Mangel am selben Stengel festgehalten wurde, dann flog wohl ein zärtlicher Blick auf ihr Kind; hatten sie sich gewandt, so blieb nur noch ein Schmerz auf ihrem Antlitz, den jedes einsam mit sich von dannen trug, denn das erlösende Wort war zwischen ihnen noch nicht gesprochen worden. Da eines Sommervormittages, als Wienke mit der Alten und den beiden Tieren auf den großen Steinen vor der Scheuntür saß, gingen ihre beiden Eltern, der Deichgraf seinen Schimmel hinter sich, die Zügel über dem Arme, hier vorüber; er wollte auf den Deich hinaus und hatte das Pferd sich selber von der Fenne heraufgeholt; sein Weib hatte auf der Werfte sich an seinen Arm gehängt. Die Sonne schien warm hernieder; es war fast schwül, und mitunter kam ein Windstoß aus Südsüdost. Dem Kinde mochte es auf dem Platze unbehaglich werden. »Wienke will mit!« rief sie, schüttelte die Möwe von ihrem Schoß und griff nach der Hand ihres Vaters.

»So komm!« sagte dieser.

– Frau Elke aber rief: »In dem Wind? Sie fliegt dir weg!«

»Ich halt sie schon; und heut haben wir warme Luft und lustig Wasser, da kann sie's tanzen sehen.«

Und Elke lief ins Haus und holte noch ein Tüchlein und ein Käppchen für ihr Kind. »Aber es gibt ein Wetter«, sagte sie; »macht, daß ihr fortkommt, und seid bald wieder hier!«

Hauke lachte: »Das soll uns nicht zu fassen kriegen!« und hob das Kind zu sich auf den Sattel. Frau Elke blieb noch eine Weile auf der Werfte und sah, mit der Hand ihre Augen beschattend, die beiden auf den Weg und nach dem Deich hinübertraben; Trin' Jans saß auf dem Stein und murmelte Unverständliches mit ihren welken Lippen.

Das Kind lag regungslos im Arm des Vaters; es war, als atme es beklommen unter dem Druck der Gewitterluft; er neigte den Kopf zu ihr. »Nun, Wienke?« frug er.

Das Kind sah ihn eine Weile an. »Vater«, sagte es, »du kannst das doch! Kannst du nicht alles?«

»Was soll ich können, Wienke?«

Aber sie schwieg; sie schien die eigene Frage nicht verstanden zu haben.

Es war Hochflut; als sie auf den Deich hinaufkamen, schlug der Widerschein der Sonne von dem weiten Wasser ihr in die Augen, ein Wirbelwind trieb die Wellen strudelnd in die Höhe, und neue kamen heran und schlugen klatschend gegen den Strand; da klammerte sie ihre Händchen angstvoll um die Faust ihres Vaters, die den Zügel führte, daß der Schimmel mit einem Satz zur Seite fuhr. Die blaßblauen Augen sahen in wirrem Schreck zu Hauke auf. »Das Wasser, Vater! das Wasser!« rief sie.

Aber er löste sich sanft und sagte: »Still, Kind, du bist bei deinem Vater; das Wasser tut dir nichts!«

Sie strich sich das fahlblonde Haar aus der Stirn und wagte es wieder, auf die See hinauszusehen. »Es tut mir nichts«, sagte sie zitternd; »nein, sag, daß es uns nichts tun soll; du kannst das, und dann tut es uns auch nichts!«

»Nicht ich kann das, Kind«, entgegnete Hauke ernst; »aber der Deich, auf dem wir reiten, der schützt uns, und den hat dein Vater ausgedacht und bauen lassen.«

Ihre Augen gingen wider ihn, als ob sie das nicht ganz verstünde; dann barg sie ihr auffallend kleines Köpfchen in dem weiten Rocke ihres Vaters.

»Warum versteckst du dich, Wienke?« raunte der ihr zu; »ist dir noch immer bange?« Und ein zitterndes Stimmchen kam aus den Falten des Rockes: »Wienke will lieber nicht sehen; aber du kannst doch alles, Vater?«

Ein ferner Donner rollte gegen den Wind herauf. »Hoho?« rief Hauke, »da kommt es!« und wandte sein Pferd zur Rückkehr. »Nun wollen wir heim zur Mutter!«

Das Kind tat einen tiefen Atemzug; aber erst als sie die Werfte und das Haus erreicht hatten, hob es das Köpfchen von seines Vaters Brust. Als dann Frau Elke ihr im Zimmer das Tüchelchen und die Kapuze abgenommen hatte, blieb sie wie ein kleiner stummer Kegel vor der Mutter stehen. »Nun, Wienke«, sagte diese und schüttelte sie leise, »magst du das große Wasser leiden?«

Aber das Kind riß die Augen auf. »Es spricht«, sagte sie; »Wienke ist bange!«

– »Es spricht nicht; es rauscht und toset nur!«

Das Kind sah ins Weite. »Hat es Beine?« frug es wieder; »kann es über den Deich kommen?«

– »Nein, Wienke; dafür paßt dein Vater auf, er ist der Deichgraf.«

»Ja«, sagte das Kind und klatschte mit blödem Lächeln in seine Händchen; »Vater kann alles – alles!« Dann plötzlich, sich von der Mutter abwendend, rief sie: »Laß Wienke zu Trin' Jans, die hat rote Äpfel!«

Und Elke öffnete die Tür und ließ das Kind hinaus. Als sie dieselbe wieder geschlossen hatte, schlug sie mit einem Ausdruck des tiefsten Grams die Augen zu ihrem Manne auf, aus denen ihm sonst nur Trost und Mut zu Hülfe gekommen war.

Er reichte ihr die Hand und drückte sie, als ob es zwischen ihnen keines weiteren Wortes bedürfe; sie aber sagte leis: »Nein, Hauke, laß mich sprechen: das Kind, das ich nach Jahren dir geboren habe, es wird für immer ein Kind bleiben. O lieber Gott! es ist schwachsinnig; ich muß es einmal vor dir sagen.«

»Ich wußte es längst«, sagte Hauke und hielt die Hand seines Weibes fest, die sie ihm entziehen wollte.

»So sind wir denn doch allein geblieben«, sprach sie wieder.

Aber Hauke schüttelte den Kopf: »Ich hab sie lieb, und sie schlägt ihre Ärmchen um mich und drückt sich fest an meine Brust; um alle Schätze wollt ich das nicht missen!«

Die Frau sah finster vor sich hin. »Aber warum?« sprach sie; »was hab ich arme Mutter denn verschuldet?«

– »Ja, Elke, das hab ich freilich auch gefragt, den, der allein es wissen kann; aber du weißt ja auch, der Allmächtige gibt den Menschen keine Antwort – vielleicht, weil wir sie nicht begreifen würden.«

Er hatte auch die andere Hand seines Weibes gefaßt und zog sie sanft zu sich heran. »Laß dich nicht irren, dein Kind, wie du es tust, zu lieben; sei sicher, das versteht es!«

Da warf sich Elke an ihres Mannes Brust und weinte sich satt und war mit ihrem Leid nicht mehr allein. Dann plötzlich lächelte sie ihn an; nach einem heftigen Händedruck lief sie hinaus und holte sich ihr Kind aus der Kammer der alten Trin' Jans und nahm es auf ihren Schoß und hätschelte und küßte es, bis es stammelnd sagte: »Mutter, meine liebe Mutter!«

So lebten die Menschen auf dem Deichgrafshofe still beisammen; wäre das Kind nicht dagewesen, es hätte viel gefehlt.

Allmählich verfloß der Sommer; die Zugvögel waren durchgezogen, die Luft wurde leer vom Gesang der Lerchen; nur vor den Scheunen, wo sie beim Dreschen Körner pickten, hörte man hie und da einige kreischend davonfliegen; schon war alles hart gefroren. In der Küche des Haupthauses saß eines Nachmittags die alte Trin' Jans auf der Holzstufe einer Treppe, die neben dem Feuerherd nach dem Boden lief. Es war in den letzten Wochen, als sei sie aufgelebt; sie kam jetzt gern einmal in die Küche und sah Frau Elke hier hantieren; es war keine Rede mehr davon, daß ihre Beine sie nicht hätten dahin tragen können, seit eines Tages klein Wienke sie an der Schürze hier heraufgezogen hatte. Jetzt kniete das Kind an ihrer Seite und sah mit seinen stillen Augen in die Flammen, die aus dem Herdloch aufflakkerten; ihr eines Händchen klammerte sich an den Ärmel der Alten, das andere lag in ihrem eigenen fahlblonden Haar. Trin' Jans erzählte. »Du weißt«, sagte sie, »ich stand in Dienst bei deinem Urgroßvater, als

Hausmagd, und dann mußt ich die Schweine füttern; der war klüger als sie alle – da war es, es ist grausam lange her, aber eines Abends, der Mond schien, da ließen sie die Haffschleuse schließen, und sie konnte nicht wieder zurück in See. Oh, wie sie schrie und mit ihren Fischhänden sich ihre harten struppigen Haare griff! Ja, Kind, ich sah es und hörte sie selber schreien! Die Gräben zwischen den Fennen waren alle voll Wasser, und der Mond schien darauf, daß sie wie Silber glänzten, und sie schwamm aus einem Graben in den andren und hob die Arme und schlug, was ihre Hände waren, aneinander, daß man es weither klatschen hörte, als wenn sie beten wollte; aber, Kind, beten können diese Kreaturen nicht. Ich saß vor der Haustür auf ein paar Balken, die zum Bauen angefahren waren, und sah weithin über die Fennen; und das Wasserweib schwamm noch immer in den Gräben, und wenn sie die Arme aufhob, so glitzerten auch die wie Silber und Demanten. Zuletzt sah ich sie nicht mehr, und die Wildgäns' und Möwen, die ich all die Zeit nicht gehört hatte, zogen wieder mit Pfeifen und Schnattern durch die Luft.«

Die Alte schwieg; das Kind hatte ein Wort sich aufgefangen. »Konnte sie beten?« frug sie. »Was sagst du? Wer war es?«

»Kind«, sagte die Alte; »die Wasserfrau war es; das sind Undinger, die nicht selig werden können.«

»Nicht selig!« wiederholte das Kind, und ein tiefer Seufzer, als habe sie das verstanden, hob die kleine Brust.

– »Trin' Jans!« kam eine tiefe Stimme von der Küchentür, und die Alte zuckte leicht zusammen. Es war der Deichgraf Hauke Haien, der dort am Ständer lehnte. »Was redet Sie dem Kinde vor? Hab ich Ihr nicht geboten, Ihre Mären für sich zu behalten oder sie den Gäns' und Hühnern zu erzählen?«

Die Alte sah ihn mit einem bösen Blick an und schob die Kleine von sich fort. »Das sind keine Mären«, murmelte sie in sich hinein, »das hat mein Großohm mir erzählt.«

– »Ihr Großohm, Trin'? Sie wollte es ja eben selbst erlebt haben.«

»Das ist egal«, sagte die Alte; »aber Ihr glaubt nicht, Hauke Haien; Ihr wollt wohl meinen Großohm noch zum Lügner machen!« Dann rückte sie näher an den Herd und streckte die Hände über die Flammen des Feuerlochs.

Der Deichgraf warf einen Blick gegen das Fenster; draußen dämmerte es noch kaum. »Komm, Wienke!« sagte er und zog sein schwachsinniges Kind zu sich heran; »komm mit mir, ich will dir draußen vom Deich aus etwas zeigen! Nur müssen wir zu Fuß gehen; der Schimmel ist beim Schmied.« Dann ging er mit ihr in die Stube, und Elke band dem Kinde dicke wollene Tücher um Hals und Schultern; und bald danach ging der Vater mit ihr auf dem alten Deiche nach Nordwest hinauf, Jeverssand vorbei, bis wo die Watten breit, fast unübersehbar wurden.

Bald hatte er sie getragen, bald ging sie an seiner Hand; die Dämmerung wuchs allmählich; in der Ferne verschwand alles in Dunst und Duft. Aber dort, wohin noch das Auge reichte, hatten die unsichtbar schwellenden Wattströme das Eis zerrissen, und, wie Hauke Haien es in seiner Jugend einst gesehen hatte, aus den Spalten stiegen wie damals die rauchenden Nebel, und daran entlang waren wiederum die unheimlichen närrischen Gestalten und hüpften gegeneinander und dienerten und dehnten sich plötzlich schreckhaft in die Breite.

Das Kind klammerte sich angstvoll an seinen Vater und deckte dessen Hand über sein Gesichtlein. »Die Seeteufel!« raunte es zitternd zwischen seine Finger; »die Seeteufel!«

Er schüttelte den Kopf: »Nein, Wienke, weder Wasserweiber noch Seeteufel; so etwas gibt es nicht; wer hat dir davon gesagt?«

Sie sah mit stumpfem Blicke zu ihm herauf; aber sie antwortete nicht. Er strich ihr zärtlich über die Wangen. »Sieh nur wieder hin!« sagte er, »das sind nur arme hungrige Vögel! Sieh nur, wie jetzt der große seine Flügel breitet; die holen sich die Fische, die in die rauchenden Spalten kommen.«

»Fische«, wiederholte Wienke.

»Ja, Kind, das alles ist lebig, so wie wir; es gibt nichts anderes; aber der liebe Gott ist überall!«

Klein Wienke hatte ihre Augen fest auf den Boden gerichtet und hielt den Atem an; es war, als sähe sie erschrocken in einen Abgrund. Es war vielleicht nur so; der Vater blickte lange auf sie hin, er bückte sich und sah in ihr Gesichtlein; aber keine Regung der verschlossenen Seele wurde darin kund. Er hob sie auf den Arm und steckte ihre verklommenen Händchen in einen seiner dicken Wollhandschuhe. »So, mein Wienke« – und das Kind vernahm wohl nicht den Ton von heftiger Innigkeit in seinen Worten –, »so, wärm dich bei mir! Du bist doch unser Kind, unser einziges. Du hast uns lieb ...!« Die Stimme brach dem Manne; aber die Kleine drückte zärtlich ihr Köpfchen in seinen rauhen Bart.

So gingen sie friedlich heimwärts.

Nach Neujahr war wieder einmal die Sorge in das Haus getreten; ein Marschfieber hatte den Deichgrafen ergriffen; auch mit ihm ging es nah am Rand der Grube her, und als er unter Frau Elkes Pflege und Sorge wieder erstanden war, schien er kaum derselbe Mann. Die Mattigkeit des Körpers lag auch auf seinem Geiste, und Elke sah mit Besorgnis, wie er allzeit leicht zufrieden war. Dennoch, gegen Ende des März, drängte es ihn, seinen Schimmel zu besteigen und zum ersten Male wieder auf seinem Deich entlangzureiten; es war an einem Nachmittage, und die Sonne, die zuvor geschienen hatte, lag längst schon wieder hinter trübem Duft.

Im Winter hatte es ein paarmal Hochwasser gegeben; aber es war nicht von Belang gewesen; nur drüben am andern Ufer war auf einer Hallig eine Herde Schafe ertrunken und ein Stück vom Vorland abgerissen worden; hier an dieser Seite und am neuen Kooge war ein nennenswerter Schaden nicht geschehen. Aber in der letzten Nacht hatte ein stärkerer Sturm getobt; jetzt mußte der Deichgraf selbst hinaus und alles mit eigenem Aug besichtigen. Schon war er unten von der Südostecke aus auf dem neuen Deich herumgeritten, und es war alles wohl erhalten; als er aber an die Nordostecke gekommen war, dort, wo der neue Deich auf den alten stößt, war zwar der erstere unversehrt, aber wo früher der Priel den alten erreicht hatte und an ihm entlanggeflossen war, sah er in großer Breite die Grasnarbe zerstört und fortgerissen und in dem Körper des Deiches eine von der Flut gewühlte Höhlung, durch welche überdies ein Gewirr von Mäusegängen bloßgelegt war. Hauke stieg vom Pferde und besichtigte den Schaden in der Nähe: das Mäuseunheil schien unverkennbar noch unsichtbar weiter fortzulaufen.

Er erschrak heftig; gegen alles dieses hätte schon beim Bau des neuen Deiches Obacht genommen werden müssen; da es damals übersehen worden, so mußte es jetzt geschehen! – Das Vieh war noch nicht auf den Fennen, das Gras war ungewohnt zurückgeblieben; wohin er blickte, es sah ihn leer und öde an. Er bestieg wieder sein Pferd und ritt am Ufer hin und her: es war Ebbe, und er gewahrte wohl, wie der Strom von außen her sich wieder ein neues Bett im

Schlick gewühlt hatte und jetzt von Nordwesten auf den alten Deich gestoßen war; der neue aber, soweit es ihn traf, hatte mit seinem sanfteren Profile dem Anprall widerstehen können.

Ein Haufen neuer Plag und Arbeit erhob sich vor der Seele des Deichgrafen; nicht nur der alte Deich mußte hier verstärkt, auch dessen Profil dem des neuen angenähert werden; vor allem aber mußte der als gefährlich wieder aufgetretene Priel durch neuzulegende Dämme oder Lahnungen abgeleitet werden. Noch einmal ritt er auf dem neuen Deich bis an die äußerste Nordwestecke, dann wieder rückwärts, die Augen unablässig auf das neugewühlte Bett des Prieles heftend, der ihm zur Seite sich deutlich genug in dem bloßgelegten Schlickgrund abzeichnete. Der Schimmel drängte vorwärts und schnob und schlug mit den Vorderhufen; aber der Reiter drückte ihn zurück, er wollte langsam reiten, er wollte auch die innere Unruhe bändigen, die immer wilder in ihm aufgor.

Wenn eine Sturmflut wiederkäme – eine, wie 1655 dagewesen, wo Gut und Menschen ungezählt verschlungen wurden –, wenn sie wiederkäme, wie sie schon mehrmals einst gekommen war! – Ein heißer Schauer überrieselte den Reiter – der alte Deich, er würde den Stoß nicht aushalten, der gegen ihn heraufschösse! Was dann, was sollte dann geschehen? – Nur eines, ein einzig Mittel würde es geben, um vielleicht den alten Koog und Gut und Leben darin zu retten. Hauke fühlte sein Herz stillstehen, sein sonst so fester Kopf schwindelte; er sprach es nicht aus, aber in ihm sprach es stark genug: Dein Koog, der Hauke-Haien-Koog müßte preisgegeben und der neue Deich durchstochen werden!

Schon sah er im Geist die stürzende Hochflut hereinbrechen und Gras und Klee mit ihrem salzen schäumenden Gischt bedecken. Ein Sporenstich fuhr in die Weichen des Schimmels, und einen Schrei ausstoßend, flog er auf dem Deich entlang und dann den Akt hinab, der deichgräflichen Werfte zu.

Den Kopf voll von innerem Schrecknis und ungeordneten Plänen, kam er nach Hause. Er warf sich in seinen Lehnstuhl, und als Elke mit der Tochter in das Zimmer trat, stand er wieder auf und hob das Kind zu sich empor und küßte es; dann jagte er das gelbe Hündlein mit ein paar leichten Schlägen von sich. »Ich muß noch einmal droben nach dem Krug!« sagte er und nahm seine Mütze vom Türhaken, wohin er sie eben erst gehängt hatte.

Seine Frau sah ihn sorgvoll an: »Was willst du dort? Es wird schon Abend, Hauke!«

»Deichgeschichten!« murmelte er vor sich hin, »ich treffe von den Gevollmächtigten dort.«

Sie ging ihm nach und drückte ihm die Hand, denn er war mit diesen Worten schon zur Tür hinaus. Hauke Haien, der sonst alles bei sich selber abgeschlossen hatte, drängte es jetzt, ein Wort von jenen zu erhalten, die er sonst kaum eines Anteils wertgehalten hatte. Im Gastzimmer traf er Ole Peters mit zweien der Gevollmächtigten und einem Koogseinwohner am Kartentisch.

»Du kommst wohl von draußen, Deichgraf?« sagte der erstere, nahm die halb ausgeteilten Karten auf und warf sie wieder hin.

»Ja, Ole«, erwiderte Hauke; »ich war dort; es sieht übel aus.«

»Übel? – Nun, ein paar hundert Soden und eine Bestickung wird's wohl kosten; ich war dort auch am Nachmittag.«

»So wohlfeil wird's nicht abgehen, Ole«, erwiderte der Deichgraf, »der Priel ist wieder da, und wenn er jetzt auch nicht von Norden auf den alten Deich stößt, so tut er's doch von Nordwesten!«

»Du hättest ihn lassen sollen, wo du ihn fandest!« sagte Ole trocken.

»Das heißt«, entgegnete Hauke, »der neue Koog geht dich nichts an; und darum sollte er nicht existieren. Das ist deine eigne Schuld! Aber wenn wir Lahnungen legen müssen, um den alten Deich zu schützen, der grüne Klee hinter dem neuen bringt das übermäßig ein!«

»Was sagt Ihr, Deichgraf?« riefen die Gevollmächtigten; »Lahnungen? Wie viele denn? Ihr liebt es, alles beim teuersten Ende anzufassen!«

Die Karten lagen unberührt auf dem Tisch. »Ich will's dir sagen, Deichgraf«, sagte Ole Peters und stemmte beide Arme auf, »dein neuer Koog ist ein fressend Werk, was du uns gestiftet hast! Noch laboriert alles an den schweren Kosten deiner breiten Deiche; nun frißt er uns auch den alten Deich, und wir sollen ihn verneuen! – Zum Glück ist's nicht so schlimm; er hat diesmal gehalten und wird es auch noch ferner tun! Steig nur morgen wieder auf deinen Schimmel und sieh es dir noch einmal an!«

Hauke war aus dem Frieden seines Hauses hieher gekommen; hinter den immerhin noch gemäßigten Worten, die er eben hörte, lag – er konnte es nicht verkennen – ein zäher Widerstand; ihm war, als fehle ihm dagegen noch die alte Kraft. »Ich will tun, wie du es rätst, Ole«, sprach er; »nur fürcht ich, ich werd es finden, wie ich es heut gesehen habe.«

Eine unruhige Nacht folgte diesem Tage; Hauke wälzte sich schlaflos in seinen Kissen. »Was ist dir?« frug ihn Elke, welche die Sorge um ihren Mann wach hielt; »drückt dich etwas, so sprich es von dir; wir haben's ja immer so gehalten!«

»Es hat nichts auf sich, Elke!« erwiderte er, »am Deiche, an den Schleusen ist was zu reparieren; du weißt, daß ich das allzeit nachts in mir zu verarbeiten habe.« Weiter sagte er nichts; er wollte sich die Freiheit seines Handelns vorbehalten; ihm unbewußt, war die klare Einsicht und der kräftige Geist seines Weibes ihm in seiner augenblicklichen Schwäche ein Hindernis, dem er unwillkürlich auswich.

-- Am folgenden Vormittag, als er wieder auf den Deich hinauskam, war die Welt eine andere, als wie er sie tags zuvor gefunden hatte; zwar war wieder hohl Ebbe, aber der Tag war noch im Steigen, und eine lichte Frühlingssonne ließ ihre Strahlen fast senkrecht auf die unabsehbaren Watten fallen; die weißen Möwen schwebten ruhig hin und wider, und unsichtbar über ihnen, hoch unter dem azurblauen Himmel, sangen die Lerchen ihre ewige Melodie. Hauke, der nicht wußte, wie uns die Natur mit ihrem Reiz betrügen kann, stand auf der Nordwestecke des Deiches und suchte nach dem neuen Bett des Prieles, das ihn gestern so erschreckt hatte; aber bei dem vom Zenit herabschießenden Sonnenlichte fand er es anfänglich nicht einmal. Erst da er gegen die blendenden Strahlen seine Augen mit der Hand beschattete, konnte er es nicht verkennen; aber dennoch, die Schatten in der gestrigen Dämmerung mußten ihn getäuscht haben: es kennzeichnete sich jetzt nur schwach; die bloßgelegte Mäusewirtschaft mußte mehr als die Flut den Schaden in dem Deich veranlaßt haben. Freilich, Wandel mußte hier geschafft werden, aber durch sorgfältiges Aufgraben und, wie Ole Peters gesagt hatte, durch frische Soden und einige Ruten Strohbestickung war der Schaden auszuheilen.

›Es war so schlimm nicht‹, sprach er erleichtert zu sich selber, ›du bist gestern doch dein eigner Narr gewesen!‹ – Er berief die Gevollmächtigten, und die Arbeiten wurden ohne Widerspruch beschlossen, was bisher noch nie geschehen war. Der Deichgraf meinte eine stärkende Ruhe in seinem noch geschwächten Körper sich verbreiten zu fühlen, und nach einigen Wochen war alles sauber ausgeführt.

Das Jahr ging weiter, aber je weiter es ging und je ungestörter die neugelegten Rasen durch die Strohdecke grünten, um so unruhiger ging oder ritt Hauke an dieser Stelle vorüber, er wandte die Augen ab, er ritt hart an der Binnenseite des Deiches, ein paarmal, wo er dort hätte vorübermüssen, ließ er sein schon gesatteltes Pferd wieder in den Stall zurückführen; dann wieder, wo er nichts dort zu tun hatte, wanderte er, um nur rasch und ungesehen von seiner Werfte fortzukommen, plötzlich und zu Fuß dahin; manchmal auch war er umgekehrt, er hatte es sich nicht zumuten können, die unheimliche Stelle aufs neue zu betrachten; und endlich, mit den Händen hätte er alles wieder aufreißen mögen, denn wie ein Gewissensbiß, der außer ihm Gestalt gewonnen hatte, lag dies Stück des Deiches ihm vor Augen. Und doch, seine Hand konnte nicht mehr daran rühren; und niemandem, selbst nicht seinem Weibe, durfte er davon reden. So war der September gekommen; nachts hatte ein mäßiger Sturm getobt und war zuletzt nach Nordwest umgesprungen. An trübem Vormittag danach, zur Ebbezeit, ritt Hauke auf den Deich hinaus, und es durchfuhr ihn, als er seine Augen über die Watten schweifen ließ; dort, von Nordwest herauf, sah er plötzlich wieder, und schärfer und tiefer ausgewühlt, das gespenstische neue Bett des Prieles; so sehr er seine Augen anstrengte, es wollte nicht mehr weichen.

Als er nach Haus kam, ergriff Elke seine Hand. »Was hast du, Hauke?« sprach sie, als sie in sein düstres Antlitz sah; »es ist doch kein neues Unheil? Wir sind jetzt so glücklich; mir ist, du hast nun Frieden mit ihnen allen!«

Diesen Worten gegenüber vermochte er seine verworrene Furcht nicht in Worten kundzugeben.

»Nein, Elke«, sagte er, »mich feindet niemand an; es ist nur ein verantwortlich Amt, die Gemeinde vor unseres Herrgotts Meer zu schützen.«

Er machte sich los, um weiteren Fragen des geliebten Weibes auszuweichen. Er ging in Stall und Scheuer, als ob er alles revidieren müsse; aber er sah nichts um sich her; er war nur beflissen, seinen Gewissensbiß zur Ruhe, ihn sich selber als eine krankhaft übertriebene Angst zur Überzeugung zu bringen.

-- Das Jahr, von dem ich Ihnen erzähle«, sagte nach einer Weile mein Gastfreund, der Schulmeister, »war das Jahr 1756, das in dieser Gegend nie vergessen wird; im Hause Hauke Haiens brachte es eine

Tote. Zu Ende des Septembers war in der Kammer, welche ihr in der Scheune eingeräumt war, die fast neunzigjährige Trin' Jans am Sterben. Man hatte sie nach ihrem Wunsche in den Kissen aufgerichtet, und ihre Augen gingen durch die kleinen bleigefaßten Scheiben in die Ferne; es mußte dort am Himmel eine dünnere Luftschicht über einer dichteren liegen, denn es war hohe Kimmung, und die Spiegelung hob in diesem Augenblick das Meer wie einen flimmernden Silberstreifen über den Rand des Deiches, so daß es blendend in die Kammer schimmerte; auch die Südspitze von Jeverssand war sichtbar.

Am Fußende des Bettes kauerte die kleine Wienke und hielt mit der einen Hand sich fest an der ihres Vaters, der daneben stand. In das Antlitz der Sterbenden grub eben der Tod das hippokratische Gesicht, und das Kind starrte atemlos auf die unheimliche, ihr unverständliche Verwandlung des unschönen, aber ihr vertrauten Angesichts.

»Was macht sie? Was ist das, Vater?« flüsterte sie angstvoll und grub die Fingernägel in ihres Vaters Hand.

»Sie stirbt!« sagte der Deichgraf.

»Stirbt!« wiederholte das Kind und schien in verworrenes Sinnen zu verfallen.

Aber die Alte rührte noch einmal ihre Lippen: »Jins! Jins!« Und kreischend, wie ein Notschrei, brach es hervor, und ihre knöchernen Arme streckten sich gegen die draußen flimmernde Meeresspiegelung. »Hölp mi! Hölp mi! Du bist ja bawen Water ... Gott gnad de annern!«

Ihre Arme sanken, ein leises Krachen der Bettstatt wurde hörbar; sie hatte aufgehört zu leben.

Das Kind tat einen tiefen Seufzer und warf die blassen Augen zu ihrem Vater auf. »Stirbt sie noch immer?« frug es.

»Sie hat es vollbracht!« sagte der Deichgraf und nahm das Kind auf seinen Arm. »Sie ist nun weit von uns, beim lieben Gott.«

»Beim lieben Gott!« wiederholte das Kind und schwieg eine Weile, als müsse es den Worten nachsinnen. »Ist das gut, beim lieben Gott?«

»Ja, das ist das Beste.« – In Haukes Innerm aber klang schwer die letzte Rede der Sterbenden. ›Gott gnad de annern!‹ sprach es leise in ihm. ›Was wollte die alte Hexe! Sind denn die Sterbenden Propheten – –?‹

-- Bald nachdem Trin' Jans oben bei der Kirche eingegraben war, begann man immer lauter von allerlei Unheil und seltsamem Geschmeiß zu reden, das die Menschen in Nordfriesland erschreckt haben sollte; und sicher war es: am Sonntage Lätare war droben von der Turmspitze der goldne Hahn durch einen Wirbelwind herabgeworfen worden; auch das war richtig: im Hochsommer fiel, wie ein Schnee, ein groß Geschmeiß vom Himmel, daß man die Augen davor nicht auftun konnte und es hernach fast handhoch auf den Fennen lag, und hatte niemand je so was gesehen. Als aber nach Ende September der Großknecht mit Korn und die Magd Ann Grete mit Butter in die Stadt zu Markt gefahren waren, kletterten sie bei ihrer Rückkunft mit schreckensbleichen Gesichtern von ihrem Wagen. »Was ist? Was habt ihr?« riefen die andern Dirnen, die hinausgelaufen waren, da sie den Wagen rollen hörten.

Ann Grete in ihrem Reiseanzug trat atemlos in die geräumige Küche. »Nun, so erzähl doch!« riefen die Dirnen wieder, »wo ist das Unglück los?«

»Ach, unser lieber Jesus wolle uns behüten!« rief Ann Grete. »Ihr wißt, von drüben, überm Wasser, das alt Mariken vom Ziegelhof, wir stehen mit unserer Butter ja allzeit zusammen an der Apothekerecke, die hat es mir erzählt, und Iven Johns sagte auch, ›das gibt ein Unglück!‹ sagte er; ›ein Unglück über ganz Nordfriesland; glaub mir's, Ann Gret!‹ Und« – sie dämpfte ihre Stimme – »mit des Deichgrafs Schimmel ist's am Ende auch nicht richtig!«

»Scht! scht!« machten die andern Dirnen.

– »Ja, ja; was kümmert's mich! Aber drüben, an der andern Seite, geht's noch schlimmer als bei uns! Nicht bloß Fliegen und Geschmeiß, auch Blut ist wie Regen vom Himmel gefallen; und da am Sonntagmorgen danach der Pastor sein Waschbecken vorgenommen hat, sind fünf Totenköpfe, wie Erbsen groß, darin gewesen, und alle sind gekommen, um das zu sehen; im Monat Augusti sind grausige rotköpfige Raupenwürmer über das Land gezogen und haben Korn und Mehl und Brot, und was sie fanden, weggefressen, und hat kein Feuer sie vertilgen können!«

Die Erzählerin verstummte plötzlich; keine der Mägde hatte bemerkt, daß die Hausfrau in die Küche getreten war. »Was redet ihr da?« sprach diese. »Laßt das den Wirt nicht hören!« Und da sie alle jetzt erzählen wollten: »Es tut nicht not; ich habe genug davon vernommen; geht an euere Arbeit, das bringt euch besseren Segen!« Dann nahm sie Ann Gret mit sich in die Stube und hielt mit dieser Abrechnung über ihre Marktgeschäfte.

So fand im Hause des Deichgrafen das abergläubische Geschwätz bei der Herrschaft keinen Anhalt; aber in die übrigen Häuser, und je länger die Abende wurden, um desto leichter, drang es mehr und mehr hinein. Wie schwere Luft lag es auf allen, und heimlich sagte man es sich, ein Unheil, ein schweres, würde über Nordfriesland kommen.

Es war vor Allerheiligen, im Oktober. Tagüber hatte es stark aus Südwest gestürmt; abends stand ein halber Mond am Himmel, dunkelbraune Wolken jagten überhin, und Schatten und trübes Licht flogen auf der Erde durcheinander; der Sturm war im Wachsen. Im Zimmer des Deichgrafen stand noch der geleerte Abendtisch; die Knechte waren in den Stall gewiesen, um dort des Viehes zu achten; die Mägde mußten im Hause und auf den Böden nachsehen, ob Türen und Luken wohlverschlossen seien, daß nicht der Sturm hineinfasse und Unheil anrichte. Drinnen stand Hauke neben seiner Frau am Fenster; er hatte eben sein Abendbrot hinabgeschlungen; er war draußen auf dem Deich gewesen. Zu Fuße war er hinausgetrabt, schon früh am Nachmittag; spitze Pfähle und Säcke voll Klei oder Erde hatte er hie und dort, wo der Deich eine Schwäche zu verraten schien, zusammentragen lassen; überall hatte er Leute angestellt, um die Pfähle einzurammen und mit den Säcken vorzudämmen, sobald die Flut den Deich zu schädigen beginne; an dem Winkel zu Nordwesten, wo der alte und der neue Deich zusammenstießen, hatte er die meisten Menschen hingestellt, nur im Notfall durften sie von den angewiesenen Plätzen weichen. Das hatte er zurückgelassen; dann, vor kaum einer Viertelstunde, naß, zerzaust, war er in seinem Hause angekommen, und jetzt, das Ohr nach den Windböen, welche die in Blei gefaßten Scheiben rasseln machten, blickte er wie gedankenlos in die wüste Nacht hinaus; die Wanduhr hinter ihrer Glasscheibe schlug eben acht. Das Kind, das neben der Mutter stand, fuhr zusammen und barg den Kopf in deren Kleider. »Klaus!« rief sie weinend; »wo ist mein Klaus?«

Sie konnte wohl so fragen, denn die Möwe hatte, wie schon im vorigen Jahr, so auch jetzt ihre Winterreise nicht mehr angetreten.

Der Vater überhörte die Frage; die Mutter aber nahm das Kind auf ihren Arm. »Dein Klaus ist in der Scheune«, sagte sie; »da sitzt er warm.«

»Warum?« sagte Wienke; »ist das gut?«

– »Ja, das ist gut.«

Der Hausherr stand noch am Fenster. »Es geht nicht länger, Elke!« sagte er; »ruf eine von den Dirnen; der Sturm drückt uns die Scheiben ein, die Luken müssen angeschroben werden!«

Auf das Wort der Hausfrau war die Magd hinausgelaufen; man sah vom Zimmer aus, wie ihr die Röcke flogen; aber als sie die Klammern gelöst hatte, riß ihr der Sturm den Laden aus der Hand und warf ihn gegen die Fenster, daß ein paar Scheiben zersplittert in die Stube flogen und eins der Lichter qualmend auslosch. Hauke mußte selbst hinaus, zu helfen, und nur mit Not kamen allmählich die Luken vor die Fenster. Als sie beim Wiedereintritt in das Haus die Tür aufrissen, fuhr eine Böe hinterdrein, daß Glas und Silber im Wandschrank durcheinanderklirrten; oben im Hause über ihren Köpfen zitterten und krachten die Balken, als wolle der Sturm das Dach von den Mauern reißen. Aber Hauke kam nicht wieder in das Zimmer; Elke hörte, wie er durch die Tenne nach dem Stalle schritt. »Den Schimmel! Den Schimmel, John! Rasch!« So hörte sie ihn rufen; dann kam er wieder in die Stube, das Haar zerzaust, aber die grauen Augen leuchtend. »Der Wind ist umgesprungen!« rief er – »nach Nordwest, auf halber Springflut! Kein Wind; – wir haben solchen Sturm noch nicht erlebt!«

Elke war totenblaß geworden. »Und du mußt noch einmal hinaus?«

Er ergriff ihre beiden Hände und drückte sie wie im Krampfe in die seinen. »Das muß ich, Elke.«

Sie erhob langsam ihre dunkeln Augen zu ihm, und ein paar Sekunden lang sahen sie sich an; doch war's wie eine Ewigkeit. »Ja, Hauke«, sagte das Weib; »ich weiß es wohl, du mußt!«

Da trabte es draußen vor der Haustür. Sie fiel ihm um den Hals, und einen Augenblick war's, als könne sie ihn nicht lassen; aber auch das war nur ein Augenblick. »Das ist *unser* Kampf!« sprach Hauke; »ihr seid hier sicher; an dies Haus ist noch keine Flut gestiegen. Und bete zu Gott, daß er auch mit mir sei!«

Hauke hüllte sich in seinen Mantel, und Elke nahm ein Tuch und wickelte es ihm sorgsam um den Hals; sie wollte ein Wort sprechen, aber die zitternden Lippen versagten es ihr.

Draußen wieherte der Schimmel, daß es wie Trompetenschall in das Heulen des Sturmes hineinklang. Elke war mit ihrem Mann hinausgegangen; die alte Esche knarrte, als ob sie auseinanderstürzen solle. »Steigt auf, Herr!« rief der Knecht, »der Schimmel ist wie toll; die Zügel könnten reißen.« Hauke schlug die Arme um sein Weib. »Bei Sonnenaufgang bin ich wieder da!«

Schon war er auf sein Pferd gesprungen; das Tier stieg mit den Vorderhufen in die Höhe, dann, gleich einem Streithengst, der sich in die Schlacht stürzt, jagte es mit seinem Reiter die Werfte hinunter, in Nacht und Sturmgeheul hinaus. »Vater, mein Vater!« schrie eine klägliche Kinderstimme hinter ihm darein; »mein lieber Vater!«

Wienke war im Dunkeln hinter dem Fortjagenden hergelaufen; aber schon nach hundert Schritten strauchelte sie über einen Erdhaufen und fiel zu Boden.

Der Knecht Iven Johns brachte das weinende Kind der Mutter zurück; die lehnte am Stamme der Esche, deren Zweige über ihr die Luft peitschten, und starrte wie abwesend in die Nacht hinaus, in der ihr Mann verschwunden war; wenn das Brüllen des Sturmes und das ferne Klatschen des Meeres einen Augenblick aussetzten, fuhr sie wie in Schreck zusammen; ihr war jetzt, als suche alles nur ihn zu verderben und werde jäh verstummen, wenn es ihn gefaßt habe. Ihre Knie zitterten, ihre Haare hatte der Sturm gelöst und trieb damit sein Spiel. »Hier ist das Kind, Frau!« schrie John ihr zu; »haltet es fest!« und drückte die Kleine der Mutter in den Arm.

»Das Kind? – Ich hatte dich vergessen, Wienke!« rief sie; »Gott verzeih mir's.« Dann hob sie es an ihre Brust, so fest nur Liebe fassen kann, und stürzte mit ihr in die Knie. »Herr Gott und du mein Jesus, laß uns nicht Witwe und Waise werden! Schütz ihn, o lieber Gott; nur du und ich, wir kennen ihn allein!« Und der Sturm setzte nicht mehr aus; es tönte und donnerte, als solle die ganze Welt in ungeheuerem Hall und Schall zugrunde gehen.

»Geht in das Haus, Frau!« sagte John; »kommt!« Und er half ihnen auf und leitete die beiden in das Haus und in die Stube.

-- Der Deichgraf Hauke Haien jagte auf seinem Schimmel dem Deiche zu. Der schmale Weg war grundlos, denn die Tage vorher war unermeßlicher Regen gefallen; aber der nasse saugende Klei schien gleichwohl die Hufen des Tieres nicht zu halten, es war, als hätte es festen Sommerboden unter sich. Wie eine Wilde Jagd trieben die Wolken am Himmel; unten lag die weite Marsch wie eine unerkennbare, von unruhigen Schatten erfüllte Wüste; von dem Wasser hinter dem Deiche, immer ungeheurer, kam ein dumpfes Tosen, als müsse es alles andere verschlingen. »Vorwärts, Schimmel!« rief Hauke; »wir reiten unseren schlimmsten Ritt!«

Da klang es wie ein Todesschrei unter den Hufen seines Rosses. Er riß den Zügel zurück; er sah sich um: ihm zur Seite dicht über dem Boden, halb fliegend, halb vom Sturme geschleudert, zog eine Schar von weißen Möwen, ein höhnisches Gegacker ausstoßend; sie suchten Schutz im Lande. Eine von ihnen – der Mond schien flüchtig durch die Wolken – lag am Weg zertreten: dem Reiter war's, als flattere ein rotes Band an ihrem Halse. »Klaus!« rief er. »Armer Klaus!«

War es der Vogel seines Kindes? Hatte er Roß und Reiter erkannt und sich bei ihnen bergen wollen? – Der Reiter wußte es nicht. »Vorwärts!« rief er wieder, und schon hob der Schimmel zu neuem Rennen seine Hufen; da setzte der Sturm plötzlich aus, eine Totenstille trat an seine Stelle; nur eine Sekunde lang, dann kam er mit erneuter Wut zurück; aber Menschenstimmen und verlorenes Hundegebell waren inzwischen an des Reiters Ohr geschlagen, und als er rückwärts nach seinem Dorf den Kopf wandte, erkannte er in dem Mondlicht, das hervorbrach, auf den Werften und vor den Häusern Menschen an hochbeladenen Wagen umherhantierend; er sah, wie im Fluge, noch andere Wagen eilend nach der Geest hinauffahren; Gebrüll von Rindern traf sein Ohr, die aus den warmen Ställen nach dort hinaufgetrieben wurden. ›Gott Dank! sie sind dabei, sich und ihr Vieh zu retten!‹ rief es in ihm; und dann mit einem Angstschrei: »Mein Weib! Mein Kind! – Nein, nein; auf unsere Werfte steigt das Wasser nicht!«

Aber nur ein Augenblick war es; nur wie eine Vision flog alles an ihm vorbei.

Eine furchtbare Böe kam brüllend vom Meer herüber, und ihr entgegen stürmten Roß und Reiter den schmalen Akt zum Deich hinan. Als sie oben waren, stoppte Hauke mit Gewalt sein Pferd. Aber wo war das Meer? Wo Jeverssand? Wo blieb das Ufer drüben? – – Nur Berge von Wasser sah er vor sich, die dräuend gegen den nächtlichen Himmel stiegen, die in der furchtbaren Dämmerung sich übereinanderzutürmen suchten und übereinander gegen das feste Land schlugen. Mit weißen Kronen kamen sie daher, heulend, als sei in ihnen der Schrei alles furchtbaren Raubgetiers der Wildnis. Der Schimmel schlug mit den Vorderhufen und schnob mit seinen Nüstern in den Lärm hinaus; den Reiter aber wollte es überfallen, als sei hier alle Menschenmacht zu Ende; als müsse jetzt die Nacht, der Tod, das Nichts hereinbrechen.

Doch er besann sich: es war ja Sturmflut; nur hatte er sie selbst noch nimmer so gesehen; sein Weib, sein Kind, sie saßen sicher auf der hohen Werfte, in dem festen Hause; sein Deich aber – und wie ein Stolz flog es ihm durch die Brust –, der Hauke-Haien-Deich, wie ihn die Leute nannten, der mochte jetzt beweisen, wie man Deiche bauen müsse!

Aber – was war das? – Er hielt an dem Winkel zwischen beiden Deichen; wo waren die Leute, die er hieher gestellt, die hier die Wacht zu halten hatten? – Er blickte nach Norden den alten Deich hinauf, denn auch dorthin hatte er einzelne beordert. Weder hier noch dort vermochte er einen Menschen zu erblicken; er ritt ein Stück hinaus, aber er blieb allein; nur das Wehen des Sturmes und das Brausen des Meeres bis aus unermessener Ferne schlug betäubend an sein Ohr. Er wandte das Pferd zurück: er kam wieder zu der verlassenen Ecke und ließ seine Augen längs der Linie des neuen Deiches gleiten; er erkannte deutlich: langsamer, weniger gewaltig rollten hier die Wellen heran; fast schien's, als wäre dort ein ander Wasser. »Der soll schon stehen!« murmelte er, und wie ein Lachen stieg es in ihm herauf.

Aber das Lachen verging ihm, als seine Blicke weiter an der Linie seines Deiches entlangglitten: an der Nordwestecke – was war das dort? Ein dunkler Haufen wimmelte durcheinander; er sah, wie es sich emsig rührte und drängte – kein Zweifel, es waren Menschen! Was wollten, was arbeiteten die jetzt an seinem Deich? – Und schon saßen seine Sporen dem Schimmel in den Weichen, und das Tier flog mit ihm dahin; der Sturm kam von der Breitseite; mitunter drängten die Böen so gewaltig, daß sie fast vom Deiche in den neuen Koog hinabgeschleudert wären; aber Roß und Reiter wußten, wo sie ritten. Schon gewahrte Hauke, daß wohl ein paar Dutzend Menschen in eifriger Arbeit dort beisammen seien, und schon sah er deutlich, daß eine Rinne quer durch den neuen Deich gegraben war. Gewaltsam stoppte er sein Pferd. »Halt!« schrie er; »halt! Was treibt ihr hier für Teufelsunfug?«

Sie hatten in Schreck die Spaten ruhen lassen, als sie auf einmal den Deichgraf unter sich gewahrten; seine Worte hatte der Sturm ihnen zugetragen, und er sah wohl, daß mehrere ihm zu antworten strebten; aber er gewahrte nur ihre heftigen Gebärden, denn sie standen alle ihm zur Linken, und was sie sprachen, nahm der Sturm hinweg, der hier draußen jetzt die Menschen mitunter wie im Taumel gegeneinanderwarf, so daß sie sich dicht zusammenscharten. Hauke maß mit seinen raschen Augen die gegrabene Rinne und den Stand des Wassers, das, trotz des neuen Profiles, fast an die Höhe des Deichs hinaufklatschte und Roß und Reiter überspritzte. Nur noch zehn Minuten Arbeit – er sah es wohl –, dann brach die Hochflut durch die Rinne, und der Hauke-Haien-Koog wurde vom Meer begraben!

Der Deichgraf winkte einem der Arbeiter an die andere Seite seines Pferdes. »Nun, so sprich!« schrie er, »was treibt ihr hier, was soll das heißen?«

Und der Mensch schrie dagegen: »Wir sollen den neuen Deich durchstechen, Herr, damit der alte Deich nicht bricht!«

»Was sollt ihr?«

– »Den neuen Deich durchstechen!«

»Und den Koog verschütten? – Welcher Teufel hat euch das befohlen?«

»Nein, Herr, kein Teufel; der Gevollmächtigte Ole Peters ist hier gewesen, der hat's befohlen!«

Der Zorn stieg dem Reiter in die Augen. »Kennt ihr mich?« schrie er. »Wo ich bin, hat Ole Peters nichts zu ordinieren! Fort mit euch! An euere Plätze, wo ich euch hingestellt!«

Und da sie zögerten, sprengte er mit seinem Schimmel zwischen sie: »Fort, zu euerer oder des Teufels Großmutter!«

»Herr, hütet Euch!« rief einer aus dem Haufen und stieß mit seinem Spaten gegen das wie rasend sich gebärdende Tier; aber ein Hufschlag schleuderte ihm den Spaten aus der Hand, ein anderer stürzte zu Boden. Da plötzlich erhob sich ein Schrei aus dem übrigen Haufen, ein Schrei, wie ihn nur die Todesangst einer Menschenkehle zu entreißen pflegt; einen Augenblick war alles, auch der Deichgraf und der Schimmel, wie gelähmt; nur ein Arbeiter hatte gleich einem

Wegweiser seinen Arm gestreckt; der wies nach der Nordwestecke der beiden Deiche, dort wo der neue auf den alten stieß. Nur das Tosen des Sturmes und das Rauschen des Wassers war zu hören. Hauke drehte sich im Sattel: was gab das dort? Seine Augen wurden groß. »Herr Gott! Ein Bruch! Ein Bruch im alten Deich!«

»Euere Schuld, Deichgraf!« schrie eine Stimme aus dem Haufen. »Euere Schuld! Nehmt's mit vor Gottes Thron!«

Haukes zornrotes Antlitz war totenbleich geworden; der Mond, der es beschien, konnte es nicht bleicher machen; seine Arme hingen schlaff, er wußte kaum, daß er den Zügel hielt. Aber auch das war nur ein Augenblick; schon richtete er sich auf, ein hartes Stöhnen brach aus seinem Munde; dann wandte er stumm sein Pferd, und der Schimmel schnob und raste ostwärts auf dem Deich mit ihm dahin. Des Reiters Augen flogen scharf nach allen Seiten; in seinem Kopfe wühlten die Gedanken: Was hatte er für Schuld vor Gottes Thron zu tragen? – Der Durchstich des neuen Deichs – vielleicht, sie hätten's fertiggebracht, wenn er sein Halt nicht gerufen hätte; aber – es war noch eins, und es schoß ihm heiß zu Herzen, er wußte es nur zu gut – im vorigen Sommer, hätte damals Ole Peters' böses Maul ihn nicht zurückgehalten – da lag's! Er allein hatte die Schwäche des alten Deichs erkannt; er hätte trotz alledem das neue Werk betreiben müssen. »Herr Gott, ja, ich bekenn es«, rief er plötzlich laut in den Sturm hinaus, »ich habe meines Amtes schlecht gewartet!«

Zu seiner Linken, dicht an des Pferdes Hufen, tobte das Meer; vor ihm, und jetzt in voller Finsternis, lag der alte Koog mit seinen Werften und heimatlichen Häusern; das bleiche Himmelslicht war völlig ausgetan; nur von einer Stelle brach ein Lichtschein durch das Dunkel. Und wie ein Trost kam es an des Mannes Herz; es mußte von seinem Haus herüberscheinen, es war ihm wie ein Gruß von Weib und Kind. Gottlob, sie saßen sicher auf der hohen Werfte! Die andern, gewiß, sie waren schon im Geestdorf droben; von dorther schimmerte soviel Lichtschein, wie er niemals noch gesehen hatte; ja selbst hoch oben aus der Luft, es mochte wohl vom Kirchturm sein, brach solcher in die Nacht hinaus. ›Sie werden alle fort sein, alle!‹ sprach Hauke bei sich selber; ›freilich auf mancher Werfte wird ein Haus in Trümmern liegen, schlechte Jahre werden für die überschwemmten Fennen kommen, Siele und Schleusen zu reparieren sein! Wir müssen's tragen, und ich will helfen, auch denen, die mir Leids getan; nur, Herr, mein Gott, sei gnädig mit uns Menschen!‹

Da warf er seine Augen seitwärts nach dem neuen Koog; um ihn schäumte das Meer; aber in ihm lag es wie nächtlicher Friede. Ein unwillkürliches Jauchzen brach aus des Reiters Brust: »Der Hauke-Haien-Deich, er soll schon halten; er wird es noch nach hundert Jahren tun!«

Ein donnerartiges Rauschen zu seinen Füßen weckte ihn aus diesen Träumen; der Schimmel wollte nicht mehr vorwärts. Was war das? – Das Pferd sprang zurück, und er fühlte es, ein Deichstück stürzte vor ihm in die Tiefe. Er riß die Augen auf und schüttelte alles Sinnen von sich: er hielt am alten Deich, der Schimmel hatte mit den Vorderhufen schon darauf gestanden. Unwillkürlich riß er das Pferd zurück; da flog der letzte Wolkenmantel von dem Mond, und das milde Gestirn beleuchtete den Graus, der schäumend, zischend vor ihm in die Tiefe stürzte, in den alten Koog hinab.

Wie sinnlos starrte Hauke darauf hin; eine Sündflut war's, um Tier und Menschen zu verschlingen. Da blinkte wieder ihm der Lichtschein in die Augen; es war derselbe, den er vorhin gewahrt hatte; noch immer brannte der auf seiner Werfte; und als er jetzt ermutigt in den Koog hinabsah, gewahrte er wohl, daß hinter dem sinnverwirrenden Strudel, der tosend vor ihm hinabstürzte, nur noch eine Breite von etwa hundert Schritten überflutet war; dahinter konnte er deutlich den Weg erkennen, der vom Koog heranführte. Er sah noch mehr: ein Wagen, nein, eine zweiräderige Karriole kam wie toll gegen den Deich herangefahren; ein Weib, ja auch ein Kind saßen darin. Und jetzt – war das nicht das kreischende Gebell eines kleinen Hundes, das im Sturm vorüberflog? Allmächtiger Gott! Sein Weib, sein Kind waren es; schon kamen sie dicht heran, und die schäumende Wassermasse drängte auf sie zu. Ein Schrei, ein Verzweiflungsschrei brach aus der Brust des Reiters. »Elke!« schrie er; »Elke! Zurück! Zurück!«

Aber Sturm und Meer waren nicht barmherzig, ihr Toben zerwehte seine Worte; nur seinen Mantel hatte der Sturm erfaßt, es hätte ihn bald vom Pferd herabgerissen; und das Fuhrwerk flog ohne Aufenthalt der stürzenden Flut entgegen. Da sah er, daß das Weib wie gegen ihn hinauf die Arme streckte: Hatte sie ihn erkannt? Hatte die Sehnsucht, die Todesangst um ihn sie aus dem sicheren Haus getrieben? Und jetzt – rief sie ein letztes Wort ihm zu? – Die Fragen fuhren durch sein Hirn; sie blieben ohne Antwort: von ihr zu ihm, von ihm zu ihr waren die Worte all verloren; nur ein Brausen wie vom Weltenuntergang füllte ihre Ohren und ließ keinen andern Laut hinein.

»Mein Kind! O Elke, o getreue Elke!« schrie Hauke in den Sturm hinaus. Da sank aufs neu ein großes Stück des Deiches vor ihm in die Tiefe, und donnernd stürzte das Meer sich hinterdrein; noch einmal sah er drunten den Kopf des Pferdes, die Räder des Gefährtes aus dem wüsten Greuel emportauchen und dann quirlend darin untergehen. Die starren Augen des Reiters, der so einsam auf dem Deiche hielt, sahen weiter nichts. »Das Ende!« sprach er leise vor sich hin; dann ritt er an den Abgrund, wo unter ihm die Wasser, unheimlich rauschend, sein Heimatsdorf zu überfluten begannen; noch immer sah er das Licht von seinem Hause schimmern; es war ihm wie entseelt. Er richtete sich hoch auf und stieß dem Schimmel die Sporen in die Weichen; das Tier bäumte sich, es hätte sich fast überschlagen; aber die Kraft des Mannes drückte es herunter. »Vorwärts!« rief er noch einmal, wie er es so oft zum festen Ritt gerufen hatte. »Herr Gott, nimm mich; verschon die andern!«

Noch ein Sporenstich; ein Schrei des Schimmels, der Sturm und Wellenbrausen überschrie; dann unten aus dem hinabstürzenden Strom ein dumpfer Schall, ein kurzer Kampf.

Der Mond sah leuchtend aus der Höhe; aber unten auf dem Deiche war kein Leben mehr als nur die wilden Wasser, die bald den alten Koog fast völlig überflutet hatten. Noch immer aber ragte die Werfte von Hauke Haiens Hofstatt aus dem Schwall hervor, noch schimmerte von dort der Lichtschein, und von der Geest her, wo die Häuser allmählich dunkel wurden, warf noch die einsame Leuchte aus dem Kirchturm ihre zitternden Lichtfunken über die schäumenden Wellen.«

Der Erzähler schwieg; ich griff nach dem gefüllten Glase, das seit lange vor mir stand; aber ich führte es nicht zum Munde; meine Hand blieb auf dem Tische ruhen.

»Das ist die Geschichte von Hauke Haien«, begann mein Wirt noch einmal, »wie ich sie nach bestem Wissen nur berichten konnte. Freilich, die Wirtschafterin unseres Deichgrafen würde sie Ihnen anders erzählt haben; denn auch das weiß man zu berichten: jenes weiße Pferdsgerippe ist nach der Flut wiederum, wie vormals, im Mondschein auf Jevershallig zu sehen gewesen; das ganze Dorf will es gesehen haben. – Soviel ist sicher: Hauke Haien mit Weib und Kind ging unter in dieser Flut; nicht einmal ihre Grabstätte hab ich droben auf dem Kirchhof finden können; die toten Körper werden von dem abströmenden Wasser durch den Bruch ins Meer hinausgetrieben und auf dessen Grunde allmählich in ihre Urbestandteile aufgelöst sein – so haben sie Ruhe vor den Menschen gehabt. Aber der Hauke-Haien-Deich steht noch jetzt nach hundert Jahren, und wenn Sie morgen nach der Stadt reiten und die halbe Stunde Umweg nicht scheuen wollen, so werden Sie ihn unter den Hufen Ihres Pferdes haben.

Der Dank, den einstmals Jewe Manners bei den Enkeln seinem Erbauer versprochen hatte, ist, wie Sie gesehen haben, ausgeblieben; denn so ist es, Herr: dem Sokrates gaben sie ein Gift zu trinken, und unsern Herrn Christus schlugen sie an das Kreuz! Das geht in den letzten Zeiten nicht mehr so leicht; aber – einen Gewaltsmenschen oder einen bösen stiernackigen Pfaffen zum Heiligen oder einen tüchtigen Kerl, nur weil er uns um Kopfeslänge überwachsen war, zum Spuk und Nachtgespenst zu machen – das geht noch alle Tage.«

Als das ernsthafte Männlein das gesagt hatte, stand es auf und horchte nach draußen. »Es ist dort etwas anders worden«, sagte er und zog die Wolldecke vom Fenster; es war heller Mondschein. »Seht nur«, fuhr er fort, »dort kommen die Gevollmächtigten zurück; aber sie zerstreuen sich, sie gehen nach Hause; – drüben am andern Ufer muß ein Bruch geschehen sein; das Wasser ist gefallen.«

Ich blickte neben ihm hinaus; die Fenster hier oben lagen über dem Rand des Deiches; es war, wie er gesagt hatte. Ich nahm mein Glas und trank den Rest. »Haben Sie Dank für diesen Abend!« sagte ich; »ich denk, wir können ruhig schlafen!«

»Das können wir«, entgegnete der kleine Herr; »ich wünsche von Herzen eine wohlschlafende Nacht!«

– – Beim Hinabgehen traf ich unten auf dem Flur den Deichgrafen; er wollte noch eine Karte, die er in der Schenkstube gelassen hatte, mit nach Hause nehmen. »Alles vorüber!« sagte er. »Aber unser Schulmeister hat Ihnen wohl schön was weisgemacht; er gehört zu den Aufklärern!«

– »Er scheint ein verständiger Mann!«

»Ja, ja, gewiß; aber Sie können Ihren eigenen Augen doch nicht mißtrauen; und drüben an der andern Seite, ich sagte es ja voraus, ist der Deich gebrochen!«

Ich zuckte die Achseln: »Das muß beschlafen werden! Gute Nacht, Herr Deichgraf!«

Er lachte: »Gute Nacht!«

-- Am andern Morgen, beim goldensten Sonnenlichte, das über einer weiten Verwüstung aufgegangen war, ritt ich über den Hauke-Haien-Deich zur Stadt hinunter.

SCHRIFTEN ZUR LITERATUR

THEODOR FONTANE

Es mag allerdings, um das Höchste in der Poesie zu erreichen, dem Dichter die Fähigkeit, den Stoff lediglich aus sich selber zu entwikkeln, die Gestalten seiner Phantasie, nachdem sie einmal geschaffen, völlig abgetrennt und selbständig von sich handeln und leben zu sehen, erforderlich sein; gleichwohl ist diese Kunst eine so freie, daß wir im Mittelpunkte unsrer Literatur und im Herzen unsers Volkes einen Dichter sehen, welcher jene Fähigkeit nicht besaß und in dessen Werken wir, in dramatischen wie in epischen Stücken, stets und unabweisbar die Persönlichkeit des Autors, die eigentümliche Art seines Geistes und Gemütes so empfinden, daß wir darüber zu einem ungemischten Interesse an dem behandelten Stoffe nicht gelangen können. Zu diesen letzteren Dichternaturen, die wir wie Schiller, sowenig ihm das eigentliche Lied geglückt ist, die wesentlich lyrischen nennen möchten, wenn nicht fast überall die Reflexion dem unmittelbaren Ausdruck der Empfindung in den Weg träte, gehört auch *Theodor Fontane,* der mit einer Sammlung von Gedichten (Berlin, Karl Reimarus) zuerst im Jahre 1851 in die neueste Literatur eintrat. Der lyrische Teil dieser Sammlung ist vorzugsweise eine Gedankenpoesie, wie ihn denn auch der Verfasser selber unter die Rubrik »Lieder und *Sprüche*« gestellt hat; doch steht dieser Gedankengehalt, wenn wir im ganzen auch mehr Enthusiasmus als Innigkeit in der Natur des Dichters finden, stets unter dem Einfluß der Empfindung oder ist vielmehr geradezu aus ihr hervorgegangen. Die meisten dieser Gedichte sind das, wofür man vor einigen Jahren in der Poesie den Namen »Vigilien« erfand; der Dichter hat in ihnen niedergelegt, was er in seinem Verhältnis zu Gott, zu den Menschen und an sich selber an Kampf und Zweifel durchmachte. Sie sind daher, wir möchten mit einem juristischen Ausdruck sagen, »höchst persönlich« und von einem fast biographischen Interesse. Wir sehen in ihnen eine jugendlich ringende Persönlichkeit im Kampfe mit unzusagenden Lebensverhältnissen, von denen der Dichter bald um jeden Preis sich losreißen will, an die er sich dann aber wieder im Gefühl menschlicher Unzulänglichkeit gefesselt fühlt, bis er endlich das »still getragne Joch«

abschüttelt, sich der Poesie als seinem Lebensberufe zuwendet und als »neugeborner Sänger« im Vollgefühle der errungenen Freiheit ausruft:

Nun kann ich wieder wie die Lüfte schweifen,
Am Strom, im Wald aufs neue bei den alten
Geliebten Plätzen Rast und Andacht halten
Und lächelnd nach der Abendröte greifen.

Dem Markte fern, dem Feilschen und dem Keifen,
Fühl ich der Seele Schwingen sich entfalten,
Mir kehrt die Kraft, mein Denken zu gestalten,
Der Keim wird stark, zur Frucht heranzureifen.

Bald werd ich neu zu Freud' und Frohsinn taugen;
Schon lern ich aus des Frühlings heitren Klängen,
Wie süßen Nektar, Lust am Leben saugen;

Schon lächl' ich wieder, statt den Kopf zu hängen,
Und zwischen mich und deine lieben Augen
Seh ich sich fürder keine Wolke drängen.

Bald aber, wie es bei einer Persönlichkeit natürlich, deren wesentliches Element die Begeisterung ist, sehen wir ihn, durch das Geschwätz der Gevatterschaft gequält und gedrungen, sich durch eigenen Zuruf darüber zu erheben; an einer andern Stelle wieder sucht er sich über »die irdischsten der Erdensorgen« zu trösten und sagt in den letzten Versen, in denen sich die Poesie mit der Geliebten und der Besitz derselben mit seiner neuen Berufswahl zu identifizieren scheint:

Doch ob das Glück mir auch ein dürrer Bronnen
Und ob ich auch entbehren mag und leiden,
Ich habe doch das beste Teil gewonnen.

Und sollt ich diese Stunde noch entscheiden
Mich zwischen dir und einer Welt von Wonnen,
Es bliebe doch beim alten mit uns beiden.

Und das ist das Schöne an diesen Gedichten: die Gemütserhebung und der Glaube behalten schließlich überall die Meisterhand. Daß sie außerdem auch ihrer Form nach, des so sehr individuellen Inhalts unerachtet, eines allgemeinsten Interesses wert sind, dafür möge noch ein Gedicht hier Zeugnis geben, in welchem der Dichter die sittlichen Lebensformen mit den Bedürfnissen seines innern Lebens in Einklang zu bringen sucht:

Zur Verlobung

Es paßt uns nicht die alte Leier
In unsern jungen Liebesrausch,
Wir denken und wir fühlen freier
Und wollen's auch beim Ringetausch;
Der Treue Pfand, zu dieser Stunde
Empfang es in Champagner-Wein:
Der güldne Ring auf Bechers Grunde
Soll Sinnbild meines Lebens sein.

Laß übersprudeln mich, und freue
Der Kraft dich, die da schäumt und gärt;
Tief innen, wie *dies* Bild der Treue,
Lebt meine Liebe unversehrt.

Trink aus! Begeistern und erheben
Laß dich zu heil'ger Leidenschaft,
Und trinke dann aus meinem Leben
Dir gleiche Lust und gleiche Kraft.

Wie uns übrigens der Dichter seine Empfindungen meistens durch Vermittlung der Reflexion gibt, so führt ihn die Eigentümlichkeit seiner Natur im weitern Verfolge auch zum Allegorischen und Lehrhaften; und die Dinge um ihn her, der Schnee, die Wolken, ein gelähmter Zugvogel, veranlassen ihn zu beschaulichen, zum Teil sehr reizenden und tiefsinnigen Gedichten, deren besonderer Vorzug überall darin besteht, daß sie von einer lebhaften und eigentümlichen Gefühlserregung getragen sind.

Besondere Vorliebe und Beruf scheint Fontane für die Ballade zu haben, durch welche er auch bisher dem Publikum am bekanntesten geworden sein mag. Zugleich ist dies aber die Dichtungsart, worin die angedeutete Natur des Verfassers am meisten zutage tritt; denn sowenig er es unterläßt, seine Helden sowie die Szenerie, in der sie auftreten, zu charakterisieren, so entläßt er sie doch niemals aus dem Banne und der Atmosphäre seiner empfindungsvollen Begeisterung; er begleitet sie unablässig mit seiner Liebe, seinem Zorn und seinem Mitleid, und überall und zunächst sehen wir die Gestalt des Rhapsoden selbst, der mit beredtem Munde uns diese Vorgänge schildert, auch wohl, von der eignen Darstellung fortgerissen, selber in die Szene tritt, wie dies in »Schloß Eger« der Fall ist, wo der Dichter, nachdem er uns den Tod der böhmischen Grafen geschildert, am Schlusse, die objektive Vortragsweise aufgebend, in die Handlung hineinruft: »Schau nicht in die Sterne! Rette dich, Wallenstein!« In dem schwunghaften Vortrage und dem feinen Pathos, in einer gewissen Feierlichkeit und Pracht der Sprache, wie wir solches seit Schillers Dichtungen dieser Art nur noch in dem »Herz von Douglas« von Strachwitz gefunden haben, liegt daher ein Hauptreiz der Fontaneschen Balladen. Trotz der geistigen Verwandtschaft ist es aber nicht sowohl Schiller, der in der Periode des Werdens als Vorbild auf den Dichter eingewirkt hat, als vielmehr der seiner Natur viel ferner stehende Bürger, unter dessen Einfluß und in dessen Weise er die stillen Trauerspiele am Hof und Herd und aus dem täglichen Leben darzustellen gesucht hat. Hier, wo es ihm mitunter nur darum zu tun ist, ein Gefühl oder einen Gedanken in Szene zu setzen, wie z. B. in »Schön Anne« und »Graf Hohenstein«, erfindet er seine Stoffe selbst. Doch scheint er, wenn wir aus dem später im »Deutschen Museum« abgedruckten »Tag von Hemmingstedt« und den Balladen in der »Argo« (Belletristisches Jahrbuch für 1854, herausgegeben von Th. Fontane und Fr. Kugler) schließen dürfen, diese Art der Konzeption gänzlich verlassen und die Vorliebe für das Historische, worin auch ein großer Teil der gesamten Gedichte wurzelt, ein für allemal nach dieser Richtung hin die Auswahl seiner Stoffe bestimmt zu haben, welche er nun, statt sie aus sich selber zu schöpfen, zwischen den Zeilen der Geschichte findet. Überhaupt liegt Fontanes poetische Begabung mehr in der Darstellung als in der Erfindung; die Schilderung, der Vortrag ist seine eigentliche Force, und von dieser Seite ist es begreiflich, daß, wie vorhin erwähnt, Bürger und späterhin Freiligrath sowie in der unten zu erwähnenden »Schönen Rosamunde« und in den »Männer und Helden« auch Uhland auf ihn eingewirkt haben, bis er endlich in den altenglischen Balladen, von denen uns seine Übersetzungen vorliegen, ein bleibendes Vorbild und zugleich, da überall in der Behandlung die starke und eigentümliche Subjektivität des Dichters hinzutritt, seinen eigenen selbständigen Ton gewonnen zu haben scheint. Hierher gehören aus der Sammlung schon »Schloß Eger« und »Marie und Bothwell«, obgleich diese wiederum in Stil und Behandlung gegen die später in der »Argo« abgedruckte »Johanna Gray« und »Die Hamiltons« zurückstehen. Leider gestattet uns der Raum nicht, eine dieser Balladen hierherzusetzen. Wir bemerken nur noch, daß sie fast alle, sei es infolge des erwähnten Bildungsganges oder einer besonderen Vorliebe für die englische Geschichte, fast sämtlich aus dieser ihre Stoffe entlehnen, wozu übrigens auch ein zweimaliger längerer Aufenthalt ihres Verfassers in London das seinige beigetragen haben mag. Wir finden an sich hiergegen nichts zu erinnern und wollen nur als Wunsch aussprechen, daß der Dichter nicht unterlassen möge, mitunter, wie in dem »Tag von Hemmingstedt«, auch seine Augen auf der Heimat ruhen zu lassen.

In den obenerwähnten *Übersetzungen altenglischer Balladen* scheint der Dichter, wie er dies auch selbst bei den in der »Argo« mitgeteilten Stücken ausspricht, nicht sowohl einen literarhistorischen als vielmehr lediglich einen poetischen Zweck verfolgt zu haben; es sind daher auch je nach der Beschaffenheit der einzelnen mehr Bearbeitungen als Übersetzungen; denn der Übersetzer ändert oder verwirft stellenweise oder tritt auch wohl selber dichtend hinzu, ganz wie es ihm erforderlich scheint, um aus den alten Dichtungen ein künstlerisches Ganzes herzustellen. Überall aber ist die Natur unseres Dichters so wirksam, daß sie sämtlich, wie sie nun vorliegen, in seinem Ton und wie aus einem Gusse geschrieben sind. Ob dies Verfahren an sich berechtigt sei, scheint uns eine müßige Frage und die Entscheidung derselben lediglich vorkommendenfalls von dem Talente dessen abzuhängen, der es einschlägt. Wer aber den wunderschönen »Aufstand in Northumberland« in der »Argo« gelesen hat, wird unserem Dichter diese Berechtigung nicht abzusprechen wagen.

Ein eigentümliches und, obgleich es dem Verfasser irgendwo die Xenie

Der bei Hemmingstedt des Siegs Standarte getragen,
Flicht nun als Perüquier preußischen Helden den Zopf,

eingetragen, teilweise vortreffliches Werk sind die »Männer und Helden« (Berlin 1850), worin in acht Liedern preußische Kriegshelden gefeiert und charakterisiert werden. Wie wir schon erwähnten, steht der Dichter hier noch unter Uhlands Einfluß. Daß die Sachen zum Teil den Eindruck größerer Selbständigkeit machen, als worauf sie in der Tat Anspruch haben, beruht auf der glücklichen Wahl des Stoffes, die immerhin ein Verdienst des Verfassers bleibt. Die Gedichte haben, woraus sich auch die starken Sympathien und Antipathien, welche sie gefunden haben, erklären lassen, etwas spezifisch Preußisch-Militärisches. Im »alten Derffling«

Sonst focht er still und friedlich
Nach Handwerksburschen-Recht,
Jetzt war er unermüdlich
Beim Fechten im Gefecht;

Er war der flinke Schneider,
Zum Stechen wohl geschickt,
Oft hat er an die Kleider
Dem Feinde was geflickt.

tritt dies am wenigsten und daher die Verwandtschaft mit Uhland am meisten hervor. Der »alte Dessauer«,

Wir haben viel vonnöten,
Trotz allem guten Rat,
Und sollten schier erröten
Vor solchem Mann der Tat.

Verschnittnes Haar im Schopfe
Macht nicht allein den Mann;
Ich halt es mit dem Zopfe,
Wenn solche Männer dran.

»Zieten« und namentlich »Seidlitz« konnten in dieser Weise vielleicht nur von einem Preußen geschrieben werden. »Schwerin« und »Keith« dagegen, zum Teil auch »Schill«, sind mehr äußerlich gehalten und stehen weit unter den erstgenannten. – Aus dem begleitenden Widmungsgedicht »An den Grafen Schwerin, zur Zeit Präsidenten der zweiten Kammer« erfahren wir die politische Gesinnung des Verfassers, die auch auf seine übrigen, namentlich historischen Dichtungen nicht ohne Einfluß ist:

Du stehst in Lieb und Treue
Zu Thron und Herrscherhaus
Und baust doch für das Neue
Die alten Pfeiler aus.

Und zum Schlusse:

Treulos sind alle Knechte,
Der Freie nur ist treu.

Das Gedicht »Von der schönen Rosamunde« (2. Auflage; Dessau, bei Moritz Katz, 1853), welches in neun Kapiteln die bekannte Liebesgeschichte König Heinrichs mit Cliffords schöner Tochter mehr erzählend als darstellend behandelt, möchten wir der sauber gearbeiteten Verse unerachtet unter die Jugendarbeiten unseres Dichters zählen. Es entbehrt nämlich, wie das in den späteren Fontaneschen Balladen nirgends in dieser Weise vorkommt, die Charakteristik der auftretenden Personen so sehr jedes tieferen und individuellen Zuges, daß namentlich die Königin Leonore in ihrer einseitigen Böswilligkeit ganz wie die Figur eines Kindermärchens wirkt. Im übrigen ist, was damit zusammenhängen mag, daß es dem Dichter hier nicht sowohl auf bedeutende Handlung als der Natur des Stoffes nach auf Situationen ankam, der Beschreibung der Szenerie und insbesondere der Naturschilderung ein großer Teil des Gedichtes eingeräumt, und es sind unserer Ansicht nach eben diese Partien, welche demselben einen verhältnismäßigen Wert verleihen. Ganz vortrefflich in dieser Beziehung ist das achte Kapitel, worin der Sturm, bei Schloß Woodstock vorüberjagend, Rosamundens Hülfeschrei auffängt und ihn übers Meer nach Frankreich bis in des Königs Zelt hinüberträgt, und nicht weniger das zweite Kapitel, worin Heinrich Rosamunden in nächtlichem Ritte nach Schloß Woodstock führt:

Es regt sich nichts, nicht Blatt, nicht Ast,
Kein Ton von Nachtigallen:
Es glaubt das Ohr, es höre fast
Die Mondesstrahlen fallen.
So klar-durchsichtig ist die Luft:

Man sieht der Nachtviole Duft
Wie Wölkchen aufwärts steigen.

In dem vorerwähnten Jahrbuche »Argo« ist der Dichter zuerst auch als *Novellist* aufgetreten. Die erste dieser Novellen, »Tuch und Locke«, scheint uns in Ton und Kolorit so sehr gelungen, daß wir durch die Frische und Lebendigkeit der vor uns entfalteten Situationen fast für die hier noch obwaltende Schwäche der Komposition und ein paar kleine Ungeschicklichkeiten der Ausführung entschädigt werden; die zweite, »James Monmouth«, welche wiederum aus der englischen Historie entnommen ist und in kühnen, aber skizzierten Zügen das Schicksal der unglücklichen Stuarts erzählt, wüßten wir nicht besser zu charakterisieren, als wenn wir sie eine Fontanesche Ballade in Prosa nennen. Denn in der Tat besitzt sie alle Eigentümlichkeiten und, soweit dieselben reichen, auch alle Vorzüge einer solchen und überdies vielleicht das beste lyrische Gedicht des Verfassers:

Es zieht sich eine blutige Spur
Durch unser Haus von alters,
Meine Mutter war seine Buhle nur,
Die schöne Lucy Walters.

Am Abend war's, leis wogte das Korn,
Sie küßten sich unter der Linde,
Eine Lerche klang und ein Jägerhorn –
Ich bin ein Kind der Sünde.

Meine Mutter hat mir oft erzählt
Von jenes Abends Sonne,
Ihre Lippen sprachen: Ich habe gefehlt!
Ihre Augen lachten vor Wonne.

Ein Kind der Sünde, ein Stuartkind,
Es blitzt das Beil von weiten,
Den Weg, den alle geschritten sind,
Ich werd ihn auch beschreiten.

Das Leben geliebt und die Krone geküßt
Und den Frauen das Herz gegeben,
Und den letzten Kuß auf das schwarze Gerüst –
Das ist ein Stuart-Leben.

Das dem Erscheinen nach neueste Werk Fontanes, »Ein Sommer in London«, eine Frucht seines zweimaligen Aufenthalts daselbst, bestätigt uns, was wir vorhin über die dichterische Persönlichkeit des Verfassers gesagt haben. Bei aller Kenntnis des Landes sowie seiner Geschichte und Literatur, womit ohne Zweifel ausgerüstet er dort die Dinge und Verhältnisse angeschaut, erhalten wir nicht sowohl eine Darstellung dieser Dinge selbst als vielmehr des Eindrucks, den sie ihm zurückgelassen, und dadurch freilich ein ebenso interessantes als geistvolles Buch, worin fast jedes Kapitel sich zu einem kleinen abgeschlossenen Ganzen abrundet.

Indem wir hiermit von dem Dichter Abschied nehmen, können wir nicht umhin auszusprechen, daß, so Schönes er auch geleistet haben mag, doch seine besten Leistungen unserer Ansicht nach noch in der Zukunft liegen, vorbehaltlich dessen, was sein Pult uns vielleicht noch verschließt.

Wie wir hören, befindet er sich jetzt wieder in England, um ein Buch über die altenglische und schottische Balladenpoesie zum Abschluß zu bringen.

MEINE ERINNERUNGEN AN EDUARD MÖRIKE

Auf der alten Gelehrtenschule meiner Vaterstadt wußten wir wenig von deutscher Poesie, außer etwa den Brocken, welche uns durch die Hildburghausensche »Miniaturbibliothek der deutschen Klassiker« zugeführt wurden, deren Dichter aber fast sämtlich der Zopf- und Puderzeit angehörten. Zwar lasen wir auch unseren Schiller, dessen Dramen in der Stille eines Heubodens oder Dachwinkels von mir verschlungen wurden, und selbst ein altes Exemplar von Goethes Gedichten kursierte einmal unter uns; daß es aber lebende deutsche Dichter gebe, und gar solche, welche noch ganz anders auf mich wirken würden als selbst Bürger und Hölty, davon hatte mein siebzehnjähriges Primanerherz keine Ahnung.

Erst auf dem Lübecker Gymnasium, das ich vor dem Abgang zur Universität noch eine Zeitlang besuchte, las ich Goethes »Faust« und Heines »Buch der Lieder«, und mir war dabei, als seien durch diese beiden Zauberbücher doch erst die Pforten der deutschen Dichtung vor mir aufgesprungen. Von den neueren schwäbischen Dichtern kam nur Uhland in meine Hände; aber trotz der schönen frühlingsklaren Lyrik blieb dessen dichterische Persönlichkeit mir ferner, vielleicht weil in der Sammlung der Gedichte die Balladenpoesie einen so breiten Raum einnimmt, die man damals ganz in den Vordergrund geschoben hatte, zu der, mit wenigen Ausnahmen, ich aber niemals ein Verhältnis finden konnte.

Die Gedichte Eduard Mörikes, des letzten Lyrikers von zugleich ursprünglicher und durchstehender Bedeutung, der während meines Lebens in die deutsche Literatur eingetreten ist, lernte ich erst mehrere Jahre nach ihrem ersten Erscheinen (1838) während meiner letzten Studentenzeit in Kiel kennen. Wir waren dort derzeit eine kleine übermütige und zersetzungslustige Schar beisammen, die geneigt war, möglichst wenig gelten zu lassen; aber vor diesem Buche machten wir unwillkürlich halt. Da war Tiefe und Grazie, deutsche Innigkeit verschmolzen oft mit antiker Plastik, der rhythmisch bewegte Zug des Liedes und doch ein klar umrissenes Bild darin; die idyllischen, vom anmutigsten Humor getragenen Stücke der Sammlung von farbigster Gegenständlichkeit, und doch vom Erdboden losgelöst und in die reine Luft der Poesie hinaufgehoben. »Mich kann nichts so gefangennehmen als solche Ergüsse, die uns jählings umwogen und aus jedem Fleck der Erde eine Insel machen, von der man ungern wieder scheidet«, schreibt, kurz vor dem Erscheinen der Gedichte, Mörikes vertrautester Jugendfreund Ludwig Bauer in seinen unten zu erwähnenden Briefen; und wir waren in ähnlicher Weise von diesen Dichtungen getroffen. In dem später (Kiel 1843) von uns herausgegebenen jugendlichen »Liederbuche dreier Freunde« findet sich aus jener Zeit unter der Überschrift »Eduard Mörike« ein Sonett von Th. Mommsen:

Vorüber fluten stolz des Elbstroms Wellen,
Die Schiffe tragend mit dem goldnen Horte –
Der Reichtum wohnt hier wohl am weiten Porte,
Allein der Friede weilet bei den Quellen.

So will der Strom der Dichtung auch sich schwellen,
Und weiter strebt er von der stillen Pforte,
Wo Blumen wuchsen am verborgnen Orte
Und wo am Waldsaum gaukelten Libellen.

Ach! Wir sind oft anmutig, oft erhaben,
Allein Gervinus stellt uns zu der Prose,
Und recht behält er, sind wir erst begraben.

Da fand ich in dem eignen Bett von Moose,
Erblühend im geheimsten Tal von Schwaben,
Des reichen Liedersommers letzte Rose.

Man sah durch diese Gedichte wie durch Zaubergläser in das Leben des Dichters selbst hinein, das zwar auf einen kleinen Erdenfleck beschränkt, aber dafür mit diesem auch desto inniger vertraut und überdies mit einem phantastischen Märchenduft umgeben war, der bei aller anmutigen Fremdheit dennoch dem Boden der Heimat zu entsteigen schien und aus dem die bald zarten, bald grotesken Gestalten,

Die sel'gen Feen, die im Sternensaal
Beim Sphärenklang
Und fleißig mit Gesang
Die goldnen Spindeln hin und wider drehen,

wie der gespenstische Feuerreiter mit seiner roten Mütze bis zur sinnlichen Deutlichkeit hervortreten. Diese Poesie erregte, wie von E. Kuh in seinem schönen »Gedenkblatt« treffend bemerkt ist, ganz von selber den Wunsch, die besonnten Rebhügel, die heimlichen Waldplätze oder stillen Dorfseiten aufzusuchen, denen sie entstammt ist; noch lieber, in des Dichters Pfarrgarten einzutreten und bei ihm selber anzusprechen. Aber freilich dazu fehlte mir derzeit auch das bescheidenste Legitimationspapier.

Nach den Gedichten lasen wir auch die Novelle »Maler Nolten«, und trotz der mystischen Zwiespaltigkeit der Dichtung und des Mangels befriedigender Lösung der darin angeregten Konflikte, welches beides auch einem jugendlichen Leser nicht leicht entgehen kann, waren wir doch darüber einig, daß der Dichter, wie sein Freund Bauer gleich nach dem Erscheinen des Buches schreibt, »seinen Nolten aus dem dämmernden Brunnenstübchen hervorgeholt habe, wo Kunst und Natur als nachbarliche Quellen rauschen«; ja, daß in einzelnen Partien vielleicht das Höchste geleistet sei, was überall der Kunst erreichbar ist. Noch entsinne ich mich, wie ich eines Tages beim Eintritt in mein Zimmer einen unserer Genossen, einen eifrigen Juristen, mit feuchten Augen vor meinem Klavier auf einem Stuhle hängend fand; in der einen Hand hatte er das Heft der von Mörike selbst geschätzten Kompositionen von Hetsch, welche damals dem Buche beigegeben waren, mit der anderen suchte er unter Heraufbeschwörung seiner vergessenen Notenkenntnis auf den Tasten sich Agnesens Lied zusammen:

Rosenzeit, wie schnell vorbei
Bist du doch gegangen!

Leider verfiel ich, da ich nach abgelegtem Staatsexamen in meiner Vaterstadt seßhaft geworden war, in den seltsamen Irrtum, meine Begeisterung auch bei allen anderen Menschen vorauszusetzen, derart, daß ich den »Nolten« der Lesegesellschaft unserer »Harmonie« höchst dringend anempfahl. Das Buch wurde auch angeschafft; aber –

ich konnte mich bald kaum noch irgendwo sehen lassen, ohne ein mitleidiges Kopfschütteln der rüstigen Geschäftsleute dafür einzukassieren. Ich hatte mich von vornherein um allen Kredit gebracht. – Setzte es doch sogar einen Schriftsteller wie A. v. Sternberg, mit dem ich in den fünfziger Jahren zusammentraf, in Erstaunen, daß ich Mörike überhaupt eine Bedeutung einräumen wollte. Er hatte zur Zeit, da dieser an seinem »Nolten« arbeitete, ihn persönlich kennengelernt, wußte von ihm aber nur mit herablassendem Lächeln zu erzählen, wie Mörike ihn eines Tages gefragt habe, ob er wohl auch eine Gräfin könne Staub wischen lassen, worauf er ihn dann beschieden, ja wenn es grad nicht nötig sei, da könne auch wohl einmal eine Gräfin zum Staubtuch greifen. – Die Stelle findet sich übrigens Bd. I, S. 225 im »Nolten« und wird von Vischer in seinen »Kritischen Gängen« gegen einen Rezensenten verteidigt, da der Vorgang als ein ungewöhnlicher psychologisch motiviert sei.

Und hier stehen wir vor der Frage: Woher kommt es, daß Mörike selbst in betreff der Gedichte noch heute ein so kleines Publikum hat? – Der gänzliche Mangel der flüssigen Phrase und jener aus der Alltäglichkeit der Anschauungen hervorgehenden bequemen Verständlichkeit schließt allerdings bei unserem Dichter den größten Teil der Jugend, insbesondere der jugendlichen Frauenwelt, von vornherein aus, abgesehen davon, daß die Stoffe vielfach jenseits des gewöhnlichen Gesichtskreises dieses Alters und Geschlechtes liegen. Aber auch reifere Frauen oder Männer, denen man sonst wohl etwas zumuten kann, wissen oft sich nicht hineinzufinden.

Ich möchte nachstehendes hervorheben. Einmal hat das Phantastische, das bei Mörike überall hindurchspielt, gegenwärtig überhaupt wenige Liebhaber; hier aber hat es noch dazu in mehreren Gedichten – so in der, allerdings köstlichen, 16 Seiten einnehmenden Erzählung vom »sicheren Mann« – eine mythische Welt zur Voraussetzung, die nur dem Dichter selbst und seinem engeren Kreise bekannt war. Als Tübinger Studenten auf einsamen Spaziergängen oder in einem fremden Gartenhause auf dem Österberge, wo sie sich heimlicher- und nächtlicherweise einnisteten, erschufen Mörike und Bauer diese Welt, die irgendwo im Stillen Ozean liegende Insel Orplid mit der Hauptstadt gleichen Namens und ihrer Schutzgöttin Weyla, deren auf und über der Erde spielende Geschichte bis ins einzelne von ihnen ausgebaut wurde. Bauer schrieb später auf Grund dieser Erfindungen seine

Dramen »Der heimliche Maluff« und »Orplids letzte Tage«; Mörike die in den »Nolten« aufgenommene Szene »Der letzte König von Orplid«. Die in letzterer enthaltenen und dieser Mythenwelt entsprungenen kleineren Gedichte: »Gesang Weylas«, »Gesang zu zweien in der Nacht«, »Elfenlied«, »Die Geister am Mummelsee«, sind dann auch, und freilich mit vollem Rechte, in die Sammlung der Gedichte übergegangen, aber sie beruhen sämtlich auf unbekannten oder ungewohnten Voraussetzungen. Weniger noch als mit diesen und dem »sicheren Mann« werden manche Leser mit dem gleichfalls dem »Nolten« entnommenen Zyklus »Peregrina« anzustellen wissen; die reizende Gestalt des Wundermädchens ist wie ein Irrlicht, von dem wir nicht wissen, ob wir es wirklich sehen oder ob es nur ein Bild der eigenen Phantasie vor unseren Augen spielt.

Es kommt noch ein anderes hinzu. Insbesondere die Idyllen, die einen großen und köstlichen Teil der Sammlung ausmachen, haben in ihrer Vortragsweise, in Ausdruck und Redewendung etwas, das der antiken Dichtung abgelauscht und das, so fein und anmutig es sich der heimischen Weise einfügt, denen, die keine klassische Schulbildung hinter sich haben, nicht sofort geläufig sein mag. Wie es bei der Persönlichkeit dieses Dichters nicht anders sein konnte, die Welt seiner Studien verschmilzt sich mit seiner eigenen; der Verfasser schnupft zwar nicht, aber unleugbar ist es, daß er Lateinisch und vortrefflich Griechisch kann; und das von ihm verspottete »Schulschmäcklein« kommt hie und da, wenn auch in stets graziöser oder bewußt humoristischer Weise, in seinen eigenen Gedichten zur Erscheinung.

Das alles sollte freilich die ernsteren Leser nicht veranlassen, das unvergleichliche Buch nach dem ersten Einblick ungelesen zur Seite zu legen; gleichwohl vermag ich nach eigener Erfahrung, trotz meiner vielfachen Bemühungen dafür, eine Vergrößerung der Mörike-Gemeinde nicht zu verzeichnen. Scheint doch auch, nach dem eingeklebten Titelblatt, die letzte, sechste Auflage der Gedichte nur eine maskierte fünfte zu sein.

Nachdem von Mörike bereits 1846 die »Idylle vom Bodensee« und 1848 die zweite Auflage der »Gedichte« erschienen war, ließ auch ich ein wenig bemerktes Buch »Sommergeschichten und Lieder« in die Welt gehen, worin eine Auswahl meiner Gedichte und meine ersten Prosadichtungen zusammengestellt waren. Mit diesem in der Hand wagte ich es, bei Mörike, wenigstens aus der Ferne, anzuklopfen; im November 1850 schickte ich es ihm und schrieb ihm dabei von seinen norddeutschen Freunden und meiner dauernden Liebe zu seiner Dichtung, den Ausspruch eines heiteren Genossen nicht verschweigend:

Die echten Lieder halten aus in Sommern und in Wintern;
Sie haben aber Kopf und Fuß, dazu auch einen H–.

Es vergingen ein paar Jahre, ohne daß ich über die Aufnahme meiner Sendung etwas erfahren hätte. – Dann im Mai 1853 erhielt ich aus Stuttgart das eben erschienene »Hutzelmännlein«, das die Perle der von dem Dichter erfundenen Sage von der schönen Lau enthält, zugleich mit dem herzlichsten Schreiben, das mir diesen Frühlingstag zu einem der schönsten meines Lebens machte. Was mir später von Österreich aus entgegengekommen ist, schrieb mir schon derzeit Mörike: »Höchst angenehm frappiert hat mich die Ähnlichkeit Ihres Nordens mit unserer süddeutschen Gefühls- und Anschauungsweise«; und näher dann auf den Inhalt meines Büchleins eingehend: »Ihre Neigung zum Stilleben tut gegenüber dem verwürzten Wesen der Modeliteratur außerordentlich wohl. Der alte Gartensaal, der Marthe Stube und so fort sind mir wie altvertraute Orte, nach denen man sich manche Stunde sehnen kann.« --- »Das (Gedicht) von den Katzen wußte ich bald auswendig und habe manchen schon damit ergötzt. Von wem ist das? frug ich unlängst einen Freund. Nu, sagte er lächelnd, als wenn es sich von selbst verstünde – von dir! Die Zuversichtlichkeit des schmeichelhaften Urteils hat mich natürlich nicht wenig gaudiert.« – Mörike wird sich bei dieser freundlichen Äußerung freilich wohl bewußt gewesen sein, daß dies Gedicht, wenn es auch nicht von ihm herrührt, schwerlich so entstanden sein würde, wenn der Verfasser nicht fleißig bei ihm in die Schule gegangen wäre. Schließlich wünschte er eine Andeutung meiner äußerlichen Existenz; das eine wolle mich zum Arzt, das andere zum Prediger machen.

Ich ließ mich selbstverständlich nicht vergebens bitten.

Später, in den Jahren, die ich während der Dänenherrschaft in dem großen Militärkasino Potsdam verlebte, sandte ich ihm das aus unserem Berliner Kreise hervorgegangene belletristische Jahrbuch »Argo«. Ich sammelte damals für ein Album zum Geburtstage meiner Frau

Erinnerungsblätter aus der Heimat und handschriftliche Gedichte von mir bekannten Verfassern. Kugler hatte mir sein »An der Saale hellem Strande« schreiben müssen; von Eichendorff, mit dem ich in des letzteren gastfreiem Hause – »am ewigen Herd« – im Freundes- und Frauenkranze einen heiteren Tag verlebt hatte, erhielt ich das: »Möcht wissen, was sie schlagen, so tief in der Nacht«; nun bat ich auch Mörike um sein »Früh, wann die Hähne krähn«.

Und rechtzeitig im April 1854 langte zur Antwort eine reiche Sendung bei mir an; dem ausführlichen Briefe war außer dem gewünschten Autograph und einem desgleichen von Kerner mit dem charakteristischen Datum »Weinsberg im unglücklichen April 1854« – er hatte damals eben sein »Rickele« verloren – eine wertvolle Gabe beigeschlossen: »Ludwig Bauers Schriften, nach seinem Tode in einer Auswahl herausgegeben von seinen Freunden«. Das Buch ist ohne Angabe eines Verlegers 1847 zu Stuttgart erschienen. Mörikes Frau, Gretchen, geb. v. Speeth, auf welche, wie der Dichter mir verraten und ich wohl weiter ausplaudern darf, sich die in seiner Sammlung befindlichen Gedichte »Ach, muß der Gram«, »O Vogel, ist es aus mit dir?«, »An Elise«, »Weht, o wehet, liebe Morgenwinde« beziehen, hatte es mit einer Widmung an die »Freunde in Schleswig« begleitet. Er selbst schrieb dazu: »Sie werden den herrlichen Menschen bald darin erkennen. Was die vorangedruckten Briefe betrifft (an deren Auswahl ich natürlich einen Anteil habe) – wenn Sie imstande wären, alles gehörig abzurechnen, was jugendliche Freundschaft nach der ihr eigenen Übertreibung Gutes an ihrem Gegenstande findet, so könnte es mir schon lieb sein, daß Ihnen ein Stück Leben von mir und meinem Kreis damit vorgelegt wird.«

Und in der Tat sind diese Briefe allen zu empfehlen, denen daran liegt, den Jugendspuren unseres Dichters nachzugehen. Man sieht die beiden Freunde in die Sommernacht hinausschwärmen und sich auf einsamen Berghöhen und Waldplätzen zu künftigen Werken begeistern; von Mörike erfahren wir, daß er (1824) ein Trauerspiel vollendet, aber dann verbrannt habe, weil es nicht die ganze Höhe seiner Idee erreichte. Überall aber zeigt sich die beiden Freunden gemeinsame Neigung zum Phantastischen und Geheimnisvollen; noch als Pfarrer zu Ernsbach macht Bauer den Vorschlag, sich für Tag' und Nächte in dem verödeten Schloß zu Ingelfingen einzuquartieren, »in einem Zimmer, wo, wenn man allein ist, man sich zu Tode bängeln kann«. Es ist, als ob die jungen Dichter aus der Einsamkeit in der Natur, aus der Stille der Nacht die Offenbarung der Poesie erwarteten; und die »Felsenglocke Orplids, von welcher nur die Gazellen geweckt werden, seitdem die Gassen der heiligen Stadt verödet sind«, klingt überall hindurch. Hie und da in diesen Briefen wird uns, als läsen wir ein Gedicht von Mörike selbst.

Zwischen den Blättern dieses so willkommenen Buches fand sich überdies die Nummer einer württembergischen Kirchenzeitung mit dem ersten Abdruck des trefflichen »Turmhahns«, worüber Mörike mitteilte, daß er als Pfarrer zu Cleversulzbach aus Anlaß einer Kirchenreparatur solch ein altes Inventarienstück zu sich genommen habe, während das Ganze unter Sehnsucht nach dem ländlich pfarrlichen Leben entstanden sei.

Auch die Silhouetten des Dichters, seiner Frau und seiner Schwester Clara, der beständigen Genossin seines Lebens, waren beigefügt.

In seiner liebenswürdigen und bescheidenen Weise gab Mörike dem jüngeren Freunde über die Entstehung einzelner seiner größeren Dichtungen Auskunft: in betreff seines »Nolten« schrieb er: »Verschiedene Partien im ersten Teil desselben sind mir selbst widerwärtig und fordern eine Umarbeitung. Was denken Sie deshalb für den Fall einer zweiten Auflage? Ich möchte Sie nicht gern zum zweitenmal als Korrektor unzufrieden machen.«

Im August 1855 wurde mir die Freude, mit meinen Eltern eine Reise in den deutschen Süden zu machen. Das Endziel war Heidelberg, wo mein Vater einst als Student der Rechte zu des alten Thibaut Füßen gesessen hatte, auch mit ihm befreundeten Söhnen eines Hainbundgenossen mitunter von dem alten Johann Heinrich Voß in dem Rebgange seines Gartens war empfangen worden. Ich aber dachte noch ein paar Meilen weiter zu einem lebenden Dichter, nach Stuttgart, wo Mörike derzeit mit seiner jungen Frau und seiner Schwester sein bewegliches Wanderzelt aufgeschlagen hatte. Während nun mein Vater, nur von seinem spanischen Rohre begleitet, in Heidelberg die Stätten seiner Jugend aufsuchte, setzte ich mich auf die Eisenbahn und fuhr nach Stuttgart.

Mörike war nicht im Wartesaal, wie er mir geschrieben hatte. Meine Ankunft war mit einer Literaturstunde zusammengefallen, die er derzeit als Professor am Katharineum zu geben hatte. Als die

Menge sich verlaufen hatte, blieb ich mit einem schwarzen Herrn auf dem Perron zurück, der nach dem mir bekannten lithographierten Bilde von Weiß jedenfalls nicht Mörike sein konnte, der aber bald auf mich suchend Umherblickenden zutrat und mir ein mit Bleistift geschriebenes Billett überreichte. »Salve Theodore!« schrieb Mörike, »Negotio publico distentus amicum, ut meo loco te excipiat, mitto carissimum.«

Dieser Freund war Wilhelm Hartlaub, dem die erste Auflage der Gedichte gewidmet ist und der jetzt von seiner Dorfpfarre bei dem Dichter auf Besuch war. »Sie kommen zur glücklichen Stunde«, sagte dieser, als wir durch die Straßen schritten; »der Eduard hat grade etwas fertig, was von überwältigender Schönheit ist.« – Die Dichtung, welche er meinte, war die Novelle »Mozart auf der Reise nach Prag«.

In der einfach, aber nett eingerichteten Wohnung, freilich mehrere Treppen hoch, wurde ich von Frau und Schwester empfangen. Mörike selbst war noch nicht da; aber während ich mich an einem Glase jungen Weins, noch aus dem Garten zu Mergentheim, nach der heißen Fahrt erquickte, trat auch er herein. Er war damals erst einundfunfzig Jahre alt; in seinen Zügen aber war etwas Erschlafftes, um nicht zu sagen Verfallenes, das bei seinem lichtblonden Haar nur um so mehr hervortrat; zugleich ein fast kindlich zarter Ausdruck, als sei das Innerste dieses Mannes von dem Treiben der Welt noch unberührt geblieben.

Er faßte mich an beiden Händen und betrachtete mich mit großer Herzlichkeit. »Gelt, Alte!« sagte er dann zu seiner Frau, »so habe wir ihn uns ungefähr vorgestellt. Als ich eben da heraufgegangen bin, da hab ich mir die Stufe angesehen und gedacht, ob wohl der Storm da herübergestiegen ist.«

Bei den Gesprächen, in die wir bald vertieft waren, offenbarte sich überall der ihm inwohnende Drang, sich alles, auch das Abstrakteste, gegenständlich auszuprägen; die Monaden des Leibniz erschienen ihm wie Froschlaich; von den kleinen Naturbildern des ihm befreundeten Dichters Karl Mayer sagte er: »Er kann nichts passieren lassen, ohne es auf diese Art gespießt zu haben.« – Über dem Sofa zwischen den Lichtbildern von mir und meiner Frau, die wir als Erwiderung der Silhouetten gesandt hatten, hing eine in Öl gemalte Mondscheinlandschaft; Mörike meinte, es stecke ein Gedicht darin. »Eine Nachtuhr!« sagte er und zeigte auf einen Felsblock im Vordergrunde des Bildes, über den, vom Mond beleuchtet, ein rieselndes Wasser tropfenweise herabfiel. Aber soviel ich weiß, ist dies schon keimende Gedicht nicht zur Entfaltung gediehen. Wir kamen auf Heine zu sprechen. »Er ist ein Dichter ganz und gar«, sagte Mörike; »aber nit eine Viertelstund könnt ich mit ihm leben wegen der Lüge seines ganzen Wesens.« Dagegen fühlte er sich zu Geibel und Heyse, dessen eben erschienene »L'Arrabiata« er »eine ganz einzige Perle« nannte, hingezogen und wünschte sich nur Jugend und Gesundheit, um ihnen recht feurig entgegenkommen zu können; auch von unserer persönlichen Begegnung wünschte er, daß sie in eine frühere Zeit seines Lebens gefallen sei.

Von mir, der ich damals erst im Beginn meiner Prosadichtung stand, hatte Mörike kurz zuvor die kleine Idylle »Im Sonnenschein« zugesandt erhalten. »Als ich das gelesen«, sagte er, »da habe ich gleich gesehen, das ist so mit einem feinen Pinsel ausgeführt; das mußt du Satz für Satz lesen. – Wisse Sie was?« fuhr er dann fort; »drei Stellen daraus möchte ich auf Porzellan gemalt haben.« – Er hatte eben nicht unrecht mit dieser freundlichen Kritik. Dann aber meinte er wieder: »Sie habe das an sich, so leise zu überraschen: Es war eine andere Zeit!«

Ich hatte ihm erzählt, daß mein Vater, ein Müllersohn vom Dorfe, von seiner Jugend her eine Liebhaberei für Vögel habe und noch jetzt mit Behagen dem Treiben der Stare um die ausgehängten Brutkästen zuschaue. Als wir später bei der Besichtigung der Wohnräume in das Zimmer kamen, wo sein erst einige Monate altes Töchterlein in einer Wiege schlief, sagte er mir, daß er diese Liebhaberei meines Vaters teile, und zeigte auf zwei Rotkehlchen, die im Bauer vor dem Fenster standen. »Richtige Gold- und Silberfäde ziehe sie heraus; sie singe so leise, sie wollen das Kind nit wecke.«

In meiner Heimat, wo das Plattdeutsche der Volkssprache sich schärfer von der Schriftsprache scheidet, ist man nicht gewöhnt, einen derartigen Anflug von Dialekt in der Unterhaltung zu hören; auch Mörikes Gedichte, hatte ich sie nun laut oder leise gelesen, waren mir stets nur in meiner eigenen Sprache dagewesen. Nun hörte ich den Dichter selber in behaglichster Weise sich in der Sprache seiner schwäbischen Heimat ergehen, insbesondere beim Mittagstische im Gespräch mit seinem Jugendfreunde Hartlaub. Als ich ihm meine Gedanken darüber kundtat, legte er zutraulich die Hand auf meinen Arm und sagte lächelnd: »Wisse Sie was? Ich möcht's doch nit misse.« – Noch ein anderes hatte mich stutzen gemacht, ohne daß ich gleicherweise einen traulichen Bescheid darauf gekommen hätte. Es war dies das Tischgebet, das Mörike kurz vor Beginn der Mahlzeit sprach. Ich mußte schweigend darüber nachsinnen, ob das ein Rest des früheren Pfarrlebens sei oder vielleicht nur einer allgemein schwäbischen Haussitte angehöre; eine solche formulierte Kundgebung wollte mir zu dem Dichter Mörike nicht passen, wenngleich in seinen Gedichten sich nichts findet, das dem Glauben an eine persönliche, dem Herzensdrange des Menschen erreichbare Gottheit widerspräche. Die Verse aber:

– Aus Finsternissen hell in mir aufzückt ein Freudenschein:

Sollt ich mit Gott nicht können sein,
So wie ich möchte, mein und dein?
Was hielte mich, daß ich's nicht heute werde?

Ein süßes Schrecken geht durch mein Gebein!
Mich wundert, daß es mir ein Wunder wollte sein,
Gott selbst zu eigen haben auf der Erde!

sind erst in der Ausgabe von 1867 veröffentlicht.

Als das Gespräch sich auf das poetische Schaffen überhaupt wandte, meine Mörike, es müsse nur so viel sein, daß man eine Spur von sich zurücklasse; die Hauptsache aber sei das Leben selbst, das man darüber nicht vergessen dürfe. Er sagte dies fast so, als wolle er damit den jüngeren Genossen warnen. Und daß es nicht ein bloß hingeworfenes Wort gewesen, beurkunden seine Gedichte, in denen der Inhalt eines reichen, wenn auch noch so stillen Lebens wie von selber ausgeprägt ist.

Am Nachmittag wurde mir zu Ehren auf nordische Weise der Teetisch hergerichtet; Mörike meinte, oh, sie kennten das hier auch. Dann schleppte er mir selbst aus seinem Studierstübchen seinen großen Lehnstuhl herbei, und als ich mich hineingesetzt hatte, begann er seinen »Mozart« vorzulesen. Die noch jugendliche Frau des Dichters ging indessen, wie ein freundlicher Hausgeist, ab und zu; die wirtschaftliche Sorge für die Gäste hatte sie genötigt, sich dem pantomimisch kundgegebenen Wunsche ihres Mannes, sich mit in unseren

Kreis zu setzen, mit dem liebenswürdigsten Ausdruck des Bedauerns zu entziehen. – Mörike las, wie mir damals schien, vortrefflich; jeder Anflug von Dialekt war dabei verschwunden. Auch hier aber hatte ich Gelegenheit zu bemerken, welch hohe Stellung der Dichter bei seinen Jugendgenossen einnahm und wie sie überall nur das Schönste und Beste von ihm erwarteten. Schon 1823 schreibt Bauer in den erwähnten Briefen an ihn: »Aber dies ist mir lieb, daß nur dann Dein ganzes wunderbares Selbst vor mir steht, wenn sich die gemeinen Gedanken wie müde Arbeiter schlafen legen und die Wünschelrute meines Herzens sich zitternd nach den verborgenen Urmetallen hinabsenkt. Die Poesie des Lebens hat sich mir in Dir verkörpert, und alles, was noch gut an mir ist, sehe ich als ein Geschenk von Dir an«; und an einer anderen Stelle: »Du bist mir schon so heilig wie ein Verstorbener.« – Der jetzt gegenwärtige Hartlaub folgte der Vorlesung mit einer verehrenden Begeisterung, die er augenscheinlich kaum zurückzuhalten vermochte. Als eine Pause eintrat, rief er mir zu: »Aber, i bitt Sie, ist das nun zum Aushalte!« – Ich selbst freilich war von dieser Meisterdichtung, in der mir nur eine Partie, die mit den Wasserspielen, weder damals noch später hat lebendig werden wollen, nicht weniger freudig ergriffen. Daß außer einzelnen Gedichten, wie »Erinna an Sappho« oder »Besuch in der Kartause«, diesem Werke kein weiteres mehr von ähnlicher Bedeutung folgen sollte, ahnten wir damals nicht.

Nach beendeter Vorlesung wandte das Gespräch sich auf den »Maler Nolten«, dessen erste Auflage vergriffen war. Der Verleger beabsichtigte eine neue, aber Mörike wollte den unveränderten Abdruck nicht gestatten; er hatte schon damals eine Umarbeitung desselben begonnen, welche er trotz der ihm noch vergönnten zwei Dezennien nicht vollenden sollte. Es wolle ihm nicht gelingen, bekannte er; er habe sogar das Buch schon einmal vor Ungeduld an die Wand geworfen. – Als wir anderen ihm dann zuredeten, er möge sich doch lieber neuen Schöpfungen zuwenden, meinte er, es werde doch kein Maler, dem Gelegenheit gegeben sei, ein Bild zu wiederholen, mit Bewußtsein dieselben Verzeichnungen wieder hineinmalen. – Und so ist er denn fortgefahren, Zeit und Kräfte an dem ihm fremd gewordenen Werke zu erschöpfen.

Durch die Erwähnung Kerners, den aufzusuchen mir leider, trotz Mörikes dringender Empfehlung, der einmal festgestellte Reiseplan verwehrte, gerieten wir in das nicht nur in Schwaben leicht aufzuritzende Reich der Geister. Mörike, der die Sache ernst nahm, behielt sich vor, mir bei besserer Gelegenheit brieflich desfallsige Mitteilungen aus seinem eigenen Leben zu machen. Aber bekanntlich war er kein zu starker Briefschreiber; erst viele Jahre nachher durch einen meiner Söhne, der ihn als Tübinger Student mehrfach in seinem derzeitigen Wohnorte Nürtingen besuchte, habe ich etwas von diesen Vorgängen erfahren, welche nach dessen Aussage Mörike ihm mit einer die Nachtruhe gefährdenden Meisterschaft erzählt hatte.

Eine Reihe derselben steht in unmittelbarer Beziehung zu Kerners seltsamem Buche »Die Seherin von Prevorst«. Nachdem nämlich der Dichter nicht lange zuvor mit Mutter und Schwester von seinem Pfarrhause zu Cleversulzbach Besitz genommen, geht er eines Sommernachmittags in sein Weinbergshäuschen hinauf, um dort, wie es komme, ein bißchen zu lesen oder zu schlafen. Zufällig hat er unter seinen Büchern die erwähnte »Seherin« gegriffen und liest darin – die Geschichte steht S. 274 –, was einem Pfarrer H. zu C. und dessen Nachfolger S. im Pfarrhause mit einem spukenden Amtsvorgänger namens R-sch begegnet ist. Eben am Eindämmern, fährt es ihm durch den Kopf: ›Ganz dieselben Wahrnehmungen hast du ja auch gemacht!‹ Die Anfangsbuchstaben des Pfarrers und seines nächsten Nachfolgers passen ebenfalls; nur der Name des Spukenden ist ihm nicht bekannt. Eiligst begibt er sich auf sein Studierzimmer und schlägt im Kirchenregister nach; und da steht es! »Rabausch« hatte der Pfarrer geheißen, der hier vor längerer Zeit gelebt und über den noch allerlei finstere Erzählungen im Schwange gingen. – Von der Zeit an hätten er und seine Hausgenossen die Äußerungen des Geistes mit Aufmerksamkeit beobachtet.

Diese Hinneigung des Dichters zu einer von der Wirklichkeit getrennten, geheimnisvoll in sich abgeschlossenen Welt ist ein bezeichnender Zug seines Wesens, das überall dahin drängt, sich von der in flutender Bewegung tosenden Welt des Tages zurückzuziehen.

Bei einem Abendspaziergange durch die Stadt wurde mir die Steinfigur des Hutzelmännleins gezeigt, welche oben an der Ecke eines Hauses huckte; weiterhin trat Mörike in einen Laden und kaufte mir ein paar weiße Kreidestifte, deren ich mich, wie er zu tun pflege, zum bequemen Niederschreiben poetischer Produktionen auf eine Schiefertafel bedienen möchte.

Am anderen Vormittage kramte unser Gastfreund allerlei, besonders handschriftliche Raritäten aus: so, trotz seiner Abneigung gegen dessen Persönlichkeit, ein sehr durchkorrigiertes Gedicht von Heine; mehrere von Hölderlin, darunter eines aus der Zeit seines Irrsinns, aber auch ein Konzept des schönen Gedichtes »An Heidelberg«; endlich kam ein Blatt mit allerhand kolorierten Zeichnungen. Soviel ich mich entsinne, sollte es von einem alten Zeichenlehrer aus dem vorigen Jahrhundert stammen; Mörike, der eine mir entfallene Klassenbenennung für diese Art von Künstlern gebrauchte, hatte selbstverständlich den Mann nicht gekannt; aber während er auf die verschiedenen altfränkischen Dinge aufmerksam machte, mit denen der Bogen bedeckt war, begann er, leise und behaglich redend, mit dramatischer Lebendigkeit die Figur des alten Herrn in immer deutlicheren Zügen vor uns hinzustellen, so daß ich es zuletzt mit Augen vor mir sah, wie das fettige Zöpflein sich auf dem blanken Rockaufschlage hin- und widerrieb. – Nach einem Gemälde von Orplid, das nach Bauers Angabe in Mörikes Besitz sein sollte, erkundigte ich mich vergebens; es schien nicht mehr vorhanden. Dagegen sah ich eine Zeichnung, welche den Dichter in seiner früheren Jugend als einen besonders schönen Knaben zeigte. Das lithographierte Bild von Weiß, soviel mir bekannt, das einzige aus den kräftigeren Mannesjahren des Dichters, schien mir nicht ganz ähnlich; auch Mörike selbst meinte das.

Gegen Mittag kamen meine Eltern, mit denen ich am Nachmittag nach Heilbronn und dann anderen Tags den Neckar hinab nach Heidelberg zurückfahren sollte. – Die nordischen Leute schienen Mörike zu gefallen; als wir mit ihm und seiner Schwester einen Spaziergang durch die Stadt und die umliegenden Anlagen machten, faßte Mörike mitten aus der Unterhaltung heraus mich unter den Arm und raunte mir zu: »Aber, en passant, Sie habe recht liebe, liebe Eltern!« Und noch mehrmals kam er darauf zurück: »Ich komme noch nit aus mei Staunen und mei Freud; Sie habe wirklich prächtige Eltern!«

Noch sehe ich ihn mit meinem Vater, den alten Poeten und den alten Advokaten, in aufmerksamer Betrachtung vor der Schillerstatue stehen; beide die Hüte in den Nacken gerückt, der eine mit seinem Regenschirm, der andere mit seinem spanischen Rohr unter dem Arm. Plötzlich wendet Mörike sich zu mir und sagt mit großer

Herzlichkeit: »Wisse Sie was? Ihr Herr Vater hat so was von einem alte Schweizer!« Dies Kompliment, wofür er es ansehen mußte, da ihm die Schweizer nur als ideale Gestalten aus Schillers »Tell« bekannt waren, konnte mein Vater unmöglich annehmen. »Ach wat«, rief er lachend in unserem Plattdeutsch, »ick bün man en Westermöhlner Burjung!« Möglich, daß das nun wieder Mörike nicht verstanden hat. – Auch meine Mutter zu charakterisieren schien dieser ein freundliches Bedürfnis zu empfinden; sie habe »so etwas Klares, Leuchtendes, Liebe Erweckendes«, meinte er.

Aber der Tag verging. Beim Abschiede empfing ich als Gastgeschenk von Frau Gretchen aus der Garderobe des Haustöchterchens ein Paar gestrickte Schühchen für meine gleichaltrige kleine Tochter, von Mörike für meine Frau eine Art schelmischen Schönheitsdiploms, ein zierlich, jedoch verkehrt auf Glanzkarton gedrucktes Gedicht, wodurch die Adressatin genötigt wird, damit vor den Spiegel hinzutreten:

> Und was kein Schmeichler ungestraft gewagt,
> Ihr eigen Bild hat es ihr nun gesagt.

Er habe, bemerkte Mörike, das Blatt für Agnes Schebest machen lassen, pflege es aber auch wohl an andere würdige Personen zu verabreichen. – In seine Sammlung ist übrigens dies Gedicht nicht aufgenommen.

Dann verließen wir Stuttgart, und ich habe Mörike nicht wiedergesehen; auch geschrieben hat er mir, außer einem Gruß auf seinem »Mozart«, nur noch einmal, da mich ein großes Leid betroffen hatte. Grüße und kleine Sendungen sind noch einzeln hin und wider gegangen, bis dann der Tod auch dem ein Ende machte.

VORREDE ZUM HAUSBUCH AUS DEUTSCHEN DICHTERN SEIT CLAUDIUS

Das vorliegende Buch ist eine Rekapitulation aus einer mehr als dreißigjährigen Lebenserfahrung; zunächst dem Wunsche entsprungen, für mich und die Meinigen aus den neueren deutschen Dichtungen geringeren Umfangs das zusammenzustellen, was daraus während jenes langen Zeitraumes meine besondere Teilnahme erregt hat und derart in mir haftengeblieben ist, daß ich je zuweilen dahin zurückgekehrt bin.

Es ist dies nicht immer das Schöne, sondern ebensosehr das Charakteristische, das Häßliche nicht ausgeschlossen, wo es sich, wie z. B. in Hebbels übrigens auch durch eine mächtige Naturstimmung getragenen »Heideknaben«, durch lebendige Gestaltung ein Recht zur Existenz erworben hat; es ist zwischenein auch wohl das Hausbackene, sofern darin ein warmes Stück Menschenleben und dann gelegentlich und wie von selbst auch ein Stück Poesie zum Vorschein kommt, wie das in einzelnen Idyllen von Voß und in den Gedichten des alten Pastors von Werneuchen der Fall ist, für welchen letzteren ich eine gewisse heimliche Liebe nicht sowohl trotz, sondern vielmehr urkundlich jener anmutigen Parodie* mit unserm Altmeister Goethe zu teilen glaube; – es ist ferner, wenn auch vorzugsweise, so doch nicht allein das in der Ausführung Makellose, sondern auch das, wo die zwingende Gewalt des Ganzen die einzelnen Mängel derselben vergessen läßt; endlich sind es nicht gerade die Behandlungen großer Stoffe, zumal nicht jene aus mythologischen, historischen oder ethnographischen Studien zusammengearbeiteten Dichtungen, in denen wir zwar die Größe des Wollens – auch wohl des Anspruchs – nicht verkennen können, die aber wegen der unzulänglichen Zeugungskraft ihrer Verfasser dennoch totgeborene Dinge bleiben, son-

* Das Gedicht »Musen und Grazien in der Mark«.

dern es sind lieber solche, in denen der wenn auch weniger große Stoff »mit urkräftigem Behagen« zur Erscheinung kommt. – Da das Buch einen rein kritischen Standpunkt einnimmt, so waren von vornherein alle Gedichte ausgeschlossen, welche die Bedeutung, die ihnen etwa zuzugestehen ist, nicht in, sondern neben sich haben; somit alle, welche nur in bezug auf die Entwicklung unsrer Literatur oder als Illustrationen, sei es zur allgemeinen Geschichte oder zu der Biographie ihrer Verfasser, eine solche in Anspruch nehmen können.

Die *Phrase* wird hoffentlich in diesem Buche keine Stätte gefunden haben; mindestens im wesentlichen nicht, wie ich vorsichtshalber hinzusetzen möchte; denn was wäre durchweg frei von dieser weltbeherrschenden Krankheit!

Fragt man nun aber, woher bei der Flut von Anthologien auch noch diese sich das Recht nimmt, in die Welt zu treten, so erwidere ich folgendes:

Obgleich sich niemand davon freisprechen dürfte, daß er nicht einmal vorübergehend oder im einzelnen auch dem Unberechtigten einen Platz eingeräumt hätte, so scheint mir doch in fast allen Anthologien, soweit sie mir vor Augen gekommen sind, die Mittelmäßigkeit einen unverhältnismäßigen Raum einzunehmen. Zwar ist in der Poesie – vielleicht in jeder Kunst – die Fähigkeit des Urteilens kaum weniger selten als die des Schaffens; allein auch wo die Auswahl voraussetzlich von nicht unbefugter Hand herrührt, pflegt es damit nicht besser zu stehen. – Die Ursache hiervon dürfte, abgesehen von einem Streben nach äußerer Vollständigkeit, zum Teil in der Macht des Erfolges zu suchen sein.

Jede Literaturepoche wird bekanntlich von einer Schar von Anempfindern und Nachahmern begleitet, welche, solange dieselbe dauert, gleich den Grillen im Sommer nach Kräften in dem großen Konzerte mitsingen, um dann mit ihrem Ende spurlos zu verschwinden. Ebenso ist es aber eine gleicherweise alte und neue Erfahrung, daß manche dieser Mitsänger, während ihr Sommer dauert, ein Publikum, ja oft ein größeres als die echten Sangesmeister, finden und so ihre vorübergehende Existenz durch eine Reihe von Auflagen zu dokumentieren vermögen. – Von diesem Punkte scheint mir der mechanische Druck auszugehen, durch welchen, zum nicht geringen Verderb, grade die am meisten in den Familien eingebürgerten Sammlungen* mit jenen farblosen Versifikationen angefüllt sind, von denen aus jedem mäßigen Gefühl ein Dutzend gemünzt werden könnte, gegen die sich aber freilich nichts einwenden läßt, als daß sie eben nichts bedeuten! – Dem entgegenzutreten, soll dieses Buch einen Versuch machen.

Die Sammlung beginnt mit Claudius, der in einer Zeit, wo sowohl die poetische als die musikalische Lyrik in Deutschland sich in konventionelle Tee- und Kaffeeliedchen verloren hatte, zuerst den unmittelbaren Ausdruck der Empfindung, namentlich, und bis jetzt kaum übertroffen, der Naturempfindung wiederfand; der, bevor ein solcher Ton von Goethe laut geworden, sein Neujahrslied anhub:

Es war noch frühe Dämmerung
Mit leisem Tagverkünden,
Und nur noch eben hell genung,
Sich durch den Wald zu finden;

Der Morgenstern stand linker Hand,
Ich aber ging und dachte
Im Eichtal an mein Vaterland,
Dem er ein Neujahr brachte.

und sein von Naturgefühl getränktes keusches »Wiegenlied beim Mondschein« gedichtet hatte, das dieses Buch der Vergessenheit zu entreißen sucht.**

Zur näheren Verdeutlichung des Gesichtspunktes, von welchem aus die vorliegende Sammlung entstanden ist, sei es mir verstattet, noch einige Bemerkungen vorauszuschicken.

Wie ich in der Musik hören und empfinden, in den bildenden Künsten schauen und empfinden will, so will ich in der Poesie wo möglich alles drei zugleich.

Von einem Kunstwerk will ich, wie vom Leben, unmittelbar und nicht erst durch die Vermittlung des Denkens berührt werden; am vollendetsten erscheint mir daher das Gedicht, dessen Wirkung zunächst eine sinnliche ist, aus der sich dann die geistige von selbst

* Ich spreche nicht von denen, die literärhistorische Zwecke verfolgen, oder von den zum Schulgebrauch bestimmten Sammlungen.

** Die Skala reicht freilich noch tiefer: »Füllest wieder Busch und Tal« (Goethe), »Der Mond ist aufgegangen« (Claudius), »Nun ruhen alle Wälder« (Paul Gerhardt).

ergibt, wie aus der Blüte die Frucht. - Der bedeutendste Gedankengehalt aber, und sei er in den wohlgebautesten Versen eingeschlossen, hat in der Poesie keine Berechtigung und wird als toter Schatz am Wege liegenbleiben, wenn er nicht zuvor durch das Gemüt und die Phantasie des Dichters seinen Weg genommen und dort Wärme und Farbe und wo möglich körperliche Gestalt gewonnen hat. - An solchen toten Schätzen sind wir überreich.

Die Lyrik insbesondere anlangend, so ist nach meiner Kenntnis unserer Literatur die Kunst, »zu sagen, was ich leide«, nur wenigen, und selbst den Meistern nur in seltenen Augenblicken, gegeben. Der Grund ist leicht erkennbar.

Nicht allein, daß die Forderung, den Gehalt in knappe und zutreffende Worte auszuprägen, hier besonders scharf hervortritt, da bei dem geringen Umfange schon *ein* falscher oder pulsloser Ausdruck die Wirkung des Ganzen zerstören kann; diese Worte müssen auch durch die rhythmische Bewegung und die Klangfarbe des Verses gleichsam in Musik gesetzt und solcherweise wieder in die Empfindung aufgelöst sein, aus der sie entsprungen sind; in seiner Wirkung soll das lyrische Gedicht dem Leser - man gestatte den Ausdruck - zugleich eine Offenbarung und Erlösung oder mindestens eine Genugtuung gewähren, die er sich selbst nicht hätte geben können, sei es nun, daß es unsre Anschauung und Empfindung in ungeahnter Weise erweitert und in die Tiefe führt oder, was halb bewußt in Duft und Dämmer in uns lag, in überraschender Klarheit erscheinen läßt.

Am ärmsten scheint mir unsre patriotische und sogenannte politische Lyrik. So unzweifelhaft es ist, daß das Leben in Staat und Gemeinde ein ebenso berechtigter Gegenstand für die menschliche Empfindung und daher für die Lyrik ist als das Einzel- und Familienleben, so ist es hier, wie in der Natur dieser poesis militans liegt, doch weit seltener gelungen, den Stoff von dem Boden der bloßen Wirklichkeit abzulösen und andrerseits sich nicht an rhetorischer Phrase und Bildermacherei genügen zu lassen. So kommt, um Beispiele anzuführen, Uhlands »Wenn heut ein Geist herniederstiege« - abgesehen von dem selten schönen Anfang und Ende - kaum über eine poetisch gefärbte Kammerrede hinaus; so ist neuerdings von den vielen Gedichten für meine Heimat Schleswig-Holstein auch nicht eins zu einer irgend in Betracht kommenden Innerlichkeit gelangt.

Wenn wir auch, was Dingelstedt in bezug auf die Zeit nach

Uhland, Rückert und Heine in seiner Gedichtsammlung von 1858 ausgesprochen:

> Die Lyrik, unser alter Stolz und Halt,
> Wird nicht mehr jung, die jüngste niemals alt,

nicht mögen gelten lassen, sondern sogar durch diese Sammlung zu widerlegen hoffen, so ist doch nichts unrichtiger als die von A. Meißner aufgestellte Parallele:

> Im Gartenteich wird nie ein Schiffer scheitern,
> Im kleinen Liede kein Poet erliegen.

Denn gilt es dabei auch nicht einen Berg zu versetzen, so gilt es doch eine Perle zu finden, und nur wenige Muscheln haben Perlen.

Heine sagt sehr richtig: »Ein Lied ist das Kriterium der Ursprünglichkeit.« Die meisten unserer sogenannten Dichter aber sind ihrem eigentlichen Wesen nach Rhetoriker mit mehr oder minder poetischem Anstrich und der lyrischen Kunst so gut wie ganz unmächtig. –

Die Auswahl selbst anlangend, so ist sie bei den älteren Dichtern, deren Werke jetzt in aller Händen sind, eine verhältnismäßig beschränktere; bei einigen wenig bekannten dagegen, auf welche dieses Buch aufmerksam zu machen wünscht, eine verhältnismäßig weitere. Wo die Fassung von den bisherigen Drucken abweicht, beruht dies auf handschriftlicher Änderung der Verfasser. Was ich von Eigenem beifügen zu müssen gemeint habe, möge seinen Platz zwischen dem übrigen selbst zu behaupten suchen.

Bei der Revision der Sammlung sind an literärhistorischen Werken von mir benutzt: Deutsches Lesebuch von W. Wackernagel, Tl. 2; Eilf Bücher deutscher Dichtung von Karl Goedeke; Deutschlands Dichter von 1813 bis 1843 von demselben; Poetischer Hausschatz des deutschen Volkes von O. L. B. Wolff; Die deutschen Dichter der Neuzeit von Ignaz Hub; Deutsche Lyriker seit 1850 von E. Kneschke; Geschichte der deutschen Literatur von Heinrich Kurz; von den vorhandenen Anthologien insbesondere: Deutscher Dichterwald von Georg Scherer, welche in betreff der lebenden Dichter auch als Selbstanthologie der Verfasser ein besonderes Interesse beanspruchen kann.

Möge nun dieses Buch dazu helfen, einesteils auch dem größeren Publikum einen Maßstab für poetische Leistungen in die Hand zu geben; andernteils diejenigen mit unserer Lyrik wieder zu befreunden, welche der ungeheuere Wust des Nichtigen von dieser Dichtungsart zurückgeschreckt hat; und möge endlich nicht verkannt werden, daß, wie die Arbeit, so auch das Verdienst dieses Buches, insoweit es ein solches beanspruchen kann, zum großen Teil in dem zu suchen ist, was dasselbe *nicht* enthält.

Husum, 7. *Juni* 1870 *Th. St.*

ANHANG

ZU DIESER AUSGABE

Die vorliegende Auswahl aus dem Werk Theodor Storms erscheint aus Anlaß der einhundertsten Wiederkehr seines Todestages. Sie stellt zunächst jenen Teil des lyrischen Œuvres vor, den der Dichter, ein überaus strenger Kritiker fremder wie eigener Gedichte, als gültig und bewahrenswert empfunden hat, ergänzt um nur wenige nachgelassene Verse; sodann drei Märchen und dreizehn Novellen aus den Jahren 1849 bis 1888, eine Zusammenstellung, die – wenngleich sie weniger als die Hälfte des erzählerischen Werkes berücksichtigt – als repräsentativ gelten darf; schließlich drei kritisch-essayistische Arbeiten als Exempel für diesen schmalen und sporadisch entstandenen Teil des Stormschen Schaffens.

Der Text folgt der 6. Auflage (1986) von Theodor Storms sämtlichen Werken in vier Bänden, die der Herausgeber dieser Auswahl erstmals 1956 im Aufbau-Verlag, Berlin (später: Aufbau-Verlag Berlin und Weimar) vorgelegt hat; er beruht auf der achtbändigen kritischen Storm-Ausgabe Albert Kösters (Leipzig 1919/20). Die Orthographie wurde behutsam modernisiert; der Lautstand wie auch grammatikalische Eigenwilligkeiten des Autors blieben unangetastet. In der Novelle »Aquis submersus« ist im Chronik-Teil die originale Rechtschreibung unverändert wiedergegeben worden.

Die Anmerkungen informieren über die Quellen oder Anregungen zu den einzelnen Werken sowie über deren Entstehungs- und Textgeschichte anhand zahlreicher gedruckter und ungedruckter Briefe Storms. Ferner enthalten sie wesentliche und interessante Textvarianten (in der Hauptsache nach Kösters Ausgabe) sowie knappe Erläuterungen ungebräuchlich gewordener oder mundartlicher Wörter und schwerverständlicher Anspielungen. Dem Kommentar liegen die Anmerkungen der im Aufbau-Verlag erschienenen Gesamtausgabe zugrunde; sie wurden für diese Auswahl bearbeitet und leicht gekürzt.

Weimar, im Mai 1987 *Peter Goldammer*

ANMERKUNGEN ZU DEN GEDICHTEN

Seit 1852 stellte Theodor Storm Separatausgaben seiner Gedichte zusammen und überarbeitete sie sorgfältig von Auflage zu Auflage. Wir geben hier eine Übersicht der sieben Ausgaben der »Gedichte«, die zu seinen Lebzeiten erschienen sind:

1. Ausgabe: Kiel (Schwers) 1852.
2. Ausgabe: Kiel (Schwers) 1856.
3. Ausgabe: Kiel (Schwers) 1859 (nur Titelauflage).
4. Ausgabe: Berlin (Schindler) 1864.
5. Ausgabe: Berlin (Gebr. Paetel) 1875.
6. Ausgabe: Berlin (Gebr. Paetel) 1880.
7. Ausgabe: Berlin (Gebr. Paetel) 1885.

Unsere Ausgabe enthält das »Erste Buch« der Gedichte vollständig, und zwar in der Auswahl und Anordnung der letzten vom Autor besorgten Separatausgabe von 1885. Aus dem (weit weniger umfangreichen) »Zweiten Buch« - von dem Storm meinte, er habe sich, »aus Pietät« gegen die »eigne Jugend«, zu »einer zu großen Nachsicht« verleiten lassen (an Mörike, 12. Juli 1853) - werden nur zwei Gedichte (»Käuzlein« und »Ständchen«) mitgeteilt; die übrigen in der »Nachlese« enthaltenen stammen aus dem Nachlaß des Dichters.

Folgende Literatur wird in den Anmerkungen verkürzt zitiert:

Biernatzkis »Volksbuch«: Volksbuch auf das Jahr ‹1846 u. ff.› für Schleswig, Holstein und Lauenburg. Hrsg. von Karl Leonhard Biernatzki.

Gertrud Storm I/II: Gertrud Storm, Theodor Storm. Ein Bild seines Lebens. 2 Bände, Berlin 1912/13.

ERSTES BUCH

9 *Oktoberlied:* Die Handschrift trägt das Datum »28./29. Okt. 1848«. In einem undatierten Brief teilte Storm das Gedicht mit der Überschrift »Herbstlied« Tycho Mommsen mit. - Erstdruck (mit der Jahreszahl 1848) in Biernatzkis »Volksbuch auf das Jahr 1850«; 1851 »als Prolog« in die »Sommergeschichten und Lieder« übernommen.

10 Abseits: Über die Entstehung schrieb Storm am 26. September 1887 an einen unbekannten Empfänger: »Es wird im Spätsommer 1847 gewesen sein – denn 1848 ist das Gedicht ›Abseits‹ schon im Biernatzkischen Volkskalender publiziert –, als ich von einem Besuche bei meinem Jugendfreunde Pastor Ohlhues, später als Pastor in Duisburg verstorben, derzeit in Olderup, einem Kirchdorf ein paar Stunden nördlich von Husum, über die dazwischenliegende Heide zurückwanderte; auf diesem Wege, wie ich mich bestimmt entsinne, ist das Gedicht entstanden.« – Erstdruck in Biernatzkis »Volksbuch auf das Jahr 1848«.

10 Weihnachtslied: Erstdruck in Biernatzkis »Volksbuch auf das Jahr 1846« als Kalenderspruch zum Monat Dezember. – Dort und in den ersten Gedichtausgaben lauten die Verse 3 und 4 der ersten Strophe:

»Ein weihrauchsüßes Harzgedüfte
Durchschwimmet träumerisch die Lüfte,«

Die neue Fassung findet sich seit der 4. Auflage (1864) in den Gedichtausgaben. In den »Sämtlichen Schriften« (1868) haben die Verse folgenden Wortlaut:

»Es brennt der Baum, ein süß Gedüfte
Durchschwimmet träumerisch die Lüfte.«

11 Sommermittag: Das Gedicht sandte Storm im November 1854 an Eduard Mörike. – Erstdruck in der von Robert Prutz herausgegebenen Zeitschrift »Deutsches Museum« am 21. Dezember 1854. – *Puk:* Niß Puk: Gutmütiger Hausgeist in schleswig-holsteinischen Sagen.

12 Die Stadt: Das Gedicht steht in einem handschriftlichen Bändchen »Gedichte« vom 9. Dezember 1851. – Erstdruck in der 1. Ausgabe der »Gedichte«, 1852.

12 Meeresstrand: Am 9. Juni 1854 schrieb Storm aus Potsdam an seinen Vater: »Du wunderst Dich, wie ich Heimweh haben könne, ich will es Dir sagen: ‹Es folgen die ersten drei Strophen mit der Überschrift »Am Deich«.› Und so ist es noch jetzt und nirgend sonst auf der Welt; es ist eben das Geheimnis der Heimat, sie können's so toll gar nicht treiben, daß ich das Gefühl verlöre, diese Erde sei dennoch mein.« Am 7. Oktober 1855 schickte er das vollständige Gedicht mit dem Titel »Am Strande bei Husum« an Mörike. – Erstdruck in der 2. Ausgabe der »Gedichte«, 1856.

13 *Im Walde:* Die Handschrift trägt das Datum »19. Februar 1849«. – Erstdruck in der Novelle »Immensee« (Biernatzkis »Volksbuch auf das Jahr 1850«).

13 *Elisabeth:* Die Handschrift trägt das Datum »18. Februar 1849«. – Erstdruck in der Novelle »Immensee« (Biernatzkis »Volksbuch auf das Jahr 1850«).

14 *Lied des Harfenmädchens:* Ein Hinweis auf die Entstehung findet sich in Storms Brief an Bertrand Sichel vom 17. Februar 1886: »Mich anlangend, so kann ich hinsichtlich meiner Lyrik die Versicherung geben, daß mir manche Strophe, ohne merkliche Tätigkeit der eigenen Geisteskräfte, so gleichsam aus der Luft gefallen ist; u. a., wie ich mich dessen deutlich erinnere, das ›Lied des Harfenmädchens‹ in ›Immensee‹, während ich in argem Herbstschlackerwetter von Husum nach Tondern in einer Kutsche allein durch die öde Gegend fuhr.« – Erstdruck in der umgearbeiteten Fassung der Novelle »Immensee« (»Sommergeschichten und Lieder«, 1851).

14 *Die Nachtigall:* Erstdruck in der umgearbeiteten Fassung des Märchens »Hinzelmeier« (»Schlesische Zeitung«, Dezember 1855), ohne die letzten drei Verse. Erst für die 4. Ausgabe (1864) der »Gedichte« hat Storm die dritte Strophe ergänzt.

15 *Im Volkston:* Erstdruck in der Novelle »Im Schloß« (»Gartenlaube«, Nr. 12, 1862).

Eine ältere Fassung des 2. Teils teilte Storm etwa im Juni 1853 Friedrich Eggers mit:

»Ein Brief!

Ein' Brief soll ich schreiben
Mei'm Schatz in der Fern;
Sie hat mich gebittet,
Sie hätt's gar zu gern.

Als wir noch mitsammen
Uns lustig gemacht,
Wir haben niemalen
Ans Schreiben gedacht.

Was das für Verliebte
Ein traurig Geschicht,
So sitzen studieren –
Das glaubt niemand nicht.

Was soll ich denn schreiben
Auf weißes Papier!
Du weißt, mein' Gedanken
Sind allweil bei dir.«

Erstdruck der endgültigen Fassung ohne die zweite Strophe in Band I der »Sämtlichen Schriften«, 1868. Die zweite Strophe ist zuerst in der 7. Ausgabe der »Gedichte« (1885) enthalten.

16 Regine: Die Handschrift trägt die Überschrift »Ein grünes Blatt. 2.« und das Datum »1. November 1850«. – Erstdruck mit dem Titel »Silvia« in der 1. Ausgabe der »Gedichte«, 1852; dann in der Novelle »Ein grünes Blatt« (»Argo«, 1854).

16 Ein grünes Blatt: Die Handschrift trägt die Überschrift »Ein grünes Blatt. 1.« und das Datum »1. November 1850«. – Erstdruck in der 1. Ausgabe der »Gedichte«, 1852; dann in der Novelle »Ein grünes Blatt« (»Argo«, 1854).

17 Weiße Rosen: Erstdruck in den »Sommergeschichten und Liedern«, 1851.

18 Lose: Das Gedicht steht in einem Brief an Constanze Esmarch vom 4. Juni 1844: »Was ich ... heut morgen so früh wollte, ist, Dir ein Gedicht mitteilen, das gestern gedacht, heute gemacht ist ... In dem vierten Vers der ersten Strophe hatt ich erst ›Und heimlich ihn verlacht‹. Dadurch tritt aber die erste Geliebte gegen die eigentliche Person des Gedichtes zu sehr hervor, und es kommt Bitterkeit, die eigentlich in dies Gedicht nicht hineingehört. Ich meine auch, daß sie jetzt nicht darin ist ... Du bist doch, mein süßes geliebtes Herz, wohl nicht grillenhaft genug, um mein Verhältnis zu Dir in diesem Gedicht finden zu wollen ...« – Erstdruck in den »Sommergeschichten und Liedern«, 1851.

19 Noch einmal!: Das Gedicht gehörte ursprünglich als Nr. 3 zu einem sechsteiligen Zyklus, »Ein Buch der roten Rose«, den Storm am 28. Februar 1848 an die Zeitschrift »Europa« sandte. – Erstdruck in der 1. Ausgabe der »Gedichte«, 1852.

19 Die Stunde schlug: Das Gedicht gehörte als Nr. 2 zu dem Zyklus »Ein Buch der roten Rose«, ist also vor dem 28. Februar 1848 entstanden. In der Urfassung war es überschrieben »Frevel« und hatte sechs Strophen, von denen die ersten vier wie folgt lauteten:

»Die Stunde schlug, und deine Hand
Lag zitternd in der meinen,
Ich fühlte auf den Lippen schon
Den schwülen Duft der deinen.

Es zuckten aus dem vollen Kelch
Elektrisch schon die Funken,
Da brachst du das Mysterium,
Noch ehe wir getrunken.

Die Flammen tratst du in den Staub,
Die lechzend sich entfachten;
Du hast das Blut mir angesteckt
Und läßt mich nun verschmachten.

Es war zu spät, der heißen Flut
Die Adern zu verwehren;
Einmal in schlummerloser Nacht
Wird sie auch dich verzehren.«

Den Strophen 5 und 6 der Urfassung entsprechen die gedruckten Strophen 4 und 3. – Erstdruck in der 1. Ausgabe der »Gedichte«, 1852.

20 *Abends:* Das Gedicht teilte Storm am 26. Juli 1846 seiner Braut mit. – Erstdruck in den »Sommergeschichten und Liedern«, 1851.

20 *Wohl fühl ich, wie das Leben rinnt:* Das Gedicht hat Storm in einer kürzeren Fassung Ende Oktober 1848 Tycho Mommsen mitgeteilt. – Erstdruck in den »Sommergeschichten und Liedern«, 1851.

21 *Hyazinthen:* Erstdruck in der 1. Ausgabe der »Gedichte«, 1852.

21 *Du willst es nicht in Worten sagen:* Entstanden vor dem 28. Februar 1848. In dem Zyklus »Ein Buch der roten Rose« stand das Gedicht an vierter Stelle und hatte die Überschrift »Am Ende«. – Erstdruck in den »Sommergeschichten und Liedern«, 1851.

22 *Dämmerstunde:* Erstdruck in der 1. Ausgabe der »Gedichte«, 1852.

22 *Frauenhand:* Erstdruck in der 1. Ausgabe der »Gedichte«, 1852.

23 *Die Zeit ist hin:* Erstdruck in den »Sommergeschichten und Liedern«, 1851.

23 *Wohl rief ich sanft dich an mein Herz:* Erstdruck in der 1. Ausgabe der »Gedichte«, 1852.

24 *Du schläfst:* Erstdruck in den »Sommergeschichten und Liedern«, 1851.

24 *Ein Grab schon weiset manche Stelle:* Erstdruck in den »Sommergeschichten und Liedern«, 1851.

24 *Geschwisterblut:* Erstdruck mit der Überschrift »Schlimmes Lieben« in der von Robert Prutz herausgegebenen Zeitschrift »Deutsches Museum«, 4. Jahrgang, 21. Dezember 1854. Storm fügte dem Gedicht folgende Anmerkung hinzu: »Veranlaßt durch die Vorlesung einer Ballade, welche dasselbe Verhältnis zwischen Bruder und Schwester nach einer polnischen Chronikensage behandelt.«

Über die Anregung zu diesem Gedicht schreibt Gertrud Storm (I, 208) mit Bezug auf das Jahr 1852: »An einem Abend wurde Storm von Kugler und Eggers in den ›Tunnel‹, einen 1827 gegründeten literarischen Verein, eingeführt. Kugler trug sein Gedicht ›Stanislaw Oswiecim‹ vor, das die Geschlechtsliebe zwischen Bruder und Schwester behandelte. Hierdurch angeregt, dichtete Storm, nach Husum zurückgekehrt, sein ›Geschwisterblut‹.« (Kuglers Ballade ist, nach einer für Storm angefertigten Abschrift, abgedruckt bei Karl Ernst Laage, Theodor Storm. Studien zu seinem Leben und Werk ... Berlin ‹West› 1985, S. 57-60.) – Am 6. Februar 1853 schickte Storm das Gedicht an Friedrich Eggers; in dem Begleitbrief heißt es: »An der Anlage finden Sie denn nun die Lösung der Aufgabe, welche ich auf Ihre Anfoderung im Tunnel so leichtsinnig übernahm. Ich habe wenig Muße und Stimmung dazu gehabt; Sie würden sonst längst etwas von mir gehört haben. Das Gedicht selbst anlangend, so ist der Stoff mit dem Kuglerschen nur insofern gemeinsam, als in beiden Gedichten die Geschlechtsliebe zwischen Bruder und Schwester vorkommt; bei Kugler ist sie aber nur die Veranlassung dessen, was dargestellt wird, bei mir der eigentliche Vorwurf des Gedichtes. Auch im übrigen habe ich den Stoff nach meinem poetischen Bedürfnis umgestaltet. Bei K. hat die Schwester sich der Leidenschaft ergeben und stirbt am Schluß des Gedichtes, bei mir bleibt sie leben und ergibt sich am Schluß des Gedichtes.« Eggers antwortete am 10. März: »Ihre Arbeit hatte die größte Wirkung. Ich mußte noch einmal lesen und die letzte Hälfte noch einmal. Die lebhafteste Erörterung schloß sich an, und ich habe niemals Himmel und Hölle so nah beieinander gesehen. Man wurde sehr warm, die einen hoben das Gedicht bis an die Sterne, kamen an den grünen Tisch gelaufen, um sich Prachtstellen noch einmal einzuprägen, die andern verdammten es in sittlicher Entrüstung ... Die meisten bewunderten und verurteilten zugleich ... Wollen Sie mir noch einige Bemerkungen gestatten, so wären es diese. So, wie Sie Ihr

Gedicht beenden, darf es nie und nimmermehr zu Ende gehen. Was ist es? Es droht zwei leidenschaftlichen Menschen Blutschande; sie versuchen, ob nicht wenigstens eine, wenn auch nicht die höchste Instanz für ihre Gutheißung zu gewinnen ist. Da dies nicht geschieht, so wagen sie die Sünde auf ihre eigene Rechnung. Wie kann man das zum Gegenstand eines Kunstwerkes machen? Wie kann man mit Mitteln einer Stormschen Muse den jammervollen Fall verherrlichen? Mit welchen Gründen wollen Sie eine solche Behandlung des Stoffes ästhetisch rechtfertigen, namentlich da Sie sich nicht außerhalb unserer christlichen Anschauung stellen? Denn Ihre Leute gestehen ein, daß die Stunde des Verderbens da ist. Ich weiß wohl, daß sich in Athen, bei den Mexikanern Bruder und Schwester heirateten. In Athen geschahen noch andere Dinge gegen die Natur, und der Mensch kann sich in gewissem Grade daran gewöhnen. Trotzdem ist nach unserer Anschauung ein solches Verhältnis sowohl wider die Natur als auch wider die Sittlichkeit. Gut! Nun gibt uns aber die Geschichte den Beginn einer Leidenschaft, welche in ein naturwidriges Verhältnis auszuarten droht. Das ist durchaus möglich und annehmbar; denn wo versuchte die Natur sich nicht in Abweichungen von ihren eigenen Gesetzen? Will aber der Dichter diesen Stoff behandeln, so hat er zu zeigen: entweder, wie seine Helden sich selbst besiegen und die Sittlichkeit recht behält, oder, wenn sie die Leidenschaft schon haben so groß werden lassen, daß sie das Ewige nur noch durch den Untergang des Zeitlichen retten können, wie sich die Sittlichkeit ihr Recht mit einem Opfer erkaufen muß. Zu dem dritten aber, daß sie sich die Leidenschaft über den Kopf wachsen lassen und dem ewigen Verderben mit Pauken und Trompeten in die Arme rennen, hat der Dichter kein Darstellungsrecht.«

Bei der Diskussion im »Tunnel« war auch Fontane zugegen; er schrieb am 19. März 1853 an Storm: »Ich bekenne freimütig, daß ich mit der Majorität war und bewunderte und – verwarf.« (Fontane kam später noch einmal auf den Streit um das Gedicht zu sprechen; seine Darstellung weicht in vielem von dem Bericht Eggers' ab. Vgl. Theodor Fontane, Schriften zur Literatur, herausgegeben von Hans-Heinrich Reuter, Berlin 1960, S. 241 ff.) An Friedrich Eggers schrieb Storm am 13. März 1853: »Was seid Ihr doch für unkritisches Volk, Ihr großen Künstler und Kritiker Athens! Das Schwestergedicht taugt – so wie es da ist – gewiß und wahrhaftig nichts, es ist ein Embryo, ein ästhetisches Mondkalb; und hätte ich es wegen der verd. Frist nicht so backofenwarm wegschicken müssen, Sie hätten es nicht erhalten. Allein, was Sie daran tadeln, mein lieber Freund, muß ich nach wie vor für das Beste davon halten. Soll der Stoff einmal behandelt werden, so muß die Schönheit und Kraft der Leidenschaft dargestellt werden, wie sie alles andre vor sich niederwirft und überstrahlt; und dies beides enthält der Schluß des Poems. Die Darstellung der Leidenschaft darf nicht dadurch geschwächt werden, daß der Dichter sie zuletzt noch in irgendeiner Weise einem sittlichen Motive unterordnet; die sittlichen Verhältnisse haben in diesem Gedichte nur die Bedeutung, daß sie besiegt werden. – Der Knoten liegt im Stoff und nicht in der Behandlung; dieser Stoff muß nicht behandelt werden. – Der große Fehler meiner Arbeit liegt in der breiten Beschreibung des Seelenzustandes der Schwester; ja es ist selbst das *zuständlich* beschrieben, was leicht als fortschreitende Handlung hätte dargestellt werden können. Ich habe aber jetzt weder Zeit noch Stimmung, es umzuarbeiten.«

Dennoch hat Storm das Gedicht kurz darauf überarbeitet; am 29. März 1853 schrieb er an Eggers: »Erschrecken Sie nicht, daß ich noch einmal auf meine ballada incestuosa zurückkomme, mit deren Analyse ich in meinem letzten Briefe etwas unkritisch verfahren bin. – Ich meine es so: Jede *Sitte,* worunter wir an sich nur ein äußerlich allgemein Geltendes und Beobachtetes verstehen, hat ein inneres reelles *Fundament,* wodurch dieselbe ihre Berechtigung erhält. Die Sitte – denn mit rechtlichen Verboten in dieser Beziehung haben wir es hier nicht zu tun –, daß Schwester und Bruder sich geschlechtlich nicht vereinigen dürfen, beruht auf der damit übereinstimmenden Natureinrichtung, welche in der Regel diesen Trieb versagt hat. – Wo nun aber im einzelnen Falle dieser Trieb vorhanden ist, da fehlt auch für den einzelnen Fall der Sitte das Fundament, und der einzelne kann sich der allgemeinen Sitte gegenüber, oder vielmehr entgegen, zu einem Ausnahmefall berechtigt fühlen. Daß er nun sein natürliches Recht, nachdem er es vergebens mit der Sitte in Einklang zu bringen gesucht hat, kühn gegen alles Verderben eintauscht, was den Bruch in das Allgemeingültige (Religion ist in gewisser Beziehung auch Sitte) über ihn bringen muß, das ist das, was ich als den poetischen Schwerpunkt empfunden habe. Daß das Weib hier den Schluß herbeiführt, scheint mir keiner Rechtfertigung zu bedürfen und ist überdies schon in der Zartheit der Leidenschaft begründet; denn etwas so Ungeheures darf das Weib wohl gewähren, der Mann aber nicht fordern. – Gleichwohl habe ich für Sie einen eigenen Schluß gemacht, der freilich christlich ebenso rein passieren darf wie der andere.«

Der neue Schluß ist dann gedruckt worden; hier seien die wichtigsten Varianten mitgeteilt: Statt der Strophen 9 bis 11 standen in der Handschrift fünf Strophen:

»Es kam die Nacht; es lag die Welt
In holden Dämmernissen.
Ach, nächtens schlug die Nachtigall,
Da saß sie wach im Kissen.

Da fuhr ihr Herz dem Liebsten nach
Allüberall auf Erden;
Sie streckte weit die Arme aus:
›Unselig muß ich werden!‹

Doch rauschten an den Läden kaum
Die ersten Morgenlüfte,
Da sprang sie auf und knüpfte fest
Den Gürtel um die Hüfte.

In der Kapelle Heiligtum
Hin sank sie auf die Stufen:
›Weh mir! Ich hör im Grabe tief
Vater und Mutter rufen.‹

So ging die Zeit. Es kam die Nacht,
Es ging der Tag zu Ende;
Der Kummer schrieb den feinen Zug
Auf ihre zarten Hände.«

Die letzten beiden Strophen lauteten ursprünglich:

»Sie warf in seine Arme sich,
Sie hielt ihn fest umschlungen,
Sie hätte mit dem grimmen Tod
Um diesen Mann gerungen.

Sie gab ihm ihren süßen Mund,
Doch war sie bleich zum Sterben;
Sie sprach: ›So ist die Stunde da,
Daß beide wir verderben.‹«

In einem Brief an Mörike vom 2. Dezember 1855 erzählt Storm zunächst die Vorgeschichte des Gedichts und fährt dann fort: »Der Stoff ist überhaupt wohl kaum berechtigt; unsre Sitte sträubt sich so dagegen, daß es vielleicht unmöglich ist, das Interesse des Lesers für die Schwester zu gewinnen; auch ist der Schluß sehr heidnisch und ganz innerhalb der Leidenschaft.«

25 *Zu lösen vermag der Papst Urban . . .:* Wahrscheinlich eine Reminiszenz an Heines Gedicht »Der Tannhäuser« (2, Strophe 5).

27 *Mondlicht:* Erstdruck in den »Sommergeschichten und Liedern«, 1851. Die dritte Strophe lautet dort:

»Nun öffnen sich die Blumen,
Die Kelche strömen Duft;
Und kennest du den Vogel,
Der aus den Büschen ruft?«

In der endgültigen Fassung zuerst gedruckt mit der Überschrift »Mondlicht. An ***« in der 2. Ausgabe der »Gedichte«, 1856. Später wurde der ursprüngliche Titel wiederhergestellt.

28 Lucie: Das Gedicht ist (laut Handschrift) im März 1852 entstanden; Storm schrieb es in Erinnerung an seine drei Jahre jüngere Schwester Lucie, die im sechsten Lebensjahre gestorben war. – Erstdruck in der 1. Ausgabe der »Gedichte«, 1852.

29 Einer Toten: Über die Entstehung berichtete Storm am 12. Juli 1853 an Mörike: »Die beiden Gedichte wurden unmittelbar nach dem Tode meiner ältesten Schwester geschrieben, die nach manchem Kummer ihres Mädchenstandes im ersten Wochenbette samt ihrem Töchterlein starb.« (Storms Schwester Helene Lorenzen starb am 10. November 1847.)

1: Die Handschrift ist überschrieben »Meiner Schwester am 10. November 1847«; sie enthält noch eine fünfte Strophe:

»Des Jahres spätste Blumenkränze senden
In deine Gruft den letzten Lebensglanz;
So nimm denn zu den andern Liebesspenden
Auf deinen Sarg des Liedes grünsten Kranz.«

Erstdruck in den »Sommergeschichten und Liedern«, 1851.

2: Die Handschrift trägt den Vermerk »Später«. – Erstdruck in Biernatzkis »Volksbuch auf das Jahr 1850«.

30 Eine Fremde: Erstdruck in den »Sommergeschichten und Liedern«, 1851.

30 Lehrsatz: Storm teilte das Gedicht am 15. Oktober 1845 seiner Braut mit und schrieb dazu: »Süßes Herz, als ich vor drei Jahren aus Kiel fuhr, da machte ich einen Reim, der den Schluß zu einem Liebesgedicht bildete, was mir damals aber nicht gelingen wollte. Heute vormittag, als ich im Sonnenschein ging, kam's mir auf einmal. Die alten Verse sind die beiden letzten Zeilen ... Ich bilde mir ein, daß es ein recht süßes Gedicht ist und daß es Dein geliebtes Gesicht recht freundlich lächeln macht. Denn die letzten Zeilen haben sich an der Liebsten gar zu lieblich bestätigt ... Und dies Gedicht schenk ich Dir zum Andenken an jenen Abend, wo mir mit Deiner Hand so unbewußt mein größtes Glück in den Schoß fiel.« In der Fassung, die Storm dort mitgeteilt hat, fehlt der achte Vers; die ersten beiden Verse lauten:

»Bei Tage darfst du nicht um Liebe werben
Um diese zarte, scheueste der Frauen;«

Das Gedicht eröffnete den Zyklus »Ein Buch der roten Rose« (vgl. die erste Anmerkung zu Seite 19). – Erstdruck in den »Sommergeschichten und Liedern«, 1851.

31 Die Kleine: In der Handschrift steht dieses Gedicht zusammen mit einem anderen (in diese Ausgabe nicht aufgenommenen) unter der gemeinsamen Überschrift »Agnes«. Der Name deutet auf Agnes Jensen, die Schwester Dorothea Jensens. – Erstdruck in den »Sommergeschichten und Liedern«, 1851.

31 O süßes Nichtstun: Erstdruck in den »Sommergeschichten und Liedern«, 1851.

32 Wer je gelebt in Liebesarmen: Die Verse stehen (mit kleinen Abweichungen) in einem Brief Storms an Constanze Esmarch vom 9. (?) Juni 1844. Dort folgen noch die Verse:

»Er hat gelebt in ihren Armen –
Wie könnte je sein Herz verarmen?«

Erstdruck in den »Sommergeschichten und Liedern«, 1851.

32 Nun sei mir heimlich zart und lieb: Entstanden (nach Gertrud Storm, I, 186) kurz nach der Eheschließung Storms mit Constanze Esmarch (15. September 1846). Erstdruck in der 1. Ausgabe der »Gedichte«, 1852.

32 Schließe mir die Augen beide: Entstanden (nach Gertrud Storm, I, 186) kurz nach Storms Eheschließung. – Erstdruck in den »Sommergeschichten und Liedern«, 1851.

33 Kritik: Die Handschrift trägt das Datum »2. Januar 1852«. – Erstdruck in der 1. Ausgabe der »Gedichte«, 1852.

33 Morgens: Entstanden (nach Gertrud Storm, I, 180) im Sommer 1845. Die Handschrift hat vier Strophen, deren zweite lautet:

»Nun schlag zu mir die hellen
Geliebten Augen auf,
Und lös die braunen Wellen
Der seidenen Flechten auf.«

Erstdruck mit der Überschrift »Morgengruß« in Biernatzkis »Volksbuch auf das Jahr 1850« als Kalenderspruch zum Monat Mai.

34 Zur Nacht: In der Handschrift lautet die dritte Strophe:

»Was gibt es mehr noch, als an deiner Brust,
Aus deinem Mund des Schlummers Duft zu trinken,

Von dir geküßt, des Lebens unbewußt,
In Träumen ewiger Liebe zu versinken!«

Erstdruck in den »Sommergeschichten und Liedern«, 1851.

34 Die Kinder: Das erste Gedicht bezieht sich auf Storms ältesten Sohn Hans (geb. 1848), das zweite auf Ernst (geb. 1851). – Erstdruck in der 1. Ausgabe der »Gedichte«, 1852.

35 Im Herbste: Die Handschrift trägt die Überschrift »Herbst« und das Datum »Husum, den 13. August 1852«. Dort lautet die zweite Strophe:

»Kam auch zu dir, was aus den Bäumen,
Was von den letzten Blumen weht?
Ein Sterbelaut, ein Abschiednehmen,
Das nun von Halm zu Halme geht? –«

Die ersten beiden Verse der dritten Strophe hatten ursprünglich den Wortlaut:

»Laß dich an meinem Herzen halten!
Wir stehen nicht in diesem Bann;«

Sie wurden schon in der Handschrift geändert:

»Vorüber treibet zart Gespinste,
Das milde Nacht auf Wiesen spann; –«

Die Strophen 5 und 6 lauteten in der Handschrift:

»Entging dir nicht ein leicht Verfärben,
Ein schmaler Silberglanz im Haar?
Ist diese Stirne, wie vor Jahren,
Nicht mehr so rosenfrisch und klar?

Schau mir ins Aug, schau tief hinunter!
Wir stehen nicht in diesem Bann;
Es ist die Jugend nur, die scheidet,
Was geht denn uns die Jugend an!«

Erstdruck in der 1. Ausgabe der »Gedichte«, 1852.

35 Gode Nacht: Die Handschrift trägt das Datum »20./21. September 1850«. – Am 6. April 1853 teilte Storm das Gedicht Klaus Groth mit und schrieb dazu: »Diese Verse an sich haben keinen weiteren Wert; aber Sie werden aus ihnen ersehen können, daß auch ich die plattdeutsche Sprache für den Ausdruck des innigen Gefühls habe gebraucht wissen wollen.« – Erstdruck in der »Argo«, 1854.

36 O bleibe treu den Toten: Die Handschrift trägt die Überschrift »Den Toten« und das Datum »November 1848«. – Erstdruck in der 1. Ausgabe der »Gedichte«, 1852. – In einem Brief an Ada Christen (5. Januar 1870) spricht Storm davon, daß er das Gedicht unter dem Einfluß von Freiligraths »O lieb, solang du lieben kannst« geschrieben habe.

37 In böser Stunde: Entstanden vor dem 9. Dezember 1851. – Erstdruck in der 1. Ausgabe der »Gedichte«, 1852.

37 Und war es auch ein großer Schmerz: Entstanden vor dem 9. Dezember 1851. – Erstdruck in der 1. Ausgabe der »Gedichte«, 1852.

37 Zwischenreich: In der ursprünglichen (handschriftlichen) Fassung finden sich statt der ersten Strophe folgende Verse:

»Meine ausgelaßne Kleine
Geht zur Konfirmation;
Ach, sie trägt in ihrem Herzen
Nur die Jungfrau und den Sohn.

Ja, die ungestümen Augen
Schmachten nach dem Himmelreich,
Und die durstig roten Lippen
Predigen Entsagung euch.«

Die zweite Strophe entspricht der dritten des Entwurfs; die dritte Strophe fehlt in der Handschrift. Die letzten drei Strophen weichen nur unwesentlich von der Endfassung ab. – Erstdruck (der endgültigen Fassung) in der 1. Ausgabe der »Gedichte«, 1852.

38 gedahlt: getändelt.

38 Vom Staatskalender 1. Die Tochter spricht: Erstdruck mit der Überschrift »Aus Großkrähwinkel. Die Beamtentöchter« in Biernatzkis »Volksbuch auf das Jahr 1846«. – Am 19. Oktober 1845 schrieb Storm an seine Braut: »Das Volksbuch ist denn heute nach Husum gekommen. ›Die Beamtentöchter‹ nehmen sich recht patzig darin aus. Der Alte ‹Storms Vater› las sie bei Tisch und lächelte, sosehr er auch geeifert hatte, als ich es im Wochenblatt erscheinen lassen wollte.« Und am 2. November ließ er die Bemerkung folgen: »Hier finden die Leute es etwas stark und nennen mich einen Porträtmaler.« –

Staatskalender: Genealogisches Handbuch, in dem auch die Namen der höheren Beamten verzeichnet waren.

39 2. Ein Golem: Am 25. Dezember 1851 teilte Storm die Verse seinem Freund Hartmuth Brinkmann mit. – In einer anderen Handschrift findet sich noch diese Strophe:

»Gern macht' ich's euch begreifelich;
Doch daß ihr's faßt, bezweifel ich;
Es ist ein kleiner Golem,
Ein Staatskalendergolem!«

Erstdruck in der 1. Ausgabe der »Gedichte«, 1852. – *Golem:* (hebr.) Tonfigur.

40 Gesegnete Mahlzeit: Erstdruck in Biernatzkis »Volksbuch auf das Jahr 1848«.

41 Von Katzen: Erstdruck in Biernatzkis »Volksbuch auf das Jahr 1849«. – In einem undatierten und nicht abgesandten Brief Storms an den Herausgeber des »Volksbuches« findet sich folgende Bemerkung: »Dann muß ich Ihnen ... erzählen, daß ich im Moment ein köstliches Nachspiel zu den ›Katzen‹ geschrieben habe; es muß gleich darunter gedruckt werden, wie die Moral unter die Fabel; und darunter erst mein Name. Es ist nämlich nicht ausgeblieben, daß man in meinem ›Gesegnete Mahlzeit‹, ja in Heuers Holzschnitt dazu, bestimmte Personen hat erkennen wollen. Nun wird es tausend Spaß geben, wenn nach den Katzen folgende Tetrameter aufmarschieren:

Ob ich nun mit jener Katze meine eigene gemeint
Oder Nachbars alte Katze, was nicht gar unmöglich scheint,
Oder gar des Bürgermeisters, gar des Präsidenten Vieh
Oder – was doch ganz unglaublich – Katzen aus der Phantasie,
Dieses zu erraten, will ich allen Guten anempfehlen,
Deren liebevolle Zähne sich mit solchen Nüssen quälen.«

Eduard Mörike schrieb am 26. Mai 1853 an Storm: »Das von den Katzen wußte ich bald auswendig und habe manchen schon damit ergötzt. Von wem ist das? frug ich unlängst einen Freund. Nu, sagte er lächelnd, als wenn es sich von selbst verstünde – von dir! Die Zuversichtlichkeit des schmeichelhaften Urteils hat mich natürlich nicht wenig gaudiert.«

41 Engel-Ehe: Erstdruck im »Salon für Literatur, Kunst und Gesellschaft«, herausgegeben von Julius Rodenberg, Band 10, 1872. – Am 24. Juni 1872 schrieb Storm an Paul Heyse, den Herausgeber des »Deutschen Novellenschatzes«: »Aus den letzten Bänden des ›Novellenschatzes‹ habe ich den

Titel ›Engel-Ehe‹ für ein sehr inniges Gedicht entwandt.« Es handelt sich um eine Novelle von Karl Spindler (1796-1855).

43 *Stoßseufzer:* Die Handschrift trägt das Datum »2. Weihnachtsonntag 1851«. – Erstdruck in der 1. Ausgabe der »Gedichte«, 1852.

43 *In der Frühe:* Die Handschrift trägt die Überschrift »Morgens« und das Datum »Weihnachtssonntagmorgen 1851«. Am gleichen Tage schrieb Storm an Hartmuth Brinkmann: »Heut morgen war ich früh auf und ging spazieren; da lag alles so recht in der schönen Frühsonne des Winters; die Hähne krähten, und ich reimte: ‹Es folgt das Gedicht.› Da ist schon wieder etwas politischer Wind in den Versen, wenigstens als Nebengedanke. Was soll man machen, wer kann jetzt harmlos bleiben?« – Erstdruck in der 1. Ausgabe der »Gedichte«, 1852.

43 *Aus der Marsch:* Das »moralische Gedicht«, das er »dieser Tage mitgebracht« habe, teilte Storm am 27. Juli 1853 Friedrich Eggers mit. – Erstdruck in der »Argo«, 1854.

43 *Am Aktentisch:* Am 8. Mai 1855 teilte Storm das Gedicht Paul Heyse mit und schrieb dazu: »Gern schrieb ich Ihnen wieder einige Verse, da meine letzten Ihnen gefallen; aber ich bin recht arm geworden, der Gerichtsgang kupiert mir jeden Morgen die beste Stimmung, und es wachsen nur noch Pilze wie diese.« – Erstdruck in der 2. Ausgabe der »Gedichte«, 1856.

43 *Sturmnacht:* Am 31. (?) März 1846 schrieb Storm an Constanze Esmarch: »Jetzt ist's Abend, aber alles draußen und drinnen ist so friedlich; die Möbel stehen so geduldig und schweigsam an den Wänden umher, und die kleinen Holzwürmer schlagen den Takt zu der Frühlingsmelodie, die noch leise in den Lüften summt. Weißt Du, mein Kindchen, wenn draußen die Sturmnacht und Wolkenjagd ist und die Baumwipfel in tollem Tanze schütteln und brausen, dann wird's oft gar unheimlich in den alten Sälen und Peseln, wo die alten Riesenbäume, die Tannen und Eichen, in wunderliche, schnörkelhafte Möbel verzaubert an den Wänden umherstehen. Dann streben sie aus ihrer Verzauberung heraus … Es sieht recht traulich aus, wenn die alte Kommode aus Großmutters Hausrat im Zwielicht ihre dünnen Spinnenbeine tastend vor sich hinstreckt; oder hast Du's wohl gehört, wenn der braune Kleiderschrank mit den gespenstischen Holzschnitzereien seinen weiten Bauch dehnt, daß es plötzlich krachend von einem Winkel in den anderen fährt? Der Lehnstuhl mit den Ohrenklappen, worauf das Streifchen Mondlicht so hastig hin und her huscht, macht seine Arme auf und zu. Aber es sind matte, traumhafte Bewegungen; der Zauber lastet zu schwer, die alte Gestalt ist für lange, lange Zeit

verloren, und wenn Du anderen Tags im Sonnenschein in den Saal trittst, so stehen Schränke und Stühle unverrückt an ihrem Platze, und Du ziehst die Schiebladen der alten Kommode auf, und Deine Bänder und Schleifen und der Resedaduft lachen Dir lustig entgegen. – Dieses, meine Dange, ist, wie Tieck es nennt, eine Seele zu meinem Gedicht. Da es nun wahrscheinlich niemals einen Leib bekommen wird, so habe ich Dir wenigstens die Seele mitteilen wollen.« – Erstdruck mit der Überschrift »Die alten Möbeln« in Biernatzkis »Volksbuch auf das Jahr 1849«.

45 *Waldweg:* Erstdruck in Biernatzkis »Volksbuch auf das Jahr 1851«. – Dem Gedicht liegen Erinnerungen an Westermühlen, den Geburtsort von Storms Vater, zugrunde. Im November 1854 schrieb Storm an Mörike: »Den Weg zum Walde, den ich ... mehreremal am Tage machte, beschreibt das Gedicht, wie er viele Jahre später noch vor meiner Phantasie stand.« Vgl. auch die Anmerkungen zu der Novelle »Im Schloß«. – *Eppich:* Efeu.

46 *Eine Frühlingsnacht:* Erstdruck mit der Überschrift »Im Frühling« und dem Datum »Husum 1844« in Biernatzkis »Volksbuch auf das Jahr 1846«.

47 *Der Zweifel:* Erstdruck in der 4. Ausgabe der »Gedichte«, 1864.

47 *Februar:* In der (undatierten) Handschrift hat das Gedicht die Überschrift »November«. – Erstdruck in Biernatzkis »Volksbuch auf das Jahr 1849« als Kalenderspruch zum Monat Januar.

48 *März:* Erstdruck in Biernatzkis »Volksbuch auf das Jahr 1849« als Kalenderspruch zum Monat März.

48 *April:* In der Handschrift hat das Gedicht die Überschrift »Mai 1853«. Am 23. Juni 1853 teilte Storm eine ältere Fassung (die geringe Abweichungen aufweist) Hartmuth Brinkmann mit. – Erstdruck unter dem Titel »Mai« in der »Argo«, 1854. Die Überschrift wurde erst für die 4. Ausgabe der »Gedichte« (1864) geändert.

48 *Mai. 1:* Am 17. April 1845 teilte Storm die Verse seiner Braut mit und schrieb dazu: »Wie ich eben so durch den Garten nach Hause ging, habe ich es ganz deutlich gehört, wie die Kinder den Frühling einhurrat haben. Da muß der Poet mit dabeisein.« – Erstdruck in Biernatzkis »Volksbuch auf das Jahr 1848« als Kalenderspruch zum Monat Mai.

2: Am 29. März 1859 schrieb Storm seinen Eltern: »Es wird Frühling mit Gewalt, eine Flut von Veilchen bricht überall aus dem Grase hervor; alle Kinder laufen mit blauen Sträußen, sie wollen den Frühling recht handgreiflich in ihren kleinen Fäusten haben.« In dieser Zeit sind wahrscheinlich die Verse entstanden. In der Handschrift sind sie »April« überschrieben. – Erstdruck in der 4. Ausgabe der »Gedichte«, 1864.

49 *Juli:* Von diesem wahrscheinlich im September 1860 entstandenen Gedicht sind zwei Handschriften überliefert; die eine trägt die Überschrift »August«, die andere »An Frau Susanne«. (Gemeint ist Susanne Esmarch, die Gattin des Bruders von Storms erster Frau.) – Erstdruck in der 4. Ausgabe der »Gedichte«, 1864.

49 *August:* Erstdruck (ohne Überschrift und mit einigen Abweichungen) in Biernatzkis »Volksbuch auf das Jahr 1849« als Kalenderspruch zum Monat September. Erstdruck der neuen Fassung in der 4. Ausgabe der »Gedichte«, 1864.

49 *Im Garten:* Die Handschrift trägt das Datum »17. Juni 1867 im Garten«. – Erstdruck in Band I der »Sämtlichen Schriften«, 1868.

49 *Komm, laß uns spielen:* Das Gedicht ist in Erinnerung an einen Ball entstanden, zu dem Storms zweite Frau, Dorothea, als weißer Schmetterling erschienen war. – Die Handschrift trägt die Überschrift »An sie, die es allein versteht (Do)« und das Datum »Nachts 5./6. Oktober 1881«. – Erstdruck in der 7. Ausgabe der »Gedichte«, 1885.

50 *Herbst. 1:* Eine ältere Fassung teilte Storm am 19. Oktober 1845 seiner Braut unter dem Titel »Herbstlied« mit:

»Schon ins Land der Pyramiden
Flohn die Störche übers Meer,
Schwalbenflug ist längst geschieden,
Und die Lerche singt nicht mehr.

Auch die letzten Blätter fallen,
Nur die Tannen stehn belaubt,
Und die letzten Blumen senken
Farbenmatt ihr zartes Haupt.
Wie in leiser Abschiedsklage
Streift der Wind das letzte Grün.
Ach, die süßen Sommertage,
Ach, sie sind dahin, dahin!

Doch so helle scheint die Sonne,
Daß man sicher glauben mag,

Hinter diesen Winterschauern
Lieg' ein ferner Frühlingstag.«

Erstdruck (mit einzelnen Abweichungen gegenüber der endgültigen Fassung) in Biernatzkis »Volksbuch auf das Jahr 1848« als Kalenderspruch zum Monat November.

51 2: Erstdruck in Biernatzkis »Volksbuch auf das Jahr 1849« als Kalenderspruch zum Monat August.

3: Erstdruck in Biernatzkis »Volksbuch auf das Jahr 1848« als Kalenderspruch zum Monat September.

51 Hinter den Tannen: Entstanden vor dem 9. Dezember 1851. – Erstdruck in der 1. Ausgabe der »Gedichte«, 1852.

52 Vor Tag: Erstdruck in der 2. Ausgabe der »Gedichte«, 1856. – Den Vierzeiler Nr. 3 teilte Storm im November 1854 Eduard Mörike mit; er bildete ursprünglich die letzte Strophe des unveröffentlichten Gedichts »Wo ward ein Traum zur Welt geboren«.

53 Zur Taufe: Die Handschrift trägt die Überschrift »An Tycho Mommsen. Über die Benämung seiner Erstgeborenen« und das Datum »15. Oktober 1850«. Am gleichen Tage schickte Storm die Verse an Mommsen und schrieb dazu: »Mit diesem Gasel ... habe ich ... Ihrer Erstgeborenen die schuldige poetische Ehre antun und ihrem sonst so onomatologischen Vater einige nützliche Vorsicht erwecken wollen. Taufen Sie das bambinuccio übrigens immerhin Elisabeth; denn meine ... in Erwartung stehende Tochter soll Lisbeth heißen; da können wir sie doch auseinanderhalten.« – Erstdruck in der 1. Ausgabe der »Gedichte«, 1852. – *Hamen:* Angelhaken.

53 Morgane: Erstdruck mit der Überschrift »An der Westküste. 2. Morgane. Juli 1847« (Nr. 1 war das Gedicht »Auf dem Deich«, das später den Titel »Ostern« erhielt) in Biernatzkis »Volksbuch auf das Jahr 1849«.

54 Hauberg: Vgl. die Erklärung, die Storm in der Novelle »Auf dem Staatshof« (Seite 194) gibt.

54 Ostern: Die ersten drei Strophen stehen in einer älteren Fassung in einem Brief Storms an Constanze Esmarch vom 13. April 1846: »Heute vormittag, wo wirklich eine Juniluft war, bin ich die ganze Zeit genießend und dichtend im Garten umhergegangen; ein politisches Gedicht wollte ich machen, das mit dem Frühling beginnen sollte, aber ich konnte über diesen nicht hinaus. Hier hast Du die Verse; sie sind, glaube ich, gelungen, ob aber weiter, das weiß ich nicht.

Hoch oben stand ich auf dem Meeresdeich
Und ließ den Blick am Horizonte gleiten,
Fern schollen Osterglocken voll und weich,
Der Auferstehung Feier einzuläuten.

Wie fließend Silber funkelt das Meer,
Die Inseln schwammen auf dem klaren Spiegel,
Die Möwen schossen blendend hin und her
Und tauchten in die Flut die weißen Flügel.

Im tiefen Kooge bis zum Deichesrand
War sammetgrün die Wiese aufgegangen;
Der Frühling zog, ein König, über Land,
Die Lerchen jauchzten, und die Knospen sprangen.«

Überarbeitet und vollendet wurde das Gedicht im Frühjahr 1848, nochmals korrigiert im Mai 1851. Ende April 1848 schickte Storm eine Abschrift (überschrieben »An der Westküste der Friesen« und datiert »Husum, im Frühling 1848«) an Theodor Mommsen, der damals Redakteur der »Schleswig-Holsteinischen Zeitung« war, »zur beliebigen Aufnahme, wenn die ... Zeitung leitende Artikel in Versen verdauen kann«. – Erstdruck mit der Überschrift »An der Westküste. 1. Auf dem Deich. Ostern 1848« (als Nr. 2 folgte das Gedicht »Morgane«) in Biernatzkis »Volksbuch auf das Jahr 1849«. In der endgültigen Gestalt erschien das Gedicht in der 1. Ausgabe der »Gedichte«, 1852.

56 *Nach Reisegesprächen:* Die Handschrift trägt die Überschrift »Antwort auf römische Reminiszenz. An T‹ycho›M‹ommsen›« und das Datum »24. November 1848«. Mommsen war damals von einer Italienreise zurückgekehrt. – Erstdruck mit dem Zusatz »November 1848« in Biernatzkis »Volksbuch auf das Jahr 1850«.

56 *Im Herbste 1850:* Am 1. August 1850 war Husum von dänischen Truppen erobert worden. Das Gedicht entstand (laut Handschrift) am 24., 25. und 26. September. Am 14. Oktober schickte es Storm an H. Brinkmanns Braut Laura Setzer und schrieb dazu: »Sie werden es dort draußen vielleicht kaum begreifen, daß mir die hiesige Beamtenwirtschaft der deutschen Apostaten fast das Schmerzlichste gewesen ist oder noch ist; in dem Sinne ist das angelegte Gedicht entstanden, das Sie abschriftlich gern mitteilen mögen. Wir können jedes Fünkchen Enthusiasmus gebrauchen, das irgendwo zu finden ist.« – Das Gedicht war zunächst nur handschriftlich und lithographiert verbreitet; ohne Wissen Storms wurde es unter dem Titel »Vermächtnis« im »Schleswig-

Holsteinischen Musenalmanach für 1851« gedruckt. – Die dritte Strophe erhielt erst am 26. Mai 1851 ihre jetzige Gestalt; sie lautete ursprünglich:

»Und wenn wir selbst darum verderben,
Hinunter bis ins spätste Glied,
Von Kind zu Kindern soll es erben:
Ein nacktes Schwert, ein klingend Lied.«

Am 12. Juli 1853 schickte Storm das Gedicht an Mörike und schrieb dazu, es sei »als ein unmittelbarer Ausdruck des verletzten Heimatgefühls im Herbste 1850 entstanden, als hier auf dem Kirchhofe die Kränze und Fahnen von den Gräbern unsrer schleswig-holst. Soldaten entfernt wurden«. – 1854 erschien das Gedicht in der »Argo«. – *Trikolore:* Blau-Weiß-Rot, die Farben Schleswig-Holsteins.

57 *Gräber an der Küste:* Am 7. August 1850 eroberten die Dänen Friedrichstadt; vom 29. September bis zum 4. Oktober wurde die Stadt von schleswig-holsteinischen Truppen unter dem preußischen General von Willisen erfolglos belagert und beschossen. Am 14. Oktober schrieb Storm an Laura Setzer: »Die Zeit des Friedrichstädter Bombardements über herrschte die ungeheuerste Aufregung in der Stadt, die Kinder rannten am ersten Tage schon mit Blumen zu Kränzen, wenn unsere Leute kämen, den Abend, die Nacht müßten sie ja jedenfalls kommen, keiner konnte Ruhe finden. Aber es kamen nur Verwundete, Hunderte und Hunderte; aber nicht allein Dänen, auch Kinder, Weiber, Greise, die durch die Kugeln ihrer eignen Brüder zerrissen, verstümmelt, verbrannt waren . . . Über eine zwiefache Barbarei beschweren die Friedrichstädter sich: einmal, daß ihnen, was überall Brauch sei unter gesitteten Völkern, das Bombardement nicht angesagt sei, ob von Willisen unterlassen oder von den Dänen verschwiegen, lassen sie dahingestellt sein . . .; dann aber fällt den Dänen die Grausamkeit zur Last, daß sie die Männer in den ersten Tagen nicht haben herauslassen wollen. – Nach dieser mißglückten Friedrichstädter Affäre liegt wirklich das Gefühl des Verlorenseins auf uns; denn wenn nicht alles trügt, so wird uns Schritt für Schritt die Unkunde in der Leitung auf unsrer Seite, die Schlauheit, Vorsicht und ungeheuere Tätigkeit auf der feindlichen Seite doziert.« – Die Handschrift trägt die Überschrift »Schleswig-Holsteinische Gräber an der Westküste Schleswigs« und das Datum »Husum, den 23., 24., 25. Oktober 1850. Korrigiert Mai 1851.« – Erstdruck in der 2. Ausgabe der »Gedichte«, 1856.

59 *Ein Epilog:* Das Gedicht war ursprünglich als Abschluß der Novelle »Ein grünes Blatt« bestimmt. – Die Handschrift trägt die Überschrift »Ein grünes Blatt. 3. Der Dichter epilogiert« und das Datum »20. Dezember 1850«. – Erstdruck in der 4. Ausgabe der »Gedichte«, 1864.

60 1. Januar 1851: Das Gedicht hat Storm selbst durch eine Anmerkung erläutert: »An diesem Tage wurde von den Dänen auf dem Kirchhof zu Husum ein Monument errichtet mit der Inschrift: ›Den bei der heldenmütigen Verteidigung von Friedrichstadt im Herbst 1850 gefallenen dänischen Kriegern, geweiht von Husums Einwohnern.‹ Dieser Inschrift und des Belagerungszustandes ungeachtet war nur ein einziger Husumer Bürger in dem Festzuge.« – Erstdruck in der 4. Ausgabe der »Gedichte«, 1864.

60 Im Zeichen des Todes: Entstanden vermutlich im Mai 1852. – Erstdruck mit dem Zwischentitel »Als Epilog« und der Überschrift »In hoc signo vinces« ‹»In diesem Zeichen wirst du siegen« – Inschrift, die der römische Kaiser Konstantin der Große zusammen mit dem Zeichen des Kreuzes vor seinem Sieg über den Gegenkaiser Maxentius im Jahre 312 gesehen haben will› in der 2. Ausgabe der »Gedichte«, 1856. – Am 12. Juli 1853 schrieb Storm an Mörike: »‹Das Gedicht› wurde zur stillen Abwehr gegen die Brutalität und Gemeinheit, wie sie nach Verhältnissen, welche wir hier gehabt, wohl überall zutage kommen, und aus vollstem Herzen geschrieben; die Überschrift ist wohl verkehrt, weil sie leicht irreleitet; ich habe nur das Zeichen des Todes gemeint, nicht das konstantinische christliche †.«

62 Weihnachtabend: Die Anregung dazu erhielt Storm, als er sich im Dezember 1852 in Berlin um eine Stelle im preußischen Justizdienst bewarb. Die Handschrift trägt die Daten »Berlin, Weihnacht 1852, und Husum, Juli 1853«. – Erstdruck in der 2. Ausgabe der »Gedichte«, 1856.

63 Abschied: Die Handschrift trägt das Datum »Husum, Juli 1853«. (Im Herbst des gleichen Jahres verließ der Dichter seine Heimat.) – Erstdruck in der »Argo«, 1854. Dort stehen zwischen der jetzigen zweiten und dritten Strophe noch die Verse:

»Mag, wer da will, daß er sich selbst betrüge,
Nachrechnen, was auch wir etwa gefehlt;
Nennt nur das Leben eures Volkes Lüge
Und die Begeistrung, die euch einst beseelt!«

Ohne diese Strophe erschien das Gedicht erstmals in der zweiten Ausgabe der »Gedichte«, 1856.

64 Für meine Söhne: Das Gedicht schickte Storm im Oktober 1854 an Paul Heyse, im November an Eduard Mörike und am 18. Dezember an Hartmuth Brinkmann. – Erstdruck im »Deutschen Museum« vom 21. Dezember 1854. – Zu der vierten Strophe vgl. Storms Brief an Fontane vom 5. Juni 1853: »Ein junger Mann sollte zu stolz sein, in einem Hause zu verkehren, wovon er bestimmt weiß, daß man ihm die Tochter nicht zur Frau geben würde.«

65 *Crucifixus:* Die Handschrift trägt den Vermerk »Auf der Reise in Arnsberg September 1865«. Am 6. Juni 1867 schickte Storm das Gedicht, zusammen mit dem Zyklus »Tiefe Schatten«, an Christian Schad zum Abdruck in dessen Freiligrath-Album (vgl. die Anmerkung zu Seite 83), wo es jedoch nicht erschienen ist. – Erstdruck in der Skizze »Der Amtschirurgus« (»Westermanns Illustrierte Deutsche Monatshefte«, Februar 1871).

66 *Auf dem Segeberg:* Die ersten 18 Verse entstanden im Sommer 1848. Die Handschrift trägt im Titel den Zusatz »Fragment« und den Vermerk »1852 beendet«. – Erstdruck in der 1. Ausgabe der »Gedichte«, 1852.

67 *Trost:* Entstanden wahrscheinlich im Juli 1853. – Erstdruck in der »Argo«, 1854.

67 *Gedenkst du noch?:* Die Handschrift trägt die Unterschrift »Geschrieben in der Nacht vom 4./5. Mai 1857«. (Der 5. Mai war Constanzes Geburtstag.) – Erstdruck in der 4. Ausgabe der »Gedichte«, 1864.

68 *Du warst es doch:* Am 10. Juli 1858 teilte Storm seiner Frau Verse mit, die er »neulich in Reinhausen« gemacht habe:

»Gesungen haben wir, getanzt, gelacht,
Und kaum – so war mir – hatt ich Dein gedacht.
Nun kommt der Abend, und die Welt wird still,
Da tut mein Herz, was es am liebsten will.
Da weiß ich auch, was mich so froh ließ sein,
Du warst es doch, und Du nur ganz allein.«

Erstdruck der endgültigen Fassung in der 4. Ausgabe der »Gedichte«, 1864.

68 *Am Geburtstage:* Entstanden an Storms vierzigstem Geburtstag (14. September 1857). – Erstdruck in der 4. Ausgabe der »Gedichte«, 1864.

68 *Schlaflos:* Die Handschrift trägt das Datum »H‹eiligenstadt› 22. Mai 1857«. – Erstdruck in der 4. Ausgabe der »Gedichte«, 1864.

69 *Gartenspuk:* Angeregt zu diesem Gedicht wurde Storm durch die Erinnerung an eine Szene aus der Kindheit seines ältesten Sohnes Hans; am 2. Mai 1879 schrieb er darüber an Paul Heyse: »Ich seh ihn, wie er, ein eigentümlicher Knabe, in einer einsamen Ecke des alten Husumer Gartens in der Dämmerung

des Sommerabends still und sinnend zwischen den Bäumen umherging und mir so später zu dem wohl schwerverständlichen Gedichte ›Gartenspuk‹ Veranlassung gab.« Mit dieser Erinnerung verband sich des Dichters Sehnsucht nach dem heimatlichen Garten, den er in Heiligenstadt schmerzlich vermißte. Am 6. Juni 1858 schickte Storm das Gedicht an Ludwig Pietsch und schrieb dazu: »Wie sehne ich mich jetzt, in unsrem gartenlosen Quartier, nach unsrer alten Heimat, wo der kühle feuchte Garten vor den Fenstern des großen Saals lag, den wir im Sommer bewohnten. Ich lege Ihnen hier ein Gedicht bei, worin diese Sehnsucht Worte gefunden; eine – wohl nicht ganz gelungene – Dämonisierung dieser Garteneinsamkeit, welche die Mutter meiner meisten Produktionen ist.« – Erstdruck (mit der Überschrift »Im Garten«) im 4. Band der »Argo«, 1859.

72 *Immensee:* Entstanden kurz vor Weihnachten 1856, für mehrere Exemplare der von Ludwig Pietsch illustrierten Novelle »Immensee« (5. Auflage, 1857). Die Handschrift trägt die Überschrift »Mit dem illustrierten Immensee« und das Datum »Heiligenstadt, Dezember 1856«. – Erstdruck in der 4. Ausgabe der »Gedichte«, 1864. – An Friedrich Eggers schrieb Storm am 20. Dezember 1856: »Dieses Veilchen ist keine poetische Fiktion; es wuchs bei Husum auf der Heide des Schobüller Bergs – eines Teils von dem durch unser Land gehenden Sandrücken –, war von unscheinbarerer Farbe als das in den Gärten blühende tiefblaue Veilchen, hatte aber den starken aromatischen Duft der Heide. Auch das ist wahr, daß es, soviel ich weiß, von niemandem außer mir beobachtet worden ist.«

72 *»Ein grünes Blatt«:* Die Handschrift trägt den Vermerk »In das Exemplar der Sommergeschichten an Br. u. L.« und das Datum »1. November 1850«. – Erstdruck in dem Band »Ein grünes Blatt. Zwei Sommergeschichten«, Berlin, Schindler, 1855 (»Meinen Freunden Hartmuth und Laura Brinkmann«).

72 *Notgedrungener Prolog:* Geschrieben für eine Laienaufführung des »Peter Squentz« von Andreas Gryphius, die für den 30. März 1858 in Heiligenstadt geplant war, jedoch nicht zustande kam. – Erstdruck in der 4. Ausgabe der »Gedichte«, 1864.

74 *Knecht Ruprecht:* In der Handschrift hat das Gedicht Dialogform. Es begann ursprünglich mit den Versen:

»Habt guten Abend, alt und jung,
Bin allen wohl bekannt genung.«

Nach Vers 16 folgte:

»So geh denn rasch von Haus zu Haus,
Such mir die guten Kinder aus,
Damit ich ihrer mag gedenken,
Mit schönen Sachen sie mag beschenken.«

Am Schluß stand noch ein längerer Dialog:

»*Vater:* Die Kinder sind wohl alle gut,
Haben nur mitunter was trotzigen Mut.
Ruprecht: Ei, ei, für trotz'gen Kindermut
Ist meine lange Rute gut!
Heißt es bei euch denn nicht mitunter:
Nieder den Kopf und die Hosen herunter?
Vater: Wie einer sündigt, so wird er gestraft;
Die Kinder sind schon alle brav.
Ruprecht: Stecken sie die Nas auch tüchtig ins Buch,
Lesen und schreiben und rechnen genug?
Vater: Sie lernen mit ihrer kleinen Kraft,
Wir hoffen zu Gott, daß es endlich schafft.
Ruprecht: Beten sie denn nach altem Brauch
Im Bett ihr Abendsprüchlein auch?
Vater: Neulich hört ich im Kämmerlein
Eine kleine Stimme sprechen allein;
Und als ich an die Tür getreten,
Für alle Lieben hört ich sie beten.
Ruprecht: So nehmet denn Christkindleins Gruß,
Kuchen und Äpfel, Äpfel und Nuß;
Probiert einmal von seinen Gaben,
Morgen sollt ihr was Besseres haben.
Dann kommt mit seinem Kerzenschein
Christkindlein selbst zu euch herein.
Heut hält es noch am Himmel Wacht;
Nun schlafet sanft, habt gute Nacht.«

Erstdruck (mit kleinen Abweichungen) in der Idylle »Unter dem Tannenbaum« (»Leipziger Illustrierte Zeitung« vom 20. Dezember 1862).

75 *Einer Braut am Polterabend:* Laut Handschrift 1860 entstanden. – Erstdruck in der 4. Ausgabe der »Gedichte«, 1864.

76 *Blumen:* Die Handschrift trägt den Vermerk: »Für Helene Wenz, als Patientin der Graefeschen Kinderklinik dem (Prof.?) Graefe an seinem Ge-

burtstag 1861 Blumen überreichend.« Der Augenarzt Albrecht von Graefe war am 20. Mai 1828 geboren. – Erstdruck in der 4. Ausgabe der »Gedichte«, 1864.

76 *Mein jüngstes Kind:* Die Handschrift trägt das Datum »10. April in der Frühe 1863«. Demnach ist das Gedicht an Storms Tochter Elsabe (geboren am 24. Januar 1863) gerichtet. – Erstdruck in der 4. Ausgabe der »Gedichte«, 1864.

76 *Ein Ständchen:* Die Handschrift trägt das Datum »2. Juni 1858 nachts«. Die ersten beiden Verse lauteten ursprünglich:

»Willkommner Schlaf kam auf mein Auge schon,
Da klang die Geige, und er war entflohn;«

Erstdruck in der 4. Ausgabe der »Gedichte«, 1864.

77 *Das Edelfräulein seufzt:* Die Verse schrieb Storm auf die Rückseite eines Briefes an Hartmuth und Laura Brinkmann vom 29. April 1863. – Erstdruck in der 4. Ausgabe der »Gedichte«, 1864.

77 *Ein Sterbender:* Entstanden in der ersten Hälfte des Jahres 1863; die Verse 47-50 hat Storm (wie er seiner Frau brieflich mitteilte) nachträglich hinzugefügt, als er sich im Juli 1863 bei seinen Schwiegereltern in Segeberg aufhielt. – Erstdruck im »Deutschen Dichterbuch aus Schwaben«, herausgegeben von Ludwig Seeger, Stuttgart 1864.

80 *Der Lump:* Erstdruck in der 4. Ausgabe der »Gedichte«, 1864.

80 *Sprüche:* Der erste Spruch ist (laut Handschrift) im Juli 1858, der zweite im Juni des gleichen Jahres entstanden. – Erstdruck in der 4. Ausgabe der »Gedichte«, 1864.

80 *Gräber in Schleswig:* Das Gedicht ist am 2. Dezember 1863 entstanden. Am 4. Dezember schickte Storm eine Abschrift (überschrieben »Schleswig-Holsteinische Gräber«) an Theodor Mommsen und schrieb dazu: »Ich schicke Ihnen hier ... einen lyrischen Schwertesschwung für Schleswig-Holstein. Gebrauchen Sie ihn nach Belieben, nur lassen Sie ihn nicht drucken, da ich das Gedicht schon vorgestern an die ›Gartenlaube‹ zu dem Zweck eingesandt habe, wo es bekanntlich 130000 Exemplare gibt. – ›Rat's nicht, so schadt's nicht‹; ich mußte mir nur Luft machen. Uns hilft, wie, ich glaube, Sie einmal sagten, doch schließlich nur die rechte Offenbarung. O wie ich diese Canaille hasse!« Mommsen antwortete am 6. Dezember: »Sie sollen Dank haben, lieber alter Freund, daß Sie nicht müde werden, einem Schweigenden von Zeit zu

Zeit den alten landsmannschaftlichen und Handwerksgruß zuzusenden ... So schlimmer Dilettant bin ich doch nicht, daß ich nicht recht gründlich applaudieren sollte.« Am 10. Dezember schrieb Storm an Ludwig Pietsch: »Wir sind natürlich in großer Aufregung; es ist entsetzlich, hier so stillzusitzen und preußische Bagatellerkenntnisse zu machen, in dieser Stadt ‹Heiligenstadt›, wo höchstens eine ultramontane Bewegung eine Schwingung erregt. Übrigens habe ich am 2. d.M. einen Wecker an die ›Gartenlaube‹ gesandt, der, das versichre ich Dich, nicht von gestern ist. Keil ‹der Herausgeber der Zeitschrift› hat mir umgehend geantwortet, daß er so bald als möglich veröffentlicht werden solle. Also paß auf, wenn die ›Schleswig-Holsteinischen Gräber‹ ans Licht treten. Es wird einschlagen, oder ich will kein Poet sein.« – Erstdruck unter dem Titel »Schleswig-Holsteinische Gräber« in der »Gartenlaube« (Jahrgang 1863, Nr. 51). – *Idstedt:* Dorf nördlich von Schleswig, wo am 24. und 25. Juli 1850 die Dänen über die schleswig-holsteinischen Truppen siegten.

81 Londoner Papier: Im sogenannten Londoner Protokoll vom 8. Mai 1852 war die Personalunion zwischen Dänemark und Schleswig-Holstein von den europäischen Großmächten bestätigt worden.

82 Es gibt eine Sorte: Die Handschrift trägt das Datum »Heiligenstadt, 19. Januar 1864«. Storm teilte das Gedicht am 8. Februar desselben Jahres seinen Eltern mit und schrieb dazu: »Zweierlei: Hoffnung der Heimkehr und Haß gegen die deutsche Feudalpartei, hält jetzt mein Herz in beständiger Schwingung.« – Erstdruck in der 4. Ausgabe der »Gedichte«, 1864.

82 Der Beamte: Die Handschrift trägt die Überschrift »Fortschritt« und das Datum »28. Juni 1867«. Eine Abschrift, überschrieben »Vom Bureaukratentisch«, schickte Storm am gleichen Tag an Christian Schad, den Herausgeber des Freiligrath-Albums. Am 27. Mai 1868 schrieb Storm an Julius Rodenberg: »Die preußische Regierung kommt mir mitunter vor wie ein Kind, das sich ein neues Spielzeug ergattert und nun nichts damit anzufangen weiß, als daß es es zerbricht. Übrigens streb ich tapfer, mich von diesem vergeblichen Groll zu heilen, der nur mitunter in kleinen dummen Versen ausbricht wie ‹Es folgt das Gedicht›. Dergleichen ist das einzige Unkraut, das jetzt bei mir wächst.« – Erstdruck mit der Überschrift »Fortschritt« in Band I der »Sämtlichen Schriften«, 1868.

82 Wir können auch die Trompete blasen: Die Handschrift trägt das Datum »Januar 1864«. – Erstdruck in der 4. Ausgabe der »Gedichte«, 1864.

83 Beginn des Endes: Die Handschrift trägt das Datum »Husum, 18. August 1864«. Im Frühjahr 1866 teilte Storm das Gedicht Dorothea Jensen mit und schrieb dazu: »Mein Do, ich will Dir ein Gedicht hinschreiben, das ich im Sommer 1864 hier gemacht. Ich hatte damals – schon früher war es schwächer dagewesen – einen an sich nicht bedeutenden, aber unablässigen Schmerz links in dem untern Teil des Leibes ... ›Beginn des Endes‹ schrieb ich über dies Gedicht, das damals auf meine Freunde, denen ich es mitteilte, einen großen Eindruck machte. Aber ich war es nicht, der zunächst dem Geschoß des furchtbaren Jägers erliegen sollte.« – Erstdruck im »Deutschen Künstleralbum«, gesammelt von W. Breidenbach und L. Bund, Band 2, 1868.

83 *Tiefe Schatten:* Den Zyklus hat Storm nach dem Tod seiner Frau Constanze (20. Mai 1865) gedichtet und (in zum Teil abweichenden Fassungen und in unterschiedlicher Anordnung) verschiedenen Freunden mitgeteilt. Die ersten vier Gedichte schickte er am 3. Juni 1867 an Christian Schad und schrieb dazu: »Anliegend mein Beitrag für das Freiligrath-Album. Ich habe diese Gedichte, welche im Mai 1865 geschrieben sind, bisher auf alle Anfragen nicht hergeben mögen. Für den vorliegenden Zweck aber ist mir das Heiligste nicht zu heilig.« Diese vier Gedichte wurden – mit der Unterschrift »Husum (Schleswig), 6. Juni« – gedruckt in dem Band »Deutsche Dichter-Gaben. Album für Ferdinand Freiligrath«, herausgegeben von Christian Schad und Ignaz Hub, Leipzig 1868. – In dem sechsten Gedicht lautete die erste Strophe in der Handschrift (3. Juni 1865) sowie in Briefen an Ernst Esmarch (3. Juni), Hartmuth Brinkmann (8. Juni) und Eduard Mörike (6. Juli) ursprünglich:

»Das Wort der Klage ist verstummt,
Und keine Tränen hab ich mehr,
Als trüg ich alle Schuld der Welt,
So liegt es in mir tot und schwer.«

Die endgültige Fassung der Strophe ist (laut Handschrift) am 27. Juni 1868 entstanden. – Der ganze Zyklus wurde zuerst gedruckt in Band I der »Sämtlichen Schriften«, 1868.

86 *Waisenkind:* Erstdruck in der Novelle »Von jenseit des Meeres« (»Westermanns Illustrierte Deutsche Monatshefte«, Januar 1865).

86 *Verirrt:* Erstdruck in der Novelle »Zur ›Wald- und Wasserfreude‹« (»Deutsche Rundschau«, März 1879).

87 *Spruch des Alters:* Erstdruck in der Novelle »Waldwinkel« (»Deutsche Rundschau«, Oktober 1874).

87 *Frauen-Ritornelle:* Erstdruck der ersten drei Ritornelle in der 5. Ausgabe der »Gedichte«, 1875. – Das vierte Ritornell steht (zusammen mit 13 weiteren und

unter dem Namen Theodor Mommsens) im »Liederbuch dreier Freunde«, 1843; Storm hat es schon 1852 in die erste Ausgabe seiner Gedichte aufgenommen.

88 *Begrabe nur dein Liebstes!:* Erstdruck in der Buchausgabe der »Zerstreuten Kapitel«, 1873.

88 *Verloren:* Erstdruck in der Buchausgabe der »Zerstreuten Kapitel«, 1873.

89 *Es ist ein Flüstern:* Für die zweite Strophe findet sich in dem (1852 abgeschlossenen) handschriftlichen Liederbuch »Meine Gedichte« ein Prosa-Entwurf: »Geflüster der Nacht. Sind es Liebesworte, für mich bestimmt gewesen, aber unausgesprochen geblieben oder nicht zu mir gedrungen? oder ist es künftiges Unheil, das sich vergebens müht, sich zu verkünden?« – Die Handschrift des Gedichts trägt die Überschrift »Geflüster der Nacht« und das Datum »23. März 1872«. – Erstdruck mit kleinen Textabweichungen und der Überschrift »Nächtens« im »Salon für Literatur, Kunst und Gesellschaft«, herausgegeben von Julius Rodenberg, Band 10, 1872.

89 *An Klaus Groth:* Am 15. Mai 1872 teilte Storm das Gedicht seinem Sohn Ernst mit und bemerkte dazu, daß er es »vor ein paar Tagen« geschrieben habe. – Erstdruck im »Salon für Literatur, Kunst und Gesellschaft«, herausgegeben von Julius Rodenberg, Band 10, 1872.

90 *Über die Heide:* Am 26. März 1885 schrieb Storm an einen unbekannten Adressaten: »Das . . . Gedicht entstand, als ich zum Begräbnis meines Onkels und Schwiegervaters fuhr. Auf der weiten Heide, durch die der Weg führte, war ich einst mit ihr gegangen, der das Gedicht ›Trost‹ galt und die mich schon lang auf Nimmerwiederkehr verlassen hatte.« Ernst Esmarch, der Vater von Storms erster Frau, war am 2. Februar 1875 gestorben. – Erstdruck in den »Neuen Monatsheften für Dichtkunst und Kritik«, herausgegeben von Oskar Blumenthal, Band I, 1875.

90 *Lyrische Form:* Erstdruck in der 7. Ausgabe der »Gedichte«, 1885. – Der Gedanke, der diesem Vierzeiler zugrunde liegt, ist von Storm mehrfach ausgesprochen worden, zuerst 1854 in einer Besprechung der Gedichte von Julius Rodenberg. Am 14. Juni 1884 teilte Storm die Verse, und zwar mit ausdrücklichem Bezug auf Geibel, in folgender Version Gottfried Keller mit:

»Die Form war dir ein goldner Kelch,
In dem man goldnen Inhalt gießt –
Die Form ist nichts als der Kontur,
Der einen schönen Leib beschließt.«

Ein Brief Storms an Erich Schmidt vom 13. Juli 1884 enthält diese Fassung:

»Es ist die Form kein Goldgefäß,
In das man goldnen Inhalt gießt.
Die Form ist nichts als der Kontur,
Der einen schönen Leib beschließt.«

Und am 17. Oktober 1885 schrieb Storm an Erich Schmidt: »Für schöne lyrische Form ist das Koinzidieren von Inhalt und Wortklang absolut notwendig; der geistige Inhalt, und nur dieser, muß in den Worten klingen, vor dem bloßen schönen Wortklang habe ich nicht den mindesten Respekt.« – *Poeta laureatus:* (lat.) Lorbeerbekränzter Dichter.

90 Geh nicht hinein: Über die Entstehung des Gedichts berichtete Storm am 3. September 1879 Erich Schmidt: »Zu dem Gedicht ›Einem Toten‹ gab der Tod des sechzehnjährigen Sohnes meines hiesigen Freundes, Grafen Reventlow, die ganz äußerliche Veranlassung.« Theodor Reventlow war am 21. Mai 1878 gestorben. Am 20. Februar 1879 schickte Storm das Gedicht an den Verlag der Gebrüder Paetel. – Erstdruck mit der Überschrift »Einem Toten« in der »Deutschen Rundschau«, September 1879.

92 An Agnes Preller: Erstdruck mit der Überschrift »An Agnes« in »Vesta. Taschenbuch für Deutschlands Frauen und Jungfrauen«, herausgegeben von Elise Polko, 1. Jahrgang, Leipzig 1879. – Agnes Preller (1859-1934) war die Tochter einer Jugendbekannten Storms und eine Gesangsschülerin seines Sohnes Karl. Über die Entstehung des Gedichts berichtete Storm am 3. November 1878 Paul Heyse: »Er ‹Karl› ist vielbeschäftigter und beliebter Klavier- und Gesanglehrer in der sehr anmutigen oldenburgischen Stadt Varel ... Ich besuchte ihn im Sommer auf drei Tage ... Am letzten Abend stand, als ich in mein Hotelzimmer zurückkam, von seiner Lieblingsschülerin, die ihn selbst trefflich zum Gesang begleitet, ein Rosenstrauß auf meinem Tisch, und ich schrieb ihr auf einer Karte zurück ...« (Es folgt das Gedicht.)

92 Die neuen Fiedellieder: In dem »Liederbuch dreier Freunde«, das Storm und die Brüder Theodor und Tycho Mommsen 1843 gemeinsam herausgaben, war ein Zyklus von sieben Fiedelliedern mit einem Vorspruch enthalten. Der Vorspruch und die Lieder 2 und 5 stammten von Storm, die übrigen Lieder von Theodor Mommsen. Storm übernahm seinen Anteil in die 1. Ausgabe der »Gedichte« (1852). Dort erhielten die »Fiedellieder« die folgende Anordnung:

»1

Wenn mir unterm Fiedelbogen
Manche Saite auch zersprang:

Neue werden aufgezogen,
Und sie geben frischen Klang.

2

Nun ein Scherflein in die Runde,
Von den Kavalieren allen
Für mein Lied, und ganz besonders,
Weil's den Frauen so gefallen.

Daß sie alle miteinander
Lustig klingen in der Tasche!
Und, Herr Wirt, vom besten Elfer
Eine wohlgezogne Flasche!

Nun ein Lied, und nun ein Humpen,
Schwer von lieblichen Getränken!
Ewig, ewig, unermüdlich
Will ich meinen Bogen schwenken!

3

Musikanten wollen wandern –
Durch die Saiten streift der Wind,
Und er weht die leichten Lieder
In die weite Welt geschwind.

Musikanten wollen wandern –
Auf die Neige ging der Wein;
Ziehn die Lieder in die Weite,
Muß der Spielmann hinterdrein.

4

Nun geht der Mond durch Wolkennacht,
Nun ist der Tag herum;
Da schweigen alle Vögel bald
Im Walde um und um.

Die Drossel pfeift ihr letztes Stück,
Ein Stück zu allerbest;
Die Amsel schlägt den letzten Ton
Und fliegt zu Nest, zu Nest.

Da nehm auch ich zu guter Nacht
Zur Hand die Geige mein;
Das ist ein klingend Nachtgebet
Und steigt zum Himmel ein.«

Nr. 1 bildete im »Liederbuch dreier Freunde« den Vorspruch; in den »Neuen Fiedelliedern« wurde es zur ersten Strophe des zweiten Liedes. – Nr. 2 entspricht dem Lied Nr. 5 im »Liederbuch dreier Freunde«; in die »Neuen Fiedellieder« wurde es nicht übernommen. – Nr. 3 entspricht dem Lied Nr. 2 aus dem »Liederbuch dreier Freunde«; es wurde erweitert zu Nr. 6 der »Neuen Fiedellieder«. – Nr. 4 war in der ältesten Fassung der »Fiedellieder« nicht enthalten; die ersten beiden Strophen standen im »Liederbuch dreier Freunde« als besonderes Gedicht unter dem Titel »Gute Nacht«; in der dreistrophigen Fassung erschien das Lied zuerst als Einlage in Ferdinand Röses Märchen »Das Sonnenkind« (»Der Deutsche Pilger durch die Welt«, Stuttgart 1845); es wurde (mit einer kleinen Variante in der zweiten Strophe) als Nr. 8 in die »Neuen Fiedellieder« übernommen.

Die »Neuen Fiedellieder« sind im Juni 1871 entstanden; am 27. Juni schrieb Storm an Julius Rodenberg, den Herausgeber der Zeitschrift »Salon«: »Wenn Sie in dem *Anfang August* d.J. erscheinenden Heft des ›Salon‹ – das ist aus persönlichen Gründen allerdings unerläßliche Bedingung – noch etwa 3 Seiten für mich frei haben, so werde ich Ihnen etwas senden ..., das Sie mir schwerlich zurückschicken werden.« Bereits am nächsten Tage ließ er »das Manuskriptlein ›Neue Lieder‹« folgen. – Erstdruck im »Salon für Literatur, Kunst und Gesellschaft«, Band 8, 1871. Der Zyklus umfaßte dort noch elf Lieder; das dritte, später gestrichene, lautet:

»Pause nun! Und morgen weiter,
Wenn ihr dann mir hold geblieben!
In dem Glanz der Frauenaugen
Steht der schönste Lohn geschrieben.

Doch ihr Herren Kavaliere,
Leben muß der Musikante,
Und es wehn gar heiße Lüfte
Selbst mitunter im Andante! –

Dank! Habt Dank! Das lichte Silber
Soll nicht rosten in der Tasche;
Frisch, Herr Wirt! Vom grünen Rheine
Eine wohlgezogne Flasche!

Hoch das Glas! Zu neuen Liedern
Geb es Kraft und Herzenswonne!
Ha, wie lieblich in die Adern
Strömt der Geist der Heimatsonne!«

Die letzte Strophe wurde später als zweite Strophe in das Lied Nr. 6 eingefügt. – Im Lied Nr. 6 (jetzt Nr. 5) standen zwischen der jetzigen dritten und vierten Strophe ursprünglich noch folgende Verse:

»Laß uns nicht von morgen reden.
Heute lacht dein roter Mund;
Ach! die Erde will sich drehen,
Erd' und Glück sind kugelrund!«

In der neuen Form (mit zehn Gedichten) erschienen die »Neuen Fiedellieder« zuerst in der Buchausgabe der »Zerstreuten Kapitel«, 1873. Dort wie auch schon im Erstdruck informierte der Dichter die Leser in einem Geleitwort über Anregung und Entstehung:

»Es war in der Studentenzeit, als in einem jetzt nicht mehr vorhandenen einsamen Wirtshause, oben im Walde an der Ostsee, mein gleichfalls nun längst von der Erde verschwundener Freund Ferdinand Röse, oder, wie er von uns und von sich selber gern genannt wurde, der Magister Antonius Wanst, mir und den Brüdern Theodor und Tycho Mommsen sein tiefsinniges Märchen ›Das Sonnenkind‹ vorlas, in welchem der Held auf dem abgelegenen Schlosse Grümpelstein von sechzig alten Tanten erzogen wurde und von Mr. Breeches, nachdem er in der Nasenkrabbelmaschine seinen Spleen ausgeniest hatte, nur noch seine karierten Beinkleider übrigblieben. – Wir saßen in einem hohen Zimmer, in welches von draußen die Bäume stark hereindunkelten; und von fern aus den Buchenwipfeln hörten wir das Flattern der Waldtauben, als der Verfasser in seiner feierlichen Weise aus dem entrollten Manuskripte anhub: ›Hans Fideldum, der lustige Musikant, ging durch ein Seitental des Böhmerwaldes rüstig vorwärts.‹

Armer Magister Wanst! Wo sind jetzt deine Märchen? Wo dein großes Drama ›Ahasver‹, aus dem du einst zu Lübeck in deinem altväterischen Elternhause an der Trave, aber auch nur in weihevollster Stunde, wohl ein einzelnes Blättchen mir zu lesen gabst? Wer kennt die gedruckten Bände deiner ›Individualitätsphilosophie‹, die nach deiner Versicherung ihrem Jahrhundert vorausgeeilt war, und in welchem Krämerladen sind die nicht gedruckten, zum Teil bei strengem Winterfrost im ungeheizten Zimmer ausgearbeiteten übrigen Bände zu Düten umgewandelt worden? – Keine deiner Saaten ist aufgegangen, selbst dein ›Sonnenkind‹ ist in dem ›Pilger durch die Welt‹ pr. 1845 nur verkrüppelt an das Tageslicht getreten. Du bist gestorben, verdorben; nur ich und dein treuester, bis ans Ende hülfreicher Jugendgenosse, Emanuel Geibel, wenn die alten Tage uns besuchen, mögen deiner dann und wann gedenken.

Damals aber, an jenem Sommernachmittag im Walde, warst du noch hoffnungsreich und im Vollgefühl einer großen Lebensaufgabe; und mit Behagen hattest du neben ernsteren Studien auch jenes Märchen hingeschrieben. Nur für den Liederbedarf des Hans Fideldum, den du allein nicht zu decken wußtest, wurde die Beisteuer der Freunde in Anspruch genommen.

Geibel hatte aus seinem Reichtum schon gegeben; dann schrieb auch ich die kleinen ›Fiedellieder‹, wie sie noch jetzt in der Sammlung meiner Gedichte stehen.

-- Und die Veranlassung, daß ich eben jetzt jener Jugendzeit gedenke?

Hier liegt sie vor mir, frisch aus der Presse wie aus dem Herzen: ›Die Lieder Jung Werners aus Scheffels Trompeter von Säckingen für eine Singstimme mit Begleitung des Pianoforte von Ludwig Scherff.‹ – ›Wer klappert von dem Turme seltsamen Gruß mir? Horch!‹ – Hell und jung ist mein ganzes Haus geworden, seitdem diese herzerquickenden Lieder darin erklingen; ja dermaßen sind sie mir in die Glieder gefahren, daß ich meinen alten Fiedelbogen aus dem Staube hervorgesucht und damit gerade an der Stelle wiederum zu streichen angefangen bin, wo ich ihn vor dreißig Jahren abgesetzt hatte.

Dir aber, Meister Ludwig, dem Lebenden, dessen klare Manneskraft nicht im Sande verrinnen wird, lasse ich die frischen Blätter zufliegen. Nimm sie hin nebst jenen alten, die der tote Freund nicht mehr gebrauchen kann; und mag es gelten, ob ich dich klingen machen kann, wie du es mir getan hast.

Und nun horch auf, wie sie gehen!«

Ferdinand Röse (1815-1859) war mit Storm seit dessen Lübecker Zeit befreundet. Ludwig Scherff, der die »Neuen Fiedellieder« vertont hat, war ein Vetter Storms.

99 *Märchen:* Erstdruck (mit einigen Abweichungen) im »Liederbuch dreier Freunde«, 1843.

99 *In Bulemanns Haus:* Über die Anregung zu diesem Gedicht vgl. die Anmerkungen zu dem Prosamärchen »Bulemanns Haus«. – Die Handschrift trägt das Datum »Sonntag, den 11. Januar 1852«. – Erstdruck in der 1. Ausgabe der »Gedichte«, 1852.

101 *Tannkönig:* Erstdruck mit der Überschrift »Märchen« im »Liederbuch dreier Freunde«, 1843. – Die letzten drei Strophen stammen von Theodor Mommsen, der sie Storm am 5. August 1843 mitteilte und dazu schrieb: »Kraft der mir verliehenen pouvoir discretionnaire ‹richterlichen Entscheidungsbefugnis› habe ich die Ballade geschlossen, natürlich so, daß das Ganze nur Intermezzo in des Bergkönigs Tragödie ist. Sie werden sich erinnern, daß Sie mir eine solche Andeutung schon gaben.«

NACHLESE

104 *Nach frohen Stunden:* Entstanden 1840 oder früher. – Erstdruck im »Gedenkbuch zu Storms hundertstem Geburtstage«, 1917.

105 *Abends:* Entstanden 1840 oder früher. – Erstdruck im »Gedenkbuch zu Storms hundertstem Geburtstage«, 1917.

105 *Käuzlein:* Erstdruck im »Liederbuch dreier Freunde«, 1843.

106 *Ständchen:* Eine frühe, vierstrophige Fassung des Gedichts teilte Storm am 2. November 1843 Theodor Mommsen mit und schrieb dazu: »Das Dings liegt schon vor Anfang des Druckes des 2. Buchs ‹des »Liederbuchs dreier Freunde«› in meinem Pult; es spricht mich selbst aber nicht an, Sie?« Die ersten beiden Strophen sind mit denen der späteren Fassung identisch, die dritte und vierte lauten:

»Launenhaft wie Mädchenstirnen
Bald in Helle, bald in Trübe;
Wie dein Lächeln, wie dein Zürnen
Halb in Zorn und halb in Liebe.

Und das Ganze ist ein Märchen
Wunderlieblich und erbaulich,
Und das Schönste ist ein Pärchen
Liebeseinig und vertraulich!«

In der endgültigen Fassung gehörte das Gedicht als Nr. 5 zu dem Zyklus »Ein Buch der roten Rose« (vgl. die erste Anmerkung zu Seite 19). – Erstdruck in den »Sommergeschichten und Liedern«, 1851.

107 *Rote Rosen:* Das Gedicht bildete den Abschluß des Zyklus »Ein Buch der roten Rose« (vgl. die vorhergehende Anmerkung). – Erstdruck (ohne die Überschrift) in Band I der von Albert Köster besorgten Storm-Ausgabe, Leipzig 1919. Die Überschrift findet sich in einem handschriftlichen Gedichtheft Storms aus dem Jahre 1851.

107 *Mysterium:* Vermutlich 1848 entstanden. – Am 6. Februar 1853 schrieb Storm an Friedrich Eggers: »Eigentlich sollten Sie ja noch ein Gedicht ›Mysterium‹ von mir haben; ich werde es Ihnen aber erst als Quittung für Ihre Antwort auf diesen Brief senden.« Am 13. März schickte Storm das Gedicht an Eggers und fügte hinzu, es sei »nicht für den Druck«. Schon am 10. Dezember

1852 hatte er die erste Ausgabe der »Gedichte« an Hartmuth Brinkmann geschickt und dazu geschrieben: »Bemerken will ich Dir noch, daß das Gedicht ›Mysterium‹ (das letzte) sich nur in einigen zum Verschenken bestimmten Ausgaben vorfindet.« Tatsächlich war das Gedicht als Einblattdruck nur in wenige Bände der Gedichtausgabe von 1852 eingeklebt. Von diesem privaten Erstdruck ist heute kein Exemplar mehr nachweisbar. In der von Albert Köster besorgten Storm-Ausgabe (Band I, 1919) sind nur die Strophen 3, 6 und 7 enthalten. Das ganze Gedicht wurde zum ersten Male wieder veröffentlicht im »Inselschiff, Zeitschrift für die Freunde des Insel-Verlages«, Jahrgang 5, 1924.

109 Halbe Arbeit: Entstanden 1848. – Erstdruck in Band I der von Albert Köster besorgten Storm-Ausgabe, Leipzig 1919.

109 Größer werden die Menschen nicht: Entstanden am 11. August 1865. Das Gedicht war für den Zyklus »Tiefe Schatten« (vgl. S. 83 und Anm.) bestimmt und sollte wahrscheinlich dessen Abschluß bilden. – Erstdruck: Gertrud Storm (II, 114).

109 Der Weg wie weit!: Die Handschrift (in Storms Notizheft »Was der Tag gibt«) trägt die Überschrift »Reisetag« und das Datum »8. Oktober 1881«. Am 13. Oktober desselben Jahres teilte Storm die Verse unter der Überschrift »Rückfahrt« Paul Heyse mit. – Erstdruck: Theodor Storm, »Sämtliche Werke«, Band VIII, Braunschweig 1898. – In der Handschrift lautet der Anfang »Ein langer Tag;« – in der Heyse mitgeteilten Fassung »Wie lang der Tag;«.

110 An Wilhelm Jensen: Entstanden 1886. – Erstdruck: Feodor Wehl, »Theodor Storm. Ein Bild seines Lebens und Schaffens«, Altona 1888.

ANMERKUNGEN ZU DEN MÄRCHEN

DER KLEINE HÄWELMANN

Dieses Märchen hat Storm im Jahre 1849 für seinen Sohn Hans geschrieben. Es erschien zuerst in Biernatzkis »Volksbuch auf das Jahr 1850«, mit dem Geleitwort »Weil's doch jetzt Zeit ist, Märchen zu erzählen«. (Die sarkastische Bemerkung bezieht sich auf den Verrat der schleswig-holsteinischen Unabhängigkeitsbewegung durch Preußen.) 1851 hat Storm das Märchen in die »Sommergeschichten und Lieder« übernommen. Überarbeitet erschien es 1860 in der Sammlung »In der Sommer-Mondnacht« (Heinrich Schindler, Berlin). – Der Vergleich zwischen der älteren Fassung (»Volksbuch« und »Sommergeschichten«) mit der von 1860 läßt die zunehmende Verdichtung und Verknappung der Stormschen Erzählweise erkennen:

Seite 113, Zeile 10: Statt der Worte in ihrem großen Himmelbett *hieß es zuerst:* in ihrer großen Bettstelle; die hatte aber vier ganz steife Beine und auch gar keine Rollen, denn es war eine Himmelbettstelle.

Seite 114, Zeile 7: Nach den Worten: . . . zum Hause hinaus *hatte die ältere Fassung noch diesen Zusatz:* Es war eigentlich ein großes Glück für ihn, daß er noch ein so ganz kleiner Junge war; sonst hätte er in dem engen Schlüsselloch doch gar zu leicht zu Schaden kommen können.

Seite 115, Zeile 4: Statt der Worte »horch nur, wie sie schnarchen!« *hieß es:* »wenn ich mein letztes Auge zumache, so wacht der erste Hase auf.« – »Das dauert mir zu lange«, sagte Häwelmann; »ich will in den Himmel fahren; alle Sterne sollen mich fahren sehen.«

113 Häwelmann: (niederdeutsch) Hätschelmann.

DIE REGENTRUDE

Am 29. Dezember 1863 schrieb Storm an seine Eltern: »Vermöge eines seltsamen Widerspruches in der menschlichen Natur werde ich jetzt, wo ich wie niemals durch unsere schleswig-holst. Verhältnisse politisch aufgeregt bin, durch unabweisbaren Drang zur Märchendichtung getrieben. Während ich die ›Regentrude‹ schon fast zu Papier habe, ist ein zweites, ›Bulemanns Haus‹, schon fertig im Kopfe. Es ist, als müsse ich zur Erholung der unerbittlichen Wirklichkeit ins äußerste Reich der Phantasie flüchten.« Ähnlich äußerte sich der Dichter am 18. Januar 1864 gegen Hartmuth Brinkmann: »Trotz dieser politischen Aufregung, vielleicht gerade durch sie, weil sie ihr Gegengewicht verlangte, ward mir in dieser Zeit, was ich mir seit zwanzig Jahren vergebens oft gewünscht hatte, die Fähigkeit und der fast dämonische Drang zur Märchendichtung (ich nehme Märchen in weiterm Sinne, wie auch Hauff es tat). Auf dem Weihnachtstisch der Kinder lagen die neuen Ausgaben der Hauffschen und Hackländerschen Märchen ... Als ich daraus vor Weihnachten Constanze und Hans und Ernst den ›Zauberkrug‹ vorlas, keimte plötzlich eine ganze Saat der schönsten Märchenmotive in mir auf. Mit Papier und Bleistift stieg ich ins Bett ‹Storm war an den Röteln erkrankt› und schrieb in der verhangenen Stube auf der Mappe, trotz dem Doktor, unaufhaltsam, ein Märchen von 49 Postpapierquartseiten, ›Die Regentrude‹; in zwölf Tagen ... hatte ich es auch schon überarbeitet und selbst ins reine geschrieben ...«

Eine Quelle hatte Storm nicht benutzt. Der Erstdruck erfolgte am 30. Juli 1864 in der »Leipziger Illustrierten Zeitung«, mit dem Zusatz »Ein Mittsommermärchen«. 1866 erschien »Die Regentrude« zusammen mit »Bulemanns Haus« und »Der Spiegel des Cyprianus« in dem Band »Drei Märchen« bei W. Mauke in Hamburg. In einem Brief an den Verlag Gebr. Paetel in Berlin vom 2. Februar 1873 schrieb Storm: »Bei der Antipathie des Publikums gegen das Wort ›Märchen‹ – die Leute wittern dann gleich wirkliche, pure Poesie, wovor sie eine unglaubliche Angst haben – hätte das Buch einen andern Titel haben sollen ...« In demselben Jahr kam in diesem Verlag eine neue Auflage mit dem Titel »Geschichten aus der Tonne« heraus.

121 knorpsig: verwachsen.
140 Bruushähne: Kampfhähne.

BULEMANNS HAUS

Das Märchen ist unmittelbar nach der »Regentrude« entstanden; es wurde (laut Mitteilung Storms an Brinkmann) am 17. Januar 1864 beendet. Über die Anregung berichtete der Dichter am 1. September 1872 Emil Kuh: »›Bulemanns Haus‹ entstand aus der Anschauung der ›Schiefertafelbilder zu deutschen Kinderliedern‹, ohne Jahreszahl vor vielleicht fünfundzwanzig Jahren erschienen.« (Es handelt sich um die »Schiefertafelbilder zu deutschen Kinderliedern nach v. Arnim, Brentano, Simrock u. a.«, die 1851 bei Romberg in Leipzig herausgekommen waren.) Im September 1881 schrieb Storm an Erich Schmidt, »daß das Märchen oder die seltsame Historie ›In Bulemanns Haus‹ wie das gleichbetitelte Gedicht durch den Kinderreim

In Bulemanns Haus,
In Bulemanns Haus,
Da schauen die Mäuse
Zum Fenster hinaus etc.

angeregt« worden sei.

Storm hat sich lange vergeblich bemüht, diese Arbeit in einer Zeitschrift unterzubringen. Am 30. April 1864 berichtete er Ludwig Pietsch: »Mein ›Bulemanns Haus‹ will übrigens niemand haben, Keil, Weber (d. h. für jetzt), Westermann, das Düsseldorfer Album (Wolfgang Müller), das mich förmlich um Manuskript bestürmte, alle haben es zurückgeschickt; ich begreife das nicht.« Und am 16. Mai: »Ich habe den ›Bulemann‹ an den ›Bazar‹ geschickt und lege dies bei. Du stehst wohl in keiner Beziehung zu dem Blatt oder Redakteur, um die Annahme zu befördern? Denn es scheint ja fast, als wolle man nichts mehr von Th. St.« Am 10. Juli klagte der Dichter: »Es ist mir bis jetzt, ich glaube, von sieben Redaktionen abgelehnt.« Schließlich erschien das Märchen am 24. Dezember 1864 in der »Leipziger Illustrierten Zeitung«. (Über die Buchausgaben vgl. die Anmerkungen zur »Regentrude«.)

143 *norddeutsche Seestadt:* Die Düsternstraße deutet auf Hamburg.

144 *Superkargo:* Bevollmächtigter, der eine Schiffsladung im Auftrage ihrer Absender nach den Absatzhäfen begleitet und sie dort verkauft. – *Pesel:* Großer Raum im Erdgeschoß des niederdeutschen Hauses.

146 *Rockelor:* Mantelrock, genannt nach einem Herzog von Roquelaure.

154 *Fleten:* Kanäle.

ANMERKUNGEN ZU DEN NOVELLEN

IMMENSEE

Über die Anregung zu der Novelle hat Paul Schütze in seinem Buch »Theodor Storm. Sein Leben und seine Dichtung« (Berlin 1887, S. 102f.) berichtet: »Nicht ohne daß das Leben ihm Anregung geboten, hat Storm ›Immensee‹ geschaffen. Eines Tages – ich weiß das aus dem Munde des Dichters selbst – befand er sich in einer Gesellschaft, wo man eine junge Dame erwartete, die aber nicht erschien; es wurde dann erzählt, ein älterer reicher, als nüchtern geschäftsmäßig charakterisierter Mann habe um sie angehalten und sei diese Verlobung ein Werk der Mutter. Unter der Anregung dieses Vorfalls entstand am nächsten Tage das Lied: ›Meine Mutter hat's gewollt‹. Ob er erst von diesem Liede aus das Motiv zur Novelle gefunden oder dieselbe schon vorher begonnen, weiß der Dichter nicht mehr genau. Auf einer Reminiszenz aus der Studentenzeit beruht das Schwimmen nach der Wasserlilie: bei einem Bade in einem Havelsee war Storm in das Gestrick der Wasserpflanzen geraten.« (Vgl. auch die Anmerkung zu Seite 188.)

Die Novelle ist im Jahre 1849 entstanden; in Biernatzkis »Volksbuch auf das Jahr 1850« wurde sie zuerst gedruckt. Ein Exemplar gab Storm seinem Studienfreund Tycho Mommsen, der es mit scharfen kritischen Randbemerkungen zurückreichte (»Lebende Bilder, tote Kunst« u. ä.). Storm arbeitete darauf das Ganze von Grund auf um. Die wichtigsten Varianten seien hier mitgeteilt:

Seite 170, Zeile 18-38: Statt der Stelle Elisabeth knüpfte die grünen Bänder ... einen tiefen Atemzug tat *hieß es im Erstdruck:*

So gingen sie in den Wald hinein: als sie eine Strecke gegangen waren, sprang ein Hase über den Weg. »Böse Zeichen!« sagte Reinhard. Die Wanderung wurde immer mühsamer; bald mußten sie über weite sonnige Halden, bald waren Felsstücke zu überklettern.

»Wo bleiben deine Erdbeeren?« fragte Elisabeth, indem sie stehenblieb und einen tiefen Atemzug tat.

Sie waren bei diesen Worten um eine schroffe Felsenkante herumgegangen. Reinhard machte ein erstauntes Gesicht.

Seite 173, Zeile 12, bis Seite 174, Zeile 32: Der Anfang des Kapitels (Weihnachtabend kam heran ... stieg Reinhard langsam die Kellertreppe hinauf) *lautete in der längeren Fassung des Erstdrucks:*

Reinhard hatte in einer entfernten Stadt die Universität bezogen. Der phantastische Aufputz und die freien Verhältnisse des Studentenlebens entwickelten den ganzen Ungestüm seiner Natur. Das Stilleben seiner Vergangenheit und die Personen, welche dahinein gehörten, traten immer mehr zurück; die Briefe an seine Mutter wurden immer sparsamer, auch enthielten sie keine Märchen für Elisabeth. So schrieb denn auch sie nicht an ihn, und er bemerkte es kaum. Irrtum und Leidenschaft begannen ihr Teil von seiner Jugend zu fordern. So verging ein Monat nach dem andern.

Endlich war der Weihnachtabend herangekommen. – Es war noch früh am Nachmittage, als eine Gesellschaft von Studenten an dem alten Eichtische im Ratsweinkeller vor vollen Rheinweinflaschen zusammensaß. Die Lampen an den Wänden waren angezündet, denn hier unten dämmerte es schon. Die Studenten sangen ein lateinisches Trinklied, und die Präsides, welche zu beiden Enden des Tisches saßen, schlugen bei jedem Endrefrain mit den blanken Schlägern aneinander, die sie beständig in den Händen hielten. Die meisten aus der Gesellschaft trugen rote oder blaue silbergestickte Käppchen, und außer Reinhard, welcher mit in der Zahl war, rauchten alle aus langen mit schweren Quästen behangenen Pfeifen, welche sie auch während des Singens und Trinkens unaufhältlich in Brand zu halten wußten. – Nicht weit davon in einem Winkel des Gewölbes saßen ein Geigenspieler und zwei Zithermädchen; sie hatten ihre Instrumente auf dem Schoß liegen und sahen gleichgültig dem Gelage zu.

Am Studententische wurde ein Rundgesang beliebt; Reinhards Nachbar hatte eben gesungen. »Vivat sequens!« rief er und stürzte sein Glas herunter. Reinhard sang sogleich:

Wein her! Es brennt mir im Gehirne;
Wein her! Nur einen ganzen Schlauch!
Wohl ist sie schön, die braune Dirne,
Doch eine Hexe ist sie auch!

Dann hob er sein Glas auf und tat wie sein Vorgänger.

»Brandfuchs!« rief der eine Präses und füllte Reinhards leeres Glas, »deine Lieder sind noch durstiger als deine Kehle.«

»Vivat sequens!« rief Reinhard.

»Holla! Musik!« schrie der dritte; »Musik, wenn wir singen, verfluchter Geigenpeter!«

»Gnädiger Herr«, sagte der Geigenspieler, »die Herren Barone belieben gar zu lustig durcheinanderzusingen. Wir können's nicht gar so geschwind.«

»Flausen, vermaledeite braune Lügen. Die schwarze Lore ist eigensinnig; und du bist ihr gehorsamer Diener!«

Der Geigenpeter flüsterte dem Mädchen etwas ins Ohr; aber sie warf den

Kopf zurück und stützte das Kinn auf ihre Zither. »Für den spiel ich nicht«, sagte sie.

»Gnädiger Herr«, rief der Geigenpeter, »die Zither ist in Unordnung, Mamsell Lore hat eine Schraube verloren; die Käthe und ich werden uns bemühen, Euer Gnaden zu begleiten.«

»Herr Bruder«, sagte der Angeredete und schlug Reinhard auf die Schulter, »du hast uns das Mädel totalement verdorben! Geh und bring ihr die Schrauben wieder in Ordnung, so werde ich dir zum Recompens dein neuestes Liedel singen.«

»Bravo!« riefen die übrigen, »die Käthe ist zu alt, die Lore muß spielen.«

Reinhard sprang mit dem Glase in der Hand auf und stellte sich vor sie. »Was willst du?« fragte sie trotzig.

»Deine Augen sehn.«

»Was gehn dich meine Augen an?«

Reinhard sah funkelnd auf sie nieder. »Ich weiß wohl, sie sind falsch; aber sie haben mein Blut in Brand gesteckt.« Er hob sein Glas an den Mund. »Auf deine schönen, sündhaften Augen!« sagte er und trank.

Sie lachte und warf den Kopf herum. »Gib!« sagte sie; und indem sie ihre verzehrenden Augen in die seinen heftete, trank sie langsam den Rest. Dann griff sie einen Dreiklang, und indem der Geigenpeter und das andere Mädchen einfielen, secondierte sie Reinhards Lied mit ihrer tiefen Altstimme.

»Ad loca!« riefen die Präsides und klirrten mit den Schlägerklingen. Nun ging der Rundgesang die Reihe durch, dazu klangen die Gläser, und die Schläger klirrten beim Endrefrain, und die Geige und die Zithern rauschten dazwischen. Als das zu Ende war, warfen die Präsides die Schläger auf den Tisch und riefen: »Colloquium!« Nun schlug ein alter dickwanstiger Bursche mit der Faust auf den Tisch. »Jetzt werde ich den Füchsen einigen Unterricht angedeihen lassen!« rief er, »das wird ihnen über die Maßen wohltun. Aufgemerkt also! Wer nicht antworten kann, trinkt drei pro poena.« Die Füchse und die Brandfüchse standen sämtlich auf und faßten jeder ihr Glas. Nun fragte das bemooste Haupt: »Was für ein Abend ist heute abend?«

»Weihnachtabend!« riefen die Füchse wie aus einer Kehle.

Der Alte nickte langsam mit dem Kopfe. »Ei, ei!« sagte er, »die Füchse werden immer klüger. Aber nun kommt's: Wieviel der heiligen Könige erschienen an der Krippe zu Bethlehem?«

»Drei!« antworteten die Füchse.

»Ja«, sagte der Alte, »ich dachte nicht daran; ihr seid ja eben erst hinterm Katechismus weggelaufen. Aber nun geht's an die Hauptfrage! Woher, wenn's zu Bethlehem der heiligen Könige nur drei waren, woher kommt es, daß heute abend ihrer dennoch vier erscheinen werden?«

»Aus deiner Tasche kommt es!« sagte Reinhard. »Heraus mit dem Buch der vier Könige, du eingefleischter Spielteufel!«

»Du knackst alle Nüsse, mein Junge!« sagte der Alte und reichte Reinharden über den Tisch weg die Hand. »Komm, ich geb dir Revanche für deine silbernen Tressen, die du dir gestern vom Sonntagskamisol herunterschneiden mußtest. Aber heute geht's um bar Geld!« Dabei schlug er an seine Westentaschen und breitete ein vergriffenes Spiel Karten auf dem Tisch aus. – Reinhard griff in seine Taschen; es war kein Heller darin. Eine hastige Röte stieg ihm ins Gesicht; er wußte, zu Haus in einer Schieblade seines Pultes lagen noch drei Gulden; er hatte sie zurückgelegt, um ein Weihnachtsgeschenk für Elisabeth dafür zu kaufen, und dann wieder darum vergessen. »Bar Geld?« sagte er, »ich habe nichts bei mir; aber wart nur, ich bin gleich wieder da.« Dann stand er auf und stieg eilig die Kellertreppe hinauf.

Seite 176, Zeile 22f.: Statt des Satzes der zweite Abschnitt des Weihnachtabends hatte begonnen *steht im Erstdruck folgende Episode:*

Auch die Weihnachtsbäume hatten ausgebrannt; nur aus einem Fenster brach noch ein heller Kerzenschein in das Dunkel hinaus. Reinhard stand still und suchte auf den Fußspitzen einen Blick in das Zimmer zu gewinnen; aber es waren hohe Läden vor den Fenstern, er sah nur die Spitze des Tannenbaumes mit der Knittergoldfahne und die obersten Kerzen. Er fühlte etwas wie Reue oder Schmerz, es war ihm, als gehöre er zum ersten Male nicht mehr dazu. Die Kinder da drinnen aber wußten nichts von ihm, sie ahnten es nicht, daß draußen jemand, wie er es zuvor von hungrigen Bettelkindern gesehen hatte, auf das Treppengeländer geklettert war und sehnsüchtig in ihre Freude wie in ein verlorenes Paradies hineinsah. Zwar hatte ihm in den letzten Jahren seine Mutter keinen Baum mehr aufgeputzt; aber sie waren dann immer zu Elisabeths Mutter hinübergegangen. Elisabeth hatte noch jedes Jahr einen Weihnachtsbaum erhalten, und Reinhard hatte immer das Beste dabei getan. Am Vorabende hatte man immer den großen Menschen aufs eifrigste damit beschäftigt finden können, Papiernetze und Flittergold auszuschneiden, Kerzen anzubrennen, Eier und Mandeln zu vergolden, und was sonst noch zu den goldnen Geheimnissen des Weihnachtsbaums gehörte. Wenn dann am folgenden Abend der Baum angezündet war, so lag auch immer ein kleines Geschenk von Reinhard darunter, gewöhnlich ein farbig gebundenes Buch, das letzte Mal das sauber geschriebene Heft seiner eigenen Märchen. Dann pflegten die beiden Familien zusammenzubleiben, und Reinhard las ihnen aus Elisabeths neuen Weihnachtsbüchern vor. So trat allmählich ein Bild des eignen Lebens an die Stelle des fremden, das vor seinen Augen stand; erst als in der Stube die Kerzen ausgeputzt wurden, verschwanden beide. Drinnen wurden Zimmertüren auf- und zugeschlagen, Tische und Stühle zusammengerückt; der zweite Abschnitt des Weihnachtabends begann. – Reinhard verließ seinen kalten Sitz und setzte seinen Weg fort.

Seite 186, Zeile 2, bis Seite 187, Zeile 13: Der Anfang des Kapitels (Einige Tage nachher . . . Er zog ein neues Blatt heraus) *lautete im Erstdruck:*

Einige Tage nachher, es ging schon gegen Abend, saß die Familie, wie gewöhnlich um diese Zeit, im Gartensaal zusammen. Reinhard erzählte von seinen Reisen. »Sie leben noch immer träumerisch in dem Glanz der alten Zeiten«, sagte er. »Der Tag ging zu Ende, da wir uns durch einen nackten, schwarzäugigen Buben nach Venedig übersetzen ließen. Als nun im letzten Sonnenglanz die leuchtende Stadt aus dem Wasser aufstieg, da mußte ich, von ihrer Schönheit bewältigt, sie laut in ihrer eigenen Sprache begrüßen. ›O bella Venezia!‹ rief ich, die Arme ausstreckend. Der Knabe sah mich trotzig an und hielt im Rudern inne. ›E dominante!‹ sagte er stolz und tauchte die Ruder wieder ein. Dann stimmte er eins von jenen Liedern an, die dort ewig neu entstehen und, bis wieder neuere sie ablösen, von allen Kehlen gesungen werden. Das Ritornell am Ende jeder Strophe ließ er langsam, wie rufend, über den Wasserspiegel hinausschallen. Der Inhalt dieser Lieder ist meist ein sehr anmutiger.«

»Dann«, sagte die Mutter, »müssen sie anders sein als die deutschen. Was hier die Leute bei der Arbeit singen, ist eben nicht für verwöhnte Ohren.«

»Sie haben zufällig eins der schlechtern gehört«, sagte Reinhard. »Das darf uns nicht irremachen. Das Volkslied ist wie das Volk, es teilt seine Schönheit wie seine Gebrechen, bald grob, bald zierlich, lustig und traurig, närrisch und von seltsamer Tiefe. Ich habe manche davon aufgezeichnet, noch auf dieser letzten Wanderung.«

Nun wurde Reinhard um Mitteilung des Manuskripts gebeten; er ging auf sein Zimmer und kam gleich darauf mit einer Papierrolle zurück, welche aus einzelnen flüchtig zusammengeschriebenen Blättern bestand. Man setzte sich an den Tisch, Elisabeth an Reinhards Seite, und dieser las nun zuerst einige Tiroler Schnaderhüpferl, indem er beim Lesen jezuweilen die lustigen Melodien mit halber Stimme anklingen ließ. Eine allgemeine Heiterkeit bemächtigte sich der kleinen Gesellschaft. »Wer hat denn aber die schönen Lieder gemacht?« fragte Elisabeth.

»Ei«, sagte Erich, der bisher in behaglichem Zuhören seinen Meerschaumkopf geraucht hatte, »das hört man den Dingern schon an, Schneidergesellen und Friseure! und derlei luftiges Gesindel.«

Reinhard las hierauf das tiefsinnige »Ich stand auf hohen Bergen«. Elisabeth kannte die Melodie, die so rätselhaft ist, daß man nicht glauben kann, sie sei von Menschen erdacht worden. Beide sangen nun das Lied gemeinschaftlich, Elisabeth mit ihrer etwas verdeckten Altstimme dem Tenor secondierend. »Das sind Urtöne«, sagte Reinhard; »sie schlafen in Waldesgründen. Weiß Gott, wer sie gefunden hat.« Dann las er das Lied des Heimwehs, »Zu Straßburg auf der Schanz«.

»Nein«, sagte Erich, »das kann doch wohl kein Schneidergesell gemacht haben.«

Reinhard sagte: »Sie werden gar nicht gemacht; sie wachsen, sie fallen aus der Luft, sie fliegen über Land wie Mariengarn, hierhin und dorthin, und werden an tausend Stellen zugleich gesungen. Unser eigenstes Tun und Leiden finden wir in diesen Liedern, es ist, als ob wir alle an ihnen mitgeholfen hätten.« Er nahm ein anderes Blatt. »Dies Lied«, sagte er, »habe ich im vorigen Herbste in der Gegend unsrer Heimat gehört. Die Mädchen sangen es beim Flachsbrechen; die Melodie habe ich nicht behalten können, sie war mir völlig unbekannt.«

Seite 191, Zeile 4-16: Die Stelle Er wollte sie aufhalten ... und ging auf sein Zimmer *ist ein Zusatz in der umgearbeiteten Fassung. Im Erstdruck stand hier nur der Satz:* Reinhard ging auf sein Zimmer.

Zwischen dem vorletzten und dem letzten Kapitel (Seite 192, Zeile 27/28) enthielt der Erstdruck noch ein weiteres:

Nach einigen Jahren finden wir Reinhard an der nördlichsten Grenze des Landes in weiter Entfernung von den eben beschriebenen Szenen wieder. Nach dem bald erfolgten Tode seiner Mutter hatte er hier ein Amt gesucht und gefunden und sich so in den Gang des täglichen Lebens eingereiht. Seine amtliche Stellung noch mehr als das natürliche Bedürfnis des Umganges hatte ihn mit den verschiedensten Menschen beiderlei Geschlechts zusammengeführt, und was er erfahren und geliebt hatte, trat vor den Anregungen der Gegenwart, obwohl sie mit den früheren an Stärke nicht verglichen werden konnten, mehr und mehr in den Hintergrund. So gingen mehrere Jahre hin. Allmählich kam die Gewöhnlichkeit und nutzte die frische Herbigkeit seines Gefühls ab oder schläferte sie wenigstens ein, und es wurde in den Dingen des äußerlichen Lebens mit ihm wie mit den meisten Menschen. Endlich nahm er auch eine Frau. Sie war wirtschaftlich und freundlich, und so ging alles seinen wohlgeordneten Gang. Dennoch mitunter, wenn auch selten, machte sich der Zwiespalt zwischen Gegenwart und Erinnerung bei ihm geltend. Dann konnte er stundenlang am Fenster stehen und, scheinbar in die Schönheit der unten ausgedehnten Gegend verloren, unverwandten Blickes hinaussehen; aber sein äußeres Auge war dann geblendet, wärend das innere in die Perspektive der Vergangenheit blickte, wo eine Aussicht tiefer als die andere sich abwechselnd eröffnete. Dies war meistens der Fall, wenn Briefe von Erich eingelaufen waren; mit den Jahren aber kamen sie immer seltener, bis sie endlich ganz aufhörten, und Reinhard erfuhr nur noch zuweilen von durchreisenden Freunden, daß Erich und Elisabeth nach wie vor in ruhiger Tätigkeit, aber kinderlos, auf ihrem stillen Gehöfte lebten. Reinharden selber wurde im zweiten Jahre seiner Ehe ein Sohn geboren. Er geriet dadurch in die aufgeregteste Freude, er lief in die Nacht hinaus und schrie es in die Winde: »Mir ist ein Sohn geboren!« Er hob ihn an seine Brust und flüsterte mit weinenden Augen die zärtlichsten

Worte in das kleine Ohr des Kindes, wie er sie nie im Leben einer Geliebten gesagt hatte. Aber das Kind starb, ehe es jährig geworden, und von nun an blieb die Ehe kinderlos. Nach dreißig Jahren starb auch die Frau, sanft und still, wie sie gelebt hatte, und Reinhard gab sein Amt auf und zog nördlich über die Grenze in das nördlichste deutsche Land. Hier kaufte er sich das älteste Haus in einer kleinen Stadt und lebte in sparsamem Umgange. Von Elisabeth hörte er seitdem nichts wieder; aber je weniger ihn jetzt das gegenwärtige Leben in Anspruch nahm, desto heller trat wieder die entfernteste Vergangenheit aus ihrem Dunkel hervor, und die Geliebte seiner Jugend war seinem Herzen vielleicht niemals näher gewesen als jetzt in seinem hohen Alter. Sein braunes Haar war weiß geworden, sein Schritt langsam und seine schlanke Gestalt gebeugt, aber in seinen Augen war noch ein Strahl von unvergänglicher Jugend.

Seite 192, Zeile 29: Das letzte Kapitel begann im Erstdruck wie folgt:

So haben wir ihn zu Anfang dieser Erzählung gesehen; wir haben ihn selbst auf sein abgelegenes Zimmer und dann seine Gedanken auf ihrer Wanderung in die alte Zeit begleitet. –

Im Erstdruck hatte die Novelle noch keine Kapitelüberschriften. – Die neue Fassung erschien zuerst in der Sammlung »Sommergeschichten und Lieder« (Berlin, Duncker, 1851. »Constanze gewidmet«); sie enthielt außerdem 36 Gedichte, die erste »Schneewittchen«-Szene sowie die Prosaarbeiten »Im Saal«, »Der kleine Häwelmann«, »Posthuma« und »Marthe und ihre Uhr«. Zu dem Band schrieb Storm ein kurzes Vorwort: »Sommergeschichten habe ich auf den Titel geschrieben; um das Wesen dieser Geschichten zu bezeichnen, hätte ich ›Situationen‹ schreiben müssen. Lieber aber als eine Klassifikation habe ich ihnen einen Namen mitgeben wollen; und weil sie Dir gewidmet sind, so heißen sie ›Sommergeschichten‹, nach der schönen, an unserer Küste nur zu kurzen Zeit des Jahres, die Du, wenn sie fern ist, so sehr ersehnst, wenn sie da ist, so voll zu genießen weißt; – die Dir, was immer unter den Menschen geschehen möge, auch dieses Jahr und, wolle Gott! noch viele Jahre Deine geliebten Rosen bringen wird!

Husum, den 5. Mai 1850 Th. St.«

1852 ließ Alexander Duncker die erste Einzelausgabe erscheinen, der sehr rasch weitere Auflagen folgten; die fünfte kam 1857 mit Illustrationen von Ludwig Pietsch heraus. Später ging das Buch an den Verlag der Gebr. Paetel in Berlin über. Insgesamt sind zu Lebzeiten des Dichters dreißig »Immensee«-Auflagen erschienen.

165 Pesel: Großer Speise- und Festraum im Erdgeschoß des niederdeutschen Hauses. – *Repositorien:* Bücherregale.

166 das ließ ihr hübsch zu den braunen Augen: das paßte hübsch zu ihren braunen Augen.

167 die Geschichte von dem armen Mann: Nach dem Alten Testament, Prophet Daniel, Kapitel 6.

178 Hühnerschwarm: Als Vogelfutter verwendete Pflanze.

186 Mariengarn: Altweibersommer.

187 die Starken: die jungen Kühe.

188 eine weiße Wasserlilie: Der folgenden Szene liegt ein Erlebnis Storms zugrunde, über das er am 2. April 1885 in einem Brief an Gertrud Eckermann, eine Bekannte aus Hademarschen, schrieb: ». . . die Sache ist keine Dichtung, sondern eigenes Erlebnis, und zwar auf einer Havel-Insel während meines Berliner Studententums. Wir waren, ein Dutzend Bekannte, Damen und Herren, am Nachmittage dort hinausgefahren, tafelten . . . 10 Uhr abends im Garten in einem Buchengang bei Lampenlicht und Gesang mit Guitarre und hatten Not, uns der großen Nachtschmetterlinge zu erwehren . . . Kurz vor Tisch unternahm ich jene ›Immensee‹-Szene.«

190 sein Blick . . . blieb auf ihrer Hand: Vgl. das Gedicht »Frauenhand« (Seite 22).

192 priestern: predigen.

AUF DEM STAATSHOF

Über die Anregung zu der Novelle hat Storm am 19. Dezember 1858 seinem Vater berichtet: »Außer einer dunkeln Anschauung des alten Eiderstedtschen Staatshofes, aus der Zeit, wo er noch verödet stand und wo wir einmal von Friedrichstadt mit jungen Leuten beiderlei Geschlechts eine Tour dahin machten . . ., ist alles darin reine Dichtung; doch muß ich hinzufügen, daß die Stamp ‹Besitzerin einer Leihbibliothek in Husum› mir einmal erzählt hat, wie in ihrer Kinderzeit eine alte Frau van Ovens in Friedrichstadt gelebt habe, die letzte einer großen Familie, welche noch an 100 Höfe besessen. Die Idee zu dieser Geschichte kam mir in der Nacht ‹Ende August 1856›, als wir beide auf der Rückkehr von Heiligenstadt in Göttingen bei Herrn Bettmann schliefen.«

Auf den Umschlag der Handschrift hat Storm geschrieben: »Herbst 1856 – Dezember 1857 – Januar 1858«. Am 30. September 1856, kurz nachdem er nach Heiligenstadt übergesiedelt war, teilte er Ludwig Pietsch mit: »Übrigens habe ich eine neue ›Sommergeschichte‹, eine gute, im Kopf; sie spielt aber sehr bei Mondschein. Und doch darf sie, wenn überhaupt, nur von Ihnen illustriert werden. Wäre sie nur erst zu Papier; meine Existenz ist noch gar so unruhig hier. Sagen Sie, bitte, keinem davon.« In einem Brief an Friedrich Eggers vom 23. Mai 1857 heißt es dann: »Der, ich glaube sehr glückliche, Anfang einer Sommergeschichte mit ganz bestimmtem Lokalton liegt vor mir; aber – es tut's halt nimmer mehr, wenigstens für jetzt nicht.« Und am 9. Juni klagte er gegenüber Pietsch: »Die Wahrheit ist, daß ich gegenwärtig und seit geraumer Zeit schon ... innerlichst müde, um nicht zu sagen alt, geworden bin; ich hab keine Freude so recht mehr an der Welt, ja ich habe fast das Gefühl der Vornehmigkeit eingebüßt, mit dem ich sonst über dem Leben gestanden; so liegen denn auch die poetischen Entwürfe vom vorigen Herbst im Kasten, ohne daß ich den mindesten Trieb hätte, sie weiterzubringen.« Erst Ende 1857 scheint Storm sich wieder mit der Novelle beschäftigt zu haben; am 14. Dezember schrieb er an Pietsch: »Ich habe nach langer Zeit einmal wieder meine Feder zu einer Sommergeschichte angesetzt; ich will und werde das fertige Manuskript meiner Frau auf den Weihnachtstisch legen. Nun bitte ich Sie, mir nur *einen einzigen* Ihrer bezaubernden kleinen Profilköpfe dazu zu zeichnen ... Stoßen Sie sich nicht ... an einzelnen Mattigkeiten; denn es ist manches nur vorläufig hingeschrieben und muß erst noch poetisch herausgebracht werden.« In einem Brief Storms an seine Mutter vom 21. Dezember heißt es: »... ich habe während der letzten vier Wochen neben dem Richter wieder den Dichter gemacht und hoffe, meine neue Novelle ›Auf dem Staatshof‹, wobei Propst Feddersens Buch ›Über Eiderstedt‹ ‹Friedrich Feddersen, »Beschreibung der Landschaft Eiderstedt«, Altona 1853› mir ein sehr guter Stab war, als gebundenes Manuskript Constanze auf ein kleines Lesepult legen zu können, das ich für sie zu Weihnachten machen lasse ... Pietsch in Berlin habe ich unter Übersendung eines Teiles der Geschichte gebeten, mir eine kleine Handzeichnung davon zu machen, ich selbst habe noch ein Kapitel zu schreiben. Hoffentlich wird alles fertig.«

Die Arbeit zog sich jedoch länger hin, als Storm angenommen hatte. Am 11. Januar 1858 ließ er Friedrich Eggers wissen: »Eine ziemlich lange Sommergeschichte (Nachdruck auf Sommergeschichte), ›Auf dem Staatshof‹, habe ich bis auf eine Kleinigkeit vor Weihnachten vollendet, d.h. vorläufig; denn ich fühle, daß ich nach Jahr und Tag die Sache noch einmal vornehmen und alles besser herausarbeiten werde. Es spielt auf einer Hauberg in unseren Marschen, und der Lokalton ist, glaub ich, sehr warm und glücklich darin getroffen. Ich werde es zunächst einmal im Feuilleton der Breslauer Zeitung drucken lassen.« Am 24. Januar schließlich konnte er den Eltern berichten: »Meine Novelle habe ich dieser Tage dictando beendet ...«

Die Redaktion der »Schlesischen Zeitung« – diese hatte Storm mit der Breslauer Zeitung gemeint – nahm das Manuskript nicht an. Am 6. Juni 1858 schrieb der Dichter an Pietsch: »Leider kann ich Ihnen die Novelle nun vorläufig nicht schicken; denn die ›Schlesische Zeitung‹ fand sie für die Zeitungsleser nicht spannend genug und sandte sie mir zurück ... So geht sie nun in die ›Argo‹ ... Vor acht Tagen freilich forderte Vizeredakteur Lepel mich zur Kürzung der Novelle auf, da sie ¼ Bogen länger sich im Druck herausstelle, als er berechnet. Es geht aber nicht, und ich habe an Trewendt ‹Verleger der »Argo« und auch der »Schlesischen Zeitung«› geschrieben, er möge diesmal die ›Argo‹ ¼ Bogen länger machen. Was daraus wird, weiß ich nun nicht; am Ende erleb ich's nun auf meinen alten Tagen, daß ich mit meinen Sachen sitzenbleibe. Nächstes Jahr übrigens wird Schindler sie bringen ...«

Im vierten Band der »Argo« (»Album für Kunst und Dichtung«, herausgegeben von Friedrich Eggers, Theodor Hosemann und Bernhard von Lepel, Breslau 1859) wurde die Novelle zuerst gedruckt. In überarbeiteter Form hat sie Storm in die Sammlung »In der Sommer-Mondnacht« (Berlin, Schindler, 1860) aufgenommen; davon erschienen vier Auflagen, die letzte 1881 bei Gebr. Paetel, Berlin.

194 Heck: Umzäunung. – *Werfte:* Zum Schutz gegen Überschwemmung angelegter Erdhügel. – *Graft:* Wassergraben.

195 Pfennigmeister: Zahlmeister, Kassenverwalter. – *Fräse:* Halskrause. – *Alantwurzel:* Stark riechende Arznei- und Küchenpflanze.

196 Loodiele: Tenne.

198 Enveloppen: Überkleider.

199 föhrene Tische: Tische aus Kiefernholz.

200 den »Don Juan« ...: Gemeint ist das Menuett aus dem Finale des ersten Aktes in Mozarts Oper »Don Giovanni«. – *Korduanstiefelchen:* Korduan: weiches Ziegenleder. – *avancieren:* Hier: im Tanzschritt vorwärtsschreiten.

210 Doctor promotus: (lat.) ein zum Doktor Promovierter.

214 Aufstrich: Versteigerung. – *Goldberlocks:* goldene Uhrkettenanhänger.

217 auf daß es uns wohl gehe ...: Storm hat den Ursprung dieses Trinkspruchs in der Novelle »Eine Halligfahrt« erklärt: »Als nämlich Tönningen, die größte Stadt der Landschaft Eiderstedt, einst von den Schweden belagert wurde, hatte eine Gesellschaft feindlicher Offiziere in dem benachbarten Kathrinenherd Quartier genommen und trieb dort arge Wirtschaft; sie ließen sich Wein auftragen, zechten und lärmten, als seien sie die Herren hier. Martje Flor, die zehnjährige Tochter des Hauses, stand dabei und sah unwillig dem Gelage zu, denn sie gedachte ihrer Eltern, die das unter ihrem Dache dulden mußten. Da reichte einer der Trinker ihr ein volles Glas und rief, was sie so trübselig dastehe, sie solle lieber auch eine Gesundheit ausbringen! Und Martje trat mit ihrem Glase an den Tisch, wo die feindlichen Kriegsleute saßen, und sprach: ›Dat et uns wull ga up unse ole Dage!‹ – Und auf dieses Wort des Kindes wurde es still.«

IM SCHLOSS

Die Anregung zu der Novelle erhielt Storm bereits im Herbst 1853, als er sich – vor seiner Übersiedlung von Husum nach Potsdam – bei seinen Schwiegereltern in Segeberg aufhielt. Von dort aus schrieb er am 28. Oktober 1853 an Theodor Fontane: ». . . gestern begleitete ich meinen Schwiegervater auf einer Geschäftsreise nach dem Lande und ging stundenlang mit einem Müller auf der sonnebeschienenen hochliegenden Heide spazieren; – ich war recht in meinem Elemente, der weite Blick über die Heide und die tiefere Gegend, der kräftige Herbstduft um mich her, und dabei erzählte der Alte die geheime Geschichte eines alten Gutes, das wir vor uns aus den Buchen ragen sahen, und einer schönen vornehmen Frau, die dort in Einsamkeit für ihre Leidenschaft und die Konventionen ihres Standes gebüßt hatte. Ich hatte schon früher von ihr gehört, meine Frau erinnert, sie als Kind gesehen und für sie geschwärmt zu haben; sie teilte mir kleine reizende Züge mit – ich glaube, das gibt eine Sommergeschichte. Doch ich will nicht vermessen sein, der Wall des preußischen Rechts liegt zwischen mir und der Poesie.« – Einzelne Motive der Novelle gehen auf Kindheitserinnerungen des Dichters zurück (vgl. die Erläuterungen zum Text).

Zwischen Anregung und Niederschrift liegen acht Jahre; die Novelle entstand erst in Heiligenstadt, während der zweiten Hälfte des Jahres 1861. Am 29. September bot Storm das im Entstehen begriffene Manuskript der Redaktion des liberalen Familienblattes »Die Gartenlaube« an. Am 12. November desselben Jahres teilte er Ludwig Pietsch mit: ». . . ich befinde mich seit Wochen, wie Sie, in einem Produktionsfieber. Die neue Novelle, halbmal so groß wie ›Immensee‹, wird diesen Monat fertig. Daneben nicht geringere Amtsarbeiten, so ist denn die Grenze meiner Kräfte völlig erreicht . . . Ich glaube aber, es wird ein gut Stück Arbeit.« Am 29. November 1861 schickte Storm das Manuskript an die »Gartenlaube«, und am 6. Dezember ließ er einen »Nachtrag zu der Novelle« folgen. Am gleichen Tag schilderte er seinen Eltern die häuslichen Umstände, unter denen die Dichtung entstanden ist: »In der Mittel- und an Constanzens daran grenzender Schlafstube haben wir die Fußböden streichen lassen; die heizen wir denn nun, und das ist unsere Welt. Darin sitzen Hans und ich, zu arbeiten, Constanze, zu flicken, Ernst, Losche und Lite, zu malen und zu schnitzeln, darin schläft das Piepchen, tänzelt mit ihr, wenn sie wach ist, das Kindermädchen Ottilie. Dahinein kommen jeden Nachmittag noch wenigstens drei Nachbarskinder, . . . mitunter auch zwei andre kleine hungrige Mädchen . . . Darin – in dieser betäubenden kleinen Welt – habe ich in den letzten beiden Monaten eine Novelle geschrieben, die wohl um ⅓ länger als ›Immensee‹ ist, was ich in meiner künftigen Biographie nicht zu vergessen bitte. – Jetzt, nachdem das Produktionsfieber vorüber, bin ich aber auch ziemlich zusammengeklappt, denn es ist nicht zu vergessen, daß ich täglich meine sechs bis sieben Stunden Amtsarbeiten dabei besorgt habe. Die Kinder fragten mich zuletzt täglich: ›Papa, bist du denn noch nicht bald fertig?‹ Denn natürlich war ich während der zwei Monate, während ich diesen jahrelang umhergetragenen Stoff zu Papier brachte, weder für sie noch für irgendeinen andern Menschen auf der Welt ... – Vor acht Tagen hab ich meine Arbeit (›Im Schloß‹) an die ›Gartenlaube‹ geschickt. Ob sie sie nimmt, muß ich denn erwarten. Der ›Bazar‹ ersuchte mich diesen Frühjahr um eine Novelle ... – allein, da die Bedingung gestellt war, daß die Novelle weder Religion noch Politik berühre, so habe ich nicht einmal den Versuch gemacht, sie dort anzubringen, wie Ihr demnächst Euch aus der Lektüre derselben leicht erklären werdet.«

Die Verhandlungen zwischen dem Autor und der Redaktion zogen sich hin, da man sich über das Honorar nicht einig werden konnte. Die von Storm geforderte Summe (120 Taler) erschien Ernst Keil, dem Herausgeber des Blattes, zu hoch, so daß sich der Dichter am 14. Dezember 1861 zu einer ausführlichen Begründung verstehen mußte: »Bei der gestellten Honorarforderung hat mich zunächst die Rücksicht auf Zeit und Arbeit bestimmt, die ich an das quaest. Werk gewandt; wo es wesentlich nur darauf ankommt, eine spannende Geschichte zu erzählen, genügen wohl einige Wochen, um ein Stück von diesem Umfang aufs Papier zu bringen; wo es darauf ankommt, einen wirklichen Lebensgehalt zum poetischen Ausdruck zu bringen, dürften für den, der es ernst nimmt, kaum so viele Monate ausreichen. So ist auch die eingesandte Novelle die Frucht eines ganzen Sommers. Sowenig ich nun über die Beschränkung meines Talents und insbesondere über die Schwächen der vorliegenden Arbeit im dunkeln bin, so dürfte sie doch zu dem durchschnittlich Besten zählen, was eine wöchentlich erscheinende Zeitschrift, auch unter den günstigsten Verhältnissen, ihren Lesern zu bieten vermag, und daher wohl auch auf die ... erste Honorarklasse Anspruch machen können. – ... Ich will nun gewiß nicht eigensinnig sein oder was ganz Apartes für mich fordern, zumal mir, ganz offen gesagt, daran liegt, in der ›Gartenlaube‹ einmal etwas zu veröffentlichen, wie ich andererseits freilich auch meine, daß es der ›Gartenlaube‹ genehm sein dürfte, wenn es einigermaßen geht, auch einmal etwas in meiner Art zu bringen. – Vereinigen wir uns daher dahin, daß Sie mir im ganzen 100 Taler zahlen ...«

Zwei Tage später, am 16. Dezember, schrieb Storm an Pietsch: »Meine neue Novelle ›Im Schloß‹ kommt wahrscheinlich in die ›Gartenlaube‹, wir sind nur über den Preis noch nicht einig ... Keil meint bei seinem Akzept, daß sie allerdings keinen Zeitschriftenhabitus habe. Ich bin unglaublich neugierig, wie das Werkchen auf Sie wirkt. Einzelne Szenen wenigstens sind so tief und bedeutend, wie ich nur je etwas geschrieben.« Das Urteil des Herausgebers der »Gartenlaube« läßt sich aus einer Erwiderung Storms vom 7. Januar 1862 erschließen: »Sie mögen wohl recht haben, daß die erste, stillere Hälfte der

Novelle ein kleineres Publikum haben wird als die letzte, doch glaube ich kaum, daß ich später etwas davon hinwegtun werde.«

Die Novelle erschien Anfang 1862 in den Nummern 10 bis 12 der »Gartenlaube«. An einer entscheidenden Stelle hatte Keil ohne Storms Wissen eine willkürliche Veränderung vorgenommen:

Seite 258, Zeile 29, bis Seite 259, Zeile 4: Statt der Stelle ... in die Ohren raunten ... und drückte beide Hände vor die Augen *stand im Erstdruck:*

»... in die Ohren raunten, böse, böse Dinge ...« Er verstummte plötzlich, als habe er zuviel gesagt.

Sie sah ihn mit weit aufgerissenen Augen an; eine Flut von Tränen stürzte über ihr Gesicht. »Nein, Rudolf, nein – sie logen!« sagte sie, indem sie leise und schmerzlich das Haupt bewegte. Dann warf sie sich in den Lehnstuhl und drückte beide Hände vor die Augen.

Über diese redaktionelle Willkür bemerkte Storm am 15. April 1862 in einem Brief an Pietsch: »Haben Sie ›Im Schloß‹ in der ›Gartenlaube‹ gelesen? Grade die Ihnen gestohlene Stelle im letzten Gespräch zwischen Rudolf und Anna (etwa zehn Zeilen) hat die Redaktion ohne mein Wissen gestrichen und die albernen Worte ›böse, böse Dinge‹ an die Stelle gesetzt, so daß ich in der Szene völlig blamiert bin; hab heute die Aufnahme einer desfallsigen Erklärung von Keil verlangt.« Die »gestohlene Stelle« soll – nach einer mündlichen Mitteilung Ludwig Pietschs an Albert Köster – auf eine Anregung zurückgehen, die Pietsch im Jahre 1858 durch ein Gespräch mit Pauline Viardot und Charles Gounod erhalten hatte.

Storms Protestbrief an Ernst Keil trägt das Datum vom 18. April 1862: »Die Redaktion der ›Gartenlaube‹ hat zu meinem Schmerz eine Verbesserung meiner Novelle vorgenommen, die mir mitten durchs Herz gegangen ist. Die Worte ›böse, böse Dinge‹ sind in der Tat, als wenn man einem unartigen Jungen mit dem Finger droht; ich *kann* sie nicht auf mir sitzen lassen und muß daher um Aufnahme der beifolgenden Erklärung in einem der nächsten Blätter bitten. Es ist auch wohl das Mindeste, was mir nach einer solchen Willkür zu gewähren ist.« Die »Erklärung« – sie wurde in der »Gartenlaube« nicht gedruckt – hat folgenden Wortlaut:

»In meiner in der ›Gartenlaube‹ abgedruckten Novelle ›Im Schloß‹ ist S. 179, Sp. 2, ohne mein Wissen und Willen ein Teil des Gesprächs zwischen den betreffenden Personen weggelassen und durch die nicht von mir herrührenden Worte ›*böse, böse Dinge*‹ ersetzt. Da nach meinem Dafürhalten meine Arbeit dadurch entstellt ist, so ersuche ich die verehrliche Redaktion um Aufnahme dieser Erklärung.

Heiligenstadt, 12. April 1862 Th. Storm«

Welchen Wert Storm gerade auf die verstümmelte Szene gelegt hat, geht auch aus einem Brief an Otto Speckter vom 28. November 1863 hervor: »Nicht wahr, ›Im Schloß‹ ist trotz mancher Mängel doch ein tüchtig Stück Arbeit, und namentlich halte ich die letzte Szene zwischen der Anna und dem Vetter des ersten Preises wert.« Fast zwanzig Jahre später, am 5. Oktober 1880, hat Storm in sein Notizheft »Was der Tag gibt« eingetragen: »Als meine Arbeit ›Im Schloß‹ abgedruckt wurde, hatte Keil, der mit dem derzeit noch unbekannten Verfasser keine Umstände machte, die Worte der Heldin ›Leider nein!‹ gestrichen und Beliebiges an die Stelle gesetzt. Auf meine Vorhaltung deshalb erwiderte er, er habe wohl eingesehen, daß diese Worte der Gipfel oder die Krone der Dichtung seien, aber sie seien bei dem Leserkreise der ›Gartenlaube‹ zu sehr der Mißdeutung ausgesetzt. – Nach dem Charakter der Schloßfrau und der ganzen Dichtung kann das Wort aber nur dahin verstanden werden, daß sie ohne Gedanken an daran zu knüpfende Konsequenzen einen Schmerzensruf ausstößt, daß sie in Entweihung ihres Leibes von einem ungeliebten Manne ein Kind geboren habe, wobei ihr das wie ein Traum vorbeigezogene Glück vor Augen schwebt, die Mutter eines Kindes vom geliebten Manne zu sein. Die Worte entspringen hier der Keuschheit des Weibes.«

In einer Rezension der Novelle, die am 10. September 1863 im »Deutschen Museum« erschien, hat Robert Prutz, der Herausgeber der Zeitschrift, ebenfalls nachdrücklich auf diese Dialogstelle hingewiesen. Er zitiert sie vollständig und fährt dann fort: »Täuscht unsere Empfindung uns nicht ganz, so liegt in diesem: ›Nein, leider nein!‹ das tiefste Geheimnis der Liebe im allgemeinen sowie der weiblichen Natur insbesondere ausgesprochen ... .«

Noch bevor die Novelle in der »Gartenlaube« erschienen war, bot Storm die Arbeit dem Berliner Verleger Alexander Duncker für den Einzeldruck an. Dieser lehnte jedoch ab. In seinem Schreiben an den Dichter (mitgeteilt bei Gertrud Storm, II, 78f.) heißt es: »Abgesehen davon, daß das geschilderte Verhältnis einer adeligen jungen Dame zu einem bürgerlichen, bäuerlichen Hauslehrer schon so oft zum Thema von Verwickelungen gewählt wurde, kann ich es meinem Gefühl nach nicht gerechtfertigt finden, daß diese junge Dame, nachdem ihr von dem besagten Hauslehrer mit dem Glauben ihr Edelstes, der Duft ihrer Weiblichkeit, genommen ist, in ein entschieden unmoralisches Verhältnis tritt. Dies Mißbehagen muß sich noch steigern, wenn diese Dame sich nicht scheut, einem blutjungen Menschen zu beichten, daß sie während ihrer Ehe ein Kind von ihrem Liebhaber geboren habe. Der naturphilosophierende Baron mit seiner Nützlichkeitsdefinition der Liebe – möglich, aber nicht erquicklich. Was soll die Welt, die Sie in ›Immensee‹ und den Gedichten so hoch und lieb hält, nach diesem Buche von Ihnen sagen? Wenn Sie sich selbst nur ein wenig liebhaben, wie man Sie, so entziehen Sie dieses Buch der Öffentlichkeit.« Dazu schrieb Storm am 20. Februar 1862 an

Pietsch: »Ich hatte Duncker ... meine neueste Arbeit zum Verlag zugesagt. Nachdem ich ihm indes mein ›Im Schloß‹ im Manuskript zugesandt, hat er den Verlag in einem wahren Kreuzzeitungsartikel mit Abscheu von sich gewiesen. Die äußerste Konsequenz, und wenn auch noch so rein, ist immer nur für wenige; die Furcht vor den Konsequenzen regiert die Welt. Seltsamerweise hat er auch die Tatsachen völlig mißverstanden und bezeichnet das, nicht bloß nach meiner Ansicht, meisterlichst Erfundne als unwahr etc. In der Komposition ist wohl manches auszusetzen; aber im einzelnen gelangt das reine Menschentum zu so tiefpoetischem Ausdruck, daß es ..., wenn *Sie* es lesen, wie ein frischer Strom Ihr Herz berühren wird.«

Nachdem auch Verhandlungen mit Heinrich Schindler sich zerschlagen hatten, erschien die Buchausgabe 1863 bei E. C. Brunn in Münster (»Ludwig Pietsch zur Erinnerung an die Sommertage 1861 zugeeignet«). Storm hatte das Werk vorher gründlich überarbeitet, besonders eine Episode im letzten Teil getilgt. Sie sei hier mitgeteilt:

Seite 257, Zeile 30, bis Seite 258, Zeile 3: Statt der Stelle Endlich, wie es nicht ausbleiben konnte ... trostlose Tage folgten *stand in der Handschrift und im Erstdruck:*

Es kam dennoch. – Die Vorlesungen des jungen Professors über neuere Geschichte waren plötzlich Modesache geworden, und neben den Studenten saß die elegante Welt beiderlei Geschlechtes auf den Bänken des großen Auditoriums. – Eines Nachmittags war auch sie in Begleitung ihres Mannes dort. Sie saß an einem Ende der ersten Bank dem Katheder gegenüber; aber die beredten Worte ihres Freundes vermochten sie nicht zu fesseln. Während alle andern an seinen Lippen hingen, hafteten ihre Augen an einer Stuckverzierung in der Decke, welche sich gerade über dem Katheder befand. Es war eine schwere, aus Gips geformte Muschel; aber sie sah es deutlich, sie hatte sich gelöst, und wenn sie fiel, so mußte sie das Haupt des begeisterten Mannes treffen, der ahnungslos darunterstand. Seine Worte klangen ihr nur wie das Rauschen eines fernen Stromes; mit steigender Angst beobachtete sie den schwarzen Spalt, der schon die Muschel von der Decke trennte. Und es war kein Zweifel, er hatte sich vergrößert, und bald mußte der Augenblick kommen, wo die schwache Verbindung völlig zerriß. Keiner außer ihr sah das; mit Todesangst hingen ihre Augen an der Decke. Da – es tat einen Ruck, und mit einem Schrei war sie aufgesprungen und lag in den Armen ihres Freundes, den sie mit Gewalt vom Katheder hinabgerissen hatte. – Die Vorlesung war unterbrochen; aber die Muschel war nicht gefallen, sie saß an derselben Stelle, wo sie seit einem halben Jahrhundert gesessen hatte. Die beschämte Frau schloß die Augen und öffnete sie erst wieder, als sie die trockene Stimme ihres Gemahls hörte, der sie unter den tausend schadenfrohen Blicken der Anwesenden aus dem Saale führte. – – –

Dazu bemerkte Storm schon am 5. Mai 1862 gegenüber Pietsch: »Die Muschelszene wird allerseits bemängelt und muß fort; nur liegt der Fehler nicht darin, daß sie unwahrscheinlich oder unmotiviert ist, wie die Leute meinen, sondern darin, daß sie auch in den Augen der *Leser* (wie in denen der Novellenfiguren) eine levis nota ‹leichte Note› des Lächerlichen bekommt.«

Die zweite Auflage erschien 1884 im Verlag der Gebrüder Paetel in Berlin.

224 Dohnenstieg: Reihe der für den Vogelfang ausgelegten Schlingen.

228 revierender Falke: nach Beute ausspähender Falke. – *ein altes Volkslied:* Gemeint ist wahrscheinlich das Gedicht »Der Falke« aus dem ersten Band (1806) von Arnims und Brentanos Sammlung »Des Knaben Wunderhorn«. Storm hat es später auch in sein »Hausbuch« aufgenommen.

231 Walratkerzen: Walrat: aus Pottwalen gewonnenes Fett. – *Gueridon:* (franz.) Leuchter.

232 Filetarbeit: Knüpfarbeit. – *meine Lafontainesche Fabel:* Jean de Lafontaine (1621-1695) ließ von 1668 bis 1678 die zwölf Bücher seiner Fabeln erscheinen.

235 Musäus' Volksmärchen: Johann Karl August Musäus (1735-1787) veröffentlichte von 1782 bis 1787 seine »Volksmärchen der Deutschen« in fünf Bänden.

237 mauvais genre: (franz.) schlechte Gesellschaft. – *Linie:* Die nicht zur Garde gehörige Truppe.

238 Beletage: Hauptgeschoß, Stockwerk über dem Erdgeschoß.

240 Ancora!: (ital.) Noch einmal!

242 In jenem Hause ... bin ich als Knabe oft gewesen ...: Der folgenden Schilderung liegen, wie Storm am 16. April 1862 an seinen Vater schrieb, Reminiszenzen an den »Vordamm« bei Westermühlen zugrunde. »Die Vorstellungen Deiner Heimat liegen bei meinen Knabenerinnerungen tief in meiner Seele.«

244 Abnahmehäuschen: Altenteil. – *Hier ist es mir seltsam ergangen ...:* Vgl. die Erinnerungen an Westermühlen in Storms Brief an Eduard Mörike vom November 1854: »Ich entsinne mich ... – die Zeit und Gelegenheit weiß ich auch nicht einmal annähernd anzugeben – mit dem Vetter Jürgen aus der kleinen Seitentür des Hauses grade in die Wiesen über kleine Gräben und durch Bruchland und Buschwerk in einen Wald hinabgegangen zu sein; auf dem Wege schnitt er mir Pfeifen aus Erlenholz; was mich aber damals wie ein Märchen anheimelte: in einer sonnigen Waldlichtung sah ich zum ersten und letzten Mal in meinem Leben eine von den großen smaragdgrünen Eidechsen. Sie saß auf einem Baumstumpf und sah mich wie verzaubert mit ihren goldnen Augen an. Als ich das meinem Vetter erzählte, lachte er mich aus und wollte nichts davon wissen. Nach jener Seite hin sowie überhaupt so in der Nähe sei gar kein Wald; und solange er denken könne, auch keiner gewesen. Ich überzeugte mich selbst, er hatte recht; überall nur Busch und Wiesen und Äcker und einzelne alte Bäume. – Wo aber bin ich damals denn gewesen?«

245 trotz: Hier in der älteren Bedeutung: so gut wie. – *Tinten:* Hier: Farbmischungen, Farbtöne.

246 Nicolai: Philipp Nicolai (1556-1608), protestantischer Geistlicher; Verfasser des Liedes »Wie schön leucht't uns der Morgenstern«, aus dem die unten zitierten Verse stammen. – *Carabus:* Wissenschaftlicher Name für Laufkäfer.

248 In der Bibel . . .: Altes Testament, Prophet Jeremia, Kapitel 29, Vers 13 f.

252 Prügeljunge: Ein Junge niederer Herkunft, der an einem Fürstenhof gemeinsam mit den Prinzen erzogen wurde; er bekam die Prügel, die jene verdient hatten.

253 Ich hatte mich Arnold zum ersten Tanz versagt: Ich hatte Arnold den ersten Tanz versprochen.

256 wie Hegel sagt: Vgl. Hegel, »Naturphilosophie. Einleitung. B. Begriff der Natur«: »Die Natur ist der sich entfremdete Geist, der darin nur *ausgelassen* ist, ein bacchantischer Gott, der sich selbst nicht zügelt und faßt . . .« – Es ist nicht wahrscheinlich, daß Storm die Stelle bei Hegel selbst gelesen hat.

258 Noblesse oblige: (franz.) Adel legt Pflichten auf.

261 die »süßen ahnungsreichen« Düfte des Frühlings: Anspielung auf Mörikes Frühlingsgedicht »Er ist's«. Die entsprechenden Verse lauten dort:

»Süße, wohlbekannte Düfte
Streifen ahnungsvoll das Land.«

AUF DER UNIVERSITÄT

Über die Anregung zu der Novelle schrieb Storm am 20. Dezember 1862 an Fontane: »Die Erinnerung an ein Nähmädchen, die – als ich in Kiel studierte – aus Trotz, weil sie sich von ihrem Liebsten, einem auf der Wanderschaft befindlichen jungen Handwerker, verlassen glaubte, sich den Studenten in die Arme warf (als es zu spät war, kam er auch zurück), gab mir die äußere Veranlassung; mit der Persönlichkeit der Lore hatte sie freilich nicht die entfernteste Ähnlichkeit. Für die übrigen Personen gibt es auch in meiner Erinnerung keinen Anhalt; sie sind rein erfunden. Den Hintergrund bildet . . . ›die graue Stadt am Meer‹, Husum. Im zweiten Teil liefert Kiel die Dekoration.« In demselben Brief bestritt der Dichter, daß Dickens' Roman »David Copperfield« – wie Fontane behauptet hatte – Einfluß auf die Konzeption der Novelle gehabt habe. »Was aber die Personen aus Dickens anbetrifft, so gebe ich Ihnen die Versicherung, daß selbst jetzt, wo Sie mich darauf hinführen, ich nicht die leiseste Spur der Erinnerung auch nur an eine derselben in mir heraufbeschwören kann ... Gewiß aber ist, daß nichts von allen meinen Sachen eine originellere Stormsche Dichtung ist als eben diese.« Am 3. Januar 1863 äußerte sich Storm in einem Brief an Klaus Groth: »Sie scheinen, wie auch andre getan, anzunehmen, daß Ereignisse und Personen in meinen Novellen auf Erinnerung beruhen; das aber ist nur mitunter bei der Lokalität der Fall; nirgends z. B. sind mir Personen begegnet, die an die Lore oder den französischen Schneider auch nur entfernt erinnerten. Daß meine Personen aber so oft diesen Glauben erwecken, spricht doch vielleicht ein wenig dafür, daß sie auch nicht ohne Fleisch und Bein sind.«

Eine interessante Bemerkung über die Arbeit an der Novelle, und zwar mit Bezug auf das Kapitel »Ein Spaziergang«, hat Storm später, am 13. Dezember 1884, gegen den Literarhistoriker Erich Schmidt gemacht: »Zum ersten Mal, bewußt, half mir Lessings ›Laokoon‹ bei ›Auf der Universität‹ (›Lenore‹). Ich hatte eine Schilderung der Lokalität im Walde geschrieben (locus facti); das, als ich es las, schien mir langweilig. Da fiel mir ein: ›Laokoon! Also, geh dahin spazieren!‹ Und ich tat es; und nun war es gut.«

Mit der Niederschrift hat Storm wahrscheinlich im Frühjahr 1862 begonnen. »Jetzt schreibe ich ›Auf der Universität‹, doch das ist noch im weiten Felde«, meldete er im März des Jahres seinen Eltern; und am 15. April teilte er Ludwig Pietsch mit: »... einige fertige Szenen scheinen mir wohl gelungen.« Bereits am 5. Mai heißt es dann, ebenfalls in einem Brief an Pietsch: »Meine neue Arbeit – diesmal wieder eine bitter-grausame Begebenheit – nähert sich stark dem Ende.« Und am 29. Mai berichtete er dem Freunde: »Morgen wird meine neue Novelle fertig, die umfangreichste und, ich denke, nicht die schlechtste.« Offenbar hat Storm unmittelbar nach Beendigung der Niederschrift mit der Überarbeitung begonnen; denn am 2. Juni schrieb er an Pietsch: »Ich hab gestern so an der letzten Novelle gearbeitet, daß ich heute ganz hin bin. Es ist wohl jedenfalls das Beste, was ich bis jetzt geschrieben.« Kurz darauf las er sein neues Werk einigen Heiligenstädter Freunden vor; auf Grund kritischer Einwände hat er dann nochmals Korrekturen vorgenommen. So berichtete er am 14. Juni seiner Frau: »Übrigens sinne ich schon auf eine ausfüllende Szene, wodurch der leidenschaftliche Entschluß der Lore (aufs Ballhaus zu gehen) mehr motiviert wird.« Am 21. Juni meldete er Constanze: »Die neue Szene ist fertig.« Doch der Dichter war mit der Arbeit noch immer nicht zufrieden; in einem Brief vom 7. September (ebenfalls an Constanze Storm) heißt es: »Meine Novelle hab ich auch wieder durchgearbeitet, auch eine kleine Szene hinzugefügt. Morgen geht sie ab.«

Das erste Kapitel (»Lore«) trug ursprünglich die Überschrift »Eine Knabenliebschaft«, dann »In der Tanzstunde«; statt »Ein Spaziergang« hatte Storm zuerst geschrieben »Die lahme Marie«.

Der Dichter schickte das Manuskript zunächst an das Berliner Moden- und Unterhaltungsblatt »Der Bazar«, forderte es jedoch zurück, da der Verlag auf seine Honorarforderung nicht einging. Auch die Verhandlungen mit Julius Rodenberg, der ein Jahr zuvor die Zeitschrift »Deutsches Magazin« gegründet hatte, zerschlugen sich. Schließlich schickte Storm die Novelle am 15. Juli 1862 an Ernst Keil, den Herausgeber der »Gartenlaube«, der auf das Angebot erwiderte: »Nachdem ich Ihre Novelle gelesen, muß ich Ihnen leider die Mitteilung machen, daß ich dieselbe für die ›Gartenlaube‹ doch nicht akzeptieren kann, so schön in der Form und so ergreifend der Schluß auch ist. Erlassen Sie mir die Angabe der mich bestimmenden Gründe, aber glauben Sie meiner auf jahrelanger Erfahrung sich stützender Versicherung, daß Ihre Erzählung, *in kleinen wöchentlichen Abschnitten gedruckt,* ohne Eindruck bleiben und Ihrem sonst so beliebten Namen keine Lorbeeren zuführen wird.«

So kam die Novelle Ende 1862 (mit der Jahreszahl 1863) gleich in Buchform heraus, und zwar bei E. C. Brunn in Münster (»Eduard Mörike in alter Liebe und Verehrung zugeeignet«). Die zweite, verbesserte Auflage erschien 1865 in demselben Verlag mit dem Titel »Lenore«.

In einem Brief an Hartmuth Brinkmann vom 4. April 1863 finden sich wichtige Gedanken Storms über seine Dichtung: »Die ›Lore‹ – so müßte es nämlich heißen – halte ich ... für ein nicht unbedeutendes Buch; es wirkt auch so; denn es ruft überall die lebhaftesten, zum Teil widersprechendsten Äußerungen und Tadel und Kritik die Menge hervor ... So sah ich sie vor mir, als ich ihre Geschichte schrieb. Eine zarte erregte Mädchennatur, mit dem eingebornen Drang nach schöner Gestaltung des Lebens, dessen Erfüllung die äußern Verhältnisse versagen. So geht sie von Jugend auf traumwandelnd am Abgrund hin. Ein Hauch genügt, sie hinabzustürzen. So kommt es. Sie wirft sich einem Scheinbild in die Arme und wird sich dann bewußt, daß sie dadurch das ihr eingeborne Urbild der Schönheit so befleckt hat, daß nur das dunkle Wasser des Styx noch Hülfe bringen kann. Taucht sie aus dieser schwarzen Flut nicht schöner und reiner in der Seele des Lesers auf, so habe ich freilich mein Spiel verloren. – Die Liebe habe ich unter diesen Umständen absichtlich vermieden und mir dadurch allerdings meine Aufgabe sehr erschwert. Ich wollte eben etwas andres. – Den bestimmten Anspruch darf ich aber machen, daß sowohl die Tanzstunde als die Eisfahrt, als die Karussell- und Schloßgartenszene auf die Charakterstellung der Heldin ganz bestimmt zielen und auch das Ziel treffen. – Bei dem vorletzten Kapitel, das übrigens nach meiner Meinung von großer poetischer Kraft der Darstellung ist und in der Tat von verhaltener Leidenschaft bebt, will ich nicht leugnen, daß der Haß, den ich mein Leben lang gegen die Korpswirtschaft im Herzen getragen, mir – zum Nachteil der Dichtung – die Feder geführt hat ... Was aber auch dargestellt ist, die Darstellung selbst ist nirgends roh ... – Jedenfalls, glaube ich, findet sich in diesem Buch eine Vollendung der poetischen Darstellung – Tanzstunde, Eisfahrt, vorletztes Kapitel –, wie es von mir bisher noch nicht erreicht war und in der deutschen Poesie nur sehr spärlich zu finden sein dürfte. – Nun, möge es seinen Lebensgang machen; wir wollen indessen suchen, Vollendeteres zu leisten.«

265 *Gelehrtenschule:* Gymnasium.
266 *Lastingschühchen:* Schuhe aus hartem Atlasstoff.
268 *dos-à-dos:* (franz.) Rücken an Rücken.
270 *Silcher:* Der Liederkomponist Friedrich Silcher (1789-1860) gab mehrere Hefte ausländischer Melodien mit deutschen Texten heraus.
271 *Louis seize:* (franz.) Ludwig der Sechzehnte. – *Tuilerien:* Palast in Paris; nach dem Ausbruch der Französischen Revolution, von 1789 bis 1792, Residenz Ludwigs des Sechzehnten.
273 *à son aise:* (franz.) zufrieden. – *Submissester Serviteur:* Ergebenster Diener.
282 *Entomologe:* Insektenforscher.
283 *Ketscher:* Stab mit engmaschigem Netz zum Insektenfang.
285 *Bickbeerengesträuch:* Heidelbeerkraut.
286 *das Klirren der Floretts an den eisernen Ringhaltern:* Es handelt sich um ein Spiel, bei dem während des Fahrens mit einem kurzen Stoßdegen Ringe von den Haltern herabgestoßen und aufgefangen werden müssen.
296 *Knoten:* Im Studentenjargon soviel wie Handwerker. – *Relegation:* Verweisung von einer Universität. – *Pandektenkontroverse:* Die Pandekten sind Auszüge aus Schriften römischer Rechtsgelehrter der klassischen Zeit; der Ausdruck wird auch scherzhaft für Rechtswissenschaft überhaupt gebraucht.
299 *aufscheren:* aufspannen.
308 *Jakonetts:* feine Baumwollstoffe.
312 *Lerchensalmi:* Ragout von gebratenen Lerchen.

DRAUSSEN IM HEIDEDORF

Die Anregung zu der Novelle erhielt Storm durch seine amtliche Tätigkeit. Am 17. Mai 1866 schrieb er (nach Gertrud Storm, II, 169 f.) an Dorothea Jensen, seine spätere zweite Frau: »Ein junger Mann, der sich durch Liebschaften und Schulden sein Leben anscheinend unheilbar zerrüttet hatte, war seit einigen Tagen verschwunden. Ich ließ alle Trinkgruben und Brunnen des Dorfes absuchen, und heute ist er bei Rantrum tot in einer Trinkgrube gefunden worden. Die Frau ist guter Hoffnung. Gestern abend kam ich von der traurigen Fahrt zurück. Es war der Leichnam eines stattlichen jungen Mannes, der am Rande der öden Mergelgrube lag. Von dort fuhren wir nach Rantrum. Ich vernahm zuerst die junge Frau, die er nicht geliebt, aber geheiratet hatte, um mit Beihülfe ihres Geldes den väterlichen Besitz aufbessern zu können, und dann das bezaubernde, in süßester Jugendfrische blühende Mädchen, das er schon, da es noch fast ein Kind war, geliebt und um das er sich, mir ganz unzweifelhaft, den Tod gegeben hatte. Sie war, wahrscheinlich auf Antrieb seines Vaters, von ihrer Mutter fortgeschickt gewesen, aber, nachdem seine Ehe ein Jahr lang gedauert hatte, zurückgekehrt. Nun ist er wieder zu ihr gegangen und hat sich aus diesen wunderbaren Augen Leidenschaft und Tod getrunken. Einen Tag vor seinem Selbstmorde ist er nach ihrer Angabe zuletzt bei ihr gewesen, auffallend niedergeschlagen, und hat gesagt, er halte das Leben zu Hause nicht mehr aus, es brächte ihn unter die Erde. Dann ist er eines Abends um 9½ Uhr im Arbeitsanzuge in der Dunkelheit fortgegangen, hat zu seinem zehnjährigen Bruder ein letztes Wort gesagt, das dieser nicht verstanden hat, und ist geradeswegs nach der eine Viertelstunde entfernten Grube gegangen, denn die Uhr, die wir aus seiner Tasche zogen, stand auf ¾10. Die Frau, die ihn sehr geliebt und ihm, wenn überhaupt, nur milde Vorwürfe gemacht zu haben scheint, hatte ihn abends, als sie bereits im Bette lag, auf die Außendiele treten, dann aber an der Stubentüre vorbei wieder aus dem Hause gehen hören. Das junge Mädchen schien beim Verhöre eigentlich nur von Angst vor irgendeiner kriminellen Verantwortung erfüllt zu sein. Sie war in höchster Aufregung, aber von Schmerz um den Toten gewahrte ich nichts, obgleich seine Leiche eben durchs Dorf gefahren wurde. – Wie wunderbar ist es doch, daß ein Mensch dem andern die ganze Welt sein, daß er die ganze Welt nur durch ihn haben kann. – Da hast Du das Drama einer Leidenschaft auf dem Lande.«

Die Novelle entstand Anfang 1872. Am 29. Januar 1872 schrieb Storm an seinen Sohn Ernst: »Ich arbeite zwischen meinen täglichen Krampfschauern an einer Novelle . . .« Und am 12. März des Jahres teilte er Ernst und Elsabe Esmarch, den Eltern seiner ersten Frau, mit, daß er »dieser Tage« eine Novelle zu seiner Zufriedenheit beendet habe, »Draußen im Heidedorf«. Die erste Veröffentlichung erfolgte in der von Julius Rodenberg herausgegebenen Zeitschrift »Der Salon für Literatur, Kunst und Gesellschaft« (1872, Band 10, zweites Heft). 1873 wurde die Novelle in die Buchausgabe der »Zerstreuten Kapitel« (Gebr. Paetel, Berlin) aufgenommen.

322 *Verspruch:* Verlobung.

324 *Actum ut supra:* (lat.) Verhandelt wie oben. Formelhafte Wendung unter amtlichen Urkunden.

325 Rickwerk: Balken mit eisernen Ringen zum Anbinden der Pferde. – *in der Anfahrt:* beim Einlaufen der Schiffe.

326 Bauervogt: Dorfschulze.

327 Spillbaum: Ein etwa drei Meter hoher Strauch, auch Pfaffenhütchen genannt.

328 Ringlaufen: Geschicklichkeitsspiel, bei dem ein Ring im Laufen mit einem Stab von einem Seil heruntergestochen werden muß.

330 ließen ihr . . . gut: standen ihr gut (zu Gesicht). – *trotz seinem Jungen:* wie sein Junge.

331 Sympathie: Angebliche geheime Kraft zur Heilung von Krankheiten.

333 Beilegerofen: Stubenofen, der vom Flur aus geheizt wird.

337 punktieren: wahrsagen mit Hilfe von willkürlich hingeworfenen Punkten oder Strichen, die zu Figuren verbunden werden, deren Bedeutung dem Punktierbuch entnommen wird.

343 Wischen: Wiesen. – *steidel:* steil.

345 Setzwirt: Verwalter, Pächter.

POLE POPPENSPÄLER

Zu dieser Novelle wurde Storm angeregt durch die Aufforderung zur Mitarbeit an der (1873 von Julius Lohmeyer gegründeten) Zeitschrift »Deutsche Jugend«. Auch hier klingen zahlreiche persönliche Erinnerungen an; Husum und Heiligenstadt sind unschwer als Schauplätze der Handlung zu erkennen. Die Szene auf Seite 376ff. geht auf eine Begebenheit zurück, bei der Storms ältester Sohn Hans maßgebend beteiligt war. Der Dichter berichtete darüber am 8. Februar 1864 seinen Eltern: »Vor etwa vier Wochen, da wir die starke Kälte hatten, nachmittags, hörten wir das laute Weinen eines Kindes auf der Straße, und aus dem Fenster blickend, sahen wir, wie drüben im Gefangenhaus der Inspektor ein junges Zigeunerweib mit zwei Kindern mit der Hundepeitsche auf die Straße trieb. Ihr Mann war wegen Diebstahlsverdacht (er wurde wenige Tage später freigegeben) eingezogen, und sie wollte nun mit Gewalt mit eingesperrt werden. Frierend und weinend irrte sie nun auf der Straße herum. Der größere Knabe schrie laut nach seinem Vater. Die Dämmerung brach schon an, und draußen fror es 17 Grad. Die armen Menschen waren ohne Obdach, keine Seele erbarmte sich des Zigeunergesindels. Da haben wir, wie es sich für des Dichters Familie ziemte, die fahrende Heidin mit ihren Kindern an unsern Tisch gesetzt und sie mit heißem Kaffee und Semmeln erquickt. Aber dem schwarzhaarigen jungen Weibe wollte es nicht schmecken; sie dachte nur, wie ›der da drüben‹ sich um sie quälen werde. Daß

Lucie und den andern Kindern das zigeunerische Reden und der kleine lustige Junge, der sich aus dem Bündel auf ihrem Rücken loslöste, viel Spaß machte, könnt Ihr Euch wohl denken. Als nun aber die Leute satt und warm waren, da hatten wir noch nicht viel gewonnen. Nun aber trat Hans in Tätigkeit. Er ging mit ihnen in die kleinen Herbergen, zankte sich mit den Wirten, und da keiner sie aufnehmen wollte, ging er aufs Rathaus und dann zum Bürgermeister, und endlich hat er sie nach dessen Anweisung persönlich im hiesigen Armenhause untergebracht. Die Frau war schon so mutlos, daß sie sich mit ihren Kindern im Freien vor dem Stadttor niederlegen wollte.«

An literarischen Einflüssen ist vor allem eine Stelle aus dem ersten Buch von Gottfried Kellers »Grünem Heinrich« zu nennen (in der Urfassung der zweite Teil des siebenten Kapitels, der dem elften Kapitel der zweiten Fassung entspricht). Für die Darstellung des Faust-Puppenspiels benutzte Storm die Bearbeitung von Karl Simrock (1846). Nach einer Mitteilung an Emil Kuh (vom 25. Januar 1875) hat er auch »Kobells Gedichte sehr zu Rate gezogen«. (Franz von Kobell hatte 1840 Gedichte in oberbayrischer Mundart veröffentlicht.)

Das Manuskript trägt die Unterschrift »Husum, im Januar 1874«. Storm schickte es am 29. Januar an Julius Lohmeyer, den Herausgeber der »Deutschen Jugend«. In dem Begleitbrief heißt es: »Da ich die anliegende Reinschrift aus dem Konzept heraus- und vielfach umgearbeitet habe, so bitte ich das Manuskript recht vor Wasser- und Feuersgefahr in acht zu nehmen und es baldmöglich durch den Druck unter Dach zu bringen. – Dann wäre noch mein Wunsch, wenn möglich, die Erzählung in zwei Heften zu geben. Die Teilung bestimmt sich von selbst durch den Schluß der Jugendgeschichte. – Möge Ihnen denn nun auch dieser zweite Teil zusagen; nach meinem Erachten steht er dem ersten nicht nach, obgleich ich ihn unter einer Last von Brand-, Diebstahls-, Notzuchts- usw. -untersuchungen geschrieben habe, die grade in den letzten Monaten auf mich eingefallen sind. Meine Nerven tanzen aber auch jetzt; und es soll ein wenig geruht werden.« Offensichtlich hat Storm die Kindergeschichte (den späteren ersten Teil) ursprünglich als eine in sich geschlossene Novelle abgefaßt.

Am 8. Februar 1874 schrieb Storm an den Schriftsteller Georg Scherer in Stuttgart: »Im Monat Januar, bis zu Ende aus, habe ich sowohl als Richter wie als Poet in einer wahren Arbeitspresse gesessen. In letztrer Beziehung galt es eine Erzählung zu vollenden (›Pole Poppenspäler‹), die ich Dürr für seine ›Deutsche Jugend‹ versprochen hatte. Das ist denn auch gelungen; ich bin sogar so frech gewesen, die Hälfte der Personen darin süddeutschen Dialekt sprechen zu lassen; natürlich liegen die Verhältnisse so, daß sie ihn nur gemischt zu sprechen brauchen.« Weiter heißt es in dem Brief: »Übrigens, Jugendschriftstellerei anlangend, bin ich – wo es sich um *poetische* Arbeiten handelt – der Ansicht, daß man nie *für* die Jugend *schreiben* darf; denn da der Stoff, der die Gesetze seiner Behandlung in sich trägt, sein Recht haben muß, so kann ich ihn nicht anders behandeln, wenn ich mir den großen Paul, als wenn ich mir den kleinen Peter als Leser denke; d.h. wenn ich mich nicht zum handwerksmäßigen Fabrikanten erniedrigen will. Es kommt demnach darauf an, einen Stoff zu finden, der auch, bei sachgemäßer Behandlung, sich für die Jugend eignet. Ich bin begierig, was Sie zu meinem ›Pole Poppenspäler‹ sagen werden . . .«

Scherer war es auch, der die mundartlichen Dialoge der Novelle begutachtet hat; am 11. April 1874 schrieb ihm Storm: »In puncto ›Pole Poppenspäler‹ greife ich mit beiden Händen zu. – Nur bemerke ich: ich habe mir den Dialekt aus der Gegend so zwischen Berchtesgaden und München gedacht, Bayerisch und Österreichisch kann so durcheinandergehen. Auch sollen die Leute keineswegs absolut Dialekt sprechen (das Kind freilich mehr); denn sie sind ja überall in Deutschland umhergezogen; die beiden Eltern haben vielleicht schon zuviel davon gekriegt. In Situationen der Erregung und der Innigkeit kann es freilich mehr leiden. – Niemals darf ein Dialektwort vorkommen, das für einen, der bloß Schriftdeutsch kann, unverständlich wäre. – . . . Daß ich den Dialekt benutzt habe, ist eine unbeschreibliche Frechheit von mir, da ich ihn nie gehört habe.« Scherer erwiderte am 15. April: »Die Erzählung verträgt nur einen gehobenen, gleichsam idealisierten Dialekt, der sich auch noch nach den einzelnen Situationen modifiziert; diesen Dialekt haben Sie ganz merkwürdig richtig getroffen, so daß nur Kleinigkeiten zu berichtigen sind.«

Im vierten Band der »Deutschen Jugend« (Leipzig 1874) wurde die Novelle zum ersten Male gedruckt, mit Illustrationen von Carl Offterdinger. Im folgenden Jahre kam sie, zusammen mit »Waldwinkel«, bei G. Westermann in Braunschweig als Buch heraus. Dieser Ausgabe gab Storm folgendes Nachwort:

»Als bei Begründung der Zeitschrift ›Deutsche Jugend‹ auch meine Mitarbeiterschaft gewünscht wurde, vermochte ich, ungeachtet meiner Teilnahme für das so reich ausgestattete Unternehmen, dem Verlangen der Herren Herausgeber nach einer novellistischen Arbeit erst nach geraumer Zeit zu genügen.

Die Schwierigkeit der ›Jugendschriftstellerei‹ war in ihrer ganzen Größe vor mir aufgestanden. »Wenn du für die Jugend schreiben willst« – in diesem Paradoxon formulierte es sich mir –, ›so darfst du *nicht* für die Jugend schreiben! – Denn es ist unkünstlerisch, die Behandlung eines Stoffes so oder anders zu wenden, je nachdem du dir den großen Peter oder den kleinen Hans als Publikum denkst.‹

Durch diese Betrachtungsweise aber wurde die große Welt der Stoffe auf ein nur kleines Gebiet beschränkt. Denn es galt einen Stoff zu finden, der, unbekümmert um das künftige Publikum und nur seinen inneren Erfordernissen gemäß behandelt, gleichwohl, wie für den reifen Menschen, so auch für das Verständnis und die Teilnahme der Jugend geeignet war.

Endlich wurde die vorstehende Erzählung geschrieben. – Ob nun darin die aufgestellte Theorie auch praktisch betatigt worden oder, wenn dies auch im wesentlichen, ob nicht im einzelnen hie und da die Phantasie mir einen Streich gespielt, so daß ich unbewußt dem zunächst bestimmten jungen Hörerkreise beim Erzählen gegenübergesessen habe – beides wird der geneigte Leser besser als der Verfasser selbst zu beurteilen imstande sein.

Ein paar nicht eben erhebliche Stellen, welche in der Jugendzeitung, wenn auch unter Zustimmung des Verfassers, so doch nach dessen Überzeugung ohne zureichenden Grund, unterdrückt wurden, sind in dem vorstehenden Abdruck wiederhergestellt.«

353 Doppeltschilling: Alte niederdeutsche Silbermünze im Wert von knapp zehn Pfennigen.

363 Fauste, Fauste . . .: (lat.) Faust, Faust, du bist verdammt in Ewigkeit!

370 Geißelbrecht: Ein Puppenspieler dieses Namens war 1817 in Husum aufgetreten.

372 Weißens »Kinderfreund«: Christian Felix Weiße (1726-1804) gab von 1776 bis 1782 die pädagogische Zeitschrift »Der Kinderfreund« heraus.

375 Gelehrtenschule: Gymnasium.

377 Gerechtigkeit: Hier soviel wie rechtmäßiger Anspruch.

384 Stieg: Altes Zählmaß: 20 Stück.

385 Verspruch: Verlobung.

386 Harzdrittel: Münze mit einem Drittel Silbergehalt aus den alten Bergwerken des Harzes. – *Kremnitzer Dukaten:* Österreichische Goldmünze aus den Bergwerken bei Kremnitz (Kremnica).

388 Kosakenwinter: Der Winter 1813/14.

390 Schöne Minka, ich muß scheiden!: Anfang eines Gedichts von Christoph August Tiedge (1752-1841), nach einem russischen Volkslied. – *Suffiten:* Soffitten: Versatzstücke; Teile der Deckendekoration.

393 zu den Worten unserer Heiligen Schrift: Vgl. Neues Testament, Offenbarung des Johannes, Kapitel 14, Vers 13: »Selig sind die Toten, die in dem Herrn sterben, von nun an. Ja, der Geist spricht, daß sie ruhen von ihrer Arbeit; denn ihre Werke folgen ihnen nach.«

AQUIS SUBMERSUS

Über Konzeption und Anregungen äußerte sich Storm am 20. Juni 1876 in einem Brief an Paul Heyse: »Vor ein paar Jahren sah ich bei einem Besuche bei meinem Schwager Pastor Feddersen in dem zwei Meilen von hier ‹Husum› liegenden nordfriesischen Dorfe Drelsdorf . . . in der alten Kirche die schlecht gemalten Bilder einer alten dortigen Predigerfamilie. Der eine Knabe war noch einmal als Leiche gemalt, ob mit einer und welcher Blume, entsinne ich mich nicht. Unter diesem Totenbilde standen, oder stehen noch, die merkwürdigen, harten Worte: ›Incuria servi aquis submersus‹. Hinter dem Pastorate war noch eine Koppel mit einer Wassergrube, wahrscheinlich hatte der Knecht den Knaben dort ertrinken lassen. – Dies Bild ist mir immer von neuem nachgegangen. Da, vorigen Herbst, fuhr ich zu einer Erbschaftsinventur ein paar Meilen über Land, und während ich allein im Wagen lag, stieg die Geschichte in ihren wesentlichen Teilen vor mir auf; dann habe ich sie langsam, nur die besten Morgenstunden daranwendend, während fünf Monaten fertiggeschrieben. – Alles außer dem Obrigen, an Vorgängen und Menschen, ist absolut erfunden, d. h. außer einigem unserer Stadtchronik und Kieler und Hamburger Nachrichten entnommenen kulturhistorischen Drumherum. – Die Dorfkirche in der Dichtung ist übrigens die des unweit Husum belegnen Dorfes Hattstedt, wohin ich, wie in der Einleitung geschildert, oft mit dem Pastorensohn hinausging. Die Lokalitäten, Haus und Priesterkoppel etc., sind nicht so dort vorhanden.«

Über die Bilder in der Dorfkirche findet sich Genaueres in handschriftlichen Aufzeichnungen Storms, die er im September 1881 dem Literarhistoriker Erich Schmidt zur Verfügung stellte: »›Incuria servi‹ steht auf dem Rahmen des Bildes, auf einem holzgeschnitzten Bande, das Bild eines finster blickenden Geistlichen gehört der Dichtung an. In der Kirche zu Drelsdorf (Schleswig) ist noch in großem, in vier Abteilungen getrenntem Rahmen aus der ersten Hälfte des 17. Jahrhunderts zu sehen: als lebensgroße Kniestückbilder ein ehrenfest und wohlwollend blickender rötlichblonder stattlicher Pastor Andreas Bonnix und dessen Ehefrau; an der einen Seite in voller Figur der etwa zehnjährige Knabe, mit der qu. Umschrift im Rahmen; in der andern Seitenabteilung eine etwas ältere Tochter, doch auch noch Kind. Seitwärts hing, liegend, das Totenbild des Knaben, der eine *rote Nelke,* so mein ich bestimmt zu erinnern, in der Hand hielt. Dies Bild ist nach dem Druck meiner Dichtung bei einem Brande des Turms der Kirche verloren; ich selbst habe vergebens danach gesucht. – Erst etwa drei oder vier Jahre nachher (was mir haftengeblieben, war besonders die unbarmherzige Umschrift und das Totenbild) auf einer Amtsfahrt durch die sonnig goldne träumerische Herbstlandschaft stand auf einmal alles, wie es jetzt in der Dichtung steht, vor mir auf.«

An den Braunschweiger Zimmermeister und Brunnenbauer Albert Nieß schrieb Storm am 5. Oktober 1876: »Die Anregung ist mir in diesem Fall von außen gekommen. In einer benachbarten Dorfkirche sah ich vor einigen Jahren ein großes Ölbild, in vier Fächern die Familie eines dortigen Predigers aus dem 17. Jahrhundert darstellend, die beiden Eheleute nebst Sohn und Tochter. Unter dem Bilde des zehnjährigen, in ganzer Gestalt gemalten Knaben standen die Worte: ›Incuria servi aquis submersus‹. Unweit davon hing das Bild desselben Knaben auf dem Totenbett. Hinter dem Hause des Predigers befand sich eine Koppel mit einer Wassergrube, wo der Knabe ertrunken sein soll. – Diese seltsam harte, die Nachlässigkeit des armen Kerls verewigende Inschrift prägte sich mir ein und ging mir nach, bis sie mich endlich zu dieser Dichtung anregte, die freilich mit dem ursprünglichen Vorgang keine Ähnlichkeit hat. Außer diesem Motiv ist die ganze Fabel des Stückes von mir erfunden ...«

Die Bildunterschrift lautet genau: »Aquis incuria servi submersus obyt Ao 1656 7. May Aetatis 10« (Er starb, infolge der Unachtsamkeit eines Knechtes im Wasser versunken, am 7. Mai des Jahres 1656 im Alter von zehn Jahren). – Der Drelsdorfer Pastor hieß Georg (nicht Andreas) Bonnix.

Mit der Arbeit hat Storm vermutlich im November 1875 begonnen; am 15. April 1876 schickte er das Manuskript an die »Deutsche Rundschau«. Aus einem Brief an Heyse vom 16. April erfahren wir Näheres über die Verfassung des Dichters während der Arbeit: »Mir ist es so ergangen: von August bis in den Dezember plagte ich mich mit Nervenzuständen, und meine Phantasie war ein kranker Vogel, der die Schwingen am Boden schleifte. Trotzdem begann ich eine seltsame Geschichte von Anno 166*; aber weil es gar langsam vorwärtsging, so meinte ich jede Stunde, ich müsse mir's beweisen, ob ich's denn noch wirklich könne. Darüber schrieb ich alle meine Briefe, auch die an Sie, nur in Gedanken.« Ähnlich äußerte er sich am 6. Juli 1876 gegen Emil Kuh: »Unter allem Trubel, in dem ich in unserer geistig und gesellig angeregten kleinen Stadt den Winter abgelebt, war eine gewisse – wie soll ich sagen? – Lebensmüdigkeit oder Verzagtheit in mir; denn von gewisser Seite sind die Sorgen noch keineswegs gehoben und werden naturgemäß je älter desto schwerer und meine Schultern ebenso naturgemäß immer schwächer. Dabei war mir gerade, als ich mein ›Aquis submersus‹ begann, als hätte meine poetische Zeugungskraft abgenommen, und wenn eine gute Stunde kam, so drängte es mich, mir die tröstliche Überzeugung zu verschaffen, daß ich's doch noch könne.«

Im Oktober 1876 erschien die Novelle in der »Deutschen Rundschau«. 1877 folgte ein Einzeldruck bei Gebr. Paetel in Berlin, mit der Widmung: »Seinem Landsmann Wilhelm Jensen sendet dieses Buch als Gruß aus der Heimat der Verfasser«. Für diese Ausgabe hatte Storm am Text einige Korrekturen vorgenommen, da er von Wilhelm Petersen darauf hingewiesen worden war, daß die Prosa stellenweise in Versrhythmen verfalle. Über die geringe Wirkung beim Publikum war der Dichter enttäuscht; an Gebr. Paetel schrieb er am 27. März 1883: »Aquis submersus« werde wohl »zur Schande Deutschlands nie zu einer zweiten Auflage gelangen«. Erst 1886 wurde die Novelle erneut aufgelegt; in demselben Jahr hat Storm sie auch, zusammen mit »Eekenhof«, »Zur Chronik von Grieshuus«, »Renate« und »Ein Fest auf Haderslevhuus«, in die Sammlung »Vor Zeiten« (Gebr. Paetel, Berlin) aufgenommen.

395 Nepos ... Cicero: Cornelius Nepos (um 100-25 v. Chr.), römischer Geschichtsschreiber; Marcus Tullius Cicero (106-43 v. Chr.), römischer Redner, Schriftsteller und Staatsmann. Beider Werke wurden im Lateinunterricht des alten Gymnasiums (der »Gelehrtenschule«) viel gelesen, die des ersten wegen ihrer leicht faßlichen Darstellung, die des zweiten wegen ihres klassischen Stils.

396 fünf Quartier auf der Elle: fünf Viertel auf einem Ganzen; Überfluß.

397 Kaiphas: Jüdischer Hoherpriester zur Zeit Jesu.

398 Sammar: Amtskleid des Geistlichen.

402 am Sonntage Cantate: am vierten Sonntag nach Ostern. – *van der Helst:* Bartholomäus van der Helst (1613-1670), niederländischer Porträt- und Historienmaler. – *Grauwerk:* Pelzwerk des im Winter grau gewordenen Eichhörnchens. – *Herzog Friederich:* Friedrich III. von Schleswig-Holstein-Gottorp (1597 bis 1659), Herzog seit 1616.

403 Hintritt des Schwedischen Carolus: Karl XII., König von Schweden (seit 1697), fiel am 11. Dezember 1718 bei Frederikshald in Norwegen. Der Nordische Krieg, der 1700 ausgebrochen war, wurde 1721 durch den Frieden von Nystad beendet; Schweden mußte auf seine Vormachtstellung in Nordeuropa zugunsten Rußlands verzichten. – *tücken:* bekümmern. – *Vacanz:* Ferien.

405 obligeant: (franz.) dienstbeflissen.

406 Helena: Nach der griechischen Mythologie die schönste Frau ihrer Zeit; ihre Entführung nach Troja bildete den Anlaß für den Trojanischen Krieg.

408 Gueridon: (franz.) Leuchter.

412 Ruisdael: Salomon van Ruisdael (um 1600-1670), Onkel und Lehrer des bekannten niederländischen Malers Jacob van Ruisdael.

413 O, c'est un jeu très-compliqué!: (franz.) Oh, das ist ein sehr verwickeltes Spiel!

414 Kieler Umschlag: Jahrmarkt; ursprünglich Umschlag von Waren und Geld. – *octavis trium regum:* (lat.) während der acht Tage um den Dreikönigstag.

415 Georg Ovens: Maler (1623–1679) aus der Schule Rembrandts. – *saeculum:* (lat.) Jahrhundert.

418 »rückwärts den Winden leichte Küsse werfend«: Vielleicht eine Reminiszenz an Shakespeares »Kaufmann von Venedig« (III, 2):

»Blickt auf die Schönheit,
Ihr werdet sehn, man kauft sie nach Gewicht,
Das hier ein Wunder der Natur bewirkt
Und, die es tragen, um so lockrer macht.
So diese schlänglicht krausen goldnen Locken,
Die mit den Lüften so mutwillig hüpfen
Auf angemaßten Reiz: man kennt sie oft
Als eines zweiten Kopfes Ausstattung ...«

421 *Flechsen:* Schenkel.

422 *Fluchten:* Flügel. – *Knick:* Grenzhecke.

423 *Döns:* Wohnstube im niedersächsischen Bauernhaus.

424 *suppliciren:* flehentlich bitten. – *Allons donc! ...:* (franz.) Beginnen wir also! Zehn und Dame! – Dame und Bube! – *Übermann:* Besieger. – *Speciesthaler:* Silbermünze mit aufgeprägtem Porträt.

429 *van Dyck:* Anthonis van Dyck (1599-1641), niederländischer Maler.

430 *Änkel:* Fußgelenk.

434 *Arkebuse:* Hakenbüchse.

436 *Anstände:* Hindernisse.

437 *ich lasse ja recht munter:* ich sehe ja recht munter aus.

438 *Aufschlag:* Umgang, Verkehr.

439 *Geliek as Rook ...:* Vgl. Seite 400.

440 *die Auferweckung Lazari:* Nach dem Neuen Testament, Evangelium des Johannes, Kapitel 11. – *Thumherr:* Domherr. – *Losament:* Quartier. – *Pesel:* Großer Speise- und Festraum im Erdgeschoß des niedersächsischen Hauses.

441 *Leilach:* Leichentuch. – *Griper:* Marktwächter. – *Beischlag:* Vorbau vor dem Hauseingang. – *Brüche:* Strafgelder, die beim Bruch des Gastrechts zu zahlen sind. – *Ostenfelde:* Von Ostfriesen gegründetes Dorf südöstlich von Husum; seine Bewohner unterschieden sich durch Mundart und Kleidung von der Bevölkerung der umliegenden Orte.

443 *Amtsvorweser:* Amtsvorgänger.

444 *Archidiaconus:* Kirchlicher Verwaltungsbeamter.

445 *anno 34 bei der großen Fluth:* Im Jahre 1634 zerstörte eine Sturmflut mehrere Dörfer und kleine Inseln. – *die holländischen Papisten:* Nach der Sturmflut von 1634 waren katholische Holländer nach der Insel Nordstrand, gegenüber Husum, berufen worden.

448 *Fron:* Gerichtsdiener, Gefängniswärter. – *Racker:* Schinder, Abdecker. – *Justification:* Urteilsvollstreckung.

449 *Brotschragen:* Verkaufsbuden. – *Schwibbogen:* Schwebebogen; zwischen zwei Mauerteilen frei stehender Bogen.

451 *Blumenscherben:* Blumentöpfe.

452 *der griechische Heidengott mit seinem Stabe:* Der Götterbote Hermes (lat.

Merkur) führte nach antiker Vorstellung auch die Seelen der Toten in die Unterwelt.

EEKENHOF

Über die Anregung zu der Novelle berichtete Storm an Heyse (9. Mai 1879): »Die Veranlassung gab mir eine Zeitschrifts-Notiz über Chamissos ›Geist der Mutter‹.« Die Notiz ist nicht bekannt. Dem Gedicht »Der Geist der Mutter« (1833), das seinerseits auf Varnhagen von Enses Erzählung »Das warnende Gespenst« (1812) zurückgeht, ist der Mordversuch des Vaters an seinem Sohn und die Vereitelung der Absicht durch die Erinnerung an die verstorbene Mutter nachgebildet. Ein weiteres Motiv, die Geschwisterliebe, hatte Storm bereits 1853 in seinem Gedicht »Geschwisterblut« gestaltet.

Am 18. April 1879 schrieb Storm an Gebr. Paetel: »Das Gerüste ist fertig in meinem Kopf, so daß ich die Geschichte gestern schon erzählt habe.« Wenig später begann er mit der Niederschrift. In dem oben zitierten Brief an Paul Heyse vom 9. Mai 1879 heißt es: »Damit Du mich nun nicht ganz in Resignation, oder wie alle diese lebensfeindlichen Elemente heißen, versunken meinst, will ich noch hinzusetzen, daß ich an einer Geschichte höchst vorsichtig schreibe, deren erste Worte Stimmung und Gangart anzeigen: ›Es klingt wie eine Sage‹. Es muß nun alles so etwas wie aus der Ferne klingen und sich ansehen, lebendig und doch wie aus dem Nebel herausgetuscht. Wie gesagt, ich gehe sehr heikel damit um. Ob ich Herr darüber werde, weiß ich noch nicht ganz.« Am 30. Mai schrieb er an den Verlag der Gebrüder Paetel: »Die Novelle schreitet langsam vorwärts; sie muß sehr heikel angefaßt werden; doch hoffe ich trotz aller Amtsqual im September fertig zu werden.« Am 19. Juli war das Werk, wie Storm an Petersen schrieb, »fast vollendet«. Und weiter heißt es in dem Brief: »aber das Ende trägt die Last; ich glaube, es wird diesmal nicht übel; zum 10. August muß es fertig sein.« Dem Verlag kündigte er das Manuskript am 31. Juli »zum 10. August, spätestens 15. desselben Monats« an. Abgeschickt hat er es bereits am 6. August.

Am 28. August 1879 schilderte der Dichter dem Literarhistoriker Erich Schmidt die Schwierigkeiten, die mit der Arbeit verbunden gewesen waren: »Das Schwierige war diesmal die Ökonomie der Dichtung; dem Stoffe gemäß mußte es im wesentlichen so aus dem Nebel hervorgetuscht und, wenn es in der Schilderung zu nahe auf den Leib rückte, wieder zurückgeworfen werden; daher der häufige Gebrauch des Perfektums. Wo ich erst eine Szene dachte, vielleicht halb ausführte, schob ich sie nachmals wieder hinter die Kulissen und ließ davon vor- und nachher nur die Reflexe auf die Bühne fallen. So bei der letzten Wiederkehr des Detlev; so, wie sie zuletzt zur Großmutter gehen. –

Ein wunder Punkt, worüber ich noch sinnen werde, ist das Zurücklassen der Pistolen in des Vaters Stube. Das ist nach Lage der Sache nicht genügend motiviert.« (Fast mit den gleichen Worten äußerte sich Storm am 20. September gegen Keller.)

Im Oktober 1879 wurde »Eekenhof« in der »Deutschen Rundschau« zuerst gedruckt. Zwei Buchausgaben erschienen 1880 bei Gebr. Paetel in Berlin: »Zwei Novellen« (zusammen mit »Im Brauerhause«) und »Drei neue Novellen« (mit »Im Brauerhause« und »Zur ›Wald- und Wasserfreude‹«). 1886 wurde »Eekenhof« in die Sammlung »Vor Zeiten« aufgenommen.

Für die Buchausgaben strich Storm nach dem Rat von Erich Schmidt den umfangreichen Schluß des Erstdrucks. Dort stand der jetzige Schlußsatz (mit einer kleinen Variante) – Von Heilwig aber und dem blonden Reitersmann hat sich jede Spur verloren – *bereits nach Seite 496, Zeile 10. Der Schluß der Novelle lautete:*

Und so in seiner Einsamkeit ist er an die äußerste Grenze des Menschenlebens gelangt. Die Erscheinung des unruhigen Bildes aber ist nicht mehr gesehen worden; doch haben einige wissen wollen, daß auch dieses selber aus der Gesellschaft des stillen Saales verschwunden sei.

Schon weit vor über hundert Jahren ist das Gebäude des Eekenhofes abgebrochen; wohin die Geschlechtsbilder des Rittersaales geraten sind, hat der Erzähler nicht erfahren können.

Nur dies eine soll noch erwähnt werden.

Zu Bergen in Norwegen hat von dem Anfang bis fast zur Mitte des vorigen Jahrhunderts unter dem vornehmeren Kaufmannsstande ein Geschwisterpaar gelebt, von denen es geheißen, daß sie einem norddeutschen Adelsgeschlechte angehörten. Manch schönes Mädchenauge soll nach dem blonden Kaufherrn ausgesehen, mancher hochangesehene Stadtherr um die Hand der dunkelhaarigen Schwester geworben haben; aber sie haben beide das Glück der Ehe nicht so hoch geschätzt, um dafür eines von dem andern abzulassen. Sonntags zum Gottesdienste in der deutschen Kirche, oder abends, wenn die Comptoire geschlossen waren, zu einem Lustgang vor der Stadt, hat man sie viele Jahre lang durch die unebenen Straßen Bergens miteinander wandeln sehen; zuerst in nicht alltäglicher Jugendschöne, später, und selbst in höherem Alter, noch stattlich und von edlem Aussehen. Und wo sie vorübergegangen sind, haben die Menschen, die etwa vor ihren Häusern standen, sie ehrerbietig gegrüßt und hinter ihrem Rücken ihnen freundliche Worte nachgeredet. Zuletzt ist nur noch die Schwester dagewesen; doch nicht lange mehr.

Man würde diese Nachrichten nicht besitzen, und vor allem, sie würden hier nicht zu erwähnen sein, wenn nicht aus dem Nachlaß der Geschwister ein jugendliches Frauenbildnis von der Meisterhand des Schleswigschen Malers Jurian Ovens in eine der im vorigen Jahrhundert angelegten deutschen Galerien gelangt wäre. Es soll in deren großem Hause in einem stillen, selten betretenen Gemache gehangen haben und die Mutter derselben in ihrem Brautstande darstellen, obwohl die Schwester in keinem Zuge dem blonden Mädchenkopfe des Bildnisses soll geglichen haben.

461 *Eekenhof:* Eichenhof.

462 *Grafenfehde:* Gemeint ist ein Krieg der Stadt Lübeck gegen Dänemark und Schleswig-Holstein (1534-1536), in dem die Heerführer auf beiden Seiten Grafen waren. – *Herzog Christian Albrecht und der dänische König:* Dem Herzog Christian Albrecht von Holstein-Gottorp (1659-1694) wurde von dem dänischen König Christian V. (1670-1699) die Souveränität streitig gemacht.

463 *Jurian Ovens:* Maler (1623-1679) aus der Schule Rembrandts.

466 *Informator:* Erzieher, Hauslehrer.

467 *Gichter:* Krämpfe.

469 *Wocken:* (niederdeutsch) Rocken.

472 *Chinaapfel:* Apfelsine.

475 *candidatus reverendi ministerii:* (lat.) Kandidat des ehrwürdigen Predigeramtes. – *emeritus:* (lat.) Geistlicher im Ruhestand. – *Henrici Müllers »Liebeskuß«:* »Der himmlische Liebeskuß oder Übung des wahren Christentums, fließend aus der Erfahrung der göttlichen Liebe« (1659), Schrift des Rostocker Theologen Heinrich Müller (1631-1675). – *more solito:* (lat.) in ihrer üblichen Art.

477 *neue Universität:* Die 1665 gegründete Universität Kiel.

478 *Schimpf:* Hier soviel wie Scherz.

489 *Sigille:* Siegel. – *verlaufen:* vergangen, verflossen.

490 *Gülten:* Einkünfte.

DIE SÖHNE DES SENATORS

Über die Anregung zu der Novelle schrieb Storm im Dezember 1880 an Albert Nieß: »Ein Vorgang unter meinen mütterlichen Vorfahren (der Familienname war jedoch: ›Woldsen‹) gab mir die Veranlassung; nur hat der Urenkel erst die Sühne unternommen.« Die entsprechende Stelle aus der Woldsenschen Familienchronik hat Gertrud Storm (II, 194f.) mitgeteilt: »Es erübrigt, noch zu erzählen, daß der Geist der Zwietracht nach dem Tode Simons ‹Simon Woldsen, 1696-1765, Bürgermeister in Husum, Storms Urgroßvater› unter seinen Kindern fortgelebt hat. Die beiden Söhne, Friedrich und Simon, Halbbrüder, gerieten wegen eines zum Nachlasse ihres Vaters gehörigen Gartens in Streit. Sie wohnten Haus an Haus in der Hohlen Gasse, und ihre Häuser hatten unmittelbar hinter sich keine Gärten. Quer über die Straße, unweit der Wohnhäuser, lag der zum Streitobjekte gewordene Garten. Die Entzweiung der Brüder dauerte angeblich bis an ihr Lebensende. Um sich nicht zu sehen, führte Simon zwischen den Höfen der Wohnhäuser eine hohe Mauer auf, die noch steht. Simon scheint der Unverträgliche gewesen zu sein. Aus der Verteilungsliste des Woldsenschen Familienlegats ersehen wir, daß die Brüder auch zu diesem Zwecke, wie bei anderen Erbteilungsangelegenheiten, nur schriftlich miteinander verkehrten, Simon stets opponierte und die übrigen Familienmitglieder immer auf seiten des ruhigen und besonnenen Friedrichs waren.«

Mit der Arbeit begann Storm Ende 1879, während er seine Übersiedlung nach Hademarschen vorbereitete. Am 11. Februar 1880 schrieb er an Petersen: »Ich habe viel zu tun, arbeite jetzt oft angestrengt in Amtssachen, die mir nie greulicher gewesen sind, acht Stunden am Tage. Trotzdem ist, unter Benutzung der abfallenden einzelnen Stunden, die neue freundliche Geschichte: ›Die Söhne des Senators‹ oder ›Um den Garten‹, schon in den vierten Konzeptbogen hineingewachsen.« Drei Tage später ließ er den Verlag der Gebrüder Paetel wissen: »Zum Mai oder so herum hoffe ich Ihnen im Gegensatz zu den letzten Sachen eine kleine idyllische Geschichte einsenden zu können.« Und am 9. April: »Die freundliche Familiengeschichte von Anno 1700 und etliche hoffe ich trotz allen Trubels in guten Morgenstunden doch bis Ende Mai oder Mitte Juni ans Ziel zu führen.« Am folgenden Tage schickte er einen Teil des Manuskripts an Petersen, mit der Bitte, er möge ihm sagen, »ob man dergleichen verständigen Leuten vorsetzen kann und ob es vollendet oder in den Ofen gesteckt werden soll«. Und am 23. April heißt es, wieder an Petersen: »Daß die ›Söhne‹ Ihnen nicht nur nicht miß-, sondern im wesentlichen gefallen, tat mir wohl; ich bin in dem Trubel ganz urteilslos. Ich werde, wie Keller die meinen, Ihre Ratschläge nur mäßig zu mißbrauchen suchen.« In Hademarschen hat Storm die Novelle am 14. Juni beendet und am gleichen Tag an den Verlag geschickt.

Wie aus einem Brief an Friedrich Westermann vom 30. Juni 1880 hervorgeht, hatte Storm die Novelle, weil sie sich »wesentlich auf einem anekdotischen Motiv« aufbaute, zunächst für die Zeitschrift »Deutsche Jugend« bestimmt; »da es sich jedoch während der Arbeit kräftiger gestaltete«, gab er sie der »Deutschen Rundschau«. Dort wurde sie im Oktober 1880 zuerst gedruckt. Im folgenden Jahr erschienen zwei Buchausgaben bei Gebr. Paetel in Berlin: »Die Söhne des Senators« (Einzeldruck, mit der Widmung »Meinem lieben Freunde Reg.-Rat Wilhelm Petersen zugeeignet«) und »Der Herr Etatsrat. Die Söhne des Senators. Novellen«.

499 Zopfstil: Abschätzige Bezeichnung für den nüchternen Stil des 18. Jahrhunderts, der im Gegensatz zum üppig-überladenen Rokokostil pedantisch-steife Formen bevorzugte. – *Flora:* Römische Blumengöttin.

500 »O du schönes Weltgebäude«: Früher weit verbreitetes Kirchenlied des Gubener Bürgermeisters Johann Franck (1618-1677).

502 Sèvresporzellan: Porzellan aus der (um 1750 gegründeten) Manufaktur in Sèvres bei Paris.

503 Kodizill: Zusatz zum Testament.

504 perdrix aux truffes: (franz.) Rebhuhn mit Trüffeln.

505 »Beschattet von der Pappelweide«: Gedicht (1781) von Johann Heinrich Voß (1751-1826). – *»Blühe, liebes Veilchen«:* Gedicht (1788) von Christian Adolf Overbeck (1755-1821).

506 Futterhemd: Unterwams, Jacke. – *Beischlagsbänke:* Bänke auf dem Vorbau vor dem Hauseingang.

508 Brigg: Zweimastiges Segelschiff. – *Lichter:* Leichter; kleines Fahrzeug zum Entladen größerer Schiffe. – *ad processum ordinarium:* (lat.) zum ordentlichen Gerichtsverfahren. – *subskribiert:* unterschrieben. – *Ratsverwandter:* Ratsherr.

513 Übers Bohnenlied: Alte sprichwörtliche Redensart, soviel wie: es ist unglaublich. Die sogenannten Bohnenlieder schildern Unsinnigkeiten und Albernheiten.

514 Eulbesen: Kehrbesen mit langem Stiel.

515 Quittanz: (franz. quittance) Quittung. – *kalmankene Sonntagskontusche:* Sonntägliches Oberkleid aus gemustertem Wollstoff.

516 Ausgabepost: Post: alte Form für Posten.

518 Sentenz: Urteilsspruch. – *Rezesse:* Ausführungen, Auseinandersetzungen, Vergleiche.

523 Pankratius und Servatius: Zwei der sogenannten Eisheiligen (12. und 13. Mai).

528 Döntje: (lustige) Geschichte.

529 Konsens: Zustimmung.

531 Deduktionen seiner Klage- und Replikrezesse: Beweise seiner Klagen und Erwiderungen (auf die Ausführungen der Gegenpartei). – *sub rosa:* (lat.: unter der Rose) unter dem Siegel der Verschwiegenheit.

DER HERR ETATSRAT

Eine Quelle scheint Storm für diese Novelle nicht benutzt zu haben. Über die Konzeption schrieb er am 17. November 1880 an Wilhelm Petersen: »Sie sorgten, und mit Recht, darum, daß ich wieder etwas auf die Staffelei bekäme ... Aber die Sorge ist schon gehoben; zu einem alten Anfang: ›Also Sie haben die Bestie noch gekannt?‹, der jahrelang gelegen, haben sich plötzlich die Szenen eingefunden, so daß ich an dem wunderlichen Ding jeden Morgen in alter Behaglichkeit schreibe ... Das neue Stück Arbeit wird übrigens nur kurz, dafür aber auch hoffentlich vor Weihnacht fertig.« Zwei Tage zuvor, am 15. November, hatte Storm Paul Heyse in ähnlicher Weise berichtet: »Zur Zeit schreibe ich an einer skizzenhaften kleinen Geschichte: ›Der Herr Etatsrat‹, die hoffentlich vor Weihnachten zu Papier kommt; es machte mich ganz glücklich, als ich vor acht Tagen endlich wenigstens die Feder wieder ansetzen konnte.«

Die Arbeit nahm mehr Zeit in Anspruch, als Storm geglaubt hatte. Erst am 3. Februar 1881 konnte er Petersen mitteilen: »Mein ›Herr Etatsrat‹ wird diese oder Anfang nächster Woche fertig; und ich hoffe Ihnen bald Korrekturbogen sub. pet. rem. ‹mit der Bitte um Rückgabe› schicken zu können. Langweilig ist's, glaub ich, nicht, eine eigentliche Novelle auch nicht. Übrigens kann ich nicht leichthin, nicht anders arbeiten als wie bisher. Ich muß, was ich auch habe, so gut machen, wie ich nur kann; da wird denn manches gestrichen und umgeschrieben und im einzelnen viel geändert. – Neulich las ich in der ›Rundschau‹, daß Balzac ähnlich gearbeitet.« Aus einem Brief an Keller vom 28. November 1881 geht hervor, daß auf die Änderungen Storms Gattin Einfluß gehabt hat: »Meine Frau mit ihrem schlichten Wesen und Verstande, aber freilich mit dem ›doch willst du wissen, was sich ziemt‹ etc. muß – wenn ich es ihr nicht vorlese – alles lesen, was und während ich es schreibe; ich sitze ihr dann wohl gegenüber und suche es ihr vom Gesicht zu lesen, ob es ihr munter eingeht oder ob es nicht recht vorwärts will; dann ruf ich ›Halt‹ und katechisiere, bis ich ihre Meinung oder meist ihre Empfindung in casu quo deutlich vor mir habe; so ist noch zuletzt in den ›Etatsrat‹ eine Stelle hineingekommen, wo ich in der Tat zu sprunghaft verfahren war. Das so Hinzugekommene ist der Brief an Archimedes' Vater während dessen Krankheit.«

Im August 1881 wurde die Novelle in »Westermanns Illustrierten Deutschen Monatsheften« zuerst gedruckt. Im gleichen Jahre erschien eine Buchausgabe bei Gebr. Paetel, Berlin (zusammen mit »Die Söhne des Senators«); 1882 folgte ein Einzeldruck in demselben Verlag. Für den Erstdruck hatte Storm einige Stellen ändern müssen, worüber er am 14. August 1881 an Keller schrieb: »Diesen ›Etatsrat‹ ... bitte ich Sie nicht zu lesen, bis ich Ihnen die Buchausgabe gegen Weihnachten schicke; ich habe nämlich (unverkennbare Folge der sich einstellenden Altersschwäche) auf Friedrich Westermanns Flehen einige Stellen in usum delphini oder delphinarum verballhornisiert, was erst in der Buchausgabe wieder auf die Beine gestellt wird.« Und in einem Brief an Erich Schmidt (20. Mai 1881) heißt es: »Im ›Etatsrat‹ habe ich auf drei Stellen soeben noch große Milderungen vorgenommen.« Die wichtigsten Varianten seien hier mitgeteilt:

Seite 537, Zeile 18f.: Statt der Worte bis er zuletzt in greuelvoller Unbekleidung dasaß *hieß es im Erstdruck:*

bis der Geist aus einigen weiteren Gläsern den Herrn Etatsrat über alle Schwere und Unbequemlichkeit des irdischen Leibs hinausgehoben hatte.

Seite 573, Zeile 10-12: Statt der Worte oder wenn ... wecken können! *stand in der Handschrift der Satz:*

Denn euer Vater Adam hat wohl mit vom Paradiesesbaum gegessen; aber den Fluch dafür hat Gott der Herr uns armen Weibern aufgeladen! *Diese Stelle findet sich in keinem der Drucke.*

Seite 573, Zeile 33, bis Seite 574, Zeile 3: Statt der Sätze Als der Zug ... hinabgesenkt *stand im Erstdruck:*

Der Herr Etatsrat dampfte aus seinem Meerschaumkopfe, als müsse er unsichtbar machende Wolken zwischen sich und die heranschwankende letzte Bettstatt seines Kindes bringen; gleichwohl, als man sich seinem Sitze näherte, scheuchte er sie mit seiner runden Hand zur Seite, so daß das stark gerötete Antlitz daraus hervorsah. Er rückte auf seiner Bank; es schien, als ob er zum Gefolge reden wollte. »Contra vim mortis! Contra vim mortis!« sagte er kopfschüttelnd und winkte herablassend mit der freien Hand nach unten. »Aber recht schönes Wetter hat sie sich zu ihrem letzten Gange ausgesucht!« Er hatte ein paarmal zu diesen Worten angesetzt; als er sie sprach, war der Zug schon in den Kirchhof eingetreten.

»Diesem ohnerachtet«, versicherte mich der alte Rotgießermeister, »und da ich einstmals unsere Quinta durchgemacht, hatte ich das alles wohl verstanden; unser Herrgott läßt eben allerlei Volk in seiner Welt gedeihen; er muß schon wissen, wozu das taugen mag! Aber sagen muß ich doch, nachdem wir den Sarg mit den beiden armen Kindern eingesenkt hatten und nun den Weg zurückgingen, da rauchte der Herr Etatsrat nicht mehr; seine Hand, in welcher er zuvor die Pfeife gehalten hatte, hielt jetzt einen vom Stamme halb abgerissenen Lindenzweig umklammert, und seine Augen stierten nach dem Kirchhof, wo hinter uns die schwarze Grube zugeworfen wurde; ich glaube gar nicht, daß er uns gesehen hat.«

So erzählte mir der alte Handwerksmann, mit beiden Armen über seine Gartenplanke lehnend, und da auch ihm die Pfeife dabei ausgegangen war, so nahm er aus meinem dargebotenen Täschchen eine Zigarre und blies dann wieder, mit behaglichem Schmunzeln über das ungewohnt gute Kraut, die blauen Wolken vor sich hin. »Es ist ja heute kein Begräbnis«, sagte er wie entschuldigend.

Außer den »Milderungen« findet sich am Schluß noch eine abweichende Lesart (Seite 574, Zeile 12-15): Statt der Sätze: Und der Herr Etatsrat ... aus allem wird! *hieß es im Erstdruck:*

»Ist das eine Novelle, deren Sie mich da gewürdigt haben?« frug er und langte aufs neue in die Zigarrenkiste, die ich ihm mittlerweile zugeschoben hatte.

»Eine Novelle? Ich glaube kaum; wenn Sie durchaus klassifizieren müssen, so stellen Sie es zu den ›Zerstreuten Kapiteln‹, die ich neulich so fein mit ›Le capital dissipé‹ übersetzt gelesen habe.«

»Hm, ich verstehe. Und der Herr Etatsrat, was ist aus dem geworden?«

»Nun, was zuletzt aus allen und aus allem wird!«

Zum Verständnis der Anspielung in der letzten Variante dient ein Brief Storms an Wilhelm Petersen vom 1. Dezember 1880: »Aus Paris erhielt ich einen Korrektur-Ausschnitt eines biographischen Lexikons zur Revision des mich betreffenden Artikels. Darin war ›Zerstreute Kapitel‹ übersetzt: ›Le capital dissipé‹; also ›Das verschleuderte Kapital‹. Sehr boshaft!«

Am 8. Juni 1881 schrieb Storm an Albert Nieß: »... man hat von mir gesagt, die Familie sei die Domäne meiner Poesie; dieser ›Etatsrat‹ zeigt die Familie in der Zerstörung mit den tiefsten Schatten. Das Groteske einzelner Teile bedingte eine etwas schwerflüssige Behandlung im Vortrage; vielleicht ist es hie und da etwas zuviel geworden und kann bei der Buchausgabe gemildert werden; einige andre Milderungen, die ich auf Herrn Fr. Westermanns Bitten für die ›Monatshefte‹ habe eintreten lassen, sollen dann auch wieder entsprechendes Maß erhalten.«

Die endgültige Fassung des Textes hat Storm aus der Handschrift und dem Erstdruck in »Westermanns Monatsheften« hergestellt. Er berichtete darüber am 6. Juli 1881 Erich Schmidt: »Sie erhalten anbei die Stellen des ›Etatsrats‹ gedruckt, wie sie in usum delphini geändert sind; zugleich habe ich, was davon für die Buchausgabe wieder fort soll, mit Bleistift durchstrichen und die schließliche Feststellung dabeigeschrieben. So haben Sie nun den ganzen Vorgang. Die Ändrung des Nachtgesprächs zwischen dem Rotgießer und der Alten bleibt, denn es muß, besonders am Ende, bei allem, was mit der Phia in Beziehung steht, das Vulgäre, ja das Derbe vermieden werden, wie z.B. die Anspielung auf den Apfelbiß.«

536 Glasharmonika: Instrument mit Glasglocken oder -stäben, die durch Streichen oder Klopfen in Schwingungen versetzt werden. – *»Landesvater«:* Reaktionäres Studentenlied, das mit den Worten beginnt: »Alles schweige, jeder neige ernsten Tönen nun sein Ohr«, und an dessen Schluß der jeweilige

Landesherr anzureden war: »Landesvater, Schutz und Rater, unser König (Herzog usw.), lebe hoch!« – *»Fürst von Thoren«:* Studentisches Kommerslied, das mit den Worten beginnt: »Ich bin der Fürst von Thoren, zum Saufen auserkoren.« – *»Freude, Göttin edler Herzen«:* Anfang des Liedes »An die Freude« von Friedrich von Hagedorn (1708-1754).

538 *Gelehrtenschule:* Gymnasium. – *Alma mater:* (lat.) Nährende Mutter. Traditionelle Bezeichnung für Hochschule, Universität. – *Kollaborator:* Hilfslehrer.

539 *thé dansant:* (franz.) Tanztee.

541 *Oger:* Menschenfressender Riese im Märchen.

543 *Willis:* Elfenartige Gestalten einer slawischen Sage. Vgl. Heinrich Heines Aufsatz »Elementargeister«: »Die Willis sind Bräute, die vor der Hochzeit gestorben sind. Die armen jungen Geschöpfe können nicht im Grabe ruhig liegen, in ihren toten Herzen, in ihren toten Füßen blieb noch jene Tanzlust, die sie im Leben nicht befriedigen konnten, und um Mitternacht steigen sie hervor, versammeln sich truppenweis an den Heerstraßen, und wehe dem jungen Menschen, der ihnen da begegnet! Er muß mit ihnen tanzen, sie umschlingen ihn mit ungezügelter Tobsucht, und er tanzt mit ihnen, ohne Ruh und Rast, bis er tot niederfällt. Geschmückt mit ihren Hochzeitkleidern, Blumenkronen und flatternde Bänder auf den Häuptern, funkelnde Ringe an den Fingern, tanzen die Willis im Mondglanz, ebenso wie die Elfen. Ihr Antlitz, obgleich schneeweiß, ist jugendlich schön, sie lachen so schauerlich heiter, so frevelhaft liebenswürdig, sie nicken so geheimnisvoll lüstern, so verheißend; diese toten Bacchantinnen sind unwiderstehlich.«

548 *von der Flut verschlungen:* Anspielung auf die Sturmflut, die Storm 1825 in Husum miterlebt hat.

552 *Speziestaler:* Silbermünze mit aufgeprägtem Porträt.

554 *mit einer Anzahl von drei weißen Kugeln . . .:* Gemeint ist: Bei der Abstimmung der Mitglieder hatten immerhin drei von ihnen für die Aufnahme Käfers in den exklusiven Verein der Honoratioren gestimmt. – *Hardesvogt:* Amtsvorsteher einer Harde, eines aus mehreren Dörfern oder Höfen bestehenden Verwaltungsbereichs.

555 *Korrealobligationen:* Gesamtschuldverhältnisse, bei denen »mehrere eine Leistung in der Weise« schulden, »daß jeder die ganze Leistung zu bewirken verpflichtet, der Gläubiger aber die Leistung nur einmal zu fordern berechtigt ist«. – *rector magnificus:* (lat.) Rektor einer Universität. – *data dextera:* (lat.) durch Handschlag. – *Celeberrimus:* (lat.) der Hochberühmte. – *Schnabelkerfe:* Insektenordnung, zu der u. a. die Wanzen gehören.

557 *Lüstre:* Glanz.

558 *Philippika:* Aggressiv zurechtweisende Rede; genannt nach den Reden des athenischen Rhetors und Staatsmanns Demosthenes (384-322 v. Chr.) gegen Philipp von Makedonien.

562 Petit-Kanaster: Feingeschnittener Rauchtabak.

563 Relegation: Verweisung von der Universität.

565 Nervenfieber: Typhus. – *instanter:* (lat.) sogleich.

567 Knochendreher: Drechsler.

569 Konsenior: Mitvorsitzender einer Studentenverbindung.

570 Urständ: Auferstehung. – *Dulce merum ‹vinum›:* (lat.) Süßer reiner (Wein). Wendung aus mehreren Oden des römischen Dichters Horaz. – *Böotier:* Soviel wie Philister. Die Böotier galten im Altertum bei den Athenern als schwerfällig, rückständig und unempfänglich für Künste und Wissenschaften. – *retradieren:* zurückschicken.

572 Trikotage: Strickarbeit.

573 Contra vim mortis: (lat.) Gegen die Macht des Todes.

HANS UND HEINZ KIRCH

Die Novelle geht auf eine wahre Begebenheit zurück, von der Storm während eines Aufenthaltes bei seiner Tochter Lisbeth in Heiligenhafen (Herbst 1881) erfuhr. In seinen Aufzeichnungen »Was der Tag gibt« finden sich (nach Gertrud Storm, II, 211-215) unter dem 5. Oktober 1881 folgende Notizen:

»Ein kleiner Schiffer war Brandt, der mit einem eigenen, kleineren Schiffe (›Jacht‹) nur die Ostsee befuhr und Getreide nach Kiel und den anderen Ostseeplätzen brachte. Sein Haus lag dicht am Pastorate. Er besaß etwas Land, und während er zur See war, besorgte die Frau die kleine Landwirtschaft. Davon wurde gelebt, Proviant für die Fahrt besorgt, bares Geld möglichst wenig verausgabt (›Allwedder en Dreeling umsünst utgewen‹).

Brandt hatte einen Sohn, Christian, und eine jüngere Tochter. Der Sohn gelangte etwa in die Rektorklasse, machte mit dem Vater ein paar Reisen – (Steuermannsprüfung?) – und geht dann mit einem Hamburger Schiffe auf größere Reisen.

Der Alte kommt allmählich zu einigem Wohlstande, hört, wenn winters sein Schiff an den Pfahl gebunden liegt, sonntags zwischen den andern Kapitänen in der Kirche regelmäßig die Predigt oben aus dem Schifferstuhle und raucht am Abend behaglich seine Pfeife. Wenn im Frühling das Eis an den Küsten taut, setzt er seinen Erwerb fort.

Da bleiben die Briefe von seinem Christian aus. Immer, wenn er nach Hause kommt, fragt er vergebens; Groll und Ärger steigen auf. Die Mutter sucht das Gedächtnis des fernen Sohnes zu schützen; ›vielleicht geht's ihm übel, er mag zu Hause nicht Sorge machen‹.

Da im Winter bringt der Postbote einen Brief des Sohnes, aber unfrankiert, er soll einen ›Drittel‹ Porto kosten. Der Alte dreht den Brief in der Hand. ›Unfrankiert? Der Junge mag es schon geschrieben haben.‹ Der Groll steigt wieder in ihm auf. ›Was wird er wollen? Geld!‹ Die Mutter bittet; aber der Brief wird nicht angenommen, er geht zurück.

Jahre vergehen, keine Nachricht von dem Sohne.

Inzwischen erwächst die Schwester. Ihre Person und das Vermögen, vielleicht die Hoffnung der Nichtwiederkehr des Bruders, bringen einen Freier, der Offizier in der schleswig-holsteinischen Marine war. Der Vater war auch aus der Stadt, Bäcker und Senator, übrigens ein Strohkopf. Die regierenden Familien K. und M. hatten ihn in den Rat gewählt, um den Mittelbürgern scheinbar etwas einzuräumen und darum doch das Heft nicht aus der Hand zu geben. Die Heirat kommt zustande, und mit Hülfe der beiden Väter wird dem jungen Ehemanne ein gutes Schiff, ein Schoner, gebaut, mit dem er auf England fährt. Von den Reedern hier bringt er als Fracht Korn dahin und Kohlen zurück, letzteres auch für sich selbst. Bald besorgt der alternde Schwiegervater, dessen Jacht für den Bau des Schoners verkauft wurde, zu Hause den Kohlenhandel und ist mit der Pfeife im Munde in seinem blauwollenen Futterhemde tagaus und -ein im Kohlenschuppen.

Manches Jahr ist hingegangen, Enkel wachsen heran, da durchläuft die kleine Stadt die Nachricht, der schon und längst verlorengegebene Christian Brandt sei in Hamburg. In der Schenkstube bei einem Schlafbaas habe beim Glase Grog gegen zwei Heiligenhafener Matrosen, die sich über ihre Vaterstadt unterhalten hätten, ein etwas wüst und abgerissen aussehender, nicht mehr ganz jugendlicher Matrose, der mit einer Bark von Hongkong angekommen sei, geäußert, er sei auch aus Heiligenhafen. Den Namen John Meyer, womit er in der Liste stehe, habe er in New York sich nur zugelegt.

Einer der jungen Seeleute schreibt gleich nach Hause, Christian Brandt sei da. Nun kommen Verwandte und Bekannte – (die Mutter ist inzwischen verstorben) – und drängen den Alten, auch drängt ihn das Schuldbewußtsein in betreff des Briefes wie die öffentliche Meinung, der er nachgibt und einer Verwandten in Hamburg durch die Tochter schreiben läßt. Die Verwandte sucht ihn auf; er will seine Äußerung wieder zurückziehen; endlich bekennt er, ja, er sei Christian Brandt. Sie schreibt an den Vater, auch, daß er aufgekleidet werden müsse. Dieser langt mit der Tochter an; seltsames, trockenes Wiedersehen; der Vater fragt in der Schenkstube nach dem Sohne, der Gefragte ist selbst der John Meyer. Er wird aufgekleidet und fährt mit nach Heiligenhafen. Er verweilt dort im Vaterhause, während in der Stadt dort ein Streit entsteht, ob er Christian Brandt sei oder nicht. Christian Brandt hatte ja blaue Augen, John Meyer hat bräunliche; er will es durch eine schwere Krankheit bekommen haben.

Der Vater selbst findet den Sohn nicht heraus. Tochter und Schwiegersohn nähren sein Mißtrauen; wenn sie abends in ihre Kammer gehen, wird zwischen ihnen kein Wort darüber gewechselt. Es ist etwas Wüstes in dem Ankömmlinge; die schon durch steigenden Wohlstand der höheren Bürgerklasse sich nähernde Familie scheut sich, ihn zu zeigen. Da, bei einem Tanzgelage, woran nur die Schiffer unterer Klasse teilnehmen, kommt das ganze wilde Abenteurerwesen zum Ausbruche. Der Vater meint, er gehe besser hin, wo er gewesen sei; er ist einverstanden. Reisegeld, Wagen; auf der Höhe hinter der Stadt wendet er sich noch einmal um. Er ist nicht wiedergekommen; soll in Amerika gestorben sein.«

Und weiter heißt es:

»Gestern habe ich mit dem alten Waller und seinem Schwiegersohne, Stadtrat Steffens, über die Brandtsche Geschichte gesprochen. Steffens meinte, der Ankömmling habe ganz den steifen Gang der Schwester gehabt. Ein Anker, den er und ein anderer sich zugleich als Junge auf den Arm geätzt hätten, sei fortgewesen. Er hatte den alten Pastor Lühr besuchen wollen, bei dem er ein Jahr im Hause gewesen war. Einen anderen habe er gefragt, ob er sich noch entsinne, wie er vergessen habe, das Boot beim Hinausbugsieren einer Jacht anzubinden, und es, als er hinaufgeklettert sei, unter ihm fortgeschwommen sei. Die Schwester soll erst gewünscht haben, in ihm den vermißten Bruder wiederzufinden.«

Bei der Konzeption hat auch Storms Sorge um seinen ältesten Sohn Hans eine Rolle gespielt. Hans Storm, der Alkoholiker war, hatte sich »trotz anerkannter Leistungsfähigkeit als Arzt in seinem Wohnort unmöglich gemacht« (Storm an Heyse, 22. Oktober 1879) und war Schiffsarzt geworden. »Das herzzerreißende Erbarmen« – so lesen wir in demselben Brief – »ist vielleicht noch schlimmer als der Zorn, von dem man mitunter befallen wird. Und beides ganz vergeblich. Und dann: Ist auch eine culpa patris ‹Schuld des Vaters› dabei?« Später kündigte Hans Storm seine Schiffsarztstelle, und der Vater mußte selbst nach Hamburg fahren, um sich seiner anzunehmen: »In Hamburg war ich wegen meines Sorgenkindes; er war außer Kondition, und ich ließ ihn absichtlich, ohne mich (äußerlich freilich nur) um ihn zu kümmern, dort bis an den Abgrund der Not kommen; dann erst rief ich ihn nach Haus ... Er fährt jetzt als Schiffsarzt des Rotterdamer Lloyd ...« (an Heyse, 15. November 1880). Im Februar 1881 war Hans plötzlich verschollen. »Ich warte ... ab, bis er sich selbst meldet oder gemeldet oder gebracht wird, und sehe mich jetzt indessen nach einem Asyl oder Platz um, wo ein so Unglücklicher etwa untergebracht werden kann; denn da ich genügend erkannt habe, daß er keine Stellung behaupten kann, so werde ich ihm keine Hülfe außer dieser bieten; unter Kuratel müßte er dann auch gestellt werden« (an Heyse, 15. März 1881). Drei Monate später konnte dann Storm dem Freunde melden (15. Juni 1881): »Mein Sorgensohn Hans ist seit etwa zehn Wochen Arzt in Frammersbach bei Lohr in Bayern ... Aber, ich wag's noch nicht zu hoffen, daß er mir wiedergewonnen werde.«

Nach seiner Rückkehr aus Heiligenhafen begann Storm mit der Niederschrift der Novelle. Am 17. Oktober 1881 schrieb er an Heyse: »In Heiligenhafen – ich wußte schon vorher davon – fand ich dann richtig einen Stoff; der Block ist aber für mich recht schwer, und ich bin nicht ganz sicher, ob ich ihn wälzen werde; angefaßt hab ich, und der gestrige Sonntag gab mir dabei ein angenehmes Arbeitsgefühl.« Am 7. Dezember schrieb er von dem »Arbeitsblock«, an dem er »seit ein paar Wochen so nüchtern, psychologisch-realistisch« herumhaue. Im Januar 1882 hielt sich Storm in Husum auf; nach seiner Rückkehr nach Hademarschen ließ er Heyse (am 22. des Monats) wissen: »Jetzt sitze ich wieder ganz zufrieden in meinem Museum ... und arbeite weiter an meiner Heiligenhafner Novelle, die mangelnde Jugendfrische durch Altersweisheit und möglichsten Fleiß zu verdecken suchend.« Und am 14. Februar 1882 berichtete er dem Freunde, er fühle »wieder einmal etwas von der Freude leidenschaftlichen Gestaltungsdranges«.

Am 27. Februar ging das Manuskript an den Verlag ab. Der ursprüngliche Titel lautete »Hans Kirch und Heinz«. Über Mißhelligkeiten mit dem Verleger, die ihn in »eine etwas verdrießliche Stimmung« versetzten, berichtete Storm am 4. März seinem Freund Petersen: »Auf meine Anfrage war Herrn Friedrich Westermann eine neue Novelle von mir unter den alten Bedingungen genehm, nur wolle die Redaktion sich vorbehalten, die Novelle erst zu sehen. Ich antwortete, wenn man mir auch seit Jahren das Urteil über die Druckfähigkeit meiner Sachen selbst überlassen habe – wie ich denn in der Tat nichts geschrieben, was nicht in der Westermannschen Gesamtausgabe gedruckt vorliege –, so wolle ich doch der Redaktion die Ausübung des ihr zustehenden guten Rechtes nicht verwehren. Daß die Arbeit, wenn auch keine geniale, so doch eine sorgfältige ist, davon halte ich mich ebenso überzeugt, als daß sie jedenfalls den Durchschnittswert des Dutzends hat, welches die Zeitschrift so zirka in jedem Jahre bringt. Nun ärgert mich die Vorstellung, ich könne das Manuskript zurückerhalten. Es scheint nämlich wirklich, daß dasselbe an den nominellen Redakteur Spielhagen eingesandt ist. Einem so eitlen Menschen braucht unsereiner nur einmal etwas aufdringlich gelobt zu sein, so kann ihn das Gelüste anwandeln, einem, wenn sich die Gelegenheit bietet, einmal gründlich auf den Kopf zu treten. Ich kann nun noch (ich setzte acht Tage Frist) einige Tage in dieser Unbehaglichkeit leben, um so unbehaglicher, als bei dieser längeren Arbeit das Honorar um ca. 700 M. höher als bei Paetels sein würde. – Ich werde mich übrigens dem nicht wieder aussetzen; man soll unbedingt nehmen, was ich gebe, indem ich mich bereit erkläre, einzelne Stellen, soweit sie nicht wesentlich eingreifen, auf Wunsch der Redaktion zu modifizieren, oder ich verzichte auf Mitarbeiterschaft. Ich mag mich nicht von Spielhagen taxieren lassen.« An seine Tochter Lisbeth hatte Storm am Tag zuvor geschrieben, die »Monatshefte« seien »seit des Alten ‹George Westermanns› Tode zu spannhaft geworden; am Ende sind ihnen die Matrosen in der ›Roten Laterne‹ zu wüste Leute«.

Storms Befürchtungen waren jedoch unbegründet; am 1. Mai 1882 berichtete er Paul Heyse: »Meine ziemlich lang gewordene Heiligenhafnerin ist längst an Westermann eingesandt; da er sie aber für das Probeheft des neuen Jahrgangs benutzen will, so wird die Welt erst im Oktober wieder etwas von mir hören.« Im Oktober 1882 wurde dann die Novelle in »Westermanns Illustrierten Deutschen Monatsheften« zum ersten Male gedruckt. Ein Jahr später erschienen zwei Buchausgaben bei Gebr. Paetel, Berlin: »Zwei Novellen« (zusammen mit »Schweigen«) und ein Einzeldruck. Für die Buchausgaben nahm Storm einzelne kleine Korrekturen vor.

575 Kabellänge: Länge der Ankertaue, ca. 185 Meter. – *Beischlag:* Vorbau vor dem Hauseingang.

576 Setzschiffer: Eingesetzter Schiffer (der kein eigenes Fahrzeug besitzt).

578 Spleißen: Verflechten zerrissener Taue. – *Bugspriet:* Schräger Mast am Vorderteil des Schiffes. – *Luvseite:* Dem Wind zugekehrte Seite.

579 Klüversegel: Segel am Bugspriet.

580 klickern: angeben, petzen.

584 ließ ihm ... gut: stand ihm gut.

585 Kuff: Küstenfahrzeug. – *Hinterspiegel:* Hinterseite.

599 verakkordieren: verhandeln. – *Schlafbaas:* Matrosenwirt.

600 auf den Stock tun: auswischen, heimzahlen.

601 Bütt: kleine Scholle. – *Butzkopf:* Schwertwal.

604 basta y basta: (span.) genug davon.

606 by Jove: (engl.) bei Jupiter. – *Stor:* store: (engl.) Laden.

608 Todos diabolos: (span.) alle Teufel.

610 Stenge: Verlängerung des Schiffsmastes.

611 pro patria: (lat.) fürs Vaterland.

614 Dublonen: Spanische Goldmünzen.

617 cutis: (lat.) Lederhaut; die unter der Oberhaut (epidermis) liegende Hautschicht.

618 Gangspill: Ankerwinde.

620 Bowiemesser: Dolchartiges Jagdmesser.

625 Thanks for the alms ...: (engl.) Dank für das Almosen, und lebt wohl für immer.

630 Vordersteven: Schiffsschnabel. – *Galion:* Eigtl. Vorbau am Bug; hier soviel wie Galionsfigur. – *Fortuna:* Römische Glücksgöttin.

EIN DOPPELGÄNGER

Am 31. Juli 1886 schrieb Storm an seine Tochter Elsabe: »Auch mein sparsames Schreiben magst Du meiner Liebe zu Euch zurechnen; denn ich erwerbe für Euch, und diesmal ist es eine Gewaltsarbeit, da Karl Emil Franzos eine neue Zeitung gründet und mich durchaus in das erste Heft haben will. Und Du weißt, des Nachmittags schreiben ist mir meist nicht ohne Nachteil möglich.« Und in einem Brief an Erich Schmidt vom 16. September desselben Jahres heißt es: »Meine Arbeit, die morgen zu Ende geht, ›Ein Doppelgänger‹ heißt sie, war ein Wagstück. K. E. Franzos wollte für seine neue Zeitschrift ›Deutsche Dichtung‹, die viel zu bunt und breit angelegt ist, für die ersten Hefte etwas Lyrisches und Poetisches haben; auch mein Porträt. Er erhielt letzteres und zwei vor zwanzig Jahren geschriebene Elegien ‹»Constanze«; entstanden 1871›; das Novellistische lehnte ich ab. Da erzählt mir Tante Lotte, meines Bruder Doktors Frau, die just hier war, den etwas unheimlichen Tod eines Husumer Menschen, und wie ich andern Morgens aufsteh, ist die Geschichte fertig in meinem Kopf, und ich schreib an Franzos, daß ich ihm einen ›Doppelgänger‹ schreiben werde. So ist gekommen, was bei mir nie geschah, daß schon gedruckt wird, während ich noch daran schreibe. Doch ist's nun zu Ende. Ich bin neugierig, wie es Ihnen gefallen wird; ich bin über die Berechtigung des Ganzen etwas in Zweifel geraten.«

In seinem Aufsatz »Zur Erinnerung an Theodor Storm« (»Deutsche Dichtung«, Oktober 1888) schrieb Franzos: »Es war selbstverständlich, daß ich mich, als ich die ›Deutsche Dichtung‹ gründete, unter den ersten an Storm um Beiträge wendete. Sein Antwortschreiben schlug sofort jenen Ton an, der ihm eigentümlich war und sich so himmelweit von aller Geschäftskorrespondenz unterschied.« Dieser Brief trägt das Datum vom 25. Juni 1886; es heißt darin: »Es ist ja wohltuend, wenigstens am Ende seines Schaffens einem Vertrauen zu begegnen, wie Sie es mir entgegenbringen; schmerzlich nur, daß ich so weit ins Leben schon hinein bin. Ein Magenleiden, das mich seit Jahr und Tag quält, hat meine Arbeitsfähigkeit herabgedrückt; ob es noch einmal vor dem Ende anders wird – ich weiß es nicht. Zur Zeit lauert jeder meiner Verleger auf eine Arbeit, Westermann und Paetel, von denen eine freilich begonnen ist, aber wegen meines körperlichen Hindernisses nicht vorwärts will. Dennoch hoffe ich bis zum Frühjahr mit beiden fertig zu werden; können Sie mich dann noch brauchen, so verspreche ich Ihrem Unternehmen meine danach entstehende Arbeit. Mehr kann ich Ihnen leider nicht bieten, so sehr ich's wünschte.«

Franzos scheint darauf seine Bitte wiederholt zu haben. Außer der kurzen Frist mißfiel Storm zunächst auch der Umstand, daß die Novelle in Fortsetzungen veröffentlicht werden sollte. Doch am 5. Juli schon schrieb er an

Franzos: »Mir fällt eben ein, daß vor etwa 25 Jahren die ›Gartenlaube‹ mein ›Im Schloß‹ in Portionen druckte und daß ich die Konservatoriumgeschichte ›Marx‹ (in Spemanns ›Vom Fels zum Meer‹), übrigens fast wörtlich nach einer Erzählung meines Sohnes, in ca. sechs Wochen schrieb. – Und so könnte es mir vielleicht ergehen mit einem Stoff, den mir die Mitteilung einer Verwandten vor einigen Tagen erst an die Hand gab. Ich schreibe schon, und zwar für Ihr Blatt, seit mehreren Tagen und habe die andern Arbeiten beiseite gelegt. Ich hoffe, daß es was wird, und so würde ich denn doch noch erträglich früh bei Ihnen mitkommen. ›Der Brunnen‹ wird es vermutlich heißen.« Am 12. Juli: »... ich muß die Arbeit, die *nicht* lang wird ..., erst vollständig fertig vor mir haben, um zu beurteilen, wo es etwa noch fehlt und ob das Ganze überhaupt zum Druck gelangen kann. Versprechen kann ich Ihnen nur, daß ich jetzt unausgesetzt dabei bleibe; es rückt aber trotzdem langsam weiter ...« Und in einer Nachschrift vom 14. Juli: »Ich habe unterdessen weitergeschrieben, sehe, daß die Arbeit kürzer wird, als ich dachte, und halte es für möglich, daß ich ‹am› 28. Juli so weit bin, das Ganze völlig zu übersehen und Ihnen senden zu können. Ob aber diese Gewaltsarbeit genügen wird, des bin ich noch keineswegs sicher.«

Die Arbeit nahm schließlich doch längere Zeit in Anspruch. Am 10. August kündigte Storm für den folgenden Tag Franzos die erste Manuskriptlieferung an: »... das übrige ist nur noch in meinem Kopfe; doch glaube ich fest, es in Zwischenräumen von vierzehn Tagen ... an Sie einsenden zu können. – Übrigens einmal und nie wieder Manuskript drucken lassen, ohne völlig fertig zu sein! Ich fürchte auch, daß die Sache Ihnen kaum genügen wird, und bitte dann, mir ohne Anstand das Manuskript zurückzusenden ... Nochmals – ich fühle mich mit dieser Arbeit keineswegs kräftig genug, um das erste Heft der ›Deutschen Dichtung‹ zu vertreten. Senden Sie es mir bei dem leisesten Bedenken zurück ... Den Titel, der gar nicht einzufangen ist, sende ich morgen mit dem Manuskript ab.« Am folgenden Tage schickte er 48 Seiten Manuskript, einen weiteren Teil am 4. September und den Rest am 21. September 1886. In dem Begleitschreiben zu der letzten Sendung heißt es: »... die Arbeit hat mich länger beschäftigt und ist länger geworden, als ich dachte; aber wenn ich die verschiedenen Motive einigermaßen erledigen wollte, so mußte ich Ihnen schon so lange zur Last fallen ... Einige Fehler sind bei dieser ungünstigen Art zu arbeiten, welche die Revision des Ganzen ausschließt, eingeschlichen: Der Erzähler hat sich zu Unrecht im Anfang als junger Advokat aufgeführt; auch die Zweiteilung der Person des John im Gedächtnis der Tochter hätte wohl etwas beunruhigender noch für sie betont werden müssen.«

Unter dem Titel »Ein Doppelgänger« erschien die Novelle in sechs Fortsetzungen in der »Deutschen Dichtung« (Band I, Heft 1-6, 1. Oktober bis

15. Dezember 1886). 1887 folgte die überarbeitete Buchausgabe bei Gebr. Paetel, Berlin (»Meiner lieben Tochter Gertrud gewidmet«). Für den Band »Bei kleinen Leuten« (zusammen mit »Bötjer Basch«), der im gleichen Jahr herauskam, hat Storm noch einzelne Korrekturen vorgenommen.

Franzos schrieb (in dem obengenannten Artikel) über die Novelle, wobei er zugleich einen Eindruck von Storms Arbeitsweise vermittelt: »Die Arbeit gehört, trotz ihrer relativ raschen Entstehung, zu seinen besten, und daß dem so sei, konnte ich mir schon auf Grund des ersten Teils sagen. Daß er mir keine Abschrift, sondern das Original eingesendet, erleichterte freilich die Lektüre nicht, gewährte mir aber einen deutlichen Einblick in seine Arbeitsweise. Er schrieb mit schwerer, langsamer, gleichmäßiger Schrift, und die Sätze, die stehenblieben, wiesen kaum stilistische Korrekturen auf, aber es blieben nicht viele stehen. Er kürzte und kondensierte hinterdrein unablässig, vielleicht öfter und mehr als nötig, und sein Eifer, das bezeichnendste Wort zu finden, scheute auch da, wo es sich um Kleines und Unwichtiges handelte, keine Mühe. Hier ein Beispiel: ›Sie kann es nicht lassen‹, sagt der Oberförster von seiner Frau, ›den allzeit Hungrigen Brosamen auszustreuen; es sei nur der Bub, oder seien es nur unseres Herrgotts Krippenfresser!‹ Statt der letzten drei Worte stand im Manuskript ursprünglich ›die Sperlinge‹, dann ›die Spatzen‹, dann ›Spatz und Taube‹, endlich die obige Wendung. ‹Vgl. Seite 640, Zeile 35 ff.›. Eine seitenlange, mühsam ausgefeilte, in ihrer Art wunderschöne Beschreibung des Gartens am Forsthause war im letzten Augenblicke ganz durchstrichen, weil dem Dichter sein feines Gefühl sagen mochte, daß sie die Entwicklung aufhalte, ebenso fand sich das ohnehin spärlich eingeflochtene Räsonnement später fast überall unerbittlich getilgt, und das Wenige, was stehengeblieben, reute ihn obendrein.«

636 *Dr. Martinus:* Martin Luther übernachtete im März 1522, auf der Reise von der Wartburg nach Wittenberg, in dem alten Jenaer Gasthaus. – *Fuchsturm:* Ein 23 Meter hoher Bergfried auf dem Hausberg, südöstlich von Jena.

637 *das schöne Lied:* »Jägers Lust« (1822) von Wilhelm Müller (1794-1827).

646 *des alten Volksglaubens:* Nach einem Volksglauben verläßt die Seele des Abgeschiedenen den Körper in Gestalt einer Maus.

647 *hat sich ausgebaut:* hat die Heimat verlassen.

648 *Schinderkate:* Abdeckerei.

652 *Unzeug:* Unnütze und schädliche Tiere.

661 *Gängel:* Bogenförmig gesägte Bretter, auf denen die Wiege geschaukelt wird.

664 *Kracke:* Mähre; elendes Pferd.

671 *Kümmchen:* kleine Schüssel.

672 *Verdingsarbeit:* Akkordarbeit.

676 Kosakenwinter: Der Winter 1812/13.

677 Beilegerofen: Stubenofen, der von außen geheizt wird.

682 Bülte: Hier soviel wie Stauden.

685 Ketscher: Stab mit engmaschigem Netz zum Insektenfang. – *Fluchten:* Flügel.

686 Zingel: Straße in Husum. – *Steffeck:* Karl Steffeck (1818-1890); er malte vor allem Jagd- und Tierbilder. – *Ridinger:* Johann Elias Ridinger (1698-1767); er stach und radierte ungefähr 1300 Tier- und Jagdbilder, die dem Zeitgeschmack in der Epoche des Feudalabsolutismus entsprachen.

DER SCHIMMELREITER

In der 1873 erschienenen Skizze »Lena Wies« schrieb Storm, diese Freundin seiner Jugend habe ihm »die Sage von dem gespenstischen Schimmelreiter« erzählt, »der bei Sturmfluten nachts auf den Deichen gesehen wird und, wenn ein Unglück bevorsteht, mit seiner Mähre sich in den Bruch hinabstürzt«. Zu Anfang der Novelle dagegen werden die »Leipziger« oder die »Hamburger Lesefrüchte«, die der Dichter bei seiner Urgroßmutter Feddersen kennengelernt habe, als Quelle genannt. In der Zeit, als Storm gemeinsam mit Theodor Mommsen und anderen schleswig-holsteinische Sagen sammelte, schrieb er, am 13. Februar 1843, an Mommsen: »Ich hab Ihnen früher erzählt, wie es abends an unsern Deichen und am Strande ist; ich möchte sagen, immer, wenn ich abends und allein dagewesen, hat es in mir zu diesen unheimlichen Gestalten angesetzt, die in den mir über alles unheimlichen Deich- und Strandsagen ihre volle Verkörperung erhalten. Der Schimmelreiter, so sehr er auch als Deichsage seinem ganzen Charakter nach hierher paßt, gehört leider nicht unserm Vaterlande; auch habe ich das Wochenblatt, worin er abgedruckt war, noch nicht gefunden.« 42 Jahre später, am 20. Februar 1885 berichtete der Dichter seiner Tochter Lisbeth, daß er als Knabe von der »gewaltigen Deichsage« gelesen habe. Tatsächlich findet sich eine Geschichte, die Storm ohne Zweifel gekannt und für die Novelle benutzt hat, im Jahrgang 1838 (Band 2) der von J. J. C. Pappe in Hamburg herausgegebenen »Lesefrüchte vom Felde der neuesten Literatur des In- und Auslandes«. Storm kann also diese Fassung der Sage frühestens in seinem zwanzigsten Lebensjahr kennengelernt haben.

Wir geben die Geschichte hier im vollen Wortlaut (nach der von Karl Hoppe besorgten Ausgabe der ausgewählten Werke Storms, Braunschweig 1948, Band 4, Seite 424-428):

Der Gespenstige Reiter

Ein Reiseabenteuer

Es war in den ersten Tagen des Monates April, im Jahre 1829 – so erzählte mir mein Freund –, als Geschäfte von Wichtigkeit mein persönliches Erscheinen in Marienburg erforderlich machten; ich mußte mich also zu einer Reise dahin entschließen, so gern ich sie auch bis zur schönern Jahreszeit aufgeschoben hätte, denn wer selten reiset, macht so eine Partie lieber bei schönem Wetter; allein die Notwendigkeit der Sache machte, daß ich meine Reise beschleunigen mußte.

Ein gemietetes Reitpferd stand um vier Uhr nachmittags vor meiner Türe; ich ließ den Braunen nicht lange warten, schwang mich hinauf, und nach wenigen Minuten hatte ich Danzig im Rücken.

Mein Weg längs der Chaussee ging gut, und das einzige Hindernis, welches ich zu bekämpfen hatte, war das kalte, unangenehme, regnichte Wetter.

Durchfroren und durchnäßt kam ich bei ziemlicher Dunkelheit in Dirschau an, stieg im erstgelegenen Gasthof ab, um ein wenig zu ruhen, meinem sich einfindenden Appetit durch einen Imbiß zu begegnen und durch einen erwärmenden Trunk meine Glieder zu erfrischen; fragte unter anderm den Wirt, wie es mit der Weichsel stände, und bekam zur Antwort: »Schlecht; Ihr Hinüberkommen wird nicht allein beschwerlich, sondern auch gefährlich sein.« Doch ich durfte mich nicht abschrecken lassen, weil ich nach meinem Bestimmungsorte mußte, und wo möglich wollte ich dort noch an demselben Abend eintreffen; ich bezahlte dem Wirte meine Rechnung und eilte weiter; aber angekommen an der Weichsel, wurde ich von den Fährknechten zu meinem Schrecken unterrichtet, daß das heutige Hinüberkommen für keinen Preis ausführbar sei, wenn ich nicht mit Gewalt in die Arme des Todes eilen wolle; auch sahe ich zum Teil die Unmöglichkeit der Sache wohl selber ein; doch wurde mir der Vorschlag gemacht, daß ich bis zur Güttländer Fähre reiten solle, weil dort das Hinüberschaffen vielleicht noch zu bewerkstelligen sein würde. Ich ließ mir dieses nicht zweimal sagen, griff in die Zügel, lenkte um, und fort ging's zur Güttländer Fähre. –

Dunkler und dunkler wurde es rings um mich, nur hin und wieder drang das Leuchten eines Sternes durch die Nebelwolken, fremd war mir die in schwarze Schatten gehüllte Gegend, kein menschliches Wesen erblickte ich, und nur das Brausen des Sturmes und das Geprassel des durch das Wasser immer höher gehobenen und geborstenen Eises waren meine schaurigen Begleiter. – Da plötzlich höre ich dicht hinter mir das rasche Trappeln eines Pferdes, und freudig, in dem Wahne, einen Gesellschafter nahe zu haben, blicke ich mich erwartungsvoll um und sehe – nichts –, wohl aber trabt es immer schärfer und näher, mein Brauner schnaubt und stampft, kaum vermochte mein spitziger Sporn ihn vorwärtszutreiben, und ein kalter Schauer überlief meinen ganzen Körper; doch beruhigte ich mich, da mein sonderbarer Begleiter verschwunden zu sein schien; als ich ihn aber plötzlich wieder, ohne ihn zu sehen, vor mir hersprengen hörte, war es, als wollten mir meine Glieder die Dienste versagen, ein Fieberfrost durchrieselte mich, und mein Pferd wurde höchst unruhig; was aber die Unheimlichkeit noch mehr vermehrte, war: daß dieses unbegreifliche Wesen mir plötzlich und pfeilschnell vorübezusausen schien – so hörte sich das ungewöhnliche Geräusch wenigstens an, welches sich wieder allmählich verlor, um aber, wie es schien, mit erneuter Schnelligkeit zurückzukehren; es wieder hören, dicht hinter mir haben, die anscheinende Gestalt eines weißen Pferdes, mit einem schwarzen, menschenähnlichen Gebilde darauf sitzend, mir im fliegenden Galopp vorbeireiten zu sehen, war eins; mein Brauner machte einen Seitensprung, und es fehlte nicht viel, so wären wir beide den Damm, ohne es zu wollen, hinabgestürzt.

Ich habe die letzten Feldzüge mitgemacht, feindliche Kugeln töteten neben mir meine besten Kameraden, vom Kanonendonner bebte die Erde, doch mich machte nichts erbeben; aber hier auf dem Weichseldamme, ich gestehe es zu meiner Schande, zitterte ich an allen Gliedern. –

Da hörte ich in der Ferne das Bellen eines Hundes und wurde das Blinken eines Lichtes gewahr. Ha! dachte ich, da werden sich auch Menschen befinden, wie du einer bist. Schnell ritt ich dem Lichtscheine entgegen und kam an eine sogenannte Wachtbude; ich stieg ab und fragte die darin versammelte Menge, ob ich bei ihnen die Nacht über verweilen könnte – denn für heute war ich des Reisens satt –, und meine Frage wurde mit Ja beantwortet.

Froh, ein schützendes Obdach gefunden zu haben, brachte ich zuerst mein Pferd in Sicherheit, setzte mich dann ruhig in eine Ecke, pflegte mich, so gut es sich tun ließ, und hörte die Gespräche der Landleute, die hier auf Eiswache waren, mit an; ließ aber wohlbedächtig, um mich nicht Neckereien preiszugeben, nichts von meinem überstandenen Abenteuer merken.

Da war's, als rauschte irgend etwas dem Fenster vorbei. Mit einem Schrekkensausruf sprangen mehrere Männer auf, und einer von ihnen sagte: »Es muß irgendwo große Gefahr sein, denn der Reiter auf dem Schimmel läßt sich sehen«, und der größte Teil eilte hinaus.

Der Reiter nun befremdete mich nicht, wohl aber die gemachte Bemerkung, weshalb ich den neben mir sitzenden alten Mann ersuchte, mir hierüber eine genügende Erklärung zu geben, worauf ich folgende Auskunft erhielt:

»Vor vielen Jahren, da sich auch unsere Vorfahren hier einst versammelt hatten, um auf den gefahrdrohenden Eisgang genau achtzuhaben, bekleidete ein entschlossener, einsichtsvoller und allgemein beliebter Mann aus ihrer Mitte das Amt eines Deichgeschworenen. An einem jener verhängnisvollen Tage entstand eine Stopfung des Eises, mit jeder Minute stieg das Wasser und die Gefahr; der erwähnte Deichgeschworene, der einen prächtigen Schimmel ritt, sprengte auf und nieder, überzeugte sich überall selbst von der Gefahr und gab zu deren Abwehr die richtigsten und angemessensten Befehle; dennoch unterlagen die Kräfte der schwachen Menschen der schrecklichen Gewalt der Natur, das Wasser fand durch den Damm einen Durchweg, und schrecklich war die Verheerung, die es anrichtete. Mit niedergeschlagenem Mute kam der Deichgeschworene in gestrecktem Galopp beim Deichbruche an, durch den sich das Wasser mit furchtbarer Gewalt und brausendem Getöse auf die so ergiebigen Fluren ergoß; laut klagte er sich an, auf diese Seite nicht genug achtgegeben zu haben, sah darauf still und unbewegt dieses Schrecken der Natur einige Augenblicke an; dann schien ihn die Verzweiflung in vollem Maße zu ergreifen, er drückt seinem Schimmel die Sporen in die Seiten, ein Sprung – und Roß und Reiter verschwinden in dem Abgrund. – Noch scheinen beide nicht Ruhe gefunden zu haben, denn sobald Gefahr vorhanden ist, lassen sie sich noch immer sehen.« –

Ich setzte am andern Morgen meine Reise weiter fort, sah den Reiter nicht wieder, wohl aber die schreckliche Verheerung, die das Wasser im obengenannten Jahre angerichtet hatte.

Hiermit schloß mein Freund, beteuerte die Wahrheit der Sache und schien durch mein Kopfschütteln verdrießlich werden zu wollen.

Daß die Sage auch anderswo verbreitet war, geht aus einer knappen, auf Lauenburg bezogenen Notiz in der auf S. 913 erwähnten Sagensammlung hervor, die 1845 unter dem Titel »Sagen, Märchen und Lieder der Herzogtümer Schleswig, Holstein und Lauenburg« von Karl Müllenhoff herausgegeben wurde: »Ein Deichgraf reitet den Deich an der Elbe entlang, um nachzusehen. Man zwingt ihn, in die Fluten hineinzureiten. Seitdem sieht man ihn allnächtlich auf seinem weißen Pferde.« Storm läßt seine Novelle »irgendwo hinter den Deichen in der nordfriesischen Marsch« spielen (an Keller, 9. Dezember 1887).

Über den Plan zum »Schimmelreiter« äußerte sich Storm bereits am 3. Februar 1885, unmittelbar nach der Beendigung von »John Riew'«, gegen Erich Schmidt: »Jetzt aber rührt sich ein alter mächtiger Deichsagenstoff in mir, und da werde ich die Augen offenhalten; aber es gilt vorher noch viele Studien! Die Sache wird ein paar Jahrhunderte ‹zu›rückliegen.« Am 20. Februar desselben Jahres schrieb er an seine Tochter Lisbeth: »Jetzt spukt eine gewaltige Deichsage, von der ich als Knabe las, in mir; aber die Vorstudien sind sehr weitläufig. Ich sollte nur Deinen Mann zur Hülfe haben; mit dem ist prächtig dergleichen durchzusprechen.«

Als die Arbeit am »Fest auf Haderslevhuus« beendet war, tauchte der Plan zum »Schimmelreiter« erneut auf. So schrieb Storm am 4. Dezember 1885 an Paul Heyse: »Mit meiner Gesundheit geht es leidlich, so daß ich doch das

Weihnachtsfest ... mit einiger Freude erwarte; am 5. Januar geht es dann auf reichlich vierzehn Tage nach Husum ... Dann habe ich große Lust, eine Deichnovelle zu schreiben, ›Der Schimmelreiter‹, wenn ich es nur noch werde bewältigen können.« Und am 5. Dezember informierte er den Verleger Paetel von dem Projekt: »Nach Neujahr hoffe ich mit der Deich- und Sturmflutnovelle ›Der Schimmelreiter‹ zu beginnen, die wohl im Sommer ihre Vollendung finden könnte und die ich Ihnen dann senden werde.« Sehr bald muß Storm jedoch den Plan, sogleich mit der Niederschrift zu beginnen, wieder aufgegeben haben. Zunächst war er noch mit der Arbeit an »Bötjer Basch« beschäftigt, und so schrieb er am 15. Januar 1886 an Heyse: »Vor der Deichnovelle habe ich einige Furcht und wollte erst diese leichtere Arbeit mal zwischenschieben.« Am 30. März des Jahres heißt es in einem Brief an Erich Schmidt: »Ich begänne so gern die beabsichtigte Deich- und Sturmnovelle; aber sie müßte gut werden, da sie so heimatlich ist; doch ich kann nicht; auch fehlt mir so viel im Material, was ich zur Zeit nicht schaffen kann.«

Am 8. Juli schrieb Storm dann, ebenfalls an Schmidt, der »Schimmelreiter« sei begonnen und »allerlei Studien ... dazu« seien gemacht. Um die gleiche Zeit bekannte er dem Verleger (nach Albert Köster): »Aber es ist ein heikel Stück, nicht nur in puncto Deich- und andrer Studien dazu, sondern auch, weil es seine Mucken hat, einen Deichspuk in eine würdige Novelle zu verwandeln, die mit den Beinen auf der Erde steht.« Am 29. August 1886 meldete er Heyse: »In Arbeit ferner: ›Der Schimmelreiter‹, eine Deichgeschichte, ein böser Block, da es gilt, eine Deichgespenstersage auf die vier Beine einer Novelle zu stellen, ohne den Charakter des Unheimlichen zu verwischen.«

Auch zu dieser Zeit noch können Storms Notizen nicht über die ersten Anfänge hinausgekommen sein, denn die termingebundene Arbeit am »Doppelgänger« hatte den Vorrang. Am 27. September 1886 meinte er zu Heyse: »In den nächsten Tagen setze ich mich wieder an meinen ›Schimmelreiter‹.« Eine lange Krankheit (Oktober 1886 bis Februar 1887) verhinderte dies jedoch, und nach seiner Genesung schrieb Storm zunächst die Novelle »Ein Bekenntnis«. Doch noch bevor diese fertiggestellt war, nahm er die Arbeit am »Schimmelreiter« wieder auf.

Aus zahlreichen brieflichen Mitteilungen sind wir über den Fortgang der Niederschrift unterrichtet. »Der ›Schimmelreiter‹ hat heut«, heißt es in einem Schreiben an Gebr. Paetel vom 4. Mai 1887, »ein wunderlich, mir angenehmes Kapitel erhalten. Ich denke über Sommer mit dieser eigentümlichen, nicht eben ausgedehnten Arbeit fertig zu werden. Eine Novelle für Westermann (»Ein Bekenntnis«), die ohne Studien zu schreiben war und die ich erst im Oktober zu bringen bitten werde, läuft daneben. So habe ich Arbeit genug vor mir, und ich glaube zu fühlen, daß das fünfmonatliche Krankenlager, wenn auch meinen armen Leib, so doch mein besser Teil, die Seele, nicht verletzt hat.« In einem Brief an Heyse vom 25./26. Mai heißt es: »Es ist hier so fesselnd angenehm, zumal ich eine vor meiner Krankheit begonnene Arbeit, ›Der Schimmelreiter‹ (eine Deichsagengestalt), wieder zur Hand nehmen kann, daß ich den Juni, wo alle Blüte, namentlich meine Rosenflut, hervorbricht, hier ungern verpasse; dennoch reise ich am 2. Juni . . . nach Kirchdorf Grube (Adresse Pastor Haase) in Holstein . . .« Von Grube aus, wo seine Tochter Lisbeth verheiratet war, schrieb Storm am 8. Juni an Gebr. Paetel: »Am ›Schimmelreiter‹ wird alle Wochen vier- oder fünfmal ein Stückchen geschrieben, und so rückt er langsam weiter . . .«

Die Feierlichkeiten zu seinem siebzigsten Geburtstag (14. September 1887) hatten den Dichter »geistig und körperlich ermattet«, so daß die Arbeit erneut ins Stocken geriet. Am 20. Oktober berichtete er Heyse: »Mein vielgenannter ›Schimmelreiter‹ ist bis S. 92 der Reinschrift gediehen, und Sonntag will ich nach Heide, um mit meinem deichsachverständigen Freunde, Bauinspektor Eckermann ‹Christian Eckermann, 1833-1904, Landesbaurat der Provinz Schleswig-Holstein›, ein Nötiges weiter zu besprechen. Aus einem Jungen ist Hauke Haien nun auf dieser 92. Seite zum Deichgrafen geworden; nun bedarf es der Kunst, ihn aus einem Deichgrafen zu einem Nachtgespenst zu machen. Ich fürchte, das Thema hätte mir zehn Jahre früher kommen müssen.« Am 29. Oktober an seine Tochter Elsabe: »Von Mittwoch auf Donnerstag waren Mama und ich bei Eckermanns in Heide; ich, um mit ihm über allerlei Technisches in Deichsachen zu konferieren, dessen ich für meinen ›Schimmelreiter‹ bedurfte, dessen Manuskript nun doch auf 92 Seiten Reinschrift angewachsen ist. Bei meinem Magenleiden geht das Arbeiten langsam.« Und am 1. November an Lisbeth: »Der Magendruck ließ mir bis vor vierzehn Tagen weder Tag- noch Nachtruhe, und es gab nur vormittags ein paar Stunden, wo ich schreiben und arbeiten konnte. Trotzdem sind in der Zeit über 100 Geburtstagsbriefe beantwortet, die Reinschrift meines ›Schimmelreiters‹ ist auf 126 Seiten Oktavpostpapier à 21 Reihen gewachsen, und in Konzept ist schon wieder recht viel vorhanden; über einige Szenen freue ich mich; das Ganze wird wohl erst zum Aprilheft der ›Deutschen Rundschau‹ fertig. Aber in letzter Zeit geht es mir erheblich besser, wenn ich auch immer noch etwas Druck habe; doch pflege ich vormittags von 8 bis 1 Uhr zu arbeiten.«

Sehr bald jedoch scheint sich der Gesundheitszustand des Dichters wieder verschlimmert zu haben; denn in den folgenden Wochen ist das Manuskript kaum umfangreicher geworden. »Meinen corpus anlangend«, heißt es in einem Brief an Wilhelm Petersen vom 3. Dezember 1887, »so leide ich täglich, mitunter auch nächtlich, an Magendruck und Krampf in der Brust, so daß mir nur vormittags ein paar Stunden zur Arbeit bleiben. Das Schlimme ist, daß es sich durch jede freundschaftliche Unterhaltung sehr verschlimmert. Trotzdem ist der ›Schimmelreiter‹ auf 127 Seiten Reinschrift . . . und ca. 30 . . . Seiten im Konzept gewachsen.« Am 5. Dezember an Gebr. Paetel: »Der ›Schimmelreiter‹ schreitet stark vorwärts und wird jedenfalls zum 15. Februar eingeliefert werden können ... Es wird die bei weitem größte Novelle, die ich geschrieben.« Am 16. Dezember, ebenfalls an den Verlag: »Vorgestern wieder in Heide Konferenz über den ›Schimmelreiter‹ gehalten, für den Sie mir aber wohl *April-* und *Mai*heft werden frei halten müssen. Mein Sachverständiger ist mein Freund, der Provinzial-Bau-Inspektor Eckermann dort ...; wir kommen Monat um Monat mit den erwachsenen Kindern einen Tag nebst Nacht zueinander. Er war sehr mit mir zufrieden; ich werde nächstens auch einen Koog eindeichen können.« Und am 18. Dezember an Heyse: »Im Januar werde ich wohl mit dem ›Schimmelreiter‹ fertig, dem Größten, was ich bisher schrieb. Ich denke, wenn auch nicht das Ganze, so wird Dich einzelnes interessieren. – Ich kann nur langsam arbeiten, denn ich bin durch mein langes Krankenlager ein kränklicher Mensch geworden und manchen Tag ganz unfähig.«

Im Januar 1888 war Storm in Husum. Nach seiner Rückkehr schrieb er am 5. Februar an die Gräfin Reventlow: »Ich ... habe fortgefahren zu arbeiten, wo ich in Husum aufhalten mußte, und werde in drei Tagen fertig sein. Bei Durchsicht des Ganzen habe ich den Glauben gewonnen, daß mein ›Schimmelreiter‹, wenn er auch kein Meisterstück geworden – die sind wohl nicht mehr für mich –, doch Ihnen ein gewisses Interesse abgewinnen wird.« Am 11. Februar an Heyse: »Übrigens habe ich die Vormittage dort wie nach der Rückkehr hier an meinem ›Schimmelreiter‹ gearbeitet, den ich am 9. d.M. beendet habe und den Du zunächst in dem April- und Maiheft der ›Deutschen Rundschau‹ wirst lesen können.« Und am 16. Februar an Erich Schmidt: »... in wenigen Tagen hoffe ich Ihnen Korrekturbogen meiner bis jetzt größten Geschichte, dem ›Schimmelreiter‹, schicken zu können, den ich wohl besser schon vor zehn Jahren hätte schreiben sollen. Es wird Sie, lieber Freund, in eine Ihnen wohl fremde Welt führen, und ich hoffe, daß Sie es nicht ohne alle Teilnahme aus der Hand legen werden.« – Zu dem ursprünglichen Schluß der Novelle vgl. Karl Ernst Laage, Theodor Storm. Studien zu seinem Leben und Werk ... Berlin (West) 1985, S. 29-36.

Im April und Mai 1888 wurde der »Schimmelreiter« in der »Deutschen Rundschau« zum ersten Male gedruckt. In demselben Jahr erschien die Buchausgabe bei Gebr. Paetel, Berlin, mit der Widmung: »Meinem Sohn Ernst Storm, Rechtsanwalt und Notar in Husum, zugeeignet«.

In der Buchausgabe von 1888 hat Storm auf Anregung Erich Schmidts und Jakob Baechtolds einige Worterklärungen »für binnenländische Leser« gegeben; sie wurden unserem Kommentar als Zitate eingefügt.

689 Marsch: »Dem Meere abgewonnenes Land, dessen Boden der festgewordene Schlick, der *Klei*, bildet« (Storm). – *Hallig:* »Kleine unbedeichte Insel« (Storm).

690 *Harde:* Verwaltungsbezirk.

691 *Koog:* »Ein durch Eindeichung dem Meere abgewonnener Landbezirk« (Storm). – *Werfte:* »Zum Schutze gegen Wassergefahr aufgeworfener Erdhügel in der Marsch, worauf die Gebäude, auch wohl Dörfer liegen« (Storm). – *Interessenten:* »Die wegen Landbesitz bei den Deichen interessiert sind« (Storm).

693 *Sielsachen:* Siel: kleine Deichschleuse zum Ablassen des Binnenwassers. – *Hans Mommsen:* Bauer (1735-1811) aus Fahretaft in Nordfriesland. – *Bussolen:* Winkelmeßinstrumente. – *Fenne:* »Ein durch Gräben eingehegtes Stück Marschland« (Storm). – *prickeln:* stechen, sticheln.

694 *Euklid:* Griechischer Mathematiker (um 300 v. Chr.); sein Lehrbuch über die Anfangsgründe der Geometrie galt bis ins 19. Jahrhundert als vorbildlich. – *Schimpf:* Scherz.

695 *Martini:* 11. November; genannt nach dem katholischen Heiligen Martin von Tours (um 350).

696 *das Wunderkind aus Lübeck:* Christian Heinrich Heinecken (geb. 1721), ein ungewöhnlich begabtes Kind, das im fünften Lebensjahr starb. – *Allerheiligentag:* 1. November. – *Springfluten:* »Die ersten nach Voll- und Neumond eintretenden Fluten« (Storm).

697 *Unschlittkerze:* Talglicht. – *Profil:* »Das Bild des Deiches bei einem Quer- oder Längenschnitt« (Storm). – *Watten:* »Von der Flut bespülte Schlick- und Sandstrecken an der Nordsee« (Storm). – *gnidderschwarz:* pechschwarz.

699 *Geest:* »Das höhere Land im Gegensatz zur Marsch« (Storm).

700 *Schlick:* »Der graue Ton des Meerbodens, der bei der Ebbe bloßgelegt wird« (Storm). – *Porrenfangen:* Krabbenfang.

702 *Christian der Vierte:* (1577-1648), König von Dänemark seit 1588. – *Racker:* Schinder, Abdecker.

703 *Bettbühr:* Bettüberzug.

705 *schlanterig:* schlotterig.

706 *Pesel:* »Ein für außerordentliche Gelegenheiten bestimmtes Gemach, in den Marschen gewöhnlich neben der Wohnstube« (Storm). – *gebörmt:* getränkt.

711 *Dossierung:* »Die Abfall-Linie des Deiches« (Storm). – *Brüche:* Geldstrafe (wegen Gesetzesbruchs). – *Bestickung:* »Belegung und Besteckung mit Stroh bei frischen Deichstrecken« (Storm).

712 *Demat:* »Ein Landmaß in der Marsch« (Storm). – *Halbstieg:* Altes Zählmaß: 10 Stück.

715 *Heck:* Zaun.

717 *Bummeis:* Mit Luftblasen gefüllte dünne Eisschicht.

726 *verspillen:* vergeuden.

731 *Beilegerofen:* Stubenofen, der von außen geheizt wird. – *Ringreiten:* Ein Spiel, bei dem während des Reitens mit einem kurzen Stoßdegen Ringe von den Haltern abgestoßen und aufgefangen werden müssen.

736 *Vorland:* »Der Teil des Festlandes vor den Deichen« (Storm). – *Priel:* »Wasserlauf in den Watten und Außendeichen« (Storm).

745 *Kiewiet:* Kiebitz.

748 *Priesterhandel:* vorteilhafter Handel.

755 *Grassoden:* Rasenstücke.

758 *Konventikel:* Zusammenkünfte der Anhänger einer christlichen Sekte.

760 *Kajedeich:* Behelfsdeich; auch *Interimsdeich* genannt.

765 *Avosetten:* Säbelschnäbler. – *Akt:* Schräge Auffahrt zum Deich.

776 *Lahnungen:* »Zäune von Buschwerk, die zur besseren Anschlickung vom Strande in die Watten hinausgesteckt werden« (Storm).

780 *Kimmung:* Luftspiegelung. – *das hippokratische Gesicht:* der Gesichtsausdruck eines Sterbenden. – *bawen Water:* über dem Wasser.

781 *Sonntag Lätare:* Dritter Sonntag vor Ostern.

ANMERKUNGEN ZU DEN SCHRIFTEN ZUR LITERATUR

THEODOR FONTANE

Die Absicht, über Fontane zu schreiben, hatte Storm schon Anfang 1854. Am 14. Februar dieses Jahres sandte Fontane ihm einige biographische Informationen (vgl. die Anm. zu S. 798). Den Artikel schickte Storm jedoch erst ein Jahr später, am 11. Februar 1855, an Friedrich Eggers, der in Berlin das »Deutsche Kunstblatt« herausgab, dem seit 1854 ein (ebenfalls von ihm redigiertes) Literaturblatt beigefügt war, das vor allem die Ansichten des »Rütli«-Kreises verbreitete; darin erschien er am 18. Oktober 1855.

795 f. das »still getragne Joch« ... »neugeborner Sänger«: Anspielung auf das erste Sonett in Fontanes hier besprochener Gedichtausgabe:

»Ein Leben war's, mit Kolben und mit Knütteln
In diesen eitlen Jammer dreinzuschlagen,
Doch hab ich still ein lästig Joch getragen
Und meiner Pflicht gehorcht und ihren Bütteln.

Jetzt aber, wo an Winters Thron zu rütteln
Voll Lerchenschlag die Frühlingslüfte wagen,
Jetzt will auch ich, und müßt ich sie zernagen,
Die Ketten alle mutig von mir schütteln.

Ein Lebewohl – kein Fluch euch, meine Dränger;
Ihr seid geschützt vor meines Zorns Ergüssen,
Weil ihr zu klein dem neugebornen Sänger;

Er eilt hinaus, den jungen Lenz zu küssen,
Und kein Gedanke nur gehört euch länger,
Als er euch selber hat ertragen müssen.«

796 Nun kann ich wieder ...: Fontanes zweites Sonett. – *an einer andern Stelle:* Im vierten Sonett:

»Ich würde mich in Märchenträumen wiegen
Und lerchenfroh begrüßen jeden Morgen,
Könnt ich den irdischsten der Erdensorgen
Gebieten, sich zu Füßen mir zu schmiegen.

Mir ist, als müßt ich durch die Lüfte fliegen,
Als würde mir die Freude Flügel borgen,
Vermöcht ich je, gleich jenem Sankt Georgen,
Die Not – den ew'gen Drachen zu besiegen.«

Es folgen die von Storm zitierten Terzette.

797 *Zur Verlobung:* Mit der Überschrift »Verlobung«, leicht überarbeitet und ohne die letzten vier Verse, auch in den späteren Gedichtausgaben.

798 *Strachwitz:* Moritz Graf von Strachwitz (1822-1847), Balladendichter. – *»Deutsches Museum«:* Von Robert Prutz seit 1851 herausgegebene »Zeitschrift für Literatur, Kunst und öffentliches Leben«. Fontanes Ballade wurde im ersten Jahrgang veröffentlicht. – *die Schilderung ... ist seine eigentliche Force:* »Meine Neigung und – wenn es erlaubt ist, so zu sprechen – meine Force ist die Schilderung. Am Innerlichen mag es gelegentlich fehlen, das Äußerliche hab ich in der Gewalt. Nur so wie ich die Geschichte als Basis habe, gebiet ich über Kräfte, die mir sonst fremd sind, wie jener, dem auf heimatlicher Erde die Seele wieder stark wurde.« (Fontane an Storm, 14. Februar 1854.)

799 *zweimaliger längerer Aufenthalt ... in London:* Sommer 1844 und April bis September 1852. – *wie er dies auch selbst ... ausspricht:* In einer Anmerkung zu der Ballade »Die Jüdin« (»Argo«, 1854, S. 234) erklärt Fontane, »nicht literarhistorisch interessante Beiträge, sondern Gedichte liefern zu wollen«. – *die Xenie:* Nicht ermittelt.

800 *Widmungsgedicht »An den Grafen Schwerin ...«:* Maximilian Graf Schwerin-Putzar (1804-1872), liberaler preußischer Politiker.

802 *Es zieht sich eine blutige Spur:* »Lied des James Monmouth«.

803 *»Ein Sommer in London«:* In einem undatierten Brief schrieb Storm Anfang September 1854 an Fontane über das gerade erschienene Buch: »Sie schildern eben nicht die Dinge, sondern die Wirkung der Dinge auf Sie, den Poeten; insofern gehört Ihr Buch bei aller Grundverschiedenheit (weil der Personen) in die Klasse der Heineschen ›Reisebilder‹.« Fontane antwortete am 12. September: »Daß Ihnen die Londoner Briefe gefallen, gefällt mir wiederum. Mit den ›Reisebildern‹ ist doch nur eine teils zufällige, teils scheinbare Ähnlichkeit da. Ich will nämlich wirklich eine Art ›Guide‹ geben und bilde mir ein, das auch erreicht zu haben. Diesen Zweck hat Heine nie.« – *wieder in England:* Anfang September 1855 war Fontane zum dritten Male nach England gereist. Kurz vorher, am 30. August, hatte er an Storm geschrieben: »So nehm ich denn schriftlich von Ihnen Abschied, eine Sentenz, zu deren Verständnis frei-

lich noch die Mitteilung gehört, daß ich am Dienstag früh über Hamburg nach London gehn und entweder zwei Monate oder fünf Jahre daselbst verweilen werde. Es handelt sich um Gründung einer Art Zeitung, und von dem Zustandekommen des Unternehmens hängt mein kürzrer oder längrer Aufenthalt in England ab.« Fontane kehrte erst Anfang 1859 nach Berlin zurück.

MEINE ERINNERUNGEN AN EDUARD MÖRIKE

Am 20. November 1850 hatte Storm seine »Sommergeschichten und Lieder« an Mörike geschickt; der Begleitbrief beginnt mit den Worten: »Eine Botschaft alter Liebe soll dies Büchlein an Sie, verehrter Mann, bestellen; verschmähen Sie den Boten nicht, ich bin ein Dilettant und habe keinen bessern.« Mörike antwortete lange nicht darauf; erst am 26. Mai 1853 schrieb er nach Husum. Auch im weiteren Verlauf der Korrespondenz ist Storm der weitaus produktivere Partner geblieben.

Am 15. und 16. August 1855 hat Storm Mörike in Stuttgart aufgesucht. Auf der Rückreise machte er sich »sogleich vollständige Notizen«, wie er später (am 3. Januar 1882) an Gottfried Keller schrieb. Diese Notizen, die lange Zeit als verschollen galten, sind unlängst in der Schleswig-Holsteinischen Landesbibliothek in Kiel gefunden worden. (Vgl. Karl Ernst Laage, »Eine wiederentdeckte Storm-Handschrift«; in: »Schriften der Theodor-Storm-Gesellschaft«, Schrift 25, Heide in Holstein 1976.)

Die »Erinnerungen« sind erst nach Mörikes Tod (4. Juni 1875) entstanden. An Emil Kuh schrieb Storm am 24. August 1876, als er sich in Forbeslet bei Kolding in Jütland aufhielt: »Jetzt sind wir hier bei Verwandten meiner Frau auf einem schönen Gute, einer Musterwirtschaft ... Die Zeit, die ich der Betrachtung der Landwirtschaft entziehen kann und dem Verkehr mit der Gutsnachbarschaft, widme ich einem kleinen Artikel: ›Meine Erinnerungen an E. Mörike‹.«

Wie aus einer Mitteilung des Dichters an Ludwig Pietsch (27. September 1876) hervorgeht, war das – zunächst für die »Deutsche Rundschau« bestimmte – Manuskript Ende September fertig. Der Aufsatz erschien zuerst im Januar 1877 in »Westermanns Illustrierten Deutschen Monatsheften«, und zwar mit folgendem Nachwort:

»E. Höfer hat in einem nach des Dichters Tode erschienenen Aufsatze die Kundigen aufgefordert, zur Herstellung seines wirklichen Bildes beizutragen, mit dem Hinzufügen: denn die Spuren eines so stillen und engen Daseins, die selbst während des Lebens nur von wenigen bemerkt und beachtet worden sind, pflegen nach dem Tode mit erschreckender Schnelligkeit vollends zu verschwinden.

Möge man denn zu den seitdem veröffentlichten wertvollen Aufzeichnungen von Kuh, Waldmüller, Fr. Notter u. a. die vorstehende als eine, wenn auch bescheidene, Ergänzung gelten lassen. Nichts aber würde uns, nach meiner Ansicht, den Dichter lebendiger vor Augen führen helfen als, worauf schon Notter hinsichtlich der Korrespondenz mit Moritz Schwind hingewiesen hat, die Veröffentlichung einer Auswahl seiner Briefe; denn selten dürfte sich in solchen so die Persönlichkeit des Schreibers ausprägen und wiederum selten die menschliche und die dichterische Persönlichkeit sich in solchem Grade decken, wie dies bei Mörike der Fall ist.

Hoffen wir, daß bei einer zu erwartenden Gesamtausgabe diese Pflicht gegen den Dichter und sein Publikum nicht versäumt werde.«

804 »Miniaturbibliothek der deutschen Klassiker«: In dem von Joseph Meyer gegründeten Bibliographischen Institut in Hildburghausen erschienen seit 1827 billige Ausgaben klassischer deutscher Dichter in hohen Auflagen.

805 Ludwig Bauer: Theologe und Schriftsteller (1803-1846); Freund Mörikes. – *Gervinus stellt uns zu der Prose:* Der liberale Geschichtsschreiber und Literarhistoriker Georg Gottfried Gervinus (1805-1871) hat wiederholt die Lyrik als untergeordnete Gattung der Literatur bezeichnet; so heißt es in seiner »Neueren Geschichte der poetischen National-Literatur der Deutschen« (2. Teil, Leipzig 1842, S. 639f.): »Wenn in einer Dichtungsperiode das quietistische Prinzip in den Vordergrund tritt, wenn die Freude an Kontemplationen, an Naturbetrachtungen, an subjektiven Seelenregungen, an dem Brüten über die Zustände der innern und äußern Welt die frische Lust an der Darstellung des äußern Lebens verdrängt, wenn das innere Hören das äußere Sehen stumpft, so ist es notwendig, daß alle plastischen Gattungen der Dichtung (und dies sind die höheren Gattungen der Epopöe und des Dramas) hinter die musikalischen (und dies ist die geringere Gattung der Lyrik) zurücktreten, und dies wird immer ein Zeichen sein, daß der Genius die Schwingen senkt und sich nicht mehr zu großen Flügen kräftig fühlt. Wirklich ist dies sehr deutlich in der Poesie dieses ganzen Jahrhunderts zu bemerken: fast alle die Männer, die wir mit Auszeichnung als Lyriker nennen, haben nichts Größeres versucht und sind, wenn sie es versuchten, gescheitert ... Nicht allein die Lyrik der Romantiker ist aber dieser Art, sondern auch die ihr folgende ...«

806 Die sel'gen Feen ...: Frei zitierte Verse aus Mörikes Gedicht »Gesang zu zweien in der Nacht«. – *der gespenstische Feuerreiter:* Anspielung auf Mörikes Ballade »Der Feuerreiter«. – *E. Kuh:* Der österreichische Schriftsteller Emil Kuh (1828-1876) hatte Mörike im Sommer 1874 besucht. Sein »Gedenkblatt« erschien 1875 in der »Wiener Abendpost« (Nr. 134 und 135). – *Hetsch:* Louis Hetsch (1806-1872), Musikdirektor in Heidelberg und Mannheim; mit

Mörike vom Tübinger Stift her befreundet. – *Rosenzeit . . .:* Anfang von Mörikes Gedicht »Agnes«.

807 A. v. Sternberg: Alexander Freiherr von Ungern-Sternberg (1806 bis 1868); Storm hatte ihn in Berlin kennengelernt. – *Vischer:* Friedrich Theodor Vischers Aufsatz über Mörikes »Maler Nolten« ist zuerst 1839 in den »Halleschen Jahrbüchern für deutsche Wissenschaft und Kunst«, später im ersten Band der »Kritischen Gänge« (Tübingen 1844) erschienen. – *Erzählung vom »sicheren Mann«:* »Märchen vom sichern Mann«.

810 Rickele: Friederike geb. Ehemann, die Frau Justinus Kerners; sie starb am 16. April 1854. – *»An Elise«:* Ursprünglicher Titel des Gedichts »Margareta«.

811 Cleversulzbach: Mörike war dort von 1834 bis 1843 Pfarrer. – *Thibaut:* Anton Friedrich Justus Thibaut (1772-1840), Professor für römisches Recht in Kiel, Jena und Heidelberg; Gegner der Historischen Rechtsschule. – *Johann Heinrich Voß:* Der Dichter und Homer-Übersetzer (1751-1826) wirkte seit 1805 als Professor an der Universität in Heidelberg. – *Katharineum:* Mädchenschule in Stuttgart; Mörike gab dort von 1851 bis 1866 wöchentlich ein bis zwei Stunden Unterricht in deutscher Literatur.

812 Weiß: Die Lithographie von Bonaventura Weiß (1810-1875) stammt aus dem Jahre 1851. – *Salve Theodore! . . . . .:* (lat.) Willkommen, Theodor! Durch amtliche Tätigkeit verhindert, schicke ich meinen besten Freund, Sie an meiner Stelle zu empfangen. – *Wilhelm Hartlaub:* Pfarrer (1804-1885), mit Mörike seit 1818 befreundet. – *Mergentheim:* Mörike wohnte dort von 1843 bis 1851. – *Karl Mayer:* Jurist (1786-1870), Angehöriger der schwäbischen Dichterschule.

814 Aus Finsternissen . . .: Verse aus Mörikes Gedicht »Neue Liebe«; es ist 1846 entstanden und 1852 zuerst in einer Zeitschrift veröffentlicht worden.

815 »Maler Nolten«: Der Roman erschien 1832. Seit 1850 beschäftigte sich Mörike mit der Umarbeitung, die unvollendet geblieben ist. Sie wurde 1877 von Julius Klaiber herausgegeben.

816 Nürtingen: Mörike wohnte 1870/71 vorübergehend dort, wo ihn Storms zweiter Sohn Ernst, der in Tübingen Jura studierte, besucht hat.

818 kleine Tochter: Lisbeth Storm (geb. 1855). – *Agnes Schebest:* Sängerin (1812-1870), Frau des Philosophen David Friedrich Strauß. – *Gruß auf seinem »Mozart«:* »Theodor Storm in Potsdam. Mit tausend vorläufigen herzlichsten Grüßen und Dank!« Widmung auf dem Titelblatt der Erstausgabe (1856) der Novelle »Mozart auf der Reise nach Prag« (im Schiller-Nationalmuseum, Marbach am Neckar). – *ein großes Leid:* Am 20. Mai 1865 starb Constanze, Storms erste Frau. Mörikes letzter Brief an Storm stammt vom 10. Juni des gleichen Jahres.

VORREDE ZUM HAUSBUCH AUS DEUTSCHEN DICHTERN SEIT CLAUDIUS

Am 9. April 1869 schrieb Storm an Klaus Groth: »Seit Mitte Dezember bin ich mit großem Fleiß und Behagen an einer Arbeit, die sich nach über dreißigjähriger Lebenserfahrung wohl für einen pensionierten Poeten schickt; sie repräsentiert die andre, negative Seite des mir angebornen und im Leben entwickelten Könnens, und ich halte mich dazu grade besonders legitimiert, da ich früh lustig über Bord zu werfen gelernt habe. Ich arbeite an einem Hausbuch aus deutschen Dichtern seit Claudius, das sich – so meine ich wenigstens – durch Abwesenheit der ordinären Mittelmäßigkeit von allen vorhandenen Anthologien unterscheiden wird, ja das ein ausdrücklicher Protest dagegen sein soll und wozu ich eine sehr freche Vorrede geschrieben habe.« Und am 8. Mai desselben Jahres berichtete er Friedrich Eggers: »Es handelt sich um ein Hausbuch aus deutschen Dichtern seit Claudius, welches sich durch die Abwesenheit alles lyrischen Schundes, der in *sämtlichen* Anthologien wimmelt, hoffentlich die Zustimmung der alten Rütli-Genossen erwerben wird. Dazu ist eine freche Vorrede geschrieben, was man sich, wenn man alt wird und resigniert hat, schon erlauben kann.«

Am 22. Juni 1869 bot Storm das Buch George Westermann an: »Wollen Sie mein ›Hausbuch‹ verlegen, dessen Wesen und Inhalt Sie aus dem beigelegten (nicht ganz farbigen) Entwurf des Vorworts entnehmen können? – Ich habe seit Mitte Dezember v. J. mit großem Fleiß (von Rückert habe ich allein elf Bände Blatt für Blatt durchgesehen) und nicht weniger Behagen an diesem Buche gearbeitet . . . Der Wert des Buches wird ebensosehr in dem bestehen, was nicht da ist, als in dem, was da ist.« Da Westermann offensichtlich sehr skeptisch reagierte, schrieb ihm Storm am 17. Juli noch einmal ausführlich über das Projekt: ». . . Der *rein kritische* Standpunkt, wo man ohne andre Rücksicht nur das Beste nimmt, ist ja der Standpunkt aller viel verbreiteten Anthologien und nicht weniger berechtigt als der *literärhistorische*, wo man, da es auf Charakteristik von Epochen und Persönlichkeiten ankommt, manches an sich Unbedeutende aufnehmen muß. Meine Arbeit nimmt den rein kritischen Standpunkt ein, aber keineswegs, zu welcher Annahme Sie ein allerdings wohl zu streichender Satz der Vorrede veranlaßt haben mag, einen subjektiv Stormschen. Ich meine vielmehr, mit bewußter Unterdrückung aller bloß subjektiver Liebhabereien . . . so objektiv ausgewählt zu haben, wie das in solcher Beziehung überall möglich. Ich darf indes behaupten, daß ich für die deutsche Lyrik urteilsfähiger bin als diejenigen, die sich bis jetzt mit Redaktion solcher kritischen Sammlungen befaßt haben. Wenn ich bisher in meinen Arbeiten bewiesen habe, daß mir die Grenzen meines Könnens genau bekannt sind, so kann ich in vorliegendem Fall davon so überzeugt sein wie nur je. Es sollte mir leid tun, wenn das Buch an dem mangelnden Verleger-Vertrauen scheiterte; denn was wir bis jetzt an kritischen Anthologien besitzen, ist der Art, daß es reiferen Menschen einen Ekel vor der deutschen Lyrik beibringen muß und auch wirklich redlich dazu geholfen hat . . . – Die Vorrede anlangend, so kann sie meinethalben in der ersten Auflage wegbleiben oder als Nachwort figurieren. Ich las sie infolge Ihres Schreibens neulich einem tüchtigen Ästhetiker vor, der mir zum Schlusse sagte: ›Ich unterschreibe jedes Wort.‹ Und gewiß sind die Richtungen, die ich darin berücksichtigt verlange, nicht etwa Stormsch, sondern der Sache nach berechtigt. Könnte ich Ihnen die Stücke vorlegen, die ich dabei im Auge habe, so würden Sie nicht mehr zweifeln, daß diese Auswahl nicht allein eine vor allen vorhandenen wertvolle, sondern auch ansprechende sei.«

Westermann ging auf das Angebot nicht ein. Am 5. April 1870 teilte Storm seinem Freund Ludwig Pietsch mit: »Gestern hab ich das Manuskript meiner Anthologie ›Hausbuch aus deutschen Dichtern seit Claudius‹ an Mauke in Hamburg geschickt, der es verlegt.« Unter diesem Titel (und mit dem Zusatz »Eine kritische Anthologie«) erschien das Buch im gleichen Jahr. Eine zweite (Titel-)Auflage folgte 1871. Für die dritte Auflage drängte der Verleger Wilhelm Mauke »immer auf Streichen und Verringerung des Textes« (Storm an Emil Kuh, November 1875) und wünschte sogar die Kürzung der Vorrede. Storm schrieb ihm Mitte Oktober 1874 dazu: »Die in knappster Gedrängtheit geschriebene Vorrede aber, die das Fundament des ganzen Werkes ist und sich bei Einsichtigen schon eine unbedingte Anerkennung erworben hat . . ., die kann um keinen Buchstaben gekürzt werden, dagegen soll die zur 3. Auflage desto kürzer sein . . .« In der dritten Auflage – sie erschien 1875 »mit Holzschnitten nach Originalzeichnungen von Hans Speckter, ausgeführt von H. Kaeseberg« – fügte Storm seiner Vorrede folgende Abschnitte hinzu:

»Die gegenwärtige Auflage des Hausbuches erscheint, einzelne Einschränkungen und Zusätze abgerechnet, im wesentlichen unverändert; nur ist diesmal, da deren Werke sich in fast aller Händen befinden, auf eine Auswahl aus den Gedichten Goethes und Schillers Verzicht geleistet, um dadurch Raum für weniger Bekanntes zu finden. – Wenn irgendwo bei Gelegenheit der ersten Auflage bemerkt wurde, daß bedeutende Dichter ausgelassen seien, so ist dies insofern richtig, als unter den *älteren* einzelne Dichter von einer gewissen literargeschichtlichen Bedeutung, welche letztere jedoch bei dem Plan der Sammlung nicht entscheidend sein konnte, in dieselbe nicht aufgenommen wurden. So u. a. die weichlichen Gesänge des Novalis; so Matthisson, dessen Dichtweise überdies besser durch den ihm verwandten Salis vertreten wird, bei welchem das Landschaftsbild doch nicht so ganz in einzelnen kleinen Anschauungen auseinanderbröckelt.

Die Ausstattung anlangend, so ist dieser Auflage durch die Fürsorge der Verlagshandlung ein künstlerischer Schmuck beigegeben, der hoffentlich dem jungen Meister, dem ältesten Sohne des trefflichen Zeichners der Heyschen Kinderfabeln und des Grothschen ›Quickborn‹, eine freudige Anerkennung einbringen und dem Hausbuche noch manche weitere Tür erschließen wird.

Husum, im Juni 1875 *Th. St.*«

Eine vierte, überarbeitete Auflage des »Hausbuches« erschien 1878 bei G. Westermann in Braunschweig. Als »vierte durchgesehene Auflage« ist auch eine Ausgabe bezeichnet, die ohne Jahreszahl bei Emil Strauß in Berlin herauskam.

819 Pastor von Werneuchen: Friedrich Wilhelm August Schmidt (1764 bis 1838). – *»mit urkräftigem Behagen«:* Nach Goethe, »Faust«, Erster Teil, Vers 536.

821 sein Neujahrslied: »Mein Neujahrslied« (1772).

822 die Kunst, »zu sagen, was ich leide«: Anspielung auf Goethes Schauspiel »Torquato Tasso« (V,5): »Und wenn der Mensch in seiner Qual verstummt,/ Gab mir ein Gott zu sagen, wie ich leide.« – *poesis militans:* (lat.) streitbare Dichtkunst.

NACHWORT

Im Sommer 1868 schrieb der fünfzigjährige Theodor Storm an seinen Braunschweiger Verleger George Westermann: Da er »auch als Poet« an sein Ende zu denken habe, sei er entschlossen, »Testament zu machen«, und deshalb erlaube er sich die Frage, ob er, Westermann, eine Gesamtausgabe seiner Werke verlegen wolle. Nach weniger als vier Monaten lagen Storms »Sämtliche Schriften« in sechs Bänden vor. Das literarisch interessierte Publikum wurde gleichzeitig in einem dreißigspaltigen Aufsatz auf den Autor und dessen Werk aufmerksam gemacht, der im Oktober 1868 in »Westermanns Illustrierten Deutschen Monatsheften« erschien. Verfasser dieser so genannten »Lebensskizze« war der Zeichner, Buchillustrator und Publizist Ludwig Pietsch, ein Freund Storms und Bewunderer von dessen Poesie, die er mit Worten charakterisierte, welche noch heute – und zwar im Hinblick auf Storms Gesamtwerk, also auch auf die in den noch folgenden zwanzig Lebensjahren entstandenen Novellen und Gedichte – lesenswert, weil treffend sind: »Der Kreis der Empfindungen wie der Anschauungen, aus denen er schöpft, ist... bestimmt und ziemlich eng umgrenzt. Aber sein Dichten ist darum weder arm noch einseitig. Denn es vereint sich darin zartes, weiches, träumerisches Gefühl mit festem Ernst, ruhiger Stärke, männlicher Gesinnung und standhafter Überzeugung; stille Resignation und glühende, verlangende Leidenschaft; wehmütiges Versenken in die Erinnerung des unwiederbringlich verlorenen Glückes und Fähigkeit des hellen Sehens und des frischen, frohen Genießens der umgebenden Gegenwart und Realität; der allen phantastischen Märchenwundern, allem Mondesdämmer der ›Traum- und Zaubersphäre‹ der Romantik wunderbar erschlossene Sinn, und eine eindringende, klare, liebevolle Beobachtungsgabe und Kunde der Natur und der Dinge und Verhältnisse des wirklichen Lebens; inniges Heimatsgefühl, von dem aus jenes reizende und charakteristische Lokalkolorit sich über die Mehrzahl seiner Bilder breitet, und Verständnis und Begeisterung für die großen humanen Gegenstände und Interessen.«

Gleichwohl aber meinte Pietsch, »die Gemeinde Theodor Storms« werde »immer nur eine kleinere, aber eine desto erlesenere« sein. Tatsächlich war Storm zu Lebzeiten alles andere als ein Erfolgsautor. Die Auflagen seiner Novellen und seiner Gedichtausgabe blieben weit hinter denen der Bücher eines Paul Heyse, eines Friedrich Spielhagen, eines Gustav Freytag oder Emanuel Geibel zurück. Einzig »Immensee« wurde zwischen 1849 und 1888 mehr als dreißigmal gedruckt. »Ich wurde nur allmählich anerkannt«, schrieb der Dichter 1883 an eine seiner Töchter, doch er fügte hinzu: »Ich denke, um so dauernder . . .« Zunächst freilich war Storms wachsende Popularität – ähnlich wie die Theodor Fontanes oder Wilhelm Raabes – verbunden mit einer argen Verkennung, Mißdeutung, ja dem Mißbrauch seines Werkes, so daß Thomas Mann sich im Jahre 1930 veranlaßt sah, warnend und mahnend die Stimme zu erheben: »Der Stormsche Laut hat recht kümmerlich fortgeklungen in deutscher Dichtung oder dem, was dafür gelten wollte, er hat, man muß das eingestehen, auf eine teilweise erbarmungswürdige Weise Schule gemacht. Von ihm . . . ist viel Läppisches und Nichtiges hergekommen, viel Bürgerwonne und Goldschnittgemüt, das doch bei ihm, an seiner hochgelegenen Quelle, etwas ganz, ganz anderes war . . . Das Wort ›An ihren Früchten sollt ihr sie erkennen‹ ist ein grausames Wort und ein nichts weniger als unanfechtbares . . . Was von Storm kam, ist nicht Storm; er setzt sich durch Anspruch, Kraft, Feinheit, Präzision, Persönlichkeit, Kunstgetragenheit gegen alles schlaff Bürgerliche ab, das an ihn ›anzuknüpfen‹ meinte . . . Es hat stürmische Lufterneuerungen, Revolutionen gegeben in unserer Literatur, die seine ›Früchte‹ in die Vergessenheit gefegt haben. Er ist ein Meister, er bleibt.«

Thomas Manns Urteil, das noch lange Zeit nahezu singulär geblieben ist, hat seine volle Bestätigung recht eigentlich erst nach dem Zweiten Weltkrieg erfahren. Heute ist Theodor Storm nicht nur im deutschen Sprachbereich einer der meistgedruckten und meistgelesenen Autoren aus der zweiten Hälfte des 19. Jahrhunderts; auch im Ausland erscheinen Jahr für Jahr neue Übersetzungen seiner Werke. Allein von »Immensee« liegen vierzehn verschiedene Übertragungen ins Japanische vor, zehn von ihnen stammen aus den Jahren 1946 bis 1966. Man kann Storm jetzt in vierzig Sprachen lesen.

Daß Theodor Storm als Fünfzehnjähriger begonnen hat, Gedichte zu schreiben, ist nichts Außergewöhnliches, eher schon, daß er mit neunzehn den – offensichtlich ersten – (vergeblichen) Versuch unternahm, etwas drucken zu lassen, und zwar in dem von Adelbert von Chamisso und Gustav Schwab herausgegebenen »Deutschen Musenalmanach«. Später hat er sein frühes »Versemachen« als »ein Flügelprüfen ohne Selbständigkeit« empfunden. Als 1843 das »Liederbuch dreier Freunde« erschienen war, schenkte die Kritik den Versen des später als Historiker berühmt gewordenen Theodor Mommsen die meiste Beachtung. Dieser, nicht Storm, dirigiere das Konzert; er, Mommsen, habe »am meisten Kunstbewußtsein«, urteilte Ludolf Wienbarg, der führende theoretische Kopf der Jungdeutschen, in einer Anzeige des Buches. Tiefere Erlebnisse, umfassendere Lebenserfahrungen waren erforderlich, damit es bei Storm zu jenem »unabwendbaren Drange« kommen konnte, »ein bestimmtes Innerliches gestaltet auszuprägen«.

Zeit und Ort der Kindheit und frühen Jugend Theodor Storms waren nicht sonderlich geeignet, ein künstlerisches Talent zu fördern oder reifen zu lassen.

Geboren wurde er, wenige Wochen vor dem Wartburgfest der deutschen Studenten, am 14. September 1817 in Husum, einer Kleinstadt im Herzogtum Schleswig, das politisch zu Dänemark gehörte und dem zwei Jahre vor Storms Geburt gegründeten Deutschen Bund, im Unterschied zu den Herzogtümern Holstein und Lauenburg, nicht beigetreten war. Storm war noch keine zwei Jahre alt, als die Karlsbader Beschlüsse jede freiheitliche und patriotische Regung im Keim erstickten und mit den »Demagogenverfolgungen« die Nacht der Metternichschen Reaktion über ganz Deutschland hereinbrach. Der Dichter hat seine Kindheit als »eine praktisch unpolitische Zeit« empfunden; »die Französische Revolution und das Kaiserreich nahmen auf Jahrzehnte die Gedanken der Menschen in Anspruch; aber meistenteils nur als Vergangenheit, wie eine ungeheuere Tragödie«.

Storms Vater, Johann Kasimir, Sohn und Enkel der Erbpachtmüller in Westermühlen südwestlich von Rendsburg, hatte sich 1815 als Advokat in Husum niedergelassen und ein Jahr darauf die jüngste Tochter des Senators Simon Woldsen geheiratet. Theodor Storm schildert seinen Vater als einen »Mann ohne alle Selbstsucht«; obgleich »kein gelehrter Jurist«, sei er berühmt gewesen »wegen seiner klaren Auffassung der Sachlage« und im ganzen Lande »hoch geachtet und geschätzt«. Von Lucie Storm, seiner Mutter, bemerkte der Sohn, daß sie »einen guten, klaren Verstand« und »sehr viel Interesse für Kunst und Natur« gehabt habe, aber »ohne hervorragende geistige Begabung« gewesen sei. »Ein nahes Verhältnis fand während meiner Jugend zwischen mir und meinen Eltern nicht statt; ich entsinne mich nicht, daß ich derzeit jemals von ihnen umarmt oder gar geküßt worden.« Tatsächlich zog es den Knaben vor allem zu seiner Großmutter Magdalena Woldsen, einer »kleinen Frau von geringen geistigen Anlagen, aber von großer Herzensgüte und von ewig heiterem Temperament«. In dem geräumigen Woldsenschen Familienhause in der Hohlen Gasse, in der Nähe des Hafens, verlebte er die schönsten Stunden seiner Kindheit, schon bevor im Sommer 1821 die Eltern dorthin übersiedelten. Hier wuchs er hinein in die patriarchalische Welt mit ihren zahlreichen Familienerinnerungen, die – wie die Atmosphäre des alten Patrizierhauses selbst – in viele seiner späteren Dichtungen eingegangen sind.

Von »religiösen Glaubensdingen« sei ihm in seiner Jugend von keiner Seite etwas »vorgeredet« worden, hat der Dichter im Alter von fünfundfünfzig Jahren bekannt, und gelernt habe er nie etwas Ordentliches. Mit vier Jahren kam er in die Klippschule der »Mutter Amberg«, die »ein widriges Geschick zur Kinderlehrerin gemacht« hatte, und mit neun in die Quarta der Husumer Gelehrtenschule, wo »der Schultisch nur mit geistiger Hausmannskost besetzt« war. Noch der Primaner Storm hielt Uhland »für einen mittelalterlichen Minnesänger«, und von den Romantikern hatte er »noch nichts gesehen als einmal Ludwig Tiecks Porträt auf dem Umschlage eines Schreibbuches«. Nimmt man hinzu, daß er tagelang der Schule fernbleiben konnte, bevor dies von den Lehrern überhaupt bemerkt wurde, so wird verständlich, daß sich der Vater entschloß, seinen Sohn die letzten anderthalb Jahre der Gymnasialzeit anderswo absolvieren zu lassen. Die Wahl fiel auf das berühmte Katharineum in Lübeck. Hier erst erfuhr er durch einen älteren Freund, daß es »lebende deutsche Dichter gäbe, und gar solche, welche noch ganz anders auf ihn wirken würden als selbst Bürger und Hölty«. Jetzt lernte er nicht bloß Goethes »Faust« kennen, sondern vor allem die Lyrik Eichendorffs und Heines »Buch der Lieder«. Bald kam als ein weiteres bedeutsames ästhetisches Erlebnis die Bekanntschaft mit Mörikes Dichtung hinzu.

Zu Ostern 1837 verließ Storm das Lübecker Gymnasium und begann ein juristisches Studium an der schleswig-holsteinischen Landesuniversität in Kiel. »Weshalb ich mich der Jurisprudenz ergab?«, schrieb er später einmal; »es ist das Studium, das man ohne besondere Neigung studieren kann; auch war mein Vater ja Jurist.« Schon nach einem Jahr ging er an die Berliner Universität, kehrte aber im Herbst 1839 nach Kiel zurück. Hier fand er nun Aufnahme in einen Kreis literarisch interessierter Studenten um Theodor Mommsen. »Wie reich war ich in Kiel!« schrieb er 1845 an seine Verlobte; »ein beständiger, lebendiger Gedankenaustausch. Durch diesen Verkehr hatten sich so mannigfache Beziehungen uns aufgetan, daß dadurch ein merkwürdig schnelles übereinstimmendes Auffassen und Beurteilen aller geistigen Erscheinungen, die wir in unsern Kreis zogen, entstand ... Ich habe mit diesen Leuten manche gute Stunde gelebt.«

Während er seine juristischen Studien ohne besonderen Eifer fortsetzte und sie im Oktober 1842 abschloß, wurde er sich zunehmend seiner dichterischen Begabung bewußt. Entscheidend dazu beigetragen hat seine Liebe zu der acht Jahre jüngeren Bertha von Buchan, um deren Hand er, unmittelbar nach bestandenem Examen, vergeblich anhielt. Mit den Liebesgedichten, die dieses Erlebnis widerspiegeln, hat Storm seinen eigenen, unverwechselbaren Ton gefunden.

Nach Husum zurückgekehrt, arbeitete Storm zunächst in der väterlichen Advokatur mit; Anfang 1843 eröffnete er eine eigene Anwaltspraxis. Ein Jahr darauf verlobte er sich mit seiner achtzehnjährigen Kusine Constanze Esmarch. Die Neigung für die schöne und kluge Tochter des Segeberger Bürgermeisters hat nicht, wie dies bei Storms Natur zu vermuten gewesen wäre, als starke Leidenschaft begonnen. »Du weißt es«, bekannte er der Verlobten wenige Wochen vor der Hochzeit, »nicht durch den Reiz des äußeren sinnlichen Eindrucks Deiner Erscheinung wurde meine Liebe zu Dir eröffnet; unser inneres Wesen war es, was uns gegenseitig einander zuführte.« Die am 15. September 1846 geschlossene Ehe erfuhr gleich zu Anfang eine außerordentliche Belastungsprobe. Die Freundin einer seiner Schwestern, Dorothea Jensen, scheint all jene Eigenschaften besessen zu haben, die der Dichter bei Constanze vermißte: heiße Leidenschaft und die Bereitschaft, sich bedingungslos dem geliebten Manne hinzugeben. Die »erschütterndste Leidenschaft« hat das Mädchen bei dem jungen Ehemann ausgelöst; ihr gelten die glühendsten Liebesgedichte, die Storm geschrieben und von denen er einige nicht in seine Gedichtausgabe aufgenommen hat. Gegen Ende 1848 verließ Dorothea Husum; achtzehn Jahre später wurde sie Theodor Storms zweite Frau.

Die philiströs-beschauliche Atmosphäre, die nach dem Wiener Kongreß in Husum geherrscht zu haben scheint, war indessen nicht charakteristisch für ganz Schleswig-Holstein. Während die Regierung in Kopenhagen versuchte, alle drei Herzogtümer – Schleswig, Holstein und Lauenburg – gänzlich in den dänischen Staat zu integrieren, forderten die Schleswig-Holsteiner nach der Pariser Julirevolution von 1830 eine gemeinsame Verfassung für ihre Länder. Der schleswig-holsteinischen Unabhängigkeitsbewegung, die anfangs von konservativen Kräften beherrscht war, fehlte zunächst das nationale Ziel; ihr »Schollenpatriotismus« tendierte zur Verselbständigung des Landes. Die Situation änderte sich jedoch von Grund auf, als der Ausbruch der Revolution für Deutschland die nationale Einheit auf bürgerlich-demokratischer Grundlage in Aussicht zu stellen schien. Ende März 1848 konstituierte sich in Rendsburg eine Provisorische Regierung für Schleswig-Holstein; der Konflikt war jetzt nur noch mit militärischen Mitteln zu lösen.

Nach anfänglichen Erfolgen der Dänen griffen preußische und andere Bundestruppen in den Kampf ein und besetzten in kurzer Zeit das Land. Jetzt waren die Augen ganz Deutschlands auf die Herzogtümer im Norden gerichtet. Doch sobald der preußische König Friedrich Wilhelm IV. nicht mehr unter dem Zwang des Berliner Märzaufstandes handeln mußte, trat er den diplomatischen Rückzug an; am 26. August 1848 wurde in Malmö zwischen Preußen und Dänemark ein Waffenstillstand für die Dauer von sieben Monaten geschlossen; die Provisorische Regierung wurde aufgelöst, die von ihr erlassenen Gesetze traten außer Kraft.

»Nicht nur Schleswig-Holstein, ganz Deutschland mit Ausnahme von Urpreußen ist entrüstet über diesen schmählichen Waffenstillstand«, las man am 8. September in der »Neuen Rheinischen Zeitung«, und zwei Tage später erklärte dort derselbe Autor, nämlich Friedrich Engels: »Der dänische Krieg ist der erste *Revolutionskrieg*, den Deutschland führt. ... Schleswig-Holstein, bisher politisch von Deutschland ins Schlepptau genommen, ist durch den Revolutionskrieg plötzlich zu fortgeschritteneren Institutionen gekommen als das ganze übrige Deutschland.« Und nachdem am 16. September die in der Frankfurter Paulskirche tagende Nationalversammlung den Waffenstillstandsbedingungen zugestimmt hatte, hieß es am 20. des Monats in der »Neuen Rheinischen Zeitung«: »Die deutsche Nationalversammlung hat den Waffenstillstand ratifiziert. Wir hatten uns nicht getäuscht: ›Die Ehre Deutschlands liegt in schlechten Händen.‹«

Storm, der von Anfang an von den politischen Kämpfen in und um Schleswig-Holstein nicht unberührt geblieben war, schrieb von April bis September 1848 Husumer Korrespondenzen für die von Theodor Mommsen redigierte »Schleswig-Holsteinische Zeitung«, das Organ der Provisorischen Regierung. Bedeutsamer ist, daß auch seine Poesie jetzt einen politischen Akzent erhielt. Zu Ostern 1848 beendete er ein Gedicht mit dem Vers: »Das Land ist unser, unser soll es bleiben!« Und das wenige Wochen nach dem preußisch-dänischen Waffenstillstand niedergeschriebene »Oktoberlied«, mit dem er dann seine Gedichtausgabe eröffnen sollte, kann nicht anders denn als ein Sieg des optimistischen Lebensgefühls angesichts der verzweifelten Lage der Heimat gedeutet werden.

Als im folgenden Jahr der Krieg fortgesetzt wurde, verhielten sich die preußischen Truppen bis zu dem neuen Waffenstillstand vom 10. Juli 1849 passiv. Ein Jahr später schloß Preußen, zugleich im Namen des Deutschen Bundes, den Friedensvertrag mit Dänemark. Auf sich allein gestellt, waren die schleswig-holsteinischen Streitkräfte der dänischen Übermacht nicht gewachsen; bei Idstedt wurden sie am 24. und 25. Juli 1850 vernichtend geschlagen. Die europäische Reaktion, voran Rußland und Österreich, sorgte für eine Lösung in ihrem Sinne. Anfang 1851 wurde Holstein von Österreich, Schleswig von Dänemark militärisch besetzt. Das Londoner Protokoll vom 8. Mai 1852 garantierte die einheitliche dänische Erbfolge in den Herzogtümern und erklärte die Integrität der dänischen Monarchie für ein europäisches Interesse.

Um nicht mit den Beauftragten der dänischen Regierung verhandeln zu müssen, hielt Storm bis Anfang 1851 seine Anwaltspraxis geschlossen. Dann entschied er sich jedoch dafür, seine Mitbürger nach Kräften »gegen die Willkür der neu eingesetzten Königlich Dänischen Behörden mit voller Rücksichtslosigkeit zu vertreten«. 1852 erfolgte die Antwort ebendieser Behörden: Storms Zulassung zur Advokatur wurde aufgehoben.

Schon im Sommer 1851 hatte er mit dem Gedanken gespielt, die Heimat zu verlassen; nun blieb ihm keine andere Wahl; um sich und seiner Familie – Constanze hatte inzwischen zwei Söhne geboren – eine neue Existenz zu schaffen, mußte er sich um eine Anstellung außerhalb Schleswig-Holsteins bemühen. Nachdem Bewerbungen in Buxtehude und in Gotha ohne Erfolg geblieben waren, entschloß er sich, in Preußen Unterkommen zu suchen. Im Dezember 1852 fuhr er nach Berlin, um seine Bewerbung an Ort und Stelle zu betreiben. Ein Jahr verging, bevor er endlich als Assessor ohne festes Gehalt bei einem preußischen Kreisgericht angestellt wurde. Im Dezember 1853 siedelte er nach Potsdam über.

Wiederholte Reisen nach Berlin, die der Einstellung in den preußischen Justizdienst vorangegangen waren, hatten Storm die Gelegenheit verschafft, mit mehreren künstlerisch tätigen oder künstlerisch interessierten Männern bekannt zu werden, unter ihnen die Kunsthistoriker und Schriftsteller Friedrich Eggers und Franz Kugler, der Kammergerichtsrat Wilhelm von Merckel, der junge Schriftsteller Paul Heyse, der Maler Adolph Menzel und, nicht zuletzt, Theodor Fontane. Sie alle gehörten dem »Tunnel über der Spree« an, einer 1827 gegründeten literarischen Gesellschaft. Fontane und seine Freunde hatten schon lange vor der persönlichen Begegnung mit dem Husumer Dichter »die erste kleine Storm-Gemeinde« gebildet, und nun zogen sie ihn sogleich in ihren Kreis, das »Rütli«, einen 1852 ins Leben gerufenen Zweigverein des »Tunnels«, der reihum bei den einzelnen Mitgliedern zusammenkam. Storm wurde auch Mitarbeiter des »Literaturblatts«, einer Beilage des von Friedrich Eggers redigierten »Deutschen Kunstblattes«, und des von Kugler und Fontane herausgegebenen Jahrbuchs »Argo«.

Daß sein Name »als Poet« in den Berliner literarischen Kreisen »einen guten Klang« hatte, wie er Ende 1852 stolz einem Freund berichtete, war gewiß auf die ersten selbständigen Buchpublikationen Theodor Storms zurückzuführen, die damals rasch hintereinander erschienen waren: die »Sommergeschichten und Lieder« (1851), die erste Auflage der Gedichte (1852) und ein Einzeldruck der »Immensee«-Novelle (1852). Storm wollte damals hauptsächlich als Lyriker angesehen werden. »Sobald ich recht bewegt werde, bedarf ich der gebundenen Form«, schrieb er 1855 an Eduard Mörike. Das lyrische Gedicht war ihm »Naturlaut in künstlerischer Form«. Darum wählte er im allgemeinen die schlichte, meist vierzeilige Liedstrophe. Strophisch nicht gegliederte und reimlose Formen sowie freie Rhythmen gehören durchweg einer späteren Zeit an, in der er vor allem Erzähler war und nur noch gelegentlich Gedichte schrieb. Die reine Reflexionspoesie hat er zeit seines Lebens abgelehnt. Die meisten Stormschen Gedichte knüpfen an eine bestimmte, nicht selten genau nachweisbare erlebte Situation an. So spiegeln sich in den unterschiedlichen Gefühlsinhalten seiner Liebesgedichte – Schmerz über verschmähte Liebe, verhaltenes Werben, glühende Leidenschaft oder ruhiges Geborgensein – die verschiedenen Erlebnisse und Begegnungen, von denen die Biographen zu berichten wissen. Ähnlich verhält es sich mit der Naturlyrik, der ebenfalls ganz bestimmte Eindrücke oder Erinnerungen zugrunde liegen. Auch dort, wo in der Fremde die Sehnsucht des Dichters nach der Heimat poetische Gestalt gewonnen hat, ist diese Empfindung stets an sinnlich-bildhafte Vorstellungen geknüpft. Gleichwohl ist Storm nichts weniger als ein bloß intuitiv schaffender Künstler gewesen. »Ich halte *Phantasie* und einen scharf trennenden *Verstand*«, schrieb er im hohen Alter, »nicht für die alleinigen, aber für die Hauptvoraussetzungen der Poesie; die Phantasie wirft wie eine Quelle die Stoffe auf, die disponierende Hand des Verstandes schwebt darüber.« Als er im Laufe des Jahres 1854 mehrere Gedichtsammlungen von zeitgenössischen Autoren in Friedrich Eggers' »Literaturblatt« besprach, da benutzte er diese Gelegenheit vor allem dazu, seine eigenen Ansichten über lyrische Poesie mitzuteilen. Auch die konzeptionelle Begründung seines »Hausbuchs aus deutschen Dichtern seit Claudius«, wie er sie in der Vorrede zu dieser 1870 erstmals erschienenen Gedichtanthologie gegeben hat (s. S. 819ff.), enthält vor allem so etwas wie eine Theorie des eigenen lyrischen Schaffens.

Wie sehr anfangs der Lyriker über den Erzähler dominierte, erweisen auch Storms erste Versuche in Prosa. »Meine Novellistik ist aus meiner Lyrik erwachsen«, schrieb der Dichter im Alter an den Literaturhistoriker Erich Schmidt. Den frühen Prosaarbeiten fehlt das eigentlich Epische: ein sich im zeitlichen Nacheinander kontinuierlich entwickelnder Vorgang. Es handelt sich im Grunde gar nicht um *Geschichten* – denn es *geschieht* kaum etwas in diesen ersten Prosaszenen –, sondern um Stimmungsbilder, die von Erinnerungen und Erlebnissen lyrisch gesättigt sind. Der Übergang zur eigentlichen Novellistik ist am deutlichsten erkennbar in seinem berühmtesten erzählerischen Frühwerk, dem 1849 in erster Fassung erschienenen »Immensee«. Wie viele Novellen Storms ist auch diese nicht als ein Ganzes konzipiert, sondern aus einzelnen, äußerlich nicht miteinander verbundenen bildhaften Szenen zusammengesetzt. Die Handlung erstreckt sich über einen Zeitraum von etwa zwanzig Jahren, aus dem jedoch nur wenige Tage herausgelöst und ausführlich beschrieben sind. Was dazwischenliegt, ist ohne Interesse und wird allenfalls mit ein paar knappen Bemerkungen angedeutet. Erst in den letzten drei Kapiteln sind die Ereignisse zeitlich näher zusammengerückt. Von einem epischen Handlungsfluß kann bei einer solchen Komposition nicht die Rede sein. Alles Interesse liegt bei den einzelnen szenischen Situationen. Wilhelm Jensen, ein von Storm beeindruckter und beeinflußter Schriftsteller, hat ein halbes Jahrhundert nach der Entstehung dieser Novelle deren großen Erfolg auf die »dumpflastenden politischen Zustände der fünfziger Jahre« zurückführen wollen, »die nach einer Befriedigung auf anderem Gebiet suchen ließen«. Damit ist aber die Wirkung nur zum Teil erklärt; denn eben jene Zustände spiegeln sich ja gerade in dem kleinen Werk selbst wider: nämlich die Lethargie, in die ein großer Teil des deutschen Bürgertums nach der gescheiterten Revolution von 1848 gesunken war. Die Selbstverständlichkeit, mit der Elisabeth sich dem Willen der Mutter fügt; Reinhards Unentschlossenheit und müde Resignation; die verzichtende Haltung der beiden Hauptpersonen, die den latenten Konflikt gar nicht erst zum Austrag kommen läßt; die wehmütige, sentimentale Stimmung, die das Ganze durchdringt und beherrscht: all das drückt das Lebensgefühl einer ganzen sozialen Schicht in einer für sie trostlosen gesellschaftlichen Situation aus. Trotz aller subjektiven, lyrischen Momente der Dichtung werden in »Immensee« auch bestimmte Züge der objektiven Realität dargestellt.

Der Entschluß, die Heimat zu verlassen, war Storm nicht leichtgefallen; was ihn aber am meisten quälte, war die Ungewißheit über sein und seiner Familie weiteres Schicksal. Die Arbeitslast des einzigen Assessors am Potsdamer

Kreisgericht war ungeheuer; doch Storm kapitulierte nicht vor den Schwierigkeiten seines neuen Berufs, mit Fleiß und Beharrlichkeit suchte er ihrer Herr zu werden, und sei es auf Kosten der Gesundheit und der Muße für sein künstlerisches Schaffen. Außer einigen Gedichten und ein paar Rezensionen hat er während der drei Potsdamer Jahre nur drei kleine Novellen geschrieben, die zusammen knapp vierzig Druckseiten füllen.

Nach achtmonatiger Tätigkeit am Potsdamer Gericht erhielt Storm seine ersten Diäten. Sie waren so kümmerlich bemessen, daß er davon nicht einmal die Miete bezahlen konnte, und zeitweise blieben sie auch wieder ganz aus. So war der Vater dreier Kinder, der die Mitte der Dreißigerjahre überschritten hatte, darauf angewiesen, den Lebensunterhalt für sich und seine Familie hauptsächlich von seinem Vater bestreiten zu lassen. Und obgleich Johann Kasimir Storm nach Kräften half, fehlte es in Potsdam doch oft genug am Nötigsten. Angesichts der trostlosen Gegenwart und der ungewissen Zukunft lag der Gedanke an die Rückkehr in die Heimat, an der Storm mit ganzem Herzen hing, nahe. Doch lieber wollte er weiter Not und Entbehrung auf sich nehmen als seiner politischen Überzeugung untreu werden. »Wie gerne nähme ich mit der allerbeschränktesten Existenz fürlieb, wenn es nur irgend möglich wäre, daheim und bei Euch zu sein; die eigentlichen Adern meines Lebens sind mir hier doch unterbunden«, schrieb er im März 1855 an den Vater. »Aber in Husum sein und das Treiben der Fremden, die Niedertracht der Heimischen ansehen, ohne alle meine Kräfte dagegen anwenden zu können - das vermöchte ich freilich nicht - ich würde dort bald körperlich oder gemütlich zugrunde gehen.«

In Potsdam aber erfuhr und erlebte er eine andere, nicht minder verhängnisvolle Art gesellschaftlicher Unterdrückung und Unfreiheit. Der dänischen Fremdherrschaft in Schleswig-Holstein entsprach die Willkür der Manteuffelschen Regierung in Preußen, der Niedertracht der Kollaborateure im Norden die Lethargie und der Opportunismus des Bürgertums - nicht bloß in Preußen, dort aber in besonders eklatanter Weise. »Keine Bourgeoisie der Welt«, schrieb Friedrich Engels zwanzig Jahre später, »kann sich einer solchen Schmachperiode rühmen wie die von der preußischen unter Manteuffel durchgemachte.«

In einem Brief an die Eltern klagte Storm über den »preußischen Menschenverbrauch im Staatsmechanismus«, und ein paar Monate später deckte er im Brief an einen Freund schon eine der Ursachen auf, die schuld waren an dem traurigen Dasein der untergeordneten Beamten des Landes: »Der Militäretat frißt hier ja alles auf, da bleibt für die Zivilbeamten, die eine so schwere und massenhafte Arbeit haben wie wohl nirgend anders, nichts übrig.« Zehn Jahre später wird er von dem »System der brutalen Machtherrschaft« sprechen, »das von dem preußischen Staat untrennbar scheint«.

Um so wohltuender muß Storm es empfunden haben, daß er in dieser Zeit

Gelegenheit hatte, zwei deutschen Dichtern persönlich zu begegnen, die er seit langem verehrte. Anfang 1854 traf er in Berlin, im Hause Franz Kuglers, den fünfundsechzigjährigen Joseph von Eichendorff; von größerer Bedeutung und nachhaltigerer Wirkung aber war sein Besuch bei Eduard Mörike im August 1855 in Stuttgart. Nach mehr als zwanzig Jahren hat er davon in seinen »Erinnerungen an Eduard Mörike« berichtet.

Nach wiederholten demütigenden Gesuchen und Bittgängen erhielt Storm im Sommer 1856 endlich die Mitteilung, daß er als Kreisrichter nach Heiligenstadt versetzt sei. Die ehemalige Hauptstadt des Fürstentums Eichsfeld mit ihrer überwiegend katholischen Bevölkerung gehörte erst seit Anfang des 19. Jahrhunderts, zunächst vorübergehend, seit dem Wiener Kongreß dann endgültig zu Preußen. Storm hat es in dieser Kleinstadt, die sich von Grund auf von dem »Militärkasino« Potsdam unterschied, von Anfang an »ganz außerordentlich« gefallen. »Es ist hier gar schön und gut sein«, schrieb er ein halbes Jahr nach seiner Übersiedelung an einen Freund; »reizende Natur und noch wirklich eine von der Eisenbahn ungestörte Behaglichkeit provinzialen Stillebens.« Und just dies war es, was Storms Lebensansprüchen gemäß war und was ihn auch als Künstler wieder produktiv werden ließ. »Ich bedarf äußerlich der Enge, um innerlich ins Weite zu gehen«, lautet eine seiner (späteren) Lebensmaximen.

In der Novelle »Auf dem Staatshof«, die er kurz nach der Ankunft in Heiligenstadt zu schreiben begann, entfaltet Storm noch einmal den ganzen Zauber seiner frühen Stimmungskunst. Auch sie setzt sich, wie »Immensee«, aus einzelnen Szenen oder Situationen zusammen, doch die Fabel entwickelt sich konsequent und kontinuierlich zur Katastrophe hin. Mit dieser Novelle beginnt der Dichter menschliche Schicksale darzustellen, die sich über eine begrenzte private Sphäre erheben. Der Grundsatz, »im möglichst Individuellen das möglichst Allgemeine auszusprechen«, den Storm ursprünglich vor allem auf die lyrische Dichtung angewandt wissen wollte, gilt jetzt auch für die Praxis des Erzählers. In der »Staatshof«-Novelle symbolisiert das tragische Ende Anne Lenes den historischen Untergang des reichen bürgerlichen Patriziats, dessen Besitz nach und nach in die Hände der ökonomisch erstarkenden skrupellosen Erwerbsbourgeoisie übergeht.

Erfahrungen in Preußen, besonders aus der Potsdamer Zeit, hatten die Ausprägung einer demokratischen Haltung zur Folge, die sich in Storms dichterischem Werk zunächst vor allem als ein sozialkritischer Einschlag bemerkbar macht. Gegen Arroganz und Standesvorurteile des Adels gegenüber dem gebildeten, aber besitzlosen Bürgertum wendet sich der Dichter in der Novelle »Im Schloß«. Um das Schicksal eines Mädchens aus ärmsten kleinbürgerlichen Verhältnissen geht es in der darauf folgenden, »Auf der Universität«. Es gehöre zu seinen »tiefsten Überzeugungen«, schrieb der Dichter Ende 1861 an seine Mutter, daß Adel und Kirche »die zwei wesentlichen

Hemmnisse einer durchgreifenden sittlichen Entwicklung unsres sowie andrer Völker« seien. Und zwei Jahre danach bezeichnete er die beiden Stützen der feudalen Reaktion als »das Gift in den Adern der Nation«. Wenn seine Poesie überhaupt einen Wert habe, heißt es schließlich 1868, dann werde »auch die darin enthaltne Demokratie ihren Wert und ihre Wirksamkeit haben«.

Die wenigen in der Heiligenstädter Zeit entstandenen Gedichte zeigen, daß Storm die Enge seiner Theorie der reinen Erlebnislyrik in der poetischen Praxis überwunden hat. Unter dem Einfluß des in den sechziger Jahren wieder auflebenden Kampfes um Schleswig-Holstein nahm seine politische Lyrik mitunter geradezu agitatorische Formen an. Ende 1863 ließ er in dem weitverbreiteten Familienblatt »Die Gartenlaube« das Gedicht »Schleswig-Holsteinische Gräber« drucken, in dem er ausruft:

»Wacht auf, ihr Reiter! Schüttelt ab den Sand,
Besteigt noch einmal die gestürzten Renner!
Blast, blast, ihr Jäger! Für das Vaterland
Noch einen Strauß! Wir brauchen Männer, Männer!«

Sein »heißester Lebenswunsch« sei es, in dem bevorstehenden Kampf »der Tyrtäus der Demokratie« zu sein.

Um das deutsche Volk für demokratische Ideen und Forderungen begeistern zu können – wie einst der griechische Sänger die Soldaten für die Ideale des spartanischen Staates –, dazu freilich genügten nicht lautere Gesinnung und dichterische Begabung. Dazu wären auch klare, realisierbare politische Zielvorstellungen erforderlich gewesen, die das Bürgertum in Deutschland nach dem Scheitern seiner Revolution von 1848/49 nicht mehr aufzuweisen hatte. Seine mangelnde Eignung zum »Tyrtäus der Demokratie« dürfte Storm bald selbst empfunden haben; denn zur gleichen Zeit fühlte er sich »vermöge eines seltsamen Widerspruchs in der menschlichen Natur ... durch unabweisbaren Drang zur Märchendichtung getrieben«.

Schon als er das für seinen erstgeborenen Sohn Hans verfaßte Märchen vom kleinen Häwelmann nach dem preußischen Verrat an der schleswig-holsteinischen Unabhängigkeitsbewegung veröffentlichte, hatte Storm als eine Art Geleitwort den Satz vorangestellt: »Weil's doch jetzt Zeit ist, Märchen zu erzählen.« Es hat den Anschein, als habe er in den verschiedenen Phasen des politischen Kampfes um seine Heimat nach anfänglicher spontaner Begeisterung immer wieder von neuem einsehen müssen, daß er außerstande war, auf die Schicksalsfragen der Nation eine klare und bündige Antwort zu geben. Doch solange für die Wünsche und Hoffnungen des Volkes eine reale Erfüllung noch nicht erkennbar und erreichbar ist, bietet das Märchen mit seinen übernatürlichen Gestalten und seinen »wunderbaren« Ereignissen phantastische Lösungen an. Indem nun Storm auf Motive und Requisiten des Volksmärchens zurückgreift, gewinnt er die Möglichkeit, Ideen in künstlerische Bilder umzusetzen, die er anders nicht oder noch nicht zu gestalten vermag.

In der »Regentrude« wird der aus dem Gegensatz von arm und reich auf dem Dorfe entspringende Konflikt, wie im Volksmärchen, mit Hilfe dämonischer Mächte gelöst, der Regenfrau und des Feuermanns, die das gute und das böse Prinzip im Kampf um soziale Gerechtigkeit verkörpern. Der besondere Reiz der Dichtung liegt darin, daß das »Wunderbare« sich ohne Bruch in die Geschichte einfügt, daß realistische und phantastische Elemente zur künstlerischen Einheit verschmolzen sind. Auch der Märchennovelle »Bulemanns Haus« liegt ein soziales Thema zugrunde. Der Dichter hat es im Text selbst formuliert, indem er schreibt, »daß die Flüche der Armen gefährlich sind, wenn die Hartherzigkeit der Reichen sie hervorgerufen hat«. Die Zerstörung menschlicher Beziehungen durch Geld- und Besitzgier ist ein Thema, das Storm wiederholt aufgegriffen und variiert hat; hier wurde es von ihm zum ersten Mal, in grotesk-phantastischer Art und Weise, angeschlagen.

Die schleswig-holsteinische Frage war durch das Londoner Protokoll von 1852 nur scheinbar gelöst worden. Mit drakonischen Maßnahmen versuchten die dänischen Behörden Unzufriedenheit und Erbitterung der deutschen Bevölkerung in Schleswig niederzuhalten. Schon während seines ersten Besuchs in Schleswig-Holstein im Sommer 1856 hatte Storm nach Berlin geschrieben: »Die köstliche Luft der Heimat haben die Dänen wenigstens nicht verderben können. Sonst machen sie es toll genug.« Der Konflikt brach offen aus, als am 15. November 1863 König Friedrich VII. starb und mit ihm die männliche Linie seines Hauses erlosch. Gemäß den Bestimmungen des Londoner Protokolls gelangte der Erbprinz Christian IX. auf den dänischen Thron. In den Herzogtümern aber erklärte Prinz Friedrich von Augustenburg seinen Regierungsantritt. Ihm als dem Repräsentanten des schleswigholsteinischen Befreiungskampfes galten die Sympathien weiter Kreise des deutschen Bürgertums, das die Vorgänge im Norden aufmerksam verfolgte. Vor allem aber hoffte man, die dortigen Ereignisse würden entscheidend zur nationalen Einigung Deutschlands beitragen.

Storm, der seine Hoffnungen auf ein von Dänemark, aber auch von Preußen und Österreich unabhängiges Schleswig-Holstein innerhalb eines einheitlichen deutschen Nationalstaates setzte, hat an den Augustenburger diese Verse gerichtet:

»Und haben wir unser Herzoglein
Nur erst im Lande drinnen,
Dann wird, mir kribbelt schon die Faust,
Ein ander Stück beginnen.

Der Junker muß lernen den schweren Satz,
Daß der Adel in unsern Zeiten
Zwar allenfalls ein Privatpläsier,
Doch sonst nichts hat zu bedeuten.

Insonders lerne Hinz und Kunz
– Und das ist ein Stück, ein hartes –,
Daß diese hochhinschauenden Herrn
Sind keineswegs was Apartes.

Denn lernen Hinz und Kunz das nicht,
So wird's beim alten bleiben;
Nur wenn kein Mensch daran mehr glaubt,
Läßt sich der Spuk vertreiben.«

Das Gedicht blieb damals unveröffentlicht; denn bald mußte Storm einsehen: »Der Kampf wird heiß bei uns; und trotz aller rosigen Träume wird dann auch der Herzog zu unsern Junkern stehen. Dies voraussehend, mag ich ihm jetzt auch nicht zu nahe kommen.«

Ende Dezember 1863 ließ der Deutsche Bundestag sächsische und hannoversche Truppen in Holstein einrücken und Herzog Friedrich als Landesherrn ausrufen. Dagegen intervenierten Preußen und Österreich. Otto von Bismarck – seit 1862 preußischer Ministerpräsident und Außenminister –, der die Entstehung eines selbständigen Staates im Norden Deutschlands fürchtete, verlangte die Ausweisung des Augustenburgers, worauf der Deutsche Bund alles Weitere den beiden Großmächten überließ. Diese beschlossen den Krieg gegen Dänemark.

Trotz der ungeklärten Verhältnisse hatte Storm nur den einen Wunsch: so schnell wie möglich in die Heimat zurückzukehren. Als er im Februar 1864 die Nachricht erhielt, er sei von seinen Husumer Mitbürgern zum Landvogt – das heißt zum obersten Justiz- und Verwaltungsbeamten des heimatlichen Landkreises – gewählt worden, reiste er unverzüglich nach Husum und von dort nach Berlin, um vom preußischen Justizminister seine Beurlaubung zu erwirken. Dieser aber stellte ihn vor die Wahl, entweder zu bleiben oder ohne Aussicht auf Wiedereinstellung seinen Abschied zu nehmen. Storm entschloß sich, alle Brücken hinter sich abzubrechen. »Der Würfel ist gefallen«, meldete er am 4. März seinem Freund Ludwig Pietsch; »ich habe meine Entlassung eingereicht und gehe am 12. des Monats als Landvogt nach Husum.«

Im Sommer 1864 war der dänische Krieg faktisch zu Ende; ein Jahr darauf wurde Schleswig unter preußische, Holstein unter österreichische Verwaltung gestellt. Dieses Provisorium bot Bismarck bald einen Anlaß, preußische Truppen auch in Holstein einmarschieren zu lassen. Damit war der Krieg gegen

Österreich eröffnet. Das weitere Schicksal Schleswig-Holsteins entschied sich am 3. Juli 1866 bei Königgrätz. Anfang des folgenden Jahres wurden die beiden ehemaligen Herzogtümer dem preußischen Staat als eine neue Provinz einverleibt.

Storm, der vorübergehend gehofft hatte, ein erträgliches Verhältnis zu den neuen Machthabern in seiner Heimat zu gewinnen, war bald wegen der weiteren politischen Entwicklung im höchsten Maße erbittert. »Wir können nicht verkennen«, schrieb er im August 1867 an Friedrich Eggers, »daß wir lediglich unter der Gewalt leben. Das ist desto einschneidender, da es von denen kommt, die wir gegen die dänische Gewalt zu Hülfe riefen und die uns jetzt, nachdem sie jene bewältigen geholfen, wie einen besiegten Stamm behandeln, indem sie die wichtigsten Einrichtungen, ohne uns zu fragen, hier über den Haufen werfen und andre dafür nach Gutdünken oktroyieren ... Und obwohl Preußen – sowohl wegen der Art, wie sie das Land gewonnen, als auch, weil wir zum geistigen Leben der Nation ein so großes Kontingent gestellt als nur irgend ein Teil von Preußen – alle Ursache zu bescheidenem Auftreten bei uns hat, so kommt doch jeder dumme Kerl von dort mit der Miene des kleinen persönlichen Eroberers und als müsse er uns erst die höhere Weisheit bringen ... Die unglaublich naive Roheit dieser Leute vertieft die Furche des Hasses, die Preußens Verfahren tief in die Stirn der Schleswig-Holsteiner eingegraben.« Und er fügte hinzu: »Auf diese Weise einigt man Deutschland nicht.«

Von der großen Masse des deutschen Bürgertums wurde Storms oppositionelle Sinnesart nicht geteilt. Der preußische Weg zur Einheit Deutschlands war unvermeidlich geworden. Und auch Storm fürchtete, auf die Dauer nicht die Kraft zu einem anhaltenden inneren Widerstand aufbringen zu können.

»Wer der Gewalt genüber steht
In Sorgen für der Liebsten Leben,
Der wird zuletzt von seinem Ich
Ein Teil und noch ein Teilchen geben.
Und dürstet er nach reinster Luft,
Er wird zuletzt ein halber Schuft.«

Diese erst lange nach Storms Tod veröffentlichten Verse sind im April 1867 entstanden; wenige Wochen zuvor hatte der Dichter in einem Brief an Pietsch die bange Vermutung ausgesprochen: »Ich habe das Gefühl ..., als könnten Dinge von mir verlangt werden, die ich nicht tun könnte, als sei eine ganze Rechtlichkeit nicht durchzubringen, ohne zu fallen.« Die Furcht vor unvermeidlichen Zugeständnissen, die sein Gewissen schwer belastet haben würden, hat ihn denn auch bewogen, bei der Reorganisation der Justiz und Verwaltung auf die besser besoldete, aber stärker exponierte Stellung eines

Amtmanns zu verzichten. Er hat »statt dessen den bescheidenen Posten eines Amtsrichters erbeten und erhalten«. Da sei »nicht leicht Gefahr, außer dem Richten nach den aufgedrungenen Gesetzen, in Überzeugungskonflikte zu geraten«. Von den öffentlichen Angelegenheiten zog er sich nun mehr und mehr zurück. Als er zu Beginn des Deutsch-Französischen Krieges aufgefordert wurde, »Schutz- und Trutzlieder« zu verfassen, wies er dies als ein unzumutbares Ansinnen zurück. »Ich hasse den Krieg«, schrieb er damals, »weil er wie nichts andres den Menschen zum willenlosen Werkzeug der Natur erniedrigt.« Daß diese Bemerkung (wie manche andere auch) von sozialdarwinistischen Anschauungen beeinflußt ist – von der Übertragung der Lehre vom »Kampf ums Dasein« aus der Natur in die menschliche Gesellschaft –, ändert nichts an Storms entschiedener Kriegsgegnerschaft.

Doch nicht allein die Enttäuschung und der Zorn über den Gang der historischen Entwicklung waren es, was damals Storms künstlerische Produktivität lähmte. Persönliches kam hinzu: Schon im Mai 1865 war seine Frau Constanze, kurz nach der Geburt ihres siebten Kindes, der Tochter Gertrud, am Kindbettfieber gestorben. Und obwohl er ein reichliches Jahr nach dem Tod seiner ersten Frau die zweite Ehe mit seiner Jugendgeliebten eingegangen war, der nunmehr siebenunddreißigjährigen Dorothea Jensen, klagte Storm im Sommer 1868: »Ich ... lebe in dem mich nicht mehr loslassenden Gefühl der unaufhaltsamen, alles fortwehenden Vergänglichkeit.« Und gegen Ende desselben Jahres meinte er: auch zu dem, was er jetzt schreibe, habe er »kein rechtes Vertrauen mehr«. Die Zusammenstellung der Gesamtausgabe seiner Werke und die Arbeit an der Lyrikanthologie, dem »Hausbuch aus deutschen Dichtern seit Claudius«, sind Ausdruck und Folge dieser anhaltenden Lebens- und Schaffenskrise.

Theodor Storm überwand die Krise. Als 1872 »Draußen im Heidedorf« erschienen war, da glaubte Paul Heyse darin einen »ganz neuen Storm« zu entdecken; später hat er diese Geschichte zu den »Meisterwerken« der »zweiten Periode« des Freundes gezählt. Und dieser meinte »darin bewiesen zu haben«, daß er »auch eine Novelle ohne den Dunstkreis einer bestimmten ›Stimmung‹ (das heißt einer sich nicht aus den vorgetragenen Tatsachen von selbst beim Lesen entwickelnden, sondern vom Verfasser a priori herzugebrachten Stimmung) schreiben« könne. Wie in keiner anderen Stormschen Novelle erscheint hier der Mensch im Banne eines dämonischen, blind waltenden Naturtriebes. Storm ist auf diesem Wege nicht weitergegangen.

Ein einziges Mal hat er eine Novelle im Auftrag einer Jugendzeitschrift geschrieben: »Pole Poppenspäler«. Offensichtlich sollte die Erzählung von den beiden Kindern Paul und Lisei ursprünglich ein selbständiges kleines Werk ausmachen, und wir sind es noch heute gewohnt, in »Pole Poppenspäler« vor allem die Kindergeschichte zu sehen und zu bewundern; doch ist in dieser

Novelle weit mehr enthalten. Besonders im zweiten Teil geht es – so bescheiden sich die Kunst des alten Puppenspielers Joseph Tendler auch ausnehmen mag – um die Stellung des Künstlers in der Gesellschaft, um das Verhältnis der Kleinbürger zu den Künstlern und damit zur Kunst. Bis weit ins 19. Jahrhundert hinein zählten die fahrenden Künstler im Bewußtsein eines »ehrsamen« Bürgertums zu den geächteten »unehrlichen Leuten«. Die heitere Grundstimmung der aus der Vergangenheit heraufbeschworenen Erzählung Paul Paulsens kann nicht über die Tragik seines Schwiegervaters hinwegtäuschen, dem Hohn und Spott noch bis ins Grab hinein folgen.

Eine Künstlergeschichte ganz anderer Art ist »Aquis submersus«, mit der Storm die Reihe seiner sogenannten Chroniknovellen begonnen hat. Mit der Parteilichkeit des antifeudalen bürgerlichen Schriftstellers hat er die sittliche Roheit der Junker geschildert, an der die Liebe Johannes' und Katharinas zugrunde geht. »Man würde durchaus fehlgehen«, vermerkte der Dichter später in einem Notizbuch, »wenn man in ›Aquis submersus‹ in der, freilich die äußere Sitte außer acht lassenden, Hingebung des Paares die Schuld der Dichtung suchen wollte. Das hat dem Dichter ebenso ferngelegen wie etwa Shakespeare bei ›Romeo und Julia‹. Die Schuld, wenn man diese Bezeichnung beibehalten will, liegt auf der anderen Seite, hier auf dem unerbittlichen Geschlechterhasse, dort auf dem Übermute eines Bruchteils der Gesellschaft, der, ohne Verdienst auf die irgendwie von den Vorfahren eroberte Ausnahmestellung pochend, sich besseren Blutes dünkt und so das menschlich Schöne und Berechtigte mit der ererbten Gewalt zu Boden tritt.«

Storm hat noch mehrmals die Fabel einer Novelle in der Vergangenheit angesiedelt. Offenbar konnte er zurückliegende gesellschaftliche Verhältnisse besser überschauen und beurteilen als die der eigenen Zeit. Niemals aber hat er die Vergangenheit zu einer »heilen Welt« verklärt. Als er einmal der jungen österreichischen Schriftstellerin Ada Christen helfen wollte, eine Schaffenskrise zu überwinden, da gab er ihr den Rat: »Sie werden zwar zum Stoff Ihrer Dichtung stets nur sich und die Gegenwart nehmen; aber es eröffnen sich Ihnen durch die Kenntnis der Vergangenheit doch Perspektiven, die gerade Ihrer Poesie dienen würden. Namentlich wäre eine genaue Kenntnis des 18. Jahrhunderts für Sie wichtig, wo Gewalt und Luxus die Menschenwürde in den Staub trat. Ihr sittlicher Zorn würde daraus neue Kraft saugen.« Was aber den Rang der Stormschen Novellen ausmacht, die in der Vergangenheit spielen, das ist nicht zuletzt die Kunst dieses Dichters, eine Atmosphäre zu schaffen, die den Leser ganz in den Bann der Dichtung zieht. Und Storm war sich dieser seiner Fähigkeit durchaus bewußt. Es müsse alles »wie aus der Ferne klingen und sich ansehen«, schrieb er während der Arbeit an »Eekenhof« an Paul Heyse, »lebendig und doch wie aus dem Nebel herausgetuscht«. Immer wieder hat diese unverwechselbare, unwiederholbare Stimmungskunst die Bewunderung der Zeitgenossen wie der Nachwelt hervorgerufen. Gottfried

Keller und Paul Heyse haben die Novelle vom »Eekenhof« besonders geschätzt (die keine Chroniknovelle im genauen Wortsinn ist), und Erich Schmidt war »mächtig gepackt von der Hauptfigur« und lobte zugleich »das reiche episodische, fest eingefügte Beiwerk« wie »die bis ins kleinste sichere Motivierung«.

Ein Thema, das Storm, besonders im Alter, immer wieder beschäftigt hat, sind die konfliktreichen Beziehungen innerhalb der bürgerlichen Familie. Eigene Erlebnisse, Erfahrungen und Beobachtungen, auch Enttäuschungen und Erschütterungen sind in manche seiner Novellen eingeflossen; aber auch Familienüberlieferungen hat er verwertet, so in den »Söhnen des Senators«, für welche die Woldsensche Familienchronik den Stoff hergegeben hat. Im Streit um einen Teil des väterlichen Erbes werden zwei Brüder für lange Zeit zu erbitterten Gegnern. Und wenn das Streitobjekt auch nur der väterliche Garten ist und die Geschichte schließlich mit einer Versöhnung endet, so macht doch Storms Rückgriff auf dieses Vorkommnis wie auch die künstlerische Gestaltung deutlich, daß die Sehnsucht nach der »in sich befriedigten Gesellschaft« des 18. Jahrhunderts, von der er einmal sprach, selbst wenn sie sich nur auf die bürgerliche Welt bezog, im Grunde einem Phantom galt.

Daß Storm die Familie auch »in der Zerstörung mit den tiefsten Schatten« darstellen konnte, zeigt die Novelle »Der Herr Etatsrat«. Etatsrat Sternow, der »eine höhere Stelle im Wasserbauwesen des Landes« bekleidet, wird geschildert als ein »Oger«, eine »Bestie«, ein »Ungeheuer«; sein Egozentrismus, seine Amoralität und Inhumanität werden nur dadurch für den Leser einigermaßen erträglich, daß der Autor diese Gestalt mit zahlreichen grotesken Zügen ausgestattet hat. Storm hat mehrfach »über die künstlerische Darstellung des Häßlichen in dieser Novelle« reflektiert und damit zugleich Rechenschaft abgelegt über die Konzeption einer Figur, die im Ensemble seiner Novellengestalten eine Sonderstellung einnimmt. So heißt es zum Beispiel in einem Brief an Erich Schmidt: »Das moralisch oder ästhetisch Häßliche wird – wo es nicht zu seiner gewissen Schreckensgröße aufsteigt – erst dadurch in Kunst, in specie Poesie verwendbar, daß der Künstler es im Spiegel des Humors zeigt, gleichsam es durch den Humor wiedergeboren werden läßt; dadurch entsteht das, was wir das ›Groteske‹ nennen.« Alles, was in dieser Novelle geschieht, ist Folge der totalen Beziehungslosigkeit des Etatsrats zu seinen Kindern, der gänzlichen Gleichgültigkeit gegenüber deren Schicksal. Das grauenerregende Ende des Archimedes, der doch einst »von guter und heiterer Gemütsart« war, und der tragische Untergang der schüchternen, ihres Vaters wegen von allen gemiedenen Phia sind jedoch nicht die einzigen Folgen von Sternows Verhalten; dieses hat auch den Aufstieg des »Herrn Käfer«, des Prototyps des eleganten Schurken, ermöglicht oder doch erleichtert.

Die Auflösung familiärer Bindungen ist auch in »Hans und Heinz Kirch«

thematisiert. Hans Kirch, der Vater, der es vom kleinen Handwerker zum Unternehmer gebracht hat, denkt an nichts als an die Sicherung und Mehrung seines Besitzes. Seine Erwerbsgier macht ihn zum grausamen Familientyrannen. Die Liebe seines Sohnes zu der armen Wieb ist in seinen Augen ein Verbrechen wider die Heiligkeit des Familienbesitzes. So treibt er Heinz Kirch aus dem Hause. Ihren Kulminationspunkt erreicht die Novelle, als der Vater den unfrankierten Brief des Sohnes zurückweist. »Man fühlt mit«, schrieb Gottfried Keller an Storm, »wie wenn der alte Geldtropf ein Schiff voll lebendiger Menschen in die brandende See zurückstieße.« Von diesem Augenblick an kann es keine Gemeinsamkeit mehr geben zwischen Vater und Sohn. Der sozialen Deklassierung folgt die seelische Verelendung, und die vorübergehende Rückkehr ins Vaterhaus erweist nur, daß dieser Prozeß schon viel zu weit fortgeschritten ist, um noch aufgehalten werden zu können. Selbst wenn die Familie ihm ohne jedes Mißtrauen begegnete, wäre Heinz Kirch in deren Lebenskreis nicht mehr vorstellbar.

Besonderen Anteil hat Storm am Leben der »kleinen Leute« genommen, deren Existenz infolge der fortschreitenden Entwicklung der kapitalistischen Produktionsverhältnisse gefährdet war, und einmal, in der Novelle »Ein Doppelgänger«, hat er die Geschichte eines Proletariers erzählt. Allerdings ist dieser John Hansen kein Industriearbeiter, sondern ein Bauernknecht, der nach Beendigung seiner Militärzeit keine Arbeit findet, in schlechte Gesellschaft gerät und wegen Beteiligung an einem Einbruchsdiebstahl eine sechsjährige Zuchthausstrafe verbüßen muß. Diese Verfehlung wird ihm für sein ganzes weiteres Leben zum Verhängnis. Er bleibt ein Ausgestoßener, ein Deklassierter; an der Feindseligkeit seiner Umwelt geht er schließlich zugrunde. Der sozialdemokratische Kritiker Johannes Wedde hat in einer 1888 erschienenen Schrift über Storm die »Doppelgänger«-Novelle als einen »schneidenden Protest« gegen die sozialen Zustände interpretiert. Mit Unrecht; denn Storm stellt auch hier die bürgerlich-patriarchalische Ordnung keineswegs in Frage; sie bleibt für ihn das Maß und die Richtschnur für das Zusammenleben der Menschen schlechthin. Nicht unter gesellschaftspolitischen, sondern allein unter ethischen Aspekten betrachtet er das von ihm gestaltete Problem.

Wenn Storm, mit Bezug auf seine Chroniknovellen, einmal meinte, ihr Stoff dürfe »nicht auf vorübergehenden Zuständen beruhen, sondern auf rein menschlichen Konflikten, die wir ewig nennen«, so schloß dies jedoch keineswegs aus, daß die gesellschaftlichen Ursachen solcher Konflikte mitgestaltet oder wenigstens erkennbar werden. Dies gilt auch für seine letzte Novelle, den »Schimmelreiter«.

Überragende Klugheit und Tatkraft prädestinieren Hauke Haien für das verantwortungsvolle und angesehene Amt des Deichgrafen, auf das er mit zielstrebigem Ehrgeiz zusteuert. Als aber das Ziel in greifbare Nähe rückt, entfremdet sich Hauke mehr und mehr seiner Umwelt. Der zunehmenden

Mißgunst der anderen begegnet er mit wachsendem Groll. Das böse Wort, er sei nur Deichgraf geworden »von seines Weibes wegen«, spornt seinen Ehrgeiz nur noch mehr an. Ein Weiteres kommt hinzu: die Aussicht auf Vergrößerung seines Grundbesitzes. Bald gehört ihm ein beträchtlicher Teil des Landes, das durch den neuen Deich geschützt werden soll. Zwar steht das Streben nach persönlichem Vorteil nicht im Gegensatz zu dem im Dienste des Gemeinwohls begonnenen Werk, doch es vertieft die Kluft zwischen ihm und den Dorfgenossen und führt schließlich zur gänzlichen Isolierung des Deichgrafen, dem man am Ende nur noch widerstrebend und aus Furcht gehorcht. Als er Frau und Kind durch die hereinbrechenden Fluten verliert, die einzigen Menschen, die ihm noch etwas bedeuten, da erscheint ihm auch das eigene Leben nicht länger lebenswert.

Hauke Haien scheitert nicht an der Gewalt der Natur – sein Deich wird noch nach hundert Jahren den Fluten Trotz bieten –, sondern an seiner Vereinsamung. Sein tragischer Untergang ist durch den Widerstand derer bedingt, die seine Verbündeten bei dem gewaltigen Deichbau hätten sein müssen, unter den obwaltenden Umständen aber nicht sein konnten. Unwissend, im Aberglauben befangen, stehen sie den Plänen ihres Deichgrafen nicht nur interesselos, sondern auch mißtrauisch gegenüber. Es ist der Ausdruck einer tieftragischen Ironie, daß der Mann, der den dumpfen Aberglauben als einen Feind des freien Denkens und Handelns bekämpft, noch zu seinen Lebzeiten selbst zum Furcht- und Schreckensbild dieses Aberglaubens wird.

Die Novelle vom Schimmelreiter, Abschluß und Krönung des Stormschen Œuvres, ist, ebenso wie die ihr vorhergegangenen Novellen, nicht mehr in Husum entstanden, sondern in dem holsteinischen Dorf Hademarschen, wo sich Storm seine »Altersvilla« hatte bauen lassen, nachdem er 1880, im Alter von zweiundsechzig Jahren, in den vorzeitigen Ruhestand getreten war. In Hademarschen ist er auch gestorben, am 4. Juli 1888. Drei Tage später wurde sein Leichnam in der Husumer Familiengruft beigesetzt, ohne kirchliche Zeremonie, wie der Dichter es fünfundzwanzig Jahre zuvor gefordert hatte:

»Auch bleib der Priester meinem Grabe fern;
Zwar sind es Worte, die der Wind verweht,
Doch will es sich nicht schicken, daß Protest
Gepredigt werde dem, was ich gewesen,
Indes ich ruh im Bann des ew'gen Schweigens.«

Aus vielen Briefen Theodor Storms wissen wir, daß er sich seines künstlerischen Ranges sehr wohl bewußt war. Doch als ein Kritiker seine Novellistik einmal »klassisch« nannte, da wehrte er bescheiden ab: Zur Klassizität gehöre doch wohl, »daß in den Werken eines Dichters der wesentliche geistige Gehalt seiner Zeit in künstlerisch vollendeter Form abgespiegelt« sei; und da dies für ihn nicht zutrifft, meinte er, daß er sich »mit einer Seitenloge« werde begnügen müssen.

Vielleicht hätte er nicht gegen »Klassizität« protestiert, wenn der Ausdruck auf seine Lyrik bezogen worden wäre. Storm hat sich als den »letzten Lyriker« empfunden und bezeichnet – womit er in einem gewissen Sinne recht hatte; denn jede Nachahmung seines lyrischen Sprechens gibt sich als schieres Epigonentum – wenn nicht als Schlimmeres – zu erkennen. Das Wort vom »letzten Lyriker« deutet aber zugleich auf ein Endzeitgefühl des Dichters hin, auf ein Wissen oder Ahnen, daß die einst stabile, durchaus nicht konflikt- und widerspruchsfreie oder gar »heile«, wohl aber geordnete Welt patriarchalischer Bürgerlichkeit in Auflösung geraten und im Verfall begriffen war. In dem »Gefühl der Vergänglichkeit«, das in vielen der Stormschen Novellen und Gedichte zum Ausdruck kommt und das sich, fast zwanghaft, auf den Leser überträgt, mag überhaupt der Grund dafür enthalten sein, daß Storms weltweite Wirkung hundert Jahre nach seinem Tode noch immer im Wachsen begriffen ist. »Die absolute Unsicherheit des Lebens in allen Äußerlichkeiten«, schrieb 1909 der vierundzwanzigjährige Georg Lukács, »und die unerschütterliche Festigkeit dort, wo es nur auf die Seele ankommt, ist der tief bürgerliche Wesenszug dieser Dichtung. Dies ist die Lebensstimmung des Bürgertums, das beginnt, unsicher zu werden; in dieser Lebensstimmung wird das im Verschwinden begriffene, alte, große Bürgertum historisch, tiefpoetisch in seinem letzten, innerlich noch ungebrochenen Dichter.«

VERZEICHNIS DER GEDICHTANFÄNGE UND -ÜBERSCHRIFTEN

INHALTSVERZEICHNIS

ANHANG 825